100 Deutsche Jahre

100 Deutsche Jahre

Herausgegeben von Thomas Fischer
und Rainer Wirtz

Chronik
VERLAG

ABBILDUNGEN AUF DEM SCHUTZUMSCHLAG

Oben v. l.: Carl Benz 1887 am Steuer seines Patent-Motorwagens mit seinem Mitarbeiter Josef Brecht; Werner Finck mit Kollegen vom Kabarett Katakombe 1932 auf einem Scherzfoto; Zinnsoldaten sind das Spielzeug der Jungen um die Jahrhundertwende.

Mitte v. l.: 1953 trifft man sich zum Fernsehen im Café, denn nur wenige Menschen können sich ein eigenes Gerät leisten; für junge Leute ist die Musikbox in den Fünfzigerjahren Anziehungspunkt in den Kneipen.

Unten: Am Reichstagsgebäude in Berlin wird am 3. Oktober 1990 die deutsche Einheit gefeiert.

IMPRESSUM

PROJEKTLEITUNG, REDAKTION UND LAYOUT: **Ingrid Reuter**
BILDREDAKTION: **Ursula Thorbrügge**
GRAFIK-DESIGN: **Axel Brink**
SATZ, REPRODUKTION: **Impuls, Hattingen**

REDAKTIONELLE LEITUNG: **Georg Galle**

DRUCK: **Mohndruck Graphische Betriebe GmbH, Gütersloh**

ISBN: 3-577-14556-0

Inhalt

»100 Deutsche Jahre« – so heißt nicht nur dieses Buch, sondern auch eine 52-teilige historische Sendereihe des Südwestrundfunks, die von Oktober 1998 bis September 1999 im Ersten Deutschen Fernsehen zu sehen ist. Sie präsentiert erstmals umfassend die Geschichte der deutschen Alltags- und Lebenswelt im 20. Jahrhundert.
1991 wurde dieses Programm zum Schwerpunktprojekt erhoben, sieben Jahre lang hat eine Gruppe von Redakteuren, wissenschaftlichen Dokumentaren und Fachhistorikern an der Entwicklung der Sendereihe gearbeitet. Über 300 000 Minuten Filmmaterial wurden gesichtet und viele Zeitzeugen und Fachleute interviewt. Das Ergebnis ist ein filmisches Album mit Bildern aus der Vergangenheit, die dazu anregen, die eigene Geschichte neu zu entdecken.
Ich wünsche mir, dass die Sendereihe und das vorliegende Begleitbuch auf großes Interesse bei Zuschauern und Lesern stoßen und dass die Rückschau auf die Vergangenheit zur Orientierung auch in der Gegenwart und Zukunft beiträgt.

Prof. Peter Voß
Intendant des Südwestrundfunks

Das Ende dieses Jahrhunderts gibt historischen Anlass zu fragen, was die letzten 100 Jahre uns Deutschen gebracht und was wir unsererseits zu diesem Jahrhundert beigetragen haben.
Im Verlauf dieses Jahrhunderts haben wir Deutschen sehr verschiedene Staats- und Herrschaftsformen sowie zwei Weltkriege erlebt und zeitweise erlitten: das Kaiserreich, die Weimarer Republik, das »Dritte Reich«, Besatzungsmächte, die Bundesrepublik Deutschland und die Volksdemokratie sozialistischer Prägung in der DDR, schließlich das nun vereinigte demokratische Deutschland.
In der ersten Hälfte des 20. Jahrhunderts zeigt sich Deutschland als eine nach imperialer Macht strebende Nation, deren übersteigerter Chauvinismus zur Terrorherrschaft des Nationalsozialismus und zum Holocaust eskalierte. Die Erinnerung an Ursachen und Folgen dieser »Erblast« darf auch in Gegenwart und Zukunft weder verdrängt noch bagatellisiert werden.
Nach dem Ende der NS-Zeit mussten wir große Anstrengungen unternehmen, um das Ansehen Deutschlands wieder herzustellen und zu bewahren. Dies ist auch in Zukunft nötig. Mit der deutschen und europäischen Vereinigung endet für die Deutschen ein durch Kriege zerrissenes Jahrhundert in Versöhnung. Viele europäische Staaten, auch Deutschland, geben wesentliche Befugnisse an die Europäische Union ab. Die Ära verfeindeter Nationalstaaten geht hoffentlich ein für alle Male zu Ende.
Dieses Buch beschränkt sich aber nicht auf die politische Geschichte, es will vielmehr die Verbindung des Politischen mit dem vermeintlich Unpolitischen, der Haupt- und Staatsaktionen mit dem Alltäglichen herstellen. Es bietet die Möglichkeit, an das persönlich Erinnerte anzuknüpfen, Vergleiche anzustellen und auch das Politische im Alltag zu entdecken. Die derart erweiterte Perspektive vermittelt Aufklärung in dem Sinn, dass wir mit unseren Erlebnissen und Erfahrungen an die unserer Eltern und Großeltern anknüpfen können und auf diese Weise die Irrtümer und Katastrophen der jüngeren Vergangenheit nicht vergessen und nicht wiederholen. Ich wünsche sehr, dass das Buch »100 Deutsche Jahre« dazu beiträgt, Vorurteile und Klischeevorstellungen abzubauen und persönliche Bezüge zur deutschen Geschichte zu entdecken.

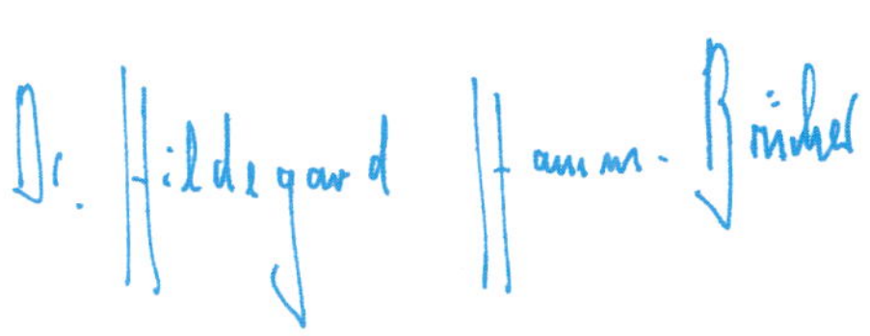

Dr. Dr. h.c. Hildegard Hamm-Brücher
Staatsministerin a.D., Schirmherrin der Serie »100 Deutsche Jahre«

Vorwort

Dieses Buch und die ihm zugrunde liegende Fernsehserie gehen eigene und neue Wege zur Vermittlung von Geschichte. Herausgeber, Autoren und Filmemacher sind nicht in erster Linie daran interessiert, eine Gesamtbilanz der politischen und gesellschaftlichen Entwicklung Deutschlands im 20. Jahrhundert zu ziehen, vielmehr wollen sie den Blick auf den Lebensalltag der Menschen richten, um dem Wandel von Lebenslagen, Lebensformen und Lebensstilen in diesem Jahrhundert nachzuspüren.

Der Stolz des geltungssüchtigen Kaiserreichs: 1900 gewinnt die »Deutschland« das Blaue Band für die schnellste Atlantiküberquerung (»Deutschland« auf der Unterelbe von Hans Bohrdt).

Dabei geht es ihnen insbesondere um zwei Dinge: zum einen um das, was tatsächlich geschehen ist, und zweitens darum, wie das Geschehene von den Menschen wahrgenommen und sowohl privat als auch öffentlich diskutiert und gedeutet wurde. »100 Deutsche Jahre« ist deshalb nicht nur eine Geschichte des »Alltags« und der »Strukturen«, die diesen Alltag prägend in den Griff nahmen, sondern im Ansatz auch eine Geschichte des wechselnden Zeitverständnisses und von konkurrierenden gesellschaftlichen Leitbildern.

Wenn auch die Perspektive auf die Lebenswirklichkeit der Menschen im Vordergrund steht, so werden doch die politischen und sozialen Verhältnissen in diesem Buch nicht ausgeblendet oder gar gemieden. Aber sie sollen in der Darstellung kein alles bestimmendes Übergewicht erhalten. Sie kommen dort zur Sprache, wo es notwendig ist und bilden den Hintergrund auch bei scheinbar so unpolitischen Themen wie Ernährung, Urlaub, Gesundheit und Sport. Erst im Kontext der Lebenswelten wird letztlich deutlich, wie mächtig oder ohnmächtig die politischen Kräfte und die Entscheidungsträger in Wirtschaft und Gesellschaft tatsächlich waren und noch immer sind.

Der Themenrahmen ist dabei weit gespannt: Es geht um Familie, Kleidung und Wohnung genauso wie um Nation, Kriege und Verbrechen. Es geht um soziale Sicherheit, Arbeitswelt und Katastrophen, aber auch um Glaube, Freizeit und Humor. Trotz dieser thematischen Vielfalt ist Vollständigkeit jedoch weder möglich noch beabsichtigt. Es bleibt eine Auswahl, getroffen unter dem Gesichtspunkt, Zuschauern und Lesern eine möglichst intensive Begegnung mit ihrer Vergangenheit zu ermöglichen.

So wird sich bei der Lektüre des Buches auch die Frage nach den Grundströmungen des 20. Jahrhunderts stellen: War es ein Jahrhundert der Extreme, ein Katastrophenzeitalter, ein Jahrhundert der Technik, der Ideologien, der Medien oder der Umweltzerstörung? Buch und Sendungen versuchen die Themen so darzustellen, dass Leserinnen und Leser Antworten auf diese Fragen erhalten und sich ein eigenes Urteil bilden können.

Bei all dem stößt das Streben nach möglichst objektiver Vermittlung schnell an Grenzen. Die Überlieferung der Vergangenheit weist Lücken und Einseitigkeiten auf, ganz besonders, wo es um Bild- und Filmmaterial geht. Und Zeitzeugen erzählen uns ihre erinnerten Geschichten, aber

Nach dem Ende von nationalsozialistischer Gewaltherrschaft und Krieg beginnen 1945 überall wie hier in Berlin die Aufräumungsarbeiten – Schwerstarbeit für die »Trümmerfrauen«.

eben noch nicht Geschichte. Wichtig sind sie dennoch. Sie tragen dazu bei, die zeitgenössische Wahrnehmung von Ereignissen zu vermitteln, sie helfen uns, fremd gewordene Kulturen und Lebensweisen zu verstehen, indem sie auf die Fragen der Heutigen erzählend und beschreibend antworten. Allerdings muss diese Darstellung des Alltäglichen aus subjektiver Sicht mit den Erkenntnissen der wissenschaftlichen Forschung verbunden werden, um das Lebensweltliche plausibel in die historische Entwicklung einordnen zu können.

Das geschieht in Buch und Serie auf unterschiedliche Weise. Ist es die Aufgabe der Sendungen, durch spannende und unterhaltende Bild- und Filmdokumente, Zeitzeugen und Fachleute den Zuschauern einen »Einstieg« in die einzelnen Themen zu ermöglichen, so sollen die Buchkapitel in einer mehr sachbezogenen, nüchternen Sprache weitere Hintergrundinformationen geben und Zusammenhänge zeigen. Dass dabei in den Kapiteln die inhaltlichen Akzente manchmal etwas anders gesetzt werden als in den Filmen, ist unvermeidlich, ja sogar notwendig. Text und Film sind nun einmal sehr verschiedene Medien mit jeweils eigenen Bedingungen, Ansprüchen und Vorzügen. Die Herausgeber haben sich aber in allen Fällen bemüht, Filme und Texte so aufeinander abzustimmen, dass es weder Doppelungen noch ein völliges Auseinanderlaufen gibt.

Für das Buch wurden Autorinnen und Autoren gewonnen, die wissenschaftlich tätig sind oder die sich, fachlich ausgewiesen, als Filmemacher einen profunden Kenntnisstand erarbeitet haben. In der knappen Form der Texte musste das wissenschaftlich Notwendige allerdings mit dem allgemein Verständlichen eine Verbindung eingehen. Das ist für eine historische Darstellung eine besondere Herausforderung, die den Autorinnen und Autoren Mut zur verkürzenden These und zur journalistischen Pointierung abverlangte.

Dort, wo es sinnvoll ist, werden am Ende der Kapitel themenspezifische Chroniken angeboten. Im Anhang des Buches findet sich eine nach Jahreszahlen geordnete Gesamtübersicht von wichtigen oder markanten Daten aus dem politischen, wirtschaftlichen und kulturellen Leben.

Trotz seines Umfangs will und kann das Buch aber keine abgerundete Darstellung des ausgehenden Jahrhunderts bieten. Was Herausgeber, Filmemacher und Autoren bei der Arbeit beflügelte, war nicht der Hang zur Vollständigkeit und Systematik, sondern Entdeckerlust. Wir hoffen, dass sie sich bei der Lektüre auch auf die Leserinnen und Leser überträgt.

Prof. Dr. Rainer Wirtz
Dr. Thomas Fischer

Die Hauptstadt Berlin als Baustelle und Symbol – das nach mehr als 40 Jahren Trennung vereinte Deutschland muss sich ein neues Haus für die Zukunft bauen (Blick auf den Potsdamer Platz; links im Hintergrund ist der Reichstag mit seiner neuen Kuppel zu erkennen, rechts daneben das Brandenburger Tor, das die Grenze zwischen Ost und West markierte; ganz rechts erhebt sich der Turm des traditionsreichen Krankenhauses Charité; Foto vom 27.1.1998).

ALPET

FOLGE

1

MOBILMACHUNGEN

Die Deutschen und das Auto

Kaum ein technischer Gegenstand hat das Leben und die Umwelt der Menschen im 20. Jahrhundert mehr verändert als das Auto. Es hat den Menschen mobil gemacht, ihm Arbeit und Wohlstand verschafft, seinen Bewegungsradius vergrößert und sein Leben beschleunigt. Aber es hat ihn auch mit Umweltproblemen konfrontiert, Lärm und Abgase produziert und Millionen Unfalltote gekostet. Doch kaum einer kann sich ein Leben ohne Auto heute noch vorstellen, denn Mobilität ist zu einem Wert an sich geworden.

Von der Kutsche zum Automobil

Im Juli des Jahres 1886 stellt der Mannheimer Ingenieur Carl Benz den ersten benzingetriebenen Motorwagen vor. Die Begeisterung der Zeitgenossen hält sich in Grenzen. Kaum einer ahnt damals, was diese Erfindung für Folgen haben wird. So ist das Auto in seinen Anfangstagen zunächst alles andere als beliebt. Die Pferde scheuen, wenn eines dieser Ungeheuer angerattert kommt, und die Kutscher, die den Transport von Menschen und Material bewerkstelligen, verteufeln es, denn sie fürchten um ihren Arbeitsplatz.

Weil die ersten Autos in Handarbeit gefertigt werden, sind sie noch sehr teuer. Fabrikbesitzer, reiche Gutsherren, Adlige und Landärzte sind die ersten, die sich ein Auto leisten können, und so gilt das Automobil als »Spielzeug der Reichen«. »Tempo« ist die Devise am Beginn des neuen Jahrhunderts, und die Autos erreichen um die Jahrhundertwende bereits Geschwindigkeiten von bis zu 100 km/h.

Im Ersten Weltkrieg ändert sich das negative Image des Autos in der Öffent-

Urlaubsverkehr auf einer deutschen Autobahn: Trotz Schadstoff- und Lärmbelastung will heute kaum jemand auf die Mobilität verzichten, die das Auto ermöglicht.

lichkeit: Es zeigt sich, wie nützlich es sein kann, als Munitionstransporter, zur Beförderung von Verwundeten oder um damit Lebensmittel und Nachschub an die Front zu bringen. Von da an ist es nur noch eine Frage der Zeit, bis es sich auch im Frieden durchsetzt und ab den Zwanzigern zum Fahrzeug für jedermann wird.

Die Anfänge der Massenmotorisierung

Das erste deutsche Massenautomobil ist der Opel Laubfrosch. Er kommt 1924 auf

Zum »Auto für jedermann« soll der Opel Laubfrosch avancieren, der 1924 herauskommt.

den Markt und ist das detailgetreue Abbild eines französischen Citroën. Der »Volksopel« wird nach dem Vorbild des amerikanischen T-Modells von Ford in Serie hergestellt. Die Fließbandfertigung drückt den Preis des Opels von anfangs 4000 auf 1800 Reichsmark. Jetzt können sich nicht nur die Reichen ein Auto leisten, sondern das Auto wird für (fast) jedermann erschwinglich. Im Lauf der Zwanzigerjahre nimmt der Verkehr deshalb stark zu. Da auch die Unfallzahlen steigen, will man den Verkehr nicht mehr dem freien Spiel der Kräfte überlassen. Verkehrszeichen, Ampeln und Verkehrspolizisten regeln seither das Miteinander auf den Straßen, und in den Schulen werden die ersten Filme zur Verkehrserziehung vorgeführt. In drastischen Bildern schildern sie vor allem die Gefahren für die Kinder. Die haben die Straße bisher als Spielraum genutzt, werden nun aber durch die wachsende Motorisierung auf Gehwege und Hinterhöfe verwiesen. Der Lebens-Raum Straße wird zum Verkehrs-Raum.

Der Kraft-durch-Freude-Wagen

Die Nationalsozialisten treiben die Motorisierung voran. Sie senken die Kraftfahr-

BIOGRAFIE

Carl Benz

Carl Benz gilt als der »Erfinder« des Automobils. Er wird am 25. November 1844 in der Nähe von Karlsruhe geboren und studiert dort an der polytechnischen Hochschule. 1883 gründet der Ingenieur in Mannheim zusammen mit dem »Mechanikus« August Ritter die Benz & Cie. Gasmotorenfabrik, nachdem er, wie er selbst sagt, mehrere Jahre als »lehrlingsartiges Subjekt« in einem Maschinenbetrieb gearbeitet und nach Feierabend Technikbücher studiert hat. Er will »ein Fahrzeug bauen, das sich ohne Pferd auf der Landstraße schienenlos bewegt«. Nach vielen Fehlschlägen und finanziellen Katastrophen erhält Benz am 29. Januar 1886 ein Patent für ein »Fahrzeug mit Gasmotorbetrieb« – das Auto ist erfunden. Kaum jemand nimmt im Juli 1886 Notiz von der Zeitungsmeldung, die von der geglückten Probefahrt des Gefährts berichtet, denn niemand ahnt, dass damit eine neue Epoche beginnt. In der Folgezeit entwirft Carl Benz ständig verbesserte, »luxuriösere« Automobile und schließt sich 1924 mit Gottlieb Daimler zusammen, der ebenfalls ein Motorfahrzeug entwickelt hat. Die Daimler-Benz-AG entsteht und die Autos tragen als Signet bald den dreizackigen Stern. Drei Jahre später stirbt Benz am 4. April im Alter von 84 Jahren in Ladenburg bei Mannheim.

zeugsteuer und setzen Geschwindigkeitsbegrenzungen aus. Geschickt nutzen sie den Wunsch der Bevölkerung nach dem Auto, nach Ausflügen in die Umgebung, nach Urlaubsreisen. Mit dem Versprechen, all dieses zu ermöglichen, werben die Nationalsozialisten für sich und die Partei. Ferdinand Porsche bekommt den Auftrag, ein Fahrzeug zu entwickeln, mit dem man die Massen motorisieren kann.

Es soll 100 km/h schnell sein, nicht mehr als 7 l Benzin verbrauchen und fünf Personen mit Gepäck Platz bieten. Bei Fallersleben wird ein eigenes Werk für die Produktion des neuen Wagens gebaut. Die Aussicht, bald mit dem eigenen Wagen ins Grüne fahren zu können, ist verlockend, aber der Preis für den nach der Freizeitorganisation der Nazis benannten Kraft-durch-Freude-Wagen ist mit 999 Reichsmark recht hoch. Deshalb initiiert man ein Sparsystem: Jeder, der den Wagen haben will, soll mindestens 5 Reichsmark pro Woche in Sparmarken anlegen. Wenn auf diese Weise genug zusammengekommen ist, kann der Sparer sich seinen Wagen abholen – theoretisch, denn 1939 marschieren deutsche Soldaten in Polen ein, der Krieg beginnt, und damit wird die Produktion des KdF-Wagens ausgesetzt. Ihr Angespartes sehen die meisten der potenziellen Volkswagen-Besitzer nie wieder.

Der Massenmotorisierung dient auch der Bau der Reichsautobahnen, den die Nazis mit großem Propagandaaufwand vorantreiben. Der Öffentlichkeit werden die kreuzungsfreien »Straßen der Zukunft« als gigantisches Programm zur Ankurbelung der Wirtschaft vorgestellt. Doch sowohl die Autobahnen als auch die Arbeitsbeschaffungsmaßnahmen sind keine Erfindung der Nazis, sondern gehen auf Pläne und Vorarbeiten in der Weimarer Republik zurück.

Gleichzeitig ist das »Programm zur nationalen Motorisierung« mit KdF-Wagen und Autobahnbau Teil nationalsozialistischer Kriegsvorbereitung. Gut ausgebaute Straßen erlauben einen schnellen Truppenaufmarsch und die Versorgung der Soldaten mit Verpflegung und Munition. Über möglichst viele Menschen zu verfügen, die mit einem Auto umgehen können, ist außerdem eine wesentliche Voraussetzung für die Blitzkriegstrategie der Nazis.

Nur wenige Deutsche haben in den Dreißigerjahren ein Auto und können Adolf Hitlers Autobahnen nutzen.

Mobilität mit Kleinstwagen

Nach dem Zweiten Weltkrieg sind die Verkehrswege zerstört, Eisenbahnlinien unterbrochen, Brücken eingestürzt. Die Mobilität ist stark eingeschränkt, aber der Traum vom eigenen Auto bleibt bestehen. Autos allerdings sind rar und für viele zu teuer, und so wird zunächst das Motorrad zum »Auto des kleinen Mannes«. Als sich die Wirtschaft ein wenig erholt hat und die Leute langsam wieder mehr Geld verdienen, verlangen sie mehr Komfort. Sie

wollen beim Fahren nicht mehr im Freien sitzen, sondern ein Dach über dem Kopf haben – der Zweiradwelle folgt die Kleinwagenwelle. Der Messerschmitt-Kabinenroller, der NSU-Prinz, die Isetta von BMW und das Goggomobil prägen das Bild der westdeutschen Straßen.

Der Messerschmitt-Kabinenroller ist zu Beginn der Fünfzigerjahre der Traum für viele, die bei jedem Wetter mobil sein wollen.

Trabbis auf den Straßen der DDR

Obwohl vor dem Krieg viele bekannte und beliebte Autofabrikate im Osten Deutschlands gefertigt wurden, knüpft die DDR-Führung nicht an diese Tradition an. Zu Beginn der Fünfzigerjahre kommt dort der Trabant auf den Markt, der ohne große Veränderungen bis in die Neunzigerjahre gebaut wird. Seine Besonderheit ist die Karosserie aus Plastematerial. Zwar tüfteln die Ingenieure in den folgenden Jahren an vielen Modellen, die den Trabant einmal ersetzen sollen, aber Walter Ulbricht gibt einen anderen Kurs vor. Die DDR, so Ulbricht, soll kein Land des Automobilbaus werden. So bleibt der Trabant über mehr als 40 Jahre fast unverändert das meistgefahrene Auto in der DDR und wird zum Symbol für das sozialistische Deutschland. Obwohl das Auto technisch nicht auf dem neuesten Stand ist, ist der Trabbi heiß begehrt. Denn natürlich wollen auch die Ostdeutschen besonders an Wochenenden und im Urlaub die Freuden der Mobilität genießen. Und da gibt es neben dem teuren Wartburg aus Eisenach und den noch teureren Importmodellen eben nur den kleinen Zweitakter aus Zwickau. Weil man von der Bestellung bis zur Lieferung zehn bis zwölf Jahre auf ein Auto warten muss, werden Trabant und Wartburg (und natürlich auch alle anderen fahrbaren Untersätze) liebevoll behandelt. Weil es kaum Ersatzteile gibt, werden Reifen, Wischer oder Auspufftöpfe auf dem grauen Markt gehandelt und unter Umgehung der Werkstätten meist selbst aus- und eingebaut. Im Gegensatz zu vielen westdeutschen Autofahrern kennen die meisten ostdeutschen »ihr« Auto bis zur letzten Schraube. Es gibt aber auch noch andere Unterschiede: z.B. die strengen Verkehrskontrollen, das absolute Alkoholverbot und die rigiden Geschwindigkeitsbegrenzungen (maximal 100 km/h), wodurch die Unfallzahlen zu DDR-Zeiten relativ niedrig bleiben.

Der Trabant, der Volkswagen der DDR

In den Fünfzigerjahren erfüllt sich der Urlaubstraum mit der Reise im eigenen Pkw zum Camping an die Ahr.

Andererseits wird viel »blauer Abgasdunst« in die Umwelt geblasen und nur sehr wenig für passive Sicherheit und für den Straßenbau getan. Das Risiko eines Autounfalls mit Todesfolge ist deshalb trotz niedriger Unfallzahlen weit höher als in Westdeutschland.

Urlaubsfreuden mit dem eigenen Pkw

Auf die Zweirad- und Kleinwagenwelle folgt in den Fünfzigern die Urlaubswelle (→ Folge 32). Man benutzt sein Auto nicht nur zur Fahrt ins Büro oder zum Einkaufen sondern auch um »ins Grüne« zu kommen, in den Süden oder zu den »sozialistischen Nachbarn«. Der Gardasee, Venedig, Rom, Neapel oder der Plattensee sind Traumziele der Deutschen, und das Auto bringt sie dorthin. Dabei ist der Weg durchs Gebirge alles andere als eine Spazierfahrt. Die wenigen Passstraßen sind schlecht ausgebaut und kochende Motoren, platte Reifen und heißgelaufene Bremsen sind Gefahren, die eine Urlaubsfahrt zum Abenteuer machen.

Wer es sich leisten kann, fährt in den Fünfzigerjahren im Westen einen VW-Käfer. Die Alliierten haben das Projekt Volkswagen gleich nach dem Krieg wieder aufgegriffen, und schon 1945 wurden die ersten Käfer unter alliierter Aufsicht in Wolfsburg produziert. Er ist robust, zuverlässig und vor allem statusneutral. Laut Werbeslogan fährt ihn der Direktor genauso, wie der Student oder der Arbeiter. Nicht zuletzt dieses Image ist es, das den Käfer zu einem beispiellosen Erfolg macht.

Symbol des »Wirtschaftswunders«

Wie kaum ein anderes Produkt versinnbildlicht das Auto das bundesrepublikanische »Wirtschaftswunder«. Es demonstriert: Wir haben es geschafft, wir sind wieder wer. Das Auto wird zum Statussymbol. Auf den Automobilausstellungen hat man nach dem Krieg die amerikanischen Straßenkreuzer kennengelernt und ist beeindruckt von so viel Chrom, von Kunstledersitzen und Weißbandreifen. Solche Details findet man nun auch bei deutschen Autos. Ein typisches Modell dieser Zeit ist der Ford 17 M, der mit einer gewaltigen Schnauze, einem weißen Lenkrad mit einem bunten Wappen auf dem Hupknopf und aufgenähten Krönchen auf den Sitzpolstern aufwartet. Im Volksmund wird er deswegen bald zum »Barocktaunus«.

Werbung für den VW-Käfer

Das Leben wird dem Auto angepasst

Durch die massenweise Motorisierung der Bevölkerung verändern sich die Umwelt, die Wohnsituation und die Siedlungsstruktur. Das Motto von der »autogerechten Stadt« bestimmt die Stadtplanung. Straßen werden ausgebaut, Alleen abgeholzt und Parkplätze angelegt. Da man jetzt mit dem eigenen Wagen zur Arbeit fährt, muss man nicht mehr in der Nähe des Arbeitsortes oder der Straßenbahnhaltestelle wohnen. Statt dessen siedelt man sich an den Stadträndern oder auch auf dem Land an, wo die Wohnungen zunächst noch billiger zu bekommen sind. Aber auch die Industrie und die Einkaufszentren sind nicht

Luxus der Sechzigerjahre: der Ford 17 M P3; im Hintergrund das Modell T

Die Ölkrise im Herbst 1973 führt kurzfristig zu Fahrverboten und langfristig zur Entwicklung von Benzin sparenden Autos.

mehr an stadtnahe Standorte gebunden, weil ihre Mitarbeiter und auch die Kunden nun mobil sind.

Weil der Supermarkt mit den billigen Einkaufsmöglichkeiten nun außerhalb der Stadt liegt, wo man zu Fuß oder mit dem Bus nur schlecht hinkommt, und auch fast alle anderen Lebensbereiche auf das Auto ausgerichtet sind, entsteht eine Art Zweiklassengesellschaft. Es gibt einen mobilen Teil der Bevölkerung, das sind alle Erwachsenen mit Führerschein und Auto, und einen weniger mobilen, dazu gehören die Alten, Kinder und Arbeitslosen, die sich kein Auto leisten können und die öffentlichen Verkehrsmittel benutzen müssen. Der Führerschein wird zu einer Voraussetzung für die aktive Teilnahme am gesellschaftlichen Leben.

Die Zunahme der Motorisierung hat gravierende Folgen für die Umwelt: Parkplätze ersetzen vielerorts die Grünflächen.

Hoher Preis für die Mobilität

Lange Jahre hat man die Vorteile und Möglichkeiten individueller Mobilität unbeschwert genossen, ab den Siebzigerjahren werden die Nachteile und die Grenzen deutlich. Stadtbewohner und Fußgänger klagen über Lärm, Gestank und Abgase. Der Stau, der sich ein paar Jahre zuvor im Wesentlichen auf die Urlaubszeit beschränkt hat, wird zum Alltagserleben vieler Westdeutscher. Die Zahl der Unfalltoten und -verletzten ist rapide gestiegen. Der finanzielle Aufwand für den Straßenbau und die Entsorgung von Altwagen werden zu einem immer größeren Problem. Die Ölkrise macht Ende 1973 deutlich, wie abhängig die Mobilität von Ressourcen ist, die wir nicht selbst besitzen, und das Waldsterben zeigt schließlich die ökologischen Folgen einer auf ständige Expansion angelegten Massenmotorisierung (→ Folge 38).

Das Ende des Autos?

Trotz aller Nachteile bleibt in der Verkehrspolitik vieles beim Alten. Das Auto wird zwar aus der Stadt verbannt, Fußgängerzonen entstehen, wo man eben noch Durchgangsstraßen vierspurig ausgebaut hat. Vereinzelt werden Lärmschutzwälle errichtet, um die geplagten Anwohner zu entlasten, aber ein Ende des Autobooms ist nicht abzusehen. Die Automobilindustrie ist zu einem mächtigen Wirtschaftsfaktor in Deutschland geworden, und die Abkehr vom Auto, so argumentieren die Autobauer, führe zu hoher Arbeitslosigkeit und dem Zusammenbruch der Wirtschaft. Viele Politiker sehen das genauso, und so wird das Prinzip der individuellen Mobilität für alle nicht angetastet. Statt dessen versucht man, die negativen Auswirkungen des Autos zu begrenzen. Um die Zahl der Verkehrsopfer zu senken, wird 1972 die Höchstgeschwindigkeit auf Landstraßen auf 100 km/h beschränkt. Auf Autobahnen darf jedoch weiter gerast werden. 1974 sind für Neuwagen Sicherheitsgurte vorgeschrieben, und zwei Jahre später wird das Anschnallen zur Pflicht. Um die Umweltbelastung durch das Auto zu verringern, wird in den Achtzigerjahren schrittweise der Abgaskatalysator eingeführt. Neue Motoren sollen den Verbrauch und damit den Schadstoffausstoß der Autos verringern. Solarautos werden entwickelt und Hybridmotoren getestet die, je nach Bedarf, mit Strom, Gas oder Benzin angetrieben werden können. Doch trotz aller Innovationskraft, welche die Automobilindustrie an den Tag legt, wenn es etwa darum geht schnellere Motoren oder leichtere Karosserien zu bauen, einen wirklichen Durchbruch in Sachen umweltfreundlicheres Auto gibt es bislang nicht.

Den Autofahrer, und das sind mittlerweile ja fast alle, ändern die Hiobsbotschaften der Ökologen und Verkehrsexperten nicht. Sich ins Auto zu setzen und mal eben um die Ecke zu fahren, oder auch weiter weg, das gehört zu unseren persönlichen Freiheiten und die lassen wir uns nicht nehmen. Dabei handelt es sich angesichts der täglichen Stauerfahrungen oft genug um eine Illusion. Denn gerade in den Großstädten erreicht man mit dem Fahrrad allemal schneller sein Ziel, ohne sich auf die oft mühselige Parkplatzsuche begeben zu müssen.

Trotz aller Umweltprobleme hat das Auto wenig von seiner Faszination verloren: Zukunftsauto von Ford für das Jahr 2000.

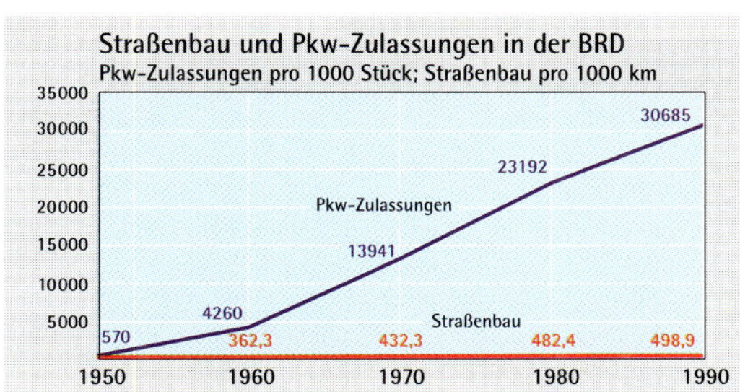

Die Chronik des Automobils

Carl Benz 1887 am Steuer seines Patent-Motorwagens; neben ihm sein kaufmännischer Mitarbeiter Josef Brecht

29.1.1886 Carl Benz erhält ein Patent, das ihn als Schöpfer des ersten Fahrzeugs mit einem Verbrennungsmotor auszeichnet, des dreirädrigen Patent-Motorwagens.

1886 Der von dem deutschen Autopionier Gottlieb Daimler entwickelte »Kutschwagen« erreicht eine Höchstgeschwindigkeit von 16 km/h und basiert auf einer Pferdedroschke, die mit Motor ausgestattet ist.

August 1888 Berta Benz beweist mit einer spektakulären Überlandfahrt die Alltagstauglichkeit des von ihrem Ehemann Carl Benz entwickelten Patent-Motorwagens. An einem Tag legt sie die 80 km lange Strecke von Mannheim nach Pforzheim zurück. Zugleich geht sie als erste Verkehrssünderin in die Geschichte des Automobils ein, denn Fahrten mit dem neuen Wagen sind nur in der Nähe der Fabrik gestattet. Der Verstoß bleibt allerdings ungeahndet.

30.9.1897 In Berlin findet die erste Automobilausstellung Deutschlands mit Fahrzeugen von Benz, Daimler und Lutzmann statt.

1898 »Der Motorwagen« erscheint als erste Autozeitschrift Deutschlands. Sie ist das Organ des 1897 gegründeten ersten deutschen Automobilklubs, des Mitteleuropäischen Motorwagen-Vereins.

17.5.1903 In Stuttgart wird der Allgemeine Deutsche Automobilclub (ADAC) gegründet. Zu seinem 25jährigen Bestehen 1928 hat er rund 80 000 Mitglieder in über 800 Ortsgruppen.

1906 In Deutschland wird das Reichsstempelgesetz zur Erhebung einer Kraftfahrzeugsteuer erlassen.

Oktober 1908 Die Produktion des weltberühmten Modell T von Ford läuft an. Ab 1913 wird der Wagen am Fließband gebaut. Täglich laufen 650 Autos vom Band.

1909 In Deutschland wird das Gesetz über den Verkehr mit Kraftfahrzeugen erlassen. Darin werden die allgemeinen Verkehrsvorschriften aufgeführt, und zugleich wird eine Haftpflichtverordnung vorgelegt.

1915 Die Daimler Motoren-Gesellschaft in Cannstatt liefert Sanitätswagen. Somit können im Ersten Weltkrieg erstmals deutsche Sanitätskolonnen eingesetzt werden.

24.9.1921 Auf der Berliner AVUS (Automobil-Verkehrs- und Übungsstraße) wird erstmals ein Autorennen ausgetragen.

1924 Opel bringt das Modell 4/12 PS heraus. Es gilt als das erste in Serie gefertigte deutsche Auto und wird wegen seiner grünen Lackierung Opel Laubfrosch genannt. Die Serienfertigung vermindert den Preis des Wagens um mehr als die Hälfte.

1.10.1926 Ein Jahr nach Einführung der Mittelstreifen als Fahrbahnbegrenzung werden in Berlin die ersten Verkehrsampeln in Betrieb genommen.

1927 Der Allgemeine Deutsche Automobilclub führt mit 33 Fahrzeugen den ersten Straßenhilfsdienst in Deutschland ein.

10.8.1930 Der Allgemeine Deutsche Automobilclub (ADAC) errichtet auf der Strecke München – Garmisch-Partenkirchen versuchsweise die ersten Pannentelefone.

12.3.1931 Der Deutsche Reichstag billigt eine neues Kraftfahrzeugsteuergesetz. Es sieht unter anderem für Pkw mit Verbrennungsmotoren eine jährliche Steuer von 12 Reichsmark pro 100 ccm Hubraum vor.

6.8.1932 Als erste nur für den Kraftverkehr bestimmte Straße in Deutschland wird die Strecke Köln – Bonn fertiggestellt. Langgestreckte Kurven ermöglichen eine hohe Dauergeschwindigkeit. Die Straße gilt als Vorläufer der Autobahnen.

10.4.1933 Die deutsche Reichsregierung hebt die Kraftfahrzeugsteuer für Pkw, Lkw und Krafträder auf, die nach dem 31. März 1933 zum Verkehr zugelassen werden.

27.6.1933 Das Unternehmen Reichsautobahn wird als Körperschaft des öffentlichen Rechts und Tochtergesellschaft der Deutschen Reichsbahn gegründet. Damit wird der Fernstraßenbau Staatsangelegenheit.

8.3.1934 In Berlin beginnt die Internationale Automobil- und Motorradausstellung. In seiner Eröffnungsrede betont der nationalsozialistische Reichskanzler Adolf Hitler, er wolle die Wirtschaft durch die Förderung des Automobilwesens ankurbeln.

19.5.1935 Hitler eröffnet bei Darmstadt das erste vollendete Teilstück der Reichsautobahn zwischen Frankfurt am Main und Heidelberg. Vorbilder für den Reichsautobahnbau sind der 1921 fertiggestellte AVUS-Ring bei Berlin und ein zwischen 1928 und 1932 gebauter Autobahnabschnitt zwischen Köln und Bonn.

26.5.1938 Anlässlich der Grundsteinlegung für das Volkswagenwerk bei Fallersleben (Wolfsburg), wird der von Ferdinand Porsche konstruierte Kraft-durch-Freude-Wagen der Öffentlichkeit vorgestellt.

7.9.1939 Die Halter aller Kraftfahrzeuge im Deutschen Reich werden verpflichtet, zum 1. Juli 1940 eine Haftpflichtversicherung für Sach- und Personenschäden abzuschließen.

1941 Im Deutschen Reich werden Treibstoff, Ersatzteile und Autoreifen knapp, weil sie für Armee- und Staatsfahrzeuge reserviert sind. Da auch die Reichsbahn ihren zivilen Personenverkehr einschränkt, kommt es in den Städten z.T. zu chaotischen Verkehrsverhältnissen. Fahrradtaxis und Pferdefuhrwerke füllen die Straßen. Viele Autos werden auf Holzvergaser umgerüstet.

7./8.5.1945 Der Zweite Weltkrieg ist zu Ende. Die Verkehrsinfrastruktur ist weitgehend zerstört. Brücken sind eingestürzt, Straßen unpassierbar, Eisenbahnlinien unterbrochen. Der Verkehr ruht weitgehend.

1955 läuft die 10 000. Isetta vom Band, einer der beliebten Kleinstwagen der Nachkriegszeit.

16.9.1938 Die Deutsche Arbeitsfront stellt das Sparsystem vor, das jedem Deutschen zu seinem KdF-Wagen verhelfen soll. 999 Reichsmark soll der Wagen kosten.

1.9.1939 Mit dem deutschen Überfall auf Polen beginnt der Zweite Weltkrieg. Damit ist das Projekt Volkswagen zunächst beendet.

10.9.1949 In den Messehallen am Funkturm in Berlin wird die erste deutsche Automobilausstellung nach dem Krieg eröffnet. 81 Firmen beteiligen sich an der Messe.

Um 1950 Moped und Motorrad werden zum Traum vieler Deutscher, denn sie bieten Mobilität zu einigermaßen erschwinglichem

Preis. Etwas später satteln viele Motorradhersteller um und produzieren Kleinwagen. So bringt zum Beispiel NSU den NSU-Prinz heraus.

19.4.1951 Bundespräsident Theodor Heuss eröffnet in Frankfurt am Main die vom Verband der Automobilindustrie (VDA) organisierte Internationale Automobil-Ausstellung (IAA). Sie findet von da an alle zwei Jahre statt.

18.1.1954 Der Automobilclub von Deutschland (AvD) beginnt mit dem Einsatz von sog. Verkehrshilfswagen, die auf bundesdeutschen Autobahnen kleinere Reparaturen an liegengebliebenen Fahrzeugen ausführen. Wenig später nimmt auch ein Pannenhilfefahrzeug des Allgemeinen Deutschen Automobilclubs (ADAC) seinen Dienst auf.

5.8.1955 In Wolfsburg läuft der einmillionste Volkswagen vom Band.

1955 Das Goggomobil und die BMW Isetta kommen in Westdeutschland auf den Markt und entwickeln sich hier bald zu den erfolgreichsten Kleinwagen.

1955 In der Bundesrepublik werden 762 205 Pkw hergestellt. Damit rückt Westdeutschland zum weltweit zweitgrößten Autoproduzenten nach den USA auf.

1955 Die IFA-Werke in der DDR stellen mit dem P 70 einen neuen Kleinwagen vor, der eine Duroplastkarosserie hat. Er gilt als Vorläufer des Trabant.

1.1.1957 In der DDR tritt eine neue Straßenverkehrsordnung in Kraft, mit der unter anderem die Höchstgeschwindigkeit innerhalb geschlossener Ortschaften von 40 auf 50 km/h heraufgesetzt wird. Außerhalb geschlossener Ortschaften gilt Tempo 90, auf Autobahnen Tempo 100.

19.7.1957 Der Bundestag beschließt, die zulässige Geschwindigkeit innerhalb geschlossener Ortschaften auf 50 km/h zu begrenzen. Die Regelung tritt am 1. September in Kraft.

Parkplatznot in Städten

1957 In der DDR kommt der P 50 als Nachfolgemodell des P 70 heraus. Er wird als Trabant (ab 1959) zum »Volkswagen« der DDR.

1958 Der Ford 17 M wird in der Luxusausführung mit Weißbandreifen, Krönchen auf den Sitzpolstern und großer verchromter Stoßstange angeboten. Sein Design orientiert sich an den amerikanischen Straßenkreuzern, so dass er sich wie kaum ein anderes Auto als Statussymbol eignet.

6.6.1960 Auf bundesdeutschen Straßen endet nach viertägiger Dauer eine als Versuch eingeführte Geschwindigkeitsbegrenzung. Erlaubt waren auf Autobahnen 100 km/h, auf Landstraßen 60 km/h. Grund für die Überlegung, an den Wochenenden ein Tempolimit festzulegen, war die steigende Zahl der Unfälle mit tödlichen Verletzungen.

Februar 1966 Einer Erhebung zufolge liegt der Verlust für die bundesdeutsche Volkswirtschaft durch Verkehrsunfälle bei 7 Mrd. DM.

März 1966 Der ADAC protestiert scharf gegen eine geplante Senkung der Promillegrenze von 1,5 auf 0,8. Es liegen nach Auffassung des Automobilverbandes keinerlei Gründe vor, dass bei 1,5 Promille Alkohol im Blut die Fahrtüchtigkeit nicht mehr gewährleistet sei.

1966 In der DDR liegt die aktuelle Lieferzeit für Personenkraftwagen bei sechs Jahren.

Mai 1967 Das Mitführen eines Verbandskastens wird in der Bundesrepublik zur Pflicht.

August 1967 Die Nahostkrise treibt die Benzinpreise in die Höhe.

November 1969 Nach amtlichen Angaben gehören die Landwirte in Westdeutschland vor den Selbstständigen zu der am besten motorisierten Schicht. Am Ende der Skala stehen Rentner und Arbeitslose.

1.7.1970 In der BRD muss von diesem Tag an in jedem Pkw ein Warndreieck mit dem amtlichen Prüfsiegel mitgeführt werden.

1.10.1972 In der BRD wird eine Geschwindigkeitsbegrenzung von 100 km/h auf Landstraßen außerhalb geschlossener Ortschaften eingeführt. Die Autobahnen bleiben ohne generelles Tempolimit.

Juli 1973 In der BRD wird der für Autofahrer zulässige Alkoholspiegel im Blut auf 0,8 Promille gesenkt.

Oktober/November 1973 Die arabischen Erdöl exportierenden Länder (OPEC) beschließen, ihre Rohölproduktion drastisch zu drosseln, bis sich Israel aus den besetzten Gebieten zurückzieht. Die Bundesregierung ergreift Sofortmaßnahmen, um der Ölverknappung zu begegnen. Die Höchstgeschwindigkeit auf Bundesautobahnen wird auf 100 km/h beschränkt, auf anderen Straßen auf 80 km/h. Für den 25. November 1973 wird ein allgemeines Fahrverbot erlassen.

13.3.1974 Die Bundesregierung setzt ab dem 15. März eine unverbindliche Richtgeschwindigkeit auf Autobahnen von 130 km/h in Kraft. Die vom Verkehrsministerium geplante Höchstgeschwindigleit von 100 km/h wird nicht durchgesetzt.

1.5.1974 Das Kraftfahrtbundesamt in Flensburg beginnt damit, eine »Verkehrssünderkartei« anzulegen. Verkehrsrowdies mit mehr als 14 Strafpunkten müssen die theoretische Fahrprüfung wiederholen.

1.1.1976 Mit Jahresbeginn gilt in der Bundesrepublik die Anschnallpflicht. Bußgeldpflichtig wird ein Verstoß gegen das Gesetz erst 1984.

Porsche 911 Targa – Traum des Automobilisten

1976 In der Bundesrepublik verfügen 60 % aller privaten Haushalte über ein Auto, 5 % besitzen einen Zweitwagen.

19.1.1978 40 Jahre nachdem der legendäre VW-Käfer seine definitive Form fand, läuft der letzte Wagen dieser Bauart in Emden vom Fließband. Der Käfer wird allerdings in Mexiko weiter produziert.

1.1.1980 In der DDR gilt von nun an eine allgemeine Anschnallpflicht.

19.9.1984 Das Bundeskabinett beschließt, ab dem 1. Januar 1989 die Zulassung von Neuwagen ohne Katalysator zu verbieten. Für Autos mit mehr als 2 l Hubraum gilt die Regelung schon ab 1988. Käufer von Katalysatorautos erhalten von 1985 an Steuervorteile.

1.2.1987 Erstmals wird in West-Berlin die Smogalarmstufe 1 ausgerufen, die ein eingeschränktes Fahrverbot nach sich zieht. Von der vorübergehenden Stilllegung ausgeschlossen sind Diesel- und Katalysatorfahrzeuge.

1987 Laut Angaben des Statistischen Bundesamtes in Wiesbaden liegt die Zahl der Verkehrstoten in der BRD erstmals seit 25 Jahren unter 8000 (7973).

15.4.1989 Die für den Umweltschutz zuständigen Minister des Bundes und der Länder einigen sich darauf, ab dem 1. Oktober 1991 den Drei-Wege-Katalysator für alle Neuwagen vorzuschreiben.

1.1.1991 In den neuen Bundesländern wird das westdeutsche Autokennzeichensystem eingeführt. Die neu vergebenen Buchstabenkombinationen waren zum Teil bereits bei der Einführung in der Bundesrepublik 1956 im Hinblick auf eine mögliche Wiedervereinigung freigehalten worden.

30.4.1991 In Zwickau läuft nach 34 Jahren der letzte Trabant vom Band. Insgesamt wurden 3 Mio. Exemplare produziert.

11.-21.9.1997 Die Internationale Automobilausstellung (IAA) in Frankfurt am Main feiert ihr 100-jähriges Bestehen. Sie fand zum ersten Mal 1897 in Berlin statt. Zum Jubiläum wartet die IAA mit Rekordzahlen auf: 1270 Aussteller aus 41 Ländern zeigen auf 210 000 m^2 Ausstellungsfläche ihre Autos, darunter 33 Welt-, 8 Europa-, und 14 Deutschlandpremieren. Trotz aller Sparzwänge und Umweltdebatten ist das Auto noch immer der Deutschen liebstes Kind.

FOLGE
2

WASSERZEICHEN

Die Deutschen und das Meer

Die gängigen Konversationslexika definieren heute wie vor 100 Jahren »Meer« als die große zusammenhängende Wassermenge, die zu mehr als 70 % die Erdoberfläche bedeckt. Ein Blick auf die Deutschlandkarte von 1900 zeigt, dass das Deutsche Reich eine lange, von Emden bis Jütland und von Hadersleben bis jenseits von Königsberg reichende Küste besitzt – zwar nicht ganz »von der Maas bis an die Memel«, aber doch eine Tausende von Kilometern lange direkte Berührung mit dem Meer. Und dennoch attestieren deutsche wie ausländische Beobachter, dass die Deutschen keine Kenntnis vom und kein Verhältnis zum Meer haben.

Der deutsche Kaiser Wilhelm II. und seine Politiker und Militärs wollen dies ändern. Um eine imperialistische Kolonialpolitik betreiben zu können, wollen sie die Flotte ausbauen. Sie glauben »Bitter not ist uns eine deutsche Flotte«, befehlen »Fahre darein mit gepanzerter Faust«, gemeint ist die Niederschlagung des Boxeraufstandes im fernen China, oder behaupten »Der Dreizack (des Meeresgottes Neptun) gehört in unsere Faust«. Denn, so ruft der Kaiser bei der Eröffnung des neuen Hafens in Stettin 1898: »Unsere Zukunft liegt auf dem Wasser«. Etwas vornehmer lautet das Motto der Hamburger Reederei Hapag, die 1914 die größte der Welt ist, »Mein Feld ist die Welt«, während der niederdeutsche See- und Heimatdichter Gorch Fock, der »passenderweise« in der Seeschlacht am Skagerrak fällt, ein Werk mit dem Titel »Seefahrt ist not« verfasst.

Kaiser Wilhelm II. an Bord seiner Jacht »Meteor« – der Monarch sorgt vor Beginn des Ersten Weltkriegs für einen raschen Ausbau der Kriegsmarine.

Abfertigungshalle für Auswanderer im Hamburger Hafen um 1900 – im Hintergrund das Motto der Hapag: Mein Feld ist die Welt

Bremen und Hamburg: Tore zur Welt

Die beiden großen Hansestädte an der Nordsee sind seit Jahrhunderten die Drehscheiben, auf denen die deutschen Landratten mit überseeischen Menschen und Gütern in Berührung kommen. Die Liste der Produkte wie Kaffee, Tee, Wein, Früchte, Kakao, Reis, die in Kolonialwarenläden verkauft werden, oder Baumwolle, Erze, Hölzer und Öl sowie andere Rohstoffe, die in Deutschland die Industrialisierung überhaupt möglich machen, finden den Weg ins Reich über Bremen und Hamburg. Diese Häfen sind es auch, über die Millionen deutsche Auswanderer ihre Heimat verlassen (→ Folge 7) und deutsche Exportgüter ausgeführt werden, die helfen, die ursprünglich diskriminierend gemeinte Etikettierung »Made in Germany« zu einem Gütezeichen werden zu lassen. Reedereien wie die Hapag, der Norddeutsche Lloyd oder die Hamburg-Süd befahren seit Jahrzehnten die Meere.

Trotz dieses Handels mit Menschen und Gütern über die See, hat das Deutsche Reich keine schlagkräftige Marine, die diese Wirtschaftsexpansion schützen könnte. Für den Kaiser wird die Flotte zum liebsten Spielzeug. Zur Umsetzung seiner auf Papier gemalten Flottenpläne gewinnt er die Großindustrie und den Seeoffizier Alfred von Tirpitz (1849–1930), dem es unter manchen Schwierigkeiten gelingt, eine Schlachtflotte aufzubauen, die zur Herausforderung der führenden Seefahrernation Großbritannien wird. Ein Wettrüsten zur See beginnt, in dem die Briten mit Schlachtschiffen der Dreadnought-Klasse (Fürchte-dich-nicht-Klasse) auf den deutschen Flottenbau antworten.

»Unsere Zukunft liegt auf dem Wasser«

Damit die immensen Ausgaben für die »grauen Pötte« der Bevölkerung plausibel werden, muss eine Propagandamaschinerie in Gang gesetzt werden, die ihresgleichen sucht. Schriftsteller schreiben über die Seefahrt, schildern das harte Leben an

Bord und wecken gleichzeitig die Sehnsucht nach fernen Ländern. Die Marinemaler zeigen große Schlachtschiffe in Ehrfurcht einflößender Perspektive, setzen die luxuriösen Schnelldampfer ins rechte Licht und werben u. a. für Kreuzfahrten zur Urlaubszeit. In den Zeitschriften werden diese Gemälde vielfach reproduziert und gelangen in die Wohnzimmer der Leser von »Über Land und Meer«, »Die Gartenlaube« oder der »Leipziger Illustrirten«. »Dramatiker« schreiben Marineschauspiele, für die so berühmte Künstler wie Ludwig Hohlwein die Ankündigungsplakate entwerfen. Schokoladenhersteller legen ihren

Die Familien des Großherzogs von Mecklenburg-Schwerin und des Prinzen Ernst August von Braunschweig in Matrosenkluft vor maritimer Kulisse

Produkten Sammelbildchen von der Seefahrt bei, Tabakhersteller bedienen sich maritimer Assoziationen bei der Namensgebung für ihre Produkte, Seefisch wird der Bevölkerung schmackhaft gemacht, und schließlich propagieren Modeschöpfer den Matrosenanzug für Jungen und Mädchen. Wer sich's leisten kann, fährt mit Eimer, Schaufel, Kind und Kegel an die Nord- und Ostsee. Auch der Kaiser ist im Sommer 1914 unterwegs auf seiner Jacht »Hohenzollern« in norwegischen Fjorden, als das österreichische Ultimatum an Serbien bekannt wird.

Das Meer wird zum Grab

Nicht nur Wellen, Wind und Wogen sowie menschliche Hybris verursachen Katastrophen zur See und führen »unsinkbare« Schiffe wie die »Titanic« ins Unglück. Der Beginn des Ersten Weltkriegs beendet jäh alle romantischen Vorstellungen vom Meer, die den Deutschen eingeimpft worden sind. Schlagartig kommt die Handelsschifffahrt zum Erliegen, deutsche Seeleute werden im Ausland interniert, stolze Passagierschiffe werden zu Hilfskreuzern umfunktioniert. U-Boote versenken Schiffstonnage und werden selbst versenkt. Die Hochseeflotte schlägt sich im Mai 1916 beachtlich mit den Briten in der Skagerrakschlacht, um danach in den Häfen zu dümpeln und schließlich Nährboden für Ungehorsam, Meuterei und Revolution zu werden, die das Kaiserreich hinwegfegen und die ihre Nachwirkungen noch beim Kapp-Lüttwitz-Putsch 1920 zeigen. Die Fernblockade deutscher Häfen durch die Briten wirkt nachhaltig. Die Deutschen hungern und haben im Winter 1916/17 außer Steckrüben kaum etwas zu essen. 1918 ist der Krieg verloren, der Friedensvertrag von Versailles bestimmt die Auslieferung der Handels- und der Kriegsflotte, die sich 1919 in der Internierung in Scapa Flow selbst versenkt.

Anknüpfen an alte Zeiten

Die Marine, durch den Friedensvertrag auf 15 000 Mann beschränkt, möchte in den

Zwanzigerjahren an alte Zeiten anknüpfen und die Bestimmungen des Versailler Vertrages überwinden. 1928 führt der geplante Bau des Panzerkreuzers A zum innenpolitischen Streit. Während die SPD den Reichstagswahlkampf noch mit der Parole »Kinderspeisung statt Panzerkreuzer« führt, stimmt sie aus koalitionspolitischen Gründen nach dem Wahlsieg doch dem Panzerschiffbau zu.

Mit dem deutsch-britischen Flottenabkommen aus dem Jahr 1935 streift das NS-Regime schließlich die »Fesseln« des Versailler Vertrages ab. Zwei Jahre später ist die deutsche Kriegsmarine offen und geheim im Spanischen Bürgerkrieg auf Seiten der Faschisten im Einsatz.

Die Handelsflotte muss nach dem Ersten Weltkrieg mühsam wieder aufgebaut werden, teils durch Neubauten teils durch Rückkäufe zuvor an die Alliierten ausgelieferter Schiffe. Ende der Zwanzigerjahre bringt der Norddeutsche Lloyd die beiden Schnelldampfer »Bremen« und »Europa« in Fahrt, die kurz hintereinander das Blaue Band für die schnellste Atlantiküberquerung gewinnen können. Im Gefolge der großen Finanzkrise um 1930 geraten jedoch auch die deutschen Reedereien ins Strudeln und werden schließlich vom Staat vor dem Kollaps bewahrt.

Die Weimarer Zeit ist auch die Zeit, in der die Auswanderung wieder zunimmt (→ Folge 7). Der darauf folgende nächste Exodus von Menschen aus Deutschland ist jedoch kein freiwilliger, sondern die Flucht jüdischer Mitbürger, die das nackte Leben retten wollen. Die über 900 Passagiere des Hapagdampfers »St. Louis« werden trotz Visa von Kuba abgewiesen und können nach einer dramatischen Odyssee nur mit Hilfe der westeuropäischen Staaten gerade noch vermeiden, von der Gestapo in Hamburg in Empfang genommen zu werden. Nicht zum letzten Mal wird die See zu einem Meer von Tränen, während gleichzeitig glücklichere Landsleute als »Soldaten der Arbeitsfront« auf Schiffen der NS-Gemeinschaft Kraft durch Freude sich erholen.

Die Rüstung nach dem Z-Plan für die Kriegsmarine läuft auf vollen Touren. Im Rahmen des Vierjahresplans wird der Seefischfang verstärkt, um Eiweiß und Fischmehl zu gewinnen. Statt Fleisch soll auch »Der Segen des Meeres« (Titel einer Werbeausstellung) auf den Tisch kommen. Um sich von Einfuhren unabhängig zu machen, wird der Walfang wieder aufgenommen zur Versorgung der heimischen Margarine- und Seifenindustrie.

»Kämpfen bis zum Letzten«

Als Hitler 1939 den Krieg vom Zaune bricht, ist die Kriegsmarine dem Gegner

Die »St. Louis« läuft 1939 mit über 900 jüdischen Emigranten nach Kuba aus und erhält weder dort noch in den USA eine Landeerlaubnis für die Passagiere.

materiell hoffnungslos unterlegen. Großadmiral Erich Raeder (1876–1960) formuliert angeblich, dass man nur mit Anstand sterben könne. Und das tut man auch: 28 000 von 40 000 U-Boot-Fahrern, junge Männer Anfang 20, werden in eisernen Särgen verheizt, nicht ohne Tausende von Konvoifahrern der Alliierten in die Tiefe gerissen zu haben. Als das Schlachtschiff »Bismarck« im Mai 1941 den Gegnern verteidigungslos ausgeliefert ist und sich selbst versenkt, telegrafiert der Flottenchef Günther Lütjens (1889–1941): »Wir kämpfen bis zum Letzten im Glauben an Sie, mein Führer, und im felsenfesten Vertrauen auf Deutschlands Sieg«.

Schließlich bleibt der Marine gegen Kriegsende nur noch übrig, Flüchtlinge zu evakuieren und vor dem Kampfgeschehen im Osten zu retten. Ohne Verluste geht auch das nicht ab. Das KdF-Schiff »Wilhelm Gustloff« wird im Januar 1945 mit mehr als 6000 Flüchtlingen an Bord von einem sowjetischen U-Boot versenkt. Nur wenige überleben. Kurz vor Kriegsende geht die mit ca. 6500 KZ-Insassen überladene »Cap Arcona« in der Lübecker Bucht, von britischen Jagdbombern getroffen, unter. Rund 350 Menschen können gerettet werden. Erneut sind deutsche Seemachtbestrebungen gescheitert. Einige Einheiten bleiben nach der Kapitulation erhalten. Sie müssen die zuvor gelegten Minen räumen.

Taufe des KdF-Schiffes »Wilhelm Gustloff« am 5. Mai 1937 in Hamburg

Das Panzerschiff »Admiral Graf Spee« versenkt sich selbst am 17. Dezember 1939 in der La-Plata-Mündung.

Kleine Anfänge

Nach dem Krieg unterliegt die deutsche Schifffahrt starken Beschränkungen. Schiffe dürfen zunächst nicht gebaut werden, maritime Streitkräfte soll es nicht mehr geben. Im Denken der Deutschen, die mit Aufräumarbeiten in den zerstörten Städten beschäftigt sind, spielt das Meer eine untergeordnete Rolle. Zäh wehrt sich nur Helgoland gegen den Versuch der Briten, diesen deutschen Vorposten in der Nordsee in die Luft zu sprengen.

Mit dem wirtschaftlichen Wiederaufschwung gewinnt auch das Meer erneut an Bedeutung. Der Fischfang kann bereits 1945 wieder aufgenommen werden. Aufgrund der Teilung Deutschlands werden die maritimen Neuanfänge in der Bundesrepublik und in der DDR parallel vorangetrieben. Eingebunden in die NATO wird im Westen die Bundesmarine gegründet. Frachtschiffe werden wieder gebaut. Passagierschiffe mit Namen wie »Berlin«, »Bremen« oder »Europa« werden ab 1954 auf dem Nordatlantik eingesetzt. Es sind

Ankäufe aus dem Ausland, aber durch die Umbenennung soll die Anknüpfung an alte Zeiten demonstriert werden.

In der DDR erwirbt 1960 der Freie Deutsche Gewerkschaftsbund (FDGB) die ehemalige »Stockholm«, finanziert durch die »Steckenpferdbewegung«. Ausgehend von dem Dresdener Kosmetikbetrieb VEB Steckenpferd wird Ende der Fünfzigerjahre eine Massenbewegung für den Außenhandel in Gang gesetzt, um durch zusätzliche Exporte Devisen zu erwirtschaften, mit denen gebrauchte Schiffe auf dem internationalen Markt gekauft werden sollen. Das frühere schwedische Passagierschiff wird in »Völkerfreundschaft« umbenannt. 1965 reist Staatschef Walter Ulbricht mit dem Schiff, das in der Regel viele See- und wenige Hafentage hat, zu einem Staatsbesuch in die Vereinigte Arabische Republik. Mit dem zweiten Urlauberschiff »Fritz Heckert«, das 1961 in Dienst gestellt wird, hat der FDGB aus technischen Gründen wenig Glück. Die Staatsreederei der DDR, der VEB Deutsche Seereederei Rostock, nimmt im Sommer 1952 die Handelsschifffahrt mit dem Dampfer »Vorwärts« (früher »Grete Cordts« von 1903) auf, deren Rettung vor dem Abwracken 1989 trotz intensiver Bemühungen nicht gelingt. Lange Zeit ist der DDR-Schiffbau stärker mit Reparaturleistungen für die Sowjetunion als mit dem Aufbau der eigenen Flotte befasst.

Walter Ulbricht, Staatsratsvorsitzender der DDR, schreitet in Sassnitz vor der »Friedrich Engels« am 6. Juli 1965 eine Ehrenformation der Volksmarine ab.

Mit dem »Traumschiff« unterwegs

In den Siebzigerjahren kommt es zu radikalen Veränderungen in der Schifffahrt. Als Beförderungsmittel auf der Atlantikroute hat das Passagierschiff ausgedient – das Flugzeug übernimmt den Transport von Menschen nach Übersee. Mit dem Touristikboom erhalten jedoch Kreuzfahrtschiffe eine wachsende Bedeutung (→ Folge 32), die sich wie schwimmende Hotels von einem Landausflug zum anderen bewegen. Hapag-Lloyd ist mit seiner »Europa« erfolgreich im Geschäft; die seit 1985 in Rostock beheimatete »Arkona« (Ex-»Astor«) macht im Oktober 1985 von Warnemünde aus ihre erste Kreuzfahrt unter der Regie der DDR-Staatsreederei. Für Individualisten gibt es die Mitfahrgelegenheit auf einem Frachter als Alternative oder die Fahrt auf einem Großsegler.

Die Verklärung des Meers im deutschen Schlager, die schon im »Dritten Reich« von Hans Albers mit »La Paloma« begründet wurde, wird von Freddie Quinn aus Österreich mit »Junge, komm bald wieder« und von Lolita mit der Bitte »Seemann, lass das Träumen« fortgeführt. Diese Lieder und das musikalische Denkmal, das den »Fischern von Capri« gesetzt wird, sind heute nur noch den Älteren bekannt.

Containerschiff und Großtanker

Mit der Einführung des Containers verlieren die Schiffe ihr traditionelles Aussehen. Sie brauchen kein eigenes Ladegeschirr mehr, sondern nur viel Stapelraum für die Blechkisten. Mittlerweile können die Riesenschiffe bis zu 8000 Container befördern. Die Hafenlandschaft verändert ihr Aussehen, denn für die Container werden immer größere Stellflächen benötigt.

Die »Dresden Express« der Hapag-Lloyd AG ist ein Containerschiff der vierten Generation und wird am 5. September 1991 in Dienst gestellt.

In den Jahren des Booms, in denen immer mehr Rohöl nach Westeuropa geschafft werden muss, werden auch die Tanker immer größer. Die zeitweilige Weigerung der arabischen Staaten, nach dem israelisch-arabischen Jom-Kippur-Krieg 1973 Öl zu verkaufen, zeigt schnell die Grenzen des Wachstums und beschert den Deutschen autolose Wochenenden.

Sorglosigkeit im Umgang mit den Tankern führt zu Umweltkatastrophen weltweit, welche die Deutschen mehr beunruhigen als der seit den Siebzigerjahren deutlich zu beobachtende Rückgang der maritimen Industrien. Das Ende der deutschen Hochseefischerei – 1976 durch den »Kabeljaukrieg« und die Erweiterung der isländischen Hoheitsgewässer eingeleitet – beschäftigt die Bevölkerung kaum. Auch von der mit hohem finanziellem Aufwand betriebenen Polarforschung der Bundesrepublik Deutschland ist im Binnenland wenig bekannt: In der Antarktis wird eine permanente Forschungsstation unterhalten, denn die Bedeutung der Meere als Rohstoff- und Energiequellen ist noch gar nicht in ihrer Gänze erforscht.

Billigflaggen

Nach Eigentumsverhältnissen liegt die deutsche Handelsflotte z. Zt. in Europa an vierter und weltweit an neunter Stelle. Die deutsche Containerschiffsflotte belegt in Bezug auf die Nationalität des Eigners den ersten Platz in der Welt. Mit einem Durchschnittsalter von vier Jahren ist sie zudem die jüngste und modernste. Rund 58 % der Handelsschiffstonnage im wirtschaftlichen Einflussbereich deutscher Reedereien fährt 1997 jedoch unter der Flagge von Ländern wie Antigua, Barbuda, Liberia, Zypern, Singapur oder Panama. Auf Schiffen unter deutscher Flagge sind 70 % der 15 000 Arbeitnehmer Deutsche. Auf deutschen Schiffen unter ausländischer Flagge fahren dagegen ca. 18 000 ausländische Seeleute und nur 2000 bis 2500 deutsche Führungskräfte.

Segelsport statt Schifffahrtspolitik

Während Schifffahrt und Schiffbau in Deutschland trotz Spitzenleistungen rückläufig sind, boomt eine Sparte mehr denn je: Der Segelsport, vom Kaiser vor 100 Jahren in Kiel gefördert als Kopie eines gesellschaftlichen Ereignisses in Großbritannien, findet zunehmend Freunde.

Das Problem des Ausflaggens deutscher Schiffe und der Rückgang der maritimen Arbeitsplätze in Häfen und auf Schiffen hat dagegen bis heute nicht zu der Formulierung einer nationalen oder europäischen Schifffahrtspolitik geführt.

Trockendock der Kvaernerwerft in Warnemünde: Eine untere Bugpiek wird an einem Containerfrachter angesetzt.

Die Chronik der Seefahrt

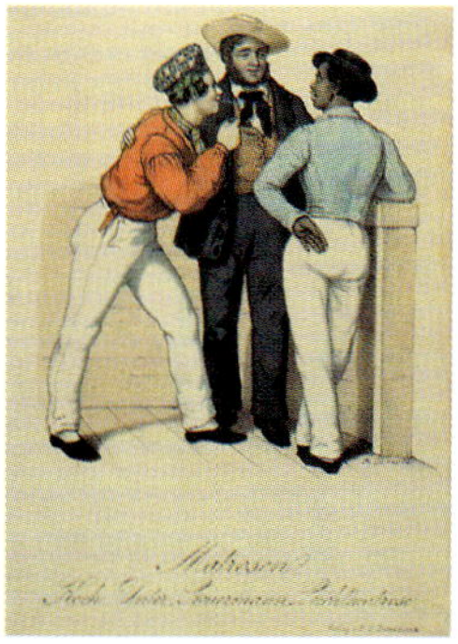

Seeleute vor 1900

12.6.1900 Der Reichstag in Berlin verabschiedet das zweite Flottengesetz. Es sieht eine Verdoppelung der Soll-Zahl der Linienschiffe und eine Erhöhung der Zahl der Kreuzer vor.

27.7.1900 Kaiser Wilhelm II. verabschiedet in Bremerhaven das Expeditionskorps zur Niederschlagung des Boxeraufstands in China mit der sog. Hunnenrede. 20 000 Mann werden auf Schiffen des Norddeutschen Lloyd (NDL) und der Hamburg-Amerikanische Packetfahrt-Actien-Gesellschaft (Hapag) nach China transportiert.

1904 Sich wie die »blauen Jungs« von der Marine zu kleiden, wird für kleine Kinder, junge Mädchen und reife Damen zur großen Mode.

12.2.1906 In Großbritannien läuft das Großlinienschiff »Dreadnought« vom Stapel, Prototyp einer Serie.

14.12.1906 In Kiel wird das erste deutsche U-Boot in Dienst gestellt.

1913 Gorch Fock, eigentlich Hans Kinau, erzählt in dem Roman »Seefahrt ist not!« die Geschichte des Fischerjungen Klaus Mewes.

24.5.1913 Die Hapag stellt die mit 52 117 BRT vermessene »Imperator« in Dienst. Das größte Schiff der Welt macht im Juni seine Jungfernreise von Hamburg nach New York.

1914 Die Hapag in Hamburg ist die größte Reederei der Welt.

3.5.1914 Von Cuxhaven aus startet die »Vaterland«, mit 54 282 BRT derzeit größtes Schiff der Welt, zu einer eintägigen Probefahrt.

20.6.1914 Die 56 551 BRT große »Bismarck« läuft vom Stapel.

6.7.1914 Kaiser Wilhelm II. begibt sich an Bord der Jacht »Hohenzollern« auf seine traditionelle jährliche Nordlandreise.

1.8.1914 Deutschland erklärt Russland den Krieg. Die britische Seeblockade kann von der deutschen Hochseeflotte nicht durchbrochen werden.

22.9.1914 »U-9« unter Kapitänleutnant Otto Weddigen versenkt innerhalb einer Stunde die britischen Panzerkreuzer »Aboukir«, »Hogue« und »Cressy«.

1.2.1917 Deutschland beginnt mit dem uneingeschränkten U-Boot-Krieg, der schließlich den Eintritt der Vereinigten Staaten in den Krieg zur Folge hat.

25.8.1917 Der Oberheizer Max Reichpietsch und der Heizer Albin Köbis werden zusammen mit drei anderen Matrosen wegen Meuterei zum Tod verurteilt. Am 5. September werden Reichpietsch und Köbis hingerichtet. Die anderen Todesurteile werden in Zuchthausstrafen umgewandelt.

1.–7.11.1918 Nach zweijähriger Wartezeit soll die Flotte noch einmal zum Kampf auslaufen. Die Matrosen in Wilhelmshaven und Kiel meutern.

19.11.1918 Die Hochseeflotte wird in die Internierung nach Scapa Flow überführt. Am 21. Juni 1919 versenkt die Besatzung mit gesetzten Flaggen der kaiserlichen Marine ihre Schiffe.

»U-28« torpediert den Dampfer »Falaba« im März 1915.

18.3.1915 »U-29« unter der Führung von Kapitänleutnant Otto Weddigen wird vom britischen Linienschiff »Dreadnought« durch Rammen zum Sinken gebracht.

31.5.–1.6.1916 Die kaiserliche Marine verliert bei der Skagerrakschlacht 61 180 t an Schiffen und 2900 Mann, die Royal Navy 115 025 t an Schiffen und 6900 an Mann. Die Schlacht bringt jedoch keine Entscheidung.

23.3.1921 Der Reichstag in Berlin verabschiedet das neue Wehrgesetz, das die Bildung einer 15 000 Mann starken Reichsmarine vorsieht. Die Stärke entspricht den Bedingungen des Versailler Vertrags.

30.3.1922 Nach den Bestimmungen des Friedensvertrages muss der Dampfer »Bismarck« an Großbritannien ausgeliefert werden. Das in »Majestic« umbenannte Schiff fährt in Zukunft für die White-Star-Line.

März 1926 Die Reedereien Hapag und NDL schließen einen Betriebsgemeinschaftsvertrag ab, eine relative lose Vereinbarung.

März 1927 Die deutsche Handelsflotte ist auf über 32 Millionen BRT angewachsen gegenüber 600 000 BRT im Jahr 1919.

27.3.1928 Der Reichstag genehmigt die Mittel für die Erweiterung der Reichsmarine durch den Panzerkreuzer A.

15.8.1928 In Bremen läuft der Schnelldampfer »Bremen« bei der AG Weser vom Stapel, in Hamburg bei Blohm & Voss die »Europa«. Die beiden Passagierschiffe des NDL symbolisieren den Wiederaufstieg der deutschen Handelsflotte.

22.7.1929 Die »Bremen« gewinnt auf der Jungfernfahrt das Blaue Band für die schnellste Atlantiküberquerung mit einer Zeit von 4 Tagen, 18 Stunden, 17 Minuten.

19.3.1930 Die »Europa« gewinnt das Blaue Band auf der Jungfernfahrt. Die Atlantiküberquerung dauert 4 Tage, 17 Stunden, 24 Minuten.

22.3.1930 Die Hapag-Lloyd-Union wird geschaffen, die 70 % der deutschen Schifffahrt kontrolliert.

März 1932 Hapag und NDL haben ca. 30 Millionen Reichsmark Verluste.

April 1932 Die Reichsregierung genehmigt eine Garantieermächtigung in Höhe von 77 Millionen Reichsmark als Hilfe für die Seeschifffahrt. Ein Treuhänder wird eingesetzt.

14.7.1934 Die NS-Organisation Kraft durch Freude (KdF) übernimmt vom NDL den Passagierdampfer »Sierra Morena« und stellt ihn unter dem Namen »Der Deutsche« in Dienst.

21.3.1935 Die Reichsmarine wird in Kriegsmarine umbenannt.

15.6.1935 »U 1«, der erste U-Boot-Neubau der Kriegsmarine läuft vom Stapel.

18.6.1935 Der Flottenvertrag zwischen Deutschland und Großbritannien wird abgeschlossen. Die Kriegsmarine darf wieder U-Boote besitzen.

30.5.1936 Das Marine-Ehrenmal in Laboe wird eingeweiht.

29.5.1937 Das vor Ibiza ankernde Panzerschiff »Deutschland«, das auf Seiten der Faschisten am Spanischen Bürgerkrieg beteiligt ist, erhält bei einem Bombenangriff republikanischer Flugzeuge zwei Treffer, bei dem 31 Soldaten sterben. Als Vergeltung für den Angriff wird zwei Tage später die Beschießung Almerias angeordnet.

Januar 1939 Der Ausbau der Kriegsmarine nach dem Z-Plan beginnt, der u. a. 10 Großkampfschiffe, 4 Flugzeugträger und 249 U-Boote vorsieht.

14.2.1939 Das Schlachtschiff »Bismarck« läuft bei Blohm & Voss in Hamburg vom Stapel.

28.4.1939 Die erste deutsche Fischerei- und Walfangausstellung »Segen des Meeres« wird in Hamburg eröffnet. Sie ist eine Propagandaveranstaltung zur Hebung des Fischverbrauchs innerhalb des Vierjahresplans.

30.8.1939 Die »Bremen« verlässt New York und erreicht am 6. September 1939 Murmansk. Der Blockadedurchbruch ist gelungen.

1.9.1939 Die Kriegsmarine beginnt die militärischen Operationen gegen Polen mit der Beschießung der Westerplatte bei Danzig durch die »Schleswig-Holstein«.

17.10.1939 Beginn des vollen Waffeneinsatzes deutscher U-Boote gegen gegnerische Handelsschiffe.

17.12.1939 Das Panzerschiff »Admiral Graf Spee« versenkt sich selbst in der Rio-de-la-Plata-Mündung.

Februar 1940 Das Panzerschiff »Deutschland« wird in »Lützow« umgetauft, weil man nicht riskieren möchte, dass ein Schiff mit dem Namen »Deutschland« untergeht.

16.3.1941 Ein Schiffsjunge legt ein Feuer auf der »Bremen«, die daraufhin ausbrennt.

einem Monat. Admiral Karl Dönitz bricht daraufhin die Kämpfe im Atlantik ab.

1.8.1943 Die »Schlacht um den Atlantik« ist weitestgehend entschieden. Die deutschen U-Boote bleiben in den französischen Häfen. Versuche, den Kampf im September wieder aufzunehmen, bringen keine nennenswerten Erfolge.

30.1.1945 Die »Wilhelm Gustloff« wird von russischen Torpedos getroffen und sinkt mit mehr als 6000 Flüchtlingen an Bord.

23.5.1945 Die seit dem 1. Mai bestehende Regierung unter Großadmiral Dönitz wird in der Marineschule Mürwik von den Alliierten festgenommen.

Die »Bremen« von 1929 von Franz Radziwill

18.5.1941 Das Schlachtschiff »Bismarck« und der Schwere Kreuzer »Prinz Eugen« laufen zum Handelskrieg in den Atlantik aus.

27.5.1941 Nach einem Treffer in der Ruderanlage manövrierunfähig wird die »Bismarck« von britischen Schiffen verteidigungsunfähig geschossen. Nach der Eigensprengung finden 1977 Mann den Tod, 115 Überlebende werden geborgen.

Mai 1943 Die Kriegsmarine verliert 38 U-Boote in

21.7.1945 Der britische Naval Commander in Chief ordnet die Aufstellung der German Mine Sweeping Administration an. Ca. 620 000 Minen und andere Sperrschutzmittel müssen in europäischen Gewässern geräumt werden.

13.10.1950 Der Außenminister der DDR, Georg Handke, tauft den Dampfer »Grete Cordts« auf den Namen »Vorwärts«.

23.2.1951 Die bundesdeutschen Seeschiffe dürfen

Deutsche, griechische und US-amerikanische Marinesoldaten auf der USS »Ricketts« bei einem NATO-Manöver

statt des vom Kontrollrat 1946 vergebenen Signalstander »C« die schwarz-rot-goldene Bundesflagge führen.

1.7.1951 Die Bundesrepublik beginnt mit der Aufstellung eines Seegrenzschutzverbandes.

15.5.1955 Mit der Aufnahme der Bundesrepublik in die NATO beginnt der Aufbau einer Bundesmarine.

1.3.1956 Der Stab der Seestreitkräfte der DDR nimmt seine Tätigkeit auf. Die Volksmarine soll sich zu einem Teil der vereinigten Ostseeflotten des Warschauer Pakts entwickeln.

21.9.1957 Das Segelschulschiff »Pamir« der Bundesmarine sinkt in schwerem Orkan. 20 Seeleute finden bei dem Unglück den Tod.

24.2.1960 Die »Völkerfreundschaft« unternimmt die erste Reise unter DDR-Flagge.

Mai 1966 Das Containerschiff »Fairland« der US-amerikanischen Reederei Sea-Land läuft mit 255 Containern erstmals die europäischen Häfen Rotterdam und Bremen an.

17.1.1968 Hapag und NDL gründen die Deutsche Container-Dienst GmbH.

13.6.1970 Das Frachtmotorschiff »Dresden« wird schwimmendes Schiffbaumuseum in Rostock-Schmarl und erhält den Namen »Traditionsschiff Typ Frieden«.

31.8.1970 Die Fusion von Hapag und NDL zur Hapag-Lloyd Aktiengesellschaft wird rückwirkend zum 1. Januar 1970 rechtskräftig. Die neuen Reedereifarben sind der gelbe Hapag-Schornstein mit dem schwarz-weiß-roten Topp und die weiße Flagge mit blauem Schlüssel und Anker des Norddeutschen Lloyd.

Ende 1971 Hapag-Lloyd stellt die Passagierschifffahrt auf dem Nordatlantik ein.

Ab 1972 Das Passagierschiff »Europa« wird nur noch zu Kreuzfahrten eingesetzt.

1976 Die seerechtliche Auseinandersetzung mit Island um die Erweiterung der isländischen Fischereizone auf 200 sm geht als Kabeljaukrieg in die Geschichte ein.

1976 Die »Esso Deutschland«, das größte Schiff, das bislang unter deutscher Flagge gefahren ist (421 681 tdw), wird in Dienst gestellt.

2.12.1980 Das Motorschiff »Europa« (2) läuft in Bremen vom Stapel.

31.12.1983 Die Werft AG »Weser« in Bremen wird geschlossen. 2235 Werftarbeiter werden arbeitslos.

15.10.1985 Das Passagiermotorschiff »Arkona« (Ex-»Astor«) macht seine erste Kreuzfahrt unter DDR-Flagge.

30.9.1986 Die Rickmers-Werft in Bremerhaven schließt. 1000 Menschen verlieren ihren Arbeitsplatz.

1996 Das FIMA (Fischwirtschaftliches Marketing Institut) wird als eine der letzten zentralen Einrichtungen der Hochseefischerei geschlossen.

1997 Die Frischfischfänger der deutschen Hochseefischerei werden verkauft.

1997 Der Vulkan Werften-Verbund wird aufgelöst. Die Werft in Bremen wird geschlossen.

Die neuen Anlagen der Kvaernerwerft in Warnemünde werden Ende des Jahres 1995 in Betrieb genommen.

Folge

3

Flugnummern

Die Deutschen in der Luft

Schon bevor die Nachrichten vom erfolgreichen Motorflug der US-amerikanischen Gebrüder Orville und Wilbur Wright 1903 bekannt werden, blicken die Deutschen auf ihre Flieger: auf Otto Lilienthal, vor allem aber auf Ferdinand Graf von Zeppelin. Dessen »deutsches« Luftschiff wird gegen den »welschen« Aeroplan ausgespielt. Doch auch Flugzeuge sind beliebt: Ab 1909 gibt es zahlreiche Flugtage der Motorflieger mit Luftwettbewerben der europäischen Nationen. Bei Überlandflügen, Rekordjagden, Luftrennen steigert man die Leistungen der Flugmaschinen aus leichtem Tuch und Rohr immer weiter – nicht nur aus sportlichen Gründen: Das Militär fördert die Fliegerausbildung und die Entwicklung zuverlässiger Maschinen und Motoren für die militärische Aufklärung aus der Luft (→ Folge 9).

Eine neuartige Waffe

Bereits im Ersten Weltkrieg werden Flugzeuge und Luftschiffe militärisch genutzt. Der Blick von oben enthüllt weit hinter der Front Truppenbewegungen und Stellungen. Die brandgefährdeten Luftschiffe sind, wie sich bei Kriegsbeginn schnell herausstellt, dazu wenig geeignet. Sie übernehmen andere Aufgaben und bombardieren nach abenteuerlichen Nachtflügen Großbritannien. Doch Abwehrflugzeuge und Flugabwehrkanonen lassen viele der »Silberzigarren« brennend über dem Süden der Insel niedergehen.

Flugzeuge sind als Kriegsmaschinen geeigneter. Besonders die Piloten der schnellen einsitzigen Jagdflugzeuge werden zu Helden des »technoromantischen Abenteuers«. Namen wie Max Immel-

Menschen in der Luft: Fallschirmspringer beim Formationssprung

Deutschlands Luftheld des Ersten Weltkriegs: Manfred Freiherr von Richthofen mit seinem Fokker-Dreidecker

mann, Oswald Boelcke, besonders aber Manfred von Richthofen kennt im Krieg jedes Kind. Dessen Buch »Der rote Kampfflieger« von 1917 ist ein Bestseller – auch später noch, in der Weimarer Republik. Der preußische Kavallerieoffizier Richthofen lässt sich, wie 1914 noch üblich, anfangs von einem »Luftkutscher« als Beobachter über die Front fliegen. Berühmt wird er allerdings am Steuerknüppel einsitziger, mit zwei Maschinengewehren bewaffneter Jagddoppeldecker vom Typ »Albatros« und Fokker-Dreideckern. Er schießt mehr als 80 Gegner ab und wird zum erfolgreichsten »Fliegerass« des Ersten Weltkrieges. Die Briten nennen ihn »Roter Baron«, weil sein Flugzeug – wie die anderen Maschinen seiner Staffel – auffällig mit roter Farbe bemalt ist. Am 21. April 1918 stürzt er über den britischen Gräben ab. Bis heute ist nicht klar, ob er im Luftkampf von dem kanadischen Piloten Brown abgeschossen wurde oder einer Flugabwehrgranate zum Opfer fiel. Die Jagdpiloten scheinen das Ideal des heroischen Zweikampfes inmitten der anonymen Materialschlachten bewahren zu können. Während unten, in den Trichterwüsten, der industrielle, massenhafte Tod herrscht, kämpft man in den Lüften vermeintlich ein ritterliches Turnier Mann gegen Mann – wenn auch mit 200-PS-Motoren und Maschinengewehren. Weniger öffentliche Aufmerksamkeit genießen die »Kriegsarbeiter« in den offenen Kanzeln der mehrmotorigen Großbomber und der Schlachtflugzeuge, denen die Soldaten in den Schützengräben am Boden ausgeliefert sind (→ Folge 15). Die Armeen müssen die Tarnung gegen den Blick von oben dazulernen.

Der Flieger als heroischer Kämpfer: Werbepostkarte für die 9. Kriegsanleihe (1918)

»Piloten ist nichts verboten«

»In der Luft unbesiegt« ist ein Schlagwort, mit dem die deutsche Öffentlichkeit ihre Niederlage bemänteln will. Die Bedingungen des Friedensvertrages verbieten Deutschland den Bau moderner Motorflugzeuge. Zur »Schmach von Versailles« gehört auch die Verschrottung aller Militärmaschinen und Flugmotoren. Doch längst nicht alle Verpflichtungen werden erfüllt: Flugbegeisterte »nationale« Freikorpsleute verstecken Motoren und auseinandergebaute Jagdflugzeuge. Viele deutsche Flugzeughersteller arbeiten im Ausland weiter, so erprobt Hugo Junkers seine Neukonstruktionen in der ebenfalls luftbegeisterten Sowjetunion.

Auf der Rhön und an der Ostseeküste fliegt man erlaubt, also ohne Motor: Der Segelflug beginnt zunächst mit kleinen Luftsprüngen von Hängen, doch schon bald werden längere Strecken geflogen und große Höhen erreicht.

Ehemalige Kriegsflieger steuern nicht nur Passagier- und Postmaschinen, sondern sorgen mit »Luftzirkus«-Vorführungen für die wachsende Popularität der Fliegerei. Ernst Udet wird mit seinen waghalsigen Flugvorführungen vor Tausenden von Zuschauern bekannt, bei denen er ein Taschentuch im Tiefstflug mit der Tragflächenspitze vom Boden aufnimmt. Die dafür neukonstruierten deutschen Kunstflug- und Sportmaschinen ähneln den Jagdmaschinen der anderen Nationen.

Die Flugbegeisterung wächst, und viele Menschen machen bei kurzen Rundflügen mit alten Militärmaschinen ihre ersten, oft recht beängstigenden Lufterfahrungen.

Luftreisen

Der große Erfolg wird in den technikbegeisterten Zwanzigerjahren die Passagierfliegerei. Der Anfang ist unspektakulär: In notdürftig umgebauten Kriegsmaschinen fliegen schon bald nach Kriegsende Abgeordnete der Nationalversammlung zwischen Berlin und Weimar hin und her. Die ersten mutigen Passagiere sitzen, angetan mit Brille, Haube und Pelzen, nachdem sie samt Gepäck gewogen wurden, in offenen Doppeldeckern. Die 1926 gegründete Deutsche Luft-Hansa setzt aber schon bald geschlossene Maschinen ein.

Als gegen Ende der Zwanzigerjahre die Transportkapazität von Passagierflugzeugen steigt, kann der Bequemlichkeit der Fluggäste Aufmerksamkeit geschenkt werden. In geschlossenen, bald auch heizbaren und druckgeregelten Kabinen serviert man Speisen und Getränke. Komfort, orientiert am Luxus der großen Atlantikdampfer, wird ein Mittel des Konkurrenzkampfes der Fluglinien. Anfangs männliche, später vorwiegend weibliche »Flugbegleiter« bedienen seit Ende der Dreißigerjahre die Passagiere. Nicht zu unterschätzen ist ihre psychologische Wirkung: Von einer attraktiven Frau betreut zu werden, reduziert die Flugangst der (zumeist männlichen) Passagiere und signalisiert, dass Fliegen sicher und alltäglich ist. In den Fünfzigerjahren wird Stewardess zu einem Traumberuf für Frauen, der so unterschiedliche Aufgaben wie »Sicherheitsbeauftragte«, Restaurantbedienung, Trösterin und Putzfrau einschließt.

Flugpioniere und Fluggäste

Die neuen Medien – Radio, Film und Illustrierte – feiern in den Zwanzigerjahren prominente Flieger als Helden der neuen

»Wir fliegen die Strecke bei jeder Witterung« – der Schauspieler Hans Albers

Eine Junkers Ju 52 auf dem Flughafen Tempelhof, dem deutschen »Luftkreuz«

Zeit, als mutige Beherrscher moderner Technik. Der Atlantik ist die eigentliche Herausforderung. Schon kurz nach dem Ende des Ersten Weltkrieges »bezwingen« ihn deutsche Flieger in Etappen – Hermann Köhl ist in Deutschland ebenso bekannt wie Charles Lindbergh, der 1927 den Nordatlantik nonstop quert. Doch die deutschen Luftinteressen liegen südlicher: Junkers-Maschinen machen Aufsehen erregende Flüge über die Anden. Dornier-»Wal«-Flugboote erschließen die Südamerikaroute mit Zwischenlandung auf Flugzeugmutterschiffen mitten im Meer. Nach

STICHWORT

Mythos Zeppelin

Der deutsche Nationalstolz auf einer Postkarte: Ein Zeppelin besucht die Hauptstadt des Kaiserreichs; links oben ein Porträt von Ferdinand Graf von Zeppelin.

Anfangs skeptisch betrachtet, werden die wasserstoffgefüllten, imposanten Luftschiffe des Grafen Zeppelin vor dem Ersten Weltkrieg zum Symbol für Deutschlands Größe und technische Leistungsfähigkeit – trotz spektakulärer Unfälle. Anfangs können nur wenige Passagiere mitfliegen. Zeppelin-Kitsch, von der Handtasche in Luftschiffform bis zum Schokoladen-»Zepp«, entschädigt die Massen.

Der weißhaarige Graf ist eine der populärsten Gestalten im Reich. Dabei interessiert es die Öffentlichkeit kaum, dass es auch noch andere Luftschiffstypen gibt, wie den hölzernen »Schütte-Lanz« aus Mannheim. »Flieg, Zeppelin, flieg, hilf uns im Krieg« singt man 1914. Der militärische Erfolg ist jedoch mäßig: Anfangs als »Augen des Heeres«, später als Bomber über Großbritannien erleiden die Luftschiffe immense Verluste.

In den Zwanzigerjahren gehen die Hochleistungs-Passagierluftschiffe jedoch auf »Weltfahrt« und setzen neue Maßstäbe für komfortables, gelassenes und luxuriöses Reisen, bis die Katastrophe von Lakehurst, bei der die »Hindenburg« 1937 vollkommen ausbrennt, das Ende der Luftschifffahrt bringt (→ Folge 40). Doch der Mythos wirkt bis heute: Der Friedrichshafener Zeppelin neuer Technologie wird 1997 begeistert begrüßt.

dem Auftanken werden die Flugboote mit Bordkatapulten wieder auf die Reise geschickt. Großflugboote wie die Do X schaffen die Strecke sogar nonstop. Hans Albers als kühner Fliegerheld im Film »F.P.1 antwortet nicht« singt 1932: »Piloten ist nichts verboten!« Und weiter: »Vom Nordpol zum Südpol ist's nur ein Katzensprung – wir fliegen die Strecke bei jeder Witterung!« Der deutsche Nationalismus, verletzt durch die Kriegsniederlage, berauscht sich an den neuen Helden weltumspannender Flüge.

Den Abenteurern folgt die Normalität: Betuchte Passagiere reisen luxuriös in den majestätischen Großluftschiffen oder etwas sportlicher in den Flugzeugen, denen nach der Luftschiffkatastrophe von Lakehurst 1937 endgültig die Zukunft gehört. Deutschland ist im Metallflugzeugbau führend. Hugo Junkers baut in Dessau nach wissenschaftlichen Methoden Sport- und große Passagiermaschinen, wie die G 38, bei der Passagiere sogar in den Tragflächen sitzen und nach vorn schauen können. Auch mit der Architektur seiner Werksanlagen signalisiert dieser Luftfahrtindustrielle Modernität.

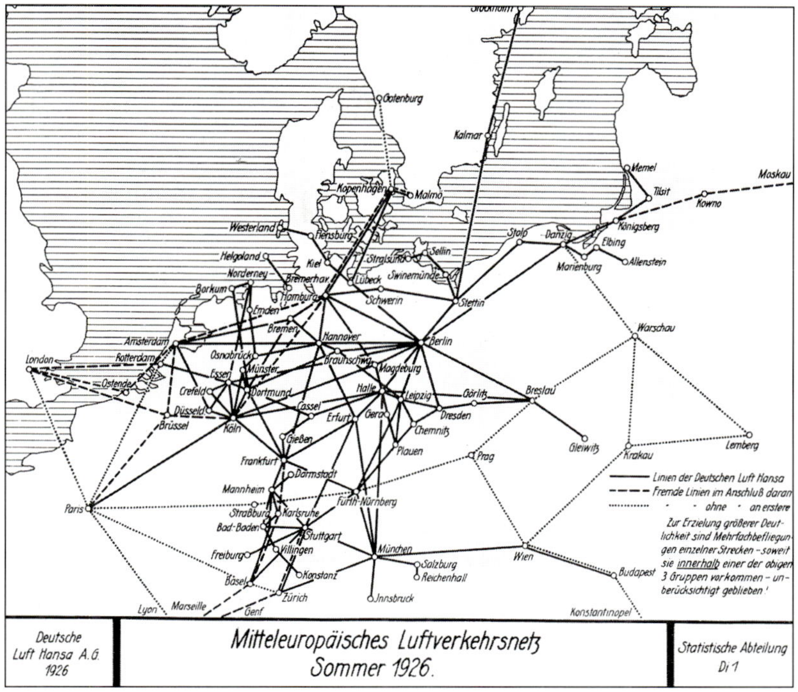

Europas Straßen des Himmels: Streckennetz der Deutschen Luft-Hansa 1926

Ein Luftgigant vom Bodensee: Die zwölfmotorige Dornier Do X, die 1929 ihren Jungfernflug absolviert, bietet den Passagieren den Luxus eines Schiffs.

»Hitler über Deutschland!«

Die politische Rechte macht sich die Flugbegeisterung der Deutschen zunutze. In einer beispiellosen Wahlkampagne schwebt der Nazi-Führer 1931 mit einem Flugzeug zu Wahl-Großkundgebungen ein: »Hitler über Deutschland« ist der Slogan. Ab 1933 tragen die deutschen Passagiermaschinen aus Metall, wie die legendäre »Tante Ju«, das Hakenkreuz am Seitenleitwerk und fliegen Werbung für das »Dritte Reich«. In Szene gesetzt wird die Perspektive aus der Luft auf die jubelnden und marschierenden Massen in Leni Riefenstahls Parteitagsfilm »Triumph des Willens« von 1935.

Der Flieger wird vom europäischen Faschismus zum Prototyp des stahlharten »Technosoldaten« erklärt – eine charakteristische Verbindung von Luftbegeisterung, anachronistischer Heldenverehrung und Aggression wie schon beim Richthofenmythos. Daran knüpft Reichsluftfahrtminister Hermann Göring an, wenn er seine Fliegerzeit im Ersten Weltkrieg, als er der letzte Führer der Jagdstaffel Richthofen gewesen war, schamlos ausbeutet. Schon auf den Schulen soll eine »Nation von Fliegern«, so Göring 1933, herangezogen werden: Modellbau und Flieger-HJ bereiten die Jugend auf ihre zukünftigen militärischen Aufgaben in der wiedergegründeten Luftwaffe vor.

Krieg aus der Luft

Der triumphierende »Übermensch« in der Luft, der Bombenflieger, zielt seit den Dreißigerjahren auf die Zivilbevölkerung. Ein italienischer General, Giulio Douhet, formuliert das neue Konzept des strategischen Luftkrieges: Nationen sollen allein durch die Bombardierung ihrer großen Städte in wenigen Stunden in die Knie gezwungen werden. Viele europäische Staaten bauen deshalb in den Dreißigerjahren Bomberflotten auf. Der städtischen Bevölkerung werden im Gegenzug Luftschutz- und Verdunkelungsmaßnahmen beigebracht, die jedoch wenig nützen: Im Spanischen Bürgerkrieg bombardiert die deutsche Legion Condor Guernica, später wird Rotterdam in Schutt und Asche gelegt. Sturzkampfflieger, die gefürchteten »Stukas«, stürzen sich mit heulenden Sirenen im Polen- und Frankreichfeldzug auf gegnerische Soldaten und Zivilisten. In der Luftschlacht um Großbritannien werfen deutsche Flieger »Bomben, Bomben, Bomben auf Engelland«. Dies vergelten alliierte Bomber mit sog. strategischen Luftangriffen. Zwischen 1942 und 1945 werden viele deutsche Städte zu Schutthalden; die Zivilbevölkerung lebt und stirbt in Kellern und Bunkern.

Der Bombenkrieg bestimmt das Kriegsbild der deutschen Zivilbevölkerung. War der strahlende Fliegerheld, der amoralische Aggressor in seiner modernen Maschine, bestimmend für die erste, siegreiche Blitzkriegsphase Nazideutschlands, so kehrt sich nun das Bild um: Statt mit

In Erwartung des lautlosen Todes aus der Luft: Mit der »Volksgasmaske« werden die Deutschen auf den Krieg vorbereitet (1937).

»Bomben auf Engelland« – ein Beobachter in der Rumpfnase eines deutschen Bombers über Englands Süden (1940)

»Denk bei jeder Bombe dran – diesen Krieg fing Hitler an!« – US-amerikanischer Bomber über Peenemünde (1944)

Stolz auf die eigenen paradierenden Fliegerformationen schauen die »Volksgenossen« nun mit Angst in den Himmel. »Wunderwaffen«, wie die neuen Strahljäger, die im Jahr 1942 erfolgreich getestete Messerschmitt Me 262, werden von der Nazipropaganda groß herausgestellt, doch sie können längst nichts mehr gegen die industriell gefertigten »Fliegenden Festungen« und die durchgeplanten »Tausend-Bomber-Angriffe« der alliierten Kriegsgegner ausrichten.

Düsenjäger in Ost und West

Strahljäger werden nach dem Krieg von den USA und der Sowjetunion in großem Maßstab gebaut. Mit sowjetischen MIG 17 und US-amerikanischen F 84 werden die beiden neuerstandenen deutschen Luftwaffen für den Kalten Krieg gerüstet. Flugtage, Formations- und Freiflüge werben erfolgreich für die Bundesluftwaffe.

Tieffluglärm und Überschallknalle werden in den Sechzigerjahren noch kritiklos hingenommen, gelten vielmehr als »sound of freedom«, als Symbol für die Luftverteidigung der westlichen Demokratie. Viel mehr Sorgen macht die spektakuläre Absturzserie der bundesdeutschen »Starfighter«: Fast 300 Maschinen gehen bei Unfällen verloren, viele Piloten sterben. Immer wieder kommt es jedoch auch bei den spektakulären, aber nicht unumstrittenen Flugschauen zu Abstürzen: Bei einer Kunstflugvorführung in Ramstein 1988 sterben 70 Zuschauer durch den Zusammenstoß von drei Maschinen.

Der Massen-Luftverkehr beginnt

Die nach dem Zweiten Weltkrieg wieder gegründete Lufthansa wird erneut zum Symbol deutschen Selbstbewusstseins: »Wir sind wieder wer« – auch in der Luft! Zwar findet der Tourismusboom der Fünfziger- und Sechzigerjahre noch auf dem Boden statt, doch Flugzeuge werden schon bald für Langstreckenreisen bevorzugt. Mit dem Airbus gibt es auch wieder ein europäisches Verkehrsflugzeug, an dessen Entwicklung und Bau auch Firmen aus der Bundesrepublik beteiligt sind.

Die Luftschau wird zur Katastrophe: Bei Ramstein stürzt ein Flugzeug in die Zuschauermenge (26.8.1988).

Die Bundesrepublik beteiligt sich am Bau des europäischen Gemeinschaftsprojekts: Airbus A-300 der Lufthansa.

Auch die Sportfliegerei boomt. Heißluftballone, Fallschirmspringen, Modellflug, Ultraleichtflug, motorisierte und unmotorisierte Flugdrachen werden populär – doch dies ist auf den Westen Deutschlands beschränkt. Im anderen deutschen Staat kann man mit der paramilitärischen Gesellschaft für Sport und Technik in die Luft gehen. 1979 erregt eine DDR-Flucht Aufsehen: Zwei Familien fliehen im selbstgebauten Ballon »mit dem Wind nach Westen«.

Bilder spektakulärer Abstürze von Passagiermaschinen gehen immer wieder durch die Medien: Doch solche Unfälle versperren etwas den Blick auf die Tatsache, dass Flugzeuge sehr sichere Verkehrsmittel sind. In den Siebzigerjahren setzt ein beispielloser Boom des Lufttourismus ein (→ Folge 32). Charter-Flugreisen nach Spanien (vor allem Mallorca) oder später in die Dominikanische Republik haben zweistellige Zuwachsraten. Die Deutschen zwängen sich in Massen in Billigflieger, anfangs noch in enge, laute Turboprops, später in moderne Strahlmaschinen. Immer weiter, immer öfter, immer billiger fliegt man in den Urlaub. Selbst endloses Warten in den überlasteten Ferienflughäfen, lästige Personenkontrollen zur Verhinderung von Terroranschlägen oder Pleiten von Billig-Reiseveranstaltern nehmen nichts von der Lust am Ferienflug – auch nicht die Kritik von Umweltschützern an den Abgasemissionen der Jettriebwerke. Am Frankfurter Flughafen startet alle 90 Sekunden ein Flieger, besetzt mit deutschen Passagieren, für die das Fliegen längst selbstverständlich geworden ist – die »Nation von Fliegern« ist verwirklicht.

Die Abfertigungshalle des Frankfurter Rhein-Main-Airports, Deutschlands größter Flughafen

Die Chronik der Luftfahrt

9.8.1896 Otto Lilienthal verunglückt nach Hunderten von Gleitflügen mit seinem »Normal-Segelapparat« bei Berlin tödlich.

2.7.1900 Das Zeppelin-Luftschiff LZ 1 startet zur ersten Fahrt am Bodensee.

5.8.1908 Das Luftschiff LZ 4 wird bei Echterdingen durch eine Bö zerstört. Durch eine »Zeppelinspende« wird ein Neubau ermöglicht.

Lenkballons und Drachenflieger: Postkarte der Luftschiff-fahrts-Ausstellung in Frankfurt am Main (1909)

13.10.1909 Hans Grade gewinnt den Lanzpreis der Lüfte durch den Flug einer Acht mit einem deutschen Flugzeug.

16.11.1909 Die Delag (Deutsche Luftschifffahrts AG) zum Betrieb von Passagierluftschiffen wird als erstes Luftverkehrsunternehmen gegründet.

1.2.1910 August Euler bekommt den deutschen Flugzeugführerausweis Nr. 1.

18.6.1910 Das erste deutsche Opfer des Motorfluges, Thaddäus Robl, stirbt beim Absturz seiner Maschine.

29.8.1914 Der Luftkrieg gegen Zivilisten beginnt: Paris wird von einem deutschen Rumpler-Flugzeug bombardiert.

21.11.1914 Die ersten Bomben fallen auf Deutschland: Britische Flieger bombardieren die Zeppelinhallen in Friedrichshafen.

19.1.1915 London wird erstmals von deutschen Luftschiffen bombardiert.

12.12.1915 Der erste Probeflug eines Ganzmetallflugzeuges, der Junkers J 1 ist erfolgreich.

1917 »Gotha-Sommer«: Deutsche Großflugzeuge werfen Bomben auf England.

21.4.1918 Der »Rote Baron« Manfred Freiherr von Richthofen fällt.

5.1.1919 Der Passagierflug beginnt: Die Deutsche Luftreederei GmbH erhält vom neugegründeten Reichsluftamt in Berlin die Zulassungsbescheinigung zum Luftverkehr Nr. 1.

6.2.1919 Die Deutsche Luftreederei beginnt mit dem regelmäßigen Passagierflugdienst und Luftpostverkehr in Deutschland zwischen Berlin-Johannisthal und Weimar.

28.6.1919 Deutschland unterzeichnet den Versailler Friedensvertrag. Im Artikel 198 heißt es: »Deutschland darf Luftstreitkräfte weder zu Lande noch zu Wasser als Teil seines Heerwesens unterhalten«.

August 1920 Der Segelflug auf der Wasserkuppe beginnt.

24.8.1922 Mit einem Segelflugzeug auf der Wasserkuppe gelingt erstmals das Übersteigen des eigenen Startpunktes.

25.10.1924 Das Zeppelinluftschiff ZR III fährt in 85 Stunden von Friedrichshafen in die USA und wird als Reparationsleistung der US-amerikanischen Regierung übergeben.

6.1.1926 Die Deutsche Luft-Hansa AG wird gegründet.

11.4.1928 Hermann Köhl, Günter von Hünefeld und James Fitzmaurice überqueren den Atlantik mit einer Junkers W 33 in Ost-West-Richtung.

22.7.1929 Die Postflüge mit einer Heinkel D 12 von einem Katapult an Bord des Passagierdampfers »Bremen« nach Südamerika beginnen.

25.7.1929 Auf dem Bodensee startet erstmals die legendäre zwölfmotorige Do X.

16.3.1935 Hitler gibt entgegen den Bestimmungen des Versailler Vertrags die Einführung der allgemeinen Wehrpflicht bekannt. Die vorher heimlich aufgerüstete Luftwaffe wird offiziell gegründet.

1.12.1936 Die Hitlerjugend wird Staatsjugend; ihre Unterabteilung Flieger-HJ bildet künftige Kriegspiloten aus.

26.4.1937 Die baskische Stadt Guernica wird während des Spanischen Bürgerkriegs von deutschen Fliegern der Legion Condor bombardiert.

6.5.1937 Der Zeppelin »Hindenburg« verbrennt in Lakehurst (35 Tote). Der Unfall bedeutet das Ende der Luftschiffära.

27.8.1939 In Rostock fliegt erstmals ein strahlgetriebenes Flugzeug, die Heinkel He 178.

13.8.1940 Mit dem »Adlertag« wird der verschärfte Luftkrieg gegen Großbritannien eingeleitet. Nach schweren Verlusten verliert das Deutsche Reich die »Luftschlacht um England«. Hitler verschiebt am 17. September die Landung in Großbritannien »bis auf weiteres«.

18.7.1942 Mit dem Piloten Fritz Wendel am Steuer startet bei Ulm der erste serienmäßig gebaute Düsenjäger der Welt, die Messerschmitt Me 262, zu einem ersten erfolgreichen Testflug.

24.7.1943 Die britische Luftwaffe beginnt mit einer Reihe von schwersten Bombenangriffen auf Hamburg. Bei dieser Operation »Gomorrha«, die bis zum 3. August dauert, kommen über 30 000 Menschen ums Leben.

13./14.2.1945 Dem alliierten Luftangriff auf das mit Flüchtlingen überfüllte Dresden fallen schätzungsweise 35 000 Menschen zum Opfer.

28.6.1948 Das von den sowjetischen Besatzern blockierte West-Berlin wird erstmals aus der Luft versorgt. Bis Mai 1949 transportieren britische und US-amerikanische »Rosinenbomber« 1,5 Millionen t Güter in die Stadt.

1.4.1955 Die neugegründete Deutsche Lufthansa nimmt den Betrieb auf.

Mai 1955 Die bundesdeutsche Flugzeugproduktion beginnt mit Lizenzbauten.

17.10.1957 Die Dornier Do 27, die erste deutsche Neuentwicklung nach dem Krieg, unternimmt den Jungfernflug.

1957 Erstmals überqueren mehr Flug- als Schiffspassagiere den Nordatlantik.

5.2.1959 Verteidigungsminister Franz-Josef Strauß bestellt die ersten »Starfighter« für die deutsche Luftwaffe. 250 Maschinen gehen bei Flugunfällen verloren, davon 26 allein 1965.

1970 Die Gemeinschaftsfirma Airbus Industries wird von der Bundesrepublik, Spanien, Frankreich und Großbritannien gegründet. Ihr erster Typ, der Airbus A 300 B, macht den US-amerikanischen Maschinen erfolgreich Konkurrenz

16.9.1979 Zwei Familien fliehen mit einem selbstgebastelten Heißluftballon aus der DDR in den Westen.

28.5.1987 Der 19-jährige Mathias Rust landet mit einer kleinen Sportmaschine auf dem Moskauer Roten Platz.

16.5.1988 Das Abkommen zum Bau des Jäger 90 wird von der BRD unterzeichnet. Wegen der hohen »Systemkosten« ist die Maschine umstritten.

28.8.1988 Bei einer Flugvorführung in Ramstein stürzen nach einem Zusammenstoß drei italienische Jets auf die Zuschauer. 39 Menschen sterben sofort, bis Jahresende erhöht sich die Zahl der Opfer auf 70.

Emblem der Lufthansa

1997 Der deutsche Luftverkehr nimmt weiter zu. 34,2 Mio. Geschäfts- und Urlaubsreisende fliegen zwischen Mai und Oktober zu ausländischen Reisezielen, ein Wachstum von 7,9 % im Vergleich zum Vorjahr.

Luis

FOLGE 4

LICHT-SPIELE

Die Deutschen und das Kino

Unter den ersten Filmen, die die Kinopioniere Auguste und Louis Lumière im Jahr 1895 in Paris vorführen, ist einer, der die Einfahrt eines Zuges in einen Bahnhof zeigt. Die Zuschauer, die noch nicht gelernt haben, zwischen Fiktion und Wirklichkeit zu unterscheiden, geraten dabei in Panik und stürzen zum Ausgang, um nicht von der herannahenden Lokomotive überrollt zu werden. Nichts zeigt besser als dieses Ereignis, dass das Kino von Anfang an ein Ort der Illusionen ist. Und obwohl wir heute längst wissen, dass uns dieser Zug nichts anhaben kann, ist das Kino ein Ort der Fantasie und der Gefühle geblieben. Und dafür lieben wir es seit mehr als 100 Jahren.

Jahrmarktsrummel und Varieteevergnügen

Im Berliner Varietee »Wintergarten« wird dem staunenden Publikum am 1. November 1895 die »interessanteste Erfindung der Neuzeit« präsentiert: Die Gebrüder Max und Emil Skladanowsky zeigen »lebende Bilder« – ein boxendes Känguru, Artisten, Athleten, Tänzer. Die Zeitgenossen sind begeistert: »... mit Staunen betrachtete ich die Vorstellung. Lebende Bilder, wo kamen die her? Ist es Spuk oder Wirklichkeit? Noch tage- und wochenlang war überall die Rede von den zappelnden oder lebenden Bildern, vom Bioskop im ›Wintergarten‹«.

Die Faszination, die das Kino auf die Menschen ausübt, besteht vor allem in der naturgetreuen Abbildung der Wirklichkeit.

Luisen-Kino in Berlin: Schon um 1910 ist das Kino eine Attraktion für Alt und Jung.

Um die Jahrhundertwende werden die »lebenden Bilder« mit einem Kinematografen auf dem Jahrmarkt vorgeführt.

Bald werden die zappelnden Bilder zum Jahrmarktsvergnügen. Man filmt, was der Alltag an Spektakulärem bietet, Militärparaden, den Kaiser, die Ausfahrt der Berliner Feuerwehr, und zeigt solche Szenen wahllos aneinandergefügt in den Schaubuden. Wenn ein Ort »abgespielt« ist, zieht man weiter.

Die ersten Lichtspielhäuser

Um 1900 lassen sich die ersten Wanderkinobetreiber nieder und gründen feste Lichtspielhäuser. Zehn Jahre später sind es bereits über 2000. Das Kino wird zum Vergnügen der einfachen Leute. Hier kann man mitlachen und mitleiden und so für ein paar Stunden die Unwägbarkeiten des eigenen Schicksals vergessen. Gezeigt werden nun schon kleinere Stummfilme mit Spielhandlungen, Slapsticks zum Lachen und Dramen zum Weinen und Mitleiden. Ein Klavierspieler improvisiert zu den Bildern, um deren Wirkung noch zu verstärken. Manchmal gibt es auch Kinoerzähler, die die Handlung verdeutlichen und dabei oft von Zwischenrufen der Zuschauer unterbrochen werden. Laut vorgetragene Kommentare und Einlassungen während der Vorstellung sind an der Tagesordnung und führen nicht selten zu handfesten Prügeleien. So hat das Kino zu Beginn seiner Geschichte keinen besonders guten Ruf. Es gilt vielen Bessergestellten als primitiver Amüsierbetrieb und Unterhaltungsspektakel. Die Ordnungshüter haben ein wachsames Auge auf die Kinobetriebe, denn man wittert Verwahrlosung der Sitten und politischen Umsturz. Die Macht des Kinos als Mittel zur Mobilisierung und Beeinflussung der Bevölkerung wird also schon früh erkannt und gefürchtet.

Die Filmindustrie – ein »Kind« des Kriegs

Im Ersten Weltkrieg wird der Film zur schlagkräftigen Propagandawaffe. In den Vereinigten Staaten werden Filme produziert, in denen die Deutschen als blutrünstige »Hunnen« gezeichnet werden, die mordend und brandschatzend durch Europa ziehen. Der Erfolg dieser Streifen lässt sich an der Zahl der Freiwilligen ablesen, die sich unmittelbar nach der Kinovorstellung in den Rekrutierungsbüros zum Kriegseinsatz melden.

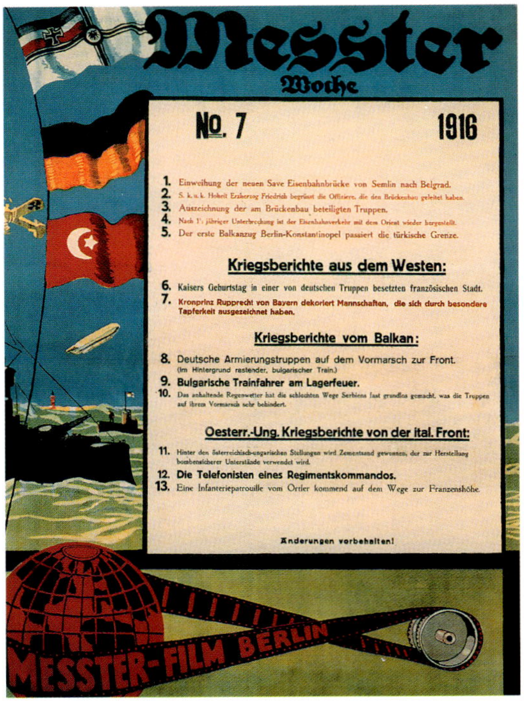

Seit 1916 bieten die Kriegswochenschauen propagandistisch gefärbte Frontberichte.

In Deutschland kommt es erst 1917 zu einer Allianz zwischen dem deutschen Generalstab und national gesinnten Großindustriellen wie Alfred Hugenberg mit dem Ziel, eine staatlich gelenkte Filmindustrie zu gründen: die Universum Film AG (UFA). Mit dieser Organisation und dem Ausbau der Produktionsstätten in Babelsberg bei Berlin wird der Grundstein für eine eigene deutsche Filmindustrie gelegt. In den Zwanziger- und Dreißigerjahren wird die UFA zum Dreh- und Angelpunkt deutschen Filmschaffens.

Vom Kino zum Lichtspiel-Theater

In den Zwanzigern entwickelt sich das Kino vom Zeitvertreib der »kleinen Leute« zu einem populären Vergnügen für alle Schichten. Angestellte, Unternehmer, Künstler – alle gehen ins Kino. Neben den Stadtteilkinos entstehen wahre Kinopaläste, die 2000 Leute und mehr fassen und nach dem Vorbild der Theater mit Foyers, Balkons, Logen und schweren, samtenen Vorhängen ausgestattet sind. Ein Gong kündigt den Beginn der Vorstellung an, und ein ganzes Orchester spielt zur Untermalung dessen, was da auf der Leinwand gezeigt wird. In den Pausen wird das Premierenpublikum oft mit einem ausgesuchten Varieteeprogramm unterhalten.

Während die Filme in den Arbeiterkinos vorwiegend Ablenkung vom tristen Alltag bieten, sprechen die großen Uraufführungskinos ein durchaus kunstsinniges Publikum an. Die Filmschaffenden haben gelernt, wie man mit Lichtführung, Schnitt, Montage, Tricks, filmischer Dramaturgie und schließlich auch mit dem Ton Gefühle hervorruft und den Zuschauer ganz eintauchen lässt in das Geschehen auf der Leinwand. Film wird zur Kunst, das Kino zum Lichtspiel-Theater.

Die Stars aus dem Kino werden zu Identifikationsfiguren. Man sammelt Autogramme und hängt sie in sein Zimmer, um so ein wenig am Glamour der Schauspieler teilzuhaben, um denen nahe zu sein, die in ihren Filmen ein Leben leben, das man sich selbst nicht leisten kann, aber von dem man dank des Kinos nun umso besser träumen kann. Filmstars werden zu Vorbildern auch in Modefragen. Der Bubikopf von Asta Nielsen wird zur Haartracht einer ganzen Frauengeneration, ebenso die Hüte der Greta Garbo oder die Herrenanzüge von Marlene Dietrich.

Aufwendig produzierte und künstlerisch anspruchsvolle Filme wie »Metropolis« von Fritz Lang (1927) kann man in den Lichtspiel-Theatern der Zwanzigerjahre bewundern.

Das Kino der Nationalsozialisten

Die Nazis kennen die Macht der Bilder und versuchen, sie in ihrem Sinn zu nutzen. Bei Premieren sind die Kinos mit Hakenkreuzfahnen »geschmückt«, die Herren der Staatsführung sitzen auf den besten Plätzen, um ihren politischen Anspruch auf das Kino zu dokumentieren. Nach der Machtübernahme wird das Filmwesen gleichgeschaltet und dem Ministerium für Volksaufklärung und Propaganda unterstellt. Sein Leiter, Joseph Goebbels, wird zum »Schirmherr des deutschen Films«. Alle Filmschaffenden und alle Kinobesitzer müssen zur Reichsfilmkammer gehören. Personen, die den Nazis nicht genehm sind, wird die Mitgliedschaft verweigert, was einem Berufsverbot gleichkommt. Jüdische Produzenten werden enteignet oder müssen ihre Firmen zu einem lächerlich geringen Preis verkaufen. Viele Filmschaffenden verlassen Deutschland, unter ihnen so bekannte Regisseure wie Richard Oswald, Max Ophüls, Fritz Lang und Georg Wilhelm Pabst.

Die »Wochenschau«, die vor dem Hauptfilm läuft, wird zum idealen Instrument der nationalsozialistischen Propaganda. Reporter und Kameraleute begleiten Hitler von Beginn seiner Karriere an und verhelfen ihm zu ständiger optischer Präsenz im Kino. Die sogenannten Bewegungsfilme von Leni Riefenstahl, »Triumph des Willens« und »Fest der Völker«, feiern Hitler als den Heilsbringer, der Deutschland wieder zu Weltgeltung verholfen hat.

1935 erscheint »Triumph des Willens« in den Kinos, ein Film von Leni Riefenstahl über den NSDAP-Parteitag 1934, der das nationalsozialistische Regime verherrlicht.

Leni Riefenstahl und Walter Frentz 1936 bei den Dreharbeiten zum Olympiafilm; während viele jüdische Filmschaffende ins Exil fliehen müssen, wird Riefenstahl von den Nazis umworben.

Während die reinen Propagandafilme ihre Botschaft zu durchsichtig transportieren und von den Zuschauern nicht gut angenommen werden, laufen Filme, die nationalsozialistisches Gedankengut unterschwelliger propagieren, weit besser. Je schwieriger die Lage im Verlauf des Krieges wird, desto wichtiger wird der Unterhaltungsfilm. Von den 1150 Spielfilmen, die im »Dritten Reich« entstehen, sind rund drei Viertel Unterhaltungsfilme, die dem Publikum für die Dauer des Kinobesuchs eine heile Welt vorgaukeln und Bespitzelung, Deportationen, den brutalen Umgang mit Andersdenkenden, kriegsbedingte Entbehrungen und Bombenangriffe vergessen machen sollen. Die Rechnung geht auf: 1933 zählen zum Beispiel die Frankfurter Kinobesitzer 4,9 Millionen Besucher, 1939 sind es bereits 7,8 und 1940 sogar 10,2 Millionen. Bis in die letzten Tage des Krieges ist das Kino ein beliebter Ort des Verdrängens.

Heile Welt mit Rissen

Mit der deutschen Kapitulation ist der Film vom Nazi-Diktat befreit; doch statt sich mit der Vergangenheit auseinanderzusetzen, werden im Kino der Bundesrepublik wieder Träume von einer heilen Welt verbreitet. Das »Schwarzwaldmädel« in Technicolor leitet 1950 eine ganze Serie von Heimatfilmen ein, die vom Publikum mit Begeisterung aufgenommen wird. Während man 1950 in der BRD 490 Millionen Kinobesuche zählt, sind es 1956 bereits 820 Millionen. Dass angesichts der durch Flüchtlinge, Vertriebene und schlechte Wohnverhältnisse geprägten Situation im Nachkriegsdeutschland ausgerechnet der Heimatfilm viele Zuschauer findet, verwundert kaum. Beliebt sind friedliche, überschaubare Welten. Das Kino bleibt der Ort der schönen Träume.

Zunehmend werden in den deutschen Kinos nun auch die Produktionen aus Hollywood gezeigt. Zwischen 1949 und 1964 stammen 40 % der vorgeführten Filme aus den USA und machen den American Way of Life im Westen populär.

Eines haben die US-amerikanischen Filmstars mit den Idolen aus den Heimatfilmen gemein: Sie sind Boten einer besseren Welt, einer Welt, die ablenkt von der Not und der Langeweile der eigenen Existenz und deshalb werden sie verehrt. Jeder will an diesem neuen Leben teilhaben, entweder dadurch, dass er Autogramme sammelt, um seinem Traum nahe zu sein oder indem er Mitglied in einem Fanklub wird, um mehr über das Leben und den Charakter seines Stars zu erfahren. James Dean, Elvis Presley, Marlon Brando und Bill Haley werden zu Idolen der Jugendlichen. Sie sind verrückt nach deren Musik und geben sich wie ihre großen amerikanischen Vorbilder.

Kino im Osten

In der DDR soll das Kino nach dem Krieg zum Aufbau einer besseren, sozialistischen Gesellschaft beitragen. In Babelsberg, der früheren Filmstadt der UFA, wird dazu die Deutsche Film AG (DEFA) gegründet. In deren ersten Filmen geht es vor allem um eine Auseinandersetzung mit der Vergangenheit. So thematisiert der erste ostdeutsche Nachkriegskinofilm, »Die Mörder sind unter uns« von Wolfgang Staudte, 1946 die Schuldfrage in Nazideutschland. »Der Augenzeuge«, die Wochenschau der DEFA, appelliert mit dem Eröffnungsslogan »Sie sehen selbst, Sie hören selbst, urteilen Sie selbst!« an den kritischen Zuschauer.

Zunächst haben die Filmschaffenden in der DDR alle Freiheiten. Doch schon zu Beginn der Fünfzigerjahre ändert sich die Kulturpolitik der SED: Filmvorhaben, Drehbücher, Dreharbeiten werden genehmigungspflichtig, und die Funktionäre mischen sich in die Filmgestaltung ein. Es entsteht eine Reihe von Filmen, die nicht viel mehr als sozialistisches Pathos verbreiten, beim kritischen Publikum durchfallen, und auch den schlechten Ruf der DEFA begründen. Dabei werden im Lauf der Jahre in Babelsberg auch immer wieder herausragende Produktionen gedreht, die zu Kinoklassikern werden. Um die Guten von den Schlechten zu scheiden, liest der Kinofreund die Rezensionen in der Tagespresse und im »Filmspiegel«. Dabei gibt es so etwas wie eine unausgesprochene, augenzwinkernde Verständigung zwischen dem Publikum und den Rezensenten. Wird ein Film dort als ideologisch, politisch und gesellschaftlich auf der Höhe der Zeit stehend beurteilt, muss man den Film nicht sehen. Wenn die Rezensionen kritisch sind und einem Film mangelnde

»Grün ist die Heide« ist wie das »Schwarzwaldmädel« ein Beispiel für die Heimatfilmwelle in den Fünfzigerjahren.

Während die Trümmer noch das Straßenbild bestimmen, werben große Plakate wie hier 1954 in München schon wieder für das Kino.

Kinowirklichkeit in der DDR 1986: Während das eine Plakat für die Tage des sozialistischen Films wirbt, kündigt das andere »Otto – der Film« an.

ideologische Standfestigkeit vorgeworfen wird, heißt das: Er ist sehenswert. Auch die Filmklubs, die sich vor allem dem künstlerisch anspruchsvollen Film verpflichtet fühlen, sind Informationsbörsen für den Kinofreund und zeigen neben DEFA-Produktionen interessante Filme aus den sozialistischen Bruderländern. Besonders beliebt bei den Kinobesuchern sind jedoch Filme aus dem Westen, wobei das Publikum keineswegs strenge Qualitätsmaßstäbe anlegt. Der Importfilm ist eben eine Äußerung aus unerreichbaren Regionen und schon allein deshalb sehenswert.

Doch es werden auch in der DDR Filme gedreht, die beim Publikum großen Anklang finden. Es sind meist Streifen, die sich kritisch mit dem Alltagsleben der Bürger beschäftigen und sich sehr differenziert mit individuellen und gesellschaftlichen Problemen in der DDR auseinandersetzen. »Solo Sunny« von 1979 und »Die Legende von Paul und Paula« von 1973 sind nur zwei Beispiele, die Kultstatus erreichen.

Der Kinobesuch ist auch in der DDR ein beliebtes Freizeitvergnügen. Er ist billig, weil staatlich subventioniert, und auch das fehlende Angebot an konkurrierenden Unterhaltungseinrichtungen trägt dazu bei, die Kinos zu füllen. Während es 1955 noch 1423 Filmtheater in der DDR gibt, die rund 310 Millionen Zuschauer anziehen, sind es 1982 jedoch nur noch knapp 1000 Spielstätten mit wenig mehr als 72 Millionen Besuchern. Diese Zahlen deuten eine Entwicklung an, die nicht nur auf die DDR begrenzt ist, sondern auch die Kinos im Westen ganz massiv betrifft – das Kinosterben.

Kinosterben trotz Autorenfilm

Anfang der Sechzigerjahre beginnt in beiden deutschen Staaten der Siegeszug des Fernsehens (→ Folge 6). Damit nimmt auch das Kinosterben seinen Anfang. Aber nicht allein das Fernsehen ist schuld am Niedergang. Viele Deutsche können sich seit den Sechzigern ein Auto leisten und werden dadurch mobiler. Nun warten sie nicht mehr, bis der neue Film in ihr Dorf- oder Stadtteilkino kommt, sondern wollen ihn dort sehen, wo er zuerst anläuft, in den großen Kinos der Städte. So werden vor allem die kleinen Kinos auf dem Land geschlossen. In den großen Städten findet ein Zentralisierungsprozess statt – im harten Konkurrenzkampf um die kleiner gewordene Zuschauerzahl können nur die großen Kinogesellschaften bestehen, die oft die größeren Kinos in mehrere kleine Aufführungssäle unterteilen. Das verspricht die Reduzierung der Personalkosten und größere Flexibilität beim Abspielen. Allerdings leidet auch das Kino-Erlebnis in diesen winzigen Räumen.

Dem »optischen Analphabetismus« entgegenzuwirken, ist das erklärte Ziel einer kulturpolitisch ausgerichteten Film- und Kino-Arbeit, wie sie in den Siebzigerjahren entsteht. Sogenannte Programmkinos und Kommunale Kinos wollen den anspruchsvollen Film fördern und »andere Filme anders zeigen«. Regisseure wie Rainer Werner Fassbinder, Alexander Kluge oder Wim Wenders sorgen mit ihren »Autorenfilmen« zur gleichen Zeit für eine neue Qualität des anspruchsvollen Kinos in der Bundesrepublik. Das Kino soll wieder zu einem Ort der Kommunikation werden, es will aufklären über eigene und fremde Lebenswelten und zu einem politischen und kulturellen Forum für Minderheiten werden. Diese Konzepte retten den Kinos vor allem studentische Zuschauer, aber die Masse des Publikums ist so nicht zu erreichen. Für sie ist das Kino nicht der Ort der politischen Bewusstseinsbildung, sondern Traum- und Fluchtort, wie all die Jahrzehnte zuvor.

Die totale Illusion – Erlebniskino in der Freizeitgesellschaft

Erst in den Achtzigerjahren beginnt sich das Kino langsam wieder zu erholen. Man besinnt sich auf die Qualitäten, die es gegenüber dem Fernsehschirm hat. Viele der Schachtelkinos werden aufgelöst, es entstehen wieder Kinosäle mit großen Leinwänden. Projektions- und Abspieltechnik werden verbessert, Cinemascope, Todd-AO, Sensearound, Dolby-Stereoton werden konsequent eingesetzt und so gewinnt man wieder Zuschauer hinzu. In einer Gesellschaft, in der sich der Einzelne immer mehr darüber definiert, was er in seiner Freizeit tut, welche Unterhaltungsangebote und »Events« er wahrnimmt, bekommt auch das Kino mehr und mehr den Charakter eines Erlebnisorts. Riesige Kinozentren in zum Teil ungewöhnlicher Architektur entstehen, mit Kneipen, Bars und Möglichkeiten zum Schaufensterbummel. Hollywood produziert die Filme dazu, aber auch die neue deutsche Komödie verzeichnet in den Neunzigerjahren Erfolge. Das Kino boomt wieder: 1993 werden 115 Millionen Eintrittskarten verkauft, seither ist die Tendenz steigend. Das Kino ist noch lange nicht tot. In Zukunft wird das Kinoerlebnis durch aufwendige Abspiel- und Aufnahmetechnik noch beeindruckender werden. Bewegliche Kinobestuhlung, digitale Trick- und Toneffekte und dreidimensionale Aufnahme- und Abspielmöglichkeiten auf riesigen Leinwänden werden für eine noch perfektere Illusion sorgen. Und solange wir getäuscht werden wollen vom schönen Schein und uns die Fähigkeit zum Träumen bewahren, solange wird es auch das Kino geben.

Wie hier in Hamburg entstehen in den Neunzigerjahren große Kinozentren, die neben dem Filmgenuss oft auch Kneipen und andere Freizeiteinrichtungen bieten.

Die Chronik des Kinos

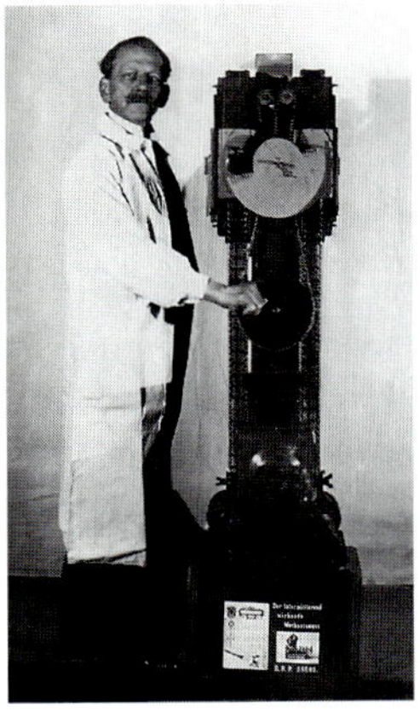

Max Skladanowsky mit seinem Bioskop von 1895

1.11.1895 Die Gebrüder Max und Emil Skladanowsky zeigen im Berliner »Wintergarten« mit Hilfe des Bioskops »lebende Bilder«.

26.4.1896 Die Deutsche Kinematografische Gesellschaft eröffnet in den Berliner Wilhelmshallen den ersten Filmvorführraum in Deutschland.

1.11.1899 In Berlin wird das erste ortsfeste Kino eröffnet. Das von dem Schauspieler Otto Pritzkow geführte Etablissement trägt den Namen »Abnormitäten- und Biograf-Theater«.

29.8.1903 Oskar Meßter führt im Berliner Apollo-Theater die ersten »Ton-Bilder« vor, bei denen Filmprojektor und Grammofon miteinander gekoppelt sind.

12.2.1912 In den von der Firma Bioskop errichteten Ateliers in Babelsberg bei Berlin – später zur größten deutschen Filmstadt ausgebaut – beginnt die erste Filmproduktion. Der dänische Regisseur Urban Gad dreht »Der Totentanz« mit Asta Nielsen in der Hauptrolle.

10.11.1912 Der Schriftsteller Ernst von Wolzogen äußert sich in der »Frankfurter Zeitung« skeptisch über eine geplante Zusammenarbeit des Verbandes deutscher Bühnenschriftsteller mit der Filmindustrie, da das Kino den Massengeschmack befriedige, der jedoch wenig mit literarischer Qualität zu tun habe.

20.8.1913 In Fulda legt die Bischofskonferenz Richtlinien zum Schutz der Jugend und der Erwachsenen vor dem Kino fest. Darin fordert sie ein Kinoverbot für Kinder unter sechs Jahren, eine Beschränkung der Vorstellungen für die schulpflichtige Jugend auf Lehrfilme und von Erwachsenen einen Verzicht auf moralisch minderwertige Filme.

25.3.1914 Die erste deutsche Wochenschau, die »Eiko-Woche«, kommt heraus. Sie erscheint allerdings noch nicht regelmäßig.

14.12.1917 Auf Betreiben von General Erich Ludendorff wird im Haus des Generalstabs in Berlin die Universum Film AG (UFA) gegründet. Die Oberste Heeresleitung will den Film zur politischen und militärischen Beeinflussung des Volkes einsetzen. Das Firmenvermögen beträgt 25 Millionen Mark. Der Staat stellt davon 8 Millionen zur Verfügung. Der Rest wird von den Großbanken finanziert.

12.5.1920 Die Nationalversammlung, das deutsche Parlament, verabschiedet ein Lichtspielgesetz, wonach Filme einer Vorzensur unterliegen.

17.9.1922 In dem Berliner Kino Alhambra wird der Film »Der Brandstifter« als erster Spielfilm mit integrierter Lichttonspur gezeigt. Das Tri-Ergon genannte Verfahren wurde von den deutschen Ingenieuren Hans Vogt, Jo Benedict Engl und Joseph Massolle erfunden.

20.1.1926 Nach einer Meldung der »Frankfurter Zeitung« liefen 1925 insgesamt 939 Filme in deutschen Lichtspielhäusern. 380 davon sind deutsche Produktionen. Zwei Millionen Menschen besuchen täglich die 3000 deutschen Kinos. Dem Deutschen Reich bringt die Filmindustrie jährlich 80 Millionen Reichsmark Steuern ein.

16.7.1926 Die Filmoberprüfstelle widerruft ihre frühere Zulassung des Films »Panzerkreuzer Potemkin« des sowjetischen Regisseurs Sergei Eisenstein und verbietet seine Vorführung für ganz Deutschland. Als Grund wird angegeben, dass er die Sicherheit gefährde, weil bei der Tötung von Offizieren Beifall geklatscht werde.

10.1.1927 Mit »Metropolis« läuft das bislang aufwendigste Filmspektakel der UFA an. Der nach einem Roman von Thea von Harbou von Fritz Lang gedrehte Film ist als Konkurrenz zu amerikanischen Produktionen geplant. Die Superlative sprechen für sich: 620 000 m Film, 5 Millionen Reichsmark Produktionskosten, 36 000 Statisten, 360 Tage reine Dreharbeiten. Der Film wird zu einem finanziellen Fiasko und bringt die UFA an den Rand des Ruins.

26.3.1927 Die Sanierung der chronisch krisengeschüttelten UFA ist perfekt. Der nationalistische Politiker und Pressezar Alfred Hugenberg kauft UFA-Aktien in Höhe von 15 Millionen RM und besitzt damit die Kontrolle über den Filmkonzern, bei dem vorher die Deutsche Bank die Majorität hatte. Die UFA als größte deutsche Filmgesellschaft steckt wie die gesamte Filmindustrie seit Ende der Inflation in einer tiefen Krise.

12.9.1928 Der erste deutsche Tonfilm der Tri-Ergon Musik AG, »Ein Tag Film« von Max Mack, wird im Terra-Kino am Berliner Nollendorfplatz uraufgeführt. Ein Jahr zuvor wurde in den USA mit dem Film »Der Jazzsänger« das Zeitalter des Tonfilms eingeläutet. Besonders energisch wendet sich der Deutsche Musikerverband gegen den Tonfilm. Seine Hauptargumente: der Tonfilm verderbe Gehör und Augen und wirke nervenzerrüttend. Nur das alte Kino mit Bühnenschau und Orchester könne die gesuchte Entspannung und Erbauung bieten.

12.9.1930 Die Filmgesellschaft Fox bringt in Berlin die erste tönende Wochenschau mit aktuellen Berichten aus Politik, Wirtschaft, Kultur und Sport als »Die Stimme der Welt« ins Kino.

14.7.1933 In Deutschland wird eine vorläufige Filmkammer geschaffen, deren Vorstand vom Propagandaministerium ernannt wird.

1.5.1935 Während des Festaktes der Reichskulturkammer in der Berliner Staatsoper zum Tag der Arbeit gibt Propagandaminister Goebbels die Verleihung des Nationalpreises für Film an Leni Riefenstahl für ihren Streifen »Triumph des Willens« bekannt. Der Film ist eine Verherrlichung des Reichsparteitags 1934 in Nürnberg.

Plakat zu dem antisemitischen Hetzfilm »Jud Süß« von Veit Harlan von 1940

24.9.1940 In Berlin läuft mit »Jud Süß« von Veit Harlan der bekannteste antisemitische NS-Propagandafilm an.

21.11.1940 Die vier Wochenschauen im Deutschen Reich (Deulig, Fox, Tobis und UFA) werden zur »Deutschen Wochenschau« zusammengefasst.

1942 Das deutsche Kino erzielt trotz des Kriegs Rekordgewinne. In den 7000 Lichtspielhäusern werden mehr als 1 Milliarde Kinokarten im Wert von 850 Millionen RM verkauft.

30.1.1945 »Kolberg«, der letzte große NS-Propagandafilm, wird in Berlin und La Rochelle uraufgeführt.

17.5.1946 In Babelsberg bei Potsdam wird die Deutsche Film AG (DEFA) als erste deutsche Filmgesellschaft nach dem Zweiten Weltkrieg gegründet. Sie ist anfangs eine deutsch-sowjetische Aktiengesellschaft und wird 1952 zum Volkseigenen Betrieb.

15.10.1946 Mit Wolfgang Staudtes Film »Die Mörder sind unter uns«, einer Produktion der DEFA, wird der erste deutsche Nachkriegsfilm uraufgeführt.

18.7.1949 In der Bundesrepublik nimmt die Freiwillige Selbstkontrolle der Filmwirtschaft (FSK) mit Sitz in Wiesbaden ihre Arbeit auf.

3.2.1950 In den Vorprogrammen der bundesdeutschen Kinos ist zum ersten Mal die »Neue Deutsche Wochenschau« (NDW) zu sehen, die über aktuelle Ereignisse informiert.

25.5.1950 In Berlin wird ein Kino eröffnet, das mit Polsterbänken für Liebespaare ausgestattet ist.

18.1.1951 Willi Forsts Film »Die Sünderin« mit Hildegard Knef in der Titelrolle wird uraufgeführt und löst eine heftige öffentliche Diskussion über die moralischen Grenzen im Film aus.

6.6.1951 In West-Berlin wird erstmals der Deutsche Filmpreis vergeben. Am selben Tag werden die ersten Internationalen Filmfestspiele Berlin eröffnet.

30.4.1952 Eine Umfrage des Instituts für Publizistik der Universität Münster ergibt, dass 24 % der Bevölkerung in der Bundesrepublik Deutschland mindestens einmal im Monat ein Kino besuchen. Ferner ergibt die Befragung, dass 54 % der Befragten deutsche Filme bevorzugen.

1.11.1954 Die Deutsche Hochschule für Filmkunst in der DDR wird in Babelsberg gegründet.

27.9.1956 In der Bundesrepublik kommt »Die Halbstarken« mit Horst Buchholz und Karin Baal in die Kinos, ein Film über das Lebensgefühl der rebellischen Jugendlichen.

31.3.1960 Das erste Autokino Westeuropas wird in Frankfurt am Main eröffnet. In den USA gibt es seit 1933 Drive-in-Kinos.

Kinoplakate sind oft die einzigen bunten Flecken in den tristen Ruinenstädten (Hamburg, 1954).

17./18.9.1952 Die SED ruft eine Konferenz der Filmschaffenden in Ost-Berlin zusammen und fordert den Vorrang von Stoffen aus der Gegenwart gemäß einem dogmatisch ausgelegten Sozialistischen Realismus.

12.3.1953 In Hannover wird der Film- und Revuepalast »Aegi«, das damals größte und modernste bundesdeutsche Kino, eröffnet.

25.8.1953 Das Cinemascope-Verfahren wird erstmals in der Bundesrepublik Deutschland vorgestellt. In Frankfurt am Main werden Szenen aus dem US-amerikanischen Monumentalfilm »Das Gewand« von Henry Koster gezeigt, dem ersten nach dem neuen Aufnahme- und Projektionsverfahren gedrehten Film.

1.10.1961 Der bundesdeutsche Film steckt in einer tiefen Krise. 1961 werden zwar 79 Streifen produziert, jedoch überwiegend Schlagerfilme, Krimis, Heimat- und Sexfilme.

28.2.1962 Auf den Oberhausener Filmtagen wird das Ende von »Opas Kino« verkündet. Die Unterzeichner des »Oberhausener Manifests« (u. a. Alexander Kluge und Edgar Reitz) fordern einen Neuanfang.

16.-18.12.1965 Auf dem 11. Plenum des Zentralkomitees der SED werden »schädliche« und »ideologische« Tendenzen des DEFA-Films kritisiert. Verboten werden u. a. die Filme »Das Kaninchen bin ich« (Kurt Maetzig), »Denk bloß nicht, ich heule« (Frank Vogel) und »Karla« (Hermann Tschoche). Außerdem werden Disziplinarverfahren gegen verschiedene Regisseure eingeleitet.

22.9.1967 Der sexualkundliche Lehrfilm »Helga« wird in der BRD uraufgeführt. Der Film, der im Auftrag der Bundeszentrale für gesundheitliche Aufklärung entstanden ist, löst eine ganze Welle von mehr oder weniger seriösen Aufklärungsfilmen aus.

8.10.1969 Der Autor, Regisseur und Schauspieler Rainer Werner Fassbinder bringt seinen ersten langen Spielfilm »Liebe ist kälter als der Tod« heraus. Fassbinder gilt als einer der produktivsten und genialsten Regisseure des Neuen Deutschen Films. In 14 Jahren dreht er 42 Filme.

23.10.1970 Der unter dem Mantel pädagogischer Aufklärung von Ernst Hofbauer gedrehte Sexfilm »Schulmädchen-Report – Was Eltern nicht für möglich halten« kommt in die Kinos und wird ein Kassenschlager. Innerhalb eines Jahrzehnts werden 13 Folgeteile gedreht.

Szene aus dem »Schulmädchenreport Teil 1«

5.12.1971 In Frankfurt am Main wird das erste Kommunale Kino in der Bundesrepublik Deutschland eröffnet. Das Programm des städtisch subventionierten Kinos umfasst anspruchsvolle Dokumentarfilme ebenso wie Retrospektiven von Filmklassikern.

29.12.1972 Der Regisseur Werner Herzog, der in den Siebzigerjahren zu den wichtigsten Vertretern des Neuen Deutschen Films zählt, bringt seinen ersten Aufsehen erregenden Film heraus: »Aguirre, der Zorn Gottes«.

November 1973 Zur »Anleitung und Koordinierung der Arbeit der Filmklubs« wird eine Zentrale Arbeitsgemeinschaft Filmklubs in der DDR beim Ministerium für Kultur gegründet. Die über 400 Filmklubs in der DDR haben mehr als 250 000 Mitglieder. In der Institutionalisierung der Filmklubs sehen viele den Versuch einer Gängelung.

5.10.1976 In Potsdam wird ein Filmmuseum eingerichtet, in dem auch das Filmarchiv der DDR untergebracht wird.

15.4.1980 Der deutsche Film »Die Blechtrommel« von Volker Schlöndorff nach dem Roman von Günter Grass wird in Hollywood mit dem Oscar als bester ausländischer Film ausgezeichnet.

24.2.1981 Die Ergebnisse der Medienforschung bestätigen das Kino als beliebten Treffpunkt für junge Leute. Fast 80 % aller Kinobesucher sind unter 30 Jahre.

18.9.1981 Wolfgang Petersens Film »Das Boot« kommt in die Kinos und wird zu einem international gefeierten Erfolg.

7.6.1984 Das neueröffnete Deutsche Filmmuseum in Frankfurt am Main gibt einen breiten Einblick in die Geschichte des Filmschaffens.

1984 Rund 63 % aller in der BRD gezeigten Filme stammen aus den USA, nur rund 18 % wurden in der Bundesrepublik produziert.

16.1.1986 Dorris Dörries Film »Männer« kommt in die Kinos und löst eine Welle von deutschen Komödien aus.

9.2.1990 Die Berliner Filmfestspiele werden erstmals in beiden Teilen der Stadt veranstaltet.

1991 In mehreren deutschen Großstädten werden sogenannte Multiplex-Kinos eröffnet.

6.6.1992 In Bottrop-Kirchhellen eröffnet der Bavaria Film-Park.

7.10.1996 In Hamburg eröffnet ein Kino, das allein in seinem Premierensaal rund 1000 Zuschauern Platz bietet.

1997 Für die Kinos in Deutschland ist 1997 das beste Jahr seit 1981. Mit 143,1 Millionen Eintrittskarten werden 7,7 % mehr als im Vorjahr verkauft.

Die modernen Großkinos der Neunzigerjahre sind Kommunikationszentren für das meist jugendliche Publikum.

FOLGE

5

LIEDGUT

Die Deutschen und ihre Schlager

»Alles kommt einmal wieder,/wie es vor Jahren war,/wieder die alten Lieder/tanzt man bis sechs in der Bar« – wie recht hat der Schlagertexter Willy Prager mit diesen Liedzeilen vom Anfang des Jahrhunderts, denn Ende der Neunzigerjahre besinnen sich die Deutschen wieder auf ihren guten alten Schlager. Sänger wie Dieter Thomas Kuhn oder Guildo Horn ziehen Menschenmassen in Konzerthallen oder Freiluftarenen. Zuhörer jeden Alters stehen glückselig an den Bühnen und singen mit. Was sie singen, sind zumeist zuckersüße Lieder von Liebe und Glück, von Sehnsucht und Traum, von Schmerz und heiler Welt. Eingängige Melodien und Texte über einfachen Rhythmen, das sind heute wie früher die Rezepte erfolgreicher Schlager.

Der »erste« Schlager

1881 tauchte der Begriff »Schlager« zum ersten Mal in der Wiener »Nationalzeitung« auf. Der Autor beschrieb damit den durchschlagenden Erfolg einer zündenden Melodie. Es war das Walzerlied »Nur für Natur« aus der Johann-Strauß-Operette »Der lustige Krieg«. Eine neue, in den nächsten Jahrzehnten enorm erfolgreiche Musikgattung ist damit geboren.

Musik ist damals noch ausschließlich ein Live-Erlebnis. Man hört und macht Musik im Theater, im Tanzgarten, auf der Straße, in der Kneipe um die Ecke oder zu Hause im Kreise der Familie. Die gehobene Gesellschaft amüsiert sich auf glanzvollen Bällen mit großen Orchestern, die

Begeisterung, Hysterie und Happening: Guildo Horn 1998 beim Vorentscheid des Schlager-Grand-Prix

Arbeiter treffen sich in ihren Laubenpieperkolonien und singen zu den Weisen des Drehorgelmannes Trink- und Bänkellieder, Gassenhauer oder überlieferte Volksmusik. Daneben gibt es auch die ersten Varietees wie den »Wintergarten« in Berlin oder die vielen Tingeltangelshows für die weniger gut betuchten Musikkonsumenten.

Neben dem Walzer ist im Kaiserreich der Marsch der vorherrschende Rhythmus. Einer der erfolgreichsten Komponisten dieser Zeit ist Paul Lincke. Der Sohn eines Militärmusikers feierte seinen ersten großen Erfolg 1899 mit der Operette »Frau Luna«. Anders als heute sind damals die Komponisten die großen Schlagerstars, zumal sie ihre Werke oft auch selbst aufführen. Die Melodien sind einfach, die Texte handeln meist von Liebe und Sehnsucht oder sind ein bisschen frivol. Neben Paul Lincke feiert auch Max Winterfeld unter dem Pseudonym Jean Gilbert einen Riesenerfolg mit dem Lied »Puppchen, Du bist mein Augenstern«. Jede Tanzkapelle spielt es nach, in jedem Leierkasten gibt es eine Walze mit dieser Melodie, und wer eines dieser neuen technischen Wunderwerke namens Grammofon hat, kauft sich die Schallplatte.

Der Musikmarkt entsteht

Schon zur Jahrhundertwende stehen in vielen Wirtshäusern mit Münzeinwurf ausgerüstete Walzenklaviere oder Orchestrions. Einige wenige besitzen auch schon einen Fonografen, mit dem man Musik und Sprache aufnehmen und abspielen kann. Der US-Amerikaner Thomas Alva Edison erfand dieses erste Gerät zur Aufnahme und Wiedergabe von Sprache und Musik 1877. Eine in eine Membran eingearbeitete Nadel schneidet dabei die von Tönen hervorgerufenen Schwingungen in eine rotierende Wachswalze.

Aber erst die Entwicklung des Grammofons und der Schallplatte durch den deutschstämmigen Emil Berliner 1887 verbesserte die Chancen der kommerziellen Musikwiedergabe. Die Vorteile der Schallplatte gegenüber der Edison-Walze liegen vor allem in der leichteren Reproduzierbarkeit des Tonträgers. Walzen sind wegen ihrer Krümmung nur durch aufwendige Verfahren im großen Maßstab zu ver-

Links: Titelblatt des Notendrucks von Paul Linckes Operette »Frau Luna«; Lincke war der große Star der Jahrhundertwende. Aber auch heute noch sind viele seiner Melodien, z. B. »Das ist die Berliner Luft« oder das »Glühwürmchen-Idyll« unvergessen.

Thomas Alva Edison (unten r.) mit dem von ihm erfundenen Fonografen (Gemälde von Abraham A. Anderson, 1889; National Portrait Gallery, Washington). Das von ihm entwickelte Walzensystem zur Tonaufnahme hat jedoch Nachteile gegenüber der Schallplatte.

vielfältigen. Die Schallplatte dagegen kann durch ein einfaches Pressverfahren schnell und kostengünstig hergestellt werden. Seit 1895 benutzt Berliner vorwiegend Schellack für seine Schallplatten.

Allerdings sind die Geräte nach wie vor sehr teuer, und nur wenige Menschen können sich Schallplatten leisten. Trotzdem werden schon 1902 über 2 Millionen dieser modernen Tonträger in Deutschland verkauft. Mit der Schallplatte und dem Grammofon treten nun immer mehr die Interpreten in den Vordergrund. So streitet man sich noch heute darüber, ob der berühmte Tenor Enrico Caruso mit seiner ersten Aufnahme 1902 dem Grammofon zum Durchbruch verhalf oder ob er umgekehrt seine außerordentliche Karriere diesem neuen Medium zu verdanken hat.

Zwei Mädchen mit Kopfhörer und Detektor für den Radioempfang um 1925

Die schöne Adrienne mit ihrer Hochantenne

1923 erwächst den mechanischen Musikapparaten und den livespielenden Orchestern eine neue, starke Konkurrenz: Deutschland verfällt dem Radiofieber. Innerhalb von zwei Jahren werden neun Rundfunkgesellschaften gegründet, die sich über Gebühren finanzieren. Die Bedeutung dieser neuen Technologie wird auch Thema im Schlager selbst. Der von Hermann Leopoldi 1925 komponierte Schlager »Die schöne Adrienne hat eine Hochantenne« wird ein Hit.

Diese Hochantenne ist übrigens unabdingbarer Bestandteil der gängigen Detektorempfänger. Um einen einigermaßen guten Empfang zu genießen, muss ein mindestens 10 m langes Drahtstück z. B. zwischen zwei Häuser gespannt werden. Lautsprechertauglich sind diese Radios noch nicht. Hören kann man nur mittels eines recht unbequemen Kopfhörers. Das ändert sich erst Anfang der Dreißigerjahre, als mit Röhren bestückte und für Lautsprecherbetrieb geeignete Radioapparate erschwinglich werden.

Das Radio verändert Alltagswelten – fröhliche Tanzparty im Wohnzimmer um 1924.

Diese preiswerte Art der abendlichen Unterhaltung verändert den Alltag vieler Deutscher. Man geht nicht mehr so oft aus, kostspielige Theater- oder Wirtshausbesuche werden seltener. Das Wohnzimmer oder die Wohnküche entwickelt sich zum »Empfangszimmer«. Auf einem Tisch steht der klobige Radioapparat, um den sich die Familienmitglieder, oft auch Freunde, Verwandte oder Bekannte, versammeln, die sich selbst keinen Empfänger leisten können. Während der beliebten allabendlichen Unterhaltungssendungen wird dann das Tanzbein geschwungen – am liebsten zu einem flotten Charleston oder einem anderen neumodischen Tanz.

Schlager und Film

Schon mit Grammofon und Radio, spätestens aber mit dem sich Ende der Zwanzigerjahre verbreitenden Tonfilm werden die Interpreten die Stars der Szene. Bis heute unvergessen sind Marlene Dietrich in »Der blaue Engel« mit dem Schlager »Ich bin von Kopf bis Fuß auf Liebe eingestellt« oder Heinz Rühmann, Willy Fritsch und

Der UFA-Tonfilm »Die Drei von der Tankstelle« wird Anfang der Dreißigerjahre zum großen Kassenerfolg. Erzählt wird die Geschichte dreier Freunde, die gemeinsam eine Tankstelle betreiben und sich jeder auf seine Weise in eine Kundin verlieben. Die Musik schrieb Werner Richard Heymann.

Oskar Karlweiss in »Die Drei von der Tankstelle« mit dem Lied »Ein Freund, ein guter Freund«. Gesangliche Qualität spielt nicht die vordringliche Rolle, für die Kinoleinwand wichtiger ist die visuelle Präsenz der Schauspieler (→ Folge 4).

Die Schlagertexte der Zwischenkriegszeit drehen sich nach wie vor zumeist um die sogenannte gute Gesellschaft, der es in der Regel ja auch gut geht. Daneben sind eingängige Nonsens-Schlager wie »Wo sind deine Haare, August?« sehr beliebt. Aber nun häufen sich auch Lieder mit zeitkritisch-ironischen Texten wie der während der Inflationszeit beliebte Schlager von Robert Steidl »Wir versaufen unser Oma ihr klein Häuschen« oder Walter Kollos Lied »Komm, hilf mir mal die Rolle drehen« über die Mühen eines Waschtages. Sentimentale Slow-Fox-Nummern wie »Schöner Gigolo, armer Gigolo« thematisieren den Abstieg des stolzen Husaren zum Eintänzer reicher Touristinnen.

In der Weltwirtschaftskrise werden auch Arbeiterlieder zu Gassenhauern, die das Schlange stehende deutsche Volk inbrünstig mitsingt. Eines der bekanntesten Lieder ist das »Stempellied«, interpretiert von Ernst Busch, der im Volksmund in Anlehnung an Richard Tauber, den berühmten Operettenstar dieser Zeit, oft »Barrikaden-Tauber« genannt wird.

Es geht alles vorüber

Mit der Machtübernahme der Nationalsozialisten und der sofort beginnenden Gleichschaltung ist es mit solchen Schlagern bald vorbei. Gerade bei den Schlagerkomponisten und Textern fallen die besten Köpfe der NS-Rassenpolitik zum Opfer. Viele der jüdischen Künstler können rechtzeitig aus Deutschland fliehen. Andere, wie Fritz Löhner oder Richard Fall, werden in Auschwitz umgebracht. Alles vermeintlich Jüdische wird aus den offiziellen Musikprogrammen entfernt, was dazu führt, dass auf einen Schlag der

Großteil der Operetten und Schlagerrevuen nicht mehr gespielt wird. Daneben greifen die Nazis vor allem den inzwischen in Deutschland verbreiteten Jazz an. 1935 erlassen sie ein generelles Jazzverbot für den gesamten deutschen Rundfunk. Reichssendeleiter Eugen Hadamovsky meint dazu, es gehe um die Frage, »ob ein Volk von der Kulturhöhe des deutschen es sich erlauben kann, seine musikalischen Subsidien für die Dauer aus einem Hottentottenkral zu beziehen, ohne dabei an seiner Seele Schaden zu nehmen ...«

Ganz gelingt es den Nazis aber nicht internationale Einflüsse auszublenden, dazu ist diese Musik in Deutschland einfach schon zu populär. Trotzdem verstehen sie es, die neuen Medien Rundfunk und Film weitestgehend »von artfremden Einflüssen« frei zu halten. Viele deutsche Künstler passen sich an; wer mitmacht, dem winken Ruhm und Geld. Mehr denn je werden Schlager über den Film verbreitet. Eines der berühmtesten Beispiele ist Zarah Leander mit dem 1938 veröffentlichten Lied »Kann denn Liebe Sünde sein« aus dem UFA-Film »Der Blaufuchs«.

Das stärkste politische Mittel der Nationalsozialisten aber bleibt der Rundfunk. Propagandaminister Joseph Goebbels erkennt früh, dass das Medium Radio nicht nur politische Parolen ausstrahlen sollte. Ab Mitte der Dreißigerjahre legt er den Programmschwerpunkt deshalb auf unterhaltende und ablenkende Themen. Der von den Nazis massiv subventionierte »Volksempfänger« (im Volksmund auch »Goebbelsschnauze« genannt), das einfachste Gerät ist schon für 35 Reichsmark zu bekommen, steht bald schon in vielen Haushalten und wird dadurch zum wichtigsten Propagandamittel für das NS-Regime. In den Betrieben wird der »DAF-Empfänger« (DAF=Deutsche Arbeitsfront) installiert. Mit ihm sollen die Werksangehörigen die nationalsozialistischen Propagandasendungen im Gemeinschaftsempfang hören.

Mit Beginn des Kriegs bestimmt das »Feindsenderverbot« den Musikkonsum der deutschen Bevölkerung. Selbst wer Tanzmusik aus London hört und dabei erwischt wird, dem drohen furchtbare Strafen bis hin zur Todesstrafe. Denunziation unter Nachbarn ist nicht selten, auch in den Familien besteht oft großes Misstrauen.

Die populärste deutsche Schlagersendung während des Zweiten Weltkriegs ist das sonntägliche Wunschkonzert, kurz WuKo genannt, mit Hanns Goedecke. Neben Walzern und Märschen werden dort auch auf Wunsch der Frontsoldaten oder deren Angehörigen Schlager gespielt. Sind die Inhalte zu Anfang des Krieges meist noch markig-kämpferisch (»Das kann doch einen Seemann nicht erschüttern«) werden sie mit der Wende in Stalingrad resignativer (»Es geht alles vorüber«) oder realitätsfern (»Ich weiß, es wird ein-

Die Schwedin Zarah Leander wird in den Dreißigerjahren zum Star des deutschen Musikfilms.

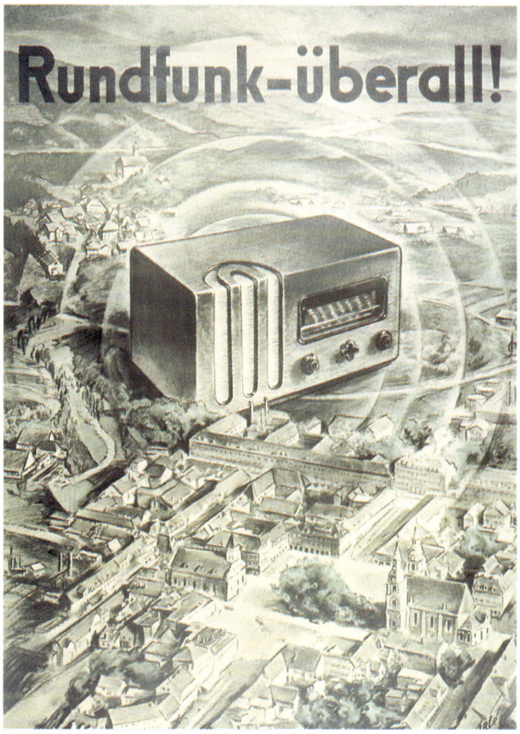

Das Radio wird zum wichtigsten Propagandamittel der Nationalsozialisten (Plakat von F. Ahrlé, 1935).

Links: Mit dem am 1. Oktober 1939 erstmals gesendeten »Wunschkonzert für die Wehrmacht« sollen die Zivilisten an der Heimatfront und die Soldaten an den Kriegsschauplätzen immer sonntags zu einem großen Gemeinschaftserlebnis zusammengeführt werden (Buchtitel 1940).

Revolutionäre Tanzschritte im Nachkriegsdeutschland: Der Rock'n'Roll bricht endgültig mit allen musikalischen Traditionen (Tanzturnier 1958 in München).

mal ein Wunder geschehen«). Auch das in einem von Goebbels initiierten Wettbewerb für »optimistische Schlager« vorgetragene Lied »Wir werden das Kind schon schaukeln« wird zu einem großen Erfolg. Der Superhit des Krieges aber ist beiderseits der Fronten das von Lale Andersen interpretierte Lied »Lili Marleen«, das vom Belgrader Soldatensender ab 1941 jeden Abend gespielt wird.

One, two, three o'clock

In der Nachkriegszeit ist in Westdeutschland der Einfluss der US-amerikanischen Besatzer gerade auch in der Musik beherrschend. 38 Soldatensender spielen die vor allem bei jungen Deutschen beliebten neuen Musikstile Jitterbug, Boogie-Woogie und Rock'n'Roll.

Der Rock'n'Roll ist die musikalische Revolution der Nachkriegszeit. Freizügige Texte von Liebe und Leben, von Sex und Körperlichkeit, von Ekstase und Protest zeichnen ihn aus. Mit dem Rock'n'Roll beginnt eine eigene Jugendkultur, die sich gegen die Erwachsenen richtet (→ Folge 25). Die am Wirtschaftswunder werkelnden Eltern tun die neue Musik ihrer Kinder häufig als Amigeheul ab und dulden das Abspielen der Platten auf den neu angeschafften Musiktruhen nicht. Sie bevorzugen die sehnsüchtigen Ohrwürmer der Nachkriegszeit, Rudi Schurickes »Caprifischer« zum Beispiel, den lebensfrohen »Trizonesien-Song« von Karl Berbuer oder aber einen der beliebtesten deutschen Schlager der Fünfzigerjahre, »Pack die Badehose ein« mit Conny Froboess.

Wer soll das bezahlen

Die Umsätze der Plattenindustrie steigen rasant. Wurden 1949 rund 6 Millionen Schallplatten verkauft, sind es 1958 bereits 58 Millionen, die allein in der Bundesrepublik über die Verkaufstheken gehen. Die Musikindustrie wird ein mächtiger Wirtschaftsfaktor. Sie macht Stars und Sternchen und lässt sie genauso schnell wieder in der Versenkung verschwinden, wie das Management sie nach oben gebracht hat. Was zählt, ist allein der Erfolg in den neu entstandenen Hitparaden. Neben Radio und Film werden die Musikbox in der Kneipe und vor allem das Fernsehen mit seinen vielen Unterhaltungsshows wichtige Verkaufshilfen (→ Folge 6).

1958 wird die zerbrechliche Schellack-Platte von der preisgünstigen und stabileren Vinyl-Platte abgelöst. Eine Single ist jetzt schon für 1 DM zu haben. Außerdem werden das Tonband und wenig später die Musikkassette als Tonträger immer wichtiger. Die Stereofonie ermöglicht eine nie gekannte Tonqualität. High-Fidelity ist das Zauberwort, mit dem die Elektronikhersteller neue Kunden gewinnen wollen. Durch die Transistortechnik werden die Geräte immer kleiner, transportabler und billiger. Viele Haushalte schaffen sich nun

Die Musikbox steht in fast jedem Lokal.

auch Zweit- oder Drittgeräte für Küche, Schlaf- oder Badezimmer an. Wer sich das nicht leisten kann, der zweigt einfach ein Laustprecherkabel in die Küche ab. Schon 1956 liegt die Hörerdichte in der Bundesrepublik bei 93 %. Mitte der Fünfzigerjahre ist Radiohören die wichtigste Freizeitbeschäftigung.

Steig ein in das Traumboot der Liebe

Erfolgreichster Interpret dieser Zeit ist Freddy Quinn mit seinen beliebten Seefahrts-, Fern- und Heimwehsongs. Auch die Künstler in der DDR fahren in ihren Liedern gern ins Ausland. Solange es sich dabei um ein sozialistisches Bruderland dreht, wird das von der Staatsführung auch geduldet. Dagegen wird der Jazz von Walter Ulbricht öffentlich als »Affenkultur des westlichen Imperialismus« verpönt und der Beat als »Versuch westimperialistischer Drahtzieher, die akustische Kriegsvorbereitung in die DDR zu tragen« gewertet. Das bedeutet für die Künstler, möglichst parteikonforme Texte zu interpretieren und auch sonst nicht aufzufallen. 1958 erlässt die Staatsführung eine Quotenanordnung, wonach 60 % aller Musikprogramme im Radio, Fernsehen oder bei öffentlichen Veranstaltungen von DDR-Bürgern bzw. Einwohnern anderer Volksdemokratien geschaffen sein müssen.

Um diese Beschränkungen zu umgehen, beziehen viele DDR-Bürger Platten oder Tonbänder von Verwandten im Westen und verkaufen oder tauschen sie. Beliebt sind auch Mitschnitte von westlichen Radiosendungen. Höchstpreise erzielen dabei die Sendungen des US-amerikanischen Rundfunksenders AFN. Erst in den Siebzigerjahren mit den internationalen Erfolgen der DDR-Gruppen Puhdys und Karat werden die Rahmenbedingungen für DDR-Künstler einfacher.

Im westlichen Deutschland setzen ab den Siebzigerjahren auch die Schlagersänger auf die mit dem Rock'n'Roll importierten Amerikanismen. Sie greifen zu wohlklingenden Künstlernamen wie Mary Roos, Tony Marshall oder Roy Black und werden so zu »Shooting-Stars« der vorwiegend schnulzig daherkommenden Schlagerszene. Viele verdanken ihren Erfolg vor allem den zahlreichen Fanklubs, die häufig von den Plattenfirmen finanzi-

Im Sonderzug nach Pankow: Udo Lindenberg (oben) spielt 1983 im Palast der Republik.

»Über sieben Brücken musst Du gehen«: Schon Ende der Siebzigerjahre sind ostdeutsche Bands wie Puhdys oder Karat (hier bei einem Fernsehauftritt 1987) auch in der BRD erfolgreich.

ell unterstützt werden. Indem sie Hunderte von Postkarten schreiben oder ganze Telefonzentralen bei Sendeanstalten mit ihren Anrufen lahmlegen, versuchen sie, ihre Lieblinge in die Hitparaden zu bringen.

Die Neue Deutsche Welle

Was in der DDR Anfang der Siebzigerjahre aus der Not heraus geboren wird, nämlich internationale Rockbeats mit deutschen Texten zu versehen, verhilft in der BRD vor allem einem Sänger zu seinem Durchbruch – Udo Lindenberg. Den größten kommerziellen Erfolg aber feiern zu Beginn der Achtzigerjahre die Musiker der Neuen Deutschen Welle. Nena oder Gruppen wie Trio schwächen harte britische Punkrhythmen ab und unterlegen sie mit monotonen Synthesizerklängen, dazu werden einfache deutsche Texte gesungen, und schon sind die Retortensongs fertig. »Dadada« oder »99 Luftballons« werden zu Riesenhits und verdrängen die meisten anderen deutschen Schlager aus den Verkaufshitparaden. Aber eine Welle ebbt in der Regel eben so schnell wieder ab, wie sie entsteht, und so ist das große Geschäft mit der Neuen Deutschen Welle bereits nach drei Jahren vorüber. Allerdings bereitet sie den Weg für andere deutsche Rockgruppen und -interpreten wie BAP oder Herbert Grönemeyer, die mit anspruchsvollen Texten und musikalischer Qualität ihre Liebhaber finden.

Anfang der Achtzigerjahre kommt ein neuer Tonträger auf den Markt, die Compact-Disc. Sie ist ein digitaler optischer Festspeicher, dessen Dateninhalt mittels eines fokussierten Laserstrahls abgetastet wird. Mitte der Neunzigerjahre hat die rauscharme und verschleißfreie CD die herkömmliche Schallplatte fast vollständig vom Markt verdrängt.

Schön ist es auf der Welt zu sein

In den Neunzigerjahren besinnen sich die Deutschen wieder auf die guten alten Zeiten. Die Volksmusik gewinnt in modernem Gewand neue Fans, indem die Komponisten traditionelle Grundmuster mit Schlagerarrangements oder Rockbeats unterlegen. Gruppen wie die Kastelruther Spatzen oder Zillertaler Schürzenjäger stecken so eine goldene Schallplatte nach der anderen ein. Selbst auf den Musikkanälen im Fernsehen werden ihre Videos abgespielt. Die Fans von heute scheinen fast alles zu akzeptieren – Techno und Udo Jürgens, Hardrock und Marianne Rosenberg – Hauptsache es macht Spaß.

Die Chronik des Schlagers

1900 In Deutschland werden 2,5 Millionen Schallplatten verkauft.

1909 Der »Zupfgeigenhansel«, die Liedersammlung der Jugendbewegung mit Volksliedern und Tänzen, erscheint.

15.1.1920 Die erste deutsche Jazz-Schallplatte kommt auf den Markt mit einer Version von Nick la Roccas »Tiger Rag«.

29.10.1923 Einführung des öffentlichen Rundfunks: Der Rundfunksender Berlin beginnt seine erste Sendung aus dem Vox-Haus.

1.12.1923 Im Deutschen Reich werden 467 zahlende Rundfunkhörer gezählt.

4.12.1924 In Berlin wird die erste deutsche Funkausstellung eröffnet. Zehn Tage lang präsentieren 268 Aussteller etwa 115 000 Besuchern ihre Erzeugnisse.

1925 Der Loewe OE, der erste sog. Volksempfänger in Röhrentechnik wird vorgestellt.

15.5.1925 In Berlin gründen neun der zehn tätigen privaten Rundfunkgesellschaften zusammen mit der Reichspost die Reichsrundfunkgesellschaft. Durch sie sichert sich der Staat den Einfluss auf den Rundfunk.

1.1.1926 Über 1 Million gebührenzahlende Hörer sind in Deutschland registriert.

1932 Die Reichsrundfunkgesellschaft wird verstaatlicht.

1933 Kurz nach der Machtübernahme durch die Nationalsozialisten wird die Reichsrundfunkgesellschaft dem Reichsministerium für Volksaufklärung und Propaganda unterstellt.

1933 Neue musikalische Strömungen wie die Schönbergsche Zwölftonmusik oder auch der amerikanische Jazz werden von den neuen Machthabern als »entartet« diffamiert.

20.8.1933 Auf der Funkausstellung in Berlin wird der Öffentlichkeit die neueste Errungenschaft der NS-Propaganda vorgestellt: das Einheitsradio für den deutschen Haushalt, kurz Volksempfänger genannt.

12.10.1935 Der Reichssendeleiter Eugen Hadamovsky verbietet dem gesamten deutschen Rundfunk das Abspielen von sog. Nigger-Jazz.

Münchner Radioklub beim »Tönefangen« in der Natur

16.4.1936 Durch die Verbreitung des Rundfunks und die starke internationale Konkurrenz hat sich der Absatz der deutschen Schallplattenindustrie extrem verschlechtert. Die Ausnutzung der Kapazitäten beträgt in deutschen Betrieben nur 25 %. Die Preise für Schallplatten sind seit 1929 um 50 % gesunken.

19.11.1936 In Ludwigshafen findet die erste Tonbandaufnahme statt. Die Londoner Philharmoniker spielen die Es-Dur Sinfonie Nr. 39 von Wolfgang Amadeus Mozart.

August 1941 Der Belgrader Soldatensender spielt von nun an allabendlich den Schlager »Lili Marleen« mit Lale Andersen. Es wird auf beiden Seiten der Front das berühmteste Lied des Krieges.

20.1.1944 Trotz des stetigen Kampfes des NS-Regimes gegen den »entarteten« Jazz flammt die Debatte um die »Niggermusik« immer wieder auf. In dem Brief eines Jazz-Gegners an den Reichsminister Alfred Rosenberg heißt es dazu: »Keiner dieser Amerikanismen und überhaupt kein fremder Einfluss darf nach Deutschland hereingelassen werden.«

1946 Max Grundig vermarktet den sog Heinzelmann, ein Selbstbauradio, mit dem das von den Alliierten ausgesprochene Rundfunkverbot umgangen werden kann.

1947 Die Alliierten heben das Rundfunkverbot auf.

1948 Der Kopenhagener Wellenplan koordiniert die europäischen Mittelwellenfrequenzen. In den Ländern der Westzone bilden sich die deutschen Rundfunkanstalten des öffentlichen Rechts mit Selbstverwaltung.

31.8.1951 Auf der Deutschen Musikmesse in Düsseldorf stellt die Deutsche Grammophon-Gesellschaft die erste Langspielplatte mit 33 1/3 Umdrehungen pro Minute vor.

22.11.1951 Die Arbeitsgemeinschaft der Rundfunkanstalten in der Bundesrepublik (ARD) beschließt die Aufnahme eines gemeinsamen Kurzwellendienstes.

26.8.1953 Die Schlagerparade des Nordwestdeutschen Rundfunks, eine der beliebtesten deutschen Radiosendungen, wird wegen wiederholter Manipulationsversuche bei der Ermittlung der Hitparade eingestellt.

12.1.1958 Die DDR-Regierung veröffentlicht eine Anordnung über die Programmgestaltung bei Unterhaltungs- und Tanzmusik: »Bei allen Veranstaltungen von Unterhaltungs- und Tanzmusik müssen 60 % aller aufgeführten Werke von Komponisten geschaffen sein, die ihren Wohnsitz innerhalb der DDR, der UdSSR oder innerhalb der anderen Volksdemokratien haben.«

1958 Die Vinyl-Platte löst die Schellack-Platte ab.

26.12.1958 Die erste Hörfunksendung in Stereo in Deutschland wird vom Sender Freies Berlin (SFB) ausgestrahlt.

17.11.1959 In der Wiesbadener Rhein-Main-Halle werden beim Deutschen Schlager-Festival 1959 wieder Löwen von Radio Luxemburg vergeben. Den Goldenen Löwen erhält Freddy für seinen Schlager »Die Gitarre und das Meer«, den Silbernen bekommen Peter Kraus und Jörg Maria Berg für »Cowboy-Billy«, und Dalida erhält den Bronzenen Löwen für »Am Tag als der Regen kam«.

1962 Philips erfindet die Kompakt-Kassette.

13.6.1965 Der von Peggy March gesungene Schlager »Mit 17 hat man noch Träume« wird bei den 5. Deutschen Schlagerfestspielen im Kurhaus von Baden-Baden Schlager des Jahres 1965.

10.2.1967 Deutschlands erfolgreichster Schlagersänger Freddy Quinn erhält in West-Berlin seine zehnte Goldene Schallplatte.

18.1.1969 »Hier ist Berlin. Das Zweite Deutsche Fernsehen präsentiert Ihnen die erste Ausgabe der deutschen Hitparade«, mit diesen Worten eröffnet Dieter Thomas Heck die erste ZDF-Hitparade.

6.2.1982 Die bundesdeutsche Popgruppe Kraftwerk steht mit ihrem Neue-Deutsche-Welle-Hit »Das Model« an erster Stelle der britischen Hitparade.

Dieter Thomas Heck in der ZDF-Hitparade

24.4.1982 Mit dem Titel »Ein bisschen Frieden« gewinnt die 17jährige Nicole Hohloch aus Neunkirchen im Saarland den Schlagerwettbewerb Grand Prix d'Eurovision de la Chanson.

3.5.1984 Der deutsche Schlagersänger Peter Maffay bekommt für die 500 000. verkaufte Platte seines Erfolgstitels »Carambolage« eine Platin-Schallplatte überreicht.

1.1.1992 Die Einheit Deutschlands führt zur Gründung öffentlich-rechtlicher Sender in den neuen Bundesländern. Mitteldeutscher Rundfunk (MDR) und Ostdeutscher Rundfunk Brandenburg (ORB) konstituieren sich.

23.10.1992 Die Bundesprüfstelle für jugendgefährdende Schriften in Bonn befasst sich erstmals mit der Untersuchung rechtsradikaler Musik. Drei Schallplatten, die zu Gewalttaten und Rassenhass aufrufen, sollen überprüft werden.

26.2.1998 In Bremen gewinnt der Schlagersänger Guildo Horn mit seiner Band Die orthopädischen Strümpfe mit »Guildo hat Euch lieb« die deutsche Vorentscheidung für den Grand Prix d' Eurovison de la Chanson im Mai in Birmingham.

FOLGE

6

FLIMMERKISTEN

Die Deutschen und das Fernsehen

Kaum ein technisches Gerät hat unser Leben so nachhaltig verändert wie der Fernsehapparat. Drei Stunden täglich verbringen die Deutschen im Durchschnitt vor der Flimmerkiste, 30 und mehr Programme stehen ihnen dabei zur Verfügung, gesendet wird rund um die Uhr. Das Fernsehen hat sich zum zentralen Informations- und Unterhaltungsmedium unserer Gesellschaft entwickelt.

Fernsehen nur aus der Nähe

Auf der fünften deutschen Funkausstellung in Berlin kann man 1928 zum ersten Mal Einblick in die Technik des »Seh-Rundfunks« nehmen. Die Bildqualität ist allerdings noch mehr als mäßig und die Bildschirme sind noch sehr klein, so dass das Publikum eine Lupe zu Hilfe nehmen muss, um die Bilder zu betrachten – aber ein Anfang ist damit gemacht.

Zunächst bleibt die Fernsehgemeinde klein, denn man kann die neuen Fernsehbilder nur auf Rundfunkausstellungen zusammen mit Technikern und Wissenschaftlern sehen. Gezeigt werden Produktionen der deutschen Filmwirtschaft, vor allem leichte Unterhaltung wie »Liebeswalzer«, »Im Geheimdienst«, »Tanz und Gymnastik« und Kinowochenschauen.

»Fernseh-Volksempfänger«

Am 22. März 1935 eröffnet Reichssendeleiter Eugen Hadamovsky offiziell den Fernseh-Programmdienst der Reichsrund-

Weil ein eigenes TV-Gerät zu teuer ist, trifft man sich 1953 im Café zum Fernsehen.

Links: Erstes öffentliches Fernsehen durch Lichtabtaster im Reichspostmuseum in Berlin 1935

1938: erste Fernseh-Großbildprojektion auf der Funkausstellung in Berlin

funkgesellschaft und damit den weltweit ersten regelmäßigen Programmdienst. Gesendet wird zwei Stunden pro Tag: Wochenschauen, Nachrichten, Fernsehspiele, Kinder- und Jugendsendungen.

Durch die Einrichtung der ersten Fernsehstuben in Berlin erweitert sich der Zuschauerkreis beträchtlich. Bis zu 100 Menschen passen in eine große Fernsehstube, die Eintrittskarten gibt es kostenlos bei den Postämtern.

Programmhöhepunkt der Dreißigerjahre sind die Olympischen Spiele 1936 in Berlin. Mehr als 150 000 Zuschauer verfolgen die wichtigsten Phasen der Wettkämpfe live in 28 Berliner Fernsehstuben. Zum ersten Mal erleben Menschen in so großer Zahl an mehreren Orten gleichzeitig dieselbe Veranstaltung.

Noch ist das Sendernetz klein, und ein Gerät kostet den stolzen Preis von 1800 Reichsmark. So gibt es 1936 gerade einmal 50 private Fernsehgeräte. Den Durchbruch im Fernsehgeschäft erhofft man sich vom »Fernseh-Volksempfänger«, der auf der Funkausstellung 1939 vorgestellt wird. Er soll 675 Reichsmark kosten, was ungefähr dem doppelten Monatslohn eines Arbeiters entspricht, und das Fernsehen zum Massenmedium machen. Aber daraus wird nichts: Mit Kriegsbeginn 1939 wird die Fertigung von Fernsehgeräten eingestellt.

Aber auch in Kriegszeiten gibt es ein Fernsehprogramm. Aus dem Berliner Kuppelsaal wird seit 1941 die erfolgreichste Sendung dieser Zeit übertragen, »Wir senden Frohsinn – wir spenden Freude«, die erste große Fernsehshow. Bis März 1943 werden 100 Sendungen produziert. Zielgruppe sind die verwundeten Soldaten in den Lazaretten.

Neuanfang im Bunker

Die erste Fernsehsendung nach dem Krieg kommt aus einem Bunker auf dem Heiligengeistfeld in Hamburg. Von dort sendet der Nordwestdeutsche Rundfunk (NWDR) am 25. Dezember 1952 das erste offizielle deutsche Fernsehprogramm nach dem Krieg. Es beginnt mit dem Fernsehspiel »Stille Nacht, heilige Nacht«. Zunächst ist das Programm auf täglich drei Stunden Sendezeit ausgelegt, eine Stunde am Nachmittag, zwei Stunden am Abend. Ende der Fünfzigerjahre gibt es bereits ein fünfstündiges Fernsehprogramm pro Tag.

Allerdings hat so kurz nach dem Krieg kaum jemand einen eigenen Fernseher. Die Geräte sind teuer und selbst die Versprechungen der Werbung, das Fernsehen werde dem Bürger »ein Fenster zur Welt« sein und »die Welt ins Heim« bringen, fruchten nichts, der Absatz bleibt schleppend. So kommen die Sender auf die Idee, Fernsehgerätewagen auszurüsten und sie durchs Land zu schicken, um möglichst viele Menschen mit den Vorzügen des Fernsehens bekannt zu machen. Die mitreisenden Fernsehtechniker bauen die Geräte in Wirtshäusern, Gemeindesälen, Turnhallen oder einfach im Freien auf.

Viele Menschen erleben so die ersten Programmhöhepunkte nach dem Krieg: Die Live-Übertragung der Krönungsfeierlichkeiten für die britische Königin Elisabeth II. im Jahr 1953 und das entscheidende Spiel der Fußball-Weltmeisterschaft 1954 in Bern, bei dem die Mannschaft der Bundesrepublik die ungarische Elf mit 3:2 besiegt und Weltmeister wird.

Beide Sendungen sind Eurovisionssendungen. Über Erdkabel und Richtfunkstrecken verbunden, werden zum ersten Mal alle Westeuropäer zu einer einzigen großen Fernsehfamilie. Das neue Medium lässt die Entfernungen schrumpfen, die Welt wird kleiner, und das begeistert die Zuschauer.

Die Zulassungszahlen steigen, 1957 wird die erste Million erreicht. Ende des Jahrzehnts gibt es bereits 3 Millionen Fernsehhaushalte in der BRD. Das Wohnzimmer, das bisher oft nur an Fest- oder Feiertagen betreten wurde, entwickelt sich nun zum Hauptaufenthaltsraum der Familie. Der Apparat erhält einen besonderen Platz, und die Sessel im Wohnzimmer werden neu ausgerichtet. Aus der familiären Runde, deren Mitglieder früher ihr Ohr den Erzählungen der Großeltern oder den Klängen des Radiogerätes geliehen haben, wird ein Halbkreis, der sich immer öfter dem elektronischen Geschichtenerzähler zuwendet. Ein TV-Tischgerät kostet jetzt zwischen 700 und 800 DM, eine Fernsehtruhe immerhin um 1700 DM. Dagegen nimmt sich die Rundfunkgebühr von 5 DM bescheiden aus.

Die Fernsehtruhe gilt als Statussymbol in den Fünfzigerjahren – Cover einer Zeitschrift von 1952.

Noch gilt das neue Medium als kommunikationsfördernd und familienfreundlich – einmal, weil viele Männer, die ihren Feierabend früher am Stammtisch in der Kneipe verbracht haben, nun zu Hause bleiben und zum anderen, weil die ersten Gerätebesitzer plötzlich einen sehr großen Freundeskreis haben, der sich immer dann zum Besuch ansagt, wenn eine interessante Sendung läuft. Und natürlich wird auch ausgiebig darüber gesprochen, was man gesehen hat.

Das Fernsehen bestimmt immer mehr den Tagesablauf in den Familien. Seit dem 1. Oktober 1956 beginnt um 20 Uhr die »Tagesschau«, bis dahin müssen die Kinder im Bett liegen. Karl-Heinz Köpcke wird von 1959 an zum Inbegriff des seriösen Nachrichtensprechers. Auch andere Fernsehlieblinge werden in dieser Zeit groß: Werner Höfer mit seinem »Frühschoppen« (1953), Willy Millowitsch in »Der Etappenhase« (1953), Peter von Zahn durch seine »Bilder aus der neuen Welt« (1955), Robert Lembke mit seiner Quizsendung »Ja oder Nein« (1955), die später als »Was bin ich« zum Dauerbrenner des deutschen Fernsehens wird. 1954 kommt mit der »Familie Schölermann« die erste TV-Familie in die Wohnstuben und zwei Jahre

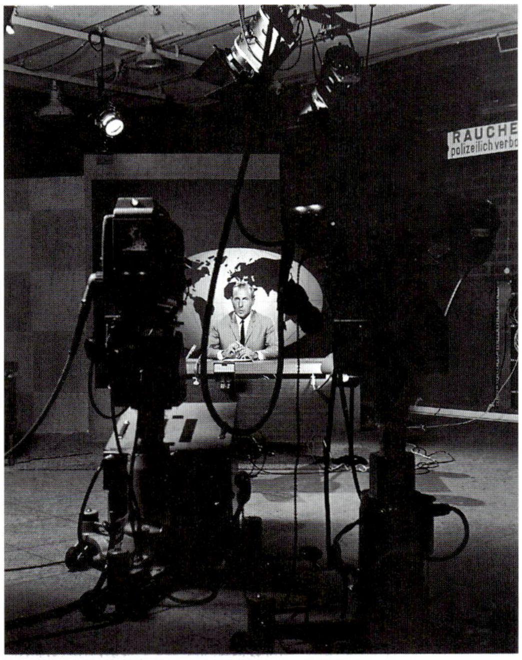

Seit Mitte der Fünfzigerjahre ist 20.00 Uhr »Tagesschau«-Zeit in der Bundesrepublik (Karl-Heinz Köpcke 1959).

später läuft mit »Rin Tin Tin« die erste amerikanische Serie im deutschen Fernsehen an.

DDR startet mit »Rembrandt« ins TV-Zeitalter

In der DDR startet man nach dem Krieg mit einiger Verspätung in die neue Fernsehzukunft. Die Geräteproduktion muss völlig neu aufgebaut werden, weil die alten Betriebe entweder zerstört sind oder von den Sowjets demontiert wurden. Offizieller Starttermin des DDR-Fernsehens ist der Januar 1956. Gesendet wird von Berlin-Adlershof aus, zunächst etwas mehr als zwei Stunden täglich. Das staatlich kontrollierte Programm setzt sich hauptsächlich aus Informations- und Unterhaltungssendungen zusammen. Bald wird es kontinuierlich ausgeweitet. Bei der Gestaltung der Sendungen soll »die Einheit der Information, Unterhaltung, Bildung und Erziehung im Sinne sozialistischer Parteilichkeit und Volksverbundenheit« eingelöst werden, so jedenfalls beschreibt das »Journalistische Handbuch der DDR« das neue Medium.

Das erste Fernsehgerät aus eigener Produktion heißt »Rembrandt« und kommt 1952 in die Schaufenster. Der Einheitspreis für ein solches Gerät beträgt 3500 Mark. Auch im Osten ist Fernsehen deshalb zunächst ein Gruppenerlebnis. Geräte stehen zuerst in Kulturhäusern und in den Betrieben. Weil sich kaum jemand ein so teures Gerät leisten kann, trifft man sich in Kulturhäusern und in den Betrieben zum Fernsehen.

Beliebte DDR-Sendungen der ersten Jahre sind die Kabarett-Show »Da lacht der Bär« und »Die Rumpelkammer«, bei der Willi Schwabe seit 1955 Ausschnitte aus alten Ufa-Filmen zeigt. Das Pendant zur »Tagesschau« ist die »Aktuelle Kamera«. 1958 kommt das »Sandmännchen« mit Pünktchen, Tadeus Punkt und Frau Puppendoktor Pille. Auch »Außenseiter – Spitzenreiter« und später »Ein Kessel Buntes« sowie »Polizeiruf 110« sind beliebte Sendungen.

Ende der Fünfzigerjahre, als die Geräte in Serie produziert und damit billiger werden, entwickelt sich das Fernsehen auch

Im Dienst des Kalten Krieges: Kommentator Karl Eduard von Schnitzler in den Fünfzigerjahren

hier schnell zu einer der beliebtesten Freizeitbeschäftigungen. 1952/53 sind ca. 600 Geräte registriert, 1955 sind es 13 000, 1956 etwa 71 000 und 1959 schon fast 600 000.

Bis auf wenige Gegenden im östlichen Mecklenburg-Vorpommern und in Ostsachsen (»Tal der Ahnungslosen«) kann in der DDR auch West-Fernsehen empfangen werden. Für die Staatsführung wird das zum Problem, und sie versucht mit Störsendern den Empfang von West-Fernsehen zu verhindern. In der Folge des Mauerbaus kommt es sogar zur »Ochsenkopf-Aktion«, bei der FDJ-Mitglieder Dachantennen abmontieren, die nach Westen ausgerichtet sind. Unterbinden können die Partei-Oberen den Westempfang aber nicht. 1973 muss SED-Generalsekretär Erich Honecker die Wirkungslosigkeit von Verboten und Gegenmaßnahmen indirekt eingestehen. Wohl oder übel muss die Staatsführung damit leben, dass das West-Fernsehen der sozialistischen Mangelwirtschaft Bilder verlockender Konsummöglichkeiten entgegensetzt und so die Unzufriedenheit der Bürger mit dem eigenen System fördert. Durch das Fernsehen ist der politische Gegenentwurf zur sozialistischen Gesellschaft in den Wohnzimmern der Ostdeutschen stets präsent, eine Herausforderung, der das DDR-Fernsehen mit seinem zensierten und häufig langweiligen Programm nicht gewachsen ist.

Pantoffelkino wird populär

Im Westen erreicht 1964 die Zahl der Fernsehempfänger die Zehnmillionenmarke. Fernsehen ist zum Massenmedium und zu einem wichtigen Wirtschaftsfaktor geworden. Am 1. April 1963 geht das Zweite Deutsche Fernsehen (ZDF) auf Sendung. Parallel zum Aufbau des ZDF werden bei den ARD-Anstalten regionale Dritte Fernsehprogramme entwickelt.

1967 wird die Fernsehwelt dann schließlich bunt, als die ersten Geräte mit dem von Max Bruch entwickelten PAL-System auf den Markt kommen. Sie finden sofort reißenden Absatz und von da an flimmert es in vielen Wohnzimmern bunt von der Mattscheibe.

Der Anteil, der in den eigenen vier Wänden verbrachten Freizeit steigt von den frühen Sechziger- bis Ende der Siebzigerjahre um ein Drittel. Das mag an der besseren Ausstattung der Wohnräume liegen, aber sicher hat auch das Fernsehen einen entscheidenden Anteil daran. Zu »Straßenfegern« entwickeln sich vor allem die mehrteiligen Krimis von Francis Durbridge, wie »Das Halstuch«, der 1962 von rund 90 % aller Fernsehzuschauer gesehen wird. Empört reagiert das Publikum, als der Kabarettist Wolfgang Neuss in einer Zeitungsanzeige vorzeitig den Namen des Mörders preisgibt.

Weitere Programmhöhepunkte der Sechzigerjahre sind »Die Hesselbachs«, die 1960 »Die Schölermanns« als Fernsehfamilie ablösen, und Hans-Joachim Kuhlenkampffs 1964 gestartete Quizsendung »Einer wird gewinnen«. Dokumentationen, wie die der »Reporter der Windrose« (ab 1962) oder die 17-stündige Live-Übertragung des Besuches von US-Präsident John F. Kennedy in Berlin (1963), halten

Am 25. August 1967 gibt Willy Brandt das Startsignal für die Einführung des Farbfernsehens in der Bundesrepublik Deutschland.

die Zuschauer ebenso in Atem wie die dramatischen Rettungsarbeiten nach dem Grubenunglück in Lengede im selben Jahr. 1965 dreht sich zum ersten Mal die Lottotrommel und Karin Tietze-Ludwig wird zur »Lotto-Fee« des deutschen Fernsehens. 1966 kreuzt das Raumschiff Orion in »Raumpatrouille« über bundesdeutsche Bildschirme und der Dreiteiler »Die Gentlemen bitten zur Kasse« wird zum Fernsehknüller des Jahres.

Das Fernsehereignis der Sechzigerjahre aber ist die Landung der Amerikaner auf dem Mond (21.7.1969). Eine an der Mondfähre »Eagle« befestigte Fernsehkamera sendet die Bilder von der Mission drahtlos über Satellit an Millionen Fernsehhaushalte auf der ganzen Welt.

Fernsehen – eine Sucht?

Ende der Sechzigerjahre gerät das Medium heftig unter Beschuss. Man kritisiert das »stundenlange Sitzen in verhockter Haltung«, die »unkontrollierte Aufnahme von Speisen und Getränken«, die »um zwei bis drei Stunden verkürzte Bettruhe«, das »Ansehen erregender Filme vor dem Einschlafen« sowie die »Überreizung durch die Fülle optischer Eindrücke«, wie es 1968 im »Brockhaus« heißt. Wissenschaftler beklagen den Verlust von Kommunikationsfähigkeit und befürchten unerwünschte Verhaltensänderungen bei Kindern und Jugendlichen durch das Anschauen von Gewaltdarstellungen im Fernsehen. Die »Droge Fernsehen« wird zu einem Thema. Bundeskanzler Helmut Schmidt fordert 1978 einen fernsehfreien Tag in der Woche – vergeblich.

Die Siebzigerjahre bringen aber auch eine Reihe innovativer und kritischer Programme: Mit »Wünsch Dir was« kommt 1970 die umstrittenste Spieleshow des deutschen Fernsehens auf den Bildschirm. »Das Millionenspiel« von Wolfgang Menge nimmt im selben Jahr Tendenzen späterer Gameshows vorweg und seit 1973 verkörpert Heinz Schubert als »Alfred Tetzlaff« in »Ein Herz und eine Seele« den typischen deutschen Kleinbürger. 1979 führt die Ausstrahlung der US-amerikanischen Serie »Holocaust« zu einer breiten Diskussion über die Verbrechen des Nationalsozialismus. Für viele Kinder werden Fernsehserien wie »Fury«, »Lassie«, »Flipper«, die »Augsburger Puppenkiste«, »Sesamstraße« und »Die Sendung mit der Maus« Teil ihrer Sozialisation.

Die »Privaten« kommen

Ein Urteil des Bundesverfassungsgerichts und neue technische Möglichkeiten der Kabel- und Satellitenübertragung eröffnen zu Beginn der Achtzigerjahre privaten Fernsehanbietern den Zugang zum Fernsehmarkt in der Bundesrepublik. Das »duale Rundfunk-System« entsteht. Neben den öffentlich-rechtlichen Rundfunkanstalten, die sich aus Rundfunkgebühren

Links: Vor seinem Kollegen im Westen geht 1958 »Der Sandmann« in der DDR auf Sendung. Ihm wird Ähnlichkeit mit Walter Ulbricht nachgesagt.

»Die Sendung mit der Maus« ist eine der bekanntesten und beliebtesten Kindersendungen im WDR.

und Werbung finanzieren, etablieren sich private Rundfunk- und Fernsehanbieter, die ihre Kosten ausschließlich aus Werbeeinnahmen decken. Das hat Auswirkungen auf das Programm. Private Fernsehkanäle sind gewinnorientierte Unternehmen, die nach möglichst hohen Einschaltquoten streben, da davon ihre Werbetarife abhängen. So gibt die Programmphilosophie der Privaten der Unterhaltung eines Massenpublikums Vorrang gegenüber informativen und kulturellen Aspekten. Ihr Programm setzt sich meist aus Serien, Spielfilmen, Sport, Talk- und Gameshows sowie wenigen, oft reißerisch aufgemachten Nachrichten- und Magazinsendungen zusammen. Die Rechte für publikumsträchtige Programmbestandteile, wie etwa die aktuelle Sportberichterstattung, werden seit den Neunzigerjahren von den Privaten - oft exklusiv - gekauft (Bundesliga). Den öffentlich-rechtlichen Programmen bleibt gegenüber den Privaten die Aufgabe, die Grundversorgung der Bürger mit Information, Kultur und Bildung zu gewährleisten. Allerdings wird auch für sie der Quotendruck immer größer und der Trend zur »Popularität« verstärkt sich deshalb auch bei ihnen: Endlosserien wie »Schwarzwaldklinik« und »Lindenstraße« oder US-amerikanische Seifenopern wie »Denver« und »Dallas« und vor allem Talkshows füllen die Programme auch des öffentlich-rechtlichen Fernsehens.

Aufbruch in die Bilderflut

Heute ist Fernsehen kein Ereignis mehr, wie zu Zeiten, als es noch als »Zauberspiegel« und »Fenster zur Welt« galt. Mit der millionenfachen Verbreitung und der immerwährenden Verfügbarkeit des TV-Apparats haben sich auch die Fernsehgewohnheiten geändert. Die »Kiste« läuft rund um die Uhr, meist wird wahllos konsumiert, was gerade gesendet wird. Für viele Menschen strukturiert das Fernseh-

Die Berliner Funkausstellung 1997 bietet einen Ausblick in die digitale Zukunft des Fernsehens und in eine Welt unbegrenzter medialer Angebote, die uns im 21. Jahrhundert erwartet.

programm den Tagesablauf. Der Tag beginnt mit dem Morgenmagazin, dann kommt die Telegymnastik. Es folgen die ersten Serien, dann das Mittagsmagazin. Talkshows füllen den Nachmittag und der Abend gehört der Unterhaltung und dem Spielfilm. Nur einen Sendeschluss, der signalisieren könnte wann es Zeit ist ins Bett zu gehen, gibt es nicht mehr.

Seit Beginn der Neunzigerjahre wird rund um die Uhr gesendet, der Zuschauer kann je nach technischer Ausstattung zwischen 3 und 50 Fernsehprogrammen wählen. Neue Perspektiven ergeben sich durch die digitale Verbreitung des Programms. Über 100 Fernsehkanäle sind denkbar. Es werden Spartenkanäle entstehen, für Sport, für Spielfilme, für Information, die vom Zuschauer abgerufen werden können und die von ihm bezahlt werden müssen. Die wachsende Flut der Bilder wird dem Fernsehen endgültig den Reiz des Besonderen und Einmaligen der Anfangszeit nehmen. Andererseits wird sein Einfluss auf unser Denken und Verhalten weiter wachsen, weil die Flimmerkiste zu einem Teil unserer Erlebnis- und Erfahrungswelt geworden ist.

Die Chronik des Fernsehens

6.1.1884 Der deutsche Fernsehpionier Paul Gottlieb Nipkow lässt sich die sog. Nipkow-Scheibe patentieren. Mit ihr können erstmals Bilder durch elektrische Abtastung, Zerlegung und Zusammensetzung über größere Entfernungen übertragen werden. Bis 1938 wird die Nipkow-Scheibe beim Fernsehen benutzt, weicht dann aber rein elektronischen Techniken.

11.2.1928 Dem Fernsehpionier Dénes von Mihály gelingt die erste Übertragung eines Diapositiv-Bildes von Berlin-Wilmersdorf zum Telegrafentechnischen Reichsamt über Fernsprechleitung.

31.8.-9.9.1928 Während der fünften deutschen Rundfunkausstellung in Berlin führt Dénes von Mihály die ersten Fernsehbilder einem staunenden Publikum vor. Der Bildschirm hat eine Größe von 4 x 4 cm, man muss das Bild mit der Lupe betrachten. Auch August von Karolus zeigt dort sein Abtastgerät. Es hat immerhin eine Bildgröße von 8 x 10 cm.

8.3.1929 Die Deutsche Reichspost startet tägliche Fernsehversuchssendungen in Berlin.

22.3.1935 Als erstes Land der Welt sendet Deutschland ein reguläres Fernsehprogramm. Jeden Montag, Mittwoch und Samstag werden von nun an zwischen 20.30 und 22 Uhr Filme und ausgewählte Teile der Wochenschauen gesendet.

9.4.1935 Im Berliner Reichspostmuseum wird die erste öffentliche Fernsehempfangsstelle eröffnet. Am 15. Mai des selben Jahres kommen vier weitere Fernsehstuben in Berlin hinzu.

1.8.-16.1936 Die Höhepunkte der Olympischen Spiele werden live in 28 Berliner Fernsehstuben übertragen. Insgesamt 150 000 Zuschauer erleben die sportlichen Ereignisse am Bildschirm.

10.8.1938 Die Reichspost-Fernsehgesellschaft erhält den Auftrag zur Entwicklung eines »Fernseh-Einheitsempfängers«.

28.7.1939 Der »Fernseh-Volksempfänger« wird der Öffentlichkeit vorgestellt. Er soll 675 Reichsmark kosten, geht aber wegen des Krieges nicht in Serie.

23.11.1943 Das Gebäude des Berliner Fernseh-Rundfunks wird durch einen Bombentreffer zerstört.

1.1.1948 Der Nordwestdeutsche Rundfunk (NWDR) wird in der britischen Besatzungszone für die Länder Nordrhein-Westfalen, Niedersachsen, Schleswig-Holstein und Hamburg gegründet. Im weiteren Verlauf des Jahres werden auch der Bayrische Rundfunk, der Hessische Rundfunk, Radio Bremen und der Südwestfunk Baden-Baden gegründet. Die anderen Sendeanstalten entstehen bis Ende der Fünfzigerjahre.

9./10.6.1950 In Bremen schließen sich die westdeutschen Rundfunkanstalten zur Arbeitsgemeinschaft der öffentlich-rechtlichen Rundfunkanstalten der Bundesrepublik Deutschland« (ARD) zusammen.

12.7.1950 Der NWDR startet das erste Fernsehversuchsprogramm in Deutschland nach dem Krieg.

25.11.1950 Die DDR startet ein eigenes Fernsehversuchsprogramm.

22.7.1952 67 % der Bundesbürger bekunden nach einer Umfrage im Sendegebiet des Süddeutschen Rundfunks ihr prinzipielles Interesse am Fernsehen. Angesichts des hohen Anschaffungspreises von 1200 DM ist aber nur 1 % der Befragten entschlossen, ein Fernsehgerät zu erwerben.

25.12.1952 Offizieller Beginn des Nachkriegsfernsehens in Westdeutschland: Der NWDR sendet aus einem Bunker in Hamburg ein Programm aus Weihnachtsliedern und Grüßen aus aller Welt. Nach knapp zwei Stunden ist die erste Übertragung beendet. Bislang haben nur etwa 4000 Familien ein eigenes Fernsehgerät gekauft.

1.1.1953 Es wird in der Bundesrepublik eine monatliche Fernsehgebühr von 5 DM eingeführt.

27.3.1953 Die in der ARD zusammengeschlossenen Rundfunksender vereinbaren in Hannover die Ausstrahlung eines gemeinschaftlichen Fernsehprogramms.

1951 wird in öffentlichen Veranstaltungen wie hier im Berliner Stadtpark Schöneberg für das Fernsehen geworben.

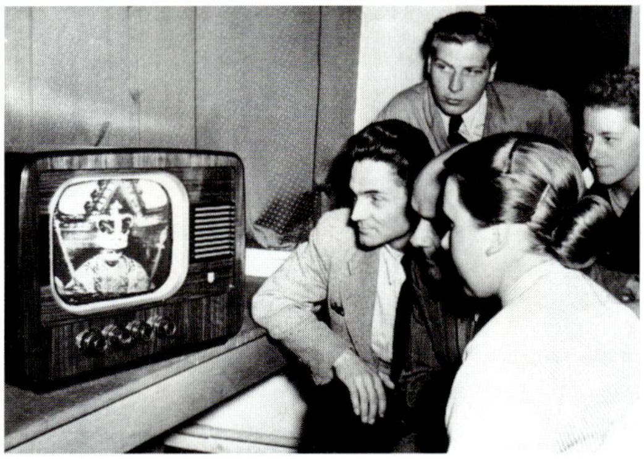

Vielbeachtetes Fernseherereignis ist 1953 die Eurovisions-Übertragung von der Krönung der britischen Königin.

2.6.1953 In London wird die britische Königin Elisabeth II. gekrönt. Die auch im deutschen Fernsehen ausgestrahlte Direktübertragung von den Krönungsfeierlichkeiten ist die erste Sendung im Rahmen der Eurovision.

1.6.1954 In West-Berlin startet der Sender Freies Berlin (SFB) mit seinen Sendungen.

4.7.1954 Das Endspiel der Fußballweltmeisterschaft zwischen den Mannschaften der Bundesrepublik Deutschland und Ungarns wird live in acht europäische Staaten übertragen. Durch einen 3:2-Sieg wird Deutschland Fußball-Weltmeister.

3.1.1956 Das DDR-Fernsehen nimmt seinen regulären Programmbetrieb auf.

1.10.1956 Das Deutsche Fernsehen beginnt mit der täglichen Ausstrahlung der »Tagesschau«. Sie wurde bislang dreimal in der Woche gesendet.

1.10.1957 In der BRD wird der millionste Fernsehzuschauer registriert.

11.10.1957 In der DDR beginnt die tägliche Ausstrahlung der Nachrichtensendung »Aktuelle Kamera«.

3.1.1958 Als zweite bundesdeutsche Rundfunkanstalt nach dem Bayerischen Fernsehen (seit 1956) nimmt der Hessische Rundfunk (HR) Werbesendungen in sein TV-Programm auf. Im halbstündigen Vorabendprogramm sind jeweils sechs Minuten lang Reklamesendungen zu sehen. Am 13. Januar beginnt auch der SWF mit Werbesendungen.

3.10.1958 Erstmals ist es möglich, Fernsehsendungen mit Hilfe eines Ampex-Aufzeichnungsgerätes zu speichern und zu archivieren.

8.10.1958 Das DDR-Fernsehen strahlt erstmals ein Vormittagsprogramm aus.

9.12.1958 Im Abendprogramm teilt die ARD mit, dass die Zahl der in der Bundesrepublik Deutschland angemeldeten TV-Geräte die Zweimillionenmarke überschritten hat.

25.7.1960 Bundeskanzler Konrad Adenauer (CDU) unterzeichnet in Bonn den Gesellschaftsvertrag über die Bildung der Deutschland-Fernsehen-GmbH (sog. Adenauer-Fernsehen). Die Pläne scheitern an den Bundesländern.

3.10.1960 Das DDR-Fernsehen startet mit der Ausstrahlung eines zweiten Fernsehprogramms.

17.1.1961 Wegen der Fernsehinszenierung des Stückes »Lysistrata« (nach Aristophanes) kommt es zum ersten Fernsehskandal. In Bayern darf es wegen der angeblich anzüglicher Szenen nicht gesendet werden.

28.2.1961 Das Bundesverfassungsgericht in Karlsruhe verurteilt die Gründung der Deutschland-Fernsehen-GmbH durch Bundeskanzler Konrad Adenauer (CDU) als einen Verstoß gegen das Grundgesetz. Eine Konferenz der Ministerpräsidenten der Bundesländer beschließt daraufhin die Gründung einer zweiten Fernsehanstalt.

6.6.1961 Durch Staatsvertrag der Länder der Bundesrepublik Deutschland wird das Zweite Deutsche Fernsehen (ZDF) als gemeinnützige Anstalt des öffentlichen Rechts mit Sitz in Mainz gegründet.

4.1.1962 Der Krimi »Das Halstuch« von Francis Durbridge wird mit Einschaltquoten von bis zu 90% die bislang beliebteste Fernsehsendung.

13.7.1962 In der Bundesrepublik Deutschland beschließen die Ministerpräsidenten der Länder die Beschränkung der täglichen Werbesendungen im Fernsehen auf 20 Minuten.

23.7.1962 Telstar 1 ermöglicht die erste Live-Übertragung von Amerika nach Europa. Als erstes werden eine Rede des US-amerikanischen Präsidenten John F. Kennedy und ein Baseballspiel gesendet.

11.2.1963 Die Affäre um Gert von Paczensky erhitzt die Gemüter. Der Moderator der »Panorama«-Sendung wird als Sympathisant von Walter Ulbricht diffamiert. Die Bildzeitung titelt mit der Schlagzeile: »Der Spitzbart muss weg«. Daraufhin werden Teile der »Panorama«-Redaktion ausgetauscht.

1.4.1963 In Mainz nimmt das Zweite Deutsche Fernsehen den Sendebetrieb auf.

8.3.1965 Nach einer Umfrage der Wickert-Institute in Tübingen ist die Tageszeitung bei 52% der bundesdeutschen Bevölkerung nach wie vor das beliebteste Informationsmedium. Es folgen das Fernsehen mit 27, das Radio mit 18% und die Illustrierte mit 3%.

26./27.1.1967 Die Intendanten der ARD wollen künftig an Wochenenden keine Spielfilme mehr zeigen, um die wirtschaftliche Lage der Kinos zu verbessern.

19.2.1967 Das SED-Organ »Neues Deutschland« gibt das Ergebnis einer repräsentativen Umfrage unter 2000 Werktätigen nach ihrem Freizeitverhalten bekannt. 68% der Befragten geben als liebste Beschäftigung Fernsehen an, 50,4% Spaziergänge, 49,5% nennen Hausarbeit, 47% lesen am liebsten Zeitungen. Nur 8,9% treiben gerne Sport.

25.8.1967 Als erstes europäisches Land beginnt die Bundesrepublik Deutschland mit der Ausstrahlung eines regelmäßigen Farbfernsehprogramms. Nach monatelangen Vorbereitungen können die Besitzer der ersten Farbfernsehgeräte die Eröffnungsveranstaltung der Berliner Funkausstellung 1967 in bunten Bildern verfolgen. Der deutsche Ingenieur und Fernsehpionier Walter Bruch schuf mit dem PAL-System die Grundlagen des Farbfernsehens. Die Farbübertragungsnorm PAL wird bis 1990 in über 60 Länder verkauft.

21.7.1969 Der US-amerikanische Astronaut Neil Armstrong betritt um 3.56 Uhr MEZ als erster Mensch den Mond. Edwin Aldrin folgt nur wenig später. Die Mondlandung wird von einer mitgeführten Fernsehkamera live zur Erde übertragen. Experten schätzen, dass wie bei der Originalübertragung des Starts 500 Millionen Zuschauer in der ganzen Welt dabei sind.

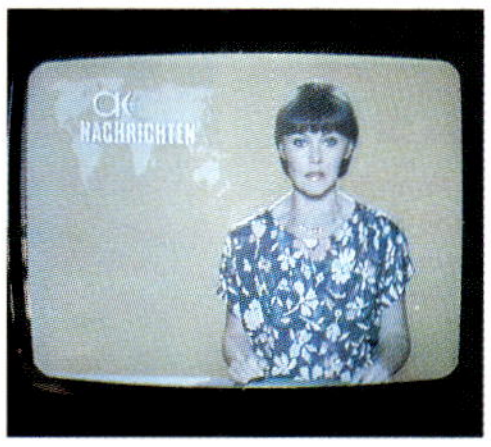

Angelika Unterlauf präsentiert die »Aktuelle Kamera«.

3.10.1969 In der DDR startet das Farbfernsehen in SECAM-Technik.

12.3.1971 Im bundesdeutschen Fernsehen gibt die erste Nachrichtensprecherin ihr Debüt: Im ZDF spricht Wibke Bruhns die Spätnachrichten.

26.8.-11.9.1972 ARD und ZDF übertragen gemeinsam die Ereignisse bei den XX. Olympischen Sommerspielen in München.

10.4.1975 In Ost-Berlin werden Korrespondentenbüros von ARD und ZDF offiziell eröffnet.

22.1.1979 Die Dritten Programme des Deutschen Fernsehens zeigen die US-amerikanische Serie »Holocaust« über die Judenvernichtung im Nationalsozialismus. Etwa ein Drittel der bundesdeutschen Fernsehgeräte sind während der vierteiligen Serie eingeschaltet.

2.1.1981 An Werktagen senden ARD und ZDF von nun an ein gemeinsames Vormittagsprogramm.

1984 Die beliebtesten Freizeitbeschäftigungen der Deutschen sind: 1. Fernsehen, 2. Zeitung lesen, 3. Spazierengehen.

2.1.1984 Der private Fernsehkanal RTL Plus ist von nun an im deutschsprachigen Raum über Kabel zu empfangen.

1.1.1985 Sat 1 geht auf Sendung. Das Programm des Senders wird über den europäischen Fernsehsatelliten ECS 1 ausgestrahlt und wird ausschließlich über Werbung finanziert.

1.11.1986 In Hannover startet Deutschlands erster Pay-TV-Sender, die Teleclub GmbH.

4.11.1986 Im sogenannten Vierten Fernsehurteil des Bundesverfassungsgerichts wird den öffentlich-rechtlichen Sendeanstalten die Bereitstellung einer Grundversorgung zur Aufgabe gemacht.

25.5.1988 Der Deutsche Fußballbund beschließt, die Rechte zur Übertragung von Bundesligaspielen für zunächst drei Jahre an einen privaten Anbieter zu verkaufen. Sie sollen 135 Millionen DM kosten.

25.8.1989 In West-Berlin wird die Internationale Funkausstellung eröffnet. Meistdiskutierte Neuheit ist das hochauflösende Fernsehen HDTV.

21.12.1989 Der Ministerrat der DDR löst das Staatliche Komitee für Fernsehen auf.

15.10.1990 Zum Rundfunkbeauftragten in den neuen Bundesländern wird Rudolf Mühlfenzl bestimmt. Er vollzieht die Auflösung des bisherigen DDR-Rundfunks.

30.5.1991 Mit der Unterschrift der Ministerpräsidenten von Sachsen, Thüringen und Sachsen-Anhalt unter den Staatsvertrag entsteht der Mitteldeutsche Rundfunk (MDR).

15.11.1991 Durch einen Beschluss des Rundfunkrats wird aus Radio Brandenburg der Ostdeutsche Rundfunk, später der Ostdeutsche Rundfunk Brandenburg (ORB).

1.1.1992 ORB und MDR werden Mitglieder der ARD.

30.5.1992 Der deutsch-französische Kulturkanal Arte geht auf Sendung.

1.1.1993 Euronews startet ein europäisches Nachrichten- und Informationsprogramm. Das Deutsche Sportfernsehen (DSF) geht auf Sendung.

1.1.1994 West 3 bietet ein 24-Stunden-Programm an.

Satellitentechnik erschließt neue Medienwelten.

3.7.1996 Für rund 3,4 Milliarden DM sichert sich die Münchner Kirch-Gruppe gemeinsam mit der schweizerischen Sporis Holding die Fernsehübertragungsrechte für die Fußball-WM 2002 und 2006.

28.7.1996 In der Bundesrepublik Deutschland startet das digitale Fernsehen.

5.9.1997 Die Internationale Funkausstellung in Berlin steht ganz im Zeichen der digitalen Fernsehtechnik. Sie erlaubt unter anderem eine bessere Bild- und Tonübertragung, eine Ausweitung des Fernsehangebots und die Integration von PC's.

Dringende Warnung
an auswandernde Mädchen.
Nimm im Auslande keine Stelle an ohne vorherige sichere Erkundigung!
Wende dich in Not und Gefahr an das Nachweisungsbureau für Auswanderer am Bahnhof oder an die Bahnhofsmissionarin (Georgstr. 22) oder auch an den Wirt!
Deutsches Nationalkomitee
zur internationalen Bekämpfung des Mädchenhandels (Bureau: Berlin W.

FLUCHTPUNKTE

Deutsche in den USA und Israel

Immerhin rund 130 000 Deutsche jährlich kehren in den Neunzigerjahren der Heimat den Rücken, um im Ausland zu leben und zu arbeiten. Sie träumen von einem besseren, leichteren Leben in der Fremde, von exotischen und sonnigen Gefilden. Damit unterscheiden sich Hoffnungen und Erwartungen der Auswanderer grundlegend von denen früherer Generationen, die meist aus purer materieller Not das Land verließen oder nur durch die Flucht ihr Leben retten konnten.

Aber noch immer sind – wie schon in den Jahrzehnten davor – die USA, Kanada Neuseeland und Australien beliebte Ziele; doch diese klassischen Einwanderungsstaaten wählen ihre neuen Bürger sorgfältig aus. Ein Visum, eine Arbeits- und Aufenthaltsgenehmigung zu erhalten, eine der begehrten »green cards« zu ergattern, ist schwer geworden.

Anders als früher, wollen die meisten heutigen Auswanderer jedoch auch in die europäischen Nachbarländer, um dort für eine begrenzte Zeit zu studieren oder zu arbeiten.

Beschwerliche Reise im Zwischendeck

Wer Anfang des Jahrhunderts in Hamburg oder Bremerhaven an Bord eines Auswanderungsschiffs nach Übersee geht, der rechnet noch damit, Deutschland lange nicht oder sogar nie wieder zu sehen.

Die Überfahrt in die Vereinigten Staaten – zu Zeiten der Segelboote noch langwierig, strapaziös und mit großen Risiken verbunden – dauert seit der Einführung der Schnelldampfboote nur noch neun Tage. Die wenigsten Auswanderer können sich Kabinen leisten, die meisten reisen auf dem Zwischendeck. Das ist beengt und nicht sonderlich komfortabel, aber auch nicht mehr mit den Gefahren früherer Zeiten verbunden, als Unwetter lebensgefährlich werden konnten und Krankheiten an Bord grassierten, die meist durch schlechtes Trinkwasser oder verdorbene Lebensmittel ausgelöst wurden.

In Deutschland sind die Schifffahrtsgesellschaften Hapag und der Norddeutsche Lloyd, die Mitte des 19. Jahrhunderts gegründet wurden, führend im Auswanderungsgeschäft. Von Hamburg und Bremerhaven aus treten auch viele Emigranten aus Mittel- und Osteuropa die Reise in die Neue Welt an. So entstehen Anfang des Jahrhunderts in Hamburg-Veddel Auswandererhallen, in denen bis zu 4000 Menschen Platz finden.

Mehrere Schiffe mit Auswanderern und Auswanderinnen an Bord verlassen jede Woche Hamburg und Bremerhaven (Foto von 1903).

Kirchliche und karitative Institutionen betreuen die Auswanderinnen (Plakat von Otto Goetze).

Links: Mehr recht als schlecht können sich Auswanderungswillige in Broschüren über die neue Heimat informieren; Auswanderer aus Ungarn, Österreich und Russland (Holzstich, 1906).

Konkurrierende Schifffahrtslinien werben für die Passage nach Übersee.

Der amerikanische Traum

Nach drei großen Auswanderungswellen geht Ende des 19. Jahrhunderts die Zahl derjenigen, die Deutschland verlassen, zurück – nicht zuletzt, weil sich im wilhelminischen Deutschland eine günstige wirtschaftliche Entwicklung abzeichnet. Im Ersten Weltkrieg schließlich versiegt der Auswandererstrom in die USA völlig, zumal die Vereinigten Staaten zu den Kriegsgegnern Deutschlands gehören.

Erst in den Zwanzigerjahren wagen wieder viele den Sprung über den »großen Teich«. Die Motive sind vielfältig: Die meisten hoffen, jenseits des Atlantiks bessere Lebensbedingungen vorzufinden als in Deutschland, das nach der Niederlage im Ersten Weltkrieg mit schweren politischen und wirtschaftlichen Problemen zu kämpfen hat. Der Traum, durch harte Arbeit vom »Tellerwäscher zum Millionär« aufzusteigen, der Wunsch, der »reiche Onkel in Amerika« zu werden, vermischt sich vielfach mit einem Funken Abenteuergeist und der Neugier, etwas von der weiten Welt zu sehen.

60 Sekunden dauert in der Regel die medizinische Überprüfung in Ellis Island (Foto 1911).

Der Erfüllung dieser Träume gleichsam vorgelagert ist die amerikanische Einwanderungsbehörde auf Ellis Island. Während die wenigen Schiffspassagiere der ersten und zweiten Klasse die Einreiseformalitäten schon an Bord erledigen können, müssen alle, die auf dem Zwischendeck gereist sind, zuerst auf diese kleine Insel vor New York. An manchen Tagen sind es Tausende, von denen sich keiner sicher sein kann, von hier aus weiterreisen zu können. Wen die Einwanderungsbehörde nicht akzeptiert, der wird umgehend zurückgeschickt. Nicht umsonst erhält Ellis Island den Beinamen »Insel der Tränen und Insel der Hoffnung«.

Für den Eintritt ins »gelobte Land« ist Gesundheit die erste Voraussetzung. Die Ärzte suchen in wenigen Minuten nach Krankheiten wie Bindehautentzündung, Gehbehinderung oder Herzschwäche. Bei unverheirateten Frauen gilt Anfang des Jahrhunderts auch Schwangerschaft als Grund, die Einreise in die Vereinigten Staaten abzulehnen.

Wer die Gesundheitsprüfung bestanden hat, muss sich einer abschließenden Befragung durch die Einwanderungsinspektoren unterziehen. Neben den allgemeinen Fragen zur Person und zur Herkunft wollen diese vor allem wissen, ob sich die Einwanderer ihren Lebensunterhalt selbst verdienen können. Wichtig sind Beruf und mitgeführtes Geld. Bei Zweifeln werden die Einwanderer mit dem Kreidezeichen SP (für Special Inquiry) markiert, um noch einmal genauer befragt zu werden. Manchen wird danach endgültig die Einreise in die USA verwehrt.

Im Laufe der Jahre wird die amerikanische Einwanderungspolitik zunehmend restriktiver und immer mehr Gruppen werden ausgeschlossen: 1903 Epileptiker, Bettler und Anarchisten, 1907 Menschen, die sich wegen körperlicher oder geistiger Gebrechen nicht selbst ernähren können, 1917 Analphabeten. 1921 schließlich führen die USA eine Länderquotierung ein. Die jährliche Immigrationsquote wird auf 3 % der Zahl der Angehörigen einer Nationalität, die schon 1910 in den USA lebten, beschränkt.

Heimat in der Fremde

Trotz aller Restriktionen passieren zwischen 1900 und 1949 rund 20,4 Millionen Menschen das Tor in die USA, unter ihnen etwa 1,2 Millionen Deutsche. Die meisten gehen nach New York oder in die nahegelegenen Industriegebiete von Pennsylvania, Illinois und Massachusetts.

Erste mögliche Anlaufstation in New York sind die Einwandererhäuser der großen Konfessionen, die seit dem 19. Jahrhundert in der Immigrantenberatung und -mission aktiv sind: Im lutherischen Haus können seit 1873 bis zu 400 Menschen untergebracht werden; deutsche Katholiken haben die Möglichkeit, vorübergehend im Leo-Haus des Raphael-Vereins Unterkunft und Rat zu finden. Noch heute beherbergt dieses Haus Reisende aus Deutschland und aller Welt.

Wie die anderen Einwanderergruppen so zieht es auch die deutschen Migranten zunächst in die Gebiete und Stadtviertel, in denen schon Landsleute leben. Dort finden sie Menschen, die ihre Muttersprache sprechen – ganz wichtig für diejenigen, welche wenig oder noch gar kein Englisch beherrschen. In Little Italy, China Town oder German Town vollzieht sich der Prozess der Akkulturation, der Eingliederung in die neue Heimat, leichter. Das deutsche Viertel, in dem sie mitten in der Fremde ein Stück Heimat finden, trägt dazu bei, aus deutschen Zuwanderern Deutsch-Amerikaner werden zu lassen. Das Vertraute vermittelt Selbstsicherheit in der unbekannten Umgebung, verschafft Kontakte,

Ellis Island vor den Toren Manhattans (Foto 1936)

möglicherweise einen Arbeitsplatz, und hilft bei Heimweh. Es gibt deutsche Geschäfte, in denen Waren zu kaufen sind, die man von zu Hause kennt, es gibt Kirchen, Schulen, Volksfeste und Gesangvereine, Kneipen und Restaurants, Zeitungen sowie Kinos mit deutschen Filmen.

Heute haben sich die deutschen Viertel in New York, Chicago und anderen Städten weitgehend aufgelöst. Die Inhaber der letzten deutschen Geschäfte oder Restaurants in Yorkville, einem ehemals deutschen Viertel New Yorks haben heute kaum noch deutschsprachige Kunden. Aus

Heimatlich vertraute deutsche Namen in der 86sten Straße im New Yorker Stadtteil Yorkville

den Kindern der früheren Einwanderer sind längst waschechte Amerikaner geworden. Zudem kommen seit Mitte der Sechzigerjahre nur noch wenige Emigranten aus Deutschland und diese haben kaum Interesse an der Pflege eines rückwärts gewandten Deutschtums.

In den Dreißiger- und Vierzigerjahren hingegen ist die deutsche community rund um die 86ste Straße in Yorkville sehr lebendig. Zwar gibt es auch hier Nazis, doch die Mehrheit hält sich vom amerikanischen Ableger der NSDAP fern. Spätestens seit dem Eintritt der Vereinigten Staaten in den Zweiten Weltkrieg 1941 verstehen sich die Immigranten in erster Linie als Amerikaner, anders als zu Zeiten des Ersten Weltkriegs, als viele Deutsch-Amerikaner sich neutral verhalten wollten und deshalb als »fünfte Kolonne« galten. Viel Kontakt zu den neu ankommenden Deutschen, zu den Flüchtlingen, die Nazideutschland aus politischen oder rassischen Gründen verlassen mussten, haben die Menschen aus den angestammten deutschen Vierteln jedoch nicht.

Vertreibung und Flucht

Seit dem Machtantritt der Nazis am 30. Januar 1933 beginnt in Deutschland die systematische Verfolgung der politischen Gegner und der jüdischen Bevölkerung. In den Jahren nach 1933 fliehen rd. 100 000 Deutsche in die USA. Mit der Auswanderung herkömmlicher Art ist dies nicht zu vergleichen. Es ist eine Flucht vor Vernichtung und Tod.

Der Reichstagsbrand im Februar 1933 dient den neuen Machthabern als Vorwand, Tausende ihrer politischen Gegner zu verhaften, in Konzentrationslager zu sperren und zu ermorden. Viele Mitglieder von SPD und KPD können sich der Verhaftung gerade noch durch Flucht entziehen, wie zum Beispiel der Sozialdemokrat Erich Ollenhauer, der sich mit seiner Familie in die Tschechoslowakei flüchtet. Spätestens nach der Bücherverbrennung im Mai 1933 ist klar, wie die Nazis mit ihren Gegnern umspringen werden.

Die Vertreibung des Geistes beginnt: Tausende Wissenschaftler, Künstler, Publizisten und Schriftsteller fliehen aus Deutschland. Zunächst suchen viele Schutz in den benachbarten Staaten: Paris, Prag, Amsterdam und London werden Fluchtpunkte der Exilanten, die anfangs noch hoffen, der »Spuk« werde in Deutschland rasch vorüber sein. Mit Beginn des Krieges im Jahr 1939 müssen viele der Exilierten erneut fliehen – in Länder, die nicht von Nazi-Deutschland besetzt sind.

Manche, die schon vor 1933 international bekannt sind, wie die Nobelpreisträger Thomas Mann und Albert Einstein oder die Schauspielerin Marlene Dietrich, werden im Gastland mit offenen Armen empfangen. So privilegiert sind jedoch wenige, für die meisten dürfte eher zutreffen, was Klaus Mann, Sohn von Thomas Mann und selbst Schriftsteller, beschreibt: »Die Emigration war nicht gut. In dieser Welt der Nationalstaaten ist ein Mann ohne Nation, ein Staatenloser übel dran. Er hat Unannehmlichkeiten; die Behörden des Gastlandes behandeln ihn mit Misstrauen; er wird schikaniert. Auch Verdienstmöglichkeiten bieten sich nicht leicht. Wer sollte sich des Verbannten annehmen? Welche Instanz verteidigte sein Recht? Er hat ›nichts hinter sich‹ – keine Organisation, keine Macht, keine Gruppe. Wer zu keiner Gruppe gehört, ist schutzlos in dieser Welt des Kollektivs, der Masse. Wer zu keiner Gemeinschaft gehört, ist allein.«

Noch schwieriger aber ist die Situation für die jüdischen Menschen, die sich aus Deutschland retten können. Sie fliehen unter entwürdigenden Umständen, oft nach Jahren der Demütigung, Verhöhnung, Diskriminierung und akuter Bedrohung. Bis 1941 verlässt etwa die Hälfte der rd. 570 000 deutschen Juden ihre Heimat. Aus heutiger Sicht scheint es unverständlich, warum sich nicht alle rechtzeitig durch Flucht vor der Vernichtung in Sicherheit gebracht haben. Die Gründe, in Deutschland auszuharren und abzuwarten, sind vielfältig. Viele Menschen fühlen sich zu alt, um noch einmal in einem fremden Land ein neues Leben zu beginnen: ohne Geld, ohne sichere Existenzmöglichkeit, ohne Freunde und Verwandte, ohne Sprachkenntnisse. Ab 1937 dürfen zudem nur noch 10 Reichsmark, das sind ungefähr 2,5 US-Dollar, ausgeführt werden. Hinzu kommen die Schwierigkeiten, im sicheren Ausland Aufnahme zu finden,

»Wohin?« fragt sich diese junge Frau angesichts der Verfolgungen in Nazideutschland (Foto um 1935).

Marlene Dietrich unterschreibt im Juni 1939 die Einbürgerungsurkunde für die USA.

denn im Gegensatz zur Prominenz sind die kleinen Leute nicht unbedingt willkommen. Die Hürden, die begehrten Einreisepapiere zum Beispiel für die USA zu erhalten sind hoch: Die Auswanderungswilligen benötigen ein »affidavit of support«, eine von Amerikanern übernommene Bürgschaft, und eine Quotennummer. Für das von Großbritannien verwaltete Mandatsgebiet Palästina sind 1000 Pfund für ein Einreisevisum zu bezahlen.

Ganz entscheidend trägt aber das Selbstverständnis der deutschen Juden dazu bei, dass viele vorerst nicht an Auswanderung denken. Sie fühlen sich als Deutsche, im Ersten Weltkrieg haben viele als Soldaten für Deutschland gekämpft. Dass der von Hitler propagierte Judenhass zur physischen Vernichtung der deutschen Juden führen würde, das kann man zuerst nicht glauben. Es scheint unvorstellbar, dass die »Kulturnation Deutschland«, der man sich zugehörig und verpflichtet fühlt, es zulassen würde, dass die Nazis die »Judenfrage« gewaltsam lösen (→ Folge 17).

Zerstörte jüdische Geschäft in Berlin: Nach dem Pogrom vom 9. November 1938 wird vielen Juden endgültig klar, dass ihr Leben in Nazideutschland bedroht ist.

Nur wenige erkennen frühzeitig den Charakter des sog. Dritten Reiches, so wie der Dresdner Romanistik-Professor Victor Klemperer, der am 3. April 1933 in sein Tagebuch notiert: »Eine Explosion wird kommen, aber wir werden sie vielleicht mit dem Leben bezahlen, wir Juden ... Ich glaube nicht mehr an die Völkerpsychologie. Alles was ich für undeutsch gehalten habe, Brutalität, Heuchelei, Massensuggestion bis zur Besoffenheit, alles das floriert hier.« Klemperer selbst emigriert nicht und nur seiner Ehe mit der nichtjüdischen Eva Klemperer verdankt er sein Überleben in Nazi-Deutschland. Den Schikanen ist freilich auch er ausgesetzt.

Systematisch werden die Juden aus dem öffentlichen Leben gedrängt, wird ihnen die Existenzgrundlage entzogen. Die meisten nichtjüdischen Deutschen sehen zu oder weg. Immer mehr Berufe werden für Juden verboten, bereits 1933 werden »Nicht-Arier« aus der Beamtenschaft ausgeschlossen, jüdische Rechtsanwälte erhalten keine Zulassung mehr, jüdische Ärzte dürfen nicht mehr für die Krankenkassen praktizieren. Spektakulär wird der Boykott jüdischer Geschäfte am 1. April 1933 inszeniert. Diese Aktion lässt ahnen, dass die neuen Machthaber sich nicht mit einem verbalen Antisemitismus begnügen werden. Die Bereitschaft zur Emigration wächst, als mit den Nürnberger Gesetzen von 1935 die deutschen Juden zu Staatsbürgern minderen Rechts werden und Ehen zwischen Juden und »Ariern« verboten werden. Bis 1938 verlassen jährlich ca. 20 000 Juden Deutschland. Diejenigen aber, die noch zögern und nicht mit dem Schlimmsten rechnen, erleben mit Entsetzen am 9. November 1938 die Pogromnacht. Überall in Deutschland brennen die Synagogen, Geschäfte jüdischer

Eigentümer werden in blindem Hass zerstört und geplündert. 30 000 Juden werden verhaftet und in die Konzentrationslager verschleppt. Nun sind viele bereit, die Heimat zu verlassen oder aber wenigstens die Kinder ins sichere Ausland zu bringen. Doch jetzt haben sich die Möglichkeiten drastisch verschlechtert. Die jüdischen Vermögen sind seit April 1938 sequestriert; die »Reichsfluchtsteuer« macht die Auswanderung immer teurer. Dennoch gelingt es 1938 und 1939 noch 120 000 Menschen, aus Deutschland zu entkommen.

Heimat wider Willen

Weltweit suchen die deutschen Juden Zuflucht, selbst in Schanghai. Die wichtigsten und begehrtesten Exilländer aber sind die USA und Palästina.

Die Auswanderung nach Palästina ist eine Flucht in ein völlig fremdes Land, das mit Mitteleuropa nur wenig gemeinsam hat. Die Einwanderer sehen sich mit großen Schwierigkeiten konfrontiert: mit einem ungewohnten Klima und schwerer körperlicher Arbeit. Viele, die in Deutschland Ärzte oder Juristen waren, finden sich auf den Feldern als Kibbuzim wieder. »Was konnte mir Goethe schon in der Wüste helfen?« umschreibt einer, der als Jugendlicher kam, seine Eindrücke. Das entbehrungsreiche Leben ist für manche ein Schock, und viele der Neuankömmlinge kommen erst hier in Kontakt mit der zionistischen Bewegung. »Kommen Sie aus Deutschland oder aus Überzeugung«, müssen sie sich fragen lassen. Die Jeckes, wie die deutschen Immigranten wahrscheinlich wegen ihrer Neigung, Jacketts zu tragen, genannt werden, tun sich anfangs schwer mit ihren »preußischen Tugenden« wie Pünktlichkeit und Ordnungsliebe. Hauptproblem aber ist lange Zeit die komplizierte hebräische Sprache. »Aus einem Land kann man auswandern, aus der Muttersprache nicht« – dieser Satz des israelischen Schriftstellers Schalom Ben-Chorin, der 1935 aus Deutschland kam, umreißt die Schwierigkeiten. In manchen landwirtschaftlichen Siedlungen, in einigen Stadtvierteln von Haifa und Tel Aviv wird noch lange überwiegend deutsch gesprochen. In Naharija, einer von deutschen Immigranten gegründeten Siedlung im Norden Israels, leben bald über 1000 Jeckes, die sich dort eine neue Heimat aufbauen. Ein Zentrum der Einwanderer ist das Café Pinguin, das noch heute vom Enkel des damaligen deutschen Gründers betrieben wird. An die Geschichte und die Leistungen der Jeckes beim Aufbau des Staates Israel gemahnt heute ein kleines Museum in Tefen unweit von Naharija.

In den USA erinnert die Zeitung »Der Aufbau«, die bis heute in deutscher Sprache erscheint, an das Schicksal der Exilanten. Gegründet wird das Blatt 1934 von deutschen Juden, die sich im Ger-

Eine Feier der Jugend-Alijah im Kibbuz En Harod

DOKUMENT

Über die Bezeichnung Emigranten

Bertolt Brecht (1898–1956), der 1933 emigriert und erst 1949 nach Deutschland zurückkehrt, schildert in einem der zwischen 1938 und 1941 entstandenen Svendborger Gedichte die Situation der Emigranten:

»Immer fand ich den Namen falsch, den man uns gab: Emigranten.
Das heißt doch Auswanderer. Aber wir
Wanderten doch nicht aus, nach freiem Entschluss
Wählend ein anderes Land. Wanderten wir doch auch nicht
Ein in ein Land, dort zu bleiben, womöglich für immer.
Sondern wir flohen. Vertriebene sind wir, Verbannte.
Und kein Heim, ein Exil soll das Land sein, das uns da aufnahm.
Unruhig sitzen wir so, möglichst nahe den Grenzen
Wartend des Tags der Rückkehr, jede kleinste Veränderung
Jenseits der Grenze beobachtend, jeden Ankömmling
Eifrig befragend, nichts vergessend und nichts aufgebend
Und auch verzeihend nichts, was geschah, nichts verzeihend.
Ach, die Stille der Sunde täuscht uns nicht! Wir hören die Schreie
Aus ihren Lagern bis hierher. Sind wir doch selber
Fast wie Gerüchte von Untaten, die da entkamen
Über die Grenzen. Jeder von uns
Der mit zerrissenen Schuhn durch die Menge geht
Zeugt von der Schande, die jetzt unser Land befleckt.
Aber keiner von uns
Wird hier bleiben. Das letzte Wort
Ist noch nicht gesprochen.«

man-Jewish Club in New York zusammengeschlossen haben. Regelmäßig schreiben hier hochkarätige Autoren wie Thomas Mann, Albert Einstein, Oskar Maria Graf oder Hannah Ahrendt. Vor allem aber bietet »Der Aufbau« praktische Lebenshilfe für die Flüchtlinge. Hier werden Ratschläge für Job- und Zimmersuche erteilt, und über Suchanzeigen, aber auch Listen der Neuankömmlinge finden sich Familien und Freunde wieder. Zwei Drittel der Exilanten bleiben in New York – mittellos und darauf angewiesen, sich mit schlecht bezahlten Jobs als Hausangestellte oder Möbelpacker über Wasser zu halten. In Washington Heights im Norden New Yorks entsteht eine deutsch-jüdische Nachbarschaft, von den Bewohnern selbstironisch »Das Vierte Reich« oder Cincinnati (in Abwandlung der Frage: Sind Sie net die?) genannt. Auch wenn das religiöse und kulturelle Leben an die verlorene Heimat in Deutschland erinnert, eine Rückkehr ist für die meisten ausgeschlossen; die USA sind die neue Heimat, in der sie sich vor Verfolgung sicher fühlen können.

Nie wieder Deutschland

In das Land der Mörder heimzukehren, konfrontiert werden mit Deutschen, die nach dem Krieg nichts gewusst haben wollen von der Verschleppung und Ermordung der jüdischen Bevölkerung, die mit der Begründung, auch sie hätten es nicht leicht gehabt, lieber ihr eigenes Schicksal beklagen, ist für viele Juden undenkbar. Erst Jahrzehnte nach 1945 besuchen manche wieder ihre Heimatorte, als in den Siebzigerjahren einige Städte und Gemeinden die »ehemaligen jüdischen Mitbürger« zu sog. Begegnungswochen einladen. Ein Versuch der späten Wiedergutmachung, zu der man sich lange nicht entschließen konnte. »Man kam mit Angst und mit klopfendem Herzen«, sagt Helga Silbermann, die mit ihrer Familie in die USA geflohen war, aber sie versteht auch die, welche nicht kommen.

Im Gegensatz zu den jüdischen Flüchtlingen kehrt ein Großteil der politischen Exilanten zurück, um an der Neugestaltung Deutschlands mitzuwirken. Aus dem Moskauer Exil kommen Kommunisten wie Walter Ulbricht und Wilhelm Pieck in die sowjetisch besetzte Zone zurück, Sozialdemokraten wie Erich Ollenhauer und Willy Brandt engagieren sich in den Westzonen. Bei der Bevölkerung, aber auch bei den eigenen Genossen, die das »Dritte Reich« in Deutschland überlebt haben, sind die Remigranten nicht immer willkommen. Von Feigheit und gar von Desertion ist die Rede. Noch in den Siebzigerjahren wird Willy Brandt, der in der Nazizeit in Skandinavien im Exil war, von Abgeordneten der CDU als »Vaterlandsverräter« beschimpft.

Ganz anders als die Remigranten wollen nach dem Krieg viele Menschen das zerstörte Deutschland verlassen und sich in

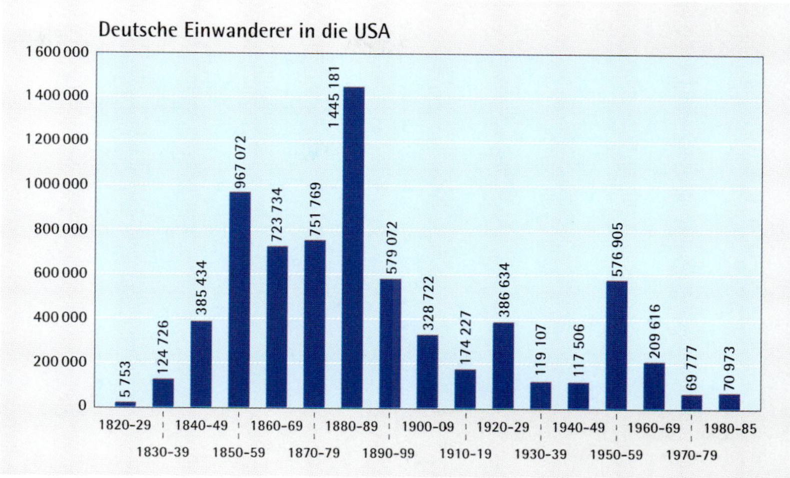

den USA oder Australien ein neues Leben aufbauen. Doch zunächst erlassen die alliierten Siegermächte ein Auswanderungsverbot. Als die USA in Frankfurt am Main im September 1948 bekannt geben, dass Deutsche und Österreicher wieder zur Einwanderung in die USA zugelassen werden, melden sich sofort mehrere 1000 Personen bei den US-Konsulaten. Mit der Aufhebung der Beschränkungen wächst die Zahl der Auswanderer und Hunderttausende verlassen Deutschland.

Noch scheint es vielen undenkbar, in Deutschland wieder Arbeit oder auch nur eine passable Wohnung zu finden. Außerdem locken Länder wie Australien und Neuseeland mit Verdienstmöglichkeiten, die im zerstörten Deutschland der Nachkriegszeit utopisch erscheinen. Erst mit dem Aufschwung des sog. Wirtschaftswunders versiegt der Strom der Wirtschaftsflüchtlinge aus Deutschland. Sind es 1950 bis 1959 noch rd. 580 000 Deutsche, die in die USA einwandern, so sinkt die Zahl der Immigranten 1960 bis 1969 auf 209 000 und nimmt danach weiter rapide ab.

Ökonomische Probleme, so sagt Helga Kunkel-Müller von der Evangelischen Auswanderungsberatung in Hamburg, tragen aber in den Neunzigerjahren dazu bei, dass wieder viele Menschen die Heimat verlassen wollen.

Das Thema Auswanderung interessiert in den Fünfzigerjahren viele Deutsche (Titel vom 29.4.1950).

WIR
ALLE AUSLÄ
FAST
HOES

FOLGE

8

ABGRENZUNGEN

Ausländer in Deutschland

Nichtdeutsche sind »Ausländer«. Der für viele hierzulande negative Sammelbegriff ruft Probleme und Emotionen wach: Kriminalität, Überfremdung, Angst, Neid, Argwohn, Verachtung und – seit den Ereignissen im Herbst 1992 – Bilder: glatzköpfige Jugendbanden mit Baseballschlägern, brennende Häuser und Menschen, aber auch Lichterketten, Demonstrationen und Mahnwachen. Wer »Ausländer« sagt, meint in der Regel nicht japanische Touristinnen, französische Diplomaten oder hier stationierte NATO-Soldaten, sondern diejenigen, die – auf Einladung Deutschlands – seit den Sechzigerjahren aus Italien, der Türkei, später aus Vietnam und Mosambik, zum Arbeiten hierher gekommen sind, und Asylsuchende – Menschen auf der Flucht vor politischer Verfolgung, Krieg und wirtschaftlicher Zerrüttung in ihren Heimatländern. Dies ist jedoch nur das vorläufig letzte Kapitel einer mehr als 100-jährigen Geschichte schwieriger Beziehungen zwischen Deutschen und Nichtdeutschen.

»Exoten« in Deutschland

Zu Beginn des Jahrhunderts ist Hamburg ein »Tor zur Welt« ganz besonderer Art. Echte Eskimos und Indianer, Amazonen aus Dahomey und Hula-Hula tanzende Südseeinsulaner – für 50 Pfennig kann man sich bei Hagenbeck die Fremde ins Haus holen: Staunen erwünscht, Anfassen und Füttern verboten. Völkerschauen sind seit 1874 ein beliebtes Sonntagsvergnügen der Deutschen. Vielerorts müssen die

Demonstration gegen Ausländerfeindlichkeit bei der Hoesch Stahl AG, Dortmund 1992

Erotik, Exotik und Abenteuer verspricht dieses reißerisch aufgemachte Ankündigungsplakat für eine Völkerschau in einem Berliner Panoptikum 1925.

»Exoten« mit einem doppelten Drahtzaun vor den Handgreiflichkeiten des Publikums geschützt werden. Für die mit dem Versprechen lukrativer Gagen nach Deutschland gelockten Fremden ist der Aufenthalt hier alles andere als vergnüglich. Ihnen machen nicht nur Kälte, ungewohnte Nahrung und Heimweh zu schaffen; viele sterben an Lungenentzündung, Masern und Pocken.

Mit dem Aufkommen des Tonfilms ändern sich die Vorlieben. Viele Deutsche begeistern sich nun im Kino an »Tarzan« oder an Südseefilmen. 1931 wird in Hagenbecks Tierpark die letzte Völkerschau veranstaltet.

»Ruhrpolen« – zwangsweise Integration

Bis zur Jahrhundertwende durchläuft Deutschland eine rasante Entwicklung vom Agrarland zum Industriestaat. Dafür werden in großem Umfang Arbeitskräfte gebraucht. Etwa eine halbe Million »Inlandspolen« aus den preußischen Ostgebieten – Ost- und Westpreußen, Pommern, Posen und Schlesien – lassen sich bis 1910 für die Bergbaureviere an Ruhr und Emscher anwerben. Dort werden sie zunächst in »Menagen«, Wohnheimen für alleinstehende Männer, untergebracht. Viele holen bald ihre Familien nach und beziehen dann eine Wohnung in den Zechensiedlungen, den »Kolonien«. Ihrer Muttersprache und nationalen Herkunft nach sind die Arbeitsemigranten polnisch, sie haben jedoch die deutsche Staatsangehörigkeit und sind somit Inländer. Während die Unternehmer sie als »fleißige, willige und lenksame« Arbeitskräfte schätzen, wollen die Einheimischen mit den »Pollacken« im täglichen Umgang nichts zu tun haben.

Auch die Behörden beäugen sie misstrauisch. Aus Furcht vor einer »Polonisierung des Westens« werden die »Ruhrpolen« polizeilich überwacht und Gesetze zu ihrer »kulturellen Eindeutschung« erlassen. Besonders empfindlich trifft die zumeist katholischen, tiefgläubigen »Zuzügler« das Verbot, Gottesdienste in Polnisch abzuhalten. Als ihnen 1908 auch der Gebrauch ihrer Muttersprache bei öffentlichen Versammlungen untersagt wird, verständigen sie sich fortan »stumm« mit Hilfe von Tafel und Kreide.

Verbote und alltägliche Schikanen bestärken die Migranten in ihrem inneren Zusammenhalt. Damit wird letztendlich das gefördert, was eigentlich verhindert werden sollte: ein polnisches Nationalbewusstsein. Zur Pflege ihrer Muttersprache und Kultur gründen die »Ruhrpolen« zahlreiche Kirchen-, Sport-, Musik- und politische Vereine, eine eigene Gewerkschaft und eine Zeitung. Als 1919 der polnische Nationalstaat wiederentsteht, kehren schätzungsweise 200 000 »Ruhrpolen« in ihre alte Heimat zurück.

Viele haben jedoch mittlerweile im Ruhrgebiet ihre neue Heimat gefunden und entscheiden sich zum Bleiben. In der Weimarer Republik werden ihnen mehr Möglichkeiten eingeräumt, ihre kulturelle Eigenart zu pflegen und aktiv am politischen Leben teilzunehmen. Das erleichtert ihnen nicht nur die Integration, sondern bewegt viele auch dazu, ihren polnischen Namen eindeutschen zu lassen. Aus so manchen »Stanislawskis« und »Woinitzkis«

werden »Stahls« oder »Kriegers«. Und vieles von dem, was uns heute so urtypisch für das Ruhrgebiet erscheint, ist eigentlich eine polnische Zutat wie beispielsweise das Züchten von Brieftauben oder ein deutsch-polnisches Gemeinschaftsunternehmen wie der aus dem Gelsenkirchener Zechenverein hervorgegangene Fußballklub Schalke 04.

»Auslandspolen« – Arbeitssklaven auf Zeit

Durch die Abwanderung der »Inlandspolen« ins Ruhrgebiet entsteht in den preußischen Ostprovinzen ein drastischer Mangel an Landarbeitern. Seit den 1880er Jahren klagen die Großgrundbesitzer hier über die »Leutenot«. Zur Abhilfe werden »Auslandspolen« in den von Russland und Österreich okkupierten Teilen des ehemaligen Polen angeworben. Diese billigen und gefügigen Arbeitskräfte, die zunächst von privaten Werbern und Schleppern, ab 1905 dann unter staatlicher Aufsicht an die Arbeitgeber vermittelt werden, sind gewissermaßen Leibeigene auf Zeit: Sie dürfen sich nur von April bis November, also von der Aussaat bis zur Ernte, im Land aufhalten und müssen Arbeits- und Aufenthaltsgenehmigungen jährlich neu beantragen; sie arbeiten nach Geschlechtern getrennt, und der Familiennachzug ist ihnen untersagt. Auch Kinderarbeit ist an der Tagesordnung.

Mit scharfen Kontrollmaßnahmen sowie dem strikten Beschäftigungsverbot außerhalb der Landwirtschaft versucht die preußische Regierung zu verhindern, dass sich die »Auslandspolen« auf Dauer hier ansiedeln oder gar mit den »Ruhrpolen« im Westen zusammenkommen. Während im Ruhrgebiet polnische und deutsche Kumpel gemeinsam für bessere Arbeitsbedingungen streiken, können die mehr als eine Million ausländischen »Wanderarbeiter«, die sich am Vorabend des Ersten Weltkrieges in Deutschland aufhalten, kaum auf die Solidarität der deutschen Arbeiter und Gewerkschaften hoffen. Sie werden als »Lohndrücker« und »Streikbrecher« empfunden und allgemein abgelehnt.

Eine Fuhre »Sachsengänger« – Saisonarbeiter und -arbeiterinnen aus Schlesien und Polen 1908 in Berlin

Russische Kriegsgefangene während des Ersten Weltkriegs in einer Tischlerei; wie hier ersetzen Zwangsarbeiter oft die zum Krieg eingezogenen deutschen Arbeiter und Handwerker.

»Feindliche Ausländer«

Zwischen 1914 und 1918 erreicht die Nutzung ausländischer Arbeitskraft im Deutschen Reich eine neue Dimension: 2,5 Millionen Menschen werden zur Zwangsarbeit in Landwirtschaft und Industrie herangezogen. Darunter sind 300 000 russisch-polnische Saisonarbeiter, die durch das 1914 vom preußischen Kriegsministerium erlassene Rückkehrverbot dazu gezwungen werden, an ihren Arbeitsplätzen in Deutschland zu bleiben, und über eine Million Kriegsgefangene, zumeist russische und französische Soldaten. Die 1916 erlassene Verordnung zur »Bekämpfung der Arbeitsscheu« macht es erstmals möglich, insgesamt eine Million Zivilpersonen aus dem besetzten Russisch-Polen und Belgien zur Arbeit nach Deutschland zu deportieren. Ein weiteres Novum, das offiziell mit dem »sittlichen Tiefstand« vor allem der Zwangsarbeiter aus dem Osten begründet wird, ist deren Unterbringung in umzäunten und bewachten Lagern, die sie nur unter strengen Auflagen verlassen dürfen.

Nach dem Ende des Kriegs dauert es mehrere Jahre, bis die Rückführung der ehemaligen Zwangsarbeiter in ihre Heimatländer abgeschlossen ist. In der Weimarer Republik wird die Arbeitsmarktpolitik vollständig umgestaltet: Einheimische Arbeiter sollen in allen Sparten, auch in der Landwirtschaft, den Vorrang haben. Dadurch geht der Anteil ausländischer Arbeitskräfte – und damit letztlich auch der ausländischen Bevölkerung in Deutschland – drastisch zurück und erreicht 1932 mit 110 000 Beschäftigten seinen historischen Tiefstand.

»Fremdarbeiter« halten NS-Wirtschaft in Gang

»Europa arbeitet in Deutschland« – diese zynische Propagandaparole bemäntelt die Zwangsarbeit von etwa 8 Millionen ausländischen Kriegsgefangenen und Zivilarbeitern, mit deren Hilfe die faschistischen Vorstellungen vom Großdeutschen Reich verwirklicht werden sollen. Nie zuvor oder danach sind so viele Ausländer in Deutschland gewesen, und – bittere Ironie der Geschichte – nur dank ihrer Zwangsarbeit kann sich das »Dritte Reich« so lange halten.

Ab 1935 wird der Krieg vorbereitet. Landwirtschaft und Industrie arbeiten auf Hochtouren, der Bedarf an Arbeitskräften schnellt in die Höhe. In Wolfsburg entsteht ein deutscher Mythos: Von Mussolini entsandte italienische Arbeiter bauen die Volkswagenwerke auf. Im Osten knüpfen die Nationalsozialisten zunächst an die wilhelminische Tradition der Ausländerbeschäftigung an, bevor sie nach Kriegsbeginn zur zwangsweisen Deportation polnischer und russischer Zivilpersonen übergehen. Als die Rüstungsindustrie auch dann noch Engpässe signalisiert und an der Ostfront im Herbst 1941 die Hoffnungen auf einen Blitzkrieg erlöschen, wird der »Arbeitseinsatz« ausgeweitet auf französische, belgische, italienische und jugoslawische Zivilisten und Kriegsgefangene. Im Frühsommer 1944 erreicht er mit der »Vernichtung durch Arbeit«, für die 600 000 KZ-Häftlinge bereitgestellt werden, seinen grauenhaften Höhepunkt.

Aber auch im Inneren geht das Kalkül der NS-Führung auf: Die meisten Deutschen zeigen kaum Interesse am Schicksal der Zwangsarbeiterinnen und -arbeiter, nehmen deren Diskriminierung als gegeben hin. Dass Schwerstarbeit, Hunger und Seuchen die in Lagern eingesperrten Männer, Frauen und Kinder dezimieren, wird wohl wahrgenommen, aber angesichts des eigenen Überlebenskampfes relativiert. Und sind die einen nicht »besiegte Feinde«, die anderen »minderrassige Arbeitsvölker«? Noch Jahrzehnte später begründen bundesdeutsche Unternehmer, Politiker und Juristen ihre Weigerung, Entschädigungen an ausländische Zwangsarbeiter zu zahlen, damit, dass es sich hierbei nicht um ein Verbrechen gehandelt habe. Das fehlende Unrechtsbewusstsein der deutschen Bevölkerung – Ost wie West – lastet später als Hypothek auf ihren Beziehungen zu den »Gastarbeitern«.

Eine junge Frau aus der Ukraine als Fremdarbeiterin »Ost« bei Siemens 1943

Zwangsarbeiter aus der Sowjetunion im Bergbau in Beuthen (Oberschlesien) während einer Arbeitspause 1943

»Gastarbeiter« im »Wirtschaftswunderland«

Bis Ende der Fünfzigerjahre finden mehr als 8 Millionen Vertriebene aus den ehemaligen Ostgebieten und Flüchtlinge aus der DDR in der Bundesrepublik Arbeitsplätze und eine neue Existenz. Als das »Wirtschaftswunder« noch mehr Arbeitskräfte verlangt und mit dem Bau der Mauer der Zustrom aus der DDR verebbt, entsteht auf dem bundesdeutschen Arbeitsmarkt eine Lücke. Ausländerbeschäftigung lautet – einmal mehr – das Zauberwort.

Als erste kommen die bereits 1955 angeworbenen Italiener. Ihnen folgen bis Ende der Sechzigerjahre Griechen, Spanier, Türken, Portugiesen und Jugoslawen. Zu Anfang noch als »Fremdarbeiter« bezeichnet, heißen sie offiziell bald »Gastarbeiter«, die 20- bis 40-jährigen Männer ohne Familienanhang und mit Rückkehrabsicht, die mit hierzulande unbeliebten, schweren, schmutzigen oder gefährlichen Arbeiten in möglichst kurzer Zeit möglichst viel Geld verdienen wollen. Sie schieben Überstunden, streiken nicht, gehen kaum zum Arzt und sind auch, was ihre sonstige Lebenshaltung angeht, genügsam, weswegen man sie kostensparend in Sammelunterkünften unterbringt.

Barackenunterkunft für spanische Arbeiter in Gelsenkirchen (Oktober 1971)

Regierungspolitiker betrachten sie als »Konjunkturpuffer« und sehen auch dann noch keinen Anlass zur Beunruhigung, als während der Rezession 1966/67 fremdenfeindliche Stimmung in Deutschland aufkommt. Erst unter dem Schock der »Ölkrise« beginnt das große Rechnen, ob sich »Gastarbeiter« jetzt noch lohnen. 1973 wird deshalb ein Anwerbestopp ausgesprochen. Mit einem Mal sehen sich die mittlerweile mehr als 2,5 Millionen ausländischen Arbeitnehmer gezwungen, ihre Lebenspläne zu überdenken. Die einen treibt die Angst vor verschlossenen Türen um, manche die Furcht vor der Rückkehr in eine Diktatur, andere wiederum fühlen sich hier längst heimisch. Folglich beschließen viele, in der Bundesrepublik zu bleiben, holen ihre Familien nach und melden Bedarf an Wohnraum und Schulplätzen an.

Aus arbeitenden »Gästen« sind Einwanderer geworden. Vor dieser Tatsache verschließen die politisch Verantwortlichen jedoch die Augen. Mahnungen der Ausländerbeauftragten, neue Wege in der Ausländerpolitik einzuschlagen, also z. B. Bleibewillige einzubürgern und Einwanderungsquoten festzulegen, werden ignoriert. Statt dessen versucht man mit Rückkehrhilfen und Begrenzung des Familiennachzugs den ausländischen Zuwachs »einzudämmen«. Die sich selbst überlassenen Einwandererfamilien richten sich, so gut es geht, im Provisorium ein. Ausländergettos in den Innenstädten, hohe Geburtenraten, Schul- und Berufsprobleme der »zweiten Generation« sorgen für sozialen Zündstoff. Die Versäumnisse der Achtzigerjahre schlagen sich aber auch in den Wahlerfolgen rechtsextremer Parteien nieder, die den »Ausländer«hass zum Programm erheben und einfache Lösungen für diffuse »deutsche« Ängste und Vorurteile servieren. Mit Parolen wie »Das Boot ist voll« und »Ausländer nehmen Deutschen die Arbeitsplätze weg« wird vor allem die latente Gewaltbereitschaft bei verunsicherten und arbeitslosen Jugendlichen weiter angeheizt.

Vietnamesen in der DDR-Wirtschaft

»Gastarbeiter« gibt es seit 1973 auch in der DDR, obgleich unter anderem Namen und weitaus weniger zahlreich als im Westen. Etwa die Hälfte der insgesamt 110 000 »ausländischen Werktätigen«, die sich im Rahmen der »sozialistischen Bruderhilfe« bis Ende 1989 dort aufhalten, kommt aus Vietnam. Wie im Westen sollen die Männer und Frauen im Alter von 18 bis 35 Jahren, die für die Dauer von maximal vier, später sieben Jahren als angelernte Arbeiter in den staatlichen Betrieben beschäftigt werden, den zunehmenden Mangel an einheimischen Arbeitskräften ausgleichen. Kontrolle und Überwachung sind allgegenwärtig. Gleich nach der Ankunft zieht man ihre Pässe ein und bringt sie in Gemeinschaftsunterkünften unter. Bei längerer Krankheit oder auch bei einer Schwangerschaft droht die vorzeitige Abschiebung, es sei denn, die Frau willigt in eine Abtreibung ein. Familiennachzug und private Kontakte zu Deutschen sind verboten. »Vietnamesenfreundlichkeit« gilt in der DDR als Straftat. Die Einheimischen betrachten die Arbeitsmigranten als Konkurrenten um knappe Konsumgüter und schieben ihnen die Schuld für die häufigen Versorgungslücken in die Schuhe.

Nach dem Beitritt der DDR zur BRD sind die Vietnamesen nicht mehr erwünscht. Denen, die dennoch bleiben wollen, werden der wirtschaftliche Umbruch und die wachsende soziale Unsicherheit im Osten zum Verhängnis. Sie leben vielfach in Armut und Illegalität und werden zur Zielscheibe neofaschistischer Gewalt.

Asyl- und Ausländerfrage

Solingen nach dem Brandanschlag vom 29. Mai 1993: In diesem Haus verbrannten fünf Menschen.

»Politisch Verfolgte genießen Asylrecht«. Dass angesichts weltweit zunehmender Kriege und Menschenrechtsverletzungen, aber auch der wachsenden Kluft zwischen dem reichen Norden und dem armen Süden immer mehr Menschen Artikel 16 (2) des Grundgesetzes für sich in Anspruch nehmen, stellt politisch Verantwortliche und die Bevölkerung der Bundesrepublik vor neue Herausforderungen. Man glaubt sie mit der Einschränkung des Asylrechts bewältigen zu können, die 1993 schließlich in Kraft tritt.

Auf dem Weg dahin entlädt sich die seit den frühen Achtzigerjahren zunehmend heftiger geführte »Ausländer«diskussion in einer beispiellosen Welle von Gewalttaten, Brandstiftungen und Morden. Bei den überwiegend jugendlichen Tätern ist die »Sündenbock«-Theorie auf fruchtbaren Boden gefallen. Für sie sind die Opfer – Asylsuchende und türkische Einwandererfamilien – verhasste »Ausländer«, die »weg« müssen. Nach Hoyerswerda, Rostock, Mölln und Solingen – und trotz Lichterketten und Mahnwachen – kann sich jedoch niemand mehr, weder Politiker und Medien noch die »schweigende Mehrheit«, der Frage nach Mittäterschaft und Mitverantwortung entziehen.

Die Chronik der Abgrenzungen

November 1902 In Bochum wird die polnische Gewerkschaft ZZP gegründet. Bis 1912 treten ihr 50 000 Mitglieder bei.

1905 Durch die Gründung der Deutschen Feldarbeiter-Centralstelle wird die Vermittlung ausländischer Landarbeiterinnen und -arbeiter unter staatliche Aufsicht gestellt.

1907 Rund 130 000 in der süddeutschen Textilindustrie, auf dem Bau oder in Ziegeleien beschäftigte Italiener bilden neben den russisch-polnischen Landarbeitern die zweitgrößte Gruppe der ausländischen Arbeitskräfte im Deutschen Reich.

15.5.1908 Das Reichsvereinsgesetz wird verabschiedet. Es verbietet u. a. den Gebrauch der polnischen Sprache bei öffentlichen Versammlungen.

1908 Die »Ruhrpolen« stellen 40 % der Beschäftigten im deutschen Ruhrkohlenbergbau. Ihre Gesamtzahl steigt bis 1910 auf etwa 500 000.

1910 Mit 1,1 Millionen Besuchern bricht die Sioux-Völkerschau bei Hagenbeck in Hamburg alle Rekorde.

2.6.1912 In Berlin gastiert der Zirkus Hagenbeck aus Hamburg mit seiner »Indischen Völkerschau«.

1912 400 000 ausländische Saisonarbeiter halten die deutsche Landwirtschaft in Gang; 80 % von ihnen sind »Auslandspolen«, die auf den ostelbischen Gütern arbeiten.

22.7.1913 Das Reichs- und Staatsangehörigkeitsrecht regelt die deutsche Staatsangehörigkeit nach dem »jus sanguinis«, dem Recht des Blutes. Deutsche(r) ist also, wer von deutschen Eltern abstammt. Dieses Gesetz bleibt auch in der Bundesrepublik gültig.

September 1914 Auf Befehl des preußischen Kriegsministeriums wird 300 000 russisch-polnischen Saisonarbeitern die Rückkehr in ihre Heimatländer verboten.

1915 In der Kruppschen Friedrich-Alfred-Hütte in Rheinhausen werden etwa 1000 russisch-polnische Zivilarbeiter in umzäunte Barackenlager verbracht und von Kruppschen Bediensteten überwacht.

1916 Von den 1,6 Millionen Kriegsgefangenen des Deutschen Reiches werden rund eine Million zur Zwangsarbeit in Landwirtschaft und Industrie herangezogen.

4.10.1916 Auf der Grundlage der Verordnung zur Bekämpfung der Arbeitsscheu werden insgesamt etwa 700 000 russisch-polnische und 150 000 belgische Zivilarbeiterinnen und -arbeiter zur Zwangsarbeit nach Deutschland deportiert.

Februar 1917 Die Proteste neutraler Staaten und der deutschen Öffentlichkeit führen zum Abbruch der Deportationen aus Belgien.

1918/19 Zwischen 130 000 und 225 000 »Ruhrpolen« (genaue Zahlen liegen nicht vor) kehren in die neu gegründete Republik Polen zurück. 50 000 wandern nach Frankreich aus.

März 1919 In Bottrop wird erstmals Unterricht in polnischer Sprache, Geschichte und Literatur, Politik und Wirtschaft abgehalten.

7.7.1927 Die Reichsanstalt für Arbeitsvermittlung und Arbeitslosenversicherung wird gegründet. Ausländische Arbeitskräfte werden nur zugelassen, wenn einheimische Arbeiter nicht zur Verfügung stehen.

1931 Mit einer Truppe aus Neu-Kaledonien findet in Hamburg die letzte von insgesamt 43 Hagenbeckschen Völkerschauen statt.

September 1939 Nach dem deutschen Überfall auf Polen beginnt die Deportation von 210 000 polnischen Kriegsgefangenen nach Deutschland. Gleichzeitig wird im sog. Generalgouvernement die Anwerbung freiwilliger Arbeitskräfte fortgesetzt: Bis März 1940 reisen 40 000 Menschen aus.

8.3.1940 Das Reichssicherheitshauptamt erlässt Bestimmungen zum Zwangsarbeitseinsatz polnischer Zivilarbeiter. Sie werden in Lagern untergebracht und mit einem »P« an der Kleidung gekennzeichnet. Kontakte mit der deutschen Bevölkerung außerhalb der Arbeit sind verboten; Geschlechtsverkehr mit deutschen Frauen wird mit Hinrichtung bestraft.

Ende Oktober 1940 1,2 Millionen französische Kriegsgefangene leisten Zwangsarbeit in Deutschland, 54 % davon in der Landwirtschaft, 23 % im Baugewerbe.

Sommer 1941 Der »Arbeitseinsatz« im Deutschen Reich wird erweitert um 270 000 italienische, 120 000 belgische und 110 000 jugoslawische Arbeitskräfte.

7.11.1941 60 % der 3,35 Millionen sowjetischen Kriegsgefangenen sind in deutschen Lagern verhungert, erfroren oder umgebracht worden. Auf Drängen des Ruhrbergbaus ordnet Hermann Göring den »Arbeitseinsatz« der Überlebenden an.

2.2.1942 Die »Ostarbeitererlasse« führen zur Deportation von insgesamt 2,5 Millionen sowjetischer Zivilpersonen, die vorwiegend als Zwangsarbeiter in Industriebetrieben beschäftigt werden.

4.9.1942 Durch den von der französischen Vichy-Regierung angeordneten Zwangsarbeitsdienst, den Service de Travail Obligatoire, erhält Deutschland französische Zivilarbeitskräfte. Zusammen mit den Freiwilligen machen sie fast eine Million Menschen aus.

»Ostarbeiter« auf dem Weg zum Bahnhof 1942; offiziell heißt es, sie hätten sich freiwillig zur Arbeit gemeldet.

Januar 1943 Infolge der vernichtenden Niederlage der deutschen Wehrmacht vor Stalingrad werden die Lebens- und Arbeitsbedingungen der »Ostarbeiter« verbessert, um ihre für den Abnutzungskrieg benötigte Arbeitskraft zu erhalten.

3.9.1943 Nach dem Ausstieg Italiens aus dem Krieg werden 600 000 italienische Soldaten, die sich weigern, weiterhin für das »Dritte Reich« zu kämpfen, zur Zwangsarbeit nach Deutschland verschleppt.

August 1944 In Deutschland besteht die Hälfte aller in der deutschen Landwirtschaft Beschäftigten – im Bergbau, Bau- und Metallbereich ist es ein Drittel – aus ausländischen Arbeitskräften, ein Drittel davon sind Frauen.

8.5.1945 Nach Kriegsende befinden sich zwischen 10 und 12 Millionen Ausländer in Deutschland. Die Alliierten übernehmen die Versorgung und Rückführung dieser Displaced Persons.

1950 In Deutschland befinden sich noch etwa 50 000 Displaced Persons. Sie werden später zu »heimatlosen Ausländern« erklärt.

27.2.1953 Mit dem internationalen Abkommen von London über die Regelung der deutschen Auslandsschulden wird die Frage der Entschädigung ausländischer NS-Zwangsarbeiter bis nach Abschluss eines Friedensvertrages zurückgestellt.

22.12.1955 In Rom wird das deutsch-italienische Anwerbeabkommen über »Gastarbeiter« unterzeichnet, das die Zusicherung der tariflichen und sozialen Gleichstellung sowie einer »angemessenen Unterkunft« enthält. Weitere Verträge werden 1960 mit Griechenland und Spanien, 1961 mit der Türkei, 1964 mit Portugal, 1965 mit Tunesien und Marokko sowie 1968 mit Jugoslawien geschlossen.

7.12.1960 Der Bundesgerichtshof weist die Entschädigung eines polnischen Zwangsarbeiters, der als KZ-Häftling im V-Waffenwerk »Dora« eingesetzt war, mit der Begründung ab, er sei nicht aus »nationalen« Gründen verfolgt, sondern als wertvoller Facharbeiter benötigt worden.

10.9.1964 In Köln trifft der millionste »Gastarbeiter« der Bundesrepublik Deutschland, der Portugiese Hernando Rodrigues de Sá, ein. Er erhält bei seiner Ankunft ein Moped als Geschenk.

Der millionste »Gastarbeiter« (Mitte) wird von zwei Reportern interviewt.

Dezember 1965 Laut Umfrage sind 51 % der Bundesbürger eher dagegen, dass »Gastarbeiter« nach Deutschland kommen.

Mai 1966 Die »Nürnberger Abendzeitung« berichtet von einer Fabrikbelegschaft, die außertarifliche Überstunden macht, um die Einstellung von »Gastarbeitern« zu verhindern.

12.7.1966 Die Bundesanstalt für Arbeit gibt bekannt, dass Ende Juni 1966 insgesamt 1,3 Millionen »Gastarbeiter« in der Bundesrepublik tätig waren.

1966 90 % der ausländischen Männer, aber nur 49 % der deutschen, sind als Arbeiter beschäftigt, 72 % von ihnen als An- oder Ungelernte.

16.2.1967 Das »Handelsblatt« berichtet über miserable Wohnverhältnisse griechischer und türkischer Arbeiter in Düsseldorf, die sich zu sechst einen Raum von 15 m² Größe teilen und dafür pro Kopf 80 DM monatlich bezahlen müssen.

Dezember 1967 Infolge der Wirtschaftskrise geht die Ausländerbeschäftigung um 400 000 Arbeitskräfte zurück. Mehr als 200 000 »Gastarbeiter« verlassen die Bundesrepublik.

Januar 1972 Die 600 000 türkischen »Gastarbeiter« sind die größte Gruppe ausländischer Arbeitskräfte in der Bundesrepublik.

1973 Infolge der Hochkonjunktur erreicht die Zahl ausländischer Arbeitskräfte in der Bundesrepublik am Jahresende mit 2,595 Millionen einen Höchststand.

1973 Jeder neunte Arbeitnehmer in der Bundesrepublik, jeder sechste in der industriellen Produktion einschließlich Baugewerbe, ist »Gastarbeiter«. Laut Umfrage der Bundesanstalt für Arbeit möchte die Hälfte der Arbeitnehmer, die seit elf Jahren hier sind, und 83 % derjenigen, die seit 15 Jahren hier sind, auf Dauer in der Bundesrepublik bleiben.

23.11.1973 Durch den Anwerbestopp soll der Zustrom von »Gastarbeitern« aus Nicht-EG-Ländern unterbunden werden.

1974 17,3 % aller Neugeborenen in der Bundesrepublik sind Kinder ausländischer Eltern.

19.9.1976 Nach Angaben der Bundesregierung ist die Zahl der Gastarbeiter in der Bundesrepublik Deutschland seit Jahresanfang um 106 000 auf 1 932 000 zurückgegangen. Als Grund dafür wird die schlechte Situation auf dem Arbeitsmarkt genannt.

September 1979 Heinz Kühn, ehemaliger Ministerpräsident von Nordrhein-Westfalen und erster Ausländerbeauftragter der Bundesregierung, fordert in einem Memorandum eine konsequente Einwanderungs- und Integrationspolitik einschließlich der Gewährung des kommunalen Wahlrechts für Ausländer nach längerem Aufenthalt.

1980 Drei Viertel aller 15- bis 24-jährigen Ausländer in der Bundesrepublik haben keinen Hauptschulabschluss, fast die Hälfte der 16- bis 20-jährigen besuchen weder die Schule, noch haben sie Arbeit oder eine Lehrstelle.

Demonstration von »Gastarbeiter«kindern in Essen

11.4.1980 In Hanoi unterzeichnen die DDR und Vietnam das Abkommen über die zeitweilige Beschäftigung und Qualifizierung vietnamesischer Werktätiger in Betrieben der DDR.

6.1.1982 Das Bundessozialgericht in Kassel entscheidet, dass »Gastarbeiter«, die nicht aus Ländern der EG stammen, für ihre in der Heimat lebenden Kinder nicht in voller Höhe Kindergeld nach bundesdeutschem Recht beanspruchen können. Ihnen stehe nur das im Sozialversicherungsabkommen mit dem jeweiligen Heimatland ausgehandelte niedrigere Kindergeld zu.

Februar 1982 Die Gesamtarbeitslosenzahl in der Bundesrepublik liegt bei 8,2 %, die der Ausländer bei 12 %.

14.7.1982 Die Bundesregierung beschließt, die Rückkehr von Ausländern in ihre Herkunftsstaaten durch zeitlich begrenzte finanzielle Anreize zu fördern und den Nachzug von Angehörigen der »Gastarbeiter« in die Bundesrepublik zu bremsen.

1985 In der Bundesrepublik liegt die jährliche Einbürgerungsquote von Ausländern bei 0,35 %.

21.7.1987 Die sogenannte Verfahrensweise bei Schwangerschaft vietnamesischer werktätiger Frauen in der DDR sieht bei Nicht-Einwilligung in eine Abtreibung die Entlassung vor.

August 1989 Inhalt und Gewicht der »Endausreisekiste« vietnamesischer Arbeitskräfte in der DDR werden auf 2 Kubikmeter bzw. eine Tonne begrenzt.

13.5.1990 Das Arbeitskräfteabkommen zwischen der DDR und Vietnam läuft aus. Den verbleibenden Vietnamesen wird eine weitergehende Arbeitserlaubnis nur dann erteilt, wenn deutsche Arbeitskräfte nicht zur Verfügung stehen.

1.7.1990 Anlässlich der Währungsunion können auch vietnamesische Arbeiter ihre Lohn- und Sparguthaben, nicht jedoch sonstige Einkünfte, in DM umtauschen.

1.1.1991 Nach der deutschen Einheit gilt das neue Ausländergesetz auch für bleibewillige Vietnamesen, Mosambikaner und Angolaner. Das Bundesinnenministerium besteht auf ihrer Rückkehr in die Herkunftsländer.

September 1991 Nach dem Skinhead-Angriff auf das Asylbewerberheim im sächsischen Hoyerswerda werden dessen Bewohner evakuiert.

August 1992 In Rostock-Lichtenhagen setzen Skinhead-Gruppen unter dem Beifall von Passanten die zentrale Asylaufnahmestelle in Brand.

23.11.1992 Durch einen Brandanschlag auf zwei Gebäude in Mölln sterben drei Türkinnen, neun weitere Türken werden zum Teil schwer verletzt. Die Täter werden vor Gericht gestellt und wegen Mordes verurteilt.

6.12.1992 Zehntausende von Menschen beteiligen sich an der Münchner Lichterkette gegen Fremdenfeindlichkeit. In Bonn einigen sich Regierungskoalition und SPD auf den »Asylkompromiss«. Damit sollen Asylverfahren weiter gestrafft und beschleunigt werden.

29.5.1993 Bei einem Brandanschlag auf ihr Haus sterben in Solingen fünf Türkinnen.

1.7.1993 Die Einschränkung des Asylrechts per Grundgesetzänderung tritt in Kraft.

Dezember 1993 60 Wissenschaftler verabschieden das Manifest »Deutschland und die Einwanderung«.

15.1.1997 Die von Bundesinnenminister Manfred Kanther verordnete Visumspflicht für »Gastarbeiter«kinder bei der Wiedereinreise nach Deutschland tritt in Kraft.

30.10.1997 Das Gesetz zur beschleunigten Ausweisung ausländischer Straftäter tritt in Kraft.

»stern«-Reportage über schwarze Deutsche (vom 11.9.1997)

FOLGE

9

FRONTLINIEN

Die Deutschen und der Krieg

1,8 Millionen tote deutsche Soldaten im Ersten Weltkrieg, 3,5 Millionen im Zweiten, dazu 780 000 Ziviltote und 5,7 Millionen ermordete Juden (nach Encyclopædia Britannica): Die beiden großen Kriege des 20. Jahrhunderts sind die traumatischen Ereignisse der Deutschen. Das Leben von jedem Einzelnen haben sie beeinflusst. Bis heute halten die Debatten um Deutschlands Rolle im Zweiten Weltkrieg an, während der Erste kaum noch die Erinnerung besetzt (→ Folge 15).

Der »Vater aller Dinge«

Schon vor 1914 prägt der Militarismus das Bewusstsein der Deutschen. Die Einweihung des Völkerschlachtdenkmals 1913 in Leipzig hält die Erinnerung an den Krieg gegen Frankreich 100 Jahre zuvor wach und auch der Deutsch-Französische Krieg mit der Gründung des deutschen Kaiserreichs im Gefolge wird immer wieder beschworen.

Außerdem sind die Zeiten vor 1914 alles andere als friedlich. Die europäischen Mächte führen nicht nur Krieg in den Kolonien – die Briten gegen die Buren in Südafrika, die Deutschen gegen die Hereros in »Deutsch-Südwest«, die europäischen Großmächte gegen die aufständischen Boxer in China – auch in Europa selbst entwickelt sich auf dem Balkan ein Konflikt, der schließlich in den Ersten Weltkrieg mündet.

Vorgeblich den »Platz an der Sonne« anstrebend, rüstet Deutschland auf, verlängert die Wehrdienstzeit, erhöht die Trup-

»Denk bei jeder Bombe dran – diesen Krieg fing Hitler an«: die Dresdner Innenstadt 1945

penstärken, baut in beispiellos kurzer Zeit eine moderne Hochseeflotte und provoziert dabei die Briten. Der »Griff nach der Weltmacht« schließt das Kriegsrisiko ein: Krieg gilt im Kaiserreich als »Fortsetzung der Politik mit anderen Mitteln«, wie Carl Philipp Gottfried von Clausewitz immer wieder gern zitiert wird. Nur die »vaterlandslosen Gesellen« der Sozialdemokratie bauen stärker auf internationale Arbeitersolidarität als auf Kriege um die »nationale Ehre«. Doch als die Bündnisverpflichtungen fast alle europäischen Staaten im Sommer 1914 in den Krieg bringen, sind auch sie dabei.

Künstler setzen sich mit Faszination und Grauen des Krieges auseinander: »Der Krieg« von Otto Dix (1920/22; Otto-Dix-Stiftung, Dresden)

Der industrialisierte Krieg

Im August 1914 wird Deutschland von einem Begeisterungstaumel gepackt. In ein paar Wochen will man in Paris sein, ein kurzer, ruhmreicher Feldzug wie 1870/71 wird erwartet, von dem die Väter und Großväter erzählen. Doch der reale Krieg ist ganz anders: Statt ruhmreichem Sterben unter wehenden Fahnen auf den »blutbetauten« Wiesen vor Paris erwartet die Soldaten der namenlose und »industrialisierte« Massentod. Schwer bepackte Frontsoldaten leiden in den Schützengräben, müssen gegen die Garben der Maschinengewehre anstürmen und finden ihr Ende in einer Granatexplosion oder in den Stacheldrahtverhauen des Niemandslandes. Verdun, die Gräben der Somme, die überschwemmte flandrische Trichterwüste werden Schlagworte für den bisher nicht erlebten Horror der Materialschlachten. General Erich von Falkenhayn will vor Verdun die französische Armee zum »Weißbluten« bringen, doch auch die deutschen Verluste sind immens. Der Krieg wird nicht nur geografisch zum grenzenlosen Weltkrieg: Gekämpft wird von den Meerestiefen bis in den Luftraum; Soldaten fallen in engen Stollen unter den Grabensystemen Frankreichs und im Hochgebirge Südtirols. Während im 19. Jahrhundert fast ausschließlich am Tag gekämpft wurde, gibt es nun »kontinuierliche Operationen« rund um die Uhr.

Arbeit an der Front, Militarisierung der Fabriken

In den durchmilitarisierten Gesellschaften der kriegführenden Staaten sind die »Soldaten der Arbeit« in den Fabriken genauso wichtig wie die Arbeit an der Front. Der eigentliche Kämpfer wird immer mehr zum Bauarbeiter und Mineur oder bedient sein Maschinengewehr wie eine Drehbank. »Es gibt kein Atom, das nicht in Arbeit für die Front ist«, schreibt Ernst Jünger. Schon vor Joseph Goebbels' Wort gibt es den »totalen Krieg«: 1916 wird Deutschland unter der Obersten Heeresleitung von Paul von Hindenburg und Erich Ludendorff faktisch zur Militärdiktatur mit Dienstpflicht für Frauen, vormilitärischer Ausbildung für Schüler und der Unterstellung der Rüstungsarbeiter unter das Kriegsrecht.

Gezielt wird der Krieg gegen Nichtkombattanten geführt. Die Entente hält Deutschland in einer Hungerblockade im Griff: Zehntausende von Frauen und Kindern verhungern und erfrieren im »Steckrübenwinter« 1916/17. Aber auch Deutschland führt Krieg gegen die gegnerische Zivilbevölkerung. Erst deutsche Zeppeline, dann – im »Gotha-Sommer« 1917 – Groß-Bombenflieger »werfen Bomben auf Engelland«. Die Bilder verwüsteter Londoner Häuser und toter Schulkinder nehmen schon die Flächenbombardierungen des Zweiten Weltkriegs vorweg.

Eine letzte Offensive soll im März 1918 die Wende herbeizwingen, doch zunehmende Erschöpfung und Niederlagen des Feldheeres bringen im Herbst den Zusammenbruch. Nicht die Heimatfront führt den »Dolchstoß in den Rücken« des Feldheeres, wie Paul von Hindenburg 1918 wider besseren Wissens behauptet, sondern es ist militärisch am Ende.

Zwischenkrieg

Mit dem Waffenstillstand 1918 endet die Gewalt nicht: Straßenkämpfe in der Novemberrevolution und beim Spartakusaufstand, Freikorpseinsätze im Osten, Mordanschläge rechtsradikaler Organisationen, Aufstände der Linken in Thüringen und Sachsen sowie an der Ruhr, der rechte Kapp-Putsch 1920 und Adolf Hitlers geplanter Marsch auf Berlin 1923 prägen die frühe Weimarer Republik. Die späte ist gekennzeichnet durch bürgerkriegsähnliche Straßen- und Saalschlachten zwischen Links und Rechts.

Nach dem Ende des Ersten Weltkriegs bleiben die Gesellschaft und das politische Leben Deutschlands militarisiert: Sogenannte Einwohnerwehren, Freikorps und schließlich der Aufbau paramilitärischer Einheiten durch die Nationalsozialisten und die KPD halten Krieg, Uniformen und Soldatisches im Alltag präsent. Die durch den Versailler Friedensvertrag auf 100 000 Mann beschränkte Reichswehr entwickelt sich zu einem von der Republik weitgehend unabhängigen Staat im Staate.

Die literarische Verarbeitung des Kriegs spaltet die Deutschen: In den Zwanzigerjahren bemühen sich viele Dichter, die »Urkatastrophe des 20. Jahrhunderts« zu verstehen. Die Kämpfe »In Stahlgewittern« werden entweder als »inneres Erlebnis« (Ernst Jünger) gefeiert, als »Schule der Revolution« 1918/19 interpretiert (Adam Scharrer, »Vaterlandslose Gesellen«) oder auch als unfassbares Verbrechen gegen die Humanität verdammt (Erich Maria Remarque, »Im Westen nichts Neues«).

Der nächste Krieg wird vorbereitet

Die Nazis und ihre Künstler knüpfen explizit an die Massenerfahrung der Materialschlachten an und deuten den »Frontkämpfer« um zum Vorgänger des SA-Mannes. Für ihre militärischen Expansionspläne bauen sie auf eine Grundstimmung, welche die »Schmach von Versailles« rächen will. Aus der Reichswehr wird die Wehrmacht, und 1935 wird die allgemeine Wehrpflicht wieder eingeführt. Die Wiederaufrüstung erfordert zwar Verzicht – »Kanonen statt Butter« ist die Parole –, doch scheint die Wirtschaft zu florieren. »Die Hände, die im Schoß lagen, rühren sich wieder/Sie drehen Granaten« warnt der emigrierte Dichter Bertolt Brecht. Die

Kinder werden auf den Krieg vorbereitet: Hitlerjungen üben mit Gasmasken (1937).

nationalsozialistische Kriegsvorbereitung ist umfassend: Zivile Fähigkeiten werden zunehmend als kriegswichtig erkannt: Das nationalsozialistische Motorisierungsprogramm beispielsweise – der Volkswagen, die dafür sparenden »Volksgenossen«, als Fahrer ausgebildet vom Nationalsozialistischen Kraftfahrkorps NSKK, der Autobahnbau – schafft die infrastrukturellen Voraussetzungen für eine Gesellschaft, die fit ist für den mechanisierten Blitzkrieg. Politisch spielt Hitler »va banque«: Er baut darauf, dass die Siegerstaaten auf seine Aggressionen nicht mit Kriegserklärungen antworten. Bei der Besetzung des Sudetenlandes, Österreichs und der »Rest-Tschechei« 1938/39 funktioniert dies noch: Die Briten versprechen »peace for our time«. Den deutschen Angriff auf Polen am 1. September 1939 beantworten sie jedoch mit der Erklärung des Kriegs. Er wird in Deutschland kaum mit Begeisterung begrüßt, trotz massiver NS-Propaganda unter Einsatz moderner Medien und Psychotechniken. Die Nazis planen die totale Mobilmachung – diesmal, vor allem ab 1943, noch perfekter als 1916. Mobilisiert werden nicht nur die eigentlichen Kämpfer, sondern alle gesellschaftlichen oder wirtschaftlichen Teilbereiche. Die Nichtkombattanten, wie Jugendliche und Frauen, werden wieder in die Kriegsanstrengungen einbezogen. Die Produktion wird durch Rationalisierung kriegstauglich gemacht; Aufmärsche und Massensport dienen der indirekten Kriegsvorbereitung, der Luftschutz der direkten: Deutschland wird auf den totalen Krieg aus der Luft vorbereitet. Aktionen zur Entrümpelung von Dachböden, die Verteilung von Feuerpatschen, Sandeimern und sog. Volksgasmasken an alle, dazu die obligatorischen Verdunkelungsübungen sind jedoch eine naive und unzulängliche Vorbereitung auf den tatsächlichen Horror der Bombennächte (→ Folge 3).

»Wollt ihr den totalen Krieg?«

Zu Beginn des Kriegs scheint Hitlers Strategie aufzugehen: In »Blitzfeldzügen« überrollen die neuen Panzerregimenter, gefolgt von motorisierten Truppen, geführt durch Funk und unterstützt durch die Sturzkampfbomber der Luftwaffe, Polen, die Niederlande und Frankreich. Diesem

Ein Bild macht Propaganda für den Krieg: deutsche Soldaten beim ersten Tag des Überfalls auf Polen (1.9.1939).

neuen Typ des hochmechanisierten Kriegs haben die Alliierten anfangs wenig entgegenzusetzen. Erst als er zur »Produktionsschlacht« wird, zeigt sich das überlegene wirtschaftliche Potenzial von Deutschlands Gegnern. Ab etwa 1943 – zum Symbol der Kriegswende wird die Niederlage der 6. Armee in Stalingrad – ist Deutschlands Überlegenheit endgültig verloren. Goebbels´ Ausrufung des »totalen Krieges« ändert daran nichts. Die Alliierten bauen mehr und bald auch bessere Panzer und lassen Handelsschiffe schneller vom Stapel, als die deutschen U-Boote sie versenken können. Trotz Ausbeutung der besetzten Gebiete, trotz rücksichtslosen Einsatzes von Zwangsarbeitern und KZ-Häftlingen in der Rüstungsindustrie (→ Folge 8), der zu »Vernichtung durch Arbeit« führt, wird Deutschland »ausproduziert«.

Die eigentlichen Kämpfe sind geografisch noch ausgedehnter als im Ersten Weltkrieg und noch brutaler: Dem angeblich »ritterlichen« Panzerkrieg in der afrikanischen Wüste steht der Vernichtungskrieg im Osten gegenüber. Hitlers Anweisung, in der Sowjetunion »verbrannte Erde« zu hinterlassen, ist dafür ebenso symptomatisch wie der berüchtigte Kommissarbefehl, nach dem alle gefangenen Politkommissare der Roten Armee sofort zu erschießen sind. Millionen kriegsgefangene Rotarmisten sterben in deutschen Gefangenenlagern.

Auch im Zweiten Weltkrieg gibt es zahlreiche Kriegsgewinnler. »Genießen wir den Krieg, der Frieden wird fürchterlich« ist ein zynischer Slogan in beiden Kriegen. Die Unterscheidung zwischen Kämpfern und Nichtkämpfern, die von der Haager Landkriegsordnung ausdrücklich vorgesehen ist, wird verwischt: Als Partisanen nehmen Zivilisten in der Sowjetunion oder in Frankreich in der Résistance an den Kämpfen teil. Andererseits werden sie zunehmend zu Opfern. Sie werden als Geiseln genommen und hingerichtet, wie von den Deutschen auf dem Balkan oder in Italien, und leiden unter den heftigen Luftbombardements. Diese erfolgen über Deutschland tags durch die Amerikaner, nachts durch die Royal Air Force und führen mitunter zu sog. Feuerstürmen, wie denen von Hamburg oder Dresden, mit Tausenden von Todesopfern. Das alliierte Flugblatt »Denk bei jeder Bombe dran: Diesen Krieg fing Hitler an« kontern die Nazis mit der Parole »Unsere Mauern brechen, unsere Herzen nicht«. So ist es letztlich auch: Bis zum Schluss gibt es keinen breiten Widerstand in der Bevölkerung. Die Nazipropaganda wie etwa das Versprechen des Einsatzes von »Vergeltungswaffen«, der Terror der Einsatzgruppen gegen »Wehrkraftzersetzer« und die Angst vor dem »Bolschewismus« wirken bis zum bitteren Ende. Die Kapitulation rettet Deutschland schließlich vor einem Einsatz der amerikanischen Atombombe.

Alliierte Panzer und deutsche Kriegsgefangene auf den »Straßen des Führers«: Autobahn bei Gießen 1945

Kalter Krieg und langer Frieden

Nach dem Zusammenbruch herrscht totale Kriegsmüdigkeit: Das Wort des späteren Verteidigungsministers Franz Josef Strauß, dass die Hand verdorren solle, die wieder ein Gewehr anfasst, trifft zunächst die Zeitstimmung.

Als der Kalte Krieg in eine Auseinandersetzung zwischen den ehemaligen Siegermächten in Mitteleuropa zu münden droht, nehmen jedoch in Deutschland die Proteste gegen eine Wiederaufrüstung ab. Die Deutschen bekommen Angst, in einem möglichen Schlagabtausch der Supermächte zum atomaren Schlachtfeld zu werden. Doch die Deutschen beider Staaten lernen, »mit der Bombe zu leben«, wie es in den Fünfzigerjahren heißt.

Kriegsbilder werden zwar in der Euphorie der sog. Wirtschaftswunderzeit in den Hintergrund gedrängt, kommen den Deutschen aber immer wieder zum Bewusstsein. Der Korea- und der Sueskrieg, der Ungarnaufstand, die Kubakrise machen den Deutschen immer wieder die Brüchigkeit ihres langen Friedens klar, ebenso wie die Manöver der beiden Blöcke.

Stolz auf das Militär zur »Verteidigung des Sozialismus«: Parade zum 1. Mai 1957 in Ost-Berlin

Immer wieder wird die deutsche Öffentlichkeit auch mit angeblich »moralischen«, gerechtfertigten Kriegen konfrontiert, die auch technisch wieder als führbar dargestellt werden, wie der Sechstage- oder der Falklandkrieg. Diese militärischen Auseinandersetzungen finden stets eine breite Darstellung in den Medien.

Vietnam und Balkan: Pazifisten und Bellizisten

Polarisiert werden die Westdeutschen aber vor allem durch den Guerillakrieg des Vietcong gegen die USA. Der Vietnamkrieg, der technisierte Krieg einer Supermacht gegen ein Drittweltland, ist auf andere Weise »total« als die Weltkriege und bringt Bilder von schockierenden Gräueltaten an Zivilisten in die deutschen Wohnzimmer. Zwar wird die amerikanische Politik vom »Establishment« der Bundesrepublik unterstützt, doch eine ganze Generation in Ost und West begeistert sich für die »antiimperialistischen Kämpfer«. Die Kulturrevolution der späten Sechzigerjahre bringt eine pazifistische Grundstimmung hervor, die Kriege zum gesellschaftlichen Tabu erhebt. Für die deutschen Eliten wird Krieg undenkbar und ist per se unmoralisch. Friedensmärsche und Demonstrationen gegen den Krieg, vor allem aber die Debatte um die Stationierung amerikanischer Mittelstreckenraketen in der Bundesrepublik spiegeln diesen Pazifismus. Er wird auch durch den Wegfall von Jahrzehnte alten Feindbildern durch den Zerfall der Sowjetunion bestätigt.

Erst der zweite Golfkrieg wird zum Anlass harter moralischer Auseinandersetzungen zwischen Pazifisten und »Bellizisten« und führt zu einem Wandlungsprozess. Ist die Stimmung 1991 noch weitgehend pazifistisch – »Kein Blut für Öl« –, so lassen die Gräuel des Bürgerkrieges in Jugoslawien die Stimmung kippen. Joschka Fischers Äußerung, die GRÜNEN würden ihre »moralische Seele« verlieren, wenn sie weiterhin auf dem Balkan zusähen, ist Symptom für die alte Auseinandersetzung um falsche Toleranz, Moral und Frieden. Die Bundeswehr beginnt, ihre Rolle neu zu definieren. Out-of-area-Einsätze, außerhalb der Landesgrenzen, erfolgen anfangs mit dem moralischen Prestige von humanitärer Hilfeleistung, doch bald werden Versorgungs- und auch

»Kein Blut für Öl, kein Krieg am Golf!« – Demonstration der Friedensbewegung 1991 in Frankfurt

schon verbrämte Kampfeinsätze in Somalia und auf dem Balkan im Rahmen der UNO oder der NATO durchgeführt. Doch die neue Funktion einer deutschen Armee ist gesellschaftlich umstritten und wird auch international genau beobachtet.

Medienkriege

Am Ende des Jahrhunderts wissen alle Deutschen sehr genau, was Krieg bedeutet. Der zweite Golfkrieg insbesondere wird zum medialen Krieg par excellence: Das Fernsehen bringt die Bilder von den Luftangriffen auf Bagdad live in die deutschen Wohnzimmer und erzeugt eine neue Unmittelbarkeit des Krieges für die gesamte Bevölkerung. Schon im Ersten Weltkrieg hatten fotografisch illustrierte Kriegsberichte eine immense Verbreitung. Das steigerte sich im Zweiten Weltkrieg mit Direktsendungen von Kriegsberichterstattern aus Flugzeugen und der berühmten Weihnachts-Radiosendung 1941 von Wehrmachtsfunkern live vom Nordkap bis Afrika. Und spätestens seit dem Vietnamkrieg wird der Anblick der kriegerischen Vernichtung sinnlich erfahrbar. Doch die neue, scheinbar völlig unmittelbare Kriegserfahrung hat eine extreme Zunahme der Zensur zur Folge, denn auch wenn die mediale Wahrnehmung bewusste Ausblendungen aufweist, rufen diese Kriegsbilder Schrecken und Abscheu hervor und tragen zu einer Antikriegsstimmung bei, die den Absichten der Kriegführenden zuwiderläuft.

Fehlende Feindbilder

Selbst der deutsche Verteidigungsminister verkündet, dass in Europa durch die Auflösung des Warschauer Pakts ein großer Krieg unwahrscheinlich geworden ist. Die Politiker ziehen daraus nur langsam Konsequenzen: Vorstöße zur weiteren Verkleinerung der Truppenstärke und zur Umwandlung der Bundeswehr in eine Freiwilligenarmee sind noch nicht erfolgreich. Doch auch eine Armee ohne konkretes Feindbild und ohne Kriegserwartung kann ihre Existenzberechtigung beweisen: Bei Hilfseinsätzen beim Oderhochwasser 1997 gewinnt die Bundeswehr Prestige.

Die Bundeswehr im Auslandseinsatz: Der Verteidigungsminister verabschiedet auf dem Flughafen Köln-Bonn ein Kontingent nach Kroatien (1995).

Die Chronik der Kriege

27.7.1900 Deutschland verabschiedet ein Expeditionskorps gegen die aufständischen »Boxer« in China. Kaiser Wilhelm II. hält dabei seine berüchtigte »Hunnenrede«, in der er die Soldaten auffordert, keine Gefangenen zu machen.

August 1904 Mit einer zweitägigen Schlacht endet am Waterberg Deutschlands Kolonialkrieg gegen die Hereros in Südwest-Afrika. Die meisten der etwa 80 000 Stammesmitglieder sterben, als sie in einer wasserlosen Steppe eingekesselt werden.

1907 Durch eine internationale Konferenz im Haag werden im Lauf des Jahres 13 Abkommen verabschiedet, u.a. die Haager Landkriegsordnung. Die Rechtsstellung von Kriegsgefangenen und der Bewohner besetzter Gebiete wird darin festgelegt und die Anwendung bestimmter Waffen (Gift) verboten.

14.5.1912 Der Reichstag in Berlin beschließt eine Flottennovelle und verstärkt damit das Wettrüsten zur See gegen Großbritannien.

28.6.1914 In Sarajevo wird der österreichisch-ungarische Thronfolger Franz Ferdinand von serbischen Anarchisten ermordet. Ein österreichisches Ultimatum an Serbien folgt.

1.8.1914 Kaiser Wilhelm II. ordnet die allgemeine Mobilmachung an. Deutschland erklärt in »Bündnistreue« mit der österreichisch-ungarischen Monarchie Russland den Krieg. Die »automatischen« Bündnisverpflichtungen treten in Kraft und führen zur Kriegserklärung fast aller europäischer Staaten.

August 1914 In Deutschland herrscht, wie fast in allen kriegführenden Staaten, große Kriegsbegeisterung. Deutschland mobilisiert 1,9 Millionen Männer.

1914: Die Mobilmachung wird in Berlin verkündet.

6.–9.9.1914 Die Marneschlacht setzt dem deutschen Vordringen in Frankreich und Belgien ein Ende. Die deutschen Blitzkriegspläne sind damit im Westen gescheitert.

9.9.1914 Im »Septemberprogramm« verkündet die deutsche Regierung als Kriegsziel die deutsche Vorherrschaft in Europa.

Herbst 1914 Die Westfront erstarrt zu einem Grabensystem; der Bewegungskrieg ist vorbei.

November 1914 Bei Langemarck stürmen deutsche Freiwilligenregimenter, angeblich das Deutschlandlied singend, gegen britische Maschinengewehrstellungen. Ein Abiturjahrgang wird verheizt.

22.4.1915 Bei Ypern in Flandern erfolgt der erste deutsche Einsatz von Giftgas. Dies ist die erste Verwendung chemischer Kampfstoffe in der Kriegsgeschichte.

7.5.1915 Das deutsche U-Boot »U-20« versenkt vor Irland den britischen Passagierdampfer »Lusitania«. Dabei kommen rd. 1200 Menschen ums Leben.

Mai/Juni 1915 Die erste große Materialschlacht des Krieges findet um die Loretto-Höhe in Frankreich statt.

30.1.1916 In Berlin findet eine erste große Gefechtsübung mit sog. Jugendkompanien statt: Die Schüler werden militarisiert.

21.2.1916 Der deutsche Angriff auf Verdun in Nordfrankreich, und damit eine der verlustreichsten Materialschlachten der Geschichte beginnt. Bis Dezember fallen der »Blutmühle« rd. 700 000 Menschen (335 000 Deutsche, 360 000 Franzosen) zum Opfer.

31.5.1916 Die britische und die deutsche Schlachtflotte führen die größte reine Seeschlacht der Geschichte, die Skagerrak-Schlacht (von den Briten Battle of Jutland genannt), ohne dass eine Entscheidung fällt.

29.8.1916 Die dritte Oberste Heeresleitung wird gebildet: Paul von Hindenburg wird Chef des Generalstabes. Unter ihm und Erich Ludendorff als Generalquartiermeister entwickelt sich Deutschland faktisch zur Militärdiktatur.

Die »Heimatfront« wird mobilisiert; deutsches Kriegsanleiheplakat.

1.2.1917 Unter dem Druck der Obersten Heersleitung beginnt der uneingeschränkte U-Boot-Krieg, der schließlich zum Kriegseintritt der USA führt.

20.11.1917 Bei Cambrai wird der erste große Angriff britischer Panzer (Tanks) gegen die deutschen Linien unternommen.

Mai 1918 Die letzte deutsche Offensive im Westen beginnt.

8.8.1918 Bei einem Sturmangriff der Ententemächte bricht die deutsche Westfront zusammen.

29.9.1918 Die deutsche Oberste Heeresleitung fordert Kaiser Wilhelm II. auf, einen Waffenstillstand auf Grundlage des 14-Punkte-Friedensprogramms des US-Präsidenten Woodrow Wilson zu schließen.

11.11.1918 Matthias Erzberger unterzeichnet in einem Eisenbahnwaggon in Compiègne den Waffenstillstand für das Deutsche Reich.

28.11.1918 Kaiser Wilhelm II. dankt ab, in Berlin rufen Philipp Scheidemann (SPD) und Karl Liebknecht (KPD) die Republik aus.

5.–12.1.1919 In Berlin findet ein bewaffneter linker Aufstandsversuch gegen die Regierung Ebert-Scheidemann statt (Spartakusaufstand).

3.–10.3.1919 Bei Unruhen in Berlin kommen 1200 Menschen ums Leben.

28.6.1919 Trotz heftiger Proteste unterzeichnen die deutschen Vertreter den Friedensvertrag von Versailles.

18.11.1919 Mit der Behauptung, die deutsche Armee sei nicht vom Gegner geschlagen, sondern durch revolutionäre Unruhen in der Heimat »von hinten erdolcht« worden, setzt Paul von Hindenburg die sog. Dolchstoßlegende in die Welt.

13.3.1920 Der Putsch von Wolfgang Kapp und Walther von Lüttwitz beginnt; er scheitert wenig später durch einen Generalstreik.

9.11.1923 Adolf Hitler putscht in München. Sein Marsch auf die Feldherrnhalle scheitert.

1925 In einem Prozess wird die Unhaltbarkeit der Dolchstoßlegende bewiesen und die militärische Niederlage des Heeres 1918 offengelegt.

1.5.1929 In Berlin kommt es zu bürgerkriegsähnliche Unruhen in Berlin mit neun Todesopfern.

16.3.1935 Mit der Einführung der allgemeinen Wehrpflicht beginnt die Aufrüstung. Bis 1939 sollen 36 Divisionen mit 580 000 Mann aufgestellt werden; die im Versailler Vertrag festgelegten Truppenbeschränkungen werden damit vom NS-Regime weit überschritten.

26.6.1935 Der paramilitärische halbjährige Reichsarbeitsdienst für alle Männer und Frauen zwischen 18 und 24 Jahren wird Pflicht.

28.8.1936 Deutsche Truppen greifen in den Spanischen Bürgerkrieg ein. Die Legion Condor unterstützt General Franco und kämpft gegen die regierungstreuen Internationalen Brigaden.

26.4.1937 Durch einen Bombenangriff zerstören Flugzeuge der deutschen Legion Condor die baskische Stadt Guernica.

12.3.1938 Die deutsche Wehrmacht besetzt Österreich und wird von der Bevölkerung stürmisch begrüßt – damit wird der »Anschluss« Österreichs vollzogen.

1.10.1938 Deutsche Truppen besetzen nach der Unterzeichnung des Münchner Abkommens das Sudetenland.

15./16.3.1939 Deutsches Militär marschiert in die sog. Rest-Tschechei ein – die Kriegsgefahr wächst.

1.9.1939 Deutschland überfällt Polen.

3.9.1939 Frankreich und Großbritannien erklären Deutschland den Krieg.

10.5.1940 Deutschland marschiert in Frankreich ein.

13.8.1940 Die »Luftschlacht um England« beginnt, die als Vorbereitung einer Invasion geplant ist. Sie wird im September von Deutschland abgebrochen.

6.6.1941 Der »Kommissarbefehl« Hitlers ordnet die Tötung aller gefangengenommenen sowjetischen Politoffiziere an.

22.6.1941 Der Überfall auf die Sowjetunion beginnt.

11.12.1941 Deutschland und Italien erklären den USA den Krieg.

20.1.1942 In der Wannseekonferenz ordnet Reinhard Heydrich im Auftrag Hitlers die »Endlösung der Judenfrage« an.

30./31.5.1942 Erster alliierter »1000-Bomber-Angriff«:

Nürnberg 1945, Stadt in Trümmern

In Köln sterben 474 Menschen, die Innenstadt wird zerstört.

3.10.1942 In Peenemünde auf Usedom gelingt der Start der ersten Fernrakete der Welt. Bei einer Reichweite von knapp 320 km erreicht die »A 4« (Aggregat 4) mit Flüssigtreibstoff eine Flughöhe von 96 km. Mit dieser Rakete, die zwei Jahre später als V 2 London bombardiert, wird der Weltraum potenziell militärisch nutzbar.

2.2.1943 Die Nordgruppe der 6. Armee kapituliert. Damit ist die Schlacht um Stalingrad verloren.

18.2.1943 Im Berliner Sportpalast ruft Propagandaminister Joseph Goebbels vor einer begeisterten Menge den »totalen Krieg« aus.

10.7.1943 Truppenverbände der Alliierten landen auf Sizilien, setzen auf das italienische Festland über und rücken von da aus nach Norden vor.

6.6.1944 Mit der Landung der Alliierten in der Normandie beginnt der endgültige Sieg der alliierten Truppen über Nazideutschland.

13./14.2.1945 Bei dem alliierten Luftangriff auf das mit Flüchtlingen überfüllte Dresden kommen schätzungsweise mindestens 60 000 Menschen ums Leben.

7.5.1945 In Reims wird die Kapitulation des »Großdeutschen Reiches« unterzeichnet; sie wird am 9. Mai in Karlshorst vor dem sowjetischen Vertreter endgültig besiegelt.

6.8.1945 Mit dem Abwurf der ersten Atombombe über der japanischen Stadt Hiroschima wird eine neue Dimension der kriegerischen Bedrohung eröffnet.

20.11.1945 In Nürnberg beginnen die Prozesse eines internationalen Militärgerichtshofs gegen 22 Mitglieder der nationalsozialistischen Führungsschicht (zwölf Todesurteile). Nur NS-Organisationen werden als verbrecherisch deklariert, nicht die Wehrmacht als Ganzes.

9.5.1955 Auf der Tagung des Nordatlantikpaktes (NATO) in Paris wird die Bundesrepublik als 15. Mitglied aufgenommen.

14.7.1955 Der Bundestag schafft die rechtlichen Voraussetzungen für die Gründung der Bundeswehr.

2.1.1956 Die ersten Freiwilligen rücken in der Bundeswehr ein.

18.1.1956 In der DDR beginnt offiziell der Aufbau der Nationalen Volksarmee (NVA).

1967 Die US-Doktrin der »flexible response« (flexible Reaktion) löst das Konzept der »massiven (atomaren) Vergeltung« Eisenhowers ab. Die konventionelle Aufrüstung von NATO-Truppen wird auch in der Bundesrepublik verstärkt.

18.2.1968 Etwa 12 000 Menschen demonstrieren in Berlin gegen das Vorgehen der USA im Vietnamkrieg. Zwei Jahre später ziehen sich die USA aus dem Konflikt zurück, der 1975 mit dem Sieg Nordvietnams und der Wiedervereinigung des Landes endet.

12.12.1979 Als Antwort auf die sowjetische Absicht, SS-20-Raketen in Mitteleuropa zu stationieren, ergeht der NATO-Doppelbeschluss: Parallel zu Verhandlungsangeboten an die Sowjetunion sollen 108 Pershing-II-Raketen und 464 Marschflugkörper stationiert werden, die meisten davon in Deutschland. In der Folgezeit führt dieser heftig umstrittene Beschluss zum Anwachsen der Friedensbewegung in BRD und DDR.

15.11.1980 Der »Krefelder Appell«, der sich gegen die atomare Aufrüstung Mitteleuropas wendet, findet mehr als eine Million Unterzeichner.

Deutsche demonstrieren gegen den NATO-Doppelbeschluss zur Stationierung von Mittelstreckenraketen (1981).

22.10.1983 Etwa 1,3 Millionen Menschen beteiligen sich an den Protesten gegen den NATO-Doppelbeschluss.

22.11.1983 Der Bundestag billigt die Stationierung US-amerikanischer Mittelstreckenraketen.

8.5.1985 Zum 40. Jahrestag des Endes des Zweiten Weltkriegs hält Bundespräsident Richard von Weizsäcker eine vielbeachtete Rede und bezeichnet den 8. Mai als einen Tag der Befreiung auch für die Deutschen.

3.10.1990 Mit dem Ende der DDR, durch den Beitritt zur BRD hört die NVA auf zu existieren.

6.1.1991 Mit der Landung von 18 Alpha-Jets auf dem türkischen Stützpunkt Erhac unternimmt die Bundeswehr ihren ersten Einsatz in einem kriegsbedrohten Krisengebiet. Die Bundeswehr beteiligt sich aber nicht weiter am militärischen Aufmarsch gegen den Irak.

17.1.–28.2.1991 Zweiter Golfkrieg: Unter Führung der USA vertreibt eine internationale Streitmacht die einmarschierten Iraker aus Kuwait.

31.3.1991 Der Warschauer Pakt löst sich auf. Alte Feindbilder in Europa werden obsolet.

2.7.1993 Die Bundeswehr nimmt mit 1700 Soldaten am UNO-Einsatz in Somalia teil, obwohl sowohl die Vereinbarkeit eines Auslandseinsatzes deutscher Soldaten mit der Verfassung als auch die Hilfsaktion selbst in der Öffentlichkeit stark umstritten sind.

7.11.1995 Das Bundesverfassungsgericht stellt fest, dass die Aussage »Soldaten sind (potenzielle) Mörder«, nach einem Zitat von Kurt Tucholsky, durch das Grundrecht auf freie Meinungsäußerung gedeckt ist.

6.12.1995 Der Bundestag billigt mit großer Mehrheit die Beteiligung von 4 000 Soldaten an der NATO-Friedenstruppe für Bosnien.

1997 Anlässlich der Wanderausstellung »Verbrechen der Wehrmacht« kommt es vielerorts zu heftigen Auseinandersetzungen um den Anteil der Wehrmacht an NS-Verbrechen.

Heraus mit dem Frauenwahlrecht

FRAUEN-TAG

8. MÄRZ 1914

Den Frauen, die als Arbeiterinnen, Mütter und Gemeindebürgerinnen ihre volle Pflicht erfüllen, die im Staat wie in der Gemeinde ihre Steuern entrichten müssen, hat Voreingenommenheit und reaktionäre Gesinnung das volle Staatsbürgerrecht bis jetzt verweigert.

Dieses natürliche Menschenrecht zu erkämpfen, muß der unerschütterliche, feste Wille jeder Frau, jeder Arbeiterin sein. Hier darf es kein Ruhen kein Rasten geben. Kommt daher alle, ihr Frauen und Mädchen in die am

Sonntag den 8. März 1914 nachmittags 3 Uhr stattfindenden

9 öffentl. Frauen-Versammlungen

WEIBSBILDER

Frauen in Deutschland

Dass das 20. Jahrhundert als Jahrhundert des »Feminismus« in die Geschichte eingehen wird, wissen nicht nur die, die aus der Rückschau Bilanz ziehen. Schon bevor das Jahrhundert angebrochen war, sagten ihm manche Zeitgenossen eine feministische Karriere voraus. Für jene Frauen und Männer, die in den Neunzigerjahren des letzten Jahrhunderts eine Vorschau wagten, zeichneten sich in den kommenden Jahrzehnten große Wandlungen ab, die vor allem die gesellschaftliche Stellung von Frauen und das Verhältnis der Geschlechter betreffen. Überall in der modernen Welt, in den USA ebenso wie in Frankreich, Großbritannien oder Deutschland, steht die »Frauenfrage« um die Jahrhundertwende auf der Tagesordnung; überall sinnt man darüber nach, wie sie zu beantworten sei.

Jahrhundert des Feminismus?

So, wie es im 19. Jahrhundert war, kann es nicht weitergehen. Darauf macht bereits seit den Sechzigerjahren des 19. Jahrhunderts die Frauenbewegung aufmerksam, zu der sich in Deutschland mehrere 100 000 Frauen zusammengeschlossen haben. Es sind Lehrerinnen, Journalistinnen, Hausfrauen, Ehefrauen ebenso wie Witwen oder Ledige, und fast alle stammen aus bürgerlichen Kreisen. Sie üben Kritik daran, dass ihnen attraktive Berufskarrieren versperrt sind; sie fordern die Öffnung von höheren Schulen und Universitäten auch für Frauen; sie verlangen ihre Zulassung zum Arzt- und Anwaltsberuf; sie streiten für politische Rechte auf kommunaler und staatlicher Ebene. Sie empören sich über ein Familienrecht, das die verheiratete Frau zur Befehlsempfängerin ihres Mannes abstempelt. Sie stellen Mädchenhandel und Prostitution an den Pranger und verdammen die doppelte Ehe- und Sexualmoral ihrer Zeit.

Notwendige Auseinandersetzungen

Ziemlich viel Unzufriedenheit, ziemlich viele Forderungen, befinden misstrauische Zeitgenossen. Flugs formiert sich eine Gegenbewegung unter dem Schlachtruf »Dem Manne der Staat, der Frau die Familie«. Ihr gehören Frauen wie Männer an – Frauen, die das Ewig-Weibliche in Gefahr sehen und Sorge tragen, dass sie im Konkurrenzkampf mit Männern den Kürzeren ziehen würden; Männer, die ihren Herrschaftsbereich für sich behalten wollen. Im Verein mit Kirchen, Parteien und Berufsverbänden schafft es diese Allianz, die bescheidenen Forderungen der Frauenbewegung bis weit ins 20. Jahrhundert hinein zu blockieren. Erst 1908 fällt die Bar-

SPD-Plakat 1914; das Frauenwahlrecht wird erstmals bei den Wahlen zur Nationalversammlung 1919 praktiziert.

Postkarte von 1900: Spott als Mittel der Abwehr von frauenpolitischen Forderungen

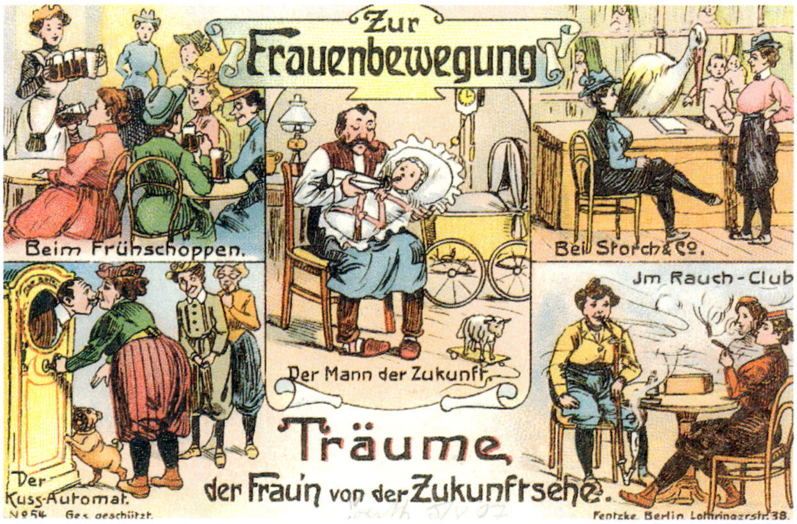

Frauen in der Metallindustrie um 1900; für Arbeiterinnen ist die Berufstätigkeit schon vor 1914 eine Selbstverständlichkeit.

riere, die Frauen den Zugang zu den deutschen Universitäten versperrt. Im gleichen Jahr wird der Paragraf des Vereinsgesetzes gestrichen, der Frauen jede Art politischer Betätigung untersagt. Weitere zehn Jahre dauert es, bis Frauen das aktive und passive Wahlrecht erhalten und damit erstmals als vollberechtigte Staatsbürgerinnen anerkannt werden. Ohne die Erschütterungen durch den Ersten Weltkrieg und die Revolution hätten Frauen auf diese Anerkennung wahrscheinlich noch sehr viel länger warten müssen.

All diese Reformen fallen nicht vom Himmel. Sie sind heiß umkämpft und umstritten. Viele Frauen holen sich »blaue Flecken« bei ihren Bemühungen um Gleichberechtigung. Sie werden als »Blaustrümpfe« und »Emanzipierte« ausgelacht und angepöbelt; sie müssen sich gegen den Vorwurf naturwidriger Bestrebungen zur Wehr setzen. Und sie müssen gegen Widerstand in den eigenen Reihen ebenso ankämpfen wie gegen das Misstrauen, das ihnen Sozialdemokratinnen und Gewerkschafterinnen entgegenbringen. Denen gelten Forderungen nach besseren Bildungs- und Berufsmöglichkeiten als typisch bürgerlich, denn in der Regel haben Arbeiterinnen keine Schwierigkeiten, einen Arbeitsplatz zu bekommen: Auch wenn männliche Kollegen immer wieder gegen die »Schmutzkonkurrenz« der Frauen wettern, zeigen sich Unternehmer davon unbeeindruckt. Für sie zählen allein der niedrigere Arbeitslohn, die Anspruchslosigkeit und der geringe Organisationsgrad weiblicher Arbeitskräfte. Um deren Lage zu verbessern, verlangen ihre Fürsprecherinnen deshalb in erster Linie Arbeitszeitverkürzungen, Lohnerhöhungen und Arbeiterinnenschutz-Maßnahmen – sämtlich Forderungen, mit denen bürgerliche Frauen nichts anzufangen wissen und die ihnen dann, wenn sie selber als Arbeitgeberinnen von Dienstmädchen auftreten, sogar unbequem sind. Trotz unterschiedlicher Interessen aber gibt es durchaus auch Verbindendes: Die strafrechtliche Ahndung von Abtreibungen zum Beispiel, diskriminierende Bestimmungen im Ehe- und Familienrecht, die Behinderung politischer Teilhabe betreffen Frauen unabhängig von ihrer sozialen Klassenzugehörigkeit. Immer wieder kommt es deshalb zu gemeinsamen Aktionen bürgerlicher und proletarischer Frauen, die jenseits aller sozialen und wirtschaftlichen Differenzen das Bewusstsein eint, als Frauen besonderen Einschränkungen und Begrenzungen zu unterliegen. Solche Behinderungen, darin sind sich die Frauenrechtlerinnen gleich welcher sozialen und politischen Herkunft einig, passen nicht in eine moderne Gesellschaft.

Andersartig, aber gleichwertig

Frauen müssen die gleichen Rechte haben wie Männer – selbst wenn sie sie anders nutzen. Kaum eine Frau – geschweige denn ein Mann – bekennt sich um 1900 zu der Auffassung, dass die Unterschiede zwischen den Geschlechtern gänzlich überflüssig und unsinnig seien. Die Vorstellung naturgegebener Geschlechtsunterschiede ist in der Gesellschaft tief verwurzelt; Legionen von Medizinern, Pädagogen, Theologen, Dichtern haben sich jahrzehntelang damit beschäftigt, den Plan der Natur zu entziffern und die Gesellschaft danach zu ordnen. Dass Männer und Frauen unterschiedlichen »Bestimmungen« folgen und unterschiedliche Aufgaben erfüllen, ist eine allseits akzeptierte Binsenwahrheit.

Auch die Frauenbewegung mag daran nicht rütteln. Zwar gibt es Einzelkämpferinnen wie Hedwig Dohm, die bereits im 19. Jahrhundert radikale Gleichstellungsforderungen formulierten. Das Gros der Frauen jedoch hält sich an die Losung, Frauen seien Männern gegenüber zwar gleichwertig, aber keinesfalls gleichartig. Sie hätten andere Bedürfnisse, andere Interessen, andere Ziele. Sie verkörperten eine weiblich-mütterliche Kultur, die den männlichen Schöpfungen gleichberechtigt zur Seite gestellt werden müsse. Am weiblichen Wesen, das ist die ausgreifende Fantasie der Frauenbewegung, darf nicht nur der von seinen öffentlichen Taten erschöpfte Ehe-Mann genesen, sondern die ganze moderne Welt.

Gedenkblatt zum Internationalen Frauenkongress Berlin 1904.

No. 46a · Jahrgang 1904 — Donnerstag, 9. Juni

Der Welt Spiegel

Illustrierte Halbwochen-Chronik des Berliner Tageblatts

1–6 Frauenweltbund.

7–12 Sektion I „Frauenbildung".

13–24 Sektion II „Frauenerwerb und Frauenberufe".

1 Helene Lange, Berlin. 2 Lady Aberdeen, England. 3 Rev. Anna Shaw, Amerika. 4 Susan B. Anthony, Amerika. 5 Bertha v. Suttner, Oesterreich. 6 Isabelle Bogelot, Frankreich.

7 Henriette Goldschmidt, Leipzig. 8 Gertrud Bäumer, Berlin. 9 Helene v. Forster, Nürnberg. 10 Emmeline B. Wells, Amerika. 11 Dr. Helene Stöcker, Berlin. 12 Dr. Käthe Windscheld, Leipzig.

13 Alice Salomon, Berlin. 14 Anna Pappritz, Berlin.

15 Dr. Käthe Schirmacher, Paris. 16 Natalie v. Milde, Weimar. 17 Eliza Ichenhäuser, Berlin. 18 Elsbeth Krukenberg, Kreuznach. 19 Lydia Commander, Amerika.

20 Dr. Ella Mensch, Berlin. 21 Margarete Friedenthal, Berlin. 22 Hedwig Heyl, Berlin. 23 Dr. Franziska Tiburtius, Berlin. 24 Dr. Ellen Sandelin, Schweden.

Auf dem Internationalen Frauenkongress in Berlin wird 1904 der Weltbund für Frauenstimmrecht gegründet: Erstmals wird das Menschen- und Bürgerrecht der Frau auf internationaler Ebene gefordert (Gedenkblatt des »Berliner Tageblatts«).

Trotz solcher ehrgeiziger Welterrettungsideen rühren auch die Sympathisantinnen der Frauenbewegung nicht daran, dass Frauen ihre vorrangige Aufgabe in der Familie erfüllen. Nur unverheiratete Frauen ohne Kinder sollen ihre »geistige Mütterlichkeit« im öffentlichen Raum entfalten dürfen: als Lehrerinnen, Ärztinnen, Anwältinnen, Fürsorgerinnen, Politikerinnen. Solche Berufe – und die entsprechenden Ausbildungsgänge – für Frauen zu

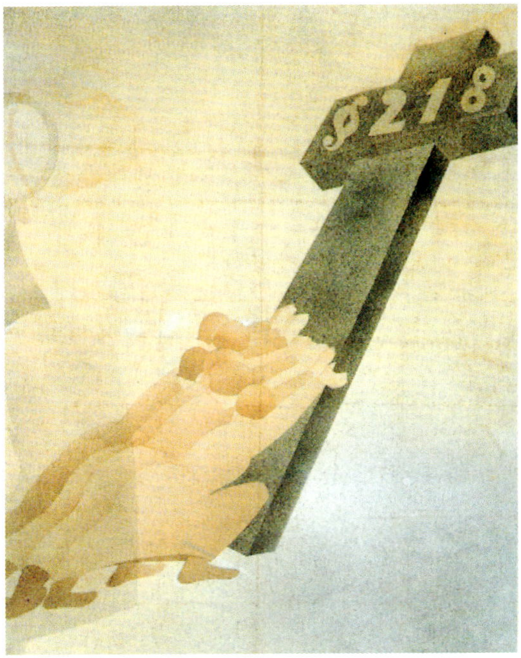

Links: Der »Bubikopf« wird zum Symbol der unabhängigen, »modernen« Frau, deren Bild in den Zwanzigerjahren geprägt wird.

Ungeachtet des Bildes von der selbstbewussten »neuen« Frau, bleiben Strafrechtsparagrafen wie der § 218 bestehen (Plakat von Alice Lex-Nerlinger für die Abschaffung des § 218, von 1931; Märkisches Museum, Berlin).

öffnen gehört zu den wichtigsten Anliegen der frühen Frauenbewegung. Der Erfolg gibt ihr recht.

Seitdem die rechtlichen und politischen Barrieren zu Beginn des 20. Jahrhunderts beiseite geschoben sind, steigt die Zahl jener Frauen, die ein wissenschaftliches Studium absolvieren und eine qualifizierte Berufstätigkeit aufnehmen, stetig an. 1930 studieren an deutschen Universitäten 18 800 Frauen, immerhin fast 15 % der Gesamtstudentenschaft (1914: knapp 5 %). Nicht nur die Universitäten müssen jene »Invasion der Weiber« ertragen, vor der der streitbare Historiker Heinrich von Treitschke noch kurz vor der Jahrhundertwende warnte, auch andere sorgsam gehütete Männer-Räume verlieren – absichtlich oder auch nicht – ihre Exklusivität. Mit der Anwesenheit von Frauen muß man sich abfinden. Frauen arbeiten in Ministerien, stellen Delegierte zu Partei- und Verbandskongressen, sitzen im Parlament. 1919 ziehen 41 Frauen in die Nationalversammlung ein, fast 10 % aller Abgeordneten. Diese Frauenquote wird erst wieder im zehnten, 1983 gewählten Deutschen Bundestag erreicht.

Frauenbilder – Zerrbilder

Diese Veränderungen im Verhältnis der Geschlechter spiegeln sich auch in den Bildern und Vorstellungen, die man sich von Frauen macht. Vor allem in den Zwanzigerjahren feiert das Klischee von der »neuen« oder »modernen Frau« große Erfolge. Es passt zu einer Gesellschaft, die sich ökonomisch und kulturell im Aufbruch befindet, die mit neuen Methoden wirtschaftlicher Arbeitsteilung experimentiert und sich mit Riesenschritten auf eine moderne Medien- und Massenkultur zubewegt. Gerade Kino und Rundfunk tragen viel dazu bei, dass sich neue Weiblichkeitsbilder formen und verbreiten. Filme setzen die Figur der unabhängigen, selbstbewussten, attraktiven Frau in Szene, die die alten Zöpfe abgeschnitten und überkommene Rollenmuster überwunden hat. Schlager besingen die kesse Frau, die den Mann gleichermaßen bezaubert und in seine Schranken verweist. Reklameplakate preisen das burschikose, körperbewusste Sportmädel, das verklemmte Albernheiten an der Tür der Umkleidekabine abgelegt hat.

Mode, Sport, Freizeit – hier feiert die »moderne Frau« Triumphe. Sie ist jung, hübsch, selbstständig, wagemutig und bereit, sich über Konventionen hinwegzusetzen. Sie verdient ihr eigenes Geld und entscheidet selber, wofür sie es ausgibt. Sie lebt in der Glitzerwelt der Großstadt und genießt deren verführerische Angebote. Diese Frau, scheint es, hat einen Pakt mit der Moderne geschlossen.

Die »moderne Angestellte« – gibt es diese Frau tatsächlich? Kann man ihr auf der Straße begegnen? Oder existiert sie nur als Traum- und Trugbild in den Köpfen von Filmregisseuren und Werbefachleuten – eine Mediengestalt?

Zweifellos erkennt sich die Mehrzahl der Frauen, die im Deutschland der Weimarer Republik leben, in diesem Bild nicht wieder. Nur ein Viertel lebt in Großstädten, die meisten als Dienstmädchen, Fabrikarbeiterinnen oder Hausfrauen. Ihr mühseliger Alltag hat wenig mit dem der »modernen Frau« gemein. Andererseits aber gibt es durchaus Tendenzen, die Bild und Realität enger miteinander verknüpfen – Entwicklungen, die vor allem dann sichtbar werden, wenn man sie über größere Zeiträume hinweg betrachtet. Dass Frauen nach dem Ersten Weltkrieg tatsächlich dabei sind, einen Riesensprung in die Moderne zu tun, zeigt sich vor allem in der Wirtschaft. Waren im 19. Jahrhundert Männer als erste von der Industrialisierung erfasst worden, bringt der Umbau der Ökonomie und die damit einhergehende Expansion des Dienstleistungssektors im 20. Jahrhundert vermehrt Frauen in die Büros und Geschäfte. Schon in der Weimarer Republik spricht man von der »Feminisierung« des Angestelltenberufs, der lange Zeit eine eifersüchtig gehütete Männerdomäne gewesen ist.

Haben Frauen ihren Lebensunterhalt im 19. Jahrhundert ganz überwiegend in der Land- und Hauswirtschaft verdient, verändert sich ihr Erwerbsprofil im 20. Jahrhundert dramatisch. 1933 etwa arbeiten nur noch 10 von 100 erwerbstätigen Frauen als Dienstmädchen, aber bereits 15 als Angestellte oder Beamtin. Diese Entwicklung setzt sich in der zweiten Jahrhunderthälfte beschleunigt fort. Die weibliche Erwerbsstatistik verzeichnet 1970 nur noch 1,4 % Hausangestellte gegenüber 34 % Industriearbeiterinnen und 44 % Angestellten und Beamtinnen. 1990 sind schon fast 60 % aller weiblichen Erwerbstätigen als Angestellte beschäftigt, während der Anteil der Industriearbeiterinnen auf 28 % zurückgegangen ist. Frauen weisen damit ein weit moderneres Erwerbsprofil auf als Männer, die 1990 nur zu einem Drittel als Angestellte, aber zu 44 % als Arbeiter tätig sind, jedoch sind Frauen heute relativ stärker von Erwerbslosigkeit betroffen als Männer.

Typischer Frauenberuf: Sachbearbeiterin in einem Handelskontor um 1928

Beruf und Familie

Bei genauerem Hinsehen hat die vordergründig so moderne Struktur weiblicher Erwerbstätigkeit jedoch ihre Tücken. Zum einen bewegt sich das Gros weiblicher Angestellter auf niederen Qualifikations- und Gehaltsstufen; in Führungsetagen fand und findet man sie höchstens im Vorzimmer, kaum jemals auf dem Chefsessel. Zum anderen lag und liegt die weibliche Erwerbsquote stets weit unter der männlichen: 1990 gehen in den alten Bundesländern 82,7 % aller 15- bis 65-jährigen Männer, aber nur 58,5 % der gleichaltrigen Frauen einer Erwerbsarbeit nach. Gegenüber 1925 ist die weibliche Erwerbsquote damit nur um 10 % gestiegen. Zum Vergleich: In der DDR liegt der Anteil erwerbstätiger Frauen bei 80 %. Für viele Frauen heißt es dort nach der »Wende« zurück an den Herd.

Diese Steigerung geht vor allem auf das Konto verheirateter Frauen, die zunehmend häufiger versuchen, Familie und Erwerbsarbeit miteinander zu verbinden. Waren 1950 nur 26,4 % aller verheirateten Frauen unter 60 Jahren erwerbstätig (und damit weniger als 1925), steigt dieser Anteil innerhalb eines Jahrzehnts auf 36,5 %, um 1980 bei einer Frauenerwerbsquote von 48,3 % anzukommen.

Hinter diesen Prozentzahlen verbirgt sich eine eindrucksvolle Veränderung weiblicher Biografien. Immer mehr Frauen bleiben auch nach der Heirat im Beruf; immer mehr Frauen versuchen, die sogenannte Familienphase möglichst kurz zu halten. Diese Neigung wird unterstützt durch den deutlichen Rückgang der Familiengröße, der bereits im frühen 20. Jahrhundert einsetzt: Kamen in den vor 1905 geschlossenen und 1929 noch bestehenden Ehen durchschnittlich 4,67 Kinder zur Welt, ist es in den zwischen 1920 und 1924 geschlossenen Ehen nur noch knapp die Hälfte. Vorreiter dieser Entwicklung sind Beamten- und Angestelltenfamilien, Bauern und Arbeiter folgen mit einer Zeitverzögerung von etwa zwei Jahrzehnten.

Haushalt und Kinder verlangen Frauen daher heute ungleich geringere Arbeits- und Zeitinvestitionen ab als zu Beginn des Jahrhunderts. Selbst wenn man bedenkt, dass die Hygiene- und Erziehungsstandards in den letzten Jahrzehnten erheblich gestiegen sind, wird dies durch leichtere Konsummöglichkeiten und eine verbesserte Infrastruktur mehr als ausgeglichen. Die Rolle der Hausfrau und Mutter füllt Frauen daher wenn überhaupt, dann nur noch für eine relativ kurze Zeit ihres Lebens aus. In der Regel unterbrechen sie ihre Erwerbsbiografie lediglich für wenige Jahre.

»Zeitgeist«

Diese langfristigen Entwicklungstrends vollzogen und vollziehen sich relativ unabhängig vom politischen und ideologischen »Zeitgeist«. Obwohl etwa der Nationalsozialismus das Hohelied der deutsch-arischen Mutter singt und ihre Gebärleistungen mit Medaillen prämiert, werden in den Familien des »Dritten Reichs« nicht mehr Kinder geboren als vorher. Obwohl Hitler und sein Propagandaminister Frauen auf die »kleine Welt« der Familie einzuschwören suchen, verlässt kaum eine Frau freiwillig ihren Arbeitsplatz. Obwohl sie Frauen in »artgerechte« Berufe der Haus- und Landwirtschaft umlenken wollen, arbeiten Anfang der Vierzigerjahre mehr Frauen in sogenannten Männerberufen als jemals zuvor.

Wahlplakat der Nationalsozialistischen Frauenschaft 1932; sie appelliert vor allem an den Gemeinschaftsgeist der Frauen.

Wenig qualifizierte Arbeit am Fließband ist in den Fünfzigerjahren das Los vieler berufstätiger Frauen.

Und auch in den Fünfzigerjahren, als der christdemokratische Familienminister Franz-Josef Wuermeling keine Gelegenheit auslässt, die Erwerbsarbeit von Müttern zu verteufeln, steigt die Erwerbsquote gerade verheirateter Frauen rasant an.

Ost-Frauen – West-Frauen

Das heißt nicht, dass Politik überhaupt keine Auswirkungen auf die Lebensführung und Handlungsräume von Frauen gehabt hätte. Wie stark diese Wirkungen sein können, zeigt sich überdeutlich mit Blick auf die unterschiedlichen Biografien ost- und westdeutscher Frauen nach 1945. Während die DDR ihre weibliche Bevölkerung nicht nur ideologisch, sondern auch materiell auf eine Erwerbskarriere verweist, hält die bundesdeutsche Politik jahrzehntelang am Leitbild der Hausfrau fest. Dass in der DDR weitaus mehr Frauen (zuletzt 80 %) berufstätig sind als in der Bundesrepublik, liegt vor allem daran, dass der Staat dort die strukturellen Bedingungen dieser Berufstätigkeit herstellt: ein flächendeckendes Netz von Kinderbetreuungseinrichtungen mit langen Öffnungszeiten. Auch rechtliche Stolpersteine werden rasch aus dem Weg geräumt, wogegen es in der Bundesrepublik erst 1977 gelingt, die patriarchalischen Elemente des Familienrechts aus dem Bürgerlichen Gesetzbuch zu streichen.

Dass die DDR Erwerbsarbeit von Frauen auf jede Weise fördert und sie, in der Tradition sozialistischer Vorstellungen, als entscheidende Bedingung weiblicher Emanzipation aufwertet, hat vor allem ökonomische Gründe. Dennoch führt diese Politik mittelfristig dazu, dass Frauen in der DDR den Eindruck gewinnen, auf eine eigene Protestbewegung, wie sie in den westlichen Ländern seit den späten Sechzigerjahren entsteht, verzichten zu können.

West-Frauen hingegen nehmen ihre »roten Schwestern« als bieder und vergleichsweise selbstgenügsam wahr; nicht nur in den Formen ihres Aufbruchs, sondern auch in den Themen setzen sie sich entschieden von dem in der DDR praktizierten »sozialistischen« Emanzipationsmodell ab. Zum einen ist ihnen aufgefallen, dass Frauen auch im Osten nur auf den unteren Rängen der Hierarchie gleichberechtigt sind und in den ökonomischen, politischen oder wissenschaftlichen Machtzentren ebenso fehlen wie im Westen. Zum anderen stellt sich die DDR gerade in den Bereichen, die der neuen Frauenbewegung besonders wichtig sind, keineswegs als Vorzeigegesellschaft dar: sexuelle Selbstbestimmung, Lebensformen jenseits der patriarchalischen Kleinfamilie, autonome Frauenräume und Projekte.

Wahlplakat der CDU 1946: Die Frau soll auf ihre Rolle als dem Mann untergeordnete Hausfrau und Mutter beschränkt werden.

Neue Frauenbewegung

Die neue Frauenbewegung der alten Bundesrepublik ist an den Universitäten zuhause, aber sie bleibt nicht darauf beschränkt. Sie wird getragen von jungen, gut ausgebildeten Frauen – den Gewinnerinnen der Bildungsreform –, die ihre Forderungen und Ziele nach und nach in andere gesellschaftliche Institutionen hineintragen. Über kurz oder lang bleiben weder die Gewerkschaften noch die Parteien, weder die Kirchen noch die Medien noch das Familienministerium von emanzipatorischer Rhetorik und Praxis verschont.

Gewerkschaftsplakat aus der DDR 1954: Die Frau wird in den Aufbaujahren zur »Heldin der Arbeit«.

Dass sich viele der autonomen Frauenprojekte seit den Achtzigerjahren wieder auflösen, signalisiert den Erfolg der Bewegung, nicht ihr Scheitern. Ihre Funken haben »gezündet«, ihre Impulse werden aufgenommen und weitergetragen. Auch jene Frauen (und Männer), die der Frauenbewegung skeptisch bis negativ gegenüberstehen, profitieren von ihr – nicht viel anders als zu Beginn dieses Jahrhunderts, als die alte Frauenbewegung für Rechte stritt, die viele Frauen gar nicht wollten, die sie aber allmählich zu nutzen lernten.

Zukunftsperspektiven

Der Feminismus mit seiner Minimalforderung nach gleichen Entwicklungs- und Machtchancen für beide Geschlechter ist damit zu einem zentralen Dynamisierungselement des 20. Jahrhunderts geworden. Über kaum ein Problem wurde in den letzten 100 Jahren so intensiv und nachhaltig gestritten wie über das Verhältnis von Frauen und Männern; nirgends sind die Veränderungen so sicht- und spürbar wie hier, sie haben nicht nur die Umgangs- sondern sogar die Amtssprache erreicht. Das scheinen Äußerlichkeiten zu sein. Doch Frauen haben auf allen Gebieten aufgeholt: im Bildungswesen ebenso wie auf dem Arbeitsmarkt, in den Medien ebenso wie in der Politik. Sie haben neue Bilder von sich entworfen, die unendlich vielfältiger und bunter sind als die, die vor 100 oder 50 Jahren kursierten. Sie haben sich den Zugang zu Männerdomänen erkämpft – aber sie haben an ihrer exklusiven Zuständigkeit für die klassische Frauendomäne, Familie und Soziales, festgehalten.

Bei aller Veränderung liegt hier ein Moment der Beharrung, das die Zeit um 1900 mit unserer Gegenwart verbindet.

Plakat der neuen Frauenbewegung in der Bundesrepublik 1975 – selbstbewusst werden Frauenrechte eingefordert.

DOKUMENT

Männer definieren Frauen

Brockhaus-Enzyklopädie 1898:

»Die Rolle, welche der Frau im Unterschiede vom Manne im Geschlechtsleben von der Natur angewiesen ist, macht eine völlige Gleichstellung der Geschlechter für alle Zeiten unmöglich. Sie weist ihr als erste und vornehmste Aufgabe die Ernährung, Pflege und Erziehung der Kinder zu. In diesem natürlichen weiblichen Pflichtenkreise wurzelt das Familienleben, dessen Hauptträger das weibliche Geschlecht ist und bleiben wird. Hiermit verbindet sich die Verwaltung des Hauswesens, die ökonomische Verwendung des vom Manne Erworbenen. Es entsteht eine auf natürlicher Grundlage ruhende Arbeitsteilung zwischen Mann und Frau, die erste und ursprüngliche. Hinzu kommt, dass die besondern Geschlechtsfunktionen, die den Frauen zufallen, ihre Stellung von vornherein zu einer mehr gebundenen machen, ihnen das unbegrenzte Maß freier Beweglichkeit, dessen der Mann sich erfreut, für immer im wirtschaftlichen und gesellschaftlichen Leben versagen. Der natürliche Geschlechtsunterschied prägt sich überdies nicht nur in einer durchschnittlich geringern Körperkraft bei den Frauen aus, sondern auch in einer andern Richtung der geistigen und moralischen Fähigkeiten und Kräfte. Diese Verschiedenheiten der Geschlechtsqualitäten werden zweifellos durch die Kultur schärfer herausgebildet, sind aber nicht lediglich ein Kulturprodukt, sondern ursprünglich vorhanden.«

Georg von der Vring 1929:

»Die Frau tritt auf der ganzen Linie in die Offensive. Sie wird Lehrerin, Sekretärin, Rekordmännin, Künstlerin und Hochstaplerin. Und es geht wirklich. Sie bringt Beweise. Dem Manne tritt sie jovial gegenüber, findet die Ausdrücke: Kollege, Kamerad oder Genossin für sich passend, sieht in der Ehe die Fortsetzung dieser Form der Beziehung und kommt hie und da zu dem Schluss, dass die Ehe überhaupt überflüssig ist.«

Adolf Hitler 1934:

»Das Wort von der Frauen-Emanzipation ist nur ein vom jüdischen Intellekt erfundenes Wort, und der Inhalt ist von demselben Geist geprägt... Wenn man sagt, die Welt des Mannes ist der Staat, die Welt des Mannes ist sein Ringen, die Einsatzbereitschaft für die Gemeinschaft, so könnte man vielleicht sagen, dass die Welt der Frau eine kleinere sei. Denn ihre Welt ist ihr Mann, ihre Familie, ihre Kinder und ihr Haus. Wo wäre aber die größere Welt, wenn niemand die kleine Welt betreuen wollte? Diese beiden Welten stehen sich daher nie entgegen. Sie ergänzen sich gegenseitig, sie gehören zusammen, wie Mann und Weib zusammengehören. Wir empfinden es nicht als richtig, wenn das Weib in die Welt des Mannes, in sein Hauptgebiet eindringt ... In die eine gehört die Kraft des Gemütes, die Kraft der Seele! Zur anderen gehört die Kraft des Sehens, die Kraft der Härte, der Entschlüsse und die Einsatzwilligkeit.
Was der Mann an Opfern bringt im Ringen seines Volkes, bringt die Frau an Opfern im Ringen um die Erhaltung dieses Volkes in den einzelnen Fällen. Was der Mann einsetzt an Heldenmut auf dem Schlachtfeld, setzt die Frau ein in ewig geduldiger Hingabe, in ewig geduldigem Leid und Ertragen. Jedes Kind, das sie zur Welt bringt, ist eine Schlacht, die sie besteht für das Sein oder Nichtsein ihres Volkes.«

Brockhaus-Enzyklopädie 1991:

»Nahezu alle zugeschriebenen Merkmale, die als weiblich bezeichnet werden, resultieren aus den in den verschiedenen Gesellschaftsformen vorherrschenden Rollen der Frau und deren Überlieferung mit Hilfe spezifischer Erziehungspraktiken. Die vorhandenen biologischen Unterschiede sind verhältnismäßig belanglos und mehr Anstoß als Ursache für die sozial verschiedenartige Formung der Rolle von Mann und Frau in der Gesellschaft.«

FOLGE

11

MANNSBILDER

Männer in Deutschland

Spätestens seitdem die Frauenbewegung der Siebziger- und Achtzigerjahre das Thema »Frauen« auf die politische Tagesordnung setzte, haben wir uns daran gewöhnt, auf Menschen weiblichen Geschlechts besonders achtzugeben. Wir haben Frauenministerien, Frauenförderungspläne, Frauenquoten, Frauenhäuser, Frauenforschung, Frauengesundheitszentren und vieles mehr. Frauen sind augenscheinlich eine Spezies, um die man sich kümmern muss, deren Wohlergehen man sich etwas kosten lässt, deren Forderungen Gehör finden.

Aber wie steht es mit Männern? Männer sind offenbar kein politisches Thema, sie treten offiziell nicht als Problem in Erscheinung. Es gibt keine sprachlich markierten Männerministerien, keine Männerquoten, keine Männerhäuser, keine Männerförderungspläne. Nur noch im Vereinswesen werden Männerräume als solche ausgewiesen, wenn sich der Männergesangsverein Concordia trifft oder man in der Männergruppe Eishockey spielt.

Mensch gleich Mann?

Das heißt selbstverständlich nicht, dass alle anderen gesellschaftlichen Orte und Räume geschlechterneutral, ohne Rücksicht auf die Geschlechterzugehörigkeit ihrer Mitglieder funktionieren. Dass Honoratiorenklubs in der Regel nur Männer aufnehmen (was sie rechtlich nicht mehr dürfen), dass Fußballvereine in der Regel nur männliche Spieler auf den Platz schicken, dass Schützenvereine in der Re-

Fußballfans im Stadion 1969 – das Erlebnis männlichen Gemeinschaftsgefühls

Der Stammtisch als Ort männlicher Geselligkeit: Frankfurt-Sachsenhausen um 1920

gel nur Männer schießen lassen, dass die Bundeswehr ihre Soldaten in der Regel nur aus Männern rekrutiert – all das erscheint so selbstverständlich, dass es nicht speziell bezeichnet werden muss. Männer haben es zumeist gar nicht nötig, ihre Gesellungsformen und Handlungsweisen geschlechterspezifisch zu benennen. Es versteht sich von selber.

Und es hat Tradition. Schlägt man etwa in älteren Konversationslexika unter dem Begriff »Mann« nach, wird man selten fündig. In den Ausgaben der Fünfzigerjahre kennt man zwar den Mann im Mond und die Brüder Heinrich und Thomas Mann; der Mann als solcher jedoch ist nicht lexikonfähig. 100 Jahre früher verzeichnet Meyers Großes Conversations-Lexicon für die gebildeten Stände unter dem Stichwort Mann den Hinweis »siehe vor allem Mensch«. In späteren Auflagen taucht der Begriff gar nicht mehr auf. Der Brockhaus von 1894 informiert seine Leser etwas ausführlicher: Mann sei »das menschliche Individuum männlichen Geschlechts während des Zeitraums der Reife«.

Auffällig wird diese Zurückhaltung vor allem dann, wenn man sie mit dem Redefluss jener Autoren vergleicht, die sich in den Nachschlagewerken über Frauen äußern. Der Brockhaus von 1898 enthält beispielsweise ausführliche Artikel über die »Geschichte des weiblichen Geschlechts«, über Frauenstudium, Frauenarbeit und Frauenvereine. Entsprechende Artikel über Männer fehlen selbstredend. Statt dessen gibt es Beiträge über Universitäten, Erwerbsarbeit, Vereine. Sie sind zwar allgemein gehalten, thematisieren aber Erfahrungsräume, die ausschließlich von Männern genutzt werden. Aus der Perspektive des 19. Jahrhunderts erscheint der Mann damit nicht in spezifisch männlich geprägten Zusammenhängen, sondern als Repräsentant des Allgemein-Menschlichen. Er setzt die Norm, von der Frauen abweichen.

Gegen die männliche Dominanz

Diese Sicht der Dinge ruft seit dem Ende des 19. Jahrhunderts zunehmend Wider-

Rituale um Mut und Blut: studentische Mensur um 1900

spruch hervor. Es sind vor allem die Aktivistinnen der bürgerlichen und sozialdemokratischen Frauenbewegung, die die Gleichsetzung von Mann und Mensch, von männlich und allgemein in Frage stellen. Dabei geht es ihnen nicht in erster Linie darum, den spezifisch männlichen Charakter bestimmter Kulturphänomene zu kritisieren; vielmehr liegt ihnen daran, Frauen als gleichwertige Partner ins Spiel zu bringen und der Welt, wie sie es nennen, das Gepräge beider Geschlechter zu geben, eben von Männern und Frauen.

Dieser Angriff auf die offensichtliche Dominanz des Männlichen in der öffentlichen Sphäre wird aufmerksam registriert. Auch manche Wissenschaftler teilen die Ansicht, dass die zeitgenössische Kultur nicht allgemein oder geschlechtslos, sondern, wie es der Soziologe Georg Simmel 1902 formuliert, »mit Ausnahme ganz weniger Provinzen, durchaus männlich« sei. Eben das, kontern viele Männer, müsse auch so bleiben. Wo käme man denn hin, wenn Männer die wirtschaftliche oder gar die politische und militärische Macht mit Frauen teilten? »Obrigkeit ist männlich«, fasste der einflussreiche Historiker Heinrich von Treitschke die herrschende Meinung in den Neunzigerjahren des letzten Jahrhunderts zusammen. »Das ist ein Satz, der sich eigentlich von selber versteht«.

Eben dieses Verständnis aber kann um 1900 nicht mehr umstandslos vorausgesetzt werden. Je lautstärker die Frauenbewegung gegen, wie sie meint, überzogene Machtansprüche von Männern zu Felde zieht und Teilhaberechte einklagt, desto nachhaltiger fühlen sich Männer gedrängt, ihre Ansprüche zu rechtfertigen und das vorgeblich Selbstverständliche zu begründen. Die beanspruchte männliche Dominanz, hergeleitet aus militärischen Tugenden, Obrigkeitsdenken und nicht zuletzt Körperkraft, muß sich hinterfragen lassen. Auf diese Weise entwickelt sich seit 1900 eine hitzige Diskussion um Männer und Männlichkeit.

Kraft und Herrlichkeit

Das darin mehrheitlich entworfene Bild vom Mann ist eindeutig militärisch geprägt. Männer haben vor allem eins zu sein: wehrhaft-kämpferisch. Einen wirklichen Mann erkennt man daran, dass er mutig für seine eigene Person, aber auch

Militaristischer Drill schon von Kindesbeinen an: die Söhne des preußischen Kronprinzen in Uniform (Postkarte um 1914)

für seine Nächsten und sein Vaterland einsteht. »Nur der sich selbst behauptende Mann«, heißt es 1916 in einer Streitschrift, stelle »die höchste Erscheinungsform einer völlig freien und unabhängigen Persönlichkeit dar«. Frauen dagegen fänden ihren »höchsten Stolz« darin, »einem Helden anzugehören oder einen Helden geboren zu haben«.

Selbstbehauptung, Heldentum, Stärke, Mut, Aufopferung für nationale Ehre und Vaterland – diese Charaktereigenschaften sollen den deutschen Mann auszeichnen. Sie werden nicht erst im Militär, jener wirkungsvollen »Schule der Männlichkeit« (Friedrich Paulsen), geprägt. Bevor der junge Mann seine Dienstpflicht absolviert, hat er bereits in der Familie, in der Schule, im Verein eine dezidiert männliche Erziehung genossen. Selbst die Jugendbewegung, jene in vielem so kritische Opposition der wilhelminischen Zeit, singt das gleiche Lied. Auch sie will 1906 ihren

Arbeiterturner 1912: Übung des männlichen Körpers

Das Bild des muskelstrotzenden Arbeiters wird vor allem in der Kohle- und Stahlindustrie geprägt: Panzerplattenwerk der Essener Gussstahlfabrik.

Mitgliedern »die deutsche Mannhaftigkeit, Innerlichkeit und Treue, die Liebe zum Vaterlande, die Freude am Waffenhandwerke« ins Herz pflanzen. Auch sie verspricht, die »Achtung vor deutschem Mannestum« zu wahren und »Jünglinge und Männer zu bilden, die bereit sind, für ihr Vaterland zu leben, und wenn es not tut zu sterben. Und letzteres ist immer noch die Hauptsache«.

In die gleiche Richtung arbeiten die im Jungdeutschland-Bund zusammengeschlossenen Verbände, die Anfang 1914 fast 750 000 Mitglieder auf die Beine stellen. Sie widmen sich vor allem der paramilitärischen Schulung der Knaben und jungen Männer, die mittels sportlicher Übungen auf ihre militärische Initiation vorbereitet werden sollen. Auch die zahllosen Turnvereine legen großen Wert auf ihren Beitrag zur »Wehrtüchtigkeit«, die an Reckstange und Kasten eingeübt wird. Selbst jene Vereine, die sich der sozialdemokratischen Arbeiterbewegung verpflichtet fühlen und bewusst auf Distanz zu den »bürgerlichen« Turnern gehen, pflegen einen militärähnlichen Kult starker männlicher Körper und kontrollierten Krafteinsatzes. Zwar lassen die Arbeiter-Turner sich nicht auf den Kampf gegen den französischen »Erbfeind« oder die britischen »Neider« einschwören, doch nähren sie ihre eigene militante Rhetorik: Auch der Klassenkampf braucht eine organisierte männliche Streitmacht.

Die Arbeiterbewegung des frühen 20. Jahrhunderts modelliert aber noch ein anderes Männlichkeitsbild: das des muskulösen Arbeiters am Hochofen, schwitzend, stark und stolz auf seine Arbeitsfertigkeit. Körperkraft steht hier hoch im Kurs: Sie ist ein Ausweis männlicher Identität am Arbeitsplatz, sichtbar und notwendig besonders in jenen Industriezweigen, die in der ersten Phase der Industrialisierung den Ton angeben wie Bergbau und Schwerindustrie. In den neuen Industrien hingegen, Chemie und Elektrotechnik vor allem, ist sie weniger gefragt. Je entbehrlicher der Einsatz von Maschinen die männliche Körperkraft macht, je arbeitsteiliger und fließbandmäßiger die Produktion organisiert ist, desto stärker gerät das traditionelle Männlichkeitsbild unter Druck. Ein wesentliches Unterscheidungszeichen, das Männer gegenüber Frauen benutzen – ihre körperliche Stärke –, wird im Arbeitsprozess entwertet.

In anderen Bereichen hingegen spielt sie nach wie vor eine Rolle oder gewinnt sogar an Bedeutung hinzu wie im Sport. Die neuen, aus Großbritannien importierten Mannschaftssportarten, vornehmlich der Fußball, prämieren Schnelligkeit, Ausdauer und Körperkraft, gepaart mit Entschlossenheit und Teamgeist. Auch der Boxsport, der in den Zwanzigerjahren Triumphe feiert, betont die Körperlichkeit seiner Akteure und stellt sie einprägsam zur Schau. Der Sport wird auf diese Weise zu einem zentralen Aktionsfeld von Männlichkeit – und bleibt es bis zum heutigen Tag.

»Flink wie Windhunde, zäh wie Leder und hart wie Kruppstahl«

Das Militär hingegen büßt seine Funktion als männliche Sozialisationsinstanz par excellence im Verlauf des 20. Jahrhunderts nach und nach ein. Noch im Kaiserreich gilt es unangefochten als »große Schule des Lebens«, deren Absolventen anschließend »in die Reihen der charakterfesten deutschen Männer aufgenommen« werden. Diese Reihen werden im Ersten Weltkrieg stark gelichtet; viele Soldaten, die mit einem Gefühl »auflodernder Männlichkeit« ins Feld gezogen sind, sehen ihre Erwartungen von Heldentum und ritterlicher Bewährung schon nach wenigen Wochen enttäuscht. In diesem Krieg kriecht man, wie Ernst Jünger 1922 schreibt, »zwischen Dreck und Verwesung« umher, anstatt »elegant die Klingen zu kreuzen«. Vor allem die jungen Bürgersöhne, die sich an der Universität mit den blutigen Ritualen des studentischen Zweikampfs vertraut gemacht haben und sich den Krieg als eine Mensur im Großen vorstellen, haben Mühe, die neuen Erfahrungen zermürbender Stellungskämpfe und Materialschlachten zu verarbeiten.

Manche werden zu jenen »Stahlgestalten« und »neuen Menschen«, die Jünger in der Rückschau als Produkte des Kriegsgeschehens heroisiert: kühn, kampfgewohnt, rücksichtslos gegen sich selbst und andere. Es sind jene, die den Krieg nicht enden lassen können, die »diese Wiederentdeckung der Gewalt, dieses auf die Spitze getriebene Mannestum« genießen. Für sie ist der Krieg »nicht das Ende, sondern der Auftakt der Gewalt« (Jünger) – einer Ge-

Verherrlichung des deutschen Soldaten: Titelblatt der Zeitschrift »Jugend« 1915

walt, die sie in Freikorps und Bürgerwehren, in Straßenkämpfen und Saalschlachten der Weimarer Republik fortsetzen. Gerade die Nachkriegszeit bringt neben der Blüte ziviler Kultur auch eine paramilitärische Dauermobilisierung zustande, welche die militärisch eingehegte Gewalt der Vorkriegszeit entgrenzt.

Auch wenn die meisten Männer dieser zivilen Militarisierung nichts abgewinnen können und ihre Gefallenen in Ruhe begraben wollen, werden sie spätestens ab 1933 eines Anderen belehrt. Der Nationalsozialismus feiert nicht nur den »Kult der toten Helden« (Sabine Behrenbeck); er erzieht auch eine neue Heldengeneration. »Flink wie Windhunde, zäh wie Leder und hart wie Kruppstahl« soll diese Generation sein; das fordert Hitler schon 1925 in

»Mein Kampf«. Für ihn, den Weltkriegsgefreiten, zählen nur »militärische Tugenden«; er rühmt die Armee als die »einzige Schule, die es fertigbringen konnte, aus unsicheren und weichlichen Naturen Männer zu machen«. 1935 führt er die allgemeine Wehrpflicht wieder ein, und vier Jahre später schickt er die in der Wehrmacht geformten Männer in den Krieg. Aber auch die Daheimgebliebenen haben sich am militärischen Leitbild zu orientieren; sie sind Soldaten des Arbeitsdienstes, der Heimatfront, der Werkbank. Der männliche Nachwuchs wird in Schule und Hitlerjugend auf die soldatische Norm eingeschworen und auf ein bedingungsloses Treue- und Gefolgschaftsverhältnis verpflichtet.

Als der »Führer« dieses Verhältnis 1945 mit der Begründung aufkündigt, das deutsche Volk habe sich seiner nicht würdig erwiesen, bricht eine Männerwelt zusammen. Darauf reagieren viele Männer apathisch, desorientiert, verunsichert. Die Brutalisierung der Kriegsjahre lässt sich nicht umstandslos abstreifen. Die Präsenz der Siegermächte erlaubt aber auch nicht, die Kriegserfahrungen, ähnlich wie nach 1918, zu heroisieren und nachträglich mit Sinn aufzuladen. Statt dessen sucht man die »verlorenen Jahre« möglichst rasch zu vergessen und einen Schlussstrich zu ziehen. Gefragt sind jetzt Männer, die die Ärmel aufkrempeln und die zerstörten Städte wiederaufbauen, nachdem Frauen die Trümmer weggeräumt haben.

Soldatische Treue und Gefolgschaft nicht nur an der Front, auch an der Werkbank, das ist das Ideal der Nazis (Plakat der Deutschen Arbeitsfront 1935).

Der zivile Mann

Militärische Männlichkeitsbilder sind nach 1945 endgültig diskreditiert. Selbst als die beiden deutschen Staaten seit den Fünfzigerjahren wieder Armeen aufbauen und junge Männer in die Wehrpflicht nehmen, geht damit keine neuerliche Militarisierung der Männlichkeitsvorstellungen einher. Zwar sind manche Offiziere – in der NVA nicht anders als in der Bundeswehr – nach wie vor der Meinung, weiche Jünglinge zu harten Männern erziehen zu müssen. Doch hat das Militär seine vormalige Leitfunktion eingebüßt; es ist nur noch eine – eher nachgeordnete – Institution der deutsch-deutschen Gesellschaft, die keine Strahlkraft mehr besitzt.

Männer profitieren davon; sie werden ziviler, beweglicher, vielseitiger. Mit der Uniform ist zugleich das Stützkorsett weggebrochen, das sie einerseits stabilisiert, andererseits aber auch eingezwängt hat. Auch wenn viele Zeitgenossen den damit verbundenen Verlust an Haltung beklagen, trägt die Entmilitarisierung zweifellos dazu bei, dass konkurrierende Männerbilder eine Chance erhalten. Zwar lässt der Mann, der den Kinderwagen schiebt und den Nachwuchs wickelt, noch bis in die Achtzigerjahre auf sich warten. Doch bringen bereits die Fünfzigerjahre Alternativen hervor: den Halbstarken, der im aufwühlenden Takt der Rockmusik über die Tanzfläche wirbelt und bürgerlichen Verhaltenskonventionen den Kampf ansagt; den braven Familienvater, der für

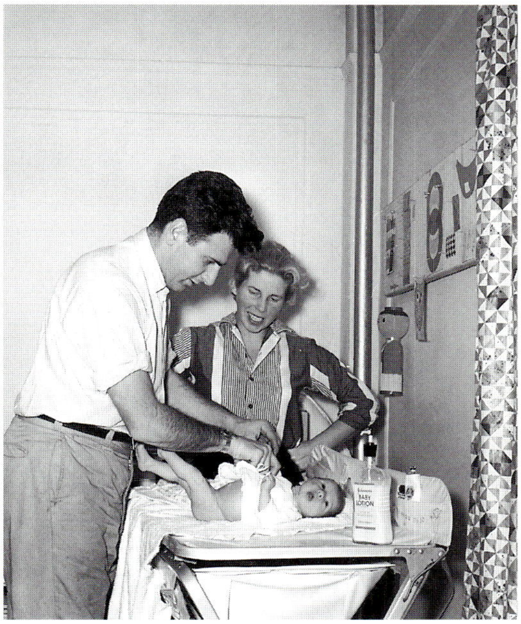

Links: In den Sechzigern und Siebzigern noch eine Seltenheit: Väter, die sich um die Säuglingspflege kümmern

Seit den Sechzigerjahren ändern sich mit der »sexuellen Revolution« die Rollenerwartungen gegenüber den einzelnen Geschlechtern (»Aufklärungsfilm« von Oswalt Kolle von 1970).

einen Volkswagen oder Trabant spart und mit Frau und Kind von der ersten Ferienreise nach Italien oder Ungarn träumt; den stolzen Fußballfan, der 1954 die »Helden von Bern« bejubelt und die nationale Ehre wiederhergestellt sieht.

Diese neue Vielseitigkeit aber fordert auch ihren Preis. Je ungehinderter sich Männer jenseits eindimensionaler Verhaltensmuster entfalten können, desto schwieriger wird es für sie, sich als Mann zu fühlen – als Mann, der sich von Frauen deutlich unterscheidet. Es bedarf nicht erst der Unisex-Mode der Siebzigerjahre, um die Unterscheidungslinien prekär werden zu lassen. Bereits die Tatsache, dass die Arbeitswelt zunehmend von beiden Geschlechtern bevölkert wird, dass selbst verheiratete Frauen vermehrt in die Erwerbsberufe strömen, muss Männer enorm verunsichern. Selbst wenn sie die besseren Arbeitsplätze besetzen, mehr Geld verdienen und größere Aufstiegschancen haben, ist doch ihre Rolle als alleiniger Familienernährer dauerhaft in Frage gestellt. Mehr noch als in der Bundesrepublik zeichnet sich dieses Dilemma in der DDR ab, in der die Frauenerwerbsquote annähernd ebenso hoch ist wie die der Männer.

Geschlechterrollen bleiben traditionell

Aber: Weder in der DDR noch in der Bundesrepublik führt die wachsende Präsenz von Frauen in Betrieben und Büros dazu, dass Männer sich stärker in der Familie engagieren. Auch wenn die Alltagsrealität anders aussieht, halten sie an dem traditionellen Leitbild fest, wonach Männer sich vor allem durch ihre Berufsarbeit definieren, während Frauen diese Arbeit eher nebenher erledigen und ihre Energien hauptsächlich der Familie widmen. Diese Disposition wird in beiden deutschen Staaten politisch gestützt und gefördert. So steht etwa der gesetzliche Hausarbeitstag in der DDR nur Frauen zu, und auch der in der Bundesrepublik 1979 eingeführte Mutterschaftsurlaub darf zunächst nur von Frauen wahrgenommen werden. Aber selbst als 1986 auch Väter Erziehungsurlaub beanspruchen können, bleibt alles beim Alten. Nur 1,4 % aller Anträge stammen derzeit von Männern.

Trotz allen Mediengeraunes über die neue Väterlichkeit machen Männer keine Anstalten, den Familienraum mit Frauen zu teilen. Darüber hinaus haben sich auch

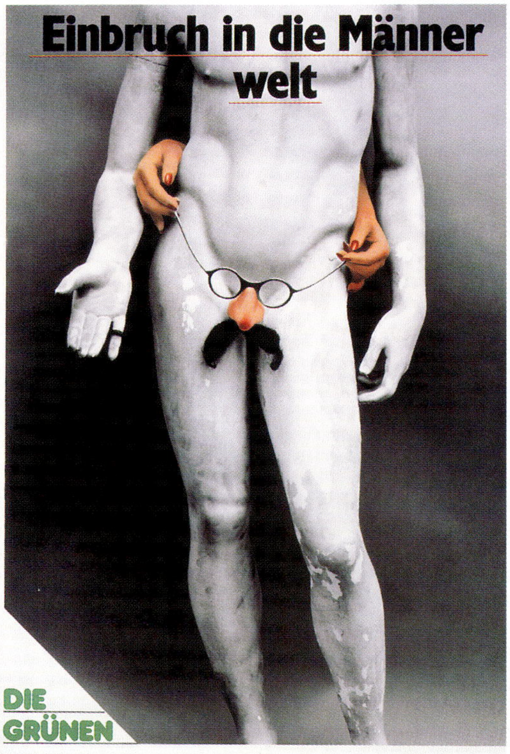

Links: Sport, Technik, Militär – Männerräume in der DDR (Plakat der Gesellschaft für Sport und Technik 1979)

Seit den Achtzigerjahren bemühen sich die Parteien verstärkt um eine Förderung von Frauen in der Politik – Einbruch in eine Männerdomäne (Plakat der GRÜNEN 1986).

in der Arbeitswelt Geschlechtergrenzen erhalten; nach wie vor lassen sich typische Männerberufe von typischen Frauenberufen unterscheiden. Im Handwerk zeichnen sich Männerberufe traditionell durch die Betonung von Körperkraft und/oder technischer Kompetenz aus. Gerade letztere scheint auch heute noch ein Reservat von Männlichkeit zu sein. Die besondere Beziehung, die Männer und Autos seit den Fünfzigerjahren verbindet, hat hier ihren Grund.

Verunsicherungen und Chancen

Doch auch wenn es weiterhin Refugien gibt, in denen Männer unter sich sind, ist die Gesamtsituation unübersichtlich geworden. Die Frauenbewegung der Siebziger- und Achtzigerjahre trägt dazu nicht unerheblich bei. Auf das offensive Selbstbewusstsein von Frauen, die zum Sturm auf Patriarchat und Männermacht ansetzen, reagieren viele Männer verunsichert. Vor allem im akademischen Bereich beginnt man, über neue Männerrollen nachzudenken und sie zu erproben. Hier entwickelt sich seit den späten Achtzigerjahren nicht nur eine (wenn auch rudimentäre) Männerbewegung, sondern auch eine sozialwissenschaftliche Männerforschung, die inzwischen auf dem Buchmarkt deutliche Spuren hinterlässt.

Das »coming out« der Homosexuellen unterstützt solche Neuorientierungen, aber es polarisiert auch. Es konfrontiert Männer mit Gegenbildern, von denen sich viele radikal abgrenzen zu müssen meinen. Andere experimentieren mit der ungewohnten Wahlfreiheit. Die Medien verstärken solche Neigungen, und auch die Werbung hat den vielseitigen neuen Mann längst entdeckt: Männer posieren für Duschgel ebenso selbstverständlich wie für Zigaretten und Whisky. Die Popkultur hat gar mit Michael Jackson eine neue androgyne Ikone hervorgebracht, so dass inzwischen nicht mehr nur Kulturwissenschaftler danach fragen, wann der Mann ein Mann ist.

DOKUMENT

Was ist ein Mann – Männer definieren Männer

Heinrich Eduard Jacob 1929:

»Was ist eigentlich schon ein Mann? Was ist vor allem der heutige Mann mit seinem lächerlichen Spezialstolz: als Leiter einer Aktiengesellschaft, als Sieger bei einem Autorennen, als Tribun, als technischer Erfinder?«

Arnolt Bronnen 1929:

»Ebenso wie die männliche Kriegsgeneration Kern und Basis jeder kommenden idealistischen Entwicklung sein wird, ist die weibliche Kriegsgeneration Grundlage der materialistischen oder soziologischen Veränderungen ... Zu jenen sechs Millionen Männern, welche durch gewaltige Ereignisse plötzlich auf die männliche Seite ihres Daseins gezwungen wurden, – und das ist die gefährliche, kämpferische, zum Opfer bereite, die nichts mehr ersehnt als die tödliche Unterordnung unter die Idee und den Männer mordenden Ruf des großen Kommandos, – gehörten sechs Millionen Frauen, welchen die Bindung entzogen wurde, auf der ihre Balance beruhte. Die Männer fanden eine neue Balance: im Feind.«

Der Große Herder 1933:

»Zu wahrem Mannestum gehören Kraft, Tapferkeit, ehrliche Entscheidung (ohne listiges Zerreden), Weitblick, Unternehmungslust, Objektivität gegenüber Menschen und Dingen (ohne der Wirklichkeit auszuweichen), Bereitschaft zum Ernstfall des Lebens und zum Einsatz in der Gefahr. Die Teilnahme vorwiegend an den öffentlichen Dingen, der Kampf für die Aufgaben der Gemeinschaft liegen in der Art des Mannes. Das Kriegertum mit der Aufgabe des Schutzes und der Sicherung seines Gemeinschaftskörpers, der Autorität und Zucht, der Führung und Herrschaft erlebt der Mann als sein natürliches Vorrecht. Der Mann schmiedet den Staat, dessen Härte seinem Wesen entspricht, trägt die geschichtlichen Auseinandersetzungen und führt den Krieg.«

Adolf Hitler 1927:

»Die Schule als solche muss in einem völkischen Staat unendlich mehr Zeit freimachen für die körperliche Ertüchtigung ... Es dürfte kein Tag vergehen, an dem der junge Mensch nicht mindestens vormittags und abends je eine Stunde lang körperlich geschult wird, und zwar in jeder Art von Sport und Turnen. Hierbei darf besonders ein Sport nicht vergessen werden: das Boxen. Es gibt keinen Sport, der wie dieser den Angriffsgeist in gleichem Maße fördert, blitzschnelle Entschlusskraft verlangt, den Körper zu stählerner Geschmeidigkeit erzieht ... hat [doch] der völkische Staat eben nicht die Aufgabe, eine Kolonie friedsamer Ästheten und körperlicher Degeneraten aufzuzüchten. Nicht im ehrbaren Spießbürger oder der tugendsamen alten Jungfer sieht er sein Menschheitsideal, sondern in der trotzigen Verkörperung männlicher Kraft und in Weibern, die wieder Männer zur Welt zu bringen vermögen.«

Brockhaus 1971:

»Die Eigenart des Mannes wird, ebenso wie jene der Frau, einerseits geprägt von geschlechtsspezifischen körperlichen und seelischen Voraussetzungen, andererseits von sozial-kulturellen Leitbildern ... Der starke Wandel, dem die Leitbilder des männlichen ›Idealtyps‹ im Lauf der Geschichte und bei den verschiedenen Kulturen unterliegen, ist von den meisten früheren Versuchen zur Wesensbestimmung des Mannes übersehen worden. Waren z. B. im westlichen Kulturkreis früher das Ritterideal, der Gentleman, der Soldat, der Dandy oder der Höfling bestimmend, so dürfte sich in den vergangenen Jahrzehnten eher die Vorstellung vom wirtschaftlich erfolgreichen, dabei aber jugendlichen ... Mann als Leitbild durchgesetzt haben ... In der jüngsten Vergangenheit scheint sich ein ... Wandel anzubahnen: Intellektualität und Gleichgültigkeit gegenüber materiellen Gütern treten ... in den Vordergrund.«

Er liebt mich nicht, er liebt mich...

Konzept + Gestaltung: Marcel Kawentbach + Guido Meyer

GIB AIDS KEINE CHANCE

mach's mit.

Persönliche Telefonberatung: 02 21/89 20 31. Bundeszentrale für gesundheitliche Aufklärung, 51101 Köln. Bestell-Nr. 70809400, Serie Bestell-Nr. 70819400

ÖFFENTLICHE ERREGUNGEN

Die Deutschen und der Sex

Sex ist heute ein öffentlich diskutiertes Thema. Jugendzeitschriften, wie die »Bravo« bieten seit den Sechzigerjahren Ratgeberrubriken an, in denen Heranwachsende »ehrliche Antworten« auf ihre Fragen zur Sexualität bekommen. Frauenjournale, wie »Brigitte« oder »Cosmopolitan«, machen »Lust auf Mann«, propagieren den »heimlichen Seitensprung« und die »Entdeckung des G-Punktes«. Im Fernsehen, jahrelang eher zurückhaltend, was das Thema Sexualität angeht, plaudern Privatmann und -frau über »das erste Mal«, die »Erlebnisse im Swingerklub« oder Orgasmusstörungen »weil seine Mutter uns dabei hören kann«.

Sprachlosigkeit und Unwissenheit

Vor 100 Jahren hätten solche Geständnisse den Zeitgenossen noch die Schamröte ins Gesicht getrieben. Zu Kaisers Zeiten gehört Sexualität noch zur Intimsphäre des Einzelnen, über die nicht gesprochen wird. Diese Sprachlosigkeit und der verkrampfte Umgang mit Sexualität führen allerdings oft zu Problemen. Viele junge Paare gehen in die Ehe ohne aufgeklärt zu sein und so ist die erste sexuelle Erfahrung oft eine herbe Enttäuschung. Auch was Empfängnisverhütung oder den Schutz vor Ansteckung mit Geschlechtskrankheiten angeht, sind die meisten ahnungslos. So gibt es viele unerwünschte Schwangerschaften, die vor allem unverheiratete Frauen in die soziale Isolation treiben. Geschlechtskrankheiten wie zum Beispiel der Tripper oder die Syphilis grassieren. Sie sind noch nicht heilbar, und viele, die sich anstecken, sterben einen qualvollen Tod.

Anfänge der Sexualwissenschaften

Diese Not macht Sexualität zunächst für die Wissenschaft zu einem Thema. 1919 gründet Magnus Hirschfeld in Berlin das erste deutsche Institut für Sexualwissenschaften. Hier suchen die Wissenschaftler nach einem Impfstoff gegen die Geschlechtskrankheiten. Sie erforschen das menschliche Sexualverhalten, diskutieren über Homosexualität, Fortpflanzungshygiene und Fragen des Sexualstrafrechts.

Vor allem aber geben sie Aufklärungsschriften heraus und bieten Sexualberatung an. Von der Polizei misstrauisch beäugt, finden die ersten Aufklärungsabende statt. Der Andrang ist groß. Bald richten auch Kommunalverwaltungen und Arbeiterorganisationen Beratungsstellen ein. Gerade innerhalb der Arbeiterschaft ist die sexuelle Not durch das mangelnde Wissen um Empfängnisverhütung und die oft schlechten hygienischen Verhältnisse in den Wohnungen groß. Ende der Zwanzi-

Ganz links: Seit Mitte der Achtzigerjahre setzt man bei Aids auf Aufklärung statt Ausgrenzung. Kondome sind wieder »in«.

Die Internationale Arbeiterhilfe richtet in den Zwanzigerjahren Beratungsstellen für Arbeiterinnen und Arbeiter ein, in denen auch Sexualberatung angeboten wird.

gerjahre gibt es fast 400 Ehe- und Sexualberatungsstellen in Deutschland.

Körperkult und Lebensreform

Aber auch außerhalb der wissenschaftlichen Institute und Beratungsstellen wird Sexualität zum Thema, vor allem in den großen Städten. Im Zuge der Gesundheitsreformbewegung hat sich das Verhältnis zum Körper gewandelt. Nacktheit ist kein Tabu mehr. Die Nudisten organisieren sich in Vereinen, und auf den Bühnen der Varietees, im Kino und in den Revuen stellt man Nacktes zur Schau.

Der Film »Wege zu Kraft und Schönheit« von Wilhelm Prager dokumentiert Mitte der Zwanzigerjahre das neue Körpergefühl der Lebensreformbewegung.

Marlene Dietrich als männerverschlingende Femme fatale in dem Film »Der blaue Engel« von 1930

Auch die Rolle der Frau hat sich während des Ersten Weltkriegs entscheidend gewandelt (→ Folge 10). Sie hat sich frei gemacht von den verknöcherten Moralvorstellungen des Kaiserreiches, ist selbstbewusster geworden und nimmt sich sexuelle Freiheiten heraus. Die Ehe wird in Frage gestellt, und alternative Modelle des Zusammenlebens wie die Kameradschaftsehe, Dreiecksbeziehungen oder die freie Liebe werden ausprobiert.

Auf den Straßen demonstrieren die Frauen gegen den Paragrafen 218, für das Recht auf Schwangerschaftsabbruch, und auch der Paragraf 175, der Homosexualität unter Strafe stellt, wird in verschiedenen parlamentarischen Initiativen und Gesetzentwürfen zum Gegenstand lebhafter Diskussion.

Rassenhygiene statt freie Liebe

Mit der Machtübernahme der Nationalsozialisten ändert sich das liberale Klima schlagartig. Im Mai 1933 stürmen die Nazis das Hirschfeld-Institut, verwüsten die Räume und verbrennen die Bücher. Die Eheberatungsstellen werden geschlossen oder zu Eugenikberatungsstellen umgewandelt – Eugenik ist die Lehre von der »Erbgesundheit«.

Durch die Pflichtuntersuchung und -beratung von Ehekandidaten vor der Hochzeit soll die Geburt von Kindern mit »gesunden Erbanlagen« gefördert, die Fortpflanzung »Erbkranker« verhindert werden, so sieht es das Gesetz zur Verhütung erbkranken Nachwuchses von 1933 vor. Dieses Gesetz liefert den Nazis den Vorwand, sich in private Angelegenheiten der Bürgerinnen und Bürger wie Partnerwahl und Sexualität einzumischen. Das geht soweit, dass Personen, die dem Regime missliebig sind, als »asozial« und damit als »nicht fortpflanzungswert« abklassifiziert und zwangssterilisiert werden können. Das Gesetz dient nicht nur der Ausgrenzung von Kranken und Behinderten, sondern auch zur Durchsetzung der Rassepolitik der Nazis, die mit den Nürnberger Rassegesetzen 1935 noch verschärft wird. Auch der Vorwurf der Homosexualität wird dazu benutzt, Menschen zu diskreditieren und einzusperren.

Der deutsche Machtmensch – Arno Breker bei der Arbeit an seiner Plastik »Prometheus« 1938

Liebe in Trümmern

Als der Krieg vorbei ist, will man sich wieder amüsieren. Vergnügungsstätten sind rar, Geld ist Mangelware, aber die Liebe ist umsonst und so nimmt man es mit der Moral nicht so genau. Da es auch mit den hygienischen Bedingungen nicht zum Besten steht, nehmen die Geschlechtskrankheiten wieder zu. Dies wird zum Vorwand genommen, Zeitgenossen, die einen besonders lockeren Lebenswandel pflegen, in die Schranken zu weisen. Zwar haben Syphilis und Tripper viel von ihrem Schrecken verloren, da sie seit der Entdeckung des Penizillins heilbar sind, aber zur Warnung vor einem freien Sexualleben taugen sie immer noch. Und so raten die Gesundheitsbehörden in »Aufklärungsfilmen« von einem »unsoliden Lebenswandel« ab. Sogar Razzien, Zwangsuntersuchungen und die Registrierung von Geschlechtskranken und Prostituierten werden erwogen.

Sex wird wieder zum Tabu

Die Fünfzigerjahre gehen als die prüden Jahre der Bundesrepublik in die Geschichtsbücher ein. Zwar wird auch weiterhin geheiratet und auch Kinder kommen auf die Welt, aber Sexualität und Anstößiges verschwinden fast völlig aus der Öffentlichkeit.

Ausdruck dieses Umgangs mit Sexualität ist unter anderem der Kuppeleiparagraf. Bestraft wird danach, wer Minderjährigen (unter 21) den Geschlechtsverkehr ermöglicht, zum Beispiel indem er sie unbeaufsichtigt in der elterlichen Wohnung nächtigen lässt. Die Jugendlichen finden dennoch Mittel und Wege sich zu treffen und ihre sexuelle Neugierde zu befriedigen. Eine ganze Generation macht die ersten sexuellen Erfahrungen im Kino, auf dem Rücksitz von Autos oder draußen in der Natur – oft mit unerwünschten Folgen, denn ohne Aufklärung fehlt auch das Wissen um mögliche Verhütungsmittel. Wer aber ein »Lediges« mit nach Hause bringt, ist gesellschaftlich geächtet. Oft flüchten sich die Paare in sog. Muss-Ehen, und erstaunlich viele »Sechsmonatskinder« kommen in diesen Jahren auf die Welt.

Auch die Auseinandersetzung um den Willi-Forst-Film »Die Sünderin«, der 1951 in die Kinos kommt, zeigt wie tief verwurzelt diese scheinheilige »Verschweigungsmoral« ist. Viele Menschen sehen sich durch den Film in ihrem sittlichen Empfinden verletzt, unter anderem durch eine Szene, in der Hildegard Knef für einen Augenblick nackt zu sehen ist. Sie boykottieren den Film, blockieren die Türen der Lichtspieltheater oder werfen Stinkbomben während der Vorstellung. In

In den prüden Fünfzigern entfacht der Willi-Forst-Film »Die Sünderin« einen Skandal – unter anderem, weil Hildegard Knef darin für ein paar Sekunden nackt zu sehen ist.

vielen Städten wird die Aufführung der »Sünderin« verboten und damit eine heftige Diskussion über Zensurmaßnahmen entfacht.

Aufbau des Sozialismus steht an erster Stelle

In der DDR ist Sex zunächst kein öffentliches Thema. Der planmäßige Aufbau des Sozialismus steht im Vordergrund. Deshalb wird zum Beispiel in den Betrieben darauf geachtet, dass sexuelle Kontakte unter Mitarbeitern nicht zur Beeinträchtigung der Produktion führen. Wenn die Erfüllung des Plansolls in Gefahr gerät, etwa weil einer der Kollegen untreu geworden ist und das den Betriebsfrieden stört, kann es vorkommen, dass die Partei oder das Arbeitskollektiv sich einmischt und den Übeltäter zurechtweist.

Natürlich soll der »neue sozialistische Mensch« auch eine bessere Sexualmoral haben, und so werden Prostitution und die Darstellung von Nackten in Zeitschriften oder Büchern verboten. Einzige Ausnahme ist die Zeitschrift »Das Magazin«. Hier darf Nacktes gezeigt werden. Alles in allem herrscht in diesen Jahren im Osten eine hauptsächlich an bürgerlichen Werten wie Ehe und Familie orientierte, prüde Sexualmoral vor, wie im Westen auch.

Das Ende der prüden Jahre

Im Westen sorgt dann der amerikanische Sexualwissenschaftler Alfred C. Kinsey für eine öffentliche Diskussion in Sachen Sexualität. In einer breit angelegten Untersuchung hat er das sexuelle Verhalten von amerikanischen Männern und Frauen erforscht. Die Ergebnisse dieser Studien erscheinen Mitte der Fünfzigerjahre auf dem deutschen Buchmarkt unter dem Titel »Das sexuelle Verhalten der Frau« und »Das sexuelle Verhalten des Mannes« und lösen zunächst einen Sturm der Entrüstung aus. Kinsey weist nach, dass sich das tatsächliche sexuelle Verhalten der Menschen ganz wesentlich von dem unterscheidet, was Kirche und Staat als gültige Moral betrachten und vorschreiben. Da wird wissenschaftlich belegt, dass zum Beispiel Selbstbefriedigung, Petting, vorehelicher Geschlechtsverkehr usw. keine Perversionen weniger, krankhaft veranlagter Menschen sind, sondern von vielen, oft und gern, praktiziert werden. So erfahren viele Zeitgenossen, dass ihre eigenen sexuellen Wünsche eben nicht abartig sind, sondern dass sie sie mit vielen anderen teilen und dass sie deshalb nicht »schmutzig« sein können. Das führt bald zu einem großen Liberalisierungsschub.

Sexwelle und Aufklärung im Westen

Zu Beginn der Sechzigerjahre kommt die Antibabypille auf den Markt und verändert das Sexualleben der Deutschen. Die »Pille« macht zum ersten Mal Verkehr ohne umständliche Verhütung und ohne Angst vor unerwünschtem Nachwuchs möglich. Damit sind Sexualität und

Schwangerschaft entkoppelt. Jetzt entscheidet nur noch die Lust, wann, wo und mit wem man sich sexuell betätigen will.

In Illustrierten, in Zeitungen und auch im Fernsehen wird die Pille zum Thema. Zwei Fragen vor allem beschäftigen Kirchenkreise und Politiker: Wie werden Männer und Frauen mit der neuen Freiheit umgehen? und: Was wird von Ehe, Familie, Gesellschaft, Staat und Moral übrig bleiben, wenn sich jeder sexuell betätigen kann, wie er will?

Die Vorbehalte gegen die Pille sind groß, die einen wollen sie nur an Verheiratete abgeben, die anderen wollen sie ganz verbieten. Letztlich führt die Pille aber nicht zum Zusammenbruch der Gesellschaft, wie viele befürchteten, sondern nur zu einem angstfreieren, lustbetonteren Umgang mit Sexualität.

Weil junge Menschen in diesem liberaleren Klima nun immer früher die berühmte Frage stellen, wo denn die kleinen Kinder herkommen, sieht der Staat Handlungsbedarf. In seinem Interesse ist es, dass die Kinder in der Tradition von Ehe und Familie erzogen werden und die Aufklärung nicht der Straße überlassen bleibt. Da viele Eltern aber nicht in der Lage sind, ihre Kinder aufzuklären, soll die Schule diese Aufgabe übernehmen. Viele Eltern sehen darin eine unzulässige Einmischung des Staates in die Angelegenheiten der Familie und lehnen den Aufklärungsunterricht in der Schule ab. Trotzdem gibt es in einigen fortschrittlicheren Bundesländern seit Mitte der Sechzigerjahre Aufklärungsunterricht in der Schule. Allerdings müssen die Eltern vorher ihr Einverständnis geben. Die Aufklärung selbst beschränkt sich vor allem auf die schematische Darstellung der biologischen Vorgänge bei der Fortpflanzung.

Auch der Film wird ein Mittel der Aufklärung. 1967 läuft »Helga« in bundesdeutschen Kinos an, ein von der Bundeszentrale für gesundheitliche Aufklärung in Auftrag gegebener Film – frei ab 16. Ausgerechnet dieser Film einer Bundesbehörde wird zum Vorreiter einer Aufklärungs- und Sexwelle, die Ende der Sechzigerjahre die Bundesrepublik überschwemmt. »Helga« ebnet den Weg für Oswalt Kolles Filme, für Beate Uhses Sexshops, die damals noch »Fachgeschäfte für Ehehygiene« heißen, und schließlich für die unzähligen Schulmädchen-, Krankenschwestern- und Lehrmädchenreports, die zu Beginn der Siebzigerjahre in die Kinos kommen.

Viele Menschen verbinden mit diesem Liberalisierungsschub die Hoffnung auf ein Ende der Prüderie und einen freieren Umgang mit Sexualität. Sie hoffen auf ein lustvolleres, selbstbestimmteres Sexualleben, das frei ist von Angst, Besitzansprüchen und staatlicher und kirchlicher Bevormundung. Die Studentenbewegung träumt gar von einer sexuellen Revolution und propagiert die freie Sexualität. Der Spruch: »Wer zweimal mit derselben pennt, gehört schon zum Establishment« macht die Runde, und die Mitglieder der Kommune 1 in Berlin lassen sich medienwirksam nackt ablichten. Die freizügige Darstellung von Sexualität in Illustrierten und der tolerantere Umgang mit Seitensprung und Partnerwechsel ändern die Sexualmoral aber nicht grundlegend. Für die meisten bleiben Ehe, Familie und Treue wichtige Werte.

Die Antibabypille kommt Anfang der Sechzigerjahre auf den deutschen Markt. Sie macht Empfängnisverhütung unkomplizierter und sicherer.

Liberalisierung in der DDR

Konsequenter als im Westen wird in der DDR Mitte der Sechzigerjahre der Aufklärungsunterricht in den Schulen eingeführt. Die Pille wird als Instrument zur Familienplanung begrüßt und ist schon bald unentgeltlich und für jeden in der Apotheke zu haben.

Bereits zu Beginn der Siebzigerjahre wird der Schwangerschaftsabbruch entkriminalisiert und die Frauen können selbst entscheiden, ob sie ein Kind austragen wollen oder nicht. Ehe- und Sexualberatungsstellen helfen bei dieser Entscheidung und bei sexuellen Problemen. Prostitution und Pornografie bleiben aber weiter verboten.

Mit Oswalt Kolles Filmen, zum Beispiel »Helga und Michael« von 1968, kommt die Sexualaufklärung in die Kinos (Szene mit Felix Franchy und Ruth Gassmann).

Dass es in der DDR keine Sexillustrierten und kein so üppiges Nachtleben mit Striptease und Bordellen gibt, bedeutet nicht, dass die Menschen ein weniger intensives und interessantes Sexualleben führen als die Bundesbürger. Schon dadurch, dass sehr viele Frauen in den Betrieben arbeiten, ergeben sich hier viel mehr Berührungspunkte zwischen den Geschlechtern als im Westen. So ist gerade der Betrieb ein Ort, an dem sich Paare treffen und zueinanderfinden. Die Jugendlichen haben durch die Berufstätigkeit beider Elternteile viele Freiräume, um sexuelle Erfahrungen zu machen. An den Ostseestränden der DDR gibt es eine ausgeprägte Freikörperkultur, und ein beliebtes Hobby ist es, sich oder seinen Partner nackt zu fotografieren. Wer unbedingt einen Striptease sehen möchte oder auf Pornografie nicht verzichten will, kann in den angrenzenden sozialistischen Bruderländern auf seine Kosten kommen.

So existieren für die DDR-Bürger alle Spielarten der Sexualität, die es auch im Westen gibt, nur kommt Sexualität weniger grell, weniger plakativ daher. Sie ist mehr eine private Angelegenheit als Gegenstand der öffentlichen Diskussion. Das Verbot von Pornografie und Prostitution und die gute soziale Absicherung verhindern, dass jemand seine Haut zu Markte tragen muss und der Körper zur bezahlten, verfügbaren Ware wird.

Sex im Medienzeitalter

Zu Beginn der Siebzigerjahre etabliert sich schließlich auch in der Bundesrepublik der Aufklärungsunterricht in der Schule. Der Umgang miteinander ist freier, die Eltern sind toleranter geworden. Jugendliche machen ihre ersten sexuellen Erfahrungen immer früher.

So vollzieht die Reform des Sexualstrafrechts Mitte der Siebzigerjahre fast nur noch nach, was ohnehin schon Realität ist: Der Kuppeleiparagraf und viele, längst hinfällig gewordene Einschränkungen und Verbote fallen weg. Das »allgemeine sittliche Empfinden« ist nicht mehr länger Kriterium für die rechtliche Beurteilung sexueller Handlungen oder Darstellungen. Statt dessen billigt das neue Gesetz den Menschen weitgehend das Recht auf sexuelle Selbstbestimmung zu.

Damit fällt unter anderem auch das Verbot der Verbreitung von Pornografie, und so wird der nackte Körper ab Mitte der Siebzigerjahre immer mehr zur käuflichen Massenware. Pornokinos, Peepshows und Sexshops öffnen in den Bahnhofsvierteln fast aller größeren Städte.

Das Recht auf sexuelle Selbstbestimmung schließt Homosexualität, Bisexualität, häufig wechselnde Sexualpartner, beinahe jede Form der sexuellen Betätigung ein, solange sie dem Sexualpartner nicht schadet. Grenzen sind nur zum Schutz von Minderjährigen gesetzt.

In den Achtzigerjahren erobert Sex den Fernsehbildschirm. Private Fernsehanbieter wiederholen die alten Filme von Oswalt Kolle und die »Schulmädchenreports«, Erika Berger gibt Ratschläge in allen sexuellen Not- und Lebenslagen und auf allen Programmen plaudert man bald über die unterschiedlichsten Formen von Sexualität, wie Prostitution, Masochismus, Sadismus, mit einer völligen Selbstverständlichkeit, so, wie man über das Wetter oder die Nachrichten redet. Immer bereitwilliger breiten die Deutschen Einzelheiten ihres Sexuallebens vor den TV-Kameras der Talkshows aus.

»Safer sex« in den Zeiten von Aids

Seit den Achtzigerjahren ist Sexualität wieder komplizierter und angstbesetzter geworden, denn mit Aids gibt es – wie zu Beginn des Jahrhunderts – erneut eine tödliche, sexuell übertragbare, nicht heilbare Krankheit. Zuerst gilt Aids als Risikogruppenproblem, weil es vor allem bei Homosexuellen und Drogenabhängigen diagnostiziert wird. Als die Immunschwäche Anfang der Achtzigerjahre dann gehäuft auftritt und auch Heterosexuelle zu den Infizierten gehören, reagieren viele Politiker panisch und fordern die Zwangsuntersuchung, Registrierung und Ausgrenzung der Infizierten. Doch dann setzt sich die Vernunft durch, und man versucht durch Aufklärung die Gefahr der Ansteckung zu reduzieren. Kondome, seit Jahren eher gemieden, werden wieder wichtig, und im schulischen Aufklärungsunterricht wird ihre richtige Handhabung geübt. Doch die Angst vor Ansteckung führt schließlich auch zu einem erneuten Wandel der Sexualmoral: Häufiger Partnerwechsel und ein »unsolider Lebenswandel« sind »out«.

Durch Aids werden Kondome auch in der DDR wieder zu einem vielbenutzten Verhütungsmittel. Sie sind im volkseigenen Betrieb hergestellt und werden in Apotheken und Drogerien verkauft.

Die Chronik des Sex

21.2.1913 Iwan Bloch und Magnus Hirschfeld gründen in Berlin zusammen mit einigen anderen Ärzten die Ärztliche Gesellschaft für Sexualwissenschaft und Eugenik. Sie ist Vorläuferin der organisierten Sexualwissenschaft in Deutschland.

1914 Die erste Zeitschrift der Ärztlichen Gesellschaft für Sexualwissenschaft und Eugenik erscheint, herausgegeben von Iwan Bloch und Albert Eulenburg. In ihr werden vor allem die Forschungsergebnisse der Sexualwissenschaftler veröffentlicht.

1919 Magnus Hirschfeld gründet das erste deutsche Institut für Sexualwissenschaften in Berlin. Diese Einrichtung wird zu einem vielbeachteten Forschungs- und Therapiezentrum und findet weltweite Anerkennung. Die Bibliothek enthält später 20 000 Bände, 35 000 Fotografien und etwa 40 000 Lebensberichte und biografische Briefe. Außerdem bietet das Haus eine große Beratungspraxis für Eheschließende, regelmäßige Diskussionsveranstaltungen zu sexualwissenschaftlichen Themen und einen gerichtsmedizinischen Dienst für gutachterliche Stellungnahmen, vor allem bei Strafprozessen.

23.12.1920 In Berlin kommt es zum Skandal um Arthur Schnitzlers »Reigen«. Das Stück ist schon 1896/97 geschrieben, aber noch nicht aufgeführt worden, weil es bereits damals heftige Proteste gegen dessen »Unsittlichkeit« gegeben hat. Es besteht aus einer Szenenreihe, die das amouröse Leben mit ständigem Partnertausch darstellt als gleichzeitiger Querschnitt durch die verschiedenen sozialen Milieus. Trotz des Aufführungsverbots und der Androhung einer sechswöchigen Haftstrafe lässt die Theaterdirektion das Stück über die Bühne gehen. Die dezente Regie macht voreilige Einwände zunichte. In den ersten Januartagen 1921 wird die Inszenierung dann offiziell freigegeben.

1921 Magnus Hirschfeld organisiert den ersten sexualwissenschaftlichen Kongress in Deutschland. Auf der 1. Internationalen Tagung für Sexualreform auf sexualwissenschaftlicher Grundlage wird über die Themenbereiche Geschlechtskrankheiten, Sexualität und Gesetz, Geburtenkontrolle und Sexualerziehung debattiert. Der Kongress schließt mit einem Aufruf zu gesetzlichen und sozialen Reformen.

14.1.1926 Josephine Baker tanzt in Berlin. Die langbeinige Tänzerin »mit dem lackierten, schwarzglänzenden Köpfchen eines exotischen Vogels« ist in kaum mehr gehüllt als einen Schurz aus Bananenblättern.

Josephine Baker gilt als Symbol für die »wilden Zwanziger« (1925).

1.9.1928 Im St. Mary's Hospital in London entdeckt Alexander Fleming bei bakteriologischen Routinearbeiten im Labor einen Pilz, der eine Substanz ausscheidet, die Bakterien abtötet. Das Penizillin ist entdeckt.

6.5.1933 Das sexualwissenschaftliche Institut Hirschfelds in Berlin wird von den Nazis geplündert, die Bücher der Bibliothek und viele andere Materialien werden öffentlich verbrannt. Hirschfeld selbst hält sich zu dieser Zeit in Paris auf und entkommt den Nachstellungen.

1.1.1934 Im Deutschen Reich tritt das Gesetz zur Verhütung erbkranken Nachwuchses vom 14. Juli 1933 in Kraft. Es ermöglicht unter anderem Zwangssterilisierungen.

15.9.1935 Auf dem Parteitag in Nürnberg lässt Adolf Hitler die sog. Nürnberger Gesetze verkünden, das Reichsbürgergesetz und das Gesetz zum Schutz des deutschen Blutes und der deutschen Ehre. Im Blutschutzgesetz werden unter anderem Eheschließungen, aber auch außerehelicher Verkehr zwischen Juden und sog. Ariern verboten.

21.5.1939 Das von der Parteileitung der NSDAP Weihnachten 1938 gestiftete Mutterkreuz wird am Muttertag des Jahres 1939 erstmals verliehen. Die Auszeichnung wird in Bronze, Silber und Gold an Mütter vergeben, die dem »Führer« reichlich Nachwuchs bescheren. Das Mutterkreuz berechtigt Trägerinnen zum Sitzen bei öffentlichen Anlässen und in Verkehrsmitteln, sichert bevorzugte Abfertigung bei Behörden zu und verpflichtet Jugendliche zum Gruß »Heil Hitler«.

10.8.1945 In München wird erstmals das neue Heilmittel Penizillin von den US-Militärbehörden zur Bekämpfung von Geschlechtskrankheiten zur Verfügung gestellt.

18.1.1951 Skandal um den Willi-Forst-Film »Die Sünderin«: Der Film zeigt die Geschichte eines »gefallenen Mädchens« (Hildegard Knef), das in einer Notlage das frühere Gewerbe wieder aufnimmt und, nachdem die Krankheit des geliebten Mannes (Gustav Fröhlich) nicht mehr zu heilen ist, mit ihm in den Tod geht. Die Beauftragten der Kirchen in der Freiwilligen Selbstkontrolle der Filmwirtschaft, die nach der Genehmigung des Films zurückgetreten sind, und andere kirchliche Persönlichkeiten protestieren schärfstens gegen »Unmoral und Nihilismus« des Streifens, in dem die Knef in einer kurzen Szene nackt zu sehen ist.

Alfred C. Kinsey untersucht in den Vierzigerjahren das sexuelle Verhalten von Mann und Frau.

1954 In Deutschland erscheint Alfred C. Kinseys Buch: »Das sexuelle Verhalten der Frau«. Ein Jahr später wird auch »Das sexuelle Verhalten des Mannes« auf deutsch veröffentlicht. Die Bücher basieren auf Umfragen, die der amerikanische Sexualwissenschaftler Alfred C. Kinsey unter US-Bürgerinnen und -Bürgern aller Altersklassen und Bildungsstufen über ihr sexuelles Verhalten gemacht hat. Die Ergebnisse zeigen eine erstaunliche Vielfalt von sexuellen Verhaltensformen und machen deutlich, dass sich kaum jemand an staatliche und kirchliche Moralvorgaben hält.

1.6.1961 In der Bundesrepublik kommt die in den Vereinigten Staaten entwickelte Antibabypille auf den Markt. Sie wird unter dem Namen »Anovlar« von der Schering AG angeboten.

24.12.1962 Beate Uhse eröffnet am Heiligabend den ersten deutschen Sexshop in Flensburg unter der Bezeichnung »Fachgeschäft für Ehehygiene«.

1962 Dr. Jochen Vollmer ist der erste Sexualberater, der in der Jugendzeitung »Bravo« Fragen zur Sexualität beantwortet.

1966 Der VEB Jenapharm bietet mit »Ovosiston« die erste Antibabypille der DDR an. Auf der Leipziger Messe erhält der Betrieb dafür eine Goldmedaille für »besondere Leistungen«.

1967 Der Aufklärungsfilm »Helga« läuft in den bundesdeutschen Kinos an. Er ist von der Bundeszentrale für gesundheitliche Aufklärung unter Käte Strobel in Auftrag gegeben. Dutzende von Männern fallen in den bundesdeutschen Kinos bei der Vorführung des Films in Ohnmacht, wenn darin zehn Minuten lang alle Phasen einer Geburt gezeigt werden.

25.7.1968 Papst Paul VI. erlässt die Enzyklika »Humanae vitae« zum Thema Geburtenregelung. Die darin enthaltene Absage an die Antibabypille als Verhütungsmittel ruft weltweiten Protest hervor.

8.10.1968 Die Konferenz der Kultusminister in Frankfurt am Main empfiehlt die Einführung des Faches Sexualkunde an den Schulen.

1968 Oswalt Kolles Film »Das Wunder der Liebe, Sexualität in der Ehe« kommt heraus. 1969 folgt »Deine Frau, das unbekannte Wesen«, ein Jahr später »Dein Mann, das unbekannte Wesen«. Mit seinen populärwissenschaftlichen Schriften über Familie, Partnerschaft und Sexualität wird Kolle ein Verfechter der sog. sexuellen Revolution. Er veröffentlicht zunächst in Illustrierten (u.a. »Quick«, »Neue Revue«), später auch in Buchform (»Dein Kind«, 1964; »Das Wunder der Liebe«, 1968).

Mit provozierenden Aktionen setzen sich Studenten in den Sechzigerjahren für die sexuelle Befreiung ein.

10.6.1969 Bundesgesundheitsministerin Käte Strobel (SPD) stellt in Bonn den neuen »Sexualkunde-Atlas« vor.

1.9.1969 Nach einer Änderung des § 175 ist Homosexualität unter Erwachsenen in der Bundesrepublik Deutschland künftig straffrei.

30.11.1970 Nach einer Umfrage lehnen 49 % der Bundesbürger die derzeitige Sex- und Pornowelle ab. Dagegen nehmen 42 % keinen Anstoß an den freizügigen Darstellungen in Illustrierten und Filmen.

1970 Unter dem Mantel pädagogischer Aufklärung dreht Ernst Hofbauer den Sexfilm »Schulmädchen-Report – Was Eltern nicht für möglich halten«. Der Film wird ein Kassenschlager. Innerhalb eines Jahrzehnts werden 13 Folgeteile gedreht.

1970 Die erste deutsche Sex-Messe »Intima 70« wird in Offenbach eröffnet.

15.1.1973 Das deutsche Fernsehen strahlt den Film »Nicht der Homosexuelle ist pervers, sondern die Situation, in der er lebt« des Münchener Regisseurs Rosa von Praunheim aus. Noch ein Jahr zuvor war der umstrittene Film kurzfristig aus dem Programm gestrichen worden. Praunheim, eigentlich Holger Mischwitzky, setzt sich in provokanter Form mit der Homosexualität auseinander. Seine Filme sind Plädoyers für eine tabulose Gesellschaft ohne Vorurteile gegenüber Minderheiten.

7.6.1973 Nach langen Beratungen liberalisiert der Deutsche Bundestag das Sexualstrafrecht. Zu den wesentlichen Änderungen gehört die großzügigere Haltung des Gesetzgebers zu Homosexualität und Kuppelei, die nur noch in bestimmten Fällen strafbar sind. Sexueller Missbrauch von Abhängigen wird dagegen schärfer geahndet als vorher. Das neue Recht gibt die Verbreitung von Pornografie begrenzt frei, sofern sie sich an Erwachsene richtet und nur für diese erhältlich ist. Verschärft werden die Bestimmungen gegen die Verherrlichung von Gewalt.

1979 »Das Sex-Buch« des Sozialwissenschaftlers Günter Amendt bringt dem promovierten Soziologen und Mitarbeiter der linksgerichteten politischen Zeitschrift »konkret« den Vorwurf der Verbreitung pornografischer Schriften ein. Die bayerische Justiz lässt 1981 in München zahlreiche Exemplare des Buches beschlagnahmen. Noch im selben Jahr stellt allerdings die Kommission zum Schutz des Buches den pädagogischen Wert der Studie heraus: Die in Wort und Bild ungewöhnlich offene Behandlung des Themas Sexualität sei zeitgemäß.

1.12.1981 In den USA häufen sich die ersten Fälle der Immunschwäche Aids. Die Infektionskrankheit setzt das natürliche Abwehrsystem des Körpers außer Kraft. Der Patient stirbt nicht am Aids-Virus selbst, sondern an allgemeiner Immunschwäche, die zu verschiedenen Infektionen, seltenen Krebsformen und Störungen des Stoffwechsels führen kann. Die Viren werden über Blut, Blutprodukte und Sperma, also vor allem beim Geschlechtsverkehr übertragen.

1.6.1983 Aids hat auch auf die Bundesrepublik übergegriffen. 23 eindeutige Fälle von Aids werden registriert, fünf Menschen sind bereits daran gestorben.

2.10.1985 Der US-amerikanische Filmschauspieler Rock Hudson stirbt als einer der ersten Prominenten an der Immunschwächekrankheit Aids. Das Bekenntnis des Schauspielers zu seiner Krankheit – zugleich ein Bekenntnis zu seiner Homosexualität, die er bisher immer verborgen hatte – löst in den USA einen Stimmungswandel aus. Die Ächtung der Aids-Kranken und der Homosexuellen wird in Frage gestellt.

5.12.1987 Die Gesellschaft für deutsche Sprache in Wiesbaden erklärt »Aids« und »Kondom« zu den Wörtern des Jahres 1987.

7.11.1991 Auf einer Pressekonferenz in Los Angeles gibt der US-Basketball-Star Earvin »Magic« Johnson bekannt, dass er sich mit dem Aids-Virus infiziert habe. Zwei Wochen später erfährt die Öffentlichkeit von einem weiteren spektakulären Aids-Fall. Freddie Mercury, Sänger der Rock-Band Queen, stirbt am 24. November, einen Tag nach Bekanntgabe seiner Erkrankung. Beide Fälle finden große Resonanz in den Medien und lenken weltweit die Aufmerksamkeit auf die wachsende Verbreitung der Immunschwäche-Krankheit. Vor allem das Schicksal von »Magic« Johnson alarmiert die Bevölkerung, zeigt es doch, dass eine Ansteckung mit dem HIV-Virus nicht auf die sog. Risikogruppen wie Homosexuelle und Drogensüchtige beschränkt bleibt. Vielmehr sind heterosexuelle Kontakte weltweit gesehen inzwischen die häufigste Infektionsquelle.

1991 Jeden Tag stecken sich etwa 5000 Menschen mit dem Aids-Virus an. Die Zahl der Infizierten ist seit 1981 auf etwa 9 bis 11 Millionen angestiegen, bei 1,5 Millionen Menschen ist die Krankheit bereits ausgebrochen. Mediziner rechnen damit, dass bis zur Jahrtausendwende 40 Millionen Menschen infiziert und 15 Millionen erkrankt sein werden. Trotz intensiver Forschungsarbeit konnte bislang kein Heilmittel gegen die Krankheit entwickelt werden. Ebenso blieb die Suche nach einem Impfstoff erfolglos.

Es gibt kaum eine Spielart der Sexualität, die in den heutigen Sexshops nicht bedient wird.

26.5.1994 Der Deutsche Bundestag in Bonn verabschiedet eine Neufassung des Abtreibungsparagrafen 218, die sich an den Vorgaben des Bundesverfassungsgerichtes orientiert. Das Bundesverfassungsgericht in Karlsruhe hatte ein Jahr zuvor die Neufassung des § 218 – Fristenlösung mit Beratungspflicht – als in weiten Teilen verfassungswidrig zurückgewiesen. Der Schwangerschaftsabbruch ist weiterhin rechtswidrig, soll aber in der Regel straffrei sei. Eine Konsequenz ist, dass Abbrüche, die nicht unter die Indikationenregelung fallen, künftig nicht mehr von den Krankenkassen finanziert werden. Die Neufassung des § 218 war notwendig geworden, weil nach der Vereinigung in Ost und West unterschiedliche Gesetze galten.

1.12.1994 In Paris findet eine internationale Regierungskonferenz über die Immunschwäche Aids statt. 17 Millionen Menschen haben sich bisher mit dem HIV-Virus infiziert, darunter 1 Million Kinder. Täglich kommen 6000 neue HIV-Infektionen dazu. 92 % der Infizierten leben in Ländern der Dritten Welt, ihnen kommen aber nur 8 % der weltweit zur Eindämmung der Seuche vorhandenen Mittel zugute.

1.12.1997 Mit Benefizveranstaltungen, roten Schleifen und Trauerzügen rufen Aids-Organisationen am 10. Welt-Aidstag zur Unterstützung von Aidskranken auf. Weltweit gibt es 22,6 Millionen Menschen, die mit dem HIV-Virus infiziert sind. Nach Schätzungen leben in Deutschland zwischen 50 000 und 60 000 HIV-infizierte Männer und Frauen. Bundesweit infizieren sich etwa 2000 bis 3000 Menschen pro Jahr mit dem Virus.

FOLGE

13

Beziehungskisten

Die Deutschen und ihre Familie

Die Familie gilt zu Anfang des 20. Jahrhunderts als Keimzelle der Gesellschaft. Sie erscheint als ein natur- oder gottgegebenes Faktum, an dessen Existenzberechtigung nicht im mindesten gezweifelt wird. 100 Jahre später halten viele Menschen diese Institution für überholt. Während die Geburtenrate sinkt, steigt die Scheidungsrate. Eine Single-Gesellschaft will anscheinend nur begrenzte Bindungsrisiken eingehen. Selbst der Begriff »Lebensgefährte« scheint bereits ein unzumutbarer Wechsel auf die Zukunft zu sein und wird deshalb durch die weniger verpflichtende Wortschöpfung »Lebensabschnittsgefährte« ersetzt.

Heile Welt der patriarchalischen Familie

Hedwig Courths-Mahler (1867–1950), die unübertroffene Meisterin des Klischees und mit mehr als 30 Millionen verkaufter Exemplare erfolgreichste Buchautorin Deutschlands, schildert in einem ihrer über 200 Romane eine Szene ungetrübten jungen Familienglücks: »Tagsüber war Günter von seinen Pflichten stark in Anspruch genommen, und Rita versuchte, sich mehr und mehr in ihre Haushaltspflichten einzuarbeiten. Die gemeinsamen Mahlzeiten führten das junge Paar zusammen, und die Teestunde wurde meist etwas länger ausgedehnt. Gemeinsame Ritte wurden fast täglich bei gutem Wetter unternommen. Abends aber las Günter seiner jungen Frau vor. Mit Bedacht wählte

Die deutsche Großfamilie – ein Hort der Geborgenheit? Das Foto wurde um 1900 aufgenommen.

Das obligatorische Familienfoto: Die Aufnahme stammt aus dem Ersten Weltkrieg, der im Feld befindliche Vater wurde nachträglich einmontiert.

Tischgebet in der patriarchalischen Familie

er solche Werke, die ihre junge Seele leicht aufnehmen konnte, und die ihr doch einen weiten Blick ins Leben verschafften ... Nun hoffte er, sich Rita als einen Lebensgefährten heranbilden zu können, der mit ihm durch alle Höhen und Tiefen des Lebens ging. Und Rita ging so ganz auf in der Liebe zu ihrem Gatten, dass sie instinktiv den rechten Weg fand, ihm zu gefallen.« Doch auch die harmonischste Teestunde geht einmal zu Ende: »›Und was tut mein kleines Frauchen jetzt?‹ fragte er, als er sich von Rita verabschiedete. Sie sah ihn lächelnd an. ›Oh, ich habe allerlei zu tun. Erst will ich an Papa schreiben, dann habe ich mit der Haushälterin allerlei zu beraten, und wenn mein gestrenger Herr dann noch keine Zeit für mich hat, werde ich in der Gärtnerwohnung einmal nachschauen, wie es der kranken Frau des Gärtners geht.‹«

Niemand wird die Autorin als Vertreterin des Realismus einstufen wollen, doch trotz aller Schablonenhaftigkeit verrät dieses Genrebild etwas über die Realität, noch mehr über die Ideologie der deutschen Familie in der ausgehenden Kaiserzeit. Dass die Szene im adligen Milieu spielt, kommt dem Publikumsgeschmack entgegen. Wichtiger als das gesellschaftliche Ambiente ist jedoch das Idealbild von Ehe, das von der Autorin vermittelt wird. Das Gros der Leserinnen würde sein im Regelfall wesentlich bescheideneres Leben mit dem Ritas gern tauschen. Die wenigsten dürfte stören, wie die Rollen in dieser Ehe verteilt sind. Der Ehemann übernimmt die Erziehung seiner Frau, wählt aus, was ihr bekömmlich ist und gewährt ihr einen sorgfältig zensierten »Blick ins Leben«, an dem er Teil hat, während sie sich ums Haus kümmert. Bildung ist für die Ehefrau des wilhelminischen Deutschland keine Primärtugend, wichtiger ist »Herzensbildung« – nicht nur in den Romanen der Courths-Mahler (→ Folgen 10, 11).

Das Familienbild zu Beginn des Jahrhunderts ist streng patriarchalisch. Der Mann steht der Familie vor und stellt für seine Ehefrau und selbstverständlich erst recht für die Kinder eine absolute Autorität dar. Er repräsentiert das Haus, durch Beruf oder gesellschaftliche Stellung pflegt er die Außenkontakte, während die Wirkungsstätte der Ehefrau das Innere des Hauses ist. Hat sie das Privileg, wie Rita Baronesse zu sein oder zumindest eine großbürgerliche »gnädige Frau«, beschränkt sich ihre Tätigkeit im Haus darauf, ein Heer von Dienstboten zu überwachen, die sich um Küche und Garten, aber auch die Beaufsichtigung und den Unterricht der Kinder kümmern.

Noch weniger muss der Familienvater von seinen Kindern Notiz nehmen. Von dem berühmten Altertumsforscher Theodor Mommsen (1817–1903), Literaturnobelpreisträger des Jahres 1902, wird folgende Anekdote erzählt: Der Gelehrte, Vater von im Lauf der Zeit 16 Kindern, pflegte bei seinen Spaziergängen durch Berlin stets in ein Buch vertieft zu sein.

Begegnete er einem Kind, das ihn grüßte, so gab er ihm stets die Hand in der Vermutung, es könne sich um ein Exemplar seines eigenen Nachwuchses handeln. Zwar ist Mommsen eine Gestalt des 19. Jahrhunderts und verdient als zerstreuter Professor mildernde Umstände, aber generell ist der Familienvater in der bürgerlichen Familie der Kaiserzeit unnahbar: oft als Strafinstanz Objekt kindlicher Ängste, manchmal Ehrfurcht gebietendes Vorbild, kaum je Kamerad.

Kinder gehören zum bürgerlichen Familienleben. Nicht immer sind es so viele wie im Haushalt Mommsen, aber ein halbes Dutzend ist keine auffällige Zahl. Die Hausfrau ist deshalb froh, die Lasten der Aufzucht weitgehend delegieren zu können. Dienstpersonal ist billig und willig, zumindest ein Dienstmädchen vom Land können sich auch bürgerliche Familien leisten, die nicht zur gesellschaftlichen Elite zählen. Das Los dieser jungen Frauen ist wenig beneidenswert. Oft müssen sie ihrer Herrschaft 16 Stunden am Tag zur Verfügung stehen. Dafür werden sie als »Dienstbolzen« tituliert.

In adligen und großbürgerlichen Familien spielt zu Beginn des Jahrhunderts bei der Wahl des Ehepartners zwar immer noch eine gewisse Rolle, was »standesgemäß« ist und das Familienvermögen zusammenhält oder mehrt, aber Kinder werden von ihren Eltern nicht mehr in bestimmte Ehen gezwungen. Allenfalls schreiten sie massiv gegen eine befürchtete »Mesalliance« ein. Geheiratet wird in den besseren (und erst recht in den weniger guten) Kreisen aus Liebe. Doch unterscheidet sich eine solche Liebesheirat von dem, was man gegen Ende des 20. Jahrhunderts darunter versteht. Dass die Braut unberührt in die Ehe geht, ist selbstverständlich, auch ein voreheliches intimes Verhältnis mit ihrem Verlobten würde sie entehren. Der Mann hat dagegen die Möglichkeit, »sich die Hörner abzustoßen« – vorausgesetzt, dies geschieht mit der nötigen Diskretion. Der Schriftsteller Stefan Zweig (1881–1942) erinnert sich an die Doppelmoral jener Zeit: »War die Sexualität schon nicht aus der Welt zu schaffen, so sollte sie wenigstens ... nicht sichtbar sein. Es wurde also die stillschweigende Vereinbarung getroffen, den ganzen ärgerlichen Komplex weder in der Schule, noch in der Familie, noch in der Öffentlichkeit zu erörtern und alles zu unterdrücken, was an sein Vorhandensein erinnern könnte«.

Dies führt dazu, dass die jungen Frauen weitgehend unaufgeklärt in die Ehe gehen. Die Mutter, die ihrer Tochter am Hochzeitstag noch schnell »das Nötigste« mitteilt, ist keine Karikatur. Die Eheleute bekommen kaum die Gelegenheit, sich in ihrer Partnerschaft einzurichten, denn das erste Kind ist meist ein Produkt der Hochzeitsnacht oder der Flitterwochen. Besonders für die Frauen ist dieser abrupte Übergang von der Mädchen- in die Mutterrolle nicht leicht zu verkraften.

In Arbeiterkreisen wird die Sitte nicht so hoch gehalten. Mann und Frau leben auch ohne Trauschein zusammen, uneheliche Kinder sind eher die Regel als die Ausnahme. Die Statistik weist aus, dass von den erwachsenen Deutschen lediglich ein gutes Drittel verheiratet ist. Das bedeutet aber nicht, dass gegen die bürgerlichen Institutionen Ehe und Familie aus ideologischen Gründen aufbegehrt würde, sondern es fehlt schlicht am Geld. Sobald die notwendige materielle Basis vorhanden ist, strebt auch der

Kinderreichtum kennzeichnet die Wohnquartiere der Arbeiter; hier das Hamburger »Gängeviertel« um die Jahrhundertwende.

Proletarier danach, seine Lebensgefährtin »ehrlich zu machen«.

Familienplanung wird zum Thema

Der Erste Weltkrieg bildet auch in der Geschichte der deutschen Familie eine deutliche Zäsur. Die Männer und Väter ziehen in den Krieg, viele kehren nicht mehr heim. Deshalb besteht in der Weimarer Republik ein Mangel an heiratsfähigen Männern. Nicht jede Frau kann damit rechnen, zu heiraten oder eine Partnerschaft einzugehen. Viele Frauen müssen deshalb selbst für ihren Lebensunterhalt aufkommen und verteidigen ihre berufliche Position, in die sie der Krieg hineinwachsen ließ.

Die Ehe kommt deshalb allerdings nicht außer Mode. Die relative Zahl verheirateter Deutscher wächst sogar. Was sich allerdings dramatisch wandelt, ist die Vorstellung, wie viele Kinder zu einer »richtigen« Familie gehören. Die durchschnittliche Zahl der Kinder pro Eheschließung sinkt von über vier im Kaiserreich auf unter zwei im ersten Jahrzehnt der Weimarer Republik ab (→ Folge 14).

Der Paragraf 218 gerät in der Weimarer Republik heftig in die Kritik (aus der »Zeitschrift für Sozialhygiene« 1928/29).

Die Themen Sexualität und Empfängnisverhütung, die in der wilhelminischen Ära Tabu waren, werden jetzt offen diskutiert (→ Folge 12). Der niederländische Gynäkologe und Sexualforscher Theodor van de Velde (1873–1937) erzielt mit seinen Büchern, besonders dem 1926 auf deutsch erschienenen Titel »Die vollkommene Ehe« sensationelle Auflagen. Zwar sind die Paare in der Regel besser aufgeklärt als früher, doch gibt es trotzdem eine erschreckend hohe Zahl von Abtreibungen. Obwohl der Staat im § 218 des Strafgesetzbuches den Schwangerschaftsabbruch mit Strafe bedroht und jährlich rund 5000 Frauen wegen des Delikts vor Gericht gestellt werden, liegt die Zahl von Abtreibungen zwischen 800 000 und über einer Million. Die ärmeren Frauen, die »Engelmacherinnen« in die Hände fallen, müssen neben der Kriminalisierung auch noch mit gesundheitlichen Schäden rechnen, weil sie sich keinen ausgebildeten Arzt leisten können. Von den Linksparteien wird der § 218 deshalb als »Klassen-Paragraf« bekämpft, doch findet sich keine Mehrheit für seine Abschaffung.

Die miserable wirtschaftliche Situation der meisten jungen Familien nach dem Krieg lässt den Gedanken an reichen Kindersegen erst gar nicht aufkommen. Die Zeiten, als Kinder noch als »Altersversorgung« der Eltern galten, sind längst vorbei. Mittlerweile wird jeder Esser mehr am Tisch als finanzielle Last empfunden. Viele Frauen sehen ihren Platz nicht mehr nur als Mutter am heimischen Herd. Wollen (oder müssen) sie noch einen Beruf ausüben, empfiehlt es sich, die Familie »überschaubar« zu halten. Schließlich fühlen sich viele Eltern zutiefst verunsichert. Der verlorene Krieg hat Wunden hinterlassen und die aktuelle politische Instabilität lässt manche die Frage stellen, ob dies die rechte Zeit sei, um Kinder in die Welt zu setzen. 1926 bringt Kurt Tucholsky (1890–1935) diese Befürchtungen angesichts wiedererstarkender Gewaltbereitschaft auf den Straßen in einem berühmten Gedicht auf den Punkt: »Mutter, wozu hast du deinen aufgezogen? Hast dich zwanzig Jahr mit ihm gequält? Wozu ist er dir in deinen Arm geflogen, und du hast ihm leise was erzählt? Bis sie ihn dir weggenommen haben. Für den Graben, Mutter, für den Graben.«

Viele Kinder für den »Führer«

Den Nationalsozialisten ist diese Entwicklung ein Dorn im Auge. Nationale Größe wird nach Köpfen bemessen. Mit sinkenden Geburtenzahlen, die nicht einmal den aktuellen Bevölkerungsbestand garantieren, lässt sich das Hirngespinst von der Weltherrschaft nicht verwirklichen. Vier Kinder soll die deutsche Familie mindestens besitzen.

Die Fruchtbarkeit der »Volksgenossen« versuchen die Nazis durch verschiedene bevölkerungspolitische Maßnahmen zu steigern. Großen Erfolg haben die Ehestandsdarlehen. Bis zu 1000 Reichsmark werden jungen Leuten zinslos zur Verfügung gestellt, die eine Familie gründen wollen. Für jedes geborene Kind erlässt der Staat ein Viertel des Darlehens, mit der angestrebten Zahl von vier Kindern ist es also getilgt. Bis 1938 werden eine Million Darlehen zugeteilt, 98 % davon brauchen nicht zurückgezahlt zu werden. Da die Nachfrage nicht nachlässt, werden bald die Finanzen knapp, der ausgezahlte Betrag wird halbiert. Daneben gibt es Kindergeld für sozial schwächere Familien. Beamte, von denen erwartet wird, dass sie verheiratet sind, werden bei einer Eheschließung besser besoldet. Die Naziregierung bemüht sich also um ein scheinbar familienfreundliches Umfeld.

Für die Frauen bedeutet das allerdings, dass sie systematisch aus öffentlichen Funktionen gedrängt werden, die deutsche Frau hat Mutter zu sein und keinen anderen Beruf auszuüben. Dafür genießt sie gesellschaftliche Anerkennung. Alljährlich am 12. August, dem Geburtstag von Hitlers Mutter, dürfen ab 1938 deutsche Frauen zu einer Art Mütterolympiade antreten – das »Ehrenkreuz der deutschen Mutter« wird verliehen: Bronze gibt es für vier, Silber für sechs, Gold für acht oder noch mehr Kinder.

In Wirklichkeit stärkt der NS-Staat die Familie jedoch nicht, sondern pervertiert die Institution. Nicht alle Familien kommen in den Genuss der genannten Vergünstigungen, sondern nur solche, die dem »arischen« Menschenbild entsprechen. Welches Ziel nationalsozialistische Bevölkerungspolitik verfolgt, verrät Hitler schon 1924/25 in »Mein Kampf«: »Ein völkischer Staat wird damit in erster Linie die Ehe aus dem Niveau einer dauernden Rassenschande herauszuheben haben, um ihr die Weihe jener Institution zu geben, die berufen ist, Ebenbilder des Herren zu zeugen und nicht Missgeburten zwischen Mensch und Affe«.

»Unwertes Leben« ist alles, was dem Rassenwahn der Nazis nicht entspricht. Nach der Machtübernahme wird schnell

Die im »Dritten Reich« geduldete Malerei erhebt die »arische« Familie zu einem Lieblingssujet. Die Maler sind angehalten, möglichst kinderreiche Familien darzustellen (»Bauernfamilie« von Adolf Wissel, um 1939).

gehandelt. Bereits im Juli 1933 wird das Gesetz zur Verhütung erbkranken Nachwuchses in Kraft gesetzt. Es gestattet die Zwangssterilisation von Menschen, deren Fortpflanzung nicht erwünscht ist: körperlich und geistig Behinderte, Epileptiker, Taube und Blinde. Wer sterilisiert ist, darf auch nicht heiraten. In die gleiche Richtung geht im September 1935 das Gesetz zum Schutze des deutschen Blutes und der deutschen Ehre. Als eines der berüchtigten Nürnberger Gesetze ächtet es die »Rassenmischung«: Bestehende Ehen zwischen Juden und »Ariern« werden diffamiert, neue untersagt. Der totalitäre Staat bestimmt, wie das private Glück auszusehen hat. Prominente, die in einer Beziehung mit einem jüdischen Partner leben, werden massiv unter Druck gesetzt, sich von diesem zu trennen.

Auch nach den Kindern streckt der Unrechtsstaat seine Finger aus (→ Folge 14). Sie sollen dem Einfluss der Familie weitgehend entzogen werden. Hitlerjugend und Bund deutscher Mädel übernehmen die Erziehung im nationalsozialistischen Geist, für die Familie bleibt die Aufgabe, für den gewünschten rassereinen Nachwuchs zu sorgen. Mit dem Beginn des Krieges und der Einberufung der Familienväter stößt dieses Modell an seine Grenzen. Bereits zwei Monate nach Kriegsbeginn gibt Reichsführer SS Heinrich Himmler deshalb folgenden Befehl heraus: »Über die Grenzen vielleicht sonst notwendiger bürgerlicher Gesetze und Gewohnheiten hinaus wird es auch außerhalb der Ehe für deutsche Frauen und Mädel guten Blutes eine hohe Aufgabe sein können, nicht aus Leichtsinn, sondern in tiefstem sittlichem Ernst Mütter der Kinder ins Feld ziehender Soldaten zu werden, von denen das Schicksal allein weiß, ob sie heimkehren oder für Deutschland fallen. Auch für die Männer und Frauen, deren Platz durch den Befehl des Staates in der Heimat ist, gilt gerade in dieser Zeit die heilige Verpflichtung, wiederum Väter und Mütter von Kindern zu werden«.

Eine Idee Himmlers ist auch der »Lebensborn«. Dieser 1935 eingetragene Verein betreibt eine Reihe von Heimen, in denen ledige Mütter ihre Kinder zur Welt bringen können. Voraussetzung ist, dass der Nachwuchs »erbbiologisch wertvoll« ist. Das heißt, es handelt sich meist um den Nachwuchs von SS-Männern. Eigene Standesämter in den Heimen regeln die Formalien diskret, die Kinder werden häufig an Familien von SS-Führern zur Adoption gegeben.

Der totalitäre NS-Staat schafft die Privatsphäre der Familie ab (Propagandaplakat, 1936).

Familien ohne Väter

Der Zweite Weltkrieg verändert das traditionelle Familienbild von Grund auf. Die Männer stehen im Feld, kehren oft gar nicht mehr heim oder erst nach jahrelanger Kriegsgefangenschaft. Zahllose Familien müssen ihre angestammte Heimat verlassen. Schon zu Ende der Nazizeit, noch mehr in den Jahren nach Kriegsende übernehmen die Frauen die Hauptlast innerhalb der Familie. Sie erfüllen im zerbombten Deutschland traditionell männliche Rollen im Arbeitsprozess wie in der Kindererziehung. Häufig sind sie alleiniger Haushaltsvorstand. Wenn ein Mann mit der Familie lebt, ist es oft nicht der Vater der Kinder. Die »Onkelehe« ist eine verbreitete Form des Zusammenlebens von Frauen, Männern und Kindern. Aus verschiedenen Gründen wird nicht geheiratet.

Links: Die Notzeit nach dem Zweiten Weltkrieg müssen viele Frauen ohne männlichen Beistand bewältigen.

Familienglück der Fünfzigerjahre: Kinder, Hund und Käfer

Entweder ist der neue Partner eine »Übergangslösung« oder das Schicksal des vermissten Ehemanns ungeklärt. Oft trägt der »Onkel« auch die Uniform einer der Besatzungsmächte, was eine dauerhafte Verbindung zunächst unmöglich macht, denn die Siegermächte versuchen, zumindest in der unmittelbaren Nachkriegszeit, eine »Fraternisierung« zu unterbinden.

Kehren die Ehemänner zurück, ist die Belastung für viele Familien groß, denn man hat sich in den Jahren der Trennung entfremdet. Viele Ehen sind kurz vor der Einberufung des Mannes in den Krieg geschlossen, die gemeinsamen Kinder während der kurzen Fronturlaube gezeugt worden. Jetzt erweist es sich als schwierig, an ehemalige Gemeinsamkeiten anzuknüpfen. Die Frauen sind selbständiger geworden, haben sich berufliche und sexuelle Freiräume geschaffen. Die heimgekehrten Männer erwarten, ihren angestammten Platz als Familienoberhaupt einnehmen zu können. Dies wird jedoch häufig weder von den Frauen noch von den Kindern, die zu einem Fremden »Papa« sagen und seine Autorität anerkennen sollen, akzeptiert.

Zusammenhalt in den Wiederaufbaujahren

Die Verhältnisse stabilisieren sich in den Fünfzigerjahren jedoch erstaunlich schnell. Viele Familien schaffen es, wieder in die vormalige Normalität zurückzufinden. Manche Ehepaare bleiben zusammen, weil eine Scheidung immer noch als Makel gilt und die schwierigen Zeiten sich gemeinsam besser bewältigen lassen. Wiederaufbau heißt die Devise, welche die Familie zusammenschweißt. Die ehemalige Vorstellung der romantischen Liebe macht dabei häufig einem »Zweckbündnis« Platz, das sich als stabil erweist.

Zusammenhalten ist wichtig, denn die ersten Jahre der Bundesrepublik sind von Arbeitslosigkeit geprägt. Vor allem die Frauen sind von Entlassung bedroht, denn die Männer drängen zurück in ihre alten Berufe. Erstaunlich widerstandslos räumen die Frauen ihre eroberten Positionen. Das Ideal der Fünfzigerjahre in der BRD ist die alte patriarchalische Familie, wie sie auch in der Gesetzgebung zunächst festgeschrieben ist: Der Mann verdient das Geld, die Frau hält es als sparsame Hausfrau

»Schlüsselkind« der Sechzigerjahre; mit dem Hinweis auf eine mögliche Verwahrlosung der Kinder, wird die Berufstätigkeit von Müttern stigmatisiert.

zusammen, die Kinder sind gehorsam und fleißig. Frauen verrichten, von wenigen Ausnahmen abgesehen, schlecht bezahlte und wenig qualifizierte Arbeiten. Gesellschaftlich akzeptiert ist die Erwerbstätigkeit von alleinstehenden Frauen und zur Steigerung des Familieneinkommens solange noch keine Kinder zu versorgen sind. Sobald jedoch Kinder da sind, hat die Frau ihren Beruf aufzugeben: Eine 1959 gemachte Umfrage ergibt, dass 59 % der Befragten ein Gesetz befürworten würde, das es Müttern von Kindern unter zehn Jahren generell verböte zu arbeiten. Auch die Kinderpsychologie predigt, dass die Mutter ins Haus gehört, denn die sogenannten Schlüsselkinder seien in der Gefahr zu verwahrlosen.

Das sozialistische Modell

In der DDR sehen die Verhältnisse ganz anders aus. Nicht Hausfrau und Mutter zu sein, lautet das Frauenideal, sondern gleichberechtigte Partnerin des Mannes im Arbeitsprozess. Dies entspringt einerseits der marxistisch-leninistischen Gesellschaftstheorie, nach der sich die Persönlichkeitsentwicklung erst durch die aktive Beteiligung an der Produktion vollzieht, andererseits der schlichten Tatsache, dass Frauen als Arbeitskräfte dringend benötigt werden. In der bürgerlichen Kleinfamilie der BRD wird eine Gefahr für den Sozialismus gesehen. Die SED-Zeitschrift »Einheit« gibt dem in einem Artikel 1962 Ausdruck: »Eine Frau, deren Tätigkeit sich auf den engen Kreis der Familie beschränkt, wird auch als Mutter stets in Gefahr sein, schon durch ihr Beispiel bei den Kindern ähnliche Idealbilder zu wecken ... Jeder kennt die engstirnigen Klein-aber-mein-Spießbürger aller Schattierungen, die das Ergebnis sind und die Bremse jeder sozialistischen Entwicklung.«

Der Weg zur eigenen Wohnung führt in der DDR über die Familie (Foto aus den Achtzigerjahren).

Das bedeutet nicht, dass der SED-Staat familienfeindlich ist, die Auffassung von ihrem Wesen unterscheidet sich nur grundsätzlich von der westlichen. Propagiert wird die Dreikind-Familie, die als eine Art »Grundkollektiv« sich in die anderen gesellschaftlichen Kollektive wie Betriebe oder die Massenorganisationen einzureihen hat. Die Familie ist kein privates Refugium, sondern hat einen gesellschaftlichen Auftrag.

Die angestrebte durchschnittliche Kinderzahl wird nie erreicht. Dabei tut der Staat im Lauf der Zeit einiges, um berufstätigen Frauen die Mutterschaft zu erleichtern. Die Einrichtung von Kinderkrippen reicht jedoch genauso wenig wie die Einführung eines bezahlten Babyjahrs und die Arbeitszeitverkürzung für berufstätige Mütter, die Kinderzahl zu steigern. Eine Erhebung von 1990 weist allerdings aus, dass 93 % aller jüngeren Ehepaare in einer Familie mit Kindern leben.

Geheiratet wird in der DDR in der Regel früher als in der BRD – die Paare sind im Durchschnitt fast vier Jahre jünger als im Westen. Auch die Kinder werden früh geboren, so dass für die über 30-jährigen Frauen der Beruf wieder in den Lebensmittelpunkt rückt.

Ausschlaggebend für den Wunsch, früh zu heiraten, ist häufig die akute Wohnraumnot. Nur durch Heirat besteht überhaupt eine Chance auf eigene vier Wände. In der BRD ist dies in den ersten Jahren nicht anders, allerdings bekommt die DDR-Regierung das Wohnungsproblem über Jahrzehnte nicht in den Griff. Die Single-Wohnung, die im letzten Viertel dieses Jahrhunderts zum verbreiteten Bautyp im Westen wird, gibt es im Osten kaum (→ Folge 20).

Oft halten die jung und aus pragmatischen Gründen geschlossenen Ehen nicht. Die Scheidungsrate der DDR ist eine der höchsten der Welt. Eine Vergleichszahl aus den Achtzigerjahren besagt, dass nahezu die Hälfte aller DDR-Ehen (43 %) geschieden wird, während es in der Bundesrepublik »nur« ein Drittel (30,6 %) ist. Hinzukommt, dass die DDR-Gesellschaft gerade den Frauen die Scheidung erleichtert, weil Mutterschaft und Berufstätigkeit zu vereinbaren sind.

Zweifel an einer Institution

Die wachsende Zahl an Scheidungen auch in der Bundesrepublik lässt Zweifel an der Familie als konfliktfreier Oase aufkommen. Ab Mitte der Sechzigerjahre bröckelt die »Solidargemeinschaft« Ehe zusehends, die Aufbaujahre sind überstanden und oft kehrt Langeweile ein. Der erfolgreiche Manager, der seine Familie nach 15 oder 20 Ehejahren verlässt, um seine junge Sekretärin zu heiraten, ist zwar keine Massenerscheinung, aber durchaus zeittypisch.

Die Achtundsechziger-Bewegung tut ein übriges, um die bürgerliche Idylle zu erschüttern. Plötzlich wird die Kleinfamilie als Ort ausgemacht, der individuelle Neurosen produziert und gesellschaftliche Ausbeutungsmechanismen konserviert. Es werden andere Formen des Zusammenlebens von Frauen, Männern und Kindern ausprobiert. Besonders die Berliner Kommune I wird zum Bürgerschreck und gleichzeitig zum Medienfutter par excellence. Vorstellungen von »freier Liebe« und »antiautoritärer Erziehung« wirken abschreckend und anziehend zugleich. Sexualität und Sinnlichkeit, während der zurückliegenden anderthalb Jahrzehnte unter dem Federbett versteckt, werden nun offen diskutiert. Der Nachholbedarf ist enorm, ein Oswalt Kolle trifft mit seinen Büchern und Filmen als »Aufklärer der Nation« genau ins Schwarze, sogar die Kultusministerkonferenz empfiehlt, gegen konservative Bedenken, 1968 die bundesweite Einführung des Sexualkundeunterrichts an den Schulen (→ Folge 12).

Im Gefolge der Achtundsechziger-Bewegung brechen viele junge Paare mit der Vorstellung, wer sexuelle Kontakte aufnehmen wolle, brauche dazu die gesellschaftliche Legitimation von Ehe und Familie. Die Antibabypille macht die Geburtenkontrolle einfacher denn je. Wer eine Familie gründet, kann dies in der Regel planvoll tun.

Die Achtundsechziger (hier die Kommune I) sagen der bürgerlichen Familie den Kampf an (Foto vom Sommer 1967).

Dies bewirkt einen deutlichen Umbruch im Familienbild der letzten drei Jahrzehnte des 20. Jahrhunderts. Konservative Kritiker sehen darin die Krise einer unverzichtbaren Institution, Soziologen stellen eine Verschiebung der Funktionen fest. Die Ehe erscheint nicht mehr als die alleinige Form des Zusammenlebens. Ein Paar ohne Trauschein wird von der Gesellschaft akzeptiert, selbst wenn Kinder die Zweierbeziehung erweitern.

Die patriarchalische Familie hat ausgedient. Das Verhältnis zwischen den Eltern ist partnerschaftlicher geworden, Väter kümmern sich wesentlich intensiver als früher um ihre Kinder. Seit 1986 können wahlweise Mütter oder Väter nach der Geburt eines Kindes Erziehungsgeld und Erziehungsurlaub beanspruchen. Allerdings gibt es nur wenige Männer, die dieses Recht wahrnehmen.

Der Trend von der Klein- zur Kleinstfamilie setzt sich fort: Vater, Mutter und ein Kind sind das Familienmodell einer Konsumgesellschaft, die daneben immer mehr Single-Haushalte oder Alleinerziehende verzeichnet. Und doch erweist sich die Institution Familie als recht stabil.

TRISH
Das Betreten

Kindheit 1947: Überlebenskampf in den Trümmern Frankfurts

FOLGE

14

KINDERSTUBEN

Die Deutschen und ihr Nachwuchs

Wie wir unsere Kinder behandeln, erziehen oder als Vorzeigeobjekte ausstaffieren, hängt nicht nur von unserem Geldbeutel und unseren Wertvorstellungen ab, sondern auch von dem, was die »Gesellschaft« erwartet oder ächtet. Das gilt für die ernst blickenden kleinen Soldaten auf vergilbten Fotografien der Jahrhundertwende genauso wie für die heutigen »Diesel-Kids« mit Internetanschluss. Dennoch ist der Unterschied zwischen »damals« und »heute« groß. Die Erziehungsleitbilder und die Werte der Kaiserzeit haben ihre prägende Kraft verloren, die Gesellschaft ist offener und toleranter geworden, die Freiräume für die Entwicklung der Kinder haben sich vergrößert. Kindheit, früher nur Vorstufe zur Erwachsenenwelt, ist heute eine Welt für sich.

Das Spielen mit Zinnsoldaten gewöhnt die Jungen der Kaiserzeit an den Krieg. Auch der älteste Enkel Wilhelms II., Prinz Wilhelm von Preußen (1906–1940), der im Zweiten Weltkrieg fällt, darf sich als Heerführer üben.

Kleine Soldaten, kleine Damen

Das gesellschaftliche Leitbild um 1900 ist der Soldat (→ Folge 15). Kaiser Wilhelm II. lässt sich auf Fotografien mit Vorliebe in Uniform abbilden und auch die Kaiserkinder (einschließlich der Prinzessin Viktoria Luise) werden in Matrosenanzügen abgelichtet. Gedacht als Werbung für die Flottenpolitik des Kaisers, wird durch dieses Vorbild die Kindermode einer ganzen Generation kreiert. Selbst in kleinbürgerlichen Kreisen, deren Alltag sonst wenig mit dem Glanz des Kaiserhofs gemein hat, werden die Kinder in Matrosenanzüge oder in Uniform und Pickelhaube gesteckt. Auch die kindlichen Spiele imitieren die Erwachsenenwelt. Die Jungen exerzieren oder sie hantieren mit Kanonenbooten und Zinnsoldaten, die Mädchen bereiten sich durch das Spielen mit Puppen und allerlei Hausgerät auf ihre spätere Aufgabe als Mutter vor. Von »höheren Töchtern« wird erwartet, dass sie Klavier spielen können. Wer als erwachsene Frau nicht selbst kochen, waschen und bügeln muss, benötigt solche Fertigkeiten, um repräsentative Aufgaben übernehmen zu können.

Gefesselte Kindheit

Die Familie ist das Ideal der bürgerlichen Gesellschaft (→ Folge 13). Was die kaiserliche Familie vorlebt, wird im Bürgertum nachgeahmt. Die Rollen sind strikt verteilt: Der in seiner Autorität oft Furcht einflößende oder doch unnahbare Vater repräsentiert die Familie nach außen. Für die Geborgenheit im Innern hat die Mutter zu sorgen, sie ist dabei aber vom Familienoberhaupt finanziell abhängig. Unterstützt wird sie bei der Erziehung der Kinder im bürgerlichen Haushalt durch eine Reihe meist weiblicher Dienstboten. Kindermädchen oder – in adligen und großbürgerlichen Kreisen – eine Gouvernante geben den Kindern dabei oft mehr Zuwendung als die Eltern. Als Ausgleich für die mangelnde emotionale Nähe gewähren die Eltern materielle Sicherheit und gesellschaftlichen Aufstieg. Die Söhne aus den »besseren Familien« haben, als Offizier, Junker, Industrieller, Großkaufmann oder Verwaltungsbeamter, in die Fußstapfen ihrer Väter zu treten. Die Lebensperspektiven der Mädchen sind noch begrenzter: Da Arbeit als Broterwerb für Töchter aus »gutem Haus« verpönt ist, bleibt ihnen nur die Alternative sich auf eine standesgemäße Heirat vorzubereiten.

Der Matrosenanzug ist unverzichtbar, wenn der Nachwuchs der wilhelminischen Epoche fürs Familienalbum posiert. Auch dem kleinen Willy Brandt (1913–1992) bleibt die Prozedur nicht erspart.

Ungleiche Chancen

In scharfem Kontrast dazu verläuft das Leben der Kinder des Mittelstandes, der kleinen und mittleren Beamten und Angestellten, der Handwerker und Gewerbetrei-

Stichwort

Matrosenanzug

Der Matrosenanzug, die Kinderbekleidung ganzer Generationen, kommt ursprünglich aus England. Erste Belege für das praktische, sportive Kleidungsstück, das den Kindern größere Bewegungsfreiheit lässt, gibt es schon vor 1800. Weite Verbreitung findet der Matrosenanzug in England ab 1860, als auch die Kinder des Königshauses so gekleidet sind, um den Anspruch des Königreichs auf die Seeherrschaft zu dokumentieren. Auch Mädchen tragen ab ca. 1880 Matrosenblusen zum Faltenrock.

Als Kleidung für Jungen ist der Matrosenanzug in Deutschland ab den Siebzigerjahren des 19. Jahrhunderts verbreitet. Vorbild ist die kaiserliche Familie in Berlin, die diesen »Look« parallel zum Aufbau der kaiserlichen Flotte (ab 1874) propagiert.

Das Kleidungsstück wird nicht nur in gehobenen bürgerlichen Kreisen schnell zur beliebten Kinderkleidung, sondern zumindest als Sonntagstracht dürfen sich auch Kinder kaisertreuer Kleinbürger- und Arbeiterfamilien in dieser Aufmachung präsentieren. Vor allem bei Terminen beim Fotografen wird der Matrosenanzug zum obligatorischen Kleidungsstück, um im Familienalbum einen repräsentablen Eindruck zu hinterlassen. Einen Höhepunkt erlebt der Matrosenanzug bei Beginn des Ersten Weltkriegs. In Misskredit kommt er in bürgerlichen Kreisen vorübergehend mit der Revolution von 1918, bei der die Matrosen eine führende Rolle spielen. Aus einem »staatstragenden« Kleidungsstück wird, zumindest in den Seestädten, ein Symbol für Aufruhr und Chaos.

Zwar hält sich der Matrosenanzug auch in der Nachkriegszeit, teilweise wohl, weil die sehr haltbaren Kleidungsstücke von den jüngeren Geschwistern aufgetragen werden müssen, der Höhepunkt dieser Mode ist aber vorüber.

Die Nationalsozialisten sehen im Matrosenanzug gar ein Relikt bürgerlicher Reaktion und lehnen ihn ab, so dass er in Deutschland in den Dreißigerjahren mehr und mehr von den Uniformen der Hitlerjugend abgelöst wird.

benden. Für die Kinder dieser »kleinen Leute« gibt es so gut wie keine Aufstiegschancen. Denn nicht Neigung oder Begabung, sondern Vermögen und Beziehung sind die entscheidenden Faktoren für den gesellschaftlichen Erfolg.

Der Schriftsteller Erich Kästner (1899-1974) erinnert sich: »Nach den ersten vier Schuljahren verabschiedete sich etwa die Hälfte meiner Mitschüler, verließ die Tieckstraße und tauchte nach Ostern, stolz mit bunten Mützen, in den Sexten der Gymnasien, Realgymnasien, Reformgymnasien, Oberrealschulen und Realschulen wieder auf. Es war nicht die bessere Hälfte, doch die Dümmsten darunter bildeten es sich ein. Und wir anderen waren zwar in der Tieckstraße, nicht aber geistig zurückgeblieben. Alle miteinander wussten wir, dass die Frage ›Höhere Schule oder nicht?‹ nicht von uns selber, sondern vom väterlichen Geldbeutel beantwortet worden war.«

Kinder als Arbeiter

Die Klassengegensätze auf dem Land wie in der Großstadt sind gewaltig. Für Kinder aus Arbeiterfamilien bedeutet Kindheit alles andere als ein Ort sorgenfreier Abschottung von den Problemen der Erwachsenenwelt. Um die Jahrhundertwende müssen etwa eine Million Arbeiterkinder (das bedeutet rund ein Achtel aller Schulkinder) für den Lebensunterhalt arbeiten – und dies unter härtesten Bedingungen. Vor allem in der Landwirtschaft und der industriellen Heimarbeit sind Kinder beschäftigt. Zusammen mit ihren Müttern nähen sie mehrere Stunden am Tag Knöpfe an oder fabrizieren Holzspielzeug für Kinder, deren Eltern sich diesen Luxus leisten können. Zeit oder Raum zu eigenem Spiel bleibt diesen Kindern kaum. Selbst ihr Bett müssen sie sich mit Geschwistern oder Eltern teilen. Eine repräsentative Erhebung vor Beginn des Ersten Weltkriegs ergibt, dass nur ein Drittel der befragten Schüler über ein eigenes Bett verfügt. Zwar gibt es immer wieder Vorstöße, Kinderarbeit gesetzlich einzuschränken, aber bis in die Mitte unseres Jahrhunderts hinein wird dadurch kein effektiver Arbeitsschutz erreicht. Nur in wirtschaftlich guten Zeiten greifen die Gesetze, sobald sich die ökonomische Situation ändert, erweisen sich die Bestimmungen als Makulatur. So wird 1903 zwar Lohnarbeit für Kinder unter zwölf Jahren in allen gewerblichen Betrieben verboten, als im Ersten Weltkrieg die Männer aber als Arbeitskräfte ausfallen, treten in Industrie und Landwirtschaft vielfach Kinder an ihre Stelle. Ähnliches wiederholt sich im Zweiten Weltkrieg. Die Nationalsozialisten erlassen 1939 ein Gesetz über die Kinderarbeit und die Arbeitszeit Jugendlicher, mit Kriegsbeginn

Kindheit bedeutet bis weit ins 20. Jahrhundert hinein oftmals Kampf ums Überleben. Otto Dix (1891–1969), unerbittlicher Chronist sozialer Missstände, porträtiert 1926 diesen Streichholzhändler. Das Gemälde, das der Vernichtung durch die Nazis entging, ist heute in der Städtischen Kunsthalle Mannheim zu besichtigen.

wird es aber acht Monate später per Notverordnung wieder kassiert. Ein wirksamer Schutz von Kindern gegen Ausbeutung durch Erwerbsarbeit existiert erst seit dem Jugendschutzgesetz von 1960.

Die Gesellschaft entdeckt die Kindheit

Trotzdem gibt es bereits in der Weimarer Republik Bestrebungen, die elenden Bedingungen, in denen ein Großteil der Kinder leben muss, zu verbessern. 1924 wird die Kleinkindererziehung der öffentlichen Wohlfahrtspflege zugeordnet. Das bedeutet, dass Kindergärten unter die Aufsicht der neu eingerichteten Jugendämter fallen und der Staat aufgefordert ist, solche Institutionen dort zu schaffen, wo freie Träger wie die Kirchen diese soziale Aufgabe nicht leisten können.

Alleinstehende Mütter müssen in der ersten Jahrhunderthälfte ihre Kinder häufig in ärmlichsten Verhältnissen großziehen.

Die pädagogischen Reformbewegungen (→ Folge 24) wollen Freiräume für Kinder schaffen. Kinder sollen sich ohne Klassenschranken nach eigenen Bedürfnissen entfalten. So öffnen beispielsweise viele Schrebergärten ihre Tore und bieten Kindern täglich die Gelegenheit im Freien unter pädagogischer Aufsicht zu spielen. Wer möchte, kann eine Spielmarke erwerben und – zumindest auf begrenzte Zeit – aus den tristen Hinterhöfen der Mietskasernen in die begrünte »Idylle« der Kleingartenanlagen fliehen.

Gerade in den immens gewachsenen Großstädten mit ihrem zunehmenden Verkehr ist es notwendig geworden, den Kindern einen Ersatz für das gefährliche Spiel auf der Straße zu bieten. So entstehen öffentliche Spielplätze mit Turngeräten, welche die Kinder von der Straße wegholen und ihnen einen geschützten Raum schaffen sollen.

Diese Ansätze bleiben jedoch in Anfängen stecken. Dafür sorgen schon die geringen finanziellen Möglichkeiten des Staates. Die Weltwirtschaftskrise ab 1929 lässt den Gedanken, Kindern eine ihnen gemäße Umwelt zu schaffen, vollends an den Rand treten. Das betrifft besonders die Landkinder, die man von Anfang an kaum in die Reformpläne einbezogen hat, weil man das für unnötig hält. Gilt doch noch weithin das romantisierende Bild des »gesunden« Landkindes, das in freier Natur und einer intakten dörflichen Gemeinschaft aufwächst. Mit der Wirklichkeit hat dieses Bild allerdings kaum etwas gemein. Auf dem Land sind Kinder fast noch stärker in die Erwachsenenwelt integriert als in der Stadt. Die anfallende Arbeit wird innerhalb der Familie verteilt, und natürlich werden auch die Kinder gefordert. Da heißt es vor Sonnenaufgang aufstehen und Kühe melken, bevor es auf den, besonders im Winter oft beschwerlichen, Schulweg geht.

Unter dem Hakenkreuz

Die Nationalsozialisten widmen dem Thema Kindheit wieder verstärkte Aufmerksamkeit. Bemühungen um eine bessere Gesundheitsfürsorge, Hygieneerziehung oder Säuglingspflege werden vom NS-Staat aufgegriffen und institutionalisiert. Die Absichten der Nazis sind allerdings ganz andere als die der Weimarer Republik. Stand dort die Vorstellung im Vordergrund, dass der Staat zwar Verantwortung trage, aber nur flankierend die Erziehung in der Familie unterstützen solle, greift nun das totalitäre Führerprinzip auch in das Verhältnis Kinder-Eltern ein. Die bürgerliche Familie wird als möglicher Hort der »Reaktion« beargwöhnt, weshalb sich der NS-Staat bemüht, die Kinder möglichst bald aus diesen Bindungen zu lösen. Im Jungvolk, der Hitlerjugend (HJ) oder dem Bund deutscher Mädel (BDM) organisiert, sollen sie in der »Volksgemeinschaft« aufgehen. Sie sind somit nicht mehr primär Kinder ihrer Eltern, sondern Teil eines größeren Ganzen.

Die vornehmste Aufgabe der deutschen Frau ist es, »dem Führer ein Kind zu schenken«. Familie wird von der faschistischen Ideologie zunehmend auf den biologischen Faktor als »rassenreine Keimzelle« des Staates reduziert (→ Folge 13). In letzter Konsequenz ist das Kind nur eine Art Leihgabe für seine leiblichen Eltern, der nationalsozialistische Staat behält sich die Verfügungsgewalt vor – letztlich um die Jungen in den Krieg zu schicken und die Mädchen zu linientreuen Soldatenmüttern zu machen.

Die Angebote, die den Kindern und Jugendlichen gemacht werden, vor allem die gemeinsamen Zeltlager, haben auf viele eine enorme Anziehungskraft. Man kommt hinaus und kann sich vom Elternhaus abnabeln (→ Folge 25). Diese »Befreiung« führt allerdings nicht zu größerer Selbstständigkeit, sondern zur Entmündigung durch paramilitärische Strukturen. Gehorsam und Unterordnung sind oberstes Gebot. Die körperliche Erziehung, auch im Hinblick auf den kommenden Krieg, steht ganz im Mittelpunkt.

Militärisch ist auch die »Kluft« von HJ und BDM. Uniformen sollen das Wirgefühl der Kinder und Jugendlichen fördern, was vielfach dem Wunsch nach Distanz zum Elternhaus entgegenkommt. Doch

DOKUMENT

Erziehung für die »Volksgemeinschaft«

Hitlerjungen marschieren in Reih und Glied

Auf dem Weg zum »freiwilligen« Einsatz

Der nationalsozialistische Reichsjugendführer Baldur von Schirach (1907-1974) umreißt 1935 in der »Ausbildungsvorschrift für die Ertüchtigung der deutschen Jugend« die Absichten, die mit der sportlichen Erziehung der Hitlerjugend verbunden werden:

»Hitlerjunge! Körperliche Ertüchtigung ist nicht nur die Voraussetzung für Deine spätere Wehrfähigkeit, sie ist auch eine Grundforderung der nationalsozialistischen Weltanschauung.
Wir in der Hitlerjugend sehen in planmäßig aufgebauten Leibesübungen ein unentbehrliches Werkzeug unserer Selbsterziehung zur Kameradschaft und Gemeinschaft.
Der Führer verlangt von Dir, daß Du Deine körperlichen Anlagen und Fähigkeiten bis zur äußersten Möglichkeit entwickelst; denn er will eine Jugend, in der jeder einzelne die ihm von Gott gegebene Dreiheit: Körper, Geist und Seele harmonisch vereint. Nach solchem Willen ist der beste Deutsche nicht der Klügste oder der Kräftigste, wohl aber der, dessen Ausbildung ihn befähigt, in allen Lebenslagen der Gemeinschaft seines Volkes zu dienen.
Erziehe Dich zur Selbstlosigkeit! Wer gelernt hat, zuletzt an sich selbst zu denken, ist der beste Bürger des neuen Reiches. Ob arm, ob reich, katholisch oder protestantisch, ihm sollen die Tore des Staates offenstehen.«

wird durch diese Kleidung auch die Wehrhaftigkeit dieser Jugend symbolisiert. Und in der Tat werden gegen Ende des Zweiten Weltkriegs viele Kinder von der HJ- in die Wehrmachtsuniform gezwungen.

Trümmerlandschaften als Spielplätze

Der verlorene Krieg bedeutet nicht nur für die Erwachsenen eine tiefe Zäsur. Viele Kinder haben Bombardierung, Vertreibung und den Tod naher Verwandter erleben müssen. Die Städte sind zerstört, die Väter zum großen Teil in Gefangenschaft oder gefallen, die Mütter mit Aufbauarbeit beschäftigt. Viele Kinder sind Vollwaisen. Suchmeldungen im Radio sollen helfen, auseinander gerissene Familien wieder zusammenzuführen. Die materielle Not lässt den Schwarzhandel blühen, Kinder schmuggeln Zigaretten oder Nylons. Das »Organisieren« von Kohlen oder Kartoffeln ist nicht nur »Sport«, sondern oft eine Sache des Überlebens. Wie Kinder aller Zeiten versteht es aber auch die sog. Trümmergeneration, sich in den widrigen Verhältnissen einzurichten. Wo es keine Spielplätze mehr gibt, dient die Trümmerlandschaft der Großstädte als Erlebnisraum. Gespielt wird oft Krieg – eine makabere, aber vielleicht notwendige Form der Bewältigung durchlittener Schrecken.

Der Zweite Weltkrieg lässt auch die Welt der Kinder zusammenstürzen. Sie verstehen es jedoch, sich sogar in den gespenstischen Trümmerlandschaften deutscher Großstädte einzurichten.

Ostkinder – Westkinder

Was die materiellen Entbehrungen der ersten Nachkriegsjahre betrifft, unterscheidet sich die Situation der Kinder in den beiden neu entstandenen deutschen Staaten kaum. »Wiederaufbau« lautet die erste Devise. Das bedeutet, dass in der Regel beide Eltern arbeiten und für die Kinder Unterbringungsmöglichkeiten geschaffen werden müssen.

In der Bundesrepublik wird die Kinderkrippe jedoch stets als Notbehelf gesehen. Das Ideal bleibt die »Familie«, in der sich die Mutter vollständig der Erziehung der Kinder widmet. Eine Folge des sog. Wirtschaftswunders im Westen ist, dass viele Frauen, die »es sich leisten können«, aus dem Arbeitsprozess ausscheiden und ein Dasein als Hausfrau und Mutter führen. Für die Kinder bedeutet das, dass Kindergarten und Schule zwar einen gewissen Teil des Tagesablaufs bestimmen, zu Hause aber eine permanente Bezugsperson wartet. Von der »bürgerlichen« Pädagogik wird dieses Modell als besonders vorteilhaft für die psychische Entwicklung der Kinder gepriesen.

In der DDR sieht die Sache anders aus. Das Leitbild des sozialistischen »Arbeiter- und Bauernstaats« ist die berufstätige Frau, während die Kindererziehung als kollektive Aufgabe angesehen wird. Kinderkrippe, Kindergarten und Schule sind für ostdeutsche Kinder weit mehr Lebenszentrum als für die Gleichaltrigen im Westen. Auch die Freizeit der Kinder wird zentral organisiert. Über die Pionierorganisationen und die Freie Deutsche Jugend (FDJ) versucht der Staat, sich einen direkten Einfluss auf die Denkweise der Kinder und Jugendlichen zu sichern. Obwohl man an die Traditionen der Arbeiterbewegung anknüpft, erinnert die Organisation der Kindererziehung im »antifaschistischen deutsche Staat« äußerlich fatal dem historischen Beispiel, das er bekämpfen will. Die Freizeitangebote sind gleichermaßen verlockend wie die der HJ, das Erscheinungsbild ähnlich militärisch und der Versuch des Staates, den Kindern eine Ideologie einzubläuen, oft ebenso autoritär. Jedoch eröffnet sich auch die Chance, sich vom Elternhaus abzunabeln.

Angetreten zum Gruppenbild; junge Pioniere und ihre Lehrerin in den Siebzigerjahren; nur wenige können sich dem Zwang zur Uniformität entziehen.

Kinderläden – Modell einer anderen Erziehung?

Autoritäre Strukturen gibt es allerdings auch im Westen. Das Verhältnis Eltern-Kinder und die Vorstellungen von einer »richtigen« Erziehung sind oft noch von Normen geprägt, die in Gehorsam, Fleiß und Autoritätsgläubigkeit höchste Ideale sehen. Die Anordnungen oder Ansichten der Eltern in Frage zu stellen, gilt als Sakrileg. Nicht Partnerschaft, sondern eine hierarchische Beziehung zwischen Eltern und Kindern ist gefragt.

Diese Einstellung gerät zunehmend in Konflikt mit der wirtschaftlichen und gesellschaftlichen Entwicklung. Die Fünfziger- und frühen Sechzigerjahre sind geprägt vom wirtschaftlichen Aufschwung, der auch für die Kinder materielle Wünsche wahr werden lässt. Von der Werbeindustrie werden sie deshalb auch rasch als Zielgruppe entdeckt. Neben Wohnung und Auto sagt über das Sozialprestige einer Familie auch etwas aus, wie man seine Kinder kleidet und auf welche Schule man sie schickt. Die soziale Durchlässigkeit der Gesellschaft gestattet Aufstiegschancen auch für Kinder aus kleinbürgerlichen oder Arbeiterkreisen. Der Wunsch: »Du sollst es einmal besser haben als dein Vater« ist weit verbreitet. Dies gilt zumindest für Jungen; die Überzeugung, dass es sich auch lohnt, in die Bildung seiner Töchter zu investieren, verbreitet sich wesentlich langsamer.

Die Maxime der antiautoritären Erziehung lautet, Kinder ihre Grenzen selbst erkunden zu lassen.

Doch erweisen sich die Anfänge der Bildungsexplosion nicht immer als unproblematisch. Kinder spüren den Leistungsdruck, wenn sie als Stellvertreter die Erwartungen der Eltern erfüllen sollen, Eltern fürchten ihren Einfluss zu verlieren, wenn ihre Kinder ein höheres Bildungsniveau erreichen als sie selbst. Diese Konflikte kommen in den späten Sechzigerjahren zum Ausbruch. Wenn die Studenten der sog. Achtundsechziger-Generation

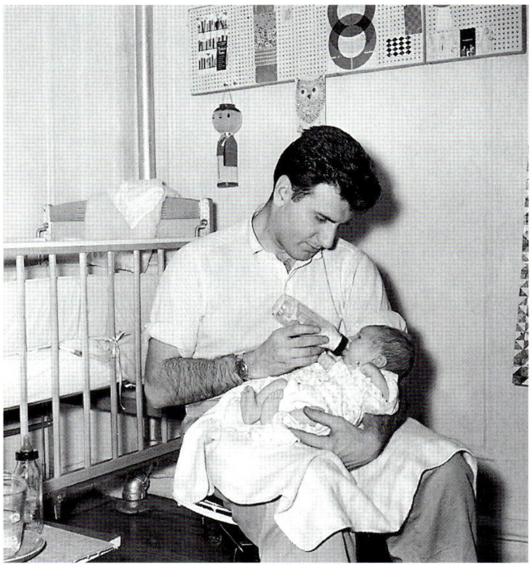

Traditionelle Rollenbilder geraten ab den Sechzigerjahren ins Wanken. Dies wirkt sich auch auf das Verhältnis der Väter zu ihren Kindern aus. Sie sind – früher undenkbar – bei der Geburt dabei und kümmern sich um die Babypflege. »Hausmänner« bleiben allerdings eine Seltenheit.

skandieren: »Unter den Talaren, der Muff von tausend Jahren«, meinen sie damit nicht nur ihre Professoren, sondern die Vätergeneration schlechthin.

Was sie als Unterdrückung empfunden haben, wollen die Achtundsechziger ihren Kindern ersparen. Der Kinderladen wird zum Ort, wo die »antiautoriäre Erziehung« ausprobiert wird. In privater Initiative soll ein Gegenkonzept zur »bürgerlich repressiven Erziehung« verwirklicht werden. Gestützt auf psychoanalytische und neomarxistische Theorien wird auf Reinlichkeits- und Ordnungsdrill verzichtet, statt dessen soll sich die frühkindliche Sexualität ausleben und kindliches Eigeninteresse in einer Art freiem Spiel der Kräfte durchsetzen dürfen.

Diese radikale Abkehr von bürgerlichen Erziehungsnormen findet jenseits des Zirkels der studentischen Opposition allerdings kaum Verbreitung. Die Gleichung, ein frei sich entfaltendes Kind müsse automatisch zum demokratischen und solidarischen Mitglied der Gesellschaft werden, geht in der Praxis häufig nicht so einfach auf.

Deutschland, ein Kinderparadies?

Trotzdem bringt die Kinderladenbewegung frischen Wind in die Diskussion pädagogischer Prinzipien. Erziehung wird zum öffentlichen Thema, dessen sich populäre Zeitschriften, Fernsehen und Rundfunk annehmen.

Bücher und Zeitschriften, die sich an Eltern wenden, die bei der Erziehung ihres Nachwuchses »ja nichts falsch machen wollen«, haben beachtlichen Erfolg. Früher war es möglich, aus dem Gefühl heraus zu handeln oder sich am Vorbild des Erziehungsstils der eigenen Eltern zu orientieren (oder sich davon abzusetzen). Jetzt gewinnen die Erkenntnisse der Kinder- und Jugendpsychologie oder der Pädagogik zunehmend Einfluss auf das Verhalten der Eltern. Dass von Expertenseite im Zehnjahreswechsel diametral entgegengesetzte Ratschläge für die optimale Förderung der Kinder gegeben werden, irritiert nur am Rande.

Die Einstellung der Eltern zu ihren Kindern unterscheidet sich gegen Ende unseres Jahrhunderts zweifellos deutlich von der vor 100 Jahren. Einen wesentlichen

Nullnummer der Ratgeberzeitschrift »Eltern«

Einfluss darauf hat die Verbreitung der Antibabypille seit Mitte der Sechzigerjahre. Schwangerschaft ist nicht mehr Schicksal oder Folge eines »Betriebsunfalls«, sondern wird zur bewussten Entscheidung. Trotz heftigen Widerstands der katholischen Kirche wird diese Art der Geburtenkontrolle von vielen Frauen als Befreiung empfunden. Die Folge ist der sog. Pillenknick in der Geburtenstatistik, der in West-, und in noch stärkerem Maß in Ostdeutschland dazu führt, dass die Geburtenrate weit unter die zur Erhaltung der gegenwärtigen Bevölkerungszahl notwendige Grenze absinkt.

Gleichzeitig wächst der finanzielle Freiraum der Kinder. Taschengeld, bis zur Rezession Mitte der Neunzigerjahre häufig großzügig bemessen, ist eine Selbstverständlichkeit. Kinder und Jugendliche werden zu markenbewussten Konsumenten, die von der Industrie heftig umworben werden.

Dass Deutschland aber ein kinderfreundliches Land wäre, lässt sich wohl kaum behaupten. Politiker beklagen, mit Blick auf die leeren Rentenkassen, zwar das Sinken der Geburtenrate, Familien mit Kindern sind aber offensichtlich keine gesellschaftliche Gruppe, die ihre Anliegen durchsetzen kann. Die im Gesetz verbürgte Garantie auf einen Kindergartenplatz für jedes Kind ändert daran wenig. Die Entscheidung für Kinder bedeutet für die Eltern Verzicht, zu dem viele in der Single-Gesellschaft Ende des 20. Jahrhunderts nicht bereit sind. Während Kinder bis weit in die Mitte des Jahrhunderts im öffentlichen Leben stets präsent waren, sind sie heute eher eine Randgruppe.

Die Kinder am Ende des Jahrhunderts wachsen wie selbstverständlich in eine technisierte Umwelt hinein, die ihren Eltern oft verschlossen ist. Elektronische Medien wie Fernsehen und Computer verändern das Freizeitverhalten zusehends.

FOLGE

15

ZAPFENSTREICH

Die Deutschen und ihre Soldaten

Soldatsein ist für die Mehrzahl der deutschen Männer dieses Jahrhunderts Schicksal – oft ein tödliches. Die meiste Zeit ist die deutsche Armee eine Wehrpflichtigentruppe: Soldatsein trifft fast jeden jungen Mann, gehört anscheinend zum deutschen Erwachsenwerden.

Der Wehrdienst ist zu Beginn des Jahrhunderts eine selbstverständliche »vaterländische Pflicht«. Offiziere haben dabei den höchsten gesellschaftlichen Status in der durchmilitarisierten wilhelminischen Gesellschaft (→ Folge 34). Der Kaiser als »oberster Soldat« trägt gern und zu jeder Gelegenheit Fantasieuniformen. Viele Akademiker tragen mit Begeisterung das »Ehrenkleid« der Offiziersuniform und schreiben später stolz »Leutnant der Reserve« auf ihre Visitenkarten. Schüler, die das »Einjährige« bestehen, können eine verkürzte Dienstzeit leisten und Unteroffizier oder sogar Offizier werden. Viele Wehrpflichtige werden als Reservisten Mitglieder in den Kriegervereinen und blicken sentimental auf ihre Dienstzeit zurück, auf die Kameradschaft wie auf die im Rückblick verklärten Schikanen durch Vorgesetzte: »Reserve hat Ruh!« Doch in Wahrheit hat sie keine (→ Folge 9).

»Mit Gott für Kaiser und Vaterland«

1914 ziehen Wehrpflichtige und Freiwillige, Landwehr und Reservisten, wie gelernt, begeistert in den Krieg. »Krieger« werden ist für viele auch Befreiung von

Das idealisierte Soldatenbild: deutsche Infanterie beim geordneten Vormarsch 1914

Propaganda für den Soldatentod: Junge Regimenter stürmen bei Langemarck, angeblich mit dem Deutschlandlied auf den Lippen in den Tod (November 1914).

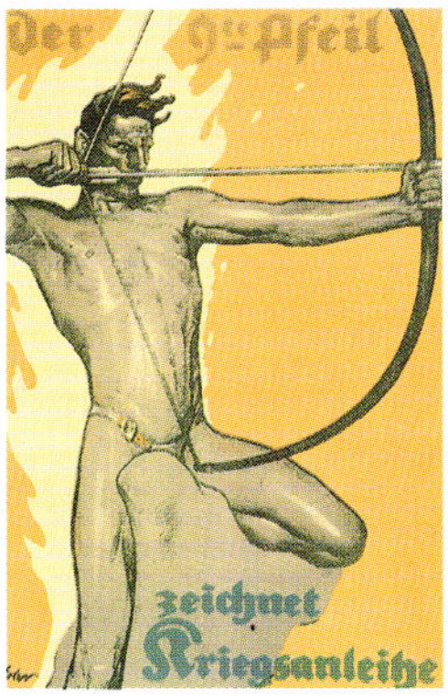

Industrieller Krieg – vorindustrielle Bilder: Plakat von Fritz Erler für die neunte Kriegsanleihe (1918)

Zwängen: der Arbeit, der Familie, der stickigen Bürgerlichkeit. Jugendbewegung und Abenteuerlust der jungen Männer beflügeln die »Ideen von 1914«. Doch der Kriegsenthusiasmus vom August ist kurzlebig. Anfangs ist der Krieg vom Bild des »stürmenden Helden« geprägt, der wie 1870/71 unter wehenden Fahnen in Massen den »Opfertod fürs Vaterland« in Schönheit sterben will. Ein Ort wird zum Symbol dafür: Vor dem flandrischen Langemarck stürmen Regimenter aus jungen Kriegsfreiwilligen, so geht die tradierte Legende, im November 1914 das Deutschlandlied singend in den Tod. Ein ganzer Abiturjahrgang fällt.

An der Westfront zeigt sich jedoch schon bald die neue Wirklichkeit des Kriegs: Aus dem Bewegungs- wird im Herbst 1914 ein Grabenkrieg, bei dem um jeden Meter der Front gerungen wird und Material wichtiger wird als Heroismus und Ritterlichkeit (→ Folge 9).

Arbeitssoldaten und Technokrieger

Der Soldat des Ersten Weltkrieges wird zum Kriegsarbeiter: Er nimmt an der mechanisierten Schlacht teil wie ein Akkordarbeiter an der fließenden Produktion der Fabrik. In der Materialschlacht entsteht der »passive Held«, bei dem traditioneller Mut und aktive Tapferkeit durch geduldiges Ausharren im Feuer, durch Leidensfähigkeit gegenüber der Übermacht des tödlichen »Materials« ersetzt wird. Schanzen, Stollenbau und Grabenaushub machen die Soldaten zudem eher zu Bauarbeitern als zu »Helden«. In den Gräben entsteht ein neuer Soldatentyp: der duldende und leidende »Muschkote«, der statt des Gewehrs oft einen Knotenstock in der Hand hält.

Deutlich von ihm abgesetzt ist die neue Elite der Krieger der Materialschlacht, der »Fürsten des Grabens« (Ernst Jünger), deren scharfgeschnittene Gesichter unter dem »kühnen Schwung« des 1916 eingeführten Stahlhelms oft propagandistisch herausgestellt werden. Für die schlemmenden und saufenden »Etappenhengste«, die Offiziere in der Sicherheit weit hinter den Gefahren der Front, haben sie nur Verachtung übrig.

Neu ist auch die Verschmelzung von Techniker und Soldat: Die Führer der neuen Waffen wie Gasoffiziere, Tank- oder Lastkraftwagenfahrer scheinen die Technik zu beherrschen und mit ihr eine neuartige »Kampfeinheit« zu bilden. Diese Elitesoldaten scheinen nicht mehr unter der Übermacht der technischen Kampfmittel zu leiden, sondern sich ihrer im Gegenteil mühelos und effizient zu bedienen. So charakterisiert Ernst Jünger auch den Kriegsflieger: »Während des rasenden Fluges läuft eine Reihe verwickelter Vorgänge ab; und schwerer vielleicht als der pfeilschnelle Sturz auf den Gegner wiegt jener kurze, besorgte Seitenblick, der zu gleicher Zeit die zitternden Nadeln der Messuhren streift. Das setzt eine Rasse

Ein Künstler sieht das Sterben im Graben: »Die Vernichtung«, Farbdruck nach einer Zeichnung von Hans Baluschek (1914).

voraus, die ein eisiges Hirn über glühendem Herzen trägt«.

Die »totale Mobilmachung« (Jünger) und ihre neuen technischen Helden weisen auf das nationalsozialistische, ebenfalls technisch geprägte Kämpferideal voraus, das als motorisierte blonde Bestie beschrieben werden kann und zum eigentlichen soldatischen Leitbild wird. Es wird ein Gegensatz zwischen dem Helden der technischen Schlacht und den leidenden Wehrpflichtigen der anonymen Massenarmeen aufgebaut; dem Fliegerhelden steht der »unbekannte Soldat« gegenüber, der die Masse der Soldaten und auch der Matrosen der stillliegenden Hochseeflotte ausmacht. Und die ist längst kriegsmüde geworden. 1918 herrscht auch an der Front Hunger. Die Soldaten auf Heimaturlaub sehen zerlumpt aus; die Verwundeten tragen Verbände aus Papier, während Etappenoffiziere im besetzten Frankreich oft als »Schieber« mit Nachschubmaterial und den knappen Nahrungsmitteln handeln. »Gleicher Lohn und gleiches Essen/wär der Krieg schon längst vergessen«, reimen die unzufriedenen Grabenkämpfer und Matrosen. Von ihnen und den Heeressoldaten geht schließlich die Revolte gegen den Krieg aus.

Auch in Weimar bleibt die Uniform präsent

Arbeiter- und Soldatenräte bilden sich; aus Soldaten werden revolutionäre Kämpfer. Ihre Waffen setzen sie nun gegen den »inneren Feind« ein. Die sozialdemokratischen Politiker bedienen sich der »loyal« gebliebenen Soldaten als Ordnungsmacht. In den internen Auseinandersetzungen der Jahre 1918 bis 1923 kämpfen und sterben Soldaten auf verschiedenen Seiten der politischen Fronten.

Mit dem Versailler Friedensvertrag von 1919 wird dem besiegten Deutschland nur eine Berufsarmee längerdienender Soldaten von 100 000 Mann zugestanden. So sind »reguläre« Soldaten in den »Goldenen Zwanzigerjahren« nicht oft zu sehen, doch auf den Straßen sind Uniformen sehr präsent: Die bewaffneten Bürgerkriegssoldaten der revolutionären Linken, der Arbeiter- und Soldatenräte, der Freikorps, der

Kriegskrüppel, die Opfer der Materialschlacht: linker Flügel des Triptychons »Die Großstadt« von Otto Dix, Staatsgalerie Stuttgart (1927/28)

Vereinigungen ehemaliger Grabenkämpfer wie des Stahlhelm, des Roten Frontkämpferbundes und schließlich die braununiformierten Schlägertrupps der SA spielen während der gesamten Dauer der Weimarer Republik mit dem Image des Soldatischen. Der Frontkämpferbund Stahlhelm ist die größte politische Organisation der Weimarer Republik. Seine Mitglieder pflegen nicht nur Kriegserinnerungen, sondern eine Mischung aus nationalen Ideen, Abenteuer- und Gefahrverehrung. Das Gegenbild dazu sind die Kriegsopfer: Die Straßen sind voller bettelnder Kriegskrüppel in alten Uniformstücken.

Nach dem Krieg werden massenhaft Kriegerdenkmäler errichtet. Mit dem Kult um den »unbekannten Soldaten« werden die Millionen anonymer Opfer der Materialschlacht nachträglich zu Helden; das Massensterben wird heroisch umgedeutet und die gemeinsame Trauer soll die gesellschaftlichen Gegensätze verwischen, von denen die Republik geprägt ist.

Um das Bild des Soldaten gibt es ständig Auseinandersetzungen: Besonders gegen Ende der Zwanzigerjahre erscheinen viele Romane, die das Kriegserlebnis der Frontsoldaten verarbeiten. Sehr viele Autoren preisen das »Stahlbad« der Materialschlacht, glorifizieren die »Frontgemeinschaft« und das archaische Gewalterlebnis. Dieser neue Typ von existenzieller Kriegsfaszination – zentral hierfür ist Ernst Jüngers frühes Werk »Der Kampf als inneres Erlebnis« von 1922 – preist die archaische Gewalterfahrung des einzelnen Kriegers, macht die Niederlage erträglicher und ergänzt oder ersetzt oft den traditionellen Patriotismus. Der Pazifismus bleibt weitgehend auf die Linke und auf Intellektuelle und Künstler beschränkt, auch wenn ein Werk wie Erich Maria Remarques »Im Westen nichts Neues« bei seinem Erscheinen 1929 Hunderttausende aufrüttelt.

Aufrüstung für den nächsten Krieg

Eine völlige Militarisierung der Gesellschaft erfolgt im Nationalsozialismus: Schon vor der Machtübernahme galt »SA marschiert!« Die Parteisoldaten sind zwar Konkurrenz zur Reichswehr, lehnen sich aber zugleich an sie an. In der Nazimy-

Die Dolchstoßlegende – angeblich fallen »Linke« dem unbesiegten Frontsoldaten in den Rücken – bemäntelt die militärische Niederlage im Ersten Weltkrieg (Plakat der Deutschnationalen Volkspartei für die Reichstagswahlen 1924).

BIOGRAFIE

Ernst Jünger preist »Kampf als inneres Erlebnis«

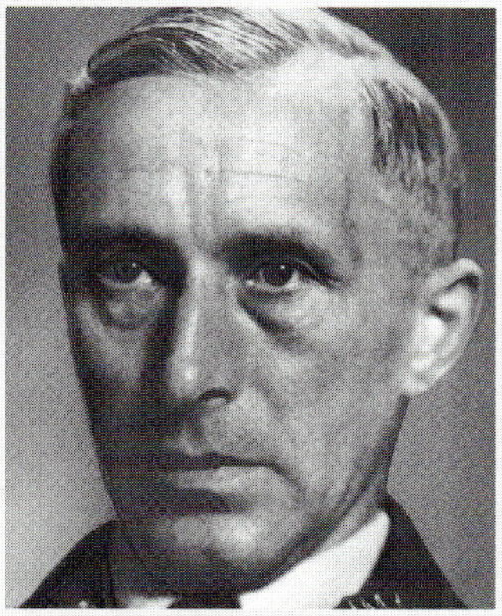

Ernst Jünger (1895–1998)

Ernst Jünger, 1895 in Heidelberg geboren, meldet sich nach einer kurzen Zeit in der französischen Fremdenlegion 1914 freiwillig und erlebt den Waffenstillstand 1918 als Leutnant, ausgezeichnet mit dem höchsten deutschen Orden, dem Pour le mérite, im Lazarett. Als mehrmals verwundeter Stoßtruppführer in den Grabenkämpfen des Ersten Weltkrieges verkörpert er einen damals neuen Soldatentypus, der selbst im Grauen der Materialschlacht seine Souveränität zu bewahren scheint. Jünger wird zum Führer des neuen arbeitsteiligen Kämpfens der »Stoßtrupptaktik«. Motiviert kaum mehr durch traditionellen Patriotismus, versucht der »Flaneur im Schützengraben« den Extremsituationen von Sterben, Schmerz und Blutrausch ins Auge zu blicken. Verarbeitet hat Jünger dies in dem Buch »Der Kampf als inneres Erlebnis«, das er 1922, zwei Jahre nach seinem Bestseller »In Stahlgewittern. Tagebuch eines Stoßtruppführers« veröffentlicht. Als Autor, der die grauenvollen und bedrohlichen Seiten des Soldatseins im modernen Krieg verstehen und rechtfertigen will, ist Jünger bis heute umstritten. Immer wieder wurde Jünger mit dem Vorwurf konfrontiert, dass sein Werk aufgrund eines ästhetischen Heroismus antidemokratische Tendenzen aufweise.

thologie verschmelzen Parteikrieger und heldische Weltkriegssoldaten, die Opfer der »Bewegung« und die des Krieges – erst die NS-»Revolution« soll dem Opfer der toten Soldaten des Weltkrieges Sinn verleihen. Auch der »Führer« scheint dies zu verkörpern: Der dekorierte »Weltkriegsgefreite« Hitler kultiviert den massenwirksamen Frontsoldatenmythos. Noch stärker als im wilhelminischen Deutschland wird das Soldatentum gepflegt – angefangen mit der soldatischen Jugendausbildung. Mit »Geländespielen«, Strammstehen und militärischen Hierarchien gewöhnt man die »Jugend Hitlers« an ihre zukünftige Bestimmung als Soldat. Hat der HJ-

Soldaten für den nächsten Krieg: Parade zur Wiedereinführung der allgemeinen Wehrpflicht in Berlin (1935)

»Pimpf« schließlich noch den militärisch organisierten, obligatorischen Reichsarbeitsdienst hinter sich, ist die Grundausbildung in der Wehrmacht schließlich nichts Neues mehr: Statt des Spatens schultert man das Gewehr. Im Nationalsozialistischen Kraftfahrkorps, dem NSKK, lernen die künftigen Meldefahrer und Panzerführer das Fahren, und beim Segelfliegen auf der Wasserkuppe werden die kommenden Bomberpiloten ausgebildet. Heinz Rühmannn führt in dem Aufrüstungsfilm »Quax der Bruchpilot« 1941 vor, wie sich ein individualistischer Anarchist schließlich in die nötige Disziplin fügt.

Der Soldat und die neue technische Waffe: deutscher Panzer beim Einmarsch in Belgien (1940)

Hitler rüstet auf: Die Wehrmacht wird 1935 wieder eine Wehrpflichtigenarmee und mit modernstem Material ausgestattet. Die führenden Militärs begrüßen dies natürlich, obwohl sie wissen, dass sie für zukünftige Eroberungskriege rüsten und ausbilden. Trotz der Übernahmeversuche der Partei bewahren die führenden Soldaten im NS-Staat eine gewisse Selbstständigkeit, so dass einige Konservative den Eintritt in die Wehrmacht als angeblich »aristokratische Form der Emigration« bemänteln.

Heldenhafte Kämpfer gegen den »Bolschewismus« und die Juden

In der Verarbeitung der Niederlage von 1918 wandeln sich auch die Kriegsfantasien. Im Nationalsozialismus ist vom jugendbewegten »Sturmlauf über Wiesen« zwar noch die Rede, doch typischer ist das Image des Panzerkommandanten in der Turmluke seines Stahlfahrzeuges. Der mechanisierte Krieg, den Hitler und »moderne« Generäle wie Heinz Guderian konzipieren, erfordert andere Heldenbilder als

Nationalsozialistische Heldenbilder, während das Ende schon droht: MG-Schütze auf dem Titelblatt der »Woche« (1943)

der traditionelle. Der elitäre Stoßtruppführer des Ersten Weltkrieges wird zum Führer der Waffen des technisierten »Blitzkrieges«. Die Wehrmacht in Hitlerdeutschland betont neue Werte: Kameradschaftlichkeit, Abbau von Offiziersdünkel und »Teamgeist« zur Steigerung der militärischen Effizienz in einem Angriffskrieg.

Als Nazideutschland den Krieg 1939 beginnt, bleibt, anders als 1914, die Begeisterung zunächst aus. Doch die anfänglichen »Blitzsiege« aktivieren sie wieder. Ritterkreuzträger, die neuen Helden, verbreiten Enthusiasmus vor allem unter der Jugend. Besonders in der zweiten Kriegshälfte brechen jedoch, wie schon im Ersten Weltkrieg, Gegensätze zwischen Frontsoldaten und »Heimatkriegern« auf: der kämpfende »Landser« stellt sich gegen die »Goldfasanen« in der Etappe.

In der zweiten Kriegshälfte werden die Soldaten von der Nazipropaganda zu Verteidigern Europas gegen den »Bolschewismus« stilisiert und zu Helden überhöht. Der Nachkriegsmythos des Gegensatzes zwischen »sauberem« Wehrmachtsangehörigen und »schmutzigem« SS- und Gestapomann ist indes nicht haltbar. Die deutsche Wehrmacht führt im Osten einen durchaus schmutzigen Krieg. Sie ist an der Ausrottung der Juden, an Geiselerschießungen und dem planmäßigen Verhungernlassen von Millionen sowjetischer Kriegsgefangener maßgeblich beteiligt.

Mit der Gründung der Waffen-SS als kämpfender Elitetruppe erfolgt eine Verwischung der Grenzen zwischen NS-Schergen und Wehrmachtssoldaten. Immer stärker werden auch die regulären Kämpfer in den NS-Staat involviert: vom persönlichen Eid auf Hitler bis zur Einführung des Hitlergrußes in der Wehrmacht im Juli 1944.

Anlass für diese Maßnahme ist eine Solidaraktion der leitenden Militärs für Hitler nach dem Attentat 1944. Die Verschwörer des 20. Juli sind zumeist Offiziere aus alten preußischen Adelsgeschlechtern, allen voran der eigentliche Attentäter, Claus Graf Schenk von Stauffenberg. Dieser »Aufstand des Gewissens« von häufig konservativen Soldaten gegen die NS-Kriegführung wird von Hitler als Tat einer »ganz kleinen Clique« von Offizieren hingestellt. In den Augen der Nachwelt rettet sie die Ehre der Wehrmachtssoldaten.

Besonders nach dem Attentat, in einer Phase, in der die Niederlage unübersehbar ist, wird für das »Durchhalten« der Soldaten, von denen vielen längst klar ist, dass sie auf verlorenem Posten kämpfen, mit terroristischen Methoden gesorgt. Unbedachte Äußerungen können tödlich sein: Standgerichte verurteilen nicht nur zahlreiche Deserteure, sondern auch »Wehrkraftzersetzer« zu Zehntausenden zum Tod. Der Versuch der vollständigen Militarisierung erfolgt 1945: Die Deutschen sollen endgültig ein »Volk in Waffen« werden. Doch der Volkssturm als letztes Aufgebot von Kinder- und Greisensoldaten rettet die Naziherrschaft nicht. Bei Kriegsende werden aus den Wehrmachtsangehörigen Gefangene: Elf Millionen befinden sich 1945 in alliierten Lagern.

Besatzungssoldaten und Kalte Krieger

In den Aufbaujahren herrscht ein von den Befreiern gewünschter – und anfangs erzwungener – Pazifismus vor. Wenige Jahre lang sind die einzigen Soldaten in Deutschland die alliierten Besatzer. Nach anfänglichem Fraternisierungsverbot kommt es im Westen zu vielen Kontakten zwischen Besatzern und Besetzten. Die Deutschen lernen vor allem die Amerikaner als kaugummiverteilende »relaxte« Kämpfer kennen – ein Gegenbild zu dem deutschen Ideal des strammen Soldaten –, während die Rotarmisten weit eher dem diszipliniert-harten, »preußisch« orientierten Soldatenbild entsprechen.

Deutsche Soldaten auf dem Weg in die Kriegsgefangenschaft (1945)

Die Neugründung der Bundeswehr 1955 und der Nationalen Volksarmee erfolgt im Spannungsfeld des Ost-West-Konfliktes, der schon bald nach 1945 die Weltkriegsalliierten UdSSR und USA zu unversönlichen Gegnern machte. Für den Aufbau der Streitkräfte werden Soldaten des Zweiten Weltkriegs aktiviert. Ihr Image ist zwiespältig: Sie stehen im öffentlichen Bewusstsein der frühen Bundesrepublik allenfalls als »Kriegsopfer« auf der gleichen Stufe wie die Opfer des Nationalsozialismus. Die Heldenverehrung scheint sich in Deutschland überlebt zu haben – anders als in anderen europäischen Staaten. Doch schon in den Fünfzigerjahren werden die deutschen Weltkriegssoldaten wieder gefeiert, in rechtsradikalen Heften mit hohen Auflagen wie der berüchtigten »Landser«-Serie. Auch Kriegerdenkmäler werden zu »Heldenmalen« umgedeutet.

Die Bundeswehr pflegt dagegen anfangs bewusst die Illusion des Zivilen: Die neuen Freiwilligen bekommen Uniformen von betont unmilitärischem Schnitt verpasst und verstehen sich als in einer demokratisch umerzogenen Gesellschaft verankert. Schon im Sommer 1956 wird die allgemeine Wehrpflicht wieder eingeführt – nicht nur, um mehr Reservisten für einen möglichen »heißen Krieg« auszubilden, sondern auch, weil die Bundeswehr – anders als die Reichswehr in den Zwanzigerjahren – kein politisch isolierter »Staat im Staate« werden soll. Demokratie und Disziplin werden nicht mehr als Widerspruch gesehen: Das Prinzip der Inneren Führung wird zum neuen Leitbild erhoben, ebenso wie der »Bürger in Uniform« – ein Konzept von Wolf Graf von Baudissin. Kooperation ist das Ziel der Soldatenausbildung, angepasste Kriegstechniker sind nicht gefragt. Die Bundeswehr versteht sich zunehmend als »Schule der Nation« – auch wenn die Realität des Kasernenalltags für viele Wehrpflichtige aus dem berüchtigten »Gammeldienst« besteht. Das Soldatische am Soldaten wird von der Bundeswehrführung nur soweit wie nötig kultiviert. Zentraler ist für viele, die zum »Bund« müssen, die technische und fahrerische Ausbildung oder das Studium an Bundeswehrhochschulen für Längerdienende.

Die Bundesrepublik baut wieder eine Armee auf: Bundespräsident Theodor Heuss besichtigt ein Manöver mit freiwilligen Soldaten (1955).

Auf der anderen Seite wird die Tradition der Wehrmacht und ihrer berühmten Generäle – die durchaus nicht immer zu den moralisch »guten« Soldaten gehört hatten – durchaus gepflegt: eine oft prekäre Gratwanderung am Rande der NS-Legitimation. Auch spektakuläre Fälle von »Schleifern«, Rekrutenschindern, erschüttern die Bundesrepublik.

Die DDR-Soldaten hingegen, hervorgegangen aus der Kasernierten Volkspolizei, pflegen eher die preußischen Traditionen: Stechschritt und wehrmachtsähnliche Uniformen zeichnen die »Friedenskämpfer« der NVA aus. Deren Aufgabe ist es, die »sozialistischen Errungenschaften mit der Waffe in der Hand« zu schützen. Grenztruppen der DDR verteidigen mit der Schusswaffe den »antifaschistischen Schutzwall« und töten dabei Menschen. Von Schuld ist hierbei keine Rede; die Schützen werden ausgezeichnet und machen Karriere. Denn schon bald gibt es wieder in beiden deutschen Staaten die Konzeption des guten, sauberen Soldaten, der in einem moralisch gerechtfertigten Krieg kämpft.

Soldaten und Pazifisten

Doch im Gefolge der kulturellen Umbrüche der späten Sechzigerjahre schwindet die Akzeptanz des Soldatseins stark: »Soldaten sehn sich alle gleich/Lebendig und als Leich«, singt der Liedermacher Wolf Biermann. Erstmals erscheint der Nicht-Soldat als der wahre Held. Der Pazifismus, und in der Konsequenz die Verweigerung des Waffendienstes, wird zum kulturellen Leitbild. Die Zahl der Wehrdienst- oder Kriegsdienstverweigerer – die sprachliche

Die »Friedenssoldaten« der DDR und ihre Mittelstreckenraketen: Demonstration der Nationalen Volksarmee in Ost-Berlin zum 1. Mai 1973

Unterscheidung ist bereits Programm – wächst ständig. Kommissionen, die die Gewissensentscheidung der Verweigerer prüfen, examinieren in den Siebzigerjahren Zehntausende junger Deutscher. Die Bevorzugung des Zivil- statt des Militärdiensts ist für viele junge Westdeutsche nun eine klare Entscheidung – anders in der DDR, wo die Verweigerung viel komplizierter ist und Dienst ohne Waffe in Baukompanien, wie schon im Kaiserreich die »Schipper«, geleistet werden muss.

Deserteure, etwa US-amerikanische Soldaten, die dem Vietnamkrieg entkommen wollen, avancieren zu Heroen. Antiamerikanismus und Pazifismus beherrschen bei der Jugend die Debatte um den Vietnamkrieg. Das Unsoldatische wird gesellschaftlich dominant. Die Reaktion der Bundeswehr besteht in einer stärkeren Betonung ihrer sozialen Rolle. Das Bild vom humanitär orientierten Soldaten, der bei Katastropheneinsätzen hilft, Lazarette aufbaut und Kinder mit Nahrung versorgt, überschneidet sich in vielen Merkmalen mit dem des Zivildienstleistenden.

Doch der Pazifismus vieler Jugendlicher ist widersprüchlich, ihm steht eine Begeisterung für die – durchaus ja nicht gewaltfreien – Befreiungskriege in der sogenannten Dritten Welt gegenüber. Das Bild des Revolutionsführers Ernesto »Che« Guevara hängt als Heldenikone in vielen Studentenbuden. Abgelegte amerikanische Uniformstücke, wie etwa Armeeparkas, werden zu modischen Attributen.

Mit der Elitetruppe GSG 9, der 1977 in Mogadischu eine spektakuläre Geiselbefreiung gelingt, bekommen die Deutschen wieder Helden geliefert: militärische Einzelkämpfer, mit denen man sich identifizieren kann. Doch die westdeutsche Jugend kann mit dem Soldatsein auch in den Achtzigerjahren nicht viel anfangen. Der NATO-Nachrüstungsbeschluss vom Dezember 1979 bringt Hunderttausende zu Friedensdemonstrationen auf die Straße, während in der Schlussphase des Kalten Krieges die Rüstungsausgaben steigen.

Durch den zweiten Golfkrieg 1991 gegen den irakischen Diktator Saddam Hussein und später durch die Kriege auf dem Balkan verändert sich die pazifistische Grundstimmung. Die vorher klaren Fronten verwischen sich. Selbst die GRÜNEN, in deren Parteiprogramm noch die Abschaffung der allgemeinen Wehrpflicht gefordert wird, debattieren kontrovers um Auslandseinsätze deutscher Soldaten und schließlich um die neue Rolle der Bundeswehr. »Humanitäre« Einsätze in Afrika, später bewaffnete Einsätze im früheren Jugoslawien werden in der deutschen Öffentlichkeit breit diskutiert.

Das Soldatenbild ändert sich in den Neunzigern ebenfalls: Die Anonymisierung schreitet fort. Im Golfkrieg gibt es keine Heroen auf dem Schlachtfeld mehr, außer den Kriegsberichterstattern – sie sind die neuen Helden der scheinbaren medialen Transparenz.

Trotzdem melden sich genügend deutsche Freiwillige für Auslandseinsätze. Ihre Motive sind eher durch Abenteuerlust als durch Patriotismus bestimmt. Den Soldaten der Bundesrepublik ist bis jetzt die Realität kriegerischer Auseinandersetzungen erspart geblieben – auch wenn fremde Soldaten, ihr Töten und Sterben täglich im Fernsehen präsent sind.

Daß wir das noch
erleben konnten!
Gebt mir 4 Jahre Zeit

UN-HEIL

Die Deutschen und der »Führer«

Das Urteil über die Person Adolf Hitler ist vernichtend, darin sind sich die Historiker einig: »arm und armselig« (Guido Knopp), ein »Niemand aus Wien« (Joseph P. Stern), ängstlich, kommunikationsarm und egoistisch. Privat ist er »eine Spottgeburt aus Dreck, aus unsäglicher Verklemmtheit, tiefstem Provinzialismus« (Hans-Ulrich Wehler); eine Unperson, »von mäßiger organisatorischer Begabung, der politische Horizont weithin auf propagandistische Mobilisierung beschränkt« (Hans Mommsen), ein Parvenü, ein aus dem Nichts hergelaufener »böhmischer Gefreiter«. Bereits 1939 beschreibt der Journalist Sebastian Haffner Hitler als jemanden, der von sturer Eigenliebe, Erbitterung, einer korrupten Fantasie und Minderwertigkeitskomplexen getrieben wird und einzig und allein die Befriedigung seines Egos sucht.

Eben dieser Hitler ist vermutlich der bekannteste Deutsche dieses Jahrhunderts, noch vor Franz Beckenbauer oder Boris Becker, wie Guido Knopp in seiner »Bilanz« feststellt, und er ist zugleich der größte Verbrecher.

Hitler – die Unperson

Die Filme von Joachim Fest in den Siebzigerjahren oder die ZDF-Serie von 1995 machen das Problem der Gegenwärtigen mit ihren Eindrücken von Hitler nur zu deutlich: Was sollen die heutigen Zuschauer von einem wild gestikulierenden Menschen halten, der obendrein noch mit seinem rollenden »R« ein merkwürdiges

»Dass wir das noch erleben konnten« – Führerkult im deutschen Wohnzimmer im Jahr 1938

Ringen um feudale Repräsentation – »Führerbildnis« von Heinrich Knirr, 1938

Deutsch spricht. Der Historiker Wehler berichtet im Jahr 1995 in einem Zeitungsartikel von der erquickend direkten, aber verständnislosen Reaktion der Jüngeren heutzutage, der nach seiner Ansicht entgegengewirkt werden muss. Denn sie können einfach nicht begreifen, warum ihre Großeltern einem solchen »Brüllaffen« erliegen konnten. Sprache und Gestus haben sich seitdem verändert, und aus der Distanz von fast 60 Jahren erscheint Hitler manchen als Polit-Clown, als Karikatur seiner selbst – die Unterschiede zu Charlie Chaplins zeitgenössischer Parodie (»Der große Diktator«), gedreht zwischen 1938 und 1940, drohen zu verwischen.

Der Verführer?

Wie wird der »Führer« Hitler möglich? Was fasziniert die Massen an dem Dauerredner aus Braunau, der schon 1921 mit seinen Reden den Circus Krone in München füllt? Warum verfällt eine Nation, die viel auf ihre Kultur und technische Zivilisation hält, diesem Mann? Selbst Thomas Mann kann ihm eine gewisse angewiderte Bewunderung nicht versagen.

Eine Erklärung für den denkwürdigen Aufstieg Hitlers wird darin gesucht, dass er die Ressentiments der Zeit in seiner Person vereinigt. Die NSDAP verfügt nicht über die Geschlossenheit eines politischen Lehrgebäudes wie z. B. ihre Gegnerin, die KPD, vielmehr ist der Name Hitler Programm genug und das Entscheidende ist der »Wille zur Tat«, wie Innenminister Wilhelm Frick die programmatische Armut der NSDAP im Februar 1933 bemäntelt. Die NS-Weltanschauung ist in sich widersprüchlich und nährt sich aus lauter Gegenpositionen: Antiparlamentarismus, Antimarxismus und -bolschewismus, Antimodernismus, Antisemitismus, aber auch Antikapitalismus. Sie bietet einen Ort für die Sehnsucht nach dem starken Mann, nach Führertum und Erlösung in einer immer komplexer und unübersichtlicher werdenden Zeit. Ihr Anliegen scheint die

DOKUMENT

»Politik im Groteskstil«

In seiner »Deutschen Ansprache« äußert sich Thomas Mann am 17. Oktober 1930 im Berliner Beethovensaal zur NSDAP:

»Der exzentrischen Seelenlage einer der Idee entlaufenen Menschheit entspricht eine Politik im Groteskstil mit Heilsarmee-Allüre, Massenkrampf, Budengeläut, Halleluja und derwischmäßigem Wiederholen monotoner Schlagworte, bis alles Schaum vor dem Munde hat. Fanatismus wird Heilsprinzip, Begeisterung epileptische Ekstase, Politik wird zum Massenopiat des Dritten Reiches oder einer proletarische Eschatologie, und die Vernunft verhüllt ihr Antlitz.
Ist das deutsch? Ist der Fanatismus, die gliederwerfende Unbesonnenheit, die orgiastische Verleugnung von Vernunft, Menschenwürde, geistiger Haltung in irgendeiner tieferen Seelenschicht des Deutschtums wirklich zu Hause?«

Rückkehr zu alten Werten zu sein, zu einer vorindustriellen Gemeinschaft. Die NSDAP kämpft gegen die »Schmach von Versailles«, die »schäbige Sozi-Republik« und »Entartungserscheinungen« der modernen Gesellschaft. Vor allem aber gibt die NS-Ideologie vor, versöhnen zu wollen, in einer Zeit, in der sich die politischen Gegner uniformiert Schlachten liefern und die Erwerbslosenzahlen auf Rekordhöhen steigen. In der nationalsozialistischen Volksgemeinschaft sollen sich die Gegensätze von Natur und Technik, Tradition und Moderne, Sozialismus und Kapitalismus aufheben. Die NS-Ideologie propagiert eine Idylle und einen starken Obrigkeitsstaat, der diese in krisenhaften Jahren schützt. Der Führerkult der NSDAP bündelt die Hoffnungen und Ängste in einer Person – erst einmal an der Macht, wird der »Führer« vollends überhöht.

Inszenierungen I: Hitler als ruhiger, überzeugender Redner (Foto von Heinrich Hoffmann, 1926)

Die Herstellung des Mythos

Jeder Auftritt Hitlers ist eine Inszenierung, seine Gesten sind einstudiert, seine Reden folgen einer eigenen Dramaturgie, vom leisen Raunen zum Stakkato der Exaltiertheit. Die Bilder, die der Fotograf Heinrich Hoffmann aufnimmt, als Hitler seine Gestik einübt, sprechen für sich. Doch Hitler nützt auch alle Möglichkeiten der modernen Massenmedien und Verkehrsmittel. Im Wahlkampf 1932 scheint er überall zu sein, indem er im Flugzeug von einer Wahlversammlungsinszenierung zur nächsten fliegt. Der entsprechende Propagandafilm zeigt den wahrhaft von »oben« kommenden Erlöser (Hitlers Himmelfahrt).

Inszenierungen II: der rhetorische Ausbruch (Foto von Hoffmann, 1926)

Inhaltlich appelliert Hitler an große Gefühle, daran, dass der gemeinsame unbedingte Wille und Glaube alle vergangene Schmach auslöschen, die gegenwärtigen Probleme lösen und eine glückliche Zukunft schaffen könne. Die Kalkulation geht auf, wenn der Funke überspringt, das Publikum seine Rolle als brave Zuhörerschaft aufgibt und sich der missionarischen Aus-

Militärparade zu »Führers« Geburtstag 1939 – ein Massenspektakel

strahlung Hitlers ergibt. Im Rausch der Massen können die Visionen schnell wahr werden, man muss nur Hitler an die Macht bringen. Die Volksgemeinschaft und der »Führer« werden eins: »Das ist das Wunder der Zeit, dass ihr mich gefunden habt ... unter so vielen Millionen! Und dass ich Euch gefunden habe, ist Deutschlands Glück« (Hitler auf dem Reichsparteitag in Nürnberg 1936).

Nach der Machtübernahme dienen Pathos und pompös inszeniertes Auftreten dazu, Herrenmenschentum und Rassendiskriminierung zu verkünden und schließlich auch den Kampf um »Lebensraum«, Kampfgemeinschaft und Opferbereitschaft zu fordern. Immer schwingt der große Schicksalston mit, schließlich geht es um nichts Geringeres als »Deutschlands Wiedergeburt« und die »nationale Erhebung«.

Die Choreographie auf den Parteitagen suggeriert mit Fanfarenstößen, den aus dem alten Rom entlehnten Feldzeichen, Licht und Bühnenbauten ein sakrales Massenerlebnis. Die Assoziationen zu Inszenierungen von Wagner-Opern liegen bei dem Freund der Bayreuther Festspiele nahe: Hitler als Gralsritter gegen die »jüdisch-bolschewistische Mongolenflut«. Die Rienzi-Ouvertüre, mit der die Reichsparteitage eröffnet werden, wird zur heimlichen Hymne des »Dritten Reichs«. Die »Straße des Führers« zwischen den Massen wird erst nach einer geziemenden Pause durchschritten, dann beginnt die Rede.

Dieser in Einsamkeit entrückte Mensch lässt sich jedoch immer wieder Spaten schwingend herab, um Aktionen des Reichsarbeitsdienstes zu eröffnen; er streichelt Hunderte von Kinderköpfen, drückt Frauenhände auf Erntedankfesten und inszeniert sich so zum herzensguten »Volkskanzler«. Mit seinem Schäferhund Blondie und mit den Scotch-Terriern von Eva Braun posiert er auch als Tierfreund. In Sammelbildchen für Zigarettenalben kann die Schuljugend die heroische Auferstehung des Nationalsozialismus und seines Führers nachvollziehen.

Doch er hat auch scheinbar Handfestes zu bieten: Der Legende nach schafft er die Arbeitslosigkeit ab und vollbringt ein »Wirtschaftswunder«. Die Vorarbeiten seiner Amtsvorgänger dazu, der weltweite wirtschaftliche Aufschwung, die Art der Kreditschöpfung und die kriegswirtschaftlichen Vorbereitungen werden ausgeblendet. Reisen, Urlaube, sogar der Kauf eines

Das jubelnde Volk auf dem »Reichsparteitag des Sieges« 1933 – die NSDAP feiert die Machtübernahme.

Autos werden möglich. »Da schaffen wir eine große Sache, die dem Führer Freude machen wird«, bemerkt Joseph Goebbels in seinem Tagebuch zum VW-Projekt 1937. Das Volk soll teilhaben am »Kraftverkehr«, daher muss auch ein entsprechender Wagen für das Volk entwickelt

Propagandastreich Autobahn: der erste Spatenstich am 23. September 1933 bei Frankfurt am Main

und das Straßennetz ausgebaut werden. Der Liebhaber schneller, repräsentativer Limousinen mit dem Stern kommt so fälschlich in den Ruf, persönlich für den Bau der Autobahnen gesorgt zu haben.

Dieser »Führer« scheint von Erfolg zu Erfolg zu stürmen: Rheinland, Österreich, Sudetenland, Polen, Frankreich, Dänemark und Norwegen werden »friedlich« annektiert oder im »Blitzkrieg« erobert. Die Invasion Großbritanniens ist 1941 für viele nur ein Frage der Zeit. Selbst das Attentat auf Hitler im Juli 1944 wird in der Volksmeinung mit den Worten »Dem Führer bleibt auch nichts erspart« kommentiert. Er ist es, der das »Dritte Reich« zusammenhält. Nur mit Hitler identifizieren sich die Menschen, nicht mit Goebbels, Himmler oder Bormann. Als sich das Ende abzeichnet, bleibt sich Hitler treu, indem er nun das deutsche Volk zum Untergang verurteilt, weil es sich des Nationalsozialismus nicht als würdig erwiesen habe.

Schwierigkeiten der Annäherung

Der dokumentarisch überlieferte Hitler erleichtert das heutige Verstehen kaum, es wird eher erschwert. Denn meistens stammen die Bilder und Filme aus der geschickt inszenierenden NS-Propagandamaschinerie, wie etwa die Fotos von Hitlers Leibfotografen Hoffmann oder der Film »Triumph des Willens« von Leni Riefenstahl. Die Überlieferung selbst ist also propagandistisch eingefärbt. Manch ein distanzloser Zeitzeuge, der nach wie vor ehrfurchtsvoll vom »Führer« spricht, wirkt ebenfalls nur mittelbar aufklärend.

Auch die heutige Mediengier auf Hitler-Kuriosa wie die vermeintlichen Tagebücher (»stern« 18/1983) oder das »Geheimdossier 553« des KGB (»stern« 13/97), das nichts Neues enthält, erleichtert den Umgang mit der historischen Figur Hitler kaum. »Der Spiegel« (30/1997) leistet mit »Wagners Mythen – Hitlers Wahn« seinen

Eines der letzten Bilder Hitlers, aufgenommen am 20. März 1945 im Garten der Reichskanzlei in Berlin

Dokument

»Geschichte muss umgeschrieben werden«

»stern« zu Hitlerfälschungen

Chefredakteur Peter Koch schreibt im »stern« 18 vom 28. April 1983:

»Lieber stern-Leser ... Schon der Umfang der Dokumentenfunde rechtfertigte die Schlussfolgerung: Die Geschichte des Dritten Reiches muss teilweise umgeschrieben werden. Der Inhalt erst recht: In völlig neuem Licht erscheint der Fall Heß, der Flug des Führer-Stellvertreters nach England. Wer ahnte auch nur, wie Hitler insgeheim seinem obersten Folterknecht Himmler misstraute. Noch immer rätseln die Historiker, wann der Diktator den Entschluss zum Überfall auf die Sowjetunion fasste. Die Tagebücher enthüllen es. Am heikelsten: Hitlers Äußerungen über die Juden ...«

Beitrag, im Film tut es das ZDF mit »Hitlers Ende – Was im Führerbunker wirklich geschah« (1995). Hinzu kommt schließlich auch eine unzureichende Kenntnis der Geschichte des »Dritten Reichs« selbst und dessen, was fortwirkt. Da sind Legenden, Mythen, rechtsradikale Ideologeme und Nazi-Embleme, und da gibt es auch Schuldbewusstsein und jahrzehntelange Verdrängung. Wie soll in einem solchen Umfeld in Hitler-Biografien die falsche Heroisierung vermieden werden? Dieses Problem bekommen auch die Macher der Ausstellung »München – Hauptstadt der Bewegung« 1993 zu spüren, deren Präsentation der braunen Fest- und Feierkulte auch dem engstirnigsten Rechtsradikalen keinen Stoff für nostalgische Beschwörung und Glorifizierung des »Dritten Reichs« liefert. Die Diskussion um diese Ausstellung offenbart viel über die gegenwärtigen Schwierigkeiten im aufklärerischen Umgang mit dem Nationalsozialismus und der Person Hitler. Wegen zu befürchtender Missverständnisse wird die Ausstellung – anders als geplant – nicht in Berlin gezeigt.

Hitler und den Nationalsozialismus gewissermaßen durch sich selbst entlarven zu lassen und zugleich Distanz zu bewahren, ist auch heute noch ein Wagnis. Der Hitler-Biograf Joachim Fest gibt sogar zu bedenken, dass Hitler, wäre er 1938 einem Attentat zum Opfer gefallen oder verunglückt, für die Deutschen einer der größten Staatsmänner wäre. Doch diese lehrreiche Spekulation braucht gar nicht angestellt zu werden, tatsächlich ist bis in die Sechzigerjahre eine relative Mehrheit der westdeutschen Bevölkerung dieser Meinung – trotz der Nazigräuel.

Willige Vollstrecker?

Die Debatte um das 1996 in Deutschland erschienene Buch von Daniel Goldhagen »Hitlers willige Vollstrecker« berührt das Hitler-Bild insofern, als sie geeignet ist, die Rolle Hitlers zu relativieren. Es ist eine immer wieder neu zu stellende Frage, wie ein zivilisiertes Land in die Barbarei verfallen und Millionen von Menschen, vor allem Juden, liquidieren konnte. Ganz offensichtlich hat die antisemitische Vorprägung großer Teile der Bürokratie und der militärischen Eliten dazu beigetragen, dass sich kaum Widerstand gegen die zunehmende Judenverfolgung regte. Kann das Verhalten der Deutschen im allgemeinen darauf zurückgeführt werden – wie es Goldhagen tut –, dass sie allesamt eine historisch gegebene antisemitische Grundprägung haben, die sie als »gewöhnliche Deutsche« wie die ganz normalen Männer im Polizeibataillon 101 zu willigen Vollstreckern werden lässt, so dass die »Banalität des Bösen« ihren Lauf nimmt? Die These, dass dieses von Anfang an antisemitische Volk dann in Hitler die Erfüllung seines sehnlichsten Wunsches gefunden hätte, nämlich die Juden zu eliminieren, halten Historiker wie Mommsen für ein Fehlurteil. Sie schwächt die Rolle Hitlers und des NS-Regimes bei der Beseitigung von unparteiischer Justiz und unabhängiger öffentlicher Meinung einerseits und der Verstärkung aller nationaler, sozialer und rassistischer Ressentiments andererseits, damit eine beachtlich große Minderheit den »eliminativen Antisemitismus« ohne wesentlichen Widerstand durchsetzen kann. Hitler wird so letzten Endes zum Vollstrecker eines seit langem vorgeprägten Volkscharakters gemacht.

Wenn auch in den Kritiken an Goldhagens Buch die vergleichsweise magere empirische Grundlage bemängelt und vieles durch andere Studien als bereits bekannt festgestellt wird, weist doch der Untertitel des Buches »Ganz gewöhnliche Deutsche und der Holocaust« in eine Richtung, welche die wissenschaftliche Diskussion bisher ausgegrenzt hat. Ähnlich wie bei den Diskussionen um die Ausstellung »Verbrechen der Wehrmacht« kommen jetzt Fragen nach dem persönlichen Anteil an den scheinbar systemischen und damit anonymen Verbrechen des »Dritten Reichs« auf. Die liebgewordene Unterscheidung zwischen den Nazis und den Deutschen lässt sich so nicht mehr aufrecht erhalten. Die Debatten um das Goldhagen-Buch werden zum Anlass für die Enkelgeneration nachzufragen, was der eigene Großvater oder die Großmutter in der Zeit des Nationalsozialismus eigentlich gemacht haben.

Zwischen Begeisterung und kultischer Verehrung – SA-Männer um Hitler im Braunen Haus in München 1930

Dokument

Verführte und Führer

Der im Jahr 1926 in Mittweida/Sachsen geborene Schriftsteller Erich Loest, der bis 1981 als freier Schriftsteller in der DDR lebte, schreibt über seine Jugend:

»Sie haben uns verführt zu ihren Zwecken, wir haben aber gern mitgemacht. Viele wie ich haben sich überhaupt nicht dagegen gewehrt, haben keine Handhabe gehabt, haben keinen Grund gesehen, sich zu wehren, und sind dann wieder, indem sie Führer waren, Verführer der anderen gewesen. Und wer wie ich zwei, drei Jahre lang ein durchaus beliebter Fähnleinführer war, der hat ja wieder die anderen Jungs nun verführt, dieses mitzumachen, sozusagen eine Kette, die oben angefangen hat und nach unten weitergegangen ist.«

Hitler-Markt und Hitler-Kult

Die Vermarktung von Nazi-Devotionalien und zahlreiche mit Hakenkreuzen versehene Werbeprospekte, zum Teil aus Dänemark oder den USA, tragen besonders seit den Siebzigerjahren dazu bei, dass eine Neonazi-Szene gut versorgt wird und ihren Hitler-Kult weiter pflegen kann. Die Übergänge von der Verherrlichung einzelner Schlachten des Zweiten Weltkriegs zur NS-Propaganda sind fließend. Schallplatten und Kassetten mit Hitlers Reden gibt es reichlich auf dem Markt und in jüngster Zeit organisiert sich die Neonazi-Szene im Internet. So verständigt man sich über die Abhaltung von speziellen Sonnenwendfeiern bis zu Festen zu »Führers Geburtstag«. Sogenannte Wehrsportgruppen üben unter Anleitung von Braunhemden und Hitler-Nachahmern mehr oder weniger bewaffnet, um einmal die Macht zu übernehmen oder wenigstens »Ordnung« in ihrem Sinn zu schaffen.

Aufmarsch von Neonazis mit der ehemaligen Reichskriegsflagge (1991 in Dresden)

Neben den hartgesottenen Neonazis gibt es viele Deutsche, auch unbeteiligte oder völlig unbelastete, die mit dem gänzlich unzureichenden, aber doch immer wieder vorkommenden Argument: »Nicht alles war schlecht« das Nazi-Regime beschönigen. Dabei wird darüber hinweggesehen, dass das verbrecherische System als Ganzes nur funktionieren konnte, wenn viele Einzelne fraglos nur ihre »Pflicht« taten, und dass ein mörderischer Krieg unausweichlich zum Wesen der Nazi-Herrschaft gehörte. Doch diese Nachkriegsversion von »...wenn das der Führer wüsste« belegt nur, dass noch immer Mythen und Legenden der Nazi-Propaganda nachwirken.

Hitler und die politische Kultur

Nicht ganz unbeteiligt am hartnäckigen Fortbestehen von Elementen der Nazi-Ideologie ist die Justiz der frühen Bundesrepublik, in der viele Nazis ihr Unterkommen finden. Erst als es in einer DDR-Kampagne heißt »Hitlers Blutschergen in Adenauers Diensten«, werden verstärkt Prozesse gegen Naziverbrecher geführt. Ab 1945 werden 106 000 Ermittlungsverfahren durchgeführt und 6000 Täter verurteilt, ein Viertel davon nach 1949. Diese Verurteilungsquote ist auch aus der Sicht der Zentralstelle zur Aufklärung von NS-Verbrechen in Ludwigsburg zutiefst enttäuschend.

Ende der Achtzigerjahre herrscht trotz des Historikerstreits, ausgelöst durch das Buch von Ernst Nolte »Der europäische Bürgerkrieg 1917–1945« weitgehend Übereinstimmung in der Feststellung: Mit Hitler sind wir noch lange nicht fertig. Dies gilt umso mehr in der neuen deutschen Normalität nach der Vereinigung. Dass die Anziehungskräfte faschistischer Erlebnisweisen in vielfältigen Formen noch bis heute nachwirken, weist die Sozialpsychologin Gudrun Brockhaus nach. Damit ist keineswegs nur die ästhetische Dimension des »Dritten Reichs« gemeint, es sind auch die Versprechen, alles versöhnen zu können, einfache Lösungen für die komplizierten Probleme der Gegenwart zu finden und dem Leben einen mystischen Sinn geben zu können. Dazu kommen kleinbürgerliche Ordnungsvorstellungen, die sich in Ausländerfeindlichkeit niederschlagen können. Der Slogan österreichischer Alldeutscher aus den Zwanzigerjahren, »Deutschland den Deutschen«, geistert durch das Land.

Unscharfe Traditionslinien der Bundeswehr, die sich z. B. bei der Benennung einiger Kasernen zeigen, sind ein Hinweis darauf, dass die Sensibilität in der politischen Kultur Deutschlands in Bezug auf das »Dritte Reich« nicht immer hinreicht. In Zeiten des Kalten Kriegs galt lange der Glaubenssatz, dass der Nationalsozialismus gegenüber dem Bolschewismus das kleinere Übel gewesen sei – im Stammtischjargon: »Wenn der Hitler nicht gewesen wäre, stünde der Russe heute am Rhein«. Die protestierenden Studenten von 1968 hörten Bemerkungen wie: »So etwas hat es bei Hitler nicht gegeben«, oder, »Die hätte man vergast«. Der Konflikt mit dem Kommunismus ermöglichte es, für Jahrzehnte die notwendige Auseinandersetzung mit dem Nationalsozialismus zu verdrängen oder wenigstens weniger wichtig erscheinen zu lassen. Vielleicht können jetzt, nach dem Aufbrechen des Blockdenkens, der Nationalsozialismus und sein »Führer« in die Kontinuitäten und Diskontinuitäten, in Sonderwege oder Sonderbewusstsein deutscher Geschichte interpretierend eingefügt werden.

Die politische Kultur der Bundesrepublik ist von ihren Anfängen an bestimmt vom »Nie wieder«. Die konsequente Verhinderung von Strukturen des »Dritten Reichs« bestimmt ihr Verfassungsleben. Darüber hinaus sind Themen der Ethik von Wissenschaft, insbesondere der Medizin und Biologie, von einer traumatischen Prägung durch das »Dritte Reich« überlagert. Über Euthanasie z. B. kann nicht so diskutiert werden wie in den Niederlanden; die Gentechnologie ist nicht frei von Gedanken an die NS-Absichten zur Züchtung einer Herrenrasse. Selbst die Überlegung, ein Bundeskultusministerium zu schaffen, steht vor dem Hintergrund der kulturellen Gleichschaltung in der Nazizeit. Um so mehr muss die Faszination, die gegenwärtig der Nationalsozialismus und der Führerkult auf eine kleine Minderheit ausüben, alarmieren. Gerade wegen dieser auf Mythos und Legende beruhenden Rezeption ist in der Auseinandersetzung mit Hitler und dem »Dritten Reich« kein Ende abzusehen. Der Nationalsozialismus zeigt, dass Personalisierung und Personifizierung von Politik die kritische Funktion einer politischen Öffentlichkeit beschädigen oder ganz außer Kraft setzen können. Im Medienzeitalter mit seinen Möglichkeiten an der Schwelle zum nächsten Jahrhundert ist dies noch mehr Anlass, Hitler »als ewiges Denkmal des Menschenmöglichen« (E. Jäckel) zu sehen.

Die Bundeswehr, ein Ziel rechtsradikaler Unterwanderung – »stern«-Titel vom 11. Dezember 1997

AUSCHWITZ

Das deutsche Verbrechen

Auschwitz ist ein deutscher Ort – nicht weil die kleine Stadt je auf lange Zeit zum Deutschen Reich gehört hat, im Gegenteil, unter dem Namen Oświęcim war und ist sie seit vielen Jahrhunderten polnisch. Sondern weil der Name Auschwitz untrennbar mit dem größten Massenverbrechen der deutschen Geschichte verbunden ist. Auschwitz ist zum Symbol für den Holocaust, den millionenfachen Mord an den europäischen Juden, geworden.

Mal deutsch – mal polnisch

»Das war weit ab, das lag dahinten in Polen,« schreibt Rudolf Höß (1900–1947), der Kommandant des Vernichtungslagers Auschwitz, in seinen Aufzeichnungen nach dem Krieg in der Todeszelle. Doch so fern ist Auschwitz nicht. 1270 als deutsche Stadt gegründet, ein Marktflecken von nicht mehr als 1300 Einwohnern, litt Auschwitz ebenso wie viele andere Ortschaften im Osten unter dem Zusammenbruch der deutschen Ostsiedlung im 14. Jahrhundert infolge der Pest und einer tiefgreifenden Agrarkrise. 1457 erwarb der polnische König die Herrschaftsrechte über die Stadt, ein Jahrhundert später wurde sie dem Königreich Polen eingegliedert, aus Auschwitz wurde Oświęcim. Zwar fiel Oświęcim nach der Teilung Polens durch die europäischen Großmächte 1772 an Österreich, aber wegen seiner Grenzlage zu Preußen gelangte es zu einigem Wohlstand.

Die Eisenbahn nach Kattowitz verband die Stadt sowohl mit dem entstehenden

Massenvernichtung: Blick auf einen Teil der Baracken des Konzentrationslagers Auschwitz-Birkenau

Mit solcher Propaganda werden im nationalsozialistischen »Stürmer« Juden diskriminiert.

schlesischen Industrierevier als auch mit der großen Eisenbahnlinie Breslau–Berlin–Hamburg und schuf damit jene verkehrstechnischen Voraussetzungen, welche die Nationalsozialisten später für die fahrplanmäßig organisierten Deportationszüge nutzen können. Die Juden, einstmals ausdrücklich von den polnischen Königen ins Land eingeladen, bildeten die größte Bevölkerungsgruppe in Oświęcim.

Für die polnischen Juden beginnt die furchtbarste Leidenszeit ihrer Geschichte, als die deutsche Wehrmacht im September 1939 Polen überfällt und in wenigen Wochen erobert. Von Beginn an ist der Krieg im Osten als Volkstumskampf geplant, in dem nicht nur ein Gegner besiegt und neue Territorien erobert werden sollen, sondern in dem es um die Verwirklichung der rassistischen Utopie einer »völkischen Neuordnung« Europas geht.

In seiner Rede vor führenden Militärs am 22. August 1939 auf dem Obersalzberg verlangt Hitler von seinen Generälen: »Herz verschließen gegen Mitleid. Brutales Vorgehen ... Größte Härte ... Restlose Zertrümmerung Polens ist das militärische Ziel. Schnelligkeit die Hauptsache. Verfolgung bis zur völligen Vernichtung.«

»Zertrümmerung« und »Germanisierung«

In den besetzten Gebieten Polens und später der Sowjetunion sollen Deutsche in wehrhaften Bauerngehöften siedeln. Insbesondere Heinrich Himmler (1900–1945)

Straßenszene 1940 in Warschau: polnische Juden auf dem Weg in die Deportation und die SS-Führung träumen davon, die alte deutsche Ostsiedlung wiederaufleben zu lassen und gewissermaßen den Auftrag der mittelalterlichen Ahnen zu vollenden. Auschwitz nimmt in diesen Phantasmagorien einen hervorragenden Platz ein. Ein sprechendes Beispiel für die Kontinuität, in der sich die deutschen Planer wähnen, bildet die Neujahrskarte für »Gönner und Freunde«, die der Auschwitz-Architekt Hans Stosberg 1941/42 drucken lässt: »Im Jahre 1341 bannten schlesische Streiter als Retter des Reiches den Mongolensturm bei Wahlstatt. Im gleichen Jahrhundert entstand Auschwitz als deutsche Stadt. Nach 600 Jahren wendet der Führer Adolf Hitler die Bolschewistengefahr von Europa. In diesem Jahr 1941 wurde der Aufbau einer neuen deutschen Stadt und die Wiederherstellung des alten schlesischen Ringplatzes geplant und begonnen.«

Die Siedlungspläne der SS bedeuten immer zugleich Vernichtung, denn wo Deutsche ansässig werden sollen, ist kein Platz mehr für die einheimische Bevölkerung. Erbarmungslos töten SS-Einsatzgruppen im Herbst 1939 polnische Lehrer, Geistliche, Ärzte, Rechtsanwälte, Gutsbesitzer, Offiziere, politische Funktionäre. Der Chef der Sicherheitspolizei und des SD, Reinhard Heydrich (1904–1942), selbst kennzeichnet im Sommer 1940 den Einsatz der SS in Polen als »außerordentlich radikal« und nennt als Beispiel den »Liquidierungsbefehl für zahlreiche polnische Führungskreise, der in die Tausende ging«. Aus den westpolnischen Gebieten, die gemäß dem Willen der NS-Führung »germanisiert« werden sollen, werden Juden und Polen zu Hunderttausenden von ihren Höfen, aus ihren Wohnungen vertrieben, in das Generalgouvernement genannte Restpolen deportiert oder in jüdische Gettos zusammengepfercht, um den volksdeutschen Umsiedlern aus dem Baltikum und Russland Platz zu machen.

Gleich nach ihrem Einmarsch im September 1939 geben die Deutschen Oświęcim den Namen Auschwitz wieder und deportieren die ersten 1000 Juden aus der Stadt. Für politische Widerständler und Oppositionelle sucht man nach einem geeigneten Konzentrationslager und nutzt die Militärbaracken der geschlagenen polnischen Armee: die Geschichte des KZ Auschwitz beginnt als Straf- und Arbeitslager für die Polen. Ende April 1940 erscheint Rudolf Höß, der wenig später von Himmler zum Lagerkommandanten ernannt wird, in Auschwitz, um die Vorbereitungsarbeiten zu leiten. Vieles muss verändert, gebaut, herangeschafft werden,

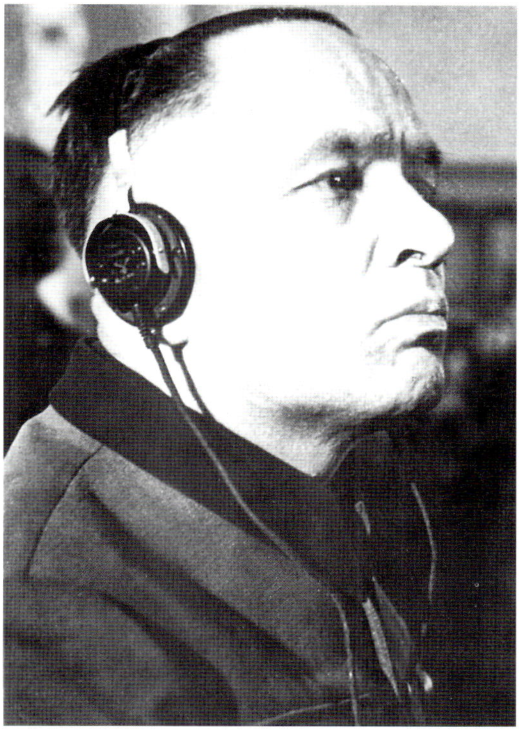

Rudolf Höß, seit 1940 Kommandant des Konzentrationslagers Auschwitz

um die Militärbaracken in ein Konzentrationslager zu verwandeln. Improvisationsvermögen und Organisationsgeschick sind gefragt. Höß und seine Mannschaft sind keine Schreibtischtäter oder gehorsame Befehlsempfänger, sondern tatkräftige Macher, von deren Engagement vor Ort es abhängt, ob sich die nationalsozialistischen Herrschaftspläne in die Tat umsetzen lassen. Höß in seinen Aufzeichnungen nach dem Krieg: »Schon von Anfang an

Fabrikanlagen bei Auschwitz, hier müssen die KZ-Häftlinge unter unmenschlichen Bedingungen arbeiten.

war ich von meiner Aufgabe, meinem Auftrag, voll erfüllt, ja besessen. Alle auftretenden Schwierigkeiten reizten mich zu vermehrtem Eifer an. Ich wollte mich nicht unterkriegen lassen.«

Planer als Vordenker der Vernichtung

Mitte Juni 1940 werden die ersten Häftlinge, mehr als 700 polnische politische Gefangene, in das neu geschaffene Konzentrationslager gebracht. Bis zum März 1941 sind es insgesamt 11 000 Häftlinge, vornehmlich Polen. Himmler hat mit Auschwitz Großes vor: Nach seinen Plänen soll dort eine riesige landwirtschaftliche Versuchsstation entstehen mit großen Laboratorien, Pflanzen- und Viehzuchtabteilungen. Es gibt noch einen zweiten mächtigen Interessenten an Auschwitz: der Chemiekonzern IG Farben. Für ein neues Buna-Werk, das kriegswichtiges synthetisches Gummi herstellen soll, sucht der Konzern einen Produktionsstandort mit guter Verkehrsanbindung und der Möglichkeit, große Mengen Wasser zu verbrauchen. Hermann Göring (1893–1946) als oberster Wirtschaftskoordinator des Reichs unterstützt das Projekt nach Kräften und verlangt von Himmler die restlose Vertreibung der Juden aus Auschwitz, um Wohnungen für deutsche Facharbeiter zu schaffen. Himmler nutzt diese Situation, um Auschwitz als erfolgreiches Kooperationsmodell zwischen Industrie und SS zu präsentieren. Germanisierungspläne, Industrieprojekt und Konzentrationslager bilden in den Visionen der NS-Führung einen engen Zusammenhang. Die Vertreibung und Ermordung der polnischen und jüdischen Bevölkerung stellen dabei die notwendigen Voraussetzungen dar. Die Planer an den Schreibtischen, Universitäten und Reißbrettern sind immer auch Vordenker der Vernichtung.

Am 1. März 1941 besucht Himmler in Begleitung hochrangiger IG-Farben-Manager Auschwitz und befiehlt Höß den Ausbau des Lagers auf eine Kapazität von 30 000 Häftlingen und die Bereitstellung von 10 000 Häftlingen für den Aufbau des IG-Farben-Werkes. Mit der Unterstützung Görings und der IG Farben gehen die SS-Architekten an die Arbeit. Zwar wird in Auschwitz nie auch nur ein einziges Kilogramm synthetischer Kautschuk produziert, aber es werden Pläne für eine deutsche Musterstadt mit gigantischem Zwangsarbeitslager entwickelt. Die ganze Region wird in den Entwürfen der Raumplaner zur »Neubauzone«; Architekten und Städteplaner entwerfen Siedlungen für die künftigen Facharbeiter der Buna-Werke und die SS-Wachmannschaften, planen Sportanlagen und einen künstlichen See, führen die Gleisanlagen bis an das Konzentrationslager, bauen auf dem Papier eine KZ-Kommandantur mit 36 Räumen für den Oberbefehlshaber, mit einer sakralen Empfangshalle und pompösen Gästezimmern für Heinrich Himmler. Aus dem lokalen Konzentrationslager, das in erster Linie dem Terror gegen die ortsansässige polnische Bevölkerung dienen sollte, ist innerhalb weniger Monate ein umfassendes Lager-, Siedlungs- und Industrieprojekt geworden.

Kriegsgefangene durch Hunger und Arbeit getötet

Am 22. Juni 1941 überfällt das Deutsche Reich die Sowjetunion, ein Vernichtungskrieg unvorstellbaren Ausmaßes beginnt. In seinen Richtlinien vom 3. März 1941 zum »Unternehmen Barbarossa« hat Hitler keinen Zweifel über den Charakter dieses Krieges gelassen: Er sei »mehr als nur ein Kampf der Waffen«, er führe »zur Auseinandersetzung zweier Weltanschauungen«, in deren Verlauf die »jüdisch-bolschewistische Intelligenz beseitigt« werden müsse. Die Einsatzgruppen der SS, die den deutschen Armeen folgen, ermorden allein bis zum Herbst 1941 nahezu eine halbe Million jüdischer Menschen, darunter Frauen, Kinder, Greise. Aber auch die deutsche Wehrmacht beteiligt sich an den Verbrechen. Der sogenannte Kommissarbefehl weist die Soldaten völkerrechtswidrig an, die politischen Offiziere der Roten Armee sofort zu erschießen. Für die sowjetischen Kriegsgefangenen, die in den Augen der deutschen Führung nur »überzählige Esser« darstellen, ist gar nicht erst Vorsorge getroffen worden. Auf freiem Feld gefangen gehalten, sterben sie zu Millionen an Hunger und Seuchen, um die Lebensmittelversorgung der deutschen Soldaten nicht zu schmälern.

Sowjetische Kriegsgefangene nach dem deutschen Überfall auf die UdSSR; sie sterben zu Millionen an Kälte, Krankheit und Unterernährung in den deutschen Lagern.

In Auschwitz sollen russische Kriegsgefangene, bevor sie entkräftet von der schweren Arbeit und der unzureichenden Ernährung sterben oder als »arbeitsunfähig« umgebracht werden, als Zwangsarbeiter für die IG Farben benutzt werden. Im Herbst 1941 ist von einem Kriegsgefangenenlager für 125 000 Männer die Rede, das unweit vom Stammlager auf einem Gelände errichtet werden soll, das die Deutschen Birkenau nennen. Als die ersten sowjetischen Kriegsgefangenen eintreffen, steht dort noch keine einzige Baracke. Unter großem Druck und immensen Entbehrungen müssen die Häftlinge die ersten Unterkünfte aus Abbruchmaterialien bauen. Nur wenige von ihnen überleben die Tortur, der Bau der Baracken stockt. Um die zu erwartenden Häftlinge unterzubringen, weiß sich die SS schließlich nicht anders zu helfen, als mehrere 100 Holzschuppen, die in Fertigbauweise als Pferdeställe für die Wehrmacht gedacht sind, aufzustellen. Für 52 Pferde sind diese Bauten vorgesehen, in Auschwitz-Birkenau werden dort bis zu 1000 Menschen zusammengepfercht.

Mit dem Giftgas Zyklon B wird die Massentötung vorgenommen.

Mord durch Zyklon B

Sowjetische Kriegsgefangene sind es auch, die als erste in Auschwitz mit Gas umgebracht werden. Das Töten mittels Gas ist den Nationalsozialisten zu diesem Zeitpunkt nicht mehr fremd. Seit dem Herbst 1939 sind Zehntausende von behinderten und kranken Menschen im Rahmen der sogenannten Euthanasie in ausgewählten Kliniken mit Kohlenmonoxid erstickt worden. Dieser Mord an kranken Menschen, von den Nazis als »lebensunwertes Leben« ausgegrenzt und zum Tod bestimmt, organisieren Männer aus der unmittelbaren Umgebung Hitlers mit Unterstützung von Ärzten und Beamten. Die SS bemüht sich gleichfalls, Einfluss auf die nach dem Bürositz in Berlin, Tiergarten 4, benannte T4-Aktion zu bekommen. Im Herbst 1939 erschießen SS-Einheiten wehrlose Kranke in polnischen Heilanstalten, um in den Gebäuden deutsche Umsiedler aus dem Baltikum oder die Waffen-SS unterzubringen. Vom Frühjahr 1941 an lässt Himmler kranke KZ-Häftlinge in den Tötungszentren der T4-Aktion umbringen. Und als Hitler im August 1941 offiziell das Ende der Euthanasie befiehlt – in Wirklichkeit gehen die Morde bis 1945 weiter –, weil das seltsame Verschwinden ihrer kranken Verwandten viele deutsche Familien beunruhigt und die Loyalität zum Regime zu beeinträchtigen droht, nutzt Himmler die Kenntnisse der T4-Mörder, um sie in den neu zu errichtenden Todeslagern im Osten einzusetzen. Christian Wirth, Franz Stangl oder Irmfried Eberl taten sämtlich in der Euthanasie-Aktion Dienst, bevor sie als Experten für den Massenmord mittels Gas die Vernichtungslager für die polnischen Juden in Belzec, Sobibor, Treblinka und Majdanek aufbauen.

Auch in Auschwitz machen sich die SS-Führer Gedanken, wie man rasch und mit geringen Mitteln eine große Menge Menschen töten könne. Ende des Jahres 1941 werden 600 sowjetische Kriegsgefangene zusammen mit 250 kranken Häftlingen im Keller eines Blocks im Stammlager Auschwitz I mit Zyklon B ermordet, einem Blausäuregranulat, das als Desinfektionsmittel zur Bekämpfung von Ungeziefer und Seuchen in größeren Mengen im Lager vorhanden ist. Der systematische Völkermord an den europäischen Juden in Auschwitz hat zu diesem Zeitpunkt noch nicht begonnen, aber der Tod durch Zyklon B gehört dort von nun an zu den Mordmethoden.

Der Massenmord an den europäischen Juden

Im Frühjahr 1942 wird das Lager Auschwitz-Birkenau ausgebaut und mit der Errichtung der Vernichtungsanlagen dort begonnen. Zwei polnische Bauernhäuser, deren Bewohner vertrieben worden sind, werden so umgebaut, dass ihre Räume als Gaskammern zu nutzen sind. Die ersten europäischen Juden, die in Auschwitz-Birkenau ermordet werden, kommen aus der Slowakei. Von der verbündeten slowakischen Regierung haben die Deutschen Zwangsarbeiter verlangt und Juden »angeboten« bekommen. Adolf Eichmann (1906–1962) organisiert die Deportationen. Am 4. Juli 1942 trifft ein Transport mit rund 1000 slowakischen Juden in Auschwitz-Birkenau ein und wird gleich bei der Ankunft selektiert: 264 Männer und 108 Frauen wählen die SS-Ärzte als »arbeitsfähig« aus, die restlichen 638 Menschen werden in die neuen Gaskammern geführt und dort getötet. Der Massenmord nimmt seinen Lauf, Auschwitz wird zum Vernichtungszentrum für die europäischen Juden.

Rudolf Vrba, jüdischer Überlebender von Auschwitz: »Die Rampe war die Endstation der Züge, die in Auschwitz ankamen. Sie kamen Tag und Nacht, manchmal einer am Tag, manchmal fünf, aus allen Himmelsrichtungen. Ich habe dort vom 18. August 1942 bis zum 7. Juli 1943 gearbeitet. Die Züge folgten aufeinander ohne Ende. Ich habe von meinem Posten auf der Rampe bestimmt 200 gesehen. Das ist schließlich Routine geworden. Unaufhörlich kamen die Leute von überallher am selben Ort an und alle, ohne das Schicksal der vorangegangenen Transporte zu kennen. Und ich wusste genau, dass von diesen Menschenmassen zwei Stunden später 90 % vergast sein würden, das wusste ich. Ich verstand nicht, wie die Leute so verschwinden konnten ... Und nichts geschieht, und dann kommt der nächste Transport.«

Die wohl verfehlteste Metapher für die Vernichtungslager ist die der »Todesfabrik«. So industriell das Verfahren des Tötens in den Gaskammern erscheinen mag, so wenig greift hier ein Rädchen ins andere. In Auschwitz funktioniert keine »saubere«, anonyme Vernichtungsmaschine, selbst das Töten bedarf der Anstrengung. Das Umbringen der Menschen, das Lüften der Gaskammern, das Verbrennen der Leichen, das Sortieren der Habseligkeiten dauert mehrere Stunden. Hunderte von jüdischen Zwangsarbeitern sind für diese schreckliche Arbeit eingesetzt. Die Vorstellung des reibungslosen Ineinandergreifens vieler Teile einer großen Maschine entrückt das tatsächliche, brutale, willkürliche und viehische Geschehen. Vielleicht entlastet das Bild von der »Todesfabrik« die Fantasie, sich das Unvorstellbare vor Augen zu führen. Die Ordnung, die das Bild suggeriert, hat es jedenfalls nicht gegeben.

1943 wird Auschwitz-Birkenau weiter ausgebaut. Neue Baracken entstehen, vier große Krematorien und Gaskammern werden errichtet. Das ganze Jahr 1943 treffen Züge aus verschiedenen Ländern unter deutscher Besatzung ein: Frankreich, Niederlande, Belgien, Jugoslawien, Griechenland, Italien. Die letzten großen Deportationen kommen aus Ungarn. Als im März 1944 die Rote Armee nur noch wenige Tagesmärsche von der ungarischen Grenze entfernt ist und das Horthy-Regime zu kapitulieren droht, übernehmen die Deut-

Selektion der neu eingetroffenen Deportierten an der Rampe des Lagers Auschwitz-Birkenau

DOKUMENT

»Männer links raus! Frauen rechts raus!«

Elie Wiesel, Schriftsteller und Friedensnobelpreisträger, ist 1944 bei der Deportation aus Ungarn 16 Jahre alt:

»Der Zug hielt an, und diesmal sahen wir die Flammen, die in der tiefen Nacht aus einem hohen Schornstein schlugen ... Ein widerwärtiger Geruch lag in der Luft. Plötzlich öffneten sich die Türen. Seltsame, mit gestreiften Jacken und schwarzen Hosen bekleidete Gestalten, eine Stablampe in der einen, einen Knüppel in der anderen Hand, sprangen in den Wagen und riefen, nach links und rechts Hiebe austeilend: ›Alles aussteigen! Alles im Wagen lassen! Wird's bald‹ ... Ein SS-Unteroffizier, einen Gummiknüppel in der Hand, kam auf uns zu und befahl: ›Männer links raus! Frauen rechts raus!‹ Sechs Worte, ruhig und gleichgültig gesprochen, unbewegt. Sechs schlichte, kurze Worte. Für mich aber der Augenblick, in dem ich meine Mutter verlassen musste. Ich fand keine Zeit, nachzudenken, als ich schon den Druck der Hand meines Vaters fühlte: Wir waren allein, getrennt. Den Bruchteil einer Sekunde lang konnte ich meine Mutter und meine Schwestern nach rechts heraustreten sehen. Tsipora hielt Mamas Hand. Ich sah, wie sie sich entfernten. Meine Mutter streichelte die blonden Haare meiner Schwester, wie um sie zu beschützen. Ich ging mit meinem Vater, mit den Männern weiter. Ich wusste nicht, dass ich an dieser Stelle, in diesem Augenblick, Mutter und Tsipora für immer verließ. Ich ging weiter. Mein Vater hielt meine Hand.«

schen die Macht in Budapest. Eichmann und seine Männer beginnen sofort, die Deportation der ungarischen Juden nach Auschwitz zu organisieren. 400 000 Menschen werden allein vom Mai bis zum Juli 1944 überall in Ungarn zusammengetrieben und in den Tod geschickt, nur wenige überleben.

Haben die Deutschen nichts gewusst?

Die Zahl der in Auschwitz getöteten Menschen kann bis auf den heutigen Tag nur geschätzt werden. In den fünf Jahren, in denen das Lager existierte, wurden in den Gaskammern von Auschwitz-Birkenau 1,2 bis 1,6 Millionen Menschen umgebracht, nicht gezählt die Zehntausende, die erschossen, erschlagen wurden, durch die medizinischen Experimente oder an Erschöpfung und Hunger starben. Haben die Deutschen, hat die übrige Welt von diesem Verbrechen nichts gewusst?

Bereits im März 1942 notiert Victor Klemperer (1881–1960) in sein Tagebuch: »Als furchtbarstes KZ hörte ich in diesen Tagen Auschwitz (oder so ähnlich) bei Königshütte in Oberschlesien nennen. Bergwerksarbeit, Tod nach wenigen Tagen.« Die alliierten Radiostationen wie die BBC, die von zahlreichen Deutschen heimlich gehört werden, berichten seit 1942 über die Massenerschießungen von Juden in der Sowjetunion und auch über die Vernichtungslager Auschwitz und Belzec. Etliche Tagebuchaufzeichnungen, Briefe und selbst amtliche interne Berichte lassen erkennen, wie weit das Wissen um das jüdische Schicksal verbreitet ist. Gerüchte gibt es allenthalben in Deutschland über die Deportationen der Juden in den Osten. Vor allem die Soldaten von der Ostfront berichten in ihren Briefen und während ihres Heimaturlaubs von den Gräueltaten, die sie mit eigenen Augen gesehen haben. Klemperer hält in seinem Tagebuch fest, was ein Bekannter, der als Fahrer in Russland eingesetzt ist, im April 1942 erzählt: »Grauenhafte Massenmorde an den Juden in Kiew. Kleine Kinder mit dem Kopf an die Wand gehauen, Männer, Frauen, Halbwüchsige zu Tausenden auf einem Haufen zusammengeschossen, ein Hügel gesprengt und die Leichenmasse unter der explodierenden Erde begraben.«

Auch in die USA gelangen die Berichte

über das Geschehen in Auschwitz. Die jüdischen Organisationen fordern die amerikanische Regierung dringend auf, die Krematorien in Auschwitz oder zumindest die Eisenbahnlinien zu bombardieren. Aber sowohl das Außen- wie das Verteidigungsministerium lehnen ab, obwohl amerikanische Bombergeschwader im Raum Oberschlesien operieren. Die wahrscheinlich einzige Chance, die ungarischen Juden vor dem Tod zu retten, wird vertan.

Das Ende von Auschwitz

Die Front im Osten rückt immer näher, im Juli 1944 erreichen sowjetische Truppen das Gebiet von Lublin und befreien das KZ Majdanek. Im Oktober unternehmen die jüdischen Gefangenen des Sonderkommandos, die an den Krematorien in Auschwitz-Birkenau arbeiten müssen, einen Aufstand und zerstören zumindest eine der Gaskammern. Alle Aufständischen fallen in dem Gefecht mit den SS-Mannschaften, aber die Tat beweist, dass trotz aller Unentrinnbarkeit des Todes in Auschwitz der Wille zum Widerstand nicht zerstört ist. »Es ist, als hätte man die Angst weggeschoben, als wären auch wir um einen Kopf größer geworden«, schildert später eine Überlebende ihr Gefühl, als sie die Nachricht vom Aufstand erfuhr.

Unmittelbar danach befiehlt Himmler, die Krematorien abzureißen. Im Januar 1945 beginnt die SS überstürzt mit der Evakuierung des Lagers. Annähernd 58 000 Menschen werden in Todesmärschen in Richtung Westen getrieben, die meisten sterben an Erschöpfung oder werden von den SS-Begleitmannschaften erschossen. Am Nachmittag des 27. Januar betreten Soldaten der Roten Armee das Lager Auschwitz. In Birkenau finden sie die Leichen von 600 Gefangenen, die noch Stunden vor der Ankunft der sowjetischen Soldaten ermordet worden sind. Über 7600 Häftlinge sind noch am Leben und erleben ihre Befreiung, aber etliche von ihnen sterben kurz danach an völliger Entkräftung.

»Nicht wir«, schreibt Primo Levi (1919–1987), der Ende 1943 aus Italien nach Auschwitz verschleppt wurde und das Lager überlebt, »nicht wir, die Überlebenden, sind die wirklichen Zeugen. Das ist eine unbewusste Einsicht, die mir langsam bewusst geworden ist, während ich die Erinnerungen anderer las und meine eigenen nach einem Abstand von Jahren wiedergelesen habe. Wir Überlebenden sind nicht nur eine verschwindend kleine, sondern auch eine anomale Minderheit: Wir sind die, die aufgrund von Pflichtverletzung, aufgrund ihrer Geschicklichkeit oder ihres Glücks den tiefsten Punkt des Abgrunds

Das ehemalige Konzentrationslager Auschwitz dient heute als Gedenkstätte und Museum.

nicht berührt haben. Wer ihn berührt, wer das Haupt der Medusa erblickt hat, konnte nicht mehr zurückkehren, um zu berichten, oder er ist stumm geworden ... Es hatte gezeigt, dass der Mensch, das menschliche Geschlecht, also kurz gesagt: wir, potenziell in der Lage sind, unendliches Leid hervorzurufen; und dass Leid die einzige Kraft ist, die man aus dem Nichts erzeugt, ohne Kosten, ohne Mühen. Es reicht, wenn man nichts sieht, nichts hört, nichts unternimmt.«

FOLGE

18

GROSSE BRÜDER

Die Deutschen und die Supermächte

45 Jahre lang verläuft in Deutschland die Grenze zwischen Ost und West, stehen sich die beiden Supermächte USA und UdSSR mitten in Europa direkt gegenüber und bestimmen das Schicksal der beiden deutschen Staaten. 1990 wird die deutsche Einheit zum Zeichen, dass die mit dem von Deutschland begonnenen Weltkrieg entstandene Weltordnung in Auflösung begriffen ist. Aus der Rivalität zwischen kapitalistischer USA und sozialistischer UdSSR scheinen die Vereinigten Staaten als Sieger und alleinige Supermacht hervorgegangen zu sein.

Besatzer in Feindesland

Aus deutscher Sicht sind die Alliierten im Mai 1945 die Besatzungsmächte, die Sieger. Die Armeen der Vereinigten Staaten, der Sowjetunion und Großbritanniens, später auch Frankreichs teilen das besiegte Deutsche Reich unter sich auf. Mit dem Datum der Kapitulation, dem 8. Mai 1945, übernehmen sie die Verantwortung für Deutschland, auch wenn die Regierung von Karl Dönitz (1891–1980) noch zwei Wochen über das Datum der Kapitulation hinaus im Amt bleibt (→ Folge 45).

Die Alliierten besetzen und beherrschen feindliches Territorium und ein zerstörtes Land. Von wenigen Ausnahmen abgesehen weisen alle größeren Städte schwere Beschädigungen durch Bombardierungen auf. Auf deutscher Seite herrschen Angst und Misstrauen, besonders gefürchtet sind

Winston Churchill, Harry S. Truman und Josef Stalin bei der Potsdamer Konferenz 1945, auf der über Deutschlands Zukunft entschieden wird

Ein sowjetischer Besatzungssoldat beim Requirieren eines Fahrrads 1945 in Berlin

die Soldaten der Roten Armee. Doch der Kampf ums tägliche Überleben verdrängt zunächst alle anderen Probleme. Und offizielle alliierte Stellen erinnern ihrerseits daran, nicht zu freundlich mit dem geschlagenen Feind umzugehen, der schließlich einen mörderischen Krieg vom Zaun gebrochen hatte (→ Folge 9).

Kein gemeinsames Konzept

Trotz einer Serie von Konferenzen in den letzten beiden Kriegsjahren haben die Alliierten im Grunde kein abgestimmtes Konzept, was mit dem besiegten Deutschland geschehen soll. Denn noch im September 1944 scheint es so, als ob der Morgenthauplan, der eine Reagrarisierung Deutschlands vorsieht, umgesetzt werden soll. Genau das ist der Stoff für die deutsche Durchhaltepropaganda und entsprechende Ängste in der jüngsten Nachkriegszeit; da helfen die britischen und US-amerikanischen Dementis wenig.

Auch wenn sich die USA und Großbritannien bereits 1944 auf eine Zonenaufteilung Deutschlands, einen alliierten Kontrollrat und eine Kommandantur in Berlin verständigt haben, wird über das künftige Schicksal Deutschlands auf der Potsdamer Konferenz entschieden. Im Cecilienhof, der letzten Residenz des ehemaligen deutschen Kronprinzen, tagen zwischen dem 17. Juli und dem 2. August 1945 die drei Alliierten Großbritannien, USA und Sowjetunion, die Frankreich hinzuziehen und dort auch die Zuteilung einer französischen Zone beschließen. Am französischen Veto scheitert dann die Absicht, die vier Besatzungszonen als eine wirtschaftliche Einheit zu verwalten.

Zu den Grundsätzen der Besatzungspolitik gehören die Entnazifizierung und die Bestrafung der Kriegsverbrecher, die Demontagepolitik und die Demokratisierung. Selbstverständlich nach einem militärischen Sieg sind die Entwaffnung und Entmilitarisierung. Das von der Roten Armee eroberte Berlin wird in vier Sektoren aufgeteilt und eine alliierte Kommandantur eingesetzt. In einem gesonderten Abkommen werden am 8. August in London die »Verfolgung und Bestrafung der Hauptkriegsverbrecher« und das Statut für den internationalen Militärgerichtshof festgelegt, Gerichtsort wird Nürnberg.

Unterschiedliche Politik

Die Alliierten sind aus Sicht der deutschen Bevölkerung keineswegs gleich, nicht nur, weil die jeweiligen Armeen einen unterschiedlichen Ruf genießen, sondern weil unter den Alliierten selbst große Differenzen bestehen. So stehen die USA, die seit Juli 1945 Atommacht sind, wie sie im August in Hiroschima und Nagasaki demonstrieren, wirtschaftlich gut da. Großbritannien und Frankreich dagegen sind an die USA verschuldet bzw. benötigen Aufbaukredite, während die Sowjetunion, das Hauptschlachtfeld des Kriegs, schwer unter den Kriegsfolgen zu leiden hat.

Im deutschen Alltag offenbaren sich die Unterschiede in der Art, wie intensiv z. B.

Alt-Nazis verfolgt werden, wie mit der Zulassung von Parteien und Gewerkschaften verfahren wird oder wie Zeitungslizenzen vergeben werden. Doch zunächst geht es vor allem um die Versorgung der Bevölkerung, und den Besatzungstruppen, abgesehen von den amerikanischen, geht es gar nicht so viel besser als den Deutschen. Hinzukommt, dass in den Westzonen ein Heer von 7,6 Millionen deutschen Kriegsgefangenen versorgt werden muss, das zahlenmäßig größer ist als die Einheiten der westlichen Alliierten zusammen. In riesigen Gefangenencamps, z. B. in den sogenannten Rheinwiesenlagern bei Sinzig am Rhein und Kreuznach, werden die Reste der sich auflösenden Wehrmacht verwahrt. In Büderich bei Moers sind die Zustände unhaltbar. Es teilen sich 250 000 Gefangene fünf Wasserstellen.

Hungersnot und Schwarzmarkt

Der Schwarzmarkt blüht, die Tauschwirtschaft kehrt zurück, denn die Reichsmark ist im Grunde wertlos. Gute Beziehungen zu alliierten Versorgungseinrichtungen wie den amerikanischen PX-Läden können frischen Reichtum schaffen.

Das Elend der deutschen Bevölkerung veranlasst Hilfsorganisationen wie CARE oder die Glaubensgemeinschaft der Quäker zu unmittelbarer Hilfe. Die CARE-Pakete werden geradezu legendär, weil sie in der Not einen unverhofften Segen bedeuten: für den unmittelbaren Verzehr wie für den Tausch. Ganze Generationen hungriger Kinder verdanken der Schulspeisung, u. a. von den Quäkern, wenigstens eine warme Mahlzeit am Tag. Wie überhaupt die Kinder und Jugendlichen ihre eigenen Arrangements mit den Alliierten suchen, sei es nun als Schwarzmarktkuriere oder als offen Fraternisierende, wenn es um so wertvolle Güter wie Schokolade oder Kaugummi geht.

Alles, was aus den reichen USA kommt, wird zum begehrten Konsum- und Kulturgut: die Ami-Zigaretten, Nylons, Nescafé, Jazz vom amerikanischen Soldatensender AFN oder RIAS.

Die Ostintegration der SBZ

In der sowjetisch besetzten Zone (SBZ) wird ab Juni 1945 die Bildung antifaschistischer Parteien und Gewerkschaften gestattet. Die Sowjetunion will den Hitlerfaschismus in allen seinen Überresten ausrotten und das Rezept dafür ist die völlige gesellschaftliche Umwälzung. Damit meint die Sowjetische Militär-Administration in Deutschland (SMAD) die Bodenreform, die im Februar 1946 beginnt,

Deutsch-US-amerikanisches Paar 1950 in Hamburg: Es lässt sich durch diskriminierende Blicke nicht stören.

Die katastrophale Ernährungslage führt vielerorts wie hier in Düsseldorf im März 1947 zu Hungerdemonstrationen.

und die »Bündelung« der antifaschistischen Kräfte, also die Zwangsvereinigung von SPD und KPD in der Sozialistischen Einheitspartei Deutschlands (SED) im April des gleichen Jahres. Die entschädigungslose Enteignung der »Betriebe von Kriegsverbrechern und aktiven Faschisten« läuft im Sommer 1946 an.

Die Ostzone wird so Schritt für Schritt in das von der Sowjetunion beherrschte

Der sowjetische Parteichef Nikita S. Chruschtschow (r.) wird vom DDR-Staatsratsvorsitzenden Walter Ulbricht bei seiner Ankunft in Berlin im Juni 1963 mit dem sozialistischen Bruderkuss begrüßt.

»Sozialistische Lager« integriert. Aus den Feinden von einst werden Brüder und Schwestern im Sozialismus. Darauf jedenfalls sind die Bemühungen der Gesellschaft für deutsch-sowjetische Freundschaft ausgerichtet, die die Anbahnung der Völkerfreundschaft in institutionelle Formen lenkt. Dass so über die formellen Delegationsreisen hinaus tatsächlich ein reger Kulturaustausch mit der Sowjetunion stattfindet und auch manch eine persönliche Freundschaft entsteht, soll nicht verkannt werden.

Nimmt man die ideologische Wendung, welche die Ostzone durchmacht, beim Wort, dann befindet sich die Bevölkerung in einer merkwürdigen Situation. Denn nach der Zerschlagung des Hitlerfaschismus und der Einführung des Sozialismus gehören die Bewohner der Ostzone nicht zu den Verlierern des Krieges, sondern zu den »Siegern der Geschichte«.

Die Beziehungen zur Sowjetunion können sich so lange ungetrübt entwickeln, wie es das Denken in Blöcken gibt. Als aber unter dem sowjetischen Präsidenten Michail Gorbatschow (*1931) sich 1988/89 die Herrschaftsdoktrin des sozialistischen Blocks mit »Glasnost« und »Perestroika« lockert, aus der Sowjetunion aufmüpfige Zeitschriften wie das Jugendmagazin »Sputnik« in die DDR kommen, tritt die denkwürdige Situation ein, dass eine sowjetische Jugendzeitschrift an DDR-Kiosken nicht vertrieben werden darf.

Kalter Krieg und Westintegration

Die außenpolitische Neuorientierung der USA gegenüber den Westzonen deutet sich bereits in der Rede des amerikanischen Außenministers James F. Byrnes (1879–1972) am 6. September 1946 in Stuttgart an. Darin wird ein mögliches Abweichen von den Potsdamer Konferenzbeschlüssen angesprochen, indem man den Deutschen die Möglichkeit eröffnen will, ein gewisses Industrialisierungsniveau zu halten und damit auch einen höheren Lebensstandard zu erreichen. Ein Schritt dazu ist die Zusammenfassung der US-amerikanischen und britischen Zone 1947 zu einem Wirtschaftsraum als Bizone. Im April 1948 wird daraus mit dem Beitritt der französischen Zone die Trizone. Die Vereinbarung, ganz Deutschland als einen Wirtschaftsraum zu erhalten, wird mit diesem Schritt aufgegeben. Die Besatzungsmächte können der ökonomischen und sozialen Krise Deutschlands der Jahre 1946/47 gar nicht anders Herr werden, als entschieden auf deutsche Aufbauarbeit zu setzen. Im März 1947 verkündet US-Präsident Harry S. Truman (1884–1972) seine Doktrin, dass die Völker unterschiedliche Lebensweisen hätten, freiheitliche oder totalitäre; Politik der USA werde es sein, die freiheitliche zu unterstützen. Das ohnehin vorhandene Misstrauen zwischen den beiden Großmächten wird für alle Welt offensichtlich. Der Publizist Walter Lippmann spricht in seiner Studie aus dem Jahr 1947 vom »Kalten Krieg«. In Klischees ausgedrückt steht nun für mehr als vier Jahrzehnte die »Kommunistische Weltrevolution« dem »Dollar-Imperialismus« gegenüber. Tatsächlich sind es unterschiedliche Wirtschafts- und Gesellschaftssysteme, verbunden mit jeweiligen handfesten Weltmachtinteressen, die mit dem Ost-West-Gegensatz eine vergleichsweise stabile Weltordnung schaffen. Die Systemgrenzen laufen jedoch mitten durch Deutschland und Berlin.

Marshallplan und Währungsreform

Ohne gesunde wirtschaftliche Verhältnisse kann es keine politische Stabilität und damit auch keinen Frieden geben, dies ist die These des US-Außenministers George C. Marshall (1880–1959) Mitte 1947. Der Kongress teilt diese Ansicht und legt ab 1948 ein European Recovery Program (ERP) auf. Insgesamt handelt es sich um 17 Milliarden US-Dollar, von denen die Bundesrepublik bzw. zunächst die Westzonen ca. 10 % bekommen.

Der direkte wirtschaftliche Einfluss des Marshallplanes ist umstritten. Eindeutig sind aber die außen-, wirtschafts- und sozialpolitischen Konsequenzen, denn durch die ERP-Mittel findet Westdeutschland seinen Platz in Westeuropa und auf einem zunehmend von den USA dominierten Weltmarkt. Im Endergebnis entsteht ein marktwirtschaftliches System mit sozialer Abpufferung in einem westeuropäischen Rahmen. Zugleich wird damit für viele Jahre die Konfrontation der beiden Großmächte und der entsprechenden Gesellschaftssysteme festgeschrieben.

Ein Schritt auf dem Weg zu dieser Wirtschaftsordnung ist die Einführung der Deutschen Mark in den Westzonen am 20. Juni 1948. Über Nacht wird die DM zum einzigen Zahlungsmittel. Plötzlich tauchen die bis dahin zurückgehaltenen Waren auf, die dem Markt wegen der wertlosen Reichsmark vorenthalten wurden. Das sogenannte Wirtschaftswunder kann seinen Ausgang nehmen.

Die neue Währung wird auch in den drei westlichen Sektoren Berlins eingeführt. In der unter gemeinsamer alliierter Verwaltung stehenden Stadt sieht sich die sowjetische Kommandantur dadurch provoziert und versucht, die Westteile Berlins zu blockieren und zum Einlenken zu zwingen. Ab dem 26. Juni wird Berlin von den Westalliierten aus der Luft versorgt, die Hauptlast liegt bei den USA. Die Blockade dauert fast elf Monate, eine wichtige Zeit für die Entwicklung des Frontstadt-Mythos von Berlin, für das Schaufenster des Westens im »Roten Meer«. Die Deutschen (West) fassen nun besonderes Vertrauen zu ihren neuen Freunden, die amerikanische Lebensart wird immer erstrebenswerter. Die Furcht

Jubel der Berliner Bevölkerung über die Aufhebung der Blockade West-Berlins, hier das Titelblatt der »Aktuellen Bilder-Zeitung« vom 15. Juni 1949

vor den »Russen« auf der anderen Seite wird nicht geringer – im Gegenteil.

Die DDR und der sozialistische Bruder

Die junge DDR trägt schwer an den Reparationslasten und Demontagen. Entweder werden ganze Produktionsanlagen in die Sowjetunion verfrachtet oder ein Teil der anlaufenden Produktion muss abgeliefert werden. Der Anfang 1949 gegründete Rat für Gegenseitige Wirtschaftshilfe (RGW/COMECON) steuert die Arbeitsteilung in der Produktion des Ostblocks. Der Plan und die entsprechende Normerfüllung bestimmen das Wirtschaftsleben. Legendär sind die Übersollerfüller wie Adolf Hennecke in der DDR nach dem Vorbild des Grubenarbeiters Alexei Stachanow in der Sowjetunion. Diese Heroen der Arbeit werden zu Vorbildern für Aktivistengruppen stilisiert. In der Landwirtschaft liefert die Sowjetunion das Vorbild für die Umwandlung von bäuerlicher oder gutsherrlicher Organisation in sogenannte Landwirtschaftliche Produktionsgenossenschaften (LPG; → Folge 39).

Überzogener Zentralismus, Scheinmitbestimmung und nicht mehr nachvollziehbare Festsetzungen von Leistungsnormen führen zu Beschwerden, zu Protest und schließlich zu offener Revolte am 17. Juni 1953. Nur mit Hilfe der Roten Armee gelingt es, die Arbeiter in Berlin zu unterwerfen und in anderen Städten der DDR in Schach zu halten. Mit der Niederschlagung des Aufstands wird aller Welt vor Augen geführt: Die Sowjetunion duldet keine Schwächung innerhalb ihres Machtbereiches. Tatsächlich muss die DDR jedoch mit ihrem »neuen Kurs« die Leistungsnormen zurücknehmen und versuchen, den Lebensstandard zu erhöhen.

Die vertraglich noch nicht vollzogene Westintegration der Bundesrepublik wird durch die Vorgänge in der DDR beschleunigt, der Gedanke an eine künftige deutsche Neutralität verliert an Attraktivität.

Mit Parolen und mit Zwang wird im Rahmen des »planmäßigen Aufbaus des Sozialismus« in der DDR die Gründung Landwirtschaftlicher Produktionsgenossenschaften betrieben.

Die Spaltung wird zementiert

Die Zustimmung der Bundesregierung zu den Pariser Verträgen und damit zu Wiederbewaffnung und Beitritt in die NATO erfolgt 1955. Zehn Jahre nach Kriegsende erhält die Bundesrepublik eine Teilsouveränität. Die DDR, die durch die Sowjetunion bereits ein Jahr zuvor für souverän erklärt wurde, beschließt ihrerseits die Aufstellung bewaffneter Streitkräfte und den Beitritt zum östlichen Verteidigungsbündnis, dem Warschauer Pakt. Die Grenze zwischen Deutschland Ost und Deutschland West ist Ende 1955 für die DDR Staatsgrenze. Dort stehen sich die beiden Supermächte direkt gegenüber und jede Krise in ihrem Verhältnis zueinander wirkt sich immer auf beide Deutschlands aus.

Der Krieg in Korea 1950 liegt fern, aber der Volksaufstand in Ungarn im Oktober 1956 oder die Kubakrise 1962 erzeugen unmittelbare Betroffenheit. In solchen Situationen ist die Furcht vor einem dritten Weltkrieg groß, denn ein Teil des Schlachtfeldes wäre wieder Deutschland. Als beim Bau der Mauer in Berlin im August 1961 sich amerikanische und sowjetische Panzer gegenüberstehen, wird diese Konfrontation nur allzu augenfällig. Die Niederschlagung des Prager Reformkommunismus 1968, an dem auch Truppen der DDR beteiligt sind, macht deutlich, dass Europa und insbesondere Deutschland im weltpolitischen Spannungsfeld der Großmächte bleiben.

Sympathien – Antipathien

Die Rivalität zwischen der Sowjetunion und den USA wird nicht nur auf dem Feld der Politik ausgetragen. So ist es für die USA ein tiefer Schock, als die UdSSR 1957 mit dem »Sputnik« als erste einen Satellit in den Weltraum schießen, denn wer Satelliten in das All transportieren kann, ist auch in der Lage, seine Bomben mit der gleichen Raketentechnologie auf jeden Fleck der Erde zu schießen. Der »Krieg der Sterne« ist nicht nur Filmsujet, er rückt immer stärker in den Bereich des Möglichen und befördert kolossale Rüstungsanstrengungen. Der »Sputnik«-Schock sitzt tief, da hilft auch kein »Explorer«-Satellit ein Jahr später. Diese Scharte wird erst 1969 ausgewetzt, als der erste Mensch seinen Fuß auf den Mond setzt – ein US-Amerikaner.

Der Wettkampf der Supermächte wird auch mit symbolträchtigen Gesten ausgetragen, die den Zusammenhalt im eigenen Lager stärken sollen. So bedeutet der Besuch des amerikanischen Präsidenten John F. Kennedy (1917–1963) in Berlin 1963 den Höhepunkt der bundesdeutschen Sympathiebekundungen für die USA. Im Gegenzug schickt die Sowjetunion im Ringen um Sympathie und Jubel Juri Gagarin, den ersten Menschen im Weltall, in die DDR, der dort von der Bevölkerung begeistert gefeiert wird.

Die Alltagsbeziehungen zwischen den Soldaten der Supermächte und ihren deutschen Gastgebern bleiben alles in allem in eher förmlichen Kontakten unter ritueller Versicherung der »unverbrüchlichen deutsch-sowjetischen Freundschaft« einerseits oder der problemlos funktionierenden NATO-Partnerschaft andererseits stecken. Im übrigen leben die GI's mit ihren Familien genauso in ihrem Klein-Amerika mitten in Deutschland wie die Sowjetsoldaten, auch Muschiks genannt, in ihrem Klein-Russland.

Unterzeichnung des deutsch-sowjetischen Vertrags über Zusammenarbeit und Gewaltverzicht im August 1970 in Moskau durch Willy Brandt (l.) und Alexei Kossygin (r.), in der Mitte stehend Leonid Breschnew, rechts neben ihm zu sehen: Egon Bahr

Nach der Unterzeichnung des deutsch-sowjetischen Vertrags über Gewaltverzicht und Zusammenarbeit 1970 entspannt sich das Verhältnis der Westdeutschen zur Sowjetunion. Die Beziehung der BRD-Bevölkerung zu den USA dagegen wandelt sich in den Sechzigerjahren von Sympathie zu einer kritischen Haltung. Große Teile nicht nur der Studierenden demonstrieren gegen den Militäreinsatz der USA in Vietnam. Und auch die Aufrüstungspolitik der Washingtoner Regierung in den Achtzigerjahren wird nicht widerspruchslos hingenommen: Wegen des NATO-Nachrüstungsbeschlusses, der die Stationierung von Mittelstreckenraketen mit Atomsprengköpfen auf deutschem Boden vorsieht, gehen 1981 und 1982 Hunderttausende auf die Straße. Dem Demonstrationsaufruf der Friedensbewegung folgen im Oktober 1981 rund 300 000 Menschen,

Der sowjetische Parteichef Michail Gorbatschow bei einem Besuch in Bonn im Juni 1989

Links: Zeremonielle Verabschiedung der französischen Truppen in Berlin mit »Großem Zapfenstreich« vor dem Brandenburger Tor im August 1994

Russische Soldaten bei ihrer letzten Parade auf deutschem Boden im Juni 1994

im Juni 1982 wird die Zahl der Demonstrierenden auf eine halbe Million geschätzt. Da empfinden viele die Beschützer und Verbündeten auch als Bedrohung.

Perestroika weicht die Blöcke auf

Die 1987 eingeleitete Reformpolitik des sowjetischen Präsidenten Gorbatschow bringt die DDR-Regierung in Verlegenheit. In ihrer Unbeweglichkeit lässt sie sowjetische Filme aus dem Verkehr ziehen und unterdrückt Publikationen aus dem Bruderland. Gorbatschows Perestroika lässt Hoffnungen auf Entspannung in Europa keimen. Innerhalb kurzer Zeit wird er so sehr zum Sympathieträger, dass deutsche Politiker glauben, vor ihm warnen zu müssen. Bei seinem Besuch in der Bundesrepublik im Sommer 1989 wird der sowjetische Präsident überschwänglich empfangen. Am 7. Oktober des gleichen Jahres wird er bei der 40-Jahr-Feier der DDR als unbequemer Reformer empfunden. Doch mit dem Fall der Mauer am 9. November ist das Ende der DDR eingeläutet. Heute weiß man, selbst die Sowjetunion war davon überrascht und hätte sich eine würdevollere Öffnung gewünscht.

Die beiden Großmächte sehen die deutsche Entwicklung zunächst in Sorge um die Stabilität in Europa. Noch im Dezember 1989 erwarten sie, dass der Prozess der Einigung schrittweise erfolgt. Doch die Bevölkerung will nicht warten. Im Sommer 1990 wird schließlich bei den Gesprächen zwischen »Zwei« (BRD und DDR) plus »Vier« (USA, UdSSR, Großbritannien und Frankreich) der Durchbruch erzielt, die weiteren Schritte zur deutschen Einigung werden geregelt (→ Folge 46). Dazu gehört auch der Abzug der Alliierten aus Berlin und der sowjetischen Truppen aus dem Gebiet der ehemaligen DDR. Eine Finanzhilfe von 12 Milliarden DM soll die Reintegration der Soldaten in Russland (seit 1991) erleichtern. 1994 ziehen plangemäß die letzten Alliierten ab. Das Protokoll sieht für die russischen Soldaten eine gesonderte Parade vor, die drei Westalliierten werden gemeinsam verabschiedet. Muss das so sein, fragen sich russische Offiziere, die Russland als Siegermacht des Zweiten Weltkrieges am Ende ausgegrenzt sehen. Mit diesem Truppenabzug ist die politische Neuordnung Deutschlands nach dem Zweiten Weltkrieg abgeschlossen. Die Stabilität von viereinhalb Jahrzehnten der »alten Ordnung« hatte ihren Kern im Bedrohungspotenzial der Supermächte und ihrer Blöcke. Nun ist nur noch eine Supermacht übrig geblieben, reicht das für eine neue stabile Weltordnung?

Die Chronik der Neuordnung

Mai 1945: Als Zeichen des Sieges über Nazideutschland wird die rote Fahne der UdSSR auf dem Reichstag gehisst. Das Ereignis ist authentisch, das Foto wurde nachgestellt.

12.9./14.11.1944 Das erste und zweite Zonenprotokoll der European Advisory Board Commission beinhaltet eine Absprache zwischen Großbritannien und den USA über die Zoneneinteilung in Deutschland und die Gründung eines Alliierten Kontrollrats sowie einer alliierten Kommandantur für Berlin nach dem Ende des Zweiten Weltkriegs.

4.–11.2.1945 Auf der Konferenz von Jalta auf der Krim vereinbaren Premierminister Winston Churchill, US-Präsident Franklin D. Roosevelt und der sowjetische Staatschef Josef Stalin die Gründung der Vereinten Nationen und die Neugestaltung Europas nach dem Krieg: Aufteilung Deutschlands in vier Besatzungszonen, Mitwirkung Frankreichs an der Besatzungsherrschaft, Entnazifizierung und Entmilitarisierung.

7./8.5.1945 In Reims und Karlshorst wird die deutsche Kapitulation unterzeichnet, sie tritt am 9. Mai um 0 Uhr in Kraft.

7.7.1945 Die USA übergeben das Saarland in französische Besatzungsverwaltung.

17.7.–2.8.1945 Im Potsdamer Cecilienhof findet eine Konferenz der Alliierten über die Zukunft Deutschlands statt. Das Potsdamer Abkommen regelt die militärische Besatzung. Der »deutsche Militarismus und Nazismus« sollen ausgerottet werden, und Deutschland soll niemals mehr in der Lage sein, seine »Nachbarn oder die Erhaltung des Friedens der ganzen Welt zu bedrohen«.

6.8.1945 Die US-Luftwaffe wirft über der japanischen Stadt Hiroschima die erste Atombombe ab. Dabei sterben etwa 110 000 Menschen, rund 80 % der Stadt werden völlig zerstört. Am 9. August wird eine weitere Atombombe über Nagasaki abgeworfen.

20.11.1945 Die Nürnberger Kriegsverbrecherprozesse beginnen. Am 30. September bzw. 1. Oktober 1946 werden die Urteile verkündet.

6.9.1946 US-Außenminister James F. Byrnes hält in Stuttgart eine programmatische Rede, in der er die Notwendigkeit einer wirtschaftlichen Selbstversorgung Deutschlands und damit auch die Selbstständigkeit der Westzonen andeutet.

5.6.1947 US-Außenminister George C. Marshall legt seinen Plan für wirtschaftliche Hilfe (European Recovery Program – ERP) für ganz Europa vor, der von seinem sowjetischen Kollegen Wjatscheslaw Molotow abgelehnt wird.

20.6.1948 Die Westalliierten führen eine Währungsreform in den Westzonen und in West-Berlin durch. Drei Tage später wird auch in der Ostzone die Währung umgestellt.

24.6.1948 Um die Westsektoren in das Währungsgebiet Ost zu zwingen, blockieren die Sowjets Berlin. Die am 26. Juni einsetzende Luftbrücke sichert die Versorgung der Berliner. Sie wird über das Ende der Blockade am 12. Mai 1949 hinaus bis zum 29. Juli 1949 fortgesetzt.

23.5.1949 Das Grundgesetz wird verkündet, das die Bundesrepublik Deutschland als parlamentarischen Staat mit Repräsentativvertretung und Gewaltenteilung schafft. Es tritt am 24. Mai in Kraft. Am 12. September wird Theodor Heuss zum Bundespräsidenten gewählt.

7.10.1949 Der Zweite Deutsche Volksrat tritt in Ost-Berlin zusammen und erklärt sich zur Provisorischen Volkskammer im Sinne der am 30. Mai bestätigten Verfassung der Deutschen Demokratischen Republik. Damit ist die DDR gegründet. Vier Tage später wird der SED-Vorsitzende Wilhelm Pieck zum ersten Präsidenten gewählt.

25.6.1950 Der Koreakrieg beginnt. Ein dritter Weltkrieg wird für möglich gehalten, damit wird auch ein westdeutscher Verteidigungsbeitrag im Rahmen einer Europa-Armee denkbar.

10.3.1952 Die UdSSR schlägt den Westmächten Verhandlungen über einen Friedensvertrag mit (Gesamt-)Deutschland vor. Bundeskanzler Konrad Adenauer und die Westmächte reagieren ablehnend, denn eine Forderung der sog. Kremlnote ist der Abzug aller Besatzungstruppen und völlige Bündnisfreiheit Deutschlands. In einer zweiten Note an die drei Westmächte stimmt die Sowjetunion am 9. April freien gesamtdeutschen Wahlen unter Viermächtekontrolle zu – nicht aber unter der Aufsicht der Vereinten Nationen.

17.6.1953 Der am Vortag begonnene Streik der Arbeiter in der Ost-Berliner Stalinallee weitet sich zum Aufstand aus. Forderungen sind freie und geheime Wahlen und nationale Einheit, Rücknahme der erhöhten Arbeitsnormen. Die Sowjetunion schlägt die Revolte jedoch rasch nieder.

25.3.1954 Die UdSSR erklärt die DDR für souverän.

23.10.1954 Mit der Unterzeichnung der Pariser Verträge wird die Bundesrepublik Mitglied der Westeuropäischen Union und der NATO. Die Westintegration der BRD ist damit abgeschlossen. Die Sowjetunion interveniert zuvor noch einmal und will auch westliche Vorschläge zur Regelung der deutschen Frage akzeptieren.

5.5.1955 Mit einem feierlichen Akt wird von der Bundesregierung und alliierten Vertretern das formelle Ende des Besatzungsregimes gewürdigt, das durch die Hinterlegung der Ratifikationsurkunden eingetreten ist.

14.5.1955 Als Reaktion auf die Pariser Verträge schließen die Ostblockstaaten den Warschauer Pakt. Die DDR tritt dem Militärbündnis ein Jahr später bei.

4.10.1957 Die Sowjetunion befördert mit dem »Sputnik« den ersten Satelliten in das Weltall und löst den sogenannten »Sputnik«-Schock aus, der den technologischen Rückstand der USA in der Raumfahrt bezeichnet.

13.8.1961 Die Sektorengrenze zum Ostteil Berlins und die Grenzen zwischen West-Berlin und der DDR werden durch Mauer und Stacheldraht abgeriegelt. Die Westmächte protestieren.

Oktober 1962 Die Stationierung sowjetischer Mittelstreckenraketen auf Kuba führt beinahe zu einer militärischen Konfrontation von USA und UdSSR.

23.–26.6.1963 Der US-amerikanische Präsident John F. Kennedy besucht die Bundesrepublik und West-Berlin.

Frühjahr 1968 Weltweit wird gegen die US-amerikanische Kriegführung in Vietnam protestiert.

10.6.1982 Anlässlich des Besuchs von US-Präsident Ronald Reagan demonstrieren über 400 000 Menschen gegen die Aufrüstung in Ost und West.

27.1.1987 Der sowjetische Parteichef Michail Gorbatschow kündigt eine weitreichende Demokratisierung der Gesellschaft an unter den Stichworten »Glasnost« (Offenheit) und »Perestroika« (Umgestaltung).

9.11.1989 Die Berliner Mauer und die DDR-Grenze zur Bundesrepublik werden geöffnet.

15.–16.7.1990 Gorbatschow gibt sein Einverständnis, dass ein vereintes Deutschland »frei und selbst entscheiden« könne, welchen Bündnissen es angehören will.

31.8.1994 In Anwesenheit von Präsident Boris Jelzin werden die letzten russischen Soldaten aus Berlin verabschiedet. Während sich am 18. Juni die Truppen der drei Westmächte von rd. 75 000 Zuschauern bejubeln ließen, fällt die letzte Parade der russischen Verbände bescheiden aus.

8.9.1994 In Anwesenheit der Regierungschefs von Großbritannien, Frankreich und der USA werden die westalliierten Truppen feierlich verabschiedet.

DEM DEUTSCHEN VOLKE

FOLGE
19

VOLKES STIMME

Demokratie in Deutschland

Deutschland im Jahr 1918: Der Kaiser repräsentiert eine von Gott gegebene Ordnung, die Untertanen haben Gehorsam zu leisten. Die ihnen auferlegten Pflichten und die gewährten Rechte sind nicht aus ihrem Menschsein abgeleitet. Die Pflichten sind die Bringschuld, von der Obrigkeit eingefordert, die Rechte hingegen sind allenfalls huldvoll verliehen – und demgemäß auch wieder entziehbar. Es gibt zwar einen gewählten Reichstag und eine Reichsregierung mit einem Reichskanzler an der Spitze, doch sind sie nicht die Repräsentanten des Volkes, denn sie regeln das politische Geschäft unter der Oberaufsicht des Monarchen. So wird autoritäres Auftreten von oben nach unten weitergegeben: vom Kaiser über die abhängige Reichsregierung, über die zur Treue verpflichtete Beamtenschaft und über das Militär tief hinein in die Verzweigungen der Gesellschaft. Von Demokratie keine Spur – Deutschland, das ist ein monarchistisch-autoritäres Staatswesen.

Die Republik wird geboren

Die Reichshauptstadt Berlin ist im Winter 1918/1919 ein unruhiger Ort. Der Krieg, der später Erster Weltkrieg genannt wird, ist verloren, die alte Ordnung wankt und bricht schließlich zusammen. Es ist viel weniger ein Sturz der Monarchie, eher ist es die fast überraschende Abschaffung eines politischen Systems. Am 9. November 1918 muss Kaiser Wilhelm II. dem Druck nachgeben und auf den Thron verzichten, er geht ins Exil in die Niederlan-

Massen vor dem Reichstag in Berlin: Sie erleben 1918 die Geburt der deutschen Republik mit.

2. Extraausgabe Sonnabend, den 9. November 1918.

Vorwärts

Berliner Volksblatt.

Zentralorgan der sozialdemokratischen Partei Deutschlands.

Der Kaiser hat abgedankt!

Der Reichskanzler hat folgenden Erlaß herausgegeben:

Seine Majestät der Kaiser und König haben sich entschlossen, dem Throne zu entsagen.

Der Reichskanzler bleibt noch so lange im Amte, bis die mit der Abdankung Seiner Majestät, dem Thronverzichte Seiner Kaiserlichen und Königlichen Hoheit des Kronprinzen des Deutschen Reichs und von Preußen und der Einsetzung der Regentschaft verbundenen Fragen geregelt sind. Er beabsichtigt, dem Regenten die Ernennung des Abgeordneten Ebert zum Reichskanzler und die Vorlage eines Gesetzentwurfs wegen der Ausschreibung allgemeiner Wahlen für eine verfassungsgebende deutsche Nationalversammlung vorzuschlagen, der es obliegen würde, die künftige Staatsform des deutschen Volk, einschließlich der Volksteile, die ihren Eintritt in die Reichsgrenzen wünschen sollten, endgültig festzustellen.

Berlin, den 9. November 1918. **Der Reichskanzler.**
Prinz Max von Baden.

Es wird nicht geschossen!

Der Reichskanzler hat angeordnet, daß seitens des Militärs von der Waffe kein Gebrauch gemacht werde.

Parteigenossen! Arbeiter! Soldaten!

Soeben sind das Alexanderregiment und die vierten Jäger geschlossen zum Volke übergegangen. Der sozialdemokratische Reichstagsabgeordnete Wels u. a. haben zu den Truppen gesprochen. Offiziere haben sich den Soldaten angeschlossen.

Der sozialdemokratische Arbeiter- und Soldatenrat.

Die Zeitung der deutschen Sozialdemokratie feiert mit einer Extraausgabe am 9. November 1918 die Abdankung Kaiser Wilhelms II. Der Weg in die erste deutsche Demokratie ist frei, es wird ein beschwerlicher Weg.

de. Am gleichen Tag verkündet der Sozialdemokrat Philipp Scheidemann in Berlin vor demonstrierenden Massen, dass nun das Zeitalter der Republik und der Demokratie in Deutschland beginne. Kennzeichnend für die Unruhe und Verwirrung in diesen Tagen ist, dass auch Karl Liebknecht, dem linken Flügel der Unabhängigen Sozialdemokratie angehörend, am selben Tag eine Sozialistische Republik Deutschland ausruft.

Welche Demokratie soll es sein?

In den politischen Parteien gibt es unterschiedlichste Vorstellungen von der politischen und gesellschaftlichen Zukunft des Deutschen Reiches: Da sind Anhänger der Monarchie, die Kaiser- und Fürstenherrschaft erhalten wollen, da sind bürgerliche Kräfte, die ihre Abneigung gegen eine Parteiendemokratie pflegen und ihre politischen Vorstellungen mit dem Schlagwort von der »Überparteilichkeit« umschreiben. Sozialdemokraten und liberale bürgerliche Kreise hingegen wollen eine demokratische Republik, in der jeder mit möglichst gleichen Rechten ausgestattet ist, ohne dass jedoch die bestehenden unterschiedlichen Besitzverhältnisse angetastet werden. An den Rändern des politischen Spektrums tummeln sich auf der rechten Seite nationalistische Kräfte, die noch immer davon träumen, Deutschland müsse die führende Weltmacht sein, links sind es Unabhängige Sozialdemokraten und der Spartakusbund, aus dem später die Kommunistische Partei Deutschlands entsteht, die Deutschland in eine Räterepublik verwandeln wollen.

Alte und neue Orientierungen

Am 19. Januar 1919 wählen Männer – und zum ersten Mal in Deutschland auch Frauen – ab dem 20. Lebensjahr eine verfassunggebende Nationalversammlung. Gewählt wird nach dem Verhältniswahlrecht, jede sich an der Wahl beteiligende

Ein Plakat drückt die Hoffnungen der Zeit aus: Das Volk möge enger zusammenrücken, alle sozialen Klassen und Schichten sollen an der Gestaltung der neuen Ordnung teilhaben, sollen 1919 Mitspracherecht in der Nationalversammlung finden.

Partei wird nach dem Stimmenanteil mit Sitzen im Parlament bedient. Die Sicherheit der Abgeordneten scheint im unruhigen Berlin nicht gewährt, also wird die Nationalversammlung nach Weimar einberufen. Weimar, das verschlafene Städtchen in Thüringen, ist 1919 eigentlich nur den literarisch Interessierten ein Begriff: Hier wirkten Goethe und Schiller, hier begründeten sie mit anderen Geistesgrößen die deutsche Klassik und an diese Tradition wollen die republikanischen Politiker anknüpfen. Im Februar 1919 sind es 423 demokratisch gewählte Parlamentarierinnen und Parlamentarier, die hier zusammentreten und sich anschicken, als Nationalversammlung der ersten deutschen Republik, die bald die Weimarer Republik heißen wird, eine Konstitution zu geben. Kennzeichnend für diese Verfassung ist eine Machtverteilung zwischen Reichstag und Reichsrat (Vertretung der 18 Länder) einerseits und dem Reichspräsidenten andererseits, der allerdings eine starke Stellung erhält. Er wird ebenfalls direkt vom Volk in allgemeiner, gleicher, unmittelbarer und geheimer Wahl gewählt.

Demokratie auf Abruf

Die junge Republik ist mit einer schweren Hypothek belastet. Am 28. Juni 1919 wird der Vertrag von Versailles unterzeichnet. Er ist das Diktat der Sieger über Deutschland und bringt einen Frieden, der den Keim künftiger Zerwürfnisse in sich trägt. Für den »Schmachfrieden«, der umfangreiche Gebietsabtretungen, Reparationszahlungen, die Besetzung großer Teile des linksrheinischen Gebiets und eine Beschränkung der Armee zur Folge hat, werden jene verantwortlich gemacht, die im Namen der Republik diesen Friedensvertrag unterschreiben müssen. Die deutsche Mitschuld am Beginn des Krieges gerät dabei in Vergessenheit.

Dagegen wird ein erbitterter Streit darüber geführt, wer für die Niederlage Deutschlands 1918 verantwortlich ist. Die Nationalisten vertreten – häufig wider besseres Wissen wie der Generalstabschef und spätere Reichspräsident Paul von Hindenburg – die Auffassung, dass das deutsche Heer im Felde unbesiegt geblieben sei, nur das Versagen der Heimat und die Novemberrevolution hätten den Zusammenbruch verschuldet. Die Heimat sei der kämpfenden Front in den Rücken gefallen, habe sie gewissermaßen »von hinten erdolcht«. Doch der Krieg war militärisch schon lange vor der Ausrufung der Republik verloren. Diese Umwälzung war nicht Ursache, sondern Folge des nicht zu gewinnenden Krieges.

Eine weitere Belastung für die junge Republik ist die bittere Not, in die viele Menschen nach Kriegsende geraten. Die riesigen Kriegsschulden, die sich noch im Kaiserreich angehäuft haben, und die Reparationszahlungen führen nach Kriegsende zu einer rasanten Inflation und zur Verarmung breiter Bevölkerungsschichten. Dafür wird aber meist nicht das Kaiserreich verantwortlich gemacht sondern die Weimarer Republik.

Als nach einer relativen Stabilisierung der Wirtschaft 1924 bis 1929 auch Deutschland von den Folgen der Weltwirtschaftskrise erfasst wird, zeigen sich

Generalfeldmarschall Paul von Hindenburg, zur Kaiserzeit Generalstabschef der Armee, monarchistisch gesinnt und die konservativ-nationalistischen Kräfte Deutschlands repräsentierend, wird 1925, nach dem Tod Friedrich Eberts, zum Reichspräsidenten gewählt.

Wahlkampf zur Reichstagswahl 1932: Mehr als 30 Parteien kämpfen um Stimmen. Kommunisten und Nationalsozialisten machen keinen Hehl aus ihrer Abneigung gegen die Weimarer Republik.

die Schwächen der Weimarer Republik deutlich. So ist die politische Willensbildung durch das Verhältniswahlrecht erschwert, das Splittergruppen begünstigt. Die überstarke Stellung des Reichspräsidenten und der Missbrauch des Artikels 48, der ein Regieren mit Notverordnungen am Parlament vorbei erlaubt, ermöglichen in Krisensituationen das politische Aushebeln der parlamentarischen Organe. Zudem ließen die ungünstigen Startbedingungen der Weimarer Republik und die daraus resultierende politische Instabilität die Demokratie unter den Deutschen nicht heimisch werden. Der Ruf nach einer straff funktionierenden Ordnung, nach einem neuen Platz an der Sonne wird immer lauter und bald kehren breite Kreise der Bevölkerung zum antidemokratischen, obrigkeitsstaatlichen Denken zurück. Besonders das deutsche Bürgertum und große Teile der deutschen Intellektuellen stehen der Republik äußerst distanziert gegenüber. Als schließlich am 30. Januar 1933 mit der Machtübergabe an Hitler die erste deutsche Demokratie untergeht, weinen ihr deshalb auch nur wenige eine Träne nach. Selbst viele derjenigen, die Hitler ablehnen, sind froh, das »Weimarer System« hinter sich lassen zu können. Erst spät wird vielen klar, dass sie mit Hitler auch den Beginn finsterster Barbarei gewählt haben.

Der zweite Demokratieversuch

Am Ende des Zweiten Weltkrieges liegt Deutschland in Trümmern, die Siegermächte bestimmen die deutsche Politik. Erst allmählich, in der Ostzone früher als in den Westzonen, werden Deutsche an der Besatzungsverwaltung beteiligt. Die wachsenden Spannungen zwischen den einstigen Alliierten USA und UdSSR münden schließlich in den Kalten Krieg und die Teilung Deutschlands. In den Westzonen beginnt der Aufbau einer parlamentarischen Demokratie, im Osten entsteht ei-

Abend-Ausgabe
Vorwärts
MONTAG
BERLINER VOLKSBLATT
Zentralorgan der Sozialdemokratischen Partei Deutschlands

Hitler-Papen-Kabinett

„Feine Leute“ und drei Nazis – Kabinett des Großkapitals

Kapitalistische Reaktion

Zentrum nicht befragt

Unsere Antwort!

Am 30.1.1933 wird die Macht den Nazis übergeben, Hitler wird Reichskanzler.

Hindenburg und Hitler inszenieren am 21.3.1933 den »Tag von Potsdam«, Hitler wird »salonfähig« gemacht (Versammlung in der Garnisonskirche).

ne Ordnung nach sowjetischem Vorbild, eine sozialistische Demokratie. Den Großteil der Bevölkerung plagen derweil ganz andere Sorgen und Nöte: Wie ist der nächste Tag zu überleben, was kann man essen, wo kann man wohnen, wie kann man sich kleiden, wo findet man Arbeit?

Bonn ist nicht Weimar – historische Lehren

Im Westen Deutschlands wird 1949 das Grundgesetz erarbeitet und verabschiedet, das einen Staat konstituiert, in dem durch Gewaltenteilung die Demokratie ein sicheres Fundament finden soll. Das Wahlgesetz garantiert freie, gleiche, allgemeine und geheime Wahlen für den Bundestag. Ein kompliziertes Wahlverfahren aus Mehrheits- und Verhältniswahl soll die Zersplitterung der politischen Kräfte verhindern. Parteien, die weniger als 5 % der abgegebenen Stimmen auf sich vereinigen können, erhalten keine Mandate im Parlament. Der Bundespräsident hat zu repräsentieren, nicht zu regieren, das bleibt dem Bundeskanzler und seinen Ministern überlassen. Die Länder erhalten umfangreiche Rechte und wirken daneben an der Bundespolitik über den Bundesrat, die Länderkammer, mit. Die Gerichte werden als unabhängige, eigenständige Gewalt in der neuen politischen Ordnung verankert. Die Parteien finden im Grundgesetz ihren Platz, sie sollen an der politischen Willensbildung des Volkes mitwirken. Die Bevölkerung schließlich wählt alle vier Jahre jene Frauen und Männer, die ihren Willen repräsentieren sollen.

Die großen Parteien verlassen die Tradition, bestimmten gesellschaftlichen Gruppen verpflichtet zu sein: Die Sozialdemokraten verstehen sich nicht mehr als reine Arbeiterpartei, die Christdemokraten vertreten nicht mehr nur das christliche Lager und den Mittelstand. Allein die Liberalen halten daran fest, besonders die Interessen der Selbstständigen zu artikulieren. Demokratie heißt im Grundgesetz vor allem Wahrung der Grundrechte des Bürgers. Sie stehen am Anfang, an hervorragender Stelle im Grundgesetz, sind umfangreich geschützt, weisen dem Staat eindeutig die Grenzen seiner Macht. Eine Verfassungsgerichtsbarkeit gibt dem Bürger zusätzliche Sicherheit vor Übergriffen des Staates, er kann seine Rechte gegen Regierung, Parlament und Verwaltung notfalls einklagen. Anders als bei der Weimarer Verfassung haben die Bürger nach dem Grundgesetz außer bei den Wahlen keine Möglichkeit, ihren politischen Willen direkt geltend zu machen. Das plebiszitäre Element, eine Form der direkten Demokratie, ist in der Bundespolitik nicht vorgesehen.

Nach zwölf Jahren Naziherrschaft und vier Jahren Besatzungsdiktat tritt 1949 in Bonn der erste frei gewählte Deutsche Bundestag zusammen. Ein neuer Versuch, Demokratie in Deutschland zu gestalten, beginnt. Die Lehren aus der gescheiterten Weimarer Republik sind gezogen, das Grundgesetz soll Fundament einer stabilen Demokratie werden.

Engagement für die Demokratie

Eine lebendige, lebensfähige Demokratie ist auf die aktive Beteiligung der Bürger angewiesen, Interessenkonflikte und streitbare Auseinandersetzungen sind nach demokratischen Regeln auszutragen, das ist für das Gedeihen einer Demokratie unerlässlich.

Nach den Auseinandersetzungen um die Wiederbewaffnung der BRD in den Fünfzigerjahren nutzen die Bundesbürger diese

1955: Protest gegen Wiederbewaffnung vor der Frankfurter Paulskirche

1968: Gegen den Vietnamkrieg in West-Berlin (1. R., 4. v. l.: Rudi Dutschke)

1977: Demonstration gegen das Atomkraftwerk in Kalkar

Chance zur direkten Mitsprache vermehrt seit den Sechzigerjahren. Es sind in dieser Zeit vor allem Teile der studentischen Jugend, welche die verkrustete politische Kultur durch Proteste aufzubrechen versuchen. Nicht vom Parlament gehen die Impulse für die notwendige Veränderung aus, vielmehr ist es die außerparlamentarische Opposition, die zu Zeiten der großen Koalition in Bonn (1966–1969) Reformen anstößt. Es beginnt mit Protesten gegen die Notstandsverfassung, die eine erdrückende Mehrheit im Bundestag ziemlich rigoros durchsetzt. Die Protestierenden sorgen sich um die Demokratie, fürchten eine Schwächung und Aushöhlung der Grundrechte. Durch Demonstrationen und zahlreiche aus den USA übernommene politische Aktionsformen (Sit-in, Go-in) erzwingen sie, dass Autoritäten ihr Handeln stärker als bisher rechtfertigen und dass die Handhabung politischer Macht transparenter wird.

Von der APO spalten sich später Gruppen wie die Rote Armee Fraktion (RAF) ab, die mit Gewalt eine Änderung der Gesellschaftsordnung herbeiführen wollen und vielfach als akute Bedrohung der gesamtstaatlichen Ordnung empfunden werden. Der Ruf nach »wehrhafter Demokratie« wird laut, zahlreiche Erlasse (z. B. Radikalenerlass) und polizeiliche Fahndungsmaßnahmen sollen die linksterroristischen Aktivitäten im Keim ersticken. Doch erst in den Neunzigerjahren scheint die Gefahr überwunden.

Großen politischen Einfluss gewinnen und behalten dagegen die Bürgerinitiativen, die sich seit den Siebzigerjahren vermehrt bilden, als Politiker für den Ausbau der Atomenergie plädieren. Bauplatzbesetzungen, passiver Widerstand und Klagen vor Gerichten führen zu einer Sensibilisierung vieler Menschen für ökologische Probleme. Auch die Friedensbewegung, die sich gegen die atomare Aufrüstung wendet, entsteht aus Bürgerinitiativen und außerparlamentarischen Gruppierungen.

Das etablierte Parteiensystem der Bundesrepublik kommt in Bewegung, als das Unbehagen an der Umweltzerstörung immer weiter um sich greift. Aus Bürgerinitiativen wächst die Partei der GRÜNEN, die, anfangs von den etablierten Parteien verlacht und verspottet, inzwischen zu einer ernst zu nehmenden politischen Kraft herangereift ist.

Die sozialistische Alternative

In der DDR herrscht ein völlig anderes Verständnis von Demokratie. Sozialistische Demokratie beschreibt ein gesellschaftlich-politisches System, in dem nicht die individuelle Freiheit das Maß aller politischen Dinge ist. Freiheit soll hingegen »als Einsicht in die Notwendigkeit« verstanden werden. Was notwendig ist, leitet sich nicht aus den Bedürfnissen der Menschen ab, sondern aus weltanschaulichen Festlegungen der herrschenden Sozialistischen Einheitspartei Deutschlands (SED). Diese Demokratie kennt keine Gewaltenteilung, weder ein frei gewähltes Parlament, noch eine unabhängige Rechtsprechung, schon gar keine Verfassungsgerichtsbarkeit. Der sozialistischen Demokratie geht es um die Durchsetzung »objektiver Interessen«, die von der Partei formuliert werden. Stehen ihnen »subjektive Interessen« entgegen, bleiben diese unberücksichtigt, denn die Gesellschaft entwickelt sich auf ein festes Ziel zu.

So widersprüchlich es klingt, die sozialistische Demokratie gestaltet sich in der Form der »Diktatur des Proletariats«, wobei nicht das gesamte Proletariat herrscht, sondern in seinem Namen die kommunistische Partei. Alle politischen Kräfte, nichtsozialistische Parteien wie Massenorganisationen, sind unter Führung der SED in der Nationalen Front zusammengeschlossen; sie stellt die Einheitslisten für die Wahlen auf und formuliert das Wahlprogramm. Wahlen sind keine Entscheidungen über Kandidaten, politische Richtungen oder Inhalte, sondern werden dazu genutzt, die angebliche Übereinstimmung der Wählerinnen und Wähler mit der Politik der SED zu demonstrieren.

Als nachgewiesen wird, dass die Ergebnisse der Kommunalwahlen vom Frühjahr 1989 gefälscht sind, wächst der Zorn. Im Herbst 1989 streifen Hunderttausende in der DDR Angst und Lethargie ab, besinnen sich auf ihre Kraft und auf ihren Mut, gehen auf die Straße und fordern eine Demokratie, die ohne das Adjektiv sozialistisch auskommt. Selbstbewusst klingt ihre Losung »Wir sind das Volk!« Der Staat hält diesem Druck nicht lange stand: Die

Das lange für undenkbar Gehaltene wird am 3. Oktober 1990 Wirklichkeit: Die beiden Deutschlands werden vereint. Aber mehr als 40 Jahre Spaltung haben Spuren hinterlassen, so wundert es nicht, dass Deutschland vorerst als ein Staat mit zwei Gesellschaften erscheint.

mutigen Frauen und Männer stehen eine Revolution durch, gewaltlos, unblutig und vor allem erfolgreich.

Trotz sinkender Wahlbeteiligung und viel beklagter »Politikverdrossenheit« beweist die parlamentarische Demokratie in Deutschland Lebenskraft, sie ist bei der überwältigenden Mehrheit der Bevölkerung geachtet. Anfechtungen von rechten und linken Extremisten hat sie bisher relativ schadlos überstanden. Kritisch zu fragen bleibt, ob bei tiefen Einschnitten in den Lebensstandard breiter Bevölkerungskreise die Demokratie weiterhin als schützens- und achtenswertes Gut bewahrt werden wird.

Die Chronik der Demokratie

November 1918: Matrosen der Kriegsflotte verweigern den Gehorsam und rufen zur Revolution in Deutschland auf.

29.10.–7.11.1918 Ein Einsatzbefehl an die deutsche Kriegsflotte führt zu Meutereien der Matrosen, aus denen sich eine politische Revolution entwickelt. Arbeiter- und Soldatenräte werden gebildet, die Monarchie gerät ins Wanken.

9.11.1918 Arbeiter- und Soldatenräte übernehmen in Berlin die Macht. Kaiser Wilhelm II. dankt ab. Am selben Tag ruft der Sozialdemokrat Philipp Scheidemann vom Reichstag aus die Republik aus. Zwei Stunden später proklamiert Karl Liebknecht vor dem Berliner Schloss die freie sozialistische Republik.

10.11.1918 Politiker der Unabhängigen und der Mehrheitssozialdemokraten bilden den Rat der Volksbeauftragten, die erste republikanische Regierung. Reichskanzler ist Friedrich Ebert.

11.11.1918 Deutschland unterzeichnet im Wald von Compiègne den Waffenstillstand.

6.–12.1.1919 In Berlin tobt der Spartakusaufstand gegen die Regierung von Ebert und Scheidemann. Karl Liebknecht und Rosa Luxemburg, führende Köpfe des Spartakusbundes, werden am 15. Januar bei ihrer Verhaftung von Freikorpsangehörigen ermordet.

19.1.1919 Bei den Wahlen zur verfassunggebenden Nationalversammlung haben Frauen erstmals das Wahlrecht, das Dreiklassenwahlrecht ist endgültig abgeschafft.

6.2.1919 Im Deutschen Nationaltheater in Weimar wird die Nationalversammlung eröffnet.

11.2.1919 Friedrich Ebert (MSPD) wird zum ersten Reichspräsidenten gewählt. Am 13. Februar beruft Ebert die erste parlamentarische Reichsregierung mit Philipp Scheidemann als Ministerpräsident.

22.6.1919 Unter massivem Druck der Siegermächte stimmt die Nationalversammlung mit 237 zu 138 Stimmen dem Versailler Friedensvertrag zu.

28.6.1919 Im Spiegelsaal des Schlosses zu Versailles unterzeichnet Deutschland den Friedensvertrag, der Deutschland die Alleinschuld am Ausbruch des Krieges aufbürdet. Die Sieger leiten daraus Reparationsforderungen und das Recht zur Beschneidung der deutschen Souveränität ab.

31.7.1919 Die Nationalversammlung verabschiedet die Weimarer Verfassung mit 262 gegen 75 Stimmen.

12.–17.3.1920 Kapp-Lüttwitz-Putsch: Rechtsextreme Militäreinheiten und Freikorps versuchen, die Regierung in Berlin zu stürzen. Der größte Teil der Reichswehr verhält sich dabei indifferent. Der Aufstand bricht schließlich wegen eines Generalstreiks der Arbeiterschaft zusammen. Im Ruhrgebiet kommt es zu bürgerkriegsähnlichen Unruhen.

24.1.1921 In Paris legen die Alliierten die Gesamtsumme, die Deutschland als Wiedergutmachung von Kriegsschäden zahlen soll, auf 226 Milliarden Goldmark fest, die in 42 Jahresraten zu zahlen sind. Deutsche Proteste werden mit der Besetzung von Teilen des Ruhrgebietes beantwortet.

26.6.1922 Nach der Ermordung des Außenministers Walther Rathenau durch Angehörige der rechtsradikalen Organisation Consul zwei Tage zuvor, erlässt Ebert eine Notverordnung zum Schutz der Republik.

Inflation in Deutschland: 1923 kostet ein Brot 1 Billion Reichsmark. Große Teile des Volkes fallen in bittere Not.

1923 Krisenjahr der Republik: Zur Durchsetzung von Reparationen besetzen französische und belgische Truppen das Ruhrgebiet. Der Ruhrkampf verschärft die Inflation in Deutschland, die schließlich durch eine Währungsreform beendet wird. Im Oktober rufen Separatisten die Rheinische Republik aus. In Sachsen marschiert Reichswehr ein, weil ein kommunistischer Umsturz befürchtet wird. Am 9. November versucht Adolf Hitler durch einen Putsch in München die Republik zu stürzen.

26.4.1925 Der monarchistische Generalfeldmarschall Paul von Hindenburg wird mit knapper Mehrheit zum Nachfolger des verstorbenen Friedrich Ebert als Reichspräsident gewählt.

25.10.1929 In New York bricht die Börse zusammen, dieser Crash löst eine Weltwirtschaftskrise aus, die Deutschland besonders hart trifft. Die Arbeitslosigkeit wächst rasch und nimmt bedrohliche Ausmaße an.

23.1.1930 Wilhelm Frick wird als Innen- und Volksbildungsminister in Thüringen vereidigt. Er ist der erste Minister, der der NSDAP angehört.

27.3.1930 Die letzte auf eine parlamentarische Mehrheit gestützte Regierung der Weimarer Republik tritt zurück. Der von Hindenburg berufene Reichskanzler Heinrich Brüning beginnt, mit Notverordnungen zu regieren. Der Parlamentarismus ist am Ende.

10.4.1932 Hindenburg wird im zweiten Wahlgang mit 52 % der Stimmen erneut zum Reichspräsidenten gewählt. Die Gegenkandidaten Adolf Hitler (NSDAP; 36,8 %) und Ernst Thälmann (KPD; 10,8 %) können sich nicht durchsetzen.

31.7.1932 Bei den Reichstagswahlen wird die NSDAP mit 37,4 % der Stimmen zur stärksten Fraktion, erreicht jedoch keine regierungsfähige Mehrheit.

30.1.1933 Adolf Hitler wird mit Unterstützung der nationalkonservativen Parteien in Berlin von Reichspräsident Hindenburg zum Reichskanzler ernannt.

28.2.1933 Die Reichsregierung nutzt den Reichstagsbrand vom Vortag zur Aufhebung der Meinungs-, Presse- und Versammlungsfreiheit.

23.3.1933 Mit dem Ermächtigungsgesetz löst sich der Reichstag selbst auf.

8.5.1945 Deutschland kapituliert bedingungslos, der Zweite Weltkrieg in Europa ist zu Ende. Deutschland wird von den Siegermächten besetzt und regiert.

Februar/März 1948 Die Westmächte und die Beneluxstaaten empfehlen auf der Londoner Konferenz die Bildung eines demokratischen, föderativen Staates, der aus den drei westlichen Besatzungszonen hervorgehen soll.

1.7.1948 Die Westalliierten übergeben den Ministerpäsidenten der elf westdeutschen Länder ein Papier mit ihren Vorstellungen über den Aufbau eines westdeutschen Staates: parlamentarische Demokratie, Föderalismus, dazu eine Vereinbarung über das Besatzungsstatut.

1.9.1948 Der Parlamentarische Rat, bestehend aus 65 Abgeordneten der Länderparlamente, nimmt in Bonn seine Arbeit auf, um die Verfassung eines westdeutschen Staats zu erarbeiten.

23.5.1949 Der Parlamentarische Rat billigt und verkündet das Grundgesetz für die Bundesrepublik Deutschland und wählt Bonn zur Bundeshauptstadt.

24.5.1949 Die Bundesländer, mit Ausnahme Bayerns, billigen das Grundgesetz.

14.8.1949 Aus den ersten demokratischen Wahlen zum Deutschen Bundestag gehen die CDU mit 31 % und die SPD mit 29,2 % der Stimmen als stärkste Parteien hervor. Am 7. September findet die konstituierende Sitzung des Bundestags statt.

12.9.1949 Theodor Heuss (FDP) wird zum Bundespräsidenten gewählt.

15.9.1949 Konrad Adenauer (CDU) wird mit einer Stimme Mehrheit zum Bundeskanzler gewählt, er behält dieses Amt bis zum 16. Oktober 1963.

Am 7. Oktober 1949 wird die DDR gegründet.

7.10.1949 In der sowjetischen Besatzungszone tritt eine Verfassung für eine Deutsche Demokratische Republik in Kraft, Wilhelm Pieck (SED) wird Präsident, Otto Grotewohl (SED) Ministerpräsident der DDR.

1.2.1951 Der Bundestag verabschiedet ein Gesetz zur Bildung eines Bundesverfassungsgerichtes. Damit erhält die Demokratie der Bundesrepublik Deutschland ein tragfähiges Fundament; Gesetze können künftig höchstrichterlich auf Verfassungskonformität überprüft werden.

10.4.1951 Der Bundestag beschließt ein Gesetz zur Mitbestimmung der Arbeitnehmer in der Montanindustrie. Dieses Gesetz begründet die Demokratisierung in einem zentralen Wirtschaftsbereich.

19.7.1952 Mit dem Betriebsverfassungsgesetz werden alle wirtschaftlichen Bereiche in der Bundesrepublik durch Stärkung der Rechte der Arbeitnehmer demokratischer gestaltet.

Juli 1952 Die Sozialistische Einheitspartei Deutschlands (SED) der DDR beschließt den »planmäßigen Aufbau der Grundlagen des Sozialismus«. Damit ist in der DDR endgültig die Entscheidung gegen eine parlamentarische Demokratie gefallen.

23.10.1952 In der Bundesrepublik wird die Sozialistische Reichspartei (SRP), eine rechtsorientierte, antidemokratische Partei verboten.

25.6.1953 Für Wahlen in der Bundesrepublik wird die Fünfprozentklausel eingeführt. Parteien, die weniger als 5 % der Stimmen erlangen, ziehen nicht mehr in den Bundestag ein. Damit soll der Zersplitterung des Parlamentes vorgebeugt und die Demokratie weiter gesichert werden.

17.8.1956 Das Bundesverfassungsgericht verbietet die Kommunistische Partei Deutschlands (KPD), weil ihr Programm und ihre politische Arbeit gegen die demokratische Grundordnung der Bundesrepublik gerichtet seien.

22.1.1957 Ein Rentenreformgesetz bindet die Rentenerhöhungen an die Steigerung der Arbeitseinkommen. Für Alte und Gebrechliche steigt der Lebensstandard, auch dies ist eine Form der Demokratisierung.

1956/1957 Mit der Gründung der Bundeswehr und der Einführung der allgemeinen Wehrpflicht formiert sich erster Bürgerwiderstand in der jungen Bundesrepublik. Mit Demonstrationen wird gegen die Remilitiarisierung und geplante Atombewaffnung protestiert.

19.4.1958 In zahlreichen deutschen Städten kommt es zu Massenkundgebungen der Aktion »Kampf dem Atomtod«, der Protest weitet sich zu einer Bürgerbewegung aus.

1.7.1958 Das Gleichberechtigungsgesetz für Mann und Frau tritt in Kraft, damit soll eine empfindliche Lücke in der demokratischen Ordnung der Bundesrepublik geschlossen werden.

1.12.1966 Bundeskanzler Ludwig Erhard (CDU), seit 1963 im Amt, tritt zurück. CDU/CSU und SPD bilden eine große Koalition, Bundeskanzler wird Kurt Georg Kiesinger (CDU). Willy Brandt (SPD) übernimmt das Amt des Vizekanzlers und Außenministers.

1967/1968 In der studentischen Jugend formiert sich Widerstand gegen die Politik der großen Koalition, das Aufbegehren richtet sich vor allem gegen die geplante Notstandsgesetzgebung. Der Protest versteht sich als außerparlamentarische Opposition (APO).

30.5.1968 Im Bundestag wird die Notstandsverfassung verabschiedet. Dieses Gesetz erlaubt der Regierung, bei genau beschriebenen Krisen Einschränkungen der Grundrechte vorzunehmen und die Rechte des Parlamentes zeitweise zu schmälern. Kontrollgremien sollen möglichen Missbrauch verhindern.

21.10.1969 Der Bundestag wählt Willy Brandt zum Bundeskanzler, er führt eine Regierungskoalition aus SPD und Freier Demokratischer Partei (FDP), die als sozialliberale Koalition bezeichnet wird. In seiner Regierungserklärung vom 28. Oktober kündigt Bundeskanzler Brandt an: »Wir wollen mehr Demokratie wagen!«

1970 Aus der APO lösen sich radikale Gruppen, die zum Terror neigen. Geführt von Andreas Baader und Ulrike Meinhof taucht die Baader-Meinhof-Gruppe in den Untergrund ab. Aus ihr geht später die Rote Armee Fraktion (RAF) hervor, die durch Terrorakte Angst und Schrecken verbreitet.

3.5.1971 In der DDR tritt Partei- und Staatschef Walter Ulbricht zurück, sein Nachfolger wird Erich Honecker, der in der Wirtschafts- und Innenpolitik einen neuen Kurs zu steuern versucht, der sich mehr an den Bedürfnissen der Menschen orientieren soll.

1971: Erich Honecker bestimmt nun die Geschicke der DDR bis 1989

10.11.1971 Das Betriebsverfassungsgesetz von 1952 wird modernisiert, die Arbeitnehmerrechte werden ausgebaut, indem die Mitbestimmung der Betriebsräte erweitert und die Stellung der Jugendvertretungen und Gewerkschaften in den Betrieben gestärkt wird.

28.1.1972 Zur Abwehr extremer politischer Kräfte im Staatsdienst wird der Radikalenerlass zwischen der Bundesregierung und den Landesregierungen ausgehandelt. Er wird von vielen als Verletzung der Demokratie empfunden.

1.10.1982 Der Deutsche Bundestag spricht Bundeskanzler Helmut Schmidt (SPD) mit den Stimmen von CDU/CSU und FDP das Misstrauen aus und wählt Helmut Kohl (CDU) zum neuen Bundeskanzler. Die FDP hat die Koalition mit der SPD aufgekündigt und wechselt zu CDU und CSU.

11.3.1985 Michail Gorbatschow wird zum Generalsekretär der KPdSU gewählt. Mit seinem Amtsantritt gewinnen Demokratisierungsprozesse in sozialistischen Staaten an Boden. In der DDR bilden sich vereinzelt Friedens- und Menschenrechtsgruppen.

Sommer 1989 Aus der DDR fliehen zahlreiche Menschen über Ungarn und die Tschechoslowakei in die Bundesrepublik. In Leipzig und zahlreichen anderen Städten gehen im Herbst Hunderttausende auf die Straßen und fordern die Demokratisierung der DDR.

9.11.1989 Die DDR-Führung öffnet die Grenzen zu West-Berlin und zur Bundesrepublik. Versuche, die DDR zu reformieren und zu liberalisieren, kommen zu spät. Die Demonstranten fordern immer nachdrücklicher die Einheit Deutschlands.

3.10.1990 Tag der deutschen Einheit: Die DDR, in der fünf Länder entstanden sind, tritt dem Grundgesetz bei und wird Teil der Bundesrepublik Deutschland. Die parlamentarische Demokratie wird damit die politische Grundordnung des vereinigten Deutschland.

Zwei Zimmer, Küche, Bad

Wohnen in Deutschland

Zeitgeistexperten wie die amerikanische Unternehmensberaterin Faith Popcorn wollen seit Ende der Achtzigerjahre ein neues Phänomen entdeckt haben: das »cocooning«, zu deutsch den Rückzug in den eigenen Kokon, sprich in die eigenen vier Wände.

Und tatsächlich scheint manches für diese Beobachtung zu sprechen: Während die einen in ökonomisch schwierigen Zeiten das (Vergnügungs-) Leben außerhalb der Wohnung kaum noch bezahlen können und an Kino-, Kneipen- und Restaurantbesuchen sparen, finden andere immer mehr Gefallen daran, es sich in ihren Wohnungen mit exklusiven Designer-Möbeln »gemütlich« zu machen. Auch das samstägliche Gedränge in Baumärkten und Möbelkaufhäusern scheint den Trend zu bestätigen. Fast drängt sich der Gedanke auf, die Deutschen würden zu einem Volk von Stubenhockern. Und man könnte meinen, neue internationale Medien wie das Internet oder weltweite Kabelprogramme förderten wie weiland die bürgerliche Hausmusik eine Renaissance der »deutschen Innerlichkeit«.

Während eine eigene Behausung für die meisten Deutschen heute eine Selbstverständlichkeit ist, bedeutet Anfang des Jahrhunderts eine eigene Wohnung für viele einen unerschwinglichen Luxus.

Salon und Hinterhof

Im Kaiserreich existieren zwei völlig getrennte Lebens- und Wohnwelten: auf der einen Seite die Wohlhabenden, die nicht nur wohnen, sondern »ein Haus führen«, und auf der anderen Seite große Teile der Arbeiterschaft, die keine eigene, abgeschlossene Wohnung und manche noch nicht mal ein eigenes Bett haben.

Die reichen Leute, das Großbürgertum und weite Teile des Adels, leben in Häusern, die aus heutiger Sicht wie kleine Schlösser anmuten. Es ist dort nicht nur mehr als ausreichend Platz für jedes einzelne Familienmitglied, sondern es gibt auch Raum für das Personal, das mit im Haushalt lebt und diesen in Ordnung hält: Dienstboten, Köchin, Kindermädchen, Kutscher oder Fahrer. Neben Speisezimmer, Empfangszimmer, Bibliothek und manchmal auch einem Rauchzimmer bildet der Salon den repräsentativen Mittelpunkt eines solchen Hauses – keineswegs ein Wohnzimmer für das Familienleben, sondern ein Ort, um Gäste gebührend zu empfangen. Entsprechend dem Wunsch

Die Dame des Hauses demonstriert gediegenen Wohlstand und »Muße« – die Sängerin Pauline Lucca um 1900 in ihrer Wohnung.

Um 1900 lebt die Mehrheit der Arbeiterfamilien in überfüllten Mietskasernen (Foto Berlin 1908).

nach Repräsentation fallen die Möbel wuchtig aus: Neobarocke Prachtexemplare, imitiertes Rokoko und »altdeutscher« Stil dominieren um die Jahrhundertwende den Geschmack des Bürgertums.

Dieser Prachtentfaltung mit Plüsch und Palme stehen Wohnungsnot und Wohnungselend vor allem in den Großstädten gegenüber. In vielen Mietskasernen sind die Verhältnisse katastrophal: Oft sind die Wohnungen zu klein und obendrein überbelegt, die Zimmer dunkel und feucht, meist fehlt ein eigener Wasseranschluss, die Toiletten befinden sich außerhalb der Wohnungen und werden von mehreren Mietparteien genutzt. Der wichtigste – weil im Winter einzig warme Raum – ist meist die Wohnküche. Die Einrichtung vieler Leute beschränkt sich auf Bettkästen, Tische und Stühle. Nur Facharbeiter und Kleinbürger können sich den Luxus einer »Sofaecke« oder gar einer »guten Stube« leisten, die selten – in vielen Familien nur an Weihnachten und hohen Feiertagen – genutzt wird. Schon um 1900 ist die Wohnsituation der Arbeiterfamilien ein öffentlich diskutiertes Thema, doch das erste Wohnungsbaugesetz, das einen gewissen Mieter- und Kündigungsschutz festschreibt, wird erst 1915 unter dem Druck der Obersten Heeresleitung verabschiedet, die während des Kriegs wachsende Unzufriedenheit und Unruhen bei den Arbeitern und Soldaten befürchtet.

Sozialer Wohnungsbau und Neues Bauen

In der Weimarer Republik wird die Wohnungsfrage ein wesentliches Element der Sozialpolitik. Während des Ersten Weltkriegs ist die Bautätigkeit im Wohnungsbereich weitgehend zum Erliegen gekommen, so dass die Wohnungsnot sich erheblich verschärft hat. Erstmals übernimmt in dieser Situation die öffentliche Hand in großem Maßstab die Initiative im Wohnungsbau: Kommunale Bau- und

Schon ein Jahr nach Gründung der ersten Bausparkasse 1924 wirbt man mit Erfolgen.

Siedlungsgenossenschaften werden gegründet. Durch die Erhebung einer Steuer auf Haus- und Grundbesitz wird der soziale Wohnungsbau – insgesamt entstehen zwei Millionen Wohnungen – finanziert. Doch trotz der gewaltigen Anstrengungen bleibt die Wohnungsnot groß, und 1927 ermittelt die Reichswohnungszählung eine Million Haushalte ohne Wohnung. Nach der Weltwirtschaftskrise steigt die Zahl der Obdachlosen rapide an, Zehntausende kommen in Gartenlauben unter, andere siedeln »wild« in Bretterbuden.

Vielfach werden die neuen Großsiedlungen in einer sachlichen, schlichten Architektur errichtet, die vor allem durch das 1919 in Weimar gegründete Bauhaus und seinen Leiter Walter Gropius geprägt ist. Diese neuartige Hochschule will die Gegensätze zwischen Kunst, Handwerk und Technik überwinden und Modelle für die industrielle Produktion schaffen. Grundprinzipien des Bauhauses sind Materialgerechtigkeit und Funktionalität, aus denen Schönheit entsteht.

Wie in Berlin, Frankfurt am Main, Stuttgart und Karlsruhe werden in vielen Städten Siedlungen dieses Neuen Bauens errichtet, auch wenn insgesamt nur 4 bis 5 % der Bautätigkeit in der Weimarer Republik diesem sachlichen Stil verpflichtet sind. So entsteht in Berlin die Hufeisensiedlung Britz von Bruno Taut und Martin Wagner; Karlsruhe-Dammerstock wird von Gropius entworfen, und in der Werkbund-Siedlung Weißenhof in Stuttgart ist die gesamte Avantgarde nicht nur der deutschen Architektur vertreten.

In Frankfurt am Main zeichnet der Architekt Ernst May verantwortlich für eine Reihe von Großsiedlungen, die von 1925 bis 1930 in grüner Umgebung entstehen. Zur Senkung der Baukosten wird hier vielfach in industrieller Plattenbauweise gebaut, d. h. vorgefertigte, genormte und großformatige Bauteile werden auf den Baustellen zusammengesetzt. Die Wohnungen sind zwar sehr klein, doch die Ausstattung ist von bisher unbekanntem Komfort: Die Wohnungen sind vollelektrifiziert, haben ein eigenes Bad, eine eigene Toilette, die Räume sind hell, und meist gibt es einen Balkon oder einen kleinen Mietergarten. Außerdem sind die meisten Wohnungen mit einer Einbauküche ausgestattet, wie sie die Wiener Architektin Grete Schütte-Lihotzky 1926 entwirft. Ihre 6 m² große »Frankfurter Küche« soll ein rationales Hauswirtschaften ermöglichen, indem überflüssige Wege und Handreichungen vermieden werden: »Wir können die Grundsätze arbeitssparender, wirtschaftlicher Betriebsführung, deren Verwirklichung in Fabriken und Büros zu ungeahnten Steigerungen der Leistungsfähigkeit geführt hat, auf die Hausarbeit übertragen«, schreibt Schütte-Lihotzky in »Das Neue Frankfurt« 1926/27.

So rational und sachlich wie die Haushaltsführung stellen sich viele Architekten und Designer auch die Innenausstattung vor. Es entstehen die Stahlrohrstühle von Marcel Breuer und die Ledersessel von Ludwig Mies van der Rohe, die heute in Museen und als Nachbau in Yuppie-Wohnungen zu bewundern sind. Architekten wie Bruno Taut fordern eine »Erziehung zur Wohnkultur«: Die Wohnungen sollen entrümpelt, bürgerlicher Pomp soll nicht länger imitiert werden. Die »gute Stube«, die Troddeln und Schnörkel, Bildchen und

Links: Luftbild der Siedlung in Berlin-Britz von Bruno Taut und Martin Wagner; das berühmte Hufeisen umschließt einen flachen Teich.

Das Vorbild für die erste Einbauküche aus dem Jahr 1926 (Foto), die Frankfurter Küche von Grete Schütte-Lihotzky, ist die Mitropa-Küche der Reichsbahn, die äußerst platzsparend konstruiert ist.

Deckchen – all das soll verschwinden und einfachen, zweckmäßigen und industriell gefertigten Möbeln und Gegenständen weichen.

In einer Berliner Revue von Marcellus Schiffer singt man 1928: »Fort mit Schnörkel, Stuck und Schaden!/Glatt baut man die Hausfassaden!/Nächstens baut man Häuser bloß,/Ganz und gar fassadenlos./Krempel sind wir überdrüssig, viel zu viel ist überflüssig!/Fort die Möbel aus der Wohnung! Fort mit was nicht hingehört!/ Ich behaupte ohne Schonung: Jeder Mensch, der da ist stört!«

Für die Mieterinnen und Mieter der Siedlungen sind die neuen Produkte meist zu teuer und man will auch nicht auf liebgewordenen Nippes und »repräsentative«, wuchtige Sofas verzichten. Was für die Architekten und Designerinnen formschön und zweckmäßig ist, erscheint vielen Zeitgenossen als nüchtern, kahl und »ungemütlich«.

So zufrieden die Familien in den neuen Siedlungen auch sind, bürgerliche Politiker, große Teile des Bauhandwerks und vor allem konservative Architekten bekämpfen das Neue Bauen vehement. So wird die Stuttgarter Weißenhofsiedlung beispielsweise als »Araber-Dorf« geschmäht, und im Amtsblatt der Stadt Stuttgart ist zu lesen, »... dass die Weißenhofsiedlung, für welche der Deutsche Werkbund verantwortlich zeichnet, der deutlichste Beweis für den Niedergang der deutschen Baugesinnung während der Nachkriegszeit ist. Es besteht ein öffentliches Interesse aller Deutschgesinnten, solche weltbürgerlichen Versuche zu verhindern.«

Spätestens mit der Machtübernahme der Nationalsozialisten endet die Blüte der neuen Architektur in Deutschland. Das Bauhaus, das bereits 1925 vor den Konservativen in Thüringen von Weimar nach Dessau ausweichen musste, wird 1932 geschlossen und 1933 endgültig aufgelöst; die führenden Architekten emigrieren, und diejenigen, die auf »deutsche« Baugesinnung Wert legen, bestimmen die weitere Entwicklung.

Auf der Stuttgarter Werkbundausstellung »Die Wohnung« wird für eine schlichte, schnörkellose Einrichtung passend zur Architektur des Neuen Bauens geworben.

Siedlerhäuschen und Bombenkeller

Kleine Siedlerhäuschen mit eigener Scholle und Kleintierzucht für politisch zuverlässige und »erbgesunde« Volksgenossen, so sieht das Ziel des nationalsozialistischen Reichsheimstättenamtes aus. In den ersten Jahren des »Dritten Reiches« wird der Bau kleiner Siedlungen am Stadtrand oder in Kleinstädten verstärkt gefördert. Doch mit der Umstellung auf Kriegswirtschaft ändert sich die Politik. Die Arbeiter werden in den Industriestädten gebraucht und so entstehen auch unter nationalsozialistischer Federführung Großsiedlungen, die zuvor als »kulturbolschewistisch« ideologisch verfemt wurden – diesmal allerdings mit »altdeutschen« Elementen versehen, mit Giebel- statt Flachdächern. Eine ganz besonders perfide Art der Wohnraumbeschaffung für die Volksgenossen ist die »Arisierung« der Wohnun-

Mehr als 5000 Reichsmark dürfen die Siedlerhäuschen inklusive Grundstück nicht kosten (Plakat für eine KdF-Siedlung 1933–1938).

Noch Jahre nach Kriegsende leben viele Menschen in den Ruinen der ausgebombten Häuser.

gen und Häuser von jüdischen Deutschen, die vertrieben oder in Konzentrations- und Vernichtungslager deportiert werden.

Als die britischen und US-amerikanischen Verbände 1942 beginnen, Städte und damit Wohnquartiere in Deutschland zu bombardieren, verlagert sich für viele Menschen das Leben in die Luftschutzkeller. Ein Privatleben findet hier nicht mehr statt, alle Bewohner schlafen, essen und wohnen hier auf engstem Raum. Mit dem Bau von primitiven Notquartieren, mit Evakuierungen und Zwangseinquartierungen wird versucht, der Wohnungsnot Herr zu werden. Menschen, die sich nicht kennen, leben nun in Zwangs-Wohngemeinschaften zusammen, die Wohnungsbesitzer müssen Zimmer und Mobiliar zur Verfügung stellen. Konflikte, Missgunst und Neid bleiben nicht aus. Selbst Robert Ley, der Leiter der Deutschen Arbeitsfront, muss zugestehen: »Am Suppentopf hört die Volksgemeinschaft auf.«

Bei Kriegsende ist fast jede fünfte Wohnung unbewohnbar geworden, ganze Viertel sind in Schutt und Asche gelegt. Der Zuzug von Flüchtlingen und Vertriebenen aus den Ostgebieten, von »displaced persons« und Kriegsheimkehrern verschärft die Situation zusätzlich. Das Leben in den überfüllten Behelfswohnungen ist hart, 1945 fehlt es an allem: an Brennmaterial, an Kochgelegenheiten, an sanitären Einrichtungen. Noch bis in die Fünfzigerjahre hinein leben Hunderttausende Menschen in solchen Behelfsquartieren.

Trabantenstadt und Eigenheim

In den ersten Nachkriegsjahren und -jahrzehnten geht es zunächst um die Schaffung von möglichst viel Wohnraum für breite Schichten der Bevölkerung. In der Bundesrepublik entstehen im Rahmen des sozialen Wohnungsbaus bis 1965 acht Millionen neue Wohnungen, die meisten in den später als »seelenlos« geschmähten Trabantenstädten. Die Sozialwohnungen verfügen über einen Mindeststandard: einen eigenen Eingang, eine kleine Arbeitsküche, und seit den Sechzigerjahren ist die Ausstattung mit Bad, WC und Sammelheizung selbstverständlich. Nach den Jahren des Krieges, der Zerstörung und des Verlustes sind solche Wohnungen für viele Menschen der ersehnte Rückzugsort für's private Leben.

1955 propagiert auch die SPD die Familie, die in ihrem eigenen Häuschen lebt.

Gesellschaftliches Wunschbild wird jedoch das Eigenheim. Mit dem »Wirtschaftswunder« wird dies für viele erschwinglich, kräftig unterstützt von der konservativen Regierung, die in der Schaffung von Wohnungseigentum eine Waffe im Kalten Krieg und ein Mittel konservativer Familienpolitik erkennt. Die Bausparkassen boomen, an den Stadträndern entstehen ausufernde Wohngebiete mit Einfamilienhäusern.

Der Rückzug in die Familie, die Konzentration auf das Privatleben, die Schaffung von Eigentum (»schaffe, schaffe Häusle baue« – so ein damals sehr beliebter süddeutscher Schlager), die Ausklammerung von Politik – diese Lebensweise erscheint vielen der späteren Achtundsechziger-Generation als verlogene Spießeridylle, der sie die Wohngemeinschaften als Alternative entgegenstellen. Freilich können sich solche Lebensformen nicht auf Dauer durchsetzen, für die meisten bleiben sie ein Durchgangsmodell für die Zeit des Studiums oder der Berufsausbildung.

Seit den Fünfzigerjahren halten nach und nach Elektrogeräte in den Wohnungen Einzug: Staubsauger, Kühlschränke und Waschmaschinen. Was sich zu Beginn des Jahrhunderts kaum jemand leisten kann, wird zum zunächst begehrten, seit den Sechziger-/Siebzigerjahren schließlich zum alltäglichen Gegenstand. Kein Elektrogerät aber verändert den Wohnalltag der Menschen so sehr wie der Fernseher, der die gute Stube zum Pantoffelkino macht (→ Folge 6).

Die kleinen Wohnungen bestimmen zunächst auch den Einrichtungsstil. Neben Nierentisch und kleinem Cocktailsessel werden platzsparende, multifunktionale Möbelstücke, allen voran die Klappcouch, typisch für diese Zeit. Erst in den Sechzigerjahren werden Möbel allmählich zum Konsumgut und kurzfristigen Modetrends unterworfen. Die Einrichtung muss nicht mehr das ganze Leben halten, sie wird für ein paar Jahre angeschafft. Den Schwedenmöbeln folgen asiatisch inspirierte Korbmöbel, später »mediterrane« Landhausmöbel. Daneben hält sich hartnäckig der Stilmöbelbereich für die vielen Deutschen, die eine gewisse Gediegenheit in ihren vier Räumen schätzen. Mit wachsendem Wohlstand und der stetig steigenden Wohnungsgröße wird die Wohnung auch für die breite Masse zum Repräsentationsort: Die meisten betrachten Ende des Jahrhunderts ihren Einrichtungsstil als Spiegel ihrer Persönlichkeit, als ihre »dritte Haut«. Ende des Jahrhunderts sind die Klassenunterschiede nicht verschwunden, es gibt immer noch große Differenzierungen in Ausstattung, Größe und Lage der

Gemäßigter »Nierentisch-Stil« wird 1959 auch von Versandhäusern angeboten (Ausschnitt aus einem Katalog).

Wohnungen, es gibt nach wie vor »feine« und »schlechte« Viertel und es gibt seit den Neunzigerjahren einen gravierenden Zuwachs an Obdachlosigkeit. Für die Mehrheit der Bevölkerung hat sich allerdings die Wohn- und Lebenssituation eindeutig verbessert – in der ehemaligen Bundesrepublik ebenso wie in der ehemaligen DDR.

Plattenbau und Nische

Wie im Westen, so ist auch im Osten nach dem Krieg die Wohnungsnot das drängendste Problem. Doch die ökonomischen Bedingungen der jungen DDR sind im Vergleich zur BRD schlecht: Hohe Reparationsleistungen an die Sowjetunion erschweren den wirtschaftlichen Neubeginn und den Bau neuer Wohnungen. Allerdings gibt es Prestigeprojekte wie die Stalinallee in Berlin oder vergleichbare Straßenzüge in Leipzig und vielen anderen Städten. Von vielen modernen Architekten als »Zuckerbäcker-Stil« abgetan, entstehen aufwendig gebaute Wohnblöcke – zu aufwendig, als dass dies dauerhaft finanzierbar wäre. Die Mehrzahl der Wohnungen wird in den ersten Jahrzehnten als Genossenschaftswohnbau, mit Betrieben und gemeinnützigen Wohnungsbaugesellschaften als Bauträgern und mit Eigenleistungen der künftigen Mieter gebaut. Erst in der Regierungszeit Erich Honeckers ist die DDR wirtschaftlich stark genug, ein umfangreiches Wohnungsbauprogramm in Angriff zu nehmen. Die Neubauwohnungen sind begehrt – nach langen Wartezeiten auf Wohnraumzuweisungen ist die Schlüsselübergabe ein glücklicher Augenblick für die neuen Mieter, auch wenn ihnen optisch der Plattenbau, in den sie einziehen, nicht immer gefällt. »Arbeiterintensivhaltung« lästert der Volksmund.

Auf die Einrichtung der Wohnungen wird viel Zeit und Mühe verwandt, »Gemütlichkeit« ist wie im Westen für viele das entscheidende Kriterium bei der Auswahl der Möbel und der Ausgestaltung der Wohnung. Gute Wohnverhältnisse zählen in der DDR neben dem Wunsch nach familiärer Harmonie und einem interessanten Arbeitsplatz zu den wichtigsten Voraussetzungen privaten Glücks. Der Begriff »Nischengesellschaft«, der später oft zur Beschreibung der sozialen Wirklichkeit der DDR bemüht wird, trifft hier zu: Die Wohnung ist ein staatsfreier, rein privater Rückzugsort, eine Nische ohne gesellschaftliche und politische Anforderungen an die Einzelnen.

In der DDR – und darauf ist man stolz – sind die Mieten niedrig: Mehr als 10 % ihres Einkommens müssen die DDR-Bürgerinnen und -Bürger dafür nicht aufbringen. Die nach der Wiedervereinigung rapide steigenden Mieten bei gleichzeitig hoher Arbeitslosigkeit werden in den Neunzigerjahren ebenso wie die bei vielen Altbauten ungeklärten Eigentumsverhältnisse zum großen gesellschaftlichen Problem, das den deutschen Vereinigungsprozess für viele erschwert.

Die Übergabe der dreimillionsten Neubauwohnung durch Erich Honecker am 12. Oktober 1988 in Ost-Berlin wird zum Medienspektakel mit Politprominenz.

Die Chronik des Wohnens

1903 In Köln und in Düsseldorf wird eine staatliche Wohnungsinspektion eingeführt. Dadurch soll die Überfüllung der Wohn- und insbesondere der Schlafräume verhindert werden.

Oktober 1904 In Frankfurt am Main findet der erste Allgemeine Deutsche Wohnungskongress statt. Zentrale Themen sind die Wohnungsnot und eine mögliche staatliche Wohnungsbaupolitik.

6.10.1907 Industrielle, Politiker und Architekten gründen den Deutschen Werkbund. Ziel ist die ästhetische Modernisierung von Produkten, u.a. um auf dem Weltmarkt konkurrenzfähig zu bleiben.

1909 In Dresden entsteht nach britischem Vorbild die Gartenstadt Hellerau. Der Unternehmer Karl Schmidt will so die Wohn- und Lebensbedingungen seiner Beschäftigten verbessern.

1.4.1908 In Berlin wird das erste sogenannte Einküchenhaus eröffnet, das über abgeschlossene Wohnungen, aber über eine Zentralküche verfügt. Dem Bürgertum bieten solche Experimente einen Ausweg aus der »Dienstbotenfrage«, also dem Mangel an Dienstboten. Gegner bezeichnen das Einküchenhaus jedoch als Gefahr für die bürgerliche Familienstruktur. Das Experiment scheitert. Auch innerhalb der Sozialdemokratie werden die Bemühungen der SPD-Politikerin Lily Braun für Einküchenhäuser abgelehnt.

April 1911 Die ersten Mieter ziehen in die Kruppsche Werkssiedlung Margarethenhöhe in Essen ein. Sie steht heute unter Denkmalschutz. Wohlfahrtseinrichtungen und Sozialleistungen sollen die Arbeiter an das Werk binden, während ihnen gleichzeitig jegliche Mitbestimmungsrechte versagt bleiben.

Juni 1911 In Leipzig findet der zweite Allgemeine Deutsche Wohnungskongress statt, der sich erneut mit der Wohnungsnot befasst.

1915 Aus Angst vor Unruhen in der Arbeiterschaft wird das Kriegsheimstättengesetz beschlossen. Mit dem Gesetz, das erst Ende des Krieges umgesetzt wird, werden Mieten festgelegt und ein Mieter- und Kündigungsschutz eingeführt.

11.8.1919 In Artikel 155 der Weimarer Verfassung wird festgelegt: »Die Verteilung und Nutzung des Bodens wird von Staats wegen in einer Weise überwacht, die Missbrauch verhütet und dem Ziele zustrebt, jedem Deutschen eine gesunde Wohnung und allen deutschen Familien, besonders den kinderreichen, eine ihren Bedürfnissen entsprechende Wohn- und Wirtschaftsheimstätte zu sichern«.

25.4.1919 Der Architekt Walter Gropius gründet in Weimar das Staatliche Bauhaus als Hochschule für künstlerisches Schaffen. Das Bauhaus entsteht durch den Zusammenschluss der Weimarer Hochschule für Bildende Kunst mit der Kunstgewerbeschule und will Kunst, Industrie und Handwerk gestalterisch vereinen.

3.3.1922 Der Deutsche Reichstag in Berlin verabschiedet in dritter Lesung die Vorlage zum Reichsmietengesetz, das in Zukunft Mietwucher ausschließen soll.

1.6.1923 Durch das Reichsmieterschutzgesetz wird das Kündigungsrecht des Vermieters stark eingeschränkt. Nur noch in Ausnahmefällen ist durch gerichtliche Klage die Kündigung der Wohnung möglich.

14.2.1924 Die 3. Steuernotverordnung der Reichsregierung sieht eine Hauszinssteuer für Hausbesitzer vor, die den Wohnungsbau finanzieren soll.

April 1924 Der Schriftsteller Georg Kropp gründet die erste Bausparkasse in Deutschland: die Gemeinschaft der Freunde in Wüstenrot bei Heilbronn. Als zweite folgt im März 1925 die Deutsche Bau- und Siedlungsgemeinschaft in Darmstadt. Zahlreiche weitere private und öffentlich-rechtliche Bausparkassen folgen.

1924 Der Architekt Bruno Taut veröffentlicht »Die neue Wohnung – Die Frau als Schöpferin«, ein Plädoyer für funktionales Wohnen und die Entrümpelung der »guten Stube«.

1926 Mit ihrem Buch »Der neue Haushalt« propagiert die Hauswirtschaftlerin Erna Meyer eine rationelle Haushaltsführung.

1926 Die neueingerichtete Reichsforschungsgesellschaft für Wirtschaftlichkeit im Bau- und Wohnungswesen bemüht sich um Rationalisierung im Bauwesen durch Typisierung von Bauelementen und eine effizientere Bauorganisation.

Das Bauhausgebäude in Dessau von Walter Gropius wird zur Ikone der neuen Architektur in der Weimarer Republik.

4.12.1926 In Dessau wird das neue Bauhausgebäude von Walter Gropius eingeweiht, ein Komplex aus Stahl und Glas. Das Bauhaus ist nach Dessau umgezogen, nachdem die Arbeit in Weimar durch ständige Angriffe von konservativer und nationalistischer Seite unmöglich geworden war. Neben dem kühnen Neubau der Hochschule für Bau und Gestaltung, wie der offizielle Name des Bauhauses jetzt lautet, ist auch eine Mustersiedlung mit 60 Häusern, ebenfalls unter Bauleitung von Gropius, entstanden.

1927 Die österreichische Architektin Margarethe Schütte-Lihotzky stellt ihre Frankfurter Küche vor. Sie wurde zum Vorbild zahlloser Einbauküchen.

22.7.1927 In Stuttgart wird die Werkbundausstellung »Die Wohnung« eröffnet. Architekten wie Bruno Taut, Ludwig Mies van der Rohe, Walter Gropius u. a. präsentieren in der Stuttgarter Weißenhofsiedlung ihre Vorstellungen vom Neuen Bauen und Wohnen.

1928 Nur in 5,9 % aller Berliner Haushalte befindet sich ein Kochapparat, eine Waschmaschine nur in 0,5 % und ein Kühlschrank nur in 0,2 % der Wohnungen. Hingegen sind im selben Jahr bereits 55,9 % der Haushalte mit einem Staubsauger ausgestattet.

1931 Im gesamten Deutschen Reich gibt es nur 50 000 Haushalte, die mit einer elektrischen Küche ausgestattet sind.

1931 In Berlin werden zwei Siedlungen des Neuen Bauens fertiggestellt: die Hufeisensiedlung Britz und Berlin-Siemensstadt.

30.9.1932 Auf Beschluss des Stadtrates von Dessau muss das Bauhaus seinen Forschungs- und Lehrbetrieb einstellen.

10.8.1933 Im Namen des Lehrerkollegiums erklärt Ludwig Mies van der Rohe in einem Brief an die Studierenden in Berlin das 1919 in Weimar gegründete Bauhaus für aufgelöst.

Postkarte für ein Siedlungsprojekt der Nazis im Ruhrgebiet (1933–1938)

März 1934 Für die Durchsetzung einer eigenständigen NS-Siedlungspolitik werden das Reichssiedlungskommissariat und das Reichsheimstättenamt eingerichtet, die den öffentlichen Wohnungsbau zu organisieren und zu kontrollieren haben.

1938 und 1939 Der Reichsverband des deutschen Tischlerhandwerks organisiert in Leipzig große Ausstellungen zum »deutschen Wohnen«.

15.11.1939 Das Verbot aller nicht kriegswichtigen Bauten und das Neubauverbot von 1940 bringen den Wohnungsbau zum Erliegen.

15.11.1940 Im sogenannten Führererlass zur Vorbereitung des deutschen Wohnungsbaus nach dem Krieg wird ein umfangreiches Wohnungsbauprogramm geplant.

Ziel des Programms ist der erwünschte Geburtenzuwachs: »Der Wohnungsbau muss zum Schutzwall gegen Vergreisung, fremdvölkische Unterwanderung und soziales Elend gemacht werden.«

Herbst 1941 Die Zwangsausweisung der Juden aus ihren Wohnungen und die Einweisung in sogenannte Judenhäuser beginnt. Die Wohnverhältnisse dort spotten jeder Beschreibung. Durch die Verordnung vom 23. September 1942 fällt das Verfügungsrecht über die freiwerdende »Judenwohnung« dem »arischen« Hauseigentümer oder dem Reich zu. Die freiwerdenden Wohnungen werden zunächst Beamten zur Verfügung gestellt, später quartiert man dort auch Bombengeschädigte ein.

Mai 1945 13 Millionen Menschen sind in Deutschland obdachlos, von 18,8 Millionen Wohnungen sind 4,8 Millionen zerstört.

8.3.1946 Der Alliierte Kontrollrat verfügt per Kontrollratsgesetz Nr. 48 über die Wohnraumbewirtschaftung.

28.3.1950 Der Deutsche Bundestag in Bonn verabschiedet nahezu einstimmig das erste Wohnungsbaugesetz der Bundesrepublik. Ziel dieses und weiterer Gesetze ist die Behebung der katastrophalen Wohnungsnot. Auch im Jahr 1950 wohnen noch zwölf Millionen Westdeutsche zur Untermiete, sind also bei anderen Familien zwangseinquartiert.

1950 Die Regierung der DDR erlässt 16 Grundsätze für den Städtebau und ein Aufbaugesetz, welches die Verantwortung des Staates für das »Bauen im Interesse des Volkes« festlegt.

1951 Das Rechtsinstitut der Eigentumswohnung wird in der Bundesrepublik per Gesetz eingeführt. Allerdings erlangt die Eigentumswohnung erst in den Siebzigerjahren eine nennenswerte Bedeutung.

3.2.1952 Für die Stalinallee in Ost-Berlin wird der Grundstein gelegt. Knapp ein Jahr später können die ersten Mieter in dieses Vorzeigeprojekt des Wohnungsbaus der Fünfzigerjahre in der DDR einziehen.

17.3.1953 Das ZK der SED beschließt, zum Gedenken an den verstorbenen KPdSU-Chef Josef Stalin das Wohngebiet des Eisenhüttenkombinats in Stalinstadt umzubenennen. Der feierliche Akt findet am 7. Mai desselben Jahres statt.

Um 1950 entstehen die ersten Reihensiedlungen wie hier in München. Die Architektur hat sich gegenüber den Dreißigerjahren nicht verändert.

1957 Der Bau der neuen Stadt Hoyerswerda in Sachsen beginnt.

Januar 1960 Im Hamburger Verlag Gruner & Jahr erscheint die erste Ausgabe der Zeitschrift »Schöner Wohnen«, das erste von heute vielen Wohnberatungsmagazinen. »Schöner Wohnen« richtet sich damals wie heute an ein »gehobenens Zielpublikum«.

Juni 1960 Mit dem Gesetz über den Abbau der Wohnungszwangswirtschaft und über ein soziales Miet- und Wohnrecht tritt der »Lücke-plan«, benannt nach dem Wohnungsbauminister Paul Lücke,in Kraft. Dafür werden Städte und Gemeinden in »schwarze« und »weiße« Kreise eingeteilt. Zuerst werden die Mieten in den »weißen« Kreisen freigegeben, zuletzt in den »schwarzen« Kreisen der Großstädte und Ballungsgebiete.

1963 In West-Berlin wird mit dem Bau der Trabantensiedlung Märkisches Viertel begonnen, des größten bundesdeutschen Wohnungsbauprojektes, in dem Wohnungen für 60 000 Menschen entstehen sollen. Die Siedlung gerät bald wegen ihrer Größe, Unüberschaubarkeit und Unwirtlichkeit in die Kritik.

1963 Die ersten »weißen Kreise« also Gebiete, in denen die Mietpreisbindung aufgehoben ist, werden in der Bundesrepublik registriert.

1965 Der Psychoanalytiker Alexander Mitscherlich veröffentlicht seine Streitschrift »Die Unwirtlichkeit unserer Städte«, in der er unter anderem das Einfamilienhaus als Leitbild der Architektur scharf kritisiert.

März 1967 Fritz Teufel, Rainer Langhans und andere gründen in Berlin die Kommune 1 mit dem Ziel, das eigene Privatleben und die Gesellschaft zu revolutionieren. Diese Gemeinschaft, die freie Liebe propagiert, löst sich bereits Ende 1969 auf. Für die breite Öffentlichkeit ist sie ein unmoralisches Schreckgespenst.

Dezember 1970 Mit der Anordnung zur Aufhebung der allgemeinverbindlichen Bausparbedingungen wird das Bausparen in der DDR abgeschafft. Diese Maßnahme dient ebenso wie andere Beschränkungen des privaten Wohnungsbaus oder des privaten Wohnungs- oder Hauseigentums der Durchsetzung des sozialistischen Wohnungseigentums und der staatlichen Wohnraumlenkung.

Juni 1971 Auf dem achten Parteitag der SED kündigt Erich Honecker das neue Wohnungsbauprogramm als Kernstück der Wirtschafts- und Sozialpolitik an. Bis 1990, so das Versprechen, soll das Wohnungsproblem der DDR gelöst sein. Ein umfangreiches Neubauprogramm beginnt.

Oktober 1974 In München eröffnet der schwedische Möbelkonzern IKEA seine erste Filiale in der Bundesrepublik.

Mai 1976 Im Berliner Alten Museum wird das Modell für den neugeplanten Stadtbezirk Berlin-Marzahn erstmals der Öffentlichkeit vorgestellt.

1986 Der Bund stellt die Subventionen für den sozialen Mietwohnungsbau ein, eine Maßnahme, die im Jahre 1989 wieder korrigiert werden muss.

12.10.1986 In Berlin-Hohenschönhausen wird die dreimillionste Neubauwohnung, welche im Rahmen des Wohnungsbauprogramms der DDR entstand, von Erich Honecker feierlich an eine junge Familie übergeben.

Mai 1989 Im »Neuen Deutschland« werden Zahlen zur bisherigen DDR-Wohnungsbaupolitik veröffentlicht: 1988 seien an jedem Arbeitstag 418 Wohnungen, pro Stunde also 34 Wohnungen gebaut worden, 80 % der Wohnungen in der DDR seien heute mit Bad oder Dusche und 71 % mit Innentoiletten ausgestattet.

31.8.1990 Im Einigungsvertrag zwischen BRD und DDR wird der Rechtsgrundsatz »Rückgabe vor Entschädigung« festgeschrieben. Allein bis Ende 1992 werden ca 1,7 Millionen private Ansprüche auf Rückübertragung von Gebäude- und Grundstückseigentum geltend gemacht.

11.4.1991 Mit der Unterzeichnung eines Verwaltungsabkommens zwischen dem Bund und dem Land Brandenburg fällt der Startschuss für den Bau der ersten staatlich geförderten Sozialwohnungen in den neuen Bundesländern.

Dezember 1996 Nach Schätzungen der Bundesarbeitsgemeinschaft Wohnungslosenhilfe haben fast eine Million Menschen keine eigene Wohnung und müssen in Notunterkünften und auf der Straße leben. Darunter seien fast 200 000 Kinder und Jugendliche.

Die zunehmende Arbeitslosigkeit treibt immer mehr Menschen ins Elend.

FOLGE

21

MODEMASCHEN

Die Deutschen und ihre Kleidung

Die Geschichte der Kleidung dieses Jahrhunderts ist immer auch die Geschichte des Jahrhunderts selbst. Denn – ob genäht, gestrickt oder gewebt – Kleidung ist nicht nur eine Umhüllung des Körpers, sondern spiegelt gesellschaftliche Verhältnisse und Veränderungen wider, ist der Ausdruck menschlicher Wünsche und Sehnsüchte.

Kleidung ist unsere zweite Haut, die Leib und Seele schützen kann, die wärmt und schmückt, die uns attraktiv oder unscheinbar wirken lässt. Kleidungsstücke können Statussymbol sein oder eine Gruppenzugehörigkeit demonstrieren. Sie bieten die Möglichkeit, sich von der Masse der Bevölkerung abzugrenzen oder sich durch Uniformität und Unauffälligkeit in ihr zu verstecken. Welche Kleider-»Sprache« auch immer gesprochen wird, der Mensch gibt sich damit zu erkennen.

Kleidung und Mode

Kleidung und Mode in einem Atemzug zu nennen, oft sogar gleichzusetzen – wie wir es heute tun – war nicht immer selbstverständlich. Bis Ende des 18. Jahrhunderts verstand man unter dem Begriff »Kleidung« noch eine »Kleidertracht«, die den jeweiligen gesellschaftlichen Ständen durch »Kleiderordnungen« vorgeschrieben war und dem Einzelnen nur geringe Gestaltungsmöglichkeiten bot (zumindest den niederen Ständen).

Unabhängig von der Kleidung gab es im Sprachgebrauch jener Zeit die Vokabeln

Der deutsche Modedesigner Karl Lagerfeld mit den Models Cindy Crawford und Helena Christensen (v. l.)

mode (frz.) und modus (lat.). Beide bezeichneten die Art und Weise, den Geschmack. Mode wurde alsbald dazu benutzt, auch die Veränderlichkeit, den Wechsel und Wandel unterschiedlichster kultureller Erscheinungsformen zu beschreiben. Erst seit dem 18. Jahrhundert wird mit dem Wort Mode hauptsächlich die sich immer schneller wandelnde Form der (weiblichen) Kleidung benannt, so dass wir heute von Kleidermode sprechen.

Von Vatermördern und Wespentaillen

In der Männermode hat sich seit dem 19. Jahrhundert kein nennenswerter Wandel vollzogen. Die letzte einschneidende Veränderung war das Ablegen der höfischen Kniehose und die Übernahme der bürgerlichen Röhrenhose nach der Französischen Revolution. Auch Stoffpracht und Farbigkeit der Männermode wurden zugunsten gedeckter Farben und einfacher Schnitte aufgegeben.

Zweckmäßiger Sakkoanzug für den modischen Herrn von 1914

So zeigt sich der Bürger zu Beginn des 20. Jahrhunderts in dunkler, schlichter und praktischer Kleidung, die seinem Arbeitsalltag angemessen ist, wobei der Hut, auch beim Arbeiter, nicht fehlen darf. Schon Mitte des 19. Jahrhunderts fand in der Männerkleidung eine Demokratisierung statt. Durch die industrielle Entwicklung und somit beginnende Massenproduktion wurden die Kleidungsstücke unauffälliger und bequemer. Ob Großunternehmer oder Angestellter – das Erscheinungsbild beider glich sich an.

Die Männermode ist Spiegel eines Zeitgeistes, in dem demonstrativer Müßiggang, der auf modischen Schnickschnack verwendet wird, verpönt ist. Frack und Gehrock verschwinden aus dem Straßenbild und der Sakkoanzug wird zum Straßen- und Geschäftsanzug. Seinen Namen verdankt er dem sackförmigen Schnitt, der ihn zweckmäßig und bequem macht. Zu gesellschaftlichen Anlässen trägt

Soldatische Prachtentfaltung – es blitzt, blinkt und schimmert: Kaiser Wilhelm II. in Paradeuniform.

Mann den Smoking, der ursprünglich nur in den Rauchsalons der mondänen Welt seinen Platz hatte. Wie die Namen »Smoking« oder »Cutaway« andeuten, ist die Männermode jener Jahre stark von der britischen Modeindustrie geprägt, die schon im 19. Jahrhundert Massenkonfektion für Männer herstellte. Zwischen den Jahren 1905 und 1910 kommen die Bügelfalten für Hosen in Mode, deren scharfe Linie zum Indiz männlicher Eleganz und Schnittigkeit wird.

Obwohl der Umlegekragen bekannt ist, feiert der »Vatermörder« wieder Triumphe. Hoch und hart gestärkt wird er zum Markenzeichen reaktionärer bürgerlicher Kreise, die Angst vor jeglicher gesellschaftlichen Veränderung haben. Auch andere Gesellschaftsschichten verwahren sich durch die Kleidung gegen die Aufweichung sozialer Unterschiede. Zum einen sind dies die europäischen Fürsten- und Königshöfe, die weiterhin an ihren Kleiderordnungen festhalten. Zum anderen sind es die Offiziere, die sich ins Korsett zwängen und deren Uniformen als Gegenreaktion auf den unauffälligen Zivilanzug immer prächtiger, farbiger, goldener glänzen. Damit eifern sie auch ihrem obersten Dienstherrn Kaiser Wilhelm II. nach, dessen Vorliebe für operettenhafte Uniformen allseits bekannt ist.

Im Allgemeinen aber geben die Männer zu Beginn des 20. Jahrhunderts ihre lange geübte Praxis, sich mit der Kleidung prunkvoll auszustaffieren, auf.

Gänzlich entgegengesetzt zur Männerkleidung entwickelt sich die Frauenmode. Obwohl die Berufstätigkeit zumindest für Frauen der unteren und mittleren Schichten alltäglich geworden ist, ignoriert die Damenmode dies und bleibt in den ersten Jahren des 20. Jahrhunderts unpraktisch und überladen. Sie orientiert sich an einem Frauenbild, in dem die Frau Repräsentantin und Dekorationsstück bürgerlichen Wohlstandes ist. Die Kleider sind mit reichen Garnierungen verziert und schöpfen aus einer großen Farben-, Stoff- und Formenvielfalt. Immer jedoch bleibt die Taille zierlich, wird durch Korsetts sogar auf schwindelerregende Maße zusammengeschnürt und putzt die Frauen zu zerbrechlichen, beschützenswerten Geschöpfen heraus. Die Schnürmode mit bauschigen Ärmeln, hohen Stehkragen und engen »Humpelröcken«, in denen die Frauen nur noch trippeln können, provoziert immer häufiger kritische Stimmen. Beim Schneidertag in Krefeld 1900 werden erstmals Frauenkleider nach Künstlerentwürfen vorgestellt, die dem weiblichen Körper endlich mehr Bewegungsfreiheit gönnen. Obwohl diese Reformkleider von Medizinern und Sozialreformern sehr befürwortet werden, ernten ihre Trägerinnen eher Spott als Verständnis, wie zahlreiche Karikaturen bezeugen.

Doch die Entwicklung hin zu bequemerer Kleidung ist auch bei den Frauen nicht mehr aufzuhalten. Die Frauenbewegung, die sich die gleichberechtigte Teilhabe der Frauen am gesellschaftlichen Leben und eine neue Auffassung natürlicher Weiblichkeit auf die Fahnen schreibt, hat hieran entscheidenden Anteil (→ Folge 10). Und nicht nur die zunehmende Berufstätigkeit, sondern auch sportliche Aktivitäten wie Rad fahren, Wandern oder der Turnunterricht für Mädchen tragen zur Lockerung der Kleidung bei.

Königskinder

Das wohl bekannteste Kleidungsstück jener Zeit ist der Matrosenanzug. Ursprünglich aus Großbritannien stammend, wo ihn die Königskinder populär machten, wird er mit dem Aufbau der kaiserlichen Flotte 1874 und der Gründung des Deutschen Flottenvereins 1898 auch in Deutschland beliebt. Die Kleinen werden

Garnierter Augenschmaus des Mannes – Abendkleid um 1905

Kurz, schmal, gerade – der Kleiderstil der Zwanzigerjahre auf dem Maiheft 1928 der New Yorker Ausgabe von »Vogue«

schließlich bei jeder Gelegenheit in die schmucken und kindgerechten Anzüge gesteckt, die es in vielfältigen Ausführungen gibt. Wer jedoch etwas auf sich hält, kauft den echten »Kieler Anzug« aus feinem Wolltuch und direkt von Kieler Herstellern. Für Mädchen gibt es Matrosenkleidchen oder -blusen zum dunkelblauen Faltenrock. Diese erste, speziell für Kinder gefertigte Mode ist beim national gesinnten Bürger wie beim klassenbewussten Arbeiter beliebt und bleibt bis in die Dreißigerjahre in ganz Europa modern (→ Folge 14).

Zwischen zwei Kriegen

Die gesellschaftlichen Veränderungen, die der Erste Weltkrieg auslöst, wirken sich im Alltag besonders auf das Leben der Frauen aus. Sie müssen zwar weiterhin Haushalt und Kinder versorgen, aber auch in der Kriegsmaschinerie ihren Mann stehen. So weicht die überladene, unbequeme Kleidung endgültig einfachen, zweckmäßigen Kleidern mit kürzeren Röcken. Der kriegsbedingte Stoffmangel macht erfinderisch, so dass Kleider aus Papier, Sackleinen, Pferdedecken und Uniformteilen alltäglich werden. Und nicht nur im übertragenen Sinne haben die Frauen jetzt »die Hosen an«. Von nun an ist das praktische Kleidungsstück Bestandteil auch der modernen weiblichen Garderobe.

Nach dem Krieg lassen sich die errungenen Freiheiten nicht mehr rückgängig machen. Die kniekurzen, bequemen Kleider passen gut zur berufstätigen Frau. Durch die gesellschaftlichen Umwälzungen sind auch die traditionellen Geschlechterrollen fragwürdig geworden. Dies bedeutet, dass die Kleidung nicht mehr die weiblichen Körperformen betont, sondern sie eher versteckt. Das Ideal ist der schlanke, knabenhafte Frauenkörper,

Notenblätter des Liedes »Wenn die Elisabeth ...« – die Mode als Schlagerthema

der durch tiefe Taillierung, schlauchartige Kleider und hemdartige Schnitte betont wird. Auch das mühsam zu pflegende lange Haar wird radikal zum »Bubikopf« gestutzt, eine Frisur, die der aktiven modernen Frau entspricht.

Ende der Zwanzigerjahre werden die Röcke wieder länger, die Abendkleider sogar bodenlang, sehr zum Leidwesen mancher Frauen und noch mehr der Männer – wie dies ein zeitgenössischer Schlager treffend karikiert (»Wenn die Elisabeth« oder »Das neue lange Kleid«). Die knabenhaft schlanke Silhouette, die Taille, Brust und Bauch der Frauen verleugnete, verschwindet nun zugunsten weiblicher Formen. Die Hüften bleiben jedoch schmal, Brust und Taille natürlich, nur die Schultern werden stärker betont.

In der Männermode kommen neue Modeideen aus der Welt des Sports. Klubjacken vom Tennisplatz und Knickerbocker und Norfolk (Jacke mit Taschen und Rückengurt) vom Golfspiel werden zum klassischen Sportanzug auf der Straße.

Ende der Dreißigerjahre prägt die faschistische Ideologie ein Frauenbild, das die Frau hauptsächlich als Mutter und Gebärerin sieht. Zum deutschen Kleid wird das Dirndl erkoren, in dem die Nazis das ideale volkstums-, blut- und bodengebundene Kleidungsstück sehen.

Im Krieg müssen die Frauen wieder angestammte Männerrollen und -berufe übernehmen. Bald wird die Kleidung von der bitteren Not, der Punktekarte und dem Materialmangel diktiert, doch der Kampf ums Überleben ist für die Bevölkerung sowieso wichtiger als modische Launen. Hinzu kommt, dass modische Extravaganz vom nationalsozialistischen Regime abgelehnt wird, denn nicht das Individuum, sondern die Masse, nicht die Internationalität, die zur Mode gehört, sondern das Deutschtum zählen. Die Stigmatisierung des Anderen manifestiert sich im Judenstern und gestreifter KZ-Kleidung: auch dies Kleider-Sprache der Deutschen.

Eva Braun im Dirndl auf dem Obersalzberg – »deutsche« Tracht für Hitlers Geliebte

Eine neue Zeit bricht an

Wie ein Protest gegen die entbehrungsreichen Kriegs- und Nachkriegsjahre wirkt der 1947 von dem Pariser Modeschöpfer Christian Dior kreierte New Look. Entworfen für die Hautecouture beeinflusst dieser feminine Stil die Alltagsmode der Fünfzigerjahre. Charakteristisch für die neue Linie sind die Stofffülle des weiten, wadenlangen Glockenrocks, die schmale Taille und der betonte Busen.

In der Bundesrepublik der Fünfzigerjahre geht es wirtschaftlich aufwärts. Die Deutschen fahren in Urlaub, bevorzugt nach Italien, und die Backfische tragen dazu Capri-Hosen mit kleinen Wadenschlitzen und wippen mit ihren Pferdeschwänzen. Zu Twinsets (Weste und Pulli) und mit Petticoats aufgebauschten weiten Röcken werden flache Ballerinas getragen.

Erstmals werden die Jugendlichen zur Mode bestimmenden Schicht. Sie imitieren nicht mehr die Kleidung ihrer Mütter und Väter, sondern bringen eine eigene Mode hervor, die sich stark an amerikanischem Kleidungsverhalten orientiert, das den Jugendlichen durch Filme, Musik und Besatzungsmacht vermittelt wird. Schauspieler wie James Dean und Marlon Brando stehen für eine eigene Jugendkultur, für Protest und Rebellion. Lederjacken,

New Look – Tuschezeichnung von Elli Kowalski 1951

James Dean, das Jugendidol der Fünfzigerjahre, auf einem Filmplakat

Jeans und T-Shirts werden Ausdruck dieses Gefühls, das sich gegen die spießigen Hemden- und Krawattenträger der Elterngeneration richtet (→ Folge 25).

Durch neue Erfindungen in der chemischen Industrie wird die Nylon- und Perlonzeit eingeläutet. Zwar kamen schon vor dem Zweiten Weltkrieg Chemiefasern auf den Markt, doch der Krieg unterbrach ihre allgemeine Verbreitung. Erst jetzt gelangen sie als Massenprodukte in die Textilfabriken. Unterwäsche aus Perlon mit »täuschend echten« Spitzen werden zum Traum modebewusster Damen. Nylonstrümpfe finden ihren Weg von Amerika nach Europa und ersetzen die höchst empfindlichen und sündhaft teuren Seidenstrümpfe. Synthetische Kleidung ist unverwüstlich, leicht zu pflegen und macht einen Hauch von Luxus auch für weniger begüterte Schichten erschwinglich. Aber bald werden auch die Nachteile der Synthetics offensichtlich: Sie sind für Kochwäsche ungeeignet, also nicht hygienisch zu reinigen, und vor allem nicht hautfreundlich, sondern fördern unangenehmen Körpergeruch.

Arbeitskleidung statt Hautecouture

Perlon und Nylon im Westen, Dederon im Osten, so heißen die neuen Kunstfasern. Im Arbeiter- und Bauernstaat möchte sich die Bevölkerung ebenso modisch kleiden wie im Westen. Dabei gibt es jedoch Probleme: Vieles, was an schicker Kleidung in der DDR produziert wird, ist für den Export bestimmt, während sich die Herstellung für die heimischen Verbraucher eher auf Arbeitskleidung konzentriert.

1952 gründet das Ministerium für Leichtindustrie das Modeinstitut der DDR. Zweimal im Jahr entsteht hier eine Musterkollektion, die Vorlage für die Textilkombinate ist. Wenn die Produkte nach ein, zwei Jahren endlich zu kaufen sind, haben sie mit den modischen Anregungen des Instituts jedoch kaum mehr etwas gemein. Weitere Probleme sind Materialmangel und schlechte Stoffqualität.

Kennzeichnend für die DDR-Mode sind Funktionalität und die ausgeprägten Kombinationsmöglichkeiten. 1974 z. B. stellt das Modeinstitut den Mehrzweckanzug für jede Wetterlage vor. Er ist aus SML (synthetisches Material mit lederähnlichen Eigenschaften) gefertigt und kann als sportlich-eleganter Geschäftsanzug oder als wasserundurchlässiger Regenschutz getragen werden, die Hosen lassen sich zu Shorts umwandeln, denn man kann die Hosenbeine abnehmen.

Entwürfe des Modeinstituts der DDR

Von der Arbeitshose zum Kultgegenstand

Während des gesamten 20. Jahrhunderts erregt kein anderes Kleidungsstück so sehr die Gemüter wie die Jeans. Schon im 19. Jahrhundert wurden sie in den USA von den Goldgräbern getragen. Jetzt werden sie zum Symbol einer ganzen Generation. Bis in die Siebzigerjahre sind sie Vorrecht der Jugendlichen, die sich mit der Jeansmode gegen ihre Eltern wehren, denen nur gesellschaftlicher Aufstieg und äußere Werte wichtig scheinen.

In der DDR werden die West-Jeans zur begehrten Schwarzmarktware und zu ersehnten Tauschobjekten. Den Funktionären sind sie Ausdruck westlicher Dekadenz, den Jugendlichen Symbol für Freiheit und Weltoffenheit.

Heute sind die blauen Baumwollhosen bei Männern wie Frauen allen Alters und aller Schichten beliebt. Sie werden weder beim Theaterbesuch noch bei geschäftlichen Besprechungen in den Chefetagen mehr beanstandet, denn mit den entsprechenden Markennamen versehen, sind sie zu »Edeljeans« oder sogenannten Designerjeans geworden.

Erlaubt ist, was gefällt

In den Sechzigerjahren werden die Jugendlichen zur größten Käuferzielgruppe. Deshalb ist der modische Frauentyp der späten Sechziger auch der knaben- und kleinmädchenhafte. Magersüchtig anmutende Models wie Twiggy tänzeln mit großen Kulleraugen und schwingenden Kleidchen über die Laufstege. Der absolute Modeschlager wird 1965 der von der Britin Mary Quant kreierte Minirock.

Mit Beginn der Siebzigerjahre bestimmen Hot-Pants, Hosenanzüge, Second-Hand-Klamotten und Jeans das Modeleben der Teenager beiderlei Geschlechts. Die Männerwelt trägt den Sakko eng tailliert, daneben werden Wildleder- und Felljacken sowie Blousons aus der Jugendmode in die Konfektionsware übernommen. Die Hosen rutschen auf die Hüften herunter und müssen mit Gürteln festgehalten werden. Die Hosenbeine, an den Oberschenkeln hauteng geschnitten, verbreitern sich nach unten trompetenförmig und werden zu »Schlaghosen«.

Am 15. August 1969 findet im US-amerikanischen Woodstock das berühmte Open-Air-Festival statt, das zum Symbol der Flower-Power-Generation wird, die eine farbenfrohe, oft geblümte Mode prägt. Männer tragen Samthosen und taillierte Hemden mit Rüschen und die Frauen kleiden sich in weite Gewänder aus indischem Baumwollkrepp. Im Zuge der Folklorewelle mit Folk-Klubs in jeder Studentenstadt werden gehäkelte Pullis und Westen, bestickte Hosen, Blusen und Ponchos aktuell – modische Erscheinungen, die in den Neunzigerjahren wieder aufgegriffen werden.

Twiggy (Leslie Hornsby) wird in den Sechzigerjahren Großbritanniens Model Nr. 1.

Das Jahrhundert geht zu Ende

Die Achtziger- und Neunzigerjahre zeichnen sich durch eine bislang ungekannte modische Vielfalt aus – die Vielzahl von Geschmacksrichtungen und Lebensstilen

Gestylte Hippiemode – Szene aus dem Musical »Hair«

Links: Männerrock von Jean-Paul Gaultier aus dem Jahr 1985

Netzbody von Karl Lagerfeld von 1991

spiegelt sich auch in der Kleidermode. Die Modeschöpfer lassen sich von der Antimode der Punks genauso inspirieren wie von Kultfilmen, die bestimmte Moden auslösen. Sogar politische Ereignisse wie der Krieg in Bosnien finden in der Mode ihren Widerhall, so wird die militärische Tarnfarbe zur Modefarbe einer Saison. Jeans mit Rissen und Löchern, nietengespickte Lederjacken und Springerstiefel gehören ebenso zum Outfit wie das klassische Kostüm oder der elegante Markenanzug. Die Kids hüllen sich in übergroße T-Shirts, Turnschuhe und Hosen. Dazu wird eine Baseball-Kappe getragen. Junge Mädchen entdecken die Plateauschuhe wieder und tragen sie wie ihre Mütter zu Hüfthosen und kurzen, gerippten T-Shirts, die den Nabel freilassen.

Der Angleich der männlichen an die weibliche Mode und umgekehrt schreitet immer weiter fort. Der Rock für den Mann setzt sich allerdings nicht durch, während der Anzug für Frauen weiterhin ein wichtiges Kleidungsstück bleibt.

Massenmode

Während die Männermode schon im 19. Jahrhundert konfektioniert wird, erlaubten dies die komplizierten Schnitte der Damenkleider zunächst nicht. Hier sind noch die Maßanfertigungen der Schneider gefragt, während sich die ärmere Bevölkerung auf Märkten oder bei Änderungsschneidern mit gebrauchten Kleidern versorgt. Von Damenkonfektion – d. h. nach genormten Größen gefertigter Kleidung – kann man erst seit den Zwanzigerjahren sprechen. Deutsches Textilzentrum jener Zeit ist Berlin. Mit Beginn des Nationalsozialismus verliert Berlin jedoch seine führende Rolle als Textilmetropole wegen der Verfolgung, Vertreibung und Ermordung jüdischer Bürger, in deren Händen Textilhandel und -produktion liegen.

In der zweiten Hälfte unseres Jahrhunderts wird die Textilproduktion zunehmend in sog. Billiglohnländer außerhalb Deutschlands verlagert. Anstelle Berlins wird Düsseldorf zur neuen Modemetropole.

Die Chronik der Mode

14.1.1900 Bei der Eröffnung der Pariser Weltausstellung trifft sich die elegante Welt. Insgesamt besuchen 47 Millionen Menschen die Ausstellung.

Die elegante Welt zeigt sich 1908 in voller Pracht.

1908 Der Pariser Couturier Paul Poiret erregt mit seiner neuen Modelinie Le Vague Aufsehen. Die Kleider sind im Empire-Stil, gerade und sackartig geschnitten.

26.8.1911 Die Hutmode wird Anlass für eine polizeiliche Verordnung: Der Berliner Polizeipräsident Traugott von Jagow verbietet per Erlass das Tragen großer Damenhüte in den Logen der Theater. Bei Zuwiderhandlung droht eine Strafe von bis zu 100 Mark.

24.2.1912 In Berlin findet der Deutsche Frauenkongress statt. Schwerpunkte sind die Berufstätigkeit der Frauen und bessere Ausbildungsmöglichkeiten. Fast 10 Millionen Frauen sind im Deutschen Reich berufstätig.

1920 Die französische Modeschöpferin Coco Chanel kreiert aus 80 Inhaltsstoffen das berühmte neue Parfüm »Chanel No. 5«.

1921 Die dänische Schauspielerin Asta Nielsen trägt in einem Spielfilm als »Hamlet« kurze Haare und macht damit den »Bubikopf« in Deutschland salonfähig. Bereits fünf Jahre zuvor hatte sich die französische Modeschöpferin Coco Chanel die Haare kurz schneiden lassen.

1925 In den Vereinigten Staaten wird die Dauerwelle erfunden.

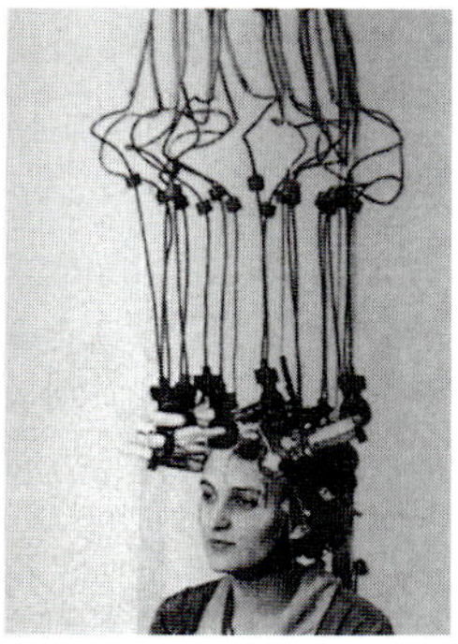

Kabel wärmen die ersten Dauerwellenwickler.

1929/1930 Wintersport und Winterurlaub werden bei denen, die es sich leisten können, immer beliebter. In den traditionellen Skigebieten bei Oberammergau oder Berchtesgaden sind buntgemusterte Norwegerpullover und Steghosen en vogue.

1931 Weltwirtschaftskrise und hohe Arbeitslosigkeit tragen zur Not in der Bevölkerung bei. Journale geben Anregungen für modischen Schick beim Selbernähen.

1.1.1938 Die Verbände der deutschen Textilwirtschaft geben eine Broschüre mit Waschvorschriften heraus, damit mit Waschmitteln sparsam umgegangen wird.

1938 Paul Schlack stellt in Berlin Polycaprolactam her, das später als Perlon bekannt wird. Es ist die zweite vollsynthetische Kunstfaser nach Nylon, das 1932 von Wallace Carothers erfunden wurde und 1938 in den USA auf den Markt kommt.

19.9.1941 Alle Juden ab dem sechsten Lebensjahr müssen auf der linken Seite ihrer Kleidung einen gelben Stern tragen, um als Jude gebrandmarkt zu sein.

12.2.1947 Christian Dior, Pariser Modeschöpfer, stellt vor ausgewähltem Publikum seinen New Look vor.

30.9.1955 Das Jugendidol James Dean kommt bei einem Autounfall ums Leben. Sowohl in dem US-amerikanischen Spielfilm »Jenseits von Eden« als auch in »...denn sie wissen nicht, was sie tun« und »Giganten« verkörpert Dean das Lebensgefühl einer unzufriedenen Jugend, die sich von den Erwachsenen unverstanden fühlt. Deans Kleidung und sein Ausdrucksverhalten werden über seinen Tod hinaus zum Vorbild.

26.10.1958 Im Berliner Sportpalast kommt es bei einem Gastspiel des Rock'n' Roll-Sängers Bill Haley zu schweren Ausschreitungen. Seit Mitte der Fünfzigerjahre ist Rock'n'Roll der Musikstil der Jugendlichen, die Jeans und karierte Hemden bzw. weite Röcke mit Petticoats und flache Schuhe mit Söckchen tragen.

1965 Die britische Modedesignerin Mary Quant macht ihren Minirock bei einer USA-Tournee populär.

1965: Die Beatles prägen die Haarmode.

23.6.1966 Die Beatles aus Liverpool kommen am Flughafen München-Riem an und beginnen ihre Tournee durch die Bundesrepublik. Ihre Pilzkopf-Frisuren prägen den Haarschnitt Millionen junger Männer.

24.10.1968 In München findet die deutsche Erstaufführung des Musicals »Hair« statt, das die Kultur der Flower-Power-Bewegung auf die Bühne bringt.

8.2.1971 Die Männermode beschäftigt die Bundeswehr: Verteidigungsminister Helmut Schmidt ordnet an, dass Soldaten mit langen Haaren aus Sicherheitsgründen ein Haarnetz tragen müssen.

1978 Die Anhänger einer neuen Musikrichtung, die Punks, schocken die Bevölkerung. Zerlumpte Kleidung, grell gefärbte Haare im Irokesenschnitt und durch die Haut gestochene Sicherheitsnadeln sind ihr Merkmal. Ihr provokantes Auftreten wird als Reaktion auf die wachsenden sozialen Probleme in den westlichen Industriestaaten verstanden.

Irokesenschnitt und Piercing: Punks um 1980

1983 Karl Lagerfeld entwirft seine erste Hautecouture-Kollektion für das Pariser Modehaus Chanel.

11.12.1989 Rund 3500 Kürschner aus der ganzen Bundesrepublik demonstrieren in Bonn »für Pelz und gegen Verleumdung« durch die Tierschützer. Sie protestieren gegen Tierschutzkampagnen, die u.a. den Umsatz der Branche in den vergangenen zwei Jahren um 20 % reduziert hätten und damit Arbeitsplätze gefährdeten.

1993 Der Reißverschluss wird 100 Jahre alt. 1893 ließ sich der Erfinder Whitcomb Judson aus Chicago den Verschluss als »Öffner für Schuhe« patentieren.

Januar 1994 Muslime protestieren vehement gegen ein von Karl Lagerfeld entworfenes Abendkleid, dessen Oberteil mit einem Koranvers bestickt wurde. Das Modehaus Chanel entschuldigt sich und vernichtet die Robe.

6.7.1995 Der Bundesgerichtshof in Karlsruhe erklärt drei Werbeanzeigen des italienischen Modeherstellers Benetton für sitten- und wettbewerbswidrig, darunter eine Abbildung eines menschlichen Hinterteils mit dem Aufdruck »H.I.V. positiv«.

1995 Der US-amerikanische Regisseur Robert Altman beschäftigt sich in seinem Film »Prêt-à-Porter« mit den üblen Methoden und privaten Affären der Pariser Modezaren.

25.6.1996 Karl Lagerfeld präsentiert seine erste Kollektion für das Versandhaus Quelle.

22.1.1997 In Paris wird das Musée de la mode et du textile eröffnet. Bei einem Bestand von 16 000 Kleidern, 35 000 Accessoires und 30 000 Textilstücken kann in wechselnden Ausstellungen die Geschichte der Mode gezeigt werden.

13.3.1997 Die Nachkommen des Jeans-Erfinders Levi Strauss zahlen für eine der beiden ältesten erhaltenen Levis-Jeans 25 000 US-Dollar. Die Hosen sind in einer stillgelegten Kohlenmine in Colorado gefunden worden und stammen aus der Zeit zwischen 1882 und 1902. Damals haben die Hosen 1,25 US-Dollar gekostet. Levi Strauss begann 1873 mit der Fabrikation der legendär gewordenen Arbeitshosen aus derbem Baumwollstoff.

MAHLZEIT

Die Deutschen und ihre Küche

Essen und Trinken gehören zu den wenigen Dingen, die wir täglich benötigen, um überleben zu können. Dies gerät den Deutschen während der zweiten Hälfte des 20. Jahrhunderts fast vollkommen aus dem Blick. Bereits um 1900 ist Mangel an Nahrung für die meisten Deutschen nicht mehr üblich, sondern beschränkt sich bis zur Mitte des Jahrhunderts auf Kriegs- und Notzeiten.

In der zweiten Hälfte weicht der Mangel dann dem Überfluss, wobei mit der wachsenden neuen Armut wieder eine zunehmende Zahl von Menschen durch zuwenig oder vor allem einseitige Nahrung an Mangelerscheinungen leidet.

Arbeiten, um zu essen

Bis zur Mitte des Jahrhunderts sind die Ausgaben für Essen und Trinken erheblich höher als gegen Ende. Ein Arbeiterhaushalt muss noch die Hälfte bis zwei Drittel des Familieneinkommens für die Ernährung aufwenden (Ende der Achtzigerjahre weniger als ein Viertel). Selbst in Beamten- und Angestelltenhaushalten ist Sparsamkeit oberstes Gebot, wenn Lebensmittel teurer werden. Arbeiterfamilien verzichten in solchen Fällen auf die Anschaffung anderer Dinge wie z. B. Bekleidung. Um Arbeitern preiswerte Lebensmittel anbieten zu können, unterstützen die Gewerkschaften die Gründung von Einkaufsgenossenschaften.

Hauptnahrungsmittel sind Getreidepro-

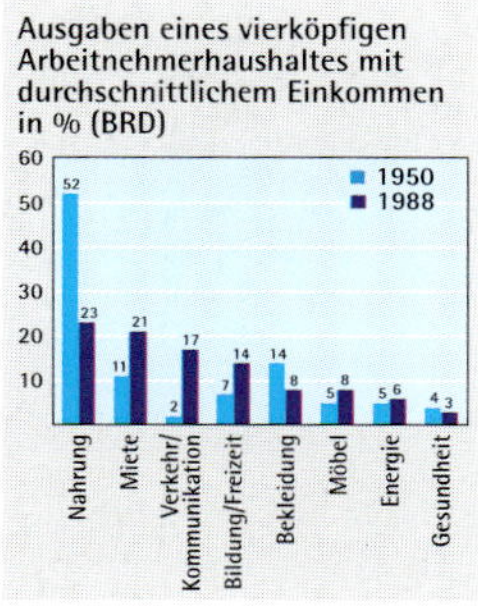

Nach den Zeiten der Entbehrung sind die Schaufenster nach der Währungsreform im Sommer 1948 wieder mit Lebensmitteln gefüllt.

Ein buntes Warensortiment bietet der Tante-Emma-Laden um 1900 in Berlin. Eine Kühltheke gibt es noch nicht.

dukte (Brot, in Süd- und Südwestdeutschland auch Mus, d. h. Getreidebrei, und Nudeln), Kartoffeln, Fette (Margarine, Butter, Schmalz), Gemüse, vor allem Kohl, und Obst. Was die Ernährungsgewohnheiten angeht, gibt es zu Beginn des Jahrhunderts eine klare Trennung zwischen Nord- und Süddeutschland. Im Norden besteht die bevorzugte Kost aus Kartoffeln, Fleisch und Gemüse, während im Süden Mehl- und Milchprodukte häufiger auf den Tisch kommen. Diese Unterschiede erhalten sich bis in die zweite Hälfte des 20. Jahrhunderts.

Frisch auf den Tisch

Lebensmittel werden zu Beginn des Jahrhunderts in der unmittelbaren Umgebung des Verbrauchers in spezialisierten, kleinen Läden angeboten: Krämer, Kolonialwaren, Milchladen, Metzger, Bäcker. Die Verderblichkeit vieler Waren macht kurze Wege vom Erzeuger zum Verbraucher notwendig. Dieses Verteilungssystem ändert sich rasch mit der Verbreitung neuer Techniken der Konservierung, vor allem des Kühlschrankes. Das wesentliche Problem bei Herstellung, Vertrieb und Lagerung von Lebensmitteln, die geringe Haltbarkeit, ist bei einer nicht abreißenden Kühlkette vom Produzenten zum Verbraucher gelöst.

In der Zeit vor 1900 wurden Lebensmittel durch die klassischen Verfahren Salzen, Säuern, Einzuckern, Trocknen und Fermentieren haltbar gemacht, d. h. vor schädlichem bakteriellem und Pilzbefall geschützt. Neue Möglichkeiten eröffnete die nach Louis Pasteur (1822–1895) benannte Pasteurisierung, bei der durch kurzfristiges Erhitzen Keime getötet werden. Die Brauerei Engelhardt in Berlin machte Ende des 19. Jahrhunderts mit diesem Verfahren erstmals Bier für längere Zeit haltbar. Die Sterilisierung durch Einkochen und Evakuieren wird in der Konservenindustrie, aber auch von Hausfrauen genutzt. Entwickelt wurden solche Konservierungsmethoden auch und gerade für militärische Zwecke.

Eis wurde bereits vor 1900 für die Vorratshaltung von Lebensmitteln genutzt; es wurde im Winter aus zugefrorenen Flüssen und Seen geholt, um in Kellern und Lagerhäusern für Kühlungszwecke zur Verfügung zu stehen. 1876 konstruierte Carl Paul Gottfried Linde (1842–1934) den Vorläufer des heutigen Kühlschrankes, und bereits in der Zeit des Nationalsozialismus werden Kühlschränke und die aus den USA gekommene Tiefkühltechnik propagiert: Der Jahresumsatz an Tiefkühlprodukten liegt 1937 bis 1939 schon so hoch wie erst wieder 1970.

Zunächst wird der Kühlschrank jedoch aus Kostengründen fast nur im Gewerbe genutzt: Mitte der Fünfzigerjahre besitzen erst 7 bis 10 % der Privathaushalte in der Bundesrepublik einen Kühlschrank, 1974 sind es bereits 95 %.

Fleisch-, Milch-, Gemüse-, Obstverarbeitung und Getränkeherstellung verändern sich durch die neuen Konservierungstechniken grundlegend. Leicht verderbliche Produkte können gekühlt aus größeren Entfernungen zum Weiterverarbeiten herangeschafft und in einem weiteren Umkreis als Fertigprodukte verteilt werden. Die Rationalisierung der Nahrungsmittelproduktion und die Entstehung weniger Großbetriebe aufgrund der wirtschaftlichen Konzentration sind ohne die Kühltechnik nicht vorstellbar. Die gleiche Monopolisierung findet auch bei den Verteilern statt: Die Tante-Emma-Läden und die Spezialgeschäfte verschwinden; »auf der grünen Wiese« entstehen immer größere Supermärkte mit einem immer vielfältigeren und umfassenderen Angebot an Lebensmitteln und anderen Waren.

Nahrung am laufenden Band

Die seit der Jahrhundertwende zunehmende Verstädterung lässt eine wachsende Lebensmittelindustrie entstehen: Mehl, Gries und Teigwaren, Reis, Malz und Kaffee, Getränke, vor allem Bier, Fleischwaren, Konserven (Fleisch, Gemüse) kommen jetzt in großen Mengen aus der Fabrik. In den neu gegründeten Schlachthöfen werden Tiere nach US-amerikanischem Vorbild am Fließband getötet und weiterverarbeitet. Auch Mehl und Backwaren werden seit den Zwanzigerjahren mehr und mehr am Fließband hergestellt. Die Maschinisierung der Lebensmittelherstellung führt zu einer Standardisierung der Erzeugnisse. Der Käufer erhält und erwartet nun Produkte gleichbleibender Qualität, gleichen Geschmacks, gleichen Aussehens mit möglichst langer Lagerfähigkeit. Um diese Produkte besser vermarkten zu können, entwickeln die Hersteller Markennamen. Die Verpackung der Lebensmittel wird immer wichtiger, um sie voneinander zu unterscheiden (→ Folge 43).

Lebensmittelrechtliche Regelungen und Aufsichtsbehörden setzen und überwachen hygienische Standards, den Inhalt der Lebensmittel sowie die Verwendung von Zusatzstoffen. Die Lebensmittelfälschung, meist die Streckung oder die Schönung von Lebensmitteln mit zuweilen gesundheitsgefährdenden Stoffen, kann durch solche Kontrollen aber nicht immer verhindert werden.

Schlachthof um die Jahrhundertwende; die Industrialisierung der Fleischverarbeitung beginnt.

Automatische Massenherstellung von Brotstangen um 1980

Arbeit in einer Großküche um die Jahrhundertwende

Gefüllter Kühlschrank in den Neunzigerjahren

Vom Kohleherd zur Mikrowelle

Küche und Küchenarbeit verändern sich gleichlaufend mit der zunehmenden Massenherstellung von Lebensmitteln. Noch um 1900 beherrscht auf dem Land das offene Herdfeuer die Küche. In den städtischen Wohnquartieren wird erst auf dem Kohle-, dann auf dem Gas- und dem Elektroherd gekocht. Wie in der Industrie, so werden seit den Zwanzigerjahren verstärkt auch für die häusliche Arbeit Überlegungen zur Rationalisierung angestellt. Den Frauen, die trotz zunehmender Berufstätigkeit die Hauptarbeit im Haushalt leisten, soll die Küchenarbeit durch eine Vielzahl von Geräten erleichtert werden, die ab den Fünfzigerjahren überall als Arbeitshilfen Verbreitung finden: vom Elektroherd zu Keramikkochfeld und Mikrowelle; vom arbeitsaufwendigen Einkochen zum Einfrieren; vom Fleischwolf zur multifunktionalen Küchenmaschine; vom Zitronenauspressen zum Entsafter und was der mehr oder weniger notwendigen Küchenhilfen mehr seien.

Kanonen statt Butter

Während ab 1950 ernährungsbedingte Krankheiten, Übergewicht und Bewegungsmangel zu einem wachsenden Problem werden, ist die erste Hälfte des Jahrhunderts wegen der beiden Weltkriege häufig durch Lebensmittelknappheit gekennzeichnet. Im Ersten Weltkrieg ist Deutschland als Folge der britischen Seeblockade nahezu von allen Handelsbeziehungen abgeschnitten; strengste Rationierungen sowie Anweisungen für die Verwendung der wenigen Grundnahrungsmittel sind die Folge. Darüber hinaus wird die Versorgung durch schlechte Ernten wie 1916 weiter verschärft: Im Winter 1916/17 müssen Steckrüben als Ersatz für Kartoffeln und Brot dienen. Nach einer Statistik des Reichsamts des Inneren sterben im Jahr 1917 rund 260 000 Menschen unmittelbar an den Folgen der Mangelernährung.

Nach Kriegsende ist die wirtschaftliche Situation Deutschlands durch eine galoppierende Inflation und den Kampf gegen die französische und belgische Besetzung des Ruhrgebiets gekennzeichnet. Nahrungsmittel sind knapp, der Schwarzhandel blüht. Erst mit der Währungsreform 1923 beginnt ein langsamer wirtschaftlicher Aufschwung, der jedoch mit der Weltwirtschaftskrise endet (→ Folge 47).

Nach 1933 zeigt sich, dass die nationalsozialistische Propaganda auch vor dem Essen nicht Halt macht: Die deutsche Hausfrau wird »im Kampf um die Ernährungsfreiheit« von staatlicher Seite aufgefordert, beim Kochen nur in Deutschland hergestellte Lebensmittel zu verwenden. Die Verarbeitung von Rind- und Kalbfleisch sowie der zu einem beträchtlichen Teil importierten Fettprodukte soll eingeschränkt werden. Diese Autarkiebestrebungen, die mit einer Förderung der Landwirtschaft einhergehen, stehen im Zusammenhang mit der Vorbereitung auf

Den Hunger prangert Käthe Kollwitz in ihrer Lithografie »Eine deutsche Mutter« von 1924 an.

den Zweiten Weltkrieg, der ab 1939 wiederum zu Rationierungen und Lebensmittelknappheit führt. Anders als im Ersten Weltkrieg bleibt die Versorgung bis zum Kriegsende zwar bescheiden, aber doch ausreichend. 1945 sind die Vorräte jedoch aufgebraucht und das zerstörte Deutschland ist auf Lebensmittelhilfen der alliierten Besatzungsmächte angewiesen, die allerdings – abgesehen von den USA – ihrerseits ebenfalls unter Nahrungsmittelknappheit leiden. 1946 wird die US-amerikanische Hilfsorganisation CARE gegründet, die bis zum Jahr 1960 Lebensmittel im Wert von mehr als 346 Millionen DM an die hungernde deutsche Bevölkerung verteilt. Auf dem Schwarz-

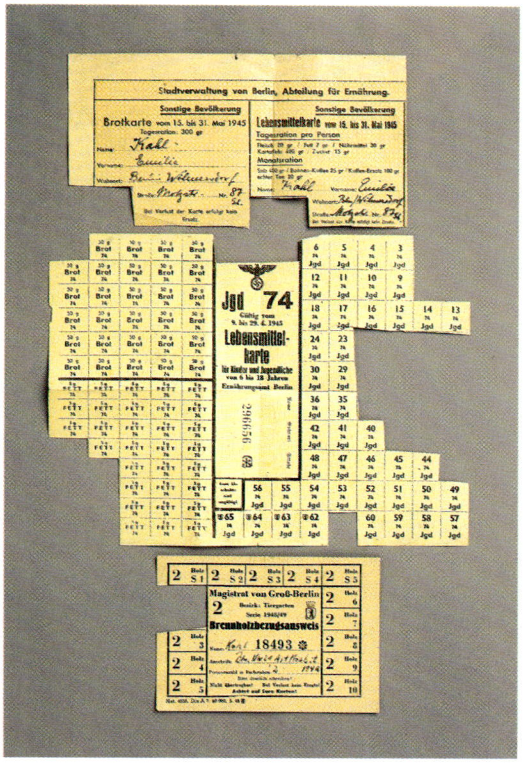

Strenge Rationierung während des Kriegs: Lebensmittelkarte von Anfang 1945

markt und mit »Hamsterfahrten« in die ländliche Umgebung versucht die Bevölkerung in den deutschen Städten, ihren Speiseplan aufzubessern. Nach dem Hungerjahr 1947 bringt die Währungsreform 1948 im Westen ein Ende der Bewirtschaftung der meisten Lebensmittel.

Bundesbürger im Wandel vom Gourmand zum Gourmet

Nach den Entbehrungen von Kriegs- und Nachkriegszeit soll das Essen zunächst vor

1947 – Hamsterfahrten aufs Land im überfüllten Zug sollen die Versorgung der städtischen Bevölkerung erleichtern.

Gert Fröbe oben 1949 in »Berliner Ballade«; unten 1965 in »Die tollkühnen Männer in ihren fliegenden Kisten«

allem sättigend sein. Sämige, fette Soßen und große Fleischportionen kommen auf den Teller. Die Zeit der Knappheit wird abgelöst von der sog. Fresswelle: Quantität geht vor Qualität.

Mit der zunehmenden Reisefreudigkeit der Bundesbürger wird seit den Sechzigerjahren die ausländische Küche in Deutschland heimisch: »Pizza, Gyros, Döner machen Deutschland schöner«, wie die Multikulti-Anhänger reimen. Selbst hartnäckige Anhänger deutscher Fresskultur lassen sich von den neuen Genüssen überzeugen. Teilweise mit der ausländischen Küche, aber auch als erster Vorbote der gesunden Küche gehören ab den Sechzigerjahren immer häufiger Salate und frisches Obst zur täglichen Kost. Waren z. B. Apfelsinen 1950 noch ein weihnachtlicher Luxus, so sind sie inzwischen zu einem Massenartikel geworden.

In den Siebzigerjahren beginnt im Westen die Edelfresswelle: Der Lachsersatz reicht für das Kalte Büfett nicht mehr aus, jetzt müssen es echter Lachs, vielleicht sogar echter Kaviar sein.

Parallel zur Entwicklung der Feinkostküche verläuft die zunehmende Industrialisierung des Essens. Was in kleinen Anfängen mit Liebigs Fleischextrakt, Fertigsuppen von Maggi und Knorr schon im 19. Jahrhundert begann, setzt sich in der zweiten Hälfte des 20. Jahrhunderts beschleunigt fort: Immer mehr Nahrungsmittel werden industriell gefertigt. Auch wer noch selbst kocht, nutzt als Zutaten häufig künstliche Zusätze, um sich die Arbeit zu erleichtern.

Conveniencefood, bequem herzustellende Nahrung, und Fastfood, schnell zu verzehrende Nahrung, sind das Ergebnis einer Entwicklung, die auch daraus resultiert, dass die zunehmende Berufstätigkeit von Frauen nicht mit einer Änderung der Rollenverteilung bei der häuslichen Arbeit einhergeht.

Das sog. Fooddesign wird immer bedeutsamer, d. h. die Kreation von Lebensmitteln aus häufig künstlich hergestellten Grundstoffen, wobei sich die Zusammensetzung nach dem Produkt und den Geschmackstests berufsmäßiger und anderer Tester richtet. Geprüft werden neben dem Geschmack und Geruch auch die Farbe, die Konsistenz und Textur des Produktes. Marktanalysen und entsprechende Werbung ergänzen die Vorbereitung der Markteinführung neuer Produkte.

Verbraucher wissen immer weniger, wie ihre tägliche Nahrung hergestellt wird, welche Zutaten und Hilfsmittel enthalten sind. Skandale um Hormone im Kalbfleisch, Glykol im Wein und unsauberes Flüssigei bei der Nudelherstellung oder die Rinderseuche BSE führen zu einem wachsenden Misstrauen gegenüber den industriell hergestellten Lebensmitteln.

Angesichts der zunehmenden Undurchschaubarkeit der Massenproduktion, z. B. der Verwendung von gentechnisch veränderten Lebensmitteln seit den Neunzigerjahren, wird die Rückkehr zum Authentischen propagiert: Zutaten und Hilfsmittel sollen möglichst ökologisch hergestellt

STICHWORT

Liebig, Maggi, Knorr und Co.

Maggi-Werbeplakat von 1910

Justus Liebig (1803–1873) begründete in Deutschland die organische und Agrikulturchemie. Auf seine Idee geht die Herstellung eines Fleischextraktes zurück, der als kondensiertes Fleisch von seinem langjährigen Mitarbeiter Max von Pettenkofer (1818–1901) in einem dafür entwickelten technischen Verfahren 1847/48 erstmals hergestellt wurde. Georg Christian Giebert, ein Hamburger Kaufmann, übernahm schließlich 1867 die Produktion des Fleischextraktes (Extractum Carnis Liebig) in Uruguay unter dem Markennamen Liebig. Während im ersten Jahr 145 t hergestellt wurden, war es 1872 schon die dreifache Menge, die in alle Welt verkauft wurde.

Einen anderen Weg gingen Julius Maggi (1846–1912) und Karl Heinrich Knorr (1800–1875), die Getreideerzeugnisse sowie getrocknetes und gemahlenes Gemüse zu Fertigsuppen verarbeiten lassen. Allerdings kann erst die Maggi-Würze bzw. das Konkurrenzprodukt Knorr-Soße diese lange haltbaren Fertigsuppen dem Geschmack der hausgemachten annähern. Die Erbswurst – ebenfalls ein lange haltbares Fertigprodukt – war im übrigen eine von der preußischen Militärverwaltung vorangetriebene Entwicklung, bevor 1889 die Produktion bei Knorr aufgenommen wurde.

sein, d. h. nicht von den Feldern und aus den Ställen einer industrialisierten Landwirtschaft stammen. Regionale Küche, bei der die saisonüblichen Zutaten verwendet werden, soll unnötige Transportwege vermeiden helfen. Obst, Salate und Gemüse, die das ganze Jahr über in den Supermärkten verfügbar sind, sollen nur dann gegessen werden, wenn sie in Mitteleuropa auch zu dieser Jahreszeit reif sind. Zusammen mit der sog. Biokost kommen auch die bereits älteren Lehren über Reformkost wieder in Mode: Vegetarier, Veganer, Trennkost und was der Essensvorschriften mehr sein mögen.

Mangel und Überfluss in der DDR

In der DDR verläuft die Entwicklung nach Ende des Zweiten Weltkriegs zunächst ähnlich wie in den Westzonen. Eine stärkere ökonomische Belastung durch die Besatzungspolitik der Sowjetunion und die staatliche Lenkung der Wirtschaft führen jedoch zu dauerhaften Versorgungsengpässen auch bei den Lebensmitteln. Zwar gibt es in der DDR als reichstem Industrieland des Ostblocks kein Mangel, sondern ab Ende der Fünfzigerjahre durchaus Überfluss. Doch die über den Fernseher kommende Westwerbung macht deutlich, wie weit sich die Versorgungssituation in der DDR von der im Westen unterscheidet.

Seit den Fünfzigerjahren werden knappe Güter aus dem Westen an die sog. Brüder und

Um angesichts der BSE-Gefahren die Unbedenklichkeit deutschen Rindfleisches zu demonstrieren, essen Antonius Niehaus (l.) und Constantin Freiherr von Heeremann vom Bauernverband auf der Grünen Woche 1997 Ochsenfleisch.

Schwestern im Osten gesandt: Kaffee, Schokolade und Südfrüchte. Fehlende Devisen machen vor allem Importgüter zur Mangelware, die jedoch in den sog. Intershops gegen Westgeld durchaus erhältlich sind. Die Nomenklatura, d. h. die politische Elite, wird in eigenen Läden mit den begehrten Gütern versorgt.

Die Ernährungsgewohnheiten der Ostdeutschen bleiben länger in den Bahnen der traditionellen, durch die regionale Küche geprägten Gewohnheiten als im Westen. Kartoffeln, Fleisch und Soße, vielleicht etwas Gemüse, gelten als die Zutaten eines guten Essens. Ansonsten versucht die heimische Industrie, begehrte Westprodukte wie Coca-Cola durch eigene Schöpfungen zu imitieren, meist ohne größere Verkaufserfolge, denn die künstlichen Aromen und Hilfsstoffe schmecken zu deutlich vor.

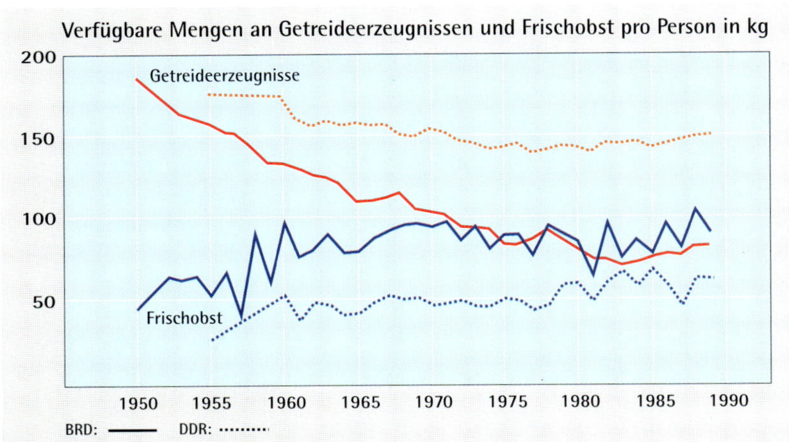

Auch in der DDR wird zunehmend weniger zu Hause gegessen. Massenverpflegung in den Betrieben und den Kindergärten ersetzt die eigene Küche. Wer sich etwas leisten will, geht in eines der Restaurants, in denen aber lange Wartezeiten in Kauf genommen werden müssen. Fastfood gibt es an den Würstchenbuden, wo ab den Sechzigerjahren auch Broiler, gebratene Hähnchen, angeboten werden.

Der Luxus in der Ernährung, das vielfältige Angebot an Lebensmitteln, die sog. Vollwertnahrung, Fastfood-Ketten und viele andere Formen westlicher Esskultur werden in der DDR erst nach 1989 heimisch. Nach der anfänglichen Übernahme alles Neuen und der Ablehnung der aus der Region stammenden Lebenmittel hat inzwischen in der ehemaligen DDR eine Renaissance alter Marken und lokaler Märkte eingesetzt.

Wandel der Esskultur

Um 1900 werden in den bäuerlichen Familien die Mahlzeiten meist noch gemeinsam eingenommen. In bürgerlichen, zumal großbürgerlichen Haushalten essen Herrschaft und Personal räumlich getrennt, aber wenigstens einmal am Tag zur gleichen Zeit. In jedem Fall ist das gemeinsame Essen ein wesentlicher Anlass der Kommunikation und des Meinungsaustausches mit den anderen Mitgliedern eines Haushaltes.

Seit den Dreißigerjahren greifen die Arbeitnehmer in immer größerer Zahl auf das Angebot der Betriebskantinen zurück, anstatt sich selbst etwas mitzunehmen oder bringen zu lassen. Die Hauptmahlzeit des Tages wird nun mit den Arbeitskollegen eingenommen.

Nach der Jahrhundertmitte verliert der Brauch der gemeinsamen Mahlzeit im Familienkreis weiter an Bedeutung. Der Zeitpunkt der Nahrungsaufnahme richtet sich häufig nach dem Tagesablauf, der bei den Familienmitgliedern unterschiedlich ist. Nur bei großen Familienfesten steht das Essen noch im Zentrum des Ereignisses. Essen und Trinken, das zeigt sich hier, sind ein geselliger Vorgang und werden das bei allen gesellschaftlichen Veränderungen auch bleiben. In einer Überflussgesellschaft werden vielleicht die Moden der Essenszubereitung und des Verzehrs sich wandeln, nicht aber das Bedürfnis, mit anderen sich zu treffen und zu unterhalten. Der Vorwand eines guten Essens ist verlockend genug.

Die Chronik der Ernährung

1913 Der aus Polen stammende Biochemiker Casimir Funk prägt den Begriff Vitamin, der organische Verbindungen bezeichnet, von denen bereits Spuren Mangelkrankheiten heilen können.

8.2.1917 Die infolge des Ersten Weltkriegs knappen Lebensmittel zwingen zur Verwendung von Ersatzstoffen: Ab sofort werden bei der Herstellung von Brotteig auch Futterrüben verwendet. Zur Produktion von Öl werden die Kerne von Zitrusfrüchten gesammelt.

25.9.1923 Um die größte Not zu lindern, beschließt die preußische Regierung die Einrichtung von Volksspeisungen. Seit Kriegsende hat sich die Lebensmittelversorgung wegen der wirtschaftlichen Krise und der Inflation kaum verbessert.

Öffentliche Suppenküche in den Zwanzigerjahren

1925 Die Siemens-Schuckert-Werke in Berlin richten eine elektrische Großküche zur Versorgung von 3000 Personen ein.

1926 »Der neue Haushalt« von Erna Meyer erscheint und erlebt innerhalb weniger Jahre 40 Auflagen. Die Volkswirtschaftlerin möchte die Arbeitsorganisation der Hausfrau verbessern und fasst den Haushalt als Wirtschafts- und Industrieeinheit im Kleinen auf. Sie propagiert das leicht abwaschbare »Küchenlabor«. Eine ähnliche Absicht verfolgt Grete Schütte-Lihotzky mit ihrer »Frankfurter Küche«, die zum Vorbild der Einbauküchen wird.

Um 1930 Die Arbeitslosigkeit im Gefolge der Weltwirtschaftskrise verschlechtert erneut die Versorgungslage für weite Teile der Bevölkerung. Viele sind auf die öffentliche Essensverteilung angewiesen.

1.10.1933 Das Deutsche Reich steht im Zeichen des ersten Eintopfsonntags zugunsten des von den Nazis eingerichteten Winterhilfswerks (WHV). Der Eintopf soll pro Person höchstens 0,50 RM kosten, die Differenz zum gewohnten Sonntagsessen soll dem WHV gespendet werden. Damit sollen die »Volksgemeinschaft« im Sinne der nationalen Solidarität gestärkt und vor allem die staatlichen Sozialausgaben gesenkt werden.

1934 Zum Schutz der Verbraucher vor Gesundheitsschäden wird im Deutschen Reich ein Lebensmittelgesetz verabschiedet.

6.4.1942 Die Lebensmittelrationen im Deutschen Reich werden im Zweiten Weltkrieg reduziert. So erhalten Normalverbraucher nur noch 2000 g Brot wöchentlich statt 2250 g, die Fleischration wird von 400 auf 300 g gesenkt.

22.6.1945 Nach Kriegsende trifft in Bremerhaven das erste Schiff mit Lebensmitteln für die Deutschen aus den Vereinigten Staaten ein.

5.6.1946 Der CARE-Vertrag zwischen der US-amerikanischen Besatzungsmacht und der US-Hilfsorganisation Cooperative for American Remittances to Europe wird unterzeichnet. Mithilfe der CARE-Lebensmittel- und Kleiderpakete wird die größte Not gelindert.

19.6.1948 Durch die Währungsreform wird die seit 1939 gültige Rationierung von Lebensmitteln in den Westzonen bis auf einige Grundnahrungsmittel aufgehoben; 1950 entfällt schließlich auch die Rationierung von Zucker. In der Ostzone wird am 23. Juni die Währungsumstellung vollzogen; dort bleiben Grundnahrungsmittel noch länger rationiert.

1954 Zusammen mit Ray Kroc gründen Richard und Maurice McDonald das nach ihnen benannte Fastfood-Unternehmen, das sich zur weltweit größten Restaurantkette entwickelt.

24.12.1960 In der Bundesrepublik tritt eine Änderung des Lebensmittelgesetzes in Kraft, wonach die Hersteller ihre Produkte künftig mit Schildern kennzeichnen müssen, die Auskunft über die enthaltenen Fremd- bzw. Zusatzstoffe, vor allem Konservierungsstoffe, geben.

1962 Die Europäische Wirtschaftsgemeinschaft erlässt Richtlinien über die Kennzeichnung von Zutaten bei industriell hergestellten Lebensmitteln.

1971 Zur besseren Vermarktung deutscher Nahrungsmittel wird die Anzeigenserie »Schöner essen – aus deutschen Landen frisch auf den Tisch« gestartet.

Oktober 1972 Die Zeitschrift »Essen und trinken« erscheint erstmals. Die Monatszeitschrift wird von dem Hamburger Verlag Gruner und Jahr herausgebracht.

1.4.1975 Nach den Erkenntnissen des Bundesgesundheitsministeriums in Bonn hat etwa die Hälfte der Bundesbürger zuviel Cholesterin im Blut und läuft damit Gefahr, einen Herzinfarkt zu erleiden. Häufigste Ursache für einen erhöhten Cholesterinspiegel ist eine Ernährung mit zuviel Fett und Alkohol.

1975 Der französische Meisterkoch Paul Bocuse wird mit dem Orden der französischen Ehrenlegion ausgezeichnet. Seine Nouvelle Cuisine, die bald auch in der Bundesrepublik Mode wird, stellt die Erhaltung des Eigengeschmacks der frischen, kurzgegarten Lebensmittel in den Vordergrund.

19.3.1979 Das Feinschmeckerrestaurant »Aubergine« des Österreichers Eckart Witzigmann in München erhält als erstes deutsches Restaurant drei Sterne, die höchste Auszeichnung des Reiseführers Michelin.

1982 In Großbritannien werden erste Fälle von Rinderwahnsinn (BSE) entdeckt. 1989 werden auch in Deutschland BSE-erkrankte Tiere registriert.

1983 Coca-Cola, das 1886 von dem US-Apotheker John Pemberton in Atlanta erfundene Erfrischungsgetränk, wird koffeinfrei.

1985 Ein namhafter Nudelhersteller gerät in Verdacht, Nudeln aus minderwertigem Schleuderei hergestellt zu haben. Das Einschreiten des zuständigen Regierungspräsidenten endet in einem Prozess, der 1996 zugunsten des Herstellers ausgeht.

26.4.1986 Reaktorunfall im ukrainischen Tschernobyl: Viele Verbraucher verzichten daraufhin für längere Zeit auf den Genuss bestimmter radioaktiv belasteter Lebensmittel.

8.8.1988 In Nordrhein-Westfalen werden rund 14 000 Kälber wegen des Verdachts auf unerlaubte Hormongaben beschlagnahmt.

Februar 1996 Die Landwirtschaftsminister der Europäischen Union einigen sich auf eine Verschärfung des Hormonverbots in der Tierzucht.

März 1996 Nachdem eine britische Studie die Übertragbarkeit des Rinderwahnsinns auf Menschen nicht ausschließt, verfügt die Bundesrepublik ein nationales Importverbot für britisches Rindfleisch.

15.5.1997 In der Europäischen Union werden künftig gentechnisch veränderte Lebensmittel kennzeichnungspflichtig.

Landwirtschaftsminister Jochen Borchert (l.) demonstriert 1996 die Güte deutscher Fleischerzeugnisse.

&CHANDON
COGNAC
Hennessy

UMGANGSFORMEN

Die Deutschen und der gute Ton

Höflichkeiten sind ein »Muss«, sagen die einen. Als Spielregeln des gesellschaftlichen Umgangs erleichtern sie das Gespräch zwischen den Geschlechtern und Generationen, machen Verhalten vorhersagbar und bringen Sicherheit und Kontinuität in das Alltagsleben und in die typischen Benimmsituationen des Geschäftsessens oder der Hochzeit.

Andere meinen, Höflichkeit sei nichts als Fassade. Viel wichtiger seien Charakter, Ehrlichkeit und Bildung. Der Mensch müsse seinen Mitmenschen gegenüber wahrhaftig, offen und direkt sein. Alle Äußerlichkeit, d. h. anpassungsbereites und regelorientiertes Verhalten, gilt ihnen als Ausdruck von Formalismus, Unpersönlichkeit und Unnatürlichkeit.

Strenges Reglement

Vor 100 Jahren hat man über den »guten Ton« noch nicht diskutiert, man hat ihn praktiziert, zumindest in den »besseren Kreisen«. Der kaiserliche Hof in Berlin bildet das elitäre Zentrum einer »feinen Gesellschaft«, die sich auf zahlreiche Fürstenresidenzen ausdehnt. Über die Einhaltung der Etikette an den Höfen wacht der Zeremonienmeister. Im »Königlich-preußischen Hofzeremoniell« sind die streng gehandhabten Ranglisten und Vorschriften genauestens niedergelegt.

Fedor von Zobeltitz notiert in seiner »Chronik der Gesellschaft unter dem letzten Kaiserreich« für den Februar 1904: »Die Toilettenvorschriften scheinen nicht

Gäste auf der Pferderennbahn: in den Neunzigerjahren ein gesellschaftliches Ereignis unter vielen

Links: Hauspersonal ist in der Kaiserzeit für die »feine Gesellschaft« unverzichtbar.

Festliche Tafel bei der Hochzeit von Ernst-August Prinz von Braunschweig-Lüneburg mit der Kaisertochter Viktoria Luise 1913

immer genügend beachtet worden zu sein, denn das Oberhofmarschallamt hat nicht umhin gekonnt, kund und zu wissen zu tun, dass man unter einer Dekolletierung bei Hofe um Himmels willen nicht etwa einen sogenannten ›Ausschnitt‹ versteht. Die Schultern müssen immer frei sein, so will es das höfische Reglement, auch dürfen keine halblangen Ärmel getragen werden, sondern nur ›kurze‹, d.h. in Wahrheit gar keine.«

Die »Etikette« als ausgetüfteltes und differenziertes Ordnungssystem für Kleidung, Tischsitten, den Umgang von Herr und Dame, die Geschäftswelt hat Integrationskraft, schafft Sicherheit und Gemeinsamkeiten. Man erkennt seinesgleichen wieder und sieht sofort, wer nicht dazugehört.

An den strengen Standesregeln der adelig-militärisch geprägten Elite orientiert sich auch das wohlhabende Bürgertum (→ Folge 34). Es pflegt den »guten Ton« und achtet auf stimmiges, feines und stilsicheres Benehmen. Die auch schon mal mit Goldschnitt versehenen, teuren Benimmbücher der Zeit geben vor allem dem gemeinsamen »Essen« eine große Bedeutung: Zahlreiche Regeln gelten für die Ausrichtung großer Bankette, die Gestaltung der Einladungskarten, den Umgang mit dem Personal, den Gästen und den Gastgebern. Gäste sind immer paarweise einzuladen. Ein Bedienter oder der Tischherr rückt der Dame den Stuhl zurecht, wenn diese sich setzt oder aufsteht. In den Tischgesprächen werden heikle oder strittige Themen gemieden, man pflegt Konversation und wahrt den Takt. So spricht man nicht über seinen materiellen Wohlstand – das verstößt gegen den guten Ton, sondern zeigt durch gutes Benehmen, dass man mit ihm umgehen kann.

Das höfische Vorbild prägt auch die Tanzweise auf Bällen und den Stil körperlicher Selbstdarstellung insgesamt. Der Ball als Heiratsmarkt höherer Schichten ist geprägt von durchkomponierten tänzerischen Bewegungsabläufen. Die Tanzschule gibt den letzten Schliff für das Zeremoniell.

Die »gute Kinderstube«

Diese Lebensart als Markenzeichen der »besseren Kreise« wird nicht in Benimmkursen gelernt, sondern geht durch die »gute Kinderstube« in Fleisch und Blut über. Diese Formel von der guten Kinderstube verweist auf zweierlei: Gutes Benehmen und damit Erfolg haben kann gelernt werden. Wer sich bildet und an die Regeln hält, steigt auf. Andererseits erinnert die Formel daran, dass Herkunft und Tradition noch immer mindestens genauso wichtig sind wie Leistung und Wohlstand. Denn nur wer lang genug eine hohe Stellung in der Gesellschaft bekleidet hat und auf eine achtbare Ahnenreihe zurückblicken kann, ist ein begehrter Umgangspartner. Wer sich aber die »gute Kinderstube« nur »leisten« kann und sich den guten Ton lediglich aus Karrieregründen angeeignet hat, der gilt als Parvenü und genießt nur wenig Respekt.

Die Männer orientieren sich in ihren Umgangsformen am Militär. Man(n) verhält sich steif, zackig, hölzern. Wo möglich wird Uniform getragen: die Schuhe geputzt, die Uniformknöpfe blitzblank, die Haltung gerade. Die Konversation verläuft ritualisiert und unpersönlich. Man fasst sich kurz und formelhaft. Schwäche zeigen, über Persönliches reden, ist verpönt und gilt als unmännlich (→ Folge 11).

Eingebunden in Konventionen verläuft auch das Leben der »höheren Töchter« – Tugendhaftigkeit ist ihr höchstes Gut. Alles, was auch nur den leisesten Zweifel daran wachrufen kann, schickt sich nicht. Ohne Anstandsdame dürfen junge Mädchen weder das Haus verlassen noch männlichen Besuch empfangen (→ Folge 10). Auch eine verheiratete Frau riskiert ihren guten Ruf, wenn sie ohne Begleitung ins Café oder spazieren geht. Treffen sich die meist getrennten Geschlechter dann endlich auf dem Ball, so gilt es, die Form zu wahren. Den Mädchen macht man die Aufwartung und trägt ihnen den – rechten – Arm an. Keine Frau kann sich mit einem Mann unterhalten, der ihr nicht vorher vorgestellt wurde. Wechselt ein Mann während der Gruppentänze Tanzschritte mit einer ihm unbekannten Dame, ist es seine Pflicht, sich nach dem Tanz bei ihr vorstellen zu lassen.

Dagegen hat die Arbeiterschicht ganz andere Probleme. Materielle Voraussetzungen für eine Orientierung am Bürgertum sind kaum vorhanden, zum Teil identifiziert man Adel und Bürgertum mit »Obrigkeit«, dem Staat, von dem nicht viel Gutes zu erwarten ist. Die Arbeiterschicht und damit eine Mehrheit der Bevölkerung muss mit Armut, Wohnungsnot und Arbeitslosigkeit fertig werden – das erfordert Solidarisierung und pragmatischen Umgang miteinander.

So entwickelt sich um die Jahrhundertwende in Ansätzen eine ganz eigene Arbeiterkultur in Gewerkschaften oder auch Vereinen (→ Folge 30), die sich als politisch versteht.

Der Tango: In der Kaiserzeit gilt er wegen seiner erotischen Bewegungen als »unsittlich«.

Moderne Zeiten brechen an

1918 dankt der Kaiser ab, die Ständegesellschaft der wilhelminischen Zeit bricht zusammen. Deutschland wird Republik. Die Revolution verunsichert viele: Nicht nur die bisher maßgebende Schicht des Adels und Großbürgertums, auch die Arbeiter und Angestellten müssen sich neu in der Gesellschaft orientieren. Ein Zeichen für die allgemeine Unsicherheit ist der Boom der Anstandsbücher seit Beginn der Zwanzigerjahre. Man will wissen, wie »man« sich grüßt und vorstellt, was man

Neue Freiheiten – die Menschen bewegen sich ungezwungener.

Tischtelefone bieten eine unkonventionelle Chance zum Kennenlernen.

Die Kavaliere und ihre Damen tanzen nach den neuen Rhythmen von Charleston oder Shimmy; Szene von einem Tanzball in Berlin 1928.

wo anzieht, welche Blumen man zu welchem Anlass verschenkt.

Dass »Benimm« so gefragt ist, hängt auch damit zusammen, dass die Geschlechter nicht mehr so stark voneinander getrennt sind wie früher. Zahlreiche neue Treffpunkte entstehen, für die es bisher keine Verhaltenregeln gab, z. B. das Kino, die Tanzlokale, die Sportpaläste. Es sind besonders die Angestellten des »neuen Mittelstandes«, die das öffentliche Leben in den Großstädten prägen. Der Soziologe Siegfried Kracauer (1889–1966) spricht von einem »homogenen Weltstadtpublikum, das vom Bankdirektor bis zum Handlungsgehilfen, von der Diva bis zur Stenotypistin eines Sinnes ist«.

In manchen Tanzcafés lernen sich Männer und Frauen nun über Tischtelefone kennen. Partner finden sich über Heiratsanzeigen. Unkonventionell und zwanglos sind auch die neue und »wilden« Tänze: Foxtrott, Shimmy, Charleston.

Die neue Angestelltenschicht benutzt ihre Kleidung und Umgangsformen als Abgrenzung gegen unten. Kunstseide und Strassschmuck sind die neuen »Ersatzstoffe« für teurere Materialien. Der Uniformknopf und die Mütze für den Büroboten oder den Pförtner heben diesen über den Arbeiterstand hinaus, auch wenn er auf der Gehaltsskala ganz unten rangiert.

In den sogenannten Depressionskomödien, die seit den Dreißigerjahren in die Kinos kommen, und in denen die Zuschauer Ablenkung von der Wirklichkeit suchen, träumen die Protagonisten – Sekretärinnen, Angestellte – vom sozialen Aufstieg durch Heirat. Die Beziehungen zu den Höhergestellten führen aber meist ins Unglück: zu groß sind die Unterschiede in der Lebensweise. Das Happyend findet meist unter sozial Gleichgestellten statt.

»Heil Hitler!«

Das »Dritte Reich« bricht (zumindest in der Propaganda) mit ständischem Zeremoniell und bürgerlicher Lebensart. Mit der Einführung des »deutschen« Grußes versucht eine Führungsschicht, die von unten kommt, ihren Geltungsanspruch für jeden sichtbar durchzusetzen. Stil bildend ist nun das Modell »Führer und Gefolgschaft«, Befehl und Gehorsam. Die Uniform ist im Alltag stets präsent und auch in den Umgangsformen treten militärische Verhaltensweisen wieder stärker hervor. Andererseits sollen in der »Volksgemeinschaft« die Standesgrenzen fallen. Dazu werden traditionelle Reglements entrümpelt und unter dem Aspekt ihrer Funktionalität und Effektivität neu bestimmt: Der aus dem Proletariat stammende »direkte, ungeschminkte, ehrliche« Ton (des Alltags und Arbeitslebens) soll Vertrautheit und Integration schaffen und tritt in Konkurrenz zum »gekünstelten, rhetorischen, versteckten« Gesprächston des Bürgertums und dem streng formalisierten, zeremoniellen Ton des Adels. Burschikoses Verhalten, sowohl bei Männern als auch bei Frauen, ist gefragt; Frauen und Männer sollen kameradschaftlich miteinander umgehen. Wie nicht anders zu erwarten, empfinden große Teile des Bürgertums den Umgangston der Nazis als proletenhaft. Und tatsächlich bleiben in vielen Bereichen die gewohnten bürgerlichen Umgangsformen und Verhaltensregeln bestehen.

Die Harmonie des guten Tons

Zerstörung, Chaos, Perspektivlosigkeit prägen die Jahre der Nachkriegszeit – im Gegenzug entsteht ein starker Wunsch nach Ordnung, Normalität und Anständigkeit. Zwischen 1951 und 1955 wächst die Zahl der auf dem Markt erscheinenden Benimmbücher auf fast 70 Titel. Insgesamt werden in den Fünfzigerjahren etwa zwei Millionen Anstandsbücher verkauft – statistisch gesehen steht also in etwa jedem zehnten westdeutschen Haushalt ein solches Werk im Regal.

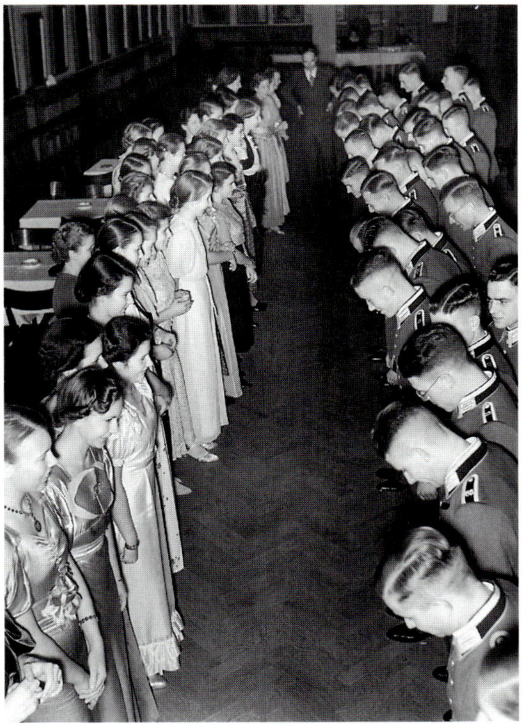

Tanzstunde für angehende Offiziere 1937 in Potsdam: Es herrschen Disziplin und Ordnung auch auf dem Parkett.

DOKUMENT

Nationalsozialistischer »Benimm«

Wann trägt man Parteiabzeichen und grüßt mit ausgestrecktem Arm? Das »Blatt der Hausfrau« erklärt im Oktober 1934 auf Leserfragen die Benimmregeln der »neuen Zeit«:

»Vor beiden Fahnen des Reiches, denen der NSDAP und den Fahnen der alten Armee ist auf der Straße und überhaupt bei jeder Begegnung von Mann und Frau der deutsche Gruß zu leisten. Für Uniformträger gilt selbstverständlich der Gruß mit ausgestrecktem Arm. Beim Singen der nationalen Hymnen, beim Grüßen von Führern und Fahnen ... gleichfalls. Betritt man einen Raum, so grüßt man erst mit dem ausgestreckten Arm und gibt dann den Anwesenden die Hand. Auch die Dame sollte sich daran gewöhnen.
Der Gruß mit gebeugtem Arm kann bei der Begrüßung durch Handschlag und bei räumlicher Beengtheit ausgeführt werden.
Der Herr darf übergangsweise eine Dame mit ›Gnädige Frau‹ oder ›Gnädiges Fräulein‹ anreden, bis ihm ihr Name bekannt ist.
Es ist nicht zulässig, den deutschen Gruß sitzend auszuführen. Da eine Dame bei einer Begrüßung sitzen bleibt, begnügt sie sich mit dem gesprochenen Gruß.
Es ist erwünscht, dass der Herr zu allen passenden Gelegenheiten Partei- und sonstige Abzeichen trägt. Es gilt dies für die Dame selbstverständlich zu allen Veranstaltungen der Partei, bei Gesellschaften oder Veranstaltungen, bei denen auch der Herr Orden und Ehrenabzeichen anlegt, nicht zum Fünfuhrtee.«

Binnen zehn Jahren schafft die junge Bundesrepublik mit der Hilfe der USA den Sprung vom Nachkriegselend zum »Wirtschaftswunder«. Für die Nachkriegsgesellschaft wird die Arbeit zum Lebensmittelpunkt. Aus der Stellung im Produktionsprozess definiert sich die Großgruppenzugehörigkeit in oben und unten. Die Ausstattung mit Konsumgütern wie Auto, Kleidung, Wohnungseinrichtung zeigt den sozialen Status an. Man kann sich »Benimm« wieder leisten und wechselt in die Abendgarderobe, um ins Konzert oder zum Ball zu gehen.

1956 wird in der Bundesrepublik eine Institution geboren, die es in kaum einem anderen Land gibt: Der Allgemeine Deutsche Tanzlehrerverband gründet den »Fachausschuss für Umgangsformen«, der bis 1989 in dieser Form existiert. Die Tanzschule entwickelt sich zur Benimmerziehungsanstalt schlechthin. Man lernt, sich mit der Faustregel »Alter vor Jugend, Damen vor Herren und Vorgesetzte vor Untergebenen« in der Gesellschaft zu bewegen. Beim Vorstellen sind also zuerst die Namen der Herren, der Jüngeren oder der im beruflichen Leben weniger Verantwortlichen zu nennen und die Floskeln »Gestatten Sie, dass ich vorstelle« oder »Darf ich bekanntmachen« zu verwenden. In der Berufswelt wird dagegen die Sekretärin dem Chef vorgestellt und nicht umgekehrt.

Party in den Fünfzigerjahren: Man kann sich nicht nur materiell etwas leisten, sondern legt auch wieder Wert auf Umgangsformen und orientiert sich dabei an alten Vorbildern.

Von Knigge lernen, heißt siegen lernen

In der Aufbauphase der DDR pflegt die politische Führung den proletarischen, kumpelhaften und direkten Umgangston. Doch seit Mitte der Fünfzigerjahre kommt der Proletkult langsam aus der Mode. Er gereicht dem sozialistischen Repräsentationsbedürfnis nicht mehr zur Ehre. 1957 verkündet ein DDR-Benimmbuch: »Keine Angst vor guten Sitten« und stellt dar, wie sich die gesellschaftlichen Gruppen im Sozialismus zu benehmen haben und welchen Lebensstil sie sich angewöhnen sollen. Im Kampf mit dem Westen um das bessere Gesellschaftsmodell will die DDR auch in Hinblick auf Umgangsformen und Benimm »Spitze« sein. Dabei hat man im »Arbeiter- und Bauernstaat« natürlich insbesondere den Arbeitsplatz im Auge. Hier wird nun großer Wert auf »Höflichkeit« gelegt. In den volkseigenen Betrieben (VEB) wird das »sozialistische Sie« eingeführt: Es soll einerseits proletenhafter Vertraulichkeit und Kumpanei unter den Arbeitern entgegenwirken und andererseits helfen, die »technische Intelligenz« in den Betrieben aufzuwerten. Der »gute Ton« wird so zum Kitt, um die verschiedenen Ebenen der Betriebshierarchie zusammenzuhalten und die bürgerliche Intelligenz in die »sozialistische Menschengemeinschaft« zu integrieren. Der »gute Ton« soll aber auch im Umgang der Geschlechter gelten und die Würde der Frau wahren. Ihre Rolle als »gleichberechtigte Kollegin« verliert sie allerdings nach Feierabend: »Die Gleichberechtigung gilt nicht bei der

Aufforderung zum Tanz«, vermerken die Benimmbücher der Fünfzigerjahre. Auf dem gesellschaftlichen Parkett hat nach wie vor der Mann das Sagen. Die Vorkämpfer für die Entwicklung »allumfassend gebildeter sozialistischer Persönlichkeiten« führen einen Zweifrontenkrieg: einmal gegen die »Amerikanisierung« oder »Verwestlichung«, zum anderen gegen die proletarische Unkultur. In beiden Fällen greifen sie auf die »solide Bürgerlichkeit« zurück, auf Verhaltensmodelle aus der Vorkriegszeit.

Das Ende der Höflichkeit

Gegen Ende der Fünfzigerjahre wird die beginnende Wohlstandsgesellschaft von den »Halbstarken« beunruhigt: Motorradbanden brausen durch die Nachbarschaft, Jugendliche zertrümmern Kaugummi kauend bei Rock'n'Roll-Konzerten das Gestühl. Eine neue Generation wächst heran, die sich auf die Suche nach einem eigenen Lebenstil begibt und sich mit Rock'n' Roll, Boogie-Woogie und Twist eine jugendliche Gegenkultur zur »etablierten Gesellschaft« schafft (→ Folge 25).

Mitte der Sechzigerjahre erscheinen in den öffentlichen Parks der Städte die ersten Gammler. Das Gegensatzpaar jung-alt bricht nun vollends in das traditionelle Schema von oben und unten ein. Jetzt kann jeder zu der noch herrschenden Benimmkultur auf Distanz gehen, ohne als Banause zu gelten. Eine junge Generation tritt gegen das »Establishment« an. Die Studenten an den Universitäten polemisieren mit der Parole »Unter den Talaren der Muff von tausend Jahren« gegen die Kleiderordnung der Ordinarien-Universität. Go-ins, Teach-ins, Sit-ins stellen eine Provokation für die etablierte Professorenschaft dar. Statt von den tradierten, allgemeingültigen Regeln soll der Umgang miteinander vom subjektiven Empfinden, vom persönlichen Stil bestimmt werden. Spontanität und Authentizität werden am Beginn der Siebzigerjahre zu wichtigen Verhaltenserwartungen.

Die »Alternativkultur« sucht nach neuen Wegen, Konventionen verlieren an Bedeutung. Man will nicht mehr lügen, wie einst die Höflinge, sich keinen Zwang mehr antun, wie die bürgerlichen Eltern, man will ehrlich, unverstellt und echt sein. Die neue Frauenbewegung stellt viele Regeln

Gammler im Englischen Garten in München 1971, sie brechen mit den Umgangsformen ihrer Eltern.

als männliche Herrschaftsinstrumente bloß. Verheiratete und unverheiratete Frauen werden gleichgestellt, die Anrede »Fräulein« gerät in Misskredit. Die Antibabypille trägt zur Lockerung der bisher starren Sexualmoral bei (→ Folge 12). Zärtlichkeiten werden nun auch in der Öffentlichkeit ausgetauscht, wo bis vor kurzem ein »Einhaken« das höchste der Gefühle war. Innerhalb kurzer Zeit ändert sich die »Treppenregel«: Lief bisher zuerst der Mann und dann die Frau hinauf, damit er ihre Beine nicht sehen konnte, geht sie jetzt voran, damit er sie – im Falle eines Falles – auffangen kann.

Pluralisierung der Lebensstile

Seit Mitte der Siebzigerjahre schlägt das Pendel jedoch wieder zurück, eine Suche nach Sicherheit und Orientierung beginnt. Noch nie hat es für so viele Menschen eine so freie Wahl unter einem so großen Angebot von Waren und Lebensweisen gegeben. Die Soziologen notieren eine Zunahme gruppen-, milieu- und situationsspezifischer Ordnungsmuster. Eine beispielgebende Oberschicht aber existiert nicht mehr. Selbst die Tanzschulen – seit 1975 verzeichnen sie in der Bundesrepublik wieder verstärkten Zulauf – verstehen sich nicht mehr als Vermittler »gesellschaftlichen« Lebens, sondern zählen sich zu den Freizeitzentren. Neben klassischen und lateinamerikanischen Tänzen wird der Diskotanz gelehrt und auch in ihrer Aufmachung nähern sich die Tanzschulen mit Licht- und Soundeffekten den Diskotheken. In den Achtzigerjahren wird Genuss zum Leitmotiv: Gute Laune, Entspannung, Erregung, Unterhaltung, Gemütlichkeit, Coolness, Sensation der Sinne – nie Gesehenes, nie Gehörtes, unvergleichliche Gefühle – bestimmen die »Events«, zu denen man sich trifft. In Werbung und Mode werden immer neue Typen und Stile als Vorbildfiguren entworfen. Inszeniertes Leben und Leben als Inszenierung hat es schon früher gegeben – allerdings war es Privileg der oberen Fünftausend, Schaugepränge und Spektakel für die Mehrheit der Zaungäste.

Joschka Fischer von den GRÜNEN legt 1985 seinen Amtseid als hessischer Umweltminister in Sakko und Turnschuhen ab (l. Ministerpräsident Holger Börner).

Der individuelle, spontane und persönliche Stil der Hemdsärmeligkeit, der nach und nach sämtliche Tabus und Konventionen bricht, gewinnt an Boden. Was früher den Boulevardzeitungen vorbehalten blieb, kommt jetzt über das Fernsehen in die Haushalte. Das Medium öffnet sich dem Trivialen und stellt das Alltägliche aus. In der Talkshow »Club 2« des österreichischen Fernsehens gibt die Punkrock-Sängerin Nina Hagen im August 1979 Anschauungsunterricht in Sachen Selbstbefriedigung. Was für sie zum Imagegewinn führt, zwingt den Diskussionsleiter der Sendung noch zum Verlassen der Sendeanstalt. Seit dem Ende der Achtzigerjahre kommen in den Talkshows öffentlicher wie privater Sender mehr und mehr Menschen von der Straße mit Themen des Alltagslebens zu Wort. Dabei fallen nahezu alle Schranken, Affekte werden geschürt und Bekenntnisse zu intimsten Erlebnissen aus den Teilnehmern herausgekitzelt.

Anything goes

Ton und Takt, LebensArt, Takt & Stil, Stil- und Beratungsservice, Interkulturelles Seminar nennen sich die Institute und Kursanbieter, die seit Mitte der Achtzigerjahre mit ihren Benimmseminaren gute Geschäfte machen. Die Kurse, die jetzt in Sachen »Etikette« abgehalten werden, sind auf den ersten Blick nichts anderes als nachgeholte »Kinderstuben« mit dem Ziel, individuell erfolgreiche Strategien des Handelns und Verhaltens zu vermitteln. Im Unterschied zu früher, als die Regeln der gesellschaftlichen Integration des Menschen in seinen jeweiligen Stand dienten, haben diese »Ratgeber« heute die optimale Positionierung des Einzelnen in einer immer bunter werdenden Konkurrenzgesellschaft zum Ziel. Man will sich »noch besser verkaufen« und sich noch deutlicher vom Mitbewerber absetzen.

Doch auch wenn es den »einen« guten Ton heute nicht mehr gibt, so sind Benimmregeln auch in der Gegenwartsgesellschaft unerlässlich. 1996 legen laut einer Forsa-Umfrage 53 % der Bevölkerung »sehr viel« und 41 % »viel« Wert auf Höflichkeit. Sogar 90 % der unter 29-jährigen ist am guten Ton viel gelegen. Dabei kommt es allerdings heute mehr denn je auf den spielerischen und flexiblen Umgang mit den Benimmregeln an: Im Nobel-Restaurant gelten andere Verhaltensmuster als in der Pizzeria um die Ecke. Und auch die Berufswelt verlangt aufgrund veränderter Arbeitsstrukturen etwa in der Team- oder Projektarbeit nach flexiblen Umgangsformen.

Die Chronik des Benehmens

25.1.1904 Die preußischen Bahnbeamten werden in einem Erlass des zuständigen Ministers Hermann von Budde zu höflichem Benehmen gegenüber den Reisenden angehalten.

4.1.1912 Wie die »Vossische Zeitung« mitteilt, erfolgt in Berlin die erste gerichtliche Bestrafung eines Schiebetanz-(Tango-)Tänzers. Der aus Südamerika stammende Tanz verstößt mit seinen erotischen und damit »ungehörigen« Bewegungen gegen die »guten Sitten«.

20.11.1913 Kaiser Wilhelm II. verbietet den Offizieren des deutschen Militärs, in Uniform Tango zu tanzen.

Der Handkuss gehört 1920 noch zum »guten Ton«.

12.1.1921 Der preußische Kultusminister Konrad Haenisch (SPD) beschließt in Berlin, dass Examenskandidaten wegen der schlechten wirtschaftlichen Lage bei Prüfungen nicht mehr wie bislang üblich im Frack erscheinen müssen.

14.6.1933 Reichsinnenminister Wilhelm Frick ersucht die Reichsbehörden und Landesregierungen, die deutschen Beamten zum Hitlergruß anzuhalten.

22.8.1933 Auf Weisung des Reichsstandes der Deutschen Industrie, vertreten durch Gustav Krupp von Bohlen und Halbach, wird in allen angeschlossenen Betrieben der »deutsche« Gruß verbindlich.

21.5.1939 Am Muttertag des Jahres 1939 wird erstmals das Mutterkreuz verliehen. Es berechtigt Trägerinnen zum Sitzen bei öffentlichen Anlässen und in Verkehrsmitteln, sichert bevorzugte Abfertigung bei Behörden zu und verpflichtet Jugendliche zum Hitlergruß.

1954 In der DDR startet Karl Kleinschmidt in der »Wochenpost« eine Artikelserie mit dem Titel »Keine Angst vor guten Sitten«.

13.12.1954 Der Rechtsausschuss des Bundestags lehnt es ab, unverheirateten Frauen die Anrede »Frau« für den Umgang mit Behörden zuzugestehen. Damit bleibt ein Runderlass von 1937 gültig, der für unverheiratete Frauen die amtliche Bezeichnung »Fräulein« vorschreibt.

1955 Gertrud Oheim veröffentlicht das Benimmbuch »Einmaleins des guten Tons«,

»Einmaleins des guten Tons« 1955: Belehrung über den Takt in Kleiderfragen – eine etwaige Kleiderordnung vermerkt der Gastgeber auf der Einladungskarte.

das bis 1964 über eine Million Mal in der Bundesrepublik verkauft wird.

1956 Der Allgemeine Deutsche Tanzlehrerverband gründet den Fachausschuss Umgangsformen des Allgemeinen Deutschen Tanzlehrerverbandes. Die Verbindung Tanz- und Benimmunterricht wird institutionalisiert.

1956 Aufsehen erregt das »Buch der Etikette«, verfasst von Karl-Heinz Graudenz unter Mitarbeit von Erica Pappritz (1893–1972), stellvertretende Protokollchefin im Auswärtigen Amt. In den Massenmedien wird heftig gegen den Ehrenkodex polemisiert, den Erica Pappritz als Anstandsdame der Bundesrepublik der jungen Republik verordnen will.

1959 In Ost-Berlin erscheint das von Walter Schweickert und Bert Hold geschriebene Buch »Guten Tag, Herr Knigge«. Es gilt fortan als das wichtigste Anstandsbuch der DDR und wird von allen Schichten gekauft.

1964 In der Zeitschrift »Brigitte« startet Rosemarie von Zitzewitz eine Kolumne zu »gutem Benehmen«, die sich 22 Jahre lang hält.

1.1.1967 In West-Berlin konstituiert sich die sogenannte Kommune I, deren Mitglieder sich in der Folge durch respektlose und fantasievolle Aktionen zu Berliner Bürgerschrecks entwickeln.

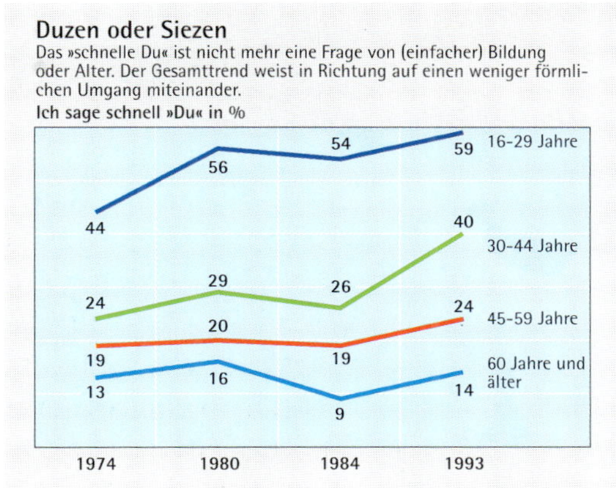

Das Nacktfoto der Kommunarden wird zum Sinnbild des Aufstands gegen Konventionen.

21.4.1968 Mit einem festlichen Ball im Berliner Palais am Funkturm feiert der Allgemeine Deutsche Tanzlehrerverband (ADTV) das 250-jährige Jubiläum der deutschen Tanzschule. Der gleichzeitig stattfindende Tanzlehrerkongress diskutiert die Zeitgemäßheit der herkömmlichen Form der Tanzstunde.

2.9.1968 Die Lockerung alter Etiketteregeln empfiehlt der als »Kniggerat« fungierende Fachausschuss Umgangsformen des ADTV.

1970 In dem Buch mit dem programmatischen Titel »Das Ende der Höflichkeit« reklamieren die Autoren für Bundesrepublik wie DDR gleichermaßen Gültiges: Benimmbücher seien meist unverhüllt reaktionär und garantierten die Absicherung hierarchischer Gesellschaftssysteme durch Verhaltensregeln, nach denen der »herrschende Ton der Ton der Herrschenden« sei.

1972 Das Bonner Bundesinnenministerium verfügt die generelle Anrede »Frau« und schafft damit das »Fräulein« im amtlichen Briefverkehr ab, nachdem seit 1955 erlaubt war, unverheiratete weibliche Personen im amtlichen Verkehr auf ausdrücklichen Wunsch mit »Frau« anzureden.

13.5.1984 Zum Muttertag versammeln sich in Bonn etwa 15 000 Frauen unter der Losung »Nicht nur Blumen, sondern Rechte fordern wir«.

1984 Die neue Ausgabe der Empfehlungen des Fachausschusses für Umgangsformen reagiert auf den Wunsch der Öffentlichkeit nach einer »Abkehr von hohler Förmlichkeit, Heuchelei und verlogenem Getue« mit einer Änderung seines Mottos. Da »Höflichkeit mit Herz« zu sehr an höfisches Verhalten erinnere, gelte nun »Weniger Formen – mehr Takt«.

12.12.1985 In Frankfurt am Main legt Joschka Fischer, Mitglied der GRÜNEN, in weißen Turnschuhen und Sportsakko den Amtseid als Minister für Umwelt und Energie im hessischen Landtag ab.

26.1.1996 Das 200. Todesjahr von Adolph Freiherr Knigge (1752–1796), dem Urvater deutscher Benimmregeln, wird zum Anlass genommen, über die Umgangsformen der Deutschen zu klagen. Einig sind sich die Teilnehmer des »Knigge-Symposions« in Baden-Baden darüber, dass »die Manieren – gerade in Deutschland – schlichtweg schlecht« seien.

KABINETT,
DEN BESCHLUß!
will keine
alten
Lehrer
HI-TEC

FOLGE 24

LEHRJAHRE

Die Deutschen und die Schule

Schule scheint für die Deutschen der letzten 100 Jahre ein traumatisches Erlebnis zu sein. Kaum einer erinnert sich ohne Grausen der eigenen Schulzeit. Die Bilder, die in der Rückbesinnung auftauchen, sind unterschiedlich: Bei den Älteren mag es noch die Furcht vor dem Rohrstock sein, bei anderen der Geruch von Bohnerwachs auf den Dielen düsterer Schulräume, bei dritten der Schulweg, der zum Spießrutenlauf wurde, weil man die falsche Schulmütze trug oder Flüchtlingskind war, für wieder andere die Sprachlosigkeit zwischen der Lehrer- und der Schülergeneration. Die Motive für das tiefsitzende Ressentiment sind unterschiedlich, der Tenor einhellig. »Ich habe noch zureichend Erinnerung an die furchtbare Schulzeit. So lange dies auch her ist, gibt es ... eine Wiederkehr des Gleichen. Das endlich bestandene Abitur war damals die Befreiung aus dem Zuchthaus«, schreibt der Philosoph Ernst Bloch (1885–1977) 1968 in einer Grußadresse an revoltierende Schüler.

Das Regiment des Rohrstocks

Seit Beginn des Jahrhunderts mehrt sich unter Erziehern das Unbehagen an der Art von Schule wie sie das 19. Jahrhundert geschaffen hat. Die sog. Reformpädagogik entwickelt in Europa und den Vereinigten Staaten zwischen etwa 1890 und 1930 neue Ideen, wie Erziehung kind- und menschengerechter werden könne. An die Stelle von Unterordnung und Disziplin setzt sie das Prinzip der Erziehung zur

Schulfrust kann sich heute anders als früher Luft verschaffen (1989 in Baden-Württemberg).

Überfüllte Klassen und eine triste Atmosphäre kennzeichnen den Alltag in den Volksschulen der Jahrhundertwende. Individualität soll sich nicht entfalten, sondern unterdrückt werden. Erziehungsziel der Schule der Kaiserzeit ist der angepasste Untertan (Straßburg um 1900).

Selbstständigkeit und freien Entwicklung der kindlichen Persönlichkeit.

Da sich jede Gesellschaft die Schule schafft, die ihre Strukturen am besten zu stabilisieren scheint, ist die Praxis in den Erziehungsanstalten des deutschen Kaiserreichs freilich von solchen Zielen meilenweit entfernt. Wo Untertanengeist als Tugend gilt und der Soldat als gesellschaftliches Leitbild, ist der Lehrer – obwohl Zivilist – absolute Autorität. Äußere Disziplin geht über alles. Wenn stupider Drill nichts mehr ausrichtet, steht immer noch der Rohrstock als »pädagogischer Helfer« in der Ecke der Schulstube. Von der Öffentlichkeit wird der prügelnde Lehrer akzeptiert. Selbst wo es zu Exzessen kommt, weiß sich der Schulmeister von der Obrigkeit gedeckt. Im Jahr 1905 wird ein Hauptlehrer wegen gefährlicher Körperverletzung vor Gericht gestellt. Weil ein Schüler einen Satz nicht lesen konnte, hatte er ihn am Hals gewürgt und mit dem Kopf gegen die Tafel gestoßen. Wie sich herausstellt, wandte er die Methode, Schüler an Kehle und Hinterkopf festzuhalten, als »die Denkfähigkeit anregend« regelmäßig an. Die Kammer sieht darin allerdings keine »subjektive Überschreitung des Züchtigungsrechts« und spricht den Lehrer frei. Der Rohrstock hat eine lange Konjunktur in deutschen Klassenzimmern. In der Folgezeit wird die körperliche Bestrafung von Schülern zwar zunehmend abgelehnt, aber noch 1957 entscheidet der Bundesgerichtshof gegen ein grundsätzliches Verbot des Züchtigungsrechts durch Lehrer mit der Begründung, es handle sich um Gewohnheitsrecht, das allerdings nur in Ausnahmefällen angewendet werden dürfe.

Nicht nur im hohen Stellenwert der Disziplin zeigt sich die Schule als Spiegel einer militaristischen Gesellschaft. Zu feiern gibt es z. B. jedes Jahr am 2. September den Sedans-Tag, den Jahrestag der Schlacht von Sedan im Deutsch-Französischen Krieg 1870/71. Die Schulen sind von den Aufsichtsbehörden gehalten, diesen Tag mit »patriotischen Veranstaltungen« zu begehen, in denen die Schüler Jahr für Jahr an Preußens Glorie erinnert werden. Diese Jubelfeiern gleichen sich mehr oder minder, egal welche Schule ein Kind besucht. Doch damit enden bereits die Gemeinsamkeiten im Schulalltag.

Das Schulsystem im Kaiserreich ist zweigeteilt: Dem »niederen Schulwesen«, das sind die Volksschulen, die 90 % aller Schüler durchlaufen, steht das »höhere« für die nationale Elite gegenüber. Standesschranken abzubauen, liegt nicht im Interesse des Staats. Schon das Schulgeld hindert begabte Kinder aus kleinbürgerlichen oder gar proletarischen Schichten, eine höhere Schule zu besuchen. Hilfen für kinderreiche oder arme Familien gibt es nur sehr beschränkt. Und selbst wenn die Hürde des Schulgelds genommen ist, macht der Standesdünkel der Mitschüler den Weg zum sozialen Aufstieg überaus dornig. Die tragende Säule des höheren Schulwesens ist das humanistische Gymnasium mit den Sprachen Latein, Griechisch und Französisch. Ebenfalls zur Hochschulreife befähigen das Realgymnasium und die mathematisch-naturwissenschaftlich ausgerichtete Oberrealschule. Hier wird der Führungsnachwuchs des wilhelminischen Staats erzogen. Das Bildungsgefälle zu den Volksschulen ist enorm. Die Mittelschule, die eine soziale Brücke bilden könnte, steckt erst in ihren Anfängen und fällt quantitativ noch nicht ins Gewicht.

Erzogen wird nach Geschlechtern getrennt. Koedukation als Regelfall setzt sich in Deutschland erst sehr viel später durch: in der DDR nach ihrer Gründung, in der Bundesrepublik sogar erst seit den Sechzigerjahren. In den Volksschulen der Kaiserzeit kommt eine weitere Trennung hinzu – die nach Konfessionen. Die Bekenntnisschule bleibt lange Zeit vorherrschende Form der Elementarausbildung. Selbst als die Kirchen, spätestens 1918, die Schulaufsicht verlieren, bleibt ihr Einfluss bedeutend. In der Bundesrepublik wird die Säkularisierung der Grundschule erst in den Sechzigerjahren erreicht.

Landkinder haben in der Schule kaum die Chance, mehr als das Notwendigste zu lernen. Da weder die Schülerzahlen noch das vorhandene Lehrpersonal ausreichen, um den Unterricht nach Jahrgängen getrennt abzuhalten, werden alle Kinder in eine Klasse zusammengefasst. Der Lehrer kann sich also umschichtig immer nur einem Teil der Schüler widmen, die übrigen werden irgendwie »ruhig gestellt«. Diese »Zwergschule« ist selbst zu Zeiten der Bundesrepublik auf dem Land noch weit verbreitet. Auch hier bedeuten die Sechzigerjahre, die das endgültige Aus für diesen Schultyp bringen, eine Zäsur.

Gescheiterte Reformen

Der Weimarer Staat will mit den Traditionen des Kaiserreichs gründlich aufräumen – auch in der Schule – und scheitert hier nicht weniger als auf anderen Gebieten. Die Weimarer Verfassung bestimmt die Trennung von Kirche und Staat. Die Konfessionsschule soll der Gemeinschaftsschule weichen, die Widerstände dagegen sind jedoch heftig. So wird der Kompromiss gefunden, dass konfessionelle Schulen dort eingerichtet werden, wo dies von den Eltern gewünscht wird. Da die Kirchen es verstehen, die Elternschaft in ihrem Sinn zu mobilisieren, bleibt der Verfassungsauftrag auf der Strecke.

Dass die Ausbildung der Volksschullehrerinnen und -lehrer den Anforderungen an ein modernes Bildungssystem nicht standhält, ist sachkundigen Politikern ebenso klar wie den Vertretern der Lehrerverbände. Über eine Neuordnung wird jahrelang gestritten, doch eine einheitliche Lösung nicht gefunden. So trifft jedes Land seine eigenen Regelungen, in Bayern und Württemberg bleibt sogar alles beim

An der Konfessionsschule entzünden sich in den Zwanzigerjahren die Gemüter. Hier demonstrieren Arbeiterkinder für die Gemeinschaftsschule, welche die Weimarer Verfassung eigentlich als Regelschule vorsieht.

Alten. Dort wird nicht einmal das Abitur als Voraussetzung für die Ausübung des Lehrerberufs verlangt.

Ein wesentlicher Grund für diesen Reformunwillen liegt in der Finanzmisere der Zwanzigerjahre. Schule überhaupt und Schulreformen im Besonderen kosten Geld; sind die Kassen leer, wird an der Schule gern zuerst gespart. Dies führt zu einem Phänomen, das durch das ganze Jahrhundert zu beobachten ist: Wie kaum ein anderer Berufsstand sind die Lehrerinnen und Lehrer starken konjunkturellen Zyklen unterworfen. In schöner Regelmäßigkeit lösen sich Lehrkräfteüberschuss und Lehrermangel ab. Entweder sitzen

Lehrer arbeitslos auf der Straße oder Schüler ohne Lehrer da, oft beides gleichzeitig. Eine wirklich funktionierende Steuerung des Bedarfs hat in diesem Jahrhundert kein Staatssystem in Deutschland zuwege gebracht.

Erreicht die Weimarer Republik auch nicht ihr erklärtes Ziel, die Schule in ihrer Struktur durchgreifend zu verändern, so ändert sich im Einzelnen doch manches: Der Ausbau der Mittelschulen etwa schafft größere soziale Durchlässigkeit und eröffnet Kindern bessere Bildungschancen, für die zuvor nur die wenig qualifizierte Volksschule in Frage kam. Seit 1931 ist die »Mittlere Reife« ein auf Reichsebene anerkannter Schulabschluss. Auch einzelne Schulen vermögen sich größere Freiräume zu schaffen. Die Schilderung, die der Schriftsteller Wolfdietrich Schnurre (1920–1989) von seiner Volksschulzeit gibt, ist nicht repräsentativ, zeigt aber, was in der Weimarer Republik möglich ist: »Ich bin von 1928 bis 1934 im Nordosten Berlins, in Weißensee, einem Arbeiterviertel, auf eine sogenannte Weltliche Volksschule gegangen. ›Weltliche Schule‹ hieß, dass es keinen Religionsunterricht gab. Wir hatten Lebenskunde statt dessen; und da wir keine parteilosen Lehrer hatten, andererseits der Rektor oder wer immer darauf geachtet zu haben schien, dass nur kommunistische oder sozialdemokratische Lehrer rangeholt wurden, konnte man ›Lebenskunde‹ mit ›Angewandte Politik‹ übersetzen ... Die Seele der Schule hatte im Rektor Gestalt angenommen ... Er war Stadtrat und Sozi, ein großer Menschenfreund und also auch Schulreformator. Nichts unerträglicher für ihn, als uns ständig in diesem nach Schweiß, Karbolineum, Kreide und Quäkerspeise riechenden, gut achtzigjährigen Schulgebäude zu wissen ... In der neuen Schule war es fantastisch. Im Biologieraum waren etwa 40 Tierarten untergebracht, von der Gottesanbeterin bis zum Alligator. Die Werkunterrichtsräume hätten auch Fachwerkstätten sein können. Man konnte wählen: Metall, Holz oder Papier, das galt auch für die Mädchen.«

Die braune Schule

Mit solchen Zuständen ist es nach der Machtübernahme Hitlers vorbei. Am 7. April 1933 verfügt das Gesetz zur Wiederherstellung des Berufsbeamtentums, dass Beamte, »die nach ihrer bisherigen politischen Betätigung nicht die Gewähr dafür bieten, dass sie jederzeit rückhaltlos für den nationalen Staat eintreten«, aus dem Dienst entlassen werden können. Das betrifft natürlich auch Schnurres Schule: »Denn wir wurden nicht nur wieder in die alten Klassenzimmer gepfercht, wir haben auch neue Lehrer erhalten. Unserer war

1938 – der Text an der Tafel lautet »Der Jude ist unser größter Feind! Hütet euch vor dem Juden!«

Kettenraucher, trug ein Parteiabzeichen und machte erfreut von der wiedereingeführten Prügelstrafe Gebrauch, die wir hinnehmen mussten, da das Schülerparlament abgeschafft war. Unsere alten Lehrer, ließ man uns wissen, seien in alle Himmelsrichtungen ›straf‹-versetzt worden; bis auf Rektor Z. Er, sagte man uns, habe Gelegenheit erhalten, seine jugendgefährdenden Ansichten in einem Konzentrationslager zu überdenken.«

Jüdische Lehrer und Schüler werden nach und nach aus den Schulen »entfernt«. Die ideologische Gleichschaltung scheint reibungslos zu funktionieren. Und doch spiegelt dieser Befund nicht die ganze Wahrheit. Mit zuverlässigen »Parteigenossen« werden vor allem die Schulleiterposten besetzt und auch mancher junge Lehrer verspricht sich von besonders zackiger Linientreue einen Karriereschub. Gerade die älteren Studienräte an den höheren Schulen aber sind keineswegs alle braun bis ans Herz. Traditionell nationalkonservativ eingestellt, haben sie ihre weltanschaulichen Wurzeln oft noch im Kaiserreich. War ihnen das Parteiengezänk des Weimarer Parlaments manchmal schon zu plebejisch, widerstrebt ihnen ein »Anstreicher« als Reichskanzler vollends. Dieses bildungsbürgerliche Ressentiment macht aus den deutschen Gymnasien noch keine Brutstätte des Widerstands. Wo aber etwa rheinischer Katholizismus oder hanseatischer Bürgerstolz zur weiteren Immunisierung gegen die Nazi-Ideologie beiträgt, gestattet man sich sogar offen zur Schau getragene Ironie. Heinrich Böll (1917–1985) erinnert sich: »Viel habe ich von der Deutschlektüre nicht behalten, nur ein paar Autoren sind mir im Gedächtnis geblieben, der eine hieß Adolf Hitler, Autor von ›Mein Kampf‹, Pflichtlektüre. Unser Deutschlehrer Schmitz ... nahm die geheiligten Texte dieses Autors Adolf Hitler zum Anlass, uns Ausdruckskonzentration, Kürze genannt, nahezubringen. Das bedeutete: wir mussten etwa vier Seiten von ›Mein Kampf‹ auf zwei, möglichst auf anderthalb Seiten kürzen, dieses unsäglich schlecht verschachtelte Deutsch ... ›zusammenziehen‹. Man stelle sich vor: Texte des Führers ›zusammenziehen‹«. Ähnliches bestätigt Walter Jens (Jahrgang 1923): »Wenn wir, ich schätze, anfangs mit Inbrunst, das Horst-Wessel-Lied sangen, dann ließ er uns aussingen und – den Text analysieren. Elfjährige Hamburger Schüler bei der Exegese der für heilig erklärten Hymne – ich werde den Tag nie vergessen, an dem unser Klassenlehrer den Satz ›Kameraden, die Rotfront und Reaktion erschossen, marschier'n im Geist in unsern Reihen mit‹ grammatikalisch erledigte, indem er die Frage stellte, wer hier denn eigentlich nun wen erschossen habe, Rotfront die Kameraden oder, was eher anzunehmen, freilich ganz und gar nicht gemeint sei, die Kameraden die Rotfront. Er, Sprachmeister Fritz, verstünde den Artikel die als Nominativ, Horst Wessel hingegen als Akkusativ – da möchten doch, bitte sehr, wir selber entscheiden, wer hier im Recht sei! Gestorben, ein für allemal, die Hymne – als Machwerk erledigt mit Hilfe der aufklärerisch gehandhabten Grammatik!«

Wenn es nicht gelingt, die Schule gänzlich ins nationalsozialistische Denkkorsett einzuzwängen, liegt dies auch daran, dass die NS-Führung in dieser Institution gar nicht mehr das eigentliche Instrument der Jugendbildung sieht, sondern in der Hitlerjugend. Das ändert freilich nichts daran, dass sich für die Schüler ein Menge ändert. Das betrifft Lehrinhalte wie Rassenkunde und Vererbungslehre, vor allem aber wird das Fach »Leibeserziehung« eminent bedeutsam (→ Folge 31). Gestählte Muskeln sind dem Regime wichtiger als ein trainierter Kopf.

Ausgebildet wird letztlich für den Krieg, der schließlich auch Auswirkungen auf die Schule hat. Im Volksschulbereich fehlt es wegen der Rekrutierung an Lehrernachwuchs. Ein Notprogramm wird aus dem Boden gestampft, wonach in Schulhelferkursen Absolventen von Mittel- und sogar Volksschulen im Schnellverfahren zu Lehrern gemacht werden. Nach zweijähriger Praxis sollen die Junglehrer ihre Ausbildung mit einem Studium auf einer Hochschule für Lehrerfortbildung abschließen. Da solche Hochschulen auf Führerbefehl aber im November 1940

Für die Nazis ist die »Schule der Nation« nicht die Schule, sondern ihre Jugendorganisationen. Hitlerjungen dürfen sich in Tätigkeiten wie dem Gewehrreinigen üben.

abgeschafft werden, genügt auch eine einfache Prüfung. Mit diesem Hilfsprogramm und der Neuregelung der Volksschullehrerausbildung wird das Niveau der »Volksbildung« auf den Standard des 19. Jahrhunderts zurückgeschraubt. Voraussetzung ist keine besondere Befähigung zum Lehrberuf, wohl aber die Mitgliedschaft in der Hitlerjugend. Diese Lehrer unterrichten in der Bundesrepublik noch jahrelang.

Der Krieg fordert andere Qualifikationen als eine profunde Schulbildung. In den späteren Kriegsjahren werden Jungen als Flakhelfer eingezogen, Mädchen leisten ihren »Kriegseinsatz«, indem sie bei der Kartoffelernte oder der Weinlese helfen. Daneben fordert die HJ ihren Tribut an Zeit – Schule läuft nebenher. Dies verhilft manchem Schulabgänger zwar zu einem Abschluss »auf dem Gnadenwege«, aber entlassen wird er in die Trümmer des »Tausendjährigen Reichs«.

Die Trümmerschule

Als der braune Spuk vorbei ist, sind sich die Siegermächte im Prinzip darin einig, dass die deutsche Schule gründlich reformiert werden muss. Das bedeutet zunächst einmal die Entfernung von NSDAP-Mitgliedern aus der Lehrerschaft. In der sowjetisch besetzten Zone (SBZ) wird dies rigoroser praktiziert als in den Westzonen, wo die Entnazifizierung in den Schulen nicht weiter geht als in anderen Bereichen. Dies führt in der SBZ zunächst zu erheblichen Lücken, die durch die Einstellung von (im Schnellverfahren ausgebildeten) Neulehrern gestopft werden sollen. Diese Lehrer sind häufig bereits in der SED organisiert oder werden während der Ausbildung – meist erfolgreich – von der Partei umworben. Ein weiterer Unterschied zwischen dem Neubeginn des Schulwesens in Ost- und Westdeutschland liegt darin, dass von der sowjetischen Militärregierung eine alte Forderung der Reformpädagogik umgesetzt wird, die Einheitsschule. Der allgemeinbildende Unterrichtsgang wird von drei oder vier auf acht Jahre ausgedehnt, die Oberschule auf vier Jahre reduziert. Eigentlich befürworten auch die Amerikaner ein ähnliches Modell, allerdings mit so wenig Nachdruck, dass es später in der Bundesrepublik beim dreigliedrigen Modell Hauptschule, Realschule und Gymnasium bleibt. Erst in den Siebzigerjahren wird im Zusammenhang mit der Einführung von Gesamtschulen heftig über eine Schule gestritten, die Chancengleichheit herstellen soll.

Die Schüler der Nachkriegszeit plagen andere Probleme als die Diskussion um

Links: Berlin im September 1945; eine Mädchenklasse karrt Lehrmaterial durch die zerbombte Stadt. In einem halbwegs heilen Gebäude soll wieder Schule stattfinden.

Nicht nur der Bildungshunger ist nach dem Krieg groß: Schulspeisung 1946 in einer Hamburger Schule.

Schulmodelle: Es fehlt an Heizmaterial und Schulmöbeln, an Büchern wie an Schreibwaren. Die meisten Schulhäuser in den Großstädten sind zerstört oder beschädigt, brauchbare Gebäude werden umschichtig genutzt. Die Schüler bringen selbst Glühbirnen mit, die sie nach dem Unterricht wieder herausschrauben. Vielleicht lernen Schüler in diesem Jahrhundert nie mit solchem Hunger wie in jenen Jahren – im doppelten Wortsinn. Nach den Jahren von Diktatur und Krieg besteht ein immenser Nachholbedarf an Wissen. Nicht weniger attraktiv ist allerdings die Schulspeisung, welche die Kinder von den Alliierten erhalten.

Brave Schüler und »Revoluzzer«

Nach der Gründung beider deutscher Staaten stabilisieren sich die Verhältnisse. Die Schule steht hüben wie drüben im Dienst des Systems. Wiederaufbau heißt die Devise, im Osten etikettiert als »sozialistischer Einheitsstaat«, im Westen als »pluralistische Gesellschaft«. Gepaukt wird in den Fünfziger- und Sechzigerjahren in deutschen Schulen eine Menge; Erziehung zum selbstständigen Denken steht nicht auf dem Lehrplan. Westdeutsche Schüler machen ihrer Frustration früher Luft. Die Studentenrevolte von 1968 greift auf die Oberstufen der Gymnasien über. Schüler organisieren Demonstrationen gegen Fahrpreiserhöhungen, debattieren in Vollversammlungen über Gott und (vor allem) die Welt, es kommt zu Schulstreiks. Man gibt sich links und will in der Auflehnung gegen die Lehrer das »Establishment« treffen. Auch der Konflikt mit der Elterngeneration wird ausgetragen. Die Aufarbeitung der Nazivergangenheit war dem »Wirtschaftswunder« zum Opfer gefallen, jetzt wird die Frage: »Was habt ihr damals getan?« an die Lehrer gerichtet.

Auch wenn die Achtundsechziger-Revolte scheitert, ändert sich doch im Klima zwischen Lehrern und Schülern einiges. Die Studenten dieser Generation werden in den Siebzigerjahren selbst Lehrer und praktizieren Gruppenarbeit, fordern Schüler zu Diskussionen auf und versuchen, sie für Politik zu interessieren. Die Erkenntnis, dass die Schule in die Krise geraten ist, aktiviert auch die Bildungspolitiker. Der Deutsche Bildungsrat verabschiedet 1970 einen Strukturplan für das Bildungswesen, der u. a. den Gymnasien die »reformierte Oberstufe« bringt. In einem vorgegebenen Rahmen können sich die Schüler ab Klasse 11 ihren individuellen Unterrichtsplan in Grund- und Leistungskursen zusammenstellen.

In den Achtzigerjahren entpolitisiert sich die Schule in der Bundesrepublik zusehends. Themen wie Drogenkonsum und Gewaltbereitschaft der Schüler bewegen die öffentliche Diskussion mehr als die Befürchtung, in der Schule wüchsen Staatsfeinde heran. Das politische und soziale Engagement der Schüler, unter denen zunächst noch »Ökos« und »Friedensbewegte« hervortreten, flaut ab.

Die absolute Ausrichtung des Schulunterrichts auf Buchwissen ist Reformpädagogen seit Jahrzehnten ein Dorn im Auge (Karikatur von Marie Marcks).

In einer Wohlstandsgesellschaft spielen auch in der Schule Konsumgüter eine Rolle für das »Sozialprestige«. Kleidung der »richtigen Marke« zu tragen, ist Ausdruck von Gruppenzugehörigkeit (→ Folge 25). Die Wirtschaftskrise der Neunziger zeigt hier allerdings Grenzen auf. Wo Arbeitslosigkeit die familiäre Situation prägt, lässt sich der schöne Schein in der Schule nicht aufrecht erhalten.

Ruhe vor dem Sturm

Wie verläuft die Entwicklung im Osten? Das Ziel der DDR-Führung, in der Schule systemkonforme, loyale Bürgerinnen und Bürger zu erziehen, scheint sich beinahe 40 Jahre lang zu erfüllen. Zwar verbreitet ein Fach wie »Staatsbürgerkunde«, wo die Erfolge des Sozialismus bis zum Überdruss wiedergekäut werden und die Freundschaft zur UdSSR stets aufs Neue gepriesen wird, zunehmend Lustlosigkeit, aber es gibt keinen offenen Aufruhr.

Parolen im Klassenzimmer, wie hier in der Agrotechnischen Schule in Nauen, erinnern in der DDR die Schüler stets an ihren gesellschaftlichen Auftrag.

Nachdem der V. Parteitag der SED 1958 den »Übergang zur sozialistischen Entwicklung des Schulwesens« verkündet hat, wird die »allgemeinbildende zehnklassige polytechnische Oberschule« zur Regelschule. An sie schließt sich für einen kleinen Teil der Schüler die EOS (erweiterte Oberschule) an. Zweck des polytechnischen Unterrichts ist, Schüler durch Ausbildung an der Werkbank und in Betrieben möglichst früh mit dem Produktionsprozess vertraut zu machen. Die reine Kopfarbeit durch manuelle Tätigkeiten zu ergänzen, war schon eine Forderung der Reformpädagogik, die der DDR jedoch als »bürgerlich« gilt.

Danach bewegt sich bis zum Ende der DDR schulpolitisch nur wenig. Die Abschottung der Republik mit dem Mauerbau am 13. August 1961 soll auch die schulische Jugend von westlichen Einflüssen abschirmen. Das Hören westlicher Radiosender oder das Lesen von »Schund- und Schmutzliteratur« (etwa der Jugendzeitschrift »Bravo«) sind meldepflichtige Vergehen, die von der Schulbehörde registriert und geahndet werden. Von solch kleinen Ausbruchsversuchen abgesehen verläuft der Schulalltag geordnet. Erst als 1978, in einer Phase zunehmender Ost-West-Entspannung, »Wehrerziehung« in den Unterrichtsplan aufgenommen wird, regt sich aktiver Widerstand bei Schülern, die den Kirchen nahestehen. Manche boykottieren dieses Fach ungeachtet der angedrohten Konsequenzen. Außer den betroffenen Eltern unterstützen auch einzelne Lehrer dieses Aufbegehren.

Natürlich ergreift die »friedliche Revolution« von 1989 auch die Schulen. Schüler nehmen an den Demonstrationen teil, es wird im Unterricht diskutiert, doch das Chaos bricht nicht aus. Insoweit trägt die auf Disziplin ausgelegte Pädagogik des DDR-Regimes Früchte, nur helfen kann ihm dies auch nicht mehr. Nach der Vereinigung wird auch das ostdeutsche Schulsystem westlichen Mustern angepasst. Einrichtungen wie der polytechnische Unterricht fallen dem Wandel zum Opfer.

Ansatzweise und zögernd dringen in den Neunzigerjahren reformpädagogische Ideen (wie z. B. die Freiarbeit) in den bundesdeutschen Schulunterricht ein. Die Schule ist heute sicherlich eine andere als zu Beginn des Jahrhunderts. Geblieben ist jedoch die Orientierung am Buchwissen und die Wertschätzung abfragbaren Lehrstoffs. Eine Ausbildung der sozialen Kompetenz steht nach wie vor nicht auf dem Lehrplan. Das verbreitete Unbehagen, das an der Institution besteht, lässt vermuten, dass die Schule ihre grundsätzliche Reform noch vor sich hat.

Die Chronik der Schule

1.1.1900 Der preußische Kultusminister gibt einen Erlass heraus, der die Lehrer auffordert, bei ihrem Züchtigungsrecht jeden Missbrauch zu vermeiden.

27.4.1901 In der Berliner Illustrierten »Die Woche« beginnt der Abdruck eines mehrteiligen Aufsatzes der schwedischen Reformpädagogin Ellen Key über »Die Schule der Zukunft«. Ellen Key veröffentlichte im Vorjahr ihr wegweisendes pädagogisches Werk »Das Jahrhundert des Kindes«.

14.11.1907 Ein Gericht in Bochum verurteilt einen sozialdemokratischen Journalisten, weil er in einem Artikel einem Lehrer den Vorwurf gemacht hatte, er habe einem Schüler »unmäßige Haue« verabreicht. Rücken und Gesäß des Schülers wiesen zehn zwei Finger breite blutunterlaufene Striemen auf.

11.8.1919 Die Weimarer Verfassung tritt in Kraft. Der Artikel 128 legt fest: »Alle Ausnahmeregelungen gegen weibliche Beamte werden beseitigt.« Damit wird (formal) der Zwangszölibat für Lehrerinnen beseitigt. Bis zu diesem Zeitpunkt wurde von Lehrerinnen erwartet, dass sie unverheiratet blieben.

Herbst 1919 In Stuttgart wird auf Betreiben der Waldorf-Astoria-Zigarettenfabrik für die Kinder der Werksangehörigen die erste Waldorfschule gegründet. Erster Leiter dieser Gesamtschule wird der Begründer der Anthroposophie, Rudolf Steiner (1861–1925). Dieser Schultyp unterscheidet sich von der staatlichen Schule durch eine stärkere Gewichtung von künstlerischen und handwerklichen Fertigkeiten gegenüber den traditionellen »Lernfächern«. 1938 von den Nazis verboten, erlebt die Waldorfpädagogik seit 1945 eine relativ starke Verbreitung als Alternative zur staatlichen »Pauk-Schule«.

1924 In Preußen wird als weiterer Typus der höheren Schule die Deutsche Oberschule eingeführt, die besonderen Wert auf nationale Erziehung legt.

1931 Die Mittlere Reife wird ein im ganzen Deutschen Reich anerkannter Schulabschluss.

7.4.1933 Das Gesetz zur Wiederherstellung des Berufsbeamtentums gestattet es, politisch missliebige Lehrer aus dem Schuldienst zu entfernen. Damit soll die Schule hauptsächlich von der Sozialdemokratie nahestehenden Lehrern »gereinigt« werden.

25.4.1933 Durch das Reichsgesetz gegen die Überfüllung deutscher Schulen und Hochschulen wird der Anteil »nichtarischer« Schüler und Studenten begrenzt.

25.7.1933 Im Reichskonkordat zwischen dem Vatikan und Nazideutschland wird u.a. der Fortbestand von Konfessionsschulen und Religionsunterricht vereinbart.

18.9.1935 Ein Erlass von Reichserziehungsminister Bernhard Rust bestimmt den Samstag im Deutschen Reich zum »Staatsjugendtag«. An diesem unterrichtsfreien Tag sollen alle Schüler eine »staatspolitische Erziehung« erhalten.

28.4.1941 Als neuer Schultyp wird im Deutschen Reich die Hauptschule eingeführt.

10.6.1941 Durch Erlass werden die Lehrer im Deutschen Reich verpflichtet, während der Sommerferien höchstens drei Wochen Urlaub zu nehmen. In der restlichen Zeit müssen sie einen Pflichtdienst beim Luftschutz, in der Lehrerfortbildung oder bei der NSDAP leisten.

25.10.1949 Der bayerische Landtag beschließt, dass an höheren Schulen, an denen Jungen unterrichtet werden, nur noch überwiegend Männer unterrichten dürfen, an Mädchenschulen überwiegend Frauen. Damit werden Frauen aus einem Berufsfeld, das ihnen die Mangelsituation des Kriegs eröffnet hat, wieder verdrängt.

26.4.1950 Die Volksbildungsminister der fünf Länder der DDR beschließen Maßnahmen gegen die »reaktionäre Einstellung eines großen Teils der Oberschüler und Lehrerschaft«. Lehrer an Gymnasien sollen künftig streng überprüft werden und sich schriftlich verpflichten, ihren Unterricht auf die Ziele der Nationalen Front abzustimmen, Oberschüler »ohne fortschrittliche Gesinnung« werden vom Schulbesuch ausgeschlossen.

17.2.1955 Die Ministerpräsidenten der Länder in der Bundesrepublik unterzeichnen in Düsseldorf ein Abkommen, das die Vereinheitlichung des bundesdeutschen Schulwesens vorsieht. Die in den einzelnen Besatzungszonen und später Bundesländern unterschiedlichen Entwicklungen sollen einander angeglichen werden. So werden ein einheitlicher Schulbeginn, gemeinsame Schultypen und die gegenseitige Anerkennung von Abschlüssen vereinbart.

1958 Die Polytechnische Oberschule wird in der DDR zur Regelschule.

1964 Mit seiner Artikelserie »Die deutsche Bildungskatastrophe« weist Georg Picht auf die Dringlichkeit einer Bildungsreform in der Bundesrepublik hin. Auch in der Wirtschaft wird Kritik an der unzureichenden Ausbildung der Schüler laut.

1964 Der Bayerische Rundfunk beginnt als erste Rundfunkanstalt der Bundesrepublik, Schulfernsehen auszustrahlen. Dem Beispiel des Hörfunks folgend, der seit 1953 regelmäßige Schulfunk-Sendungen anbietet, werden Sendungen produziert, die Begleitmaterial zum Lehrstoff der Schulen liefern.

27.11.1969 Auf der zweitägigen Plenarsitzung ihrer sog. Ständigen Konferenz (bis 28.11.) vereinbaren die Kultusminister der Länder in West-Berlin die Erprobung der Gesamtschule. Dabei soll ein Versuch mit 40 Gesamtschulen begonnen werden, begleitet von ständiger pädagogischer Aufsicht.

27.4.1970 Der Deutsche Bildungsrats, ein fünf Jahre zuvor gegründetes Gremium aus Vertretern des Bundes, der Länder und der Kommunen sowie einer Expertenkommission, legt einen Strukturplan für das Bildungswesen vor, der Grundlage der künftigen Bildungsplanung in der BRD ist. Eine Konsequenz besteht in der Einführung der reformierten Oberstufe an Gymnasien.

1978 Das Fach Wehrerziehung wird Teil des Unterrichts in DDR-Schulen. Dies provoziert Widerstand von Schülern und Eltern, die der Kirche nahestehen.

13.11.1979 Erstmals legen Tausende von bundesdeutschen Lehrern für zwei Unterrichtsstunden die Arbeit nieder. Sie fordern eine Senkung der wöchentlichen Pflichtstundenzahl. Zum Streik hat die Gewerkschaft Erziehung und Wissenschaft (GEW) aufgerufen. Rund 15 000 Lehrer in Hamburg, Hessen und Niedersachsen folgen dem Aufruf.

26.4.1991 Der Landtag von Brandenburg verabschiedet ein Schulgesetz, das u.a. die Gesamtschule als Regelschule vorsieht und die Gymnasialzeit auf 13 Jahre verlängert. Auch die anderen neuen Bundesländer passen ihre Schulgesetze an die Gesetzgebung der alten Bundesrepublik an.

25.10.1996 Nach langwierigen Verhandlungen einigen sich die Kultusminister und -senatoren der Länder auf einen Kompromiss beim Streit um die Länge der Schulzeit: Die Regelzeit bis zum Abitur beträgt 13 Jahre (wie in den alten Bundesländern), doch kann das Abitur beim Erreichen einer Mindeststundenzahl auch schon ein Jahr früher abgelegt werden. In der DDR war die Abiturprüfung nach zwölf Jahren üblich.

Die Bielefelder Laborschule versucht Farbe in den Schulalltag zu bringen, nicht nur durch bunte Wände.

1997 Die neue Rechtschreibreform, die erste seit der Vereinheitlichung des Deutschen 1901, beschäftigt die öffentliche Diskussion heftig. Gerichtsurteile stoppen die Reform in mehreren Bundesländern.

FOLGE

25

AUFBRÜCHE – AUSBRÜCHE

Jugend in Deutschland

Die »Entdeckung der Jugend« als eine eigenständige Lebensphase erfolgt Ende des 19. Jahrhunderts, als nicht mehr nur Stand und Herkunft die soziale Stellung des Einzelnen bestimmen, sondern gesellschaftlicher Aufstieg und Karriere auch durch Ausbildung und Leistung möglich werden. Damit führen längere Schul- und Studienzeiten vor allem für die bürgerlichen Jugendlichen zu einem längeren »Schonraum«: Zwischen das Kindsein und das Erwachsensein schiebt sich die Jugendzeit. Viele Jugendliche empfinden die Erwartungen und die Gängelung durch die Eltern allerdings als Zumutung und versuchen sich dem zu entziehen.

Auf der Suche nach Freiräumen

Einen Freiraum verschafft um die Jahrhundertwende die Wandervogelbewegung. Unter dem Motto »Heraus aus grauer Städte Mauern« ziehen die Jugendlichen in die Wälder, genießen das einfache Leben im Freien, singen alte Volkslieder und kleiden sich schlicht und zweckmäßig. In Bewegung gesetzt werden sie von der Sehnsucht unter Ihresgleichen zu sein und ein eigenes Leben zu führen, unabhängig von den Normen und Gewohnheiten der Elternhäuser. Neu ist, dass sich die Jugendlichen hier zum ersten Mal eine eigene Kultur schaffen und zeigen, dass sie sich selbst leiten und Orientierungsmaßstäbe setzen können, die nicht von den Erwachsenen vorgegeben sind.

1996 am Brandenburger Tor: rund 500 000 Jugendliche auf der Love Parade in Berlin

1913 organisieren die Wandervögel gemeinsam mit anderen Schülergruppen und Vertretern der Lebens- und Schulreformbewegung den Freideutschen Jugendtag auf dem Hohen Meißner. Das Fest ist eine Protestveranstaltung der Jungen gegen die Alten. Man ist unter sich, tanzt, singt und verkündet ein Manifest, in dem es heißt, die Freideutsche Jugend wolle in »innerer Freiheit, vor innerer Verantwortung, ein selbstbestimmtes, selbstverantwortetes Leben« führen. Zum ersten Mal formulieren Jugendliche damit den Anspruch, eine eigene gesellschaftlich und kulturell produktive Generation sein zu wollen.

Von der Politik vereinnahmt

Nach dem Ersten Weltkrieg öffnen sich die neuen Jugendbünde nun allen Schichten, allerdings geht der Trend weg vom Wandern und hin zum ideologisch geprägten Gruppenerlebnis. Es entstehen freie, konfessionelle und politische Jugendbünde, die weltanschaulich miteinander konkurrieren, sich immer weiter auseinander entwickeln und zum Teil den Charakter politischer Kampforganisationen annehmen. Paramilitärischer Drill, Marschieren und Körperertüchtigung stehen auf dem Programm, das Soldatenlied ersetzt das Wanderlied. Die politischen Parteien und Organisationen entdecken Jugendliche als Rekrutierungspotenzial und versuchen sie für ihre Sache zu gewinnen, nach dem Motto: »Wer die Jugend hat, hat die Zukunft«.

Die Nationalsozialisten machen sich dieses Motto zu Eigen. Sie stellen Hitlers Machtübernahme als »Sieg der Jungen über die Alten« dar und stilisieren die Jugendlichen zu tragenden Säulen der »Bewegung« und des neuen Staates. An die Stelle der bestehenden Jugendorganisationen treten die Hitlerjugend (HJ) und der Bund deutscher Mädel (BDM). Mit attraktiven Angeboten, wie Zeltlagern, Wanderungen, Geländespielen und Gemeinschaftsabenden gewinnen die Nazis viele Jugendliche für sich und beeinflussen sie in ihrem Sinn. Dabei werden ihnen Führertreue, Rassegedanken und Elitebewusstsein eingepflanzt und die Begeisterung für

Kurz nach Gründung der ersten männlichen Wandervogelgruppen gehen auch weibliche Gruppen auf Fahrt, spielen die Lieder aus dem »Zupfgeigenhansel« und leben jugendliches Gemeinschaftsgefühl (Foto von 1913).

Fahnen, Marschformation und Uniform kennzeichnen die Jugendorganisationen der unterschiedlichsten politischen Lager.

die Technik geweckt. So dienen HJ und BDM auch der vormilitärischen Erziehung und zur Vorbereitung der Jugend auf den geplanten Krieg.

Subkulturen – Ausbruch aus dem Drill

Der Krieg reduziert die Attraktivität der HJ-Angebote. Wanderfahrten werden gestrichen, Sportstätten und Heime geschlossen. Was bleibt, ist der wenig beliebte, paramilitärische Drill. Je geringer in der HJ die Möglichkeit zur Selbstorganisation und je härter der Drill wird, desto entschiedener versuchen Jugendliche dem totalitären System zu entkommen und eine eigene Kultur dagegenzusetzen.

Daraus entstehen Ende der Dreißigerjahre Gruppen wie zum Beispiel die Swing-Kids. Sie treffen sich, um ihre große Liebe zur amerikanischen Swing-Musik der Dreißiger- und Vierzigerjahre zu leben. Man tanzt Hot-Jazz statt Tanzstundenschritt, bewegt sich ungebunden und lässig, statt in strammer Haltung und uniformer Kleidung einherzumarschieren, man lässt die Haare bis auf den Hemdkragen wachsen und trägt karierte Sakkos und Schuhe mit Kreppsohlen. Die Mädchen haben lange Haare, schminken sich die Lippen und lackieren sich die Fingernägel. Die Swing-Kids suchen eine Gruppenidentität in der als modern und »lässig« begriffenen Kultur der alliierten Weltkriegsgegner.

Den Mitgliedern solcher autonomer Jugendgruppen drohen Sanktionen, die von individuellen Ermahnungen, vorübergehenden Festnahmen und Fürsorgeerziehung bis hin zur Einweisung ins Arbeitslager, Jugend-Konzentrationslager oder gar zur Hinrichtung reichen.

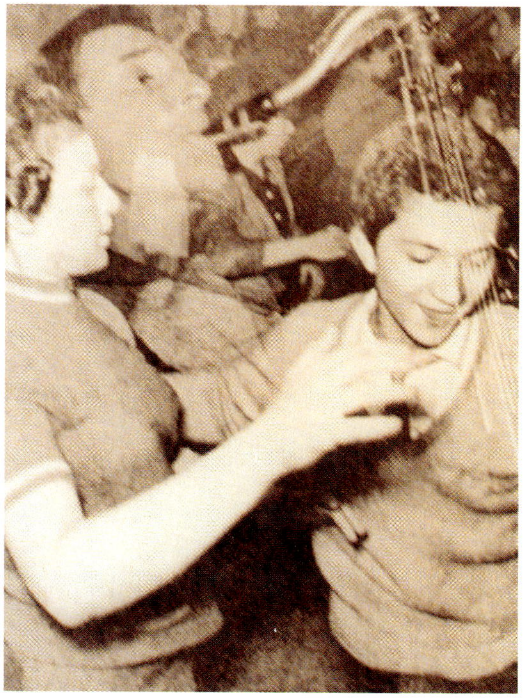

Swing-Kids in Hamburg; die aus den USA stammende Musik ist in der Nazizeit in Deutschland offiziell verpönt.

»Halbstarken«-Proteste bald kanalisiert

In der unmittelbaren Nachkriegszeit findet eine »Jugendzeit«, in der man auf die Schule geht, für das Erwachsenenleben lernt, aber noch nicht mit den Sorgen des Alltags belastet ist, nicht statt. Unterernährung, Wohnungsnot, Flüchtlingselend und der Kampf ums Überleben prägen die Jahre nach 1945. Ausbildung, berufliche Qualifikation und Arbeit bieten jedoch vielen bald eine neue Lebensperspektive und einen Ausweg aus der inneren Leere, die der Zusammenbruch Nazideutschlands hinterlassen hat. Aber Arbeit und Aufstieg reichen den Jugendlichen bald nicht mehr als Lebensinhalt. Sie wollen heraus aus dem engen Korsett der Adenauergesellschaft, in der sie sich einfügen, zupacken, aufbauen und im übrigen nur dann reden sollen, wenn sie gefragt werden.

Diesmal setzt sie der Rock'n'Roll in Bewegung. Das Lebensgefühl der »Halbstarken«, wie sie in der Presse genannt werden, bestimmen Idole aus den USA. Das Unterhemd und die Lederjacke als Kennzeichen jugendlichen Aufbruchs macht Marlon Brando 1951 mit dem Film »Endstation Sehnsucht« populär, die Jeans trägt James Dean und die mit Brillantine geformte Haartolle und die neue Art mit Hüftschwung zu tanzen stammen von Elvis Presley.

Doch bald entstehen in den Kaufhäusern spezielle Jugendabteilungen, in denen das, worüber sich die Eltern zunächst ereifert haben – Jeans, Lederjacken, Petticoats – in gemäßigter Form auf den Markt kommt und als »Teenagermode« angepriesen wird. Damit tritt zum ersten Mal ein Phänomen auf, das bei allen anderen jugendlichen Aufbrüchen wieder vorkommt: Man nimmt einer Jugendkultur die Radikalität, indem man sie kommerzialisiert. Was als Protest gedacht war und zur Abgrenzung gedient hat, wird zur elternverträglichen Massenkultur. Conny Froboess und Peter Kraus sind die typischen Vertreter dieser entschärften Form des Jugendlichen der Fünfzigerjahre.

FDJ und »Eckensteher«

In der sowjetisch besetzten Zone kümmert sich die Freie Deutsche Jugend um die Jugendlichen. Sie stellt Räume zur Verfügung, in denen sich Jugendliche treffen können, schafft Freizeitangebote und bietet praktische Lebenshilfe. Mit Parolen,

Georg Tresslers »Die Halbstarken« (1956) – Reaktion auf die Jugendkrawalle, die durch Filme und Musik aus den USA ausgelöst wurden.

Jeans und »cooles« Auftreten sind Trumpf – Münchner Jugendliche in den Sechzigerjahren

wie »Ein Recht auf Arbeit«, »Ein Recht auf Mitbestimmung« wird die Jugend umworben. Die Perspektive, etwas zum Aufbau der neuen sozialistischen Gesellschaft beitragen zu können, begeistert viele Jugendliche, zumal in der »frühen« FDJ zunächst alle weltanschaulichen Bekenntnisse vorhanden und geduldet sind. Dies ändert sich nach der Gründung der DDR, als die FDJ zur Staatsjugend und zur Kampfreserve der Partei wird. Sie dient nun als Kaderschmiede, aus der die Partei ihren Nachwuchs rekrutiert und in der deshalb besonders auf politische Schulung und Linientreue geachtet wird.

In dieser Zeit entstehen in der DDR eigene Jugendsubkulturen, etwa die »Eckensteher« aus Grevesmühlen, die »Romy-Schneider-Gruppe« aus Frankfurt an der Oder oder die »Rock'n'Roll-Tänzer« aus Dresden. Man bevorzugt dieselbe Musik und dieselbe Kleidung wie die Altersgenossen im Westen. In den DDR-Medien tauchen diese Gruppen nicht auf, denn offiziell kennt die Partei keine abweichenden Jugendlichen im sozialistischen Staat. Tatsächlich wissen die DDR-Oberen sehr wohl von deren Existenz und bekämpfen sie. Ende der Fünfzigerjahre wird eine sog. Jugendschutzkartei eingerichtet, in der über 7000 Jugendliche erfasst und als »gefährdet« und »möglicherweise kriminell« eingestuft sind. Diese Jugendlichen werden denunziert, eingeschüchtert und kriminalisiert, so dass sich deren Gruppen bald auflösen. Im privaten Raum aber hören die Jugendlichen weiterhin West-Radio und tanzen zur Musik von Schallplatten, die aus dem Westen eingeschmuggelt werden.

Proteste gegen die Vätergeneration

In den Sechzigerjahren lehnt sich die heranwachsende Nachkriegsgeneration gegen überkommene Konventionen und Traditionen auf, kämpft für ihr Recht auf Selbstbestimmung. Die Wurzeln dieser Bewegung liegen in den USA, wo sich Jugendliche seit Anfang der Sechziger an der schwarzen Bürgerrechtsbewegung beteiligen und wenig später unter der Parole »Make love not war« gegen den Vietnamkrieg demonstrieren.

Diese Proteste strahlen auch auf die Bundesrepublik aus, wo die scheinbare Harmonie der großen Koalition (1966–1969) wenig Raum zur Opposition lässt und die Jugendlichen in die außerparlamentarischen Opposition treibt. Da werden Regeln, die über Jahrzehnte unantastbar waren, plötzlich hinterfragt und Autoritäten lächerlich gemacht. Das gibt auch vielen Lehrlingen und Schülern den Mut, ihre eigene Situation zu ändern. »Wir wollen diskutieren« heißt die neue Losung und plötzlich weigern sich Lehrlinge in ihrer Ausbildungszeit die Werkstatt zu fegen und für den Meister Bier holen zu gehen. Schüler wollen bei der Gestaltung des Unterrichts mitreden, Studenten gar eine neue, sozialistische Gesellschaftsordnung herbeidemonstrieren. Am Ende des Jahrzehnts sind viele bis dahin unhinterfragte Normen und Umgangsformen ungültig geworden. Autoritäten werden nicht mehr selbstverständlich und unkritisch akzeptiert, sondern müssen sich von nun an legitimieren.

Demonstration gegen die Notstandsgesetze am 11. Mai 1968 in Bonn; der Spruch »Die Revolution stirbt nicht an Bleivergiftung« bezieht sich auf das Attentat genau einen Monat zuvor, bei dem der Studentenführer Rudi Dutschke schwer verletzt wurde.

Neue Töne aus der DDR

Auch in der DDR gibt es in den Sechzigerjahren einen jugendbewegten Aufbruch nach dem Mauerbau. Jetzt, da sich die Jugendlichen nicht mehr in den Westen absetzen können, versucht man sie durch Förderung der Jugendkultur an den Staat zu binden. »DT 64«, das zum »Deutschlandtreffen 1964« gegründete »Jugendradio der DDR«, wird zum beliebtesten Musiksender. Auf Jugendforen tauchen Begriffe wie Lust, Freude, Selbstgestaltung auf, und auch Kritik an der sozialistischen Gesellschaft ist nun erlaubt. Diesen Freiraum nutzen die Jugendlichen und thematisieren die Missstände in den Schulen und den Betrieben. So viel jugendliche Autonomie ist den Staatsoberen bald wieder suspekt. Sie sehen in dieser Jugendkultur eine Annäherung an die Ideale des Klassenfeinds im Westen und damit eine politische Gegnerschaft heranwachsen. So wird die Liberalisierung bald wieder rückgängig gemacht.

Alternative Lebenshilfe

Die Kritik am Staat und an der Kleinfamilie als »Keimzelle autoritärer Strukturen« führt in den Siebzigerjahren zu Experimenten mit alternativen Lebensentwürfen. Es entstehen Wohngemeinschaften, Landkommunen und selbstverwaltete Betriebe, in denen Jugendliche versuchen anders zu arbeiten und zu leben als ihre Eltern.

Zum alternativen Lebensstil gehört auch der Drogenkonsum, der das Bewusstsein erweitern und neue Erfahrungen vermitteln soll. Haschisch und Marihuana, aber auch harte Drogen wie LSD, Kokain und Heroin machen die Runde und verhelfen zur Flucht aus der Wirklichkeit. Erst gegen Ende der Siebzigerjahre engagieren sich Jugendliche wieder direkter politisch: gegen Atomkraftwerke, Grundstücksspe-

Die Jugendweihe ist in der DDR seit 1955 das Ritual, mit dem die Jugendlichen in den Kreis der Erwachsenen aufgenommen werden und sich in einem Gelöbnis zum Sozialismus und zur DDR als ihrem Staat bekennen (Foto von Anfang der Achtzigerjahre).

kulation und den NATO-Doppelbeschluss. Die Unzufriedenheit mit den Verhältnissen im Land führt zur Gründung der GRÜNEN, einer Partei, die vorwiegend von Jugendlichen getragen wird und sich in der Ökologie- und Friedensbewegung engagiert. Es wächst aber auch die Zahl derjenigen, die politisch uninteressiert sind und sich durch ihren Lebensstil außerhalb der etablierten Gesellschaft stellen. Die Punks wenden sich zu Beginn der Achtzigerjahre am radikalsten gegen politische Utopien: »No Future« wird zu ihrem Leitmotto in einer Zeit, in der Lehrstellen und Arbeitsplätze immer knapper werden. Sie provozieren durch einen radikal anderen Lebensstil, gefärbte Haare, zerrissene Kleidung und ihre aggressive, laute Musik. Aber auch die Kultur der Punks wird bald vermarktet und verliert so ihre Stoßkraft.

Neue Freiheit, alte Probleme

In der DDR gibt es zu Beginn der Siebzigerjahre eine Liberalisierung, als Erich Honecker 1971 Walter Ulbricht als Ersten Sekretär der SED ablöst. Bei den Weltjugendfestspielen 1973 in Berlin zeigt sich die DDR als Ausrichter einer sozialistischen Variante des Woodstock-Festivals von 1969. Es gibt so etwas wie einen Waffenstillstand zwischen Partei und Jugendlichen. Man richtet sich ein und genießt die soziale Sicherheit und den Zukunftsoptimismus, der sich in diesen Jahren breit macht. Einschränkungen bei Westimporten von Schallplatten und Qualitätseinbußen bei Kleidungsstücken nach westlichem Vorbild nimmt man in Kauf.

In den Achtzigerjahren organisieren sich Jugendliche angesichts der Bedrohung der Umwelt durch Katastrophen wie Tschernobyl 1986 und des Rüstungswettlaufs zwischen West und Ost in Umwelt-, Menschenrechts- und Friedensgruppen, die sich vor allem unter dem Dach der evangelischen Kirche gebildet haben. Bespitzelungen und die Gängelung Jugendlicher durch die Staatsmacht werden wieder alltäglich. Es sind deshalb viele Jugendliche, die im Sommer 1989 als Erste über die durchlässig gewordenen Grenzen in den Westen flüchten.

Jugendliche in den Neunzigerjahren: Szene aus einer Techno-Disko

Jugend heute

Wie die übrige Gesellschaft, zeigt sich auch die Jugend in den Neunzigern nicht als einheitliche Gruppe, sondern als Vielzahl von Jugendkulturen, die sich um Abgrenzung bemühen und ihr Leben nach den eigenen Vorstellungen einrichten wollen. Jugend heute ist bunt, pluralistisch, international, aber sie ist weitgehend unpolitisch geworden und begegnet vielen gesellschaftlichen Konflikten mit Unverständnis oder Gleichgültigkeit. Die wirtschaftlichen Probleme, der Mangel an Ausbildungsplätzen, die wachsende Arbeitslosigkeit führen viele Jugendliche in Perspektivlosigkeit und Resignation, die sich u. a. in Gewalt und Ausländerhass äußern. Den traditionellen politischen Strukturen wie Parteien und Politikern wird eine Lösung der gesellschaftlichen Probleme kaum mehr zugetraut. Ob sich aus Protest gegen diese Situation bald wieder eine neue Jugendbewegung entwickelt, bleibt abzuwarten.

Die Chronik der Jugend

4.11.1901 Der Student Karl Fischer (1881–1941) gründet in Berlin-Steglitz eine Jugendgruppe, die sich Wandervogel nennt. Die neue Jugendbewegung findet besonders in den Großstädten Anhänger, da sie sich ein gemeinschaftliches, einfaches Leben in der Natur zum Ziel gesetzt hat.

Wandervogelgruppe 1920 vor ihren Räumen in Berlin

1.3.1904 Die illustrierte Monatsschrift »Wandervogel«, herausgegeben von Fritz A. Meyen, erscheint zum ersten Mal.

20.12.1908 Unter dem Vorsitz von Friedrich Ebert, dem Sekretär des SPD-Vorstandes, konstituiert sich in Berlin eine Zentrale für die arbeitende Jugend Deutschlands.

12.12.1909 Zur Stärkung des Ansehens der Armee bei der deutschen Jugend beauftragt der preußische Kriegsminister die Generalkommandos, ganze Schulklassen zur Teilnahme an Paraden einzuladen und den Schulen unentgeltlich Exerzierplätze für die körperliche Ertüchtigung zur Verfügung zu stellen.

10.10.1913 Auf Initiative des Wandervogelbundes findet sich die deutsche Jugend zum Freideutschen Jugendtag auf den Hohen Meißner bei Kassel ein. Der Aufruf zu dem zweitägigen Treffen gipfelt in den Worten: »Die Jugend, bisher nur Anhängsel der älteren Generation, aus dem öffentlichen Leben ausgeschaltet, beginnt sich auf sich selbst zu besinnen«. Die auf dem Hohen Meißner versammelte Jugend proklamiert ihren eigenen Weg: »Die Freideutsche Jugend will ihr Leben aus eigener Verantwortung in innerer Wahrhaftigkeit selber gestalten«.

10.11.1914 An der deutschen Westfront beginnen die 4. und 6. deutsche Armee mit der sog. zweiten Flandernoffensive. Am 18. November bricht die Oberste Heeresleitung (OHL) die Schlacht erfolglos ab. Sie erlangt u. a. durch den rücksichtslosen Einsatz von unzureichend vorbereiteten Jugendregimentern, z. B. bei Langemark, historische Bedeutung.

8.7.1917 Die Reichskonferenz der Sozialistischen Jugend in Halle (Saale) beschließt Leitsätze für die sozialistische Jugendbewegung.

11.9.1920 Der Reichsausschuss der Freien Sozialistischen Jugend (FSJ) beschließt, sich in Kommunistische Jugend Deutschlands (KJD) umzubenennen. Zugleich werden die Anhänger der KAPD wegen Fraktionsbildung ausgeschlossen. Die FSJ wurde als revolutionäre deutsche Jugendorganisation am 26./27. Oktober 1918 gegründet und bekannte sich ein halbes Jahr später zur KPD.

17.9.1920 In Würzburg endet eine dreitägige Generalversammlung der katholischen Jünglingsvereine. Dabei wird die Deutsche Jugendkraft (DJK), der Reichsverband für Leibesübungen in katholischen Vereinen, als Sportbund der katholischen Jugend gegründet.

19.8.1921 Die Sozialistische Gewerkschaftsjugend veranstaltet bis zum 20. August in Kassel ihre erste Jugendkonferenz. In diesem Verband sind mit 300 000 Jugendlichen rund 20 % der arbeitenden Jugend im Deutschen Reich organisiert.

Zucht und Ordnung bestimmen die Ausbildung der Lehrlinge; Blick in die Lehrwerkstatt der AEG in Berlin 1915.

28.8.1920 In Weimar findet der erste Reichsjugendtag der sozialdemokratisch orientierten Arbeiterjugendvereine statt (bis 29.8.). Nach dem Weltkrieg hat sich die Arbeiterjugendbewegung in einen sozialistischen und einen kommunistischen Flügel gespalten (Gründung der Kommunistischen Jugend Deutschlands 1920; Gründung der Sozialistischen Arbeiterjugend 1922).

25.9.1933 In Paris endet der am 22. September eröffnete Weltkongress der Jugend gegen Krieg und Faschismus. Mitglied der deutschen Delegation ist Artur Becker, 1931/32 Vorsitzender des Kommunistischen Jugendverbandes Deutschland, der eine Einheitsfront im Kampf gegen den Faschismus fordert.

20.12.1933 Reichsinnenminister Wilhelm Frick führt Leitgedanken zur Schulordnung als verbindliche Richtlinien in das deutsche Schulwesen ein. Oberste Bildungsaufgabe ist demnach die Erziehung der Jugend zum Dienst am »Volkstum und Staat« im »nationalsozialistischen Geist«.

2.3.1934 In Düsseldorf beschlagnahmt die Kriminalpolizei von Mitgliedern der katholischen Jugend verteilte Flugblätter, auf denen, so die Behörden, Propaganda für die katholischen Jugendverbände gemacht wurde. Am selben Tag verfügt die Polizei ein Betätigungsverbot für die konfessionellen Jugendverbände.

14.9.1935 Vor 54 000 Hitlerjungen formuliert Hitler in Nürnberg das Ideal der deutschen Jugend: »Flink wie Windhunde, zäh wie Leder und hart wie Kruppstahl«.

1.12.1936 Mit dem Gesetz über die Hitlerjugend ist der Prozess der völligen Erfassung der Jugend durch Staat und Partei abgeschlossen. Als einzige anerkannte Jugendorganisation gilt fortan die Hitlerjugend; alle anderen Jugendorganisationen sind verboten.

19.10.1937 In Udersee bei Finowfurt in der Mark Brandenburg weiht Reichsarbeitsführer Konstantin Hierl die Reichsschule des Arbeitsdienstes für die weibliche Jugend ein.

4.8.1941 Einem Erlass Hitlers entsprechend wird der Reichsarbeitsdienst für die weibliche Jugend um den sog. Kriegshilfsdienst von sechs Monaten Dauer verlängert; der Pflichtdienst muss in Wehrmachtsbüros oder bei gesundheitlichen und sozialen Einrichtungen abgeleistet werden.

27.10.1942 Der 17-jährige Hamburger Helmut Hübener wird wegen des Abhörens von ausländischen Rundfunksendern und der Verbreitung feindlicher Nachrichtenmeldungen und seiner Verbindungen zu linken Widerstandsgruppen als Hoch- und Landesverräter zum Tod verurteilt und hingerichtet. Die Geheime Staatspolizei (Gestapo) geht auch gegen das Hören der verbotenen Swing-Musik vor.

7.12.1942 Bei einer Festnahmeaktion der Gestapo werden in Düsseldorf, Duisburg, Essen und Wuppertal zahlreiche jugendliche Mitglieder verschiedener Gruppen der Edelweißpiraten verhaftet.

10.11.1944 Am Bahndamm in Köln-Ehrenfeld erhängen Angehörige der Gestapo und SS, 13 Deutsche im Alter von 16 bis 57 Jahren ohne Prozess. Den Hingerichteten wird Mord, Raub und Schwarzhandel vorgeworfen. Tatsächlich gehören sie einer wenig organisierten Gruppe, den Edelweißpiraten, an.

2.12.1945 In Berlin findet die erste Delegiertenkonferenz der Antifaschistischen Jugendausschüsse der sowjetischen Besatzungszone statt; sie dient der Vorbereitung einer Jugendorganisation, die den Namen Freie Deutsche Jugend (FDJ) tragen soll.

26.4.1946 In Nürnberg wird auf einer zentralen Tagung der sozialdemokratischen Jugend als Nachfolgeorganisation der Sozialistischen Arbeiterjugend die Jugendorganisation Die Falken gegründet.

8.6.1946 Auf dem ersten Zonentreffen der Freien Deutschen Jugend (FDJ) in Brandenburg an der Havel wird

Erich Honecker, führendes Mitglied der SED, zum Vorsitzenden der Organisation gewählt.

27.5.1950 In Ost-Berlin beginnt das dreitägige Deutschlandtreffen der Freien Deutschen Jugend (FDJ).

30.9.1950 Im ganzen Bundesgebiet geht die Polizei gegen sog. Friedenskundgebungen der Freien Deutschen Jugend (FDJ) vor; insgesamt 800 Personen werden vorübergehend festgenommen.

26.6.1951 Die Bundesregierung verbietet die Freie Deutsche Jugend (FDJ) für das gesamte Bundesgebiet. In der Begründung heißt es, die kommunistische Jugendorganisation richte sich durch ihre agitatorische Tätigkeit gegen die verfassungsmäßige Ordnung.

18.4.1953 Der Vorsitzende des Zentralrats der Freien Deutschen Jugend (FDJ) in der DDR, Erich Honecker, wirft der Evangelischen Jungen Gemeinde staatsfeindliche Aktivitäten vor und kündigt an, dass die FDJ für die Liquidierung der kirchlichen Gruppe kämpfen werde.

5.5.1953 Das Innenministerium der DDR rechtfertigt die Verfolgung der Evangelischen Jungen Gemeinde damit, dass diese dem rechtsextremen Bund Deutscher Jugend als Tarnung für seine Aktivitäten in der DDR diene.

6.6.1954 In Ost-Berlin findet das zweite Deutschlandtreffen der DDR-Jugendorganisation Freie Deutsche Jugend (FDJ) statt (bis 7.6.). Rund 500 000 Jugendliche aus der DDR und einige tausend aus der Bundesrepublik nehmen an den Demonstrationen für Frieden und die Einheit Deutschlands teil.

30.5.1955 Bei Salinas (US-Bundesstaat Kalifornien) kommt das Jugendidol James Dean bei einem Autounfall ums Leben. Dean war in seinen drei Filmen »Jenseits von Eden«, »...denn sie wissen nicht, was sie tun« und »Giganten« der Prototyp des verletzbaren Außenseiters und Inbegriff des rebellierenden Jugendlichen, der sich von der Welt der Erwachsenen unverstanden fühlt.

30.12.1956 In mehreren deutschen Städten kommt es zu Jugendkrawallen. In Dortmund machen rund 4000 Jugendliche die Straßen rund um das Kino Capitol unsicher. Dort wird der Rock'n'Roll-Film »Außer Rand und Band« mit Bill Haley gezeigt.

1.10.1958 Mit der Ankunft von Elvis Presley, der als US-amerikanischer Soldat nach Friedberg in Hessen abkommandiert worden ist, erreicht die Verehrung deutscher Fans für ihr Idol einen neuen Höhepunkt.

Die »Halbstarken« geben sich in den Fünfzigerjahren betont lässig. Rauchen in der Öffentlichkeit gehört dazu.

30.4.1959 Radio Luxemburg vergibt in der Essener Grugahalle beim ersten Deutschen Schlagerfestival den Goldenen Löwen an Peter Kraus. Zweite Preisträgerin ist die 15-jährige Conny Froboess.

2.11.1959 In Ost-Berlin und in Leipzig kommt es zu Demonstrationen Jugendlicher gegen die von der SED betriebene Jugend- und Kulturpolitik.

13.4.1962 Die Beatles treten erstmals in dem kurz zuvor eröffneten Star-Club in Hamburg auf.

18.5.1965 Die fast 9 Millionen bundesdeutschen Teenager und Twens im Alter von 14 bis 24 Jahren kaufen nach Angaben der Gesellschaft für Konsumforschung (GfK) jährlich Bekleidung im Wert von 4,6 Milliarden DM.

2.6.1967 Die Demonstrationen anlässlich des Besuchs des persischen Herrscherpaares in Deutschland erreichen ihren Höhepunkt. Bei Auseinandersetzungen zwischen Polizei und Demonstranten wird in Berlin der Student Benno Ohnesorg von einem Polizeibeamten erschossen.

11.4.1968 Ein 23-jähriger unternimmt auf dem Kurfürstendamm in Berlin ein Attentat auf Rudi Dutschke, den Führer des Sozialistischen Deutschen Studentenbundes (SDS), und verletzt ihn schwer. In ganz Deutschland löst der Mordanschlag Demonstrationen und zum Teil blutige Zusammenstöße mit der Polizei aus. Vor allem die studentische Jugend sieht in dem Anschlag eine Folge der Haltung der Springerpresse und ihrer Berichterstattung über die unruhige Jugend der letzten Monate.

15.5.1968 Wegen der zweiten Lesung der Notstandsgesetze im Bundestag boykottieren Tausende von Studenten und Schülern im ganzen Bundesgebiet ihre Universitätsvorlesungen bzw. ihren Unterricht.

30.5.1968 Der Bundestag beschließt die Veränderung des Grundgesetzes, durch die der Notstand verfassungsrechtlich geregelt wird. Studentenbewegung und Gewerkschaften sehen darin eine Aushöhlung des Grundgesetzes.

17.8.1969 In den USA geht das Woodstock-Festival nach drei Tagen zu Ende. Unter dem Motto: »Make love not war«, haben sich hier an drei Tagen 800 000 Jugendliche getroffen, um Spaß zu haben, Haschisch zu rauchen und Rockmusik zu hören. Vor allem die Tatsache, dass das Festival trotz Regens und unglaublich schlechter Organisation friedlich verlief, hat Woodstock zu einer Legende werden lassen.

28.3.1973 Polizei und Hausbesetzer liefern sich in der Innenstadt von Frankfurt am Main schwere Straßenschlachten. Anlass ist die beabsichtigte Räumung eines besetzten Hauses durch die Polizei.

28.7.1973 In Ost-Berlin beginnen die X. Weltfestspiele der Jugend und Studenten. Unter der Losung »Antiimperialistische Solidarität« beteiligen sich bis zum 5. August 25 000 Jugendliche aus mehr als 120 Ländern an den Veranstaltungen.

3.11.1976 Mehrere 100 Kernkraftgegner besetzen das Baugelände des geplanten Atomkraftwerkes Brokdorf.

23.8.1977 Mehrere Hundertschaften der Polizei räumen auf dem Baugelände des Atomkraftwerkes Grohnde bei Hameln ein 71 Tage zuvor errichtetes Anti-Atomdorf; die Atomkraftgegner leisten kaum Widerstand. Im März war es dagegen zu schweren Zusammenstößen zwischen Polizisten und Demonstranten gekommen.

3.5.1980 Kernkraftgegner besetzen das Gelände der geplanten atomaren Wiederaufbereitungsanlage bei Gorleben und errichten dort die Republik Freies Wendland.

26.6.1981 Der Bundeskongress der Jungsozialisten (Jusos), der bis zum 28. Juni in Lahnstein tagt, kritisiert die Politik der Bundesregierung und den NATO-Doppelbeschluss zur Stationierung von Atomraketen.

Punks provozieren in den Achtzigern durch Outfit.

18.5.1983 Teilnehmer der Jugend-Fragestunde Im Deutschen Bundestag werfen mit Farbbeuteln auf den Bundesadler im Plenarsaal.

19.2.1989 In Schleswig-Holstein wird die erste Landesjugendorganisation der GRÜNEN, die Grün-Alternative Jugend (GAJ), gegründet.

12.7.1997 Unter dem Motto »Let the sun shine in your heart« treffen sich in Berlin rund eine Million Techno-Fans zur größten Love Parade der BRD. Der Berliner Gastronomie und dem Einzelhandel bringen die Raver mindestens 150 Millionen DM Umsatzplus.

FOLGE

26

GEORDNETE VERHÄLTNISSE

Die Deutschen und die Staatsgewalt

Die Staatsgewalt garantiert Schutz von Leben und Eigentum der Bürger. Andererseits schützt sich der Staat mit Hilfe seiner Vollzugsorgane vor Unruhe und Umsturz. In diesem Spannungsfeld der Interessen agieren die deutschen Polizeibeamten bereits zu Beginn des Jahrhunderts.

Ruhe ist die erste Bürgerpflicht

Die kaiserliche Polizei hat zuallerst den Auftrag, für »Ruhe und Ordnung« zu sorgen. Staatliche Schutzmänner, Gendarme, Kriminalpolizisten und kommunale Polizeibeamte bewahren den Staat vor der Unberechenbarkeit seiner »Untertanen«. Nachtwächter kontrollieren die Einhaltung der Polizeistunde, Polizisten greifen Betrunkene auf der Straße auf und achten auf die öffentliche Moral. Ein zu kurz geratener Damenrock gilt bereits als »Erregung öffentlichen Ärgernisses«. Geahndet werden Ruhestörung und »grober Unfug« – ein Gummiparagraf, mit dem jede Störung der öffentlichen Ordnung im Keim erstickt wird.

Die Polizei ist überall: Schutzmänner überwachen die hygienischen Zustände in Arbeiterwohnungen, kontrollieren Bars und Kinos, blicken Bäckern beim Brotbacken über die Schulter. Gelegentlich gehört sogar noch die Armen- und Jugendfürsorge zu den Aufgaben der Polizei. Dafür werden zu Beginn des Jahrhunderts erstmals Frauen in den Polizeidienst

Die vielfältigen Aufgaben der Polizei umfassen sogar die Kontrolle der Rocklänge (1921).

Der Kampf gegen Unsittlichkeit und Geschlechtskrankheiten ist Aufgabe der sog. Frauen-Wohlfahrtspolizei in Köln (um 1920).

Dokument

Kontrolle und Fürsorge

Staatliche Schutzmänner und Gendarmen, politische Beamte, Nachtwächter und kommunale Polizisten mischen sich zu Beginn unseres Jahrhunderts in Privatangelegenheiten und in das Alltagsleben der Bürger ein. Sie greifen beispielsweise säumige Schüler auf und bringen sie in den Unterricht. Aus Husum wird folgendes berichtet:

»Die kommunalen Polizeibeamten versahen ihren Dienst in der Regel von 7.00 Uhr bis 22.00 Uhr. Meist hatte sich ein Beamter im Wachlokal aufzuhalten, die anderen machten in dem Revier, das ihnen zugewiesen war, die ›Runde‹. Eine der Hauptaufgaben der Polizeibeamten in Husum war z. B. die Straßenreinigungskontrolle, wobei diese Kontrollen in den betreffenden Gemeinden vorher rechtzeitig angekündigt wurden. In jeder Straße wurde eine Person bestimmt, die den Nachbarn und Mitbürgern den Zeitpunkt der Kontrolle anzuzeigen und sie auf ihre Pflichten aufmerksam zu machen hatte. Diese Vertrauensleute mussten sich nun geeignete Mittel einfallen lassen, um mit ›ihrer‹ Straße nicht aufzufallen – Spuren von Löwenzahn, Stolzem Heinrich oder gar Brennnesseln waren zwischen den ›Katzenköpfen‹ im Straßenpflaster durchaus unerwünscht, und mehrmaliges Auffallen brachte dem betreffenden Hausbesitzer eine Anzeige ein.«

Der königliche Polizeikommissar Heinrich Eiben aus Köln schreibt 1905 in der zweiten Auflage seines Polizei-Kompendiums folgende Zeilen, welche die Tätigkeit der Polizei umschreiben:

»Nicht fest umgrenzt hat man das Feld der reichen Tätigkeit. Des Lebens Pulsschlag in der Welt zu folgen jederzeit: zu dämpfen, wenn es überschäumt. Anspornen, wenn die Pflicht versäumt. Beschützen und Helfen den Armen in der Not, sei immer das erste und vornehmste Gebot.«

aufgenommen. Allerdings konzentriert sich die Polizei nach der Jahrhundertwende auf die Gefahrenabwehr und die Kriminalitätsbekämpfung (→ Folge 48).

Die Repräsentanten der Staatsgewalt heften sich um 1900 jedoch nicht nur an die Fersen von Straftätern. Die Polizei sammelt Informationen und kontrolliert das öffentliche Leben; bei manchen Veranstaltungen von Sozialdemokraten lauscht die politische Polizei mit.

In den wachsenden Industriezentren stören nach der Jahrhundertwende immer wieder Streiks die staatliche Ordnung. Im August 1903 zum Beispiel treten 9000 Textilarbeiter im sächsischen Crimmitschau in den Ausstand. Sie setzen sich für kürzere tägliche Arbeitszeiten und höhere Löhne ein. Während des fünfmonatigen Streiks kommt es immer wieder zu willkürlichen Verhaftungen. Ein großes Aufgebot an Gendarmen sichert die Textilbetriebe. Die Staatsgewalt steht auf der Seite der Unternehmer, Streikbrecher bekommen Polizeischutz. Auch 1912, als rund 250 000 Bergleute im Ruhrgebiet ihre Arbeit niederlegen, sind die Staatsbeamten mit ihren blauen Uniformen dabei: Schon ein an die Streikbrecher gerichteter Pfui-Ruf kann zehn Tage Gefängnis wegen »Ehrverletzung« zur Folge haben.

Polizei sucht Bürgernähe

Nach der Novemberrevolution von 1918 sorgen Freikorps und Polizeitrupps der Arbeiter- und Soldatenräte für die öffentliche Sicherheit. Schnell ernannte Hilfspolizisten gehen mit auf Streife. Die Unruhen nach dem Ende des Ersten Weltkriegs lassen sich mit diesen dezentralen Kräften nicht in den Griff bekommen. Deshalb bauen Städte und Länder schon 1919 wieder eigene schlagkräftige Berufspolizeien auf. Zum ersten Mal werden Polizeikräfte in geschlossenen Verbänden zusammengezogen und auf den Ernstfall vorbereitet. Die Polizisten der grün uniformierten preußischen Sicherheitspolizei (Sipo) werden sogar in Kasernen ausgebildet. Ausgerüstet sind sie mit Pistolen, Karabinern, Gewehren, Maschinenpistolen und schweren Fahrzeugen. Während die Sipo Angriffe gegen den Staat abwehren soll, ist die weiter bestehende Ordnungspolizei für die Regelung des Alltagslebens zuständig. Der militärische Charakter der Sicherheitspolizei führt dazu, dass die Alliierten 1920 ihre Auflösung verlangen. Die Sipo wird deshalb mit der alten Schutzmannschaft zur neuen – blau uniformierten – Schutzpolizei (Schupo) zusammengefasst.

In der Weimarer Republik sucht die Staatsgewalt Bürgernähe, die Polizei präsentiert sich als »Helfer im Straßenverkehr«. Der Schutzpolizist gehört in den Großstädten zum gewohnten Straßenbild. Er regelt den ständig wachsenden Verkehr, hilft beim Überqueren der Großstadtstraßen. Die sozialen und politischen Spannungen infolge von Inflation und Arbeitslosigkeit führen jedoch immer wieder zu Situationen, in denen die Polizei gegen Demonstranten vorgeht. Wiederum steht die Staatsgewalt bei Streiks auf Seiten der Unternehmer. Als 1921 in den Leuna-Werken bei Halle gestreikt wird, rückt die Polizei mit massiven Einsatzkräften an. Die Polizei gerät zwischen die gesellschaftlichen Fronten. Einen traurigen Höhe-

Polizeirazzia im Hamburger Gängeviertel um 1930

Schon Anfang der Zwanzigerjahre setzt die Münchner Polizei solche Wasserwerfer ein.

Unfallkommando der Schutzpolizei in Berlin bei der Unfallaufnahme (1936)

punkt erreichen die Konflikte im Mai 1929, als in Berlin 33 Menschen bei Straßenkämpfen sterben. Anlass für den massiven Polizeieinsatz gegen die Demonstranten war ein Versammlungsverbot für den 1. Mai.

Alles unter Kontrolle

Nach der Machtübernahme durch die Nationalsozialisten im Januar 1933 sucht die Staatsgewalt aus anderen Gründen die Nähe zum Bürger. Das Naziregime stützt sich auf die wirksame Kontrolle und Überwachung aller Lebensbereiche. Dazu brauchen die Nationalsozialisten eine funktionierende, loyale Polizei. Die leitenden Stellen werden durch »verdiente« Nazis, SA- und SS-Führer besetzt. Ohne legitime Grundlage schließen Hilfspolizisten aus den Reihen von SA, SS, Hitlerjugend und Stahlhelm Redaktionen und Gewerkschaftsbüros. Unangepasste Bürgermeister, Stadt- und Landräte werden mit Hilfe der Staatsgewalt zum Rücktritt gezwungen. Die Polizei verhaftet Sozialdemokraten und Kommunisten. Der »Befehl von oben«, der Wille von »Führer« und Partei, genügt als Legitimation für staatliche Willkür.

Nach dem Reichstagsbrand 1933 konfisziert die Berliner Polizei sogenannte staatsfeindliche Schriften.

Die Nazis zentralisieren die Polizei und nutzen sie zur Volkserziehung und zur Volksüberwachung. Die im April 1933 gegründete politische Polizei, die Geheime Staatspolizei (Gestapo), setzt auf Spitzelmethoden und Denunzianten. Blockwarte der Polizei und Spitzel widmen sich der »umfassenden Beobachtung aller Lebensgebiete« der »Volksgenossen«. Schon der Empfang ausländischer Radiosender macht verdächtig. Wer widersteht oder sich unangepasst verhält, muss damit rechnen, von der Staatsgewalt in »Schutzhaft« genommen und in eines der Konzentrationslager geschickt zu werden.

Wiederaufbau der Ordnung in West und Ost

Nach dem Zusammenbruch des Naziregimes gibt es in Deutschland keine eigene funktionierende Polizei mehr. Militärpolizisten der Alliierten übernehmen die Kontrolle des öffentlichen Lebens. Unbelastete Deutsche werden geschult und als unbewaffnete Hilfspolizisten eingesetzt. Sie kümmern sich um den verbotenen Schwarzmarkt, der in der Not entstanden ist. Auch wenn die Besatzungsmacht die Räumung von Gebäuden anordnet, sind Polizisten im Einsatz.

Schon im Mai 1945 beginnen die Siegermächte mit dem Wiederaufbau der deutschen Polizei. Die drei Westzonen und die Ostzone gehen dabei getrennte Wege. In der Bundesrepublik ist die Polizei zunächst eine Angelegenheit der Länder und Kommunen. Vor allem Autofahrer bekommen es nun mit der Polizei zu tun. Weil immer mehr Deutsche sich einen Pkw leisten können, nimmt der Verkehr zu (→ Folge 1). Die Schutzpolizisten stehen vor neuen Aufgaben: Verkehrsunfälle müssen aufgenommen und bearbeitet werden, Funkstreifenwagen werden eingesetzt und bei sportlichen, kulturellen oder politischen Großveranstaltungen sorgt die Polizei für Sicherheit und Ordnung.

Das Feindbild Kommunismus und die Angst vor inneren Unruhen dienen dem noch jungen Staat zu Beginn der Fünfzigerjahre als Argumente für den Aufbau schwer bewaffneter Einsatzkräfte der Polizei. Die neue Bereitschaftspolizei in den Ländern und der Bundesgrenzschutz können gegen »innere Feinde« eingesetzt werden. Beamte des Bundesgrenzschutzes übernehmen darüber hinaus hoheitliche Aufgaben in der Bundeshauptstadt und die Sicherung der Grenzen. Dem Kampf gegen »innere Feinde« dient auch der 1953 neu eingerichtete Verfassungsschutz, der Informationen über drohende Gefahren für Staat und Gesellschaft sammelt.

In der 1949 gegründeten DDR wird die Volkspolizei nach sowjetischem Vorbild zentral organisiert. Ruhe, Ordnung und Volkserziehung stehen im Mittelpunkt des Staatsinteresses. Die Volkspolizei (VP) bekommt weitgehende Überwachungsaufgaben übertragen. Von 1952 an kontrollieren sogenannte Abschnittsbevollmächtigte der Volkspolizei, die für einen Wohnabschnitt, einen Stadtteil oder ein Dorf zuständig sind, das Verhalten der Ostdeutschen. Unterstützt werden sie dabei von rund 120 000 freiwilligen Helfern, die beispielsweise als Hauswarte in den Wohnblöcken Informationen zusammentragen.

Die DDR-Staatsgewalt knüpft ein immer engeres Netz von Beobachtung und Kontrolle: 1950 legt die DDR-Volkskammer per Gesetz den Grundstein für das Ministerium für Staatssicherheit (MfS). Offizielle und Inoffizielle Mitarbeiter (IM) sorgen dafür, dass Nachbarn, Verwandte, Freunde und Bekannte ausgehorcht und kritische Äußerungen sowie nonkonformes Verhalten aktenkundig werden. Die Zahl der Inoffiziellen Mitarbeiter beträgt nach offiziellen Angaben beim Zusammenbruch des SED-Regimes mehr als 100 000. Die am Ende über 85 000 hauptamtlichen Beschäftigten der Staatssicherheit haben weitgehende Befugnisse, dürfen Personen kontrollieren und verhaften. Auch die Bewaffnung soll dem Schutz vor inneren und äußeren Feinden dienen: Die Stasi ist u. a. mit Maschinenpistolen und Maschinengewehren ausgerüstet.

Kritik an massiven Polizeieinsätzen

Im Westen gerät die Polizei Anfang der Sechzigerjahre in die Schlagzeilen. »Wegelagerei« werfen erboste Autofahrer in Leserbriefen an die Tageszeitungen den

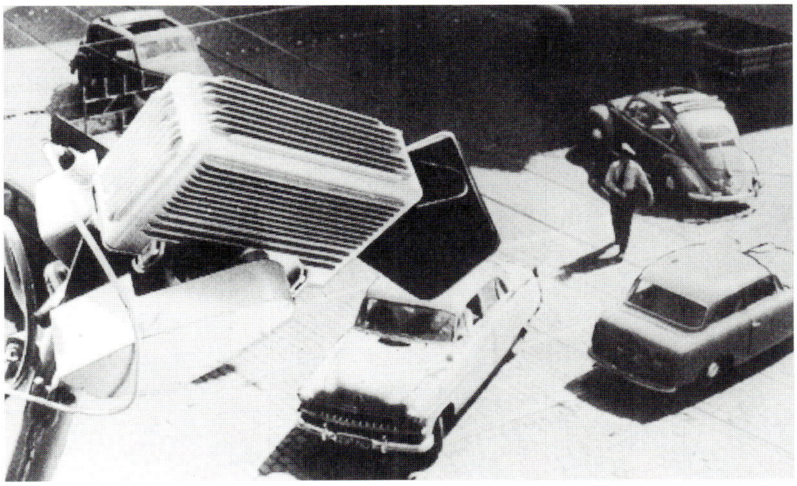

Fernsehkamera zur Überwachung des Straßenverkehrs an einer belebten Hamburger Kreuzung (1956)

Beamten vor, weil die Polizei nun mit Hilfe mobiler Radargeräte Geschwindigkeitssünder verfolgt und die Einhaltung der inzwischen geltenden Geschwindigkeitsbeschränkungen kontrolliert. Doch die neuen Geräte messen anfangs noch ungenau. Auch Apparate zur Erkennung von Alkohol im Blut und im Atem stehen in den Sechzigerjahren bereits zur Verfügung. In den Städten haben die Kommunalverwaltungen Parkuhren aufstellen lassen; Vollzugsbeamte und Politessen kontrollieren die Zahlungsmoral der Autofahrer und verteilen »Knöllchen« an die Falschparker.

Doch nicht nur bei der Verkehrsregelung kommt es zu Konflikten zwischen den Vollzugsorganen und den Bürgern. Ohne politischen Hintergrund entstehen 1962 die Schwabinger Krawalle, ausgelöst durch

1962 kommt es in München-Schwabing zu heftigen Krawallen zwischen Jugendlichen und Polizei.

ein Straßenkonzert. Als die Polizei die »öffentliche Ordnung« wiederherstellen will, gerät die Aktion der Staatsgewalt zum Fiasko. Fünf Nächte lang stehen sich in Schwabing 30 000 Demonstranten und 1000 Polizisten gegenüber. Durch ihr massives Auftreten löst die Polizei weitere Straßenkrawalle aus.

Die Vollzugsorgane stellen sich auf die beginnende Protestbewegung ein: Polizeitaktik und Psychologie gehören nun zur regulären Ausbildung der Beamten. Außerdem setzt die Polizei Fotoapparate, Film- und Tonaufzeichnungsgeräte zur Überwachung von Demonstrationen und Veranstaltungen ein. Als die Polizei im Frühjahr 1967 für den Besuch des persischen Schahs Autobahnen und Stadtteile sperrt, entlädt sich der Unmut der Studenten in Demonstrationen in Berlin. Bei Auseinandersetzungen zwischen Polizei und Demonstranten werden 60 Personen verletzt und der Student Benno Ohnesorg erschossen. Das Geschehen führt zu einer Welle von Protestaktionen und Demonstrationen wie z. B. Sit-ins vor allem in den Universitätsstädten. Bei den Auseinandersetzungen wird die Polizei wie schon in den Zwanzigerjahren mit dem Ausdruck »Bullen« bezeichnet.

Auf dem Weg zum Überwachungsstaat?

Die Staatsgewalt in der Bundesrepublik rüstet in den Siebzigerjahren elektronisch auf. Im Zusammenhang mit den Ermittlungen gegen die Rote Armee Fraktion (RAF) entwickelt die Polizei ein enges elektronisches Fahndungs- und Überwachungsnetz (INPOL) – Computer werden in den Polizeirevieren, an den Grenzstationen und bei Kontrollen eingesetzt. An sogenannten Datenendstationen können Polizeibeamte Kennziffern von Nummernschildern eintippen und erhalten vom Zentralrechner in kurzer Zeit Auskunft über Fahrzeug und Fahrzeughalter.

Systematisch überwacht die Polizei die linksradikale Szene. Dabei geraten auch unbescholtene Bürger in das Datennetz der Staatsgewalt. Der Staat erweitert die Kompetenzen von Bundesgrenzschutz und Verfassungsschutz. Wer in das Netz der Datenträger gerät, hat es seit der Verabschiedung des Radikalenerlasses von 1972 schwer, einen Job im Öffentlichen Dienst zu finden. Der Staat will nur Beamte in seinen Dienst stellen, die sich zur »freiheitlich demokratischen Grundordnung« bekennen. Schon das Verteilen von Flugzetteln und Zeitschriften kommunistischer Gruppen kann registriert werden und zur Verweigerung einer Anstellung führen, weil solche Aktionen in den Augen der Staatsgewalt an der geforderten Grundüberzeugung zweifeln lassen.

Polizei zwischen den Fronten

Mitte der Siebzigerjahre bahnt sich ein neuer Konflikt an. Umwelt- und Friedensaktivisten geraten in das Visier der Staatsgewalt. Auch Umweltsünder werden aufgrund der verschärften Gesetzgebung von der Polizei beobachtet. 1977 stoppt die Polizei Demonstranten schon bei der Anreise zu einer Demonstration gegen den Bau des Schnellen Brüters in Kalkar und hält die Personendaten fest. Teilnehmer an Sitzblockaden vor Rüstungsanlagen werden – etwa in Mutlangen – zu Beginn der Achtzigerjahre von der Polizei weggetragen. Massive Polizeieinsätze wie die zur Sicherung der Startbahn-West in Frankfurt am Main oder zur Räumung der besetzten Häuser in der Hafenstraße in Hamburg rufen die öffentliche Kritik wach und passen nicht zu dem noch immer gerne propagierten Image von der Polizei als »Freund und Helfer«.

In der DDR hat sich die Polizei im Zusammenspiel mit freiwilligen Helfern, Informanten und Staatssicherheit zum Kern eines Systems entwickelt, das seine Bürger unablässig beobachtet und auch vor der Privatsphäre nicht Halt macht. Kirchliche Gruppen, Öko-Aktivisten und die Friedensbewegung werden überwacht. Wer sich kritisch äußert und von der Volkspolizei bei angeblich staatsfeindlichen Tätigkeiten erwischt wird, muss mit Verhaftung rechnen. Schon das Ankleben oder öffentliche Zeigen von kritischen Plakaten führt zum Konflikt mit der Staatsgewalt. Zu massiven Polizeieinsätzen kommt es zunächst auch während der Massendemonstrationen im Herbst 1989 in ostdeutschen Großstädten. Dann fällt am 9. November die Mauer, die Staatsgewalt kapituliert vor den Demonstranten.

Innere Sicherheit und Großer Lauschangriff

Am Ende des 20. Jahrhunderts nutzt die Polizei alle Möglichkeiten einer modernen Überwachungstechnologie. Der Einsatz von Videokameras zur Kontrolle von Straßen, Kreuzungen, U-Bahnstationen und öffentlichen Plätzen ist in den Neunzigerjahren vor allem in Großstädten üblich geworden. Der Ruf nach »innerer Sicherheit« wird wieder laut. Nach dem Bundestag stimmt auch der Bundesrat im Februar 1998 einer Grundgesetzänderung zu, die es erlaubt, unter bestimmten Bedingungen Privatwohnungen mit den Methoden des Großen Lauschangriffs auszuhorchen. Fußstreifen der Polizei gehören in den Zentren der Städte wieder zum Alltag. Unterstützt werden sie von privaten, »schwarzen Sheriffs«, die für Sicherheit und Ordnung sorgen.

Bei Atommülltransporten sichern Bereitschaftspolizisten Bahngleise und Straßen, die Beamten werden bei der Abschiebung von Asylbewerbern und Kriegsflüchtlingen eingesetzt, Polizei vertreibt Obdachlose und Junkies aus den Bahnhofsvierteln. Die Staatsgewalt zeigt wieder Muskeln: nicht allein zum Schutz des Bürgers, sondern auch zur Sicherung von geordneten Verhältnissen.

Links: Während der 40-Jahr-Feiern der DDR am 8. Oktober 1989 werden jugendliche Demonstranten von Volkspolizisten abgedrängt.

Polizeieinsatz beim Transport eines Castor-Behälters mit radioaktivem Müll bei Philippsburg 1995

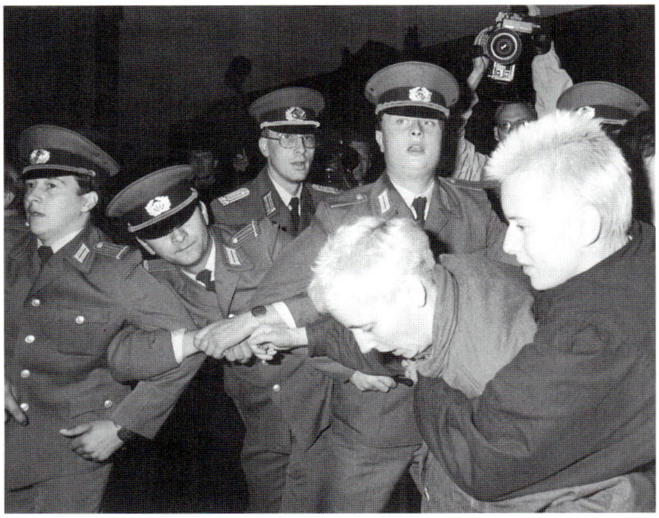

Die Chronik der Polizei

Nicht nur auf Verbrecherjagd: Musikkapelle der Berliner Polizei auf einem Gruppenbild um 1900

1900 In Dortmund bestraft die Polizei 3190 Menschen »wegen Unfugs« mit einer Geldstrafe von zwei bis vier Tageslöhnen oder mit einigen Tagen Gefängnis. Bei den Festgenommenen handelt es sich in der Regel um Arbeiter.

1901 In Düsseldorf wird eine der ersten Polizeischulen in Deutschland eingerichtet.

1.10.1901 In der westfälischen Industriestadt Schwelm wird der erste Polizeihund Deutschlands in Dienst gestellt.

1.2.1903 Stuttgart übernimmt als erste Stadt in Deutschland eine Frau in den Polizeidienst. Die Polizeiassistentin betreut Kinder und Jugendliche.

22.8.1903 Bei einem Streik der Textilarbeiter von Crimmitschau in Sachsen reagiert die Polizei mit willkürlichen Verhaftungen.

9.1.1905 Im rheinisch-westfälischen Bergbaugebiet streiken über 215 000 Bergarbeiter, das sind etwa Dreiviertel der im Bergbau des Kohlenreviers Beschäftigten. Dabei werden Arbeiter als Hilfspolizisten gegen Streikende eingesetzt.

1906 Die Berliner Polizei setzt erstmals ein Kraftfahrzeug ein. Es handelt sich um einen 25-PS-Wagen der Marke Adler für den Berliner Polizeipräsidenten.

11.3.1912 Rund 250 000 Bergleute beteiligen sich an einem Streik der Bergarbeiter im Ruhrgebiet. Streikbrecher werden von der Polizei geschützt. Nach Einsatz des Militärs muss der Streik am 19. März ergebnislos abgebrochen werden.

1913 Bereits in 19 deutschen Städten werden Polizeiassistentinnen in der Jugend-, Gefangenen-, Gefährdetenfürsorge und Armenpflege eingesetzt.

1914 Viele Polizisten ziehen zum Kriegsdienst an die Front. Ersatzkräfte werden in den Polizeidienst aufgenommen, Bürgerwehren entstehen.

November 1918 Nach dem Zusammenbruch des Kaiserreiches kontrollieren Freikorps, Soldaten und Sicherheitsorgane der Arbeiter- und Soldatenräte das öffentliche Leben.

6.1.1919 Gustav Noske (MSPD) übernimmt den Oberbefehl über alle Regierungstruppen im Raum Berlin und organisiert den Neuaufbau einer zentralen preußischen Polizeigewalt.

Sommer 1919 In Preußen werden Angehörige ehemaliger Freikorps in die staatliche Sicherheitspolizei (Sipo) aufgenommen. Mit der 100 000 Mann starken, kasernierten und schwer bewaffneten Sipo steht erstmals eine Polizeitruppe für den geschlossenen Einsatz zur Verfügung.

29.3.1920 Carl Severing wird preußischer Innenminister. Er gilt als Architekt der neuen Polizeistruktur.

22.6.1920 Die Alliierten verlangen die Auflösung der Sicherheitspolizei wegen ihres militärischen Charakters. Die daraufhin aus Ordnungs- und Sicherheitspolizisten zusammengestellte Schutzpolizei (Schupo) hat (im gesamten Reich) eine Stärke von 150 000 Mann.

1920 Nach und nach wird in den Dörfern und Städten der Posten des Nachtwächters abgeschafft.

24.3.1921 Reichspräsident Friedrich Ebert verhängt den Ausnahmezustand über Sachsen wegen eines Generalstreiks. Polizeitruppen kreisen das bestreikte Leuna-Werk ein und stürmen die von Gewerkschaftsmitgliedern besetzte Fabrik.

23.10.1923 Kommunistische Gruppen überfallen in Hamburg 16 Polizeiwachen, erbeuten Waffen und Geräte. Zwei Tage später schlägt die Ordnungspolizei den Aufstand nieder. 60 Demonstranten und 17 Polizisten werden getötet.

25.9.1926 In Berlin wird eine Internationale Polizeiausstellung eröffnet, die moderne Methoden der Verbrechensbekämpfung vorstellt.

1.5.1929 In Berlin wird zum 1. Mai ein Versammlungsverbot erlassen. Daraufhin kommt es zu viertägigen, blutigen Straßenkämpfen zwischen Demonstranten und Polizei.

1930 Polizeibereitschaften werden zum Schutz von Arbeits- und Wohlfahrtsämtern, Banken, Sparkassen und größeren Geschäftshäusern vor Randalierern eingesetzt. Auch bei den teils heftigen Wahlkämpfen muss die Polizei einschreiten.

1932 Schlägereien und Gewalttaten nach Wahlkampfveranstaltungen halten die Polizei in Atem.

17.7.1932 Ein Propagandamarsch der NSDAP führt in Hamburg-Altona zu einer Straßenschlacht zwischen Polizisten, Nationalsozialisten und Kommunisten, bei der 15 Menschen sterben.

22.2.1933 Nach der Machtübernahme der Nationalsozialisten ernennt der preußische Innenminister Hermann Göring Mitglieder der SA, SS, der Hitlerjugend und des Stahlhelm ohne rechtliche Grundlage zu Hilfspolizisten. Politische Gegner werden grundlos verhaftet.

28.2.1933 Nach dem Brand des Reichstags in Berlin erlassen die Nationalsozialisten eine Verordnung zum Schutz von Volk und Staat. Bis 1945 dient diese Verordnung als Legitimation für Staatsterror und Polizeiwillkür.

7.4.1933 Die Reichsregierung erlässt das Gesetz zur Wiederherstellung des Berufsbeamtentums. Nazi-Gegner werden aus dem Polizeidienst entlassen, Nationalsozialisten übernehmen die leitenden Posten.

26.4.1933 Hermann Göring richtet die Geheime Staatspolizei (Gestapo) ein. Ihre Aufgabe ist eine umfassende Kontrolle aller Lebensbereiche. Die Gestapo arbeitet mit willkürlichen Verhaftungen, Folter und Schutzhaft.

30.1.1934 Ein Gesetz regelt die Zusammenlegung der Polizeiorganisationen zu einer einheitlichen Polizei im Deutschen Reich.

17.6.1936 Der Reichsführer SS, Heinrich Himmler, wird zum Chef der deutschen Polizei ernannt. Unter Himmler und seinem Gehilfen Reinhard Heydrich wird die Polizei neu organisiert.

1939 Polizeikräfte ziehen in den Krieg. Die zurückbleibenden Beamten ermitteln gegen Plünderer und Räuber, bekämpfen den Schwarzhandel und sorgen für Ordnung nach Bombenangriffen.

1945 Nach dem Zusammenbruch des Naziregimes und der Kapitulation der Wehrmacht überwacht die Militärpolizei der Alliierten das öffentliche Leben in Deutschland. Zu Hilfsdiensten werden auch Deutsche herangezogen.

Mai 1945 Die drei Westmächte organisieren den Wiederaufbau der Schutzpolizei. Die Verwaltung in der sowjetischen Besatzungszone richtet eine eigene, bewaffnete Polizei ein.

10.5.1946 Aufgrund eines Beschlusses des Alliierten Kontrollrates entsteht als Sonderpolizei die Bahnpolizei. Zu ihren Aufgaben zählt die Begleitung von Gefahrgut, Geldtransporten und die Kontrolle der Bahnanlagen.

3.7.1948 Auf Anweisung der Sowjetischen Militäradministration werden in der sowjetischen Besatzungszone die ersten kasernierten Polizeibereitschaften aufgestellt. Zweck der Verbände ist vor allem der Schutz der Zonengrenze. Aus den Kadern der kasernierten Volkspolizei entsteht 1956 die Nationale Volksarmee.

8.2.1950 Die DDR beginnt mit der Organisation und dem Aufbau des Ministeriums für Staatssicherheit (MfS).

28.7.1950 Die Einrichtung eines Bundesamtes für Verfassungsschutz wird vom Bundestag beschlossen.

27.10.1950 In der Bundesrepublik einigen sich Bund und Länder darauf, eine 30 000 Mann starke Bereitschaftspolizei zum Einsatz bei Unruhen aufzubauen.

15.2.1951 Der Bundestag verabschiedet das Bundesgrenzschutzgesetz. Dabei handelt es sich um eine Bundespolizei, deren vornehmlicher Zweck es ist, die Grenzen zu sichern und hoheitliche Aufgaben in der Bundeshauptstadt zu übernehmen.

8.3.1951 In Wiesbaden entsteht das Bundeskriminalamt (BKA). Es dient der zentralen Sammlung von polizeilichen Nachrichten und Unterlagen, der Verbrechensforschung sowie der Verfolgung und Verbrechensbekämpfung in nationalem und internationalem Rahmen.

25.9.1952 In der DDR tritt die Verordnung über die Zulassung freiwilliger Helfer zur Unterstützung der Volkspolizei in Kraft. Die Freiwilligen werden im Grenzschutz eingesetzt, als Beobachter und Ordner bei Demonstrationen oder zur Kontrolle von Häusern.

10.12.1952 Die DDR ernennt die ersten Volkspolizisten zu sogenannten Abschnittsbevollmächtigten (ABV). Nach sowjetischem Vorbild überwachen die ABV Gemeinden, Stadtbezirke und Streckenabschnitte der Reichsbahn. Unterstützt werden sie dabei von vielen Freiwilligen.

17.6.1953 Der Aufstand der Arbeiter in Berlin und in anderen Städten der DDR wird mit Hilfe von sowjetischer Armee und DDR-Bereitschaftspolizei blutig niedergeschlagen.

11.10.1956 Der Deutsche Bundestag in Bonn beschließt die Einführung einer zentralen »Verkehrssünderkartei« beim Kraftfahrtbundesamt in Flensburg.

1960 Die Polizei setzt immer mehr moderne Technik zur Vorbeugung ein. Fernsehkameras und Funkstreifen ersetzen die Fußstreifen in den Städten. Der Einsatz neuer Radargeräte zur Geschwindigkeitskontrolle sorgt für verärgerte Autofahrer. Der Polizei werden Fehlmessungen und »Wegelagerei« vorgeworfen.

13.8.1961 Beim Bau der Berliner Mauer setzt die DDR Bereitschaftspolizei bei den Bauarbeiten ein.

23.6.1962 Im Münchener Stadtteil Schwabing halten die Krawalle der letzten Tage zwischen zumeist Studenten und der Polizei weiterhin an. Bei Einsätzen der Polizei kommt es zu schweren Auseinandersetzungen, bei denen sowohl Polizisten als auch Demonstranten zum Teil erheblich verletzt werden. Die Polizei nimmt 401 Personen vorläufig fest, 237 Anzeigen werden insgesamt erstattet, davon richten sich 140 gegen Polizeibeamte.

1965 In der Ausbildung der bundesdeutschen Polizeikräfte werden nun stärker psychologische Aspekte berücksichtigt. Die Beamten werden systematisch auf den geschlossenen Einsatz vorbereitet.

2.6.1967 Demonstrationen gegen den Besuch des persischen Schahs in West-Berlin führen zu heftigen Auseinandersetzungen zwischen Polizei und Demonstranten. Dabei werden 60 Personen teilweise schwer verletzt, der Student Benno Ohnesorg wird von einem Polizisten erschossen.

30.5.1968 Mit den Notstandsgesetzen wird der Einsatz von Militär und Bundesgrenzschutz im Inneren der BRD rechtlich geregelt.

1969 In Kiel nehmen erstmals Politessen ihren Dienst auf. Die Vollzugsbeamtinnen kontrollieren Falschparker.

28.1.1972 Aufgrund des Radikalenerlasses werden Anwärter für den Öffentlichen Dienst auf ihre Verfassungstreue geprüft. Bis 1978 werden zwei Millionen Beamtenanwärter überprüft.

1972 In den Amtsstuben der Polizei beginnt das Datenzeitalter. Der zentrale Rechner INPOL wird in Betrieb genommen. Dort sind die Nummern von gestohlenen Ausweisen und Fahrzeugen, Banknoten und Waffen ebenso gespeichert wie die Daten von gesuchten Personen.

1972 Die Innenministerkonferenz beschließt das Programm Innere Sicherheit für die Bundesrepublik. Personal, Ausrüstung und Etat der Polizei werden aufgestockt. Ziel ist es, dass auf 400 Bürger ein Polizist kommt. Die Kompetenzen von Bundesgrenzschutz und Verfassungsschutz werden erweitert.

1976 Die Polizei zeigt wieder mehr Präsenz in der Öffentlichkeit. Sogenannte Kontaktbeamte sind beispielsweise in Berlin und Kiel als Fußstreife in den Stadtzentren zu sehen.

14.11.1976 In Brokdorf protestieren rund 30 000 Menschen gegen die Errichtung eines Kernkraftwerkes. Bei Auseinandersetzungen mit der Polizei werden mehrere Menschen verletzt.

28.2.1977 Das Nachrichtenmagazin »Der Spiegel« deckt einen illegalen Lauschangriff auf den Atommanager Klaus Traube auf.

24.9.1977 In Kalkar protestieren mehr als 35 000 Menschen gegen den geplanten Bau eines Kernkraftwerkes vom Typ Schneller Brüter. Bei der Demonstration kommt es zu Auseinandersetzungen mit der Polizei. Schon bei der Anreise werden die Demonstranten gefilzt. Die Polizei hält die Personendaten fest.

29.9.1977 In Bonn beschließt der Deutsche Bundestag im Eilverfahren ein Gesetz über eine zeitlich begrenzte Kontaktsperre für inhaftierte Terroristen als Reaktion des Staates auf den Terrorismus der Rote-Armee-Fraktion (RAF).

23.5.1979 Das Bundeskabinett in Bonn beschließt die Einführung eines maschinell lesbaren und fälschungssicheren Personalausweises.

1982 Die Polizei setzt bei Kontrollen in Zügen erstmals Datenfunkgeräte ein, mit denen die Beamten direkten Zugriff auf das Computersystem INPOL haben.

2.3.1982 Leerstehende Wohnungen in der Hamburger Hafenstraße werden besetzt. Damit beginnt ein bis Anfang der Neunzigerjahre dauernder Konflikt zwischen Hausbesetzern und Hamburger Polizei.

Polizeieinsatz in Garlstedt 1984 bei einer Aktion gegen Pershing-Raketen

21.11.1983 Nach zweitägiger, teils turbulent geführter Debatte billigt der Deutsche Bundestag die Stationierung neuer US-Mittelstreckenwaffen vom Typ Pershing in der Bundesrepublik. Es kommt danach zu Auseinandersetzungen zwischen Demonstranten der Friedensbewegung und Einsatzkräften der Polizei.

Mit einer Radarpistole versucht die Polizei, Verkehrssünder zu überführen.

Herbst 1989 Immer mehr Menschen fordern bei Demonstrationen in der DDR Reisefreiheit und Freiheitsrechte.

3.10.1989 Rund um den Dresdner Hauptbahnhof kommt es zu gewaltsamen Auseinandersetzungen zwischen ausreisewilligen DDR-Bürgern und Ordnungskräften. Verhaftete berichten von massiven Drohungen und Schlägen.

7.10.1989 Die Zahl der Demonstranten in der DDR wächst. Die Volkspolizei reagiert teils mit Schlagstockeinsätzen und Verhaftungen, teils drängt sie die Demonstranten lediglich zurück. Am 9. November fällt die Mauer.

8.5.1996 Der bislang größte Einsatz von Polizeikräften in der Bundesrepublik sichert den Transport von Castor-Behältern mit hochradioaktivem Atommüll in das atomare Endlager Gorleben.

1997 Abgelehnte Asylbewerber werden mit Hilfe von Einsatzkräften der Polizei aus der BRD ausgewiesen.

5.3.1998 Die Opposition setzt eine Begrenzung des Großen Lauschangriffs durch, nachdem im Februar Bundestag und -rat einer Grundgesetzänderung zum Lauschangriff zugestimmt haben.

FOLGE

27

ZUKUNFTSTRÄUME

Die Deutschen und der Fortschritt

Das Wort hatte lange einen guten Klang: »Fortschritt«. Die Welt ist in Bewegung, sie drängt nach vorn, besseren Zeiten entgegen. Was neu ist, ist auch gut; was alt ist, ist veraltet, hinfällig und zum Untergang verdammt. Alles kann voranschreiten: die Zivilisation, die Gesellschaft, die Politik, die Moral und nicht zuletzt die Technik. »Fortschritt« war eine verheißungsvolle Parole, die im 18. Jahrhundert aufgekommen ist. Im 20. Jahrhundert aber verliert der Fortschritt seine Eindeutigkeit, er wird problematisch und umstritten. Am Ende ist der Begriff nahezu verschwunden.

Optimistisch in die Zukunft

Um die Jahrhundertwende herrscht im Deutschen Reich ein Gefühl von ungebrochenem Optimismus, das fast von der gesamten Bevölkerung geteilt wird. Die große wirtschaftliche Depression des späten 19. Jahrhunderts ist überwunden. Die Wirtschaft wächst und mit ihr nehmen die Reallöhne zu. Der Lebensstandard auch der Arbeiterfamilien steigt. Und schließlich jagt eine technische Innovation in Deutschland die nächste.

Schon im späten 19. Jahrhundert werden die ersten Flugapparate entwickelt und pünktlich zum Jahr 1900 startet Ferdinand Graf von Zeppelin (1838–1917) die erste Fahrt mit einem lenkbaren Luftschiff. Der Erfinder ist der Held des Tages. Elektrische Beleuchtung, Kunstfasern, Welttelegrafie, Gasturbinen, Bakelit, Off-

Die »unsinkbare« »Titanic« geht am 14. April 1912 unter – der Technikglaube ist weltweit gebrochen.

Ein zeitgenössisches Plakat illustriert die Leistungen der deutschen Sozialversicherung von 1885 bis 1913.

setdruck und zahlreiche weitere Neuerungen verändern den Alltag. Die Automobile werden schneller und zuverlässiger. Die Flugzeuge stellen einen Längenrekord nach dem anderen auf. Immer schneller, höher, weiter heißt die Parole der Zeit.

Ähnliche Erfolge sind in den Wissenschaften zu verzeichnen. Der Pathologe Paul Ehrlich (1854–1915) aus Frankfurt etwa entwickelt 1910 Salvarsan, das erste wirksame Mittel gegen die Syphilis. Physiker wie Max Planck (1858–1947), Otto Hahn (1879–1968) oder Albert Einstein (1879–1955) entwerfen die Grundzüge der modernen Kernphysik. Die Chemiker Fritz Haber (1868–1934) und Walther Nernst (1864–1941) entwickeln ein Verfahren, Stickstoff aus der Luft zu gewinnen, und das ist die Voraussetzung für die Herstellung von Kunstdünger.

Deutschland ist an den Erfolgen von Wissenschaft und Technik maßgeblich beteiligt. Die Reformen im höheren Bildungswesen und in der Forschungsförderung, die im 19. Jahrhundert durchgeführt worden sind, zahlen sich jetzt aus. Nicht weniger als 15 Deutsche erhalten zwischen 1901 und 1914 den Nobelpreis für Physik, Chemie oder Medizin.

Der Achtstundentag schlägt eine Bresche in die Festung des Kapitalismus (Karikatur aus der sozialdemokratischen Zeitschrift »Der Wahre Jacob«, 1895).

In der Wirtschaft ist die Stellung Deutschlands überragend. In wichtigen Bereichen der Schwerindustrie überholt das Deutsche Reich Großbritannien, die unangefochtene wirtschaftliche Supermacht des 19. Jahrhunderts. Die deutsche Wirtschaft entfaltet eine neuartige Dynamik, die ihresgleichen nur noch in den Vereinigten Staaten findet.

Auch auf sozialem und sozialpolitischem Feld besetzt Deutschland eine Pionierrolle. Nirgendwo gibt es eine so starke und gut organisierte Arbeiterbewegung wie im Deutschen Reich. Die deutsche Sozialdemokratie gilt als Vorbild für die Parteien der Sozialistischen Internationale. Auch der Ausbau des Sozialstaats mit Unfall-, Kranken- und Rentenversicherung ist nirgends so weit gediehen.

Von allen europäischen Ländern ist Deutschland in den beiden Jahrzehnten vor dem Ersten Weltkrieg wohl das »fortschrittlichste«, dynamischste und optimistischste. Dies gilt auch für die künstlerische Avantgarde, deren Zentren nicht nur in Paris, sondern auch in Berlin und München liegen. Selbst die fehlende Demokratisierung des politischen Systems, vor allem in Preußen, ist in den Augen vieler Beobachter ein bloßer Anachronismus, der von der naturwüchsigen Entwicklung in absehbarer Zukunft behoben sein wird. Der erhebliche Zuwachs der Stimmen für die Sozialdemokratie z. B. bei den Reichstagswahlen 1912 weist in diese Richtung, und es kann sich nur noch um eine Frage der Zeit handeln, bis es zu Reformen kommt, die dieser Entwicklung Rechnung tragen.

Streit um den »wahren« Fortschritt

Allerdings besteht keineswegs Übereinstimmung darüber, in welche Richtung der Fortschritt weitergehen soll. Fast alle Zeitgenossen begrüßen vorbehaltlos die technischen Innovationen und neuen wissenschaftlichen Erkenntnisse. Doch ist man sich keineswegs darüber einig, welche soziale und politische Form die moderne Gesellschaft in der Zukunft besitzen soll. Die verbreitete Begeisterung für den Fortschritt lässt nicht darüber hinwegsehen, dass es auch einen Streit über den Charakter des Fortschritts gibt.

Zwei Lager stehen einander gegenüber, deren Konfrontation das gesamte 20. Jahrhundert prägen wird. Es handelt sich hierbei um die Alternative zwischen Liberalismus und Sozialismus, zwischen einer eher individualistischen, kapitalistisch-marktwirtschaftlichen und einer eher kollektivistisch-solidarischen, sozialstaatlich-planerischen Variante der modernen industriellen Gesellschaft.

Dieser Gegensatz prägt sämtliche Industrieländer, doch werden die Akzente unterschiedlich verteilt. In Nordwesteuropa, also in Deutschland, aber auch den skandinavischen Ländern, nimmt der Fortschritt eher sozialistisch-kollektivistische Züge an. Hier tritt der Staat in den Vordergrund, der sich als Sozial- und Interventionsstaat ausprägt und daran geht, Wirtschaft und Gesellschaft weitgehenden Regulierungen zu unterwerfen. In den angelsächsischen Ländern dagegen liegt der Schwerpunkt in der freien Marktwirtschaft. Hier spielt der Staat eine eher untergeordnete Rolle und wird ein größerer Wert auf die Freiheit und Unabhängigkeit des Individuums gelegt, wenn es auch hier vor allem nach dem Zweiten Weltkrieg verstärkte Tendenzen zum Ausbau des Wohlfahrtsstaats gibt.

Liberalismus wie auch Sozialismus können sich jeweils als die wahren Vertreter des Fortschritts verstehen. »Progressiv« kann die Forderung nach Verstaatlichung, nach Umverteilung und nach Planung sein, so dass die Beharrung auf Konkurrenz, auf Marktwirtschaft und Privateigentum als »reaktionär« eingestuft wird. Umgekehrt kann aber der wahre Fortschritt auch in der Emanzipation des Individuums von kollektiven Zwängen gesehen werden, im Abbau von Bürokratie, in individueller Selbstverantwortung und wirtschaftlicher Freiheit, so dass der Wunsch nach Regulierung und Umverteilung als Ausfluss einer traditionellen Mentalität der väterlichen Fürsorge gewertet wird.

Massenproduktion von elektrischen Antriebsmaschinen in der Kleinmotorenfabrik der AEG in Berlin, 1905

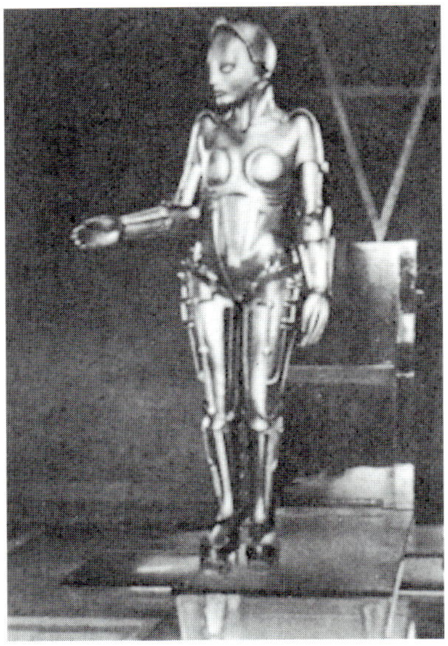

Zukunftsvisionen: Darstellung eines Roboters (l.) aus Fritz Langs Film »Metropolis« (1927); durch elektrische Ströme (r.) wird der Roboter in ein menschenähnliches Wesen verwandelt.

Welcher dieser beiden Pfade der eigentlich »fortschrittliche« oder »moderne« ist, bleibt eine Frage des jeweiligen Standpunktes. In Deutschland sieht man seit dem Kaiserreich, während der Weimarer Republik, in der Zeit des Nationalsozialismus bis hin zur Bundesrepublik (und der DDR) im Ausbau des Sozialstaats, in der Bildung einer solidarischen »Volksgemeinschaft«, in Ansätzen zur wohlfahrtsstaatlichen Planung und gesetzlichen Regelung der Wirtschaft einen zentralen Zug der »Modernisierung«. Erst in den letzten Jahren werden Stimmen lauter, die Abstand von dieser Tradition nehmen wollen und den wahren Fortschritt (im Zug der »Globalisierung«) darin sehen, individuelle Spielräume zu öffnen, die Wirtschaft zu deregulieren, sozialstaatliche Umverteilung zu reduzieren und auf die Selbstorganisation der Gesellschaft zu setzen.

Misstrauen gegen Aufklärung und Selbstbestimmung

Freilich gibt es – jenseits dieses Streits um den Fortschritt – schon seit längerem auch eine prinzipiellere Skepsis gegenüber dem Fortschritt. Ihren Ursprung hat diese konservative Haltung im christlich-spirituell geprägten Misstrauen gegen eine materialistisch werdende Welt. Das Versprechen des innerweltlichen Fortschritts, der Wohlstandssteigerung, der Emanzipation des Individuums aus gemeinschaftlicher Einbettung, das Programm der Aufklärung und Selbstbestimmung klingt in diesen Ohren wie das satanische Versprechen, der Mensch solle werden wie Gott.

»Was hülfe es dem Menschen, wenn er die ganze Welt gewönne, und nähme doch Schaden an seiner unsterblichen Seele« – an diesem Bibelwort wird der technische und wirtschaftliche Fortschritt gemessen. Besteht nicht die Gefahr einer prinzipiellen Verkehrung von Mittel und Zweck, wenn sich die Menschen vollständig der materiellen Welt hingeben? Müssen nicht Ruhe und Beschaulichkeit, Schönheit und Muße aus einer Welt verschwinden, die sich der permanenten industriellen Umwälzung aussetzt?

Das ältere Fortschrittsdenken hofft, die moderne Technik und Industrie werde Not und Elend aus der Welt vertreiben und zu einer Kultivierung der Menschen nach bürgerlichem Vorbild führen. Noch im frühen 20. Jahrhundert erwarten sozialdemokratische Bildungspolitiker, dass eine von Armut, Ausbeutung und Überarbeitung befreite Bevölkerung ihre Freizeit der Literatur, der Musik, dem Theater, ja sogar der Philosophie widmen werde – und in verkümmerter Form ist diese Orientierung an Werten der Hochkultur noch in der Pflege des »klassischen Kulturerbes« der DDR zu beobachten.

Wenn der französische Sozialist Paul Lafargue (1842–1911) nicht etwa das »Recht auf Arbeit«, sondern das »Recht auf Faulheit« einfordert, so ist damit das Recht auf Muße gemeint, auf Beschäftigung mit Kunst, mit Kultur. Der Philosoph Arthur Schopenhauer (1788–1860) hat allerdings schon früh darauf hingewiesen, dass ein Blick ins Offizierskasino den Beobachter eines Besseren belehren könne: Ein Leben in materiellem Wohlstand mit viel frei verfügbarer Zeit führe nur zu Langeweile, die mit Kartenspiel und Ehrenhändeln betäubt werden müsse. Einen wirklichen Fortschritt gebe es daher nicht, sondern es pegele sich immer wieder ein Durchschnittsniveau des Befindens ein.

Solche Bedenken nähren die Fortschrittsskepsis des frühen 20. Jahrhunderts, die vor allem unter Künstlern und Gebildeten verbreitet ist: Müssen Industrialisierung, Wohlstandswachstum und Konsumorientierung nicht dazu führen, dass die Gesellschaft oberflächlicher wird? Darf man ignorieren, was auf der Verlustseite des Fortschritts zu verbuchen ist? Wie hoch ist eigentlich der kulturelle Preis, der für das Wirtschaftswachstum zu zahlen ist? Nicht wenigen Beobachtern scheint er zu hoch zu sein.

Diese frühe Technikfeindschaft argumentiert noch nicht, wie die Technikdiskussion im letzten Drittel des 20. Jahrhunderts, in naturwissenschaftlichen Kategorien. Beklagt werden vielmehr das Verschwinden von landschaftlicher Schönheit, die Zerstörung der Ruhe durch Motorenlärm, die Verschandelung der Städte. Es ist ein ästhetischer Protest, der hier laut wird und in dessen Namen Forderungen nach Natur- und Landschaftsschutz, nach Denkmal- und nach Heimatschutz aufgestellt werden. Man will kulturelle und naturale Bestände vor der gewerblichen Vernichtung bewahren und verlangt, dass staatliche Maßnahmen zu diesem Zweck ergriffen werden. Diese Forderungen bleiben nicht ganz erfolglos. Natur- und Heimatschutz sind Bestrebungen, die eine gewisse Resonanz finden, auch in der Gesetzgebung vor dem Ersten Weltkrieg.

Die Erfahrung des Weltkriegs verstärkt die Skepsis gegenüber dem Fortschritt. Hat man zuvor noch geglaubt, die technische und industrielle Entwicklung bringe mehr Sicherheit in das bürgerliche Leben, so zeigt sie nun eine gefährliche, ja tödli-

Luftangriff durch deutsche Zeppeline im Ersten Weltkrieg

che Kehrseite. Viele von den Innovationen, die so begeistert begrüßt worden sind, bilden die Basis für Wehrtechnik und neue Waffen. Die Ammoniaksynthese nach dem Verfahren von Fritz Haber und Carl Bosch (1874–1940) steigert nicht nur die Nahrungsproduktion, sondern erlaubt die Herstellung von Sprengstoffen in zuvor unerreichbarem Umfang. Die Flugmaschinen sind nicht nur zivile Verkehrsmittel, sondern gestatten die Bombardierung aus der Luft. Die neuen Verfahren industrieller Massenproduktion verbilligen nicht nur die Konsumgüter, sondern ermöglichen neuartige Materialschlachten, mit Opfern in unfassbaren Dimensionen.

Ammoniaksynthese zur Produktion von Kunstdünger, aber auch von Sprengstoffen – das Foto zeigt die Leuna-Werke bei Merseburg, 1938.

Die verlorene Unschuld der Technik

Mit dem Ersten Weltkrieg hat der Fortschritt des 19. Jahrhunderts seine Unschuld verloren. Die industrielle Technik ist nicht mehr eindeutige Grundlage des zivilisatorischen Fortschritts. Hinzu kommt während der Wirtschaftskrise der späten Zwanzigerjahre die Befürchtung, dass sich die technische Rationalisierung der Produktion nach einer kapitalistischen Entwicklungslogik vollzieht, die sich immer weiter von den Interessen und Bedürfnissen der Menschen entfernt. Wenn Massenarbeitslosigkeit und Armut Resultate technischen Fortschritts sind, so hat sich die technisch-ökonomische Entwicklung endgültig von dem Versprechen abgelöst, den Menschen das Leben zu erleichtern. Die Technik mag zwar ein neutrales Instrument sein, doch stellt sich vielen Zeitgenossen die Frage, in wessen Händen sich dieses Instrument befinden soll.

In dieser Situation wird zunehmend die Forderung laut, Technik und Industrie einer planenden und steuernden Instanz zu unterstellen, die dafür sorgt, dass deren Entwicklung nicht in einen Gegensatz zu den Interessen der Mehrheit der Bevölkerung gerät. Von der extremen Linken bis zur extremen Rechten, von den Kommunisten bis zu den Nationalsozialisten werden Konzepte entwickelt, die Technik einem einheitlichen politischen Willen zu unterwerfen. Allerdings hat man ganz unterschiedliche Vorstellungen davon, wer die Technik steuern soll: die Diktatur des Proletariats, der Führerstaat, eine technokratische Expertenherrschaft oder die Wirtschaftsdemokratie. Allen diesen Programmen liegt aber das gemeinsame Motiv zugrunde, dass der technische und wirtschaftliche Fortschritt einer bewussten politischen Regulierung bedarf, soll er nicht selbstzerstörerische Folgen haben.

Die Erfahrungen des Nationalsozialismus und des Zweiten Weltkriegs demonstrieren schließlich, welche Gefahren in der Ermächtigung einer totalen Herrschaft liegen. In der Bundesrepublik kehrt man daher zur Marktwirtschaft zurück, die freilich einen starken und wachsenden sozialstaatlichen Akzent erhält. In den Sechzigerjahren nehmen schließlich Projekte der Planung, der staatlichen Steuerung und Reglementierung wieder zu. Nicht nur sind viele Ökonomen jetzt der Überzeugung, eine aktive staatliche Stabilitäts- und Konjunkturpolitik könne die Wirtschaftskrisen ein für allemal überwinden und das Ziel der Vollbeschäftigung und des Wohlstands für alle erreichbar machen. Es wird nun auch wieder das Konzept der aktiven Planung und Organisation von Wissenschaft und Technik verfolgt, zunächst auf dem Feld der Kernenergie, dann aber auch auf anderen (zivilen) Gebieten.

Nach dem Ende des Fortschritts

Die Reformära der späten Sechziger- und frühen Siebzigerjahre bringt einen enormen Aufschwung der staatlichen Organisation von Wissenschaft und Technik. In diesem Zusammenhang ist dann auch die Entstehung einer eigenständigen Umweltpolitik zu verorten. Die Themen »Umweltzerstörung« und »Umweltschutz« spielten in den Fünfziger- und Sechzigerjahren eine recht untergeordnete Rolle im politischen Raum. Dem Natur- und Denkmalschutz haftet der Ruch des Altfränkischen an, eines »reaktionären« Beharrens, einer rückwärtsgewandten Fortschrittsfeindschaft. Dies ändert sich erst, als mit der amerikanischen Protest- und Hippiebewegung »Naturzerstörung« als ein modernes demokratisches Politikthema importiert wird. Die Wendung gegen den »technischen Fortschritt« kann in den frühen Siebzigerjahren von den gesellschaftlichen »Fortschrittskräften« besetzt werden. Es ist dies eine erstaunliche Umkehr der politischen Fronten: Die »Progressiven« wenden sich gegen den Fortschritt, während die »Konservativen« zu seinen eifrigsten Förderern werden.

Freilich setzt das neue Misstrauen gegen die Technik, die neue Forderung nach Natur- und Umweltschutz andere Akzente, als sie in den älteren Bewegungen üblich waren. Der frühere Protest gegen Naturzerstörung und Verwüstung des Stadtbildes hat sich im Namen der Tradition, der Kultur und der Ästhetik artikuliert. Hier stehen also die »Geistigen«, die Künstler und literarisch Gebildeten auf der einen, die Ingenieure, Ökonomen und Naturwissenschaftler auf der anderen Seite. Diese Frontstellung verwischt sich nun. Die neue Protestbewegung spricht nicht mehr von »Kultur«, »Tradition«, »Heimat«, »Schönheit« und »Seele«, sondern sie verwendet nun selbst naturwissenschaftlich-technische Begriffe.

Dies wird in der Anti-Atomkraftwerk-Bewegung der Siebzigerjahre besonders deutlich, wo plötzlich der Typus des »Gegenexperten« auftritt. Ein Dissident der Atomwirtschaft wie Klaus Traube kann zur Symbolfigur dieses Umschwungs werden: Die Kritik an der Technik kommt nun aus dem Zentrum der Technik selbst, sie bedient sich einer Sprache, die sich nicht

Am 26. April 1986 kommt es in Tschernobyl zum bislang schwersten Unfall in der Geschichte der friedlichen Nutzung der Kernenergie (oben).

Proteste gegen das Kernkraftwerk Brokdorf 1986

mehr von der Sprache der offiziellen Experten unterscheidet. Im späteren Verlauf der Umweltdebatten setzt sich dann ein immer stärker werdender Zug zur Professionalisierung durch: Schon die Diskussion um das »Waldsterben« nach 1980 wird vorwiegend von naturwissenschaftlichen Experten geführt. In den Achtzigerjahren werden dann spezielle Forschungsinstitute gegründet, die sich der Untersuchung von (schädlichen) Technikfolgen annehmen. In den Neunzigerjahren schließlich sind Experten und Gegenexperten nicht mehr voneinander zu unterscheiden. Selbst etablierte Großforschungszentren, die noch 20 Jahre zuvor zu den erbittertsten Gegnern der Umweltbewegung zählten, beherbergen nun Abteilungen, die sich mit Technikfolgenforschung befassen. Die Fragen der Technikskeptiker sind in den normalen Prozess der Technikforschung einbezogen worden.

Am Ende des 20. Jahrhunderts haben sich einige der Konturen stark verwischt, die zuvor das Denken über den Fortschritt bestimmten. In einem Weltbild, das vom Fortschrittsglauben geprägt ist, besitzt die Geschichte eine eindeutige Richtung: Sie schreitet zum Besseren voran, und eben diese Bewegung nennt man »Fortschritt«. Wird die Geschichte dagegen als ein offener Prozess angesehen, als ein Drama, dessen guter (oder auch schlechter) Ausgang keineswegs garantiert ist, dann hat die Rede vom Fortschritt zum Besseren keinen Sinn mehr.

Letzte Restbestände des Fortschrittsdenkens finden wir heute in den verbreiteten Begriffen »modern« oder »Modernisierung«, die immer noch das, was naturwüchsig geschieht, mit dem gleichsetzen, was geschehen soll. Doch wird immer klarer, wie unpräzise diese Wörter eigentlich sind, wie viel sie unterstellen und in wie hohem Maß sie an weltanschauliche Grundüberzeugungen gebunden sind, die heute eigentlich kaum noch jemand teilt. Wir gehen daher einer Epoche nach dem Ende des Fortschritts entgegen, also nach dem Ende eines Weltbildes, das sich zugetraut hatte, in eine schwierige komplexe Welt überschaubare Linien einzuziehen.

Umweltprobleme durch Technik: Der Braunkohletagebau Jänischwalde bei Cottbus hinterlässt eine Mondlandschaft.

DOKUMENT

Fortschritt – »Untergang der Seele« oder »normales Politikthema«

Der Kulturphilosoph Ludwig Klages (1872–1956) spricht 1913 über die tödlichen Folgen des Fortschritts:

»So hätten wir denn beisammen die Früchte des ›Fortschritts‹! Wie ein fressendes Feuer fegt er über die Erde hin, und wo er die Stätte einmal gründlich kahl gebrannt, da gedeiht nichts mehr, solange es noch Menschen gibt! Vertilgte Tier- und Pflanzenarten erneuern sich nicht, die heimliche Herzenswärme der Menschheit ist aufgetrunken, verschüttet der innere Born, der Liederblüten und heilige Feste nährte, und es blieb ein mürrischkalter Arbeitstag, mit dem falschen Flitter lärmender ›Vergnügungen‹ angetan. Kein Zweifel, wir stehen im Zeitalter des Unterganges der Seele.«

Richard Nikolas Graf Coudenhove-Kalergi (1894–1972) erwartet 1932 eine Befreiung nicht nur des Menschen, sondern auch der Tiere:

»Die Maschine hat eine doppelte Aufgabe: die Produktion zu vermehren und die Arbeit zu vermindern und zu erleichtern. Durch Mehrung der Produktion wird die Maschine die Not brechen – durch Minderung der Arbeit die Sklaverei. Die Maschine ist nicht nur berufen, die Menschensklaven zu befreien, sondern auch die Tiersklaven zu erlösen: jene unglücklichsten und unfreiesten Wesen unter der Sonne. Das Auto befreit das Pferd – der Traktor Elefanten und Ochsen – der Telegraf die Brieftaube, das Flugzeug das Kamel. Ungezählte Singvögel in ihren engen Kerkern sind befreit durch das Radio, Kettenhunde durch elektrische Signale und Selbstschüsse, Katzen durch Mäusefallen, Schoßhunde durch Grammofone, Tanzbären und Zirkuslöwen durch Kinos. Die ... Befreiung der gefangenen Tiere durch die Maschine hat begonnen: die Befreiung des gefangenen Menschen wird folgen.«

Der Soziologe Hans Freyer (1887–1969) sieht 1965 in der Technik eine Kraft, die sich über alle Widerstände hinwegsetzt:

»Teilströme, die abbiegen, dann aber mit umso größerer Wucht in das allgemeine Bett zurückfluten, Wirbel, die aber in die allgemeine Richtung einbezogen bleiben, Gischt, die aufschäumt, aber in den Sturz zurücksinkt – nur eben alles in der Richtung verkehrt: ein Sturz nach oben ... Die Frage ist dann nicht mehr, wer den Fortschritt will und wer ihn verantwortet, da ein Wille doch wohl die Möglichkeit einer offenen Wahl voraussetzen würde und da in die Verantwortung des Menschen nur das fallen kann, was er zu bewirken und zu verhindern vermag. Das Problem ist vielmehr, den Fortschritt, d. h. seine jeweils nächsten Schritte zu vollziehen oder auch nur: mit ihm Schritt zu halten.«

Der Philosoph Jürgen Mittelstraß (*1936) erkennt 1996 eine Änderung der »Großwetterlage« in der Technikdiskussion:

»Aus den Ressentiments einer bürgerlichen Gesellschaft, die ihre vorindustriellen Werte aus der Dynamik der Industrialisierung und somit aus der modernen Welt herauszuhalten suchte und aus einem überschwänglichen Glauben an die ›Natürlichkeit‹ der Natur, der zunächst nicht wahrhaben wollte, dass Natur nicht Gegensatz von Kultur, sondern Teil der Kultur des Menschen ist und entsprechend auch der Begriff der Umwelt nicht als ein ›naturalistischer‹, sondern als ein ›kulturalistischer‹ Begriff verstanden werden muss, ist heute ein realistisches Dauerproblem ... geworden ... Umwelt ist von einem Romantikthema (Befriedigung von Heile-Welt-Bedarf), einem Reaktionsthema (Befriedigung von Wissenschafts- und Politik-Kritikbedarf), einem Provokationsthema (Befriedigung von Unzufriedenheitsbedarf) und einem Zukunftsthema (Befriedigung von Visionsbedarf) zu einem ›normalen‹ Politik- und Wissenschaftsthema geworden.«

FOLGE

28

GOTTVERTRAUEN

Die Deutschen und ihr Glaube

Leere Gotteshäuser und eine wachsende Zahl von Kirchenaustritten – ist der Glaube auf dem Rückzug aus Deutschland? Statistisch gesehen nimmt der Anteil des Kirchenvolks an der Gesamtbevölkerung ab. Andererseits platzen bei Kirchentagen die Messehallen und Meditationszentren schier aus allen Nähten. Vor allem junge Menschen suchen dort nach Glaubenserfahrungen. Nicht der Glaube an sich scheint an Anziehungskraft zu verlieren, vielmehr sind es starre Traditionen und überkommene Rituale, welche viele Menschen nach neuen Formen christlichen Glaubens suchen lassen.

Religiöses Brauchtum bestimmt öffentliches Leben

Um die Jahrhundertwende bekennen sich die meisten Deutschen zum Christentum – nur 2 % gehören nicht der protestantischen oder katholischen Konfession an. Die christlichen Bräuche bestimmen das Leben. So ist es vor allem in ländlichen Gebieten selbstverständlich, am Sonntag den Gottesdienst zu besuchen. Bei allen wichtigen Ereignissen des Lebens, sei es Taufe, Hochzeit oder Tod, darf der Priester oder Pastor, der neben dem Bürger- und dem Schulmeister zu den Honoratioren zählt, nicht fehlen. In den überwiegend konfessionellen Schulen werden Gebete und Gebote der Kirchen gepaukt und auch im häuslichen Bereich begleiten Gebete den Tagesablauf.

Im Lauf des Kirchenjahrs prägen christliche Feiern die Öffentlichkeit, die Fron-

Demonstration des Glaubens: Fronleichnamsprozession im bayerischen Reichersdorf

Konfirmanden auf dem Weg zum Gottesdienst: Religiöse Riten spielen um die Jahrhundertwende eine große Rolle.

leichnamsprozession ebenso wie die Wallfahrt ins bayerische Altötting, an der z. B. 1914 rd. 300 000 Pilger teilnehmen.

Wie schon Ende des 19. Jahrhunderts organisieren sich die Gläubigen in zahllosen Laienvereinigungen. Jugendgruppen der Christlichen Vereine junger Männer (CVJM) schmökern in biblischen Texten. Katholische Jungmänner gehen auf große Fahrt, der 1909 gegründete Quickborn macht sich für eine erneuerte Liturgie im katholischen Gottesdienst stark. Auch soziales Engagement zählt zu den Aufgaben, die sich die Vereine geben.

Dem Bekenntnis nach ist das Deutsche Reich geteilt in vorwiegend katholische Gebiete wie das Rheinland oder Bayern und in überwiegend protestantische Regionen wie Preußen. Die Konfession trennt noch immer: Ehen zwischen Katholiken und Protestanten sind relativ selten.

In ihrem Patriotismus sind sich die Christen beider Konfessionen jedoch einig: »Ist Gott für uns, wer mag gegen uns sein?« In diesem Glauben ziehen Christen in den Ersten und später in den Zweiten Weltkrieg. »Für Gott und Vaterland« wollen sie kämpfen. Feldprediger begleiten sie und kümmern sich um die geistlich-moralische Aufrüstung. In der Heimat lassen Pfarrer und Pastoren die Kirchenglocken läuten, wenn an der Front ein Sieg errungen wird. Doch am Ende erweist sich das triumphierende und überhebliche Glaubensbewusstsein als eine Täuschung.

Kreuz und Hakenkreuz

Das Verhältnis der Christen zu den gegen Ende der Weimarer Republik immer stärker werdenden Nationalsozialisten ist zwiespältig. Die Reaktionen reichen von Begeisterung für die Ziele der NSDAP bis hin zu Ablehnung oder zumindest tiefer Skepsis. Ein »positives Christentum«, eine Mischung aus germanisch-völkischem und christlichem Gedankengut, wie es der NS-Ideologe Alfred Rosenberg entwirft, lehnen die meisten Gläubigen ab. In Hitler allerdings sehen auch Christen ihren politischen »Heilsbringer«.

Nach Hitlers Machtübernahme im Januar 1933 und nach der Unterzeichnung des Konkordats zwischen dem Deutschen Reich und dem Vatikan im Juli desselben Jahres feiern die Berliner Katholiken vor der Hedwigskathedrale einen Dankgottesdienst. Hakenkreuzfahnen werden gehisst, eine SA-Kapelle spielt Kirchenmusik. Hitlers Parteigänger auf protestantischer Seite, die Deutschen Christen, erhalten in den Kirchenparlamenten maßgeblichen Einfluss. Eine kleine Schar von Theologen und Pfarrern wie Martin Niemöller organisiert den Widerstand gegen die Gleichschaltungspolitik der Nazis und der Deutschen

Christen. Die Bekennende Kirche beruft sich 1934 in ihrer »Barmer Erklärung« auf die Bibel: In der Kirche dürfe es nur einen Führer geben, nämlich Jesus Christus.

Nach und nach drängen die Nazis das Glaubensleben aus der Öffentlichkeit in Kirchen und Sakristeien zurück. Hatte die SA noch 1933 während der traditionellen Heilig-Rock-Wallfahrt in Trier bei der Organisation des Katholikentreffens geholfen, werden vier Jahre später alle christlichen Organisationen und Verbände verboten. Wer seinem Glauben und Gewissen treu bleiben will, muss damit rechnen, inhaftiert zu werden. Der »Stürmer« druckt Schmähartikel gegen jüdische Gläubige und christliche Geistliche. In der Nacht vom 9. auf den 10. November 1938 zerstören die Nationalsozialisten und ihre Anhänger jüdische Friedhöfe, Synagogen, Wohn- und Geschäftshäuser. Jüdische Gläubige werden deportiert und in Konzentrationslagern ermordet. Auch Christen, die sich wie Dietrich Bonhoeffer (1906–1945) oder Alfred Delp (1907–1945) gegen den nationalsozialistischen Terror wehren, werden von den Nazis verfolgt und hingerichtet.

Reichstagung der Deutschen Christen im Berliner Sportpalast 1934

Trost in den Trümmern

Der christliche Glaube erlebt nach Kriegsende und dem Zusammenbruch der Nazidiktatur eine Renaissance. In den Gottesdiensten suchen zahlreiche Deutsche Trost. Selbst in Kirchenruinen und unter freiem Himmel werden Messen gelesen und Gottesdienste gefeiert.

Die aus ihrer Heimat vertriebenen Pommern, Ostpreußen, Schlesier und Sudetendeutschen verändern die konfessionelle Landkarte Deutschlands. In ehemals rein protestantischen Gebieten entstehen katholische Gemeinden. Umgekehrt siedeln sich Protestanten in zuvor katholischen Dörfern an. Fahrende Priester kümmern sich um die katholischen Gemeinden der Vertriebenen. Zelte und Wagen dienen als Kirchenersatz. »Speckpater« Werenfried van Straaten bringt Hilfsgüter aus seiner flämischen Heimat und versorgt Priester mit Motorrädern und Opel-Blitz-Wagen. Katholische wie evangelische Hilfswerke kümmern sich um die Verteilung von Spenden aus dem Ausland. Die Protestanten entwickeln ein Notkirchenprogramm, mit dem zwischen 1947 und 1949 aus vorfabrizierten Teilen 48 Gotteshäuser gebaut werden.

Christen beteiligen sich auch am politischen Wiederaufbau. Die 1945 gegründete Christlich-Demokratische Union integriert nun – anders als die katholisch geprägte Zentrumspartei – in der Bundesrepublik Christen beider Konfessionen. Auch die neuen evangelischen Akademien wollen

Pfingsten 1953 – der erste Gottesdienst nach dem Krieg in den Trümmern der Kaiser-Wilhelm-Gedächtniskirche in Berlin

zwischen Glaube und Gesellschaft eine Brücke schlagen und melden sich zu brisanten politischen Themen in der Öffentlichkeit zu Wort. Ebenso sind die wieder auflebenden Kirchen- und Katholikentage von politischen Problemen geprägt und immer mehr werden diese Glaubenstreffen zu einer breiten Massenbewegung. Dabei interessiert die Christen in Ost und West nach dem Krieg vor allem ein Thema: die Forderung nach dem Ende der Trennung zwischen West- und Ost-Deutschland.

»Väterchen Frost«

In der 1949 gegründeten DDR ist es vorbei mit der Selbstverständlichkeit des öffentlichen Glaubenslebens. Die SED verordnet atheistische Bräuche: Jugendweihe statt Konfirmation, sozialistische Eheweihe statt kirchlicher Trauung. An Weihnachten warten die Ostdeutschen nun – laut offizieller Sprachregelung – nicht mehr auf das »Christkind«, sondern auf »Väterchen Frost«. Wer dennoch in der Öffentlichkeit zu seinen christlichen Glaubensüberzeugungen steht und sich aktiv am Gemeindeleben beteiligt, muss in Schule, Studium und Beruf mit Schikanen und Karriereknick rechnen. Das Gemeindeleben geht dennoch weiter. Religionsunterricht findet nun nicht mehr an den Schulen, sondern in Pfarr- und Gemeindehäusern statt. Außerdem entstehen erste Partnerschaften zwischen Gemeinden im Osten und im Westen.

Die Kirchen im Westen nutzen das neue Massenmedium Fernsehen – wie schon den Hörfunk – für ihre Glaubensverkündigung. Zunächst darf ein ausgewähltes Publikum im Dezember des Jahres 1952 einen Fernsehgottesdienst zur Probe sehen. Im Jahr darauf überträgt der NWDR erstmals evangelische und katholische Fernsehgottesdienste. Kritiker sprechen im »Spiegel« von einem »schauerlichen Vorgang«. 1954 wird erstmals das »Wort zum

Dokument

»Wir klagen uns an...«

In dem vom vorläufigen Rat der Evangelischen Kirche Deutschlands (EKD) während seiner Sitzung am 18. und 19. Oktober 1945 verfassten »Stuttgarter Schuldbekenntnis« heißt es unter anderem:

»Mit großem Schmerz sagen wir: Durch uns ist unendliches Leid über viele Völker und Länder gebracht worden. Was wir in unseren Gemeinden oft bezeugt haben, das sprechen wir jetzt im Namen der ganzen Kirche aus: Wohl haben wir lange Jahre hindurch im Namen Jesu Christi gegen den Geist gekämpft, der im nationalsozialistischen Gewaltregime seinen sichtbaren Ausdruck gefunden hat; aber wir klagen uns an, dass wir nicht mutiger bekannt, nicht treuer gebetet, nicht fröhlicher geglaubt und nicht brennender geliebt haben.
Nun soll in unseren Kirchen ein neuer Anfang werden. Gegründet auf die Heilige Schrift, mit ganzem Ernst ausgerichtet auf den alleinigen Herrn der Kirche, gehen sie daran, sich von glaubensfremden Einflüssen zu reinigen und sich selbst zu ordnen.«

Sonntag« ausgestrahlt, eine Sendung, die mehr als 40 Jahre später noch produziert wird. 1957 kommen die ersten Schallplatten mit religiösen Schlagern auf den Markt: »Es war im Anfang« (Ralf Bendix) und »Wer?« (Lys Assia).

Mit Jesus auf »Trip«

Zu Beginn der Sechzigerjahre entdecken die Sekten Deutschland als Missionsgebiet. In Bonn trifft sich erstmals eine Gruppe der Transzendentalen Meditation (TM). Hare-Krishna-Jünger sammeln sich in Ashrams und tanzen sich in Ekstase. Vereinigungskirche, Baghwan-Bewegung und Scientology werben um neue Jünger. In ihren Gruppen suchen vor allem junge Menschen, was sie im Glauben ihrer Eltern und in den Traditionen nicht mehr finden: Sinn. Nach der Hippie-Bewegung finden die Jesus People ihren Weg aus den USA nach Deutschland. »Jesus ist der größte Trip« schreiben sie sich für ihre Missionszüge auf ihre Plakate und ziehen durch die Großstädte. Trotz buchstabentreuem Bibelglauben und strenger Moral lassen sich junge Christen von den ungezwungenen Formen der Glaubensfeier der Jesus People begeistern.

Viele Jugendliche suchen alternative Formen des Glaubens: Anhänger des indischen Gurus Baghwan bei einem Treffen 1981 im Erdinger Moos bei München.

Emanzipiertes Kirchenvolk

Einen Wandel gibt es nun auch in den etablierten Kirchen. Jazz-Gruppen bringen frischen Wind in die Gottesdienste. Die evangelischen Kirchen öffnen die Pfarrämter für Frauen. Die ersten politischen Nachtgebete entstehen: Gesellschaftliches Engagement wird durch den Glauben begründet und vertieft. Auf dem evangelischen Kirchentag in Stuttgart kommt es deshalb 1969 zu heftigen Auseinandersetzungen. Es geht um die Frage, ob sich das Glaubensleben auf Frömmigkeit, Bibellese und Sonntagsgottesdienst beschränken soll oder ob Glaube nicht geradezu zu politischem Engagement herausfordert.

Auch in der katholischen Kirche findet ein Wandel statt. Nach dem Zweiten Vatikanischen Konzil (1962–1965) feiern die deutschen Katholiken ihre Messe nun in der Muttersprache. Moralische Vorgaben aus Rom werden nicht mehr fraglos akzeptiert. So fordern Teilnehmer des Essener Katholikentags 1968 den Rücktritt des wegen seiner Enzyklika zur Antibabypille heftig kritisierten Papstes Paul VI. Priester und Laien setzen sich für eine Reform der hierarchischen römisch-katholischen Kirche ein. Die katholischen Laien haben inzwischen auch ein Mitspracherecht in den Synoden der Ortskirchen.

Trennung und Annäherung

Im Osten Deutschlands wird das gesellschaftliche Klima für die Gläubigen rauher. Die SED verschärft Ende der Sechzigerjahre ihren kirchenkritischen Kurs. Jazz-Gottesdienste werden verboten, Neubauten von Kirchen nicht mehr genehmigt. Auch Bibelwochen sind unerwünscht. Nach dem Mauerbau 1961 erschweren Reisebeschränkungen die gemeinsamen Tagungen der Christen in Ost und West. Gesamtdeutsche Katholiken- oder Kirchentage gibt es nicht mehr.

Während die Gläubigen im Osten und Westen durch den »Eisernen Vorhang« immer weiter voneinander getrennt werden, verlieren die Konfessionsgrenzen an Bedeutung. Das andere christliche Bekenntnis oder die Vorbehalte vor allem katholischer Kirchenmänner hindern junge Paare nun immer weniger an einer Eheschließung und 1971 schließlich treffen sich 7000 Katholiken und Protestanten in Augsburg erstmals nach der Reformation zu einer gemeinsamen Großveranstaltung. Die Gläubigen fordern von ihren jeweiligen Kirchenleitungen die gegenseitige Anerkennung von Abendmahlspraxis und Eucharistiefeier.

»Zeitalter des Wassermanns«

Mit ihren Fragen nach Gott und dem Sinn des Lebens fühlen sich immer weniger Menschen bei den christlichen Kirchen aufgehoben. Die Zahl der Kirchenaustritte nimmt in den Achtzigerjahren zu, gleichzeitig gewinnen die Esoterik und fernöstliche Heilslehren an Anziehungskraft. Schriften über das »Zeitalter des Wassermanns« füllen die Bücherregale, New-Age-Musik ertönt vom CD-Player und in speziellen Seminaren können Zenpraktiken und andere Meditationstechniken erprobt werden.

Inzwischen prägen vor allem Jugendliche die Kirchen- und Katholikentage, die

Schwerter zu Pflugscharen: Provokation des SED-Staats beim Wittenberger Kirchentag 1983

Stichwort

Schwerter zu Pflugscharen

Das Bibelwort »Schwerter zu Pflugscharen« wird 1981 zum Symbol der Friedensbewegung in der evangelischen Kirche in der DDR. Mit einem Aufnäher und Button, der das Bibelwort aus dem Buch Micha symbolisiert, protestieren junge Christen gegen Aufrüstung in Ost und West. Auch im Westen wird der Slogan populär.

Die DDR-Regierung reagiert mit einem Verbot und geht ab März 1982 gegen das Symbol vor. Aus Protest tragen viele Jugendliche – nachdem die Polizei den Aufnäher entfernt hat – an dessen Stelle ein Loch, einen roten Kreis oder weißen Fleck auf ihren Jacken.

Die protestantischen Kirchen verwenden das Symbol erneut für die Werbung zur Friedensdekade. Und beim Kirchentag in Wittenberg 1983 wird vor laufenden Kameras demonstrativ ein Schwert zu einer Pflugschar umgeschmiedet.

sich mit aktuellen politischen und gesellschaftlichen Problemen wie Frieden und Umwelt auseinandersetzen. 1983 protestieren Gläubige mit violetten Tüchern in Hannover gegen die atomare Aufrüstung in Ost und West und zwei Jahre später ruft der Physiker Carl Friedrich von Weizsäcker beim Kirchentag in Düsseldorf die Gläubigen aller Konfessionen zu einem gemeinsamen konziliaren Prozess für Frieden, Gerechtigkeit und Bewahrung der Schöpfung auf.

Auch in der DDR engagieren sich Christen in den Nischen, die ihnen der DDR-Staat lässt, für Umwelt- und Friedensaktionen. 1980 findet die erste Friedensdekade statt mit dem Motto: »Frieden schaffen – ohne Waffen«. Auf die Verhaftung von kirchlichen Mitarbeitern Ende der Achtzigerjahre reagieren die Gläubigen mit Mahnwachen, Kerzendemonstrationen und Friedensgebeten. Nach den Montagsgebeten in der Nikolaikirche 1989 in Leipzig gehen immer mehr Menschen auf die Straße und demonstrieren – bis die Mauer im November fällt.

Auf dem Weg ins nächste Jahrtausend

Die Kritik an den Traditionen wächst. 1995 fordern über 1,7 Millionen Christen in einem Kirchenvolksbegehren die Abschaffung des Pflichtzölibats und die Zulassung von Frauen zum Priesteramt in der katholischen Kirche.

Die religiöse Szene in Deutschland ist vielfältiger geworden. Glaube ist nicht mehr nur an Kirchenmitgliedschaft oder an konkrete Ortsgemeinden gebunden. Mitte der Neunzigerjahre geht die erste Online-Pfarrerin der evangelischen Kirche ans Netz und auf dem Datenhighway finden sich virtuelle Gemeinden zusammen. Die Glaubensformen sind zwangloser geworden. Immer weniger bestimmen die Familie oder das soziale Umfeld, wie Glaube gelebt wird.

Christliche Kirchen sind nicht mehr die einzigen Sakralgebäude, welche das Stadtbild prägen. Mit der Anwerbung von ausländischen Arbeitnehmern haben viele Muslime in Deutschland eine neue Heimat gefunden und hier ihre Moscheen errichtet. Auch jüdische Gemeinden werden wieder neu gegründet und erhalten Zuwachs durch Migranten aus Osteuropa.

Theologische Vordenkerinnen und Vordenker wie Dorothee Sölle und Hans Küng suchen nach neuen und zeitgemäßen Antworten auf die Glaubens- und Sinnfragen der Menschen. Die Gläubigen hinterfragen nicht mehr nur die Formen, sondern auch die Inhalte. Während die katholische Kirche dem Ökumeniker Küng die Lehrerlaubnis entzieht, werden seine in den Siebzigerjahren publizierten Bücher »Christsein« und »Existiert Gott?« Bestseller.

In den Sonntagsgottesdiensten bleiben am Ende des 20. Jahrhunderts immer mehr Kirchenbänke leer. Nur etwa jeder fünfte Katholik besucht in den Neunzigerjahren noch regelmäßig die Messe. 1950 war es etwa jeder zweite. Fundamentalistische Glaubensgemeinschaften finden dagegen neue Anhänger. Manche Kirchengemeinden reagieren darauf, indem sie ihre Gotteshäuser öffnen und zu modernen City-Kirchen mit Begegnungszentren, Ausstellungsräumen, Meditationsecken und Cafés umbauen. Glaube ist nicht »out« – aber er hat am Ende des 20. Jahrhunderts viele Gesichter.

Junge Menschen prägen die Kirchentage – Szene vom evangelischen Kirchentag 1993.

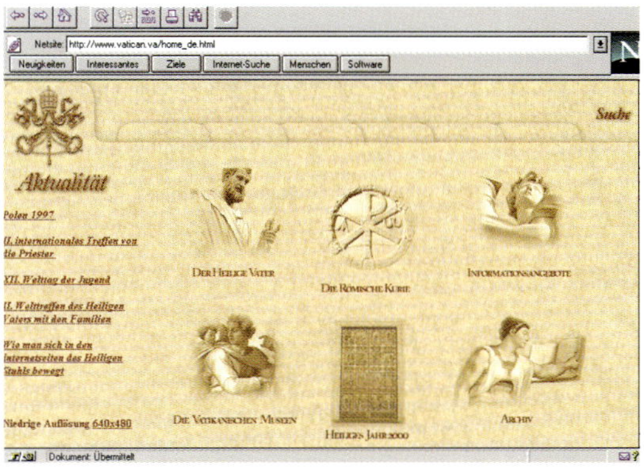

Glaubensinformationen im Internet: Auch der Vatikan ist online erreichbar.

Muslime in Berlin-Neukölln 1997 beim Morgengebet

Die Chronik des Glaubens

CVJM-Posaunenchor Tübingen im Jahr 1906

1900 Der 1890 gegründete Volksverein für das katholische Deutschland verzeichnet noch immer einen Mitgliederzuwachs.

1903 Der Katholische Frauenbund wird gegründet.

1909 In Schlesien wird der Quickborn, Bund der katholischen Jugendbewegung für Jungen und Mädchen, gegründet. Diese Jugendbewegung erprobt in Anlehnung an den Religionsphilosophen Romano Guardini auf der Burg Rothenfels in Hessen neue Formen der Liturgie.

1.12.1910 Nach einer Volkszählung sind 36,39 % der Deutschen römisch-katholisch, 61,59 % evangelisch, 0,44 % andere Christen (z.B. Altkatholiken) und 0,95 % Juden. Beim Rest gibt es keine Angabe.

1918 Romano Guardinis Buch »Vom Geist der Liturgie« erscheint, das die liturgische Bewegung inspiriert.

11.8.1919 Die Weimarer Reichsverfassung tritt in Kraft. Darin wird die Freiheit der Religionsausübung garantiert.

27.-30.8.1921 In Frankfurt am Main findet der erste Katholikentag nach dem Ersten Weltkrieg statt.

25.5.1922 In Wittenberg wird der Deutsche Evangelische Kirchenbund gegründet.

12.2.1928 In einer Predigt greift der Münchner Kardinal Michael von Faulhaber das Anliegen der von Papst Pius XI. angeregten Katholischen Aktion auf. Die Aktion hat es sich zum Ziel gesetzt, katholische Grundsätze im persönlichen und gesellschaftlichen Leben zu verbreiten.

1931 Die Fuldaer Bischofskonferenz erklärt die Ziele der NSDAP für teilweise unvereinbar mit der Lehre der katholischen Kirche.

1932 Die Glaubensbewegung Deutsche Christen entsteht in Preußen auf Anregung der preußischen Landtagsfraktion der Nationalsozialisten.

23.3.1933 Die Katholiken begrüßen Hitlers Ermächtigungsgesetz. Die kritische Stellungnahme der Bischofskonferenz von 1931 wird quasi zurückgezogen. Die Nationalsozialisten richten in der Folgezeit eine eigene Lebensfeierpraxis ein für Namensgebung, Eheweihe und Totenweihe.

20.7.1933 Mit einer feierlichen Zeremonie im Vatikan wird das Reichskonkordat offiziell unterzeichnet.

23.7.1933 Bei den evangelischen Kirchenwahlen können die Deutschen Christen große Erfolge verbuchen.

21.9.1933 Maßgeblich von Martin Niemöller betrieben, entsteht in Berlin der Pfarrernotbund als Protestbewegung.

29.-31.5.1934 In Barmen tagt die Bekenntnissynode, welche die Barmer theologische Erklärung verabschiedet.

5.3.1935 Etwa 700 altpreußische Geistliche werden inhaftiert, die auf das Verlesen des Wortes der Altpreußischen Bekenntnissynode an die Gemeinden vom 5. März nicht verzichten wollten.

4.11.1936 Der Kultusminister von Oldenburg kündigt an, alle religiösen Symbole wie Kruzifixe aus den Schulen zu entfernen. Es kommt zu Protesten.

21.3.1937 Die Enzyklika »Mit brennender Sorge« von Papst Pius XI. wird in den deutschen Kirchen verlesen.

27.6.1937 Martin Niemöller hält seine vorläufig letzte Predigt in Freiheit. Vier Tage später wird er von den Nazis verhaftet.

9.11.1938 In der Nacht zum 10. November zerstören die Nationalsozialisten jüdische Friedhöfe, Synagogen, Wohn- und Geschäftshäuser.

1940 Gottesdienste dürfen nach Fliegeralarm nicht vor 10 Uhr morgens beginnen, um die Ruhe der Bevölkerung zu gewährleisten. Kirchliche Gebäude werden wegen »militärischen Bedarfs« konfisziert, Klöster aufgehoben, Wallfahrten untersagt.

1941 Der Münsteraner Kardinal Clemens August Graf von Galen wendet sich in drei scharfen Predigten gegen die Kirchenpolitik der Nazis und gegen die Tötung Geisteskranker.

Ende September 1945 In der evangelischen Akademie Bad Boll findet die erste Tagung statt.

8.-19.10.1945 Bei der Sitzung des vorläufigen Rats der Evangelischen Kirche Deutschlands wird das Stuttgarter Schuldbekenntnis unterschrieben.

31.12.1946 Kardinal Josef Frings rechtfertigt in seiner Silvesterpredigt den Diebstahl von zum Überleben notwendigen Gütern in einer existenziellen Notlage.

13.7.1948 Die Evangelische Kirche in Deutschland (EKD) wird als Dachverband von lutherischen, reformierten und unierten protestantischen Kirchen gegründet.

»Reichskristallnacht«: brennende Synagoge in Frankfurt

1948 Pater Johannes Leppich, ein moderner Wanderprediger, beginnt in deutschen Großstädten gegen die »Trägheit der modernen Christen« zu predigen.

1.4.1949 In der Bundesrepublik wird die Kirchensteuer künftig vom Staat eingezogen.

1949 Der erste evangelische Kirchentag nach dem Zweiten Weltkrieg findet in Hannover statt. Der Kirchentag wird wie der Katholikentag zur Massenbewegung und zugleich zu einer politischen Demonstration für die Einheit Deutschlands.

23.5.1949 Der Religionsunterricht an allen Schulen der Bundesrepublik wird gesetzlich festgeschrieben. Den Kirchen wird Autonomie in ihrem Bereich zugesichert.

30.5.1949 Die DDR-Verfassung schreibt die strikte Trennung von Kirche und Staat fest.

1950 Der Zentralrat der Juden in Deutschland wird gegründet.

1950 Das Evangelische Christentum der Tat organisiert Nachbarschaftshilfe für Flüchtlinge.

1952 Das Zentralkomitee der deutschen Katholiken (ZdK) wird gegründet.

1952 Die DDR-Regierung attackiert die Junge Gemeinde und die Studentengemeinden. Pastoren und Jugendleiter werden verhaftet.

1953 Der NWDR überträgt erstmals einen evangelischen Gottesdienst im Fernsehen.

1953 Allein in der Erzdiözese Köln werden in diesem Jahr 45 neue Kirchen gebaut,

Motorradpriester der »Ostpriesterhilfe« um 1950

vorwiegend in einem schlichten Baustil.

7.3.1954 In Hannover demonstrieren 50 000 Katholiken für den Erhalt der Konfessionsschulen.

11.7.1954 In Leipzig erleben rund 650 000 Teilnehmer aus Ost und West die Schlussveranstaltung des fünftägigen evangelischen Kirchentages. Künftig werden gemeinsame Kirchentage von Ost und West in der DDR von der SED nicht mehr genehmigt.

1954 Die Evangelisch-Lutherische Agenda regelt die neue Gottesdienstordnung. Anliegen der protestantischen liturgischen Bewegung werden dabei aufgegriffen.

1955 In der DDR wird die Jugendweihe gefördert. Dies führt zu erneuten Konflikten mit den Kirchen.

22.2.1957 Der Militärseelsorgevertrag wird in der Bundesrepublik unterzeichnet. Unter den Christen in Ost und West wird heftig über diesen Schritt gestritten.

1958 In einem Hirtenwort lehnen die katholischen Bischöfe die sogenannte Mischehe zwischen protestantischen und katholischen Partnern nach wie vor ab.

1959 In Lübeck übernimmt erstmals eine Frau die Leitung einer evangelischen Kirchengemeinde.

1960 In Bonn wird die erste bundesdeutsche Gruppe einer Jugendsekte gegründet. Es handelt sich um einen Verband der Transzendentalen Meditation (TM).

19.-23.7.1961 In Berlin findet der vorläufig letzte gesamtdeutsche Kirchentag statt.

7.3.1965 Die im Zuge des Zweiten Vatikanischen Konzils erarbeiteten neuen Verordnungen zur katholischen Messfeier treten in Kraft. Vorgesehen ist eine stärkere Teilnahme der Laien.

Oktober 1965 Die EKD verabschiedet eine Ostdenkschrift. Darin wird die Anerkennung der Oder-Neiße-Linie als Westgrenze Polens angeregt.

12.1.1966 Die protestantische Bekenntnisbewegung Kein anderes Evangelium wird gegründet. Die evangelikalen Christen lehnen ein politisch orientiertes Christentum entschieden ab.

1966 Engagierte Katholiken gründen den Bensberger Kreis. Die Gruppe veröffentlicht kritische Memoranden zu politischen Fragen.

Mai 1968 In Hildesheim findet die erste Diözesansynode nach dem Zweiten Vatikanischen Konzil in Deutschland statt. Zum ersten Mal gehören Laien, darunter auch Frauen, einer Synode an.

25.7.1968 Papst Paul VI. verkündet die umstrittene Enzyklika »Humanae Vitae« über die Geburtenkontrolle.

1968 Die SED verschärft ihren Kirchenkampf. Jazz-Gottesdienste werden verboten, ebenso Bibelwochen und Kirchenneubauten.

10.9.1969 Als Folge der deutschen Teilung gründen die evangelischen Kirchen in der DDR einen eigenen Kirchenbund.

1969 Kritiker streiten vor Gericht gegen die staatlich erhobene Kirchensteuer. Ende des Jahres kommt es zu einer Austrittswelle aus den Kirchen.

1971 In Augsburg wird das erste größere katholisch-evangelische Treffen seit der Reformation veranstaltet.

1971 Die Gemeinsame Synode der katholischen Bistümer in Deutschland (sog. Würzburger Synode) beginnt. Bis 1975 wird ein umfangreicher Katalog an Forderungen zur Erneuerung der katholischen Kirche erarbeitet und verabschiedet.

1973 Die Kirchen lehnen im Streit um die Neufassung des Paragrafen 218 die »Fristenlösung« bei Schwangerschaftsabbruch ab.

1978 In Leipzig veranstalten die Protestanten in der DDR einen Kirchentag. Es kommt dabei zu heftigen Protesten gegen die geplante Einführung eines Wehrkundeunterrichts.

15.-19.11.1980 Johannes Paul II. besucht die Bundesrepublik Deutschland. Er ist nach fast 200 Jahren der erste Papst in Deutschland.

1980 In Berlin findet erstmals ein »Katholikentag von unten« statt.

1980 In München eröffnet erstmals eine New-Age-Buchhandlung

20.9.1981 An der Wallfahrt zum 750. Todestag der heiligen Elisabeth von Thüringen nehmen 65 000 Katholiken teil.

1982 In der Leipziger Nikolaikirche werden erstmals Friedensgebete veranstaltet.

5.11.1983 Nach den Friedensgebeten in Leipzig demonstrieren Jugendliche mit Kerzen in der Innenstadt.

24.6.1987 Erstmals seit 1961 wird in der DDR wieder ein evangelischer Kirchentag veranstaltet. Das Treffen in Ost-Berlin dauert bis zum 28. Juni.

10.-12.7.1987 Das erste größere Katholikentreffen in der DDR seit dem Mauerbau findet in Dresden statt. Die Veranstaltung steht unter dem Motto »Gottes Macht – Unsere Hoffnung«.

24./25.11.1987 Die Umweltbibliothek der Zionskirche in Ost-Berlin wird von der Staatsanwaltschaft durchsucht. Sieben Mitarbeiter werden verhaftet. Viele Gemeinden organisieren daraufhin Mahnwachen.

Mahnwache in der Ost-Berliner Gethsemane-Kirche 1989

4.9.1989 In der Leipziger Nikolaikirche findet das erste Friedensgebet nach der Sommerpause statt. Danach kommt es zu einer Demonstration für »offene Grenzen, Versammlungsfreiheit und Vereinigungsfreiheit«. Am 9. Oktober gehen über 100 000 Menschen nach den Friedensgebeten in Leipzig auf die Straße.

1989 Der Anteil der Katholiken an der DDR-Bevölkerung liegt bei etwa 5 %, bei den Protestanten sind es noch 30 %. 1950 waren 80 % der DDR-Bürger Protestanten, 13 % Katholiken.

1991 Nach der Wende gibt es nun wieder gesamtdeutsche Kirchen- und Katholikentage.

4.4.1992 Die feministische Theologin Maria Jepsen wird in Hamburg zur ersten protestantischen Bischöfin gewählt.

10.8.1995 Das Bundesverfassungsgericht in Karlsruhe kippt das bayerische Schulgesetz, in dem die Anbringung von Kreuzen auch in den nichtkonfessionellen Gemeinschaftsschulen vorgeschrieben war.

12.11.1995 Rund 1,8 Millionen Christen in Deutschland haben ihre Unterschrift unter die Forderungen des »Kirchenvolksbegehrens« für eine Reform der katholischen Kirche, vor allem gegen das Zwangszölibat, gesetzt.

1996 Die altkatholische Kirche in Deutschland weiht zum ersten Mal Priesterinnen.

22.6.1997 Der evangelische Kirchentag in Leipzig endet mit dem Aufruf zu mehr sozialer Gerechtigkeit.

FOLGE

29

HAUPTSACHE NEBENSACHE

Die Deutschen und die Freizeit

Zu Beginn des Jahrhunderts fehlt den meisten Menschen für Freizeitvergnügen nicht nur das Geld, sondern auch die Zeit. Viele müssen zehn bis zwölf Stunden am Tag arbeiten, manchmal auch länger. Der Weg zur Arbeit dauert oft zusätzlich ein bis zwei Stunden. Freizeit gibt es für die arbeitende Bevölkerung in der Regel nur am Sonntag oder an Feiertagen wie Pfingsten, Ostern oder Weihnachten. Familienfeste – Verlobung, Hochzeit, Geburtstage – und patriotische Feiern wie der Kaisergeburtstag stellen seltene Abwechslungen zum Alltagstrott dar. Meist ist Freizeit mit einem besonderen Anlass und bestimmten Bräuchen verbunden, statt ein alltäglicher Freiraum zu sein, den man individuell gestalten kann.

Die spärliche freie Zeit wird zumeist nutzbringend verwendet. Zeitschriften wie »Der praktische Wegweiser« geben um 1900 Ratschläge, wie man Dinge des täglichen Gebrauchs selbst herstellen kann. Die Frauen kennen noch weniger Muße als die Männer: Auch wenn Fabrik- und Hausarbeit erledigt sind, dürfen ihre Hände nicht ruhen, denn es gibt immer etwas zu flicken, stopfen oder schneidern.

Lesen, spielen und sammeln

Beim städtischen Proletariat, wo oft ganze Familien in einem Zimmer leben, gibt es selbst für die einfachsten häuslichen Vergnügungen keinen Raum. Sofern ein Min-

Typisch deutsch: Familien genießen die Freizeitidylle in einem Kleingartenverein in Altruppin.

Gesellschaftsspiele sind beliebt in der Kaiserzeit. Hier gilt es, mit verbundenen Augen eine Kerze auszublasen.

Diese Serie von Sammelbildern zeigt 1901 den hochmodernen Volkssport Radfahren.

destmaß an kleinbürgerlicher Ruhe und Bequemlichkeit gegeben ist, stellt das Vorlesen nach dem Abendbrot ein beliebte Feierabendunterhaltung dar.

Bei den gehobenen Schichten erlaubt bereits die Wohnsituation eine größere Bandbreite häuslicher Freizeitaktivitäten. In den Villen, die um 1900 am Rand der alten Stadtkerne entstehen, werden glanzvolle Feste gefeiert: Die Jugend tanzt, die Herren spielen Skat, die Damen sitzen beim Kaffeekränzchen. Gemeinsam arrangiert man »Lebende Bilder« oder unterhält sich bei Gesellschaftsspielen.

Während die Tradition der Hausmusik in das 18. Jahrhundert zurückreicht, sind häusliche Hobbies wie das Briefmarkensammeln jüngeren Datums. Eine sich geradezu epidemisch verbreitende Leidenschaft lösen die neumodischen, farbigen Sammelbilder aus, die vor allem Lebensmittelhersteller ihren Produkten beigeben und die man in Alben einklebt. Angefangen hat es 1872 mit den Sammelbildern von »Liebigs Fleischextrakt«. Später geben fast alle größeren Firmen Sammelbilder heraus: Palmin, Stollwerck, Oetker, Maizena, etc. Viele Serien haben Auflagen in Millionenhöhe. Die Themen reichen von den »Reisen Wilhelms II.« über »Episoden aus der Kalifenzeit« bis hin zu »Rinderrassen« und der »Geschichte der Telegrafie«.

Lichter der Großstadt

Während zu den klassischen Vergnügungen der höheren Stände nach wie vor Theater, Konzert und Oper gehören, ist mit dem Varietee in der zweiten Hälfte des 19. Jahrhunderts ein modernes Unterhaltungsgenre aufgekommen, das ein breiteres städtisches Publikum lockt. Eines der berühmtesten deutschen Varietees ist der in Berlin 1888 gegenüber dem Bahnhof Friedrichstraße gegründete »Wintergarten«. Zu sehen sind dort Akrobaten, Dompteure, Jongleure, Solotänzerinnen und Balletttruppen wie die Tiller-Girls oder die Germania-Girls, Sängerinnen wie Claire Waldoff oder Komiker wie der durch Chansons wie »Der Überzieher« berühmte Otto Reutter, der Monatsgagen von 30 000 Mark kassiert. Bekannte Varieteetheater sind auch »Scala« oder »Apollo« in Berlin und der Leipziger »Kristallpalast«.

Den Proletariern bleiben diese glitzernden Vergnügungspaläste meist verschlossen. Sie verbringen ihre Freizeit in den vielen Kneipen, Schänken und Destillen, wo Bier und Schnaps in rauhen Mengen konsumiert werden – Alkoholismus ist ein weitverbreitetes Problem. Die Arbeitervereine, die seit 1900 auch zum geselligen Treffpunkt werden, bieten da eine Alternative. Hier lassen sich auch viele Freizeitbeschäftigungen ausüben, für die es in den Arbeiterwohnungen keinen Raum gibt: vom Musizieren über das Schachspielen bis hin zum Feste feiern.

Flucht ins Grüne

Mit der Industrialisierung sind die Städte explosionsartig gewachsen. Rauchende

Schlote, zunehmender Straßenverkehr und trostlose Mietskasernen lassen Sehnsüchte nach einem verlorenen, »naturverbundenen« Landleben aufkommen.

Die bürgerliche Landpartie hat eine lange, bis ins 18. Jahrhundert zurückreichende Tradition. Doch um 1900 unternehmen immer breitere Bevölkerungskreise solche Ausflüge. Angetan mit dem Sonntagsstaat fährt die ganze Familie (womöglich auch mit Dienstmädchen) unter dem Kommando des männlichen Familienoberhaupts mit der Eisen- oder Pferdebahn aus der Stadt heraus und wandert von dort aus los. Auch U- und S-Bahn (in Berlin 1902 eröffnet), vor allem aber das neumodische

»Gruß aus Restaurant Waldesruh«: Wer um 1900 einen Ausflug macht – und sei es nur zu einer Gartenwirtschaft in Berlin-Köpenick – schickt den Daheimgebliebenen eine Postkarte (um 1905).

Fahrrad machen es leichter, die Großstadt am Sonntag zu verlassen.

Für den Imbiss sorgt man zumeist selbst und besucht die Ausflugslokale mit dem Schild »Hier können Familien Kaffee kochen«, wo man für wenige Pfennige Geschirr und heißes Wasser bekommt. In vielen Gastwirtschaften gibt es Tanzsalons mit einem Orchester oder wenigstens einem Klavier sowie Kegelbahnen.

Weimar bringt den Achtstundentag

»Von Druck und Elend, Not und Plag', erlöst uns der Achtstundentag!« hatten die Arbeiter schon um 1900 gefordert, doch erst 1918 führt der Rat der Volksbeauftragten nach der Novemberrevolution den Achtstundentag ein, der am 1. Januar 1919 in Kraft tritt. Die Gewerkschaften müssen aber lange um eine Realisierung dieses Beschlusses kämpfen. Zunächst führen Wirtschaftskrise und Arbeitslosigkeit teils zu Kurzarbeit, teils zu Arbeitszeitverlängerung. Erst 1932 arbeiten die meisten Deutschen wirklich nur noch acht Stunden am Tag.

Angesichts der fortschreitenden technischen Rationalisierung fordern die Gewerkschaften außerdem das freie Wochenende oder wenigstens anderthalb freie Tage. Die Zeit des Rund-um-die-Uhr-Schuftens ist vorbei, auch Arbeiter und kleine Angestellte können immer mehr freie Zeit nach eigenen Wünschen gestalten. Der soziale Wohnungsbau der Weimarer Republik verbessert die Wohnsituation (→ Folge 20). Technische Neuerungen wie Radio, Grammofon, Fotografie führen zu einer Kommerzialisierung der häuslichen Freizeit. Statt der biederen, textlastigen »Gartenlaube« liest man Foto-Illustrierte und 1927 – vier Jahre nach Beginn des öffentlichen Rundfunks – besitzen schon 1,4 Millionen Familien ein Radio und begeistern sich an den Ätherklängen.

In der Weimarer Republik haben die Deutschen erstmals mehr Freizeit – und sie gestalten sie moderner. Dieses Pärchen nimmt 1926 zum Wochenendausflug sogar ein Rundfunkgerät mit.

Unterhaltung für die Massen

Die neuen Medien wie Rundfunk und Kino führen in der Weimarer Republik zu einer Veränderung des Freizeitverhaltens. Mitte der Zwanzigerjahre zählen die Kinos pro Tag rund zwei Millionen Besucher (→ Folge 4). Auch die Revuen locken mit einem bis dahin nicht dagewesenen Glanz und Aufwand ein Massenpublikum an,

Junge Leute amüsieren sich 1930 in einer Berliner Jazzkneipe. Den biederen Bürgern ist der Siegeszug afroamerikanischer Musik höchst suspekt (Foto von Otto Umbehr).

dem die Theater bis dahin verschlossen waren: Täglich bis zu 11 000 Zuschauer besuchen 1926 die Berliner Revuen.

Gastspiele US-amerikanischer Tanztruppen und Jazzbands eröffnen den Deutschen eine bis dahin nahezu unbekannte Kultur. Afroamerikanische Musik und Tänze werden so beliebt, dass die »höheren Kreise« vor »moralischem Verfall« und der »afrikanischen Unkultur« warnen, die sich mit dem Jazz breitmachten. Dahinter steckt die Angst, dass mit der neuen Massenfreizeitkultur die kulturelle und gesellschaftliche Hegemonie des Bürgertums ins Wanken geraten könne. Tatsächlich sind die freizügigeren neuen Rhythmen eine Absage an den ständischen Konventionalismus der Kaiserzeit.

Hektik und Tempo der Zeit werden auch in der Beliebtheit von Automobil- und Motorradrennen deutlich. Aus der Verbindung von kommerziellem Zuschauersport und wachsender Bedeutung der Massenmedien gehen moderne Helden wie der Rennfahrer Rudolf Caracciola (1901–1959) hervor, der drei deutsche und sechs Europameisterschaften gewinnt. Auch das Boxen erlebt einen Boom: Max Schmeling (geb. 1905) gehört zu den ersten großen Medienhelden des Sports jener Zeit. Natürlich ist auf dem Land längst nicht so viel los wie in Berlin. »Kein Luftzug einer neuen Zeit weht da herein«, schreibt Kurt Tucholsky 1920 nach einer Reise durch die deutsche Provinz. »Da ist noch alles beim Alten ...«

Neben dem Kinobesuch in der nächstgelegenen Kleinstadt beschränken sich die Freizeitangebote auf die Vereine, wobei Frauen außer in Turn- und Frauenvereinen kaum eine Rolle spielen (→ Folge 30). Das größte Vergnügen ist das Tanzen auf Vereinsfesten oder in Gastwirtschaften, wo Kapellen oder einzelne Musiker auf dem Akkordeon oder dem Klavier spielen. Statt Charleston oder Shimmy tanzt man Walzer oder Schieber. Bis weit in die Zwanzigerjahre hinein müssen sich die Landarbeiter viele Tanzveranstaltungen behördlich genehmigen lassen.

Freizeit im Gleichschritt

Mit Kundgebungen und öffentlichen Feiern sowie der Mitgliedschaft in Massenorganisationen – von der Hitlerjugend über den Bund deutscher Mädel und die NS-Frauenschaft bis hin zur NS-Kulturgemeinde – versuchen die Nazis, die Freizeit der Deutschen unter Kontrolle zu bekommen. Die Gemeinschaft Kraft durch Freude organisiert nicht nur Reisen und Ausflüge, sondern auch den Besuch von Konzerten, Theaterabenden und – besonders erfolgreich – Operettenvorstellungen.

Doch die Freizeit lässt sich nicht so leicht vereinnahmen. Varietees und Revuen ziehen in den Dreißigerjahren noch immer viele Besucher an. Kurzfristige Versuche, die Varietees auf rein deutsche Künstler umzustellen, scheitern – schließlich werden die Varieteetheater meist privatwirtschaftlich betrieben und das Publikum will sich nun mal nicht nur mit hausbackener deutscher Unterhaltung zufriedengeben. Politische Kritik ist nicht erlaubt, dafür lassen die Nazis, was erotische Freizügigkeit angeht, die Zügel lockerer. So schreibt Joseph Goebbels im Tagebuch: »Im Kunstleben stur gegen politische Witze, aber um so großzügiger in erotischer Hinsicht. Denn irgendwo muss sich ja der Spieltrieb ausleben.«

Die offizielle Propaganda und die einschlägige Presse versuchen jedoch bei jeder Gelegenheit die neuen Ideale von anständiger deutscher Freizeitgestaltung unters Volk zu bringen. In welchem Tenor damals kosmopolitische Moden wie der Fünfuhrtee als »undeutsch« verunglimpft werden, mag folgendes Zitat aus der Zeitung »Der SA-Mann« von 1937 zeigen: »Fünfuhrtee: Darunter versteht man, falls er sich im privaten Kreise abspielt, eine schwätzende, Sandwiches essende, Tee trinkende, Zigaretten dampfende Gesellschaft, die die kostbaren Tassen mal hier, mal dort absetzt, wo man gerade einen Augenblick auf seiner Wanderung Rast macht ... Man soll ja nicht sesshaft werden in feiner Gesellschaft, nicht einmal auf seinem Stuhl. Das ist aber nicht deutsche Sitte des Hauses, sondern jüdisches Vagabundentum in den Salon verpflanzt. Das sind nicht gemeinschaftsbewusste, gesellige deutsche Menschen, sondern aufs Parkett verirrte internationale Zigeuner.«

Politische Unfreiheit geht in der Nazizeit Hand in Hand mit freizügiger Unterhaltung – Marika Rökk in einer Tanzszene aus dem Revuefilm »Gasparone« von 1937.

Die häuslichen Fünfzigerjahre

Der Wiederaufbau zwingt die Deutschen dazu, mehr zu arbeiten als die meisten ihrer europäischen Nachbarn: Bis 1955 steigt die Arbeitszeit auf bis zu 49 Wochenstunden. In der zweiten Hälfte der Fünfzigerjahre beginnt sich die Fünftagewoche durchzusetzen, wobei die tägliche Arbeitszeit zum Ausgleich erstmal verlängert wird. Ab 1965 wird im Westen die 40-Stundenwoche eingeführt, die sich aber erst ab 1975 endgültig durchsetzt.

Das private Heim wird in den Harmonie süchtigen Fünfzigerjahren zum Mittelpunkt der Freizeit. Nach dem langen Arbeitstag will man sich erholen und seine Ruhe haben. Den Feierabend verbringen die meisten deutschen Männer damit, ein wenig in Haus und Garten zu werkeln, die Zeitung zu lesen etc. Bevor Ende der Fünfzigerjahre der Siegeszug des Fernsehens beginnt, spielt das Radio eine bedeutsame Rolle bei der abendlichen Unterhaltung. Zwischen 20 und 21 Uhr erreicht der Rundfunk Hörerquoten von bis zu 40 %.

Zu den Freizeitbeschäftigungen dieser Zeit gehört auch das Do it yourself, das sich Ende der Fünfzigerjahre aus den USA kommend in Deutschland verbreitet. Warenhäuser, Haushalts- und Eisenwarenläden schaffen besondere Bastlerabteilungen, später entstehen die Heimwerkermärkte, die in den Siebzigerjahren zweistellige Wachstumsraten verzeichnen.

In den Fünfzigerjahren verbringen die meisten Deutschen ihre Freizeit daheim – auch dieser Heimwerker, der einen Tunnel für die Modelleisenbahn baut.

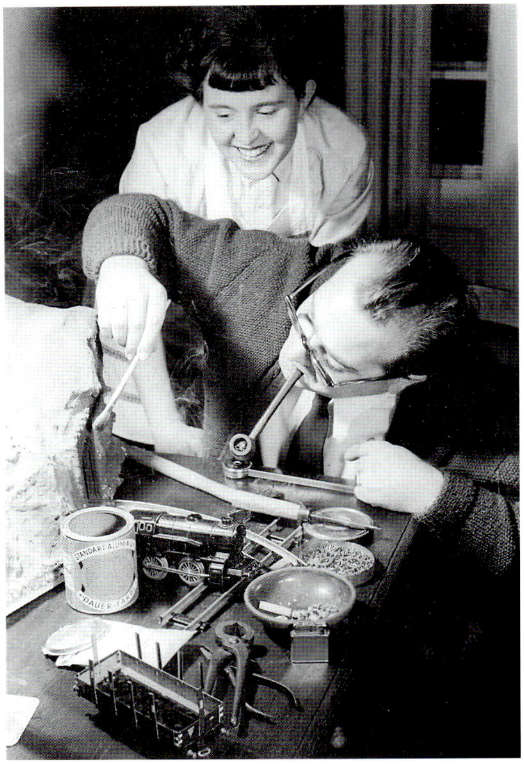

»Freizeitproblem« und Konsumrausch

Belustigend muten heute die Prognosen an, zu denen die Arbeitszeitverkürzung seit Mitte der Fünfzigerjahre Anlass gibt. Manche sagen für 1980 eine Wochenarbeitszeit von 25 Stunden und für 1990 eine dreitägige Arbeitswoche sowie zwölfwöchigen Urlaub voraus. Während einige mit der Automatisierung bzw. Rationalisierung eine gloriose Zeit anbrechen sehen, in der Roboter alle mühselige und stupide Arbeit übernehmen, diskutieren pessimistischere Zeitgenossen über die Probleme, die zuviel Freizeit mit sich bringen würde. Konrad Adenauer verspricht in seiner Regierungserklärung von 1957 deshalb die Mithilfe bei »einer sinnvollen Gestaltung der Freizeit«.

Nicht nur zeitlich, auch finanziell wachsen mit dem »Wirtschaftswunder« die Möglichkeiten zu moderner Freizeitgestaltung. Während man sich am Samstag dem Einkaufen, Arbeiten in Haus und Garten und der Autowäsche widmet, wird in den Sechzigerjahren der Familienausflug im Auto zur beliebtesten sonntäglichen Freizeitbeschäftigung. Die wichtigste außerhäusliche Freizeittätigkeit daneben ist der Sport, vor allem für die Männer. Sie besuchen den Sportplatz sowohl als Zuschauer als auch um selbst Sport zu treiben.

Gleichzeitig wächst die wirtschaftliche Bedeutung der neuen Freizeitkultur. Laut einer »Spiegel«-Studie von 1970 beträgt der Umsatz mit Herrenfreizeitkleidung 1968 rund 1,35 Milliarden DM, die Sportartikelindustrie erzielt Umsätze von 2,2 Milliarden DM. Den Aufschwung der Freizeitindustrie dokumentieren Messen und Ausstellungen, auf denen Wohnwagen, Sportboote, Modelleisenbahnen, Hobbyzubehör etc. einem konsumhungrigen Publikum präsentiert werden.

Dementsprechend versteht der Hamburger Freizeitforscher Horst W. Opaschowski die Sechziger- und Siebzigerjahre als Zeit einer hedonistischen Konsumkultur, als deren Symbole er »Auto und Reisen, Stereo und Fernsehen, Disco und Mode« sieht: »Die ökonomische Leistung in der Arbeit war das Vehikel zur sozialen Selbstdarstellung in der Freizeit. Wer viel in der Arbeit leistete, konnte sich auch nach der Arbeit viel leisten.«

Sozialistische Freizeitgestaltung

Die Ostdeutschen kommen erst 1967 in den Genuss eines langen freien Wochenendes. Dabei wird aber an den restlichen fünf Tagen die Arbeitszeit von 8 auf 8,25 Stunden verlängert, so dass die Wochenarbeitszeit knapp 44 Stunden beträgt. Für Schichtarbeiter und Mütter mit mindestens zwei Kindern gilt die 40-Stundenwoche.

Massenorganisationen wie FDGB und FDJ, der Deutsche Turn- und Sportbund (DTSB), der Kulturbund, die Gesellschaft für Sport und Technik (GST) oder die Gesellschaft für deutsch-sowjetische Freundschaft (DSF) wollen die Menschen zu sinnvoller Freizeitbeschäftigung anleiten. Außerdem gibt es Klubs und Kulturhäuser, die man als »Stätten des geistig-kulturellen Lebens und der politisch-ideologischen Erziehung der Bürger« versteht und zu denen auch die ehrenamtlich geleiteten Klubs der Werktätigen in den Plattenbausiedlungen oder die Dorfklubs gehören. Große Betriebe besitzen häufig eigene Kulturhäuser wie die Max-Hütte im thüringischen Unterwellenborn, die Leuna-Werke in Merseburg, deren pompöses Kulturhaus noch aus der Nazizeit stammt, oder der VEB Braunkohle, der 1951 eines der ersten Kulturhäuser in Berlin eröffnet. Hier finden die stets mit Tanz und Geselligkeit verbundenen Feiern zum 1. Mai, zum Jahrestag der DDR-Gründung oder der Oktoberrevolution statt. Aber es gibt auch Hobbyräume für Keramikzirkel oder Weiterbildungsveranstaltungen.

Die seit 1957 jährlich von vielen Gemeinden ausgerichteten Dorffestspiele sind eine »Leistungsschau des künstlerischen Volksschaffens«, bei der sich örtliche Volkskunstkollektive, FDJ-Singeklubs etc. präsentieren. Unter der Losung »Freizeit, Kunst und Lebensfreude« gibt es Hobbyausstellungen, auf denen die Bürger z. B. Fotos, Textil- und Bastelarbeiten und andere Produkte ihrer Freizeitbetätigung zeigen. Eine ähnliche Ausrichtung haben die Betriebsfestspiele und auf nationaler Ebene die Arbeiterfestspiele.

Entgegen dem durch die Propaganda verbreiteten Bild mangelt es aber vor allem in der ostdeutschen Provinz an attraktiven Freizeitangeboten. Vielerorts herrscht Tristesse, die meisten Menschen verbringen den Feierabend vor dem Fernseher und schauen ins Westprogramm (→ Folge 6). Es wird viel gelesen, die Instandhaltung von Haus oder Wohnung erfordert ebenfalls Zeit. Das Wochenendhäuschen, die sogenannte Datsche, bietet einen beliebten Freiraum, denn öffentliche Naherholungsgebiete mit entsprechender Infrastruktur gibt es kaum.

Freizeitpaläste für das Volk

Ein großer Teil des kulturellen Lebens konzentriert sich in Berlin. Dass Theater und Kinos sehr viel häufiger besucht werden als im Westen liegt nicht zuletzt daran, dass der FDGB entsprechende Betriebsausflüge organisiert. Ein weiterer Unterschied zum Westen ist die relativ geringe Rolle, die der Aufenthalt in Kneipen und Gaststätten spielt. Nur etwa 10 % der insgesamt 30 000 Gaststätten werden privat betrieben, der Service lässt zu wünschen übrig. Auch Tanzlokale und Diskotheken gibt es nur in Ost-Berlin in größerer Zahl. Oft muss man Plätze vorbestel-

In der DDR sorgen Massenorganisationen wie die FDJ, die hier einen Solidaritätsbasar im thüringischen Steinbach veranstaltet, für Freizeitangebote.

Die Vorliebe für den Kleingarten bleibt im Arbeiter- und Bauernstaat ungebrochen (Anlage Pankeniederung bei Berlin).

len oder in langen Schlangen auf den Einlass warten. Besucher in Jeans und Turnschuhen haben keinen Zutritt.

Der beliebteste Veranstaltungsort ist seit 1976 der Palast der Republik in Berlin, wo Theatervorführungen, Konzerte und Ausstellungen stattfinden. Eine Sensation ist auch das 1981 eröffnete Sport- und Erholungszentrum Friedrichshain an der Leninallee mit Sporthalle, Sauna, Wellenbad, Solarium, Ballett- und Gymnastiksaal, Bowlinganlage und Bierstube.

Freizeitstress und künstliche Paradiese

Die Westdeutschen verfügen in den Achtzigerjahren über mehr arbeitsfreie Zeit als jemals zuvor: Seit 1984 setzt sich die 38,5-Stundenwoche durch. Der Trend geht hin zu immer flexibleren Arbeitszeiten.

Selbstverwirklichung ist das große Leitmotiv der Achtzigerjahre. Passives Konsumieren ist out, Kommunikation, soziales Engagement und Kreativität sind in. Hand- und Gartenarbeit, Spazierengehen, Schwimmen, Rad fahren und Tanzen gehören dabei zu den beliebtesten Freizeitbeschäftigungen.

Im Gegensatz zu der familienorientierten, häuslichen Freizeit der Fünfziger- bis Siebzigerjahre kehrt das Leben aus den Schlafvorstädten in die Innenstädte zurück, die zum Tummelplatz des aktiven, oft allein lebenden Freizeitmenschen werden. Seien es Kunstausstellungen oder Theaterfestivals, überall drängeln sich kulturhungrige Menschen.

Immer stärker prägt sich aus, was der Freizeitforscher Opaschowski als erlebnisorientierte Phase bezeichnet: »Freizeit wird Erlebniszeit, Zeit zum verstärkten, intensiven und bewussten Leben ... Der moderne Mensch sehnt sich nicht mehr nach Glück, sondern will Glück pausenlos erleben«. Fun ist das große Leitmotiv der Neunzigerjahre. Das ewige Streben, etwas zu erleben, führt aber auch zu Freizeitstress bzw. zur Erlebnisinflation.

Die Freizeitindustrie erreicht noch nicht dagewesene Ausmaße, sei es durch die High-tech-Hochrüstung von sportlichen Aktivitäten (biking, climbing, hiking), sei es durch die Entstehung künstlicher Freizeitwelten, die »Erlebniswochenenden« in überglasten subtropischen Badeparadiesen anbieten. Auch der Cyberspace lockt mit virtuellen Abenteuern. Computerspiele werden zum Volkssport, die Zahl der Internet-Surfer nimmt rapide zu.

Wende im Jahr 2000?

Mehr als die Hälfte der Berufstätigen wünscht sich laut einer Untersuchung des BAT-Instituts für Freizeitforschung 1989 für die Zukunft nicht nur flexiblere, sondern auch kürzere Arbeitszeiten, und ist dafür sogar bereit, Einkommenseinbußen hinzunehmen. Zehn Jahre später mag dies noch immer für viele zutreffen, aber es macht sich auch ein anderer Trend bemerkbar: Die Wirtschaftskrise und die Angst vor Arbeitslosigkeit führen dazu, dass die Menschen wieder Bereitschaft zu längeren Arbeitszeiten zeigen. Hat die über das ganze Jahrhundert hinweg zu beobachtende Tendenz zu immer grenzenloserem Freizeitgenuss ihren Kulminationspunkt überschritten?

Der Freizeitmensch der Neunzigerjahre legt immer größeren Hunger nach extremen Kicks an den Tag: Fassadenlaufen – modisch House-Running genannt – auf einem Berliner Hochhaus.

Die Chronik der Freizeit

Vor 1914 ist das Freizeitangebot begrenzt. So versammeln sich diese Berliner Droschkenkutscher in der Kneipe.

1901 Angesichts zunehmender Verstädterung beginnen die Planungen zum ersten großen Volkspark in Deutschland, dem Hamburger Stadtpark. Vorbilder sind britische und amerikanische Anlagen wie der Central Park in New York, die Gelegenheit für die Betätigung im Freien, für Sport und Spiel schaffen.

4.5.1904 Am Kurfürstendamm in Berlin eröffnet der »Lunapark«, ein Vergnügungspark nach dem Vorbild von Coney Island in New York. Bis 1910 zählt man schon eine Million Besucher. Zu den Attraktionen gehören das Luna-Welt-Kino, das Zeppelin-Karussell, die Wasserrutschbahn sowie wechselnde Völkerschauen.

1.1.1919 Für die Industriearbeiter wird der Achtstundentag eingeführt.

1920 Der ursprünglich von der schwarzen Bevölkerung Chicagos getanzte Shimmy hält in Deuschland Einzug. Konservative Zeitgenossen sehen in den improvisierten Schüttelbewegungen von Becken und Schultern eine Bedrohung von deutscher Sitte und Kultur.

1920 Die sozialdemokratischen Volksbühnenorganisationen, die ihren Mitgliedern preiswerte Theaterkarten besorgen oder über eine eigene Bühne verfügen, zählen 600 000 Mitglieder.

19.9.1921 Als erste Automobilrennstrecke Deutschlands wird die Berliner AVUS (Automobil-Verkehrs- und Übungsstraße) eröffnet, auf der auch Motorradrennen stattfinden.

29.10.1923 Mit der ersten Sendung der Radiostunde AG (Berlin) beginnt der öffentliche Rundfunk im Deutschen Reich.

1926 erreicht die Zahl der Rundfunkteilnehmer eine Million.

1926 Siegfried Kracauer spricht in seinem Artikel »Kult der Zerstreuung« von einem homogenen Weltstadtpublikum, das »vom Bankdirektor bis zum Handlungsgehilfen, von der Diva bis zur Stenotypistin eines Sinnes ist«.

10.2.1927 Auf seine Kosten kommt jazzbegeistertes Publikum sogar in der Oper. In Leipzig wird die Jazzoper »Jonny spielt auf« des Österreichers Ernst Krenek uraufgeführt.

20.4.1927 Ein Paradies für den gerade entstehenden Freizeitmenschen öffnet in Berlin die Pforten. Die Ausstellung »Das Wochenende« ist ein Drehpunkt für Kommerz, Ideologie und Vergnügen.

27.11.1933 Die Nationalsozialistische Gemeinschaft (NSG) Kraft durch Freude (KdF) wird nach dem Vorbild der Freizeitorganisation der italienischen Faschisten gegründet.

1934 Das erste KdF-Theater macht mit einer Aufführung von Friedrich von Schillers »Die Räuber« auf sich aufmerksam. Die NS-Einrichtung errichtet in mehreren Großstädten eigene Bühnen und eine Reihe mobiler Theater.

1936 Das neugegründete Amt Feierabend soll innerhalb der KdF-Gemeinschaft die Freizeitkultur organisieren und kontrollieren.

1937 Die Ämter Feierabend und das Deutsche Fortbildungswerk werden zum Arbeitsbereich Kulturgemeinde zusammengefasst.

1950 Die Deutschen arbeiten viel und leben beengt (35 % aller Haushalte wohnen zur Untermiete). Freizeit ist Erholungszeit und spielt sich vor allem in der Wohnung ab.

25.12.1952 Mit einem zweistündigen Weihnachtsprogramm nimmt das Deutsche Fernsehen den regelmäßigen Sendebetrieb auf.

1955/56 In der BRD erfolgt die schrittweise Einführung der Fünftagewoche, wobei sich zunächst die tägliche Arbeitszeit verlängert.

1957 Bei einer Umfrage des Allensbach-Instituts geben die Befragten als liebste Freizeitbeschäftigungen an:
1. Zeitung und Illustrierte lesen, 2. Gartenarbeit, 3. einkaufen gehen und 6. aus dem Fenster sehen.

1957 In der thüringischen Gemeinde Bennstedt finden erstmals die sogenannten Dorffestspiele statt.

1959 Der FDGB organisiert zusammen mit dem Ministerium für Kultur im Bezirk Halle die ersten Arbeiterfestspiele, an denen 6400 Laien- und 4900 Berufskünstler teilnehmen, von denen viele aus dem Ausland kommen.

1965 In der Bundesrepublik beginnt die schrittweise Einführung der 40-Stundenwoche.

1967 Die Fünftagewoche mit insgesamt 43,75 Arbeitsstunden setzt sich in der DDR durch.

1967 Erstmals erscheint die DDR-Zeitschrift »practic«, die aus der seit 1958 erscheinenden Zeitschrift »Modellbauen und Basteln« hervorgeht und Tips für Heimwerker enthält.

1969 Erstmals finden in Industrie- und Landwirtschaftsbetrieben der DDR Betriebsfestspiele mit sportlichen Wettbwerben sowie Theater, Musik- und Tanzveranstaltungen statt.

1970 Die Bundesbürger und -bürgerinnen geben jede zehnte DM für Freizeitgüter aus.

1973 Der Ministerrat der DDR gründet das Staatliche Komitee für Unterhaltungskunst, zur »Überwachung, Anleitung und Koordinierung von Programmen und Darbietungsformen der Unterhaltungskunst«.

1973 An Sommersonntagen begeben sich rund 8,4 Millionen Bundesbürger in 2,4 Millionen Pkw auf Ausflugsfahrten in die Umgebung.

23.4.1976 Der Palast der Republik wird als Sitz der Volkskammer der DDR und repräsentativer Treffpunkt für alle Bürger eröffnet. Im September 1990 schließen die Behörden den Bau wegen »gesundheitsgefährdender Asbestkontaminierung«.

1977 Über 1,6 Millionen Menschen – bis zu 24 000 am Tag – besuchen den Freizeitpark »Phantasialand« bei Brühl. Nach dem Vorbild von Disneyland in Kalifornien und Disneyworld in Florida sind in der BRD seit dem Ende der Sechzigerjahre rund 200 Freizeitparks entstanden.

1979 Laut einer Untersuchung des Allensbacher Instituts für Demoskopie ist der Anteil der bundesdeutschen Bevölkerung, der unter Langeweile leidet, seit 1953 von 18 auf 26 % gestiegen.

1983 Rund 13 Millionen »aktive« und weitere 11 Millionen »gelegentliche« Heimwerker in der BRD verbringen zusammen über 1,3 Milliarden Freizeitstunden mit Heimwerkerarbeiten.

In den Fünfzigern entstehen in Deutschland die ersten Heimwerkermärkte.

1987 Der Anteil des Freizeitmarkts am Bruttosozialprodukt wird für die BRD auf 15 % geschätzt.

1988 Die Arbeiterfestspiele, die seit ihrer Einführung 1969 Volksfestcharakter angenommen haben, finden zum letzten Mal im Bezirk Frankfurt an der Oder statt.

1990 Der Anteil der Deutschen, die selten oder so gut wie nie zu einem Buch greifen, steigt auf 46 % (acht Jahre zuvor waren es nur 30 %).

1997 Der Computer wird zum Lieblingsspielzeug der Deutschen: Fast 14 Millionen PC werden privat genutzt, eine Million Haushalte sind ans Internet angeschlossen.

FOLGE

30

ZWEITE HEIMAT

Die Deutschen im Verein

Rund die Hälfte der Deutschen gehört einem oder mehreren Vereinen an. Hier treibt der oder die Deutsche Sport, genießt zwischen sauber gezirkelten Beeten das Laubenpieperidyll, musiziert in Blasorchestern oder Harmonikagruppen, schiebt nach dem Motto »Gut Holz« die Kugel, sammelt Briefmarken oder Münzen, trifft sich mit anderen Tierliebhabern im Deutschen Pudelklub oder im Terrarienverein.

Woher kommt diese angeblich typisch deutsche »Vereinsmeierei«, dieser Hang, seine Freizeit in einer von Satzungen und festen Ritualen bestimmten Gruppe zu organisieren? Tatsächlich folgt das Vereinsleben über weite Strecken bürokratischen Regeln. Schon bei der Gründung reitet der Amtsschimmel. Um sich im Amtsregister als Verein eintragen zu lassen, müssen zuerst Satzungen her, für die es genaue Vorgaben gibt. Dann gilt es, Ämter zu besetzen: Schriftführer, Kassierer, erster Vorsitzender, stellvertretender Vorsitzender, Beisitzer, Jugendwart und so fort.

Kritiker bemängeln den geringen Individualismus jener, die sich selbst in der Freizeit gern an Vorschriften und Verordnungen orientieren. Außerdem entdecken sie bei den Vereinsmeiern ein kleinbürgerliches Streben nach Ämtern und Pöstchen, die als Surrogat für eine Anerkennung dienen, die im übrigen Leben versagt bleibt. Vereinsbefürworter dagegen betonen den selbstbestimmten, demokratischen Charakter der Vereine, in denen der Einzelne lernen kann, sich einzubringen und seine Interessen gemeinsam mit anderen zu verwirklichen.

Deutsche Volkstraditionen finden heute fast nur noch im Verein eine Heimstatt.

Bei Turnfesten wie diesem, das 1898 in Hamburg 10 000 Turner besuchen, stellt man nicht nur körperliche Gelenkigkeit, sondern auch Patriotismus zur Schau.

So fing alles an – frisch und fromm für den Kaiser

Vereine, z. B. Lesegesellschaften, Presse- und Bildungsvereine waren ein Teil der im 19. Jahrhundert entstehenden bürgerlichen Öffentlichkeit. Schon damals mokierten sich Zeitgenossen über die »Vereinsmeierei« und darüber, dass es Vereine für alles und jedes gibt.

Zu den ersten Freizeit- und Geselligkeitsvereinen gehören die Männergesangvereine, die Ende des 18. Jahrhunderts aufkamen und sich 1862 zum Deutschen Sängerbund zusammenschlossen. Damals, auf dem Weg zum deutschen Nationalstaat, waren die Sänger fortschrittlich gesonnen. Im Lauf des 19. Jahrhunderts und vor allem seit der Reichsgründung 1871 erhielten sie eine immer chauvinistischere Ausrichtung.

Das trifft auch auf die anfangs nationaldemokratischen Turnvereine zu, die sich 1868 unter der Devise »Frisch, fromm, froh, frei« zur Deutschen Turnerschaft vereinten. Nach der Reichsgründung schwenkten die Turner auf den Kurs des wilhelminischen Deutschlands ein. Dies zeigt die Beschreibung eines Festes in der Vereinszeitschrift der Hamburger Turnerschaft aus dem Jahr 1900: »Nach einigen einleitenden Vorträgen der Musikkapelle begrüßte unser Turnwart in liebenswürdiger Weise die Versammlung, worauf Heinrich Pfeiffer nach einer längeren, an Gedanken reichen Rede, dem Kaiser und dem Vaterland ein dreifaches Gut Heil! brachte. Der zündenden Rede folgte der allgemeine Gesang eines Festliedes, nach dessen letztem Verse sich auf der Bühne ein lebendes Bild enthüllte: Germania mit deutscher Flagge, kampfgerüstet das Schwert erhebend, umgeben von deutschen Matrosen und Mannschaften des ostasiatischen Expeditionskorps.«

Ein weiteres Zitat aus dieser Zeitschrift illustriert ebenfalls den Geist, der vor dem Ersten Weltkrieg in den bürgerlichen Turnvereinen herrscht. Gegenüber einem Kritiker, der sich offensichtlich um die Disziplin der Hamburger Turnbrüder sorgt, rechtfertigt man sich so: »... der Turnausschuss erklärt, dass wir noch niemals nach dreistündigem Marsche schon Mittagsrast gehalten haben, ferner auch nicht um 9 Uhr morgens im Nachtquartier ›herumlungern‹, sondern in der Regel um 6 Uhr oder gar noch früher aufbrechen, und dass unterwegs stramm marschiert und nicht ›gebummelt‹ wird.« Geselligkeit – das heißt Feste und gemeinsame Ausflüge – spielt also eine zentrale Rolle im Vereinsleben, doch Drill, Nationalismus und Militarismus durchdringen vor dem Krieg auch diese Bereiche.

Kriegerverbände – »zweite Armee im schwarzen Rock«

Noch deutlicher sind solche konservativ-nationalistische Tendenzen bei den Kriegerverbänden, seit 1898 im Kyffhäuserbund der Deutschen Landeskriegerverbände organisiert.

Die Ursprünge dieser Vereine von Ex-Soldaten liegen im 18. Jahrhundert. Massenweisen Zulauf bekommen sie erst nach dem Deutsch-Französischen Krieg von 1870/71. Um die Jahrhundertwende zählen die Kriegervereine über eine Million Mitglieder, 1914 fast drei Millionen. Ihr Ziel ist laut Satzung, »Liebe und Treue für Kaiser und Reich, Landesfürst und Vaterland bei den Mitgliedern zu pflegen, das Nationalbewusstsein zu beleben und zu stärken, das Band der Kameradschaft auch im bürgerlichen Leben unter den Mitgliedern zu erhalten und zu pflegen.«

Obwohl offiziell unpolitisch, unterstützen sie bei Wahlen aktiv die Konservativen. Selbst bezeichnen sie sich als »zweite Armee im schwarzen Rock«, die an Feiertagen wie dem Sedanstag (2. September) oder dem Geburtstag des Kaisers (27. Januar) oder bei der Einweihung von Kriegerdenkmälern aufmarschiert. Pazifisten gelten ihnen als ebenso »vaterlandslos« wie die Sozialdemokraten, die ihren Vereinen nicht beitreten dürfen – auch wenn die meisten Mitglieder der Kriegerverbände aus der unteren Mittelschicht stammen oder Arbeiter sind.

Turnende Proletarier und rote Radler

Schon in der ersten Hälfte des 19. Jahrhunderts entstanden die – oft kirchlich geprägten – Arbeiterbildungsvereine. Doch erst als 1890 der Reichstag eine Verlängerung des Sozialistengesetzes ablehnte, begann die eigentliche Zeit der sozialdemokratischen Arbeitervereine, die sich nun freier entfalten konnten.

Die Aktivitäten der Arbeitervereine unterscheiden sich oft kaum von denen der bürgerlichen: Man treibt Sport, musiziert oder singt und pflegt die Geselligkeit. Nur ein Teil der von Arbeitern gegründeten Gesangvereine bekommt nach 1900 einen politischeren Charakter. In Industrieregionen wie etwa dem Ruhrgebiet entstehen geschulte Massenchöre, die ihr Repertoire immer stärker mit eigenen Lieder bestreiten. Beliebt sind Hanns Eislers Brecht-Vertonungen wie »Die Maßnahme« oder das berühmte »Solidaritätslied« aus dem Film »Kuhle Wampe«.

Arbeitervereine sind keineswegs durchweg politisch engagiert – eher obrigkeitstreu wirkt das Werksorchester der Gutehoffnungshütte in Oberhausen-Sterkrade auf diesem Foto von 1912.

Amateurartisten posieren 1927 beim Verbandstreffen in Gelsenkirchen.

Frisch auf! Die Mitglieder des Arbeiter-Radfahrer-Bundes Solidarität verbinden bei ihren Landfahrten Vergnügen und Politpropaganda (um 1900).

Die Arbeitersportvereine entstehen vor allem als Reaktion auf den Ausschluss der Sozialdemokraten aus der Deutschen Turnerschaft. Der 1893 gegründete Freie Arbeiter-Turnerbund hat 1910 schon 140 000 Mitglieder. Außer dem Turnen betreiben die Proletarier – wie die Bürger – Kraftsport, bei dem Gruppen von Männern einander auf die Schultern steigen, um sog. Marmorgruppen oder Pyramiden zu bilden. Auch die Leichtathletik mit Disziplinen wie Hoch- und Weitsprung, Kugelstoßen und Laufen kommt in Mode.

Das Vereinsorgan, die »Arbeiter-Turnzeitung«, erreicht 1910 eine Auflage von 100 000 Exemplaren, 1931 sind es gar 750 000 Stück. Die Arbeiterfrauen treiben ebenfalls Sport und haben eine eigene Zeitung, die »Freie Turnerin«, deren Auflage 1910 bei über 10 000 Exemplaren liegt. Hier kann man lesen, dass Körper und Geist sich im Arbeitersport frei entfalten sollen, anders als bei den bürgerlichen Turnern, »wo willenlose, blind gehorchende und zu jedem Dienst bereite Menschenkinder erzogen werden«. Die Arbeitersportvereine, die Freiheit oder Vorwärts heißen, haben jedoch mit vielen Schwierigkeiten zu kämpfen. So dürfen sie oft die städtischen Turnhallen und Sportplätze nicht benutzen oder bleiben von großen Turnfesten ausgeschlossen.

Auch der Fußball wird zum beliebten, im Verein betriebenen Arbeitersport. Die ersten bürgerlichen Fußballvereine entstanden in den Achtzigerjahren des 19. Jahrhunderts, nach 1900 tun die Arbeiter es ihnen nach: in Gelsenkirchen etwa mit Schalke 04, einem Verein von Bergleuten, Fabrikarbeitern und Handwerkern.

Ein regelrechter Boom zeichnet sich bei den Arbeiter-Radfahrervereinen ab. Auf dem Rad kann man relativ schnell und preisgünstig der Enge und Tristesse der städtischen Mietskasernen entfliehen. Gelegentlich spielt die Politik eine Rolle, und die Mitglieder des sozialdemokratischen Radfahrerbundes Solidarität versorgen bei ihren Ausflügen die Landbevölkerung mit Flugblättern.

Geselligkeit statt Politik

Wie beim Bürgertum entwickelt sich auch bei den Arbeitervereinen ein vielfältiges Angebot: 1912 entsteht der Deutsche Arbeiter-Schach-Bund, 1920 der Arbeiter-Schützenbund, 1921 der Arbeiter-Angler-Bund und 1924 der Arbeiter-Kegler-Bund. Nach 1918 kommen außerdem Vereine für Hobbys auf, die bisher dem Bürgertum vorbehalten waren, wie Segeln, Tennis, Eishockey und Fotografie.

Überhaupt steigen nach dem Ersten Weltkrieg die Mitgliederzahlen der Arbeitervereine beträchtlich an: 1928 zählt der Arbeiter-Turn- und Sportbund 570 000, der Arbeiter-Sängerbund 440 000 Mitglieder. Von der bürgerlichen Gesellschaft toleriert, werden die Arbeitervereine immer mehr zu reinen Freizeiteinrichtungen.

Als die Kommunistische Partei gegen Ende der Weimarer Republik immer radikaler wird, kommt es 1928/29 zur Spaltung der Arbeiterkulturvereine. Während die kommunistisch orientierten Verbände die Fahne des Klassenkampfes hochhalten, sind die meisten übrigen Arbeitervereine weitgehend unpolitisch.

Verbot, Gleichschaltung oder Zentralisierung

Nachdem die Vereinsbewegung in der Weimarer Republik zunächst einen Höhepunkt erlebt hat, führt die Wirtschaftskrise zu einem Rückgang. Die Vereine sind 1933 – im Jahr der Machtübernahme durch Hitler – durch sinkende Mitgliedszahlen geschwächt, da viele schlicht ihre Beiträge nicht mehr bezahlen können. In dieser Situation sehen viele »vereinswillige« Deutsche in den NSDAP-Ortsgruppen einen Ersatz, eine Art neuen Verein.

Kaum an der Regierung, verbieten die Nationalsozialisten die jüdischen und die Arbeitervereine, aber auch die Freimaurer, die Theosophen und sogar die Esperanto-Gruppen, denen man ihre internationale Ausrichtung verübelt. Die meisten übrigen Vereine werden gleichgeschaltet. Jugendorganisationen wie Wandervogel, Pfadfinder und kirchliche Gruppen gehen in der Hitlerjugend, die Frauenvereine in der NS-Frauenschaft auf. Andere Vereine werden nur zentralisiert und NS-Kontrollorganen unterstellt. Das ist bei den bürgerlichen Sportvereinen der Fall, die von der Zentralkommission für Sport und Körperpflege kontrolliert werden. Die Ende 1933 gegründete Reichsmusikkammer, Abteilung III Chorwesen und Volksmusik, übernimmt die Aufsicht über die gesamten Laienmusikvereine.

Die Verwaltung sämtlicher Vereine erfolgt nicht mehr auf demokratischem Weg durch unabhängig gewählte Vorstände, sondern durch von den Nazis eingesetzte parteitreue Funktionäre, welche die Vereine mit ihrer politischen Ideologie durchsetzen. So bringt man die im 19. Jahrhundert im Zuge zunehmender Verstädterung gegründeten Kleingärtnervereine mit der Blut-und-Boden-Ideologie in Verbindung und stilisiert sie zum »urdeutschen« bäuerlich-idyllischen Gegengewicht zur angeblichen städtischen Dekadenz: »Der Kleingarten ist eine Stätte, wo der erbgesunde Stadtmensch mit dem Boden in Verbindung gebracht wird, wo er seine bäuerlichen Wurzeln erhält und somit das städtische Leben mit seinem bäuerlichen Denken beeinflusst«. Zu solchen und ähnlichen Themen organisiert die NSDAP bei den Kleingärtnern zahlreiche Vorträge und Filmvorführungen.

Die Nazis machen Schluss mit der demokratischen Selbstverwaltung von Vereinen: der Jugendverein Jungdeutschland bei der sog. Befehlsausgabe.

Vom Verein zur »Sparte«

Während des Kriegs kommt das Vereinsleben weitgehend zum Erliegen. Eine Ausnahme bilden die Kleingärtner: Sie sind als Nahrungsmittelproduzenten wichtig. Das gilt erst recht für die von Hunger geprägten Nachkriegsjahre, wo die Vereine einen Rekord von 800 000 Mitgliedern erreichen. Heute gibt es nur noch ungefähr halb so viele Kleingärtner.

Das Vereinsleben geht nach 1945 auch in der sowjetischen Zone weiter, obwohl die rechtliche Lage der Kleingärtner zunächst ungeklärt ist. Vereine sind der sozialistischen Besatzungsmacht grundsätzlich suspekt, sie gelten als »Keimzelle gesellschaftlicher Abspaltung und Interessenbündelei«, kurz als Hort kleinbürgerlicher Ideologie.

Doch bald merkt man, dass die Erträge der Kleingärtner – von Obst und Gemüse bis hin zu Kaninchenfleisch und Bienenhonig – für die Versorgung der Ostzone und später der DDR von Bedeutung sind. Die Vereine werden in Sparten umbenannt und dem 1959 gegründeten Verband der Kleingärtner, Siedler und Kleintierzüchter (VKSK) unterstellt. Zwar verlieren die Laubenpieper so ihre Selbstständigkeit und müssen fortan politische und fachliche Schulungen durch den VKSK über sich ergehen lassen. Trotzdem sehen viele Spartenmitglieder in ihren Gärten eine relativ politikfreie Nische. Zur Förderung der Produktion bezahlen ihnen außerdem die staatlichen Aufkaufstellen für ihre Erzeugnisse teilweise Summen, die über dem späteren Verkaufspreis liegen.

Betriebssportgruppen und Volkskunstkollektive

Um dem »Sektierertum« ein Ende zu machen, löst die SED nicht nur die bürgerlichen, sondern auch die Arbeitersportvereine auf: Die sportliche Massenerziehung übernimmt der 1948 gegründete Deutsche Sportausschuss. Gemeinsam mit den Gewerkschaften ersetzt er die Vereine durch sog. Betriebssportgruppen, die dann je nach Wirtschaftsbereich Namen wie Lokomotive, Motor oder Traktor tragen.

In der DDR müssen sich Kleingartenvereine (wie hier in Annaberg-Buchholz) Sparte nennen und unterstehen der politischen Kontrolle durch die Partei.

Wenn es auch keine selbstständigen Vereine mehr geben darf, findet unter der Schirmherrschaft bestimmter Träger weiterhin eine Art von Vereinsleben statt. So gibt es in den Betrieben Kulturgruppen oder Zirkel, die Räumlichkeiten und finanzielle Mittel erhalten. Unter dem Dach der Gesellschaft für deutsch-sowjetische Freundschaft treffen sich Volkskunstkollektive und Volkskunstgruppen, um gemeinsam zu töpfern oder zu musizieren. Andere Vereine finden beim Kulturbund eine Heimat. Offiziell nennen sie sich Arbeitsgemeinschaft der Briefmarkensammler, Fachgruppe Terrarienkunde, Freundeskreis Science Fiction oder Interessengemeinschaft Gesellschaftstanz. Der Volksmund spricht aber nach wie vor vom Verein – und die interne Organisation bleibt weitgehend die gleiche wie früher: Vom Vorsitzenden bis zum Schatzmeister gibt es alle bekannten Pöstchen.

Eine DDR-Besonderheit sind die Singegruppen, nach dem Vorbild des 1967 gegründeten Oktoberklubs, der auch das Festival des politischen Liedes ins Leben ruft. Im Lauf der Jahre entstehen mehr als 2000 Singeklubs, kontrolliert von FDJ und FDGB, die – zusammen mit Betriebschören und -orchestern – auf den alle zwei Jahre mit viel Pomp veranstalteten Arbeiterfestspielen auftreten.

Wiederaufbau der Vereine im Westen

Die Reorganisation der Vereine nach 1945 verläuft in den westdeutschen Besatzungszonen unterschiedlich, wie das Beispiel der Turner zeigt. Die Briten sind am liberalsten: Schon im Dezember 1945 erlauben sie etwa die Gründung von Sportvereinen, ohne dass dafür vorher eine Genehmigung eingeholt werden muss.

In der US-Zone gibt es keine einheitliche Regelung, obwohl gemäß einer Kontrollratsdirektive »allen vor der Kapitulation in Deutschland bestehenden sportlichen, militärischen und paramilitärischen Organisationen (Klubs, Vereinigungen) jede Betätigung untersagt« wird und sie sich am 1. Januar 1946 auflösen müssen. Die Entscheidung über die Gründung von Sportorganisationen fällt in den Nachkriegsjahren hier auf lokaler Ebene.

Die Franzosen bewerten die einzelnen Sportarten höchst unterschiedlich: Während sie schon im Oktober 1945 Fuß-, Hand-, Basketball und Hockey erlauben, bleiben Geländesport, Wandern, Boxen, Ringen und Fechten verboten. Im Dezember 1945 wird das Vereinsrecht teilweise wiederhergestellt, unter der Voraussetzung, dass dem Vorstand niemand angehören darf, der Mitglied der NSDAP oder einer ihr angegliederten Organisation war. Die Silbe »Turn« darf im Namen der neuen Vereine nicht vorkommen, weil sie als Ausdruck von Nationalismus gilt. Erst ab 1948/49 normalisieren sich die Vereinsgründungen.

Tradition und Neuerung

Das alte Vereinsleben geht weiter – wenn auch mit leichten Veränderungen. Gehörte die feierliche Fahnenweihe früher zu den Höhepunkten, flaut seit der Nazizeit die Fahnenbegeisterung merklich ab. Die traditionelle Vereinsfahne verstaubt zumeist in der gläsernen Vitrine des Klubheims. Und während es sich vor dem Krieg bei den Vereinszeichen häufig um handgemachte Einzelstücke handelte (die Fahnen wurden oft von Verlobten oder Ehefrauen der Mitglieder eigenhändig bestickt), werden sie seit den Fünfzigerjahren zumeist industriell produziert: Wimpel, Tischstandarten, Pokale, Wandteller, Kordelschnüre, Armbinden, Strohhüte, Kugelschreiber, Bierfilze, Biergläser – bis hin zur mit den Vereinsfarben bedruckten Krawatte.

Zwar schwenkt man beim Deutschen Turnfest 1953 in Hamburg noch die alten handgemachten Vereinsfahnen – doch die jüngere Generation der Turner rückt allmählich von dieser Tradition ab.

Unter US-amerikanischem Einfluss entstehen in der aufblühenden Freizeit- und Konsumgesellschaft neue Arten von Vereinen: Rock'n'Roll-Tanzklubs, Vereine von Vespa-Fahrern und – parallel zum Boom der Schallplattenindustrie – jede Menge Fanklubs. Ende der Sechzigerjahre gibt es allein rund 2000 Freddy-Quinn-Fanklubs mit je rund 3 bis 15 Mitgliedern, die zusammen Schallplatten hören, Klubzeitschriften herausgeben und an die Hitparaden schreiben, um ihren Freddy zur Nummer 1 zu machen. Gelegentlich finden auch Klubtreffen statt, zu denen das Idol höchstpersönlich erscheint.

»Männerbünde« und Frauen im Verein

Vereine waren von Anfang an Männersache, und bis heute sind weniger Frauen als Männer Mitglied in einem Verein. Am liebsten war dem männlichen Vereinsaktivisten die Frau,

»Die uns, wenn wir zur ›Sitzung‹ gehn,/Die krause Stirne streichet/Und dann – auf frohes Wiedersehen! –/Des Hauses Schlüssel reichet.

Die ihres Mann's Autorität/In keiner Weise schädigt/und ihn nie peinigt – kommt er spät –/Mit der Gardinenpredigt.«

Mit solchen Liedern beglückte man um

1900 weibliche Gäste, wenn sie ein paar Mal im Jahr die Vereinsfeiern mit ihrer Gegenwart verschönen durften.

Natürlich gab es auch Vereine für und von Frauen, wie die eigentlichen Frauenvereine, die Arbeiterturnerinnen oder die weiblichen Chöre. Und es gab von Anfang an gemischte Vereine wie die Kleingartenvereine – innerhalb derer sich dann Frauengruppen und Kaffekränzchen bildeten.

Viele Vereine bleiben jedoch eine Domäne der Männer. Im Vereinslokal des Fußballklubs kommen sie am Feierabend oder zum Frühschoppen zusammen. Der Vereinsstammtisch ist – so ein Soziologe – »für viele der einzige Ort, an dem sie ungestört (das heißt: fern von Familie und Arbeitsplatz) mit anderen Männern zusammentreffen können.«

Frauen sind in reinen Männer- wie auch in gemischten Vereinen vor allem bei Festen gefragt. Beim Sommerfest im Sport- oder Kleingartenverein übernehmen sie das Schmücken des Festplatzes, das Kuchenbuffet, den Kaffeeausschank und die Unterhaltung der Kinder. Die Männer bauen Tische, Bänke, Ausschank und Buden auf und ab, kümmern sich um Alkoholausschank und Grill.

Eine besondere Rolle spielen die Frauen der Vereinsvorsitzenden als Sekretärin, Telefonistin usw. Das Schema »die Männer sitzen im Vorstand, die Frauen leisten die praktische Vereinsarbeit«, gilt oft auch für die Wohltätigkeitsvereine, in denen traditionell viele Frauen Mitglieder sind. Erst seit den Siebzigerjahren beginnt sich diese Rollenverteilung zu ändern.

Selbsthilfegruppen und Bürgerinitiativen

Der Feminismus bringt neue Vereine von und für Frauen hervor. Es entstehen Selbsthilfegruppen für Frauen, als e.V. organisierte Frauenhäuser, Frauentheater- oder Frauenkarategruppen, alle organisiert nach dem Motto »Männer? Nein danke!«

Überhaupt lässt sich seit Mitte der Siebzigerjahre ein Vereinsgründungsboom beobachten. Die »neuen sozialen Bewegungen« lassen nicht nur Frauenvereine, sondern auch Umwelt-, Friedens- und Kulturinitiativen aus dem Boden schießen. Mit Anti-AKW-Gruppen, der Selbsthilfe für Homosexuelle oder Dritte-Welt-Initiativen etablieren sich moderne Vereine zur privaten Selbsthilfe oder für politisches und soziales Engagement.

Natürlich fühlt man sich meilenweit entfernt vom spießigen Vereinsmeier, doch vielleicht unterscheiden sich die neuen Gruppen, was den Wunsch nach Geborgenheit in einer Gruppe oder einfach nach Geselligkeit angeht, nicht so sehr von den alten Vereinen. Es gibt ebenfalls Ämter und Pöstchen, durch die sich der Einzelne aufgewertet fühlt. Ebenso wichtig ist nach wie vor das, was um 1900 die »Nachsitzung« hieß: der gesellige Umtrunk nach dem offiziellen Vereinsprogramm.

Treibt der wachsende Individualismus die Vereine am Ende des 20. Jahrhunderts in die Krise oder sind sie im Aufwind, weil sie neue Funktionen übernehmen? Bei den Sportvereinen etwa geht der Trend zur passiven Mitgliedschaft und zur Professionalisierung der Verwaltung, da der Nachwuchs wenig Lust zu ehrenamtlicher Arbeit an den Tag legt. Manche Vereine, die – wie etwa die Männergesangvereine – schon jetzt wie Seniorenklubs wirken, sind akut vom Aussterben bedroht.

Mit den Bürgerinitiativen entstehen seit den Siebzigerjahren massenweise neue Vereine, die sich verschiedenen Zielen verschreiben.

Die Chronik der Vereine

1.1.1900 Das neue Bürgerliche Gesetzbuch erleichtert Vereinen die Erlangung der Rechtsfähigkeit. Voraussetzung sind eine Mindestmitgliederzahl von sieben Personen, die Feststellung des nichtwirtschaftlichen Charakters des Vereins und das Einreichen einer den Vorschriften entsprechenden Satzung.

28.1.1900 Der Deutsche Fußball-Bund wird in Leipzig gegründet.

15.5.1908 Das Reichsvereinsgesetz räumt der Staatsmacht größere Kontrollbefugnisse gegenüber den Vereinen ein. Es hebt jedoch die sog. Präventivverbote für politische Vereine sowie das Organisationsverbot für Frauen auf. Landarbeiter, Dienstboten und Jugendliche haben nur ein eingeschränktes Organisationsrecht.

1908 Die Arbeitergesangvereine schließen sich zum Deutschen Arbeiter-Sängerbund zusammen, bei dem klassenkämpferische Ziele allmählich zurücktreten.

1909 Nach dem Vorbild der von dem Briten Robert Stephenson Smyth Baron Baden-Powell 1907 gegründeten Boy Scouts entsteht in Deutschland der Pfadfinderbund.

1909 Der Verband der Garten- und Schreberverbände, der Verband deutscher Arbeitergärten, der Bund der Vereine für naturgemäße Lebens- und Heilweise, die Deutsche Gartenstadt-Gesellschaft und der Allgemeine Verband der Eisenbahnvereine schließen sich zum Zentralverband deutscher Arbeiter- und Schrebergärten zusammen.

1911 Die 1903 gegründete Deutsche Motorfahrer-Vereinigung benennt sich in Allgemeiner Deutscher Automobil-Club (ADAC) um, da mittlerweile 75 % der Mitglieder Autofahrer und nur noch 25 % Motorradfahrer sind.

1912 Die neue Zentralkommission für Sport und Körperpflege mit Sitz in Berlin wird zur Dachorganisation des Arbeitersports. Ihre Aufgabe ist es unter anderem, Arbeiter aus den bürgerlichen Vereinen abzuwerben.

1917 Die bürgerlichen Turn- und Sportverbände – darunter als mitgliederstärkste Vereinigung die Deutsche Turnerschaft – organisieren sich im Deutschen Reichsausschuss für Leibesübungen, der sich als parteipolitisch neutral, aber »vaterländisch und national« gesonnen versteht.

22.7.1922 In Leipzig findet das erste Arbeiter-Turn- und Sportfest statt, an dem 100 000 männliche und weibliche Sportler – darunter allein 2000 Arbeiterradfahrer – teilnehmen. Dabei sind auch 15 000 ausländische Gäste.

1927 Der Kyffhäuserbund und der Deutsche Kriegerbund schließen sich zum Deutschen Reichskriegerverband zusammen und vereinen auf diese Weise in der Dachorganisation rund 3 Millionen ehemalige Soldaten.

Juni 1928 In Hannover findet das erste Arbeiter-Sänger-Bundesfest statt. Das Programm reicht von Volksliedern über Tendenzlieder bis hin zu vokalsinfonischen Werken von Bach, Beethoven, Berlioz und Verdi.

26.6.1928 Der Arbeiter-Turn- und Sportbund (ATSB) bricht alle Beziehungen zur Kommunistischen Partei und deren Freizeitorganisationen ab. Bis 1929 treten über 30 000 Mitglieder aus dem ATSB aus.

1931 Vom Deutschen Arbeiter-Sängerbund trennt sich die radikalere Kampfgemeinschaft der Arbeitersänger.

1933 Die Nationalsozialisten lösen die Arbeitervereine auf, so etwa im März den über 700 000 Mitglieder zählenden Arbeiter-Turn- und Sportbund und im Mai den Deutschen Arbeiter-Sängerbund.

1936 Die Deutsche Turnerschaft wird aufgelöst. Der Reichsbund für Leibesübungen übernimmt die alleinige Organisation des deutschen Sports.

8.8.1945 Der Kulturbund zur demokratischen Erneuerung Deutschlands (seit 1972 Kulturbund der DDR) entsteht, bei dem viele Vereine eine neue Heimat finden.

17.12.1945 Der Alliierte Kontrollrat löst den nationalsozialistischen Reichsbund für Leibesübungen und damit alle deutschen Sport- und Turnvereine auf.

26.1.1947 Als Nachfolgeorganisation des 1933 verbotenen Deutschen Arbeiter-Sängerbundes entsteht in Hannover der Deutsche Allgemeine Sängerbund.

Oktober 1948 Der in Ost-Berlin gegründete Deutsche Sportausschuss übernimmt die Neuorganisation des Sportbetriebs in der DDR mit der Einrichtung von Betriebssportgemeinschaften.

1949 Der Deutsche Sängerbund, der während der gesamten nationalsozialistischen Herrschaft aktiv geblieben war und den die Alliierten darum 1946 aufgelöst hatten, wird wieder zugelassen.

2.9.1950 In Tübingen wird der Deutsche Turnerbund gegründet – nachdem die Alliierten ihre Vorbehalte gegen den als nationalistisch eingestuften Begriff des Turnens zurückgestellt haben.

10.12.1950 In Hannover wird der Deutsche Sportbund (DSB) als Dachorganisation des gesamten Sports in der BRD gegründet. Sitz der Einrichtung ist West-Berlin.

Frauen erobern Männerdomänen wie die Schützenvereine, bleiben dort aber in der Minderheit.

5.12.1951 Nach dem Vorbild der seit 1917 in den USA bestehenden Lions Clubs entsteht in Düsseldorf der erste deutsche Lions Club.

25.1.1952 In Leipzig wird das Zentralhaus für Laienkunst gegründet, 1962 in Zentralhaus für Kulturarbeit umbenannt. Es soll das sog. künstlerische Volksschaffen fördern.

1957 Die SED ruft mit dem Deutschen Turn- und Sportbund (DTSB) »die freiwillige Vereinigung aller Turner und Sportler in der Deutschen Demokratischen Republik« ins Leben. Ziel ist »die Weiterentwicklung der sozialistischen Körperkultur«.

1952 Nach sowjetischem Vorbild entsteht die Gesellschaft für Sport und Technik (GST), in der Wehrsportarten wie Mehrkampf, Sportschießen, Tauchen, Reiten, Motorsport usw. betrieben werden.

Juni 1959 Im Bezirk Halle finden die ersten Arbeiterfestspiele statt, die mit Berufskünstlern und Volkskunstgruppen zu jährlichen »Leistungsschauen der kulturschöpferischen Kräfte der Arbeiterklasse« werden.

22.11.1959 Der Verband der Kleingärtner, Siedler und Kleintierzüchter wird gegründet, der die Erträge von rund 800 000 Kleingärtnern der Versorgung der DDR zuführt.

1963 Eine Umfrage in westdeutschen Vereinen zeigt, dass die jüngere Generation Vereinswappen und -fahnen zum großen Teil als unzeitgemäß beurteilt.

1972 Der Bundesverband Bürgerinitiativen Umweltschutz e. V. entsteht.

1978 Auf das Sponti-Treffen Tunix in Berlin, bei dem das Netzwerk e. V. und die Alternative Liste ins Leben gerufen werden, folgt eine Gründungswelle neuer Vereine in Form von Frauen-, Öko- und Polit-Initiativen sowie Selbsthilfegruppen.

1978 Beim Bundesfest der Schützenvereine kommen 22 000 Schützenbrüder zum Festgottesdienst im Kölner Dom, am Festzug nehmen 39 000 Menschen teil.

1986 Die Zahl der Selbsthilfegruppen im Gesundheitsbereich steigt in der BRD auf rund 20 000 an, wobei es sich meist um nicht rechtsfähige Vereine handelt.

3.10.1990 Nach der Wiedervereinigung können sich in der ehemaligen DDR Vereine wieder ins Amtsregister eintragen lassen. Viele treten den im Westen beheimateten Bundesverbänden bei.

1997 Über 26 Millionen Deutsche betreiben derzeit Sport in einem der 86 000 Sportvereine.

Arb. Radf. Bd.
Arb. Säng. Bd.
Arb. Schwim. Bd.
Deutsche Genossensch. Beweg.
Arb. Rud. Bd.
Arb. Segl. Bd.
Sozialdem. Partei ü. 3 Millionen Wähler.
Gewerksch. Bewegung 2 Millionen Mitgl.
Hoch die Solidarität

SIEGERTYPEN

Die Deutschen und der Sport

Glaubt man einer verbreiteten Meinung, ist Sport die schönste Nebensache der Welt. In einer Gesellschaft, die den Einzelnen starken Zwängen unterordnet, erscheint Sport als Ventil und Entspannung und geradezu als »Gegenwelt« zum Alltagsstress. Bei näherem Hinsehen spiegelt der Sport aber sehr wohl die Normen der Gesellschaft wider.

Bürger gegen Arbeiter

Zu Anfang des 20. Jahrhunderts wird in Deutschland kein Sport getrieben – es wird geturnt, massenhaft und in Vereinen (→ Folge 30). Zusammengefasst sind die Vereine Deutschlands und Österreichs in der Deutschen Turnerschaft, die mit 1,3 Millionen Mitgliedern 1914 die größte Organisation für Leibesübungen in Europa ist. Man folgt den Lehren des »Turnvaters« Friedrich Ludwig Jahn (1778–1852): Der deutsche Turner betreibt körperliche Ertüchtigung nicht aus Spaß oder um Rekorde aufzustellen, sondern zur Persönlichkeitsbildung. Zwar spielen auch gesundheitliche Aspekte eine Rolle, vor allem aber bewährt sich der Turner als deutscher Patriot.

Pferd, Kletterstange, Seil, Barren, Keule sind die wichtigsten Geräte. Daneben gibt es Frei- und sogenannte Ordnungsübungen, die stark an den Drill des Exerzierplatzes erinnern. Reglementierte Bewegungsabläufe werden bis zum Überdruss wiederholt. Die Nähe zum militärischen Schliff ist dabei durchaus beabsichtigt, denn der gute Turner soll schließlich auch ein guter Soldat sein.

Wichtig ist neben dem Gemeinschaftserlebnis beim Turnen in der Gruppe die Gesinnung: Turnen wird als »vaterländische Sache« verstanden. Für die (bürgerlichen) Turnvereine ist es deshalb Ehrenpflicht, sich bei patriotischen Veranstaltungen hervorzutun. Dazu gehört z. B. der Sedanstag am 1. September, an dem alljährlich der Sieg über den »Erbfeind« im Deutsch-Französischen Krieg (1870/71) gefeiert wird.

Nicht so ungebrochen ist das Verhältnis der Arbeiterschaft zum wilhelminischen Staat. Bereits 1893 formierte sich in Abgrenzung zur Deutschen Turnerschaft der Arbeiter-Turnerbund, der bis zum Beginn des Ersten Weltkriegs auf rund 400 000 Mitglieder anwächst – trotz massiver Behinderung. Die Behörden wittern in den Arbeiterturnvereinen staatsfeindliche Umtriebe. Bestärkt werden sie in diesem Argwohn oft genug von Funktionären der Deutschen Turnerschaft, die die unliebsame Konkurrenz denunzieren. Dadurch wird es für die Arbeiterturner oft schwer, öffentliche Einrichtungen wie städtische Turnhallen zu nutzen. Die Arbeiterturner sehen sich zwar als Teil der Arbeiterbewegung, die anfangs klassenkämpferischen Töne werden jedoch schnell leiser. Schließlich unterscheiden sich die

Neben der Deutschen Turnerschaft sind die Arbeiterturnvereine die wichtigsten Organisationen, in denen zu Anfang des Jahrhunderts Massensport betrieben wird (Postkarte von 1901).

Vorläufer einer »Zubehör-Industrie« gibt es schon um die Jahrhundertwende (Anzeige aus der »Deutschen Turnzeitung« 1904).

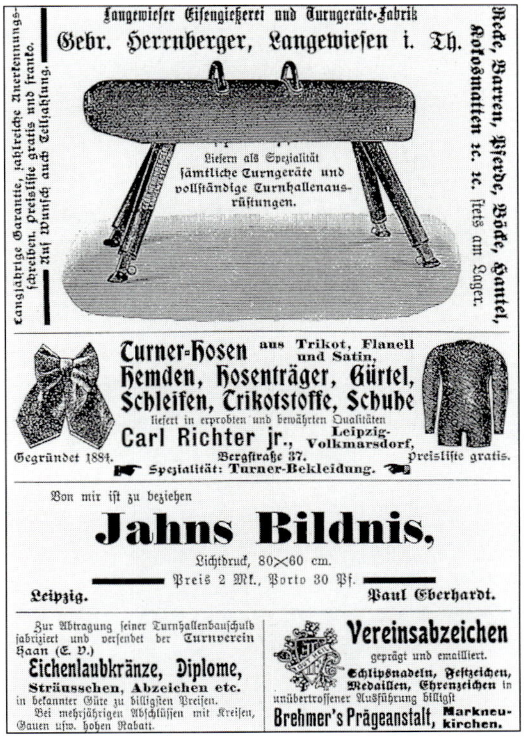

Arbeiterturnvereine, außer in ihrer Mitgliederstruktur, kaum von den bürgerlichen Organisationen.

Turner gegen Sportler

So sehr beide Verbände auch untereinander konkurrieren, haben sie doch ein gemeinsames Feindbild: die aus Großbritannien kommende Sportbewegung. Das Streben nach Höchstleistung, das als »Rekordirrsinn« kritisiert wird, und die damit zusammenhängende Spezialisierung werden kategorisch abgelehnt. Sport gilt als gesundheitsgefährdend, unästhetisch und unsozial. Die sozialistischen Turner sehen in ihm ein Abbild des kapitalistischen Konkurrenzprinzips.

Die Abwehrhaltung gegenüber dem Sport äußert sich auch in der Einstellung gegenüber den von Pierre de Coubertin (1863–1937) wiederbelebten Olympischen Spielen. Die Offiziellen der Deutschen Turnerschaft lehnen eine Teilnahme an den ersten Spielen in Athen (1896) ab. Als trotzdem eine kleine Delegation von 21 Teilnehmern in die griechische Hauptstadt reist und mit sieben Gold-, fünf Silber- und vier Bronzemedaillen heimkehrt, erhält sie von der Deutschen Turnerschaft einen Verweis. Die auch in Deutschland wachsende Sportbewegung setzt sich dagegen sehr stark für die olympische Idee ein.

Die Vertreter des Sports stammen meist aus den oberen Gesellschaftsschichten und stehen internationalen Kontakten offener gegenüber als die mittel- und kleinbürgerlichen Turner. Die Nominierung Berlins für die Spiele 1916 bricht schließlich den Widerstand der Turner. Wenn auch der Krieg die ersten deutschen Olympiaträume zunichte macht, ist das Ringen zwischen Turnen und Sport doch letztlich zugunsten des Sports entschieden. Der Leistungssport spielt insgesamt jedoch nur eine Nebenrolle. Ein neu erwachtes Interesse an körperlicher Akti-

Die proletarischen Radfahrer kümmern sich nicht nur um ihren Sport, sondern auch um Produktion und Vertrieb von Fahrrädern zu erschwinglichen Preisen.

In den Zwanzigerjahren erobern sich auch Frauen ihren Platz im Sport; hier ein Endspiel um die deutsche Meisterschaft im Feldhandball.

vität macht sportliche Betätigung zu einer Massenbewegung.

Das Fahrrad wird als Fortbewegungsmittel wie als Sportgerät attraktiv. Velozipedistenklubs schießen zu Beginn des Jahrhunderts wie Pilze aus dem Boden. Die Begeisterung erfasst Bürger und Arbeiter gleichermaßen. Man fährt jedoch keine Radrennen, die als »Sportfexerei« abgetan werden, sondern sucht das Naturerlebnis bei gemeinsamen Touren. Auf die privilegierten Kreise wirkt das Automobil ähnlich faszinierend. Automobilklubs verstehen sich als Sportvereine und ihre Vorsitzenden spielen eine maßgebliche Rolle in der Sportpolitik.

Entdeckung des Körpers

Für wen ein Automobil unerschwinglich und auch ein Fahrrad noch zu teuer ist, der wandert. Die »Naturfreunde« kommen aus Österreich, sind Teil der Arbeitersportbewegung und gewinnen ab 1905 auch in Deutschland schnell zahlreiche Anhänger – bis 1914 rund 30 000. Neben Wandern wird Bergsteigen, Ski laufen und Kanu fahren betrieben. Gemeinschafts- und Naturerleben sind die Triebfedern, nicht sportliche Rivalität. Damit reihen sich die Naturfreunde in eine Massenbewegung ein, die den Körper neu entdeckt. Ziele und Weltbild ihrer Anhänger unterscheiden sich beträchtlich, sportliche Betätigung als Mittel der Selbstverwirklichung ist ihnen gemeinsam. 1901 wird der Wandervogel gegründet, der sich gegen die bürgerlichen Normen wendet und statt Sport und Turnen Wandern, Schwimmen, Geländespiele und Volkstanz propagiert. Andere Ziele verfolgen die 1909 gegründeten Pfadfinder, sportliche Betätigung in der Natur und Gemeinschaftserleben verbinden sie aber mit dem Wandervogel.

Sieg des Breitensports

Die Zeit zwischen dem Ende des Ersten Weltkriegs und der Machtübernahme Hitlers ist eine fruchtbare Zeit für den Sport. Viele reformerische Ideen retten sich in die Republik hinüber und die Sportvereine erleben einen nie dagewesenen Zulauf. Sportarten, die bisher ein Außenseiterdasein fristeten, gewinnen an Attraktivität. Der Deutsche Fußball-Bund (1900 gegründet) etwa steigert seine Mitgliederzahl von rund 468 000 im Jahr 1920 auf etwa 770 000 im Jahr darauf. Die neu erwachte Sportbegeisterung steht dabei in krassem Gegensatz zu den Rahmenbedingungen. Es fehlt nach dem Krieg an Sportstätten, Trainern und Gerät. Die Kohleknappheit führt zum Beispiel zur Schließung von

Der Breitensport wird – soweit die Mittel reichen – in der Weimarer Republik unterstützt. Die Postkarte zeigt eine 1927 in Darmstadt eingeweihte Festhalle.

Schwimmbädern. Da aus dem gleichen Grund die Reichsbahn sonntags selten verkehrt, ist es oft schwer, Vergleichskämpfe durchzuführen.

Die hohe Arbeitslosigkeit Ende der Zwanziger- und Anfang der Dreißigerjahre bringt die Vereine in Schwierigkeiten, die allein auf Mitgliedsbeiträge angewiesen sind. Dies gilt besonders für die zahlreichen Vereine des Arbeiter-Turn- und Sportbunds. 1932 gibt der Verband den prozentualen Anteil seiner arbeitslosen Mitglieder mit 47 % an. Um die gleiche Zeit werden zudem die staatlichen Zuschüsse um die Hälfte gekürzt.

Sport als Medienereignis

Ein neues Medium macht es möglich, dass der Sport in Deutschlands erstmals auch »Stars« hervorbringt. Der öffentliche Rundfunk, der im Oktober 1923 seine Arbeit beginnt, entdeckt den Sport schnell als Zugpferd und macht Max Schmeling (geb. 1905) zum ersten wirklichen deutschen Sportidol. Als der Boxer 1930 Weltmeister aller Klassen wird, verfolgen nicht nur eingefleischte Boxfans zu nachtschlafener Zeit die Direktübertragung aus den USA. Sechs Jahre später, als Schmeling den »braunen Bomber« Joe Louis (1914–1981) schlägt, sitzt ganz Deutschland vor

Links: Max Schmeling besiegt 1936 Joe Louis durch K.o.

Das Aushängeschild des deutschen Automobilsports der Dreißigerjahre ist Rudolf Caracciola (Foto: Belfast 1929).

den Volksempfängern. Gefördert wird der Starkult im Sport natürlich auch durch die Kinos und die Ton-Wochenschauen. Als besonders medienwirksam gilt damals schon der Automobilrennsport mit den Idolen Bernd Rosemeyer (1909– 1938) und Rudolf Caracciola (1901–1959).

Die Nationalsozialisten begreifen die Massenwirksamkeit des Sports sofort. Die Ausrichtung der Olympischen Spiele 1936 in Berlin und Garmisch-Partenkirchen fällt ihnen jedoch als Erbmasse der Weimarer Republik in den Schoß. Das IOC hat die Austragungsorte bereits 1931 bestimmt. Hitler und andere Nazigrößen stehen dem Ereignis zunächst reserviert gegenüber. Ein »Fest der Jugend« aller Völker (und Rassen) passt ihnen im Grunde wenig. Sie erkennen jedoch rasch das propagandistische Potenzial einer solchen Großveranstaltung. Der Welt sollen deutsche Perfektion und nationale Größe vorgeführt werden. Dass sich Pathos und Sport gut vertragen, zeigt die Reaktion des Auslands. War im Vorfeld in den USA ein Boykott erwogen worden, stärken die Spiele das internationale Ansehen des faschistischen Staats. Noch vor den Vereinigten Staaten wird Deutschland erfolgreichste Nation sowohl bei den Winter- wie den Sommerspielen. Der Makel, der Sport habe sich von einem totalitären Regime missbrauchen lassen, um das Ausland zu täuschen, belastet jedoch noch die Olympischen Spiele, die 36 Jahre später in München veranstaltet werden.

Mobilisierung der Massen

Viel tiefgreifender als das olympische Spektakel 1936 wirken sich in Nazideutschland andere Veränderungen auf den Sport aus. Körperliche Ertüchtigung ist von Anfang an fester Bestandteil der NS-Ideologie. In »Mein Kampf« fordert Hitler: »Es dürfte kein Tag vergehen, an dem der junge Mensch nicht mindestens vormittags und abends je eine Stunde lang körperlich geschult wird, und zwar in jeder Art von Sport und Turnen.«

Diese Forderung wird unmittelbar nach der Machtübernahme durch die Neuorganisation des deutschen Schulwesens umgesetzt. Körperliche Leistung wird höher bewertet als intellektuelle Fähigkeiten. Für manchen Schüler beginnt damit ein wahres Martyrium. Der Autor Martin Gregor-Dellin (1926–1988) erinnert sich: »Die Angst war Schulangst ... Sie galt dem Turnen, dem Schwimm-Unterricht, den Appellen, dem Drill. Ich hege kein Vorurteil gegen den Sport, und ich bin einige Jahre gerne gerudert, als mich niemand dazu anhielt. In dieser Schule jedoch wurde der Unterricht zur Folter und Kasernenhofpein. Die Schule hat mir mein Gefühl für das Köperliche, meine Lust, jung zu sein, auf eine Weise vergällt, dass ich in alle Gegenideale flüchtete ... Ich war nicht hart, nicht schnell, nicht unempfindlich genug, ich schlief lange und war am liebsten allein, als hätte ich ein Alter abzuwarten, das mir gemäßer sein würde.«

Sport zu treiben ist keine individuelle Entscheidung mehr, die jeder nach eigener Neigung trifft, sondern nationale Verpflichtung. »Die körperliche Ertüchtigung ist daher im völkischen Staat nicht eine Sache des Einzelnen, auch nicht eine Angelegenheit, die in erster Linie die Eltern angeht, und die erst in zweiter oder dritter die Allgemeinheit interessiert, sondern eine Forderung der Selbsterhaltung des durch den Staat vertretenen und geschützten Volkstums«, enthüllt Hitler seine Zielsetzung. Der nationalsozialistische Sportler ist nur eine Vorstufe des deutschen Soldaten. Nicht von ungefähr besteht nach dem Zweiten Weltkrieg eine der ersten Maßnahmen des Alliierten Kontrollrats darin, sämtliche bestehenden Sportverbände und -vereine aufzulösen. Der deutsche Sport steht organisatorisch wieder völlig am Anfang.

Körperertüchtigung wird im »Dritten Reich« als nationale Verpflichtung gesehen. Hier treten Arbeiter und Angestellte eines Berliner Industriebetriebs zur Gemeinschaftsgymnastik mit Vorturner und Musikkapelle an.

Das »Sportwunder« DDR

In der DDR versucht der Sport an die Traditionen des Arbeitersports anzuknüpfen. Vor allem aber ist die UdSSR das große Vorbild, dem es nachzueifern gilt. Körperkultur wird von der staatlichen Führung als Teil der sozialistischen Kulturrevolution begriffen. Deshalb nimmt sich die provisorische Volkskammer mit dem Jugendgesetz von 1950 recht früh des Themas an. Sport spielt in der Schule eine wichtige Rolle, außerschulische Aktivitäten werden von der Freien Deutschen Jugend in die gewünschte Bahn gelenkt. Die von Walter Ulbricht (1893–1973) ausgegebene Losung lautet: »Jedermann an jedem Ort, jede Woche einmal Sport!«

Die Basis des Breitensports bilden die volkseigenen Betriebe. Möglichst viele Werktätige sollen in Betriebssportgruppen die Gelegenheit zu sportlicher Betätigung erhalten. Gleichzeitig sollen ihnen die Lehren von Marx und Engels nahegebracht werden. Da die Resonanz geringer als erhofft ist, wird die Organisation gestrafft. Die Sportvereinigungen werden der Struktur des Freien Deutschen Gewerkschaftsbunds (FDGB) angeglichen. Die Bemühungen um den sog. Volkssport tragen trotzdem nicht im erhofften Maß Früchte. Im Zweifel muss er hinter den Ansprüchen des gehätschelten Spitzensports zurückstehen.

Die Devise des Leistungssports in der DDR lautet, die anderen Nationen zuerst einzuholen, dann zu überholen. Dieses Ziel wird als Beitrag zur Stärkung des Sozialismus begriffen und deshalb von höchster Stelle gefördert. Die DDR schafft den Anschluss an die internationale Spitze Ende der Fünfzigerjahre. Bis einschließlich 1958 stellen DDR-Sportler zehn Weltrekorde auf, drei Jahre später sind es bereits 70.

Erich Honecker radelt 1951 für das Sportabzeichen; Breitensport wird von der DDR-Spitze propagiert.

»Täve« Schur als Sieger der Friedensfahrt 1959

Domäne des DDR-Leistungssports ist neben Schwimmen und Leichtathletik der Radsport. 1958 und 1959 gewinnt Gustav Adolf (»Täve«) Schur die Weltmeisterschaft der Amateure im Straßenrennen. Der spätere Volkskammerabgeordnete wird zum wahrscheinlich populärsten Sportler der DDR-Geschichte.

Der Leistungssport in der DDR wird in steter Auseinandersetzung mit der Bundesrepublik vorangetrieben. Die sportpolitischen Beziehungen beider deutscher Staaten sind gespannt. Die DDR wehrt sich gegen die von Bonn betriebene internationale Isolierung, die als »Alleinvertretungsanmaßung« empfunden wird. Zwar ist der Deutsche Sportbund (DSB) als Dachverband des westdeutschen Sports keineswegs immer konform mit der Bundesregierung, doch gibt es zwischen den Verbänden der BRD und der DDR Reibungspunkte genug. Trotzdem tritt zu den Olympischen Spielen 1956, 1960 und 1964 eine gesamtdeutsche Mannschaft an. Das letzte Datum ist um so bemerkenswerter, als der DSB nach dem Bau der Berliner Mauer 1961 beschließt, den gesamten innerdeutschen Sportverkehr abzubrechen. Zu geregelten Beziehungen kommt es zwischen den deutschen Teilstaaten erst wieder 1974 in Folge der Ostverträge.

Der Triumph des Leistungssports in der DDR ist zu einem gewissen Grad also das Resultat einer Profilneurose. Die Erfolge werden durch einen immensen Einsatz an Material und Personal erreicht. Die Sportwissenschaft erforscht nicht nur effiziente Trainingsmethoden und physiologische Abläufe, sondern auch die Wirkung leistungssteigernder Mittel. Im Spitzensport der DDR wird systematisch gedopt. Einige Rekorde geraten dadurch ins Zwielicht, die Folgen für die Gesundheit vieler Spitzenathleten werden erst nach dem Ende der DDR öffentlich diskutiert.

Sport im Westen

Derartig hohe Erwartungen gegenüber dem sich reorganisierenden Sport gibt es in den Anfangsjahren der Bundesrepublik nicht. Nach einer halbherzigen Entnazifizierungsaktion entstehen auf regionaler Ebene rasch neue oder wieder gegründete Vereine. Die Voraussetzungen sind dabei denkbar schlecht, Sportstätten sind zerbombt oder völlig heruntergekommen, Turnhallen werden, sofern sie noch existieren, als Notunterkünfte für Flüchtlinge verwendet. Trotzdem ist das Bedürfnis nach sportlicher Betätigung erstaunlich stark, besonders im Fußball.

Bereits 14 Tage nach der Kapitulation wird z. B. in Württemberg mit dem Trainingsbetrieb begonnen, am 4. November 1945 veranstaltet die Süddeutsche Fußballliga in der US-amerikanischen Zone die ersten Punktspiele. Die 240 Begegnungen werden von rund 2 Millionen Zuschauern besucht. Internationale Spiele gestalten sich schwierig, so werden schweizerische Fußballmannschaften, die in den späten Vierzigerjahren im kleinen Grenzverkehr gegen deutsche Klubs antreten, von der FIFA gemaßregelt. Zur Aufnahme in den internationalen Fußballverband kommt es erst 1950. Im selben Jahr findet das erste Länderspiel nach dem Krieg statt. Gegner ist die Schweiz vor 95 000 Zuschauern in Stuttgart. Damit ist die Isolation des westdeutschen Sports gebrochen. 1954 findet in der Schweiz die 4. Fußballweltmeisterschaft statt. Sensationell schlägt das deutsche Team im Endspiel die favorisierten Ungarn. Dieser Triumph versetzt die verunsicherte Nation in einen wahren Freudentaumel. Die »Helden von Bern« um Kapitän Fritz Walter (geb. 1920) haben der Welt gezeigt, dass Deutschland wieder etwas gilt. Niemand nimmt daran Anstoß, dass mit Sepp Herberger (1897–1977) ein Mann die Mannschaft betreut, der bereits 1936 Reichstrainer wurde. Die späteren Titelgewinne 1974 und 1990 reichen nicht entfernt an die Bedeutung dieser ersten Nachkriegs-Weltmeisterschaft heran.

Die WM-Elf 1954 (v. l.): F. Walter, T. Turek, H. Eckel, H. Rahn, O. Walter, W. Liebrich, J. Posipal, H. Schäfer, W. Kohlmeyer, K. Mai, M. Morlock

Bereits in den Anfangsjahren des Wirtschaftswunderlands Bundesrepublik zeigt sich, dass der Sport zur Konsumware wird. Anteil daran hat auch das Fernsehen, das sich seit Ende 1952 in der BRD verbreitet (→ Folge 6). Die Fußball-WM 1954, die live übertragen wird, bringt dem Medium viele neue Kunden. Statt selbst zu schwitzen, lässt man schwitzen. Die Erfolge eines Vereins oder eines Einzelsportlers heben das Selbstwertgefühl auch des Zuschauers. Die zunehmende Vermischung von sportlicher Leistung, Starkult, Medienereignis und Konsum erreicht in der Bundesrepublik ihren ersten Höhepunkt mit der Austragung der Olympischen Spiele in München 1972. Die beinahe schon gezwungen ungezwungene Art der »swingenden« Spiele soll der Weltöffentlichkeit das moderne Deutschland zeigen, das sich abhebt vom faschistischen Staat des Jahres 1936 und vom grauen Sozialismus der DDR. Ein dunkler Schatten fällt jedoch auf diese »unpolitischen« Spiele, als in den Morgenstunden des 5. September 1972 arabische Freischärler das Quartier der israelischen Mannschaft überfallen und zwei Sportler töten. Neun weitere Mitglieder der israelischen Delegation und fünf Terroristen sterben später im Schusswechsel mit der Polizei. Die Olympischen Spiele werden auf Geheiß des IOC weitergeführt.

Mit großem Aufwand wird die vierte Bewerbung um die Ausrichtung Olympischer Spiele auf deutschem Boden betrieben. »Berlin 2000« soll der Welt die wieder vereinte Sportnation Deutschland präsentieren und dem Umzug der Regierung in die Hauptstadt Glanz verleihen. Berlin unterliegt jedoch der australischen Mitbewerberin Sydney. Das Kapitel Olympia auf deutschem Boden steht in diesem Jahrhundert unter keinem glücklichen Stern.

Die politische Führung der Bundesrepublik zeigt sich dem Sport gegenüber eher reserviert. Allenfalls ein gepflegtes Bocciaspiel am Urlaubsort Cadenabbia gönnt sich Konrad Adenauer (1963 mit Tochter Ria).

Das Volk der Sportler und Turner

Dabei scheint die westdeutsche Bevölkerung eine Nation aktiver Sportlerinnen und Sportler zu sein. Es gibt bis zum Ende des Jahrhunderts in Deutschland keine größere organisierte Bevölkerungsgruppe als die Sportler. Der ungeheure Erfolg dieser Freizeitbeschäftigung liegt in ihrer Organisationsform. Die Deutschen sind Vereinsmenschen – und Sport wird in der Bundesrepublik in Vereinen betrieben. Wer auf dem Dorf oder in der Kleinstadt lebt, gehört in der Regel einem Sportverein an – gleichgültig ob es sich um Fußball, Tischtennis, Schach oder Angeln handelt. Die soziale Komponente ist oft wichtiger als der eigentliche Vereinszweck. Häufig betreiben nur die Jüngeren aktiv Sport, die gereifteren Jahrgänge genießen den geselligen Teil des Vereinslebens, feuern ihren Nachwuchs bei Ligakämpfen an oder übernehmen Vereinsämter. Sport muss jedoch nicht immer organisiert sein. Ein typisches Beispiel ist der Kegelklub, der sich in den Fünfziger- und Sechzigerjahren besonderer Beliebtheit erfreut. Einer schmalen Schicht von Sportkeglern stehen ungezählte Hobbykegler gegenüber. Ihnen ist die Geselligkeit weitaus wichtiger als der sportliche Aspekt. Auf den Kegelbahnen auf Dachböden, in Kellern und Hinterhöfen von Wirtschaften wird viel geraucht und viel getrunken.

Vereine haben vor allem in den Mannschaftssportarten regen Zulauf. Wer dagegen Ski läuft, verzichtet meist auf eine Klubmitgliedschaft. Das Interesse verlagert sich in der Bundesrepublik ohnehin allmählich hin zu Individualsportarten. Dies entspricht einem allgemeinen gesellschaftlichen Trend zur Vereinzelung, doch gibt auch der Spitzensport Impulse. Die Erfolge von Steffi Graf (geb. 1969) und Boris Becker (geb. 1967) ab Mitte der Achtzigerjahre lösen einen wahren Tennisboom aus. Der einst als elitär verschriene »weiße Sport« wird überaus populär. Fernsehen und Werbung stürzen sich auf die neuen Sympathieträger und die Jugend greift statt zu Fußballstiefeln immer häufiger zum Tennisschläger. Ebenso regen Zulauf haben in den letzten beiden Jahrzehnten des 20. Jahrhunderts Fitness-Center. Neben allerlei Trimm-Geräten stehen hier zumeist auch Sauna und Solarium zur Verfügung. Die Devise lautet: jung, schlank, braun, sportlich. Die gute alte Gymnastik wird, via USA, als Aerobic oder Callanetics wieder gesellschaftsfähig. Und sogar der gute alte Waldlauf wird, frisch etikettiert, als Jogging wieder populär (→ Folge 37).

Sport ist gegen Ende des Jahrhunderts ein bedeutender Wirtschaftsfaktor, und neue marktfähige Siegertypen wie der Box-Champion Henry Maske oder der Tour-de-France-Gewinner Jan Ullrich steigern nicht nur die nationale Begeisterung, sondern auch die Einnahmen ihrer Sponsoren. Öffentliche und private Fernsehanstalten liefern sich einen Preiskrieg um die Übertragungsrechte für publikumswirksame Veranstaltungen und die Ausrüster verzeichnen Rekordumsätze. Sport ist gegen Ende dieses Jahrhunderts wahrlich mehr als reine Nebensache.

Spätestens seit den Sechzigerjahren gehören Sport und Kommerz untrennbar zusammen. Idole wie Steffi Graf, Boris Becker oder Michael Schumacher werden zu begehrten Werbeträgern.

Die Chronik des Sports

28.1.1900 In Leipzig wird der Deutsche Fußball-Bund (DFB) gegründet.

15.5.1920 In Berlin wird die Deutsche Hochschule für Leibesübungen eingerichtet.

13.6.1920 Mit Gründung der katholischen Deutschen Jugendkraft tritt ein konfessionell gebundener Sportverband in Konkurrenz zu den bestehenden Organisationen.

14./15.8.1920 In Dresden werden in Deutschland erstmals in mehreren Sportarten deutsche Meisterschaften auch für Frauen ausgetragen.

6.2.1926 Bertolt Brecht fordert im Berliner »Börsen-Courier« die Theater dazu auf, den Sport stärker zu berücksichtigen.

18.6.1927 Der Nürburgring wird eröffnet. Er gilt bis heute als anspruchsvollste Automobilrennstrecke. Der Sieger des ersten Rennens wird Rudolf Caracciola.

28.2.1933 Aufgrund der Verordnung zum Schutz von Volk und Staat werden die Arbeiter-Sportvereine sowie die konfessionellen Sportorganisationen aufgelöst.

6.2.1936 Die IV. Olympischen Winterspiele in Garmisch-Partenkirchen beginnen. Sie dauern zehn Tage.

Plakat der Winterspiele in Garmisch-Partenkirchen

6.6.1936 Der Schriftsteller Heinrich Mann mahnt auf einem Kongress in Paris die Sportler der Welt die Sommerspiele in Berlin zu boykottieren.

1.8.1936 Die XI. Olympischen Sommerspiele in Berlin, die bis zum 16. August dauern, werden eröffnet.

26.8.1939 Ein Leichtathletik-Länderkampf mit Belgien wird abgebrochen, weil deutsche Teilnehmer zur Wehrmacht eingezogen werden.

17.12.1945 Der Alliierte Kontrollrat bestimmt die Auflösung aller deutschen Turn- und Sportverbände und -vereine.

10.12.1950 Der Deutsche Sportbund (DSB) wird in Hannover als Dachorganisation aller Sportverbände der Bundesrepublik gegründet.

9.5.1951 Das Nationale Olympische Komitee (NOK) der Bundesrepublik wird in das Internationale Olympische Komitee (IOC) aufgenommen, das kurz zuvor gegründete der DDR nicht.

22.9.1952 Das Präsidium des Deutschen Sportbundes beschließt den Abbruch der Sportbeziehungen zur DDR (Oberweseler Beschlüsse). Grund ist der Versuch der DDR-Behörden, West-Berliner Sportlern einen Sonderstatus zu geben. Noch im Dezember kommt es aber zur Einigung mit dem Deutschen Sportausschuss der DDR, der auf eine Sonderbehandlung verzichtet.

4.7.1954 In Bern gewinnt die Fußball-Nationalmannschaft der Bundesrepublik die Weltmeisterschaft durch 3:2 über Ungarn.

28.4.1957 Der Deutsche Turn- und Sportbund (DTSB) wird als Dachorganisation aller sportlichen Fachverbände der DDR gegründet.

16.8.1961 In Düsseldorf beschließt das Präsidium des Deutschen Sportbunds den Abbruch der sportlichen Beziehungen mit der DDR. Damit wird auf den Mauerbau vom 13. August reagiert.

6.10.1962 Der DFB beschließt die Einführung der Fußball-Bundesliga.

8.10.1965 Das Internationale Olympische Komitee kommt einer jahrelang erhobenen Forderung des NOK der DDR nach: Die DDR startet bei künftigen Olympischen Spielen mit einer eigenen Mannschaft.

19.2.1967 Das SED-Organ »Neues Deutschland« veröffentlicht eine repräsentative Umfrage zum Freizeitverhalten von Arbeitern. Während 68 % Fernsehen als liebste Beschäftigung angeben, landet der Sport mit 8,9 % in der Skala weit unten.

27.10.1968 Bei den XIX. Olympischen Sommerspielen in Mexiko-Stadt erreicht die DDR sensationell den dritten Platz in der inoffiziellen Länderwertung hinter den Vereinigten Staaten und der Sowjetunion.

»Trimm-Dich« gegen den Wohlstandsbauch

15.3.1970 Der DSB-Präsident Willi Daume startet die Aktion »Trimm dich durch Sport«, die den Breitensport in der Bundesrepublik ankurbeln soll.

7.6.1973 Renate Stecher läuft in Ostrava als erste Frau die 100 m unter 11 Sekunden.

1974 ARD und ZDF verweigern die Übertragung der Europameisterschaften im Schwimmen und der Leichtathletik sowie der Schwimm-Weltmeisterschaft wegen Schleichwerbung. Obwohl bei der Fußball-WM im gleichen Jahr nicht weniger Bandenwerbung betrieben wird, wird der Boykott aufgegeben.

8.5.1974 Der Deutsche Sportbund (DSB) der Bundesrepublik und der Deutsche Turn- und Sportbund (DTSB) der DDR schließen ein Abkommen, das die seit 1961 unterbrochenen Sportbeziehungen zwischen beiden Staaten wieder aufnimmt.

8.5.1974 Der 1. FC Magdeburg wird in Rotterdam Europapokalsieger im Fußball.

7.7.1974 Die Mannschaft der Bundesrepublik wird zum zweiten Mal Fußball-Weltmeister.

19.3.1979 Die in den Westen geflüchtete DDR-Sprinterin Renate Neufeld berichtet im »Spiegel« über die Doping-Praktiken im DDR-Sport.

15.5.1980 Das NOK der Bundesrepublik entscheidet sich, zu den Olympischen Spielen in Moskau keine Athleten zu entsenden. Damit schließt sich das NOK dem Boykott der USA an, die damit gegen den Einmarsch der UdSSR in Afghanistan protestieren wollen. Die von der Bundesregierung empfohlene Entscheidung stößt bei den meisten Aktiven auf wenig Verständnis.

12.8.1984 Die XXIII. Olympischen Spiele in Los Angeles gehen ohne Beteiligung der DDR-Sportler zu Ende. Die UdSSR boykottierten diesmal die Spiele, weil die Sicherheit ihrer Athleten nicht gewährleistet sei. Alle Ostblockstaaten mit Ausnahme Rumäniens blieben den Spielen ebenfalls fern. Dadurch gelangt die Mannschaft der Bundesrepublik in der inoffiziellen Nationenwertung auf den dritten Platz.

10.4.1987 Die Siebenkämpferin Birgit Dressel stirbt in der Mainzer Universitätsklinik an einem Medikamentenschock. Ihr Tod löst eine heftige Doping-Debatte aus.

1988 Steffi Graf erreicht mit Siegen in den vier wichtigsten Tennisturnieren der Welt (Australian Open, French Open, Wimbledon und US Open) den Grand Slam. Im selben Jahr gewinnt sie auch die Goldmedaille bei den Olympischen Spielen in Seoul.

8.7.1990 Deutschland wird zum dritten Mal Fußball-Weltmeister.

9.1.1991 Eine unabhängige Doping-Kommission wird gebildet, um die Dopingvorwürfe gegen den deutschen Sport zu prüfen. Fünf Monate später wird in einem Report dargelegt, dass vor der Vereinigung in der DDR systematisch gedopt wurde.

13.11.1994 Michael Schumacher wird als erster Deutscher Automobilweltmeister in der Formel 1.

27.7.1997 Als erster deutscher Radprofi gewinnt Jan Ullrich die Tour de France.

Jan Ullrich (l.) mit dem Teamkollegen Bjarne Riis

Unsere
Mittelmeerfahrten
NORD DEUTSCHER LLOYD BREMEN
HAMBURG-AMERIKA LINIE
NORDDEUTSCHER LLOYD
HAPAG

FRIEDLICHE EROBERUNGEN

Deutsche Urlaubsträume

»Urlaub« – das ist ein Wort, das viele Herzen höher schlagen lässt. Es weckt Sehnsüchte nach einer Welt, in der nicht »Alltag« und »Arbeit« das Leben bestimmen, sondern »Abenteuer«, »Entspannung«, »Erlebnis«. Erstaunlicherweise sind es gerade die Deutschen, die diesen Lockrufen der Tourismusindustrie verfallen sind. Seit vielen Jahren sind sie »Reiseweltmeister« und ihre Reiselust ist – trotz aller wirtschaftlichen und sozialen Probleme der Gegenwart – bis heute ungebrochen.

Am Anfang war die Sommerfrische

Urlaub ist bis zur Jahrhunderwende noch Luxus und ein Vorrecht der Betuchten. Sie gehen auf Kreuzfahrt mit den Luxuslinern der großen Reedereien oder verbringen einen Teil des Sommers meist in Landhäusern oder Pensionen an der Nord- und Ostsee oder im Gebirge. In diese »Sommerfrische« nimmt man alles Nötige mit – vom Bettzeug bis zum Spielzeug für die Kinder. Die »Sommerfrische« dient weniger der aktiven Erholung als der beschaulichen Muße. Man zeigt sich auf der Strandpromenade oder in den Kurhäusern, trifft Bekannte im Café oder verdöst im Strandkorb die Nachmittage. Arbeiter und Angestellte verreisen um die Jahrhundertwende noch nicht. Deutschland ist eine Klassengesellschaft: Es gibt die Klasse des reiseerfahrenen Bürgertums und die Klasse der ortsgebundenen Arbeiter. Ihre knappe Freizeit, die sich auf Feiertage und Sonntage beschränkt, nutzen die Arbeiter und Angestellten zu kurzen Wanderungen mit den »Naturfreunden«, oder sie fahren mit der Tram für ein paar Stunden »raus ins Strandbad«. Freizeit ist für die große Masse der Menschen nur Wochenendfreizeit, Urlaub als gesetzlich verbriefte mehrtägige Erholung von der Arbeit gibt es nur in Ausnahmefällen und dann in der Regel unbezahlt.

Die Exotik ferner Länder wird auf diesem Plakat von 1931 beschworen.

Urlaub für Jedermann

Seit der Jahrhundertwende werden allerdings mehr und mehr Bedenken laut, dass die Menschen durch fortschreitende Maschinisierung und Mechanisierung der Arbeit physisch und psychisch zugrunde gerichtet und für die Arbeit unbrauchbar gemacht würden, wenn es keine längeren Erholungsphasen gäbe. Diese von der Arbeitswissenschaft und der Arbeitsmedizin vorgebrachten Überlegungen werden im ersten Viertel des 20. Jahrhunderts von Gewerkschaften und Parteien aufgegrif-

Ein Strandspaziergang an der Nordsee ist um 1900 noch kein Massenvergnügen, sondern Privileg des wohlhabenden Bürgertums. Den Arbeitern und Angestellten fehlen für längere Erholungsreisen Zeit und Geld.

fen. Sie fordern einen gesetzlichen Anspruch auf einen mehrtägigen Jahresurlaub für alle Arbeitnehmer. Zu einheitlichen Regelungen aber kommt es vorerst nicht. Der Jahresurlaub der Deutschen beträgt zwischen drei Tagen und drei Wochen – je nach beruflicher Position und Betriebszugehörigkeit.

KdF-Schiffsreisen in die norwegischen Fjorde gehören zu den Propagandaknüllern der Nazis (Plakat um 1938).

Mit KdF in die Welt

»Der deutsche Arbeiter reist« – so lautet die zugkräftige Propagandaformel der Nationalsozialisten. Sie gründen 1933 Kraft durch Freude (KdF), die staatliche Freizeit- und Urlaubsorganisation der NS-Einheitsgewerkschaft. Der Jahresurlaub wird nun zum gesetzlichen Anspruch.

Der Arbeiter ist im Verständnis der Nationalsozialisten ein »Soldat an der Arbeitsfront«, dessen »Kampfplatz« die Werkbank oder das Fließband ist. Urlaub soll dementsprechend die »Kampfbereitschaft« und die »Leistungskraft« erhöhen. Auch für seine expansive Außenpolitik wünscht sich Hitler gut ausgeruhte »Arbeiter-Soldaten«. Im »Völkischen Beobachter« schreibt er am 5. März 1939: »Ich will, dass dem Arbeiter ein ausreichender Urlaub gewährt wird und dass alles geschieht, um ihm diesen Urlaub sowie seine übrige Freizeit zu einer wahren Erholung werden zu lassen. Ich wünsche das, weil ich ein nervenstarkes Volk will, denn nur allein mit einem Volk, das seine Nerven behält, kann man wahrhaft große Politik machen«.

Hauptsächlich werden Kurzreisen von ein bis drei Tagen Dauer angeboten. Per Sonderzug geht es in den Harz, an den Rhein oder in die bayerischen Berge. Auch längere Urlaubsfahrten werden meist mit Sonderzügen durchgeführt, für welche die Reichsbahn 75% Preisnachlass gewährt. Im Zielgebiet wohnen die Urlauber in Pensionen oder Privatquartieren mit Vollpension. Propagandistisch am erfolgreichsten sind allerdings die Seereisen. Auf teils gecharterten, teils eigens gebauten Passagierschiffen veranstaltet KdF Fahrten in die norwegischen Fjorde oder nach Madeira. Diese Schiffe haben keine Klasseneinteilung und sind an Komfort und technischem Standard Luxusschiffen durchaus ebenbürtig. Allerdings hat nur jeder zehnte KdF-Reisende die Chance, an einer solchen Kreuzfahrt teilzunehmen.

Die Reiselust der Bundesdeutschen

Mit Kriegsende wird KdF als nationalsozialistische Tourismusorganisation zerschlagen, die Idee des »Sozialtourismus« aber beibehalten. Private Reiseunternehmen schließen sich mit den Gewerkschaften zusammen und organisieren als »Gesellschaft für soziales Reisen« (Gesorei) den Verkauf von Reisesparmarken an Arbeiter. Mit Sonderzügen geht es zunächst in die bereits in den Dreißigerjahren genutzen Urlaubsorte. Die erste von Touropa durchgeführte Bahnpauschalreise findet im Winter 1948/49 statt. Sie führt von Hamburg nach Ruhpolding. Die Urlauber sitzen während der 22-stündigen Fahrt auf Holzbänken in Wagen, die noch aus der Vorkriegszeit stammen. Mit »Gesellschaftswagen« kommt Touropa jedoch bald dem wachsenden Wunsch nach mehr Bequemlichkeit entgegen. Die Urlauber werden von Zugpagen in Empfang genommen und im Zugrestaurant mit Speisen und Getränken versorgt; über Bordlautsprecher gibt es Musik und Reiseinformationen, und die Nacht verbringt man im Sechserabteil in Hängematten – Männer und Frauen getrennt, versteht sich. Für viele Urlauber ist dies in den Fünfzigerjahren der Gipfel des Luxus.

Drei Viertel aller Westdeutschen verbringen in den Fünfzigerjahren ihren Urlaub im Inland, viele (jeder fünfte) wollen allerdings möglichst bald ins Ausland reisen.

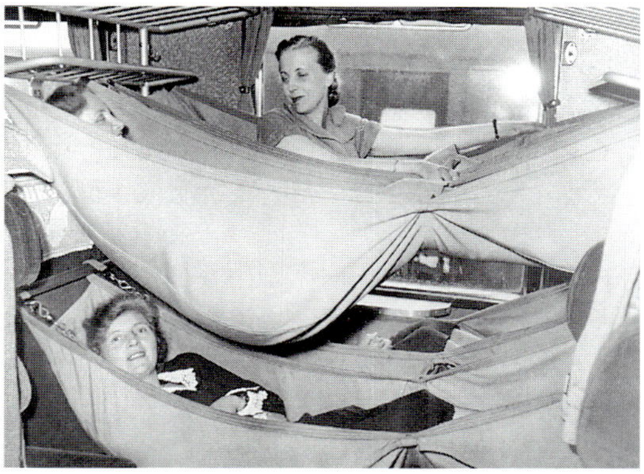

Touropa-Liegewagen 1953: Im Sechserabteil übernachten die Urlauber in Schlafhängematten.

Sie nutzen dazu neben der Eisenbahn den Omnibus, der nicht nur billiger ist, sondern mit dem man auch weitere Strecken zurücklegt. Tagesleistungen von 500 km sind 1950 für Reisebusse nichts Besonderes. Spanien-Portugal-Rundreisen innerhalb von 14 Tagen gelten im Bus-Tourismus als die großen Renner, wobei die Qualität einer Reise vielfach an der Menge der zurückgelegten Kilometer gemessen wird. So klagt der »Ratgeber für Haus und Familie« bereits 1951, dass viele sich bei der Urlaubsplanung der »Diktatur des Minutenzeigers« unterwerfen: »Gar mancher ist nach seiner Rückkehr aus dem Urlaub stolz darauf, 3000 km im Auto, im Omnibus oder auch mit dem eigenen Motorroller hinter sich gebracht zu haben, ... dabei glauben solche Leute, ihre Achtung und

Das Klappzelt auf dem Dachgepäckträger ist der letzte Schrei der Campingsaison 1958. »Wildes Campen« ist noch weit verbreitet.

ihr Ansehen in den Augen der Daheimgebliebenen steigere sich mit jedem Kilometer«. Die meisten Deutschen überhören jedoch solche kritischen Töne. Nach den Entbehrungen des Krieges wollen sie auf Reisen in kurzer Zeit möglichst viel sehen und erleben.

Urlaub auf eigene Faust

Wichtiger als die Pauschalreisen sind aber die Individualreisen. Mangels Auto und Geld machen viele Westdeutsche in den Fünfzigerjahren noch (Wander-)Urlaub in der näheren Umgebung und quartieren sich in privat vermieteten Zimmern mit fließend Kaltwasser ein. Wer sich schon etwas mehr leisten kann, fährt mit Roller und Zelt in den Campingurlaub. Camping, das ist in dieser Zeit Ausdruck von Modernität und Naturverbundenheit.

Mit Beginn der Sechzigerjahre gilt der Urlaub in der Bundesrepublik bereits als etwas völlig Selbstverständliches. Im Bundesurlaubsgesetz von 1963 wird festgelegt, dass bis zur Vollendung des 35. Lebensjahres mindestens 15 und danach 18 Werktage Urlaub im Jahr gewährt werden müssen. Für 1961 liegt eine bundesweite demoskopische Erhebung vor, nach der durchschnittlich 16,7 Urlaubstage im Jahr genommen werden.

Größte Bedeutung für den Urlaub gewinnt in dieser Zeit der private Autoverkehr. Ende der Fünfziger-, Anfang der Sechzigerjahre wird die Bahn vom Pkw überrundet. Er ist bis heute das Reiseverkehrsmittel Nr. 1. Mit Hilfe des Autos erobern die Westdeutschen zunächst Österreich, dann Italien und Spanien. Alte Urlaubsfilme zeigen vielfach folgende Bilder: Selbstbewusst passieren die Westdeutschen in kurzen Hosen, Unterhemd oder Blümchenkleid die Grenzen ins Ausland, versengen sich auf den »Teutonengrills« der Adria oder Costa Brava die Haut und kehren schließlich erschöpft aber glücklich mit schiefen Türmen aus Italien, Knoblauchzöpfen aus Südfrankreich oder mit einem Stierkampfplakat aus Spanien als Souvenir zurück. Es ist noch die naive Zeit der Postkartengrüße, verwackelten Fotos und Dia-Abende, an denen man den Daheimgebliebenen von den Abenteuern aus der Fremde berichtet.

Lloret de Mar in Spanien: Bettenburgen und überfüllte Strände sind die Folgen des Massentourismus der Siebzigerjahre.

Der »Club Med« mit seinen vielen Möglichkeiten zu sportlicher Aktivität stellt sich auf deutsche Urlauber ein und wird bald zum »Renner«.

Die Reise »von der Stange«

Seit Mitte der Sechzigerjahre wandelt sich der Tourismus grundlegend. Urlaub und Reise werden zu Produkten großer Reisekonzerne, die mit modernen, aggressiven Marketing- und Werbemethoden den Markt beherrschen.

Der organisierte Massentourismus entsteht mit seinen schnell hochgezogenen Beton- und Bettenburgen für Millionen von Urlaubern, mit überfüllten Stränden, schlechtem Essen und lauten Quartieren. In dieser Zeit gerät der Pauschaltourismus zunehmend in Verruf.

Mitte der Siebzigerjahre entsteht der »Alternativtourismus«, initiiert von der ausklingenden Hippie- und Studentenbewegung. Authentizität wird verlangt. Leitfigur ist der Rucksacktourist, der mit öffentlichen Verkehrsmitteln, eigener Folklore und FKK-Kultur vor allem die griechischen Inseln heimsucht. Dieser

Alternativtourist wird aber bald von der Branche integriert und erweist sich häufig als »Entdecker« bislang noch unberührter Urlaubsparadiese, die bald vom Pauschaltourismus vereinnahmt werden.

Das wachsende Angebot verbindet sich mit dem neuen Schlagwort »Erlebnisurlaub«. »Faulenzen« ist out, »Aktivsein« ist gefragt: Vom Urlaub auf dem Bauernhof bis zum Segelkurs an der Ostsee, von den Taucherferien im Mittelmeer zum Töpfer- und Malkurs in der Lüneburger Heide ist alles im Reisebüro zu buchen. Und die Bundesdeutschen wissen das zu schätzen: Die Reiseintensität von knapp 42 % (18,5 Mio.) im Jahr 1970 nimmt auf über 56 % (27 Mio.) im Jahr 1986 zu.

Mit dem Klub-Urlaub, der von Fachzeitschriften im Jahr 1978 noch als Mode belächelt wird, entsteht in den Siebzigerjahren eine Reisemöglichkeit, die sich zu einer der beliebtesten Urlaubsformen der Westdeutschen entwickelt. Er bietet das »Paradies im Getto«, Schutz vor Kriminalität, Unterhaltung und sportliche Aktivitäten rund um die Uhr und die Geborgenheit in der Gruppe. Eine weitere Neuerung ist die Flugpauschalreise. Reist 1972 etwa die Hälfte der Fernurlauber mit dem Charterflugzeug ins Ausland, so sind es im Jahr 1991 gut zwei Drittel. Dabei werden ferne Ziele in der Karibik, in Afrika oder Fernost immer beliebter.

Massentourismus und Fernreisen werden jedoch zunehmend in Frage gestellt. Waren es nach 1968 die Kritiker des Kapitalismus, welche die Ökonomisierung des Urlaubs mit all seinen Entfremdungs- und Ausbeutungstendenzen beklagten, so verlagert sich die Diskussion seit Anfang der Achtzigerjahre hin auf ökologische Fragen. Dabei stehen sowohl der Flächenverbrauch und die Müllbelastung in den Urlaubsgebieten als auch die Beeinträchtigung durch Pkw und Flugzeug bei der Anreise im Blickpunkt. Der (Fern-)Reisefreudigkeit der Deutschen tut dies jedoch vorerst keinen Abbruch.

Exotik für die Kamera: deutsche Touristen in den Siebzigerjahren auf Foto-Safari in Afrika

Reisefreuden in der DDR

Erholung hat auch in der DDR einen hohen Stellenwert. Sie ist ein wichtiger Bestandteil des sozialistischen Gesellschaftsentwurfs, wonach allen Werktätigen jährlich ein ausreichender Erholungsurlaub zu garantieren sei. Urlaub kann aber in der DDR nicht einfach spontan gebucht werden – es gibt keine privaten Reiseunternehmen –, sondern muss frühzeitig beantragt und genehmigt werden.

Dabei spielen von Anfang an der Freie Deutsche Gewerkschaftsbund (FDGB) und die Betriebe eine entscheidende Rolle. Sie stellen Urlaubsplätze bereit und verwalten sie. Wer bei der Verteilung Glück hat, erhält einen der »Ferienschecks« für einen meist 13-tägigen Aufenthalt an einem festgelegten Ferienort, An- und Abreise inklusive. Die Selbstbeteiligung beträgt etwa ein Drittel der Gesamtkosten (30 bis 310 Mark).

Die Anfänge der FDGB-Urlaubs sind bescheiden. 1947 verfügt der »Feriendienst« des FDGB über 500 Betten in zehn eigenen Häusern, 1948 erhöht sich die Kapazität durch Enteignung von Villen und Schlössern sowie durch Rückführung von Ferienheimen der Arbeiterbewegung. 1952 werden 440 private Hotels und Pensionen sowie 181 Gaststätten, Wohnhäuser und

Wirtschaftsbetriebe in den Ostseebädern beschlagnahmt, was den Grundstock des »Feriendienstes« beträchtlich vergrößert. Der weitere Ausbau des Erholungswesens erfolgt in starkem Maße dann im Anschluss an den VIII. Parteitag der SED (1971), gemäß der Devise von Erich Honecker: »Das Erholungswesen ist entsprechend der Sozialpolitik des sozialistischen Staates weiterzuentwickeln. Den vielfältiger werdenden Freizeitinteressen der Werktätigen ist durch die Erhöhung des Niveaus der Ferien- und Naherholung besser zu entsprechen. Für die Weiterentwicklung des Feriendienstes der Gewerkschaften werden die staatlichen Subventionen erhöht«. Mit massiver staatlicher Unterstützung baut der FDGB zahlreiche modern ausgestattete Ferienheime, wodurch sich die Bettenkapazität des »Feriendienstes« von 90 000 im Jahr 1970 auf 133 000 im Jahr 1989 erhöht. Doch trotz dieser Anstrengungen kann der Bedarf nicht gedeckt werden. Bis zum Ende der DDR gibt es für je vier Gewerkschaftsmitglieder nur einen FDGB-Ferienplatz.

FDGB-Plakat 1954 – Anspruch und Wirklichkeit klaffen in der DDR weit auseinander.

In dieser Situation kommt dem Angebot der Betriebe besondere Bedeutung zu. Diese beginnen schon Anfang der Fünfzigerjahre, für ihre Belegschaften Ferienheime zu errichten und Privatquartiere anzumieten. Mit über 3,2 Millionen Urlaubern jährlich werden die Betriebe schließlich zu den größten Anbietern von Ferienreisen in der DDR. Aber auch hier sind Quartiere in beliebten Urlaubsorten äußerst rar. Die besten Chancen haben Funktionäre, sog. Bestarbeiter sowie Arbeiter und Angestellte aus umweltbelasteten Regionen (z. B. Chemiebezirk Halle). Für die übrigen gilt die Faustregel: alle zehn Jahre ein Platz an der Ostsee.

Die DDR-Traumflotte

Etwas ganz Besonderes sind die Seereisen mit den Schiffen der »Roten Traumflotte«. Sie beginnen mit dem Ankauf des schwedischen Passagierschiffes »Stockholm«, das unter dem neuen Namen »Völkerfreundschaft« im Februar 1960 zu einer 14-tägigen Fahrt ins Schwarze Meer aufbricht. Ein Jahr später folgt die Jungfernfahrt der »Fritz Heckert«, eines in Wismar aufgrund eines Parteitagsbeschlusses gebauten Passagierschiffes für 379 Urlauber.

Für den Normaltouristen sind jedoch Ostseekreuzfahrten nur in der schlechten Jahreszeit im Reisebüro erhältlich, ansonsten fahren die von Gewerkschaftsbeiträgen finanzierten Schiffe vor allem für westliche Reiseveranstalter oder haben DDR-Prominente an Bord.

DDR-Individualtourismus

Viele Ostdeutsche wollen jedoch nicht organisiert, sondern auf eigene Faust in Urlaub fahren: mit dem Motorrad oder dem Auto. Das ist machbar, aber auch nicht gerade einfach. Bei Auslandsreisen nach Polen (nur bis 1980 möglich), Ungarn, Bulgarien und die Tschechoslowakei – Urlaub in der Sowjetunion ist nur auf

Einladung möglich – stellt sich das Devisen- und Unterbringungsproblem. Mehr als 30 bis 40 Mark Umtausch pro Person und Tag ist in der Regel verboten. Man nimmt deshalb soviel Benzin und Lebensmittel wie möglich mit, ebenso Tauschwaren für den Schwarzmarkt oder zur »Bezahlung« der Übernachtung. Die Unterbringung in Pensionen, auf Zeltplätzen, in Wohnwagen oder Wohnheimen organisiert man über Freunde oder Beziehungen.

Wer im eigenen Land privat Urlaub machen will, steht ebenfalls vor kaum lösbaren Problemen, denn Hotels für Einzelreisende sind selten und teuer, und die wenigen guten Privatzimmer sind in der Hand von Stammgästen. Die restlichen Quartiere haben meist einen niedrigen Ausstattungsgrad, gelten als »Hühnerställe« und sind deshalb unbeliebt.

Für viele Familien mit Kindern erweist sich Camping als die einzige Möglichkeit, über einen längeren Zeitraum gemeinsam Urlaub zu machen. Obwohl auch Camping anmeldepflichtig ist, werden doch die langwierigen Behördengänge durch das Gefühl ausgeglichen, Mitglied einer verschworenen Gemeinschaft zu sein. Allein die Fachsimpeleien über die Zeltausrüstung, die man über Jahre mit beträchtlichem finanziellen Aufwand ergänzt und erneuert, schaffen ein enges Zusammengehörigkeitsgefühl. Mit knapp 20 Millionen Übernachtungen pro Jahr stehen die 529 staatlichen Campingplätze Ende der Achtzigerjahre an dritter Stelle hinter den Betrieben (40 Mio.) und den FDGB-Angeboten (23 Mio.).

Nach der Wende sind bei den Ostdeutschen zunächst die ein- bis dreitägigen Busreisen in die westeuropäischen Haupt- und Großstädte besonders beliebt. Diese Neugierde ist jedoch bald befriedigt und wie bei den Westdeutschen sind danach Meer und Berge am meisten gefragt, wobei viele Ostdeutsche ihre Urlaubsziele mit dem Pkw ansteuern. Die Menge der Flugreisen ist Anfang der Neunzigerjahre noch klein, gleicht sich jedoch immer mehr den Zahlen aus Westdeutschland an.

Ende des Urlaubsbooms?

»Immer kürzer, weiter, öfter« – dieses Motto gilt inzwischen für alle Bundesbürger: Kurzurlaub, pauschal, zwei- bis dreimal pro Jahr – das ist der Trend der Neunzigerjahre. Sehr viel mehr als heute ist nicht mehr herauszuholen aus der Ware »Urlaub«: Der Markt ist fast gesättigt. Möglich auch, dass die Urlaubszahlen zum

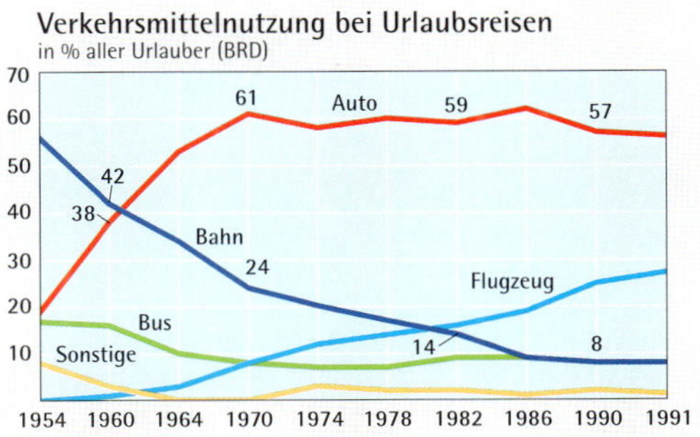

Das Müritz-Hotel in Klink bei Waren, früher eines der größten Ferienheime der DDR, wird nach der Wende in ein Privathotel umgewandelt.

Ende des Jahrtausends infolge wachsender sozialer und wirtschaftlicher Probleme des »Unternehmens Deutschland« nicht nur stagnieren, sonder sogar zurückgehen. Das wäre eine Entwicklung, die den meisten Deutschen an den Nerv ginge. Denn eins steht fest: Urlaub, das ist für die Deutschen zu einer der großen sozialen und kulturellen Errungenschaften des 20. Jahrhunderts geworden.

Die Chronik des Urlaubs

24.1.1902 In Frankfurt am Main wird der Bund Deutscher Verkehrsvereine gegründet mit dem Ziel, den innerdeutschen Fremdenverkehr und die Werbung zu koordinieren.

15.3.1904 In der »Vossischen Zeitung« (Berlin) erscheint die erste Reisebeilage einer Zeitung.

1907 Die Gewerkschaftspresse fordert erstmals »Ferien für den Arbeiter«.

1912 Unter Vorsitz des Rentiers Grebner wird in Berlin der Centralverband zur Wahrung der Reiseinteressen gegründet, der die Zeitschrift »Die Reise« herausgibt.

17.10.1917 In Berlin wird die erste nationale Reiseagentur, das Deutsche Reisebüro (DER), gegründet.

3.4.1918 Das Deutsche Reisebüro wird nach Beteiligung der Kgl. Ungarischen Staatsbahnen und Ibusz in Mittel-Europäisches-Reisebüro (MER) umbenannt.

Werbeplakat der Lufthansa aus dem Jahr 1928

20.2.1920 Auf Vorschlag des Reichsverkehrsministers Wilhelm Groener, der im Krieg für das gesamte militärische Transportwesen zuständig war, wird auf einer Regierungskonferenz in Berlin die Reichszentrale für deutsche Verkehrswerbung (RDV) als eingetragener Verein mit Sitz in Berlin ins Leben gerufen. Ziel ist die Förderung des Reiseverkehrs aus dem Ausland nach Deutschland.

1928 Hubert und Maria Tigges gründen in Wuppertal die Dr.-Tigges-Fahrten. Sie veranstalten Zelt- und Wanderurlaub besonders für junge Menschen.

1929 Unter der Leitung von Professor A. Glücksmann wird in Berlin das erste deutsche Institut für Fremdenverkehrswissenschaft eröffnet.

1929 Etwa 12 von 35 Millionen Beschäftigten erhalten bezahlten Urlaub, die meisten allerdings nur für ein bis drei Tage.

1.5.1932 Carl Degener gründet im Hotel »Unter den Linden« das Reisebüro Dr. Carl Degener, später Touropa. Es organisiert »Volksreisen für den kleinen Mann« (z.B. acht Tage in den Alpen für 69 RM). Degener führt auch das Reisesparen ein, das die nationalsozialistische Freizeitorganisation Kraft durch Freude 1934 übernimmt.

1933 Durch Zusammenlegung des Bundes Deutscher Verkehrsverbände (BDV) mit dem Allgemeinen Deutschen Bäderverband (ADB) entsteht der Bund Deutscher Verkehrsverbände und Bäder mit dem bayerischen Wirtschaftsminister Hermann Esser als Vorsitzenden.

23.6.1933 Das Gesetz über den Reichsausschuss für Fremdenverkehr tritt in Kraft. Es kreiert den Begriff der »Fremdenverkehrsgemeinde« für alle Gemeinden, bei denen die Zahl der Fremdübernachtungen im Jahr ein Viertel der Einwohnerzahl übersteigt. Alle Fremdenverkehrsgemeinden müssen Mitglieder der Landesverkehrsverbände werden und sind damit dem neugebildeten Reichsfremdenverkehrsverband (RFV) in Berlin angeschlossen.

27.11.1933 Die NS-Gemeinschaft Kraft durch Freude (KdF) wird gegründet.

17.2.1934 Die ersten zwölf KdF-Urlaubszüge bringen über 10 000 Arbeiter in den Urlaub.

2.5.1934 Am Jahrestag der Zerschlagung der Gewerkschaften durch das Nazi-Regime sticht das erste KdF-Urlauberschiff in See.

1934 Das Reisebüro Dr.-Tigges-Fahrten bietet erste Reisen nach Mallorca an: 37 Deutsche nehmen teil.

1935 Aus den regelmäßig erscheinenden Mitteilungsschreiben an die »Dr.Tigges-Gemeinde« entsteht die Zeitschrift »Die Fahrt«. Zum ersten Mal wird die Traumgrenze von 1000 Teilnehmern überschritten.

1936 Das Internationale Arbeitsamt in Genf stellt fest, dass Deutschland die einzige wichtige Industrienation ist, die den Genfer Empfehlungen zur Urlaubsgestaltung entspricht.

1936 Der Reichsfremdenverkehrsverband (RFV) erhält im Haus des Fremdenverkehrs am Potsdamer Platz in Berlin große repräsentative Räume für seine Büros sowie für eine zentrale Auskunftsstelle mit Schaltern für jeden Landesverkehrsverband. Außerdem werden vom RFV monatlich wechselnde Landschafts- und Städteausstellungen mit Empfängen für Reisebüros und Presse durchgeführt.

1937 Die Urlaubsregelungen werden weitgehend vereinheitlicht. Die überwiegende Mehrheit der Lohnempfänger hat nun Anspruch auf eine sechs- bis zwölftägige bezahlte Jahresfreizeit. Der Urlaubsanspruch wird mit der Pflicht gegenüber »Betrieb und Volksgemeinschaft« verbunden, den Urlaub »sinnvoll und zweckmäßig«, d. h. zur Regeneration der Arbeitskraft zu verwenden. Damit dieses Ziel erreicht werde, bedürfe es der staatlichen Organisation des Reisebetriebes.

1939 Das Reisebüro Dr. Tigges veranstaltet die erste Package-Tour durch die Schweiz für Autofahrer mit eigenem Pkw.

1943 Die Tigges-Fahrten werden eingestellt.

16.5.1946 Die Sowjetische Militäradministration in Deutschland schreibt in einem Befehl den Anspruch auf bezahlten Urlaub für die Werktätigen der sowjetischen Besatzungszone fest.

4.11.1946 Der Alliierte Kontrollrat beschließt die Umbenennung des MER in Deutsches Reisebüro (DER). Das DER ist nur noch innerhalb Deutschlands tätig und verliert sein Monopol für den Fahrkartenverkauf der Deutschen Reichsbahn.

20.3.1947 Der Freie Deutsche Gewerkschaftsbund (FDGB) gründet seinen »Feriendienst«, der sich zum größten Urlaubsanbieter in der späteren DDR entwickelt.

25.6.1947 Der Bund Deutscher Verkehrsverbände gründet sich in Köln neu.

15.9.1947 Auf dem Deutschen Bädertag in Norderney wird der Deutsche Bäderverband ins Leben gerufen.

25.5.1948 Die Deutsche Zentrale für den Fremdenverkehr (ZFV) wird Nachfolgerin der Reichsbahnzentrale für den deutschen Reiseverkehr (RDV).

12.10.1948 Das DER, Hapag-Lloyd und Dr. Carl Degener gründen die Arbeitsgemeinschaft DER-Gesellschaftsreisen.

24.12.1948 Der erste DER-Touropa-Sonderzug mit 1200 Gästen fährt von Hamburg nach Ruhpolding.

1948 Die erste Nachkriegsfahrt des Reisebüros Dr. Tigges geht nach Oberstdorf und ins kleine Walsertal.

19.2.1949 Die Geschäftsleitung des DER für die sowjetische Zone zieht in die Charlottenstraße im Ostsektor von Berlin um.

10.7.1949 Das Fachblatt »Der Fremdenverkehr« wird vom Bund Deutscher Verkehrsverbände und der Deutschen Zentrale für Fremdenverkehr herausgegeben.

10.8.1950 In Frankfurt am Main wird der Deutsche Reisebüro-Verband (DRV) gegründet.

1950 Der Club Méditerranée wird gegründet, der ab den Siebzigerjahren immer mehr Anhänger findet: 1977 machen fast eine Million Feriengäste in einem der 75 Klubdörfer Urlaub.

29.1.1951 Der Studienausschuss für Sozialtouristik tritt zu seiner zweiten Sitzung in Augsburg zusammen.

25.5.1951 Die Gemeinschaft für Sozialtouristik und Reisesparen (GESOREI) wird in Frankfurt am Main ins Leben gerufen.

1.11.1951 Aus DER-Gesellschaftsreisen entsteht der Reiseveranstalter Touropa.

Prospekt von Touropa

11.3.1953 Unter dem Decknamen »Aktion Rose« werden an der Ostseeküste der DDR private Hotels, Pensionen und Gaststätten durchsucht und größtenteils beschlagnahmt. Sie bilden den Grundstock für das Urlaubsangebot des FDGB.

März 1953 Die Bundesbahn testet in einem Touropa-Zug den Einsatz von Hängematten für die Nachtfahrt.

März 1953 In Hamburg werden die Hummel-Reisen gegründet.

April 1953 Das Berufsbild des Reisebürogehilfen entsteht in der BRD.

1953 Dr. Tigges bietet erste Flugreisen nach Mallorca an: Bis Barcelona erfolgt die Anfahrt mit der Bahn, von da aus geht es mit dem Flugzeug nach Palma (16-Tagereise ab Köln 446 DM).

23.11.1953 Der Gesellschaftsvertrag der Scharnow-Reisen GmbH KG mit Sitz in Hannover wird unterzeichnet. Scharnow soll sich zum norddeutschen Gegenpol zur Münchener Touropa entwickeln. Erster Ferienort ist Waging am See.

8.2.1955 In Frankfurt am Main wird die Fluggesellschaft Lufttransport Union (LTU) gegründet.

1955 In Scharnow-Zügen werden Liegewagen eingeführt.

1956 Hummel, Touropa und Scharnow bieten die ersten Flüge an (nach Italien und Mallorca).

1956 Mit Beginn des Jahresfahrplanes 1956 setzt die Deutsche Bundesbahn zum ersten Mal auf der Nordsüdstrecke zwischen Hamburg und der Südschweiz (Chiasso) Autopackwagen ein.

1.5.1957 Das DER ruft die Sonderzugbetriebsgesellschaft (SBG) ins Leben.

24.2.1960 Die »MS Völkerfreundschaft«, das erste (in Schweden gekaufte) »Traumschiff« der FDGB-Urlauberflotte, sticht zur ersten Reise in See. Die Passage geht von Rostock ins rumänische Konstanza am Schwarzen Meer.

1960 Scharnow beginnt mit dem Ferienwohnungsprogramm.

1.5.1961 Das erste und einzige Gasturbinen-Motor-Passagierschiff (GTMS) der Welt, die »Fritz Heckert«, läuft zur Jungfernreise, einer Ostsee-Kreuzfahrt, aus. Der Bau des Schiffes erfolgte im Auftrag des FDGB.

25.10.1961 Die ehemalige DFG firmiert als 100%ige Tochter der Lufthansa unter dem Namen Condor Flugdienst GmbH.

1962 Die Dr.Tigges-Fahrten führen als erste das Überwintern auf Mallorca ein.

1962 Die finanzkräftigen Versandhäuser Quelle und (1963) Neckermann steigen in das Flugpauschalgeschäft ein. Sie kaufen Hotelbetten und Flugzeugsitze en gros und bieten Pauschalreisen zu Kampfpreisen an. Der »Knüller 1965« ist eine zweiwöchige Reise nach Beirut für 745 DM, Flug und Vollpension im First-class-Hotel inklusive. Damit beginnt ein bis heute ungebremster Boom des Flugtourismus.

1963 Das Bundesurlaubsgesetz tritt in Kraft und legt 18 Werktage Mindesturlaub fest.

1964 Das Deutsche Reisebüro in der DDR wird in Reisebüro der DDR umbenannt. Es vermittelt zu hohen Preisen Pauschalreisen ins In- und Ausland.

4.2.1965 Die Lufttransport Union (LTU) vollzieht als erste europäische Fluggesellschaft mit einer Caravelle den Übergang zur Jet-Flotte.

1968 Die Touristik-Union International (TUI) wird gegründet.

1968 Der Sportartikelhändler Piet Derksen eröffnet in der Nähe von Venlo seinen ersten Center Park. Die unter einer Glaskuppel eingerichtete Anlage – eine künstliche Mischung aus Jachthafen, tropischem Garten und Einkaufszentrum – ist sehr erfolgreich. 15 Jahre später entsteht eine solche »tropische Bummelmeile« im Hochsauerland.

1973 An den Stränden Schleswig-Holsteins sind erstmals sog. Freizeithelfer aktiv. Sie wollen gegen die Unpersönlichkeit und Anonymität der Urlaubsorte ankämpfen und Kontakte zwischen den Reisenden herstellen. Aus dem »Freizeithelfer« wird bald der Animateur, der heute bei fast jedem Pauschalurlaub für Aktivität und Stimmung bei den Reisenden sorgt.

1975 Unter dem Slogan »Massentourismus – nein danke!« erscheint eine Flut von meist selbstverlegten Reiseführern, die den Rucksacktourismus propagieren und gegen die sog. Neckermänner wettern. Eine neue Gemeinde der »Alternativtouristen« entsteht, die sich als »Traveller on the road« definiert. Eines ihrer Standardwerke heißt »Tips und Tricks für Tramps und Travellers«. Es gibt Ratschläge für Schnorrertouristen, die mit möglichst wenig eigenem Geld möglichst lange Zeit unterwegs sein wollen.

1987 Auf der Internationalen Tourismus-Börse in Berlin darf erstmals die Arbeitsgemeinschaft »Tourismus mit Einsicht« einen Stand belegen. Deren Mitglieder – Freizeitforscher, Naturfreunde, Entwicklungshelfer – machen sich für einen »sanften« Tourismus stark, der sozial- und umweltverträglich sein soll.

1989 Der FDGB-Feriendienst verfügt über eine Kapazität von 133 000 Betten pro Jahr und vermittelt 1,8 Mio. Urlaubsreisen im Inland. 5 Mio. DDR-Bürger verbringen ihren Urlaub mit dem Feriendienst.

Luxus auf der eigenen Jacht – für die meisten Bundesbürger bleibt dies ein Traum.

1970 Die Touristik-Union International (TUI) und die A. Steigenberger Hotelgesellschaft AG (AST) heben den Robinson Club aus der Taufe (Name seit 1975). Er macht dem französischen Club Méditerranée schnell Konkurrenz und ist seit 1981 Marktführer bei Klubreisen. Erstes Hotel des Robinson Clubs ist das »Jandia Playa« auf Fuerteventura.

1971 Das »Mallorca Magazin«, die erste deutschsprachige Zeitung der Insel, erscheint erstmals.

1971 Das DDR-Urlauberschiff »Fritz Heckert« wird aus Rentabilitätsgründen außer Dienst gestellt.

1973 Neckermann und Reisen (NUR) startet sein Klub-Programm unter dem Namen Aldiana; der erste Klub wird im Senegal eröffnet.

29.8.1985 Die DDR erwirbt das Kreuzfahrtschiff »Astor« von der Hamburger Hafendampfschiffahrtgesellschaft. Es fährt unter dem Namen »Arkona« auch für westdeutsche Reiseunternehmen (TUI).

1996 Nach einer Untersuchung der Forschungsgemeinschaft Urlaub und Reisen geht die Reisefreudigkeit der Deutschen aus ökonomischen Gründen zurück: Mit insgesamt 45,3 Mio. Urlaubern liegt die Zahl gegenüber 1995 um 3,7 Mio. niedriger. Es wurden außerdem 9,5 Mrd. DM weniger ausgegeben.

1997 Das Bundeskartellamt prüft Pläne, die Zusammenschlüsse der großen Reiseveranstalter vorsehen: TUI, Hapag-Lloyd und LTU auf der einen Seite sowie NUR und Condor auf der anderen Seite.

1997 Die Deutschen sind weiterhin Weltklasse im Reisen. Im Jahr 1997 geben sie 3% mehr Geld für Reisen aus als im Vorjahr – insgesamt 77 Mrd. DM

ROON
1

Gut vorbereitet auf die Arbeit,
im Sozialismus
2

Führer befiehl, wir folgen!
Alle sagen Ja!
3

4

5

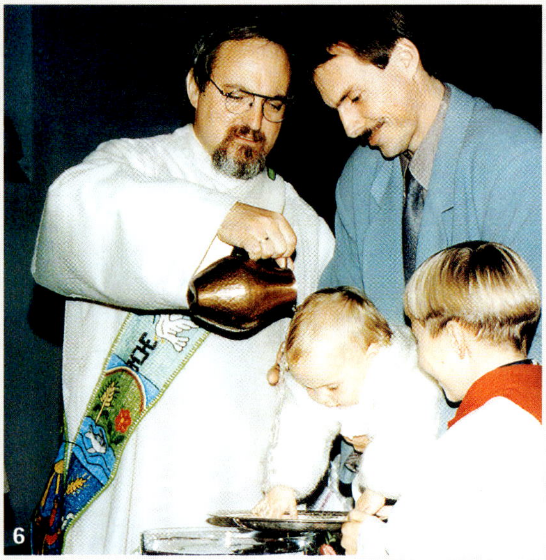
6

Internationaler, Sozialistischer
Arbeiter – Kongress
7

Bilderwelten

Die Deutschen und ihre Erinnerungen

»Weißt Du noch?« Erinnern hat zahllose Formen und Themen. Sie knüpfen sich an Erlebnisse, die »haften geblieben« sind. Im 20. Jahrhundert reichen sie von der Hitze einer glühenden Herdplatte, der man als kleines Kind zu nahe gekommen war, über den Geschmack des ersten Kusses bis zum »Steckrübenwinter« 1916/17, dem Bombenhagel im Zweiten Weltkrieg oder der Tötungsgewalt von SS und Kapos im nationalsozialistischen KZ.

Erinnerungen reflektieren nicht nur eigenes Erleben. Sie bewahren zugleich Alltagswirklichkeiten, in denen sich viele finden: Familienangehörige und Nachbarn, Menschen aus einem Ort, einer Landschaft, Personen, die sich einer bestimmten sozialen Klasse oder einer Gesellschaft zurechnen. Im 20. Jahrhundert gehören sie einer Nation, einem Staat an – oder wurden ihm ohne viel Federlesens in Kriegen (oder danach) zugeschlagen, sie wurden aber auch »umgesiedelt« oder vertrieben, z. B. Polen wie Deutsche mehrfach seit 1939.

Erinnern: veränderlich, strittig

Erinnerungsbilder sind dauerhaft, aber nicht starr. Sie verfestigen sich, verändern sich jedoch auch unter dem Eindruck medialer Präsentation. Wenn gezeichnete, mehr noch fotografierte Bilder den Untergang der »Titanic«, die Schlachten von Verdun oder Stalingrad, den Potsdamer Platz in der Zwanzigerjahren immer wieder präsentieren, dann nähert sich erinnerte Wirklichkeit solchen Vorbildern an.

Erinnerungen sind höchst unterschiedlich, vielfach strittig. Männer und Frauen, Eltern und Kinder, »Kumpel« ebenso wie »Angestellte«, »Bayern«, »Preußen« oder gar »die Deutschen« deuten eigenes Erleben und das der anderen höchst unterschiedlich. Für wen waren die Zwanziger »goldene« Jahre, für wen Jahre der Unsicherheit und Angst, z. B. vor Straßengewalt oder Arbeitslosigkeit? Trügt jene Erinnerung, die aus der NS-Herrschaft das rasche Wachsen eines Autobahnnetzes, nicht aber das Verschwinden von Nachbarn im Gedächtnis behält? Waren die Fünfzigerjahre jenseits des Kalten Krieges eine »bleierne Zeit« oder »wilde Jahre« in Deutschland-West, in Deutschland-Ost?

Streit ist sogar die Regel, wenn öffentliches Gedenken gefordert, ermuntert oder aber blockiert wird. In den Neunzigerjahren gibt es erbitterte Kontroversen um die Gedenkstätte für die »Opfer des Krieges und der Gewaltherrschaft« in der Berliner Neuen Wache mit der vergrößerten Kollwitz-Pietà: Versöhnung über Gräbern oder Gleichsetzung der Tätergesellschaft mit ihren Opfern? Ähnliche Konfliktlinien prägen den Streit um das Mahnmal für die Ermordung der Juden Europas in Berlin. Wird hier ein abstoßendes »Reichsopferfeld« entstehen oder ist dies eine überfällige Geste? Oder: Darf vor dem Berliner Abgeordnetenhaus an der Ostseite der früheren Mauer nach der staatlichen Vereinigung nicht mehr mit einem Straßennamen an die kommunistische Widerständlerin Käthe Niederkirchner erinnert werden (ein Umbennungsvorstoß, der vorerst gescheitert ist)?

Eltern, Lebenslauf, Familie

Kindheitserinnerungen mögen wohlig oder traurig sein – kaum jemand kehrt nicht ab

Deutsche Erinnerungen:
1 Einweihung des Denkmals für General Roon 1905 am Großen Stern in Berlin in Anwesenheit von Kaiser Wilhelm II.
2 Erinnerung an die Jugendweihe in den Achtzigerjahren in Schwerin
3 Propagandafahrzeug der Hitlerjugend in der Wilhelmstraße in Berlin
4 »Mein erster Schultag« 1950 in Bonenburg bei Warburg
5 Der frischgebackene Student um 1915
6 Taufe in den Achtzigerjahren
7 Erinnerung an den Internationalen sozialistischen Arbeiterkongress 1923 in Hamburg

Familienausflug mit dem Fahrrad in den Grunewald um 1902

und zu in diese eigene Vergangenheit zurück. Im Zentrum stehen meist die Eltern: der Ausflug mit dem Vater, die Mutter, die einen Kuchen backt, ein Familienfest mit Verwandten und vielleicht Geschwistern. Wenn einer der Eltern stirbt, ist diese Erinnerungsspur besonders stark.

Verdichtungen und Sprünge im Bild vom eigenen Lebenslauf sind jedoch nicht allein an die familiale Umwelt gebunden. Die Erinnerungen an die Zeit des Nationalsozialismus zeigen, dass nicht die angeblich »großen« Markierungen als »einschneidend« gelten: In das Gedächtnis vieler ist eingekerbt nicht die Machteinsetzung Hitlers als Reichskanzler am 30. Januar 1933, sondern der Rückgang der Arbeitslosigkeit im Zug der Rüstungskonjunktur ab 1937 – und damit die Möglichkeit zur Heirat. Erinnert wird weniger die Entfesselung des Kriegs 1939 als das Einsetzen des Bombenhagels 1942/43.

Ähnlich wie das eigene Leben wird Familie in der Erinnerung zu einer Sequenz von Bilder- und Wortgeschichten; sie gewinnt Kontur im rückblickenden Anschauen und Erzählen. Vielfach sind geschlechterspezifische Differenzen prägend: der Vater, der beim Basteln half, die Mutter, die kochte und wusch. Noch eindringlicher scheinen diese Bilder, wenn Stereotype über Geschlechterrollen mit dem eigenen Erleben nicht übereinstimmen – z. B. die Mutter, die so häufig im oder nach dem Zweiten Weltkrieg den getöteten oder vermissten Vater auch beim Reparieren des Fahrrads oder beim Behördengang »ersetzte«.

Fotos als Erinnerungsbilder

Auch dort, wo das aristokratisch geprägte Muster der langen Ahnenreihe gilt oder nachgeahmt wird, scheint direkte Erinnerung den »langen« familiengeschichtlichen Blick zu überlagern. Dieser Wandel ist eng mit der Attraktion der Fotografie verbunden. Beginnend um die Mitte des 19. Jahrhunderts hat die Porträtfotografie und seit den späten Zwanzigerjahren auch die Schnappschussfotografie über Klassen- und Schichtengrenzen hinweg Erleben »abgelichtet«. Damit hat sich ein Medium

Die »gute alte Zeit« im Bild: Gruppenfoto vom Militärdienst um 1900

etabliert, das Erinnerung anregt und erleichtert, aber auch fixiert, wenn nicht blockiert. Diese Verbindung von Flexibilität und Festschreibung hat einen Ort: in bürgerlich aristokratischen Kreisen das Fotoalbum, mitunter muß es auch das Zigarrenkästchen tun.

Porträtaufnahmen sind häufig an Ereignisse oder Daten eines Lebenslaufs gebunden, die »Normalität« stiften: Taufe (Beschneidung), Einschulung, Konfirmation bzw. Kommunion (oder Bar Mitzwa), Berufseintritt, bei jungen Männern Militärdienst, Heirat, Geburt eigener Kinder. Diese Stationen eines respektierlichen Lebenslaufes erfordern Belege und verdienen Erinnerung. Für beides scheinen Fotos mit ihrem Versprechen des Dokumentarischen unübertroffen. So kann der Gang zum Fotografen für einen Jungarbeiter, der bei Krupp in Essen angestellt ist, so wichtig werden, dass er zu jenen fünf oder sechs Ereignissen des Jahres 1909 gehört, an die er sich auch nach zehn Jahren genau erinnert.

Diese Bilder, die Erinnerung anregen wie fixieren, verwenden eine spezifische Formensprache. Man »setzt sich in Pose«. Von der Kleidung bis zur Körperhaltung wird ein (Selbst-)Bild vorgeführt, das die Fotografierten wie der Fotograf bereits vorher im Kopf haben.

Die Erinnerungen, die solche Fotos beim Betrachten auslösen, sind freilich nicht an den Kanon öffentlich zugelassener oder geforderter Bilder gebunden. Und es sind nicht allein Fotos, die Erinnerungsbilder wachrufen oder blinde Flecken markieren. Abgerissene Eintrittskarten oder Kinoprogramme und Spielzeug, Zeitungsausschnitte und Schulzeugnisse sind ebenso wie ausgemustertes Gerät und alte Kleidungs- oder Möbelstücke Teil der privaten Museen der Alltagskultur. Sie verweisen in jenen imaginären Raum, in dem auch Massenprodukte beides in die Erinnerung rufen: den Schrecken der Vergangenheit wie eigene Freuden »von damals«.

Krieg und Massenmord

Erinnerung ist nicht zu lösen von Erfahrungen des Verlustes und der Verletzung: dem Tod eines geliebten, aber auch dem eines gefürchteten Menschen, dem Verlust eines geschätzten Gegenstandes. Es sind Katastrophen – zumal dann, wenn sie unvermittelt »hereinbrechen« –, die Erinnerungen anstiften, auslösen oder neu beleben, sie aber auch tilgen.

Verlusterfahrungen sind in diesem »Jahrhundert der Extreme« in Dimensionen gemacht worden, die man mit dem Jahrhundert des Dreißigjährigen Krieges vergleichen könnte (oder in außereuropäischen Gesellschaften mit den Kolonisierungen). Die, die überlebt haben, können Einzigartigkeit, Tiefe und Dauerhaftigkeit der Erfahrungsspuren anderen nur selten vermitteln; für sie selbst dagegen ist diese Erfahrung nur zu gegenwärtig.

Erinnerung als Machtdemonstration: Bruno Schmitz schuf das monumentale Völkerschlachtdenkmal, das 1913, 100 Jahre nach den Kämpfen gegen Napoleon, in Leipzig eingeweiht wird.

Öffentliches Gedenken als Heroisierung

Öffentliches Gedenken behauptet, individueller Erinnerung zu dienen. In der Neuzeit haben Vertreter fürstlicher Souveränität ebenso wie Repräsentanten von Na-

Einweihung eines deutschen Ehrenfriedhofs 1916 in der Festung Modlin

In Erinnerung an die siegreiche Schlacht bei Tannenberg 1914 wird 1927 bei Hohenstein in Ostpreußen diese Anlage mit einem Ring von Bogenhallen und acht Wehrtürmen eingeweiht. Der militaristische Charakter der Festlichkeiten löst im Ausland Empörung aus.

tionalstaaten auch diese antike Tradition wiederbelebt: Erinnerung an Kriegstote in »stolze Trauer« umzuformen, um sie als Medium der eigenen Überhöhung und Rechtfertigung einzusetzen.

Seit den Befreiungskriegen 1812/13 ist ehrendes Gedenken an die, die für die eigene – die angeblich gute – Sache gestorben sind, staatlich und kirchlich immer mehr vereinnahmt worden. In Preußen wurden die Kirchen mit Namenstafeln der Kriegstoten aus der Gemeinde versehen; private wie öffentliche Monumente erinnerten an die bis in den Tod »treuen Söhne« der Stadt. Öffentliche Verherrlichung der »eigenen« Kriegstoten als »Gefallene«, Feier des Kriegstodes als Opfer für die nationale Sache oder für das »Reich«: Diese Stereotypen verfestigen sich nach den Kriegen von 1864, 1866 und vor allem dem Deutsch-Französischen Krieg von 1870/71. Die Kolonialkriege des Kaiserreichs (1900 in China, 1904–07 im heutigen Namibia) schärfen das rassistische Profil dieses Gedenkmusters.

Posen heldenhafter Sieger bestimmen nicht nur in Kriegervereinen einschlägige Rituale wie den jährlichen Sedanstag am 2. September. Derselben Richtschnur folgen Stifter wie Künstler bei den Denkmalsprogrammen, von Regimentsmonumenten bis zu den Denkmälern für Kaiser Wilhelm I., den Generalfeldmarschall Helmuth Graf von Moltke und vor allem den Reichskanzler Otto von Bismarck. Aber auch die »alternative Kultur« der Opposition feiert ihre Heroen mit einer ähnlichen pathetischen Glorifizierung, die Toten der Revolution von 1848/49 oder Ferdinand Lassalle.

Der Gewalt- und Vernichtungsschock des Ersten Weltkriegs untergräbt jedoch zunehmend die Instrumentalisierung von privater Trauer wie individueller Erinnerung. Heroisierung entlarvt sich angesichts des Massentodes als Zynismus – wird jedoch gerade deshalb von den Mächtigen umso intensiver betrieben. Nun sind es namenlose Heroen, die Trost spenden sollen. Der vielfältig verewigte »Unbekannte Soldat« scheint unschlagbar in seinem Durch- und Aushalten. Seine Durchhaltepose beschwört zudem das Ideal heiler Verhältnisse.

Einzelerinnerungen werden gebündelt: Der »Volkstrauertag« (Ansätze ab 1915, erneut und massiv seit 1920/21) regt dazu ebenso an wie besondere Gedenktage und Denkmäler, aber auch die Benennung von Straßen und Schiffen. Beim Zuschauen und Mitmachen, Hinsehen und Benutzen der Zeichen und Rituale nehmen zahllose

Menschen an dem Versuch teil, ihre Einzelerinnerungen zu einem gemeinsam geteilten Gedächtnis umzuprägen. Bereits Ende 1918 ist als Leitlinie einer kollektiv reformierten Erinnerung zu hören: »Im Felde unbesiegt!«

Die Barbarei von Völkermord und Raubkrieg, die das Deutsche Reich ab September 1939 entfesselt, zerreibt – nicht nur in der deutschen Tätergesellschaft – die Reste all jener Durchhaltestilisierungen.

Schwierigkeiten der »Vergangenheitsbewältigung«

Nach militärischem Zusammenbruch und Befreiung 1945 steht die »Vergangenheitspolitik« in DDR und BRD in vielfältigen Wechselbeziehungen. In der DDR reklamieren die Herrschenden das Erbe der – so ihre Lesart – einzig wahren Antifaschisten, der Mitglieder der KPD. In der Bundesrepublik zeigt die offiziell akzeptierte oder propagierte Erinnerung ein spiegelverkehrtes Profil. Die KPD erscheint hier als Helfershelferin der Nazi-»Dämonie der Macht«. Überhaupt bleibt man harthörig gegen alle Versuche, den Widerstand »von links« wie generell von »kleinen Leuten« öffentlich zu würdigen. Auch offizielle Gesten für den Offizierswiderstand, zumal um Graf Stauffenberg und das Attentat vom 20. Juli 1944, führen nicht dazu, die prominenten wie die namenlosen Widerständler als diejenigen zu erinnern, denen es – aus ganz unterschiedlichen Lebens- und Arbeitsfeldern kommend – unter Einsatz ihres Lebens darum zu tun war, ein »anderes Deutschland« gegen die NS-Machthaber und -Mittäter zu behaupten oder zu erneuern. Erst 1998 wird in Heidenheim eine Gedenkstätte für den dort geborenen Schreiner Georg Elser eröffnet, den gescheiterten Einzelattentäter vom 9. November 1939.

Vergangenheitspolitik zeigt sich in Formen und Zeichen des Gedenkens – also stets auch des Vergessens oder Ignorierens. Dutzende von Erinnerungsberichten Überlebender erscheinen bereits 1945 bis 1948; sie bleiben jedoch weithin unbeachtet. Die Gedenksteine, mit denen die »Lebendgebliebenen« (so die Selbstbezeichnung in Buchenwald) vielerorts der toten »Kameraden« in den Konzentrationslagern gedenken, verfallen rasch – wenn sie nicht sogar zerstört werden.

Obelisk im ehemaligen Konzentrationslager Bergen-Belsen

Das Denkmal vor dem Glockenturm im ehemaligen Konzentrationslager Buchenwald bei Weimar stammt von Fritz Cremer.

Für mehr als zehn Jahre herrschen in Ost und West weithin Ignoranz und Schweigen, vielfach durch schematisch-formelhafte »Entnazifizierungen« begünstigt. Auch die Einweihung je einer Gedenkstätte in Ost und West, jeweils durch die Spitzen des Staates, ändert daran nichts. Im Westen ist es 1952 die Gedenkstätte Bergen-Belsen, im Osten 1958 die Mahn- und Gedenkstätte Buchenwald. In der BRD, aber auch in der DDR belegen die höchst restriktiven Regelungen von »Entschädigungen« für überlebende KZ-Häftlinge, in wie geringem Maß das jeweilige Gedenkprogramm als Ermunterung zu solidarischem Handeln mit den Überlebenden verstanden wird.

In den späten Fünfzigerjahren hat der verschärfte Kalte Krieg spürbare Folgen für das offizielle Erinnern, zumal die juristische Schuldermittlung in der BRD. Zusammenstellungen aus der DDR über die ungebrochene Tätigkeit von NS-Juristen in der BRD ebenso wie der eher zufällige Neuanfang der gerichtlichen Ahndung von NS-Verbrechen (Ulmer Einsatzgruppenprozess 1958), aber auch internationale Empörung 1959/60 im Anschluss an Hakenkreuzschmierereien in Köln und anderswo machen den Umgang mit der NS-Vergangenheit zu einem prominenten Thema. Fragen der Nachgeborenen an ihre Eltern, d. h. an die Mitläufer- und Mittätergeneration der NS-Herrschaft, fordern eine kritische Erinnerungs- und Trauerarbeit heraus. Bestehende Erinnerungsorte erfahren erneuerte Aufmerksamkeit. 1965 wird die Gedenkstätte im KZ Dachau eröffnet; von 1960 bis 1966 wird in Bergen-Belsen ein Dokumentenhaus errichtet. Erinnern wird zunehmend als Chance zum Lehren und Lernen interpretiert.

Die Nazischmierereien an der Kölner Synagoge zu Weihnachten 1959 markieren den Beginn einer mehrwöchigen antisemitischen Hetz- und Schmierkampagne, die im Ausland Besorgnis und Proteste auslöst.

Aber erst das Interesse an Alltagsgeschichte macht in den frühen Achtzigerjahren die Alltäglichkeit von Ausgrenzung und Mord »nebenan« zum Thema. Vielerorts entstehen Initiativen und Geschichtswerkstätten, die sich für Gedenkzeichen und -stätten engagieren. Sie sollen an diejenigen erinnern, die vor Ort zu Opfern und Verfolgten des NS-Regimes gemacht wurden; sie erinnern aber auch an Mittun, Hinnehmen und Wegsehen der Deutschen. Dieses Erinnern bezieht schließlich die finanzielle Dimension ein: dass Schuld sich auch als Schulden buchstabiert. Forderungen nach Entschädigungen oder Renten für alle Opfergruppen bzw. Überlebenden werden angemeldet (in den Gesetzen von 1953 und 1956 hatte man in der BRD alle Überlebenden im östlichen Ausland und dann auch aktive Kommunisten ausgeschlossen). Dazu gehört der bis heute anhaltende Streit um die Aufhebung von Unrechtsurteilen und die ebenso prosaische wie lebenswichtige Folge einer Rehabilitierung Unschuldiger, das Zuerkennen von Renten.

Phasen massenhaften Interesses an Filmen wie der Fernsehserie »Holocaust« (1979) oder dem Kinofilm »Schindlers Liste« (1994), aber auch der Streit um Daniel Jonah Goldhagens Buch »Hitlers willige Vollstrecker« (1996) zeigen, wie sehr die Massen- und Völkermorde, zumal die Ermordung der europäischen Juden durch die Deutschen, Gedächtnis langfristig umgeformt haben. Die Dauerhaftigkeit dieses Erinnerns, seine Erneuerung in den Kinder- und Enkelgenerationen, verschärft Fragen nach den Möglichkeiten der Annäherung und den »Grenzen der Repräsentation« (Saul Friedlander).

Selektives Erinnern – die Deutschen als Opfer?

Zur Distanz gegen oder Abwehr von konkreten Erinnerungen passt ein Vergessen: Die Massenbasis der NS-Herrschaft wird verschwiegen. Selbst im Kalten Krieg bleibt man sich in Ost wie West stillschweigend einig: Die Menschen unterhalb der »Kommandohöhen« gelten als passive »Opfer« wahlweise von großen Schurken, von ungreifbarem Schicksal oder von gesellschaftlichen Machtstrukturen bzw. Prozessen der Kapitalverwertung.

In der Bundesrepublik erinnern sich in den Fünfzigerjahren jedoch viele intensiv wie öffentlich der toten und versehrten Wehrmachtssoldaten und der »Zivilgeschädigten«. Zur selben Zeit ist der Versuch von »Opfern des Faschismus«, einen allgemeinen Gedenktag an diese – primären – Opfer durchzusetzen, bereits gescheitert. Dem entspricht, dass 1951 der Berliner Senat ein Denkmal für die Toten der Berliner Luftbrücke (1948/49) einweiht, zugleich aber Erinnerungen an den zehnten Jahrestag des Beginns der Deportationen der Juden ignoriert. Parallel wird der von Politikern aller Richtungen geförderte Plan des Volksbunds für Kriegsgräberfürsorge 1952, anknüpfend an die Weimarer Republik erneut einen »Volkstrauertag« einzurichten, vom Bundestag akzeptiert. Seither versammeln sich jeweils im November, am Sonntag vor Totensonntag, Vertreter staatlicher Hoheit und der »gesellschaftlichen Gruppen« zu öffentlichen Zeremonien. Im Zentrum stehen tote deutsche Soldaten und Bombenkriegsopfer.

Diese Gedenkpolitik kreist mit großer Beharrlichkeit um das Ziel, die toten Deutschen in den Opfer-Zusammenhang einzubeziehen. Zahllose Erinnerungsschriften, von Generälen bis zu den »Landser«-Heften aber auch höchst publikumswirksame Spielfilme stilisieren die Wehrmachtssoldaten zu »sauberen« Kämpfern und Opfern alliierter »Übermacht«, vielleicht auch eines verbrecherischen »Führers«. Aber erst 1995 wird die seit den späten Sechzigerjahren dokumentierte, direkte und massenhafte Teilnahme von

Erschießung polnischer Zivilisten während des Zweiten Weltkriegs 1941

Wehrmachtssoldaten an Kriegsverbrechen Gegenstand bundesweiten Streits um das öffentliche Erinnern und Gedenken.

In der DDR proklamieren die Mächtigen bereits 1945 »Antifaschismus« als Basis für Erinnern und Vergessen. Nicht Trauer um die Toten und Erinnerung an die Leiden der Opfer sind gefragt. Vorgezeigt wird vielmehr die Gewissheit sieghafter Umsetzung des Erbes der Toten in der angeblich besseren Gegenwart der DDR. Dieser Anspruch bestimmt die Monumentalität von Turm und Anlage der Gedenkstätte in Buchenwald (1958), wird aber auch 1961 bei der Einweihung der Gedenkstätte in Ravensbrück demonstriert: Beim Ausmarsch der Ehrengäste mischt sich das Pathos der – in der Selbstdeutung – siegreichen Erben mit beinahe gelockerter Fröhlichkeit.

Schweigen: nachhaltiges Vergessen?

Es sind nicht nur die Germanistin Ruth Klüger oder der Vorsitzende des Zentralrats der Juden in Deutschland, Ignatz Bubis, die erst vor wenigen Jahren begonnen haben, über ihre Erinnerungen an das (Über-)Leben und Sterben im KZ zu sprechen oder zu schreiben. Ihr Schweigen war nicht allein die Folge jener Missachtung und Verdrängung, die in großen Teilen der deutschen Gesellschaft immer wieder Oberhand gewinnen. Es war vielmehr selbstgewählt. Offenbleiben muss, welche Bedeutung dabei die »Überlebensschuld« hat – die Scham, die daraus rührt, die nächsten Angehörigen überlebt zu haben. Erinnern und Vergessen sind aber auch in anderen Zusammenhängen nicht nur als Entweder-Oder zu begreifen. Zumindest ist Schweigen nicht gleichbedeutend mit Vergessen. In neuesten Diskussionen ist bemerkt worden, dass das Schweigen über das Sterben und Leiden vieler Deutscher im Bombenkrieg Ausdruck stummer, aber nachdrücklicher Scham darüber gewesen sei, dass andere weit mehr gelitten haben, dass insbesondere die europäischen Juden ermordet worden sind, mit Hilfe oder Duldung vieler Deutscher.

17. Juni 1953 – das Erfinden einer Tradition

Erinnert wie öffentlich gedacht wird aber sehr wohl und nicht nur der Wehrmachtssoldaten. Am 17. Juni 1954 hält man in Bonn und Berlin, aber auch an vielen anderen Orten in der Bundesrepublik Gedenkveranstaltungen für die Toten des 17. Juni 1953 in der DDR ab. Den Initiatoren geht es darum, den »Geist ... jener Volks-

Am 17. Juni 1954 wird auf einem Friedhof im französischen Sektor von Berlin sechs Opfern des Aufstands vom Vorjahr gedacht.

erhebung [vom 17. Juni 1953]... gläubig in die Zukunft vor[zu]tragen«, und das heiße, »Deutschland wird wieder zu Deutschland finden, und das Reich wird kommen« – so der Bundesvorsitzende der FDP, Thomas Dehler, am 17. Juni 1954.

Bis Mitte der Sechzigerjahre verknüpfen sich in der alten BRD mit dem 17. Juni vielerlei Aktivitäten. Dazu gehören Broschüren und Abzeichen des Kuratoriums Unteilbares Deutschland, Lesungen oder Ausstellungen von Schulen und Vereinen. In diesen zunehmend ritualisierten Handlungen wird Überlieferung behauptet – und zugleich erfunden. Es ist die Tradition eines scheinbar seit Jahrzehnten ungebrochenen Strebens nach Freiheit wie Einheit. Die revolutionären Bewegungen von 1848/49 – deren Jubiläum mit großem Aufwand 1948 in Ost wie West begangen wurde – erscheinen in dieser Konstruktion als Glieder einer Kette, die 1953 erneut aufgenommen worden sei. Freilich: gefeiert oder gedacht wird von denen, die zugeschaut haben. In der DDR ist der 17. Juni ein Tabu. Gerade deshalb bleiben Ereignis und Aktionen höchst präsent.

»Orte der Erinnerung« oder »Retroschick«?

In Frankreich hat man vor 20 Jahren begonnen, systematisch »Orte der Erinnerung« (Pierre Nora) zu erfassen. Die Bände der Publikation versammeln Kirchen und Schlösser, Friedhöfe und Grabstätten »großer« Männer und Frauen, aber auch der namenlosen Kriegstoten dieses Jahrhunderts. Dies seien die »Orte der Erinnerung«, in denen sich die Nation wiedererkenne. Das Ergebnis zeigt zweierlei: Reflexion einer seit Napoleon entschieden nationalstaatlich geprägten Erinnerungskultur und Konzentration auf spektakulär-gewaltsame Ereignisse und Personen, die als herausragend gelten.

Raphael Samuel, ein britischer Historiker, hat auf Praktiken wie Orte der Erinnerung verwiesen, die nicht an die Sphäre von Repräsentation und »großer Politik« gebunden sind. Im Alltag der meisten Menschen seien ästhetische Ensembles gegenwärtig, die Erinnerung ebenso anregten wie regulierten: Fassaden und Interieurs, Stadt-, Feld- und Waldlandschaften. Vor allem habe neuerdings der rote Backstein eine Renaissance gefeiert. Ebenso wie die Messingausrüstung zahlloser Pubs sei dies nichts als »Retroschick«. Die so suggerierte Kontinuität viktorianischer »Heimat« werde damit überhaupt erst produziert.

Das Beispiel lässt sich verallgemeinern. Ob es detailfixierte Re-enactments von Kämpfen des Revolutionskrieges oder des Bürgerkrieges in den USA sind – ob es die Besessenheit der Berliner Stadtbauveranwortlichen ist, ein längst fiktives »historisches« Berlin-Mitte »wiederherzustellen«: Dort wie hier wird im Namen geschichtlicher Authentizität nur die Flucht vor jener Erinnerung organisiert, die eine kritische Auseinandersetzung fordert.

Entwürfe für das Berliner Holocaustdenkmal; von oben: Daniel Libeskind; Peter Eisenman und Richard Serra; Jochen Gerz; Gesine Weinmiller

FOLGE

34

HERRSCHAFTS ZEITEN

Eliten in Deutschland

Karriere, Elite und Gesellschaft sind Begriffe, die eng zusammenhängen. Menschen, die Karriere machen, nehmen in der Regel Spitzenpositionen ein und gehören dadurch gesellschaftlichen Eliten an. Doch darf man den Begriff der Elite am Ende des 20. Jahrhunderts überhaupt noch guten Gewissens verwenden? Umstritten ist die Rede von Eliten allemal. Die Warnung vor unberechtigten Privilegien, vor gefährlichen und undemokratischen, wenn nicht gar reaktionären gesellschaftlichen Sonderentwicklungen drängt sich schnell auf.

Die Sozialwissenschaften definieren Eliten weitgehend ideologiefrei als Personengruppen, die sich durch ihre gesellschaftliche Macht beziehungsweise ihren Einfluss auf gesellschaftlich bedeutsame Entscheidungen auszeichnen. Die Darstellung von Eliten sowie deren Entwicklung und Wandlung in den vergangenen 100 Jahren vermittelt auch ein Bild der deutschen Gesellschaft.

Adelsprivilegien im Kaiserreich

Bis zum Ersten Weltkrieg beherrscht der Adel die deutsche Gesellschaft und nimmt in Staat und Wirtschaft eine Vorrangstellung ein. Die hohen staatlichen und militärischen Verwaltungspositionen sowie der diplomatische Dienst befinden sich fast ausschließlich in den Händen des Adels. Für eine Karriere als hoher Beamter oder Diplomat ist der Adelstitel, von wenigen Ausnahmen abgesehen, praktisch

Adolph von Menzel: »Ballsouper« – die »feine« Gesellschaft am kaiserlichen Hof von Wilhelm I. in Berlin (Staatliche Museen Berlin)

Kaiser Wilhelm II. mit seinen Flügeladjutanten im Manöver um 1908; bis zum Ersten Weltkrieg genießt das vorwiegend adelige Offizierskorps hohes gesellschaftliches Ansehen.

unerlässlich. Um 1910 sind beispielsweise in Preußen 92% der Oberpräsidenten, 64% der Regierungspräsidenten und 57% der Landräte adelig. Anwärter auf diese Stellen werden ständisch und politisch gesiebt. Für eine erfolgreiche Karriere spielen nicht allein persönliche Befähigung und Leistung, sondern der hohe soziale Rang eine wichtige Rolle. Allein wegen ihres klingenden Namens erhalten Standesherren repräsentative Aufgaben. Gemäß seinem traditionellen Selbstverständnis fühlt sich der Adel noch immer als der eigentlich politische Stand. Sein Standesbewusstsein, seine verinnerlichte Treuebindung an den Monarchen sowie sein Lebensstil dokumentieren diese Haltung.

Hohes gesellschaftliches Ansehen genießt auch das Militär, in dessen Spitzenpositionen der Adel bis 1914 ebenfalls dominiert. Das Offizierskorps nimmt eine ähnlich herausragende Stellung ein wie die Staatsdienerschaft in Verwaltung und Diplomatie. Nach den Wertvorstellungen der Zeit soll die militärische Führung traditions- und ruhmreichen Adelsgeschlechtern vorbehalten sein. Wichtiges Kriterium für eine militärische Laufbahn ist eine Familie, in der soldatische Gesinnung und Tüchtigkeit gleichsam als Erbschaft vorgegeben sind.

Innerhalb des Militärs zeichnet sich jedoch ab 1860 ein Trend zur Verbürgerlichung ab. In Preußen geht der Adelsanteil bei den Offizieren bis 1913 von 65 auf 30% zurück. Diese Entwicklung setzt sich stetig fort, weil die Selbstrekrutierung von Führungskräften aus Adelsfamilien nicht mehr ausreicht. Zudem ist der Militärdienst für viele Söhne aus dem Wirtschafts- und Bildungsbürgertum attraktiv, die eine soldatische Laufbahn anstreben, weil sie gesellschaftlichen Aufstieg und Sozialprestige verspricht. So mancher Bürgerliche im Militärdienst wird mit dem Adelsprädikat ausgezeichnet.

Im wirtschaftlich-sozialen Wandel der Gründerzeit gelingt es dem aufstrebenden Großbürgertum jedoch nicht, die Vorrangstellung des Adels zu durchbrechen. Vielmehr strebt es eine Angleichung an den Adel an. Adelige und Großbürger wachsen zu einem durch Korpsgeist und Treue zur Monarchie geprägten Stand zusammen, der sich als der erste der Nation begreift. Adel wie Großbürger eint die gemeinsame Weltanschauung, die herrschende Klasse der aufkommenden Industriegesellschaft zu sein. Oft wachsen Bürgerliche gewissermaßen in den Adel hinein. Eine Karriere im höheren Verwaltungsdienst ist primär Adeligen vorbehalten. Aus diesem Grund geschieht es nicht selten, dass juristisch vorgebildete Bürgerliche in staatlichen Spitzenstellungen in den Adelsrang erhoben werden.

Unter den gesellschaftlichen Führungsschichten des Kaiserreiches wächst das wohlhabende Wirtschaftsbürgertum, dem industrielle Unternehmer, Großkaufleute und leitende Bankiers angehören, am schnellsten. Von 1882 bis 1907 verdreifacht sich die Zahl der Großbetriebe mit über 50 Beschäftigten auf 30 000. Oft aus kleinen Verhältnissen stammend, bauen Einzelpersönlichkeiten wie Adam Opel, Reinhard Mannesmann oder August Borsig riesige Unternehmen auf und erwerben enorme Vermögen. Eines ihrer wichtigsten Ziele ist es, die Spannung zwischen finanzieller Potenz und Mangel an gesellschaftlichem und politischem Einfluss aufzuheben. Die höchste Ehrung, die einem Bürgerlichen widerfahren kann, ist die Erhebung in den Adelsstand. Mit der Nobilitierung gehört die Familie zur gesellschaftlichen Elite des Reiches. Diese neue Schicht grenzt sich nun auch nach unten hin ab. So heiraten deren Söhne und Töchter selbstverständlich nur von Stand. Das Wirtschaftsbürgertum bewundert die Lebensgewohnheiten des Adels und findet nichts dabei, sie zu imitieren.

Bis zum Ersten Weltkrieg ist in Deutschland die im 17. und 18. Jahrhundert entstandene höfisch-adelige Welt des Fürstenstaates noch in vielen Bereichen präsent. In ihr herrschen noch immer Vorstellungen vom monarchischen Prinzip, Gottesgnadentum und Adelsprimat. Über Karrieren bestimmt nicht individuelle Leistung, sondern der Status der Familie, der Privilegien verschafft, die in den geltenden modernen Verfassungen keine Begründung mehr finden.

Die »feine« Gesellschaft

Nicht nur im politischen, auch im gesellschaftlichen Leben des Kaiserreiches spielt der Adel die erste Geige. Monarch, fürstliches Haus, Hof und Adel bilden die exklusive Hofgesellschaft. Etikette und Repräsentation spielen eine große Rolle. Bürgerliche sind fast nie »hoffähig«. Nur in unteren Rängen sind bürgerliche Honoratioren und Offiziere, allerdings meist ohne Ehefrauen, zur Hofgesellschaft zugelassen. Eine streng festgelegte Rangordnung beherrscht den höfischen Kreis, der als weitgespanntes Kommunikationsnetz

Villa Hügel der Familie Krupp in Essen – die prächtigen Herrenhäuser des industriellen Großbürgertums stehen den Adelssitzen in nichts nach.

für Personalinformationen, Klatsch und Protektion dient.

Auch außerhalb des Hofes bleibt die vornehme Gesellschaft weitgehend unter sich. Sie legt Wert auf äußeren Prunk und sonnt sich gerne in ihrem eigenen Glanz. Adelsbälle, Jagden und Pferderennen sind wichtige gesellschaftliche Ereignisse. Seit Jahrhunderten gilt die Jagd als Vorrecht des Adels und ist Ausdruck seiner hervorgehobenen Stellung. Der Reitsport ist eine weitere Domäne des Adels. Auf der Rennbahn trifft sich die vornehme Gesellschaft und umgibt sich mit dem Hauch der großen weiten Welt.

Die neue Elite des aufstrebenden Wirtschaftsbürgertums passt sich dem Lebensstil der traditionellen adeligen Elite an und übernimmt deren Statussymbole wie Landsitze und Adelstitel. Härte und Entbehrungen des Arbeitslebens weichen allmählich einem luxuriösen Lebensstil. Großindustrielle erwerben Rittergüter und versuchen, es dem alten Adel gleichzutun. Die Herrenhäuser der Fabrikanten stehen denen des Adels in nichts nach, oftmals sind sie Schlössern nachgebildet. Das Leben der bürgerlichen Aufsteiger unterscheidet sich fast nicht von dem des Adels: Große Besitzungen, Jagd, Pferde, Bälle und Reisen ins Ausland zeugen vom neuerrungenen Status. Man legt großen Wert auf äußere Formen und gesellschaftliche Konventionen, liebt den Luxus und demonstriert sein neues Sozialprestige vor allem durch Konsum.

Schonungslos entlarvt der Maler und Grafiker George Grosz 1926 »Die Stützen der Gesellschaft« in der Weimarer Republik (Staatliche Museen Berlin).

Alte Eliten fördern das Scheitern der Republik

Der Zusammenbruch der Monarchie und die Ausrufung der Republik im Jahr 1918 fegt die alte politische Führung hinweg. Bislang von der Macht ausgeschlossene Gruppen wie das Bürgertum und die Arbeiterschaft übernehmen die Regierung. Doch die bisherige »feine« Gesellschaft

Der prunkvolle Speisesaal des Luxusdampfers »Kaiser Wilhelm II.«: Exklusive Kreuzfahrten gehören zum Sozialprestige der gesellschaftlichen Elite.

bleibt größtenteils bestehen. Sie lehnt die Republik mehrheitlich ab, was umso problematischer ist, weil die demokratischen Parteien vielfach gezwungen sind, sich weiterhin auf die traditionellen Führungsgruppen zu stützen. Bei den Spitzenpositionen in Verwaltung und Wirtschaft gibt es eine bruchlose Kontinuität von der Kaiserzeit in die Weimarer Republik, die zum Teil bis in die Zeit des Nationalsozialismus hineinreicht. Es gibt so gut wie kein demokratisch gesinntes Personal, das die neue Politik durchsetzen könnte. An der Spitze der Justiz sind die Umbesetzungen minimal, bei der Generalität erfolgt eine Neuformierung mit altem Führungspersonal. Auch die Verwaltungseliten, wie zum Beispiel der diplomatische Dienst, überleben die Novemberrevolution von 1918 relativ ungebrochen: Nur 20 % der neuen Amtsinhaber sind Außenseiter, die noch keine Karriere in der kaiserlichen Verwaltung hinter sich haben.

In der offiziellen Politik spielt der Adel keine große Rolle mehr. Der Mechanismus des erlesenen Zusammenwirkens von Geburtsadel, Geldadel und Amtsaristokratie bricht zusammen. Die wirtschaftlichen Führungsgruppen sind von der Veränderung der politischen Herrschaftsverhältnisse dagegen nur marginal betroffen: Die großen Vermögen überstehen die Wirren des Ersten Weltkrieges nahezu unbeschadet.

Dennoch sind die Zwanzigerjahre eine Zeit des Umbruchs. Viele gesellschaftliche Konventionen zerbrechen, neue Lebensformen und -stile entstehen. Vorbei ist die Zeit der steifen Etikette, ein frischer Wind weht durch die Gesellschaft. Insbesondere Berlin erlebt eine Zeit der Freizügigkeit. Theater, Kinos, Varietees, Bars und Cafés gelangen zu ungeheurer Blüte. Trotz allem fühlt sich der Adel als Wertelite, in der Ethik und Moral, Tapferkeit und Treue am stärksten ausgeprägt sind. Auf dem Gebiet des Sports werden alte Tugenden wie Ritterlichkeit und Ehre weitergepflegt. Autorennen sind in der »feinen« Gesellschaft groß in Mode.

Vor allem auf dem Land konserviert die gehobene Schicht ihren althergebrachten Lebensstil und träumt von der Rückkehr des alten autoritären Regimes. Noch immer verfügt der Adel über umfangreichen Grundbesitz. Die Demokratie verändert an den patriarchalischen Verhältnissen auf den Gütern nur wenig.

Die Wahl Paul von Hindenburgs (1847–1934) zum Reichspräsidenten in den Jahren 1925 und 1932 zeigt, wie stark der monarchistische Gedanke auch im Bürgertum verwurzelt ist. Mit Hindenburg wählen die Deutschen einen Adeligen, der die Kaiserzeit repräsentiert und in den sie ihre Hoffnungen auf die Wiederherstellung der »guten« alten Zeit setzen.

Die Berliner Haller-Revue »Wann und wo?« aus dem Jahr 1927 zeugt vom gesellschaftlichen Wandel und neu errungener Freizügigkeit.

Mit der Vereidigung Adolf Hitlers als Reichskanzler am 30. Januar 1933 ebnet Reichspräsident Paul von Hindenburg (rechts) den Nationalsozialisten den Weg an die Macht.

Die »braune« Elite

Die Errichtung eines autoritären Regimes durch Adolf Hitler wird dadurch möglich, dass die traditionellen konservativen Eliten eine Koalition mit den Nationalsozialisten eingehen. Franz von Papen (1879–1969) als Symbolfigur des antirepublikanischen Flügels, der der Hohenzollernmonarchie nachtrauert, und seine erzkonservativen Freunde betätigen sich Ende 1932 als Totengräber der Republik. Ihre Rechnung, mit Hitlers Hilfe die Republik zu beseitigen und danach die Nationalsozialisten wieder von der Macht zu verdrängen, geht allerdings nicht auf.

An der Festigung der nationalsozialistischen Herrschaft wirken wichtige gesellschaftliche Führungsgruppen mit, so die bürgerlichen Parteien, die Reichswehrführung und die höhere Beamtenschaft einschließlich der Justiz. Die Gegeneliten der Gewerkschaftsführungen, SPD, KPD und teilweise der Kirche schaltet das nationalsozialistische Regime radikal aus.

Der Nationalsozialismus vollzieht einen tiefen Einschnitt ins bisherige gesellschaftliche Gefüge. Die Machthaber sind entschlossen, aus den Deutschen eine scheinbar klassenlose Volksgemeinschaft zu machen. Die politische Umwälzung bringt eine Clique von kleinbürgerlichen Aktivisten an die Macht, die bislang kein politisches Gewicht hatte. Moderne Züge zeigt die neue Führungselite darin, dass sie sich aus einer relativ breiten sozialen Basis rekrutiert. Wer die Gunst der Machthaber besitzt, kann unabhängig von seiner sozialen Herkunft Karriere machen. Im Unterschied zu den traditionellen Eliten sind viele Nazigrößen soziale Aufsteiger und obendrein relativ jung.

Gleichzeitig bemühen sich die Nationalsozialisten um Unterstützung durch die traditionellen Eliten. Den meisten Indus-

Bei einer Rede im Berliner Sportpalast am 26. September 1938 jubeln die Massen Adolf Hitler zu. Die NSDAP rekrutiert sich vor allem aus der breiten Basis kleinbürgerlicher Schichten.

triellen fällt die Zusammenarbeit mit dem Regime nicht schwer, verschafft ihnen die Rüstung doch riesige Gewinne. Alfried Krupp von Bohlen und Halbach, ab 1943 Chef einer der größten deutschen Rüstungsfirmen, widmet dem »Führer« eigens eine Büste in seiner Villa Hügel in Essen. Die wiedererstarkte Wehrmacht ermöglicht es dem Adel, seine überkommenen Werte weiterzupflegen. Viele Aristokraten machen als Offiziere Karriere. Erst 1944 kommt es innerhalb dieser Gruppe zu ernsthaftem Widerstand gegen das terroristische Naziregime.

Die »braune« Elite zielt darauf ab, auch die Gesellschaft zu vereinnahmen. Trotz ihres Anspruchs auf Bodenhaftung lässt sie nichts unversucht, sich mit der Aura einer mondänen Lebewelt zu umgeben. Das gesellschaftliche Leben im Berlin der Dreißigerjahre stellt dies nachdrücklich

Buhlen um die gegenseitige Anerkennung: Adolf Hitler und Winifred Wagner in Bayreuth 1937

unter Beweis. Hohe Parteifunktionäre veranstalten große Bälle und buhlen um die Gunst von Stars aus Kino, Theater und Kunst. Gerne sonnt sich die Parteiprominenz in deren Glanz. Doch letztlich dient der zelebrierte Pomp einzig der Propaganda und ist ein Instrument zur Durchsetzung der nationalsozialistischen Ideologie.

Nachkriegsgesellschaft

Nach dem Zusammenbruch des Nationalsozialismus steht Deutschland am Nullpunkt. 1945 unterscheiden sich die Bedingungen für eine Neuformierung von gesellschaftlichen Führungsgruppen und Eliten grundsätzlich von denjenigen nach dem Ersten Weltkrieg. Anders als 1918 gibt es nicht den leisesten Zweifel an der militärischen Niederlage und der politischen Verantwortung Deutschlands. Das monarchistische wie das nationalsozialistische Gesellschaftsmodell sind endgültig diskreditiert. Für den politischen Wiederaufbau der Westzonen bleibt einzig das liberal-demokratische Modell als wünschenswerte Alternative.

Die sozialen Strukturen unterscheiden sich ebenfalls von denen im Jahr 1918. Das Monopol der traditionellen Eliten ist weitgehend zerschlagen. Die alliierten Siegermächte arbeiten darauf hin, alle Inhaber von Führungspositionen in Verwaltung, Militär, Massenmedien und Wirtschaftsunternehmen, die mehr als nur nominell mit dem Naziregime verbunden waren, auszutauschen. Aktive Gegner des Nationalsozialismus und neue Leute sollen sie ersetzen. Der schnelle Wiederaufbau des zerstörten Landes erfordert jedoch einen großen Bedarf an Führungskräften, der mit unbelasteten Personen allein nicht zu decken ist. Im Zuge einer Lockerung der Einstellungskriterien kehren viele ehemalige, stramme Nationalsozialisten wieder in wichtige Positionen zurück.

Einige Großindustrielle, die sich zu sehr mit den Nationalsozialisten eingelassen hatten, werden nach dem Krieg verurteilt. Aber schon bald werden auch sie wieder gebraucht, denn die Marktwirtschaft setzt sich im Westen durch und innerhalb weniger Jahre entwickelt sich Deutschland zur zweitgrößten Industrienation der Welt.

Wachstum und Wohlstand für alle lauten nun die allgemeinen Ziele. Breite Bevölkerungsschichten erreichen einen Lebensstandard, der früher nur einer kleinen Schicht vorbehalten war. Der Trend geht eindeutig zur Mittelklassengesellschaft, deren Kennzeichen Auto, Eigenheim und

Urlaub sind. Leistung wird zum vorherrschenden Maßstab der sozialen Hierarchie.

Und doch existiert die »vornehme« Gesellschaft weiterhin. Auch in der demokratisch-pluralistischen Massengesellschaft pflegt sie ihre alten Rituale. Für große Teile der Bevölkerung behält der Adel seinen Mythos. Seine politische Macht hat er zwar verloren, aber dennoch übt er auf viele eine eigentümliche Faszination aus. Hochzeiten in Fürstenhäusern sind immer noch gesellschaftliche Ereignisse ersten Ranges. Eine große Zahl von Massenmedien beschäftigt sich nahezu ausschließlich mit Klatsch und Tratsch aus adeligen Kreisen, die sich durch die Lust am Exotischen und Ausgefallenen aus der Masse herausheben und ihr exklusives Image durch Statussymbole kultivieren.

Die Fürstenhochzeit zwischen Erbprinz Johannes von Thurn und Taxis und Maria Gloria von Schonburg-Glauchau 1980 ist auch in der demokratischen Massengesellschaft ein Top-Ereignis.

Exklusivität hat jedoch nur noch bedingt etwas mit Reichtum zu tun. Dieser verliert seine Faszination, weil mit dem »Wirtschaftswunder« eine Schicht von Neureichen neben die alte Geldelite tritt – soziale Aufsteiger, die durch eigene Leistung nach oben gekommen sind. Auch sie kopieren den Lebensstil der alten Oberschicht. So manches Statussymbol von Macht und Reichtum verkommt regelrecht zu einem Massenartikel. Schlösser, Jagden und teure Autos sind nicht mehr von vorneherein Kennzeichen der traditionellen Elite; auch für Emporkömmlinge, die mit Handel oder Immobilien schnell Geld machen, sind diese Symbole erstrebenswert und selbstverständlich.

Die Massenmedien sorgen für Publicity und Prominenz: Bundespräsident Roman Herzog mit Gisela Ortfeld beim Bundespresseball 1996.

Die Muster des Aufstiegs in Führungspositionen und die unterschiedliche soziale Herkunft von deren Inhabern deuten auf eine relativ offene Eliterekrutierung hin. Diese erfolgt auf einer breiteren sozialen Basis als vor 1933. Trotz zunehmender Egalisierung besteht jedoch keine Gleichheit der Karrierechancen. Noch immer stammen Führungskräfte mehrheitlich aus der Oberschicht und der oberen Mittelschicht. Für Angehörige der Arbeiterschicht bieten vor allem die SPD und die Gewerkschaften Möglichkeiten des sozialen Aufstiegs. Der Anteil des Adels in Führungspositionen des diplomatischen Dienstes und Militärs ist sehr niedrig. Frauen finden sich in gesellschaftlich wichtigen Positionen nach wie vor nur in geringer Zahl. In der Bundesrepublik sind die Wege für eine Karriere lang und spezialisiert, Mitglieder der Eliten durchlaufen zumeist ein breites Spektrum an Ausbildungsgängen. Macht, Ansehen und Reichtum fallen nicht mehr automatisch zusammen.

Kader-Eliten in der DDR

Die gesellschaftliche Entwicklung in Ostdeutschland nimmt eine völlig andere Richtung als im Westen. Nach dem Zweiten Weltkrieg ist es das wichtigste Ziel der sowjetischen Besatzungsmacht, die Führungsschicht des Landes radikal neu aufzubauen. Sie benutzt das Entnazifizierungsprogramm dazu, die geschlagene totalitäre durch eine andere, ihr genehme Elite zu ersetzen: die Parteifunktionäre und deren Kader. Schnell dehnen diese die Vereinheitlichung auf andere gesellschaftliche Bereiche aus. Sie streben den Aufbau einer geschlossenen herrschenden Klasse an, die Politik, Verwaltung, Management, Justiz, Generalität, Erziehung und auch die Kirche unter der Führung der Einheitspartei SED zusammenfasst. Die Struktur der neuen ostdeutschen Elite ist monolithisch und totalitär. Politische Kader der SED kontrollieren in einem weitgespannten Netz von Massenorganisationen praktisch jeden Winkel der Gesellschaft und Wirtschaft. Nicht von individueller Leistung, sondern von dem Wohlwollen der Partei hängen Karrierechancen und Zugehörigkeit zur Elite ab.

Der Zusammenbruch des sozialistischen Systems und die Vereinigung mit der Bundesrepublik sind für die Gesellschaft der ehemaligen DDR mit tiefgreifenden Wandlungen verbunden. Zum zweiten Mal innerhalb von 40 Jahren ändert sich das System mit den bekannten Folgen: Ersetzung der Führungspersonen in Staat, Gesellschaft und Wirtschaft durch neue Leute und Neuverteilung der Karrierechancen. Bei der Umstrukturierung kommt oftmals jedoch nicht die eigene Gegenelite zum Zuge, sondern Führungskräfte aus dem Westen. Bei vielen Bürgern der früheren DDR erzeugt dies Gefühle der Ohnmacht und der Bevormundung sowie Ressentiments gegenüber dem Westen.

Erich Honecker bei der Eröffnung des Palastes der Republik 1976 in Ost-Berlin – die SED bestimmt das gesamte gesellschaftliche Leben der DDR.

Elite und Prominenz

In der modernen, arbeitsteiligen Industriegesellschaft, wie sie Deutschland seit annähernd 50 Jahren repräsentiert, gilt im wesentlichen Leistung als Maßstab für die Auswahl von Eliten. Der soziale Rang eines Menschen bemisst sich nach der Wichtigkeit seiner Position für das Funktionieren des gesellschaftlichen Systems. Eliten sind demnach Führungskräfte von Institutionen und Einrichtungen, die wirksam Einfluss auf Entscheidungen von gesamtgesellschaftlicher Tragweite nehmen.

Die pluralistische Massendemokratie bringt als neue Form von Elite die sogenannte Prominenz hervor. Sie scheint zunehmend an die Stelle der alten Elite zu treten. In der vorindustriellen Gesellschaft bestimmten Herkunft, Standeszugehörigkeit und Bildung den Vorrang von Eliten. Prominente hingegen bilden eine Zufallselite, die einen unverbindlichen und wertfreien Prestigeanspruch erhebt. Zur Prominenz gehören Minister und Parteipolitiker, Präsidenten, Verbandsfunktionäre und Industriemanager ebenso wie Filmstars, Neureiche, Sportskanonen und Popstars. Der einzige Grund ihrer Exklusivität liegt im bloßen öffentlichen Bekanntsein, in der neuen Aura der Publicity. Mit zahllosen Konflikten, Skandalen, Scheidungen und Bankrotten macht die Prominenz von sich reden und erzeugt diese Form von Öffentlichkeit. Ein politischer, gesellschaftlicher und kultureller Führungsanspruch ist mit dieser Prominenz nicht unbedingt verbunden.

Die Boulevardpresse und die Werbewirtschaft inszenieren einen gewaltigen »Rummel« um einzelne Personen und versuchen, den Eindruck der Extravaganz aufrechtzuerhalten. Diese Medien-Prominenz ist Bestandteil der Massengesellschaft, herausgehoben durch das Scheinwerferlicht der Publicity. In ihrem grellen Schein verschwimmt schon einmal die Differenz zwischen Elite und Schickeria.

FOLGE

35

SCHICHTWECHSEL

Industriearbeiter in Deutschland

Um 1900 arbeiten zum ersten Mal mehr Menschen in der Industrie als im Handwerk oder in der Landwirtschaft. Von da an stellen Industriearbeiter und -arbeiterinnen über eine große Zeitspanne die Mehrheit der arbeitenden Bevölkerung in Deutschland. Sie schaffen durch ihre Arbeit die Grundlage für die Entwicklung Deutschlands zur Industrienation und verhelfen denen, die hier leben, zu Wohlstand und Ansehen. Sie erkämpfen sich gesellschaftliche Anerkennung, politische Rechte, Mitbestimmung und bessere Arbeitsbedingungen. Und heute? Maschinen, Automaten und Roboter haben den Industriearbeiter, so scheint es, fast überflüssig gemacht.

Der Arbeiter im Kaiserreich

Um die Jahrhundertwende ist Deutschland bereits ein industrialisiertes Land. Die Mehrheit der arbeitenden Bevölkerung verdient ihren Lebensunterhalt durch abhängige Lohnarbeit in der Fabrik. Wer dort arbeitet, schuftet zu Anfang des Jahrhunderts noch immer sechs Tage in der Woche und bis zu zwölf Stunden täglich. Arbeits- oder Kündigungsschutz, Urlaub oder gar Mitbestimmung sind kein Thema. Wer über die Produktionsmittel verfügt, bestimmt auch die rigide Arbeitsordnung, Verstöße dagegen werden mit Lohnabzug oder Entlassung bestraft.

Noch bestimmt vorwiegend das von Hand geführte Werkzeug die Arbeit, Arbeitsteilung gibt es kaum. Für die Qualität

Industrieroboter ersetzen heute vielerorts wie hier bei VW in Zwickau den Menschen.

In den Fabriken der Jahrhundertwende bestimmen Transmissionsriemen das Bild vom Arbeitsplatz des Industriearbeiters (Graudenzer Maschinenfabrik).

des Produkts ist vor allem die Erfahrung der Facharbeiter von Bedeutung, die deshalb besser bezahlt werden als Angelernte und Hilfsarbeiter; sie stellen die Mehrheit der Arbeiter. Die wenig qualifizierten Arbeiter leben unter ärmlichen Verhältnissen in den Siedlungen, die rund um die Fabriken entstanden sind (→ Folge 20).

Seit Abschaffung der Sozialistengesetze (1890) gewinnen Gewerkschaften und Arbeiterparteien immer mehr an Einfluss. Die Gewerkschaften fordern vor allem mehr Lohn, den Achtstundentag, Schutz vor Unternehmerwillkür und gleiches Wahlrecht für alle. Das Ziel der Arbeiterparteien ist die Verwandlung des kapitalistischen Privateigentums an Produktionsmitteln in gesellschaftliches Eigentum, das bedeutet Enteignung der Unternehmer, Sozialisierung der Betriebe, Beteiligung der Arbeiter am Gewinn, letztlich heißt das: Revolution.

Oft werden Streiks und Demonstrationen der Arbeiter von der Polizei gesprengt. Staat und Unternehmer arbeiten bei der Bekämpfung der Arbeiterbewegung Hand in Hand. Das ändert sich erst im Verlauf des Ersten Weltkriegs, als die Arbeiterschaft im Krieg gebraucht wird. 1916 akzeptiert die Regierung die Gewerkschaften als Interessenvertretung der Arbeiter, 1917 fällt das Dreiklassenwahlrecht in Preußen, 1918 ensteht die sogenannte Zentralarbeitsgemeinschaft, mit der die Unternehmer die Gewerkschaften als Vertragspartner anerkennen.

Zwischen Hoffnung und Enttäuschung

Der Krieg endet mit der Revolution und der Abdankung des Kaisers. Die alte, ständische Ordnung ist gestürzt, in der neuen Republik haben zunächst die Arbeiterparteien das Sagen. An sie knüpfen die Arbeiter ihre Hoffnungen auf eine Verbesserung ihrer politischen und sozialen Lage. Und tatsächlich, der Achtstundentag wird eingeführt, auf breiter Ebene werden Tarifverträge abgeschlossen. Eine einheitliche Arbeitsgerichtsbarkeit wird schließlich geschaffen.

In den Fabriken selbst kommt es zu einer umfassenden Mechanisierung durch neue Maschinen. In vielen Fabriken wird die Arbeit neu organisiert. Aus den USA kommt das Fließband nach Deutschland, die systematisch fortschreitende Arbeitsteilung führt zu einer höheren Produktivität. Arbeitsabläufe werden mit Hilfe von Zeit- und Bewegungsstudien analysiert und in viele kleinere, effektivere Schritte zerlegt. Die Handgriffe und Bewegungen der Arbeiter sollen sich optimal und ohne Zeitverlust an die Maschine anpassen. Der Ingenieur Frederick Winslow Taylor hatte diese nach ihm benannte Methode der Rationalisierung in den USA entwickelt. In Deutschland wird dafür 1924 der Reichsausschuss für Arbeitszeitermittlung (REFA) gegründet. Obwohl sich weder das tayloristische Zeitdiktat noch das Fließband in Deutschland so durchsetzen können, wie es die öffentliche Diskussion glauben macht, werden sie zu Symbolen für die »Entmenschlichung« der Arbeit und das »Diktat der Maschine«.

Ende der Zwanzigerjahre, mit Beginn der Weltwirtschaftskrise, muss ein Großteil der Arbeiterschaft zudem mit Lohneinbußen und Arbeitsplatzverlust rechnen. Aus Enttäuschung über die Weimarer Republik schließen sich viele Arbeiter nun radikalen rechten oder linken politischen Gruppierungen an. Immer öfter werden die politischen Auseinandersetzungen nun auf der Straße ausgetragen.

Versprechungen und Zwang

Aus diesen Kämpfen gehen, nicht zuletzt wegen der Spaltung der Linken in Sozialdemokraten und Kommunisten, die Nationalsozialisten als Sieger hervor. Hitler erklärt den 1. Mai vom »Tag der Arbeiterklasse« zum »Tag der nationalen Arbeit« und zum Staatsfeiertag. Am 1. Mai 1933 verkündet er das Ende der Klassengesellschaft. An die Stelle des Klassenkampfes soll nun die Volksgemeinschaft als Arbeits-, Leistungs- und Kampfgemeinschaft treten, in der jeder an seinem Platz sein Bestes zu geben hat. Einen Tag später besetzt die SA die Büros der Gewerkschaften, beschlagnahmt deren Vermögen und verhaftet die Funktionäre. Am 14. Juli 1933 wird die SPD verboten.

Viele sehen über diese Politik der »Säuberungen« hinweg, weil die Arbeitslosenzahlen sinken und die Wirtschaft wieder anläuft – nicht zuletzt wegen der sich langsam erholenden Weltwirtschaft. Die Produktion wird modernisiert und weiter mechanisiert, die Rüstungsindustrie zu einem wichtigen Beschäftigungszweig. An die Stelle der selbstständigen Gewerkschaften tritt eine Einheitsgewerkschaft, die Deutsche Arbeitsfront (DAF). Sie ist weniger eine Interessenvertretung der Arbeiter als eine Organisation der Partei zur Koordination der Interessen der Arbeiter mit denen der NSDAP. Die Organisation Kraft durch Freude (KdF), eine Unterorganisation der DAF, übernimmt die Aufgabe, den Arbeiter für das Regime zu gewinnen, indem sie ihm Schiffsreisen in ferne Länder oder den Besitz eines eigenen Autos, des KdF-Wagens, in Aussicht stellt (→ Folgen 1, 32). Auch die Aktion »Schönheit der Arbeit«, die für bessere Arbeitsbedingungen in den Betrieben wirbt, verfolgt dieses Ziel. Wer sich von den Versprechungen nicht blenden lässt und opponiert, wird ausgegrenzt und verfolgt. Er wird als »arbeitsscheu« diffamiert, mit Berufsverbrechern in eine Reihe gestellt und auch so

Mit der Aktion »Schönheit der Arbeit« demonstrieren die Nationalsozialisten Verbundenheit mit den Arbeitern.

Um die Zahl der Arbeitslosen zu senken, setzen die Nationalsozialisten auch auf Beschäftigungsprogramme wie den Bau der Reichsautobahn (Arbeiter 1934 bei München).

behandelt. In Konzentrationslagern werden u. a. Gewerkschafter, Sozialdemokraten und Kommunisten gefangen gehalten, die sich für die Belange der Arbeiter eingesetzt haben. Viele sterben in den Lagern, für andere bringt erst das Ende des Krieges die Befreiung.

Arbeit und Sozialismus

Im Osten Deutschlands sollen nach dem Krieg die Verstaatlichung der Betriebe und eine sozialistische Wirtschaftsordnung zum Motor des Aufbaus werden. Nach der Theorie ist die Ausbeutung des Arbeiters im sozialistischen Staat aufgehoben, da die Arbeiterklasse selbst im Besitz der Produktionsmittel und Träger der Staatsmacht ist. Arbeit ist nicht mehr durch Ausbeutung bestimmt, sondern durch den Willen zur Verbesserung der Lebenssituation durch die Steigerung der Produktion. Als leuchtendes Beispiel gelten Aktivisten, wie der Bergmann Adolf Hennecke, der im Oktober 1948 seine staatlich festgesetzte Arbeitsnorm um mehr als 280 % überbietet. Auch Aufrufe zur Einreichung von Verbesserungsvorschlägen und ein System von Ehrungen und Auszeichnungen wie »Held der Arbeit« oder »Kollektiv der sozialistischen Arbeit« sollen zur Produktionssteigerung beitragen.

Immer wieder von der Politprominenz hofiert und geehrt: der Bergmann Adolf Hennecke (stehend), der erste Aktivist der DDR, neben ihm (v. l.) Willi Stoph, Herbert Warnke, Erich Honecker und Horst Sindermann

Dennoch lässt der wirtschaftliche Aufschwung auf sich warten. Zum einen hat die Wirtschaft im Osten unter der Demontagepolitik der Sowjetunion zu leiden, zum anderen fehlt die Anbindung an das Ruhrgebiet als wichtigem Lieferanten von Energieträgern wie Kohle. Als der Lebensstandard immer weiter hinter dem im Westen zurückbleibt, setzen sich viele Facharbeiter in den »goldenen Westen« ab. Das schwächt die ostdeutsche Wirtschaft schließlich so nachhaltig, dass die DDR-Regierung 1961 nicht zuletzt deswegen die Berliner Mauer errichtet (→ Folge 45).

Das Arbeitsleben in den Ostbetrieben unterscheidet sich wesentlich von dem im Westen. In der sozialistischen Arbeitswelt sind Begriffe wie Konkurrenz, Verdrängungsstrategien, persönlicher Wettstreit und dergleichen offiziell so gut wie unbekannt. Weit verbreitet ist dagegen eine gewisse, kumpelhafte Solidarität. Das Arbeitskollektiv ist so etwas wie eine soziale Nische. Es bietet Raum für Kameradschaft, für Vertrautheit, man teilt sich private Sorgen und Nöte mit, findet ein Netz von Beziehungen zur Beschaffung knapper materieller Güter.

Der Preis dafür ist allerdings eine fast lückenlose soziale Kontrolle. Höhere Leistung wird materiell kaum belohnt, Angst vor Arbeitslosigkeit gibt es nicht. Der Arbeitstag verläuft stressärmer als im Westen und wird zudem des öfteren durch Havarien im Produktionsablauf unterbrochen, ausgelöst durch Materialmangel, schlechte Planung, Maschinenschaden oder allgemein menschliche Schlampereien. Es soll damit nicht der Eindruck entstehen, in der DDR hätte man nicht hart zu arbeiten gewusst. Aber eine grundlegend neue sozialistische Arbeitsmoral, sich also aus Gründen des Gemeinwohls anzustrengen und besonders gut zu arbeiten, bildet sich nicht heraus.

Wohlstand statt Revolution

Im Westen schaffen die Währungsreform und der Marshallplan der Vereinigten Staaten die Grundlagen für den wirtschaftlichen Wiederaufbau nach dem Krieg. Das Prinzip der sozialen Marktwirtschaft trägt zum »Wirtschaftswunder« bei. Durch Streiks, Demonstrationen und in Verhandlungen mit den Arbeitgebern erkämpfen sich die Arbeitnehmer ihren Anteil am Wirtschaftsaufschwung. Ab Mitte der Fünfzigerjahre herrscht Vollbeschäftigung und weil Arbeiter gebraucht werden, ist es relativ einfach, Lohnerhöhungen und kürzere Arbeitszeiten durchzusetzen. Die Teilhabe am Wohlstand wird zu der Klassen aufhebenden Idee der Nachkriegszeit, das neue Motto lautet: »Wohlstand statt Revolution«. Zu Beginn der Sechzigerjahre herrscht in der Bundesrepublik schließlich so etwas wie ein »sozialer Burgfrieden« zwischen Gewerkschaften und Arbeitgebern. Die Arbeiter sind mit dem Lebensnotwendigen versorgt, jetzt beginnt man zu sparen – für eine bessere Wohnungsausstattung, neue Haushaltsgeräte. Ja sogar ein eigenes Auto rückt in den Bereich der finanziellen Möglichkeiten und das bei kürzeren Arbeitszeiten und einer besseren sozialen Absicherung (→ Folge 47).

Humanisierung des Arbeitsplatzes

Mitte der Sechzigerjahre setzt in der Bundesrepublik eine weitere Rationalisierungswelle ein. Angestoßen wird diese Entwicklung durch den Arbeitskräftemangel bei gleichzeitig günstigen Absatzchancen. Vor allem in den Großbetrieben ändern sich damit die Arbeitsbedingungen der Arbeiter. Durch den verstärkten Einsatz von teilautomatisierten Maschinen und Anlagen bei der Produktion von Massengütern wird die menschliche Arbeit immer eintöniger. Sie beschränkt sich im Wesentlichen darauf, der Maschine das benötigte Material zuzuführen. Und selbst diese Handreichungen werden zur Steigerung der Produktivität noch so rationell wie möglich gestaltet, so dass es Arbeitsplätze gibt, an denen die Arbeiter kaum mehr als zwei Handgriffe zu erledigen haben und die immer wieder, tausendfach. Die Verbesserung dieser Arbeitsbedingungen wird zu einem Thema in der Öffentlichkeit und zu einem Kampfziel der Gewerkschaften. Von »entfremdeter Arbeit«, von »inhumanen Arbeitsplätzen«, von der »Ausbeutung des Arbeiters« ist wieder die Rede.

»Humanisierung der Arbeitswelt« wird das Stichwort der Siebzigerjahre. Dabei geht es vor allem um eine menschengerechtere Gestaltung des Arbeitsplatzes nach ergonomischen, psychologischen und arbeitswissenschaftlichen Erkenntnissen. Neue Forschungen haben deutlich gemacht, wie wichtig die sozialen Beziehungen am Arbeitsplatz für die Arbeitsmotivation und damit für die Qualität der produzierten Ware sind. So werden die Arbeitgeber aufgerufen, die sozialen Bedürfnisse der Menschen durch die Schaffung einer guten Arbeitsatmosphäre zu befriedigen, weil dies letztlich wieder der Produktivität zugute komme. Neu daran ist, dass nun auch von menschlichen Ansprüchen her gedacht wird und der Arbeitsplatz nicht ausschließlich nach Krite-

Die Automatisierung der Fertigung verändert die Anforderungen an den Industriearbeiter. Statt wie Jahrzehnte zuvor selbst Hand anzulegen, steuert er die Maschine und überwacht den Produktionsvorgang.

rien eingerichtet wird, welche die Maschinen vorgeben.

Mikroprozessoren in der Fabrik

Der Siegeszug der Mikroelektronik bringt in den Siebzigerjahren die sogenannte zweite industrielle Revolution. Sie verändert die Arbeit in vielen Fabriken grundlegend. Im Maschinenbau etwa haben bisher das Können und die Erfahrung des Drehers über die Präzision des bearbeiteten Teils entschieden. Nun steuern Mikroprozessoren die Einrichtung des Drehstahls. Immer mehr Arbeit entfällt auf die Vorbereitung der Produktion. Wenn sie erst einmal läuft, beschränkt sich die menschliche Arbeit auf die Kontrolle der Maschine. Der Mensch selbst greift immer weniger in den unmittelbaren Produktionsprozess ein.

Solche Mikroprozessoren wie dieser von 1993 steuern seit den Siebzigerjahren Arbeitsabläufe und Maschinen in den Fabriken.

Durch die Automatisierung mit Hilfe der Mikroelektronik entstehen neue, hochqualifizierte Industrieberufe mit großen Anforderungen an technische Kenntnisse, wo zuvor die Erfahrung des Facharbeiters gefragt war. Nicht selten ersetzt jedoch ein Automat eine ganze Bandstraße und damit auch die Arbeitskräfte, die bislang hier beschäftigt waren. Arbeitslosigkeit wird wieder zu einem Problem, das die Gewerkschaften mit Arbeitszeitverkürzung lösen wollen. Seit den Achtzigerjahren ist deshalb die 35-Stundenwoche bei vollem Lohnausgleich ihr erklärtes Kampfziel.

»Arbeitszeit verkürzen – Arbeitsplätze schaffen« ist das Motto der Gewerkschaften in den Achtzigern.

Dichtung und Wahrheit

Während es in der Bundesrepublik kriselt, scheint es in der DDR unaufhaltsam aufwärts zu gehen, zumindest wenn man den offiziellen Bildern und Verlautbarungen Glauben schenkt. Hier feiert man in den Achtzigerjahren in Presse, Funk und Fernsehen die Erfolge bei der Modernisierung und Rationalisierung in den Betrieben und betont die soziale Verträglichkeit dieser Maßnahmen im sozialistischen Wirtschaftssystem. Aber von einer Modernisierung und Automatisierung der DDR-Betriebe mit neuester Technik kann nicht die Rede sein. Die verstaatlichten Betriebe erwirtschaften zu wenig, um ständig modernisieren zu können und auf dem internationalen Markt wettbewerbsfähig zu sein. Schließlich sind die Kosten für die maroden Betriebe und die sozialen Leistungen so hoch, dass sie nicht mehr aufgebracht werden können. Am Ende der Achtzigerjahre steht das sozialistische Deutschland

Noch in den Achtzigerjahren feiert die DDR verdiente Arbeiter mit solchen Plakataktionen.

vor dem wirtschaftlichen Ruin. Dabei sollte man eines nicht vergessen: Angst vor Arbeitslosigkeit musste in der DDR niemand haben. Wenn rationalisiert wurde, dann wurden die Mitarbeiter versetzt oder mit anderen Aufgaben im Betrieb betraut. Kaum einer empfand die für selbstverständlich gehaltenen sozialen Leistungen allerdings als sozialistische Errungenschaft. Erst nach der Wende wird vielen schmerzlich bewusst, welche soziale Absicherung mit der DDR untergegangen ist.

Das Ende der Industriearbeit?

In den Achtziger- und Neunzigerjahren gerät die Wirtschaft in eine schwere Krise. Kohle, Stahl, Werften, ganze Industriezweige brechen weg, denen Deutschland einst den wirtschaftlichen Aufstieg verdankte. Produziert wird nun dort, wo die Löhne niedriger, die Sozialleistungen schlechter und damit die Produktionskosten geringer sind, beispielsweise in Korea, Tschechien, Polen oder China. Die Globalisierung des Marktes führt zum weltweiten Wettbewerb in der industriellen Produktion. Aber auch dort in Deutschland, wo noch produziert wird, kommt man mit immer weniger Arbeitern aus. Mikroprozessorgesteuerte Industrieroboter übernehmen viele Arbeiten in der Fabrik. Im Unterschied zu einfachen Automaten, die nach einem festen Programm arbeiten und immer nur ein bestimmtes Werkstück bearbeiten können, zeichnen sich diese Roboter vor allem dadurch aus, dass sie frei programmiert werden können und variabel einsetzbar sind. Der einzige Vorteil, den der menschliche Arbeiter gegenüber dem »Kollegen Roboter« noch hat, ist seine größere Flexibilität. Dafür arbeiten Roboter rund um die Uhr, zuverlässig und so gut wie fehlerfrei. Sie feiern nie krank, bekommen keinen Urlaub, keine Rente und auch keine Lohnfortzahlung im Krankheitsfall. Auch wenn sich die vollautomatische Fertigung nicht so durchsetzt, wie man befürchtet hat, ist die menschenleere Fabrik zu einem Symbol für das Ende der Industriearbeit geworden, einer Arbeit, die früheren Generationen Auskommen und ihrem Leben einen Sinn gegeben hat. Eine Änderung dieser Entwicklung ist nicht in Sicht. Der Industriearbeiter wie wir ihn seit Jahrzehnten kennen wird immer seltener.

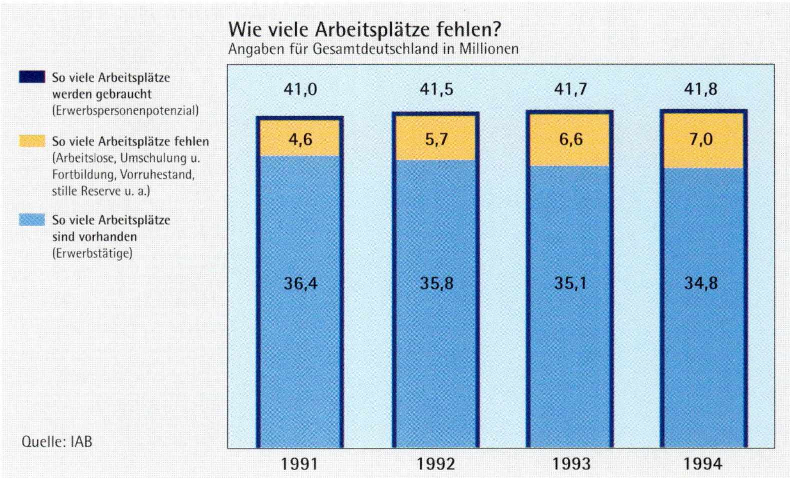

Die Chronik der Arbeit

Den Aufstieg zur Industrienation verdankt Deutschland zu Beginn des Jahrhunderts vor allem der Schwerindustrie.

14.1.1907 In der Berliner Holzindustrie beginnt die Aussperrung von mehr als 10 000 Arbeitern wegen Tarifstreitigkeiten. Der Ausstand greift bald auf andere Industriezweige und Städte Preußens über und dauert vier Monate. Erst ein Schiedsspruch des Berliner Gewerbegerichts am 11. Mai sorgt für eine allmähliche Arbeitszeitverkürzung und Lohnerhöhungen.

28.10.1907 Der Zentralverband deutscher Industrieller veranstaltet in Berlin eine Kundgebung zur Sozialpolitik. Darin erklären sich die Unternehmer zur Mitarbeit an der Sozialpolitik bereit, verwahren sich jedoch gegen eine Arbeitszeitverkürzung auf acht Stunden.

28.9.1910 Bei einer Auseinandersetzung von 140 streikenden Kohlearbeitern mit Arbeitswilligen kommt es in Berlin-Moabit zu schweren Zusammenstößen mit der Polizei. Am folgenden Tag werden rund 1000 Polizisten eingesetzt, die mit großer Härte gegen die Demonstranten vorgehen. Am 30. September beteiligen sich etwa 20 000 Menschen an Protestdemonstrationen gegen den Polizeieinsatz. In den nachfolgenden Strafverfahren werden 64 Streikende wegen der Ausschreitungen zu Freiheitsstrafen verurteilt.

25.1.1912 Bei den Reichstagswahlen erhöhen die Sozialdemokraten die Zahl ihrer Mandate auf 110 und werden stärkste Fraktion des Reichstags. Die Lebensmittelknappheit und die damit verbundene Preissteigerung (Folge der Missernte von 1911) bringt den Sozialdemokraten scharenweise neue Wähler.

26.5.1914 In Groß-Berlin finden insgesamt 17 Versammlungen zur Einführung des allgemeinen Wahlrechts in Preußen statt. Im größten deutschen Bundesstaat wird bisher nach dem Dreiklassenwahlrecht gewählt, das vor allem die Sozialdemokratie diskriminiert.

18.1.1920 Die Weimarer Nationalversammlung billigt das Betriebsrätegesetz. Es verpflichtet Betriebsräte zur Erfüllung der Betriebszwecke und räumt ihnen keinerlei wirtschaftliche Mitbestimmung ein. Das Gesetz gilt als offizielles Ende des Rätesystems im Deutschen Reich.

6.7.1923 In Berlin befinden sich 90 000 Metallarbeiter im Ausstand, weil sie die von der Gewerkschaft ausgehandelte Lohnerhöhung angesichts der täglich steigenden Preise nicht akzeptieren.

7.7.1927 Der Reichstag beschließt das Gesetz für Arbeitslosenversicherung und Arbeitsvermittlung. Es ist ein wichtiger Beitrag zur Stabilisierung der sozialen Verhältnisse. Das Gesetz macht Deutschland zu einem der ersten Länder der Welt, das Hilfe für Erwerbslose nicht länger als karitative Fürsorge, sondern als Verpflichtung für die gesamte Gesellschaft versteht.

4.2.1929 Der bittere Frost lässt in Deutschland die Arbeitslosigkeit emporschnellen. 3 229 871 Hauptunterstützungsempfänger sind registriert. Die Reichsanstalt für Arbeitslosenversicherung muss ein Reichsdarlehen aufnehmen, um ihren Verpflichtungen nachzukommen.

13.7.1931 Die Weltwirtschaftskrise erreicht einen Höhepunkt und führt zum vorübergehenden Zusammenbruch des deutschen und internationalen Zahlungsverkehrs.

8.12.1931 Auf Drängen junger sozialdemokratischer Aktivisten wird mit der Eisernen Front ein Gegengewicht zu den nationalsozialistischen Schlägertrupps gegründet.

15.12.1931 Die Arbeitslosigkeit nimmt weiter zu: 5 349 000 Unterstützungsempfänger sind gemeldet.

27.2.1933 Der Reichstagsbrand liefert den Nationalsozialisten den willkommenen Anlass zur brutalen Verfolgung von Kommunisten und Sozialdemokraten.

1.5.1933 Der 1. Mai wird von Adolf Hitler vom Kampftag der Arbeiterklasse zum Tag der nationalen Arbeit erklärt.

2.5.1933 Die Gewerkschaften werden ausgeschaltet und die übrigen Arbeitnehmer- und Arbeitgeberorganisationen zu Erfüllungsorganen der nationalsozialistischen Regierung degradiert. Die Deutsche Arbeitsfront (DAF) tritt an die Stelle der Gewerkschaften.

5.8.1933 Der Präsident der Reichsanstalt für Arbeit kündigt ein umfangreiches Arbeitsbeschaffungsprogramm an. Neben dem Autobahnbau enthält das Programm Großprojekte wie die Abdämmung der Eider und den Neckardurchstich bei Esslingen.

26.6.1935 Der bisher freiwillige Arbeitsdienst wird in eine Arbeitsdienstpflicht umgewandelt.

In der Deutschen Arbeitsfront sind Arbeiter und Unternehmer vereint.

11.1.1939 Das Sozialamt der DAF ruft alle »schaffenden Volksgenossen« dazu auf, sich mit ihrer ganzen Kraft an jedem Ort zur Verfügung zu stellen und nicht durch selbsteingelegte Feierschichten gegen den Gedanken der Volksgemeinschaft zu verstoßen.

23.3.1947 Bei den Wahlen des Freien Deutschen Gewerkschaftsbundes (FDGB) in Berlin erhalten die SED 344 Sitze, die SPD 117, die CDU 9 und die Unabhängigen 3 Mandate.

25.4.1947 Gewerkschaftsfunktionäre der britischen Zone gründen den Deutschen Gewerkschaftsbund (DGB) als Dachverband für 14 Einzelgewerkschaften.

1.5.1952 Der DGB fordert die Verkürzung der Arbeitszeit durch Einführung der 40-Stundenwoche.

15.5.1952 Der DGB organisiert Streiks und Kundgebungen gegen den Entwurf des neuen Betriebsverfassungsgesetzes, der dem Bundestag zur Verabschiedung vorliegt. Die Gewerkschaften fordern echte Mitbestimmung, die Bewahrung der Einheitsgewerkschaft und die Mitentscheidung des Betriebsrates bei Kündigungen.

29.1.1953 Der Freie Deutsche Gewerkschaftsbund in der DDR beschließt, die kulturelle Massenarbeit zu verstärken, da diese das wichtigste Instrument der Gewerkschaften bei der sozialistischen Erziehung der Werktätigen sei.

19.2.1953 Der Vorstand des FDGB ruft die Arbeiter dazu auf, darauf zu achten, dass die Privatunternehmer in der DDR ihre Verpflichtungen gegenüber dem Staat und den sog. volkseigenen Betrieben erfüllen.

5.1.1956 In Siersdorf (Niederrhein) treffen die ersten 50 »Gastarbeiter« ein, die gemäß einer Abmachung zwischen der italienischen und der bundesdeutschen Regierung im Aachener Kohlerevier arbeiten sollen.

18.11.1956 Die bundesdeutschen Arbeitgeberverbände der chemischen und der Textilindustrie einigen sich mit den Gewerkschaften auf eine Arbeitszeitverkürzung von bisher 48 auf 45 Stunden in der Woche. Zusätzlich sind für 1957 Lohnerhöhungen von rund 9 % vorgesehen.

18.1.1957 Die DDR-Volkskammer beschließt das Gesetz über die schrittweise Verkürzung der Arbeitszeit, nachdem zum Jahreswechsel in einigen Betrieben die 45-Stundenwoche eingeführt worden ist. Die Arbeitszeitverkürzung soll ohne zusätzliche Arbeitskräfte und ohne Lohnreduzierung durchgeführt werden.

30.6.1957 Im ersten Halbjahr 1957 hat die Zahl der Arbeitnehmer in der BRD mit tariflich vereinbarter Arbeitszeitverkürzung auf 45 Stunden bei vollem Lohnausgleich um 28 % auf rund 8,6 Millionen zugenommen.

11.10.1957 In München geht der Gewerkschaftstag der Deutschen Angestellten-Gewerkschaft zu Ende. Die Delegierten fordern u. a. ein Mitbestimmungsrecht der Betriebsräte bei der Einführung von Automatisierung.

22.7.1959 Zum ersten Mal wird in einem bundesdeutschen Wirtschaftszweig die 42,5-Stundenwoche bei vollem Lohn- und Gehaltsausgleich tarifvertraglich festgelegt. Darauf einigen sich in Frankfurt am Main der Arbeitgeberverband der Süßwarenindustrie und die Gewerkschaft Nahrung-Genuss-Gaststätten.

15.11.1959 Auf einem außerordentlichen Parteitag in Bad Godesberg beschließt die SPD ein neues Grundsatzprogramm. Damit vollzieht sie die Wandlung von einer Arbeiter- zur Volkspartei.

25.7.1962 Auf seiner Sitzung in Düsseldorf stimmt der Bundesausschuss des DGB dem allgemeinen Streik bei Gefährdung der Demokratie und der Unabhängigkeit der Gewerkschaft zu.

10.5.1963 Mit einer Urabstimmung wird der härteste Arbeitskampf in der Metallindustrie Baden-Württembergs seit über 40 Jahren beendet. Die Arbeitgeber haben auf den Streikbeschluss der IG Metall mit Aussperrungen reagiert und damit erstmals seit den Arbeitskämpfen 1928/29 in einem geschlossenen Tarifgebiet diese Maßnahme durchgeführt. Es bedarf der Vermittlung von Bundespräsident und Bundeswirtschaftsminister, um diesen Tarifkonflikt beizulegen.

1.6.1969 Die von Bundeswirtschaftsminister Karl Schiller ins Leben gerufene konzertierte Aktion, die den ständigen Kontakt der Wirtschafts- und Sozialpartner zur Belebung der Konjunktur zum Inhalt hat, ist ein voller Erfolg, wie die Daten zur Arbeitsmarktentwicklung zeigen. Den 848 000 offenen Stellen stehen 110 700 Arbeitslose gegenüber, eine Zahl, die in der Nachkriegsgeschichte der Bundesrepublik einmalig bleibt.

Baden-Württemberg: Durch Streiks erkämpfen sich die Arbeiter 1963 mehr Lohn und kürzere Arbeitszeiten.

9.9.1964 Die Arbeitslosigkeit in der BRD hat einen neuen Tiefststand erreicht. Der Zahl der offenen Stellen von 680 000 stehen nur noch 102 800 Arbeitslose gegenüber.

15.1.1967 Die ungünstige Wirtschaftsentwicklung der letzten Monate schlägt sich in der Bundesrepublik erstmals deutlich in der Zahl der Arbeitslosen nieder. Mitte Januar registriert die Bundesanstalt für Arbeit 578 400 Arbeitslose.

30.10.1967 In der bundesdeutschen Textilwirtschaft wurden in den letzten zwölf Monaten 100 000 Arbeitskräfte entlassen.

8.3.1968 Die Auswirkungen der zunehmenden Automation, vor allem im Bereich der elektronischen Datenverarbeitung, werden auf der 3. Internationalen Automationstagung der Industriegewerkschaft Metall in Oberhausen diskutiert.

28.4.1972 Der Ministerrat der DDR sowie SED- und FDGB-Spitzengremien beschließen sozialpolitische Verbesserungen vor allem für berufstätige Mütter, kinderreiche Familien und Rentner.

1.5.1978 Auf zahlreichen Veranstaltungen zum 1. Mai fordern Gewerkschafter verstärkte Maßnahmen im Kampf gegen die Arbeitslosigkeit in der BRD. Sie plädieren unter anderem für eine Verkürzung der Wochenarbeitszeit und ein früheres Rentenalter.

23.4.1982 Auf ihrem Bundesparteitag in München spricht sich die SPD dafür aus, die Arbeitslosigkeit mit einem umfassenden staatlichen Investitions- und Vollbeschäftigungsprogramm zu bekämpfen.

7.6.1983 Im Mittelpunkt des Beschlusses des DGB-Bundesvorstands zur Arbeitszeitverkürzung steht die Aufforderung an die Einzelgewerkschaften, gemeinsam für die Einführung der 35-Stundenwoche bei vollem Lohnausgleich zu kämpfen. Die Gewerkschaften sehen in der Arbeitszeitverkürzung einen Beitrag zur Humanisierung der Arbeitswelt und erhoffen sich davon außerdem einen kräftigen beschäftigungspolitischen Effekt.

14.3.1988 Der SPD-Vorstand in Bonn befasst sich mit den umstrittenen Vorschlägen des stellvertretenden Parteivorsitzenden Oskar Lafontaine. Lafontaine hatte erklärt, er sei für die 35-Stundenwoche, allerdings ohne vollen Lohnausgleich für alle Tarifgruppen.

5.8.1988 Vertreter der Gewerkschaftsverbände der Bundesrepublik und der DDR treffen in Ost-Berlin erstmals zu offiziellen Gesprächen zusammen.

1.7.1990 Die Wirtschafts-, Währungs- und Sozialunion zwischen der BRD und der DDR tritt in Kraft. Wichtigster Einschnitt ist die Einführung der DM in der DDR.

27.9.1990 Ost- und westdeutsche Sozialdemokraten schließen sich auf ihrem gesamtdeutschen Parteitag in Berlin zu einer Organisation zusammen. Nach 43 Jahren gibt es wieder eine vereinte SPD. Am 30. September löst sich der DDR-Gewerkschaftsbund FDGB auf, nachdem sich schon einige Einzelgewerkschaften mit ihren westdeutschen Partnern zusammengeschlossen haben.

1.7.1993 40 Kumpel des Kali-Bergwerks im thüringischen Bischofferode treten aus Protest gegen die geplante Stillegung des Betriebs und die damit verbundene Vernichtung von 700 Arbeitsplätzen in den Hungerstreik. Trotz aller Protestmaßnahmen wird der Betrieb Ende Dezember stillgelegt.

17.9.1993 Der Vorstand der Daimler Benz AG kündigt den Abbau von weltweit 44 000 Arbeitsplätzen bis Ende 1994 an, davon mindestens 35 000 in deutschen Werken.

Frühjahr 1998 Die Arbeitslosenquote steigt auf 12,6 %. Dies ist der höchste Stand seit Kriegsende. 4,82 Millionen Menschen sind damit ohne Arbeit. Da bestimmte Gruppen von Erwerbslosen in der offiziellen Statistik nicht erfasst werden, kann man von über 5 Millionen Arbeitslosen sprechen.

Trotz moderner Ausstattung sind die Arbeitsämter wie hier 1997 in Leipzig bei dem Ansturm der Arbeitslosen hilflos.

Tempo
Tempo

FOLGE

36

NERVENSACHEN

Die Deutschen unter Leistungsdruck

Zu Beginn des 20. Jahrhunderts entwickeln viele Menschen erstmals ein Gefühl für Hektik, Leistungsdruck und Nervosität. »Tempo, Tempo«, diese um 1900 ausgegebene Parole, scheint im Lauf der folgenden Jahrzehnte alle Lebensbereiche zu erfassen: Verkehrswesen und Arbeitswelt, Güterumschlag und Informationstechnik. Und selbst in der Freizeit, ursprünglich als Zeit der Erholung und Entspannung gedacht, wechseln die Angebote, Moden und Trends immer schneller. Aus Erholungssuchenden werden Freizeitaktivisten, die sich auch nach der Arbeit dem Diktat des Terminkalenders unterwerfen. Manche begeistern sich am Tempo, andere leiden unter der steigenden Geschwindigkeit. Allen gemeinsam ist heute, dass sie darüber reden. Hektik, Leistung und Stress sind zu zentralen Themen unseres Alltags geworden.

Leistung und Ermüdung

Bis 1860 gab es keine wissenschaftlichen Arbeiten über die Ermüdung. 40 Jahre später jedoch finden sich mehr als 100 Untersuchungen über die »Ermüdung von Muskeln«, »nervöse Erschöpfungszustände«, »Neurasthenie«. Es ist die Zeit, in der sich in Deutschland die zweite industrielle Revolution vollzieht: Elektroindustrie (Motoren), Großchemie (Kunststoffe) und Informationstechnik (Fernmeldegeräte) geben dem Wachstum neue Schubkraft; an die Stelle der statischen Agrargesellschaft tritt die mobile urbane Industriegesellschaft. Manche fühlen sich dem Wandel nicht gewachsen, zeigen »geistige Ermattung«, andere begreifen ihn als Herausforderung: Sie propagieren die Steigerung der Leistungskraft, damit die Deutschen im »Wettkampf der Nationen« bestehen können.

Tempo, Tempo – das ist die Devise der modernen Zeit (Plakat der Zwanzigerjahre).

Motor Mensch

Um 1900 entwickelt sich die Arbeitsphysiologie. Im Mittelpunkt steht der Arbeiter, der wie ein Motor betrachtet wird, der Kraft erzeugt und dabei ein Gemisch aus Kohlehydraten und Eiweiß verbrennt. Ziel ist die Erhöhung des Wirkungsgrades dieser biochemischen »Maschine«. In Laborversuchen wird deshalb geprüft, wie sich Muskeln und Nerven beim Umgang mit Arbeitswerkzeugen und bei der Arbeit verhalten.

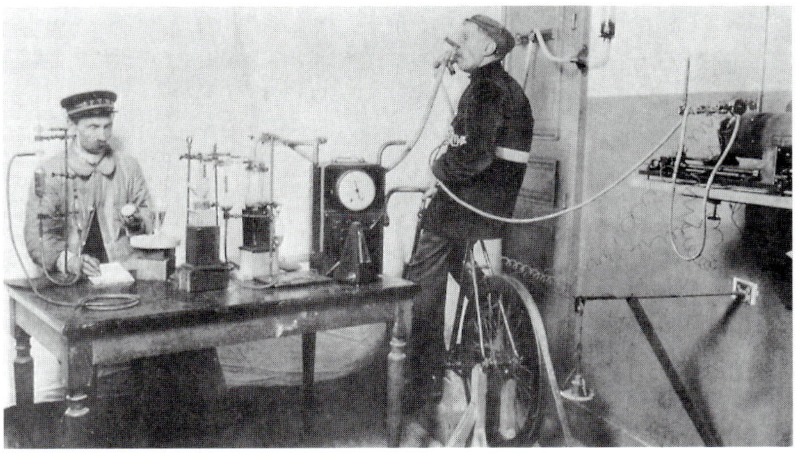

Untersuchung der menschlichen Leistungsfähigkeit mit Hilfe eines Fahrradergometers in den Zwanzigerjahren: Die Mengen des eingeatmeten Sauerstoffs und des ausgeatmeten Kohlendioxids werden gemessen. Die Leistungsmessung wird für die Arbeits- und Sportmedizin grundlegend.

Als Begründer der angewandten Arbeits- und Betriebspsychologie, für die er den Begriff »Psychotechnik« prägte, gilt der Philosoph und Psychologe Hugo Münsterberg (1863–1916). Er stellt dem natürlichen Rhythmus und Bewegungsablauf des Körpers technisch produzierte körperfremde Bewegungsabläufe entgegen. Beide »Systeme« müssen aufeinander abgestimmt werden, um übermäßige Energieverschwendung und rasche Ermüdung zu vermeiden.

So werden z. B. Form und Gewicht von Schaufeln je nach Verwendungszweck anders gestaltet, um den besten Wirkungsgrad zu erzielen. Gleichzeitig geht es um die Optimierung der Arbeitsabläufe: Baugerüste werden so angebracht, dass der Maurer immer in der bequemsten Höhe arbeiten kann und Stein und Mörtel griffbereit hat; die Zahl der vermauerten Backsteine lässt sich so von 120 auf 350 pro Stunde erhöhen. Solche Zeit- und Bewegungsstudien werden mit Stoppuhr und

Phasenfotos von Bewegungsabläufen dienen seit der Jahrhundertwende der Analyse und Optimierung der Leistungskraft von Tier und Mensch. Erfunden wurde das Verfahren von Eadweard Muybridge (Fotoserie von 1878).

Maßband durchgeführt, aber auch mit Hilfe der Fotografie: Phasenfotos von Bewegungsabläufen (Chronofotografie) wie sie der US-amerikanische Fotopionier Eadweard Muybridge (1830–1904) herstellt, helfen bei der Analyse und Verbesserung der Leistung.

Kraftentfaltung und Erschöpfung

Die Möglichkeiten und Grenzen der Steigerung menschlicher Leistungskraft werden im Ersten Weltkrieg geradezu schockartig erfahren. Anfangs glaubt man noch, dass die Durchschlagskraft der Massenheere einen schnellen Sieg bringen werde. Doch das erweist sich bald als Irrtum: Die Fronten erstarren (→ Folgen 9, 15). Die Einführung von Maschinenwaffen, die Erhöhung der Feuerkraft und die Spezialisierung der Soldaten mit Hilfe der Psychotechnik (z. B. Untersuchungen an Funkern und Personen im Schall- und Lichtmessdienst, an Kanonieren und Schützen, ab 1916) machen den Krieg zum ersten modernen Krieg, in dem Wissenschaftler und Ingenieure wichtiger sind als die Soldaten, die zum »Kanonenfutter« werden. In die Erde eingegraben, ausgeliefert dem ständigen Trommelfeuer der Granaten (»Ermattungsstrategie«), werden viele Soldaten nervenkrank.

Militärpsychiater berichten: »Ganze Kompagnien [werden] von nervösen Zuständen, Weinkrämpfen, Erbrechen usw. befallen, ... Zittern, Schwäche der Beine, Heulen und Lachen in wildem Durcheinander«. Mit zunehmender Kriegsdauer greifen diese Erkrankungen zum Schrecken der Militärs und Politiker wie eine Epidemie um sich. Sogenannte Ermüdungsbehörden werden gegründet, um Abwehrmaßnahmen gegen eine drohende Niederlage durch »Erschöpfung« zu finden. Stimulanzien, sog. Nervenpeitschen, werden erstmals im großen Stil zur Wiederherstellung der Leistung erschöpfter Truppen eingesetzt. Doch sie führen bei längerer Anwendung zum völligen körperlichen Zusammenbruch.

Rationalisierung, Effizienz, Normierung

Der Krieg beendet alle Hoffnungen der deutschen Psychotechniker und Arbeitsphysiologen, dass Leistung im Prinzip unbegrenzt zur Verfügung steht und Ermüdung durch technische Verbesserungen vermieden werden kann. Nach der Niederlage richten sich deshalb die Anstrengungen darauf, durch Rationalisierungskam-

Links: Das Leben der modernen Großstadtmenschen gerät immer mehr unter das Diktat der Zeit. Auch Urlaubsreisende stehen unter Termindruck (Titelblatt der »Illustrirten Zeitung« 1924).

Körperliche und geistige Ermattung tritt seit den Zwanzigerjahren bei immer mehr Frauen in den modernen Büros auf. Besonders Sekretärinnen und Stenotypistinnen leiden unter nervöser Erschöpfung (»Neurasthenie«).

pagnen wenigstens die Effizienz (den Wirkungsgrad) der Arbeit in Verwaltung und Industrie weiter zu verbessern.

Bei der Fabrikarbeit wird das Fließband zum Sinnbild der Modernisierung. In den USA zuerst in der Automobilproduktion im Einsatz, findet es seit den Zwanzigerjahren auch in Deutschland Anwendung (zunächst in der Lebensmittel- und Elektroindustrie). Die Fließbandarbeit steht für die Anpassung des Menschen an die Laufgeschwindigkeit von Maschinen und für die Monotonie und Standardisierung von gleichgetakteter Arbeit.

Auch in den Büros, in denen seit den Zwanzigerjahren immer mehr weibliche Angestellte arbeiten, wird alles aus Gründen der Zeit-, Arbeits- und Kostenersparnis normiert: Briefumschläge, Vordrucke, Härtegrade der Bleistiftminen, Ordner usw. Wo immer möglich, erfolgt der Einsatz von Büromaschinen (Schreibmaschinen, Buchungsmaschinen) und modernen Kommunikationsmitteln (Telefon, Telegramm). Die Angestellten, vor allem die Stenotypistinnen, werden nun detaillierten, von Arbeitspsychologen entwickelten Eignungsprüfungen unterzogen. Gewünscht sind gute Nerven, Handgeschicklichkeit, Raumsinn, Augenmaß, Reaktionsgeschwindigkeit, Konzentrations- und Kombinationsfähigkeit. Im Zuge der Rationalisierung werden aus den stillen Kontoren des 19. Jahrhunderts hektische Schreibbüros, in denen Schreibmaschinen hämmern, Telefone klingeln, Buchungsmaschinen rattern und Menschen sich lautstark verständigen.

Bald klagen die Stenotypistinnen über Kopfschmerzen, Sehnenscheidenentzündung und »rapiden Kräfteverbrauch«. Wässerchen und Tinkturen wie »Kölnisch Wasser« oder »Melissengeist« sollen erfrischen oder beruhigen. Der Gang zum Arzt endet oft mit der Diagnose »nervöse Erschöpfung« und mit dem Verabreichen von Schlaftabletten (Veronal) oder Beruhigungsmitteln (Baldrian). Bei chronischer Erschöpfung werden Kuren mit Kneippschen Bädern, Anwendungen, Schlaf und Gymnastik verschrieben (1957 erstmals auf Krankenschein).

Schnell ist klar, dass effizientes Arbeiten auf Dauer nur dann möglich ist, wenn auch für Entspannung gesorgt ist und zwar nicht nur durch Arbeitszeitverkürzung und Pausenregelungen, sondern auch durch Förderung der Erholung außerhalb der Arbeitszeit (→ Folgen 29, 37). Ende der Zwanzigerjahre beginnt eine systematische Förderung der »Volksgesundheit« durch Ausbau von Sportstätten (Betriebssport), Schaffung von Ruhezonen in den Städten sowie durch Erschließung von Naherholungsgebieten.

Motivieren und Begeistern

Der Nationalsozialismus baut neben der Leistung vor allem auf Gesinnung und liefert dafür das Modell der soldatischen Gemeinschaft (Betriebsgefolgschaft). Motivation und das Arbeitserlebnis stehen nun im Mittelpunkt arbeitspsychologischer Forschung. »Antriebspflege« wird zur wichtigen Aufgabe. Gerechtere Entlohnung durch Arbeitsbewertung (in Deutschland seit 1935/36), Ausdifferenzierung der Berufseignungsuntersuchungen und Arbeitsplatzzuweisungen (Fragebogentechnik, grafologische Untersuchungen zur Erfassung der Persönlichkeitstruktur und Willenskraft) führen zu einer Individualisierung der Leistungsmessung.

Tanzveranstaltungen und sportliche Aktivitäten in NS-Musterbetrieben sollen der Leistungsmotivation dienen.

Die NS-Organisation Kraft durch Freude (KdF) hat das Ziel, durch Urlaub und Erholung den »Motor Mensch« instand zu halten.

Entspannung bietet die NS-Organisation Kraft durch Freude (KdF), die große Freizeit- und Erholungsmaschine der Nationalsozialisten. Sie macht hauptsächlich durch Propaganda, aber auch durch Taten von sich reden: Unter dem Motto »Der deutsche Arbeiter reist« wird nun für viele Menschen eine Urlaubsfahrt möglich (→ Folge 32). »KdF überholt jede Arbeitskraft von Zeit zu Zeit, genauso, wie man den Motor eines Kraftwagens nach einer gewissen gelaufenen Kilometerzahl überholen muss«, heißt es 1938 über den Wert der KdF-Reisen für die Betriebe.

Das System von Leistungsanreizen und Erholungsmaßnahmen dient den Nationalsozialisten in erster Linie dazu, die militärische Schlagkraft zu erhöhen. Anders als im Ersten Weltkrieg bemüht man sich von Anfang an um eine intensive technische Schulung der Soldaten. Die Beherrschung von Auto und Motorad steht im Mittelpunkt, denn die Kriegführung soll beschleunigt werden (»Blitzkrieg«).

Das neue Leitbild ist der leistungsmotivierte Ingenieur-Soldat, der auch High-Tech-Waffen bedienen kann. Im Zweiten Weltkrieg werden deshalb in allen Waffengattungen Labors und Institute geschaffen, um die komplexer gewordenen Mensch-Maschine-Systeme wie Radar, Sonar, Flugsicherung, Raketen, Panzer, die höchste Ansprüche an den Benutzer stellen, zu optimieren. So stehen bei der Luftwaffe Therapeuten zur Verfügung, um die Piloten flugtauglich zu halten. Insbesondere das Beobachten der Instrumente oder Bildschirme mit wechselnden Anzeigen und unterschiedlichen Handlungsaufforderungen verlangt erhöhte Konzentration. Bei dauernder Belastung stellt sich vielfach ein Gefühl von nervlichem Druck ein, für das ein neuer Begriff erfunden wird: Stress.

Stress und Autogenes Training

Hans Selye, österreichisch-kanadischer Mediziner und Stressforscher (1907–1982) entwickelt ab 1935 die Lehre vom Stress. Er untersucht die Einflüsse verschiedener Extrakte und Reize auf den Organismus von Ratten und stellt fest, dass die Tiere auf starke Belastungen mit unspezifischen Anzeichen des Krankseins reagieren. Selye nennt diese Anzeichen »Stresssyndrom« und die Belastungen, die das Syndrom auslösen, »Stressoren«. Das Syndrom verläuft in drei Stadien: 1. Alarmreaktion des Körpers (Adrenalinstoß), 2. erhöhte Hormonsekretion, die die Widerstandsfähigkeit des Organismus aufrechterhält, 3. Erschöpfung.

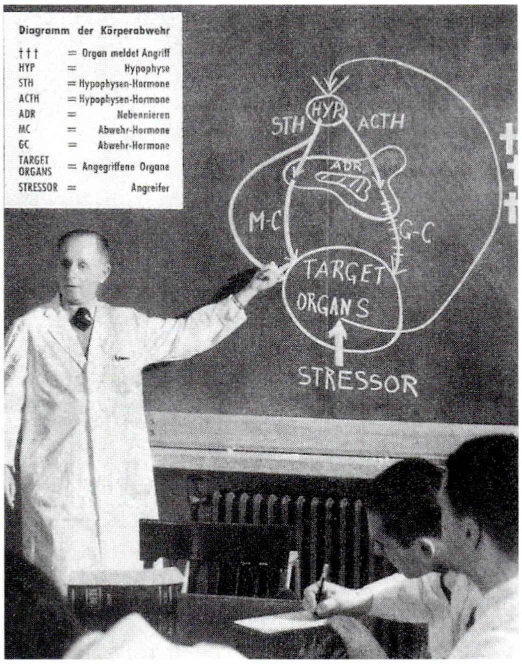

Der Mediziner und Chemiker Selye demonstriert sein Stressmodell der hormonalen Körperabwehr.

In den Vierzigerjahren entdeckt man in den USA vergleichbare Symptome bei Bomberpiloten: Das Fliegen in großer Höhe, die Orientierung allein an Messinstrumenten und der ebenfalls instrumentengesteuerte zielgenaue Bombenabwurf ohne Sicht bei gleichzeitigem Abwehrfeuer des Gegners erfordern eine gewaltige Konzentrationsleistung, die bei vielen Piloten zu vollständiger körperlicher Erschöpfung führt und medizinische Behandlung notwendig macht. Auch in Deutschland werden die Piloten seit den Dreißigerjahren wegen ihrer extremen körperlichen und geistigen Belastung medizinisch und psychologisch betreut.

Als Entspannungsübung wird häufig das Autogene Training angewandt, das der Berliner Psychotherapeut Johannes Heinrich Schultz (1884–1970) 1927 der Öffentlichkeit vorstellt. Die verschiedenen Übungen, die zumeist in Gruppen durchgeführt werden, zielen auf eine »konzentrative Selbstentspannung«.

High-tech, Stressforschung, Konzentrationsübungen und Meditation kennzeichnen eine neue Stufe im Umgang mit Leistung und Ermüdung. Hat man zu Anfang des Jahrhunderts mehr darauf geachtet, die körperliche Leistung durch die Psychotechnik zu verbessern, so geht es nun zusätzlich um die Optimierung von Geist und Seele. Denn Angst und Anspannung der Soldaten, so ist die neue Erfahrung, sind nicht mehr eindeutig äußerlich erkennbar, sondern wirken nun auf das Innere. So jedenfalls deuten viele Ärzte das Verschwinden des im Ersten Weltkrieg beobachteten Gliederzitterns und die signifikante Zunahme von Magengeschwüren im Zweiten Weltkrieg. Einiges spricht aber auch dafür, dass sich die Erkrankung »nach innen« verschiebt, weil infolge der straffen militärischen Disziplin »Schwäche« nicht gezeigt werden darf.

Die Nachkriegszeit – Leistung und Leistungsgesellschaft

Nach Kriegsende ist zunächst körperlicher Einsatz gefragt: Die Trümmer müssen beseitigt und es muss wieder aufgebaut werden. Als sich wirtschaftliche Erfolge zeigen, werden die West- und die Ostdeutschen vom Leistungsfieber gepackt. In Werbefilmen und in Wochenschauberichten erscheint die Alltagswelt nun im Zeitraffer: »Tempo, Tempo, keine Zeit!« – das ist die Erfolgsdevise. Nervöse und abgehetzte Zeitgenossen gelten in der »Wirtschaftswunderzeit« der Fünfzigerjahre als Erfolgsmenschen, die eine automatisierte technische Welt aufbauen. Über Roboter und Kybernetik, Automation, Intelligente Systeme wird nun nicht mehr nur in Militär- und Ingenieurkreisen diskutiert, sondern in einer breiten (noch hauptsächlich männlichen) Öffentlichkeit. Der Tenor ist positiv, viele träumen vom »Arbeiter-Ingenieur« der Zukunft, der keine körperliche Arbeit mehr leistet, sondern nur noch Knöpfe drückt und Maschinen steuert. Auf dem Weg zu diesem vermeintlichen Paradies entwickeln sich Koffein (»Mach mal Pause – Coca Cola«) und Zigaretten (»Warum gleich in die Luft gehen? – Greife lieber zur HB«) zu universalen Leistungs- und Erfolgsstabilisatoren. Und auch der Alkohol wird in den Fünfziger- und Sechzigerjahren positiv als Genussmittel des erfolgreichen Menschen bewertet: »Darauf einen Dujardin!«

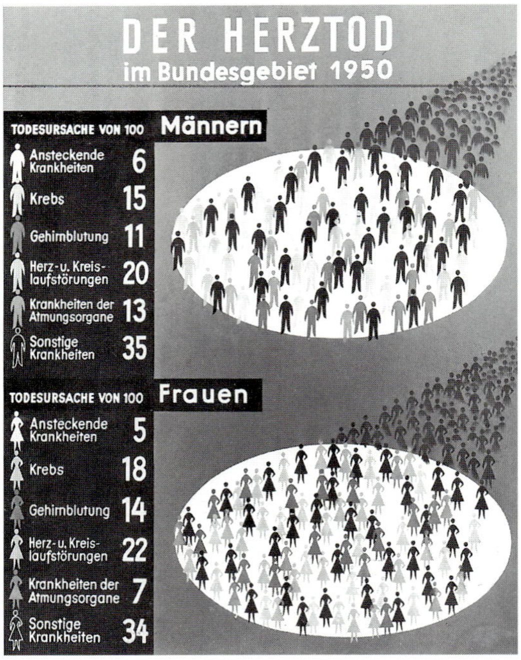

Die automatisierte Arbeit in modernen Maschinenhallen – hier die neue Breitbandstraße in Duisburg-Hamborn (1955) – fordert den Arbeitern ein hohes Maß an Konzentration ab.

Managerkrankheit und Fitnesswelle

Diese Träume und Verheißungen enden in den Sechzigerjahren, als die Zahl der Herz- und Kreislauferkrankungen rapide zunimmt. Nun beginnt eine neue Ermüdungs- und Erschöpfungsdiskussion, die um den 1957 in Deutschland eingeführten Stressbegriff kreist. Die Medizin führt den Beweis, dass eindeutige Zusammenhänge bestehen zwischen den »Risikofaktoren« Stress, Nikotinmissbrauch, Fettleibigkeit, Bluthochdruck und dem Herzinfarkt. Gefährdet sind nicht allein die Manager in den Chefetagen, wie man anfangs vermutet, sondern auch der Mann an der Maschine und die Frau im Büro.

Der Lebensstil muss geändert werden: Die zivilisationskranken Deutschen sollen sich nach getaner Arbeit nun nicht mehr ins bequeme Fernsehsofa fallen lassen und sich dort mit Cognac, Bier und Süßigkeiten die Gesundheit ruinieren. Sie sollen wieder »fit« werden. Im Osten gibt Walter Ulbricht die Parole aus: »Jedermann an jedem Ort jede Woche einmal Sport«. Im Westen gilt: »Trimm Dich!«.

Seit 1970 gibt es überall Trimm-Wochen, Trimm-Plätze, Trimm-Spiele und Trimm-Bücher. Auf Trimm-Dich folgen Jogging, Trimm-Trab, Walking, Biking und viele andere Sportwellen.

Die Appelle zum Sporttreiben werden mit Tips für eine richtige Ernährung verbunden. Stehen in den Sechzigerjahren noch Wein- und Cognac-Flaschen in den Chef- und Konferenzzimmern, so sind seit Mitte der Siebziger nur noch Saft und Mineralwasser geduldet. Auch Milchprodukte gelten als gesund und leistungssteigernd. Die Werbung nimmt die Botschaft dankbar auf: die »kleine Mahlzeit zwischendurch«, die »Extraportion Milch«, die »Lila Pause«, der »Power-Riegel« oder »Mars« bringen angeblich verbrauchte Energie schnell zurück.

Links: »Entspannung« durch Fernsehen, Zigarettenkonsum, Alkohol und Süßigkeiten ist bei den Deutschen der Fünfzigerjahre beliebt, gerät aber bald in die Kritik.

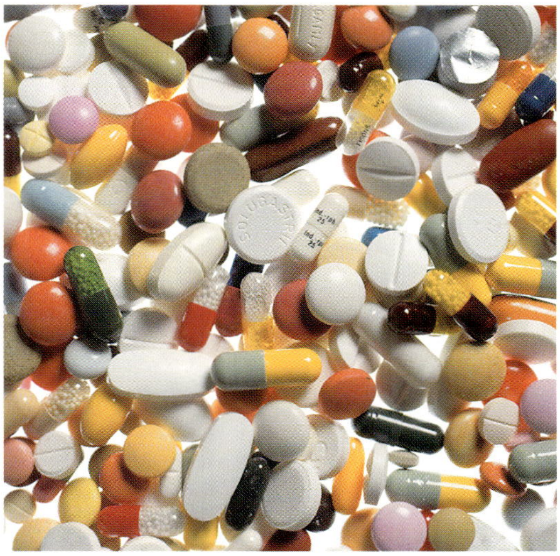

»Pillen« zur Leistungssteigerung oder auch Beruhigung kommen seit den Sechzigern immer mehr in Mode.

Sonnenbrillen für die Seelen

Trotz »Fit for Fun« gibt es auch in der zweiten Jahrhunderthälfte viele Menschen, die unter dem sog. Burned-out-Syndrom leiden, sich schlapp und überfordert fühlen – vor allem in der Bundesrepublik, wo, anders als in der DDR, der tägliche Konkurrenzkampf herrscht. Wer im Westen mit der Leistung nicht nachkommt, muss um seinen Job fürchten. Viele nutzen bei persönlichen Krisen deshalb die überall verbreiteten Angebote des Braintrainings, der psychosozialen Beratung, des Autogenen Trainings und andere Psychotherapien. Manche steigen auch aus und hoffen auf Heilung bei Gurus in fremden Kulturen.

Sehr viele aber greifen zur Pille. 1968 werden mehr als 30 Millionen Packungen barbiturathaltiger Schlafmittel und 50 Millionen Packungen Tranquilizer verschrieben. In den Jahren 1965 bis 1969 steigt der Tranquilizer-Verbrauch in der BRD um 230 %. Dazu kommt die wachsende Beliebtheit von sog. harten und weichen Drogen, wobei zum Ende des Jahrhunderts hin vor allem aufputschende Drogen beliebt sind – nicht zuletzt auch deshalb, weil »Leistung« zur gesellschaftlichen Norm erhoben ist und »Erschöpfung« als Versagen gedeutet wird. Dieses Problem wird auch in Zukunft bestehen bleiben. Denn die wirtschaftlichen Herausforderungen verlangen eine weitere Tempo- und Leistungssteigerung.

Die Chronik des Leistungsdrucks

1900 Oskar Vogt beschreibt in seinem Buch »Autohypnose« die Beobachtung, dass bestimmte Personen in der Lage seien, sich selbst in einen hypnotischen Zustand zu versetzen. Aus der Erforschung dieses Sachverhalts entwickelt sich später das Autogene Training als Möglichkeit der Entspannung.

1900 Hugo Münsterbergs Schrift »Grundzüge der Psychologie« erscheint. Damit beginnt die sog. Psychotechnik, die sich vor allem um eine psychologische Einwirkung auf den Menschen in Hinblick auf eine Optimierung seiner Arbeitstätigkeit und der Erhöhung seiner Leistungsfähigkeit kümmert. Der Psychotechniker versteht sich gewissermaßen als Ingenieur des menschlichen Körpers, er will dessen Funktionalität erhöhen.

1902 Der deutsche Physiologe Max Rubner begründet die Gesetze des Energieverbrauchs im menschlichen Körper. Rubner veröffentlicht eine Reihe grundlegender Arbeiten zur Ernährungs- und Arbeitsphysiologie.

1903 Die Firmen Merck in Darmstadt und Bayer in Leverkusen bringen das barbiturathaltige Schlaf- und Beruhigungsmittel Veronal auf den Markt.

1903 Mit dem Buch »Shop Management« des US-Ingenieurs Frederick Winslow Taylor wird der sog. Taylorismus bekannt, der Versuch, die Arbeitsproduktivität durch arbeitsphysiologische Leistungsmessungen und entsprechende organisatorische Maßnahmen zu steigern.

1904 Dem deutschen Wissenschaftler Wilhelm Weichardt gelingt es, die von den Muskeln ausgesonderten Toxine auf chemischem Wege zu reproduzieren. Die »Antienotoxin» genannte Substanz wurde Mäusen injiziert, die daraufhin scheinbar länger arbeitsfähig blieben. Die Versuche lösen eine Euphorie aus. Man glaubt, die menschliche Ermüdung besiegt zu haben. 1914 stellt sich heraus, dass die Versuche fehlerhaft sind.

1.11.1908 In Hannover gründet sich der Deutsche Lärmschutzverband mit dem Ziel der Bekämpfung »aller Formen von Lärm im öffentlichen und privatwirtschaftlichen Leben«.

1913 Auf Initiative von Max Rubner wird das Kaiser-Wilhelm-Institut für Arbeitsphysiologie gegründet. Aus ihm entwickelt sich nach dem Zweiten Weltkrieg das angesehene Max-Planck-Institut für Arbeitsphysiologie in Dortmund.

1916 Eine von den Alliierten organisierte internationale Konferenz beschäftigt sich mit Fragen der Ermüdung, Überarbeitung und »Asthenie in Verbindung mit Schützengräben«.

1918 An der Technischen Hochschule Charlottenburg wird das Institut für industrielle Psychotechnik unter Leitung von W. Moede gegründet. Es soll Verfahren der Eignungsprüfung, insbesondere von Lehrlingen, der Anlernung sowie der optimalen Gestaltung von Arbeitsverfahren entwickeln und praktisch anwenden. 1919 wird in Köln ein entsprechendes Institut eingerichtet und ein Jahr später in Halle.

1921 Das Reichskuratorium für Wirtschaftlichkeit wird gegründet. Es initiiert umfangreiche Rationalisierungskampagnen, die als Allheilmittel gegen Krisen und Massenarbeitslosigkeit propagiert und durch tendenziöse Berichte über die Rationalisierungsbewegung in den USA genährt werden. Das Ziel, den Produktivitätsrückstand gegenüber den Vereinigten Staaten aufzuholen, wird nicht erreicht.

7.9.1922 In Berlin bildet sich die Deutsche Gesellschaft für Gewerbehygiene, die sich vor allem mit Fragen der Arbeitsmedizin befasst.

1923 Die Adam Opel AG installiert als erstes deutsches Automobilunternehmen ein Fließband und kann die Tagesproduktion zwischen 1924 und 1927 nahezu verzehnfachen.

1924 Das Massachusetts Institute of Technology beginnt im Auftrag des National Research Council eine Untersuchung des Zusammenhanges zwischen Arbeitsbedingungen und Zufriedenheit/Produktivität der Arbeiter in den Hawthorne-Werken der Western Electric Company. Elton Mayo, einer der Untersuchungsleiter, kommt zum Ergebnis, dass Zufriedenheit/Produktivität durch informelle Normen der einzelnen Arbeitsgruppen geregelt würden. Eine Verbesserung der menschlichen Beziehungen zwischen Arbeitern und Management führe zu erhöhter Leistung.

1924 Der Gesamtverband Deutscher Metallindustrieller und die Arbeitsgemeinschaft Deutscher Betriebsingenieure gründen in Berlin den Reichsausschuss für Arbeitszeitermittlung (REFA). Ziel ist, auf der Basis von Zeitstudien Daten für eine leistungsbezogene Lohnbemessung (Akkordlohn) zu entwickeln.

24.-30.4.1927 Johannes Heinrich Schultz stellt auf einem Psychotherapiekongress in Bad Nauheim sein Entspannungsverfahren vor, das er ab 1928 als Autogenes Training bezeichnet.

1929 Auf dem Internationalen Kongress für Unfallmedizin und Berufskrankheiten in Lyon etabliert sich die Arbeitsmedizin als Fachdisziplin.

1932 Das nach Matthias Heinrich Göring benannte Göring-Institut empfiehlt und erprobt prophylaktische Maßnahmen bei drohender Erschöpfung von Piloten. Dabei werden u.a. Methoden des Autogenen Trainings erprobt. Der Erfinder dieses Verfahrens, Johannes Heinrich Schultz, ist Mitglied des Göring-Instituts und Psychotherapeut bei der Luftwaffe.

1934 Mit dem Begriff »vegetative Dystonie« werden »nervöse Störungen« aller Art bezeichnet: »Betriebsstörungen des vegetativen Nervensystems«.

1935 Hans Selye führt mit seinen Tierexperimenten an der McGill-Universität in Montreal das Stressmodell in die Medizin ein.

1936 An der Militärärztlichen Akademie wird eine Abteilung für Wehrpsychiatrie und Wehrpsychologie eingerichtet. Ihre Aufgabe ist das frühzeitige Erkennen von Erschöpfungszuständen und anderen psychischen oder physischen Reaktionen auf große Belastungen sowie die Beratung der Stabsärzte bei der Behandlung von Kriegsneurosen.

Kopfelektroden zur Messung der Gehirnströme und für die Elektroschockbehandlung (Foto 1940)

1937 Die beiden italienischen Ärzte Ugo Cerletti und Lucio Bini führen die Elektroschocktherapie als neue Behandlungsmethode bei sog. Psychotikern ein.

1938 Die Arbeitszeitordnung der Nationalsozialisten (AZO) regelt, dass Pausen (Mindestlänge eine Viertelstunde) unbezahlt sind.

1951 Als Nachfolgeorganisation des 1924 gegründeten Reichsausschusses für Ar-

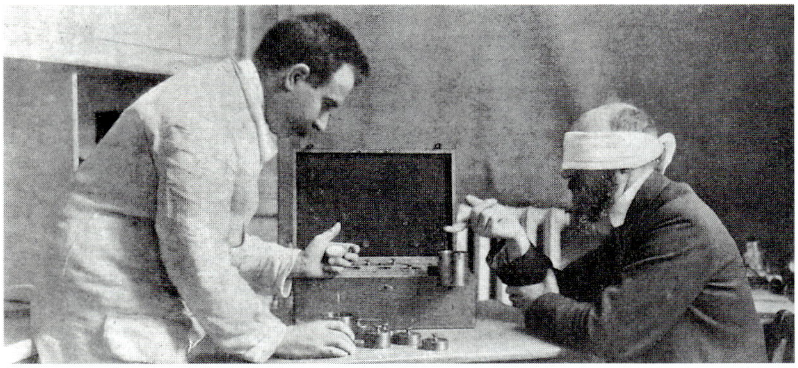

Prüfung der Empfindlichkeit der Fingermuskeln eines Stenotypisten um 1903

Die Arbeit am Band führt durch immer gleiche Bewegungsabläufe zur Erschöpfung durch Monotonie.

beitszeitermittlung (REFA) wird der Verband für Arbeitsstudien REFA unter Mitwirkung der Gewerkschaften gegründet.

1953 In Homburg findet der erste deutsche Kongress für Arbeitsschutz und Arbeitsmedizin statt.

1953 Das Fachblatt »Zeitschrift der Lärmbekämpfung« erscheint regelmäßig.

1957 Hans Selyes Buch über den Stress erscheint in Deutschland.

1957 Die Renten- und Krankenversicherungen der Bundesrepublik entschließen sich, vierwöchige Kuren zu genehmigen, die vorbeugend oder nachbehandelnd der Erhaltung der Arbeitskraft dienen sollen. Die Bettenzahl von 279 000 in 179 Kurorten im Jahre 1957 steigt auf 657 000 in 257 Kurorten und Heilbädern im Jahre 1981.

1958 Der Psychiater W. Thiele wählt den Ausdruck »psycho-vegetatives Syndrom« für alle krankhaften Vorgänge und Zustände des seelischen und körperlichen Bereichs.

1960 In den Walzwerken werden maschinelle Anlagen mehr und mehr aus Steuerkanzeln gefahren. Steuerknüppel und Messgeräte ändern die Form der Anspannung: Statt Kraft und Ausdauer sind nun Aufmerksamkeit und Feingefühl gefragt. Mitte der Sechzigerjahre verstärkt sich die Tendenz durch Einführung numerisch gesteuerter Werkzeugmaschinen (NC-Maschinen). In der Umstellungsphase erleiden zahlreiche Arbeiter Nervenzusammenbrüche.

1961 Die Deutsche Gesellschaft für Arbeitsmedizin wird gegründet.

1961 Die erste grundlegende Untersuchung über das Funktionieren des Mensch-Maschine-Systems am Beispiel zweier Flugunfälle in den USA kommt zum Ergebnis, dass das Fehlverhalten der Piloten durch schlechte Erreichbarkeit und Verwechselung der Kontrollinstrumente hervorgerufen wurde. In der Folge werden die Cockpits aller neuen Flugzeuge einfacher und übersichtlicher gestaltet.

1962 Die Deutsche MTM-Vereinigung (MTM = methods time measurement = Kleinstarbeitszeitermittlung durch Bewegungsstudien) wird eingerichtet.

1968 Die Bundesarbeitsgemeinschaft für Arbeitssicherheit (BASI) bildet sich.

1968 Ende der Sechzigerjahre wandelt sich das Bild der Arbeitspsychologen. Nachdem bereits in den Fünfzigern US-amerikanische Forschungen gezeigt haben, dass Wohlbefinden und Arbeitsleistung des Menschen weitgehend von den guten Beziehungen zu seinen Mitarbeitern abhängen, verstehen sich auch die Arbeitspsychologen der Siebziger als Humanwissenschaftler, die nicht in erster Linie auf Steigerung der Arbeitsleistung, sondern auf die »Förderung der personalen Werte« Gewicht legen.

15.3.1970 Der Deutsche Sportbund, die Dachorganisation des Sports in der Bundesrepublik, eröffnet in Berlin die Aktion »Trimm Dich durch Sport«, um dem Bewegungsmangel der Bevölkerung abzuhelfen.

Die Fitnesswelle der Siebzigerjahre soll die »Volksgesundheit« stärken und die körperliche Schönheit verbessern.

1970 Arbeitsökologen beginnen verstärkt die Bedingungen der Arbeitsumwelt (Beleuchtung, Akustik, Klima usw.) zu untersuchen, um die Arbeitsleistung und die Zufriedenheit der Beschäftigten zu verbessern.

1973 Bei einer bundesweiten Infas-Befragung zu Belastungen am Arbeitsplatz stellen 42 % der Befragten »nervliche Belastung« an die erste Stelle, 36 % sprechen von »Hektik«.

1973 Über 10 Millionen Westdeutsche geben in einer repräsentativen Befragung an, sie seien durch die Trimm-Dich-Aktion zum Sporttreiben angeregt worden.

1975 Das Deutsche Institut für Normung (DIN) in Berlin wird als nationale Normenorganisation der Bundesrepublik anerkannt. In den Neunzigerjahren wird die Normung in allen Wirtschaftsbereichen europaweit durchgeführt.

1.5.1976 Eine neue Arbeitsstättenverordnung für die Bundesrepublik Deutschland tritt in Kraft. Sie schreibt Richtwerte bei Lärm, Licht und Klima am Arbeitsplatz vor und stützt sich dabei auf arbeitsmedizinische und ergonomische Erkenntnisse.

1976 Der Facharzt für Arbeitsmedizin wird in der Bundesrepublik eingerichtet.

1976 Neue Untersuchungen über Führungsstile kommen zum Ergebnis, dass ein kooperativer Führungsstil im Gegensatz zum autoritären zwar die Einstellungen der Mitarbeiter verbessert, nicht aber unbedingt zu höheren Leistungen führt. Die Führungsstilforschung begann 1939 in den USA.

1980 Das Buch »Burn out« von Herbert J. Freudenberg, einem US-Therapeuten, erscheint in der Bundesrepublik und eröffnet eine neue Kampagne gegen das »Erschöpfungssyndrom«.

1980 Bei der Bundesversicherungsanstalt für Angestellte (BfA), den Arbeiterrenten- und Knappschaftsversicherungen gehen 970 000 Kuranträge ein. Annähernd 6,5 Millionen Bürgerinnen und Bürger der Bundesrepublik (mehr als 10 % der Bevölkerung) suchen die deutschen Kurorte und Heilbäder auf (Kosten: 6,2 Milliarden DM).

1982 Um die Ausgaben der Krankenkassen in der Bundesrepublik zu senken, werden die Zulassungskriterien für eine Kur verschärft: Verlängerung der Wartezeiten zwischen den Kuren, Selbstbeteiligung usw.

1996 In den Neunzigerjahren werden Zeitplanungsseminare angeboten, auf denen die Teilnehmer lernen sollen, ihren Terminkalender zu optimieren. Ein solches Time-Management verbraucht allerdings auch selbst wieder Zeit.

2.2.1998 In Baden-Baden findet eine dreitägige Ausstellung zum Thema »Wellness« (»Wohlbefinden«) statt. Damit wird ein Trend bedient, der darauf zielt, Seele, Geist und Körper in Harmonie zu bringen.

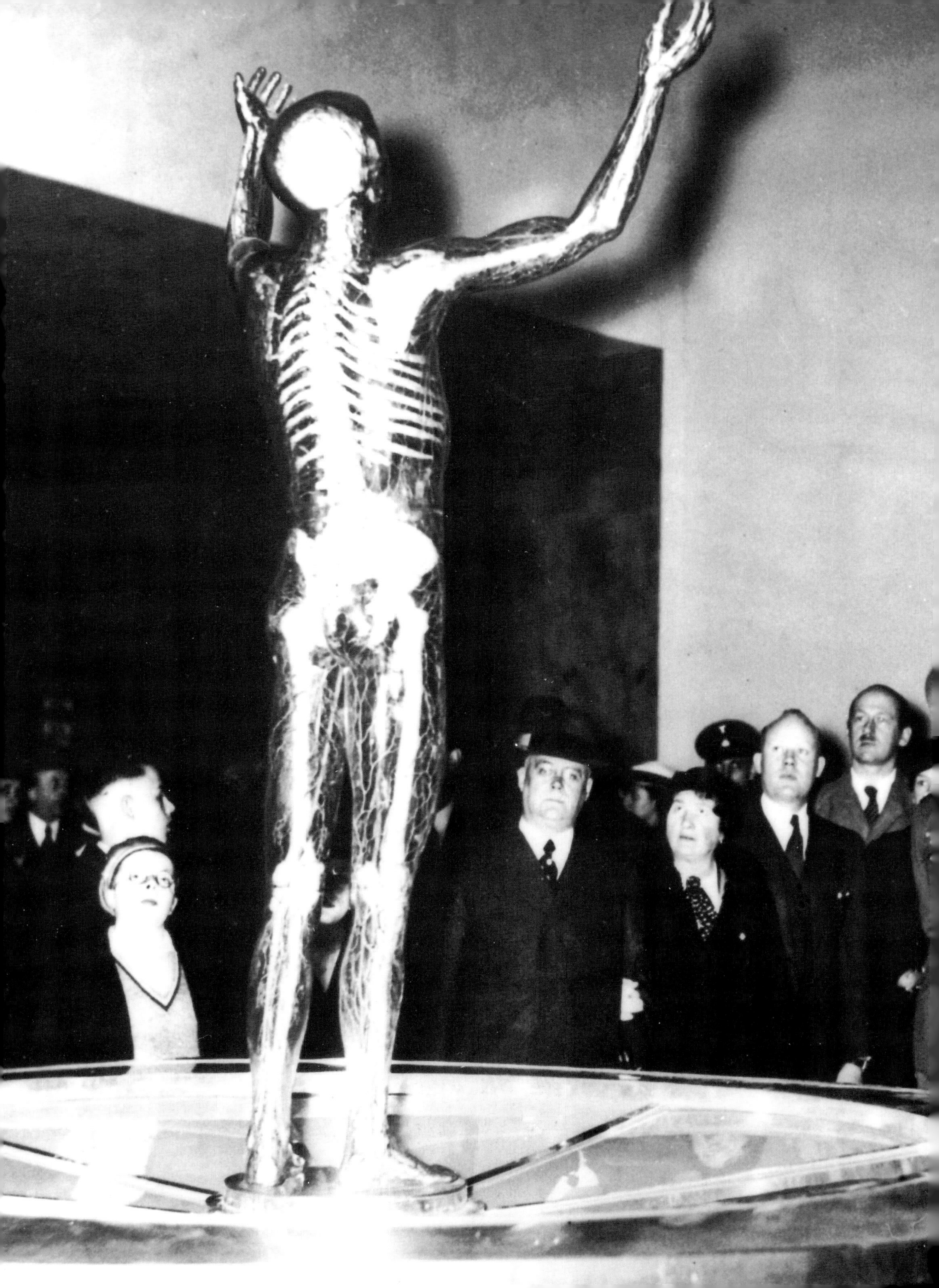

Krankheitsbilder

Die Deutschen und die Gesundheit

Alljährlich erweist sich in Umfragen aufs Neue, dass Gesundheit zum höchst bewerteten Gut der Bevölkerung gehört. Landläufig ist damit die Abwesenheit von Krankheit gemeint; die Weltgesundheitsorganisation definiert: »Gesundheit ist ein Zustand vollkommenen geistigen, körperlichen und sozialen Wohlbefindens«; therapeutisch Tätigen gilt als gesund, wer leben und lieben kann. Ganz abgesehen von weiteren Auffassungen wird hier schon deutlich, dass der Gesundheitsbegriff gesellschaftlich definiert ist und sich dementsprechend wandelt.

Enge und Schmutz in den wachsenden Metropolen

Auf der Suche nach Arbeit siedeln sich zu Beginn des Jahrhunderts in den Industriestädten Landarbeiter und Handwerker mit ihren Familien an. Aus ihrem alten sozialen Gefüge herausgerissen beziehen sie Wohnungen in den engen Hinterhöfen der Großstädte. Die schlechten hygienischen Verhältnisse und die Armut fördern die Ausbreitung von Krankheiten vor allem in der Arbeiterschaft.

Die im vorangegangenen Jahrhundert auf Druck der Arbeiterbewegung entstandene Sozialversicherung regelt die Kostenübernahme für ärztliche Behandlung, Medikamente und Hilfsmittel. Die Versorgung von Landarbeitern, Arbeitslosen, Frauen und Kindern ist damit jedoch noch nicht gesichert. So ist 1911 erst ein Fünftel der Bevölkerung krankenversichert.

Um die Jahrhundertwende kämpft das öffentliche Gesundheitswesen gegen Seuchen wie Cholera und Pest, die – wie die wissenschaftliche Erforschung der Krankheitserreger durch die Bakteriologie ergibt – durch die schlechten sanitären Verhältnisse gefördert werden. Gesundheitskommissionen in den Städten überwachen nun die Schlachthöfe, kontrollieren die Milch und setzen sich für den Bau von Kanalisation und für regelmäßige Straßenreinigung ein.

Lungentuberkulose ist weit verbreitet: Schlechte Lebensbedingungen, Mangelernährung und die Unterbringung in zu kleinen feuchten Wohnungen begünstigen die Krankheit, so dass der Aufenthalt in einer Lungenheilstätte oft nur eine kurzzeitige Besserung bringt. Die Bädermedizin genießt zwar hohes Ansehen, erschwinglich sind die Kuren aber nur für Wohlhabende.

Im Berlin der Jahrhundertwende wie hier im Krögelhof müssen die Menschen auf engstem Raum in hintereinandergestaffelten Mietskasernen leben (Foto von Heinrich Zille).

Der gläserne Mensch ist die Hauptattraktion der Hygiene-Ausstellung in Dresden.

In der medizinischen Forschung kommt dem Deutschen Reich um die Jahrhundertwende eine führende Rolle zu. So werden zahlreiche Krankheitserreger entdeckt und Impfstoffe und Heilmittel entwickelt. Mit Chemotherapeutika wie Salvarsan wird 1910 ein erstes wirksames Medikament gegen die gefürchtete Syphilis auf den Markt gebracht.

Während Infektionskrankheiten infolge der medizinischen Forschung immer besser zu bekämpfen sind, entwickeln sich Zivilisationskrankheiten und Krebs zu einem neuen Problem. Zur persönlichen Vorsorge ruft unter anderem die Lebensreformbewegung auf. Orientiert an den alten Grundsätzen der Naturheilkunde empfiehlt sie Luftgymnastik, Sonnenbäder und vegetarische Ernährung.

Bomben und Granaten

Der Erste Weltkrieg und vor allem der Übergang vom Bewegungs- zum Stellungskrieg verändert die Anforderungen an die Kriegsmedizin, die gegenüber dem Deutsch-Französischen Krieg 1870/71 große Fortschritte gemacht hat. Mit Hilfe des Röntgens können Geschosssplitter besser geortet und die Eingriffe dementsprechend klein gehalten werden. Bei Verbrennungen helfen Hauttransplantationen, und die Entwicklung von Ersatzgliedern, wie der Sauerbrucharm, verspricht Hilfe für Invalide. Nur wenigen Verwundeten kann in den Lazaretten nicht mehr geholfen werden. Dem steht allerdings angesichts der modernen Waffentechnik eine viel größere Zahl von sofort Getöteten gegenüber.

Während Heer und Marine medizinisch gut versorgt sind, leidet besonders die Zivilbevölkerung unter dem Mangel an Ärzten und Krankenhausbetten. Allein in Berlin entstehen fast 100 Lazarette in Schulen und Turnhallen, aber eben auch in zivilen Krankenhäusern. Verbandsmittel und Medikamente für die Zivilbevölkerung werden knapp. Die größten Leiden verursachen jedoch der Hunger und der Mangel an Heizkohle.

Durch vorbeugende Impfungen werden Seuchen wie Tetanus oder Typhus in Schach gehalten. Gegen Ende des Kriegs erreicht jedoch die spanische Grippe das

Links: Der Lazarettzug bringt Verwundete des Ersten Weltkriegs von der Front in die Heimat.

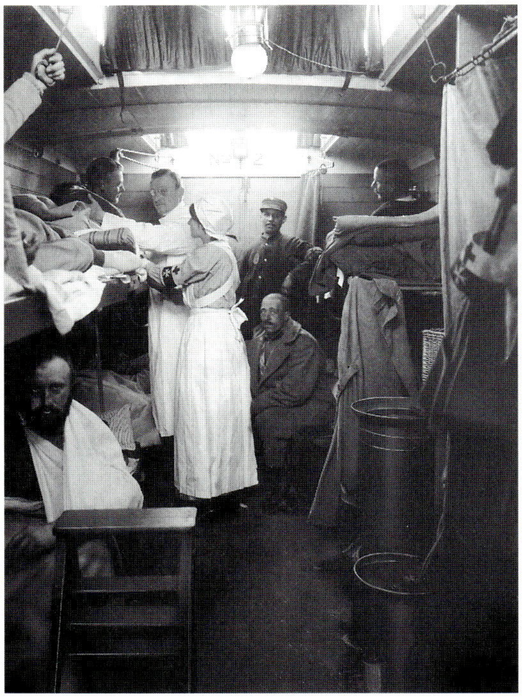

Das Leben mit der Prothese, einem neuartigen Hilfsmittel für Invalide, erfordert viel Übung.

Deutsche Reich, der weltweit 20 Millionen Menschen zum Opfer fallen. Die Mediziner sind gegenüber dieser Krankheit vollkommen hilflos und zeitweise geraten sogar die Kampfhandlungen ins Stocken.

Die »gesunde« Republik

Gegen Ende des Kriegs sind die schweren Gesundheitsschäden der Zivilbevölkerung unübersehbar. 1920 stellt eine Münchner Untersuchungskommission Unterernährung bei 35 bis 40 % der Kinder fest. Im Vordergrund der Erkrankungen steht die Tuberkulose: So hat sich die Zahl der Tb-Kranken bei Kriegsende gegenüber dem Vorkriegsjahr verdreifacht.

Immer mehr karitative und humanitäre Vereine nehmen sich der Gesundheitsfürsorge an. Die bürgerliche Frauenbewegung sucht in diesem Bereich neue Betätigungsfelder für Frauen und auch die Arbeiterbewegung beteiligt sich an der Lösung gesundheitlicher Probleme. Umfassende Programme zur Gesundheitserziehung setzen nicht auf Verbote, sondern auf Aufklärung.

Ärzte untersuchen regelmäßig ganze Schulklassen und die Schulkinderfürsorge ermöglicht Erholungsaufenthalte. Der Kampf gegen die Säuglingssterblichkeit wird wegen der drohenden Überalterung der Bevölkerung verstärkt aufgenommen. Aus hygienischen Gründen wird das Selbststillen beworben, die Zahl der Entbindungen im Krankenhaus wächst. Neue Medien wie der Film informieren über die Verbreitung von Geschlechtskrankheiten und die Vorsorge dagegen. Gesundheitsfürsorgerinnen besuchen die Familien in deren Wohnungen. Sie überwachen bei jungen Müttern die Sauberkeit der Wohnung und der Windeln und belehren sie über die Bedeutung von Schmutz bei der Übertragung der Tuberkulose, außerdem sorgen sie für ausreichende Kleidung und Nahrung der Säuglinge.

Um die gesundheitliche Aufklärung und die Eigenverantwortung eines jeden Bürgers zu fördern, wird 1926 eine Reichsgesundheitswoche veranstaltet, die ihren Schwerpunkt auf den Kampf gegen Tuberkulose und Geschlechtskrankheiten legt. Im selben Jahr findet in Düsseldorf die »Große Ausstellung für Gesundheitspflege, soziale Fürsorge und Leibesübungen« (GESOLEI) statt.

Steigende Kosten im Gesundheitswesen und sinkendes Bevölkerungswachstum leisten einer Bewegung Vorschub, die den »Volkskörper« als Ganzes sanieren will. Im Mittelpunkt des Interesses stehen nicht mehr die Beseitigung der Missstände und die Linderung der Folgen für den Einzelnen, sondern die gesellschaftlichen Kosten, die möglichst von vornherein vermieden werden sollen. Da nach dieser Auffassung die »natürliche Auslese« durch den medizinischen Fortschritt außer Kraft gesetzt ist, sollen Auslesemaßnahmen dem besten Erbgut zur Durchsetzung verhelfen. So werden zum Beispiel in Eheberatungsstellen junge Paare auf ihre eugenische Eignung hin untersucht. Die Selbstverständlichkeit, mit der die Bevölkerung derlei Maßnahmen akzeptiert, ebnet den Weg für die Rassenhygiene im Nationalsozialismus.

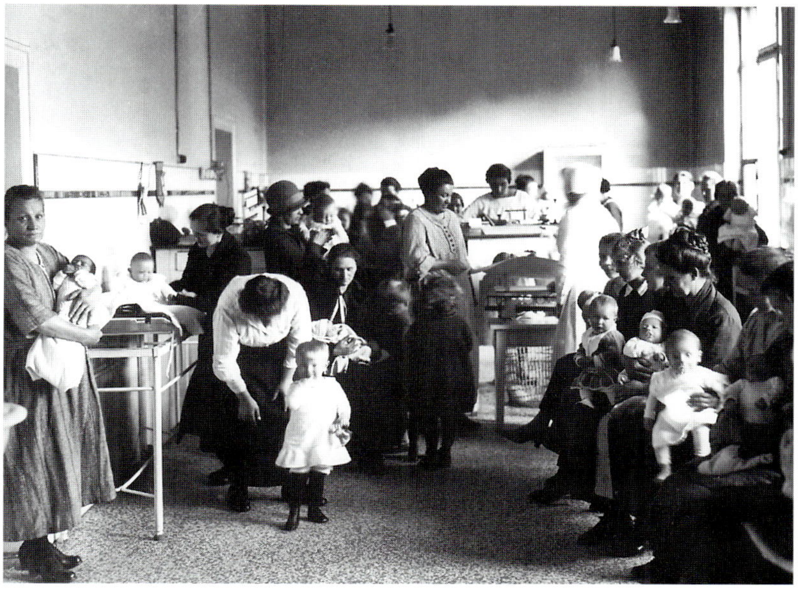

Der starke Andrang in den Mütterberatungsstellen wie hier 1921 in Ludwigshafen zeigt den großen Bedarf für dieses Angebot.

Blut, Rasse, Gene

Die Gesundheitspolitik des nationalsozialistischen Regimes zielt ausschließlich auf die rassische Erneuerung des deutschen Volkes, zu dem nur noch gehört, wer »arisches« Blut in den Adern hat und sich dementsprechend »ehrenvoll« benimmt. Die Volksgesundheit soll sichergestellt, die Geburtenzahl gesteigert und sogenannte artfremde oder ungesunde Elemente sollen ausgesondert werden.

Beamte legen mit Hilfe verschiedener Ämter eine erbbiologische Kartei an, welche die Erb- und Rassenpflege der »arischen« Bevölkerung vereinfachen soll. Dazu dienen seit 1935 auch die Nürnberger Rassegesetze, die Liebesbeziehungen und Eheschließungen zwischen Juden und Staatsangehörigen deutschen und artverwandten Blutes verbieten. Schlichte »Volksgenossen« müssen mit dem »Kleinen Abstammungsnachweis« lediglich Rassereinheit bis zu den Großeltern nachweisen; wer nach Höherem strebt, muss ab dem Jahr 1800 rasserein sein. Die, gemäß NS-Ideologie, Elite nordischer Menschen findet sich in der SS, deren Führer Rassereinheit ab 1750 zu beweisen haben. Einer ungeheuren Bürokratie ist zu verdanken, dass schon im Jahr 1942 rund 10 Millionen Karteikarten den Erbbestand der Bürger und Bürgerinnen dokumentieren.

Neben der »Entmischung« sollen »fördernde und ausmerzende Maßnahmen« innerhalb des »arischen« Erbgutes für Reinheit sorgen. Einerseits erhalten junge Familien nach Erbringung von Abstammungsnachweis und Gesundheitszeugnis finanzielle Hilfen wie Ehestandsdarlehen. Andererseits werden Menschen zwangssterilisiert, um der Verbreitung von vermeintlichen Erb-, Geschlechts- und Suchtkrankheiten vorzubeugen.

Die Meldepflicht, der alle im Gesundheitswesen Tätigen unterliegen, löst die ärztliche Schweigepflicht ab, der Arztbesuch wird zur Kontrolluntersuchung. Der

Nationalsozialistisches Propagandamaterial wie dieses soll die »Arier« in Deutschland in ihrem vermeintlichen Herrenmenschentum stärken.

DOKUMENT

»Er ist gleich mitgenommen worden«

Die folgende Tagebuchnotiz belegt, dass die Veränderungen im Alltagsleben des Nationalsozialismus durchaus auch für nicht Verfolgte vor dem Krieg schon spürbar waren. Die Auswirkungen der sog. Nürnberger Gesetze im deutschen Alltag schildert die Tagebuchnotiz aus den Aufzeichnungen der Hertha Narthoff vom 26. Oktober 1938:

»Eben kam Frau C. Sie haben ihren Mann eingesperrt, er ist in einer Autofirma tätig und hat einer Kundin ein Auto vorgeführt. Auf Veranlassung des Chefs ist er mit ihr ein Stück hinausgefahren, auf eine ruhige Seitenstraße. Das Auto wird angehalten, Ausweise verlangt, blonde, arische Frau, jüdischer Herr, einsame Straße, halbdunkel – also ›Rassenschande‹ oder zumindest Verdacht. Jedenfalls ist der Mann gleich mitgenommen worden!«

gesundheitliche Zustand des Einzelnen wird zur Angelegenheit der Volksgemeinschaft, Privatsphäre und Intimität verlieren ihre Geltung. Seit 1935 werden in den Betrieben Gesundheitsstammbücher geführt, um die Leistung der Arbeiterinnen und Arbeiter zu erfassen und sie für die Aufrüstung verfügbar zu machen. Die »Volksgenossen« sollen zum »fanatischen Gesund- und Starkseinwollen« erzogen werden. Sie werden von der Deutschen Arbeitsfront über eine gesunde Lebensführung belehrt und sollen ihre Leistung durch Zwangserholung bei den beliebten Kraft-durch-Freude-Reisen steigern.

Vernichtung »unwerten« Lebens

Mit Kriegsbeginn wird die Rassenpolitik radikalisiert. Auf Befehl Adolf Hitlers werden ab 1939 im Rahmen der sogenannten Kindereuthanasie mindestens 5000 Kinder ermordet. Der anschließenden Aktion T 4 fallen bis 1941 mindestens 70 000 Menschen zum Opfer. Nach Protesten von seiten der Kirche werden die Tötungsaktionen dezentral fortgesetzt.

In den Konzentrationslagern werden unzählige grauenhafte Humanexperimente an Gefangenen vorgenommen. An ihnen werden Unterdruck- und Unterkühlungsversuche durchgeführt, Kampfstoffe erprobt, ihnen werden Bakterien und Impfstoffe injiziert.

Die medizinische Versorgung der Soldaten an der Front wird mit Dauer des Kriegs immer schwieriger. Die Zivilbevölkerung in der Heimat hat vor allem unter den zunehmenden Luftangriffen der Alliierten zu leiden. Den Opfern der Bombardements stehen nur wenige Krankenhausplätze zur Verfügung, Sonderkrankenhäuser auf dem Land oder unterirdische Noteinrichtungen können den Mangel nur unzureichend ausgleichen.

Auferstanden aus Ruinen

Schon vor Kriegsende beschließen die westlichen Alliierten, das deutsche Sozialversicherungssystem bei Beseitigung aller diskriminierenden Regelungen beizubehalten. Im August 1945 verkündet der Gouverneur der US-Zone, dass die Krankenkassen funktionieren. In der sowjetisch besetzten Zone beginnt der Aufbau eines zentralistischen Gesundheitswesens mit der Einrichtung kommunaler Polikliniken und Ambulatorien. Nach sowjetischem Vorbild wird das Dispensaire-Prinzip für die gesundheitliche Versorgung verbindlich. Dies bedeutet, dass die Betreuung von der Vorsorge über Diagnose und Thera-

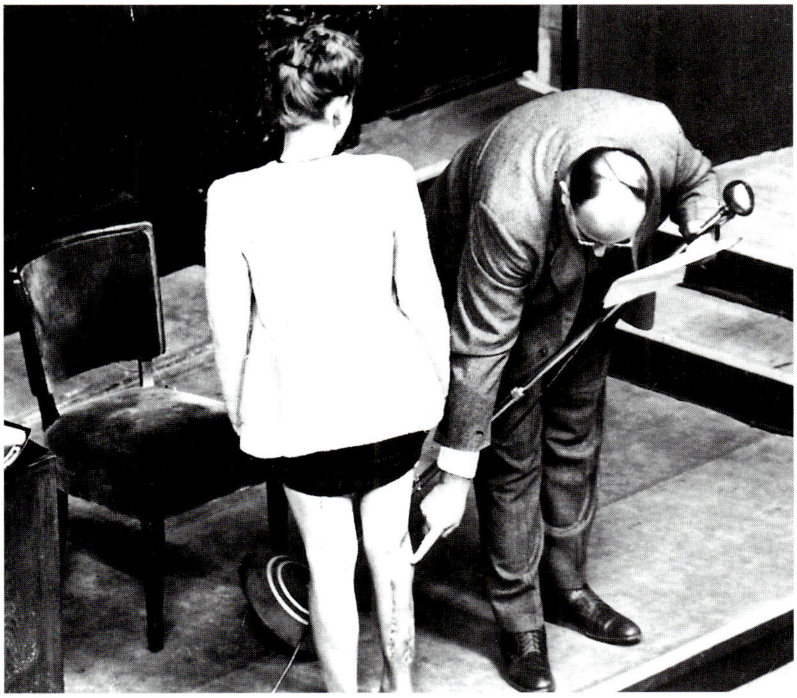

Beweisaufnahme bei den Nürnberger Ärzteprozessen 1946/47: Eine polnische Studentin, ehemalige Insassin im KZ Ravensbrück, zeigt die Folgen der medizinischen Versuche, die NS-Ärzte mit ihr anstellten.

Eine westalliierte Kommission untersucht nach dem Krieg den Gesundheitszustand Hamburger Schülerinnen und Schüler.

pie der Kranken bis zur Wiedereingliederung der Genesenden in den Arbeitsprozess in der Hand eines Arztes liegt, der häufig dem Betrieb angeschlossen ist.

Bis zur Währungsreform bleibt die gesundheitliche Versorgung der Deutschen schlecht. Die Tuberkulose grassiert in ganz Europa. Viele Unterernährte können dem besonders harten Winter 1947 nicht standhalten und erfrieren. Nach der Währungsreform werden Antibiotika auch in Deutschland hergestellt und die allgemeine Verfassung der Bevölkerung bessert sich zusehends.

Mit dem Aufschwung der Fünfzigerjahre gewinnen Zivilisationskrankheiten wie Herz- und Kreislauferkrankungen, Krebs und ernährungsbedingte Krankheiten an Bedeutung. Die Folgen von Stress und Konsum verschärfen sich. Die Managerkrankheit macht von sich reden. Fettarme Ernährung, Bewegung und maßvoller Suchtmittelgenuss werden als Gegenmittel propagiert. Neben den entsprechenden Kampagnen der Krankenkassen und der Bundeszentrale für gesundheitliche Aufklärung gibt es in der Bundesrepublik Ratgebersendungen in Hörfunk und Fernsehen. Fit und gesund zu sein, wird zum beherrschenden Lebensziel.

In der Medizin werden vor allem im technischen Bereich große Fortschritte erzielt: Ultraschall und Computer, künstliche Beatmung, Transplantation und Gentechnik. Die wachsende Abhängigkeit in Diagnose und Therapie von der immer komplizierter werdenden Technik sowie die zunehmende Spezialisierung der Ärzteschaft rufen jedoch bei den Patientinnen und Patienten immer mehr Unbehagen hervor. Sie fühlen sich Apparaten ausgeliefert und beginnen an der Macht der »weißen Kittel« zu zweifeln, denn die Ärzte scheinen sie nur noch partiell wahrzunehmen. Die aufgrund des Pflegenotstands unzumutbaren Verhältnisse in bundesdeutschen Krankenhäusern und die durch steigende Arzthonorare und Arzneimittelpreise mitverursachte Kostenexplosion im Gesundheitswesen tun ein Übriges, um das Misstrauen zu nähren.

Auch Enttäuschung macht sich breit, da sich zeigt, dass mit der Technisierung des

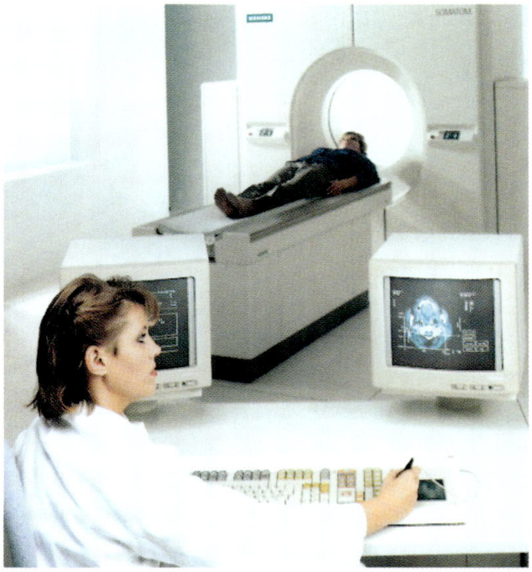

Computertomografische Bilder ermöglichen die Darstellung von Körperquerschnittbildern.

Gesundheitswesens die Menschen keineswegs gesünder werden. Zwar wird die Lebenserwartung des Einzelnen erheblich gesteigert, doch die Frage nach der Qualität eines Lebens, das von Apparaten abhängig ist, wird immer lauter gestellt und die Forderung nach einem humanen Sterben erhoben.

Mit der Diskussion über den Zusammenhang von seelischer und körperlicher Verfassung rückt die Forderung nach einer ganzheitlichen Auffassung des Menschen in den Vordergrund. Alternativen zur Schulmedizin versuchen hier neue Wege zu gehen und auch die Fitnessbewegung wird kritisch unter die Lupe genommen. Ein gutes Gefühl im eigenen Körper, Spaß an Bewegung und persönliches Wohlbefinden werden wichtiger als die Anpassung an bestimmte Körpernormen. Nicht mehr »Fitness«, sondern »Wellness« heißt die Devise.

Auch im Umgang mit bedrohlichen Krankheiten hat sich durch die Erkenntnisse der Psychosomatik einiges geändert. Aufklärung und Früherkennung, besonders aber die psychosoziale Unterstützung Erkrankter, tragen dazu bei, leichter über das Tabuthema Krebs sprechen zu können. In den Achtzigerjahren löst das Auftreten der Immunschwächekrankheit Aids große Erregung in der Öffentlichkeit aus. Zunächst scheinen vor allem Homosexuelle betroffen zu sein, was zu moralischen Debatten und Schuldzuweisungen führt. Besonders die Deutsche Aids-Hilfe versucht jedoch, der Ausgrenzung von Kranken entgegenzuwirken und über die Möglichkeit der Übertragung beim Sexualverkehr zu aufzuklären. Safer Sex wird propagiert, aber nur langsam dringt die Erkenntnis ins Bewusstsein der Bevölkerung, dass sich jeder Mensch mit HIV infizieren kann (→ Folge 12).

Die Krankenkassen sind den Gesundheitskosten, die weltweit steigen, nicht mehr gewachsen. In den letzten Jahren des DDR-Regimes fließen 20 % des erwirtschafteten Gesamthaushaltes in das Gesundheitswesen, in der BRD sind es 1990 12,5 % des Bruttosozialproduktes. Mit der Gesundheitsreform beschließt die Bundesregierung ein umfassendes Paket zur Kostensenkung, das jedoch vielfach als unzureichend kritisiert wird.

Zum Ende des 20. Jahrhunderts erscheint der Körper im Rahmen des medizinisch Machbaren u. a. dank der Biotechnik als ein reparables und ständig zu verbesserndes wesenloses Etwas. Die Gentechnik ermöglicht sogar die umstrittene Transplantation von auf Tieren gezüchteten Ersatzteilen beim Menschen.

Immer deutlicher wird, dass der Begriff »Gesundheit« Leib und Seele des Menschen in einen gesellschaftlichen Zusammenhang einbettet, also nie wertfrei sein kann. Deshalb ist zu fragen, welchen Sinn die Wissenschaft Medizin in einer nachindustriellen Gesellschaft haben soll. Angesichts der technischen Möglichkeiten – sei es die Erhaltung der Körperfunktionen bei Hirntoten, die künstliche Befruchtung oder der Eingriff in die Erbmasse –, aber auch der zunehmenden Kosten wird es immer dringender, über ethische Fragen der Medizin nachzudenken.

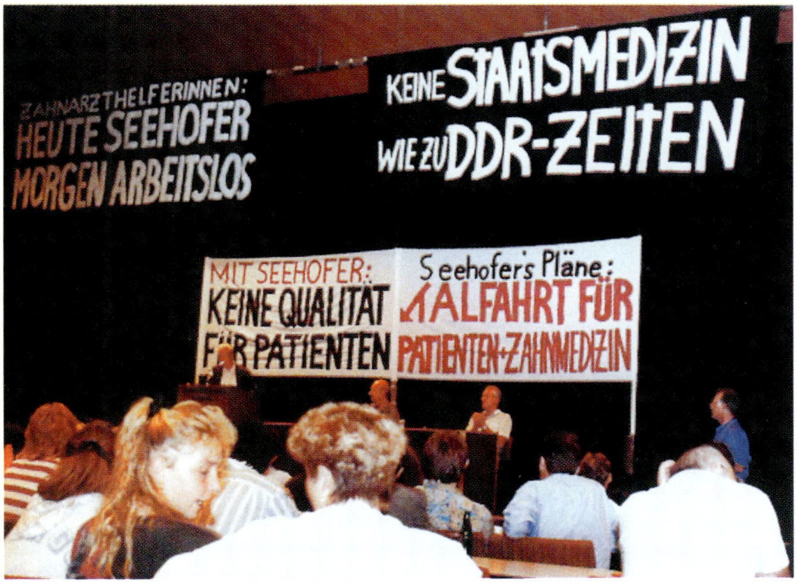

Die Sparpläne des Gesundheitsministeriums erregen großen Unmut.

Die Chronik der Gesundheit

18.2.1900 Ernst von Leyden wird Vorsitzender des neu in Berlin gegründeten »Comités für Krebsforschung«.

30.6.1900 Das Gesetz betreffend die Bekämpfung gemeingefährlicher Krankheiten, das Reichsseuchengesetz, wird verabschiedet.

13.9.1900 Auf Initiative von Hermann Hartmann gründen mehrere Ärzte den Leipziger Verband der Ärzte Deutschlands zur Wahrung ihrer wirtschaftlichen Interessen (später Hartmannbund).

1900 Führende Männer aus Wirtschaft, Politik und Hygiene gründen den Deutschen Verein für Volkshygiene.

10.12.1901 Wilhelm Conrad Röntgen wird für die Entdeckung der erst später nach ihm benannten Röntgenstrahlen in Stockholm der erste Nobelpreis für Physik verliehen.

5.9.1902 Rudolf Virchow, der Begründer der Zellularpathologie und Streiter für Hygiene, stirbt im Alter von 81 Jahren.

1903 In Frankfurt am Main findet der Kongress zur Bekämpfung von Geschlechtskrankheiten statt. Die Teilnehmer sprechen sich gegen Zwangsmaßnahmen wie eine Meldepflicht aus und wollen durch Besserung der Lebensumstände die Ursachen bekämpfen.

16.4.1904 Die Gesellschaft zur Bekämpfung der Säuglingssterblichkeit wird in Berlin gegründet. In Preußen stirbt jedes vierte neugeborene Kind. Die Gesellschaft will die Mütter zum Stillen anregen, da die meisten für Säuglinge tödlichen Krankheitserreger durch Kuhmilch übertragen werden.

29.11.1904 Das zweite Tb-Museum wird in Karlsruhe eröffnet.

22.6.1905 Der Mediziner Alfred Ploetz gründet in Berlin die Gesellschaft für Rassenhygiene.

10.12.1905 Robert Koch erhält den Nobelpreis für Medizin für seine Forschungen auf dem Gebiet der Tuberkulose.

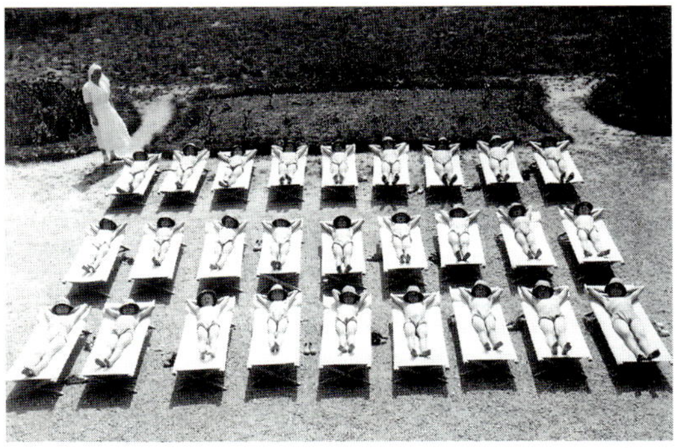

Liegekur für Kinder: Sonne und Licht helfen im Kampf gegen die in der Bevölkerung weit verbreitete Tuberkulose.

22.10.1902 In Berlin wird der Internationale Tuberkulosekongress eröffnet. Er befasst sich unter anderem mit der These des deutschen Bakteriologen Robert Koch, dass der Tuberkuloseerreger bei Mensch und Tier nicht der gleiche sei.

1905 Bess Mensendieck eröffnet das Zentralinstitut für Gymnastik in Berlin und legt damit den Grundstein für die Mensendieck-Bewegung.

1905 Fritz Schaudinn und Erich Hoffmann entdecken den Syphiliserreger.

25.9.1906 In Heidelberg wird das Institut für experimentelle Krebsforschung eröffnet. Der Leiter wird Vinzenz Czerny.

10.12.1908 Paul Ehrlich und sein russischer Kollege Ilja Metschnikow erhalten den Nobelpreis für Medizin. Die Mitarbeiter Robert Kochs gelten als Schöpfer der modernen Chemotherapie.

6.5.1911 Die erste Internationale Hygiene-Ausstellung wird in Dresden auf Initiative des Fabrikanten Karl August Lingner eröffnet.

30.5.1911 Der Deutsche Reichstag verabschiedet die Reichsversicherungsordnung, in der die Arbeiterversicherungsgesetze zusammengefasst werden. Die RVO hat einen maßgeblichen Einfluss auf das deutsche Gesundheitswesen.

1912 Auf der 38. Versammlung des deutschen Vereins für Gesundheitspflege in Aachen werden Leitsätze zur Tb-Behandlung formuliert, Besonders die Vorsorge im Kindesalter wird angesichts von 15 000 Kinderkuren jährlich betont.

1916 Der aus Wuppertal stammende Chirurg Ferdinand Sauerbruch entwickelt künstliche Gliedmaßen, u. a. den sogenannten Sauerbrucharm, den er 1923 in dem Buch »Die willkürlich bewegliche Hand« vorstellt.

1919 Die Schulabschlussuntersuchung wird verbindlicher Bestandteil der Gesundheitsvorsorge.

20.–23.4.1920 Der 23. Kongress für Innere Medizin findet in Dresden statt. Es wird beklagt, dass es immer noch kein Heilmittel gegen Tb gibt. Erst 1944 wird in den USA ein Wirkstoff entwickelt, auf den sich dann die chemotherapeutische Behandlung stützt.

18.–24.4.1926 Angeregt von den Krankenkassen wird eine Reichsgesundheitswoche durchgeführt, während der die Bevölkerung in allen Bereichen des öffentlichen Lebens auf ihre Eigenverantwortung für die Gesundheit hingewiesen wird.

8.5.1926 In Düsseldorf wird die »Große Ausstellung für Gesundheitspflege, soziale Fürsorge und Leibesübungen« (GESOLEI) eröffnet. Die Schau soll einen Überblick über die Anstrengungen zur Verbesserung der Gesundheitsfürsorge und der öffentlichen Wohlfahrt geben.

1.10.1927 In Deutschland tritt das Reichsgesetz zur Bekämpfung der Geschlechtskrankheiten in Kraft.

1927 In Berlin wird die Deutsche Gesellschaft für Rheumabekämpfung gegründet.

16.5.1930 In Dresden wird das Deutsche Hygiene-Museum, das auf breites Interesse stößt, eröffnet.

14.7.1933 Das Gesetz zur Verhütung erbkranken Nachwuchses, das die Zwangssterilisation geistig und körperlich als erbkrank eingestufter Menschen und Zwangsmaßnahmen gegen Alkoholiker und sogenannte Berufsverbrecher vorsieht, wird verabschiedet. Es tritt am 1. Januar 1934 in Kraft.

20.11.1933 Die Reichszentrale für Gesundheitsführung wird gegründet, ihre Hauptaufgabe ist die Erziehung zur Eigenverantwortlichkeit des Einzelnen in gesundheitlicher und rassischer Hinsicht und die Hinführung zu einer spezifisch deutschen Lebens- und Heilweise.

3.7.1934 Das Gesetz zur Vereinheitlichung des Gesundheitswesens schaltet dieses im Sinne der Nationalsozialisten gleich.

15.9.1935 Die Nürnberger Gesetze werden auf dem Reichsparteitag der NSDAP verkündet. Das Reichs- und Staatsangehörigkeitsgesetz und das Gesetz zum Schutze des deutschen Blutes und der deutschen Ehre schaffen die Grundlage der Trennung zwischen »arischen« und jüdischen Menschen.

18.10.1935 Im Gesetz zum Schutze der Erbgesundheit des deutschen Volkes (Ehegesundheitsgesetz) wird festgeschrieben, dass Menschen, die unter verschiedenen Krankheiten leiden oder angeblich gemeingefährlich veranlagt sind, nicht heiraten dürfen.

Dezember 1935 SS-Führer Heinrich Himmler gründet den Verein Lebensborn, der Geburt und Aufzucht »rassisch hochwertiger« Kinder fördern soll.

1937 Der Gesundheitspass wird eingeführt.

30.9.1938 Jüdischen Ärztinnen und Ärzten wird die Approbation entzogen, sie dürfen nicht mehr praktizieren.

17.1.1939 Das Arbeitsverbot wird auf jüdische Apotheker, Zahn- und Tierärzte ausgeweitet.

1.9.1939 Adolf Hitler leitet die sog. Euthanasie von psychiatrischen Patientinnen und Patienten mit einem auf den Kriegsbeginn datierten Befehl ein.

21.9.1939 Ein Runderlass des Reichsinnenministers Wilhelm Frick verpflichtet die Pflegeanstalten zur Meldung von schizophrenen Menschen, Epilepsiekranken und solchen, die an Senilität oder sogenanntem Schwachsinn leiden.

Januar 1940 Nachdem im Rahmen der Kindereuthanasie bereits mindestens 5000 Kinder getötet wurden, werden bei der nun beginnenden Aktion T 4 mindestens 70 000 Menschen ermordet.

6.1.-1.2.1942 Im Konzentrationslager Buchenwald werden erste Menschenversuche zu Fleckfieber durchgeführt.

16.7.1945 Mit der Gründung der Versicherungsanstalt Berlin VAB, die Kranken-, Sozial- und Altersversicherung vereint, werden alle anderen auf diesen Gebieten tätigen Versicherungsunternehmen verboten.

10.8.1945 Die sowjetische Militärverwaltung richtet neun Zentralverwaltungen in der sowjetischen Zone ein, Paul Konitzer ist für das gesamte Gesundheitswesen zuständig.

9.12.1946 In Nürnberg wird der Prozess gegen die Ärzte des NS-Regimes unter US-Gerichtsbarkeit eröffnet. In 139 Prozesstagen werden der mindestens 120 000fache Mord im Rahmen der Euthanasie und die medizinischen Versuche in den Konzentrationslagern verhandelt. Am 20. August 1947 werden die Urteile verkündet. Wegen »Verbrechens gegen die Menschlichkeit« werden sieben NS-Ärzte zum Tod verurteilt, neun zu Haftstrafen, und weitere sieben werden freigesprochen.

1949 Die erste psychosomatische Abteilung eines Krankenhauses wird in Heidelberg eröffnet. Alexander Mitscherlich übernimmt die Leitung.

1950 In der DDR entstehen die ersten Beratungsstellen des Kinder- und Jugendschutzes.

27.2.1952 Der Deutsche Bundestag in Bonn verabschiedet das Gesetz über die Einrichtung des Bundesgesundheitsamts.

1959 Aus dem Ministerium für Arbeit und Gesundheitswesen geht das DDR-Ministerium für Gesundheitswesen hervor.

27.11.1961 Die Firma Grünenthal nimmt das Schlafmittel Contergan vom Markt, das zu Missbildungen von Säuglingen in der Schwangerschaft geführt hat. 1968 wird ein Prozess gegen führende Angestellte der Firma eröffnet, der jedoch 1970 ohne Urteil eingestellt wird. Die Chemiefirma verpflichtet sich zur Zahlung einer Entschädigung an die Opfer.

3.1.1964 Das ZDF strahlt die erste Folge des »Gesundheitsmagazin Praxis« aus. Hans Mohl moderiert die bislang erfolgreichste Ratgebersendung.

13.2.1969 Unter der Leitung von Klinikchef Rudolf Zenker wird von Fritz Sebening und Werner Klinner in München die erste Herzverpflanzung in der Bundesrepublik vorgenommen. Der Patient stirbt jedoch 27 Stunden später.

18.6.1969 Der Bonner Chirurg Alfred Gütgemann führt die erste Lebertransplantation in Deutschland durch.

1973 Die erste Augenbank in der BRD konserviert gespendete Hornhaut bis zur Implantation.

13.1.1974 Mit dem Deutschen Herz-Zentrum wird in München die erste Spezialklinik für Herzerkrankungen in Europa eröffnet.

Im »Gesundheitsmagazin Praxis« ermuntern Vorturnerinnen und Vorturner zu mehr Bewegung.

28.1.1964 In Heidelberg wird das Deutsche Krebsforschungszentrum eröffnet.

9.10.1968 Mit dem Klinikum Berlin-Steglitz wird das erste Großklinikum in der Bundesrepublik eingeweiht. Die Unterbringung verschiedener Disziplinen in einem Komplex und deren Vernetzung soll Reibungsverluste vermeiden helfen. Später wird Kritik an der »Fließbandbehandlung« in den »Apparateparks« laut.

1975 Aus einer Arbeitsgruppe, die gegen Unzulänglichkeiten und Rechtswidrigkeiten im Gesundheitswesen vorgehen will, entsteht in der Bundesrepublik der Allgemeine Patienten-Verband, dessen Hauptanliegen die Unterstützung von Opfern sogenannter Kunstfehler ist.

1977 Hans Mohl und Max Inzinger gestalten mit »Iss das Richtige« eine Gesundheitssendung, die sich der Ernährung widmet.

1983 Die Medizinische Hochschule Hannover erhält den ersten Kernspin-Tomografen in der BRD. Das mit Hochfrequenzstrahlen arbeitende Gerät ermöglicht neue Einblicke in das Innere des Menschen.

25.11.1988 Der Deutsche Bundestag verabschiedet mit dem Gesetz zur Gesundheitsreform eine Maßnahme zu mehr Wettbewerb und Wirtschaftlichkeit im Gesundheitswesen. Festbeträge werden eingeführt, die Vorsorgeleistungen werden ausgebaut und neue Leistungen für Pflegebedürftige gewährt, andererseits die Selbstbeteiligung erhöht.

November 1989 Nach der »Wende« verlassen große Teile des Gesundheitspersonals die neuen Bundesländer, weil die Bezahlung schlecht, die Belastung aber aufgrund der mangelnden Ausstattung sehr hoch ist.

1.1.1991 Das westdeutsche Leistungsrecht der Krankenkassen gilt mit einigen vorübergehenden Besonderheiten auch in Ostdeutschland. Die gesetzliche Krankenkasse hat im Osten 11,7 und im Westen 38,7 Millionen Mitglieder.

8.10.1992 Eine 18-jährige Frau erleidet nach einem Unfall den Hirntod. Die Ärzte der Universitätsklinik Erlangen erhalten die Körperfunktionen der Schwangeren aufrecht, um das Leben des Fetus zu retten, der am 16. November tot geboren wird.

1.1.1993 Das Gesundheitsstrukturgesetz tritt in Kraft. Krankenhäuser und niedergelassene Ärzte und Ärztinnen unterliegen einer Budgetierung, Vorbeugungs- und Rehabilitationsmaßnahmen werden zum Teil aus dem Leistungskatalog der Kassen gestrichen und die Versicherten müssen häufiger in den eigenen Geldbeutel greifen.

11.3.1994 Der Deutsche Bundestag verabschiedet das Gesetz zur Einführung der Pflegeversicherung, die Leistungen bei häuslicher und stationärer Pflege gewährt.

29.5.1997 Auf dem 100. Ärztetag in Eisenach fordern Vertreter der deutschen Ärzte, das Fach Medizinethik zu einem festen Bestandteil der medizinischen Aus- und Fortbildung zu machen.

25.7.1997 Das Parlament in Bonn regelt mit dem Transplantationsgesetz, dass ein Organ nach dem Hirntod der Spender mit der Zustimmung der nächsten Angehörigen entnommen werden darf. Der Verabschiedung des Gesetzes geht eine öffentliche Diskussion um die Definition des Todes voraus.

Am 4. Juli 1997 protestieren rd. 3000 Betroffene in Schwerin gegen die Budgetierung im Gesundheitswesen.

Folge

38

Natur-Gefühle

Die Deutschen und der Wald

Umwelt als schützenswertes Gut wahrzunehmen, setzt ein Mindestmaß an Wohlstand voraus. Wer den Wald als Grundlage seiner Existenzsicherung sieht, wird darin Holz sammeln, Fallen stellen, das Vieh hineintreiben, bevor er an seinen Schutz denkt. Eine bäuerliche Gesellschaft sieht in der Natur die Basis ihres Broterwerbs, erst der Bürger kann den Erholungswert einer intakten Umwelt würdigen. Der Deutsche des 20. Jahrhunderts liebt die Natur, und seine Dichter besingen sie – trotzdem geht er mitunter sorglos mit diesem Gut um.

Der deutsche Wald

Ein besonders enges Verhältnis verbindet die Deutschen mit dem Wald. Er ist nicht nur eine Ansammlung von Bäumen, sondern eine Art Nationaldenkmal. Er gilt als die Landschaftsform, mit der sich die deutsche Seele am stärksten verbunden fühlt. Er ist eben nicht nur »Wald«, sondern »deutscher Wald«.

Diese innige Liebe ist allerdings relativ neuen Datums, nämlich eine Erscheinung der deutschen Klassik und Romantik. Wald und Natur wurden (vor dem Hintergrund der Rousseauschen Forderung »Zurück zur Natur«) zum Schlüssel für die Befreiung aus verstaubten Konventionen. Der Prototyp des romantischen Suchers, der Titelheld aus Joseph von Eichendorffs »Aus dem Leben eines Taugenichts« (1826), gibt diesem Naturgefühl Ausdruck: »Wem Gott will rechte Gunst erweisen,/ Den schickt er in die weite Welt;/Dem will er

Eine unverbrüchliche Liebe: der Deutsche und sein Wald (naturkundliche Wanderung in Baden-Baden)

seine Wunder weisen,/In Berg und Wald und Strom und Feld.«

Natur wurde in der ersten Hälfte des 19. Jahrhunderts aber auch als Aufgabe begriffen, die es aktiv zu gestalten gilt. Der Begriff »Landesverschönerungskunst« wurde geprägt und im Jahr 1831 so definiert: »Die Landesverschönerungskunst ... lehrt, wie die Menschen sich besser und vernünftiger anzusiedeln, von dem Boden neu Besitz zu nehmen und solchen klüger zu nutzen haben.«

Einer Vereinigung mit der harmlosen Bezeichnung Verein zur Beförderung des Gartenbaues in den königlichen Preußischen Staaten gehörten so unterschiedliche Persönlichkeiten wie der Naturforscher Alexander von Humboldt (1769–1859), der Gartenarchitekt Hermann Fürst von Pückler-Muskau (1785–1871) und die Dichterin Annette von Droste-Hülshoff (1797–1848) an. Ziel des Vereins war Landschaft bewusst zu gestalten, wobei die Einheit von Mensch und Natur, die mehr als 100 Jahre später als neue Erkenntnis der Ökologiebewegung gefeiert wird, bereits angedacht war.

Die Begeisterung für Wald und Natur entspringt im Wesentlichen einer vorindustriellen Epoche. Die emotionale Bindung bleibt erhalten, auch als sich mit Beginn der Industrialisierung während des 19. Jahrhunderts die ökonomischen Grundlagen ändern. Besonders drastische Auswirkungen hat diese Entwicklung auf den geliebten Wald. Außer einem Ort der Inspiration für deutsche Dichter ist er für die weniger musische bäuerliche Bevölkerung vor allem Brennholzlieferant.

In der Zeit zwischen der Gründung des Deutschen Reichs 1871 und dem Beginn des Ersten Weltkriegs 1914 wird jedoch der Bedarf an Nutzholz viel bedeutsamer. Eisenbahnbau, Bergwerke und die Möbelindustrie benötigen ungeheure Mengen an Nutzholz, die der deutsche Mischwald gar nicht liefern kann. Es wird deshalb Holz aus dem Ausland importiert. Die einheimische Forstwirtschaft reagiert, indem sie Kiefern und Fichten pflanzt, die schnell wachsen und einen hohen Erlös versprechen. Es entstehen Monokulturen, die auch heute noch einen erheblichen Anteil an den Problemen des deutschen Waldes haben. Der Nadelwald ist anfällig gegen Schädlinge, Orkane, heftige Schneefälle und Schadstoffemissionen. Dass Hütten und Industriebetriebe den Wald belasten, ist keine neue Erkenntnis des zu Ende gehenden 20. Jahrhunderts. Schon vor 1914 werden beachtliche Entschädigungen an Waldbesitzer gezahlt. Jedoch akzeptiert die Mehrheit der Bevölkerung den angeblich zu zahlenden Preis für den wirtschaftlichen Aufschwung und die Hebung des Lebensstandards.

Das Ruhrgebiet wird zum wirtschaftlichen Mittelpunkt Deutschlands. Industrielandschaft tritt an die Stelle von Naturlandschaft.

Wider die Industrialisierung

Doch nicht allen behagen die Begleiterscheinungen der industriellen Revolution. Um die Jahrhundertwende bis zum Ende des Kaiserreichs bilden sich die unterschiedlichsten Bewegungen, die sich gegen die Mechanisierung und Entfremdung der Industriegesellschaft wehren. Gemeinsam ist vielen ihre Berufung auf die Natur oder das, was sie als natürlich propagieren. Diese Lebensreformbewegung umfasst so unterschiedliche Gruppierungen wie den Wandervogel (→ Folge 25), die Vegetarier oder die Freikörperkultur.

Der Wandervogel als Jugendbewegung verschreibt sich einem vorindustriellen Lebensideal und findet besonders in den Großstädten zunehmend Anhänger. Die Vorstellung, aus den Mietskasernen auszubrechen, um ein gemeinschaftliches, einfaches Leben in der Natur zu suchen, übt eine große Faszination aus.

Weitaus fundamentaler fällt die Flucht in die Natur beispielsweise bei einer besonders radikalen Gruppe der vegetarischen Bewegung aus, den »Fruchtlern«. Ihre Anhänger wollen ausschließlich von rohen Früchten und Kräutern leben. Da sich dies in Deutschland aber nur unter großen Schwierigkeiten verwirklichen lässt, starten sie 1905 in mehreren Zeitungen eine Anzeigenkampagne unter dem Motto »Auf ins Fruchtler-Paradies«, in der für die Auswanderung nach Deutsch-Neuguinea geworben wird. Dort soll eine »Naturmenschenkolonie« entstehen, die den vollkommenen Ausstieg aus der Zivilisation ermöglichen soll.

Nicht ganz so weit geht die FKK-Bewegung. Sie wirft nicht gleich den gesamten Ballast europäischer Kultur von sich, sondern nur die Kleidung. Um sich dem von der (angezogenen) Umwelt gehegten Verdacht der Unmoral zu entziehen, wird auf die »Natürlichkeit« besonderer Wert gelegt. Nacktheit wird mit Licht, Luft und Wasser verbunden. Freiübungen werden auf Wiesen und Waldlichtungen zelebriert – Nacktheit in geschlossenen Räumen ist weitaus problematischer. Dies bringt die Freikörperkultur in direkte Berührung mit der ebenfalls um diese Zeit blühenden Naturmystik. Die »Allmutter Natur« wird beschworen, die alle zivilisatorischen Wunden heilen soll.

Lebensreformer suchen schon im ersten Drittel des 20. Jahrhunderts nach Fluchtmöglichkeiten aus den Zwängen der Moderne (Szene aus dem Film »Wege zu Kraft und Schönheit« von Wilhelm Prager 1924/25).

Die Lebensreformer bleiben jedoch eine Randgruppe, die Mehrheit begrüßt den gesellschaftlichen Wandel, der mit der industriellen Entwicklung einher geht, oder arrangiert sich zumindest. Dabei sind die Auswirkungen auf das Leben der Menschen immens. Eine in der Regel naturverbundene, ländlich geprägte Lebensweise wird abgelöst durch eine industrielle Stadtkultur. Auch der Landwirt passt seine Produktionsweise an. Dem Zwang, möglichst viel aus dem Boden herauszuholen, fallen Bäume, Sträucher und Biotope zum Opfer. Flurbereinigungen steigern die Erträge, vermindern aber die Vielgestaltigkeit der Natur – eine ehemals intakte Kulturlandschaft verändert ihr Aussehen.

Natur- und Landschaftsschutz

Einige Rufer in der Wüste warnen vor ungehemmter Industrieansiedlung, Verschandelung der Städte und auch schon vor den Folgen des Tourismus, der die Natur sucht, sie dabei aber zerstört (→ Folge 32). Auch Bürgerbewegungen gegen Umweltzerstörung sind keine Erfindung des späten 20. Jahrhunderts. Bereits im Jahr 1906 setzt sich eine Protestaktion von 1500 Persönlichkeiten des öffentlichen Lebens erfolgreich gegen die Verschandelung des Stadtbildes des hochrheinischen Städtchens Laufenburg ein. Für den Bau eines Kraftwerks soll eine Felsenge gesprengt werden, die dem Ort sein charakteristisches Erscheinungsbild gibt. Getragen wird der Widerstand vom Deutschen Bund Heimatschutz. Die Petition unterschreiben u. a. der Soziologe Max Weber (1864–1920) und der liberale Politiker Friedrich Naumann (1860–1919).

Die Begriffe Naturschutz bzw. Heimatschutz wurden bereits vor der Jahrhundertwende geprägt, erste staatliche Schutzmaßnahmen erfolgen noch vor dem Ersten Weltkrieg. So wird 1906 in Preußen die erste Staatliche Stelle für Naturdenkmalpflege eingerichtet.

Das idyllische Stadtbild Laufenburgs soll 1906 einem Kraftwerksbau zum Opfer fallen. Eine frühe Bürgerinitiative rettet das Kulturdenkmal (Gemälde von Hans Thoma, 1870, Nationalgalerie Berlin).

Kritischen Beobachtern erscheinen diese Bemühungen allenfalls als Tropfen auf den heißen Stein. Der Heimatdichter Hermann Löns (1866–1914) kritisiert die Umweltpolitik in einer Rede aus dem Jahr 1911: »Es ist ja ganz nett, wenn einige kleine Einzelheiten geschützt werden, Bedeutung für die Allgemeinheit hat diese Naturdenkmälerchensarbeit aber nicht. Pritzelkram ist der Naturschutz, so wie wir ihn haben. Der Naturverhunzung dagegen kann man eine geniale Großzügigkeit nicht absprechen. Die Naturverhunzung arbeitet ›en gros‹, der Naturschutz ›en detail‹. Zähneknirschende Wut fasst einen, sieht man die grauenhafte Verschandelung der deutschen Landschaft.«

Der Erste Weltkrieg stellt eine einschneidende Zäsur für die industrielle Entwicklung Deutschlands dar. Besonders die Schwerindustrie kann die Produktivität der Vorkriegszeit während der Weimarer Republik nicht mehr erreichen. Das Sinken von Produktion und Nachfrage stürzt den Staat zwar in eine Krise, gönnt der Natur aber eine gewisse Atempause. Nicht nur die Forstwirtschaft verzeichnet einen Einbruch ihrer Einnahmen, was dem Wald gut tut, sondern auch die Verkehrserschließung stagniert rund 20 Jahre. In größerem Stil werden weder neue Straßen, Eisenbahnlinien noch Kanäle für die Binnenschifffahrt angelegt.

In gewissem Umfang ist in dieser Zeit eine größere Sensibilität für die Erhaltung der natürlichen Lebensräume festzustellen. 1921 wird mit dem Naturschutzpark Lüneburger Heide das erste Naturschutzgebiet ausgewiesen. Im folgenden Jahr erlässt der Staat Preußen das Gesetz zur Erhaltung des Baumbestandes und Erhaltung und Freigabe von Uferwegen im

Als Reichsjägermeister gibt sich Hermann Göring – hier im Staatsforst Springe – gern als Naturfreund, betreibt als Reichsmarschall und Verantwortlicher für die Rüstungsindustrie aber Raubbau an der Umwelt (Foto von 1937).

Interesse der Volksgesundheit. Trotz des monströsen Titels stellt diese rechtliche Bestimmung einen Markstein dar. Zwei in der Verfassung garantierte Prinzipien, Schutz des Eigentums und Schutz der Natur (Art. 150) werden gegeneinander abgewogen und die soziale Verpflichtung des Eigentums betont.

Die »Arisierung« der Natur

Die Blut-und-Boden-Ideologie des Nationalsozialismus sieht in dem, was sie unter Natur versteht, ein schützenswertes Gut. Der Wald wird mit dem deutschesten aller Bäume aufgeforstet – mit der Eiche. 1935 wird das Reichsnaturschutzgesetz verabschiedet, das der Landschaftspflege auch gegen die Interessen der Industrie einen hohen Stellenwert beimisst.

Dass Straßenbau und Naturschutz unvereinbare Gegensätze darstellen, ist spätestens seit den Achtzigerjahren ein feststehendes Credo. Um so erstaunlicher ist es, dass der von den Nazis ab 1933 vorangetriebene Autobahnbau zu einem gelungenen Beispiel praktischer Landschaftsgestaltung wird. Der Generalinspekteur für das deutsche Straßenwesen, Fritz Todt (1891–1942), will sich mit diesem Bauwerk ein Denkmal setzen und zieht kompetente Berater wie den Architekten und Gartengestalter Alwin Seifert (1890–1972) hinzu. Die Trassenführung sucht sich der Landschaft anzupassen und die Ränder und Mittelstreifen werden begrünt. Der Natur verbundene Leute wie Seifert sehen im Nationalsozialismus eine Chance für großräumige Lösungen, die der »Liberalismus« der Weimarer Republik nicht zu leisten imstande war. Dass ein totalitärer Staat sich leichter über Eigentums- und Einzelinteressen hinwegsetzen kann als eine Demokratie, imponiert vielen der Naturschützer.

Dafür sind sie auch bereit, der NS-Ideologie Konzessionen zu machen. In einer irrwitzigen Gedankenverknüpfung gerät der Naturschutz in die Nähe der Rassenlehre. Nicht Natur an sich ist schützenswert, sondern gesunde »deutsche« Natur. Landschaftspflege ist die Aufgabe der »nordischen Rasse«, die allein den notwendigen Schönheitssinn besitzt, um die Umwelt ästhetisch zu gestalten. So bereitet es dem Naturfreund und »Reichsjägermeister« Hermann Göring (1893–1946) keine Skrupel, nach der Besetzung Polens dort Menschen und Dörfer zu liquidieren, um einen rassereinen »germanischen« Urwald zu kultivieren. Juden haben im deutschen Wald selbstverständlich nichts verloren, ihnen wird der Zutritt verwehrt.

Auf welch tönernen Füßen die Umweltpolitik des Nationalsozialismus steht, zeigt sich, als die Wirtschaft auf Rüstungsproduktion umgestellt wird. Ab 1936 werden unter Görings Leitung die Weichen auf Krieg gestellt. Umweltgesichtspunkte spielen jetzt und erst recht nach Kriegsbeginn keine Rolle mehr. Der Wald wird geplündert, die Luft verunreinigt. Weil die Rüstung Holz benötigt, werden doppelt so viele Bäume abgeholzt wie nachwachsen. Die Bevölkerung wird aufgefordert, den

Bis in die Siebzigerjahre hinein wird Schädlingen in deutschen Wäldern massiv mit der chemischen Keule zu Leibe gerückt (Foto von 1967).

wertvollen Rohstoff nicht durch Verfeuern zu vergeuden. Die Umwelt belastende aber rüstungswichtige Industrien wachsen überproportional: die Produktion von Kokereien um 75 %, die Glaserzeugung um 60 % und die Stromerzeugung um 50 %. Der verlorene Krieg hinterlässt nicht nur wegen der Bombardements eine zerstörte Kulturlandschaft.

Grenzenloses Wachstum

Die Devise in Ost- wie in Westdeutschland lautet nach dem Krieg Wiederaufbau – Umweltschutz ist kein Thema. Die Bundesrepublik hat von den beiden deutschen Staaten den besseren Start. Amerikanische Dollars und deutscher Fleiß lassen das »Wirtschaftswunder« wahr werden.

Konsum ist angesagt: Auto, Waschmaschine, Kühlschrank und Fernsehgerät sind die Güter, die dem Bundesbürger (und seinen Nachbarn) beweisen, dass es wieder aufwärts geht. FCKW, Asbest und andere Umweltgifte, die 30 Jahre später geächtet werden, finden in der Konsumgüterindustrie großzügige Anwendung.

Wer es zum eigenen Häuschen mit Garten oder wenigstens zum Schrebergarten gebracht hat, verspritzt das hochgiftige Pflanzenschutzmittel E 605, gedüngt wird nach dem Motto je reichlicher desto besser. Die Land- und Forstwirtschaft macht es in großem Stil vor. In bundesdeutschen Wäldern wird noch bis Ende der Siebzigerjahre ein Pflanzengift versprüht, das Bestandteil des im Vietnamkrieg zu traurigem Ruhm gekommenen Entlaubungsmittels Agent Orange ist. Die chemische Industrie weist den Weg: Salate so groß wie Kinderköpfe, Äpfel ohne jeden Makel und der totale Sieg über das Unkraut sind die Ziele.

Die Natur passt sich dem Warencharakter der Wohlstandsgesellschaft an. Zwar sind Wälder, Seen und heimische Küsten nach wie vor Orte der Erholung vom Alltag, doch die Attraktion lässt nach. Andere Aktivitäten erscheinen oft lockender, als sich mit Wanderstock und Rucksack aufzumachen. Natur genießt ideologisch nach wie vor einen hohen Stellenwert, wird zunehmend aber als Ware genossen. Der Hirsch auf Lichtung in Öl ziert manches deutsche Wohnzimmer und der Heimatfilm erlebt in den Fünfzigerjahren eine Hochkonjunktur. Filme wie »Die Fischerin vom Bodensee«, »Die Försterliesel« oder »Försterchristel« liefern Natur als bloße Schablone, als heile Welt in einer immer komplizierter werdenden Realität.

Gegen Ende des Jahrzehnts ist das bundesdeutsche Publikum gesättigt, die Grenzen des »Silberwalds« werden zu eng, gefragt ist statt Heimattümelei mehr Weltläufigkeit. Ein erster Tourismus-Boom bringt eine Vielzahl von Bundesbürgern in Berührung mit anderen Ländern. Gesucht werden dort in erster Linie aber weder Kultur noch Natur fremder Länder, sondern Sonne, Sand und Meer (→ Folge 32). Man erholt und amüsiert sich, der Glaube an ein unbegrenztes Wachstum scheint unerschütterlich.

Der Sieg des Sozialismus über die Natur

Die Überzeugung, der technische (und gesellschaftliche) Fortschritt werde alle Zukunftsprobleme spielend meistern, ist im anderen deutschen Staat nicht minder unverbrüchlich als im Westen. Für die Machthaber der DDR liegt der erfolgreiche Aufbau des Sozialismus in der Wirtschaftskraft des jungen Staats. Man fühlt sich von den westlichen Demokratien bedroht, im Westen lauern »Revanchismus« und »Imperialismus«. Angesichts des Bestrebens, die zersetzenden Lockungen des Westens und sogar einen Atomkrieg abzuwehren, wird die Umweltproblematik ganz in den Hintergrund gerückt. Steigerung der Produktion in Landwirtschaft und Industrie ist das oberste Ziel.

Die Folgen, die sich erst nach der Vereinigung Deutschlands 1990 in vollem Umfang zeigen, sind in weiten Gebieten Vergiftung des Trinkwassers, Belastung der Luft durch ungefilterte Abgase und intensive Nutzung der Braunkohle, Verseuchung der Böden durch Dioxine und andere Schadstoffe, kranke Wälder und anderes. Der Name Bitterfeld wird nach der Wende zum Inbegriff einer durch Industrie zerstörten Region.

Auf hemmungsloses Wachstum wird von den DDR-Oberen auch noch zu einem Zeitpunkt gesetzt, als im Westen längst die Gefahren diskutiert werden, die aus einer rücksichtslosen Ausbeutung der Umweltressourcen erwachsen. Die ökologischen Probleme im eigenen Staat werden totgeschwiegen oder sogar weggelogen. Umweltzerstörung sei allein eine Erscheinung des Kapitalismus, in der entwickelten sozialistischen Gesellschaft könne so etwas überhaupt nicht vorkommen. Als das Waldsterben schon offensichtlich ist, meldet das »Neue Deutschland«: »Im Sommer 1984 starteten Forstleute der DDR zu einem Rundflug über die Wälder des Bezirkes Suhl. Das Ergebnis war erfreulich und bestätigte den Werktätigen der Forstwirtschaft, dass unter ihrer Obhut ein guter Wald herangewachsen ist.«

Solche Schönrednerei kann DDR-Bürger, die aufmerksam durch ihre Heimat gehen, nicht mehr täuschen. Aber eine offene Diskussion wird unterdrückt. Umweltgruppen können nur im Untergrund arbeiten, von der Stasi permanent bespitzelt. Mahner wie der Regimekritiker Rudolf Bahro (1935–1997) müssen ins Gefängnis. Die DDR-Führung setzt ihre Politik des »Nichts sehen, nichts hören, nichts sagen« durch – bis zum Ende.

Der Umweltschock

Nach zwei Jahrzehnten Aufenthalt auf der Wirtschaftswunderinsel BRD und einer bedingungslosen Wachstumseuphorie erfolgt im Westen Deutschlands ab den späten Sechzigerjahren ein jähes Erwachen. Die internationale Debatte über Umweltfragen greift auch auf Deutschland über.

Wesentliche Ausgangspunkte sind das 1962 erschienene Buch »Der stumme Frühling« von Rachel Louise Carson (1907–1964) und die Denkanstöße des 1968 ins Leben gerufenen Club of Rome. Das aus den Diskussionen dieses Kreises unabhängiger Fachleute verschiedenster Nationen

Bitterfeld in Sachsen-Anhalt steht als Symbol für die Umweltsünden der DDR.

entstandene Buch von Dennis L. Meadows (geb. 1942) »Die Grenzen des Wachstums« (1972) wird zum Welt-Bestseller. In Deutschland findet zudem 1975 das Buch »Ein Planet wird geplündert« des damaligen CDU-Bundestagsabgeordneten Herbert Gruhl (1921–1993) ein starkes Echo.

Vielen Deutschen wird im Lauf der Siebzigerjahre bewusst, dass die Erhaltung einer intakten Umwelt keine lokale Angelegenheit von Natur- oder Heimatschutz mehr ist, sondern ein globales Problem ungeheuren Ausmaßes. Die Erkenntnis, dass Einzelmaßnahmen bei der weltweiten Vernetzung aller Problemkreise kaum eine Umkehr bewirken können, führt bei vielen Menschen zu einer Art Endzeitstimmung.

Es gibt jedoch auch Versuche aus der Lethargie auszubrechen – vom organisierten politischen Widerstand bis zur privaten Flucht in eine »Müsliwelt«. Ökologie, eine Jahrzehnte von der Öffentlichkeit unbeachtete Randdisziplin der Biologie, wird plötzlich zum Mittelpunkt einer neuen gesellschaftspolitischen Debatte. Das überkommene Rechts-Links-Schema wird zum Teil aufgelöst in das Gegensatzpaar ökologisch–unökologisch. Die Ökologiebewegung ist nicht gleichzusetzen mit einer »neuen Linken«, die Sorge um die Umwelt vereint (zeitweise) die gegensätzlichsten Strömungen. Zu den Gründungsmitgliedern der GRÜNEN auf Bundesebene 1980 gehören sowohl Rudolf Bahro wie Herbert Gruhl, die aus ganz unterschiedlichen politischen Lagern stammen. Als es misslingt, die GRÜNEN als Bürgerschreck auszugrenzen, greifen die etablierten Parteien nach und nach ökologische Themen auf. Umweltpolitik wird als zentrales Anliegen politischer Gestaltung gesehen.

In den Achtziger- und Neunzigerjahren holt die Wirtschaft die Ökologiebewegung ein. Sieht die Industrie anfangs den »Standort Deutschland« wegen zu hoher Auflagen für den Umweltschutz gefährdet, wird allmählich die Umwelttechnologie als Wachstumschance für die Exportwirtschaft entdeckt. Mit den Etiketten »Bio« und »Öko« lassen sich Waren vortrefflich an den Mann und die Frau bringen – vom Lebensmittel über die Gesichtscreme bis zum Allzweckreiniger. Der Bundesbürger (im Westen mehr als im Osten) lässt sich sein grünes Gewissen etwas kosten, auch wenn er nicht immer sicher ist, ob die teuer bezahlten Eier wirklich von »glücklichen Hühnern« stammen.

Die Einstellung der Deutschen zur Natur hat sich im Lauf des Jahrhunderts merklich gewandelt. Natur ist nicht länger der Baum, das Bächlein oder der Berg, die besungen werden. Auch Mülltrennung, Reduzierung von Verpackungsmaterial oder die Einführung des Katalysators gehören heute zum Umgang mit der Umwelt.

Trotz aller Schreckensnachrichten wird Natur zum Glück immer noch genossen, aber die Deutschen wandern nicht mehr wie Eichendorffs Taugenichts trällernd durch den heimischen Wald, sondern immer mit einem besorgten Blick in die Baumkronen.

1992 hängen Demonstranten als Protest gegen Verpackungsmüll über 50 000 leere Getränkedosen vor dem Brandenburger Tor auf.

Die Chronik des Naturbewusstseins

Ein Ausflug ins Grüne ist lange Zeit Inbegriff von Familienfreizeit (nach einer Lithografie von Georg A. Stroedel).

30.3.1904 In Dresden wird der Deutsche Bund Heimatschutz gegründet. Zu den Unterzeichnern des ersten Aufrufs gehört auch der österreichische Dichter Peter Rosegger (1843–1918). Die Vereinigung wächst rasch, von 636 Mitgliedern 1904 auf rund 27000 im Jahr 1916.

1906 Der Staat Preußen schafft eine Staatliche Stelle für Naturdenkmalpflege. Die Leitung übernimmt 1910 der Botaniker und engagierte Naturschützer Hugo Conwentz (1855–1922). Andere Länder folgen dem Beispiel; in Bayern entsteht, ebenfalls 1906, ein Landesausschuss für Naturpflege.

1906 Eine Bürgerinitiative widersetzt sich erfolgreich der Zerstörung des Stadtbildes des badischen Städtchens Laufenburg.

23.10.1909 In München wird der Verein Naturschutzpark gegründet. Er verfolgt einen Gedanken, der bereits in den Achtzigerjahren des 19. Jahrhunderts aufgekommen war, nämlich weiträumige Schutzgebiete in Deutschland und Österreich zu schaffen. In einem Aufruf in der populärwissenschaftlichen Zeitschrift »Kosmos« wendet man sich um Unterstützung an die »deutsche Geistesaristokratie«. Die Idee findet starke Resonanz, nach vier Jahren zählt der Verein bereits über 16000 Mitglieder, darunter 575 Vereine, die ihrerseits rund 500000 Mitglieder repräsentieren. Sein Ziel kann der Verein allerdings erst 1921 durchsetzen.

14.8.1919 In der Weimarer Verfassung, die in Kraft tritt, ist der Naturschutz in Artikel 150 verankert: »Die Denkmäler der Kunst, der Geschichte und der Natur sowie die Landschaft genießen den Schutz und die Pflege des Staates.«

20.4.1927 Die Ausstellung »Das Wochenende« öffnet in Berlin ihre Pforten. Freizeit und Erholung im Grünen werden als Konsumartikel vorgeführt. Von Wochenendhäusern bis zu Reiseempfehlungen für gestresste Stadtbewohner wird allerlei geboten. Die Hauptattraktion ist ein Wintersportplatz mit Sprungschanze und Rodelbahn, für den 200000 kg Kunstschnee angerührt werden.

1935 Ein Reichsnaturschutzgesetz weist dem Schutz von Natur und Landschaft einen bis dahin nicht gekannten Stellenwert zu.

1.12.1946 Die Verfassung des Freistaates Bayern tritt in Kraft. Der Artikel 141 betont ausdrücklich die Teilhabe aller Bürger an der Natur: »Der Genuss der Naturschönheiten und die Erholung in der freien Natur, insbesondere das Betreten von Wald und Bergweide, das Befahren der Gewässer und die Aneignung wildwachsender Waldfrüchte im ortsüblichen Umfang ist jedermann gestattet.«

1950 Mit einem Gesetz über die Gesamtplanung im rheinischen Braunkohlengebiet können die schlimmsten Umweltsünden bei der Rekultivierung dieses Industriegebiets nach dem Krieg vermieden werden. Dieses Projekt wird von der Bundesregierung bei der UN-Umweltkonferenz 1972 als gelungene Fallstudie vorgestellt.

1962 Das Buch der US-Amerikanerin Rachel Louise Carson »The Silent Spring« (deutsch »Der stumme Frühling«) macht auf Umweltschäden aufmerksam. Vor allem warnt die Autorin vor dem Einsatz des Insektenvernichtungsmittels DDT. Nach einem Massenfischsterben im Mississippidelta, als dessen Ursache DDT ermittelt wurde, setzt Präsident John F. Kennedy einen Untersuchungsausschuss ein. DDT ist heute in den meisten Industrieländern verboten. Das Buch hat auch Auswirkungen auf die beginnende Ökologiedebatte in Deutschland.

1968 Der Club of Rome wird gegründet. Dieses internationale Gremium möchte die Weltöffentlichkeit auf die sich abzeichnenden globalen Umweltprobleme aufmerksam machen.

Ab den Siebzigern gehören Umweltaktionen zur politischen Auseinandersetzung.

1971 Die Umweltorganisation Greenpeace International wird gegründet und macht durch weltweite Aktionen gegen Umweltvergehen auf sich aufmerksam. Eine deutsche Sektion existiert ab 1980.

29.9.1971 Die Bundesregierung legt ein Umweltschutzprogramm vor, das als wichtigsten Grundsatz das sog. Verursacherprinzip enthält. Danach soll derjenige für die Kosten einer erforderlichen Umweltschutzmaßnahme aufkommen, der die Verschmutzung bewirkt hat.

5.–16.6.1972 In Stockholm findet eine Umweltkonferenz der Vereinten Nationen mit Vertretern aus 112 Ländern statt. Die Zusammenkunft macht zwar die Problematik international bewusster, zeitigt aber wenig konkrete Ergebnisse.

1974 Die beiden US-Chemiker Rowland und Molina weisen als wahrscheinlich nach, dass Fluorkohlenwasserstoffe (FCKW) die Ozonschicht der Stratosphäre zerstören. Die Erkenntnis wie gefährlich diese als Treibmittel in Spraydosen, als Kühlmittel und zum Aufschäumen von Kunststoffen gebrauchten Substanzen sind, setzt sich langsam auch bei Politikern durch. 1991 beschließt das Bundeskabinett, dass FCKW 1995 vom deutschen Markt zu verschwinden habe.

20.12.1976 Ein Bundesrahmengesetz für Naturschutz und Landschaftspflege tritt in Kraft.

6.3.1983 Bei der Bundestagswahl ziehen die GRÜNEN erstmals in den Deutschen Bundestag ein. Sie gewinnen mit 5,6% der Wählerstimmen 27 Mandate.

13.10.1988 Der Deutsche Bundestag ratifiziert in Bonn das Protokoll von Montreal zum Schutz der Ozonschicht. Zur Entlastung der Umwelt soll in der Bundesrepublik der Einsatz von Ozon zerstörenden Fluorchlorkohlenwasserstoffen (FCKW) stark eingeschränkt werden.

1.–12.6.1992 In Rio de Janeiro findet die Konferenz der Vereinten Nationen über Umwelt und Entwicklung statt. 20 Jahre nach der Konferenz in Stockholm sind die Erwartungen hoch. Einigkeit lässt sich jedoch nur in wenigen Punkten erzielen.

16.8.1993 Das Bundesamt für Naturschutz nimmt seine Arbeit auf. Die Aufgabenschwerpunkte der dem Umweltministerium angegliederten Behörde liegen im Bereich Natur- und Artenschutz.

10.12.1995 Der Nobelpreis für Chemie wird zwischen dem am Max-Planck-Institut in Mainz forschenden Paul Crutzen und den Amerikanern Rowland und Molina geteilt. Die drei Wissenschaftler haben sich um die Erforschung der Gründe für das Schwinden der Ozonschicht verdient gemacht. Damit werden erstmals Bemühungen auf dem Gebiet der Umweltforschung mit dem Nobelpreis ausgezeichnet.

Juli 1997 Anhaltende Regenfälle in Tschechien führen zu Überschwemmungen in Polen und der Tschechei. Die Wassermassen gelangen über die Oder auch nach Deutschland. Tausende von Menschen werden evakuiert, mehrere Dämme halten der Flut nicht stand. Die Hochwasserkatastrophe wird von Experten auch auf Versäumnisse im Umweltschutz, insbesondere die Vernichtung großer Waldgebiete im Riesen- und Altvatergebirge, zurückgeführt.

Dezember 1997 In Kioto findet eine Umweltkonferenz statt, die weltweit Schadstoffemissionen reduzieren soll. Vor allem der Widerstand der USA lässt nur einen Minimalkonsens zu.

HOLMER

FOLGE

39

BODENHAFTUNG

Die Deutschen und die Landwirtschaft

Scholle, Erde, Boden – die meisten Deutschen können damit nicht mehr allzuviel anfangen. Nur wenige wissen noch, wann welches Gemüse oder Obst auf heimischem Boden wächst. Zu Beginn unseres Jahrhunderts war das anders, denn während des Kaiserreichs lebte ein Großteil der Deutschen von und mit der Landwirtschaft. Auch wenn heute die meisten Menschen ihre Lebensmittel nicht mehr auf dem Bauernhof kaufen, sondern »light« oder »instant« oder sonstwie bearbeitet im Supermarkt in der Stadt, ändert das nichts an der Bedeutung des Bodens, der Grundlage unseres Lebens.

Knechte, Mägde, Großbauern

Um 1900 besteht das Landleben noch weitgehend aus zeitraubender und schweißtreibender körperlicher Arbeit. Maschinen zur Erleichterung der Arbeit gibt es kaum. Die wenigen dampfbetriebenen Dreschmaschinen sind nur für wenige reiche Gutsbesitzer erschwinglich.

Die Landwirtschaft ist noch nicht spezialisiert: Die meisten Bauern haben ein paar Milchkühe, Schweine und Pferde; auf den Feldern wird angebaut, was der Boden hergibt. Beim Pflügen helfen Pferde oder Ochsen und beim Einbringen der Ernte billige Tagelöhner. Der karge Verdienst der Bauern wird durch Hagel, Kälte, Schädlinge oder andere Naturereignisse oft zunichte gemacht.

Bis zum Ersten Weltkrieg sind die Betriebsgrößen sehr unterschiedlich: Im Sü-

Zur Rübenernte wie hier in Sachsen-Anhalt 1997 werden modernste Landmaschinen eingesetzt.

Bauern und Gutsbesitzer sind zu Beginn des Jahrhunderts bei der Einbringung der Getreideernte auf die Hilfe von Tagelöhnern angewiesen.

den sind die Ackerflächen infolge der Realerbteilung recht klein, so dass die Bauern mehr schlecht als recht leben. In Ostelbien dagegen besitzt der Adel riesige Ländereien und noble Gutssitze. Die Arbeit verrichten hier Tagelöhner und Saisonarbeiter aus Polen. Da die Junker für hohe Einfuhrzölle sorgen, werden billige Weizenimporte aus Übersee verhindert – der Osten bleibt Deutschlands Kornkammer und die Getreidepreise hoch.

Neue Agrarpolitik nach dem Krieg

Während des Krieges 1914 bis 1918 liegen viele Felder brach, denn mehr als drei Millionen Bauern müssen an die Front. Die Blockade durch Großbritannien und die Missernte 1916 führen im Winter 1916/17 zu einer Hungersnot, die knappen Nahrungsmittel werden streng rationiert. Viele Menschen müssen sich wochenlang von Steckrüben ernähren und sterben an den Folgen des Mangels.

Nach dem Krieg kann die Versorgungssituation durch Importe und Hilfslieferungen aus dem Ausland gemildert werden, langfristig hilft nur eine neue Agrarpolitik. Da mit der Niederlage 1918 das Kaiserreich untergeht, verliert auch der Adel in der Weimarer Republik an Einfluss. Die Großgrundbesitzer werden nicht mehr so stark durch hohe Einfuhrzölle geschützt, viele geben auf. Die Regierung lässt ihre Ländereien parzellieren und vergibt sie an Kleinbauern. Die andere Zauberformel zur Vorbeugung einer weiteren Hungerkatastrophe heißt Neulandgewinnung. Unkultiviertes Land wird erschlossen, Moore werden trockengelegt. Möglichst viele neue bäuerliche Ansiedlungen sollen geschaffen werden. Aber das Leben auf dem Land bleibt hart und viele Bauern, vor allem aber Tagelöhner und Knechte, fliehen in die Städte. Sie glauben, in den Fabriken mehr Geld verdienen zu können – doch leider erfüllen sich diese Erwartungen nur selten.

Blut und Boden

Die Politik hat sich nie sonderlich um das Leben der Bauern gekümmert, in der sozialen Hierarchie stehen sie weit unten. Die Ideologie der Nationalsozialisten dagegen wertet den Bauernstand auf. Mit ihren Blut- und Bodenparolen wissen sie die Unzufriedenheit der Bauern für sich

»Reichsnährstandsausstellung« in Leipzig 1939

zu nutzen und organisieren sie im sog. Reichsnährstand, die »Scholle wird heilig«. Mit Begeisterung schwenkt ein großer Teil des »Landvolks« schon vor 1933 auf die neue politische Linie ein.

Den Nationalsozialisten geht es bei der Förderung der Landwirtschaft in erster Linie um die Vorbereitung des nächsten Kriegs. Deutschland soll in die Lage versetzt werden, sich selbst zu versorgen. Vor allem zwei Maßnahmen sollen das gewährleisten. Das Reichserbhofgesetz von 1933 bestimmt, dass kein Bauer seinen Hof verkaufen darf. Der Name muss auf dem Hof bleiben. So will man der Landflucht Einhalt gebieten, und die Töchter werden von der Erbfolge ausgeschlossen. Die zweite Auflage ist das Führen einer Hofkarte, auf der die Bauern Anbau und Ertrag genau auflisten müssen. Das nationalsozialistische Regime verschafft sich dadurch einen genauen Überblick über die Versorgungslage.

Während des Krieges werden Tausende von Zwangsarbeitern gezwungen auf deutschen Feldern zu schuften, um die Ernte zu sichern, und immer mehr Gärten und Parkanlagen verwandeln sich in Gemüsebeete. Nach dem Krieg ziehen Millionen Flüchtlinge von Ost nach West, die auf dem Land eine neue Heimat finden sollen. Wenn sie etwas von der Landwirtschaft verstehen, können sie als billige Helfer eingesetzt werden. Für viele Bauern sind die zusätzlichen Esser jedoch eher unwillkommene Gäste.

Da die Versorgungslage in den Städten katastrophal ist, organisieren viele Menschen sog. Hamsterfahrten auf's Land, um Lebensmittel einzutauschen – so kommt mancher Landwirt günstig zu neuem Mobiliar. Erst Anfang der Fünfzigerjahre normalisiert sich die Lage.

Bodenreform und Kollektivierung

In der sowjetischen Besatzungszone beginnt noch 1945 eine durchgreifende Umverteilung des Bodens. Bauernhöfe, die größer als 100 ha sind, werden enteignet. Mehr als 2,5 Millionen ha Land werden an Kleinbauern oder sogenannte Landlose vergeben. Jeder bekommt zwischen 5 und 9 ha und eine ordentliche Urkunde über seinen neuen Besitz – allerdings mit genauen Vorgaben, wieviel Zuckerrüben und Kartoffeln darauf anzubauen sind. Das kleine Glück vom freien Bauern auf eigener Scholle währt jedoch nicht lange. Die DDR orientiert sich an der UdSSR und fordert die Bauern seit Anfang der Fünfzigerjahre auf, ihr Land zusammenzulegen.

Mark Brandenburg

„Der Grundbesitz soll sich in unserer deutschen Heimat auf feste, gesunde und produktive Bauernwirtschaften stützen, die Privateigentum ihres Besitzers sind."

URKUNDE

Auf Grund der Verordnung der Provinzialverwaltung Brandenburg über die Bodenreform vom 6. Sept. 1945 wird dem Bauern Wilhelm Schwallow, jun. wohnhaft in der Gemeinde Börnicke Kreis Osthavelland

ein Grundstück

im Umfang von 11,58 ha, einschließlich Wald

rechtskräftig

zum persönlichen, vererbbaren Eigentum übergeben

Das dem Bauern Schwallow übergebene Grundstück liegt in der Gemeinde Börnicke und hat laut dem von der Bodenkommission aufgestellten Verteilungsplan die Nummer

Der Bauer Schwallow erhält das Grundstück

schuldenfrei

Diese Urkunde berechtigt zur Eintragung des Grundstücks in das Grundbuch.

Nauen, den 14. Sept. 1951 Kreis Osthavelland

Der Ministerpräsident Der Rat des Kreises

In der sowjetischen Besatzungszone wird eine Bodenreform durchgeführt. »Neubauern« erhalten Urkunden, die ihnen den Besitz von einigen Hektar Land bescheinigen.

Viele Bauern schließen sich den Landwirtschaftlichen Produktionsgenossenschaften (LPG) weniger aus politischer Überzeugung an, sondern weil sie wenig Übung im Umgang mit der Landwirtschaft haben und ihr Abgabesoll nicht schaffen. Für die wenigen Bauern, die versuchen unabhängig zu bleiben, werden die geforderten Auflagen immer unerfüllbarer. Viele entschließen sich deshalb, Hof und Acker zu verlassen und ihr Glück im Westen von

Deutschland zu versuchen. Diese massive Landflucht ist einer der Gründe für den Mauerbau 1961. Offiziell gilt die Kollektivierung der Landwirtschaft in der DDR im Jahr 1960 als abgeschlossen.

Technisierung verändert die Landschaft

Die ersten dampfgetriebenen Maschinen gibt es schon um 1910. Sie werden – wenn auch noch vereinzelt – auf den großen Gütern Ostelbiens eingesetzt, zum Leidwesen der Tagelöhner, die um ihre Arbeit fürchten. Ab 1920 werden Raupenschlepper gebaut, die sich jedoch nicht bewähren. Sie sind so schwer, dass sie den Boden eher platt drücken, als dass sie ihn bearbeiten. Die Wende kommt erst Mitte der Fünfzigerjahre durch luftbereifte Schlepper. Diese Traktoren können für alle Feldarbeiten benutzt werden. Die Pferde, mit denen bislang die Äcker bestellt wurden, haben ausgedient und enden meist beim Pferdemetzger.

Die Technisierung verändert die Landwirtschaft dramatisch. Weniger Menschen können mithilfe der Traktoren in kürzerer Zeit mehr Boden bestellen als zuvor. Die Maschinen bestimmen fortan den Arbeitsablauf, der Boden wird zu einer berechenbaren Größe, Investition und Ertrag sind genau kalkulierbar.

Die neuen Maschinen verändern jedoch auch die Landschaft. Parallel zur autogerechten Stadt (→ Folge 1) werden Dörfer und Felder maschinengerecht ausgebaut. Die Flurbereinigung, mit der Anfang der Sechzigerjahre in der Bundesrepublik begonnen wird, soll den Einsatz der neuen Technik erleichtern. Viele kleine Ackerflächen sind nur schlecht zu erreichen und kaum mit Maschinen zu bearbeiten. Nach und nach werden diese Flurstücke zusammengelegt, bis große zusammenhängende Felder entstehen. Längst sind kleine Betriebe mit wenigen Hektar unwirtschaftlich geworden, die durchschnittliche Betriebsgröße ist im Norden auf 30 ha und mehr gestiegen. Wenn die kleinen unrentablen Höfe aufgeben, wird ihr Land von den andern übernommen, die Felder werden immer größer. In den Weinbaugebieten im Süden versetzt die Flurbereinigung sogar ganze Berge: Der Kaiserstuhl am Rhein ist ein Beispiel für diese radikalen Eingriffe. Er hat seit den Siebzigerjahren ein völlig neues Gesicht bekommen. Die riesigen monotonen Anbauflächen, von keinem Baum oder Strauch unterbro-

Links: Die ersten mit Dampf betriebenen Maschinen sind ein Luxus, den sich kaum ein Bauer leisten kann (um 1920).

Ohne moderne Maschinen, die bei allen Arten der Bodenbearbeitung und Ernte eingesetzt werden, ist die Landwirtschaft nicht mehr denkbar (um 1990).

chen, machen auch dem landwirtschaftlichen Laien die Veränderung der Landschaft bewusst.

Auch der Lebensstandard auf dem Land verändert sich im Westen seit den Sechzigerjahren mithilfe des Grünen Plans. Das Stromnetz wird erweitert und abgelegene Höfe werden elektrifiziert. Die Dörfer verändern ihr Gesicht – nicht mehr Misthaufen und holprige Straßen bestimmen das Bild, sondern mit Blumen bepflanzte Vorgärten, die bei Wettbewerben wie »Unser Dorf soll schöner werden« prämiert werden. Der Lebensstandard der Bauern soll in etwa dem der Industriearbeiter entsprechen – nur so lässt sich nach Ansicht der Politiker die seit den Fünfzigerjahren zunehmende Landflucht stoppen.

Von Anfang an stehen die deutschen Bauern der Europäischen Wirtschaftsgemeinschaft skeptisch gegenüber. Auf Beschlüsse der EWG und später der EU reagieren sie nicht selten mit Protestaktionen wie hier auf der Europabrücke bei Straßburg 1985.

Butterberge und Milchseen – die EWG

Im März 1957 wird in Rom der Vertrag zur Gründung der Europäischen Wirtschaftsgemeinschaft (EWG) unterzeichnet. Zu den Gründungsmitgliedern gehört, neben Belgien, Frankreich, Italien, den Niederlanden und Luxemburg, die Bundesrepublik. Die Länder streben eine Wirtschaftsunion an, die nach und nach verwirklicht wird. Der letztlich vollzogene Interessensausgleich zwischen den einzelnen Ländern bringt jedoch für die deutschen Bauern Nachteile mit sich. Von Anfang an begleiten sie die Entwicklung der EWG deshalb mit lautstarken Protesten. Damit sie ihren Lebensstandard halten können, zahlt ihnen die Regierung hohe Subventionen. Schon bald wird viel mehr angebaut, als verkauft werden kann. Die Frage, wohin mit dem Überschuss, lösen die Bauern europaweit auf ihre Weise: Milch, Obst und Gemüse werden einfach auf die Äcker gekippt. Natürlich erregt diese Form der Entsorgung bei den Verbrauchern Entrüstung. Die Verantwortlichen der EWG beginnen daraufhin mit der Lagerung der immer weiter wachsenden Weizen- und Butterberge und denken über neue Absatzmöglichkeiten nach.

Ab 1993 führt eine umfassende Reform der Agrarpolitik durch Flächenstillegungen und Reduzierung der Tierbestände zum allmählichen Abbau der Überschussproduktion. Doch selbst 1996 noch wird die Hälfte des Etats der Europäischen Union (EU) für die Agrarpolitik aufgewendet. Ein Ende der Subventionierung ist bis heute nicht in Sicht.

Chemie als Hilfsmittel der industrialisierten Landwirtschaft

Viele Tiere werden in der industriellen Landwirtschaft nicht mehr als Lebewesen, sondern nur noch als Nahrungsmittelproduzenten behandelt und auf engstem Raum zusammengepfercht. Da die EU den

Tierschützer machen auf das qualvolle Leben von Legehennen aufmerksam. Zusammengepfercht in engen Käfigen und ohne Tageslicht werden schätzungsweise 35 Millionen Hühner gehalten.

Futterimport erlaubt, wird für die Tierhaltung kaum Boden gebraucht. Die Tiere stehen eng an eng im Stall, ihre Fütterung läuft vollautomatisch, das senkt die Arbeitszeiten. Die Fleischpreise fallen, der Fleischkonsum steigt. Probleme bereitet allerdings die Gülle der Tiere. Früher hat man sie einfach auf dem Acker ausgebracht, aber nun gibt es davon solche Mengen, dass sie den Boden vergiften.

Auch beim Ackerbau wird seit den Sechzigerjahren ein ganzes Potpourri von Herbiziden, Pestiziden, Insektiziden und Fungiziden verwendet, denn den Bauern ist meist nicht klar, wie sehr diese Mittel die Umwelt belasten. Für sie sind sie in erster Linie Hilfsmittel, um den Ertrag zu optimieren. Jahrzehntelang gehen sie bedenkenlos mit den Chemikalien um. Eines der giftigsten Mittel, DDT, wird erst im Jahr 1972 für den deutschen Markt verboten, als die Vergiftung von Boden und Nahrung die Öffentlichkeit verstärkt zu beschäftigen beginnt.

Landwirtschaft in der DDR

Eine Massentierhaltung vergleichbar mit der im Westen gibt es in der DDR nicht, dies liegt allerdings nicht an einem bewussteren Umgang mit der Natur – der DDR fehlen einfach die Devisen, um teure Futtermittelimporte zahlen zu können. Chemischer Dünger und Schädlingsbekämpfungsmittel werden dagegen in großen Mengen eingesetzt. Oberstes Ziel ist die Selbstversorgung des Staates nach einem genau vorgegebenen Plan. Während im Westen die EU mithilfe von Subventionen die Agrarproduktion steuert, wird den Produktionsgenossenschaften in der DDR direkt vorgeschrieben, wieviel Zuckerrüben und Kartoffeln sie zu erwirtschaften haben. Zur Motivation und Arbeitssteigerung werden »Ernteschlachten geschlagen« und Wettbewerbe durchgeführt. Neben Wimpeln und Medaillen sollen Reisen in die sozialistischen Bruderländer die Teilnehmer motivieren.

Den Beruf des Bauern gibt es – genaugenommen – im Arbeiter- und Bauernstaat nicht. Jeder ist ein Spezialist für seinen Bereich, z. B. Traktorist, Melker oder Produktionsleiter. Wer in der LPG angestellt ist, hat geregelte Arbeitszeiten und erfährt alle sozialen Leistungen wie bezahlter Urlaub, Babyjahr und Kindergartenplatz. Erfolgreich arbeitende Genossenschaften haben ihre eigene Kantine, eigene Werkstätten und Büros, manchmal sogar Physiotherapeuten und Erholungsheime. Und ein bisschen private Wirtschaft nebenbei ist erlaubt.

Ähnlich wie in der EU, haben auch die Bauern in der DDR ihre Tricks wie sie dem Staat ein paar Mark mehr aus der Tasche ziehen können. Milch z. B. ist hoch subventioniert. Also verkauft man restlos alles, was die eigene Kuh hergibt, und holt sich die Milch, die man selbst braucht, für die Hälfte des Preises im nächsten Laden.

Nach der Wende kommt das Aus für die meisten, hoch subventionierten, Genossenschaften. Neun von zehn LPG-Beschäftigten werden arbeitslos. Im Westen will und braucht keiner die zusätzlichen

Kartoffel-, Rüben- und Getreidemengen. Hier hat man eher Angst vor der Konkurrenz. Die Umstrukturierung im Osten ist nicht leicht. Einige der Großgrundbesitzer wollen ihre ehemaligen Güter zurück. Kleinbauern versuchen, auf den 6 bis 8 ha Land, die ihre Väter nach dem Krieg bekamen und die sie zwangsweise in die LPG einbringen mussten, alleine zu wirtschaften. Ihre Überlebenschancen in der EU sind jedoch äußerst gering. Mehr Erfolgsaussichten haben ehemalige Genossenschafter, die zusammengeblieben sind und die ihnen verbleibende Fläche in eine GmbH eingebracht haben. Mit Hilfe von Spezialisten aus dem Westen lernen sie, sich durch das Dickicht der EU-Bestimmungen zu schlagen.

Ökologischer Landbau oder Gentechnik

Die Bauern sind in einem Teufelskreis gefangen: Der Einsatz von Chemie bringt höhere Erträge, die Überproduktion aber lässt die Preise purzeln. Anfang der Achtzigerjahre, im Zuge eines wachsenden ökologischen Bewusstseins, denken einige Bauern um. Sie verzichten auf chemischen Dünger und jede Form von Gift. Die Bauern, die sich zu diesem Schritt entschließen, sind mutig. Es dauert Jahre bis sich der Boden erholt und erst in den Neunzigerjahren fördert die EU auch biologische Anbauweisen. Doch trotz dieser Hilfen werden bislang nur etwa 2 % der landwirtschaftlichen Nutzfläche in Deutschland umweltfreundlich beackert. Die ökologisch anbauenden Landwirte leben wieder mit den Zyklen der Natur. Für sie ist der Boden nicht einfach nur ein Produktionsfaktor, sondern ein Substrat, ein lebender Mikrokosmos, den sie hegen und pflegen, um gute Ernten einbringen zu können.

Einen ganz anderen Weg geht seit Anfang der Achtzigerjahre die Gentechnologie. Die erste genmanipulierte Pflanzensorte ist eine herbizidresistente Sojabohnenart. Seitdem wird das Erbmaterial vieler Pflanzen im Labor verändert. Die Genforschung in der Landwirtschaft soll zeitaufwendiges Kreuzen und Züchten von leistungsfähigen, robusten Pflanzen überflüssig machen. Von den Wissenschaftlern als Durchbruch gefeiert, stehen Verbraucher und Umweltschützer dieser neuen Entwicklung in der Regel eher skeptisch gegenüber, denn bislang ist unklar, welche Auswirkungen die Genmanipulation auf die Natur und auf unsere Gesundheit haben wird.

Bioläden garantieren ihren Kunden Getreide, Obst und Gemüse aus ökologischem Anbau. Ihre Waren sind ohne Einsatz von chemischem Dünger und giftigen Schädlingsbekämpfungsmitteln gewachsen.

Besorgte Bürgerinnen und Bürger organisieren immer wieder Proteste gegen den Anbau von genmanipulierten Lebensmitteln, weil sie unkontrollierbare Auswirkungen auf die Natur und die menschliche Gesundheit befürchten.

Die Chronik der Landwirtschaft

10.10.1902 Der für den Gebrauch in der Landwirtschaft konzipierte Ivel-Traktor aus Großbritannien wird als »mechanisches Pferd« vorgestellt. Er ist dreirädrig, sein Zweizylindermotor arbeitet mit Rohöl. Der Kühlwasserkreislauf schließt einen großen Tank ein, eine eigentliche Kühlvorrichtung gibt es jedoch nicht. Für den Vorwärts- und Rückwärtsgang gibt es nur eine Geschwindigkeit. Auf geeignetem Boden kann dieser Traktor beim Pflügen sogar mit drei Pflugscharen bestückt werden. Das vorgestellte Modell lässt sich anders als die Dampfpflüge auch auf kleineren Feldern einsetzen.

23.10.1911 Der heiße trockene Sommer hat in einigen Bereichen zu einer Missernte in Deutschland geführt. Während die Weizen-, Roggen-, Gerste- und Haferernte sogar etwas besser ausfällt als 1910, geht die Kartoffelernte um ein Viertel zurück und die Zuckerrübenernte um 40 %. Die Heu- und Futtermittelernte ist katastrophal. Der Markt reagiert mit einer Verteuerung der Grundnahrungsmittel. Um einer Teuerung vorzubeugen, fordern Sozialdemokraten, Abgeordnete des Zentrums und der Freisinnigen Volkspartei von der Reichsregierung die Aufhebung der Einfuhrzölle für Getreide und Vieh. Reichskanzler Theobald von Bethmann Hollweg lehnt ab: »Die Herabminderung der Lebensmittelpreise allein kann niemals das leitende Prinzip einer gut orientierten Wirtschaftspolitik sein«.

6.9.1913 Im Deutschen Reich vernichten schwere Unwetter die gesamte Obsternte sowie das noch auf den Feldern befindliche Getreide.

5.1.1915 Brot und Salzhering, einst das sog. Armeleutegericht, werden im Ersten Weltkrieg immer knapper und damit zur Luxusware. Nachdem Großbritannien im November 1914 die Nordsee zum Kriegsgebiet erklärt hat, fahren die Fischkutter nicht mehr aus. Auf dem deutschen Markt gibt es keinen Hochseefisch mehr. Als Ersatz für die verlorenen Fanggebiete in der Nordsee kommt die Ostsee nicht in Frage, weil deren Fischbestand zu gering ist. Auch die Käuferschlangen vor den Bäckereien und Fleischereien werden immer länger, und das Angebot nimmt ab. Bereits im November hat der preußische Innenminister einen Erlass zum Brotsparen herausgegeben. Die staatliche Kriegsgetreidegesellschaft beschlagnahmt gehortetes Getreide. Die deutschen Getreidevorräte reichen zur Selbstversorgung des Landes nicht aus. Im Januar kommt ein »Kriegsbrot« auf den Markt, ein Roggenbrot mit Kartoffelmehlzusatz.

Technisierung in der Landwirtschaft: Eine Dreschmaschine wird von einer Dampfmaschine angetrieben (um 1920).

27.7.1916 Zur Sicherstellung des Bedarfs an Säcken für die Einbringung der Ernte wird eine Reichs-Sackstelle in Berlin gegründet.

3.5.1917 Im Deutschen Reich wird das Pflücken von Obstblütenzweigen mit Gefängnis bis zu einem Jahr und Geldstrafen bis zu 1500 Mark bestraft. Der Schutz der Blüte dient einer besseren Ernte.

17.2.1917 Die Missernte von 1916 führt zum Hungerwinter 1917. Mit Mühe wird im »Kohlrübenwinter« eine Ernährungskatastrophe verhindert. Alle Lebensmittel sind streng rationiert. Die ungewöhnliche Kälte verschlimmert zusätzlich die Situation der Bevölkerung im gesamten Reich.

1.2.1920 Die Mark besitzt nur noch 20 Pfennig ihres Vorkriegswertes. Die Nahrungsmittel werden knapp, die Kohlen fehlen, die Menschen frieren und hungern. Die Not in Deutschland führt zu Hilfsaktionen des Auslands. Nach dem Jahreswechsel ist eine Kommission der Quäker in Berlin eingetroffen und organisiert ein Hilfswerk für Mütter und Kinder. Unter anderem werden Schulspeisungen vorgenommen.

3.8.1923 Um die Ernte der in den Städten des Deutschen Reichs dringend benötigten Kartoffeln zu beschleunigen, erhalten die Schüler für den Ernteeinsatz Unterrichtsbefreiung.

28.1.1928 Rund 140 000 Bauern in Schleswig-Holstein protestieren bei Demonstrationen gegen die Berliner Regierung. Sie werfen ihr vor, tatenlos der Verschuldung der deutschen Landwirtschaft zugesehen zu haben. Die Situation der Bauern, die in diesen Wochen auch in der Presse eingehend untersucht wird, ist alarmierend. Die Belastung durch Steuern und Abgaben übersteigt bei vielen Landwirten das Einkommen. Von 1924 bis Herbst 1927 ist die Verschuldung der Landwirtschaft auf 7 Milliarden Reichsmark gestiegen. Die Zinslast der Landwirtschaft beträgt derzeit jährlich zwischen 800 und 900 Millionen Reichsmark. In Schleswig-Holstein muss ein Bauer, der vor 1914 etwa 180 Mark Steuern pro Jahr zu zahlen hatte, jetzt 5600 Mark entrichten. Die Schweine- und Rinderzucht hat sich für die Landwirte zum Verlustgeschäft entwickelt. Aufgrund des Marktüberangebotes muss ein Bauer bei der Schweinezucht derzeit pro Zentner Lebendgewicht 10 bis 15 Mark dazuzahlen.

29.9.1933 Die Reichsregierung erlässt das Reichserbhofgesetz, das alle Bauernhöfe zwischen 7,5 und 125 ha zu unveräußerlichen Erbhöfen erklärt und die Töchter von der Erbfolge ausschließt.

12.8.1936 Durch einen Erlass von Reichskriegsminister Werner von Blomberg wird verfügt, dass langdienende Soldaten mit Beginn des 12. Dienstjahres die landwirtschaftlichen Heeresfachschulen besuchen können, da es anzustreben sei, dass die aus der Landwirtschaft stammenden Soldaten wieder als Siedler der Landwirtschaft zurückgegeben werden.

3.11.1937 Der Reichsnährstand erlässt Verordnungen, wonach der Beimischungszwang für Brotmehl verschärft wird. Dem Roggenbrotmehl muss Kartoffelmehl und dem Weizenbrotmehl Maismehl beigemischt werden. Durch diese Maßnahmen soll der Getreideimport reduziert werden.

7.1.1940 Der Reichsminister für Ernährung, Richard

Jedes Jahr ab 1933 feiern Hunderttausende Erntedank auf einem »germanischen Thing-Platz« bei Hameln.

1.10.1933 Auf dem Bückeberg bei Hameln findet das erste staatlich organisierte Erntedankfest statt.

1.7.1934 Im Deutschen Reich tritt das Gesetz zur Ordnung der Getreidewirtschaft in Kraft. Der Reichsminister für Ernährung und Landwirtschaft schreibt diese Preise vor.

Walther Darré, gibt bekannt, dass Selbstversorger von Lebensmittelzuteilungen im Rahmen der Zwangsbewirtschaftung ausgenommen sind. Zu dieser Gruppe zählen demnach nicht nur Landwirte, sondern auch Kleintierhalter, die ihre Lebensmittel beispielsweise durch die Haltung von Hühnern, zum Teil selbst produzieren.

3.4.1942 Auf Anordnung des Generalbevollmächtigten für den Arbeitseinsatz, Fritz Sauckel, sollen die Schüler der fünften und sechsten Klassen der mittleren und höheren Schulen und die Schülerinnen der siebten Klassen der höheren Schulen in der Zeit vom 15. April bis zum 15. November verstärkt zur Arbeit in der Landwirtschaft herangezogen werden.

4.10.1942 Infolge der Kriegsdauer und des Abzugs von Arbeitskräften aus der Landwirtschaft, der durch Kriegsgefangene und zwangsweise nach Deutschland gebrachte Ostarbeiter oder verpflichtete Hilfskräfte nicht ausgeglichen werden kann, machen sich Engpässe in der Lebensmittelversorgung bemerkbar, für die Hermann Göring als Beauftragter für den Vierjahresplan die Mitverantwortung trägt. Nachdem er bereits im August behauptet hat, in den besetzten Gebieten seien die Einwohner »vollgefressen«, während die Bevölkerung in Deutschland sich einschränke, erklärt er jetzt, die Versorgung Deutschlands werde nun auf Kosten des besetzten Gebiets gesichert.

3.10.1943 Auf einer Veranstaltung im Berliner Sportpalast anlässlich des Erntedanktages gibt Reichspropagandaminister Joseph Goebbels bekannt, dass die Ernte ungewöhnlich gut gewesen sei und daher die Brotration um 400 g auf 9600 g pro Monat erhöht werde. Die Weinernte in diesem Jahr bringt im Deutschen Reich wie auch in den anderen europäischen Ländern den besten Kriegsjahrgang ein.

11.4.1944 Angesichts der schlechten Ernährungslage im Deutschen Reich erlässt der Reichsminister für Ernährung und Landwirtschaft, Herbert Backe, eine Anordnung, die eine Einschränkung der Kleintierhaltung vorschreibt. Ausgenommen von dieser Regelung sind Tierbesitzer, die über Viehfutter aus eigener Erzeugung verfügen.

10.9.1945 Das wichtigste Ereignis in der sowjetischen Besatzungszone ist der Beginn der Bodenreform, wie sie die antifaschistischen demokratischen Parteien verlangen. Begonnen wird damit schon am 1. September in Sachsen, wo aller Landbesitz über 100 ha unter den zahlreichen Flüchtlingen aus dem Osten aufgeteilt wird. Als auch in Brandenburg entsprechende Maßnahmen eingeleitet werden, ergeht ein Dekret der sowjetischen Militäradministration, das grundsätzlich die entschädigungslose Enteignung allen Grundbesitzes über 100 ha anordnet. Grund und Boden soll unter der Bevölkerung gerecht verteilt werden.

Hunger in Nachkriegsdeutschland: Vor dem zerstörten Berliner Reichstag wird Gemüse angebaut (1946/47).

9.5.1947 Da die Lebensmittelrationen keine 1500 Kalorien pro Tag ergeben, treten die Hamburger Hafenarbeiter in den Streik. Der nordrhein-westfälische Ministerpräsident Rudolf Amelunxen erklärt, zurücktreten zu wollen, da er nicht mehr die Verantwortung tragen könne. »Ohne weitere Hilfe ist mit dem völligen Zusammenbruch in unseren Großstädten zu rechnen.« In Wuppertal betragen die Lebensmittelrationen sogar nur 650 Kalorien pro Tag. Um einer Hungerkatastrophe zu begegnen, beschließt die US-Regierung 1,2 Millionen t Getreide nach Deutschland zu verschiffen.

22.4.1952 Das Bundesministerium für Landwirtschaft und Ernährung in Bonn veröffentlicht die sog. Eier-Verordnung. Diese besagt u. a., dass zukünftig in Läden und auf Märkten nur nach Handelsklassen unterschiedene Hühnerprodukte verkauft werden dürfen.

8.7.1955 Der Deutsche Bundestag verabschiedet in Bonn ein Landwirtschaftsgesetz, das die indirekte Subventionierung der deutschen Landwirtschaft durch steuerliche und kreditpolitische Stützung vorsieht.

25.3.1957 In Rom werden von den Regierungschefs der sechs Mitgliedsstaaten Frankreich, Italien, Belgien, Niederlande, Luxemburg und Bundesrepublik Deutschland die Verträge unterzeichnet, die die Gründung der Europäischen Wirtschaftsgemeinschaft (EWG) und der Europäischen Atombehörde (EURATOM) besiegeln.

27.11.1957 Das Bundeskabinett beschließt die Streichung von fünf der insgesamt sieben Subventionszahlungen für Mehl und Getreide per 1. Januar 1958. Der Bund spart dadurch jährlich etwa 140 Millionen DM; der Brotpreis wird um etwa vier bis fünf Pfennig je kg erhöht.

11.3.1960 Der Grüne Plan 1960, der für die Landwirtschaft Hilfsmaßnahmen in Höhe von 1,47 Milliarden DM vorsieht, wird vom Deutschen Bundestag in Bonn gebilligt.

11.4.1960 Die Zwangskollektivierung der Landwirtschaft in der DDR ist abgeschlossen.

8.2.1961 Für die Bauern sollen, nach einem Beschluss der Bonner Regierung, im Bundeshaushalt 1961 weitere 300 Millionen DM an Subventionen bereitgestellt werden. Die Gelder werden zusätzlich zu dem im Herbst 1960 von der Bundesregierung vorgelegten Grünen Plan, in dem 1,6 Milliarden DM vorgesehen sind, ausgeschüttet.

12.10.1964 Der deutsche »Schweineberg« führt zu einer Reduzierung der Fleischpreise. Das Angebot an Schlachtschweinen ist etwa 15 % höher als im Vorjahr, und die Notierungen liegen im Bundesdurchschnitt sogar 18 % oder 27 DM je 50 kg Lebendgewicht unter denen vor zwölf Monaten. Diese Zahlen veröffentlicht die Markt- und Preisberichtstelle der deutschen Landwirtschaft in Bad Godesberg.

10.10.1967 Ein Waggon mit Bodenseeäpfeln kommt in Bonn für Ernährungsminister Hermann Höcherl an. Die Obstbauern machen darauf aufmerksam, dass als Folge der guten Ernte die Obstpreise den tiefsten Stand seit 1945 erreicht haben.

11.2.1972 Zehntausende von Bauern protestieren überall in der Bundesrepublik Deutschland mit Sternfahrten und Demonstrationen gegen die von der EG-Kommission vorgeschlagene Erhöhung der Erzeugerpreise für die Landwirtschaft. Die Kommission hatte eine durchschnittliche Anhebung um 8 % in zwei Jahren vorgeschlagen. Der Deutsche Bauernverband fordert eine Preiserhöhung um mindestens 12 %.

13.2.1988 Nach 38-stündigen Verhandlungen einigen sich die Regierungschefs der zwölf EG-Staaten in Brüssel auf eine Reform der Agrarpolitik und des Finanzierungssystems der Gemeinschaft mit dem Ziel, die Überschussproduktion in der Landwirtschaft einzudämmen und die Lasten zwischen den Mitgliedstaaten gerechter zu verteilen. Die Wachstumsrate der Agrarausgaben soll künftig nur noch höchstens 74 % vom durchschnittlichen Anstieg des EG-Bruttosozialprodukts ausmachen. Dies soll durch eine schrittweise Senkung der staatlichen Stützpreise für Überschussprodukte erreicht werden. Ferner werden Prämien an Landwirte, die Agrarflächen stillegen, sowie eine Vorruhestandsregelung vereinbart.

Waren aus genmanipulierten Lebensmitteln sind nicht immer so deutlich gekennzeichnet.

12.3.1996 Das Europäische Parlament in Straßburg lehnt eine generelle Kennzeichnungspflicht für gentechnisch veränderte Lebensmittel ab. Die Verbraucher reagieren verunsichert.

FOLGE

40

RISIKOFAKTOREN

Deutsche Unglücksfälle

Unfälle und Katastrophen brechen anscheinend unvermittelt in die Normalität des menschlichen Daseins ein. Doch mit der Industrialisierung sind Katastrophen längst »normal« geworden: Seit es Eisenbahnen gibt, verunglücken sie auch. Flugzeuge stürzen ab, Chemiefabriken verseuchen Flüsse, spektakuläre Grubenunfälle verstören die Öffentlichkeit. Doch die Deutschen haben im 20. Jahrhundert mit solchen Ereignissen zu leben gelernt.

Katastrophen – selbstgemacht

Es soll hier vor allem um typische »mensch-gemachte« Katastrophen gehen, die mit der modernen industrialisierten Welt zusammenhängen. Ausgeschlossen werden die »Großkatastrophen« der Kriege und alle Naturkatastrophen. Doch bei den letzteren ergeben sich schon Schwierigkeiten: Überschwemmungen mögen wie Naturkatastrophen aussehen, lassen sich jedoch manchmal auf landschaftsverändernde Eingriffe des Menschen, etwa auf Flusskanalisierung und Bodenversiegelung, zurückführen. Sie sind demnach auch durch die industrialisierte Welt mit verursacht worden.

Zunächst einmal müssen aber Katastrophen, die auch schon in der vorindustriellen Zeit beim Umgang mit Technik vorgekommen sind – wie etwa Schiffsuntergänge – von typischen industriellen Katastrophen unterschieden werden. Diese haben meistens eine größere Reichweite: Nicht mehr nur die unmittelbar Betroffenen

Eine Katastrophe markiert das Ende einer Technologie: Beim Landen in Lakehurst verbrennt am 6. Mai 1937 das Luftschiff LZ 129 »Hindenburg«.

Die räumliche Reichweite von Katastrophen nimmt zu: nach der Explosion bei BASF in Oppau am 21. September 1921.

werden zu Opfern, auch viele Unbeteiligte, oft in einer beträchtlichen Entfernung von der Unglücksstelle.

Doch in den letzten Jahrzehnten ist noch ein dritter Typus hinzugetreten, den man Großkatastrophe nennen könnte. Als der Atomreaktor im ukrainischen Tschernobyl 1986 »havariert«, ist dies kein lokales Ereignis mehr. Noch Tausende von Kilometern entfernt sind die Folgen massiv spürbar. Auch die Deutschen leiden unter den Auswirkungen dieser Reaktorkatastrophe. Bestimmte technische Großsysteme wie die nukleare Energieerzeugung haben demnach ein Katastrophenpotenzial, das das Leben aller Menschen auf der Erde erreichen und selbst kommende Generationen bedrohen kann.

Globalisierung – die Reichweiten steigern sich

Vor allem dieses Ereignis macht breiten Bevölkerungsschichten klar, dass unter den Folgen nuklearer Katastrophen letztlich jeder leiden kann. Erstmals gerät ein neuer Typ von Unglücksfall ins Bewusstsein der Menschen, von dem der ganze Globus betroffen sein kann. Schon früher gab es aber Beispiele, dass die Folgen der Indus-

DOKUMENT

Staatliche Katastrophendefinition

Im Paragrafen 1 Abs. 2 des Landeskatastrophenschutzgesetzes von Baden-Württemberg heißt es:

»Katastrophe im Sinne des Gesetzes ist ein Geschehen, das das Leben zahlreicher Menschen, erhebliche Sachwerte oder die lebensnotwendige Versorgung der Bevölkerung in so ungewöhnlichem Maß schädigt, dass zu seiner Bekämpfung auch der Einsatz von Einheiten und Einrichtungen erforderlich scheint, die nicht für den alltäglichen Einsatz zur Verfügung stehen.«

trialisierung flächendeckend werden können, etwa die Smogkatastrophen der frühen Dreißigerjahre in Belgien und der große Smog in London, mit Tausenden von Todesopfern. Dass auch die Reichweite von »klassischen« Katastrophen schon höher geworden ist, zeigt sich an der riesigen Explosion im Werk Oppau im Jahr 1921: Noch im Umkreis von Dutzenden von Kilometern gehen Fensterscheiben zu Bruch, werden Menschen verletzt.

Dies ist ein Merkmal vieler technischer Großsysteme unseres Jahrhunderts, etwa des Autoverkehrs. Die etwa 500 000 seit Kriegsende durch Autos getöteten Deutschen mögen in vielen Unfällen und »Kleinkatastrophen«, wie etwa Massenkarambolagen auf Autobahnen, ums Leben gekommen sein, doch hat der motorisierte Straßenverkehr eine globalere Katastrophendimension: Der weltweite Schadstoffausstoß und die Emission des »Treibhausgases« CO_2, könnten eine »anthropogene«,

Unfälle und der alltägliche Tod auf den Straßen: Auto gegen Schlepper 1937

also mensch-gemachte Klimakatastrophe größten Ausmaßes bewirken. Erste Anzeichen dafür sind vorhanden.

Manche modernen Technologien oder Produkte der Industriegesellschaft haben ein großes, aber vages und kaum einschätzbares Katastrophenpotenzial – wie etwa manche Chemikalien, Asbestfasern oder Holzschutzmittel. Nur mit statistischen Methoden sind hier die gesundheitlich Geschädigten wie etwa die zukünftigen Krebsopfer hochzurechnen.

»Titanic« – Symbol für das »Restrisiko«

In diesem Jahrhundert gibt es eine ganze Reihe von Katastrophen, die von den Menschen stark reflektiert und debattiert werden. Solchen Ereignissen wird dadurch Aufmerksamkeit über ihre unmittelbare Bedeutung hinaus gewidmet. Dabei können einige dieser Katastrophen in den Beurteilungen der Medien und durch die Menschen zu mächtigen, wirksamen Symbolen der Probleme des technischen Fortschritts werden.

Das bekannteste dieser Ereignisse ist sicher der Untergang der »Titanic« 1912. Gerade weil für dieses Schiff beim Stapellauf höchste Sicherheit proklamiert wurde, ist der Zusammenstoß des Schiffes mit einem Eisberg Symbol für die prinzipiell immer bestehende Gefährdung moderner Technik durch Naturkräfte. In ähnlicher Form wird die Explosion der US-amerikanischen Raumfähre »Challenger« 1986 zum vieldebattierten Zeichen für die potenzielle Unzuverlässigkeit auch von Spitzentechnologie interpretiert, obwohl die Anzahl der sieben Toten das Katastrophenkriterium der Schweizerischen Rückversicherer – mindestens 20 Opfer – nicht erfüllt.

STICHWORT

Lakehurst – das Ende der Zeppelinära

Die Explosion des Starrluftschiffs »Hindenburg« am 6. Mai 1937 in Lakehurst (36 Tote) stoppt die Entwicklung einer Technik, in die jahrzehntelang große Erwartungen gesetzt worden waren: Mit Zeppelinen kann man komfortabel über lange Strecken reisen – allerdings an Bord von potenziellen Bomben. Das hoch brennbare Wasserstoffgas, das den Auftrieb erzeugt, ist die Ursache dafür, dass Dutzende der majestätischen Prestigeobjekte in Krieg und Frieden ein spektakuläres Ende finden. Kaum eine andere Transporttechnologie hat vermutlich so viele Todesopfer pro beförderte Person gefordert.

Doch dieses hohe Risiko ändert kaum etwas an der Beliebtheit der »Riesenzigarren« in der deutschen Öffentlichkeit und schreckt die zahlungskräftigen Passagiere bis zur »symbolischen Katastrophe« von Lakehurst im Jahr 1937 kaum ab.

Bis heute geistern durch die Presse Theorien eines mysteriösen Anschlages auf das Luftschiff. Doch plausibler ist die Erklärung des Brandes durch eine elektrische Entladung, denn das Luftschiff war mit leicht entzündbarem Wasserstoff gefüllt, da unbrennbares Heliumgas, das in den Vereinigten Staaten bereits für Luftschiffe eingesetzt wurde, zu teuer schien. Helium macht Luftschiffe heute zu sicheren Transportmitteln.

Die verheerende Explosion in Oppau

Die chemische Industrie hat von Anfang an stets hohe Risiken geborgen. Nicht nur die spektakulären Chemieunfälle der letzten Jahrzehnte, die ganze Landstriche verseuchten, wie in Bhopal oder Seveso, sondern auch Einleitungen schädlicher Produkte in Flüsse wie den Rhein brachten Schlagzeilen. Merkmal dieser Ereignisse ist häufig, dass große Räume betroffen sind. Dies macht sie zu Prototypen »moderner« Katastrophen. Auch die nicht seltenen Explosionen chemischer Werke haben häufig Wirkungen mit einem hohen Zerstörungsradius.

Die spektakulärste Chemiekatastrophe zwischen den Kriegen ereignet sich am 21. September 1921 im pfälzischen Oppau bei Ludwigshafen: Beim Versuch, ein verfestigtes Lager von Ammonsulfat, einem Düngemittel, durch Sprengladungen zu lockern, ereignen sich kurz hintereinander zwei gewaltige Detonationen.

Ein Trichter von 120 m Durchmesser und 50 m Tiefe tut sich auf; 321 Menschen sterben. Noch bis Heidelberg zerspringen Fensterscheiben durch die Druckwellen. Das Werk, die heutige BASF, zeigt schwerste Zerstörungen.

Typisch für heutige Chemiekatastrophen sind allerdings eher großflächige Verseuchungen mit Schadstoffen.

Fast jede der spektakulären Technologien, die in diesem Jahrhundert neu eingeführt werden oder sich verbreiten, hat ihre spezifischen »symbolischen« Katastrophen. Die Idee von der »Beherrschung der Meere« durch moderne Schnelldampfer wird durch den »Titanic«-Untergang herausgefordert. Die Utopie der Chemie als Garant besseren Lebens durch höhere Ernteerträge gerät durch die Düngerexplosion in Oppau 1921 in die Krise. Die Zeppelinbegeisterung, eine deutsche Obsession zwischen Nationalismus und Flugutopie, bekommt 1937 durch die Brandkatastrophe von Lakehurst einen entscheidenden Dämpfer – der ausnahmsweise sogar zur vorläufigen Aufgabe dieser Technologie führt. Am breitesten debattiert wird jedoch die Krise einer anderen wichtigen Utopie: die einer völligen Lösung aller energetischen Probleme der Menschheit durch die Atomkraft. Dies bewirkt der Reaktorunfall von Tschernobyl 1986. Das Bahnunglück von Eschede am 3. Juni 1998 mit 101 Toten wird künftig auch zu den »symbolischen« Katastrophen zählen. Dass die High-Tech des ICE mit High-Risc verbunden ist, erweist sich als bittere Lektion. Ein Grundmuster der Argumente professioneller »Katastrophenbewältiger« scheint zu sein, dass nach den Vorstellungen ihrer Schöpfer moderne Technik stets sicher sei. Unglücke seien stets auf höhere Gewalt oder auf falschen Umgang, also auf »menschliches Versagen«, zurückzuführen. Das Risiko liege also nicht bei der Technik, sondern beim Nutzer: Die Fähre »Estonia« sei 1994 nicht wegen eines Konstruktionsfehlers der Bugtor-Verriegelung gesunken, sondern wegen falscher Bedienung durch die Mannschaft und extremer Belastungen durch den Wellenschlag. Auch wenn etwa Terroristen mit einer Bombe ein Flugzeug abstürzen lassen – wie im Fall Lockerbie 1988 –, so ist die Katastrophenursache nicht die Technik, sondern der menschliche Akt willentlicher Zerstörung.

Eine der »normalen« Katastrophen im Kohlebergbau: 258 Tote beim Grubenunglück im Wilhelmsschacht von Zeche Anna II in Alsdorf im Oktober 1930

Das Risiko bleibt

Kaum eine große Katastrophe dieses Jahrhunderts bleibt technisch folgenlos. Ingenieure lernen meistens daraus und verbessern die Sicherheitsmaßnahmen. Schwachpunkte von Technologien werden erkannt und möglichst schon im Vorfeld beseitigt, vorhandene Risiken werden damit möglichst minimiert. Der Problemdruck führt zu technischen – manchmal auch gesellschaftlichen – Veränderungen und Verbesserungen, etwa zur Einrichtung von Überwachungsinstitutionen wie dem TÜV oder zum Aufbau neuer Systeme, wie die Flugrettung für Opfer des Straßenverkehrs. Mitunter kann die Vermeidung von Katastrophen gar nicht auf einzelne technische Maßnahmen zurückgeführt werden, sondern viele kleinere Verbesserungen addieren sich zu erhöhter Sicherheit und dem weitgehenden Ausbleiben oder Abmildern der Folgen von Katastrophen.

Ein solcher Prozess ist im deutschen Bergbau seit Kriegsende aufgetreten. Die Grubenkatastrophe von Lengede und die dramatische Rettung einiger Bergleute ist 1963 der vorläufige Abschluss in einer katastrophenträchtigen Industrie.

Doch obwohl die Risiken für den Einzelnen damit tendenziell abnehmen, ist keine absolute Sicherheit möglich. Die Schwere von Flugzeugabstürzen wie von Grubenunfällen, von Dammbrüchen wie von Tankerhavarien bleibt ungefähr gleich. Unsere Industriegesellschaft wird als »Risikogesellschaft« interpretiert. Dem steht in gewisser Weise eine Senkung des allgemeinen »Lebens«-Risikos gegenüber, die sich in einer wachsenden Lebenserwartung äußert. Dies führt allerdings zu neuen Problemen im sozialen Sicherungssystem – ein anderes Thema (→ Folge 47).

Nach dem Grubenunglück in Lengede am 24. Oktober 1963 setzt eine aufwendige Hilfsaktion ein, über die die Medien live berichten. Das Foto zeigt eine Frau, die über ein Rohr mit ihrem seit zehn Tagen verschütteten Mann spricht.

Eine spektakuläre Flugzeugkatastrophe: Eine US-amerikanische Militärmaschine stürzt am 17. Dezember 1960 mitten in die Münchner Innenstadt (49 Tote). Von dem Flugzeug ist nur noch das Leitwerk zu erkennen.

»Opfer müssen gebracht werden«

Hier wird deutlich, dass das Wissen um – mitunter äußerst problematische – »Restrisiken« von Technologien deren fortgesetzte Anwendung und weitere Ausbreitung kaum jemals verhindert. »Opfer müssen gebracht werden«, war das letzte Wort des abgestürzten Flugpioniers Otto Lilienthal. Nicht nur bei der Entwicklung von Fluggeräten, sondern etwa auch bei der nuklearen Energieerzeugung oder beim Auto gibt es offenbar eine Kosten-Nutzen-Abwägung: Allen Verkehrsteilnehmern dürfte klar sein, dass dieses Verkehrsmittel heute allein in Deutschland jährlich fast 10 000 Menschen tötet. Doch der gesellschaftliche Nutzen dieses individuellen Transportsystems wird offensichtlich so hoch bewertet, dass diese Verlustrate in Kauf genommen wird. Man versucht durch Sicherheitssysteme – von besseren Straßen bis sichereren Fahrzeugen – diese Opferzahlen so klein wie möglich zu halten. Doch auf andere wirksame Maßnahmen verzichtet man, weil die Gesellschaft sie nicht billigt. Eine generelle Geschwindigkeitsbegrenzung würde Leben retten, ist aber in Deutschland bislang offenbar nicht durchsetzbar. Ein breiter gesellschaftlicher Konsens akzeptiert den »Bodensatz« von Unfallopfern. Es scheint annehmbare und nicht erträgliche Katastrophentypen zu geben.

Risiken des motorisierten Individualverkehrs: Massenkarambolage auf der Autobahn München–Salzburg

»Risikokultur« und Katastrophenbewusstsein

Die bundesdeutsche Gesellschaft führt seit den Siebzigerjahren eine Debatte über das mit der nuklearen Energieerzeugung verbundene Risiko. Dies ist allgemein definiert als Produkt aus Eintrittswahrscheinlichkeit und Schadensausmaß. Dieses Ausmaß wird schlimmstenfalls als GAU, als »größter anzunehmender Unfall« definiert, dessen Eintrittswahrscheinlichkeit bis zum Tschernobyl-Vorfall als sehr gering angesehen worden war. Mit derartiger »Technikfolgenabschätzung« versucht man heute schon im Vorfeld, Risiken neuer Technologien – wie etwa der in der Einführung befindlichen Gentechnologie – zu erkennen und zu bewerten.

Es gibt auch Versuche, »Gesamtbilan-

Fünf Jahre nach der »Havarie« des Atommeilers von Tschernobyl werden 1991 als Erinnerung an die Opfer 3000 Holzkreuze vor dem Atomkraftwerk aufgestellt.

zen« von Technologien aufzustellen. Für den Gebrauch von Kohle etwa müssen nicht nur die Todesopfer von Grubenunglücken in solche Opferzahlen eingehen, sondern auch die Opfer, welche die Kohleverteilung beim Transport mit Eisenbahn und Schiff fordert, dazu die Toten durch Luftverschmutzung und Rußrisiken bei der Verbrennung.

Das Wagnis gilt in der Soziologie als Kennzeichen der Moderne, und eine Wagniskalkulation gehört zum Fortschritt, zur Industriegesellschaft. Gerade das real mögliche Ausmaß von technischen Katastrophen führt in diesem Jahrhundert zu einer wachsenden Unsicherheit, denn die bisher übliche reaktive Schadensbegrenzung reicht bei den komplexen Katastrophen nicht mehr aus.

Viele Risiken sind in ihren potenziell katastrophalen Auswirkungen nicht mehr zu kalkulieren. Vor allem treffen sie nicht nur die Handelnden als eigentlich Verantwortliche, sondern auch völlig Unbeteiligte. Die »Geschäftsgrundlage«, so der Soziologe Wolfgang Bonß, hat sich im Lauf der Zeit entschieden verändert. Früher gerieten nur die in Gefahr, die ein Wagnis eingingen und auch die Konsequenzen zu tragen bereit waren. In der »modernisierten Moderne« aber ist die Risikostreuung ein zentrales Problem, damit potenzielle Katastrophen durch bekanntlich vorhandene, unkalkulierbare Restrisiken so klein wie möglich gehalten werden. Geglaubte Risiken, erst recht geglaubte künftige Katastrophen sind für Ulrich Beck, den Autor von »Risikogesellschaft«, die Peitsche, mit der die Gegenwart auf Trab gebracht werden kann. Je bedrohlicher die Schatten gezeichnet werden können, die auf die Gegenwart fallen, desto nachhaltiger sind die Erschütterungen, die in der Dramaturgie der Risiken und noch mehr in den vermuteten Katastrophen liegen können. Mit »Risikokultur« und Katastrophenbewusstsein lehrt sich eine satte Gegenwartsgesellschaft selbst das Fürchten.

Am Beispiel des Rinderwahnsinns macht Beck deutlich, dass die Wahrnehmung dieses »Risikotaifuns«, dieser potenziellen Katastrophe, von Regierungsexperten ausgelöst wurde, die eine Übertragung der Krankheit von der Kuh auf den Menschen nicht ausschließen mochten. Das Leugnen oder auch nur Bezweifeln hätte die öffentliche Risikowahrnehmung nur bestärkt. Die Verursacherketten sind bekannt: Ein Glied in der agrarindustriellen Kette zwischen Zucht, Mast und Markt ist die Verfütterung von Tiermehl an Pflanzenfresser. Solche Einsicht muss jedoch nicht notwendigerweise zum Handeln führen. Zum guten Leben gehören ein preiswertes Steak und die Klage, mit seinem Verzehr an einer Unglückslotterie teilzunehmen. Die meisten Menschen wollen beides, sagt Beck, das schlechte gute Leben und die Bedrohung desselben auch.

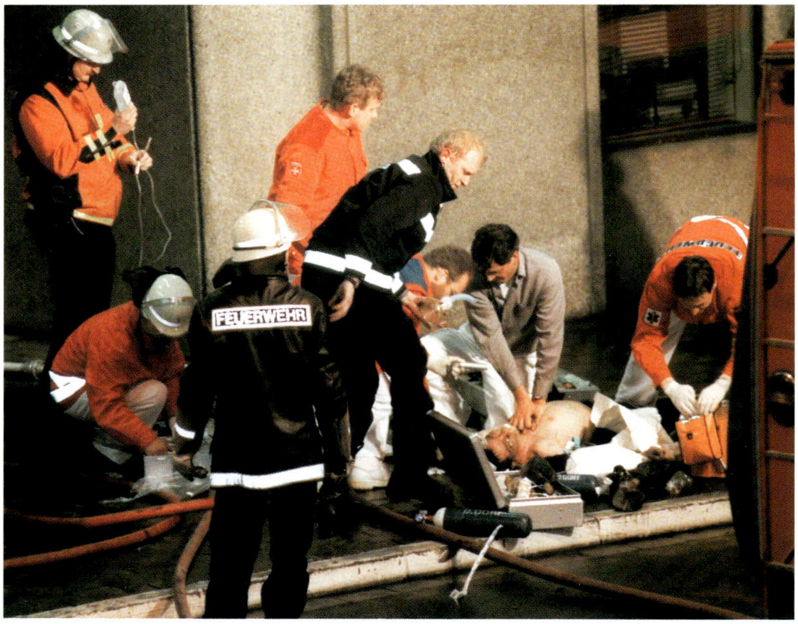

Fahrlässigkeiten verursachen im April 1996 eine Brandkatastrophe auf dem Düsseldorfer Flughafen, bei der 17 Menschen ums Leben kommen und 62 verletzt werden.

»Vollkaskomentalität«

Das alltägliche Leben, das Umgehen mit technisch-industriellen Großsystemen, birgt generell Risiken, meist in Form von Unfällen. Ihr geringerer Umfang und die Überzeugung von ihrer Unvermeidbarkeit sowie ihre scheinbare »Normalität« unterscheiden sie von Katastrophen. Zum Umgang mit den Folgen gibt es in Deutschland eine Reihe von Verbänden: Feuerwehren, Sanitätsorganisationen, das Technische Hilfswerk sind für Katastrophenfälle ausgerüstet und führen permanent Übungen durch. Auch die Bundeswehr hält sich für Einsätze bereit. Gerade in einem sicherheitsbewussten Land wie der Bundesrepublik spielen solche durchorganisierten Sicherheitssysteme, nicht zuletzt als Beruhigungsinstanzen, eine bedeutende Rolle. Letzten Endes sind die Alltagskatastrophen auch durch ein hochentwickeltes System von Feuer-, Haftungs- und Lebensversicherungen im Bewusstsein Betroffener handhabbar und im Wortsinn regulierbar geworden. In der Sprache der Versicherungen reduzieren sich Alltagskatastrophen zu Schadensfällen.

Die Deutschen zeigen, nicht zuletzt aufgrund der Katastrophenerfahrungen in diesem Jahrhundert – zwei Weltkriege, Inflation und Zusammenbruch –, eine ausgeprägte Sicherheitssehnsucht, auch »Vollkaskomentalität« genannt. Sie äußert sich unter anderem in einer Tendenz zum Abschluss zahlreicher Versicherungen, die mitunter auch staatlich verordnet und unumgänglich sind – etwa die Gebäudeversicherung für Hausbesitzer.

Strittig ist durchaus, ob Katastrophen eher als Einbruch von Chaos ins Geordnete empfunden werden, oder ob die Wiederherstellung des Normalzustands, die nach jeder Katastrophe folgt, als eine Bestätigung und Vergewisserung von Ordnung erscheint, die danach als noch stabiler angesehen wird.

Risikowahrnehmung – durch die Medien gesteuert

Offensichtlich gibt es aber große Diskrepanzen zwischen tatsächlich bestehenden, durch statistische Methoden erfassbaren Risikowahrscheinlichkeiten und der verbreiteten Furcht davor. Die Existenz von Risiken und deren Beurteilung in der Öffentlichkeit klaffen mitunter weit auseinander: Die Drogentoten haben eine weit höhere mediale Aufmerksamkeit als die Alkoholtoten, Flugunfälle eine ungleich größere Publizität als Autounfälle. Beispielsweise gab es 1996 im Zivilluftverkehr auf der ganzen Welt ungefähr so viele Tote wie allein in Bayern im Straßenverkehr. Trotzdem wird dem Katastrophenrisiko beim Fliegen eine viel höhere Aufmerksamkeit zuteil. Ein spektakulärer Flugzeugabsturz mit einer dreistelligen Zahl von Toten dominiert die Nachrichten weit stärker als die hundert Straßenverkehrsleichen an den Chaostagen der deutschen Ferienwochenenden.

Die Wahrnehmung der Medien beeinflusst unsere Haltung zu Katastrophen also entscheidend. So erregen wenige, aber große Katastrophen offenbar eher Aufmerksamkeit als viele kleine. Das Fernsehen hat für den Umgang damit in den letzten Jahrzehnten eine feste Bildsprache entwickelt: Rettungsmannschaften im Einsatz, zuckende Blaulichter, die Bilder der blutigen Opfer wiederholen sich täglich.

Doch schon mit dem Beginn des Bildjournalismus in den Zwanzigerjahren lernten die Deutschen eine neue Unmittelbarkeit von Unfällen und Katastrophen kennen. Bildjournalisten »vor Ort« sorgten für aktuelle, scheinbar authentische Bilder. Die Leser von Illustrierten, später auch von Zeitungen gewöhnten sich an »echte« Fotos von Grubenunglücken, wie etwa die Bergwerkskatastrophe von Alsdorf vom Oktober 1930 mit 258 Toten.

Neu in der zweiten Jahrhunderthälfte ist, dass Zuschauer und Leser solche Ereignisse sogar »live« geliefert bekommen können: Manche Katastrophen passieren vor laufenden Kameras. Der Absturz der Jets bei einer Flugvorführung in Ramstein 1988 oder die »Challenger«-Explosion geschehen vor den neugierigen elektronischen Augen der Weltöffentlichkeit.

Damit haben die modernen Medien das Monopol für die öffentliche Wirkung von Katastrophen erworben. Ihr Spiegelbild ist die Schaulust, die Faszination nicht nur der unmittelbaren Zuschauer, sondern auch der Leser durch Unglücke, Tod und Sterben. »Gaffer« oder Katastrophentouristen sind inzwischen die Begleiterscheinung der meisten katastrophalen Ereignisse. Die Schaulust wird auch durch neue mediale Formen wie »Reality-TV« befriedigt. Eine kollektive ästhetische Katastrophenwahrnehmung hat sich herausgebildet, offenbar als Form des gesellschaftlichen Umgehens mit Bedrohungen. Solche Bilder führen daher nicht nur zu einer verschärften Risikowahrnehmung, sondern zu Sensationsgier.

Das Unglück von Eschede, bei dem am 3. Juni 1998 ein ICE aus den Schienen sprang, zeigt einmal mehr die Risiken der Technik.

Längst reichen »reale« Katastrophen zur Befriedigung der Faszination nicht mehr aus. Die Fernsehnachrichten werden durch unterhaltend nachinszenierte Ereignisse ergänzt und überboten: Katastrophenfilme wie »Earthquake« oder Thriller mit Katastrophenthemen sind sehr populär. Kritiker warnen vor dem Zusammenbruch der Unterscheidung zwischen »echten« und simulierten Katastrophenbildern; das Publikum kann den Wahrheitsgehalt der medialen Präsentationen nicht mehr einfach überprüfen. Fraglich ist heute, ob solche ästhetisierten Katastrophen als Einübungs- und Konditionierungsinstanzen für reale Katastrophen zu bewerten sind, oder als eine »ästhetische Abreaktion«, die Sicherheitsgefühle eher bestärken und damit die heutige Wahrnehmung von Katastrophen entscheidend verändern könnte.

FOLGE

41

BERUF: VOLKSVERTRETER

Die Deutschen und ihre Politiker

Sie steigen aus dunklen Limousinen und Flugzeugen, sprechen in Mikrofone, sie winken uns zu, besichtigen Baustellen, verleihen Preise, sie »baden« in der Menge und durchschwimmen Flüsse – kein Weg zu weit, kein Anlass zu gering, um »überzukommen«. Und wir? Wir verachten und beschimpfen sie, drängen uns aber in ihre Nähe und sonnen uns im Umfeld der Macht. Wir wollen, dass der Politiker ohne Fehl und Tadel als perfektes moralisches Vorbild dient, zugleich aber ein Mensch wie du und ich ist. Zahlreiche Skandale und medialer Dauertalk haben heute Achtung und Vertrauen unterspült. Vielleicht hat der Schriftsteller und ehemalige Bundestagsabgeordnete Dieter Lattmann Recht, wenn er klagt: »Kaum ein Beruf, der auf den Umgang mit Menschen angelegt ist, macht so einsam wie der des Politikers.«

Des Kaisers Kostüme

Die pompösen Auftritte Kaiser Wilhelms II. machen deutlich, dass öffentliche Selbstdarstellung schon zum Tagesgeschäft des Politikers gehört, als er noch keine Wählerstimmen benötigt, um im Amt zu bleiben. Noch zeigt kein Wahlplakat, sondern ein Gemälde den Kaiser in Heroenpose, die Hand am Degen, den Blick angestrengt in das Weite gerichtet, den »Platz an der Sonne« suchend. Durch die Errichtung von Denkmälern und patri-

Der neue Plenarsaal des Deutschen Bundestags in Bonn bei der Eröffnung am 30. Oktober 1992

Kaiser Wilhelm II. in Uniform und Heldenpose

otische Feiern wird aufwendig Personenkult betrieben. Über Reden und Aktivitäten des Kaisers gibt es regelmäßig Beifall heischende Hofberichterstattung in der gefügigen Presse. Es ist die Zeit, in der die Fotografie sich in der Massenpresse durchsetzt. Dabei fehlen zivile Aufnahmen fast völlig. Immerfort Uniformen, immerfort im Wechsel, so als handle es sich – ganzjährig – um einen martialischen Karneval. Und zahlreiche staatliche Würdenträger eifern dem Kaiser nach. Das deutsche Parlament ist das einzige, in welchem die Minister und ihre Vertreter mit dem Säbel an der Seite erscheinen und mit der Hand auf dem Degenknauf – buchstäblich säbelrasselnd – ihre Reden halten. Wer in Zivil erscheint, trägt Frack und Zylinder. Der Politiker ist kein Mensch zum Anfassen, sondern eine Amtsperson.

Auch um die Jahrhundertwende schon ein Thema: die Politiker und das liebe Geld. 1906 billigt der Reichstag Diätenzahlungen. Danach erhalten die Abgeordneten Freifahrten in den Eisenbahnen und eine Jahrespauschale in Höhe von 3000 Mark – damals viel Geld für die größtenteils finanziell unabhängigen Politiker, zumal sie in Wilhelms Staat ohnehin nichts zu sagen haben. Die Parteien sind ohnmächtig, die Opposition wird fortwährend diskriminiert. Doch das »Heil Dir im Siegerkranz«- und »Hurra«-Geschrei hat ein Ende, als der zunächst bejubelte Weltkrieg nicht das erwünschte Ergebnis bringt. Am 9. November 1918 gibt Reichskanzler Prinz Max von Baden die erzwungene Abdankung des Kaisers und damit das Ende des monarchistischen Obrigkeitsstaates bekannt. Zwei Stunden später verkündet der SPD-Abgeordnete Philipp Scheidemann die Republik.

Demokratie ohne Demokraten

Doch das Erscheinungsbild der Politiker wandelt sich kaum. Die bürgerlichen Politiker der Weimarer Republik (1918–1933) präsentieren sich glanzlos und grau. Die neuen Männer erscheinen parteiübergreifend als hohe Herren, beseelt von der Würde ihres Amtes, Repräsentanten einer moralischen Elite. Die wenigen Frauen im Parlament spielen kaum eine Rolle.

Im Wahlkampf haben die neuen Medien (Kino und Radio) gegenüber der Presse noch keine entscheidende Bedeutung. Daher gewinnt der deutschnationale Antidemokrat Alfred Hugenberg mit seinem Pressemonopol mehr und mehr an Einfluss auf die Meinungsbildung der tief verunsicherten Bevölkerung. Die Zeiten sind hart, militante Vertreter von Rechts und Links bekämpfen die junge Demokratie und liefern sich blutige Straßenkämpfe und Saalschlachten. Mord und Totschlag werden zum alltäglichen Mittel der politischen Auseinandersetzung: Unter den bekanntesten Opfern sind die Spartakistenführer Rosa Luxemburg und Karl Liebknecht, der ehemalige Finanzminister Matthias Erzberger und Außenminister Walther Rathenau.

Gewalt ist auch Thema der politischen Plakate: Mit dramatischen Zeichnungen, die die anstehenden (Wahl-)Entscheidungen schicksalhaft überhöhen, wird der

Hohe Herren im Zylinder: Reichspräsident Paul von Hindenburg (l.) und der Kölner Oberbürgermeister Konrad Adenauer 1926 in Köln bei den Feiern zur Befreiung der Rheinlande von der seit dem Ende des Ersten Weltkriegs bestehenden Besatzung durch die Alliierten

Wahlplakat der linksliberalen Deutschen Demokratischen Partei von 1924

Antisemitische Propaganda des Völkischen Blocks aus dem Jahr 1924

Plakat der SPD gegen die Völkischen unter Erich Ludendorff 1924

jeweilige politische Gegner als gefährlicher Verbrecher angeprangert.

Als die Nazis bei den Reichstagswahlen vom Juli 1932 mit 37,4 % der Stimmen stärkste Fraktion werden, ist das Ende der Weimarer Republik besiegelt. Am 30. Januar 1933 ernennt der greise Reichspräsident Paul von Hindenburg den »böhmischen Gefreiten« Adolf Hitler zum Reichskanzler. Die Nazis feiern die Machtübernahme mit einem pompösen Fackelzug durch das Brandenburger Tor. Der SPD-Angeordnete Otto Wels hält am 23. März eine letzte mutige Rede gegen das »Ermächtigungsgesetz« (→ Folge 16).

Propaganda und Inszenierung

Die Nazis erkennen als erste die Möglichkeiten der neuen Massenmedien und setzen sie gezielt für ihre Propagandazwecke ein. So wird der Volksempfänger zum wichtigen Mittel der Meinungsmanipulation. Alle deutschen Radiohersteller müssen dieses billige Rundfunkgerät nach einheitlichen Plänen produzieren. Ebenso präzise sind die Vorgaben von Propagandaminister Joseph Goebbels für die Agitation der zentralisierten Medien. Ob in der Presse, im Rundfunk oder in der Wochenschau: Die veröffentlichte Meinung wird vom Propagandaministerium diktiert und kontrolliert. Wer sich den Anweisungen widersetzt, riskiert sein Leben.

Die Politik wird zum opulenten Ausstattungstheater, düpiert den Blick des Zuschauers und lenkt seine überrumpelte Aufmerksamkeit auf die emphatischen Reden eines hybriden Demagogen. Ziel Hitlers und seiner nationalsozialistischen Führungsclique ist nicht die Information der »Volksgemeinschaft«, sondern ihre emotionale Überwältigung. Da werden Kinder getätschelt und Hunde gestreichelt, rührende Schilderungen der eigenen Jugend mit hasserfüllten Angriffen auf die »Feinde des deutschen Volkes« kontrastiert und eine paradiesische Zukunft verheißen. Hitler, der verhinderte Künstler, lässt für seine Massenveranstaltungen gewaltige Kulissen errichten, in denen uniformierte Statistenheere zu einem Bestandteil des pseudosakralen Bühnenbildes werden. Zur Inszenierung gehören Wogen »geweihter« Hakenkreuzfahnen, Fackeln und Scheinwerfer, dröhnende Trommeln, schmettern-

Fackelzug der NSDAP zur Feier der Machtübernahme am 30. Januar 1933; die Aufnahme wurde im Sommer 1933 während der Dreharbeiten zu einem Propagandafilm nachgestellt.

de Fanfaren und immer wieder der feierliche Auftritt des »Führers«, dessen Silhouette sich überlebensgroß über der braunen Masse abzeichnet – bis der von Deutschland entfesselte Krieg das ganze Brimborium in Schutt und Asche legt. Nach dem Krieg steigen die Überlebenden wieder aus den Trümmern hervor. Deutschland ist geteilt, wobei man sich über die Anzahl der Teile noch lange streitet.

Reichspropagandaleiter Joseph Goebbels im September 1934 bei einer seiner demagogischen Reden

Neubeginn

Unter denen, die in Westdeutschland politische Verantwortung für den Aufbau einer freiheitlichen Demokratie übernehmen, sind viele, die in Gefängnissen und Konzentrationslagern litten – wie Kurt Schumacher, der nach einer Umfrage aus dem Jahre 1947 meistbewunderte Politiker –, die aus der Emigration zurückkehren oder durch die Fronterfahrung geprägt sind. Das Politikerbild der Nachkriegszeit wird von gebildeten und charakterfesten Persönlichkeiten bestimmt. Als sich am 1. September 1948 der Parlamentarische Rat konstituiert, finden sich unter den Abgeordneten viele, die aktiv gegen die NS-Diktatur gekämpft haben. Anderen haben ihre Posten in Nazideutschland nicht geschadet, denn ohne die ehemaligen Nationalsozialisten lässt sich zunächst kein Staat machen.

Obwohl die meisten Deutschen erst einmal genug von der Politik haben, genießen diejenigen, die sich der Verantwortung stellen, Respekt. Unnahbare Vater- und Onkelgestalten prägen das Bild, Patriarchen, Staats- und Ehrenmänner, immer etwas förmlich, keinen Widerspruch duldend zwischen öffentlich und privat.

In den Wahlkämpfen der Nachkriegszeit wird der Bürger bei seinen Ängsten und seinem Sicherheitsdenken abgeholt. Das politische Plakat spielt dabei eine wichtige Rolle. Zentrale Themen dieser Zeit bilden die Bedrohung durch die Sowjetunion, die deutsche Einheit und der Wiederaufbau. Dennoch ist der Bundesbürger mit seiner Situation zufrieden. Der Werbeslogan »Keine Experimente« verhilft der CDU/CSU 1957 zur absoluten Mehrheit.

In den Fünfzigerjahren präsentieren sich die Volksvertreter der alten Schule visuell

noch hauptsächlich in den Wochenschauen. Aber dann, Anfang der Sechzigerjahre, erobert das Fernsehgerät die Wohnzimmer der Deutschen (→ Folge 6). Während Adenauer vor einem »Schrecken erregenden Einfluss« des Fernsehens warnt, erkennen die Wahlkampfstrategen rasch die vielfältigen Möglichkeiten des Mediums für die Vermarktung der Politik. Professionelle Werbeagenturen übernehmen nun die Wahlkampfregie. Im Bundestagswahlkampf 1965 erprobt die CDU erfolgreich die Methoden des politischen Marketings. Wichtiger als politische Programme wird die demoskopische Erforschung des Wählerwillens.

Mit der »Spiegel«-Affäre 1962, dem ersten handfesten deutschen Skandal der Nachkriegszeit, wird die Glaubwürdigkeit der politischen Klasse nachhaltig erschüttert. Der Skandal bildet den Auftakt zu unzähligen weiteren Affären, die das Politikerbild in der Bevölkerung stark in Mitleidenschaft ziehen.

1968 und die Folgen: »Demokratie wagen«

1968 probt ein Teil der jungen Generation die Revolte gegen die verkrusteten Strukturen von Vater Staat. Die etablierten Politiker haben damit ihre liebe Not und lassen Wasserwerfer auffahren. Die bunten Bewegungen beeinflussen jedoch bald den Wandlungsprozess der bürgerlichen Gesellschaft. Einem Teil der Aktivisten ist dies zuwenig. Die selbsternannten Volksvertreter der Rote Armee Fraktion fordern die Gesellschaft heraus. Was sie erreichen, ist jedoch eine Festigung des politischen Systems der Bundesrepublik.

Ende der Siebzigerjahre setzt eine neue politische Kraft auf den gewaltfreien, parlamentarischen Weg. Die 1980 gegründeten GRÜNEN grenzen sich nicht nur programmatisch von den etablierten Parteien ab: Sonnenblumen und unkonventionelle Aktionen bringen Farbe in den Bundestag. Zunächst scheinen die GRÜNEN nur wenig zu erreichen. Aber sie zwingen die Alt-Parteien zur Auseinandersetzung mit ihren Anliegen bzw. sogar dazu, manche Inhalte zu übernehmen.

Bis in die Achtzigerjahre hinein formulieren die Volksparteien ihre Programme in den Kategorien von Klassen, Milieus und Wohlfahrt. Die Art, wie sie das tun, entspricht noch weitgehend der Tradition

Kein Kurswechsel in Sicht – Wahlplakat von CDU und CSU 1957

1949: Begegnung zwischen Kurt Schumacher (SPD, l.) und Konrad Adenauer (CDU), in der Mitte Carlo Schmid (SPD)

des 19. Jahrhunderts und ist im Grunde hinfällig, denn die sozialen Milieus werden immer vielschichtiger und der gesellschaftliche Wertewandel stellt das Eigeninteresse über das Gemeinwohl. Zugleich können sich der Staat und seine Repräsentanten in Zeiten leerer Kassen dem Bürger gegenüber nicht mehr durch grenzenlos wachsenden Wohlstand und steigende Sozialleistungen legitimieren; politische Entscheidungen werden zwangsläufig unpopulär. Dies macht die Aufgabe, das Produkt Politik so verbraucherfreundlich wie möglich zu präsentieren, immer schwieriger. Zwei zentrale Strategien werden dabei variiert bzw. weiterentwickelt. Zum einen wird auf Symbole gesetzt. Da sich komplexe Sachverhalte nicht in Kurzinterviews darstellen lassen, kommt es weniger auf die Inhalte an, als vielmehr auf die Wirkung. So wird auf dem Feld der inneren Sicherheit ein Gesetz nur gefordert, weil den Bürgern das Gefühl vermittelt werden soll, der Politiker bekämpfe entschlossen die angeblich wachsende Kriminalität.

Eine neue Partei formiert sich: Wahlplakat der GRÜNEN in Baden-Württemberg 1980

Eine andere Möglichkeit, Politik zu verkaufen, ist die Personalisierung, bei der der Kandidat bzw. sein Image in den Vordergrund gerückt wird. Durch letztlich unpolitische Merkmale soll er Sympathien auf sich ziehen und so auch eine Bindung an die von ihm repräsentierte Partei erzeugen.

Das Fernsehen als emotionales Medium an sich transportiert wirkungsvoll sowohl die gestischen Sympathiewerbungen als auch die symbolischen Aussagen und Handlungen. Daher wird vom Politiker unserer Tage vor allem ein souveräner Umgang mit den Medien erwartet. Ob er sich ein TV-»Duell« mit seinem Rivalen liefert, in einer Quizsendung auch mal für einen Jux zu haben ist oder sich im trauten Kreis der Familie filmen lässt – immer geht es darum, unmittelbar an das Unbewusste des Wählers zu appellieren.

Wie aber sieht der Alltag der Politiker aus, wenn sie nicht mit der Öffentlichkeit kommunizieren? Normal sind Stress und Hektik zwischen Fraktionsdisziplin und familiären Pflichten, zumeist mit viel Kaffee und Nikotin, nicht selten auch mit Alkohol. Dabei kollidiert die Machtlosigkeit des Hinterbänklers oftmals mit den grenzenlosen Erwartungen der Wähler: Hier soll er eine Wehrdienstbefreiung, dort eine Baugenehmigung erwirken, und nicht ungewöhnlich sind Forderungen wie die eines nächtlichen Anrufers an seinen Abgeordneten, er möge ihn aus der Ausnüchterungszelle befreien. Ansprüche stellen auch Parteiaktivisten, die über die (Wieder-)Nominierung eines Politikers entscheiden. Auch der Wähler belohnt nicht den kompetenten Sachverständigen und fleißigen Nachtarbeiter: Gefragt ist der glatte, anpassungsfähige Taktierer, der die Interessen der Medien und des Publikums geschickt zu bedienen weiß.

Politiker im Mauerstaat: Bürokraten an der Macht

Und »drüben«? Östlich der Elbe besetzen nach 1945 die sowjetischen Sieger die Machtpositionen mit linientreuen kommunistischen Kadern. Zu ihnen zählt der gelernte Tischler Walter Ulbricht, der bald zum Musterbild des kleinbürgerlichen Bürokraten mutiert, einen größenwahnsinnigen Personenkult inszeniert – und nach seiner Entmachtung zur Unperson wird. Den Stalinismus prägt der Funktionärstyp,

Parade zum 40. Jahrestag der DDR-Gründung am 7. Oktober 1989 in Ost-Berlin

der sich nach der Parole »Die Partei hat immer Recht« den zentralen Vorgaben unterordnet und seien sie noch so widersprüchlich und menschenverachtend.

Mit den angestaubten Propagandamitteln Moskaus versucht man, die neue Ideologie zu verkaufen. Obwohl die Verfassung die Freiheit der Presse, des Rundfunks und des Fernsehens zusichert, unterliegen die wichtigsten Medien der direkten Anleitung durch den Parteiapparat. Ulbrichts Nachfolger Erich Honecker nimmt höchstpersönlich Einfluss auf die redaktionelle Gestaltung des »Neuen Deutschlands« und schaltet sich sogar während der laufenden Nachrichtensendungen in die Programmgestaltung ein.

Ein großer Teil derjenigen Politiker, die in den Jahren 1946 bis 1953 entscheidende Positionen erlangen, bildet noch im Herbst 1989 die politische Führung. Trotz der personellen Konstanz sind die meisten Politbürokraten in der Bevölkerung weitgehend unbekannt. Als Faustregel gilt: Je näher ein Politiker während der regelmäßigen Massenaufmärsche beim eifrig winkenden SED-Generalsekretär steht, desto wichtiger ist er.

Wohlbekannt ist dagegen die Tatsache, dass die Politiker den Bürger via Stasi bis ins Schlafzimmer verfolgen und überwachen können. Die Altmännerriege hat präzise Informationen über die wirtschaftliche Lage und die Stimmung in der Bevölkerung, weigert sich aber mit einer geradezu irrationalen Sturheit, die nötigen Schlüsse zu ziehen. Am 18. Oktober 1989 wird Honecker von seinen Genossen entmachtet. Täglich neue Enthüllungen über Amtsmissbrauch und Korruption tragen dazu bei, dass auch Honeckers »Kronprinz« Egon Krenz keine Chance hat.

Politik – reine Männersache?

Es ist ein speziell deutsches Phänomen, dass Frauen bei der Gründung des deutschen Nationalstaates, und auch noch lange Zeit danach, in der Politik schlicht nicht vertreten sind. Die erste Frau, die vehement in die Politik drängt, Rosa Luxemburg, wird von Männern ermordet. Die ersten weiblichen Volksvertreter der Weimarer Republik geben mit dem Einzug in die Politik ihr Geschlecht quasi an der Garderobe ab: Fotografien der Zeit zeigen die Politikerinnen in hochgeschlossenen, schmucklosen Blusen und einfachen langen Röcken. Auch die ersten Politikerinnen im Deutschen Bundestag tragen Kostüme, die ihr Geschlecht nahezu neutralisieren. Sie müssen mit Demütigung und Ausgrenzung rechnen, wenn sie sich der Männergesellschaft nicht unterordnen, sollen aber die doppelte Leistung bringen, um ihre Position zu rechtfertigen. Erst 1972 bekleidet erstmals eine Frau das Amt des Bundestagspräsidenten. Und mehr als 20 weitere Jahre dauert es, bis die erste deutsche Ministerpräsidentin, Heide Simonis, ihr Amt antritt. In der mehr als 40-jährigen DDR-Geschichte findet sich unter den Vollmitgliedern des Politbüros keine einzige Frau. Und auch nach den zweiten gesamtdeutschen Bundestagswahlen von 1994 sitzen im Parlament lediglich 26 % Frauen.

Annemarie Renger (SPD) 1972, die erste Bundestagspräsidentin

Heide Simonis wird 1993 als Ministerpräsidentin von Schleswig-Holstein vereidigt.

Die Chronik zum Thema

27.1.1900 Kaiser Wilhelm II. hat Geburtstag. Damit die Kinder mitfeiern können, gibt es schulfrei.

15.5.1906 Der Deutsche Reichstag in Berlin verabschiedet mit großer Mehrheit eine Verfassungsänderung, die es ermöglicht, den Abgeordneten Diäten zu gewähren.

6.8.1908 Ein neues Gesetz erlaubt Frauen, sich in politischen Vereinen zu organisieren.

21.8.1908 Die Reichstagsmehrheit verabschiedet eine Vorlage über die Bestrafung bei Majestätsbeleidigung.

13.2.1910 Mehr als 50 000 Menschen demonstrieren – erfolglos – für die Einführung freier Wahlen. Bei der verwirrenden Vielfalt der Wahlrechtsbestimmungen der deutschen Staaten gibt es eine Gemeinsamkeit: Frauen haben kein Stimmrecht.

25.1.1912 Die SPD gewinnt die sog. Hungerwahlen und wird stärkste Partei im Reichstag. In der Folge arbeiten die bürgerlichen Parteien enger zusammen.

4.8.1914 Der Reichstag genehmigt einstimmig Kriegskredite in Höhe von 5 Milliarden Mark. Der Kaiser verkündet unter tosendem Beifall der Abgeordneten: »Ich kenne keine Parteien mehr, ich kenne nur noch Deutsche«.

30.9.1918 Wilhelm II. beugt sich dem Druck der Militärs sowie Forderungen von SPD, Zentrum und Liberalen und befiehlt per Erlass die Einführung der Demokratie und den Übergang zu einem parlamentarischen Regierungssystem.

3.10.1918 Erstmals hat der Reichstag das Recht, einen Kanzler vorzuschlagen. Da sich die Parteien auf keinen Kandidaten einigen können, ernennt der Kaiser auf Vorschlag der Obersten Heeresleitung Prinz Max von Baden zum Reichskanzler.

9.11.1918 Reichskanzler Max von Baden gibt unter dem Eindruck der revolutionären Unruhen in Deutschland die Abdankung des Kaisers bekannt. Der sozialdemokratische Abgeordnete Philipp Scheidemann ruft die Republik aus.

10.11.1918 Politiker der Mehrheits- und der Unabhängigen Sozialdemokraten bilden den Rat der Volksbeauftragten, die erste republikanische Regierung. Reichskanzler ist Friedrich Ebert.

28.2.1925 Im Alter von 54 Jahren stirbt der sozialdemokratische Reichspräsident Friedrich Ebert. Um sich gegen Diffamierungen seiner Gegner zu verteidigen, hatte er eine Blinddarmoperation zu lange aufgeschoben.

26.4.1925 Bei der Wahl zum Reichspräsidenten gewinnt der Generalfeldmarschall des Kaiserreichs gegen den Politiker in Frack und Zylinder: Paul von Hindenburg, Kandidat der Rechten, schlägt den gemeinsamen Kandidaten von SPD, DDP und Zentrum, den ehemaligen Reichskanzler Wilhelm Marx.

Abgeordnete der Nationalversammlung (in der Mitte Ebert) vor dem Theater in Weimar am 22. März 1919

19.1.1919 An den Wahlen für die verfassunggebende Nationalversammlung in Weimar dürfen erstmals auch Frauen teilnehmen.

11.2.1919 Friedrich Ebert (MSPD) wird zum ersten Reichspräsidenten gewählt. Am 13. Februar beruft Ebert die erste parlamentarische Reichsregierung mit Philipp Scheidemann als Ministerpräsident.

24.6.1922 Außenminister Walther Rathenau wird das 376. Opfer einer Serie politischer Morde in Deutschland seit 1919.

9.11.1923 In München scheitert ein Putschversuch von Adolf Hitler und Erich Ludendorff.

18.7.1925 Hitlers »Mein Kampf« erscheint. Der NSDAP-Vorsitzende lässt darin keinen Zweifel an seinen Zielen.

10.4.1932 Hindenburg gewinnt den zweiten Wahlgang der Präsidentenwahlen gegen Hitler.

31.7.1932 Nach einem aggressiv geführten Wahlkampf, der viele Menschenleben fordert, wird die NSDAP mit 37,4 % der Stimmen stärkste Fraktion im Reichstag.

30.1.1933 Reichspräsident Hindenburg ernennt Adolf Hitler zum Reichskanzler. Er wird bei diesem Schritt von den nationalkonservativen Parteien unterstützt.

Erste Sitzung des NS-Reichstags am 21. März 1933 in der Berliner Krolloper mit Reichstagspräsident Göring

23.3.1933 Das Gesetz zur Behebung der Not von Volk und Reich ermöglicht den Nationalsozialisten die Gleichschaltung ihrer politischen Gegner. Gewerkschaften, Verbände und Parteien werden der Führung der NSDAP unterstellt oder verboten, viele ihrer Funktionäre verhaftet.

12.11.1933 Bei den »Reichstagswahlen« erhält die Einheitsliste der NSDAP 99,2 % der Stimmen. Im neuen Reichstag sitzen nur noch Nationalsozialisten.

30.6.1934 In einer von Hermann Göring geleiteten »Säuberungsaktion« werden unter dem Vorwand, eine Revolte niederzuschlagen, zahlreiche frühere Mitstreiter Hitlers ermordet (sog. Röhm-Putsch).

19.8.1934 In einer mit großem propagandistischen Aufwand vorbereiteten Volksabstimmung befürworten die Deutschen nach dem Tod Hindenburgs die Zusammenlegung der Ämter des Reichspräsidenten und des Reichskanzlers in der Person Hitlers.

1.8.1936 Hitler eröffnet im Berliner Olympiastadion die XI. Olympischen Sommerspiele. Die perfekt inszenierte Veranstaltung wird zu einem der größten propagandistischen Erfolge der Nazis.

9.11.1938 Reichsminister Joseph Goebbels und die Parteileitung der NSDAP organisieren ein Pogrom gegen die Juden, das wegen der vielen zu Bruch gegangenen Scheiben als »Reichskristallnacht« in die Geschichte eingeht. Während des Pogroms werden 91 Juden ermordet und über 26 000 verhaftet und in Konzentrationslager deportiert. Über 100 Synagogen und 7500 jüdische Geschäfte werden verwüstet.

20.4.1939 Der 50. Geburtstag des »Führers« wird als nationaler Feiertag begangen.

1.9.1939 Hitler verkündet den Einmarsch deutscher Truppen in Polen.

30.4.1945 In Berlin landet die Gruppe Ulbricht. Die aus dem Moskauer Exil zurückkehrenden Kommunisten haben den Auftrag, politische und administrative Aufgaben in den sowjetisch besetzten Gebieten zu übernehmen.

8.5.1945 Deutschland kapituliert bedingungslos, der Zweite Weltkrieg in Europa ist zu Ende.

11.6.1945 Im Gründungsaufruf der KPD propagieren Walter Ulbricht und Wilhelm Pieck die »Aufrichtung eines antifaschistischen und demokratischen Regimes«.

22.1.1946 Konrad Adenauer wird zum CDU-Vorsitzenden der britischen Zone gewählt.

21.4.1946 Auf der 40. Tagung der SPD der Ostzone unter Vorsitz Otto Grotewohls und auf der 15. Tagung der KPD unter der Leitung Wilhelm Piecks beschließen beide Parteien den Zusammenschluss zur Sozialistischen Einheitspartei (SED). Grotewohl und Pieck übernehmen den Vorsitz.

Propaganda zur Vereinigung von KPD und SPD

11.5.1946 Die SPD der Westzonen wählt Kurt Schumacher zum Vorsitzenden.

1.9.1948 In Bonn konstituiert sich der Parlamentarische Rat. Zum Vorsitzenden wird Konrad Adenauer (CDU) gewählt.

11./12.12.1948 Unter der Führung von Theodor Heuss vereinigen sich die liberalen Parteien der Westzonen zur FDP.

14.8.1949 Aus den ersten demokratischen Wahlen zum Deutschen Bundestag gehen die CDU mit 31 % und die SPD mit 29,2 % der Stimmen als stärkste Parteien hervor. Am 7. September findet die konstituierende Sitzung des Bundestags statt.

12.9.1949 Theodor Heuss (FDP) wird zum Bundespräsidenten gewählt.

15.9.1949 Konrad Adenauer (CDU) wird mit einer Stimme Mehrheit zum Bundeskanzler gewählt, er behält dieses Amt bis zum 16. Oktober 1963.

7.10.1949 In der sowjetischen Besatzungszone tritt eine Verfassung für eine Deutsche Demokratische Republik in Kraft, Wilhelm Pieck wird Präsident, Otto Grotewohl Ministerpräsident der DDR.

25.7.1950 Walter Ulbricht wird Generalsekretär des Zentralkomitees der SED.

15.10.1950 98,5 % der Wähler stimmen in der DDR für die Einheitsliste der Nationalen Front.

17.6.1953 Mit Knüppeln und Steinen setzen sich die Menschen in der DDR gegen ihre »Volksvertreter« zur Wehr. Der Aufstand, der sich an einer Erhöhung der Arbeitsnormen in Berlin entzündete, wird von der Roten Armee niedergeschlagen.

1.11.1957 Erich Mielke übernimmt in der DDR das Ministerium für Staatssicherheit.

1.7.1959 Die Bundesversammlung wählt Heinrich Lübke (CDU) zum Bundespräsidenten.

11.2.1960 Mit der Ernennung zum Vorsitzenden des Nationalen Verteidigungsrates erhält Walter Ulbricht den Oberbefehl über die Streitkräfte der DDR.

12.9.1960 Nach dem Tod des DDR-Staatspräsidenten Wilhelm Pieck wird Walter Ulbricht sein Nachfolger.

14.11.1961 Die CDU-Politikerin Elisabeth Schwarzhaupt wird als erste Frau Bundesministerin.

25./26.10.1962 Mit der nächtlichen Durchsuchung der Redaktionsräume, der Verhaftung von Herausgeber Rudolf Augstein und mehrerer Redakteure beginnt die »Spiegel«-Affäre.

5.3.1969 Der SPD-Kandidat Gustav Heinemann wird zum Bundespräsidenten gewählt.

21.10.1969 Nach Bildung einer Koalition aus SPD und FDP wählt der Bundestag Willy Brandt zum Bundeskanzler. Er ist der erste Sozialdemokrat in diesem Amt.

7.12.1970 Bei seinem Polenbesuch kniet Brandt am Mahnmal für die Opfer des Faschismus nieder – laut einer Umfrage findet die Hälfte der Bundesbürger diese Geste »übertrieben«.

Kniefall Willy Brandts in Warschau 1970

19.6.1971 Das SED-Zentralkomitee wählt Erich Honecker zum Nachfolger von Walter Ulbricht.

19.11.1972 Nach einem emotionsreichen Wahlkampf, der über 90 % der Wahlberechtigten zu den Urnen bringt, wird die SPD erstmals stärkste Partei im Parlament.

13.12.1972 Annemarie Renger (SPD) wird die erste Bundestagspräsidentin.

3.10.1973 In der DDR übernimmt Willi Stoph den Staatsratsvorsitz, Horst Sindermann wird Regierungschef.

15.5.1974 Walter Scheel (FDP) wird zum Bundespräsidenten gewählt.

5.11.1975 Das Bundesverfassungsgericht erklärt die Abgeordnetentätigkeit »zu einem den vollen Einsatz der Arbeitskraft fordernden Beruf«. Außerdem sind die Diäten von Bundestags- und Landtagsabgeordneten steuerpflichtig.

29.10.1976 SED-Generalsekretär Erich Honecker übernimmt auch den Staatsratsvorsitz.

23.5.1979 Karl Carstens (CDU) wird Bundespräsident.

12./13.1.1980 In Karlsruhe wird auf dem Bundeskongress der GRÜNEN der Beschluss über die Formierung einer Bundespartei gefasst.

6.3.1983 Bei den vorgezogenen Bundestagswahlen wird die CDU/CSU-FDP-Koalition bestätigt. Erstmals ziehen die GRÜNEN in das Parlament ein.

1.12.1983 Der Bundestag verabschiedet gegen die Stimmen der GRÜNEN ein Gesetz zur Parteienfinanzierung und eine entsprechende Grundgesetzänderung. Das Gesetz sieht vor, dass die Parteien für jede gewonnene Wählerstimme 5 DM statt wie bisher 3,50 DM erhalten. Die Parteien müssen künftig nicht nur über die Herkunft, sondern auch über die Verwendung ihrer Mittel öffentlich Rechenschaft ablegen.

23.5.1984 Die Bundesversammlung wählt Richard von Weizsäcker (CDU) zum Bundespräsidenten.

16.2.1987 Im Parteispendenprozess werden führende Politiker der Bundesrepublik wegen Steuerhinterziehung zu hohen Geldstrafen verurteilt.

18.10.1989 Erich Honecker wird »auf eigenen Wunsch« von allen Ämtern entbunden. Nachfolger wird Egon Krenz.

9.11.1989 Die DDR-Führung öffnet die Grenzen zu West-Berlin und zur Bundesrepublik.

13.11.1989 Hans Modrow (SED) wird neuer Ministerpräsident der DDR.

4.2.1990 In Berlin beschließt der Parteivorstand der SED/PDS, sich zum zweiten Mal nach dem Fall der Mauer umzubenennen. Die Partei heißt künftig nur noch »Partei des Demokratischen Sozialismus« (PDS).

18.3.1990 Bei der ersten freien Volkskammerwahl erringt die Allianz für Deutschland einen sensationellen Wahlsieg. Am 12. April bildet der Ost-CDU-Vorsitzende Lothar de Maizière eine große Koalition.

3.10.1990 Die DDR tritt der Bundesrepublik bei.

2.12.1990 Die erste gesamtdeutsche Bundestagswahl bestätigt die Regierung Kohl.

14.5.1993 In Leipzig schließen sich Bündnis 90 und die GRÜNEN zusammen.

19.5.1993 Heide Simonis (SPD) tritt als Ministerpräsidentin von Schleswig-Holstein als erste Frau an die Spitze einer Landesregierung.

12.11.1993 Der Deutsche Bundestag billigt einen Gesetzentwurf zur Neuregelung der Parteienfinanzierung. Danach erhalten die Parteien für die ersten 5 Millionen Wählerstimmen 1,30 DM pro Stimme, für alle übrigen Stimmen je 1 DM aus Bundesmitteln.

23.5.1994 Roman Herzog (CDU) wird Bundespräsident.

1.10.1996 Helmut Kohl überrundet mit der Dauer seiner Amtszeit Konrad Adenauer und ist nun der am längsten amtierende Regierungschef der Bundesrepublik.

Reichsbanknote
Fünfhundert Mark
Fünf Millionen

KOPF UND ZAHL

Die Deutschen und ihr Geld

Geld – nichts bringt die Menschen schneller um ihren Verstand als die Liebe und das Geld; nichts ist so sehr verketzert und verteufelt, aber auch leidenschaftlich vergötzt worden. Für die Ökonomie ist das Geld Zahlungs-, Tausch- und Wertaufbewahrungsmittel sowie Recheneinheit und Wertmesser. Ohne Geld kann eine komplexe, arbeitsteilige Wirtschaft nicht funktionieren. Nahezu alles, worauf Menschen Zugriff haben, wird durch das Geld zu einer vergleichbaren Ware.

Von der Natural- zur Goldwährung

Geld hat viele Gesichter. Ursprünglich diente es in Form von Perlen, Pelzen, Muscheln, Salz oder Sklaven als Naturalgeld oder allgemeines Tauschmittel. In Form von Metallen wie Gold und Silber reicht die Jahrtausende alte Herrschaft des Geldes bis weit ins 19. Jahrhundert hinein. Erst im 20. Jahrhundert löst das Papiergeld die Edelmetalle ab. Doch nach nur einem Jahrhundert steht das Papiergeld bereits vor dem Aus: Zum Ende des Jahrtausends scheint der Weg in die bargeldlose Gesellschaft unumkehrbar zu sein.

Zu Anfang des Jahrhunderts herrscht in Deutschland der Goldstandard, wonach Gold alleiniges gesetzliches Zahlungsmittel ist. Die Reichsbank ist verpflichtet, alle Münzen und Banknoten jederzeit in Gold umzutauschen. Geld gilt als etwas Grundsolides, das insbesondere untere Bevölkerungsschichten im Sparschwein, im Sparstrumpf oder unter der Matratze für Notlagen und die Altersversorgung sparen. Bis zum Ersten Weltkrieg sind mehr Münzen als Papiergeld in Umlauf. Dies ist nicht weiter verwunderlich, denn bis 1906 beträgt der niedrigste Banknotenwert 100 Mark. Viele Arbeiter, Angestellte und kleine Beamte müssen jedoch mit einem Monatseinkommen von weniger als 100 Mark auskommen. Statistisch gesehen entspricht 1913 die Zahl der Geldscheine der Bevölkerungszahl.

Vor dem Ersten Weltkrieg führt Deutschland den Postscheckverkehr ein, der rasch an Bedeutung gewinnt. Die Banken werben massiv um das Geld der kleinen Leute und rufen dazu auf, es auf Sparkonten anzulegen. Dank des allge-

Zur Bestreitung der enormen Kriegskosten wirbt das Deutsche Reich bei den Bürgern für die Aufnahme von Kriegsanleihen. Insgesamt werden neun Anleihen mit einem Gesamtvolumen von fast 100 Milliarden Mark während des Ersten Weltkriegs aufgelegt.

Geld und sein Wert: 1923 dient das wertlose Inflationsgeld nur noch zum Anzünden des Herds.

meinen Sparwillens der Deutschen füllen sich die Tresore und Sparkonten der Banken und Sparkassen schnell.

Mit dem Beginn des Ersten Weltkrieges geht der Goldstandard im Währungssystem zu Ende. Die Kriegskosten Deutschlands erreichen mit 164 Milliarden Mark unvorstellbare Dimensionen. Um die für die Kriegsproduktion notwendigen Einfuhren aus dem Ausland finanzieren zu können, benötigt der Staat dringend Goldreserven. Unter dem Motto »Gold geb' ich für Eisen« appelliert die Regierung an die patriotischen Gefühle der Deutschen und fordert sie auf, Goldmünzen und Wertsachen abzuliefern. Dadurch sinkt der Anteil der Münzen an der Stückgeldmenge zwischen 1913 und 1918 von 56 % auf 0,5 %. Der Erste Weltkrieg beendet die jahrtausendelange Vorherrschaft des Münzgeldes und verhilft dem Papiergeld zum Durchbruch.

In den Nachkriegsjahren verschärfen sich die sozialen Gegensätze: »In meinem Gebiet soll's so weit kommen, dass Kartoffeln und Dünnbier ein Traktament für Festtage werden...«, Lithografie von George Grosz aus der Mappe »Die Räuber«, 1922, Kupferstichkabinett Berlin.

Inflation des Geldwertes

Der Krieg bewirkt einen großen Bedarf an Zahlungsmitteln. Um dem Rechnung zu tragen, geben viele Städte, Gemeinden, ja sogar Firmen Notgeldscheine aus. Dieses Notgeld besitzt zwar keine rechtliche Grundlage, der Staat duldet es jedoch wegen des akuten Mangels an offiziellen Zahlungsmitteln.

Auch nach Kriegsende stabilisiert sich die Währung nicht. Die Finanzierung der enormen Kriegskredite und der im Friedensvertrag von Versailles festgesetzten Reparationszahlungen treibt die Schulden des Deutschen Reiches in unvorstellbare Höhen. 1919 liegt der Schuldendienst bei 126 % der ordentlichen Einnahmen und ist nur durch Aufnahme neuer Kredite zu finanzieren. Die Regierung hat deshalb kein Interesse an einer stabilen Währung. Die enorme Staatsverschuldung führt zu einer rasanten Inflation, einem Explodieren der Preise und hemmungslosem Gelddrucken: Bis 1922 ist der 1000-Mark-Schein die höchste Banknote, doch noch im gleichen Jahr emittiert die Reichsbank 10 000- und 50 000-Mark-Scheine. Im Februar des folgenden Jahres erscheint erstmals ein Schein zu 1 Million Mark, im September ist man bei 10 Milliarden, im November bei Billionen-Beträgen angelangt. Die höchste jemals in Deutschland in Umlauf gesetzte Banknote hat einen Wert von 100 Billionen Mark. 1723 Druckpressen laufen Tag und Nacht, um in der Inflationsphase mehr als 10 Milliarden Geldscheine im Wert von 3900 Trillionen Mark zu produzieren.

Auf dem Höhepunkt der Inflation im Jahr 1923 kommen die Gelddruckereien mit immer neuen Auflagen kaum nach. Trotz astronomisch hoher Beträge ist das Geld nichts wert.

Die Auswirkungen auf die Bevölkerung sind erheblich. Im Vergleich zum Vorkriegsjahr 1913 steigen die Verbraucherpreise 1922 auf das 685-fache. Ein Kilo-

Seit dem Jahr 1924 ist der 30. Oktober für die deutschen Sparkassen ein »nationaler Spartag«.

gramm Brot beispielsweise kostet im Oktober 1923 die unvorstellbare Summe von 680 Millionen Mark. Löhne und Gehälter halten mit der rasanten Preisentwicklung nicht mit. Arbeiter, Angestellte und Beamte müssen Einkommenseinbußen von 30 bis 40 % hinnehmen, die Entwertung ihrer Ersparnisse und den Verlust ihrer Vermögen verkraften. Das Trauma dieser verheerenden Inflation sitzt bis heute tief im Bewusstsein vieler Deutscher.

Die »goldenen Zwanzigerjahre«

Mit der Rentenbankverordnung vom 15. Oktober 1923 unternimmt die Regierung den einschneidenden Versuch, die Währung zu sanieren. Im Gegensatz zur ruinierten Mark findet die neu eingeführte Rentenmark schnell das Vertrauen der Bevölkerung. Dem Staat ist der Zugriff auf die Notenpresse verwehrt, eine wesentliche Voraussetzung für die Stabilisierung der Währung. Das Währungsgesetz von 1924, das die Gründung einer unabhängigen Reichsbank und die Einführung einer neuen Reichsmark vorsieht, macht der Hyperinflation endgültig ein Ende. Die Jahre von 1924 bis 1929 gelten den Deutschen als »goldene Zwanziger«. Die neue Reichsmark genießt das Vertrauen der Bevölkerung, die Wirtschaft erlebt – auch infolge US-amerikanischer Kredite – einen Aufschwung, das Volkseinkommen steigt jährlich um etwa 4 %. Dank überdurchschnittlicher Zinsen fließt internationales Geld nach Deutschland.

Im Zuge der Weltwirtschaftskrise ab 1929 zieht das Ausland jedoch Teile seiner Gelder aus Deutschland ab. Die Auswirkungen für die Banken sind verheerend: 1931 muss die Danat-Bank, das drittgrößte deutsche Geldinstitut, wegen Zahlungsunfähigkeit schließen. Nach dem anschließenden Run der Sparer auf ihre Einlagen bei Sparkassen und Banken kann nur die Erklärung von zwei Bankfeiertagen einen Kollaps des deutschen Finanzsystems verhindern. Die Finanzturbulenzen treffen auch den Produktionsbereich. Binnen kurzer Zeit brechen viele Unternehmen zusammen, die Produktion

Der New Yorker Börsenkrach vom 29. Oktober 1929 führt weltweit zu Zusammenbrüchen von Unternehmen und Banken. Auch in Berlin stellt die Bank für deutsche Beamte ihre Zahlungen ein.

gerät massiv ins Stocken, die Arbeitslosigkeit übersteigt im Winter 1931/32 die Fünf-Millionen-Marke.

Heinrich Brüning, Kanzler eines autoritär-konservativen Präsidialkabinetts, reagiert mit Lohn-, Preis- und Kostensenkungen sowie einem strikten Sparkurs bei den Staatsausgaben. Sein Ziel ist es, die Wettbewerbsfähigkeit der deutschen Wirtschaft gegenüber dem Ausland zu fördern. Mit der Einführung einer Vier-Pfennig-Münze versucht die Regierung, die Bevölkerung zur Sparsamkeit anzuregen: Statt für fünf soll für vier Pfennig eingekauft werden. Die Bürger lehnen die neue Münze jedoch ab. Bereits nach einem Jahr setzt die Reichsbank die Münze, die im Volksmund in Anspielung auf Brüning »Armer Heinrich« heißt, außer Kraft. Die strikte Deflationspolitik Brünings verschärft die sozialen Spannungen, in deren Verlauf die Macht der NSDAP wächst.

Geld im »Dritten Reich«

Nach ihrer Machtübernahme unterwerfen die Nationalsozialisten das Geldwesen ihrer politischen Zielsetzung. Auf einen Beschluss der internationalen Reparationskommission hin stellen sie im Jahr 1934 die Reparationsleistungen ein, propagieren dies jedoch fälschlicherweise als einen Erfolg ihrer Politik.

Stufenweise schafft das NS-Regime die Unabhängigkeit der Reichsbank ab, die 1939 unmittelbar Adolf Hitler unterstellt wird. Um die militärische Aufrüstung zu finanzieren, die dem Versailler Vertrag widerspricht, werden die Mefo-Wechsel eingeführt, die Lieferanten von Militär- und Rüstungsgütern auf die Metallurgische Forschungsgesellschaft (Mefo) ziehen. Zweck dieser Tarnfirma ist es, die Rüstungsausgaben vor der Öffentlichkeit zu verschleiern. Bis 1938 bringen diese

Der Zweite Weltkrieg macht viele Menschen obdachlos. In der Nähe des Tiergartens werden britische Armeehütten als Notunterkünfte für wohnungslose Berliner errichtet. Tauschhandel und Schwarzmarkt ermöglichen das Überleben.

Der Schwarzmarkt blüht: Ausländische Zigaretten sind nach dem Krieg die eigentliche Währung.

Wechsel 12 Milliarden Reichsmark zur Kriegsvorbereitung auf.

Um bei steigender Kreditnachfrage eine Inflation zu verhindern, verhängen die Nationalsozialisten Lohn- und Preisstopps und betreiben eine rigide Rationierungswirtschaft. Zudem hält die staatliche Propaganda die Bevölkerung zum Sparen an. Jeder Arbeitnehmer soll ab 1941 auf »Eiserne Sparkonten« monatlich bis zu 26 Reichsmark überweisen. Auch sie dienen einzig dem Zweck der Kriegsfinanzierung. Diese legendäre »geräuschlose Kriegsfinanzierung« funktioniert, weil die Bevölkerung angesichts des knappen Warenangebots während des Krieges ihr Einkommen nicht ausgeben kann.

Währungsreform und »Wirtschaftswunder«

Bei Kriegsende besteht ein erheblicher Geldüberhang, der nicht durch ein entsprechendes Warenangebot gedeckt ist. Deutschland besitzt keine funktionsfähige Währung mehr, sie ist hoffnungslos zerrüttet. Der Schwarzmarkt floriert, der Tauschhandel kommt zu neuen Ehren. Hoch im Kurs stehen naturale Nebenwährungen wie Schokolade, Kaffee oder ausländische Zigaretten. Mangel und Hunger bestimmen das alltägliche Bild.

Ab 1946 treten in den westlichen Besatzungszonen neugegründete Landeszentralbanken an die Stelle der Reichsbank. Im März 1948 gründen die westlichen Alliierten die Bank deutscher Länder, um die Landesbanken zu koordinieren. Der Wiederaufbau erfordert dringend eine Reform der Währung. Als eine gemeinsame Neuordnung der Währung für alle vier Besatzungszonen am Widerstand der Sowjetunion scheitert, planen die drei Westmächte die Währungsreform im Alleingang. Nach geheimen Vorbereitungen verkünden sie am 18./19. Juni 1948 das »Erste Gesetz zur Neuordnung des Geldwesens« und führen in den Westzonen die Deutsche Mark als gesetzliches Zahlungs-

Im Zuge der Währungsreform werden in den westlichen Besatzungszonen 20-Mark-Scheine der Deutschen Reichsbank durch neue, in den USA gedruckte 20-DM-Banknoten ersetzt.

»Tapetenmark« in der Ostzone: alte Reichsmarkscheine mit Wertkupons mittel ein. Jeder Bewohner erhält gegen Einzahlung von 60 Reichsmark zunächst 40 DM, weitere 20 DM gibt es zwei Monate später. Die Bevölkerung akzeptiert die neue Währung vom ersten Tag an. Über Nacht füllen sich die Regale in den Geschäften mit Waren aus gehorteten Beständen. Nach der Auszahlung der ersten Löhne und Gehälter im Juli bricht ein regelrechter Kaufsturm aus (→ Folge 43).

Vier Tage nach den westlichen Besatzungsmächten zieht die sowjetische Militärregierung mit einer eigenen Währungsreform für ihre Besatzungszone nach. Jede Person erhält 70 Reichsmark, die im Verhältnis von eins zu eins in Ost-Mark eingetauscht werden, wobei alte Reichsmarkscheine einfach mit Kupons und Wertaufklebern versehen werden. Die Bevölkerung hat für das neue Geld schnell einen abschätzigen Namen parat: »Tapetenmark«.

Münzprägung in der Staatlichen Münze Berlin: Seit 1280 ist Berlin traditionelle Münzprägestätte.

Die Währungsreform, der Übergang zur Marktwirtschaft und die Finanzmittel aus dem US-amerikanischen Marshallplan legen in der jungen Bundesrepublik den Grundstein zum »Wirtschaftswunder«. Bereits in den Fünfzigerjahren verdoppelt sich das Sozialprodukt.

Großen Anteil an der Stabilität der Währung hat die Deutsche Bundesbank, deren Gründung schon im Grundgesetz vorgesehen ist. Dort heißt es in Artikel 88: »Der Bund errichtet eine Währungs- und Notenbank als Bundesbank.« Am 1. August 1957 ersetzt die Bundesbank mit Sitz in Frankfurt am Main das zweistufige Zentralbankensystem der Bank deutscher Länder und der Landeszentralbanken. Die bislang selbstständigen Landeszentralbanken werden in Hauptverwaltungen der Bundesbank zusammengefasst. Aufgabe der Bundesbank ist es, mit Hilfe ihrer währungspolitischen Befugnisse den Geldumlauf und die Kreditversorgung der Wirtschaft zu regeln und die Währung zu sichern. Die Bundesbank besitzt das alleinige Recht, Banknoten auszugeben. Trotz ihrer Unabhängigkeit von staatlichen Weisungen, die sie in ihrer 40-jährigen Geschichte mehrfach unter Beweis gestellt hat, ist die Bundesbank verpflichtet, die allgemeine Wirtschaftspolitik der Bundesregierung zu unterstützen. Die Bundesbank gilt als Hüterin einer starken DM.

Die DM – ein Erfolg

Von 1950 bis 1960 erhöht sich der Lebensstandard der Bevölkerung in der Bundesrepublik um zwei Drittel, und der Konsum der Bundesbürger nimmt stetig zu. In den Sechzigerjahren erreicht die bundesdeutsche Wirtschaft die Spitzenstellung in Europa, die DM wird zur stärksten europäischen Währung. Internationale Währungsturbulenzen erschüttern jedoch in den Siebzigerjahren die bislang so feste DM: Die Ölkrise 1973, der Anstieg der Rohstoffpreise, Preissteigerungsraten bis zu 7 % im Jahr 1974 und der Ausbruch einer weltweiten Wirtschaftskrise wecken bei vielen Deutschen Inflationsängste. Ende der Siebzigerjahre verschärft die Bundesbank mit Erfolg ihre Geldpolitik: Die Preissteigerungsrate sinkt, die Zinsen gehen zurück und die Leistungsbilanz erzielt wieder Überschüsse.

Mit dem Aufbau eines Datensatzes zum beleglosen Datenträgeraustausch im Finanzverkehr bricht Mitte der Siebzigerjahre ein neues Zeitalter in der Geldwirtschaft an: Geldscheine und -münzen verschwinden zunehmend aus dem Zahlungsverkehr, an ihre Stelle treten Scheck, Scheck- und Kreditkarte. 1980 nehmen die Banken in deutschen Großstädten die ersten Geldautomaten in Betrieb. Obwohl die Deutschen zunächst noch skeptisch sind, ist der Siegeszug der Plastikkarten nicht mehr aufzuhalten. Bis Ende der Achtzigerjahre setzt sich der bargeldlose Zahlungsverkehr endgültig durch und erreicht knapp 20 Billionen DM. Anfang der Neunzigerjahre kursieren mehrere 100 Millionen Kunststoff-Zahlungskarten aller Art und in mehr als 300 000 Geschäften werden Kreditkarten akzeptiert.

Währungsunion mit der DDR

1990 bewältigt die Bundesbank die größte organisatorische Herausforderung ihrer Geschichte. Im Zuge der Währungsunion mit der DDR gibt sie am 1. Juli 1990 etwa 18 Milliarden DM an die Bevölkerung der DDR aus. Bis zu einem bestimmten Freibetrag gilt ein Umtauschkurs von 2 Ost-Mark zu 1 DM.

Mit der Währungsunion geht die Geschichte der DDR-Mark zu Ende, die wegen der mangelnden internationalen Anerkennung immer eine reine Binnenwährung blieb. Auch in der Bevölkerung der DDR fand die Ost-Mark nie die erforderliche Akzeptanz. Ganz im Gegenteil: In den Siebziger- und Achtzigerjahren gewann die DM zunehmend den Status einer Parallelwährung, mit deren Hilfe in eigens eingerichteten »Intershops« westliche Waren zu kaufen waren. Da die Regierung dringend Devisen benötigte, führte sie für Besucher aus der Bundesrepublik und West-Berlin einen Eins-zu-Eins-Zwangsumtausch von DM zur Mark der DDR ein.

Ende der Deutschen Mark?

In den Neunzigerjahren verstärkt sich der Trend zum elektronischen Zahlungsverkehr. Electronic-cash ermöglicht es, bargeldlos einzukaufen. Telefonbanking und On-line-Dienste erlauben es dem Verbraucher künftig Bankgeschäfte vom heimischen PC aus zu führen.

Zum Ende des Jahrtausends steht mit der Einführung einer europäischen Einheitswährung ein weiterer währungspolitischer Umbruch bevor. Im Maastrichter Vertrag von 1991 erklären sich die Mitgliedsstaaten der Europäischen Union bereit, ihre währungspolitische Souveränität aufzugeben und eine gemeinsame europäische Zentralbank zu schaffen. Ab 1. Januar 1999 gilt in den Teilnehmerstaaten der Euro als gemeinsame Währungseinheit. Ab 1. Januar 2002 ist er alleiniges gesetzliches Zahlungsmittel.

Ab 1999 wird der Euro die einheitliche Währung in den Teilnehmerstaaten der Europäischen Währungsunion. Nach einer Übergangszeit von drei Jahren ist er alleiniges gesetzliches Zahlungsmittel.

Die Chronik des Geldes

1900 Das Volkseinkommen liegt in Preußen bei 504 Reichsmark pro Kopf. Eine Münzgesetznovelle setzt die goldenen 5-Mark-Stücke außer Kraft.

5.1.1901 Die Deutsche Reichsbank feiert ihr 25-jähriges Bestehen. Seit 1876 hat sie ihren Umsatz von 36,7 auf 176,6 Milliarden Mark pro Jahr gesteigert.

1906 Erstmals gibt die Reichsbank 50- und 20-Mark-Banknoten aus.

1.10.1908 Die Reichsgoldwährung tritt in Kraft. Silbertaler sind künftig kein gesetzliches Zahlungsmittel mehr. Der bargeldlose Zahlungsverkehr gewinnt rasch an Bedeutung.

1.1.1910 Reichsbanknoten werden gesetzliches Zahlungsmittel. Auf Verlangen muss die Reichsbank auch weiterhin Geldscheine in Goldmünzen umtauschen.

1913 Nach wie vor schätzt die Bevölkerung Goldmünzen mehr als Banknoten. Im statistischen Durchschnitt entfällt auf jeden Bürger nur ein Geldschein.

13.11.1914 Die Reichsregierung fordert die Bevölkerung auf, Goldmünzen gegen Papiergeld einzutauschen.

Oktober 1915 Die Reichsbank zieht die Fünf-Pfennig-Stücke ein. Das Metall wird für Kriegszwecke benötigt.

20.2.1917 Die Regierung führt an Stelle der Kupfermünzen, die für Kriegszwecke benötigt werden, Fünf-Pfennig-Stücke aus Aluminium ein. Angesichts einer bislang ungeahnten Expansion von Papiergeld bringen viele Städte, Gemeinden und Firmen Notgeld in Umlauf.

1918 Der Bargeldumlauf hat sich seit Kriegsbeginn vervierfacht.

28.6.1919 Der Friedensvertrag von Versailles verpflichtet Deutschland zur Zahlung von Reparationen, wobei die genaue Höhe der Zahlungen noch nicht festgelegt wird.

1920 Die Mark besitzt nur noch ein Fünftel ihres Vorkriegswertes.

31.8.1921 Deutschland übergibt die erste von insgesamt 132 Milliarden Goldmark Reparationszahlungen an die Alliierten.

1922 Die Staatsverschuldung erreicht ungeheure Dimensionen und führt zu einer exzessiven Geldschöpfung und damit zu einer Explosion der Preise. Die Hyperinflation beginnt: Im Januar liegt der US-Dollarkurs bei 188 Mark, im November bei 4450 Mark.

1923 135 private Druckereien produzieren Inflationsgeldscheine. In der Reichsdruckerei sind 7500 Menschen rund um die Uhr mit der Produktion von Papiergeld beschäftigt.

15.10.1923 Mit der Gründung der Deutschen Rentenbank als neuer Währungsinstitution verliert der Staat den Zugriff auf die Notenpresse.

15.11.1923 Der US-Dollarkurs liegt bei 4,2 Billionen Papiermark. Die Ausgabe der Rentenmark beginnt. Beim Umtausch gibt es für eine Billion Papiermark eine Goldmark oder eine Rentenmark.

Spiele mit wertlosen Geldscheinbündeln 1923

16.8.1924 Die internationale Reparationskommission verabschiedet in London den Dawesplan, der die Zahlung der deutschen Reparationen neu regelt. Zur wirtschaftlichen Gesundung erhält das Deutsche Reich einen Kredit von 800 Millionen Goldmark. Es wird vereinbart, dass die Zahlungen bis 1929 die Höhe von 2,5 Milliarden Goldmark jährlich erreichen müssen.

30.8.1924 Mit der Verabschiedung eines neuen Währungsgesetzes geht die Inflation zu Ende. Die Reichsbank wird wieder Zentralnotenbank. Gesetzliches Zahlungsmittel wird die Reichsmark.

13.5.1927 Ein plötzlicher Börsensturz in Berlin beunruhigt die Wirtschaftswelt. Die Presse spricht von einem »schwarzen Freitag«.

1928 Ein internationaler Wirtschaftsabschwung, der in die Weltwirtschaftskrise führen wird, setzt ein.

7.6.1929 Der Youngplan verpflichtet Deutschland zu Reparationszahlungen von insgesamt 116 Milliarden Reichsmark innerhalb von 59 Jahren.

29.10.1929 Am »Schwarzen Freitag« verzeichnet die Börse in New York Kurseinbrüche von nie gekannten Ausmaßen. Innerhalb kurzer Zeit kommt es weltweit zu Zusammenbrüchen von Unternehmen und Banken. Das labile Deutschland ist von den Folgen des Börsenkraches besonders betroffen.

1.1.1930 Die erste Notverordnung zur Sicherung von Wirtschaft und Finanzen tritt in Kraft. Die Regierung beginnt eine strenge Spar- und Haushaltspolitik mit Lohn-, Preis- und Kostensenkungen.

11.5.1931 Der Zusammenbruch der Österreichischen Creditanstalt löst in Deutschland eine Bankenkrise aus. Panikartiger Sturm auf alle Banken führt zum Kollaps des Zahlungsverkehrs.

13.7.1931 Das drittgrößte deutsche Kreditinstitut, die Darmstädter und Nationalbank (Danat-Bank), hält ihre Schalter geschlossen. Angesichts der massiven Abzüge in- und ausländischer Einlagen ist die Danat-Bank zahlungsunfähig geworden.

14.7.1931 Die Verkündung von zwei Bankfeiertagen verhindert die Zahlungseinstellung der Banken.

15.12.1931 Im Deutschen Reich werden 5 349 000 Empfänger von Arbeitslosenunterstützung gemeldet. Die hohe Zahl ist u. a. eine Folge der Deflationspolitik von Heinrich Brüning.

9.7.1932 Die Konferenz von Lausanne bringt das Ende der Reparationszahlungen für Deutschland.

14.6.1934 Deutschland stellt die Zahlung seiner Auslandsschulden und der Reparationsforderungen ein.

13.11.1934 Staatliche Festsetzungen von Preisen und Gewinnspannen beenden für den Handel die Zeit der Dispositionsfreiheit.

1935 Die Nationalsozialisten entziehen den vier privaten Notenbanken die Befugnis zur Notenausgabe. Mit der Gründung der Metallurgischen Forschungsgesellschaft beginnt die getarnte Rüstungsfinanzierung über sog. Mefo-Wechsel.

1936 Die Nachfrage nach Krediten zur Kriegsvorbereitung steigt stark an. Um eine Inflation zu vermeiden, erlässt die Regierung einen allgemeinen Preisstopp.

1937 Deutschland schafft die letzten Bindungen seiner Währung an das Gold ab. Die

Börsenkrach 1929 in der New Yorker Wall Street

Reichsmark wird zu einer reinen Papierwährung.

1938 Die Regierung verhängt einen Lohnstopp. Eine zentrale staatliche Lenkung und Verwaltung löst die bisherige Marktwirtschaft ab.

16.6.1939 Die Deutsche Reichsbank verliert ihren Status als unabhängiges Kreditinstitut und wird durch Erlass Hitler direkt unterstellt.

1.9.1939 Nach Kriegsbeginn nehmen Geldmenge und Staatsverschuldung schnell zu. Bis 1945 versiebenfacht sich der Bargeldumlauf, die öffentliche Verschuldung verzwanzigfacht sich.

1940 Die Regierung stellt das Hamstern von Münzen unter Strafe. Sie zieht die Münzen aus Nickel und Kupfer ein, weil sie die kriegswichtigen Metalle benötigt.

31.10.1941 »Eiserne Sparkonten« dienen der Kriegsfinanzierung. Als Anreiz für die Bürger zu diesem »freiwilligen« Zwangssparen bleiben die Einlagen steuerfrei.

8.5.1945 Am Ende des Zweiten Weltkrieges verfügt Deutschland über keine funktionsfähige Währung mehr. Einige Städte und Gemeinden geben primitive Notgeldscheine aus. Wer Verbrauchsgüter wie Zigaretten, Kaffee oder Strümpfe besitzt, kann sie auf dem schwarzen Markt oder legal tauschen.

1947 Spekulationen über eine bevorstehende Währungssanierung lösen eine Flucht in Sachwerte aus. Die Preise am Schwarzmarkt steigen ins Unermessliche. Eine US-amerikanische Zigarette kostet 30 Reichsmark. Durch Mangel an Kleingeld kommt es zur Zahlung mit Rabattmarken, Briefmarken und anderen Hilfsmitteln.

1.3.1948 Als zentrale Notenbank der Länder im Vereinigten Wirtschaftsgebiet entsteht in Frankfurt am Main die Bank deutscher Länder.

18./19.6.1948 Die westlichen Alliierten verkünden für ihre Besatzungszonen die Währungsreform. Ab 20. Juni erhält jeder Bürger der Westzonen zunächst für 60 Reichsmark 40 DM (weitere 20 DM im August).

6.7.1959 Im Saarland, das seit 1957 zur Bundesrepublik gehört, wird die DM gesetzliches Zahlungsmittel.

1961 Die Bundesbank beginnt mit der Ausgabe einer neuen Notenserie.

1.12.1964 Die DDR führt den Zwangsumtausch für Besucher aus der BRD ein.

Gedränge vor einer Geldumtauschstelle 1948 in Berlin

24.6.1948 Die sowjetische Militärregierung zieht mit einer eigenen Währungsreform für ihre Besatzungszone nach. Jede Person erhält 70 Reichsmark im Verhältnis eins zu eins in Ost-Mark eingetauscht.

20.3.1949 Die neue Deutsche Mark wird alleiniges gesetzliches Zahlungsmittel in West-Berlin.

22.3.1950 Die Bank deutscher Länder gibt die erste Fünf-DM-Note aus.

14.8.1952 Die Bundesrepublik tritt dem Internationalen Währungsfonds und der Weltbank bei.

1.8.1957 Die Deutsche Bundesbank löst die Bank deutscher Länder ab. Die neue Zentralbank ist von der Bundesregierung unabhängig.

13.10.1957 Die Regierung der DDR erklärt ihr Papiergeld für ungültig und ruft zum Notenumtausch auf.

1967 Die DDR benennt ihre Währung in Mark der Deutschen Demokratischen Republik um.

10.5.1968 Das Eurocheque-System legt den Grundstein für das erste europäische Zahlungsmittel.

1969 Zum 20-jährigen Bestehen der DDR gibt die Regierung ein neues 20-Pfennig-Stück und ein Fünf-Mark-Stück aus.

1970 Der Sonderausschuss des Europäischen Währungssystems verabschiedet einen Stufenplan für eine Wirtschafts- und Währungsunion bis Ende der Siebzigerjahre.

März 1972 Die EG beschließt die Europäische Währungsschlange. Sie begrenzt die Schwankungsbreiten der EWG-Währungen untereinander auf 2,25 %.

1973 Die Ölkrise treibt Preise und Staatsverschuldung in die Höhe.

26.6.1974 Die Schließung der Kölner Herstatt-Bank bedeutet den größten deutschen Bankenkrach seit der Weltwirtschaftskrise 1931.

1.2.1975 Mit der Einführung des neuen Fünf-DM-Stücks aus Magnimat zieht die Bundesbank die letzte Silbermünze in Deutschland aus dem Verkehr. Eine jahrtausendealte Silbermünztradition geht zu Ende.

1976 Mit dem einheitlichen Aufbau eines beleglosen Datenträgeraustausches im Finanzverkehr beginnt das Zeitalter des elektronischen Geldes in Deutschland.

23.2.1978 Erstmals fällt der Wert des US-Dollars unter die Zwei-DM-Grenze.

13.3.1979 Das Europäische Währungssystem (EWS) tritt in Kraft. Es setzt feste, aber anpassungsfähige Wechselkurse der Mitgliedswährungen mit einer Schwankungsbreite von 2,25 % fest.

1980 Die Banken nehmen in deutschen Großstädten die ersten Geldautomaten in Betrieb.

1982 Seit 1969 ist die Kaufkraft der DM auf 53 Pfennig gesunken.

1985 Die Kommission der Europäischen Gemeinschaft beschließt, unwiderrufliche Schritte zur Schaffung eines einheitlichen europäischen Binnenmarktes einzuleiten. Davon betroffen ist auch der Finanz- und Währungsbereich.

19.10.1987 An den Weltbörsen kommt es zu den größten Kursstürzen seit sechs Jahrzehnten.

1989 Das Geldvermögen in der Bundesrepublik liegt bei 2,8 Billionen DM.

1.7.1990 Die Wirtschafts-, Währungs- und Sozialunion mit der DDR tritt in Kraft. Nach 42 Jahren beendet sie die Teilung Deutschlands in zwei Währungsgebiete.

Ein DDR-Bürger freut sich 1990 über seine frisch getauschten DM.

1.10.1990 Die Bundesbank beginnt mit der Ausgabe neuer Banknoten mit einem Fälschungsschutz.

11.12.1991 Die Staats- und Regierungschefs der Europäischen Gemeinschaft beschließen in Maastricht die Gründung einer Europäischen Union. Wichtigste Vereinbarung ist die Einrichtung einer Wirtschafts- und Währungsunion mit Einführung einer europäischen Währung (Euro) ab 1999.

2.8.1993 Durch Ausweitung der Interventionsbandbreiten wird das Europäische Währungssystem (EWS) praktisch außer Kraft gesetzt.

19.4.1995 Der US-Dollar sinkt an der Frankfurter Devisenbörse auf das Rekordtief von 1,362 DM.

1997 Plastikgeld wird zunehmend zur inoffiziellen europäischen Einheitswährung. 1996 sind insgesamt 17,7 Millionen Kreditkarten ausgegeben worden.

1998 Die Teilnehmerstaaten für die Europäische Währungsunion werden festgelegt. Ab 1. Januar 2002 ist der Euro alleiniges gesetzliches Zahlungsmittel.

Kosama
Buttermilch 21
Sanella
Sanella 55

FOLGE

43

WARENWELTEN

Die Deutschen und der Konsum

Man stelle sich vor: Innenstädte ohne Kaufhäuser, ohne Boutiquen, ohne Schaufenster – Stadtzentren ohne Werbeflächen, ohne Leuchtreklame. Was heute nicht mehr wegzudenkende Symbole urbanen Lebens sind, hat es vor gut 100 Jahren noch kaum gegeben. Der Übergang von einer Gesellschaft, die sich am täglichen Bedarf, am Lebensnotwendigen orientiert, zu einer Gesellschaft, die Überfluss und Luxus herstellt, erfolgt erst nach der Mitte des 20. Jahrhunderts. Heute ist Konsum in West und Ost zu einem lebensbestimmenden Faktor geworden.

Geburtsstunde der Warenhäuser

Gera am 1. März 1882; in einer Zeitungsannonce heißt es: »Dem verehrten Publikum Geras [mache ich] die ergebene Mitteilung, dass ich am hiesigen Platze ein Garn-, Knopf-, Posamentier-, Weiß- und Wollwarengeschäft en gros und en detail unter der Firma Hermann Tietz eröffnet habe ... Ich hoffe, durch große Auswahl und billige Preisnotierungen jede Konkurrenz zu bestehen. Hochachtung, Hermann Tietz«. Der Grundstein des späteren Hertie-Konzerns ist gelegt und eines der ersten Warenhäuser in Deutschland gegründet. Etwa zur selben Zeit eröffnen Rudolph Karstadt in Wismar, Theodor Althoff in Dülmen, Leonhard Tietz in Stralsund und Abraham Wertheim in Berlin ihre ersten Geschäfte.

Grund und Voraussetzung für das Auf-

Wer die Wahl hat, hat die Qual: Auch die Selbstbedienung will gelernt sein; sie ist nach US-Vorbild eine Errungenschaft der Fünfzigerjahre.

1903/04 baut Wertheim an der Ecke Leipziger Platz/Leipziger Straße in Berlin ein Warenhaus, das in der ganzen Welt nicht seinesgleichen hat. »Aus einem solchen Schloss kann nichts Schlechtes kommen«, ist die Botschaft dieses Prachtbaus von Alfred Messel.

kommen der ersten Warenhäuser ist die Industrialisierung: Was früher in kleinen Handwerksstuben als Einzelstück von Hand gefertigt oder in den Haushalten selbst hergestellt wurde – einfache Möbel, Kleidung, Nahrungsmittel – kann nun als maschinell produzierte billige Massenware auf den Markt geworfen werden. Dies führt zu einer »Demokratisierung des Konsums«: Was noch im letzten Jahrhundert als Luxusware nur einer kleinen Oberschicht vorbehalten war – Porzellan etwa – ist nun auch für die breite Masse erschwinglich. Außerdem führt die Industrialisierung zu einer deutlichen, wenn auch vorerst noch bescheidenen Verbesserung des Lebensstandards breiter Bevölkerungsschichten. Und nicht zuletzt ziehen die neuen Fabriken immer mehr Menschen in die Städte, so dass diese sehr schnell wachsen: Gab es 1870 nur neun deutsche Städte mit mehr als 100 000 Einwohnern, so sind es 1910 bereits 48.

Tempel des Konsums

Die neuen Verkaufsstätten verlangen nach einer ebenso neuartigen Architektur – »größer, schöner, verführerischer« ist das Motto. Die moderne Skelettbauweise mit offenen Flächen und lichtdurchfluteten Glaskuppeln lässt die Warenhäuser hell, leicht und kathedralengleich wirken.

Zu den Straßenfronten hin werden große Fenster angelegt, deren Dekorationen und Auslagen die Menschen in die Verkaufsräume hineinlocken sollen. Sie werden die Attraktionen und Anziehungspunkte der Innenstädte und führen zu einer neuen Freizeitbeschäftigung, dem Schaufensterbummel.

Die Welt des schönen Scheins

Noch etwas wandelt die alten Innenstädte zur modernen City: die Werbung. Jede freie Fläche an Hauswänden, Mauern und Litfasssäulen wird für Reklame genutzt. Das wichtigste Werbemittel ist neben der Zeitungsannonce das Plakat. Namhafte Grafiker wie Lucian Bernhard oder Ludwig Hohlwein prägen die Kunst der Plakatgestaltung, in der sich die Kunstrichtungen der Zeit widerspiegeln: Jugendstil, Expressionismus, Neue Sachlichkeit.

Werbung bedient sich von Anfang an der neuesten technischen Errungenschaften. Leuchtreklame wird zu Jahrhundert-

DOKUMENT

Verführung zum Konsum

Berühmte Zeitgenossen sind fasziniert von den neuen Warenhäusern. Der Politiker Gustav Stresemann schreibt:

»In der Leipziger Straße angekommen, bewundert man erst eine ganze Weile lang die Schaufenster, dann ergeht man sich zunächst in den Erdgeschossräumen, sieht sich die verschiedensten Auslagen an und kauft hier und da ... Hat man Bekannte gefunden, so zeigt man sich gegenseitig die Einkäufe und reizt sich dadurch zu neuen Ausgaben. Die Zeit verfliegt, und wenn man plötzlich sieht, dass es höchste Zeit sei heimzukehren, so macht man oft die Wahrnehmung, dass man anstatt der einen Krawattenschleife, die man ursprünglich kaufen wollte, mit einem ganzen Bündel verschiedenartigster Sachen beladen ist.«

In seinem Buch »Berlin – Schicksal einer Weltstadt« schildert Walther Kiaulehn das Kaufhaus Wertheim:

»Hunderttausend Glühbirnen erleuchten den Palast, dessen Grundfläche doppelt so groß wie die des Reichstages war, dessen Frontlänge an der Leipziger Straße und am Leipziger Platz dreihundertdreißig Meter maß. Fünf Kilometer Rohrpost, tausend Telefonanschlüsse, dreiundachtzig Fahrstühle, drei Rolltreppen, dreißig andere Treppen, der Gigant wiegte sich in seinen Dimensionen. Technik gab es auch anderswo, hier aber verband sie sich mit Schönheit und diente scheinbar nur ihr. Diese Lichthöfe, fünfundzwanzig Meter hoch, die Wände aus Halbedelstein, wie die im unvergesslichen Onyxsaal. Der Brunnenhof aus istrischem Kalkstein mit Mosaiken und vergoldeten Terrakotten ... Jeder war hier willkommen, die Wertheims brauchten die 6 Pfennige, die das alte Mütterchen nach stundenlangem Suchen für den einen Knopf zahlte, ebenso dringend, wie die 1000 Mark, die ein Buchara kostete.«

beginn zum Sinnbild moderner Urbanität schlechthin. Je größer und bunter, desto besser: Die Berliner Kupferberg Lichtwerbung hat zum Beispiel eine Größe von 60 m^2 und verfügt über 1600 Glühbirnen: Unter dem Schriftzug »Kupferberg Gold« rieselt Sekt aus einer Flasche in ein Glas. Flugzeuge lassen Bänder mit Werbeslogans über den Innenstädten flattern oder schreiben mit ihren Kondensstreifen die Botschaften in die Luft. Das Ziel dieser Werbemittel: Aufmerksamkeit erregen – um jeden Preis.

Links: Karl August Lingner, der Erfinder des Mundwassers Odol, ließ sich den Namen schon 1892 patentrechtlich schützen.

Der Name Persil entstand aus der Kombination der ersten Silben der Chemikalien Perborat und Silikat. Die Figur der weißen Frau – nach einem Entwurf von Kurt Heiligenstaedt – ist von 1922 bis 1959 Werbeträgerin für Persil.

Der Film ist eine weitere Neuheit dieser an Erfindungen so reichen Zeit. Er erlaubt, die Reklame in eine kleine Geschichte zu verpacken, an deren Ende dann der Slogan steht.

Leibniz Cakes und Pelikan

Die Einführung von Markenartikeln ist nur allzu konsequent: Der Hersteller eines Produktes will es aus der Masse hervorheben. Mit einem einprägsamen Namen – wie Persil oder Sarotti – und einem prägnanten Schriftzug – etwa Coca-Cola, Pelikan – soll es sich im Gedächtnis der Käufer verankern. Der erste Markenartikel überhaupt ist das Mundwasser Odol.

Für den Käufer haben Markenartikel den Vorteil, dass sie in jedem Geschäft zur gleichen Qualität und zum gleichen Preis angeboten werden, ob nun in Hamburg oder München. Ganz wichtig ist aber auch der psychologische Aspekt: Markenartikel erhalten einen Prestigewert, manche werden zu Statussymbolen – eine Methode, die bis heute funktioniert.

So sind – mit Unterbrechung durch den Ersten Weltkrieg – in den ersten zehn, zwanzig Jahren dieses Jahrhunderts alle wichtigen Elemente des modernen Konsums bereits entwickelt: ein Massenangebot an Waren, das Warenhaus als neue Verkaufsstätte, Produktwerbung mit den neuesten Mitteln und nicht zuletzt die

Schon vor dem offiziellen Judenboykott rufen Nationalsozialisten wie hier in Berlin dazu auf, nur »bei Deutschen« zu kaufen. Ihren traurigen Höhepunkt findet diese Hetze in der Pogromnacht vom 9. November 1938, als u. a. rund 7500 jüdische Geschäfte und 29 jüdische Warenhäuser zerstört werden.

Markenartikel. Dennoch kann man noch nicht von einer Konsumgesellschaft im heutigen Sinn sprechen. Sparsames Haushalten bleibt für die meisten Menschen eine alltägliche Notwendigkeit.

»Warenhausseuche« und Judenpogrom

Neben den neuen Warenhäusern bleiben die alten Kolonial- und Gemischtwarenläden weiter erhalten. Hier kennen sich Kunden und Verkäufer – oft seit Jahren oder gar Generationen. Hier werden nicht nur Waren gehandelt, sondern auch die neuesten Klatschgeschichten. Dennoch fürchten die kleinen Einzelhändler von Anfang an die Konkurrenz der Kaufhäuser. Kein Wunder also, dass Ende der Zwanzigerjahre die Hetze der Nationalsozialisten gegen die Warenhausbesitzer, viele von ihnen sind Juden, bei ihnen auf fruchtbaren Boden fällt.

In einem Aufruf gegen die »Warenhausseuche« heißt es 1928: »Es kam der Jude und setzte dem deutschen Kaufmann die Warenhäuser vor die Nase. Er vernichtete ihm mit der marktschreierischsten Reklame die Existenz.« Die Nationalsozialisten spielen sich als Verteidiger des Mittelstandes auf. Schon in ihrem Parteiprogramm von 1920 fordern sie die »sofortige Kommunalisierung der Großwarenhäuser und ihre Vermietung zu billigen Preisen an kleine Gewerbetreibende«. 1929 wird der Reichsverband zur Bekämpfung der Warenhäuser, 1931 ein Nationalsozialistischer Kampfbund des gewerblichen Mittelstandes gegründet.

»Deutsche wehrt Euch, kauft nicht bei Juden!« Mit solchen Boykottaufrufen und mit Terror sollen jüdische Warenhaus- und Ladenbesitzer in den Ruin getrieben werden. Viele emigrieren. Ihr Besitz wird »arisiert«, d. h. zu günstigen Konditionen an die Gefolgsleute der Nationalsozialisten übergeben. Die Stimmungsmache gegen die Warenhäuser endet damit. Nun, da sie – wie es zynisch heißt – »unter deutscher Leitung« stehen, werden sie sogar mit öffentlichen Geldern saniert, denn viele Betriebe hängen direkt oder indirekt von den Warenhäusern ab.

»Aus alt mach neu« – umnutzen statt kaufen

Während des Zweiten Weltkriegs sieht es mit der Versorgung der Bevölkerung mit

Konsumgütern äußerst schlecht aus. Schon im August 1939, vor dem deutschen Überfall auf Polen, werden Lebensmittelkarten eingeführt. 1940 werden die Brotrationen gekürzt, 1942 die Fettzuteilungen. Es mangelt an allem: Kleidung, Haushaltsgeräte, Hygieneartikel, Spielsachen usw. Darum heißt das Motto in diesen Jahren: improvisieren, reparieren, umnutzen, selber herstellen. Aus Autoreifen bastelt man Schuhsohlen, aus Fensterrahmen ein Regal, aus einer alten Gardine entsteht ein Kleid.

Noch schlimmer ist dann die Zeit unmittelbar nach dem Zweiten Weltkrieg. In den bitterkalten Wintern 1945/46 und 1946/47 haben viele Menschen weder etwas Warmes anzuziehen noch Heizstoff für ihre Öfen. Man »organisiert« das Lebensnotwendigste, tauscht, geht auf Hamsterfahrt, um beim Bauern auf dem Land Wurst und Eier zu ergattern oder kauft auf dem Schwarzmarkt: zu horrenden Preisen und illegal.

Die Währungsreform 1948 bedeutet das Ende des Schwarzmarktes, wenigstens in den westlichen Besatzungszonen. Über Nacht sind die Märkte und Schaufenster der Läden voller lang entbehrter Waren: Fleisch, Obst und Gemüse, aber auch Kleidung, Schuhe, Wäsche, Töpfe, Geschirr, Besteck. Für »Otto und Anna Normalverbraucher« bleiben die meisten dieser Herrlichkeiten vorerst noch ein Traum: Sie sind zu teuer, trotz der 40 DM »Kopfgeld«, die jeder Bürger vom Staat geschenkt bekommt. »Wer soll das bezahlen, wer hat das bestellt ...« heißt es in einem Karnevalsschlager von 1949.

Für die notleidenden Menschen vor allem in den Städten ist der Schwarzmarkt trotz der Illegalität lebensnotwendig.

Wirtschaftswunderliche Zeiten

Die Währungsreform hat ein Signal gesetzt: Es geht wieder bergauf. Die Stimmung ist vor allem im Westen optimistisch. »Wohlstand für alle« heißt die populäre Formel des korpulenten Wirtschaftsministers Ludwig Erhard, dem »Vater des Wirtschaftswunders«. Ein immenser Nachholbedarf kennzeichnet diese Zeit. Alles muss neu angeschafft werden. Gern wird für diese Jahre das Bild der Konsumwellen benutzt: Der Fresswelle folgt die Kleidungswelle, dann die Einrichtungswelle und schließlich die Auto- und Urlaubswelle. Eine ganze Reihe neuer Produkte überschwemmt nun den westdeutschen Markt, wie Kühlschränke, Waschmaschinen oder Staubsauger. Es dauert nicht mehr lange, bis diese ersten Prestigeobjekte in den Haushalten stehen: Vor allem die große, repräsentative Musiktruhe im Wohnzimmer bleibt über Jahre hinweg Traum oder Statussymbol vieler deutscher Familien.

Schaufenster des Ostens

Im Osten Deutschlands entwickelt sich die Konsumgüterindustrie langsamer als im Westen. Vieles ist bis in die späten Fünfzigerjahre hinein nur »auf Karte« erhältlich. Nur in den 1948 eingeführten Läden der staatlichen »Handelsorganisation« (HO) werden alle Waren frei verkauft, zu Beginn allerdings noch zu bewusst überteuerten Preisen. Hier kaufen vor allem der Mittelstand, private Unternehmer und die freischaffende Intelligenz – ein Zweiklassensystem, das im Widerspruch zu den Idealen der DDR steht. Dies setzt sich fort mit der Eröffnung der Ladenketten »Exquisit« für Kleidung und »Delikat« für Lebensmittel, in denen hochwertige DDR-Produkte zu horrenden Preisen angeboten werden. Hier wird die Kaufkraft der Besserverdienenden abgeschöpft. Westwaren verschiedenster Art sind in den »Intershops« erhältlich, in denen DDR-Bürger aber erst seit dem Jahr 1974 offiziell einkaufen dürfen.

Welche Wünsche der Verbraucher haben darf, was produziert wird und wieviel, das wird von oben entschieden. Die Konsumpolitik der DDR geht davon aus, dass die Bedürfnisse der Bevölkerung plan- und lenkbar seien. Als legitim gelten Konsumwünsche, welche die Hausarbeit erleichtern wie z. B. Waschmaschine und Kühlschrank. Auch das Informations- und Unterhaltungsbedürfnis und somit der Bedarf an Radio, Fernseher, Schallplatten und Kino wird anerkannt. Als Luxusgüter hingegen gelten Autos, Reisen, modische Kleidung. Dabei sind es gerade diese Dinge, die viele Ostdeutsche neidisch in den Westen blicken lassen.

Standardisierung und Sortimentsbereinigung sind Schlüsselworte der Sechzigerjahre. Statt fünf verschiedene Modelle von Kühlschränken soll es in Zukunft nur noch eines in verschiedenen Größen geben. Bei den Automarken hält man zwei für völlig ausreichend: Was zweckmäßig und preiswert ist, ist auch gut – denkt man und unterschätzt dabei völlig das Bedürfnis der Menschen nach Individualität. Nicht über den Markt, nicht über Angebot und Nachfrage soll sich das Verhältnis von Produktion und Konsum regeln, sondern von oben über den Plan – diese Vorstellung funktioniert von Anfang an nicht richtig. Versorgungsengpässe und Lieferrückstände sind in der DDR an der Tagesordnung. Besonders deutlich wird dies bei den Problemen mit den sprichwörtlichen »1000 kleinen Dingen«.

Immer wieder fehlen Glühbirnen, Streichhölzer, Einweckgläser, Scheuertücher etc. Mal gibt es keine Zahnbürsten, dann wieder keine Zahnpasta. Doch der Kunde wird gewitzt: Er kauft, wenn es

Links: Das Konsument-Warenhaus in Halle 1967; die Regale sind gut gefüllt, dennoch gehören Lieferrückstände in der DDR zur Tagesordnung.

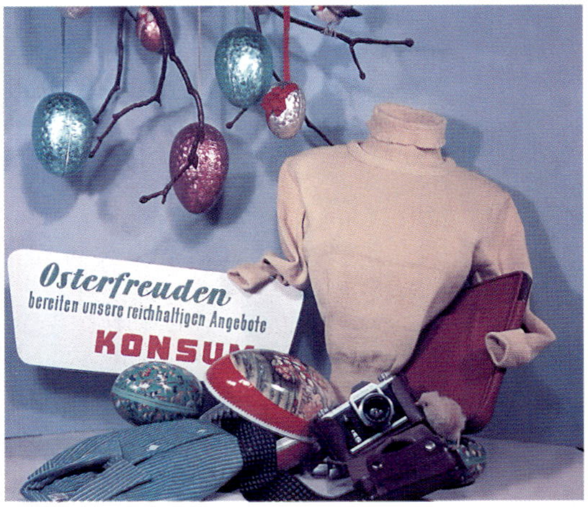

Modische Kleidung wird in der DDR von der Parteiführung für dekadent gehalten (Kinowerbung aus den Fünfzigerjahren).

etwas gibt und nicht, wenn er etwas braucht. Oft geht die Produktion nach Plan aber auch schlicht und einfach an den Bedürfnissen der Menschen vorbei, und es werden Güter hergestellt, die keiner haben will. Die Lager sind oft übervoll, aber das, wonach der Käufer gerade sucht, findet er nicht.

»Moderne Menschen kaufen modern«

Mit diesem Slogan wird in der DDR seit den Sechzigerjahren für eine neue Verkaufsmethode geworben: für die Selbstbedienung im Supermarkt – eine Neuigkeit im Osten wie im Westen Deutschlands, wo die Umstellung schon etwas eher begonnen hat. 1955 gibt es erst 203 Selbstbedienungssupermärkte in der BRD, 1960 sind es bereits mehr als 17 000. Die Vorteile dieser aus den USA kommenden Geschäfte liegen auf der Hand: Personaleinsparung und Umsatzsteigerung für die Händler, Zeitersparnis und freie Wahl der Waren für die Kunden. Andererseits wird der Einkauf nun zu einer völlig anonymen Angelegenheit. Die Verkäuferin wird zur Kassiererin degradiert. Die Waren müssen in Standardgrößen verpackt werden und sich selbst anpreisen.

In den bundesdeutschen Supermärkten konkurrieren nun die Produkte direkt miteinander. Doch was lässt einen Kunden zu diesem greifen und nicht zu jenem? Ein weites Feld für Konsumforscher und Verkaufspsychologen öffnet sich. Der Käufer reagiere weniger auf Information als auf Farben, Formen, Signale, findet man heraus. Die Ästhetik der Verpackung wird wichtig, das Umfeld, in dem die Ware verkauft wird, und die Werbung.

In der DDR gibt es diese Probleme nicht: Die Produkte haben keine Konkurrenz. Hier hat die Verpackung lediglich die Aufgabe, den Inhalt zu schützen und über ihn zu informieren. In den Sechzigerjahren werden die Verpackungen standardisiert: Nudeln, Mehl, Zucker, alles wird in dieselbe Kartongröße eingefüllt und erhält lediglich einen anderen Aufdruck. Reizlos und langweilig – vielleicht, doch durchaus sinnvoll angesichts des zumindest im Westen bereits immer drängender werdenden Müllproblems. Die vielzitierte Wegwerfgesellschaft bleibt auf ihrem Müllberg sitzen.

Einkauf auf der grünen Wiese

In den späten Sechzigerjahren wird der Autoverkehr in den Städten der BRD zu einem immer größeren Problem. Verstopfte Straßen, Parkplatzprobleme und eine wachsende Belastung der Umwelt sind die Folgen. 1965 baut man – nach amerikanischem Vorbild – das erste große Einkaufszentrum außerhalb der Stadt: das Main-Taunus-Zentrum bei Frankfurt. Parkplatzmangel ist hier kein Thema. Das Zentrum ist ein Erfolg, die Verbraucher kommen in Strömen. Weitere Einkaufszentren und riesige Supermärkte schießen in ganz Westdeutschland aus dem Boden. Die Folge davon: Die Innenstädte drohen zu veröden. Viele Einzelhändler müssen aufgeben, und nur die großen Ladenketten überleben und geben den Innenstädten ein einheitliches Gesicht. Die Städteplaner

In fast allen deutschen Städten entstehen in den Siebziger- und Achtzigerjahren Fußgängerzonen wie hier in Oberursel. Sie sollen die Innenstädte neu beleben.

begegnen dem mit einer Radikalkur, sie verbannen vielerorts den Autoverkehr aus den Stadtzentren und richten Fußgängerzonen ein – eine typische Entwicklung der Siebzigerjahre.

»Konsumterror und wilde Zeiten«

Während die meisten Menschen die neuen Errungenschaften von Einkaufszentren und Fußgängerzonen genießen, macht sich Ende der Sechziger-, Anfang der Siebzigerjahre in Westdeutschland auch immer stärker Kritik breit: Konsumterror, Überflussgesellschaft sind Schlagworte der APO-Generation. »Macht Wohlstand glücklich?« fragen die jungen Linken und brandmarken die Werbeleute als »geheime Verführer«. Diese Proteste bewirken jedoch nicht viel. »Ich konsumiere, also bin ich«, heißt es in den Achtzigerjahren. Yuppies machen Konsum und Besitz zu Werten an sich. Besonders in der Modebranche werden Marken zum Statussymbol. Nobelpassagen und Luxusgalerien eröffnen in den Metropolen, deren Angebot immer uniformer wird. Ob in Berlin, Paris oder New York – überall bekommt man das Gleiche in den immergleichen Geschäften.

Nach dem Fall der Mauer: ein Schaufenster in Berlin im November 1989; die Währungsunion wird am 1. Juli 1990 vollzogen.

Die Kehrseite dieser glitzernden Konsumwelt: Sie grenzt aus, immer mehr Menschen können nicht mehr mithalten oder kaufen auf Pump.

Bananen und Begrüßungsgeld

Von dieser verführerischen wie fragwürdigen Warenwelt sind die Menschen aus dem Osten Deutschlands ausgeschlossen. Ihre permanente Unzufriedenheit mit den eigenen unzulänglichen Konsummöglichkeiten ist ein dauernder Stachel im System der DDR bis zu ihrem Ende. Exotisch erscheint den vielen Begrüßungsgeldtouristen das Warenangebot im Westen. Fassungslos bis verstört ist ihre Reaktion auf die verführerischen Auslagen. Die prall gefüllten Plastiktüten, die staunenden Gesichter gehören zu den prägenden Bildern der Zeit der Vereinigung, genauso wie die bald darauf folgende Ernüchterung, dass auch im Westen nicht alles Gold ist, was glänzt.

Unsichere Zeiten

In den Neunzigerjahren macht die weltweite Wirtschaftsrezession die Verbraucherinnen und Verbraucher in Deutschland ängstlich und vorsichtig. Die meisten haben nicht mehr so viel Geld zum Ausgeben zur Verfügung, und sie sind verunsichert, was die Zukunft anbelangt. Die Umsätze der Einzelhändler und Konzerne gehen zurück – ein Teufelskreis, denn die sinkende Nachfrage ist nicht dazu angetan, die Wirtschaft wieder anzukurbeln.

Gerade in diesen wirtschaftlich schwierigen Zeiten versuchen Städte und Investoren mit Aufsehen erregenden Konzepten die Menschen zum Kaufen zu animieren. So öffnet im September 1996 das größte Einkaufszentrum Europas seine Pforten, das CentrO in Oberhausen, mit mehr als 200 Geschäften, 20 Restaurants und Fast-Food-Ketten, neun Kinos und einer Arena für Rock, Klassik und Sport mit 11 000 Sitzplätzen. Das Schlagwort vom Erlebniseinkauf, vom Konsum als Abenteuer – im Oberhausener Einkaufszentrum hat es eine neue Dimension erhalten. Hier wird besonders deutlich: Am Ende des 20. Jahrhunderts ist Einkaufen/Konsumieren eines der Hauptanliegen unserer Zeit geworden – ein Wert an sich.

Die Chronik des Konsums

1898 Die vermutlich erste Lichtreklame wird auf einem Berliner Dach am Alexanderplatz installiert. Sie wirbt für die Zigarettenmarke »Manoli« und geht als »Manoli-Rad« in die Werbegeschichte ein.

Herbst 1900 Oskar Tietz, der seine Warenhäuser nach seinem Onkel Hermann Tietz benennt, woraus sich später Hertie ableitet, eröffnet einen wegweisenden Prachtbau in der Leipziger Straße in Berlin. Er gilt als das erste moderne Warenhaus in Deutschland.

15.4.1904 Der Verband der Warenhäuser weist auf seiner Jahresversammlung unter dem Vorsitz von Oskar Tietz den Vorwurf zurück, Warenhäuser würden die Kleinhändler und den Mittelstand ruinieren. Im Gegenteil sei die Zahl der kleineren Geschäfte in den letzten Jahren erheblich gestiegen.

1.11.1904 Ebenfalls in der Leipziger Straße in Berlin eröffnet die Firma Wertheim das luxuriöseste Warenhaus Deutschlands.

13.12.1906 Den Berliner Kaufhäusern, die in der Vorweihnachtszeit mit ihren mit tanzenden Puppen und fahrenden Modelleisenbahnen geschmückten Schaufenstern Scharen von Käufern anzogen, verbietet die Polizei erstmals diese Art der Dekoration, da die Menschenmassen vor den Schaufenstern ein erhebliches Verkehrshindernis darstellten.

1907 Adolf Jandorfs Berliner Kaufhaus des Westens eröffnet in der Tauentzienstraße. Auf 20 000 m² stehen 2400 Angestellte für die Kunden parat.

1907 Das Erste Preußische Gesetz gegen die Verunstaltung von Ortschaften und landschaftlich herausragenden Gegenden regelt die Anbringung von Reklamemitteln.

1911 Der Werbefilmer Julius Pinschewer produziert für Maggi-Würze einen der ersten Werbefilme Deutschlands.

Mai 1925 Der Bund Deutscher Schaufensterdekorateure wird ins Leben gerufen. Drei Jahre später wird Schaufenstergestaltung zum anerkannten Lehrberuf.

26.10.1927 In Fürth wird das Versandhaus Quelle gegründet. Gustav Schickedanz baut es mit seiner Frau Grete zum größten Versandunternehmen Europas aus. 1936 hat es bereits 1 Million Kunden. Das erste Versandunternehmen überhaupt gründete jedoch August Stukenbrok Ende des letzten Jahrhunderts in Einbeck.

Der Versandhändler Stukenbrok in Einbeck fing mit Fahrrädern an.

30.3.1928 Die NSDAP ruft zu einer öffentlichen Versammlung gegen die »Warenhausseuche« auf. Sie setzt damit die alte Warenhauskritik der Jahrhundertwende fort und koppelt sie mit antijüdischen Ressentiments.

21.6.1929 Das neue Karstadt-Gebäude am Hermannplatz in Berlin wird eröffnet. Mit 37 000 m² Verkaufsfläche ist es eines der größten und bis dato das modernste Kaufhaus Europas.

1.4.1933 Im Deutschen Reich führt die NSDAP einen Boykott jüdischer Geschäfte und Warenhäuser durch.

9.11.1938 Schlägertrupps, vorwiegend SA-Leute, zerstören 101 Synagogen, 171 jüdische Wohnhäuser, 29 jüdische Warenhäuser und 7500 jüdische Geschäfte. Wegen der vielen zu Bruch gegangenen Scheiben geht das Pogrom als »Reichskristallnacht« in die Geschichte ein.

14.6.1945 In Berlin werden auf einem Schwarzmarkt in der Nähe des Brandenburger Tors bei einer ersten Razzia 429 Personen festgenommen.

1947 Hanns W. Brose eröffnet die erste Nachkriegs-Werbeagentur in Frankfurt am Main. Elf Jahre später hat die Agentur über 200 Mitarbeiter in Frankfurt, Hamburg und Köln.

20.6.1948 Im Anschluss an die Währungsreform, noch am gleichen Sonntag, sind die Schaufenster der Läden mit bisher zurückgehaltenen Gebrauchsgütern gefüllt. Für etwa 400 Artikel wird in den Westzonen die Rationierung aufgehoben.

15.11.1948 Im sowjetischen Sektor Berlins wird der erste Laden der staatlichen »Handelsorganisation« (HO) eröffnet, in dem Waren ohne Bezugsschein zu stark überhöhten Preisen verkauft werden.

1949 Werner Otto gründet mit vier Mitarbeitern den Otto-Versand, der sich zum größten Versandhaus der Welt entwickelt.

30.8.1949 Die Konsumgenossenschaft »Produktion« in Hamburg stellt ihre Läden als erste auf Selbstbedienung um. 1955 gibt es 203 und 1960 schon 17 132 SB-Läden in der Bundesrepublik

1.1.1950 Erstmals seit mehr als zehn Jahren brauchen die Westdeutschen keine Lebensmittelmarken mehr. Die Rationierung ist zu Ende.

3.7.1950 Das Kaufhaus des Westens (KaDeWe) am Wittenbergplatz in West-Berlin wird wiedereröffnet.

1956 Das HB-Männchen Bruno erblickt das Licht der Welt und geht ab nun regelmäßig für die Zigarettenwerbung in die Luft.

1958 Hubert Strauf, Gründer der legendären Werbeagentur Die Werbe in Essen, kreiert den Slogan »Mach mal Pause – Coca Cola«.

29.5.1958 Nach fast 20 Jahren werden auch in der DDR die letzten Reste der Konsumgüterrationierung abgeschafft. Auf dem V. Parteitag der SED verkündet Walter Ulbricht, dass man die BRD in Pro-Kopf-Produktion und -Verbrauch bis 1961 einund überholen wolle.

1959 Beim Deutschen Fernsehfunk in Ost-Berlin wird die Hauptabteilung Werbefernsehen eingerichtet. Ein Jahr später gehen die »1000 teletips«, die Werbespots des DDR-Fernsehens, auf Sendung.

1961 »Intershops« werden an Grenzübergangsstellen eingerichtet. DDR-Bürgern ist der Besitz von Devisen und damit der Besuch von »Intershops« zunächst nicht gestattet.

1964 Die Bundesregierung in Bonn beschließt die Gründung einer Stiftung Warentest mit Sitz in West-Berlin, die aus dem Bundeshaushalt finanziert werden soll.

Mitte 1964 Das Main-Taunus-Zentrum in der Nähe von Frankfurt, das erste große deutsche Einkaufszentrum auf der grünen Wiese, wird eröffnet. Auf einer Grundfläche von 330 000 m² bietet es viele Parkplätze.

1976 Die Auflösung des Werbefernsehens der DDR wird Anfang des Jahres beschlossen. Sechs Monate später ist die Redaktion abgewickelt, die »1000 teletips« werden nicht mehr produziert.

1983 Die Deutsche Bundespost führt das Medium Bildschirmtext (Btx) bundesweit ein. So können sich private Haushalte an den elektronischen Verkaufs- und Unterhaltungsmarkt anschließen. Btx erweist sich jedoch als Flop.

1.7.1990 Nach der Einführung der DM in der DDR sind über Nacht die Läden mit Westwaren gefüllt. Es kommt zu einem Ansturm auf Warenhäuser, Supermärkte und Geschäfte.

Juli 1991 Die Verwertungsgesellschaft Duales System Deutschland, die Wertstoffverpackungen von Konsumgütern der Wiederverwertung zuführen soll, wird gegründet. Die Verpackungen, die zurückgenommen werden, sind mit einem Grünen Punkt gekennzeichnet.

Gestyltes Kaufhaus der Achtziger- und Neunzigerjahre in Berlin

12.9.1996 Mit 70 000 m² netto Verkaufsfläche und einer Vielzahl an Freizeitangeboten eröffnet Europas bis dato größtes Einkaufszentrum, das CentrO in Oberhausen.

1.11.1996 Das Ladenschlussgesetz wird liberalisiert: Die Geschäfte dürfen bis 20 Uhr geöffnet haben, samstags bis 16 Uhr.

DUDEN
Großes Handbuch
Großes Wörterbuch

FOLGE 44

LESARTEN

Die Deutschen und ihre Lektüren

Die Deutschen sind ein Volk von Leserinnen und Lesern – Rekordzahlen von Buchneuerscheinungen auf der Frankfurter Buchmesse, eine schier unüberschaubare Zahl vor allem von Zeitschriften für jede Altersstufe, jedes Hobby, jeden Geschmack, die allesamt ihren Käufer- und Leserkreis finden, lassen darauf schließen. Und überall sieht man sie: in Zug, Bus und U-Bahn auf dem Weg zur Arbeit oder nach Hause mit der Zeitung in der Hand (mehr Männer) oder dem Schmöker auf den Knien (mehr Frauen), beim Frisör oder in den Wartezimmern der Arztpraxen, wo die Zeitschriften der Lesezirkel ausliegen.

»Gute Bücher« nur für das Bürgertum

Alle Arten von Lektüren sind heute für die meisten Menschen erreichbar und erschwinglich. Zu Beginn des Jahrhunderts ist dies noch anders. Für einen großen Teil der Bevölkerung, die Arbeiterschaft, die Kleinbauern, kleine Handwerker, Beamte und Angestellte ist der Kauf eines Buches ein Luxus. Die häusliche Bibliothek besteht zumeist nur aus der Bibel und ein paar Andachtsbüchern.

Begehrt sind die an der Haustür verkauften Fortsetzungsromane (Kolportageromane). Die Kolporteure versorgen die ärmeren Schichten mit dem Stoff, aus dem die Leseträume sind: die Frauen mit moralischen und frommen Traktätchen, aber auch mit Herz-Schmerz-Romanen, die Männer mit Abenteuergeschichten. Kon-

Nie wurden in Deutschland so viele Bücher angeboten und gekauft wie heute (Kaufhausabteilung).

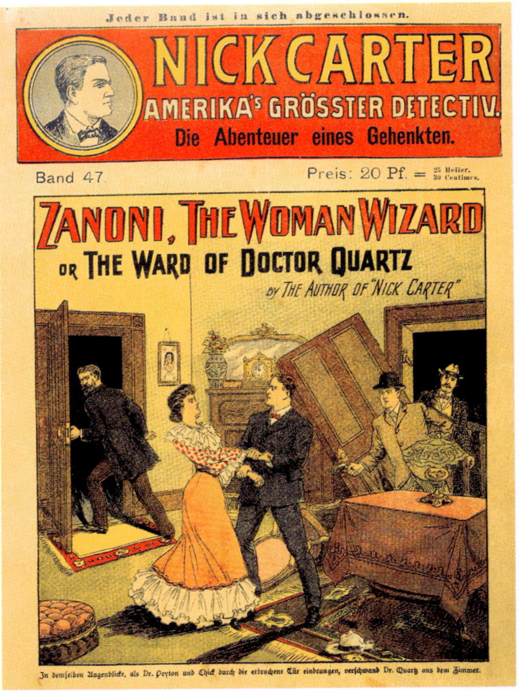

Links: Einer der ersten Groschenheft-Serienhelden: Meisterdetektiv Nick Carter (um 1900)

Beliebter Ort der Zeitungslektüre zu Anfang des Jahrhunderts: das Café (um 1910)

kurrenz erhält der Kolportagebuchhandel durch den Heftchenverkauf an den Kiosken. Hier sind z. B. die Abenteuer des Detektivs Nick Carter und von Buffalo Bill (1905 als Serienhelden aus den USA importiert) ein sensationeller Verkaufserfolg.

Wer keine Bücher oder Zeitschriften kaufen kann, der kann sich welche leihen: in kommerziellen Leihbibliotheken oder in den Volksbibliotheken und Bücherhallen, getragen von Kommunen, Vereinen, Stiftungen oder der Sozialdemokratie. Buchhandlungen sind dagegen unbekanntes Terrain für die »kleinen Leute«, sie sind für das gehobene Bürgertum reserviert.

Ist die Art und Weise, auf die sich die einzelnen Schichten der Bevölkerung ihren Lesestoff beschaffen, auch unterschiedlich, so haben sie doch alle den gleichen Geschmack: Die meistgefragten Werke in den Bibliotheken wie im Buchhandel sind die von Ludwig Ganghofer und Hermann Löns, Felicitas Rose und allen voran Gustav Frenssen – Werke der »Heimatkunst« also, in denen das Hohelied auf Nation und Natur gesungen wird. Sie werden geliebt von der ersten Generation landflüchtiger Arbeiter wie von den Kleinbürgern, von den nationalstolzen Besitzbürgern wie von den vermögenden Gutsbesitzern, und Kaiser Wilhelms II. Lieblingsautor ist Ludwig Ganghofer.

Zeitungen sind um 1900 im Unterschied zu Büchern bereits zum für jeden erschwinglichen Massenmedium geworden. Und dieses Medium dient seinen Lesern nicht nur zur Information, sondern auch zur Unterhaltung: die Witzseite, das Feuilleton und vor allem der Zeitungsroman machen einen Großteil der Beliebtheit der Zeitungen aus.

1904 kommt die erste deutsche Straßenverkaufszeitung, die »BZ am Mittag« (Ullstein), in Berlin zu einem Preis von 5 Pfennig auf den Markt – ein völlig neuer Zeitungstyp, der sich nicht auf eine feste Leserschaft stützen kann, sondern diese täglich neu erkämpfen muss, der nicht auf kontinuierliche Berichterstattung setzt, sondern auf die sensationelle Nachricht. Die »BZ« ist auf den schnellen Konsum auf der Straße ausgerichtet und wird von Zeitungsjungen ausgerufen. Das ist der Beginn der deutschen Boulevardpresse.

Courths-Mahler und May bleiben Beststeller

In der Weimarer Republik differenziert sich die Massenpresse weiter aus. Immer mehr Zeitschriften werden vor allem von der jüngeren, die »schnelle Lektüre« bevorzugenden Generation gelesen. Dies führt zu einer Steigerung der Titelzahlen von 4552 im Jahr 1920 auf 7303 im Jahr 1930, während die Buchtitelproduktion im Lauf der Zwanzigerjahre abnimmt, auch weil der Buchhandel sich nur zögernd mit modernen Werbe- und Verkaufsmethoden anfreunden kann.

Stärker am Markt orientiert, versuchen die großen Verlage aus Büchern »Bestseller« zu machen und lancieren z.B. 1927 die erste Bestsellerliste in der »Literarischen Welt«. Thomas Manns bereits 1901 erschienener Roman »Buddenbrooks« wird rechtzeitig zum Weihnachtsgeschäft 1929 und zur Verleihung des Literaturnobelpreises an den Autor vom S. Fischer Verlag in einer preiswerten Ausgabe auf den Markt gebracht und binnen weniger Wochen 650 000-mal verkauft.

Die Leihbibliotheken erleben Ende der Zwanzigerjahre im Zeichen zunehmender wirtschaftlicher Depression eine letzte Blüte: Bis 1932 sind 18 000 Firmen als Buchverleiher registriert. Davon sind nur 750 reine Buchverleihe, die übrigen sind als Leihstuben an Frisör- oder Lebensmittelgeschäfte angegliedert. Hier versorgt sich das wachsende Heer der Arbeitslosen mit Lesefutter: Kriegs-, Kriminal- und Sittenromanen.

Nicht nur hier sind die meistgelesenen Werke bei den jugendlichen, aber auch erwachsenen männlichen Lesern die des Schriftstellers Karl May (1842–1912), während ein vorwiegend weibliches Publikum die 207 Romane der erfolgreichsten deutschen Autorin aller Zeiten, Hedwig Courths-Mahler (1867–1950), verschlingt, und das quer durch alle Parteien und sozialen Schichten.

10. Mai 1933: Bücherverbrennungen in deutschen Universitätsstädten wie hier in Berlin läuten das Ende der Freiheit des Geistes in Deutschland ein.

Verbrannte Bücher und »Völkischer Beobachter«

Nachdem die Nationalsozialisten bereits zwei Monate nach der Machtübernahme, am 10. Mai 1933, mit den Bücherverbrennungen auf barbarische Weise demonstriert haben, wie sie zukünftig mit missliebigen Schriften und auch mit deren Verfassern zu verfahren gedenken, betreiben sie in der Folgezeit eine Kulturpolitik der umfassenden »Säuberung« und Lenkung des gesamten Schrifttums. In der Reichskulturkammer, dem Gleichschaltungsinstrument Nr. 1 des Reichspropagandaministers Joseph Goebbels, werden alle Zwangsmitglied, die mit der Produktion und der Verbreitung des geschriebenen Wortes zu tun haben. Alle Schriftsteller, Verleger und Buchhändler werden in der Reichsschrifttumskammer, alle Journalisten, Publizisten und Zeitungsverleger in der Reichspressekammer zusammengefasst. Das bedeutet gleichzeitig das berufliche Aus für alle Kulturschaffenden jüdischen Glaubens, die von der Mitgliedschaft ausgeschlossen sind, sowie für viele

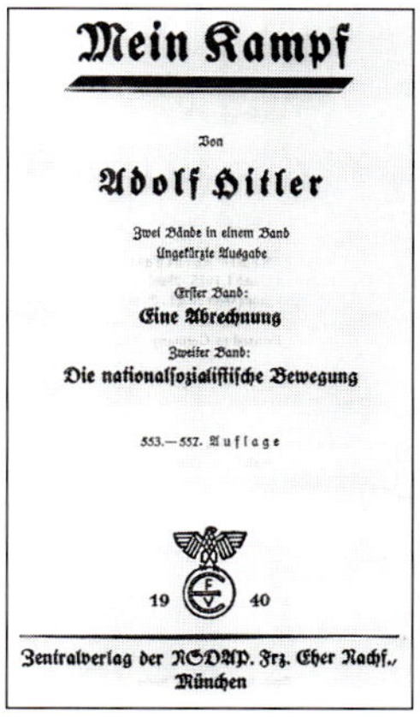

Mein Kampf
Von
Adolf Hitler
Zwei Bände in einem Band
Ungekürzte Ausgabe
Erster Band:
Eine Abrechnung
Zweiter Band:
Die nationalsozialistische Bewegung
553.–557. Auflage
19 40
Zentralverlag der NSDAP. Frz. Eher Nachf., München

Das meistverlegte und angeblich am wenigsten gelesene deutsche Buch: Adolf Hitlers »Mein Kampf«

Das Parteiorgan der Nationalsozialisten, der »Völkische Beobachter«, wird 1933 »Staatsorgan«.

Norddeutsche Ausgabe / Ausgabe A
31. Ausg. • 46. Jahrg. • Einzelpreis 20 Pf.

Ausgabe A / Norddeutsche Ausgabe
Berlin, Dienstag, 31. Januar 1933

VÖLKISCHER BEOBACHTER

Herausgeber Adolf Hitler

Kampfblatt der national-sozialistischen Bewegung Großdeutschlands

Ein historischer Tag:

Erste Maßnahmen der Reichsregierung Hitler

Interview des „Völkischen Beobachters" mit dem Reichsinnenminister Frick – Tagung des neuen Kabinetts

Der Reichspräsident von Hindenburg hat Adolf Hitler zum Reichskanzler ernannt. Der neuen Regierung werden neben Adolf Hitler als Reichskanzler der frühere Minister Pg. Frick als Reichsinnenminister und der Reichstagspräsident Pg. Goering als Reichsminister ohne Geschäftsbereich und Reichskommissar für den Luftverkehr angehören. Pg. Goering wird gleichzeitig mit der Wahrnehmung der Geschäfte des Preußischen Innenministeriums betraut.

ADOLF HITLER

Der Grundstein zum Dritten Reich

Stürmische Huldigungen

Flaggen heraus!

politisch Missliebige, die nicht für »würdig« erachtet werden, Mitglied zu sein.

Über den Erwerb von Verlagen, mal offen, meistens verdeckt, über das Verbot von Büchern, die ab 1935 in »Listen des schädlichen und unerwünschten Schrifttums« zusammengetragen werden, über Aktionen wie die Woche des deutschen Buches, in der vor allem »völkische Literatur« propagiert wird, über Papierzuteilungen bzw. deren Nichtzuteilung ab 1939 versuchen Staat und Partei, den Lesegeschmack der Deutschen im nationalsozialistischen Sinn umzuformen.

Die Lesevorlieben bleiben aber erstaunlich konstant. Neben neueren Werken von Autoren wie Ernst Wiechert, Ina Seidel, Werner Bergengruen und dem immer noch beliebten Hermann Hesse sowie den Sagas und Epen ausländischer Autoren wie Trygve Gulbranssen, Margaret Mitchell, Gwen Bristow, Pearl S. Buck erfreuen sich die Werke der Heimatkunst aus der Zeit der Jahrhundertwende ungebrochener Beliebtheit. Über 60 Millionen Groschenhefte aller Genres werden zwischen 1933 und 1939 verkauft, bevor sie 1940 alle auf die Schwarze Liste gesetzt werden. Dies alles verhilft vielen Leserinnen und Lesern zum schmökernden Rückzug aus der Diktatur, bis dann mit Fortdauer des Kriegs das Buchangebot immer knapper wird.

Noch gründlicher und rigoroser als der Buchhandel wird die Presse gleichgeschaltet. Zunächst bleibt, nach einer Verbotswelle, die vor allem die Parteipresse betrifft, eine relative Vielfalt von Zeitungen neben dem Staats- und Parteiorgan »Völkischer Beobachter« und anderen dezidiert nationalsozialistischen Zeitungen bestehen. Diese bürgerlichen und konservativen Zeitungen werden aber mittels genauer Anweisungen in der täglich stattfindenden Reichspressekonferenz auf nationalsozialistischen Kurs gebracht. Alle Zeitungen werden darüber hinaus durch das Deutsche Nachrichtenbüro (DNB) – im Volksmund »Darf Nichts Bringen« genannt – mit Einheitsmeldungen versehen.

Auf so viel Gleichförmigkeit reagieren die Deutschen mit zunehmendem Desinteresse am Medium Zeitung. Bis zum Kriegsbeginn gehen die Auflagenzahlen stetig zurück. Anders sieht es bei den Verkaufszahlen von Illustrierten und unterhaltenden Zeitschriften aus. Da diese in ihren Inhalten lange scheinbar unpolitisch auf bunte Unterhaltung und Alltagsnähe setzen dürfen, erfreuen sie sich eines ungebrochenen bzw. noch wachsenden Publikumszuspruchs.

Mit dem deutschen Überfall auf Polen am 1. September 1939 steigen die Auflagenzahlen der Zeitungen wieder. Der Grund dafür ist sicherlich der erhöhte Informationsbedarf der Bevölkerung über den Verlauf des Kriegs und seine Auswirkungen auf die eigene Situation. Aber je weiter die Kämpfe fortschreiten, desto spärlicher fließen diese Informationen. Denn einerseits werden Papier und Personal immer knapper, und andererseits wird es schwieriger, noch so über den Krieg zu berichten, als sei er zu gewinnen.

Am 30. April 1945 wird die letzte Ausgabe des »Völkischen Beobachters« als Einblattausgabe gedruckt. Ausgeliefert wird sie nicht mehr. Zu diesem Zeitpunkt gibt es in vielen deutschen Städten bereits Militärzeitungen der Besatzungsmächte, und in Aachen erscheint schon seit Januar die erste deutsche Zeitung unter alliierter Kontrolle, die »Aachener Nachrichten«.

Lesehunger nach dem Zusammenbruch

Die Deutschen stürzen sich nach dem Krieg auf alles Gedruckte, das mit Genehmigung der Alliierten erscheint. Es ist die Zeit der Lizenzzeitungen und Lizenzverlage. Nur wer eine Lizenz der jeweiligen Besatzungsmacht erhält, darf eine Zeitung herausgeben, einen Buchverlag gründen, eine Buchhandlung oder Leihbibliothek eröffnen. Fast alle heute noch gängigen regionalen und überregionalen Zeitungen, viele Zeitschriften wie z. B. die Wochenzeitung »Die Zeit« oder das Nachrichtenmagazin »Der Spiegel« und viele renommierte Buchverlage werden in dieser Zeit gegründet.

Zu den ersten Bestsellern der Nachkriegszeit werden die Schriften von Ernst Wiechert sowie amerikanische Erfolgsbücher. Auf eine ganz besondere Weise befriedigt der Rowohlt Verlag den Nachholbedarf des Lesepublikums: Ab Ende 1946 erscheinen die im Zeitungsformat und Zeitungsdruck hergestellten »(Rowohlts) Rotations-Romane« in Auflagen von 150 000 Exemplaren zum Preis von 50 Pfennig, zumeist Titel der Weltliteratur und der Emigration. Sie sind die Vorläufer des Taschenbuchs, das ab 1950 seinen Siegeszug antritt, ebenfalls zunächst bei Rowohlt und unter Beibehaltung des Kürzels »rororo«. Zu dieser Zeit ist die Lizenzpflicht in den Westzonen aufgehoben, die Bundesrepublik Deutschland gegründet, und der Bücherboom, der sich bis heute in ständig wachsenden Titelzahlen niederschlägt, hat begonnen.

Bei Rowohlt kommt 1949 auch das erste Sachbuch der Nachkriegszeit heraus, vom

Preis 20 Pfg.
Süddeutsche Zeitung
MÜNCHNER NACHRICHTEN AUS POLITIK · KULTUR · WIRTSCHAFT UND SPORT
1. Jahrgang / Nummer 1 — Samstag, 6. Oktober 1945

Zum Geleit

Neue Regierung Bayerns unter Dr. Högner

General Patton scheidet aus Bayern

Keine Einigung der Außenminister

Linkerruck in Frankreich

Abkehr – Einkehr

Eine der ersten Zeitungsgründungen nach dem Krieg: die »Süddeutsche Zeitung«, von der US-amerikanischen Besatzungsmacht lizenziert

Hans Falladas Roman »Kleiner Mann was nun?« in der rororo-Taschenbuchausgabe von 1950

Lektor Kurt W. Marek alias C. W. Ceram verfasst: »Götter, Gräber und Gelehrte«. Es wird zu einem Verkaufserfolg mit 564 000 Exemplaren bis 1957, und sein Erscheinen markiert den Beginn einer weiteren bis heute anhaltenden Entwicklung: die Entstehung eines riesigen Sachbuchmarkts, der jeden Themenkreis abdeckt.

Eine Orientierung inmitten dieser Überfülle des Angebots bieten den Lesern vor allem in den Fünfziger- und Sechzigerjahren die wieder entstehenden Buchgemeinschaften, allen voran der 1950 gegründete »Bertelsmann Lesering«. In ihnen ist zeitweise ein Fünftel aller Westdeutschen organisiert. Während das Angebot in den Fünfzigerjahren durch Sachbücher, Klassiker, Kunstbände und Ratgeberliteratur gekennzeichnet ist, überwiegt ab den Sechzigerjahren die »gehobene« Unterhaltungsliteratur. Hier finden sich die Titel, die schon in den Dreißigerjahren in Deutschland so beliebt waren: die Bücher der Bristows, Mitchells und Bucks.

FAHNDUNG GROSSE DREI FUNKER BANDITEN

30 000-DM-Bild-Wettbewerb

Grenze bei Helmstedt wird gesichert!

10 Pfg Bild ZEITUNG

Dienstag, 24. Juni 1952 · Hamburg · Nr. 1

Ist Churchill zu alt? Englische Presse diskutiert den Rücktritt des britischen Premierministers

Malik präsidiert!

Rassenkämpfe in Südafrika

Das „Idealbild der heutigen Frau"

Drei Männer in London – drei weltpolitische Schicksalsthemen

Paul Falk hat's gut!

»Deutschlands modernste Zeitung« wird erst erfolgreich, als die Bilderflut der ersten Ausgaben den fetten Schlagzeilen weicht.

Auf dem freien Buchmarkt erreichen in den Fünfziger- und Sechzigerjahren die Buchausgaben der Illustriertenromane von Autoren wie Hans Helmut Kirst und Heinz G. Konsalik hohe Auflagen. Aber die eigentliche Massenlektüre ist und bleiben die Heftromane, von denen im Jahr 1981 beispielsweise 500 Millionen Exemplare verkauft werden.

Auf dem Zeitungsmarkt tritt 1952 die »Bild«-Zeitung ihren beispiellosen Siegeszug als das Massenblatt der Westdeutschen an. Sie erobert in kurzer Zeit einen Marktanteil von fast einem Viertel aller verkauften Zeitungen und behauptet ihn bis heute. Ihre Leser zeigen sich unbeeindruckt von der seit den Sechzigerjahren massiv werdenden Kritik an der einseitigen Themenwahl, den reißerischen Darstellungen, groben Vereinfachungen und teilweise erfundenen Stories der »Bild«-Zeitung, die seriösem Journalismus Hohn sprechen.

»Leseland DDR«

In der DDR scheint sich auf den ersten Blick 40 Jahre lang eine andere Art der Literatur und der Lesekultur zu entwickeln, bedingt durch ein gänzlich anderes Presse- und Buchhandelssystem.

Die Presse ist von staatlichen Organen – der Abteilung für Agitation und Propaganda beim ZK der SED bzw. dem Presseamt beim Vorsitzenden des Ministerrats – weisungsabhängig; der Berufszugang der Journalisten ist staatlich kontrolliert. Dies führt zu einem recht einförmigen Erscheinungsbild vor allem der Tagespresse, obwohl es neben dem Zentralorgan der SED, dem »Neuen Deutschland«, noch 38 andere Tageszeitungen gibt. Aber sie alle ähneln sich vor allem in der politischen Berichterstattung, nicht zuletzt, weil sie einen großen Teil ihrer Berichte von der staatlichen Nachrichtenagentur ADN übernehmen.

Eine größere Vielfalt an Themen bieten die Wochenillustrierten und Zeitschriften, die sich zum Teil zu regelrechten Massenblättern entwickeln, allen voran die Funk- und Fernsehillustrierte »FF-dabei« mit 1,48 Millionen Exemplaren. Auch die Frauenillustrierte »Für Dich«, die »Neue Berliner Illustrierte«, die »Wochenpost« und schließlich die Monatsschrift »Magazin« und die Satirezeitschrift »Eulenspiegel« sind beim Lesepublikum beliebt.

Bei der Buchlektüre zeigen sich in den

Beständen und Ausleihstatistiken der etwa 14 000 öffentlichen Bibliotheken die eigentlichen Vorlieben im »Leseland DDR«. Nicht die politisch-ideologischen Schriften, die fast ein Viertel der staatlich gelenkten Buchproduktion ausmachen, sondern Belletristik und Jugendbücher sind hier gefragt. Und diese Belletristik umfasst sowohl die immer noch beliebten Buchtitel der ersten Jahrhunderthälfte wie auch die Werke von DDR-Schriftstellerinnen und -schriftstellern wie Erwin Strittmatter, Christa Wolf, Stefan Heym, Irmtraud Morgner. Deren Bücher sind im ebenfalls staatlich gelenkten Buchhandel stets ausverkauft, vor allem, wenn sie sich in kritischer Weise mit dem Leben in der DDR beschäftigen. Was zu kritisch ist, darf allerdings nur im Westen erscheinen.

Weil man das, was man eigentlich gerne lesen möchte, nicht immer bekommen kann, liest man ersatzweise die Klassiker, vor allem die der deutschen und russischen Weltliteratur. Das wiederum fördert den Mythos von der »sozialistischen Lesegesellschaft«. Aber im Grunde unterscheidet sich das Leseverhalten der DDR-Bürger nicht fundamental von dem der Bundesbürger. Hier wie dort ist ab den Siebzigerjahren ein Rückgang in der Lesedauer sowohl bei der Zeitungs- wie auch bei der Buchlektüre zu beobachten. Denn inzwischen ist das Fernsehen zum Unterhaltungsmedium Nr. 1 aller Deutschen geworden. Und seit der deutschen Vereinigung verzeichnen ostdeutsche Bestsellerlisten weitgehend dieselben Bücher und Autoren wie westdeutsche: Heinz G. Konsalik, Stephen King, Rosamunde Pilcher.

Das Buch im digitalen Zeitalter

In den Neunzigerjahren ist oft von einer neuen »Leserevolution« die Rede. Im Computerzeitalter kann man sich alles Gedruckte – Zeitungen, Zeitschriften, Comics, ja sogar den Lieblingsschmöker – per CD-Rom oder aus dem Internet auf den Bildschirm holen. Zudem haben Presse und Buch ihre Vorrangstellung als Informations- und Unterhaltungsmedien im Lauf des Jahrhunderts eingebüßt. Dennoch werden sie wohl noch lange ihren Platz in der Medienlandschaft behaupten. Denn die Zeitung informiert immer noch am aktuellsten und umfassendsten über Regionales und Lokales und schafft eine Leserbindung, die Radio und Fernsehen nicht erreichen. Bücher als Teil eines riesigen Medienangebots ergänzen und vertiefen dies – es gibt z. B. immer mehr Bücher zum Kino- oder Fernsehfilm. Außerdem haben die gedruckten Medien den unschätzbaren Vorteil, überall konsumierbar zu sein.

Bücher als Teil eines umfassenden Kultur- und Medienangebots: »KulturKaufhaus« Dussmann, 1997 in Berlin eröffnet

Die Chronik der Lektüren

Thomas Manns Familienroman »Buddenbrooks« (Cover der Erstausgabe)

1901 Der Roman »Buddenbrooks. Verfall einer Familie« von Thomas Mann erscheint in einer zweibändigen Ausgabe, eines der (wenigen) Bücher der »hohen Literatur«, die im Lauf des Jahrhunderts zu Bestsellern werden.

31.10.1903 Einer der größten deutschen Zeitungsverlage, Ullstein, gründet seinen Buchverlag.

22.10.1904 Die erste Ausgabe der »BZ am Mittag« (Ullstein) erscheint in Berlin. Sie ist die erste deutsche Boulevardzeitung.

1905 Das erste Buffalo-Bill-Heftchen erscheint in Deutschland und wird zu einem Riesenerfolg.

1912 Die Firma Philipp Reclam jun. stellt Bücherautomaten in Fabriken, Restaurants, Krankenhäusern, auf Bahnhöfen und Überseeschiffen auf; für 20 Pfennig soll sich jeder ein »gutes« Buch kaufen können.

1.8.1914 Mit Kriegsbeginn tritt eine scharfe Militärzensur für alle Presseerzeugnisse in Kraft.

29.8.1924 In Leipzig wird auf Initiative des Bildungsverbandes der Deutschen Buchdrucker die gewerkschaftsnahe »Büchergilde Gutenberg« gegründet, die sich die Herstellung und den Vertrieb von »Büchern voll guten Geistes und von schöner Gestalt« zur Aufgabe macht. Im August 1997 steht diese traditionsreiche Institution zum Verkauf.

1926 Die Stadtbibliothek Worms führt die erste Fahrende Bücherei in Deutschland ein, um auch ländliche Gebiete mit Büchern zu versorgen.

31.1.1929 Erich Maria Remarques Antikriegsroman »Im Westen nichts Neues« erscheint. Er wird zum erfolgreichsten literarischen Roman der Zwanzigerjahre.

22.3.1929 Der Börsenverein proklamiert erstmals den »Tag des Buches«, der alljährlich am Todestag Goethes reichsweit mit Veranstaltungen, Lesungen und besonderen Schaufensteraktionen begangen werden soll.

10.5.1933 Bücherverbrennungen in den deutschen Universitätsorten durch völkische Studenten: Sie karren Bücher jüdischer Autoren und »Asphaltliteraten« zusammen und verbrennen sie unter dem Gebrüll markiger »Feuersprüche«.

4.10.1933 Das Schriftleitergesetz verpflichtet die Journalisten auf Staat und Partei. Journalisten werden damit quasi zu Beamten, 1300 verlieren nach Inkrafttreten des Gesetzes ihren Beruf, da sie jüdischer Abstammung sind.

6.9.1935 Die Anordnung über den Vertrieb jüdischer Zeitungen und Zeitschriften verbietet deren öffentlichen Verkauf.

10.12.1936 Der Herausgeber der »Weltbühne«, Carl von Ossietzky, erhält in Abwesenheit den Friedensnobelpreis. Er ist seit 1933 im Konzentrationslager und stirbt 1938 an den Folgen der Haft.

26.8.1939 Bereits fünf Tage vor dem Überfall auf Polen wird die Militärzensur eingeführt. Am 1. September werden Umfangsbeschränkungen erlassen, für Zeitungen auf 12 und Illustrierte auf 28 Seiten. Im Lauf des Kriegs folgen weitere Erlasse dieser Art, außerdem werden ab Mai 1941 Hunderte von Zeitungen eingestelltt.

26.5.1940 Die Wochenzeitung »Das Reich« erscheint erstmals.

24.11.1944 Das Gesetz Nr. 191 des Supreme Headquarters of the Allied Expeditionary Forces (SHAEF) verbietet alle deutschen Massenmedien in den bislang befreiten Gebieten.

24.1.1945 Die »Aachener Nachrichten«, die erste deutsche (Lizenz-)Zeitung unter US-amerikanisch-britischer Kontrolle erscheint.

23.4.1945 Die letzte Meldung des nationalsozialistischen Deutschen Nachrichtenbüros (DNB) aus Berlin wird veröffentlicht.

12.5.1945 Das revidierte SHAEF-Gesetz Nr. 191 und die Nachrichtenkontroll-Vorschrift Nr. 1 regeln die Presse-Lizenzierung in den Westzonen.

9.7.1945 Die US-amerikanische Nachrichtenagentur German News Service (GNS) aus Bad Nauheim nimmt den Betrieb auf.

1.8.1945 Die erste Nummer der »Frankfurter Rundschau«, der ersten Lizenzzeitung in der US-Zone, erscheint.

August 1945 Die RHEINA, Nachrichtenagentur in der französischen Zone, später SÜDENA genannt, wird gegründet.

18.8.1945 Mit sowjetischer Lizenz wird in Ost-Berlin der Aufbau-Verlag gegründet.

4.9.1945 Die GNS wird in die Deutsche Allgemeine Nachrichten-Agentur (DANA, ab Juli 1947 DENA) umgewandelt.

Oktober 1945 Die erste Illustrierte der sowjetischen Besatzungszone, die »Neue Berliner Illustrierte«, erscheint erstmals.

26.10.1945 Peter Suhrkamp erhält im britischen Sektor Berlins die erste Buchverlagslizenz der britischen Besatzungszone (am 4.10. 1946 dann auch in Frankfurt am Main).

31.10.1945 Eugen Claassen darf in Hamburg seinen Verlag eröffnen.

6.11.1945 Die britische Besatzungsmacht erteilt Heinrich Maria Ledig-Rowohlt die Lizenz für den Rowohlt-Verlag in Hamburg.

17.11.1945 Kurt Desch erhält in München die erste Buchverlagslizenz in der US-Zone.

15.12.1945 Die Nachrichtenagentur der britischen Zone wird als Deutscher Presse Dienst (dpd) gegründet.

21.2.1946 In Hamburg erscheint in einer Auflage von 25 000 Exemplaren die erste Ausgabe der Wochenzeitung »Die Zeit« – Preis: 40 Pfennig. Herausgeber sind u. a. Lovis H. Lorenz und Gerd Bucerius.

Frühjahr 1946 Die erste illustrierte Wochenschrift mit Rundfunkprogramm, »Der Rundfunk«, erscheint in der sowjetisch besetzten Zone.

23.4.1946 Die Tageszeitung »Neues Deutschland«, das Zentralorgan der SED, erscheint erstmals.

Juli 1946 In der US-Zone erscheint eine Liste mit ca. 1000 Büchern faschistischen und militaristischen Inhalts, die aus den Bibliotheken zu entfernen seien.

5.10.1946 In Ost-Berlin wird der Allgemeine Deutsche Nachrichtendienst (ADN) gegründet, der ab 1953 DDR-Staatsagentur ist.

15.12.1946 Die erste Ausgabe der Rundfunk-Programmzeitschrift »Hör zu!« erscheint im Axel-Springer-Verlag.

Erste Ausgabe des Magazins »Der Spiegel«

4.1.1947 In Hannover wird das Nachrichtenmagazin »Der Spiegel« gegründet – Preis: 1 Reichsmark.

19.5.1947 In Frankfurt am Main wird die Deutsche Bibliothek durch einen Vertrag mit der Buchhändler-Vereinigung gegründet.

1.4.1948 Unter dem Titel »Ufer« kommt die »Bunte Illustrierte« auf den Markt.

25.4.1948 Die erste Ausgabe der Illustrierten »Quick« erscheint.

1.5.1948 Der »Deutsche Bücherbund«, die später zweitgrößte Buchgemeinschaft der Bundesrepublik, wird gegründet. 1958 wird der »Bücherbund« vom Holtzbrinck Verlag übernommen.

1.8.1948 Die erste Ausgabe des »stern« erscheint.

1949 In Ost-Berlin wird die »BZ am Abend«, die erste und einzige DDR-Tageszeitung mit Boulevardcharakter, gegründet.

18.8.1949 Als Zusammenschluss aus DENA, dpd und SÜDENA wird die Deutsche Presse-Agentur (dpa) gegründet. Sie nimmt am 1. September die Arbeit auf.

18.9.1949 In der Frankfurter Paulskirche wird die erste bundesdeutsche Buchmesse eröffnet, auf der bis zum 23. September 205 Verlage ihre Titel vorstellen.

21.9.1949 Das Gesetz Nr. 5 der Alliierten Hohen Kommission hebt die Lizenzpflicht im Gebiet der Bundesrepublik Deutschland allgemein auf.

1.11.1949 Die erste Ausgabe der »Frankfurter Allgemeinen Zeitung« (FAZ) erscheint.

1950 Der »Bertelsmann Lesering« wird in Gütersloh gegründet. Er wird in wenigen Jahren zur größten und erfolgreichsten Buchgemeinschaft der Bundesrepublik (1950: 100 000, 1954 bereits 4,3 Millionen Mitglieder).

17.6.1950 Der Rowohlt-Verlag bringt als erster deutscher Verlag Romane als Taschenbücher heraus. Die Abkürzung »rororo« bedeutet »Rowohlts Rotations-Romane«. Solche Romanausgaben im Zeitungsformat, ungeheftet, zum Preis von 50 Pfennig hatte Rowohlt ab 1946 in hohen Auflagen auf den Markt gebracht.

1951 Das erste Micky-Maus-Heft mit deutschen Sprechblasen kommt in den Kioskverkauf.

24.6.1952 In Hamburg erscheint die erste Ausgabe der »Bild«-Zeitung zum Preis von 10 Pfennig. Sie wird bald zur meistgelesenen Tageszeitung der Bundesrepublik.

Hans Marchwitza, J. R. Becher, Willi Bredel (1. R.) Kuba, Alfred Kurella, Stephan Hermlin, Eduard Claudius (2. R.), Michael Tschesno-Hell, L. Renn, Alexander Abusch (3. R.).

9.1.1956 In seinem Eröffnungsreferat zum 4. Schriftstellerkongress der DDR prägt der Schriftsteller und Kulturminister Johannes R. Becher den Begriff der sozialistischen Literaturgesellschaft als Leitbegriff für die Kulturpolitik der DDR.

29.4.1956 Die erste Ausgabe von »Bild am Sonntag« erscheint in der BRD.

7.9.1960 In München wird als Gemeinschaftsunternehmen der Deutsche Taschenbuch-Verlag (dtv) gegründet. Mit der Gesamtgestaltung wird der italienische Designer Celestino Piatti beauftragt.

1960 Der Börsenverein des Deutschen Buchhandels führt erstmals einen Vorlesewettbewerb unter Kindern der 6. Schulklassen durch. Er wird zur »größten Werbeveranstaltung für das Lesen«, mit 450 000 bundesweiten Teilnehmern z. B. im Jahr 1986.

26.10.1962 Wegen eines kritischen Berichts über NATO-Manöver lässt die Bundesanwaltschaft mehrere »Spiegel«-Redakteure festnehmen und besetzt die Redaktion; die »Spiegel«-Affäre führt zur Regierungskrise.

13.4.1964 In einer sog. Zeitungsente meldet dpa irrtümlich den Tod von Nikita Chruschtschow.

Sommer 1964 Im Rahmen der Buchmarktforschung führt das DIVO-Institut eine Befragung zum Lesen durch. Das Ergebnis, dass nur 36 % der Befragten in den letzten vier Wochen ein Buch gelesen haben, schockt die am Literaturbetrieb Beteiligten nachhaltig. An den Zahlen ändert sich im Laufe der folgenden 35 Jahre wenig.

1972 Die UNESCO ruft das Internationale Jahr des Buches aus.

1976 In West-Berlin erscheint »Courage«, die erste bundesdeutsche Monatszeitschrift von Frauen für Frauen (1984 wegen Geldmangels eingestellt).

10.9.1976 Die Deutsche Lesegesellschaft, die Vorläuferorganisation der Stiftung Lesen, wird gegründet. Sie bemüht sich um Leseförderung bei Kindern und Jugendlichen, aber auch bei Erwachsenen.

1977 Günter Wallraffs Buch »Der Aufmacher. Der Mann, der bei ›Bild‹ Hans Esser war« erscheint. Es schildert seine Erfahrungen als Lokalreporter bei »Bild« Hannover und sorgt zusammen mit den Nachfolgereportagen für einen Skandal mit zahlreichen Prozessen, die Wallraff alle gegen den Springer-Verlag gewinnt.

1.2.1977 In Köln erscheint »Emma«, die von Alice Schwarzer herausgegebene Frauenzeitschrift.

Alice Schwarzers umstrittene Frauenzeitschrift

17.4.1979 In West-Berlin erscheint »Die Tageszeitung« (taz), die erste linke (parteienunabhängige) Tageszeitung seit Kriegsende.

1979 Heinrich Hugendubel eröffnet sein erstes großes Buchkaufhaus in München und markiert damit den Beginn einer neuen Ära im Buchhandel.

1980 Die Bundesregierung gründet einen Literaturfonds zur Förderung zeitgenössischer Literatur in Form von Stipendien, Initiativen und Modellvorhaben. In seinem Rahmen werden 1983 die ersten Kranichsteiner Literaturtage durchgeführt und der mit 10 000 DM dotierte Preis Kranich mit dem Stein vergeben.

10.5.1981 Das PEN-Zentrum Deutschland proklamiert einen nationalen Tag des Buches, in Erinnerung an die Bücherverbrennung 1933, der zum ersten Mal in Mainz begangen wird.

28.4.1983 Der »stern« veröffentlicht gefälschte Hitler-Tagebücher; dies führt zu einem internationalen Medienskandal.

11.9.1983 Auf der Funkausstellung in West-Berlin fällt der offizielle Startschuss für das neue Medium Bildschirmtext (Btx).

Herbst 1984 Im Deutschen Bundestag in Bonn wird erstmals eine Kulturdebatte geführt, u. a. über Fragen der Lesekultur und des Leseverhaltens.

6.5.1987 Die Stiftung Lesen zur Förderung der Lesekultur wird durch verschiedene Stiftergruppen gegründet. Sie ist die Nachfolgeorganisation der Deutschen Lesegesellschaft.

25.9.1987 Enthüllungen des »Spiegel« über Manipulationen im Wahlkampf führen zum Rücktritt des schleswig-holsteinischen Ministerpräsidenten Uwe Barschel, der später tot in Genf aufgefunden wird.

Seit 1993 ernsthafte Konkurrenz für den »Spiegel«

18.1.1993 Die erste Ausgabe des Nachrichtenmagazins »Focus« erscheint, nach 46 Jahren der Versuch, das Nachrichtenmagazin-Monopol des »Spiegel« zu brechen.

1.7.1996 Die Rechtschreibreform wird beschlossen und löst heftigen Streit aus.

7.–12.10.1998 In Frankfurt am Main findet die 50. Buchmesse statt.

YOU ARE LEAVING
THE AMERICAN SECTOR
Köthener Straße
Sie verlassen hier
West-Berlin

FOLGE

45

MAUERSCHAU

Innerdeutsche Grenzen

»Niemand hat die Absicht, eine Mauer zu errichten«, mit diesen Worten versucht Walter Ulbricht (1897–1973), der starke Mann der Deutschen Demokratischen Republik, am 15. Juni 1961 Gerüchten entgegen zu treten, die Grenze zwischen Ost- und West-Berlin würde geschlossen werden. Trotzdem verlassen 1961 bis zu 1000 Menschen täglich über West-Berlin die DDR »bevor es zu spät ist«. Die DDR droht durch Massenflucht auszubluten.

Niemand hat bei der internationalen Pressekonferenz das Wort »Mauer« benutzt, ist es ein Versprecher Ulbrichts oder eine gezielte Provokation – bis heute wird darum gerätselt. Zwei Monate später, am 13. August 1961, geschieht das Befürchtete: In den Morgenstunden dieses Sonntags riegeln Grenztruppen der DDR, unterstützt von »Kampfgruppen der Arbeiterklasse«, alle Übergänge nach West-Berlin ab. Den Menschen in Ost und West bleiben ungläubiges Staunen, Erschütterung, Trauer und kalte Wut.

Besatzungsmächte beherrschen Deutschland

Der Mauerbau 1961 ist der Höhepunkt der deutschen Teilung, die 1945 beginnt. Die Deutschen erleben das Frühjahr 1945 als ein Wechselbad der Gefühle: glücklich, dass ab dem 8. Mai die Waffen schweigen und man zu den Überlebenden zählt, ängstlich aber auch, welcher Besatzungsmacht man ausgeliefert sein wird. Es werden doch hoffentlich nicht die Russen sein! Die hat die Propaganda im Nationalsozialismus zu »Untermenschen« erklärt, ihnen geht der Ruf voraus, bei ihrem entbehrungsreichen Siegeszug grau-

Die Mauer, die Berlin teilt: Ihre Erbauer nennen sie »antifaschistischer Schutzwall« – die jenseits dieses Bauwerkes leben, verstehen sie eher als Schandmauer.

Links: 25. April 1945 – in Torgau an der Elbe treffen Soldaten der Roten Armee und der US-Army aufeinander. Die Freude ist echt, geboren aus der Waffenbrüderschaft gegen das feindliche Deutschland. Bald wächst zwischen den Alliierten erbitterte Feindschaft.

Berlin 1948 bis 1949: Sehnlichst erwartet fliegt ein »Rosinenbomber« ein, einer von Tausenden, die das von den Sowjets blockierte West-Berlin und seine 2,5 Millionen Einwohner mit allem Lebensnotwendigen versorgen.

same Rache an deutschen Frauen und Männern zu nehmen, Flüchtlinge aus dem Osten berichten von Massakern.

In Deutschland weiß niemand verlässlich, was aus dem Land und seinen Menschen werden soll. Niemand hat exakte Informationen, zu welcher Besatzungszone seine Heimat schließlich gehören wird. Es gibt keine Zeitungen und keinen Rundfunk; die Besatzungsmächte geben ihre Befehle über Wandanschläge und Lautsprecherdurchsagen bekannt. In Thüringen stehen zum Beispiel von April bis Ende Juni 1945 die US-Amerikaner als Besatzungsmacht; über Nacht ziehen sie ab und übergeben das Land vertragsgemäß den Sowjets. Berlin hingegen ist bis Ende Juni 1945 sowjetisch besetzt, erst danach übernehmen US-Amerikaner, Briten und Franzosen die ihnen zustehenden Sektoren.

Kalter Krieg

Schon bald nach der deutschen Kapitulation wachsen die Spannungen zwischen den Siegermächten, die sich schließlich bis zur gegenseitigen Bedrohung steigern. Es geht um den politischen Einfluss in Europa und weltweit.

Viele Deutsche haben andere Sorgen: Wo gibt es Arbeit, wo findet sich etwas Essbares, woher den wärmenden Mantel nehmen, wo bietet sich ein Dach über dem Kopf? Doch obwohl sich viele Deutsche nicht für den Streit der Besatzungsmächte interessieren, spüren sie spätestens 1948 deutlich seine Auswirkungen. Seit der Währungsreform gibt es in Deutschland zwei Währungen, also auch zwei Wirtschaftsgebiete, und, wie sich bald erweisen soll, zwei Lebensstandards. Gleichzeitig zeigt sich, dass Berlin ein Krisenherd ist: Die Sowjets sperren nach der Währungsreform die Zugänge zur Stadt, die nun von den Westalliierten aus der Luft versorgt wird.

Der Kalte Krieg bringt den Westdeutschen langsam aber stetig wachsenden Wohlstand, den Ostdeutschen dagegen wirtschaftliche Enge – allen Menschen gemeinsam jedoch die Furcht vor einem neuen, heißen Krieg.

Zwei deutsche Staaten

1949 entstehen aus den vier Besatzungszonen zwei deutsche Staaten. Die drei westlichen Besatzungszonen rücken bereits seit 1946 enger zusammen, sie werden 1949 zur Bundesrepublik Deutschland. In der sowjetischen Besatzungszone wird am 7. Oktober 1949 die Deutsche Demokratische Republik gegründet.

Zwischen den beiden Staaten verläuft eine Demarkationslinie, deren Überschreiten nach wie vor verboten ist. Viele Menschen fragen jedoch nicht lange, ob sie über diese Linie gehen dürfen oder nicht. Die einen besuchen Verwandte und Bekannte jenseits der Linie, andere befördern Waren aus dem einen Teil des Landes in den anderen: Spielwaren und Textilien aus Thüringen und dem Erzgebirge werden gegen Bücklinge und Zigaretten, gegen Fahrradersatzteile und Kaffee getauscht. Wer dabei erwischt wird, muss sich peinliche Befragungen gefallen lassen, wird ein paar Stunden festgehalten, verliert vielleicht seine Tauschwaren, aber – geschossen wird an dieser Demarkationslinie nicht, noch nicht.

Demokratie und Diktatur

Nun bestehen zwei Staaten auf deutschem Boden, beschützt, aber auch dirigiert von der jeweiligen Schutzmacht, dazu angehalten, Politik, Wirtschaft und Gesellschaft am Modell der USA bzw. der Sowjetunion auszurichten. Die Bundesrepublik Deutschland bietet mit demokratischer Ordnung und sozialer Marktwirtschaft Freiheiten für den Einzelnen: Freiheit, sich politisch zu engagieren oder die Hände von der Politik zu lassen; Freiheit, alle Kraft dem eigenen wirtschaftlichen Aufstieg zu widmen; Freiheit, die Chancen einer offenen Gesellschaft zu nutzen, sich der Konkurrenz und den Risiken zu stellen. Im Osten Deutschlands wird dagegen eine sozialistische Entwicklung nach sowjetischem Vorbild eingeschlagen: In der Politik hat die Sozialistische Einheitspartei Deutschlands (SED) das Sagen, Grundrechte und persönliche Freiheiten gelten nur eingeschränkt. Planwirtschaft soll für soziale Gerechtigkeit sorgen und der Einzelmensch soll Geborgenheit im Kollektiv finden. Soziale Sicherheit ist gewährleistet, Konkurrenz ist unbekannt, das Leben verläuft ruhiger, aber auch eintöniger. Das Streben nach Glück ist im Westen Deutschlands jedem in die eigenen Hände gelegt, im Osten Deutschlands wollen Partei und Staat möglichst alles regeln, was dem Glück der Menschen dienen soll.

»Wirtschaftswunder« in der BRD – der Marshallplan macht's möglich: In West-Berlin wird 1950 das Konzerthaus Titania-Palast wieder aufgebaut.

Aufbau des Sozialismus

1952 scheint für die Mächtigen in der DDR klar zu sein, dass sich der Sozialismus nicht auf ganz Deutschland ausdehnen lässt. Also beschränken sie sich darauf, ihn in der DDR aufzubauen und nicht länger auf den Westen zu warten – die Einheit Deutschlands scheint endgültig verloren. Folgerichtig wird die Demarkationslinie zur Staatsgrenze erhoben. Bautrupps beginnen Stacheldrahtzäune zu ziehen, Wachtürme zu errichten, einen Spurensicherungsstreifen anzulegen, dazu einen Schutzstreifen von etwa 500 m und ein Sperrgebiet von etwa 5 km Tiefe zu kennzeichnen. Fortan gilt das unerlaubte Überschreiten der Staatsgrenze als strafbare Handlung. Wer aus der DDR ausreisen oder in sie einreisen will, benötigt eine behördliche Genehmigung.

Sozialistische Prinzipien sollen auch die Wirtschaft stärker als bisher bestimmen. Zwar gelten schon seit 1949 Zwei- und

DOKUMENT

Aufbau des Sozialismus

Walter Ulbricht (1893–1973)

Die gesellschaftlichen Veränderungen in der sowjetischen Besatzungszone, eingeleitet durch die Bodenreform und die Enteignung zahlreicher Industriebetriebe 1945/46, geben der DDR eine politische Entwicklungsrichtung, die vorerst nicht als »Sozialismus« charakterisiert wird. Die DDR-Führung bezeichnet und versteht die Nachkriegsordnung als »antifaschistisch-demokratische Umwälzung«. Die Wurzeln des Faschismus sollen gründlich ausgerottet werden. Erst bei der II. Parteikonferenz der SED vom 9. bis 12. Juli 1952 macht Walter Ulbricht, unbestrittener Führer der Partei, den »Sozialismus« zum Programm. In seinem Hauptreferat sagt er unter anderem:

»Die demokratische und wirtschaftliche Entwicklung sowie das Bewusstsein der Arbeiterklasse und der Mehrheit der Werktätigen sind ... so weit entwickelt, dass der Aufbau des Sozialismus zur grundlegenden Aufgabe geworden ist ... In Übereinstimmung mit den Vorschlägen aus der Arbeiterklasse, aus den Reihen der werktätigen Bauern und aus anderen Kreisen der Werktätigen hat das Zentralkomitee der Sozialistischen Einheitspartei Deutschlands beschlossen, der II. Parteikonferenz vorzuschlagen, dass in der Deutschen Demokratischen Republik der Sozialismus planmäßig aufgebaut wird.«

später Fünfjahrespläne, in denen genau festgelegt wird, was und wieviel in den Fabriken hergestellt wird, aber es gibt noch Privateigentum an Produktionsmitteln: kleinere Industriebetriebe, die Landwirtschaft, das Handwerk. Weitere Enteignungen und die Gründung von Genossenschaften sollen den »Sieg der sozialistischen Produktionsverhältnisse« herbeiführen. In der Gesellschaft der DDR wird zunehmend Druck spürbar.

Als die Führung der DDR im Frühjahr 1953 beschließt, die Arbeitsnormen um 10 % zu erhöhen, ohne dass der Lohn steigt, ist für viele das Maß der Empörung voll: Sie demonstrieren gegen die Normerhöhung, fordern den Rücktritt der Regierung und freie Wahlen. Der Protest, von Ost-Berlin ausgehend, weitet sich am 17. Juni 1953 fast über die gesamte DDR aus.

17. Juni 1953 – streikende Ost-Berliner ziehen durchs Brandenburger Tor in Richtung Westen.

Sowjetische Panzer müssen auffahren, um die DDR-Regierung zu retten.

Für viele DDR-Bürger steht nun fest, dass diese Regierung kein Vertrauen verdient, dass weder Demokratie noch Freiheit herrschen. Resignation und Formen der inneren Emigration sind die Folge, viele Menschen beginnen sich in Nischen zurückzuziehen. Andere tragen sich mit dem Gedanken, die DDR zu verlassen, wenn sich die Verhältnisse noch weiter verschlechtern sollten. Für manche ist es wie ein Leben auf »gepackten Koffern«, immer bereit, in den Westen zu gehen.

Schwestern und Brüder

Das Land ist geteilt, der Zufall des Wohnortes hat entschieden, ob einer zum Westen oder zum Osten gehört. Ist deshalb auch das Volk geteilt?

Im Westen kommt das Wort von den »Schwestern und Brüdern im Osten« auf, denen Demokratie und Freiheit sowie Wohlstand vorenthalten werden, die ihre Meinung nicht frei äußern dürfen. Zwar leiden die DDR-Bürger nicht die nackte Not, aber die Annehmlichkeiten des westlichen Lebensstandards fehlen. Da hilft das »Päckchen nach drüben«, mit dem die Bundesbürger ihre Solidarität beweisen. Briefe als Berichte aus dem Alltag halten die Verbindung, seltener das Telefon, das in der DDR nur wenigen privat zur Verfügung steht. Rundfunk und Fernsehen des Westens sind dagegen für die meisten DDR-Bürger zu empfangen – aber welches Bild vom Leben im Westen vermitteln diese Medien?

Berlin – Schaufenster und Schlupfloch

In Ost-Berlin zeigt die DDR, was sie kann und wirbt für den Sozialismus, im anderen Teil der Stadt strengt sich der Westen an, seine Werte anzupreisen. Und die Menschen aus Ost und West kommen, um zu schauen. Berlin ist der einzige Ort, an dem West und Ost ohne großen Aufwand besichtigt werden können. Zu Fuß oder mit S- und U-Bahn überquert man die Sektorengrenze. Im Westen kaufen DDR-Bürger den kleinen Luxus, die Schokolade, den Kaffee, die modische Bluse. Sie zahlen mit DDR-Geld, auch wenn der Kurs mehr als ungünstig ist, 1:5 oder gar 1:6 West- gegen Ost-Mark. Kinos haben sich auf den »Besuch aus der Zone« eingerichtet, sie zeigen Filme, die in keinem DDR-Kino zu sehen sind. Neben den Tagesbesuchern fahren auch diejenigen nach Berlin, die in den Westen fliehen wollen. Zwischen 1949 und 1961 gehen fast 3 Millionen Einwohner der DDR diesen Weg in die Bundesrepublik, viele gut ausgebildete, junge Menschen, deren Fehlen die Wirtschaft in der DDR schließlich in Bedrängnis bringt.

Im Morgengrauen des 13. August 1961 macht die DDR-Führung das Schlupfloch dicht: Die Sektorengrenze zwischen Ost- und West-Berlin wird geschlossen, zuerst durch Volkspolizisten, Kampfgruppen und Grenzsoldaten, wenig später durch Stacheldrahtzäune und schließlich durch eine Mauer. Wie die Sektorengrenze in Berlin wird auch die innerdeutsche Grenze abgeriegelt: Es entstehen Metallgitterzäune, Fahrzeugsperrgräben und Hundelaufanlagen. Außerdem werden Bodenminen verlegt und Selbstschussanlagen montiert: Wer diese Grenze heimlich zu überwinden versucht, setzt sein Leben aufs Spiel. 28 Jahre lang wird an dieser Grenze gebaut: Immer feiner und wirksamer soll das Sperrsystem werden. Als letzte Maßnahme, um eine Flucht zu verhindern, wird die Schusswaffe eingesetzt.

Der US-amerikanische Präsident John F. Kennedy besucht im Juni 1963 Berlin. In seiner Rede vor 400 000 West-Berlinern prägt er den Satz: »Ich bin ein Berliner!« und verspricht, alles für die Erhaltung der Freiheit West-Berlins und seiner Bürger zu tun.

Während die Berliner fassungslos die endgültige Teilung der Stadt erleben, bleiben die westlichen Alliierten gelassen. So lange die westlichen Sektoren unangetastet bleiben, wollen sie keinen Konflikt mit der Sowjetunion riskieren.

Reisen über Grenzen

Die West-Berliner sind seit 1961 eingemauert: Der Ostteil der Stadt und die DDR sind für sie unerreichbar, denn sie erhalten von den DDR-Behörden keine Einreisegenehmigung. Erst komplizierte Verhandlungen zwischen dem Senat von West-Berlin und der DDR-Regierung bescheren den West-Berlinern 1963 für wenige Tage über Weihnachten Passierscheine zum Besuch von Verwandten und Freunden im Ostteil der Stadt. Eine kuriose tägliche Wanderung begleitet diese Aktion: Ost-Berliner Angestellte werden, mit Fomularen und Stempeln ausgerüstet, frühmorgens nach West-Berlin geleitet, versuchen dort den ungeheuren Andrang zu bewältigen und kehren am Abend als geschlossene Gruppe wieder nach Ost-Berlin zurück.

Aber auch die Ost-Berliner und die DDR-Bürger sind eingemauert, ihnen verbietet die eigene Regierung, in den Westen zu reisen. Das lockert sich erst 1964: Für ein paar Wochen pro Jahr dürfen Rentner nun in den Westen fahren.

In den Siebziger- und Achtzigerjahren trägt die sozialliberale Ostpolitik, die unter dem Motto »Wandel durch Annäherung« steht, Früchte: Das Reisen zwischen den beiden deutschen Staaten wird einfacher. Westdeutsche dürfen nun in die DDR fahren, zahlen dort ihren täglichen Zwangsumtausch, treffen dafür Verwandte und Freunde. DDR-Bürger dürfen in »dringenden Familienangelegenheiten« in den Westen reisen. Die Besucher sehen und erleben ein Stück fremde Gesellschaft. Verstehen sie die Menschen, die darin leben, begreifen sie sich als »Schwestern und Brüder« oder sind sie sich fremd geworden? Bei vielen hat die Trennung unübersehbar zur Entfremdung geführt.

Gesamtdeutscher Gipfel – Willy Brandt (l.) und Willi Stoph 1970 in Erfurt

Reiseerleichterungen für den innerdeutschen Verkehr: Die deutsch-deutschen Gespräche auf Regierungsebene zeigen Erfolge, Besuchsreisen in die DDR werden in den Siebzigerjahren leichter.

Arrangements und Aufbegehren

Die Teilung Deutschlands scheint unüberwindlich geworden zu sein und die Menschen richten sich deshalb in ihren Staaten, in ihren Gesellschaften ein. Das Leben ist kurz und es geht seinen Gang, warum Träumen nachhängen, die sich nicht realisieren lassen? Und da gibt es noch die europäischen Nachbarn Deutschlands, die nicht unglücklich sind, dass es zwei deutsche Staaten gibt. Europa ist gespalten in Ost und West, wirkt das aufgeteilte Deutschland darin nicht wie ein Garant für den Frieden? Und haben nicht alle ihr Auskommen, im Westen üppiger, gewiss, aber auch in der DDR lässt es sich leben. Wenn da nur die Mauer, diese elende Grenze, nicht wäre!

Mit Interesse werden seit 1985 die Reformen unter Michail Gorbatschow in der

40 Jahre DDR – Reformer Gorbatschow (l.) 1989 zu Besuch beim reformunwilligen Honecker (r.)

Sowjetunion verfolgt, doch in der SED scheint sich nichts zu bewegen. Im Sommer 1989 verbreitet sich jedoch die Ahnung in der DDR, die Mauer könne ihren Schrecken verlieren. In Ungarn hebt sich der Eiserne Vorhang ein wenig und wird bald völlig beiseite geschoben. Im November schließlich, kurz nach der 40-Jahr-Feier der DDR, fällt die Mauer, nachdem auf den Montagsdemonstrationen Tausende von DDR-Bürgern skandiert haben: »Wir sind das Volk!« (→ Folge 46).

Nun beginnt der mühsame Weg, den die Deutschen Ost und die Deutschen West zu sich selbst, zu ihrer inneren Einheit beschreiten müssen. Vorurteile stehen im Weg, sie haben sich aufgetürmt, weil wenig Kenntnisse über die Lebensumstände im jeweils anderen Teil Deutschlands vorhanden sind. Besserwisserei und Verzagtheit helfen wenig, wir Deutsche sollten aufeinander hören, was wir aus der Vergangenheit zu berichten wissen.

DOKUMENT

Einheit als Verfassungsauftrag

Das Grundgesetz der Bundesrepublik Deutschland bestimmt in der Präambel:

»Es [das deutsche Volk in den westlichen Besatzungszonen] hat auch für jene Deutschen gehandelt, denen mitzuwirken versagt war. Das gesamte deutsche Volk bleibt aufgefordert, in freier Selbstbestimmung die Einheit und Freiheit Deutschlands zu vollenden.«

Auch in den DDR-Verfassungen ist das Gebot zur deutschen Einheit zunächst verankert. Die Verfassung von 1949 bestimmt in Artikel 1:

»Deutschland ist eine unteilbare Republik; sie baut sich auf den deutschen Ländern auf.«

1968 tritt eine neue Verfassung in Kraft. In Artikel 8, Absatz 2 heißt es:

»Die DDR erstrebt ... die Überwindung der ... Spaltung Deutschlands, die schrittweise Annäherung der beiden deutschen Staaten bis zu ihrer Vereinigung auf der Grundlage der Demokratie und des Sozialismus«.

1974 wird diese Verfassung grundlegend verändert, jeder Bezug auf ganz Deutschland wird gestrichen. Artikel 1 bestimmt nun:

»Die Deutsche Demokratische Republik ist ein sozialistischer Staat der Arbeiter und Bauern.«

Die Chronik der Teilung

Sommer 1945 Die sowjetische Besatzungsmacht lässt in ihrer Zone die Gründung politischer Parteien zu, KPD, SPD, CDU und LDP schließen sich am 14. Juli 1945 zur »Einheitsfront der antifaschistisch-demokratischen Parteien« zusammen (Antifa-Block).

21.-22.4.1946 In Berlin findet der Gründungsparteitag der Sozialistischen Einheitspartei Deutschlands (SED) statt. Unter erheblichem Druck der Sowjets gehen die KPD und die SPD der sowjetischen Besatzungszone in der neuen Partei auf.

30.6.1946 In Sachsen wird ein Volksentscheid über die »Enteignung der Großbetriebe von Kriegsverbrechern und Naziaktivisten« mit 77,6 % der Stimmen angenommen. Im Juli und August 1946 folgen die anderen Länder (Brandenburg, Mecklenburg, Sachsen-Anhalt, Thüringen) diesem Beispiel ohne eigenen Volksentscheid.

6.9.1946 US-Außenminister James F. Byrnes kündigt in einer Rede in Stuttgart den Wandel der US-amerikanischen Besatzungspolitik an. Künftig soll dem deutschen Volk »zu einem ehrenvollen Platz unter den freien und friedliebenden Nationen der Welt« verholfen werden.

20.10.1946 Bei den Landtagswahlen in den fünf Ländern der sowjetischen Besatzungszone erreicht die SED 47,5 % der Stimmen, sie erhält alle Unterstützung der Besatzungsmacht, während die bürgerlichen Parteien erheblich benachteiligt werden.

5.6.1947 US-Außenminister George C. Marshall verkündet ein europäisches Hilfs- und Wiederaufbauprogramm, an dem Deutschland teilhaben soll. Die Marshallplan-Hilfe wird zum entscheidenden Hebel für den Aufschwung in der BRD.

20.3.1948 Nach heftigem Streit über die künftige Deutschlandpolitik der Siegermächte zieht die Sowjetunion ihre Vertreter aus dem Alliierten Kontrollrat zurück, der seither nicht mehr arbeitsfähig ist, da er seine Beschlüsse nur einstimmig fassen kann.

1.4.1948 Die »kleine« Berlin-Blockade beginnt: Sowjetische Inspektionen und Behinderungen erschweren den westalliierten Personen- und Güterverkehr zu Lande und zu Wasser zunächst für Militär- und später auch für Zivilpersonen.

20.6.1948 In den drei westlichen Besatzungszonen und den Westsektoren Berlins wird die DM-Währung eingeführt. Jeder Deutsche bekommt eine Kopfquote von 40 und später noch einmal 20 DM. Reichsmark-Guthaben werden im Verhältnis 10:1 umgetauscht, Löhne, Gehälter, Renten und Pensionen 1:1 umgestellt.

23.6.1948 In der sowjetischen Besatzungszone wird ebenfalls eine Währungsreform verkündet, Deutschland ist nun in zwei Währungsgebiete geteilt. Am gleichen Tag beginnt die Großblockade West-Berlins zu Lande und zu Wasser. Die Sowjets erklären die Viermächteverwaltung Berlins für »praktisch beendet«. Die Personen- und Gütertransporte werden wegen »technischer Schwierigkeiten« unterbrochen, die Versorgung der Bevölkerung wird über eine Luftbrücke der Westalliierten sichergestellt.

23.5.1949 Der Parlamentarische Rat verkündet das Grundgesetz für die Bundesrepublik Deutschland, das am folgenden Tag in Kraft tritt. Am 14. August 1949 wird der erste Deutsche Bundestag gewählt, der am 7. September 1949 zu seiner ersten Sitzung zusammentritt. Als Bundeskanzler wird Konrad Adenauer (CDU), als Bundespräsident Theodor Heuss (FDP) gewählt.

Konrad Adenauer unterzeichnet das Grundgesetz.

7.10.1949 In Ost-Berlin wird die Deutsche Demokratische Republik gegründet. Der 1948 nach einer Einheitsliste gewählte Deutsche Volksrat wird zur Provisorischen Volkskammer, dem Parlament der DDR, ernannt. Wahlen finden erst ein Jahr später statt, ebenfalls nach einer Einheitsliste.

DDR-Ministerpräsident Otto Grotewohl und Staatspräsident Wilhelm Pieck gratulieren sich gegenseitig.

26.5.1952 Die DDR-Regierung erlässt eine Verordnung über eine 5 km breite Sperrzone entlang der Demarkationslinie.

9.-12.7.1952 Die II. Parteikonferenz der SED beschließt die »planmäßige Errichtung der Grundlagen des Sozialismus in der DDR«. Folgen dieses Beschlusses sind u. a. die Bildung von Landwirtschaftlichen Produktionsgenossenschaften, in die private Bauern freiwillig eintreten sollen, und die Errichtung von Grenzzäunen, Wachtürmen und Spurensicherungsstreifen an der Grenze zur Bunderepublik.

28.5.1953 Die Regierung der DDR verkündet die Erhöhung der Arbeitsnormen um 10 % bei gleichbleibendem Lohn.

16.6.1953 Bauarbeiter der Stalinallee in Ost-Berlin legen die Arbeit nieder und fordern die Rücknahme der erhöhten Arbeitsnormen. Die Regierung nimmt die Verordnung vom 28. Mai zurück, die Streikenden lassen sich dadurch aber nicht beruhigen.

17.6.1953 Der Protest der Bauarbeiter weitet sich aus und greift auf weite Teile der DDR über. Forderungen nach dem Rücktritt der Regierung und freien Wahlen werden laut. Der Aufstand wird durch sowjetische Soldaten blutig niedergeworfen.

26.7.1955 Der sowjetische Parteichef Nikita S. Chruschtschow erklärt, dass die Wiedervereinigung Sache der Deutschen sei, eine »mechanische Vereinigung« beider Teile Deutschlands sei aber undenkbar, die »sozialistischen Errungenschaften der DDR« müssten erhalten bleiben.

11.12.1957 Die DDR erlässt ein neues Passgesetz, das illegale Verlassen der DDR wird nun eindeutig zur strafbaren Handlung erklärt.

10.11.1958 Chruschtschow verkündet ein Berlin-Ultimatum: »Es ist an der Zeit, den Viermächtestatus von Berlin aufzuheben.«

27.11.1958 Die Sowjetunion fordert in einer Note die Aufhebung des Besatzungsstatuts binnen sechs Monaten, danach soll West-Berlin zur »entmilitarisierten Freien Stadt« erklärt werden.

15.6.1961 Walter Ulbricht, Partei- und Staatschef der DDR, erklärt auf einer internationalen Pressekonferenz: »Niemand hat die Absicht, eine Mauer zu errichten.«

25.7.1961 US-Präsident John F. Kennedy betont in einer Rundfunkrede die Entschlossenheit der USA, die Freiheit West-Berlins zu verteidigen. Es werden »three essentials« formuliert: 1. die Anwesenheit westlicher Truppen in Berlin; 2. freier Zugang nach Berlin; 3. Freiheit und Lebensfähigkeit der Stadt.

13.8.1961 Die Sektorenübergänge von Ost- nach West-Berlin werden abgeriegelt. Um West-Berlin wird ein Sperrsystem errichtet, das in den nächsten Wochen und Monaten zur Mauer ausgebaut wird. Von 1950 bis zum 13. August 1961 flohen mehr als 2,7 Millionen Menschen aus der DDR in die Bundesrepublik Deutschland und nach West-Berlin.

16.8.1961 Die Zonengrenze wird ab 0.00 Uhr für Einwohner der DDR und Ost-Berlins, die nach Westdeutschland reisen wollen, gesperrt.

5.9.1961 FDJ-Gruppen beginnen damit, Fernsehantennen, die auf den Empfang westlicher Sender ausgerichtet sind, zu demontieren.

26.6.1963 US-Präsident Kennedy besucht West-Berlin und bekennt sich zur Freiheit der Stadt: »Ich bin ein Berliner«. Kurz zuvor haben die DDR-Behörden ein besonderes Berliner »Grenzgebiet« geschaffen.

17.12.1963 Zwischen dem Senat von West-Berlin und der Regierung der DDR kommt es zu einer Vereinbarung über die Ausgabe von Passierscheinen für West-Berliner zu Verwandtenbesuchen im Osten der Stadt für das Weihnachtsfest und den Jahreswechsel.

Dezember 1963: West-Berliner dürfen nach mehr als zwei Jahren Verwandte und Freunde in Ost-Berlin besuchen.

1.9.1964 Die Volkskammer der DDR in Ost-Berlin bestätigt Straffreiheit für Flüchtlinge, die vor dem 13. August 1961 die DDR verlassen haben.

24.9.1964 Für das Jahresende wird ein weiteres Passierscheinabkommen zwischen den Regierungen von BRD und DDR vereinbart.

November 1964 DDR-Bürger im Rentenalter dürfen Reisen zu Verwandten in der Bundesrepublik und West-Berlin für vier Wochen jährlich beantragen.

25.11.1964 Die DDR-Regierung setzt mit Wirkung vom 1. Dezember einen Zwangsumtausch von DM in Mark der DDR für Reisende aus der BRD und West-Berlin fest.

5.2.1965 Ein weiteres Passierscheinabkommen für Ostern und Pfingsten 1965 wird vereinbart.

25.11.1965 Auch für Weihnachten und Silvester 1965 können West-Berliner Passierscheine für Besuche in Ost-Berlin beantragen.

6.10.1966 Die DDR-Regierung und der West-Berliner Senat einigen sich über die Einrichtung einer ständigen Passierscheinstelle für dringende Familienangelegenheiten.

11.6.1968 Die DDR beschließt für den Reise- und Transitverkehr zwischen der Bundesrepublik und West-Berlin den Pass- und Visumzwang.

19.3.1970 Bundeskanzler Willy Brandt und DDR-Ministerpräsident Willi Stoph treffen in Erfurt zu Gesprächen zusammen.

26.3.1970 Die vier Siegermächte beginnen mit Verhandlungen über Berlin.

29.4.1970 Postverhandlungen zwischen der Bundesrepublik und der DDR führen zur Einigung über einen Kostenausgleich, 4 neue Fernsprech- und 16 neue Fernschreibleitungen werden geschaltet.

21.5.1970 Brandt und Stoph treffen zu einem zweiten Gespräch, diesmal in Kassel, zusammen. Bei einer beabsichtigten Kranzniederlegung ereignet sich ein Zwischenfall: Von rechtsextremen Jugendlichen wird eine Flagge der DDR zerstört. Ungeachtet dessen soll der Meinungsaustausch fortgeführt werden.

31.1.1971 Der seit 19 Jahren unterbrochene Telefonverkehr zwischen West- und Ost-Berlin wird mit zehn Leitungen wieder aufgenommen.

3.9.1971 Ein neues Berlin-Abkommen wird durch die Botschafter der vier Siegermächte des Zweiten Weltkriegs unterzeichnet.

26.5.1972 Zwischen der BRD und der DDR wird der Verkehrsvertrag unterzeichnet, der für Reisen aus der Bundesrepublik in die DDR erhebliche Erleichterungen bringt.

21.12.1972 In Ost-Berlin wird der Grundlagenvertrag zwischen der Bundesrepublik und der DDR unterzeichnet.

18.9.1973 Die DDR und die Bundesrepublik werden als 133. und 134. Mitgliedsstaat in die Vereinten Nationen (UNO) aufgenommen.

14.3.1974 Ein Protokoll über die Errichtung Ständiger Vertretungen in Ost-Berlin und Bonn wird unterzeichnet. Am 20. Juni übergeben die Ständigen Vertreter (Günter Gaus für die Bundesrepublik, Michael Kohl für die DDR) ihre Beglaubigungsschreiben.

29.11.1978 Die gemeinsame Grenzkommission unterzeichnet ein Regierungsprotokoll über die »Überprüfung, Erneuerung und Ergänzung der Markierung der zwischen der DDR und der Bundesrepublik bestehenden Grenze.« Der Grenzverlauf ist, bis auf kleine Ausnahmen an der Elbe, nun geregelt.

Juli 1980 Seit 1964 sind 13 000 politische DDR-Häftlinge durch »besondere Bemühungen« der Bundesregierung (Häftlingsfreikauf) vorzeitig aus der Haft entlassen worden und in die Bundesrepublik ausgereist.

13.10.1980 Die DDR-Regierung erhöht den Zwangsumtausch für Besucher aus dem Westen von täglich 13 auf 25 DM, die Zahl privater Reisen in die DDR geht daraufhin drastisch zurück.

11.2.1982 Das DDR-Innenministerium erweitert den Katalog »dringender Familienangelegenheiten«, die Westreisen von DDR-Bürgern ermöglichen.

Sommer 1989 Tausende DDR-Bürger reisen nach Ungarn und in die Tschechoslowakei. Sie suchen Zuflucht in den dortigen Botschaften der Bundesrepublik und verlangen ihre Ausreise in den Westen.

4.9.1989 In Leipzig demonstrieren Tausende für ihre Ausreise aus der DDR. Polizei und Staatssicherheit greifen die Menschen an, lösen die Kundgebung auf. Eine Woche später demonstrieren viele mit der Losung »Wir bleiben hier!«

9.10.1989 In Leipzig ziehen 70 000 Menschen durch die Straßen der Innenstadt, ihre Losung heißt »Wir sind das Volk!« Die Sicherheitsorgane der DDR greifen nicht ein, die Menschenmasse ist zu groß.

Metallgitterzäune, Alarmanlagen, bis 1984 Selbstschussanlagen und Wachtürme sollen die Flucht verhindern.

30.11.1984 Alle Selbstschussanlagen sind an der Grenze zur Bundesrepublik abgebaut worden, dafür wurden akustische, optische und elektronische Warnanlagen am inneren Grenzzaun (Schutzstreifenzaun) verstärkt.

7.-11.9.1987 SED-Generalsekretär Erich Honecker weilt zu einem »offiziellen Arbeitsbesuch«, der eigentlich ein Staatsbesuch ist, in Bonn.

Mai 1989 Die ungarische Regierung lässt die Grenzsperranlagen zu Österreich abbauen. Die Grenze bleibt zwar geschlossen, verliert aber ihren martialischen Charakter: Stacheldraht, Wachtürme und Schusswaffen haben ausgedient.

9.11.1989 In den späten Abendstunden fällt in Berlin die Mauer; auch über die innerdeutschen Grenzübergänge können DDR-Bürger ungehindert in die Bundesrepublik gelangen. Mit der Grenzöffnung zeichnet sich das Ende der DDR ab.

3.10.1990 Mit dem Beitritt der Deutschen Demokratischen Republik zur Bundesrepublik Deutschland findet die staatliche Teilung Deutschlands nach mehr als 40 Jahren ihr Ende.

WIR MACHE

WENDEZEIT

Die Deutschen und die Einheit

Donnerstag, 9. November 1989, früher Abend: Günter Schabowski informiert im Internationalen Pressezentrum der DDR in Ost-Berlin Pressevertreter aus aller Herren Länder über die Tagung des Zentralkomitees der SED. Schabowski gehört neben Egon Krenz zu den neuen Leuten an der Spitze von Partei und Staat in der DDR, die gemeinsam mit anderen wenige Wochen zuvor Erich Honecker entmachtet haben. Die Pressekonferenz verläuft ohne Aufregungen, Schabowski berichtet eher Belangloses von der noch andauernden Sitzung des Zentralkomitees. Partei- und Staatschef Krenz hat ihm eine Notiz zugesteckt mit der Bemerkung, sie könne der Presse mitgeteilt werden. Diese Notiz zieht Schabowski am Ende seiner Mitteilungen, exakt um 19.07 Uhr, aus der Mappe und verliest den Text eher beiläufig. Die Journalisten erfahren, dass ab sofort DDR-Bürger über alle Grenzübergangsstellen in die Bundesrepublik und nach West-Berlin ausreisen dürfen.

Offene Grenzen

Im Saal wird nicht sofort begriffen, was diese Mitteilung bedeutet, auch manche Fernsehzuschauer, welche die Übertragung der Pressekonferenz verfolgen, begreifen nicht sofort, welch weltbewegende und weltverändernde Nachricht sie soeben gehört haben. Einige Ost-Berliner machen sich auf den Weg zum Grenzübergang Bornholmer Straße, sie stehen jedoch vor verschlossenen Schranken wie seit mehr als 28 Jahren: Die Grenze ist dicht.

10. November 1989 – am Brandenburger Tor in Berlin feiern Tausende den Fall der Mauer.

Rundfunk und Fernsehen wiederholen jedoch Schabowskis unglaubliche Sätze, das führt immer mehr Menschen zur Grenze. Sie verwickeln die Grenzwächter in Gespräche und begehren immer nachdrücklicher Auslass nach West-Berlin. Schließlich werden Barrieren aus dem Weg geräumt und ein Menschenstrom ergießt sich in den Westteil der Stadt. Wildfremde Menschen fallen sich gerührt in die Arme, Freudentränen mischen sich mit ungläubigem Staunen.

Im Lauf der Nacht und in den folgenden Tagen öffnet sich ein Grenzübergang nach dem anderen; von der Ostsee bis zum Bayerischen Wald treffen Deutsche aus Ost und West ungehindert zusammen. Mancher ahnt, dass dies der Anfang vom Ende der DDR ist.

Rund eine Million Menschen kommen am 6. November 1989 auf dem Alexanderplatz in Ost-Berlin zusammen, um freie Wahlen zu fordern. Sie setzen damit die Montagsdemonstrationen in Leipzig fort: Am 9. Oktober sind dort 70 000 Menschen trotz Angst vor Schüssen der Polizei zusammen gekommen – an diesem Abend wurde die Macht der SED gebrochen.

Die Macht der Ohnmächtigen

Bereits seit dem Sommer ist die deutsch-deutsche Grenze immer durchlässiger geworden. Tausende DDR-Bürger sind nach Ungarn und in die Tschechoslowakei gereist, um in die dortigen Botschaften der Bundesrepublik Deutschland einzudringen. Sie lassen sich nicht abweisen und fordern, in die BRD ausreisen zu dürfen. In Leipzig, Rostock, Plauen und in vielen anderen Städten gehen jeden Montag Menschen auf die Straße und rufen: »Wir bleiben hier!« Von Woche zu Woche finden sich mehr Demonstranten ein. Manche von ihnen haben vorher in den Kirchen an Friedensgebeten teilgenommen, nun trotzen sie unter der Losung »Wir sind das Volk« den Ordnungskräften, die nicht wissen, wie sie sich verhalten sollen. Die ganze DDR scheint gelähmt, der gewaltige Sicherheitsapparat ist unfähig, auf die friedliche Herausforderung zu reagieren. Welches Machtmittel soll man auch gegen diese vielen friedlichen Menschen einsetzen, die in ihren Händen brennende Kerzen halten?

Manche der bisher so diszipliniert und angepasst erscheinenden DDR-Bürger treten plötzlich ganz selbstbewusst, mutig

DOKUMENT

Aufruf zur Gewaltlosigkeit

Kurt Meier, Jochen Pommert, Roland Wötzel (Sekretäre der SED-Bezirksleitung), Kurt Masur (Chefdirigent des Gewandhauses), Peter Zimmermann (Pfarrer) und Bernd Lutz Lange (Kabarettist) rufen bei der großen Demonstration in Leipzig am 9. Oktober 1989 zur Gewaltlosigkeit auf:

»Wir sind von der Entwicklung in unserer Stadt betroffen und suchen nach einer Lösung. Wir alle brauchen freien Meinungsaustausch über die Weiterführung des Sozialismus in unserem Land. Deshalb versprechen die genannten Leute allen Bürgern, ihre ganze Kraft und Autorität dafür einzusetzen, dass dieser Dialog nicht nur im Bezirk Leipzig, sondern auch mit unserer Regierung geführt wird. Wir bitten Sie dringend um Besonnenheit, damit der friedliche Dialog möglich wird.«

und fordernd auf. Viele bekennen sich offen zu neuen oppositionellen Gruppen wie dem Neuen Forum oder den Bürgerrechtsbewegungen Demokratischer Aufbruch und Demokratie jetzt. Das Meinungsbild ist differenziert, die einen wollen so schnell wie möglich die DDR hinter sich lassen und zu einem Teil der Bundesrepublik werden, andere, besonders die Mitstreiter im Neuen Forum, wollen den Versuch wagen, eine wirklich demokratische DDR aufzubauen, eine politische und gesellschaftliche Alternative zur marktwirtschaftlichen Bundesrepublik. Im Oktober schließlich zwingen die Massenproteste der Bürger die SED zu Reformen: Honecker wird gestürzt.

Nach dem 9. November 1989 gehen die Montagsdemonstrationen weiter, aber die Stimmung hat sich gewandelt, die Befürworter einer raschen Vereinigung scheinen zu einer Mehrheit geworden zu sein. Nun heißt es »Wir sind ein Volk«, und immer öfter hört man »Deutschland einig Vaterland«, jene Zeile aus der Nationalhymne der DDR, deretwegen der Hymnentext seit 1974 nicht mehr gesungen werden durfte. Bedächtigere unter den Demonstranten fragen sich: Soll es wirklich möglich sein, dass Deutschland seine Einheit wiederfindet? Was werden die Nachbarn dazu sagen?

Die Politiker in West und Ost versuchen, allzu optimistische Erwartungen zu dämpfen – vielleicht sollten die Deutschen versuchen, eine Konföderation zustande zu bringen, dann könne langsam zusammen-

Der zentrale Runde Tisch in Berlin, an ihm sitzen Vertreterinnen und Vertreter der alten und neuen politischen Parteien und Gruppierungen, um die Regierung zu kontrollieren. Die Moderation haben Kirchenmänner übernommen.

wachsen, was zusammen gehöre. Aber die früher Ohnmächtigen, die jetzt ihre Kraft spüren, sind ungeduldig, sie lassen den Politikern kaum Zeit, nachzudenken oder gar Konzepte für die Zukunft Deutschlands zu entwickeln.

Die Ohnmacht der Mächtigen

Verhandlungen zwischen den Regierungen in Deutschland sind notwendig, aber im

Die erste (und letzte) demokratisch gewählte Regierung der DDR unter Ministerpräsident Lothar de Maizière (CDU; 6. v. l. in der vorderen Reihe)

Osten ist eine Regierung an der Macht, die nicht demokratisch legitimiert ist. Mit dieser Regierung möchten die Verantwortlichen in Bonn nicht verhandeln. Auch die Oppositionellen in der DDR trauen dieser Regierung nicht und organisieren den Runden Tisch, der seit dem 7. Dezember 1989 die alten DDR-Parteien und die jungen Bürgerbewegungen zusammenführt. »Runde Tische« entstehen in vielen Orten, sie wollen kein Parlamentsersatz sein, aber bis zur Abhaltung demokratischer Wahlen soll den Regierenden auf die Finger geschaut und ihre ehemals fast unumschränkte Macht wirksam kontrolliert werden.

Für den 18. März 1990 werden freie, geheime und demokratische Wahlen für die Volkskammer vereinbart. Wahlkämpfer pilgern von West nach Ost und lehren ihre Landsleute das politische Geschäft. Entgegen den Voraussagen gewinnt das konservative Wahlbündnis Allianz für Deutschland die Wahlen, deren Ergebnis als eindeutiges Bekenntnis für die deutsche Einheit und die Marktwirtschaft gewertet wird. Der (Ost)-CDU-Politiker Lothar de Maizière wird der letzte Ministerpräsident der DDR.

Die DM erobert die DDR

Nach den Wahlen wird um einen schnellen Beitritt der DDR zur BRD gerungen.

1. Juli 1990 am Ost-Berliner Alexanderplatz: In der DDR wird die DM eingeführt, bejubelt und gefeiert.

Viele DDR-Bürger erhoffen sich von der raschen Vereinigung die baldige Teilhabe am westdeutschen Wohlstand. Schließlich werden sich die beiden deutschen Regierungen einig und schließen einen Staatsvertrag über die Wirtschafts-, Währungs- und Sozialunion. Ab 1. Juli 1990 wird in der DDR die DM zur einzigen Währung, und die soziale Marktwirtschaft sowie das westdeutsche System sozialer Sicherung gelten dann auch im Osten Deutschlands. Löhne, Gehälter und Renten werden im Verhältnis 1:1 umgestellt, Spareinlagen werden zu einem kleinen Teil 1:1, zum größeren Teil 2 Mark Ost zu 1 DM umgewechselt.

Die Währungsumstellung ruft Händler auf den Plan: die fliegenden mit ihren Marktständen und den Schnäppchenangeboten von der Banane über den Pullover bis zur Bohrmaschine; die etablierten mit eleganten Läden und all den Produkten aus dem Westen, die DDR-Bürger aus der Fernsehwerbung kennen; die Verbrauchermärkte, die mit ihrem reichen und bunten Warenangebot die ehemals triste DDR-Verkaufskultur vergessen machen. Aus dem »HO-Getränkestützpunkt« ist über Nacht »Ute's Getränkeshop« geworden, statt Club-Cola und Bier der heimischen Brauerei locken nun Limonade aus den USA und Bier aus Bayern. Versicherungsvertreter durchstreifen die DDR in der Hoffnung auf gute Geschäfte, denn die staatliche Versicherung ist aufgelöst. Jeder DDR-Bürger muss sich nun individuell gegen Krankheit und Unfall, Einbruch und Wasserschaden versichern. Nicht jeder Versicherungsvertreter ist standhaft genug, die weit verbreitete Unwissenheit nicht zum eigenen Vorteil zu nutzen.

Deutschland wird souverän

Während die Bürger in der DDR das Leben mit dem neuen Geld und all den anderen Neuerungen aus dem Westen üben, suchen Politiker nach Wegen aus der deutschen Teilung, wobei die Frage der Bündniszugehörigkeit eines vereinten Deutschlands das Haupthemmnis bildet. Die Vertreter der Siegermächte USA, Sowjetunion, Großbritannien und Frankreich sowie die Repräsentanten aus der BRD und der DDR sitzen zusammen und diskutieren den Zwei-plus-Vier-Vertrag, an dessen Ende das vereinte Deutschland stehen soll. Bundeskanzler Helmut Kohl und der sowjetische Staats- und Parteichef Michail Gorbatschow räumen in Zweiergesprächen im Juli 1990 die größten Hindernisse aus dem Weg. Was viele für unmöglich gehalten haben, wird wahr: Die Sowjetunion akzeptiert, dass das vereinigte Deutschland dem westlichen Verteidigungsbündnis NATO angehören wird. Am 12. September 1990 entlassen die Alliierten des Zweiten Weltkriegs Deutschland in die volle Souveränität. Acht Tage später, am 20. September 1990, stimmen der Deutsche Bundestag in Bonn und die Volkskammer in Ost-Berlin dem Einigungsvertrag zu, die DDR tritt am 3. Oktober 1990 der Bundesrepublik bei.

Zwei-plus-Vier-Verhandlungen: Sechs Außenminister diskutieren im Sommer 1990 über die außenpolitischen Aspekte der deutschen Vereinigung –v. l.: James Baker (USA), Eduard Schewardnadse (UdSSR), Markus Meckel (DDR), Hans-Dietrich Genscher (BRD), Douglas Hurd (GB), Roland Dumas (F).

Einigungsvertrag

Was muss nicht alles bedacht werden, wenn zwei mehr als 40 Jahre getrennte Teile eines Landes wieder zusammengefügt werden sollen: Das Rechtssystem ist zu harmonisieren, Schulen und Berufsausbildung sind anzugleichen, eine Armee ist aufzulösen, Autokennzeichen ändern sich, die Ladenschlusszeiten und die Feiertage, die im Westen Deutschlands gelten, werden auf Ostdeutschland übertragen. Manche der Änderungen vollziehen sich problemlos, andere bedeuten Abschied von liebgewordenen Gewohnheiten, wieder andere sorgen für erhebliche Unruhe. Da sind zum Beispiel die leidigen Eigentumsfragen, das Wohnhaus oder die Fabrik, die in der DDR enteignet worden waren und nun an die ehemaligen Eigentümer oder deren Erben zurückzugeben sind. »Rückgabe vor Entschädigung« bestimmt der Einigungsvertrag. Was wird aus den Bewohnern eines Hauses, das diese in gutem Glauben gekauft haben und das die Alteigentümer nun zurückfordern?

»Deutschland einig Vaterland« ist vollbracht, aber zwischen den Menschen, die in zwei sehr unterschiedlichen Gesellschaften aufgewachsen sind, tun sich mancherorts tiefe Gräben auf. Da stehen sich der »Besser-Wessi« und der »Jammer-Ossi« fremd und misstrauisch gegenüber, manchmal überheblich der eine und ängstlich der andere.

Land unter der Treuhand

Mehr als 9 Millionen der etwa 16 Millionen Einwohner der DDR sind berufstätig, viele verdienen ihr tägliches Brot in »Volkseigenen Betrieben«. Diese Firmen sollen privatisiert werden, und damit das in geordneten Bahnen verlaufen kann, hat die Volkskammer am 17. Juni 1990 per Gesetz die Treuhandanstalt ins Leben gerufen. Rund 14 000 Betriebe und Betriebsteile sollen saniert, privatisiert und wenn beides nicht gelingt, behutsam stillgelegt werden. Die ostdeutschen Betriebe müssen sich übergangslos weltweiter Konkurrenz stellen, und diesem Druck können nur wenige standhalten. Die Folgen: Mehr als 4 Millionen Arbeitsplätze, das sind mehr als 40 %, vor allem in der Industrie und in der Landwirtschaft, gehen verloren. Als die Treuhandanstalt ihre Tätigkeit Ende 1994 beendet, hinterlässt sie Schulden in Höhe von rund 256 Milliarden DM, für die der Steuerzahler aufkommen muss. Der Ruf der Treuhandanstalt ist nicht der

Kann die ostdeutsche Industrie in der Marktwirtschaft bestehen? Die Konkurrenz ist hart, viele Betriebe befinden sich in schlechtem Zustand wie dieses Chemiewerk bei Bitterfeld mit seinen verrotteten Anlagen, undichten Tanks und Rohrleitungen, aus denen unkontrolliert Chemikalien austreten. Solche Betriebe werden stillgelegt, Arbeitsplätze gehen verloren.

Das ist die neue Zeit: Menschleere Arbeitshallen im Opel-Werk Eisenach, einer Neuansiedlung der Neunzigerjahre. Industrieroboter arbeiten hochproduktiv, rund 2000 Arbeiter und Angestellte produzieren pro Jahr etwa 170 000 Autos.

beste, gerade in der Anfangszeit, als sich Betriebsstilllegungen und Massenentlassungen häufen. Angesichts des Zeitdrucks und der enormen Aufgabe zieht die Behörde jedoch eine positive Bilanz.

Ausmusterungen und Abwicklungen

Wie soll man das begreifen, nun gehört man endlich zum reichen Westen und das Leben könnte bunt und schön sein, aber in Wirklichkeit geht die Angst um, Angst vor Arbeitslosigkeit, Angst, nicht mehr gebraucht und zum alten Eisen geworfen zu werden. Da ist einer 55, hat die Arbeit verloren und hört, dass es das Beste sei, wenn er in den Vorruhestand träte. Ausgemustert! Von den mehr als 90 % berufstätiger Frauen in der DDR hat fast jede vierte keinen Arbeitsplatz mehr, ihnen bleibt nur der Rückzug in die Familie, in längst überwunden geglaubte Lebensmuster: Die Frau gehört ins Haus, an den Herd, zu den Kindern. Da ist der Wissenschaftler an der Universität, der evaluiert – überprüft – wird und wenn zu viel Marxismus oder zu viel Staatsnähe in seiner Ausbildung oder in seiner Arbeit aufscheint, findet er sich in der Warteschleife mit einem Zeitvertrag wieder; nach zwei Jahren wird entschieden, ob er weiterhin forschen und lehren darf. Die Kollegen vom Lehrstuhl für Marxismus-Leninismus werden direkt und ohne Warteschleife entlassen. Wer so »abgewickelt« wird, hat das Ende seiner akademischen oder sonstigen Laufbahn erreicht.

Verlorene Lebenspläne

Der vormundschaftliche Staat DDR ist untergegangen, zahllose Lebenspläne verlieren ihre Gültigkeit. Dieser Staat sorgte wie ein Übervater für seine Kinder von der Wiege bis zur Bahre. Der Platz in der Kinderkrippe war so sicher wie jener im Kindergarten. Der Weg durch die Schule bedurfte keiner elterlichen Überlegung oder Entscheidung. Die Berufsausbildung war garantiert, als Facharbeiter genauso wie als Fach- oder Hochschulabsolvent, als Mädchen oder als Junge. Zwar war es nicht immer der gewünschte Beruf, den man ergreifen konnte, aber wegen eines Mangels an Ausbildungsplätzen musste niemand auf der Straße stehen. Irgendwann kam die Wohnungszuweisung, wenn auch oft erst nach der Familiengründung. Schließlich waren auch die 12 bis 14 Wartejahre auf den Trabi vorbei und das kleine Glück hatte sich gerundet. Es war die Berechenbarkeit, auf der ostdeutsche Lebenspläne gründeten. Sie schuf Sicherheit, aber auch Langeweile. Die Grenzen, die der Vormund Staat setzte, schmerzten manchmal, die fehlenden Reisemöglichkeiten zum Beispiel oder die Einschränkungen in der Meinungsfreiheit. Doch für viele wurden diese Mängel erträglicher durch die umfassende soziale Sicherheit (→ Folge 47).

Nur wenige DDR-Produkte können sich in die neue Zeit retten: »Rotkäppchen«-Sekt überlebt, Genuss für frohe Stunden früher und heute.

Der 3. Oktober 1990 bringt das Ende der DDR. Zurück bleiben zahllose aus der sozialistischen Bahn geworfene Bürger, die nun mühsam lernen müssen, für sich selbst zu sorgen, liebgewordene Lebenspläne nicht weiter verfolgen können und neue Orientierungen finden müssen.

Stasi-Gift

180 km Regallänge nehmen die Aktenbestände ein, die Pfarrer Joachim Gauck als

Bundesbeauftragter für die Unterlagen des Staatssicherheitsdienstes der ehemaligen DDR mit fast 1000 Mitarbeitern zu verwalten hat – Akten, in denen die Angst der Herrschenden vor ihren Bürgern aufgeschrieben ist. Mehr als 85 000 hauptamtliche Mitarbeiter der Staatssicherheit, unterstützt von schätzungsweise 150 000 inoffiziellen Mitarbeitern, haben mehr als 6 Millionen ihrer Landsleute abgehört, ausgespäht und bespitzelt, haben ihre Post gelesen, Besucher gezählt und versucht, ihre Gedanken in Erfahrung zu bringen. Die Gauck-Behörde sichtet und ordnet die Akten, bereitet sie auf für all jene, die nachlesen wollen, wie, warum und von wem sie ausspioniert wurden. Schmerzliche Einsichten bleiben dabei nicht aus, wenn der gute Freund, die Vertraute oder gar der Ehepartner als Informant der Stasi aus den Akten hervortritt.

Gewonnene Lebensperspektiven

Manches Verlorene findet durch die Einheit wertvollen Ersatz. Nun ist es nicht mehr der vormundschaftliche Staat, der über Bildungs- und Ausbildungswege der Kinder entscheidet, das liegt ab sofort in den Händen der Eltern. Keine Zensurstelle darf sich anmaßen zu entscheiden, was der Interessierte lesen darf und was er nicht lesen soll. Keine Polizeibehörde mischt sich ein, wenn einer eine Reise vorhat – die Ziele werden vom Wunsch und vom Geldbeutel bestimmt. Für den sozialen Aufstieg ist nicht mehr politisches Wohlverhalten erste Voraussetzung, sondern – wenn alles mit rechten Dingen zugeht – Eignung und Tüchtigkeit. Jene, die einen sicheren Arbeitsplatz innehaben, spüren den gewachsenen Lebensstandard. Nach langen Jahren der ökonomischen Enge in der DDR-Zeit sind die Rentner und Pensionäre die wirklichen Gewinner der Einheit, ihr Lebensstandard ist deutlich angestiegen, der Lebensabend hat für sie eine wohltuend neue Qualität erlangt.

STICHWORT

Aufholjagd der neuen Bundesländer schon am Ende?
Wirtschaftswachstum* in %

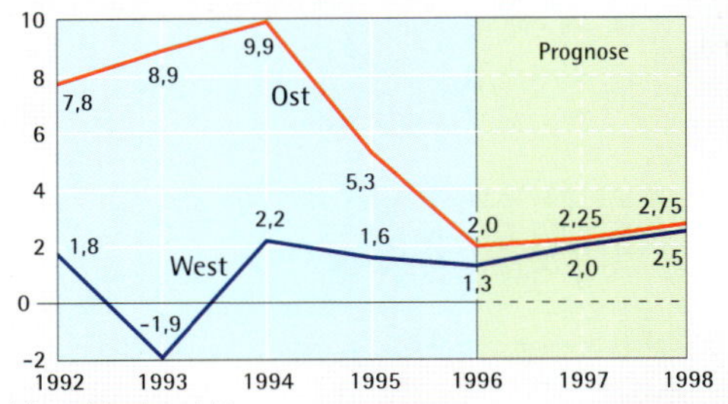

* Bruttoinlandsprodukt

Ausgleich von West und Ost

In Ostdeutschland treffen zwei die volkswirtschaftliche Entwicklung stark beeinflussende Faktoren zusammen: zum einen die Wirtschafts-, Währungs- und Sozialunion vom 1. Juli 1990, dazu ein allgemeiner Strukturwandel in ganz Europa.
Bis 1995 gehen in den fünf neuen Ländern in der Landwirtschaft 784 000 von 976 000 Arbeitsplätzen verloren, das sind 80 %. Energie, Bergbau und Industrie verlieren 2,7 von 3,75 Millionen Arbeitsplätzen (72 %). Bei den Dienstleistungen einschließlich Handwerk steigt hingegen die Zahl der Arbeitsplätze von 560 000 auf 1,52 Millionen, das ist ein Zugewinn von 82 %. Insgesamt gehen jedoch von ehemals 9,75 Millionen Arbeitsplätzen rund 4 Millionen verloren (41 %).
Die »freigesetzten« Menschen finden sich in Arbeitslosigkeit, Vorruhestand, Umschulungs- und Arbeitsbeschaffungsmaßnahmen wieder. Etwa 1 Million Menschen haben sich vom Arbeitsmarkt endgültig verabschiedet, vor allem Frauen. Betriebsstilllegungen führen überdies zum Verlust Tausender Ausbildungsplätze – Jugendarbeitslosigkeit in bedrohlichem Ausmaß in den neuen Bundesländern ist die unausweichliche Folge. Die Perspektivlosigkeit lässt einige Jugendliche mit rechtsextremen Parteien sympathisieren, die einfache Lösungen versprechen. Durch die immer niedriger werdende Wachstumsrate in den neuen Ländern rückt die Angleichung der Lebensverhältnisse in Ost und West in immer weitere Ferne.

Die Chronik der Einheit

19.8.1989 Bei einem Fest an der deutsch-ungarischen Grenze bei Sopron flüchten etwa 900 DDR-Bürger in den Westen. Der Strom der über Ungarn nach Österreich Flüchtenden hält auch in den folgenden Wochen an.

4.9.1989 In Leipzig kommt es nach dem Friedensgebet in der Nikolaikirche zu einer Demonstration: Ausreisewillige DDR-Bürger fordern Reisefreiheit, die Staatssicherheit greift ein und verhaftet Demonstranten.

30.9.1989 Die in die bundesdeutschen Botschaften in Prag und Warschau geflüchteten DDR-Bürger dürfen mit Einverständnis der Regierungen der DDR, Polens und der ČSSR in die Bundesrepublik ausreisen.

7.10.1989 Die offiziellen Feierlichkeiten zum 40. Jahrestag der DDR werden in zahlreichen Städten von Protestdemonstrationen begleitet. Der sowjetische Staats- und Parteichef Michail Gorbatschow, von Journalisten zum Reformwillen der DDR-Führung befragt, prägt den Satz: »Wer zu spät kommt, den bestraft das Leben!« In Schwante, am nördlichen Rand von Berlin, findet am gleichen Tag die Gründung der Sozialdemokratischen Partei der DDR (SDP) statt. Zum Vorsitzenden wählen die Gründungsmitglieder Ibrahim Böhme, der wenig später als inoffizieller Mitarbeiter der Stasi enttarnt wird.

9.10.1989 In Leipzig gehen 70 000 Menschen auf die Straße. Das befürchtete militärische Durchgreifen der Sicherheitskräfte bleibt aus. Die Menschen skandieren die Losung »Wir sind das Volk!«

18.10.1989 Angesichts der Ausreisewelle und der wachsenden Opposition tritt Erich Honecker von allen politischen Ämtern zurück, sein Nachfolger wird Egon Krenz.

9.11.1989 Günter Schabowski erklärt auf einer internationalen Pressekonferenz, dass »Privatreisen nach dem Ausland ... ohne Voraussetzungen (Reiseanlässe und Verwandtschaftsverhältnisse) beantragt werden« können.

9./10.11.1989 Tausende DDR-Bürger fordern an den Grenzübergangsstellen zu West-Berlin und zur BRD die Öffnung der Grenze. Unter solchem Druck geben die Grenzwächter nach und lassen die Menschen passieren.

Nach 28 Jahren wird die Berliner Mauer abgebaut.

7.12.1989 In Ost-Berlin tritt erstmalig der zentrale Runde Tisch zusammen. Hier treffen sich Vertreter der DDR-Parteien und der Bürgerbewegungen. Der Runde Tisch versteht sich als Bestandteil der öffentlichen Kontrolle, seine Tätigkeit soll bis zur Durchführung freier, demokratischer und geheimer Wahlen dauern.

19.12.1989 In Dresden treffen sich Bundeskanzler Kohl und Ministerpräsident Modrow zu einem deutsch-deutschen Gipfel. Während einer Aussprache Kohls vor Zehntausenden DDR-Bürgern wird deutlich, dass die Stimmung auf eine rasche Vereinigung gerichtet ist.

22.12.1989 Bundeskanzler Kohl und Ministerpräsident Modrow sowie die beiden Bürgermeister Walter Momper (West-Berlin) und Erhard Krack (Ost-Berlin) eröffnen einen Grenzübergang am Brandenburger Tor. Das Tor war mehr als 28 Jahre Symbol der Teilung.

18.3.1990 Aus den ersten demokratischen Wahlen zur Volkskammer geht bei einer Wahlbeteiligung von über 93 % die CDU mit 40,8 % der Stimmen als Siegerin hervor. Lothar de Maizière (CDU) wird erster und letzter demokratisch gewählter Ministerpräsident der DDR.

6.5.1990 Bei den Kommunalwahlen in der DDR wird die CDU wiederum stärkste Partei mit 34,4 % der Stimmen. Ein Jahr zuvor hatten die Fälschungen des damaligen Kommunalwahlergebnisses zu erheblichen Unmutsäußerungen geführt, die in die Protestwelle des Herbstes einmündeten.

17.6.1990 Die Volkskammer verabschiedet das Treuhandgesetz. Danach wird das produktive Volksvermögen der DDR von einer dem Bundesfinanzministerium unterstehenden Behörde verwaltet mit dem Ziel, Betriebe und Immobilien zu privatisieren.

1.7.1990 Die Wirtschafts-, Währungs- und Sozialunion tritt in Kraft, die DM wird in der DDR als Zahlungsmittel eingeführt. Bereits in der Nacht warten 10 000 Menschen auf dem Alexanderplatz in Ost-Berlin auf die Öffnung der Banken. Die Bevölkerung feiert die DM mit Sekt und Feuerwerk.

16.7.1990 Im kaukasischen Schelesnowodsk ebnen Gorbatschow und Kohl den Weg für die deutsche Einheit. Gorbatschow billigt dem geeinten Deutschland die volle Souveränität und freie Entscheidung über die Bündniszugehörigkeit zu. Im Gegenzug verpflichtet sich Deutschland zu Abrüstungsmaßnahmen und finanziellen Hilfen für die Rückführung sowjetischer Soldaten.

22.7.1990 Die Volkskammer beschließt die Neubildung der 1952 abgeschafften Länder Brandenburg, Mecklenburg-Vorpommern, Sachsen, Sachsen-Anhalt und Thüringen. Landtagswahlen werden für den 14. Oktober 1990 anberaumt.

31.8.1990 In Ost-Berlin wird der deutsch-deutsche Einigungsvertrag unterschrieben. Dieser Staatsvertrag regelt die Einzelheiten des DDR-Beitritts zur Bundesrepublik.

12.9.1990 In Moskau wird der Vertrag über die endgültige Regelung in Bezug auf Deutschland (Zwei-plus-Vier-Vertrag) unterzeichnet. Die historischen Rechte der Alliierten gegenüber Deutschland erlöschen, das Land erhält die volle Souveränität.

3.10.1990 Die DDR tritt der BRD bei. Am Vortag hat sich die Volkskammer aufgelöst. Vereinigungsgegner demonstrieren mit der Losung »Halts Maul, Deutschland«. Am gleichen Tag nimmt der Sonderbeauftragte der Bundesregierung für die personenbezogenen Daten des ehemaligen Staatssicherheitsdienstes, Joachim Gauck, seine Tätigkeit auf.

14.10.1990 Bei den Landtagswahlen in der DDR wird die CDU in vier von fünf Ländern stärkste Partei. Bis auf Sachsen, das eine CDU-Alleinregierung erhält, werden Koalitionen gebildet: in Brandenburg aus SPD, Bündnis 90 und FDP; in Mecklenburg-Vorpommern, Sachsen-Anhalt und Thüringen aus CDU und FDP.

2.12.1990 Die regierende Koalition aus CDU/CSU und FDP geht mit 43,8 % und 11 % der Stimmen als deutliche Siegerin aus den ersten gesamtdeutschen Bundestagswahlen hervor.

1.4.1991 Der Präsident der Treuhandanstalt, Detlev Karsten Rohwedder, wird von Terroristen ermordet. Die Hintergründe der Tat sind bisher nicht aufgeklärt. Seine Nachfolgerin bei der Treuhand wird Birgit Breuel.

14.11.1991 Mit erheblicher Verzögerung wird das Stasi-Unterlagengesetz verabschiedet, das die Aufarbeitung der Akten regelt und betroffenen Bürgern das Recht auf Einsicht in die über sie geführten Unterlagen garantiert.

31.12.1994 Die Treuhandanstalt wird auf Beschluss der Bundesregierung aufgelöst, nachdem 95 % der ehemals volkseigenen Betriebe privatisiert bzw. stillgelegt sind. Die Bundesanstalt für vereinigungsbedingte Sonderaufgaben (BvS) führt die Arbeit fort.

Notlagen

Soziale Sicherheit in Deutschland

Am Anfang steht eine kaiserliche Botschaft. Reichskanzler Otto von Bismarck verliest sie am 17. November 1881 im Reichstag. »Die Heilung der sozialen Schäden«, heißt es, müsse auch durch »Förderung des Wohles der Arbeiter« erreicht werden. Dazu gehöre insbesondere die Absicherung von sozialen Risiken wie Unfall, Krankheit oder Erwerbslosigkeit im Alter. Mit dem Kaiserwort wird Ende des letzten Jahrhunderts erstmals von Staats wegen ein Versprechen auf soziale Sicherheit gegeben, dessen Einlösung in den folgenden 100 Jahren jedoch immer wieder zur Debatte steht.

Geht es anfangs nur um die Arbeiter und die Sicherung ihres Existenzminimums, so werden nach und nach der Kreis der Betroffenen, der Umfang der Versicherungen und die Höhe der Leistungen erweitert: Das soziale Netz entsteht, das seit den Sechzigerjahren vielen Deutschen erstmals ein Leben ohne Angst vor Armut ermöglicht. Gegen Ende des Jahrhunderts werden die Sorgen allerdings wieder größer, das Gespenst »neue Armut« geht um und verunsichert viele.

Kampf gegen Armut und Not

Wer um 1880 durch das Deutsche Reich reist, der stößt überall auf Armut. In den weiten, schwach besiedelten Landstrichen mit rückständiger Landwirtschaft leben viele Landarbeiter in bitterer Not. Auch die meisten Heimarbeiter, besonders in der ländlichen Textilindustrie, sind völlig ungesichert. Seit Jahrzehnten wandern deshalb viele Menschen vom Land in die industriellen Ballungszentren des Westens

Essensausgabe für Bedürftige in einem Berliner Obdachlosenheim um 1920: Viele Menschen mit Wohnsitz »Nirgendwo« leben von der Hand in den Mund und »überwintern« in Männerwohnheimen.

Links: Viele Landarbeiter sind um die Jahrhundertwende auf Arbeitssuche. Hilfe bieten örtliche Vermittlungsstellen, die Vorläufer der Arbeitsämter (Werbeplakat 1901).

Heimarbeit um 1910: Frauen und Mädchen fertigen Knallbonbons an. Sie arbeiten im Akkord, der Lohn ist gering. Doch man braucht das Geld zum Überleben.

und Südostens ab, um dort Arbeit und Brot zu finden. Doch die meisten Zuwanderer vergrößern nur das Heer der Ungelernten, die gerade mal genug Geld für ein Dach über dem Kopf, für Nahrung und Kleidung verdienen.

Mancher kann sich einen »Notgroschen« zusammensparen, um ein paar Tage Lohnausfall überbrücken zu können, kaum einer aber vermag planvoll Zukunftssicherung zu betreiben, zumal die Gefährdungen groß sind: Miserable hygienische Verhältnisse in engen und dunklen Wohnungen sowie schlechte und einseitige Ernährung machen anfällig für Krankheiten. Die Arbeitsplätze sind gefährlich, denn eine staatliche Aufsicht wird erst um 1890 eingerichtet. Auch die Erforschung verschiedener Berufskrankheiten setzt erst langsam ein. Bis in die Achtzigerjahre des 19. Jahrhunderts hinein ist jeder, der einen Arbeitsunfall erleidet, krank oder invalide wird, viele Kinder hat oder seine Arbeit verliert, auf Unterstützung aus den städtischen Armenkassen angewiesen.

Die Verbesserung ihrer sozialen Lage ist gegen Ende des 19. Jahrhunderts das Hauptanliegen der Arbeiterschaft. Dieser Kampf wird in erster Linie gegen einen Staat geführt, der sich bis dahin um die Frage der »sozialen Sicherheit« nicht gekümmert hat. Erst in den Achtzigerjahren gründet die kaiserliche Regierung Versicherungen gegen Unfall, Invalidität, Krankheit und Altersarmut. Sie sollen die Arbeiter bei Erwerbsunfähigkeit vor dem Absturz ins soziale Elend bewahren und zum Verzicht auf Streiks und revolutionäre Aktionen bewegen.

Voraussetzung für das Funktionieren der Versicherungen ist, dass alle Arbeitsfähigen über Jahre hinweg Arbeit haben, um kontinuierlich Beiträge für den Notfall einzahlen zu können. Das Experiment gelingt. Allerdings sind die Leistungen in den ersten Jahrzehnten niedrig. Statt Lohnersatz erhalten die Betroffenen lediglich ein Zubrot. Insbesondere die Invaliditätsversicherung mit ihrer hohen Altersgrenze von 70 Jahren (ab 1916: 65 Jahre) lässt viele gar nicht in den Genuss der Rente kommen. Noch 1911 beträgt sie nur etwa ein Sechstel des durchschnittlichen Jahresverdienstes der Arbeitnehmer in Industrie, Handel und Verkehr.

Bedürftigkeit und Fürsorge

Schlechter noch geht es denen, die auf Dauer erwerbslos oder erwerbsunfähig sind: Witwen, vaterlose Familien, körperlich und geistig Behinderte, sozial Unangepasste. Um sie kümmern sich bis in die Zeit vor dem Ersten Weltkrieg die Armenverwaltungen der Städte und Gemeinden. Ehrenamtliche Helfer prüfen den Grad der Bedürftigkeit, legen die Höhe der Unterstützung fest oder entscheiden, ob ein Betroffener in eines der gefürchteten Armen- und Krankenspitäler eingeliefert wird. Einen Rechtsanspruch auf Almosen gibt es nicht. Bei sog. Widerspenstigen, Arbeitsscheuen und Verschwendern kann die Hilfe eingeschränkt werden, sie können sogar zwangsweise in einer Anstalt zur Arbeit angehalten werden.

Neben den kommunalen Armenpflegern sind besonders die Kirchen an der Armenfürsorge beteiligt, aber auch gewerkschaftliche und freie Vereine, wie etwa die Vaterländischen Frauenvereine.

Kriegsfürsorge und die Anfänge des Sozialstaates

Die sozialpolitischen Maßnahmen des Staats nehmen zu, als der Erste Weltkrieg eine unerwartet hohe Zahl von Kriegsopfern fordert. Zahlreiche neue soziale Dienste entstehen, wie die Waisen-, Witwen- und Krüppelfürsorge, in der die Frauen an der »Heimatfront« tätig werden. Verschiedene Schulen für soziale Hilfe werden gegründet, um die Sozialarbeit zu professionalisieren.

Nach Kriegsende werden diese Tendenzen weiter verstärkt. Die Novemberrevolution von 1918 führt zu zahlreichen gesetzgeberischen Maßnahmen, die auf eine nachhaltige Verbesserung der sozialen Lage der Arbeiter und Angestellten abzielen. Die gesellschaftlichen Gegensätze sollen ausgeglichen werden.

Inflation und Massenarbeitslosigkeit

Doch Anspruch und Wirklichkeit klaffen auseinander. Ein Großteil der Menschen erlebt die Weimarer Republik nicht als Wohlfahrts-, sondern als Krisenstaat, dem es nicht gelingt, die Bürgerwünsche nach Stabilität und Sicherheit auch nur einigermaßen zu erfüllen. Die galoppierende Inflation der Jahre 1922/23 vernichtet nicht nur die Sparguthaben der »kleinen Leute«, sondern auch die Kassen der Versicherungen – zum Nachteil aller Rentner.

Nach einem kurzen wirtschaftlichen Aufschwung müssen die Menschen erneut eine schockierende Erfahrung machen: die Massenarbeitslosigkeit im Gefolge der Weltwirtschaftskrise nach 1929. Wie unerwartet die Entwicklung ist, zeigt sich daran, dass man im Frühjahr 1927 noch die Arbeitslosenversicherung als vierte Säule der Sozialversicherung einführt, dass aber

Eine Wärmestube für arbeitslose Männer in den Zwanzigerjahren: Auf dem Höhepunkt der Krise steigt die Arbeitslosenzahl auf mehr als 5 Millionen (1932).

bei 3 Millionen Arbeitslosen im Winter 1928/1929 schnell die Kasse leer ist. Die meisten Arbeitslosen beziehen statt dessen »Krisenfürsorge« oder werden als »Wohlfahrtserwerblose« mehr schlecht als recht durch die Suppenküchen der Wohngemeinde versorgt.

Die soziale Krise beschleunigt den Untergang der Weimarer Republik: Viele Deutsche wenden sich enttäuscht von den demokratischen Parteien ab und setzen auf die Nationalsozialisten.

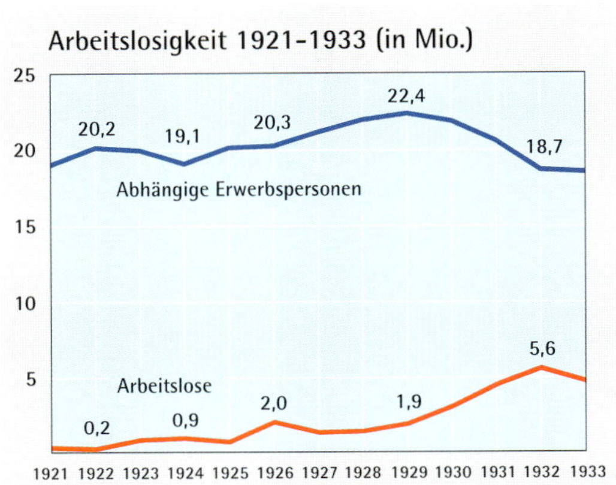

Arbeitslose stehen 1930 in Berlin Schlange vor den Arbeitsämtern. Die Arbeitslosenversicherung bricht zusammen, Deutschland versinkt im Massenelend.

Dokument

»Gratiskaffee bohnenfrei«

Von der Weltwirtschaftskrise 1929 bis 1934 sind besonders die berufstätigen Frauen betroffen. Sie werden als erste aus dem Arbeitsleben gedrängt. Eine arbeitslose Fürsorgerin berichtet:

»1928 geriet ich als Wohlfahrtspflegerin auf Jahre hinaus in die große Erwerbslosigkeit hinein: Gestern ›Subjekt‹ – heute nun also ›Objekt‹ der Fürsorge! ... In meinem Fall ließ es sich zuerst mit einer Erwerbslosenunterstützung von etwa 80 RM monatlich noch einigermaßen leben; im Laufe der Zeit geriet ich jedoch in die Krisenunterstützung, die schließlich nur noch 8,40 RM wöchentlich betrug, womit der gesamte Lebensbedarf zu decken war ... Mit dem Essen kam man schließlich durch die Volksküche einigermaßen zurecht: neben den Wanderern der Landstraße sitzen...und den ›Höhepunkt des Tages‹ mit zu erleben: Gratiskaffee (garantiert bohnenfrei!) und Pflaumenmussemmeln.«

Hilfe nur für »Würdige«

Durch den weltwirtschaftlichen Aufschwung, die Ankurbelung der Industrie mit dem Ziel der Kriegsvorbereitung, der Herausdrängung der Frauen aus dem Erwerbsleben und durch Glück gelingt es den Nationalsozialisten, vielen Deutschen die Angst vor weiterer Verarmung zu nehmen. Ab 1938 herrscht nahezu Vollbeschäftigung, die Sozialversicherungssysteme funktionieren, die Renten scheinen sicher, wenn auch niedrig.

Im Fürsorgebereich werden die konfessionellen und freien Wohlfahrtsträger »gleichgeschaltet«, »gesäubert« und einer neuen Massenorganisation, der Nationalsozialistischen Volkswohlfahrt (NSV) eingegliedert, die zur bekanntesten und populärsten NS-Organisation wird. Die NSV führt mit gewaltigem Propagandaaufwand das Winterhilfswerk (WHW) durch, das jährlich ein Milliarden-Spendenaufkommen für bedürftige »Volksgenossen« erbringt und so die staatlichen Versicherungen entlastet. Sie baut sog. Mutter-und-Kind-Einrichtungen auf und führt »Kinderlandverschickungen« durch.

Ziel aller sozialen Maßnahmen ist es, die ausweislich ihrer Abstammung, ihres sozialen Verhaltens, insbesondere aber ihrer Arbeitsleistung, »wertvollen« Mitglieder der Volksgemeinschaft zu fördern, zugleich aber vermeintlich »minderwertige«

Das 1934 gegründete NS-Hilfswerk »Mutter und Kind« kümmert sich bevorzugt um den »erbgesunden Nachwuchs«.

Menschen »auszusondern« – gemeint sind zu allererst die Juden, Roma und Sinti und die sog. Asozialen. Ihr Weg ist vorgezeichnet: Konzentrationslager, Zwangsarbeit, Vernichtung.

Am Ende des Krieges fällt der Naziterror dann auch auf die zurück, die gehofft hatten, unbeschadet durch den Krieg zu kommen: über 9 Millionen Flüchtlinge und Vertriebene, 4 Millionen Kriegsopfer (Invaliden, Witwen, Waisen), 3 bis 4 Millionen Kriegssachgeschädigte, 1 bis 2 Millionen Spätheimkehrer.

Das soziale Netz der Bundesrepublik

Mit der Gründung der Bundesrepublik (1949) wird in Westdeutschland die soziale Marktwirtschaft eingeführt. Der Staat übernimmt zwar die Bismarckschen Sozialgesetze und damit auch eine grundsätzliche Verantwortung für die sozialen Folgen wirtschaftlicher Prozesse (Sozialstaatsgebot, Art. 20 Grundgesetz), er verspricht aber keine vollständige soziale Sicherheit für den Einzelnen. Die Botschaft ist eine andere: Ärmel hoch krempeln, hohe Wachstumsraten erzielen, durch Lohnsteigerung am Gewinn teilhaben, Kapital bilden, materielle Sicherheit erlangen. Dies ist der Inhalt von Ludwig Erhards Slogan »Wohlstand für alle«. »Wenn es gelingt, immer breitere Schichten zu besitzenden Bürger zu machen, haben die Feinde unserer Ordnung eine Schlacht verloren«, meint Erhard.

In Wahrheit ist der Wohlstand aber von Anfang an ungleich verteilt. Insbesondere den Kriegsopfern und Sozialrentnern geht es zunehmend schlechter, denn Preise und Löhne steigen in den Fünfzigerjahren weit schneller als die Renten. 1953 kündigt Konrad Adenauer deshalb eine »umfassende Sozialreform« an. Am Ende langwieriger Debatten steht die Rentenreform (1957), die eine Anpassung der Renten- und Invalidenversicherung an die Lohnentwicklung festlegt (Dynamisierung): Die Rente sichert nun den Lebensstandard und nicht mehr nur das Existenzminimum. Am Anfang wird

Ludwig Erhard vertritt die Auffassung, dass »Wohlstand für alle« auch soziale Sicherheit für alle bringt.

dieses Ziel mit 40 bis 50 % des vergleichbaren Nettolohnes allerdings noch um einiges verfehlt.

Unzureichend bleibt auch die soziale Sicherung der Frauen, die am Rande oder außerhalb der Erwerbstätigkeit stehen. 1961 erfolgt die Sicherung der Ärmsten der Armen durch das Gesetz über die Sozialhilfe. Unter diesem Namen werden alle klassischen Formen der Armenpflege, Fürsorge, Wohlfahrt zusammengefasst, auf die nun ein Rechtsanspruch besteht.

In den folgenden Jahren wird das soziale Netz durch den Ausbau der Leistungssysteme immer enger geknüpft. Die Sicherheit am Arbeitsplatz nimmt zu, die

Der Abschluss einer Lebensversicherung gehört seit den Sechzigerjahren fast schon zur Selbstverständlichkeit. Heute ist Eigeninitiative für die Altersvorsorge mehr denn je gefragt.

Gefahrenquellen für das Entstehen lebensbedrohlicher Berufskrankheiten werden reduziert. Wer dennoch krank wird, kann ein hochmodernes Gesundheitssystem nutzen, das weit mehr Möglichkeiten der Heilung und Rehabilitation bietet, als alle vorhergehenden Systeme (→ Folge 37). Die Deutschen werden älter und bleiben auch im Alter länger gesund.

Die private Vorsorge durch Sparguthaben und Lebensversicherungen wird ebenfalls ausgeweitet: 1976 entfällt im statistischen Durchschnitt auf jeden Bürger der BRD eine Lebensversicherungspolice. Dabei geht es nun nicht mehr allein um die Absicherung der Familie, sondern auch um die Altersvorsorge: Lebensversicherung wird zur Erlebensversicherung.

Versorgungsstaat DDR

Das Problem Sicherheit spielt im Bewusstsein der Ostdeutschen eine weit geringere Rolle als bei den Westdeutschen. Der sozialistische Staat tritt von Anfang an als Versorgungsstaat auf, der die Sicherheit über die Betriebe organisiert. Sie garantieren den Arbeitsplatz und kümmern sich um Kinderkrippen, ärztliche Versorgung, Angebote für Sport, Freizeit und Erholung. Neben der betrieblichen Sicherung gibt es die staatliche. 1951 wird der Freie Deutsche Gwerkschaftsbund (FDGB) Träger der Sozialversicherung für Arbeiter und Angestellte. Selbstständige, Handwerker, Mitglieder von Produktionsgenossenschaften etc. müssen sich in der Deutschen Versicherungs-Anstalt versichern (seit 1969 Staatliche Versicherung der DDR). Private Versicherungsträger sind nicht zugelassen.

Die Leistungen der Sozialversicherung bestehen aus unentgeltlicher ärztlicher und zahnärztlicher Behandlung, kostenloser stationärer Versorgung in Kliniken und Krankenhäusern, Krankengeld, Schwangerschafts- und Wochenhilfe, Bestattungshilfe, Renten bei Invalidität, im Alter, für

Folgen von Arbeitsunfällen, bei anerkannten Berufskrankheiten, Pflegegeld und Gewährung von Kuren. Um die Armen, Alten und Kranken kümmert sich die Volkssolidarität. Sie organisiert Altenbetreuung und kulturelle Veranstaltungen.

Soziale Sicherheit, von der Bevölkerung bald als selbstverständlicher Wert des privaten und gesellschaftlichen Lebens verstanden, vollzieht sich allerdings auf niedrigem Niveau. Die sozialen Einrichtungen sind meist nur einfach ausgestattet, die Renten reichen für nicht viel mehr als das Lebensnotwendige.

Seit den Achtzigerjahren fällt es der DDR zunehmend schwerer, die eigenen sozialen Ansprüche zu erfüllen. Insbesondere die Subvention von Grundnahrungsmitteln und Mieten belastet die Staatskasse. Da ein Leistungsabbau oder -umbau in den Augen der Partei ideologisch nicht vertretbar ist, steigen die Schulden – eine der Ursachen für den Zusammenbruch des sozialistischen Systems im Jahr 1989.

Risse im Netz

Nach dem Ende der DDR ergeben sich in den Neunzigerjahren neue Herausforderungen für den Sozialstaat Deutschland: Die strukturelle Arbeitslosigkeit überfordert mehr und mehr die Arbeitslosenversicherung und hat aus der Sozialhilfe eine teure Dauereinrichtung werden lassen; die explosionsartig gestiegenen Kosten der Gesundheitsversorgung sind über die Kassenbeiträge kaum noch zu decken; die Renten lassen sich ohne grundlegende Reformen langfristig nicht mehr sichern; die Pflegeversicherung ist umstritten.

Sollen die Kosten für die Sozialversicherung und die staatlichen Ausgaben im Sozialbereich nicht weiter steigen, ist ein Wegfall von Sonderleistungen und die Reduzierung von Standardleistungen unvermeidlich. Die Selbstorganisation der sozialen Sicherheit durch die Bürger gewinnt dadurch immer mehr an Gewicht.

Die »Obdachlosenfrage« wird im Zeichen der Massenarbeitslosigkeit in vielen Großstädten in Deutschland zum Problem.

Rund 5 Millionen Arbeitslose am Ende des Jahrhunderts bringen den Sozialstaat in die Krise. Die Versicherungsleistungen werden reduziert.

»Kostendämpfung«, »Sozialabbau«, mehr »Eigenverantwortlichkeit« sind deshalb auch die politischen Schlagworte der Neunzigerjahre. Folgt auf das Jahrhundert des großen »sozialen Versprechens« nun das Jahrhundert der Gleichgültigkeit und sozialen Kälte oder haben wir nur über unsere Verhältnisse gelebt und können die soziale Sicherheit auf niedrigerem Niveau weiter erhalten?

Die Chronik der Sicherheit

15.6.1883 Der Deutsche Reichstag in Berlin billigt das Gesetz zur Krankenversicherung als erstes der Bismarckschen Sozialgesetze. 1884 folgt das Gesetz zur Unfallversicherung, fünf Jahre später das Gesetz über die Alters- und Invaliditätsversicherung.

30.3.1903 Das Kinderschutzgesetz regelt die Kinderarbeit in den gewerblichen Betrieben.

30.5.1911 Der Deutsche Reichstag in Berlin verabschiedet die Reichsversicherungsordnung. Sie soll die Bismarcksche Sozialgesetzgebung zu Ende führen und ergänzen, u. a. wird der Gesundheitsschutz auf Heimarbeit ausgedehnt.

6.5.1911 Die erste Internationale Hygiene-Ausstellung wird in Dresden eröffnet. 1930 wird dort ein Hygiene-Museum für gesundheitliche Aufklärung eingerichtet.

Umfassende Aufklärung über »Volkskrankheiten« soll die Ausstellung in Dresden bieten (Plakat von Franz von Stuck).

20.12.1911 Die Reichsversicherungsanstalt für Angestellte wird gegründet, eine Pflichtversicherung gegen Invalidität.

4.8.1914 Mit Beginn des Ersten Weltkrieges wird der Arbeitsschutz für Kinder, Jugendliche und Frauen aufgehoben. Für Frauen und Jugendliche werden Doppelschichten mit zwölfstündiger Arbeitszeit eingeführt.

5.8.1914 Für die Verteilung der Arbeitskräfte wird die Reichszentrale der Arbeitsnachweise eingerichtet. Sie dient vor allem der Umschulung und Wiedereingliederung der Kriegsbeschädigten.

12.6.1916 Die Altergrenze in der Invalidenversicherung wird von 70 auf 65 Jahre herabgesetzt.

13.11.1918 Die Erwerbslosenfürsorge wird für die entlassenen Soldaten eingeführt und im Dezember durch die Arbeitsvermittlung erweitert.

11.8.1919 Die Verfassung von Weimar tritt in Kraft. Sie benennt erstmals die sozialen Grundrechte und Grundpflichten. Die Arbeitskraft des Einzelnen steht unter besonderem Schutz. Artikel 161 der Verfassung verspricht einen umfassenden Versicherungsschutz zur Erhaltung von Gesundheit und Arbeitskraft und gegen die Wechselfälle des Lebens.

13.12.1919 Die sozialdemokratische Reichstagsabgeordnete Marie Juchacz gründet den Hauptausschuss für Arbeiterwohlfahrt (AWO) als Selbsthilfeorganisation der Arbeiterschaft. Die ehrenamtlichen Helferinnen und Helfer aus der Arbeiterbewegung sollen damit zusammengefasst werden, um die diskriminierende öffentliche »Armenpflege« der Kaiserzeit durch eine moderne Fürsorge zu überwinden.

1919 Der Verein für öffentliche und private Fürsorge entsteht. Er ist eine Dachorganisation der Freien Wohlfahrtsvereine.

12.5.1920 Im Reichsgesetzblatt wird das Reichsversorgungsgesetz veröffentlicht. Es regelt die Fürsorge für Kriegsbeschädigte sowie Kriegshinterbliebene und betrifft Fragen, die sich aus der Erwerbslosigkeit der während des Weltkriegs zum Militärdienst Eingezogenen ergeben.

4.4.1924 Das neue Reichsfürsorgegesetz tritt in Kraft. Es schafft einheitliche Regelungen bei der bis dahin stark zersplitterten Fürsorgepraxis. Im Dezember 1924 werden konkrete Fürsorgerechtsbestimmungen erlassen, die am 1. Januar 1925 in Kraft treten: »Die Fürsorge hat die Aufgabe, dem Hilfsbedürftigen den notwendigen Lebensbedarf zu gewähren ... Zum notwendigen Lebensbedarf gehören a) der Lebensunterhalt, insbesondere Unterkunft, Nahrung, Kleidung und Pflege, b) Krankenhilfe sowie Hilfe zur Wiederherstellung der Arbeitsfähigkeit, c) Hilfe für Schwangere und Wöchnerinnen, außerdem d) bei Minderjährigen Erziehung und Erwerbsbefähigung, e) bei Blinden, Taubstummen und Krüppeln Erwerbsbefähigung ... Bei Arbeitsscheu oder offenbar unwirtschaftlichem Verhalten sind die Voraussetzungen der Hilfsbedürftigkeit aufs strengste zu prüfen sowie ... auf das zur Fristung des Lebens Unerlässliche zu beschränken.«

1924 Der Deutsche Paritätische Wohlfahrtsverband entsteht als konfessionell und politisch neutrale Dachorganisation für freigesellschaftliche Wohlfahrtsorganisationen.

12.5.1925 Mit der Berufskrankheitenverordnung wird die Unfallversicherung auf elf anerkannte gewerbliche Berufskrankheiten ausgedehnt. Die Unfallversicherung schließt den Arbeitsweg ein. Die Zahl der anerkannten Berufskrankheiten wächst nur langsam auf 51 im Jahr 1976.

1925 Alice Salomon gründet die Deutsche Akademie für soziale und pädagogische Frauenarbeit. Die Akademie soll die Chancen der im sozialen Bereich tätigen Frauen erhöhen, bisher Männern vorbehaltene Führungspositionen in Wohlfahrtseinrichtungen zu besetzen.

16.7.1928 Das Gesetz über Arbeitsvermittlung und Arbeitslosenversicherung fasst verschiedene, bereits bestehende Maßnahmen zusammen: Unterstützung für Kurzarbeiter, Krisenfürsorge für langfristig zu Unterstützende, Arbeitspflicht für Erwerbsfähige etc. Bei der Finanzierung der Versicherung wird von höchstens 700000 Erwerbslosen ausgegangen. Sie bricht deshalb in der Weltwirtschaftskrise von 1930 bis 1932 zum Leidwesen der Versicherten zusammen.

27.3.1930 Am Problem der Sanierung der Arbeitslosenversicherung bricht die letzte Regierung der Weimarer Republik, die über eine parlamentarische Mehrheit verfügt, auseinander. Die SPD mit Reichskanzler Hermann Müller will die Beiträge von Arbeitgebern und Arbeitnehmern erhöhen, um die Löcher in der Kasse zu stopfen, der Koalitionspartner Deutsche Volkspartei will die Leistungen senken.

31.12.1932 Ende des Jahres sind 6,1 Millionen Menschen arbeitslos, nur 12,5 Millionen Menschen haben eine Stelle. Arbeitslosengeld gibt es seit Oktober 1931 maximal für 20 Wochen. Doch nur 12 % der Arbeitslosen erhalten überhaupt Arbeitslosengeld. 25 % bekommen staatliche Krisenfürsorge, die übrigen sind auf die Wohlfahrtseinrichtungen der Gemeinden und Kirchen angewiesen. Im Reichsdurchschnitt liegen die Sätze bei monatlich 35 Reichsmark (das entspricht heute etwa 600 DM). Viele Arbeitslose verlieren ihre Wohnung, nächtigen im Freien oder in Heimen und müssen die Essensausgabe der Volksküchen in Anspruch nehmen.

6.5.1933 Die Nationalsozialisten gründen die Deutsche Arbeitsfront (DAF), deren Hauptaufgabe die betriebliche Sozialpolitik ist. Unter dem Schlagwort »Schönheit der Arbeit« sorgt sie für Belüftung und Beleuchtung der Arbeitsplätze, baut Werkswohnungen, Sportplätze und Kantinen und setzt sich für eine Verbesserung des Mutterschutzes ein. Diese sozialen Leistungen sollen der »Wehrhaftmachung« der Bevölkerung dienen und die Akzeptanz des Regimes fördern.

13.9.1933 Das nationalsozialistische Winterhilfswerk (WHW) wird als »Volkswohlfahrt« gegründet. Kernidee ist die Entlastung der staatlichen Arbeitslosenfürsorge durch Opfer aller gesellschaftlichen Gruppen. So wird ein bis ins Kleinste ausgeklügeltes System von Spenden, Sammlungen, Konsumverzicht, Lohnkürzungen und freiwilligen Arbeitsleistungen mit gewaltigem Propagandaaufwand in Szene gesetzt, das unter Führung der Partei und ihrer Organisationen jeden Bürger des Deutschen Reiches erfasst.

5.7.1934 Das NS-Gesetz über den Ausbau der Sozialversicherung führt zur Abschaffung der Selbstverwaltung in der Sozialversicherung und zur Einführung des Führerprinzips.

September 1936 Im Deutschen Reich wird das Kindergeld eingeführt.

1.7.1945 In der Viersektorenstadt Berlin nimmt die Versicherungsanstalt ihre Arbeit als einheitliche Sozialversicherungseinrichtung auf. Sie erhebt vom Arbeitnehmer und vom Unternehmer jeweils 10% des Bruttoarbeitslohnes für die vereinigte Kranken-, Unfall-, Invaliden- und Altersversicherung. Am 1. November werden die Rentenzahlungen wieder aufgenommen. Mit der Übernahme der Bundesgesetze durch das Land Berlin wird im Westteil der Stadt die Sozialversicherung zwischen 1950 und 1958 schrittweise der Sozialgesetzgebung der Bundesrepublik angepasst.

12.12.1948 Mit dem Rentenanpassungsgesetz wird das Sozialversicherungssystem aus der Weimarer Zeit wiederbelebt.

1948 In Soest wird das Zentralinstitut für Arbeitsschutz gegründet, das 1959 nach Koblenz und 1968 als Bundesinstitut nach Dortmund verlegt wird.

1951 Der Freie Deutsche Gewerkschaftsbund (FDGB) wird Träger der Sozialversicherung für Arbeiter und Angestellte in der DDR. Die ursprünglich fünf Sozialversicherungsanstalten der Länder werden ein Jahr später zu einer einheitlichen Sozialversicherungsanstalt zusammengefasst. Ausgegliedert werden Selbstständige, Handwerker, Mitglieder von Produktionsgenossenschaften etc., die sich unter Anhebung der Beiträge in der Deutschen Versicherungs-Anstalt versichern müssen. Private Versicherungsträger sind nicht zugelassen.

1951 Die Zentralwohlfahrtsstelle der Juden in der Bundesrepublik wird gegründet.

14.8.1952 Das Lastenausgleichsgesetz tritt in Kraft, das die Hilfsmaßnahmen und Entschädigungsleistungen für die durch den Krieg und seine Folgen besonders betroffenen Familien regelt.

25.3.1953 Die Eingliederung von Vertriebenen und Flüchtlingen aus den früheren deutschen Ostgebieten und der DDR wird durch das vom Bundestag angenommene Vertriebenengesetz bundesweit einheitlich geregelt.

1.1.1955 In der Bundesrepublik wird das Kindergeld eingeführt. Es wird zunächst nur vom dritten Kind an gezahlt. Daneben gibt es Kinderfreibeträge. 1961 wird das Kindergeld auf das zweite Kind ausgedehnt, 1975 auch auf das erste Kind.

21.1.1957 Mit der Verabschiedung der neuen Rentenregelung wird in der BRD das neben der Einführung der Mitbestimmung in der Montanindustrie wichtigste sozialpolitische Projekt der Ära Adenauer verwirklicht. Kernstück der Neuerung ist die Einführung der sogenannten Produktivitätsrente. Danach bemisst sich die Höhe der Rente nicht mehr nur nach der Summe der eingezahlten Beträge, sondern richtet sich auch nach dem durchschnittlichen Verdienstniveau der Erwerbstätigen zur Zeit der Rentenfestsetzung. Durch alljährlich vorgenommene Überprüfungen sollen auch die Rentner am Wachstum der Einkommen und der Produktivität beteiligt werden.

1957 Die Evangelische Kirche Deutschlands gründet das Diakonische Werk, das sich als Zusammenfassung von Innerer Mission und Hilfswerk der Evangelischen Kirche in Deutschland versteht.

21.12.1958 Das erste Rentenanpassungsgesetz wird verabschiedet. Es folgen bis 1977 jährliche Anpassungen.

4.5.1961 Der Deutsche Bundestag verabschiedet das Bundessozialhilfegesetz.

12.6.1969 Mit dem Gesetz über die Lohnfortzahlung im Krankheitsfall verabschiedet der Bundestag in Bonn eines der wichtigsten sozialpolitischen Gesetze der Nachkriegszeit.

18.1.1977 Die Bundestagsfraktionen von SPD und FDP einigen sich auf ein Konzept, das die Rentenversicherung sichern soll. Nach langer Diskussion im Bundestag tritt das Gesetz zur Sanierung der Rentenversicherung und zur Kostendämpfung im Gesundheitswesen am 1. Juli 1977 in Kraft. Durch die Verschiebung der Rentenerhöhung um ein halbes Jahr auf Anfang 1979 wird die Rentenversicherung um 60 Milliarden DM entlastet. Zugleich werden deren Zuschüsse für die Krankenversicherung gekürzt. Die daraus entstehende Mehrbelastung der Krankenversicherung soll durch Höchstgrenzen für Arzthonorare und Arzneimittelpreise aufgefangen werden.

8.3.1978 In Bonn verabschiedet die Bundesregierung das 21. Rentenanpassungsgesetz, das erstmals vom bisherigen bruttolohnbezogenen Verfahren abweicht.

Austeilung eines Mittagessens für Obdachlose in Hannover (1996); mit der Arbeitslosigkeit wächst auch die Zahl der Obdachlosen in der Bundesrepublik.

29.3.1984 Mit Stimmenmehrheit der Regierungskoalition verabschiedet der Bundestag ein Vorruhestandsgesetz, das Arbeitnehmern, die mit 58 Jahren freiwillig ausscheiden, mindestens 65% der letzten Bruttobezüge garantiert. Dadurch sollen Arbeitsplätze für jüngere Mitarbeiter frei werden.

1.1.1986 Das Gesetz über Erziehungsurlaub und Erziehungsgeld tritt in Kraft. Durch das Erziehungsgeld wird die Erziehungsleistung der Mütter und Väter anerkannt. Erwerbstätige haben außerdem Anspruch auf Erziehungsurlaub.

1.1.1993 In Deutschland tritt das Gesundheitsstrukturgesetz in Kraft, mit dem alljährlich rund 11 Milliarden DM im Gesundheitswesen eingespart werden sollen. Kernpunkte der Reform sind u. a. die Anbindung des Ärztehonorars an die allgemeine Lohnentwicklung, die Festsetzung eines Höchstbetrags für die Summe aller ärztlichen Verschreibungen, Preissenkungen bei Arzneimitteln, ein neues Honorarsystem für Zahnärzte sowie die schrittweise Ersetzung der Tagessätze für Krankenhäuser durch Sonderentgelte und sog. Fallpauschalen.

11.3.1994 Nach jahrelangem Streit einigen sich die Unionsparteien, FDP und SPD auf einen Kompromiss zur Einführung der Pflegeversicherung. Zur Finanzierung des Systems soll ein Feiertag abgeschafft werden. Wie die übrigen Teile des Sozialversicherungssystems (Renten-, Kranken-, Arbeitslosen-, Unfallversicherung) wird die Pflegeversicherung durch Beiträge finanziert, die von Arbeitgebern und Arbeitnehmern geleistet werden.

1.4.1995 In der Bundesrepublik beginnt die Auszahlung der Leistungen der Pflegeversicherung, nachdem zu Jahresbeginn die Beitragszahlung eingesetzt hatte. Rund 1,2 Mio. Bedürftige sollen ambulant durch Geld- und Sachleistungen unterstützt werden. Am 1. Juli 1996 wird mit der Finanzierung der stationären Pflege die zweite Stufe der Pflegeversicherung eingeführt.

Januar 1998 Die Zahl der Arbeitslosen erreicht mit 4,8 Millionen eine Rekordhöhe. Besonders in den neuen Bundesländern ist die Lage dramatisch.

TATORTE

Kriminalität in Deutschland

Zu Beginn des Jahrhunderts zieht die Wissenschaft auch in die Verbrechensbekämpfung ein; die Kriminologie wird begründet und neue Methoden der Spurenanalyse kommen zum Einsatz, die in den folgenden Jahren immer weiter verfeinert werden. Auch das Bild der Polizei wandelt sich (→ Folge 26).

»Den Verbrechern ein Schrecken«

Mit markigen Worten hat Wilhelm II. noch 1898 beschrieben, wie er sich den Ordnungshüter wünscht – »den Bürgern ein Berater und Helfer, den Verbrechern ein Schrecken und dem Staate eine Stütze, die Gehorsam erzwingt.« Tatsächlich dürfen bis zum Ersten Weltkrieg nur ehemalige Offiziere und Unteroffiziere Polizisten werden, ihre Ausbildung hat stark militärische Züge. Doch Industrialisierung, Landflucht und Verstädterung haben der Kriminalität im Lauf des 19. Jahrhunderts eine neue Dimension gegeben. Mit Drohgebärden und Autoritätsgehabe allein ist dem nicht beizukommen. Das Verbrechen muss systematischer bekämpft werden. Es entstehen die ersten Polizeischulen, die Kriminalpolizei, wie wir sie heute kennen, wird aufgebaut und klärt die Fälle immer öfter mit modernen wissenschaftlichen Methoden auf.

Mit Maßband und Fotografie

Zu den neuen Verfahren gehört die von dem Franzosen Alphonse Bertillon entwickelte Anthropometrie, mit der seit 1894 auch die deutsche Polizei Verbrecher zu identifizieren sucht. Dazu messen die Beamten einzelne Körperteile der Verdächtigen wie Kopf, Finger, Ohren, Füße oder Vorderarme und halten die Ergebnisse in Karteien fest.

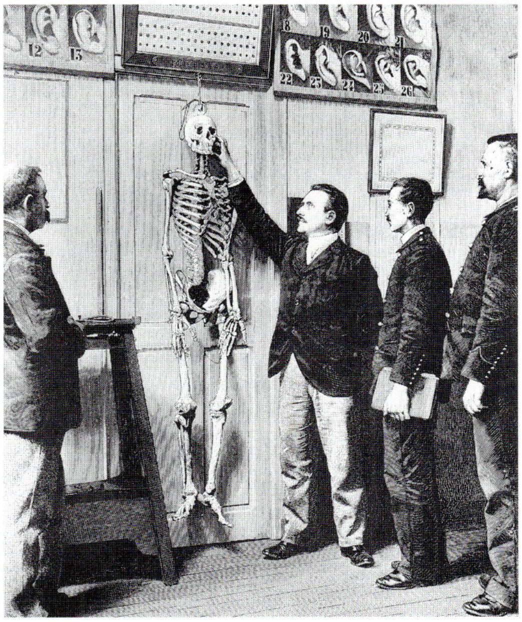

Um 1900 kommen neue Techniken zur Identifizierung von Tätern auf – wie die hier gelehrte Anthropometrie, die auf dem Ausmessen von Gliedmaßen beruht.

Schon bald entsteht der Anthropometrie Konkurrenz durch die 1892 in Großbritannien entwickelte Daktyloskopie. Diese neue Lehre besagt, dass jeder Mensch einen unverwechselbaren Fingerabdruck besitzt. Bald gelingt es zudem, mit Hilfe von Joddämpfen Fingerabdrücke etwa auf Papier sichtbar zu machen. 1903 richten Dresden, Berlin, Hamburg, Nürnberg und Augsburg daktyloskopische Register ein. Das Bertillonsche Verfahren gibt man aber erst in den Zwanzigerjahren auf.

Zu den Neuerungen gehört auch das Verbrecheralbum, mit dem Zeugen vorbestrafte Täter identifizieren können. Weltweit vorbildlich ist die 1889 in Hamburg gegründete Fotografische Anstalt. Bis 1909 sammelt sie knapp eine Million Fotos von Personen, Tatorten und Objekten. Ebenso

Während die Verbrechensaufklärung sich immer modernerer Methoden bedient, gibt es im Strafvollzug kaum Reformen: Essensausgabe an der Zellentür eines Berliner Gefängnisses im Jahr 1920.

wegweisend sind die Hamburger Merkmalskarteien, die Tätowierungen, Narben, Zahnlücken etc. festhalten, sowie das Spitznamenverzeichnis. Bei den Männern gibt es Eintragungen wie Anderthalbmensch, Blindschleiche, Felsenherz, Quallenmaul oder Zweizentner-Schorsch, während Frauen Namen wie Anna mit den Pickeln, Chinesen-Bertha oder Achtfingrige Walli führen.

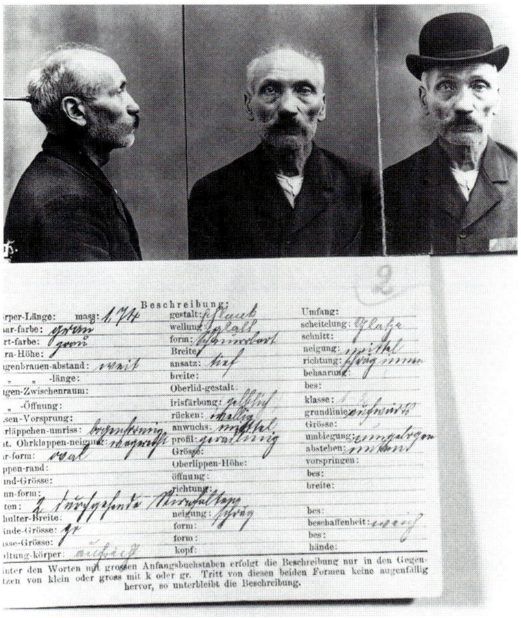

Polizeifotos des arbeitslosen Schusters Wilhelm Voigt, der als »Hauptmann von Köpenick« 1906 die Stadtkasse von Köpenick beschlagnahmt, um an Geld für seine Auswanderung zu kommen.

Das »Berufsverbrechertum«

Die Niederlage im Ersten Weltkrieg bringt nicht nur Inflation und Arbeitslosigkeit, sondern in deren Gefolge auch ein Anwachsen der Kriminalität mit sich. Vor allem die Zahl der Raubdelikte nimmt bis 1923 beträchtlich zu. Als die wirtschaftliche Lage sich entspannt, sinkt die Rate im Lauf der Zwanzigerjahre ein wenig, um ab 1930 mit der Weltwirtschaftskrise wieder anzusteigen.

Die Sensationsberichte in der Presse über die in »in bedenklicher Weise sich mehrende Tätigkeit des Berufsverbrechertums« verstärken die Furcht vor der Kriminalität. In Wirklichkeit geht es in weiten Teilen Deutschlands friedlich zu – die Zeitungen berichten nun mal verstärkt aus den unruhigeren Städten.

Aufsehen erregt zum Beispiel in Hamburg die »Barmbeker Verbrechergesellschaft« von Adolf Petersen. Die rund 30-köpfige Bande des »Lord von Barmbek« begeht von 1917 bis 1922 fast 90 Einbrüche, darunter 14 Geldschrankeinbrüche. Petersen wird zu 15 Jahren Zuchthaus verurteilt und schreibt in der Haft seine Lebenserinnerungen. Als Pioniere moderner Raubkriminalität müssen die Brüder Franz und Erich Saß aus Berlin gelten: Sie schaffen es 1929 erstmals, den Tresorraum einer Bank aufzubrechen. Die Polizei nimmt sie wenig später fest, kann ihnen jedoch nichts nachweisen – ja, die beiden geben nach ihrer Entlassung sogar frech eine Pressekonferenz. Die Nationalsozialisten richten sie 1940 im Konzentrationslager Buchenwald hin.

Fidele Brüder

Mit Empörung berichtet die Presse der Zwanzigerjahre immer wieder über die Ringvereine, zu denen sich Zuhälter und Vorbestrafte in vielen deutschen Städten zusammengetan haben.

Allein in Berlin gibt es mindestens 40 dieser Vereine, von denen die meisten drei großen Verbänden angehören. Unter Namen wie Deutsche Kraft, Immertreu oder Fidele Brüder werden die Klubs als Geselligkeits-, Gesang-, Sport-, Lotterie- oder Sparvereine gerichtlich eingetragen. Die mehr oder minder ehrenwerten Mitglieder pflegen mit Stiftungsfesten, Fahnenweihe und Stammtisch ein kleinbürgerliches Vereinsleben. Auch in der Not halten sie zusammen, unterstützen die Angehörigen einsitzender Vereinsbrüder oder helfen nach der Haftentlassung.

Wie selbstbewusst man sich in den Zwanzigerjahren in der Öffentlichkeit präsentiert, zeigen die berühmten Festbälle der Berliner Ringvereine, die anderen gesellschaftlichen Großereignissen an Ele-

Als skandalös gelten in der Weimarer Republik die sogenannten Ringvereine, zu denen sich viele Vorbestrafte ganz legal zusammenschließen. In Wahrheit ist das Vereinsleben wohl weitaus biederer als in dieser Filmszene von 1925.

ganz angeblich in nichts nachstehen. Der Justiz gelingt es nicht, die Illegalität der Vereine nachzuweisen. Erst ab 1933 machen die Nazis ihnen ein Ende.

»Warte nur ein Weilchen«

Einer der spektakulärsten Fälle jener Zeit ist der des Massenmörders Fritz Haarmann, der am 23. Juni 1924 in Hannover verhaftet und am 15. April 1925 wegen des Mordes an 24 jungen Männern hingerichtet wird. Über Haarmann, der seine Opfer zum Teil durch einen Biss in die Halsschlagader getötet hat, kommt sogar das Gerücht des Kannibalismus auf (»Warte, warte nur ein Weilchen/dann kommt Haarmann auch zu dir/mit dem kleinen Hackebeilchen/und macht Hackefleisch aus dir«). Den Anlass dazu gibt wohl die Tatsache, dass er mit gestohlenem oder schwarzgeschlachtetem Fleisch handelte. Pikant ist, dass der 15-mal wegen kleiner Delikte vorbestrafte Haarmann seit 1918 als Polizeispitzel arbeitete.

»Psychologie der Gefangenschaft«

Angesichts der wachsenden Verbrechensangst lassen sich die zu Beginn der Weimarer Republik geplanten Strafvollzugsreformen nur schwer durchsetzen. Dabei ist eine Kurskorrektur dringend nötig. Am Ende des 19. Jahrhunderts hat man neue Strafanstalten nach amerikanischem Vorbild gebaut. Doch die scheinbaren Errungenschaften der Modernisierung bestehen vor allem in einer radikalen Isolation der Gefangenen. Sie verbringen Jahre in Einzelhaft, in den Gemeinschaftsräumen herrscht meist strenges Redeverbot.

Nur langsam wächst die Erkenntnis, dass sich die Haftentlassenen nach jahrelanger Isolation kaum wieder normal in die Gesellschaft eingliedern können. In einem Aufsatz über die »Psychologie der Gefangenschaft« beschreibt Gustav Radbruch 1911 die zerstörerischen Folgen der Einzelhaft. Als Justizminister der Weimarer Republik versucht Radbruch, im Strafvollzug den Vergeltungs- durch den Erzie-

Die sozialdemokratische Kritik an der zermürbenden Isolation von Gefangenen zeigt nur begrenzte Wirkung: Zelle eines Berliner Frauengefängnisses um 1925.

hungsgedanken abzulösen: Statt den Willen des Gefangenen zu brechen, ihn »seelisch und körperlich zu zermürben«, müsse er gebessert und gestärkt in die Freiheit zurückkehren. Ermöglichen soll dies ein stufenweiser Übergang von der Einzel- zur Gemeinschaftshaft mit gemeinsamer Arbeit bis hin zur probeweisen Entlassung. Reformen setzen sich jedoch nur in einzelnen Ländern wie Thüringen und Hamburg stückweise durch. In Bayern und Sachsen etwa bleiben die Gefängnisse Orte der Vergeltung und Sühne.

Verbrechen als Erbkrankheit

Die Nationalsozialisten machen radikal Schluss mit dem, was sie als die »bisherige, übertriebene humanitäre Einstellung der maßgebenden Kreise« bezeichnen. Sie glauben nicht an Besserung und Reintegration, sondern an die Vererbbarkeit krimineller Anlagen. Die Idee vom unverbesserlichen Anlagetäter – vom »geborenen Verbrecher« – ist aber keine Erfindung der Nazis. Sie hat schon früher viele Anhänger, etwa in der 1927 gegründeten Kriminalbiologischen Gesellschaft. In den Vereinigten Staaten gibt es seit Anfang des Jahrhunderts gesetzliche Regelungen über die Sterilisierung »erblich vorbelasteter Schwerverbrecher«.

Mit Hitlers Machtantritt schlagen solche Verbrechensauffassungen in offenen Rassismus um. Der Kriminologe Edmund Mezger fordert 1934, das Strafrecht in den Dienst der »Volksaufartung« zu stellen, was auch die Ausscheidung »volks- und rasseschädlicher Bestandteile« einschließe. Die Wissenschaft müsse die Voraussetzungen dafür schaffen, »durch Ausmerzung ungeeigneter Elemente die rassenmäßige Zusammensetzung des Volkes zu heben«. Andere Experten sprechen von »verbrecherischen Schädlingen« und betrachten Kastration und Sterilisation als legitime Mittel »im Kampf gegen Erbkrankheit und Verbrechen«.

Vorbeugehaft und Vernichtung

Der erste Schritt zur Verwirklichung solcher Pläne ist das Gewohnheitsverbrechergesetz vom 24. November 1933. Auch ohne konkrete Anklage erlaubt es, sogenannte Berufsverbrecher und Asoziale zu sterilisieren oder in Sicherheitsverwahrung zu nehmen. Für Jugendliche richtet man Jugendschutzlager ein. Knapp 7000 Menschen werden bis 1937 in Sicherheitsverwahrung gebracht.

Gleichzeitig entfaltet die Polizei eigenmächtige Aktivitäten. Nach dem Gewohnheitsverbrechergesetz dürfen nur die Gerichte die Sicherheitsverwahrung verhängen. Schon im November 1933 gibt es aber in Preußen einen geheimen Erlass, nach dem die Kripo ohne Gerichtsurteil ehemalige Straftäter auf unbegrenzte Zeit in Vorbeugehaft nehmen kann.

Zunächst soll dies vor allem der Abschreckung dienen. Doch als im Juni 1936 der Reichsführer SS, Heinrich Himmler, Chef der deutschen Polizei wird, erkennt er, dass die Kriminalitätsrate längst nicht so gesunken ist, wie es die Propaganda behauptet. Bei einer Sonderaktion nimmt die Polizei im Dezember 1937 darum etwa

2000 arbeitslose Gewohnheits- oder Sittlichkeitsdelinquenten in Vorbeugehaft. Später folgen weitere Sonderaktionen. Die Häftlinge kommen in die Konzentrationslager Sachsenhausen, Lichtenburg, Dachau, Buchenwald, Ravensbrück, Flossenbürg und Mauthausen. In den Lagern tragen die Kriminellen, die die SS oft als »Kapos« einsetzt, auf ihrer Häftlingskleidung grüne Winkel, sogenannte Asoziale haben schwarze Stoffdreiecke. Das Ziel besteht nun darin »den unverbesserlichen, asozialen, lebensunwerten Verbrecher endgültig im Interesse der Gesunderhaltung unseres Volkes zu vernichten.«

Zwar nimmt in den Großstädten die Zahl der Raubüberfälle von 1932 bis 1934 teilweise um mehr als die Hälfte ab. Dabei spielen aber auch die zunächst bessere wirtschaftliche Lage und die Arbeitsbeschaffungsprogramme eine große Rolle. Die Massenverhaftungen seit 1937 haben keinen merklichen Einfluss auf die Kriminalitätsrate. In den Kriegswirren steigt die Zahl der Morde, Raube und Diebstähle seit 1942 wieder an. Ab Dezember 1943 werden Anzeigen geringfügiger Art gar nicht mehr aufgenommen.

Damit sich die Polizei trotzdem mit Erfolgen brüsten kann, müssen Einzelfälle herhalten. Im März 1943 wird Bruno Lüdtke unter dem Verdacht verhaftet, Mörder einer Frau zu sein, die man in einem Wald bei Berlin gefunden hat. Wegen »angeborenen Schwachsinns« ist Lüdtke 1940 zwangssterilisiert worden. Der »doofe Bruno« – wie ihn die Nachbarn seit je her nennen – gibt nicht nur zu, die Frau umgebracht haben. Am Ende gesteht er 84 Morde, die er angeblich überall in Deutschland begangen haben soll. Die Akten stecken voller Ungereimtheiten, Lüdtke wird ohne Prozess hingerichtet.

Nachkriegswirren

Gesetzlosigkeit beherrscht die Zeit nach Kriegsende. Während die Statistik von 1929 bis 1938 in Berlin 390 Morde verzeichnet, geschehen dort 1945 von August bis Dezember allein 311 Morde. Das heißt, durchschnittlich werden jeden Tag

Links: Als Chef der deutschen Polizei will SS-Führer Heinrich Himmler sogenannte Gewohnheitsverbrecher im Konzentrationslager der Vernichtung durch Arbeit zuführen.

Der angeblich 84-fache Frauenmörder Bruno Lüdtke bessert 1943 die Quote der von den Nazis aufgeklärten Verbrechen erheblich auf.

zwei Menschen umgebracht. Vor allem Raubmorde sind häufig. Nicht selten locken die Täter ihre Opfer mit günstigen Schwarzmarktangeboten in die menschenleeren Trümmerfelder. Die miserabel ausgerüstete Polizei ist mit dieser Situation vollkommen überfordert.

Auf dem Nährboden des Schwarzhandels gedeihen Betrügereien aller Art, zudem ist ein Teil der Waren Diebesgut. In diesem Umfeld beginnt 1946 die Verbrecherkarriere des 15-jährigen Werner Gladow. Angeblich hat ihn die Lektüre der Biografie des Chicagoer Unterweltkönigs Al Capone inspiriert. Zuerst sind Schwarzhändler seine bevorzugten Opfer – denn die können ihn nicht bei der Polizei anzeigen. Am Ende gehen rund 20 schwere Raubüberfalle mit Waffengebrauch, zwei Morde und 15 Mordversuche auf das Konto seiner fast 70 Mitglieder starken Bande. Nach einem wilden Schusswechsel kann die Polizei Gladow 1949 festnehmen, 1950 wird er in der Strafanstalt Frankfurt an der Oder mit der Guillotine hingerichtet.

Eduard Zimmermann ruft seit 1967 in seiner TV-Sendung »Aktenzeichen XY« die Zuschauer zur Verbrecherjagd auf.

Wohlstandskriminalität

Verblüffend und erschreckend für die seit den Fünfzigerjahren aufblühende, harmoniesüchtige deutsche Nachkriegsgesellschaft ist die Tatsache, dass die Verbrechensrate trotz des »Wirtschaftswunders« wächst – und zwar prozentual schneller als die Bevölkerungszahl. Der Kfz-Diebstahl steht bald auf Platz eins der Liste der Eigentumsdelikte. Organisierte Einbrecher rauben Wohnungen, Antiquitätengeschäfte und Galerien aus.

Experten aus Psychologie und Soziologie versuchen Erklärungen dafür zu liefern, warum die Bereicherungskriminalität in der Wohlstandsgesellschaft nicht ab-, sondern zunimmt. Gern herangezogene Schlagworte sind der wachsende Materialismus, die innere Isolation des modernen Menschen, die Anonymität des Großstadtlebens, der vor allem bei Jugendlichen zunehmende Mangel an »natürlichen« Kontrollen durch Eltern, Schule und Kirche, längere Freizeit, Alkohol und Narkotika.

Wie paranoid die Stimmung ist, zeigt die Ende der Fünfzigerjahre von der Presse geschürte Hysterie um den angeblichen »Autobahnmörder«. Bei der Verfolgung des Phantoms kommen sogar Unschuldige zu Tode. Am Ende erweist sich die ganze Geschichte als Gerücht. Doch die Furcht bleibt. In diesem Klima wird Eduard Zimmermanns »Aktenzeichen XY«, das erstmals 1967 läuft, zum Renner. Kritiker, welche die TV-Sendung als Aufforderung zu Denunziantentum und Menschenjagd bezeichnen, können sich nicht durchsetzen. Auch die Schadensersatzklage eines Mannes, der durch die Sendung in Mordverdacht gerät und verhaftet worden ist, bleibt erfolglos.

Mit dem Terrorismus wächst ab 1970 das Gefühl der Unsicherheit. Nicht nur die RAF, auch Einzeltäter drohen mit Anschlägen: Frankfurt am Main etwa registriert 1971 in drei Wochen 400 anonyme Bombendrohungen. Laut einer Umfrage des Infas-Instituts von 1974 finden 50 % der Befragten den polizeilichen Schutz nicht ausreichend.

Zwischen 1975 und 1977 rätseln Polizei und Öffentlichkeit über Monsieur X, der zwölf Anschläge auf den Schienenverkehr im Oberrheintal verübt, um die Bahn um 200 000 DM zu erpressen. Der Täter entpuppt sich als 52-jähriger Aquarienzubehörhändler. Im Dezember 1976 entführt Dieter Zlof bei München den Millionenerben Richard Oetker. Die Lösegeldsumme beträgt 21 Millionen DM. Im Jahr 1978 wird Zlof gefasst.

Der – nicht zuletzt durch die Sensationsmache der »Bild«-Zeitung – bekannteste Sexualtäter ist Jürgen Bartsch. Im Juni 1966 verhaftet man den 19-jährigen Metzgergesellen, der vier Kinder ermordet und zerstückelt hat. Nachdem die Wuppertaler Jugendkammer ihn zunächst zu fünfmal Lebenslänglich verurteilt hat, kommt es 1971 zum zweiten Prozess, bei dem das Urteil zehn Jahre Gefängnis, danach Anstalt lautet. Bartsch entschließt sich 1976 zur Kastration und stirbt bei der Operation wegen eines Narkosefehlers.

Fahndung per EDV

Das zunächst in Hamburg, seit 1953 in Wiesbaden beheimatete Bundeskriminalamt sammelt von Anfang an sämtliche polizeiliche Daten der BRD und wertet sie aus: Es verwaltet das zentrale Fingerabdruckregister, errechnet die Kriminalstatistik und besitzt modernste kriminaltechnische Laboratorien. Seit dem Ende der Sechzigerjahre baut das BKA einen neuen elektrotechnischen Datenverbund auf.

Das INPOL (Informationssystem der Polizei) ist der erste Schritt auf dem Weg zur Modernisierung der Fahndung mittels elektronischer Hilfsmittel. Die neuen Terminals kommen 1972 an Grenzposten und internationalen Flughäfen zum Einsatz. Gleichzeitig hat die Polizei eine neue Methode entdeckt: die sogenannte Bürofahndung. Sie beruht auf dem routinemäßigen und maschinellen Abgleich der auf Magnetband gespeicherten Datenbanken des BKA mit denen der Einwohnerämter. Von 1975 bis 1977 können so 5000 Fahndungen erledigt und 1800 mit Haftbefehl gesuchte Täter festgenommen werden.

Rückständige Strafanstalten

Während der Polizeiapparat ohne viel Rücksicht auf den Datenschutz modernisiert wird, weht im Strafvollzug kein Hauch einer neuen Zeit. Viele Gefängnisbauten sind veraltet und überbelegt. Die bürgerlichen Grundrechte der Häftlinge bleiben eingeschränkt. Erst 1972 stellt das Bundesverfassungsgericht die »rechtsstaatliche Unhaltbarkeit der Zustände im Strafvollzug ... und die umfassende Geltung der Grundrechte für Strafgefangene im Strafvollzug« fest.

Seit den Siebzigerjahren setzt die Polizei elektronische Hilfsmittel bei Fahndung und Personenüberwachung ein.

Seit den Sechzigerjahren prangern Studentenbewegung und außerparlamentarische Opposition die Missstände in den bundesrepublikanischen Gefängnissen an. Dazu kommen Skandale wie 1966 in Hamburg, als ein Untersuchungshäftling in der Beruhigungszelle stirbt, sowie in Köln der Tod zweier Häftlinge im Gefängniskrankenhaus.

Das Bundesjustizministerium beginnt 1967 ein neues Strafvollzugsgesetz auszuarbeiten, das die Rechte und Pflichten der Inhaftierten gesetzlich verankern und die Resozialisierung erleichtern soll. Das erst 1977 beschlossene Gesetz bringt aber keine echte Reform. Heute sind die Gefangenen noch immer von der Rentenversicherung ausgeschlossen. Ihr Arbeitsentgelt von rund 150 DM im Monat erlaubt es weder Prozesskosten abzuzahlen, noch die Familie zu unterstützen. Bei der Entlassung stehen die meisten vor einem Schuldenberg. Eine psychiatrische Behandlung der Langzeitinhaftierten, die oft jeden Kontakt zur Außenwelt verloren haben, findet nicht oder nur in sehr beschränktem Maß statt.

Ordnung im Sozialismus

Kriminalität gilt aus Sicht der DDR-Ideologen als »Erscheinung des Klassenkamp-

Theoretisch dürfte es im Sozialismus keine Kriminalität geben – trotzdem setzt der SED-Staat auf eine starke Polizeimacht: Aufmarsch kasernierter Volkspolizisten 1950 in Ost-Berlin.

fes«. Im sozialistischen Staat kann sie also eigentlich nur noch als »rückschrittliches Überbleibsel des Kapitalismus« fortexistieren. Tatsächlich ist die Kriminalitätsrate seit der Gründung der DDR 1949 fast kontinuierlich gesunken. 1970 liegt sie gemessen an der Bevölkerungszahl etwa sechsmal niedriger als im Westen. Hier wie dort handelt es sich meist um Eigentumsdelikte. Doch während im Westen der Anteil der Diebstähle an der Gesamtzahl der Straftaten steigt, sinkt er im Arbeiter- und Bauernstaat.

Allerdings passt nicht ins ideologische Bild, dass die Jugendkriminalität in der DDR eine größere Rolle spielt als im Westen. Das stellt die Partei vor schwer zu beantwortende Fragen: »Die Ausbeutung des Menschen durch den Menschen als sozialökonomische Hauptursache der Kriminalität ist in der DDR im Wesentlichen beseitigt. Die Jugend in der DDR ist nicht mehr direkt den zersetzenden Auswirkungen des Kapitalismus unterworfen ... Wie ist es angesichts dessen möglich ..., dass gerade bei der Jugend und nicht bei den älteren Jahrgängen, die noch unter kapitalistisch-imperialistischen Lebensbedingungen groß geworden sind, eine so hohe Kriminalitätsbelastungsziffer zu finden ist?« Laut SED-Propaganda kann der Grund nur in der vergiftenden Wirkung von Westfunk und Westfernsehen liegen.

Dabei steht dem DDR-Staat eine große Polizeimacht zu Gebot: 73 000 Volkspolizisten, 8000 Transportpolizisten und 15 000 Mann Betriebsschutz. Im Verhältnis zur Bevölkerungszahl gibt es damit etwa doppelt so viele Polizisten wie im Westen. Außerdem hat die Volkspolizei offizielle freiwillige Helfer – Bürger, die sie in der Freizeit bei der Fahndung oder bei der Beobachtung verdächtiger Personen unterstützen. Gleichzeitig sind die Polizisten zur engen Zusammenarbeit mit dem Staatsicherheitsdienst verpflichtet. Die Überwachung reicht auf vielen Wegen ins Privatleben hinein. Von den Wohnbezirksausschüssen über die Hausmeldebuchführer bis hin zu den Postboten: Sie alle wachen über das Wohlverhalten des sozialistischen Bürgers.

Seit 1990 hilft der genetische Fingerabdruck bei der Täteridentifizierung.

Wachsende Unsicherheit

Vom angeblichen Vordringen der Russen-Mafia bis hin zur Arbeitslosigkeit in den neuen Bundesländern: Die Öffnung der Mauer im Jahr 1989 führt zu Problemen, die sich auch in der Verbrechensstatistik niederschlagen. Die Zahl der registrierten Straftaten insgesamt bleibt in den Neunzigerjahren weitgehend konstant, doch bestimmte Delikte nehmen zu. Private Wachdienste boomen. Bei Umfragen bezeichnen die Deutschen das Problem der wachsenden Unsicherheit oft als größer als das der Arbeitslosigkeit. Kriminalität wird wieder einmal Wahlkampfthema.

Das High-Tech-Jahrzehnt bringt hochmoderne Kriminaltechniken, wie den genetischen Fingerabdruck zum Nachweis der Täteridentität, den der Bundesgerichtshof erstmals 1990 zulässt. Gleichzeitig tun sich neue Felder krimineller Betätigung auf: Im Internet machen Anbieter von Kinderpornografie illegale Geschäfte und knacken Cyber-Ganoven die Verschlüsselung von Kreditkartenzahlen.

Die Chronik der Verbrechen

1903 Die Dresdner Polizei richtet die erste Fingerabdruckregistratur Deutschlands ein. Im gleichen Jahr folgen Berlin, Hamburg, Nürnberg und Augsburg.

12.12.1904 Das Berliner Schwurgericht erhebt Anklage gegen den Kindermörder Theodor Berger. In dem Indizienprozess gelingt es erstmals, einen Täter aufgrund einer neuen Methode zur Unterscheidung von Tier- und Menschenblut zu überführen.

1.12.1906 Wilhelm Voigt – berühmt als Hauptmann von Köpenick – wird zu vier Jahren Gefängnis verurteilt, nachdem er in einer beim Trödler erworbenen Hauptmannsuniform im Rathaus von Köpenick die Stadtkasse beschlagnahmt hat.

1908 Das Chemisch-technische und Hygienische Institut in Frankfurt am Main beginnt chemische und biologische Kenntnisse bei der Verbrechensaufklärung einzusetzen und richtet eine Abteilung für kriminaltechnische Untersuchungen, Schriftanalysen und Mikroskopie ein.

4.9.1913 Beim Amoklauf des Lehrers Ernst Wagner sterben in Degerloch und Mühlhausen bei Stuttgart 14 Menschen, darunter seine Frau und seine vier Kinder.

Oktober 1913 In Berlin wird der Geldschrankknacker Paul Markowitz aufgrund der mikroskopischen Untersuchung von Staubpartikeln überführt.

21.7.1922 Per Gesetz wird in Berlin das Reichskriminalpolizeiamt errichtet.

11.1.1923 In Berlin beginnt der Prozess gegen den Meisterdieb Karl Friedrich Bernotat, der seine Beute aus über 100 Hotel- und Villeneinbrüche zum großen Teil in eine Sammlung kostbarer Bücher investierte.

7.6.1923 Reichsjustizminister Gustav Radbruch (SPD) fordert in den »Grundsätzen für den Vollzug von Freiheitsstrafen«, den Vergeltungs- durch den Erziehungsgedanken abzulösen.

31.3.1924 Ein Hamburger Gericht verurteilt Adolf Petersen, bekannt als »Lord von Barmbek« zu 15 Jahren Zuchthaus. Seiner weitverzweigten Bande werden fast 90 zum Teil spektakuläre Einbrüche und Überfälle zur Last gelegt.

15.4.1925 Friedrich Haarmann wird in Hannover wegen Mordes an 24 jungen Männern hingerichtet.

1.9.1927 Das neue Kriminalinstitut in Berlin-Charlottenburg – Vorläufer des heutigen Bundeskriminalamtes – soll naturwissenschaftliche Erkenntnisse bei der Verbrechensaufklärung einsetzen.

28.1.1929 Den Brüdern Franz und Erich Saß gelingt es, durch einen selbst ausgehobenen Tunnel in den Tresorraum der Berliner Diskonto-Gesellschaft einzudringen und dort die Kundensafes aufzubrechen. Die Polizei schätzt den Schaden auf 1,2 bis 2 Millionen Reichsmark.

2.7.1931 Der neunfache Mörder Peter Kürten, der »Werwolf von Düsseldorf«, wird in Köln hingerichtet. Seine jüngsten Opfer waren zwei fünfjährige Mädchen.

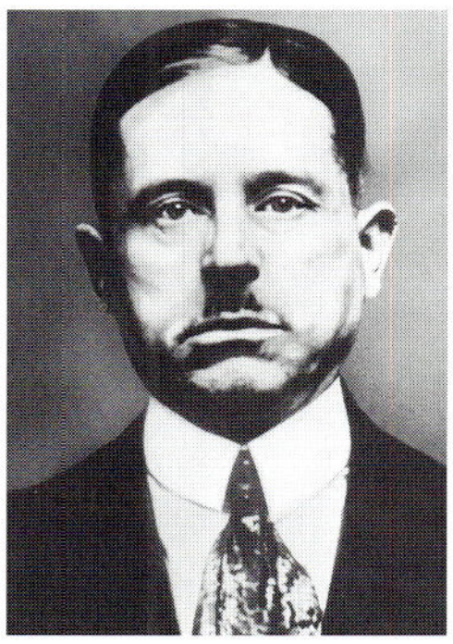

Der Prozess gegen Kürten wird 1931 zur Sensation.

24.11.1933 Das Gesetz gegen gefährliche Gewohnheitsverbrecher und über Maßnahmen der Sicherung und Besserung – bekannt als Gewohnheitsverbrechergesetz – wird erlassen. Es erlaubt eine Verwahrung, auch ohne dass ein konkrete Anklage vorliegt.

1934 Indem die Länder ihre polizeilichen Hoheitsrechte an das Reich verlieren, untersteht die deutsche Polizei erstmals einer zentralen Leitung.

17.6.1936 SS-Führer Heinrich Himmler wird Chef der deutschen Polizei.

14.12.1937 Gemäß einem Erlass über die »vorbeugende Verbrechensbekämpfung« werden rund 2000 Personen im ganzen Reichsgebiet verhaftet und in Konzentrationslager gebracht. Es folgen weitere dieser Sonderaktionen des Naziregimes.

1.7.1945 Die Deutsche Volkspolizei wird gegründet. Der Tag wird in der DDR fortan jedes Jahr als »Tag der Volkspolizei« begangen.

1950 Mit den sogenannten Polizeibriefen vom September 1949, Juni 1950 und November 1950 geben die Alliierten den deutschen Ländern die Polizeihoheit zurück.

10.11.1950 Der 19-jährige Werner Gladow, Anführer einer durch brutalen Schusswaffengebrauch berüchtigten Berliner Gangsterbande, wird in Frankfurt an der Oder hingerichtet.

8.3.1951 Per Gesetz wird die Einrichtung eines Bundeskriminalamtes beschlossen, das zur zentralen Sammelstelle kriminalpolizeilicher Informationen wird. Aus Hamburg zieht es 1953 nach Wiesbaden um.

10.12.1952 Nach dem Vorbild der Milizorgane in der UdSSR wird in der DDR das System der Abschnittsbevollmächtigten (ABV) aufgebaut, die neben polizeilichen Tätigkeiten auch die politische Überwachung ihrer Abschnitte übernehmen.

5.5.1955 Mit dem Ende des Besatzungsregimes in der BRD verlieren die Besatzungsmächte endgültig ihr Einspruchsrecht in deutsche Polizeiangelegenheiten.

21.6.1966 Jürgen Bartsch wird wegen des Verdachts verhaftet, vier Jungen auf sadistische Weise getötet zu haben.

20.10.1967 Eduard Zimmermanns Sendung »Aktenzeichen XY« läuft erstmals im ZDF – noch am gleichen Abend kommt es zur ersten Festnahme.

1970 Die Zahl der Drogendelikte steigt in West-Berlin auf 1070 Fälle. 1965 waren es 50, 1968 schon 140 Fälle gewesen.

1970 Bei der West-Berliner Schutzpolizei entsteht das Arbeitsgebiet gezielte Ausländerüberwachung (AGA), das mit anderen Behörden, aber auch mit Ausländergruppierungen zusammenarbeitet. Nach Berliner Vorbild entstehen in anderen westdeutschen Städten ähnliche Einrichtungen.

November 1972 Mit zunächst 35 Terminals eröffnet das Informationssystem der Polizei (INPOL) – der Datenverbund der Polizei – ein neues Zeitalter vernetzter Fahndung per EDV.

16.12.1976 Der am 14. Dezember entführte Industriellensohn Richard Oetker wird gegen Zahlung von 21 Millionen DM Lösegeld freigelassen. Der zu zwölf Jahren Haft verurteilte Entführer Dieter Zlof streitet die Tat ab, bis 1996 das Geld wieder auftaucht.

1.1.1977 Das nach mehrjähriger Debatte beschlossene Strafvollzugsgesetz stärkt die Grundrechte der Häftlinge, verwirklicht die ursprünglichen Reformgedanken jedoch nur teilweise.

9.11.1989 Vom Tag der Öffnung der Mauer bis Jahresende verzeichnet die West-Berliner Polizei etwa 15 000 Ladendiebstähle. Die Zahl der nicht registrierten Taten soll bis zu 20-mal höher liegen.

5.8.1990 Der Bundesgerichtshof lässt bei einem Raubmord erstmals den auf einer DNA-Analyse basierenden »genetischen Fingerabdruck« zum Nachweis der Täteridentität zu.

»Duck Tales«: Die Kripo zeigt Accessoires des Kaufhauserpressers »Dagobert«.

Januar 1995 In Berlin beginnt der Prozess gegen »Dagobert«, der den Karstadt-Konzern mit Sprengstoffanschlägen erpresst hat. Durch sein gewitztes Vorgehen ist »Dagobert« zum Medienhelden geworden.

1997 Angesichts angeblich wachsender Kriminalität boomt das Geschäft der »schwarzen Sheriffs«: Der jährliche Umsatz der privaten Sicherheitsdienste steigt auf 5 Milliarden DM.

6.2.1998 Der Bundesrat billigt eine Grundgesetzänderung für den Großen Lauschangriff gegen die organisierte Kriminalität.

FLAGGENWECHSEL

Die Deutschen als Nation

»Nation« ist, wenn man sich sieht, wenn man miteinander redet, »Nation« ist, wenn man auf eine gemeinsame Geschichte zurückblicken kann, wenn man im gleichen Kulturkreis aufwächst und lebt, »Nation« ist, wenn man die gleiche Sprache spricht.

In Deutschland ist Nation etwas nur schwer Definierbares. Das liegt daran, dass vor 150 Jahren in Deutschland immer noch die Kleinstaaterei blüht. Erst 1871 gelingt es, mit »Blut und Eisen« (Otto von Bismarck) das Reich zu »schmieden« und einen deutschen Nationalstaat zu begründen. Damals ist Deutschland umgeben von Ländern, in denen Staat und Nation bereits weitgehend identisch sind, deren Einwohner sich ihren vor Jahrhunderten entstandenen Nationen zugehörig wissen. Viele Deutsche fühlen sich deshalb minderwertig, als Teil einer »Nation der Zuspätgekommenen«, die zudem noch von »inneren Feinden« (Arbeiterschaft, Sozialdemokratie) bedroht scheint. Die »deutsche Nation« ist deswegen von Anfang an ein Problemfall. Und das bleibt sie während ihrer wechselvollen Geschichte bis zum Ende des 20. Jahrhunderts.

Kaisertreue und Vaterlandsliebe

Kaiser Wilhelm II. ist am Beginn des 20. Jahrhunderts der oberste Deutsche, er ist die Nation. So mag er sich fühlen und so wird er von vielen deutschen Untertanen gesehen. Wer den Kaiser liebt, liebt das Vaterland, so einfach kann Patriotismus sein. Zu Kaisers Geburtstag und an anderen nationalen Feiertagen wehen die schwarz-weiß-roten Flaggen im Reich. Unter ihnen versammelt sich aber nicht das ganze Volk, denn es gehört doch nur zu Teilen zum Vaterland. Arbeiter und besonders Sozialdemokraten werden ausgegrenzt, wenn sie zum Herrscherhaus und der von ihm vertretenen Ordnung in Opposition stehen, sie werden kurzerhand zu »vaterlandslosen Gesellen« erklärt.

Getragen wird das Regime vom Klein- und Großbürgertum, vom ostelbischen Landadel und nicht zuletzt vom Militär. Sie alle sind Monarchisten. Das Kaisertum ist für sie eine von Gott gewollte und bestellte Ordnung. Ihnen ist die Sehnsucht nach des Deutschen Reiches Größe gemeinsam. Macht und Ruhm werden herbeigeredet mit markigen Sprüchen und zackigem Auftreten, durch den Pomp öffentlicher Selbstdarstellungen des Herrscherhauses, was Nachahmer bei den Stützen dieser Ordnung findet.

Die europäischen Nachbarn sollen Deutschlands Glorie erkennen und gleichzeitig ein gehöriges Maß an Angst empfinden, vielleicht entsteht daraus Achtung. Säbelrasseln nennt man solches Verhalten, das der Einschüchterung dient.

Berlin 1913: Vor dem Stadtschloss zeigt sich Kaiser Wilhelm II. mit seinen sechs Söhnen dem Volk.

Bonn im September 1987: Die Flaggen der Bundesrepublik Deutschland und der Deutschen Demokratischen Republik wehen nebeneinander – der erste Mann der DDR, Erich Honecker, weilt zum Staatsbesuch in Bonn.

Links: Deutsche Soldaten 1914 auf dem Weg zur Front; viele glauben, Weihnachten wieder zu Hause zu sein, viele kehren niemals mehr zurück.

Der Krieg, der später Erster Weltkrieg genannt wird, ist zum Stellungskrieg, zur Materialschlacht geworden. In Schützengräben und Unterständen – hier 1916 an der Somme – wird das Elend des Krieges durchlitten.

»Siegreich wollen wir Frankreich schlagen«

August 1914, Deutschland ist von einer Welle nationaler Begeisterung erfasst. Es geht in den Kampf. »Siegreich wollen wir Frankreich schlagen«, schließlich ist es der Erbfeind der Deutschen. Krieg – da kann ein jeder seinen Patriotismus zeigen, seine Liebe zum Vaterland; Krieg – er könnte Deutschlands Größe beweisen und seinen Ruhm mehren; Krieg – er könnte Deutschland endlich zur Nation machen, die etwas in der Welt zu sagen hat.

Wer Krieg führt, braucht Soldaten, viele Soldaten. Das kaisertreue Reservoir im Volke ist zu klein, die »vaterlandslosen Gesellen« müssen heran. Der Dienst am Vaterlande soll sie läutern und zu richtigen Deutschen machen. Dem Kaiser fällt dazu auch das passende Wort ein: »Ich kenne keine Parteien mehr, ich kenne nur noch Deutsche!«

Der Krieg aber weitet sich zum Weltkrieg aus. Die Kämpfenden erfahren unvorstellbares Leid und der anfängliche Jubel erstickt sehr bald im grausamen Gemetzel, in Blut und Tränen. Nach vier Jahren erbarmungslosem Krieg ist Deutschland 1918 am Ende, die Monarchie weicht der Republik. Mit dem deutschen Namen verbindet sich für viele nun die Schmach der militärischen Niederlage.

Die Republik von Weimar oder Republik ohne Republikaner

Es sind die ehemals »vaterlandslosen Gesellen«, die Sozialdemokraten, die im Bündnis mit republikanisch gesinnten bürgerlichen Kräften ans Werk gehen, eine Demokratie zu errichten. Fahnen, Symbole und all der Pomp der Kaiserzeit haben ausgedient. Aber auch die neue Zeit braucht Embleme, braucht Zeichen, an denen sich die verunsicherten Deutschen ausrichten können. Man erinnert sich der Freiheits- und Einigungsbewegung des vorigen Jahrhunderts, sie stand unter den Farben Schwarz-Rot-Gold. Für die junge Demokratie der Weimarer Republik verkörpert diese Fahne eine antifeudale Tradition. Konservative bis nationalistisch gesinnte Kräfte in Deutschland sehen in der Wahl dieses Fahnentuches jedoch den Verrat an der deutschen Sache – mit dieser Republik und mit dieser Demokratie wollen sie nichts zu tun haben. Sie denken und fühlen weiter in den Farben Schwarz-Weiß-Rot.

Wie schon in der Kaiserzeit bleibt Deutschland geteilt – zu viele Gruppierungen bleiben abseits stehen, können sich nicht dazu entschließen, einer demokratischen Nation auf die Beine zu helfen. Im Gegenteil, sie wollen ein anderes Deutschland, in dem das Streben nach Größe, nach Ruhm und Weltgeltung wieder über alles gestellt wird. Und schließlich machen die Konservativen, die Reaktionäre, die ewig Gestrigen der Republik den Garaus und legen 1933 die Geschicke Deutschlands in die Hand eines Abenteurers und seiner Clique, die durch besonders forsches und nationalistisches Auftreten immer mehr Anhänger gewinnen.

Nationalsozialismus und Größenwahn

Der national(istisch) denkende Deutsche empfindet den Versailler Friedensvertrag von 1919 als Schanddiktat, das Deutschlands Größe unzumutbar schmälert. Dass die Nazis gegen diesen Vertrag ankämpfen und ihn nach 1933 Schritt für Schritt außer Kraft setzen, sichert ihnen die Sympathie auch jener, die eigentlich ihre nationalen und politischen Wurzeln in der Kaiserzeit wissen.

Was macht die Nationalsozialisten so anziehend, welche Faszination geht von ihnen aus? Es ist nicht nur die Ideologie, die Hitler in seinem Buch »Mein Kampf« niedergelegt hat, und die den Weltmachtanspruch Deutschlands bekräftigt. Es ist vor allem der gekonnte Umgang mit Symbolen und äußeren Attributen, die den verunsicherten Zeitgenossen in großer Zahl die Identifikation mit Deutschland erleichtert oder gar erst ermöglicht.

Das schwarz-rot-goldene Fahnentuch verschwindet, es ist die Fahne der »Systemzeit«, der verhassten Demokratie. Aber man greift nicht einfach zurück auf Schwarz-Weiß-Rot: Von Hitler entworfen wird das schwarze Hakenkreuz im weißen Kreis auf rotem Feld zur deutschen, später zur großdeutschen Staatsflagge. Bei jeder nur denkbaren Gelegenheit heißt es nun Flagge zeigen: nicht nur an öffentlichen Gebäuden, nicht nur auf Straßen und Plätzen, sondern möglichst an jedem Haus, an jeder Wohnung.

Die Nazis geben sich modern und nut-

Reichstagssitzung 1937, es gibt nur noch »Abgeordnete« der NSDAP.

Hitlers Auftritte in der Öffentlichkeit werden mit viel Pomp inszeniert.

zen die technischen Neuerungen für ihre Propaganda: Der Rundfunk bringt via Volksempfänger, der bald in jedem Haushalt steht, die politische Prominenz und die Nazi-Ideologie den Menschen nahe. Der Film als Wochenschau soll nicht informieren, sondern Begeisterung wecken, Gefühle neu entstandener Größe auslösen und das Bewusstsein für die »Volksgemeinschaft« fördern: »Ein Volk, ein Reich, ein Führer« (→ Folge 16). Die Nation ist allgegenwärtig, denn alle gesellschaftlichen Organisationen und Institutionen, die das Leben der Menschen von der Geburt bis zum Tod vereinnahmen, tragen das Adjektiv »nationalsozialistisch«.

Das Streben nach der Weltherrschaft und die Rassenideologie kulminieren im Angriffskrieg und Vernichtungsfeldzug, dem mehr als 50 Millionen Menschen zum Opfer fallen. Der Name Deutschland scheint auf ewig geschändet.

Großmachtträume in Trümmern

Die Deutschen liegen 1945 am Boden. Völkermord, ein erbarmungsloser Eroberungs- und Vernichtungskrieg, die Zerstörung fast ganz Europas bestimmen ihre Geschichte. Deutschland, das ist vorläufig nur ein geografischer Begriff. Es gibt keinen Staat mehr, keine Regierung, niemand spricht von der deutschen Nation. In diesem Land regieren die Sowjets und die US-Amerikaner, die Briten und die Franzosen. Begriffe wie Vaterland, Nationalbewusstsein, Größe, Ruhm und Ehre sind entwertet, kaum jemand wagt sie zu nennen. Da und dort gibt es Anbiederungen an die Besatzungsmacht. Da und dort tauchen an Häusern der sowjetisch besetzten Zone rote Fahnen auf, die in der Mitte einen merkwürdig dunkelroten Kreis aufweisen: Flinke Hände haben den weißen Kreis mit dem schwarzen Hakenkreuz abgetrennt. Doch Symbole haben weithin ausgedient, es ist, als hätten die Deutschen jede Lust verloren, sich als Nation darzustellen. Ob Täter oder Opfer, sie fühlen sich missbraucht, sie trauen den großen Worten und dem nationalistischen Gehabe nicht mehr.

»Am deutschen Wesen soll die Welt genesen« – das Gegenteil ist eingetreten, die Welt wäre fast zerbrochen an den nationalistischen Träumen und Wahnvorstellungen, die von diesem Land ausgingen. Auch deshalb ist Deutschland in den Augen der Sieger nicht länger Subjekt der Völkergemeinschaft, es muss sich in die Objektrolle fügen. Nicht wenige Deutsche finden sich in dieses Schicksal. Sie denken nicht lange darüber nach, was aus diesem Land werden soll, sie haben vollauf damit zu tun, die tägliche Existenz zu sichern, Essen und Wohnung zu finden.

Der Krieg ist aus, Deutschland geschlagen. Einer der Sieger, der britische Premierminister Winston Churchill, besichtigt das zerstörte Berlin.

DOKUMENT

Deutsche Nationalhymnen

Der Text der Nationalhymne der BRD stammt von August Hoffmann von Fallersleben aus der Zeit der antifeudalen Einigungsbestrebungen im 19. Jahrhundert; die Musik schrieb Joseph Haydn. Seit dem Zweiten Weltkrieg wird nur die dritte Strophe gesungen:

»Einigkeit und Recht und Freiheit für das deutsche Vaterland! Danach lasst uns alle streben, brüderlich mit Herz und Hand! Einigkeit und Recht und Freiheit sind des Glückes Unterpfand – Blüh' im Glanze dieses Glückes, blühe deutsches Vaterland!«

Johannes R. Becher schrieb den Text der DDR-Nationalhymne, die Musik stammt von Hanns Eisler. Der 1949 entstandene Text der Hymne wurde seit 1974 nicht mehr gesungen, da er den politischen Zielen der DDR-Führung, die Nation betreffend, nicht mehr entsprach (Auszug):

»Auferstanden aus Ruinen und der Zukunft zugewandt, lass uns dir zum Guten dienen, Deutschland einig Vaterland. Alte Not gilt es zu zwingen, und wir zwingen sie vereint, denn es wird uns doch gelingen, dass die Sonne schön wie nie über Deutschland scheint.

Glück und Frieden sei beschieden Deutschland, unserm Vaterland. Alle Welt sehnt sich nach Frieden, reicht den Völkern eure Hand. Wenn wir brüderlich uns einen, schlagen wir des Volkes Feind. Lasst das Licht des Friedens scheinen, dass nie eine Mutter mehr ihren Sohn beweint.

Lasst uns pflügen, lasst uns bauen, lernt und schafft wie nie zuvor, und der eignen Kraft vertrauend steigt ein frei Geschlecht empor. Deutsche Jugend, bestes Streben unsres Volks in dir vereint, wirst du Deutschlands neues Leben, und die Sonne schön wie nie über Deutschland scheint.«

Bundesrepublik Deutschland

Vier Jahre währt die Nichtstaatlichkeit, dann kommt es 1949 im Westen wie im Osten zur Gründung zweier getrennter Staaten – die Teilung Deutschlands, eine Folge des Krieges und der zunehmenden Spannungen zwischen den Weltkriegsalliierten Sowjetunion und Vereinigte Staaten, ist vollzogen (→ Folge 45).

Im Westen wird die Bundesrepublik Deutschland gegründet, ein in seiner Souveränität stark beschnittenes, den Forderungen der Westalliierten entsprechend demokratisches und föderalistisches Staatswesen, das sich bewusst ist, nicht die deutsche Nation zu verkörpern.

Die Menschen in diesem Teilstaat spüren, dass alles Nationale mit einer schweren Hypothek belastet ist. Die Besinnung auf die Geschichte ist keine Quelle für nationsbildende Elemente, es scheint so, als versuche dieses Staatswesen geschichtslos zu leben. Aber das kann nicht gelingen. Ein Staat braucht wenigstens ein Minimum an historischer Kontinuität, an Symbolen und Zeichen, damit die Menschen in ihm Orientierungen und Identifikationen finden können. Dass die Bundesflagge zu den Farben Schwarz-Rot-Gold findet, kann als Anknüpfung an die erste deutsche Demokratie gewertet werden. Aber der Adler als deutsches Wappentier trägt doch erhebliche Belastungen im Gefieder. Fast trotzig folgen die politischen Entscheidungsträger der neuen Republik dennoch dieser deutschen Traditionslinie. Belastete Begriffe wie Vaterland, Patriotismus und Nation werden vorerst sehr klein geschrieben. Zurückhaltung wird auch bei Feiertagen geübt, die den Zusatz »national« tragen. Der Streit um eine Nationalhymne dauert bis 1952, als sich Bundeskanzler Adenauer schließlich mit der Idee durchsetzt, das Deutschlandlied als Hymne beizubehalten, allerdings nur die dritte Strophe. Vers eins und zwei passen nicht in die neue Zeit. 1954 findet außerdem

Nationale Zeichen tauchen in der jungen Bundesrepublik nur allmählich wieder auf – hier ein Emblem der Bundeswehr.

In Ost-Berlin wird im Oktober 1949 die Gründung der DDR gefeiert. Auf großen Plakaten ist die politische Prominenz abgebildet, hier der Präsident der DDR, Wilhelm Pieck.

ein Feiertag mit nationalem Gepräge Eingang in den Kalender: Der 17. Juni wird zum arbeitsfreien »Tag der deutschen Einheit« bestimmt, in Erinnerung an den Aufstand 1953 in der DDR. Fragt man Bundesbürger später nach dem Sinn und Inhalt dieses Tages, zeigt sich oft eine erstaunliche Uninformiertheit – Hauptsache, der Tag ist arbeitsfrei.

Deutsche Demokratische Republik

Im Parlament der DDR, der Volkskammer, prangt das Staatswappen aus Hammer und Zirkel, umrahmt von einem Ährenkranz, Symbol für den Arbeiter- und Bauernstaat.

1949 wird auch in der Ostzone ein Staat gegründet. Die DDR sucht eine eigene Traditionslinie und findet sie im Antifaschismus. Die herrschende Ideologie des Marxismus-Leninismus bescheinigt der DDR-Führung, die fortschrittlichen Traditionen der deutschen Geschichte zu wahren und in Form des Staates DDR zu verwirklichen. Zu diesen Traditionen gehört auch für die DDR das schwarz-rot-goldene Fahnentuch. Konsequent zeigt sich das neue Staatswesen, als es um die Hymne geht: Der neue Text mit neuer Melodie ist als Blick nach vorn gedacht, denn mit »Auferstanden aus Ruinen und der Zukunft zugewandt, lass uns dir zum Guten dienen, Deutschland einig Vaterland« soll eine Alternative zur westdeutschen Bundesrepublik aufgezeigt werden. Auf ein Staatswappen verzichtet man vorerst. Erst seit 1955 ist das schwarz-rot-goldene Fahnentuch mit dem neugeschaffenen Staatswappen mit Hammer (Arbeiterklasse), Zirkel (schaffende Intelligenz) und Ährenkranz (Bauern) als Symbol des Arbeiter- und Bauernstaates geschmückt.

In der Frage nach der Nation weiß man sich zu helfen, denn die Ideologie stellt den »proletarischen Internationalismus« als das weltweite Bündnis der Arbeiterklasse deutlich vor und über die Nation, sei sie nun deutsch oder russisch oder französisch. Deshalb kann die DDR auch bis 1964 ihre Olympiasportler in einer gesamtdeutschen Mannschaft, unter den deutschen Farben, angereichert mit den fünf olympischen Ringen, kämpfen lassen. Siegt ein Deutscher, erklingt statt der einen oder anderen Nationalhymne der Schlusschor aus Beethovens 9. Sinfonie.

In den Siebzigerjahren schließlich, mit der gegenseitigen Anerkennung der beiden deutschen Staaten, entdeckt die DDR-Führung die Frage nach der Nation neu, sie ändert dafür sogar die Verfassung, indem alles Gesamtdeutsche herausgestrichen und dafür die DDR zu einem deutschen Staat sozialistischer Nation erklärt wird, und der hat nichts mehr gemein mit dem anderen deutschen Staat kapitalistischer Nation.

Neuer Nationalismus nach der Einigung?

Im Herbst 1989 beginnt die Welt sich gründlich zu verändern, der Ost-West-Gegensatz verliert sich in der Geschichte und die Deutschen finden und ergreifen die Chance, die Einheit ihres Landes herzustellen (→ Folge 46). Bei den Nachbarn wachen Ängste wieder auf: Beginnt nun erneut das Suchen und Streben der Deutschen nach Größe und Ruhm? Werden die Deutschen, jetzt endlich völlig souverän, alle Kraft darauf verwenden, die Nation als bindendes Element aller Deutschen zu gestalten, werden sie wieder laut und forsch einen besonderen Platz in der Völkerfamilie einfordern, vielleicht sogar nationalistisch wie damals 1914 oder 1933? Nein, die überwältigende Mehrheit der Deutschen scheint geheilt vom übersteigerten Nationalismus. Fragt man junge Menschen, was ihnen die deutsche Nation bedeutet, ist die häufigste Antwort ein Achselzucken und danach der Hinweis, man sei eher Europäer als Deutscher. Gewiss, am rechten Rand des politischen Spektrums gibt es Nationalisten, ihre Gefolgschaft aber hält sich bisher in Grenzen.

Immer noch die zu spät gekommene Nation?

Deutschland, »die zu spät gekommene Nation«, das beschrieb früher einen Mangel, der unbedingt behoben werden müsse. Alle dazu unternommenen Versuche haben in die Katastrophe geführt. Seitdem schreiben die Deutschen alles Nationale sehr klein. Um stolz auf dieses Land sein zu können, bedarf es nicht mehr der Symbole, an denen Größe und Ruhm früher gemessen wurden: militärische Macht, kulturelle Überlegenheit oder ein propagandistisch übersteigertes Menschenbild. Heute genügen sportliche Siege Einzelner, die rasch vergesellschaftet werden; heute reicht wirtschaftlicher Erfolg, wenn Waren aus Deutschland weltweit das »Made in Germany« als Qualitätssiegel verteidigen. Die deutsche Fahne zeigen? – Ja, aber nur noch neben allen anderen. Aus einem Europa der Nationen sollte ein Europa der Regionen werden, in das jedes Land seine Besonderheiten mit einbringt. Die nationale Idee hat für das 21. Jahrhundert ihre Gültigkeit verloren.

Bei den Demonstrationen im Herbst und Winter 1989 wird die Forderung nach einer Vereinigung des geteilten Deutschland immer lauter (Brandenburger Tor am 22.12.1989).

Die Chronik der Nation

18.1.1871 In Versailles wird das Deutsche Reich mit Kaiser Wilhelm I. an der Spitze gegründet. Schwarz-Weiß-Rot sind die Nationalfarben, die aber erst im Ersten Weltkrieg zum Symbol nationaler Identität werden.

6.6.1900 Der Deutsche Reichstag billigt das zweite Flottengesetz. Damit wird die Kriegsflotte in ihrem Bestand verdoppelt. Das Deutsche Reich demonstriert damit vor allem gegenüber Großbritannien den Anspruch, als Großmacht gesehen zu werden und auf den Weltmeeren militärisch präsent zu sein.

27.7.1900 Kaiser Wilhelm II. hält anlässlich der Truppenentsendung nach China zur Niederschlagung des Boxeraufstandes eine Rede, die als »Hunnenrede« in die Geschichte eingeht: »Pardon wird nicht gegeben, Gefangene werden nicht gemacht.«

Soldaten ziehen 1914 begeistert an die Front, doch bald sterben Millionen Menschen »Für Volk und Vaterland«.

1.8.1914 Die Mobilmachung für den Ersten Weltkrieg wird bekannt gegeben.

26.–30.8.1914 In der Schlacht bei Tannenberg wird die russische Narew-Armee von den Streitkräften unter Befehl Paul von Hindenburgs vernichtend geschlagen.

21.2.1916 Mit der »Blutmühle« von Verdun versucht das Deutsche Reich Frankreich durch eine »Ermattungsstrategie« in die Knie zu zwingen.

22.12.1917 Die Friedensverhandlungen von Brest-Litowsk beginnen: Russland braucht nach der Revolution der Bolschewiki unter Führung Lenins (24./25. Oktober 1917) Frieden.

9.11.1918 In Berlin wird von Philipp Scheidemann die Republik ausgerufen, Kaiser Wilhelm II. und der Kronprinz verzichten auf den Thron und gehen ins Exil in die Niederlande. Die Regierungsgewalt fällt an Friedrich Ebert, den Vorsitzenden der Sozialdemokratischen Partei Deutschlands.

11.11.1918 Die neue deutsche Regierung, der Rat der Volksbeauftragten, unterzeichnet im Wald von Compiègne einen Waffenstillstand.

6.2.1919 Die Reichsregierung beruft die verfassunggebende Nationalversammlung nach Weimar ein, die im Nationaltheater den Reichspräsidenten Friedrich Ebert und die Reichsregierung Philipp Scheidemann wählt. Weimar als Ort der deutschen Klassik (Goethe- und Schillerstadt) erscheint den Gründern der Republik passender als Potsdam, das den Geist des preußischen Militarismus verkörpert.

Der Krieg ist verloren, für viele Deutsche ist die Unterzeichnung des Versailler Vertrages 1919 eine Schmach.

28.6.1919 Im Spiegelsaal des Schlosses von Versailles – 1871 Ort der Reichsgründung – wird der Friedensvertrag unterzeichnet, der von vielen Deutschen, vor allem von nationalistisch Gesinnten, als Schmachfrieden empfunden und bekämpft wird. Der verantwortlichen Regierung wird der Vorwurf eines Verzichtfriedens gemacht.

26.8.1921 Rechtsextremisten ermorden den Zentrumspolitiker Matthias Erzberger, die Mörder entstammen nationalistischen republik- und demokratiefeindlichen Kreisen. Das Deutsche Reich wird von einer Terrorwelle heimgesucht.

24.6.1922 Außenminister Walther Rathenau (Deutsche Demokratische Partei) wird von Rechtsextremisten ermordet.

11.8.1922 »Verfassungstag«: 1919 hat Reichspräsident Ebert die Weimarer Verfassung unterzeichnet. Dieser Tag bietet den Anlass, das Deutschlandlied zur Nationalhymne zu erklären.

9.11.1923 Adolf Hitler und Kampfgefährten unternehmen in München einen Putsch, der von Reichswehr und Freikorps niedergeschlagen wird. Die Nationalsozialisten nehmen später dieses Ereignis zum Anlass, den 9. November zu einem nationalen Gedenktag zu stilisieren.

26.4.1925 Paul von Hindenburg wird nach dem Tod Friedrich Eberts zum Reichspräsidenten gewählt. Mit dieser Wahl rückt eine Symbolfigur des konservativen und nationalistisch gesinnten Lagers an die Spitze des Deutschen Reiches.

5.5.1926 Reichspräsident Paul von Hindenburg erlässt – was verfassungsrechtlich nicht einwandfrei ist – eine Verordnung, nach der die Auslandsvertretungen nicht nur die schwarz-rot-goldene Reichsflagge, sondern auch die Handelsflagge zu zeigen haben. Diese trägt noch die ehemaligen preußisch-deutschen Farben Schwarz-Weiß-Rot. Dieses Zweiflaggensystem gilt als Zugeständnis an die reaktionären Kräfte.

19.–21.8.1927 Reichsparteitag der NSDAP: Nach Aufhebung des Redeverbots für Hitler hält die NSDAP diesen und alle folgenden Parteitage in Nürnberg ab. Sie werden generalstabsmäßig geplant und durchgeführt als Demonstration gegen Demokratie und Parlamentarismus.

18.9.1927 Ein Denkmal zur Erinnerung an die Schlacht bei Tannenberg 1914 wird in Hohenstein in Ostpreußen eingeweiht. Bei der Feier sind Hakenkreuzfahnen in der Menge zu sehen, die Fahnen des Kaiserreiches sind aufgezogen. In der Nazizeit wird das Denkmal zum »Reichsehrenmal« erhoben. Im Januar 1945 wird es von sowjetischen Truppen gesprengt.

26.1.1932 Adolf Hitler hält einen Vortrag vor dem Industrieklub in Düsseldorf. Indem er die politischen Ziele der NSDAP darlegt, sichert er sich die Unterstützung der Großindustrie für seine Partei.

25.2.1932 Durch Ernennung zum Regierungsrat bei der braunschweigischen Gesandtschaft in Berlin erwirbt der Österreicher Hitler die deutsche Staatsangehörigkeit. Erst damit kann er für politische Ämter im Deutschen Reich kandidieren.

17.7.1932 »Altonaer Blutsonntag«: In mörderischen Straßenkämpfen zwischen Sturmabteilungen (SA) der NSDAP und Anhängern der Kommunistischen Partei Deutschlands (KPD) sterben 18 Menschen.

30.1.1933 Reichspräsident Paul von Hindenburg ernennt Adolf Hitler zum Kanzler des Deutschen Reiches.

21.3.1933 »Tag von Potsdam«: Propagandistisch wirkungsvoll wird die Reichstagseröffnung als Verbrüderung des »neuen« nationalsozialistischen mit dem »alten« konservativen Deutschland durch Handschlag zwischen Hitler und Hindenburg inszeniert.

23.3.1933 Der Reichstag beschließt das Gesetz zur Behebung der Not von Volk und Reich, kurz Ermächtigungsgesetz. Damit kann die Regierung ohne Zustimmung des Reichstags verfassungsändernde Gesetze erlassen. Das bedeutet das Ende der Demokratie in Deutschland und gnadenlose Verfolgung aller politisch Andersdenkenden.

1.5.1933 Als »Tag der nationalen Arbeit« wird der 1. Mai zum Feiertag erklärt.

2.8.1934 Nach dem Tod Hindenburgs wird durch ein Gesetz das Amt des Reichspräsidenten mit dem des Reichskanzlers vereinigt. Hitler ist somit »Führer« und Oberbefehlshaber, die Armee wird auf ihn vereidigt.

1.–16.8.1936 Die Nationalsozialisten nutzen propagandistisch geschickt die Olympischen Sommerspiele in Berlin, um Nazideutschland der Weltöffentlichkeit als friedliebendes, bestens organisiertes und mustergültiges Staatswesen darzustellen.

In Salzburg bejubeln Österreicher 1938 die einmarschierenden Hitler-Truppen; das Großdeutsche Reich entsteht.

12./13.3.1938 Deutsche Truppen marschieren von vielen bejubelt in Österreich ein. Es folgt ein Anschlussgesetz, das Österreich zum Bestandteil des Großdeutschen Reiches erklärt.

8.5.1945 Mit der bedingungslosen Kapitulation der deutschen Wehrmacht endet der Zweite Weltkrieg in Europa. Das Deutsche Reich hat aufgehört zu existieren, die Siegermächte nehmen ihre Besatzungszonen ein.

5.6.1945 Berliner Deklaration: Die Siegermächte UdSSR, USA, Großbritannien und Frankreich übernehmen die oberste Regierungsgewalt in Deutschland durch den Alliierten Kontrollrat und für Berlin durch die Interalliierte Kommandantur.

1945–1949 In Deutschland bestehen Länder mit Parlamenten und Regierungen, die die Befehle der jeweiligen Besatzungsmächte auszuführen haben. Ein Staat Deutschland als Ganzes existiert nicht.

1947 In der sowjetischen Besatzungszone wird der Demokratische Block, der bereits 1945 als Zusammenschluss aller nicht faschistischen politischen Kräfte gegründet wurde, in Nationale Front des demokratischen Deutschland umbenannt.

25.5.1948 In der Ostzone wird die Nationaldemokratische Partei Deutschlands (NDPD) gegründet. Sie soll ehemalige NSDAP-Mitglieder und Offiziere der Wehrmacht in die neu entstehende Ordnung eingliedern.

23.5.1949 Das Grundgesetz für eine Bundesrepublik Deutschland wird im Parlamentarischen Rat feierlich unterzeichnet. Damit entsteht ein deutscher Staat, dem vorerst nur die Länder der westlichen Besatzungszonen angehören. Die Staatsflagge zeigt die Farben Schwarz-Rot-Gold.

7.10.1949 Die Deutsche Demokratische Republik wird als zweiter deutscher Staat gegründet. Auch hier trägt die Staatsflagge die Farben Schwarz-Rot-Gold. Die neue Hymne stammt von Johannes R. Becher (Text) und Hanns Eisler (Musik).

21.10.1949 In seiner Regierungserklärung begründet Bundeskanzler Adenauer den Anspruch der Bundesrepublik, für ganz Deutschland zu sprechen. Der Alleinvertretungsanspruch wird von den Westalliierten akzeptiert.

2.5.1952 Bundespräsident Theodor Heuss erklärt nach Absprache mit Bundeskanzler Adenauer die dritte Strophe des Deutschlandliedes (Text: August Heinrich Hoffmann von Fallersleben; Melodie: Joseph Haydn) zur Nationalhymne der Bundesrepublik Deutschland. Dieser Entscheidung war ein mehrjähriger Streit um die Hymne vorausgegangen.

17.6.1953 Bauarbeiter demonstrieren in Ost-Berlin gegen die Erhöhung der Arbeitsnormen. Die Demonstrationen weiten sich zum Aufstand in der gesamten DDR aus, der mit Waffengewalt unterdrückt wird.

17.6.1954 Erstmals wird in der Bundesrepublik dieser Tag als gesetzlicher Feiertag, als »Tag der deutschen Einheit« begangen. Er soll an den gescheiterten Aufstand vom Vorjahr erinnern.

Bundeskanzler Konrad Adenauer schreitet im Januar 1956 in Andernach die erste Einheit der neuen Bundeswehr ab.

1.3.1956 Die DDR gründet die Nationale Volksarmee (NVA). Sie reagiert damit auf die Pläne zur Remilitarisierung in der Bundesrepublik Deutschland. Vorläufer der NVA war die 1952 gebildete Kasernierte Volkspolizei.

7.7.1956 Der Deutsche Bundestag verabschiedet das Wehrpflichtgesetz. Die heftigen Debatten um die Remilitarisierung der Bundesrepublik seit 1952 finden allmählich ein Ende. 1957 ziehen die ersten Wehrpflichtigen in die Kasernen ein.

1967 Anlässlich der Einführung der Fünftagewoche in der DDR wird der gesetzliche Feiertag 8. Mai als »Tag der Befreiung vom Faschismus« abgeschafft. Als arbeitsfreier Feiertag wird seit 1967 der 7. Oktober als Gründungstag der DDR begangen.

11.3.1968 Bundeskanzler Kurt Georg Kiesinger (CDU) trägt dem Deutschen Bundestag den ersten Bericht »Zur Lage der Nation« vor. Künftig sollen diese Berichte über die Deutschlandpolitik, vor allem darüber informieren, ob und wie die weitere Spaltung des Landes aufzuhalten ist.

9.12.1969 Die Bundesregierung unter Bundeskanzler Willy Brandt beschließt, dass künftig bei Sportveranstaltungen die DDR-Flagge gezeigt und die DDR-Hymne gespielt werden dürfen.

21.12.1972 Der Grundlagenvertrag zwischen der BRD und der DDR wird in Ost-Berlin unterzeichnet. Beide Staaten sind sich darin einig, dass über Fragen der Nation keine Einigung erzielt werden kann. Dennoch soll das deutsch-deutsche Verhältnis so weit wie möglich normalisiert werden.

18.9.1973 Die DDR und die BRD werden als Vollmitglieder in die Vereinten Nationen aufgenommen.

7.10.1974 Die DDR tilgt alle Bezüge auf ganz Deutschland und auf eine fortbestehende deutsche Nation aus dem Text ihrer Verfassung. Künftig darf auch der Text der Nationalhymne nicht mehr gesungen werden.

Herbst 1989 Bei Demonstrationen in der DDR wird mit dem Ruf »Wir sind ein Volk« die Wiederherstellung der Einheit Deutschlands gefordert.

1.7.1990 Mit der Wirtschafts-, Währungs- und Sozialunion werden die soziale Marktwirtschaft, die DM und das Sozialsystem der Bundesrepublik auf die DDR übertragen. Im noch geteilten Land gibt es nun eine nationale Währung, die auch deshalb eingeführt wurde, weil zahlreiche DDR-Bürger mit dem Ruf »Wenn die DM nicht zu uns kommt, kommen wir zur DM« gedroht hatten.

3.10.1990 Mit dem Beitritt der fünf neu gegründeten Länder der DDR zur Bundesrepublik Deutschland findet die Teilung des Landes ihr Ende. Dieser Tag wird zum Nationalfeiertag erhoben, der 17. Juni wird künftig wieder normaler Werktag sein.

1997 Bemühungen Deutschlands, als bedeutende europäische Nation einen ständigen Sitz im Weltsicherheitsrat der UNO zu erlangen, scheitern vorerst.

EUROPE
· ALL OUR COLOURS TO THE MAST ·

GRENZGÄNGE

Nachbarn in Europa

Der Nationalstaat ist nicht alles. Diese Erfahrung machen die Deutschen seit dem Beginn des 20. Jahrhunderts immer wieder. Die nationalen Grenzen sind zu eng für eine rationale Organisation der Produktion, die modernen Wirtschaftszweige fühlen sich durch Zollgrenzen in Europa eingeengt und gehen über sie hinweg. Die europäischen Staaten verlieren an Gewicht gegenüber der neuen Weltmacht USA, und sie fühlen sich durch das sowjetische Imperium im Osten ihres Kontinents bedroht: Das hat die gemeinsame Verteidigung zur Folge. Kriege zwischen den europäischen Staaten fordern schreckliche Opfer: Das verlangt nach Maßnahmen zur dauerhaften Friedenssicherung, insbesondere zu einer beständigen Regelung des Verhältnisses zwischen Frankreich und Deutschland, den ewigen Rivalen auf dem europäischen Kontinent.

Deutsche Großmachtträume

Weil Deutschland in der Mitte Europas liegt und um 1900 größer ist als die anderen Staaten des Kontinents, verbinden sich die Europavorstellungen der Deutschen häufig mit Hoffnungen auf eine Führungsstellung. Viele denken, man kann den Kontinent von Deutschland aus vereinigen und so ein Europa unter deutscher Herrschaft schaffen.

Solche Vorstellungen werden schon zu Beginn des Jahrhunderts populär, als das Deutsche Reich einen festen Machtblock mit Österreich-Ungarn bildet. Dieses Bündnis wird als Ausgangspunkt für ein Mitteleuropa gesehen, das den Kontinent beherrscht. Im Ersten Weltkrieg kreisen viele Konzeptionen einer deutschen Hegemonie nach dem Sieg über die Entente aus Frankreich, Großbritannien und Russland um diesen Mitteleuropa-Begriff. Der liberale Publizist Friedrich Naumann (1860–1919) veröffentlicht im Jahr 1915 ein Buch mit dem programmatischen Titel »Mitteleuropa« und erlebt damit große Resonanz. Die Deutschen träumen von einem einigen Europa unter ihrer Führung und Kontrolle.

Mit vereinter Kraft kommt Europa voran: Propaganda für den Marshallplan 1950.

Verständigung und wirtschaftliche Einheit

Mit der Niederlage von 1918 ist dieser Traum fürs Erste ausgeträumt. Ehrgeizige Deutsche geben ihn aber nicht ganz auf, statt dessen suchen sie nach Wegen, ihn langfristig doch noch zu verwirklichen. Das führt zu ambivalenten Bemühungen

Gustav Stresemann (Mitte mit Stock) auf dem Weg zur Unterzeichnung der Locarnoverträge 1925; er bemüht sich um eine europäische Verständigung.

Über 2000 Teilnehmer treffen sich im Oktober 1926 zum ersten Paneuropa-Kongress in Wien.

um Verständigung mit den einstigen Kriegsgegnern und eine neue Führungsrolle in einem geeinten Europa.

Ein prominentes Beispiel für diesen Ehrgeiz bietet Gustav Stresemann (1878–1929), der Außenminister der Jahre 1923 bis 1929. Er will eine Verständigung mit Frankreich auf der Grundlage der Anerkennung der neuen Grenzen im Westen des Reiches, also des Verzichts auf Elsass-Lothringen. Nach Osten hin soll Deutschland aber die Möglichkeit behalten, die Grenzen auf friedlichem Weg wieder zu seinen Gunsten zu revidieren; die wirtschaftliche Integration Europas soll Deutschland erlauben, zur stärksten und politisch führenden Macht des Kontinents aufzusteigen.

Andere Politiker sind weniger ehrgeizig, stärker von den Schrecken des Krieges geprägt und setzen vor allem auf Abrüstung, Abbau der Feindbilder und Stärkung des Völkerbunds. Sie finden sich zum Teil in dem Verband für europäische Verständigung, den der linksliberale Abgeordnete Wilhelm Heile 1926 gründet. Zuspruch findet auch die Paneuropa-Bewegung, für die der österreichische Aristokrat Richard Graf Coudenhove-Kalergi (1894–1972) seit 1923 überall in Europa wirbt. Noch größeren Erfolg hat der Europäische Kulturbund, eine Sammlung geistiger Eliten für eine Erneuerung des Kontinents unter konservativen Vorzeichen, den Coudenhoves junger Standesgenosse Karl Anton Prinz Rohan (1898–1972) organisiert.

Einflussreicher sind aber diejenigen, die in erster Linie eine Überwindung der Wirtschaftsgrenzen wollen. In einem Deutsch-französischen Studienkomitee versammeln sich 1925 neben prominenten Intellektuellen wie Ernst Robert Curtius (1886–1956) und Arnold Bergsträsser (1896–1964) die führenden Vertreter der chemischen und der Elektroindustrie, Bankiers wie Louis Hagen (1855–1932) und Max Warburg (1867–1946) und zum Teil auch die Vertreter der Schwerindustrie. Ein Europäischer Zollverein plädiert für die Rückkehr zum Freihandel. Die Sozialdemokraten schreiben – ebenfalls 1925 – »die aus wirtschaftlichen Gründen zwingend gewordene Schaffung der europäischen Wirtschaftseinheit, die Bildung der Vereinigten Staaten von Europa« in ihr Parteiprogramm.

Hitlers Europa – »Einigung« mit Gewalt

Im »Dritten Reich« gehen die Integrationshoffnungen mehr und mehr in den Hegemonialplänen auf. Die Ankündigung Adolf Hitlers (1889–1945), die Ketten des Friedensvertrags von Versailles zu sprengen, findet breite Zustimmung. Viele Deutsche hoffen dabei erneut auf eine Einigung Europas unter deutscher Führung. Als Hitlers Vorstellungen im Zweiten Weltkrieg Zug um Zug in die Wirklichkeit umgesetzt werden, konkretisieren sich die Einigungspläne. Wissenschaftler wie Alfred Six und Werner Daitz entwickeln europäische Raumordnungsvorstellungen, Wirtschaftsführer plädieren für eine ökonomische Planung auf europäischer Ebene, Beamte des Auswärtigen Amtes basteln an Entwürfen für eine »europäische Konföderation«.

Verwirklicht wird keine dieser Ideen. Hitler glaubt nicht an die Möglichkeit einer »freiwilligen« Unterstützung durch die besiegten Nationen, und daran scheitern alle Initiativen für eine vertragliche Organisation des europäischen Wirtschaftsraums. Hitlers Europa bleibt ein Imperium, in dem die besiegten Nationen nur die Rolle von »Hilfsvölkern« spielen dürfen. Deutsche Soldaten erleben jetzt Europa, aber die europäischen Nachbarn lernen nur deutsche Herrenmenschen kennen.

Im konservativen Widerstand werden zum Teil ähnliche Europavorstellungen entwickelt wie in den Führungszirkeln der Wirtschaft und der Bürokratie. So plädiert Carl Goerdeler (1884–1945) 1940 für eine »europäische Konföderation unter deutscher Führung«, zu erreichen über fortschreitende freiwillige Vereinbarungen der beteiligten Nationen – von Zollsenkungen über Zollunionen und »fortschreitende Zusammenarbeit auf militärischem Gebiet« bis zu »gemeinsamen Institutionen«. Spätestens mit dem Scheitern des Attentats vom 20. Juli 1944 werden aber auch solche Pläne zu Makulatur.

Demokratische Alternative

Manche Widerstandsgruppen sehen eine europäische Föderation vor, ohne dabei an eine besondere Führungsrolle Deutschlands zu denken. Sie verbinden das Bekenntnis zu einem vereinten Europa mit einer ausdrücklichen Absage an Machtpolitik und Nationalismus, den Ursachen der Weltkriegskatastrophe. Als sich Hitlers Niederlage abzeichnet, weisen Vertreter des Kreisauer Kreises die Alliierten darauf hin, dass nur die Aussicht auf eine föderative Neuordnung Europas dem Diktat der Siegermächte die Bitterkeit nehmen könne. Nur so, argumentieren sie, ließe sich ein abermaliger deutscher Revanchismus verhindern.

Nach der bedingungslosen Kapitulation des Deutschen Reiches am 8. Mai 1945 ist

Dokument

Thomas Mann wirbt für Europa

Thomas und Katja Mann

Aus dem US-amerikanischen Exil wendet sich der Schriftsteller Thomas Mann (1875–1955) in einer Radioansprache am 29. Januar 1943 an die Nachbarn der Deutschen im besetzten Europa:

»Ich richte meine Worte an Euch als einer der Euren; als ein Deutscher, der sich immer als ein Europäer betrachtet hat, der Eure Länder und Eure Kultur kennt und der stets zutiefst davon überzeugt gewesen ist, dass die wirtschaftlichen und politischen Zustände in Europa von jetzt an überholt und verjährt sind. Diese Zersplitterung, mittels der willkürlichen Grenzen des Staates und der Souveränitäten, hat den Ruin des Kontinents verursacht. Für mich und für alle, die meine Ansicht teilen, bleibt die Idee der europäischen Einheit immer teuer und kostbar; sie repräsentiert etwas vollkommen Natürliches für unser Denken und für unseren Willen … Das wahre Europa wird von Euch selbst geschaffen werden. Es wird eine Föderation freier Staaten sein, mit gleichen Rechten, fähig, ihre geistige Kultur zur Blüte zu bringen, und gleichzeitig unterworfen dem gemeinschaftlichen Gesetz nach Vernunft und Moral – eine europäische Föderation im weiteren Rahmen der wirtschaftlichen Zusammenarbeit der zivilisierten Nationen der ganzen Erde«.

dieses Argument noch weit öfter zu hören. Europäische Integration stellt für die Deutschen jetzt die einzige Möglichkeit dar, den europäischen Nachbarn Sicherheit anzubieten, ohne sich auf Dauer einseitiger Gewalt unterwerfen zu müssen. Der Preis, der für den verlorenen Krieg gezahlt werden muss, ist umso geringer zu halten, je rascher ein integrierter Verbund europäischer Staaten zustande kommt, der alle Mitglieder kontrolliert und damit eine einseitige Diskriminierung der Deutschen vermeidet.

Hinzu kommt, dass der deutsche Nationalismus nach der Bindung an die Verbrechen des Nationalsozialismus diskreditiert ist. Für viele bricht mit dem »Dritten Reich« auch eine Welt zusammen. »Europa« erscheint da als Rettungsanker, als hoffnungsvolles Leitbild für einen Neuanfang, als Versprechen einer besseren Zukunft. Besonders junge Menschen nehmen den Europagedanken begeistert auf, er wird zu einem Programmpunkt bei allen demokratischen Parteien.

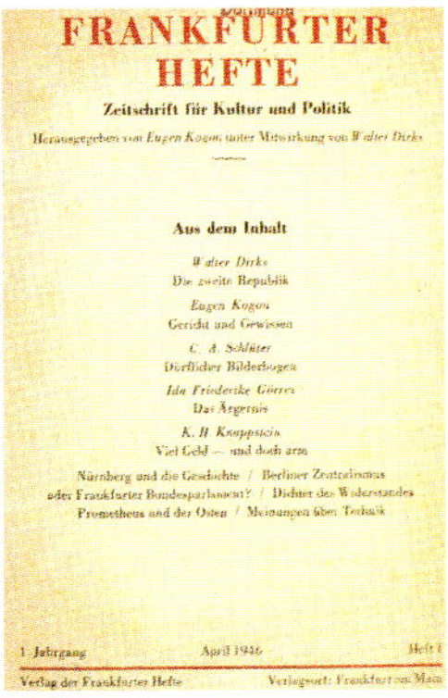
FRANKFURTER
HEFTE
Zeitschrift für Kultur und Politik
Herausgegeben von Eugen Kogon unter Mitwirkung von Walter Dirks

Aus dem Inhalt

Walter Dirks
Die zweite Republik
Eugen Kogon
Gericht und Gewissen
C. A. Schlüter
Dörflicher Bilderbogen
Ida Friederike Görres
Das Ärgernis
K. H. Knappstein
Viel Geld — und doch arm
Nürnberg und die Geschichte / Berliner Zentralismus oder Frankfurter Bundesparlament? / Dichter des Widerstandes
Prometheus und der Osten / Meinungen über Technik

1. Jahrgang April 1946 Heft 1
Verlag der Frankfurter Hefte Verlagsort: Frankfurt am Main

In der ersten Ausgabe der »Frankfurter Hefte« vom April 1946 wirbt Walter Dirks für ein »Europa der dritten Kraft«.

Dabei hoffen die meisten jetzt auf ein »Europa der dritten Kraft«: ein Europa zwischen den Vereinigten Staaten und der Sowjetunion, das die Gegensätze zwischen Ost und West abbaut und so die Spaltung Europas und Deutschlands verhindert. Der katholische Publizist Walter Dirks (1901–1991) setzt sich dafür ein, ebenso der evangelische Pfarrer Martin Niemöller (1892– 1984), der sozialdemokratische Theoretiker Richard Löwenthal (1908–1991) und viele andere. Auch die Europa-Union, in der sich engagierte Europa-Anhänger seit 1947 sammeln, tendiert zunächst in diese Richtung.

Westeuropa formiert sich

Verwirklichen lässt sich die europäische Einigung unter den Bedingungen des Kalten Krieges freilich zunächst nur im Westen. Das lässt viele zögern, die auf eine Vermeidung der deutschen Spaltung hoffen und eine Konfrontation der Blöcke fürchten. Bundeskanzler Konrad Adenauer (1876–1967) kann die Integration der neuen Republik in ein westliches Europa nur gegen große Widerstände durchsetzen. Umstritten ist schon der Beitritt der Bundesrepublik zum Europarat 1950, umstritten ist die Beteiligung an der Europäischen Gemeinschaft für Kohle und Stahl (EGKS) 1951, und umstritten ist erst recht die Mitwirkung an der Europäischen Verteidigungsgemeinschaft (EVG), deren Vertrag 1952 unterzeichnet wird. Die sozialdemokratische Opposition sagt jedesmal Nein. Sie lehnt auch den Beitritt zur NATO ab, der 1955 erfolgt, nachdem das EVG-Projekt im französischen Parlament gescheitert ist.

Am 25. März 1957 werden die Römischen Verträge unterzeichnet, mit denen eine Europäische Wirtschaftsgemeinschaft (EWG) und eine Atomgemeinschaft (EURATOM) ins Leben gerufen werden. Diesmal gehört die SPD zu den Befürwortern, sie macht langsam ihren Frieden mit dem real existierenden Europa. Dagegen steht die Wirtschaft dem Projekt skeptisch

Der Ministerrat der NATO am 12. Mai 1955: Zum ersten Mal nimmt Adenauer an einer Sitzung teil.

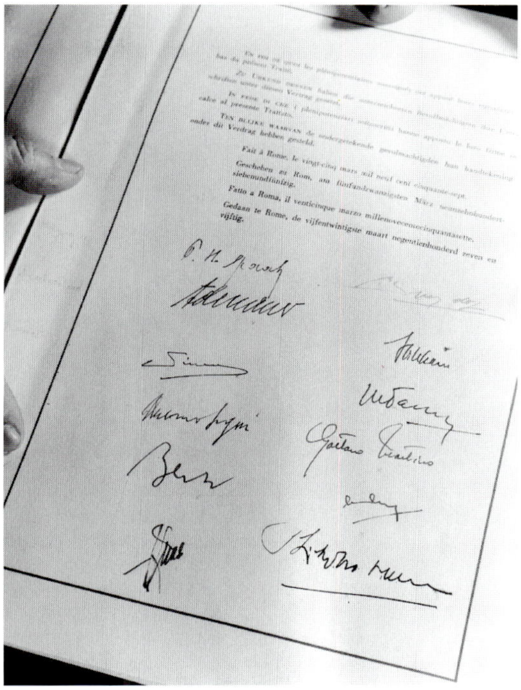

Links: 25. März 1957, im Quirinalspalast in Rom werden die Verträge zur Gründung von EWG und EURATOM unterzeichnet.

Die letzte Seite des EWG-Vertrags mit den Unterschriften der sechs Regierungschefs und ihrer Außenminister

gegenüber. Wirtschaftsminister Ludwig Erhard (1897–1977) sucht es sogar zu Fall zu bringen. Eine Wirtschaftsgemeinschaft, die nur sechs Länder umfasst (neben der Bundesrepublik Frankreich, Italien und die Benelux-Staaten), ist für die weltmarktorientierte Wirtschaft Westdeutschlands nicht sonderlich attraktiv. Adenauer setzt die EWG aus politischen Gründen durch: Er will die Bundesrepublik unauflöslich an den Westen binden.

Keine Politische Union

Adenauer will sogar noch mehr. Als Rückversicherung gegen einen Rückzug der USA vom europäischen Kontinent wie gegen eine Verständigung Frankreichs mit der Sowjetunion strebt er eine Politische Union der Sechs an, die eine gemeinsame Außen- und Verteidigungspolitik entwickelt. Langfristig gehört für ihn dazu auch eine europäische Atomstreitmacht. In Charles de Gaulle (1890–1970), dem französischen Staatspräsidenten seit 1958, findet er einen Partner, der ähnlich denkt. Doch stößt das ehrgeizige Projekt auf den Widerstand der Benelux-Staaten, die eine Bevormundung durch das deutsch-französische Paar befürchten. Und dann lehnt auch eine Mehrheit der Deutschen eine exklusive Bindung an Frankreich ab. Der deutsch-französische Vertrag vom 22. Januar 1963, mit dem Adenauer und de Gaulle den Grundstein zur sicherheitspolitischen Zusammenarbeit legen wollten, wird vom Deutschen Bundestag nur mit dem Zusatz einer einseitigen Präambel ratifiziert, die den Vorrang der Bindung an die USA betont.

Danach rückt das Ziel einer politischen Einigung Europas immer mehr in den Hintergrund. De Gaulle blockiert den Ausbau der EWG und erklärt den Austritt Frankreichs aus der Militärorganisation NATO, die Deutschen wenden sich dem Ziel einer blockübergreifenden europäischen Friedensordnung zu, in der die westeuropäische Gemeinschaft keine zentrale Rolle mehr spielt. Der Beitritt Großbritanniens zur EWG, von der Regierung Brandt/Scheel seit Ende 1969 aktiv unterstützt, verstärkt den Trend zur Entpolitisierung der Gemeinschaft noch weiter.

DOKUMENT

Gegen den »Ansturm der asiatischen Barbarei«

Am 16. April 1953 erklärt der deutsche Bundeskanzler Konrad Adenauer einem amerikanischen Publikum in New York, warum er ein einiges Europa will:

»Der akuteste Grund ist natürlich die ständige und stetig größer werdende Drohung vom Osten ... Gemessen in den modernen Größenordnungen kann man die gegenwärtige staatliche Struktur Europas nur als Kleinstaaterei bezeichnen. Europa ist verloren, wenn es in viele Staaten aufgeteilt dem Sog des sowjetrussischen Machtsystems ausgesetzt wird. Die Macht wirkt wie ein Magnet auf schwächere Körper. Europa darf aber nicht untergehen. Es ist das Herz der abendländisch-christlichen Kultur. Es hat Unendliches für die Entwicklung der Menschheit geleistet. Seine geistigen, kulturellen, religiösen, wirtschaftlichen und politischen Kräfte sind nicht erschöpft. Die Menschheit würde empfindlich ärmer werden, wenn dieses alte Europa eines Tages dem Ansturm der asiatischen Barbarei erliegen würde. Deshalb muss Europa sich einigen und so sich davor retten, vom Ostblock in irgendeiner Form assimiliert zu werden. Nur durch Einigung kann es wirtschaftlich wieder so gesunden, dass es ohne ständige Annahme von Geschenken aus Amerika leben kann. Nur so kann es den Lebensstandard seiner Bevölkerung so steigern, dass es mit den wissenschaftlichen und kulturellen Leistungen der übrigen Welt Schritt halten kann. Nur so kann es ein politisches Eigengewicht bekommen, das es instand setzt, ein wirklich nützlicher, kräftiger Partner der freien Welt zu sein. Schließlich aber gibt es noch ein drittes konkretes Motiv für die europäische Einigungspolitik, das für sich allein diese Politik rechtfertigt: Durch eine Einigung Europas würden in Zukunft europäische Kriege unmöglich gemacht werden ... Unser Ziel ist nicht eine alles staatliche Leben aufsaugende europäische Zentralgewalt, vielmehr wird die Gemeinschaft föderativen Charakter haben, das heißt, weite Bezirke staatlichen Lebens werden den Mitgliedsstaaten überlassen bleiben ... Wir müssen Schritt für Schritt vorgehen ... Wir müssen Erfahrungen sammeln. Wir müssen die Dinge reifen lassen. Weisheit und Maßhalten sind ebenso wichtig wie Entschlusskraft und vorwärtsdrängende Energie.«

Begrenzte Zusammenarbeit

Ganz verschwindet der Gedanke an ein politisches Europa allerdings nicht. Willy Brandt (1913–1992) sorgt dafür, dass mit der Einrichtung der Europäischen Politischen Zusammenarbeit (EPZ) und dem Übergang zu regelmäßigen Gipfeltreffen der Staats- und Regierungschefs der Europäischen Gemeinschaften allererste Schritte zu ihrer Verwirklichung unternommen werden. Sein Nachfolger Helmut Schmidt (*1918) stimmt sich regelmäßig mit dem französischen Staatspräsidenten Valéry Giscard d'Estaing (*1926) ab. 1978 verständigen sich beide auf die Schaffung des Europäischen Währungssystems (EWS). 1980 verabreden sie sogar die Bildung einer deutsch-französischen Militärallianz, die Kern einer eigenständigen westeuropäischen Streitmacht im Rahmen der westlichen Allianz werden soll.

Daraus wird nichts, weil Giscard d'Estaing 1981 die Wahlen verliert und Schmidt ein Jahr später ebenfalls abtreten muss. Das Bewusstsein, dass Frankreich und die Bundesrepublik aufeinander angewiesen sind, teilen aber auch die beiden Nachfolger François Mitterrand (1916–1996) und Helmut Kohl (*1930), und so wird die pragmatische Zusammenarbeit fortgesetzt.

In der Mitte der Achtzigerjahre gewinnt die Zusammenarbeit in der Europäischen

22. September 1984: François Mitterrand und Helmut Kohl reichen sich vor den Gräbern von Verdun die Hände.

Gemeinschaft an Intensität. Die Wirtschaft drängt jetzt auf eine Vollendung des europäischen Binnenmarkts, der mit dem Hinzutreten neuer Mitglieder viel interessanter geworden ist. Kohl sieht ein, dass dazu eine Ausweitung der Gemeinschaftsaufgaben notwendig ist und arbeitet an der Stärkung der Gemeinschaftsorgane mit. Die Deutschen beginnen, sich auf ein stärkeres Europa einzustellen.

Deutsche Einheit in Europa

Das wird nicht grundsätzlich anders, als nach der Öffnung der Berliner Mauer am 9. November 1989 die Bevölkerung der DDR für den Beitritt zur Bundesrepublik votiert und daraufhin in kurzer Frist die deutsche Einheit im westlichen Bündnis verwirklicht wird. Gewiss treten jetzt Publizisten auf, die eine Rückkehr zur nationalstaatlichen Normalität preisen und die Deutschen zu selbstbewussterer Wahrnehmung ihrer Interessen ermuntern – so Arnulf Baring (*1932) und Hans-Peter Schwarz (*1934). Verlierer der Modernisierung, die mit der zunehmenden Öffnung der Grenzen verbunden ist, suchen ihr Heil oft in einer demonstrativen Betonung ihres Deutschtums, rassistische Ausschreitungen nehmen in erschreckendem Maß zu.

Die überwiegende Mehrheit der Deutschen weiß jedoch, dass die neue deutsche Einheit nicht zuletzt dem Vertrauen zu verdanken ist, das sich die Bundesrepublik in Jahrzehnten der Verständigungspolitik in West und Ost erworben hat. Sie ist auch nicht bereit, die wirtschaftlichen Vorteile wieder in Frage zu stellen, die mit dem Binnenmarkt verbunden sind. Bundeskanzler Kohl sieht darüber hinaus die strategische Notwendigkeit, die Bundesrepublik gerade jetzt stärker in die Europäische Gemeinschaft einzubinden. Im April 1990 stimmt er Mitterrands langjährigem Verlangen zu, eine europäische Währungsunion zu schaffen, welche die Hegemonie der Bundesbank im europäischen Währungssystem überwindet. Im Oktober 1991 vereinbaren Kohl und Mitterrand zudem die Bildung eines Deutsch-französischen Korps, das die Ausbildung eines europäischen Zweigs der NATO auf den Weg bringen soll.

Euro und Union

Auf dem Gipfeltreffen von Maastricht am 5./6. Dezember 1991 wird nicht nur eine Ausweitung der Gemeinschaft zur Europäischen Union beschlossen, sondern auch der Übergang zur Gemeinschaftswährung. Das irritiert viele Deutsche. Sie

10. Dezember 1991: Die niederländische Königin Beatrix empfängt die Teilnehmer des EG-Gipfels von Maastricht.

sorgen sich, ihr Wohlstand könne in einer Inflationsgemeinschaft verloren gehen. Renten und Sparguthaben würden ihren Wert verlieren. Manche fürchten auch eine Aushöhlung der Demokratie, wenn immer mehr Kompetenzen auf die europäische Ebene übergehen. Bundeskanzler Kohl hält indessen an dem Fahrplan zur Währungsunion fest. Wirtschaft und Finanzwelt beginnen sich auf den Euro einzustellen. Die Konsolidierung der Haushalte, die mit seiner Vorbereitung verbunden ist, lässt eine Verschiebung zu einem unabsehbaren Risiko werden. So werden die Deutschen wohl mit dem Jahrhundert auch ihre DM verabschieden und damit einen weiteren wesentlichen Schritt in die europäische Gemeinschaft tun.

Offen bleibt, wie weit sie diese Gemeinschaft auch aktiv gestalten werden. Werden sie sich darum kümmern, dass sie handlungsfähig bleibt? Werden sie zu Opfern bereit sein, um die Erwartungen der Beitrittskandidaten aus dem östlichen Teil Europas nicht zu enttäuschen? Hier fehlt es an Problembewusstsein, an Kenntnissen und an der Bereitschaft, sich auf europäischer Ebene zu engagieren. Doch das muss nicht so bleiben.

Bundesfinanzminister Theo Waigel zeigt 1996 einen Entwurf für die 50-Euro-Note.

Die Chronik der Einigung

November 1914 In Berlin wird der Bund Neues Vaterland gegründet, der sich als Aufgabe setzt, »die Politik der europäischen Staaten mit dem Kulturgedanken des überstaatlichen Zusammenschlusses zu erfüllen«.

1915 Friedrich Naumann veröffentlicht das Buch »Mitteleuropa«.

1923 Von Richard Coudenhove-Kalergi erscheint »Paneuropa«, Karl Anton Rohan publiziert »Europa«.

15.9.1925 Der Heidelberger Parteitag der SPD verabschiedet ein Parteiprogramm mit dem Bekenntnis zu »Vereinigten Staaten von Europa«.

16.10.1925 Mit den Verträgen von Locarno wird die Grenze zwischen dem Deutschen Reich und den westeuropäischen Staaten garantiert.

1926 Pazifistische Gruppen schließen sich zum Verband für europäische Verständigung zusammen; führende Vertreter aus Wirtschaft und Gesellschaft bilden das Deutsch-französische Studienkomitee.

5.9.1929 Der französische Außenminister Aristide Briand schlägt der Versammlung des Völkerbunds die Schaffung einer Europäischen Föderation vor.

1933 Der Verband für europäische Verständigung und die Paneuropa-Union werden verboten.

Oktober 1940 Carl Goerdeler spricht mit Mitverschwörern über eine wirtschaftliche Einigung Europas »von Berlin aus«.

24.4.1941 Helmuth von Moltke legt dem Kreisauer Kreis einen Zukunftsplan vor, der als außenpolitisches Ziel die Schaffung eines »Vereinten europäischen Staates« vorsieht.

26.11.1941 Außenminister Joachim von Ribbentrop beschwört in einer Rede die Notwendigkeit gemeinsamer Verteidigung der Europäer gegen die »bolschewistische Gefahr«.

23.10.1943 Die Union deutscher sozialistischer Organisationen in Großbritannien verlangt in einem Programmentwurf die Schaffung einer »Föderation aller europäischen Nationen«.

20.11.1947 Die deutschen Europa-Verbände schließen sich zur Europa-Union zusammen.

7.–10.5.1948 Politiker aus den westlichen Besatzungszonen nehmen am Haager Kongress der Europäischen Bewegung teil.

30.11.1949 Die Bundesregierung tritt der Internationalen Ruhrbehörde bei.

9.5.1950 Der französische Außenminister Robert Schuman schlägt nach Verständigung mit Bundeskanzler Adenauer die Schaffung einer europäischen Montanunion vor.

15.6.1950 Der Deutsche Bundestag beschließt den Beitritt zum Europarat.

18.4.1951 In Paris wird der Vertrag über die Gründung der Europäischen Gemeinschaft für Kohle und Stahl (EGKS) unterzeichnet. Mitglieder sind Frankreich, die Bundesrepublik, Italien und die Benelux-Staaten.

27.5.1952 Die gleichen Länder unterzeichnen den Vertrag über die Europäische Verteidigungsgemeinschaft (EVG).

10.3.1953 Die erweiterte Versammlung der EGKS billigt einen Vertragsentwurf über die Gründung einer Europäischen Politischen Gemeinschaft (EPG).

30.8.1954 Die französische Nationalversammlung lehnt die Ratifizierung des EVG-Vertrags ab.

23.10.1954 In den Pariser Verträgen wird die Aufnahme der Bundesrepublik in die NATO und die Schaffung der Westeuropäischen Union (WEU) beschlossen.

25.3.1957 In Rom werden die Verträge über die Schaffung der Europäischen Wirtschaftsgemeinschaft (EWG) und der Europäischen Atomgemeinschaft (EURATOM) unterzeichnet.

17.4.1962 Die Verhandlungen über eine europäische Politische Union werden ohne Ergebnis abgebrochen.

22.1.1963 Adenauer und Charles de Gaulle unterzeichnen in Paris den deutsch-französischen Vertrag.

16.5.1963 Der Deutsche Bundestag ratifiziert den deutsch-französischen Vertrag mit einer einschränkenden Präambel.

1.7.1965 Frankreich nimmt nicht mehr an den Sitzungen des EWG-Ministerrats teil und wehrt damit eine Stärkung der Gemeinschaftsorgane ab.

29.1.1966 Im Luxemburger Kompromiss verständigen sich die EWG-Partner darauf, nach Möglichkeit auf Mehrheitsentscheidungen zu verzichten.

6.3.1966 De Gaulle kündigt den französischen Rückzug aus der NATO an.

2.12.1969 Auf der Haager Gipfelkonferenz stellen Willy Brandt und Georges Pompidou die Weichen für die Aufnahme Großbritanniens in die EWG und die Koordinierung der Außenpolitik der Mitgliedsländer.

8.10.1970 Ein Ausschuss unter Vorsitz des luxemburgischen Ministerpräsidenten Pierre Werner legt einen Plan über die schrittweise Verwirklichung der Wirtschafts- und Währungsunion vor.

Deutsch-französische Freundschaft: Im September 1963 besucht Adenauer seinen Freund Charles de Gaulle (r.).

19.3.1973 Die Gemeinschaftsländer (außer Großbritannien, Irland und Italien) bilden einen einheitlichen Währungsblock.

13.3.1979 Das Europäische Währungssystem (EWS) tritt in Kraft.

7.6.1979 Die Bürger der Bundesrepublik bestimmen die Abgeordneten des Europäischen Parlaments zum ersten Mal in einer direkten Wahl.

3.12.1985 Der Europäische Rat verständigt sich auf ein Reformpaket zur Stärkung der Zusammenarbeit und zur Vollendung des Binnenmarkts.

9.11.1989 Der Ministerrat der DDR beschließt überraschend die Öffnung der Grenzen zur Bundesrepublik und West-Berlin.

19.4.1990 Helmut Kohl und der französische Staatspräsident François Mitterrand schlagen gemeinsam die Vollendung der Währungsunion und die Schaffung einer Politischen Union vor.

3.10.1990 Die DDR tritt der Bundesrepublik bei.

9./10.12.1991 Bei einer Ratssitzung in Maastricht vereinbaren die Staats- und Regierungschefs die Vollendung der Währungsunion bis zum Jahr 1999 sowie den Ausbau der Europäischen Gemeinschaften zur Europäischen Union.

9.12.1996 Bundeskanzler Kohl und der französische Staatspräsident Jacques Chirac beschließen eine gemeinsame deutsch-französische Konzeption zur Sicherheits- und Verteidigungspolitik.

Jacques Chirac und Helmut Kohl in Nürnberg 1996

16./17.6.1997 Die Staats- und Regierungschefs verabschieden den Amsterdamer Vertrag zur Ausweitung der Gemeinschaftsaktivitäten und beschließen einen Fahrplan zur Osterweiterung.

Goethe
Institut

FOLGE

51

STANDORTE – STANDPUNKTE

Die Deutschen in der Welt

Sucht man nach Spuren, welche die Deutschen des 20. Jahrhunderts in der Welt hinterlassen haben, so findet sich nicht allzu viel – was vielleicht damit zusammenhängt, dass dieses Land sich in der ersten Hälfte des Jahrhunderts eher destruktiv als konstruktiv verhält. Dennoch hat es natürlich über die gesamte Zeit »Deutschlandbilder« gegeben, die sich die Ausländer von den Deutschen gemacht haben. Diese Bilder sind vielfältigen Veränderungen unterworfen und bleiben bis heute facettenreich.

»Botschafter« Deutschlands

Vor 1914 haben die wenigsten Deutschen Gelegenheit, Auslandserfahrungen zu machen. Nur eine Hand voll Begüterter unternimmt Bildungsreisen nach Süd- und Westeuropa, die Zahl der in den Kolonien eingesetzten Soldaten und Beamten ist begrenzt und die Wanderungen der Handwerksburschen sind längst aus der Mode gekommen. Die meisten Erfahrungen haben Exportkaufleute und seefahrendes Personal (→ Folge 2).

Nach dem Zweiten Weltkrieg sieht die Situation ganz anders aus: In den Fünfzigerjahren beginnt der Massentourismus, der nach und nach alle Kontinente erreicht und das Bild von den Deutschen im Ausland prägt (→ Folge 32). Daneben sind es die vielen Handlungsreisenden, Monteure und Ingenieure auf Großbaustellen sowie nach 1970 auch zunehmend Manager deutscher Firmen, die das Image

Goethe-Institute vermitteln in 66 Staaten deutsche Kultur, hier ein Institut in Chile (1986).

der Deutschen mit bestimmen. Von Bedeutung sind auch Rundfunk und Fernsehen. Die Deutsche Welle hat einen großen Wirkungskreis, auch Fernsehsendungen werden von den europäischen Nachbarn empfangen. Als Kulturträger meist wirkungsvoller sind aber Seriensendungen wie z. B. »Der Alte« oder »Derrick«, die im Ausland ein großes Publikum finden.

Imperialismus: Kampf um den »Platz an der Sonne«

Nach der industriellen Revolution des 19. Jahrhunderts, die zunächst in der Gründerkrise zu enden schien, beginnt in den Neunzigerjahren eine rasante industrielle Entwicklung, die das Deutsche Reich endgültig vom Agrar- zum Industrieland umwandelt. Mit Großbritannien und den Vereinigten Staaten gehört Deutschland nun zu den drei größten Industrienationen der Welt. Zwischen 1871 und 1914 wächst die Industrieproduktion um das Sechsfache und der Export um das Vierfache.

Vor dem Ersten Weltkrieg ist die deutsche Industrie auf den Weltmärkten so erfolgreich, dass sich Großbritannien als vorherrschende Handelsmacht herausgefordert sieht. So verfügt London 1887, dass alle Importwaren mit einer Ursprungsbezeichnung versehen werden müssen. Was als ein Hindernis für den deutschen Export gedacht war, erweist sich in der Praxis als das Gegenteil: »Made in Germany« wird zu einem verkaufsfördernden Gütesiegel, das für Qualität, Verlässlichkeit, aber auch einen hohen Preis steht. Zum größten Teil sind es industrielle Produktionsgüter wie Maschinen, elektrotechnische Geräte, Transportmittel oder chemische Farbstoffe, die dieses Gütesiegel tragen. Auch heute noch sind es vorwiegend solche Güter, die exportiert werden.

Lange nach Großbritannien und Frankreich, die ihre kolonialen Interessen weitgehend abgesteckt haben, drängt seit den

Der koloniale Kuhhandel um deutsche Gebietserweiterungen im Kongo als Ausgleich für französische Ansprüche in Marokko soll den Umsatz steigern: Pebeco-Zahnpasta wirbt 1911 mit politischen Anspielungen.

Stichwort

Deutsche Kolonien im Überblick

Die deutschen Kolonien bis zum Ersten Weltkrieg umfassen eine Fläche von insgesamt 2 661 015 km^2. Im Vergleich zu dem Kolonialbesitz von Großbritannien (27 781 000 km^2) und Frankreich (3 792 000 km^2) sind die sieben Schutzgebiete des Deutschen Reichs eher klein und vor allem wirtschaftlich unbedeutend. Finanziell sind die Kolonien eine Last. Privaten Gewinnen stehen enorme staatliche Aufwendungen gegenüber (bis 1914 rd. 646 Mio. Mark), die in keiner Weise von den geringen Einnahmen gedeckt werden.

Deutsch-Südwestafrika: *Seit 1884 unter deutscher Schutzhoheit mit einer Fläche von 836 000 km^2 sowie 250 000 einheimischen und 10 000 weißen Bewohnern. Verwaltungssitz ist Windhuk. Der heutige Name des erst seit 1990 selbstständigen Staats ist Namibia.*

Togo: *Seit 1884 unter deutscher Verwaltung mit 2 Millionen Einwohnern auf einer Fläche von 87 000 km^2. Verwaltungssitz ist Lomé.*

Kamerun: *Seit 1884 deutsches »Schutzgebiet«, bis 1891 gemeinsam mit Togo verwaltet. Auf einer Fläche von 498 000 km^2 leben knapp 2,5 Millionen Menschen.*

Deutsch-Ostafrika: *Seit 1884 deutsche Kolonie mit der Hauptstadt Daressalam und einem Gebiet von 993 000 km^2 mit rund 7 Millionen Einwohnern (heute Tansania).*

Deutsch-Neuguinea: *Das Gebiet (242 600 km^2 und 400 000 Einwohner) wird 1885 »Schutzgebiet« und umfasst Kaiser-Wilhelm-Land, Marshall-Inseln, Bismarck-Archipel, Salomon-Inseln und die Palau-Inseln. Die Karolinen und Marianen kommen 1889 hinzu.*

Deutsch-Samoa: *Seit 1889 in deutschem Besitz mit knapp 25 000 Einwohnern auf einer Fläche von 2900 km^2.*

Kiautschou: *Von China mit dem Hafen Tsingtau (Qingdao) auf der Halbinsel Schantung im Jahr 1898 auf 99 Jahre an das Deutsche Reich abgetreten. Die Fläche beträgt 1515 km^2 mit rund 200 000 Einwohnern.*

Achtzigerjahren auch Deutschland nach Kolonialbesitz in Übersee, um Rohstoffquellen und Absatzmärkte für seine expandierende Wirtschaft zu erschließen. In Afrika erwirbt Deutschland das Gebiet der heutigen Staaten Togo, Kamerun, Namibia und Tansania. In Ostasien gehören ein großer Teil der Pazifikinseln von Neuguinea bis hinauf zu den Marianen sowie Samoa und das chinesische Tsingtau (Qingdao) zum Reich. 84 % der deutschen Gebiete entfallen auf die Kolonien, umgekehrt wohnen 84 % der gesamten Bevölkerung im Mutterland. Rein finanziell erweisen sich die Kolonien als ein totales Verlustgeschäft, sie demonstrieren jedoch den deutschen Weltmachtanspruch, der die Rivalität mit Großbritannien verstärkt. Die deutsche Flottenaufrüstung und das häufig ungeschickte außenpolitische Agieren Kaiser Wilhelms II. heizen diesen Gegensatz weiter an.

Mit dem Ersten Weltkrieg gehen die Kolonien verloren; ein Fakt, der nach 1918 in Deutschland als Schmach empfunden, nach 1945 aber, als sich die Kolonien als politische, militärische und wirtschaftliche Belastung darstellen, begrüßt wird.

Die Erinnerung an die Deutschen ist heute in den ehemaligen Kolonien überraschend positiv, obwohl deutsche Truppen zahlreiche Aufstände, wie z.B. 1900 in Qingdao oder 1904 in Namibia blutig erstickt haben. In Qingdao werden heute Häuser »im deutschen Stil« errichtet und das Bier aus der ehemaligen Germania-Brauerei gehört zu den besten in China.

Erster Weltkrieg und Modernisierung

Der Erste Weltkrieg verdüstert das Bild des Deutschen im Ausland. Beide Seiten halten sich nur teilweise an die kriegsrechtlichen Vereinbarungen der Genfer Konventionen. Besonders mit dem Namen Verdun verbinden Generationen von Deutschen und Franzosen die Schrecken des Ersten Weltkrieges. Hier soll nach Wunsch des deutschen Generalstabes das französische Heer ausbluten. Die Gedenkstätte aus den Zwanzigerjahren, die ursprünglich auch für den Sieg über Deutschland stand, ist heute ein Zeichen der deutsch-französischen Freundschaft.

Deutsch-Südwestafrika: Hendrik Witbooi, Führer der aufständischen Nama (Hottentotten), lässt sich mit seinen Männern 1904 ablichten.

Tsingtau (China) heute: Privater Reichtum darf wieder demonstriert werden. Die Eigentümer müssen sich aber dem traditionellen deutschen Baustil anpassen.

Nach der politischen und wirtschaftlichen Instabilität der ersten Nachkriegsjahre bedeuten die »Goldenen Zwanzigerjahre« nahezu eine kulturelle Explosion. Berlin mit seinen Theatern, Varietees, Kinos, seiner Kunst und Literatur stellt selbst Paris in den Schatten. Die größte Ausstrahlung ins Ausland erreicht das 1919 in Weimar als Hochschule für Gestaltung gegründete Bauhaus, das sich um eine funktionale und ästhetische Gestaltung aller Lebensbereiche auf Grundlage der industriellen Produktion bemüht. Das Bauhaus und sein Stil stehen im Ausland für die Modernisierung und Demokratisierung in der Weimarer Republik.

Der hässliche Deutsche: die NS-Zeit

Mit der Machtübernahme der Nationalsozialisten hat diese Demokratisierung, wie sie das Neue Bauen in den Großsiedlungen in Frankfurt am Main und Berlin augenfällig machen wollte, ein Ende. Das Bauhaus wird als »kulturbolschewistisch« diffamiert und 1933 geschlossen, seine Lehrer emigrieren wie viele andere Künstler und Wissenschaftler der Weimarer Republik ins Ausland.

Die USA gehören zu den wichtigsten Exilländern. So gründet László Moholy-Nagy, der sich im Bauhaus vor allem mit fotografischen Experimenten beschäftigte, 1937 in Chicago das New Bauhaus, das heutige Institute of Design. Zahlreiche Schriftsteller, allen voran Thomas Mann, gehen ebenfalls in die Vereinigten Staaten, und auch Naturwissenschaftler, die hier schließlich die Atombombe bauen, die 1945 erstmals gezündet wird. Aus Frankfurt am Main emigriert fast das gesamte Institut für Sozialforschung, das schließlich in New York der Columbia University angegliedert wird. Bis 1941 gibt Max Horkheimer die Zeitschrift des Instituts weiter auf Deutsch heraus, erst in Paris, dann in New York.

STICHWORT

Industriedesign und Exporterfolg

1924 Jugendstil

Seit 1926 blaue Dose

1931: Jugend und Sport

1970er: heile Welt

Nicht zuletzt die Aufmachung eines Produkts entscheidet über seinen Erfolg: Seit 1912 ist die Hautcreme der Hamburger Firma Beiersdorf im Handel. 1926 wird die veraltete Jugendstil-Aufmachung der Dose ebenso geändert wie die Zielgruppe in der Werbung: Die Dose erhält ihr tiefes Blau und ihren überspitzten Antiqua-Schriftzug, der als modern gilt und – wenn auch mit leichten Veränderungen – bis heute ihr Markenzeichen geblieben ist. 1931 zielt die Werbung auf junge, fröhliche und sportliche Menschen. In den Siebzigerjahren wird ein spielerisches Element bevorzugt: Motive der naiven Malerei werden aufgenommen, um die Natürlichkeit der Creme zu unterstreichen.

Nivea wird ein selbstverständlicher Bestandteil des Alltags in fast allen Industriestaaten und kann sich im Ausland so fest etablieren, dass es später häufig als jeweils einheimische Marke aufgefasst wird.

Bauhausmeister in Dessau (v. l.): Hinnerk Scheper, Georg Muche, László Moholy-Nagy, Herbert Bayer, Joost Schmidt, Walter Gropius, Marcel Breuer, Wassily Kandinsky, Paul Klee, Lyonel Feininger, Gunta Stölzl und Oskar Schlemmer

Nachhaltig wird das Bild der Deutschen in diesem Jahrhundert durch die Gräueltaten der NS-Herrschaft, allen voran die industriell organisierten Vernichtungslager im Osten, bestimmt. Mit Ausnahme der Iberischen Halbinsel, der Britischen Inseln und der neutralen Staaten Schweden und Schweiz besetzt die Wehrmacht ganz Europa. Das gilt sogar für verbündete Staaten wie Italien oder Ungarn, nachdem sie aufgrund der Niederlagen das Bündnis infrage stellen. Ihre wirtschaftliche Leistungsfähigkeit wird den deutschen Kriegsanstrengungen untergeordnet und ein ständiger Transfer von Gütern und Finanzen zugunsten Deutschlands organisiert. Der Umfang der Ausbeutung richtet sich nicht zuletzt nach rassischen Kriterien. So ist z. B. die Kalorienzahl, die Norwegern und Dänen zur Ernährung zugebilligt wird, zwar geringer als die der Deutschen, aber lebenserhaltend. Im Kontrast dazu steht der Satz für Russen, denen bewusst das Lebensnotwendige entzogen wird. Die Sowjetunion, in der fast jede Familie im Krieg Angehörige verloren hat, steht noch Jahrzehnte ganz unter dem Trauma des militärischen Überfalls der Wehrmacht.

Doch auch im Westen bleibt das Bild Deutschlands nachhaltig getrübt – weniger bei den großen Kriegsgegnern Großbritannien und Frankreich – stärker in den kleinen und neutralen Staaten wie den Niederlanden und Norwegen, die sich zu Kriegsbeginn sicher gefühlt haben, weil von ihnen keine Bedrohung ausging. Die bis heute anhaltende moralische Entrüstung geht auf ein Tabu zurück: Man überfällt nicht seinen kleinen Bruder!

Das größte Verbrechen der Deutschen während der NS-Zeit sind jedoch die Massenvernichtungslager, für die Auschwitz zum Symbol wird (→ Folge 17). In den Augen der Nachbarstaaten wird das »Volk der Dichter und Denker« zum »Volk der Richter und Henker«. Auch wenn später oberflächlich verziehen wird, bleiben das Misstrauen und der Wunsch, Deutschland kontrollieren zu können. Diese Skepsis ist noch 1990 in der Debatte um die Vereinigung Deutschlands spürbar (→ Folge 46). Die britische Premierministerin Margaret Thatcher beispielsweise ist so offen ablehnend, wie es ihr gegenüber einem Verbündeten möglich ist, und selbst Frankreichs Staatspräsident François Mitterrand, ein Freund der Deutschen, bleibt monatelang sprachlos. Die Bundesrepublik repräsentierte schon allein die größte Wirtschaftsmacht Europas. Wird sie sich nun mit dem neuen Machtzuwachs durch die DDR vom Westen abwenden?

Links: Reparationen Ost – Uranerz für sowjetische Atombomben aus Aue (Erzgebirge); im Hintergrund unabgedeckte Halden, aus denen radioaktives Radon austritt.

Reparationen West – die ehemalige »Vergeltungswaffe« V 2 verhilft den USA zu einer modernen Raketentechnologie (hier beim Test am 16.2.1947 in New Mexico).

Besatzungsmächte sichern sich Menschen und Material

Die physischen Hinterlassenschaften des Zweiten Weltkrieges werden nach 1945 weitgehend getilgt, nur weniges bleibt mahnend zurück, wie die Befestigungsanlagen an der Nordseeküste oder die riesigen U-Bootbunker, die sich in allen größeren Hafenstädten von Narvik in Norwegen bis Bordeaux in Frankreich als nicht zu beseitigende Denkmale erhalten. Ebenso sind immer noch Teile der libyschen Wüste bei Al Alamein nicht betretbar, weil die nie ganz geräumten Minen von »Rommels Teufelsgärten« dies verbieten.

Eine weitere Konsequenz des Zweiten Weltkriegs ist ein unfreiwilliger Export in Form von Material und Menschen. Sowohl die USA wie die Sowjetunion bemühen sich um deutsche Wissenschaftler und ihr Know-how. So setzt Wernher von Braun in den USA seine Raketenbauten fort, die er in Peenemünde mit der sog. »Vergeltungswaffe« 2 (V 2) begonnen hatte, während z. B. der Physiker Manfred von Ardenne 1945 bis 1955 im sowjetischen Suchumi arbeitet. Darüber hinaus werden von den Besatzungsmächten, vor allem der weitgehend zerstörten Sowjetunion, ganze Industrieanlagen demontiert. Um sich das für den Bau ihrer ersten Atombomben notwendige Uran aus dem Erzgebirge zu sichern, werden weite Teile der späteren DDR jeder deutschen Zivilverwaltung entzogen.

»Wir sind wieder wer!«

Obwohl das Bild der Deutschen im Ausland nach 1945 sehr negativ ist, werden ihre Güter jedoch bald wieder gern importiert. Diese erweisen sich als verlässlich wie eh und je, und die sich ausweitenden ökonomischen Beziehungen vor allem zwischen der Bundesrepublik und den westlichen Ländern schlagen nach und nach eine Brücke auch zwischen den Menschen. In der Warenausfuhr überholt die Bundesrepublik sogar die USA und wird mehrfach »Exportweltmeister«.

Zu den traditionellen Ausfuhrgütern

kommen langlebige Konsumgüter wie Radios, Fernsehgeräte, Wasserkocher und Spülmaschinen, vor allem aber Autos, hinzu. So wird der VW-Käfer – obwohl hässlich und unpraktisch – dank seiner technischen Verlässlichkeit und einer hervorragenden Werbung zum Erfolgsschlager und zum Zeichen des deutschen »Wirtschaftswunders«. Der Mercedes avanciert sogar zu einem internationalen Statussymbol für Erfolg und Einfluss – spätestens als die britische Königin ihn in den Sechzigerjahren hoffähig macht.

Der rasante ökonomische Aufschwung lässt sich am Beispiel der chemischen Industrie gut nachvollziehen: Bis 1939 zählte die IG Farbenindustrie AG zu den drei weltweit größten Chemiefirmen. Tief in die NS-Politik von Krieg und Vernichtung verstrickt, wird das Unternehmen von den Alliierten entflochten. Es dauert jedoch keine 25 Jahre, bis sich aus der ehemaligen IG Farben drei Firmen entwickelt haben, die auf dem Gebiet der Chemie die Weltrangplätze eins bis drei einnehmen.

Für die sozialistischen Staaten entwickelt die DDR eine ganz ähnliche Exportpalette wie die Bundesrepublik, wenn auch mit zeitlichem Abstand. Innerhalb des Rates für gegenseitige Wirtschaftshilfe (RGW) hat sie wenig Schwierigkeiten, ihre begehrten Erzeugnisse abzusetzen.

Beide deutsche Staaten stellen jeweils in ihrem Block so etwas wie wirtschaftliche Musterknaben dar, die von den Nachbarn beneidet und insgeheim auch ein wenig gefürchtet werden. Seit den Sechzigerjahren treten die Deutschen aus Ost und West wieder selbstbewusst auf. Im Ausland treffen sie überall auf ihre Produkte: Wer in der UdSSR auf den langen Bahnfahrten in den Speisewagen geht, betritt damit unweigerlich ein DDR-Erzeugnis. Wer im Westen eine Zeitung aufschlägt, kann mit ziemlicher Sicherheit behaupten, sie sei auf einer deutschen Druckmaschine hergestellt worden.

Es bleibt aber nicht beim Warenexport. In der Modebranche ist es der Wirtschaft gelungen, wieder an die Zwanzigerjahre anzuknüpfen: Damals wie heute ist Deutschland nicht ein Zentrum der Hautecouture, wohl aber eins des mittleren Chics, der von den »Durchschnittsmenschen« auch getragen wird. In diesem Segment bestimmen deutsche Modezeitschriften mit, was im europäischen Ausland getragen wird.

Doch es gibt auch Fehlschläge: Das Schuhimperium Salamander muss sich beispielsweise in den Neunzigerjahren wieder aus Osteuropa zurückziehen. Dafür ist die Firma Bertelsmann umso erfolgreicher: Von der Öffentlichkeit fast unbemerkt gelingt ihr der Aufstieg von einem kleinen Lesering zu einem der größten Medienkonzerne der Welt, der sich weltweit nicht nur in den Printmedien, sondern – stets unter Beibehalten des ursprünglichen Firmennamens – auch im Film und Musikvertrieb engagiert.

Immer häufiger investieren deutsche Unternehmen im Ausland, ja, es wandern ganze Industriezweige aus. Deutschland

Abgehoben im Käfer – von der britischen Besatzungsmacht ursprünglich als unverkäuflich, da zu hässlich eingestuft, erweist sich der VW als Exportschlager.

beginnt Arbeitsplätze zu exportieren. Große Konzerne wie Bayer legen seit Mitte der Achtzigerjahre auf dem Weltmarkt keinen besonderen Wert mehr auf eine deutsche Identität, sondern auf ihr eigenes Renommee: »Made in Germany« ist out, »Made by Bayer« ist in. Wie die Produktion wird auch die Forschung im Ausland »ergänzt«.

Technologietransfer im Goethe-Institut in Jakarta: Junge Indonesier werden in das elektronische »Picture-Editing« eingewiesen.

Entwicklungshilfe als Mittel der Politik

Vor dem Hintergrund des Ost-West-Konflikts engagiert sich die Bundesrepublik ebenso wie die DDR in der Entwicklungshilfe. Beiden Staaten geht es vor allem um die Sicherung politisch-strategischer Einflusssphären im Rahmen ihrer jeweiligen Blockbindung sowie um ideologische Einwirkung mithilfe technischer und finanzieller Zusammenarbeit.

Trotz ihrer politischen Bedeutung, und obwohl ein Großteil der bewilligten Gelder in Form von Aufträgen an das Geberland zurückfließt, erreicht die Entwicklungshilfe nie die von den Vereinten Nationen geforderte Höhe von 0,7 % des Bruttosozialprodukts (BSP). Nach der deutschen Vereinigung sind ihre Bedeutung und ihr Umfang weiter gesunken.

Ein Kulturexport, vergleichbar dem der Weimarer Republik, entwickelt sich nach 1945 nicht, auch wenn beide deutsche Staaten versuchen, mithilfe konkurrierender Kulturorganisationen ihr Gewicht im Ausland zu erhöhen. Zwar überdauert das bundesdeutsche Goethe-Institut die deutsche Vereinigung, doch es muss in den Neunzigerjahren mit erheblichen Etatkürzungen leben. Denn seine wichtigste Aufgabe war nicht die Vermittlung eines positiven Deutschlandbildes im Ausland, sondern die Konkurrenz zur DDR.

So bleibt das deutsche Image weiterhin vorwiegend ökonomisch geprägt von Waren- und Touristenströmen, die den Gesetzen von Angebot und Nachfrage folgen, und von dem Mythos der deutschen Währung, die nach dem US-Dollar zur zweitwichtigsten internationalen Reservewährung aufstieg. Bewundert, beneidet und auch gefürchtet gilt sie am Ende des Jahrhunderts weltweit als Symbol deutscher Wirtschaftskraft.

Der Mensch und die Kultur bleiben unterrepräsentiert in jenem Bild, dass die Vorstellungen im Ausland am Ende des Jahrhunderts prägt – immerhin, die Verknüpfung von Deutschland und »good

1989: Erster Einsatz uniformierter deutscher Kräfte als UNO-Friedenstruppe; Bundesgrenzschutz überwacht die ersten freien Wahlen in Namibia.

soldiers« hört man heute im Ausland nur noch selten, trotz der zunehmenden Einsätze deutscher Soldaten im Ausland. Im Gegenteil, von dem erstarkten Deutschland wird in erhöhtem Maß ein positives Auslandsengagement erwartet.

Die Chronik des Deutschlandbilds

25.1.1900 Dem Deutschen Reichstag in Berlin geht eine neue Flottenvorlage zu, die bis 1917 faktisch eine Verdoppelung der deutschen Hochseeflotte vorsieht. Großbritannien sieht darin eine Bedrohung.

27.7.1900 In Absprache mit den USA, Japan und den anderen europäischen Großmächten wird ein internationales Hilfskorps unter deutschem Kommando aufgestellt, um den Boxeraufstand in China niederzuwerfen. Bei der Verabschiedung der deutschen Truppen hält Wilhelm II. eine unbesonnene Rede, in der er die Soldaten auffordert, keine Gefangenen zu machen und rücksichtslos vorzugehen. Diese »Hunnenrede« erregt weltweit Aufsehen.

6.3.1903 Unter deutscher Beteiligung kommt es zum endgültigen Abschluss eines Vertrages über den Bau der Bagdadbahn. Die Gesamtlänge der Streckenführung wird 2200 km betragen und von Konstantinopel bis Bagdad führen. Die Briten fürchten, dass Deutschland nach dem Bau der Eisenbahnverbindung als Konkurrent bei der Erschließung Persiens auftreten könnte.

11.8.1904 Bei Waterberg werden die aufständischen Hereros in Deutsch-Südwestafrika entscheidend geschlagen. Die Überlebenden, gleich ob es sich um Männer, Frauen oder Kinder handelt, werden unter militärischer Begleitung in trockenes Steppenland umgesiedelt. Erschüttert und erniedrigt durch unmenschliche Behandlung, haben sich die Hereros zu Jahresanfang erhoben und Siedler und auch Soldaten getötet. Im Herbst rebellieren auch die Nama.

7.4.1906 Die Unterzeichnung der Akte von Algeciras beendet die erste Marokkokrise und trägt den kolonialen Expansionsbestrebungen Frankreichs und Spaniens sowie den Wirtschaftsinteressen des Deutschen Reichs Rechnung. Kaiser Wilhelm II. hatte durch seine Landung in Tanger 1905 Einspruch gegen die geplante französische Schutzherrschaft erhoben.

29.1.1908 Der Deutsche Reichstag in Berlin genehmigt ein neues Flottengesetz. Es sieht eine Beschleunigung des Flottenbaus in den nächsten vier Jahren und die Erhöhung der Wasserverdrängung der Schlachtschiffe von 13 000 t auf 18 000 t vor.

1.7.1911 Das Deutsche Reich entsendet das Kanonenboot »Panther« nach Agadir und löst damit die zweite Marokkokrise aus. Anlass war die französische Besetzung von Fes. Im Marokko-Kongo-Abkommen vom 4. November 1911 wird Marokko französisches Protektorat. Um den deutschen Kompensationsforderungen entgegenzukommen, wird Deutsch-Kamerun vergrößert.

1913 90 % des Weltexports an künstlichen Farbstoffen kommen aus Deutschland.

1.8.1914 Mit der deutschen Kriegserklärung an Russland beginnt der Erste Weltkrieg.

28.6.1919 Auf den Tag genau fünf Jahre nach dem Attentat auf den österreichischen Erzherzog Franz Ferdinand, das den Weltkrieg auslöste, unterzeichnet die deutsche Delegation den von den Siegermächten diktierten Friedensvertrag, der u. a. eine Abtretung aller Kolonien beinhaltet.

25.4.1919 Der Architekt Walter Gropius gründet in Weimar das Staatliche Bauhaus als Hochschule für künstlerisches Schaffen. Das Bauhaus entsteht durch den Zusammenschluss der Weimarer Hochschule für Bildende Kunst mit der Kunstgewerbeschule.

5.5.1925 Mit einer Eröffnungsfeier wird in München die Deutsche Akademie für die wissenschaftliche Erforschung und Pflege des Deutschtums gegründet. Sie wird 1945 aufgelöst, ihre Aufgaben werden vom Goethe-Institut übernommen.

5.5.1926 Das größte deutsche Montanunternehmen, die Vereinigten Stahlwerke AG Düsseldorf, entsteht. Über Aktien ist die neue AG auch mit der IG Farben verbunden.

1.9.1926 Die Erdöl- und Kohleverwertung AG geht in den Besitz der IG Farben über. Diese wird damit zur größten deutschen Gesellschaft. In dem Chemietrust arbeitet jetzt Kapital von nahezu 3 Milliarden Mark. Das ist reichlich doppelt soviel wie bei der neuen Montankombination der Vereinigten Stahlwerke AG.

4.12.1926 In Dessau wird das neue Bauhaus von Walter Gropius eingeweiht, nachdem in Weimar die Arbeit der Hochschule infolge der konservativen und nationalistischen Angriffe unmöglich geworden war.

6.11.1926 Die Deutsche Welle sendet die erste Arbeiterfunksendung und eröffnet damit ihren Sendebetrieb.

1.4.1928 Die deutsche Kunstakademie in der römischen Villa Massimo wird nach dem Krieg wiedereröffnet.

19.5.1929 Auf der Weltausstellung in Barcelona erregt der von dem Architekten Ludwig Mies van der Rohe gestaltete deutsche Pavillion Aufsehen.

1930 Das Chrysler-Gebäude in New York wird fertiggestellt. Der Turmhelm ist verkleidet mit 4500 Platten aus Krupp NIROSTA/V2A. Diese beiden seit 1912 entwickelten Stähle werden weltweit ein Begriff für Qualität und finden Anwendung nicht nur im Bauwesen, sondern auch in der Medizin und in der Chemie- und Nahrungsmittelindustrie.

1931 Der Deutsche Akademische Auslandsdienst zur Pflege der akademischen Auslandsbeziehungen wird gegründet.

1932 Zur 100. Wiederkehr von Goethes Todesjahr wird das Goethe-Institut im Rahmen der 1925 gegründeten Deutschen Akademie ins Leben gerufen.

10.8.1933 Im Namen des Lehrerkollegiums erklärt Ludwig Mies van der Rohe in Berlin in einem Brief an die Studierenden das 1919 gegründete Bauhaus für aufgelöst.

9.9.1936 Zur Eröffnung des 8. Reichsparteitags der NSDAP in Nürnberg wird ein Vierjahresprogramm mit dem Ziel einer möglichst weitgehenden Autarkie der deutschen Rohstoffindustrie verkündet. Der Plan ist der Versuch, in Vorbereitung eines Kriegs Deutschland von der Weltwirtschaft abzukoppeln.

1.9.1939 Mit dem deutschen Angriff auf Polen beginnt der Zweite Weltkrieg.

8.5.1945 Nach der deutschen Kapitulation wird die Einstellung aller Kampfhandlungen auf 23.01 Uhr festgelegt; sie gilt für alle deutschen Truppen.

1946 In Sachsen beginnt der Uranbergbau zum Export in die UdSSR.

1949 Volkswagen schließt seinen ersten Exportkontrakt mit einem Händler in den Niederlanden ab.

7.8.1950 In Bonn wird der Deutsche Akademische Austauschdienst (DAAD) neu gegründet. Erster Vorsitzender ist der Rektor der Bonner Universität, Theodor Klauser.

1951 Das Goethe-Institut zur Förderung der deutschen Sprache und Kultur im Ausland wird gegründet.

27.2.1953 Das Londoner Schuldenabkommen über die deutschen Schulden bis 1945 eröffnet der BRD den geregelten Zahlungsverkehr mit dem Ausland.

3.5.1953 Die Deutsche Welle (DW) startet auf der Kurzwelle einen regelmäßigen Programmdienst, zunächst nur in deutscher Sprache und dreistündig am Tag.

1959 In West-Berlin wird die Deutsche Stiftung für Internationale Entwicklung gegründet zur Fortbildung von Fachkräften aus Entwicklungsstaaten.

1962 Die Deutsche Finanzierungsgesellschaft für Beteiligung in Entwicklungsländern wird zur Unterstützung von privaten Direktinvestitionen ins Leben gerufen.

1974 Die Deutsche Gesellschaft für technische Zusammenarbeit GmbH (GTZ) wird zwecks Unterstützung der Entwicklungspolitik der BRD auf technischem Gebiet gegründet.

1985–1990 Die Direktinvestitionen der BRD wachsen um 233 %.

1987 Die Bayer AG beschäftigt 73 100 Menschen im Ausland, das sind 45 % ihrer Mitarbeiter.

7.2.1992 Die Außen- und Finanzminister der Europäischen Gemeinschaft unterzeichnen in Maastricht den Vertrag über die Gründung einer Europäischen Union.

1998 Neun Goethe-Institute im Ausland werden geschlossen. Bereits 1997 wurden fünf Institute aufgelöst.

FOLGE

52

JAHRHUNDERT-GELÄCHTER

Die Deutschen und ihr Witz

Die Deutschen sind ein »Volk ohne Witz« – dieses Urteil zieht sich wie ein roter Faden durch alle aus- wie inländischen Betrachtungen zum deutschen Humor von 1900 bis – ja, fast bis heute. Erklärt wird dieses »Humordefizit« mit der besonderen Persönlichkeitsstruktur der Deutschen, die von einer seit Jahrhunderten ungebrochenen absolutistischen Tradition geprägt sei, was dazu geführt habe, dass der Deutsche autoritätsgläubig und allenfalls halb aufgeklärt, identitätsgestört, unfähig zur Selbstironie und latent aggressiv sei. Kurz: Er sei verklemmt, verdruckst und unterwürfig, lache am liebsten im Bierzelt und am Stammtisch und dort am lautesten über andere und über Unanständiges, keinesfalls aber über sich selbst.

Soweit die Kritiker. Die Deutschen selbst halten sich laut Meinungsumfragen für ein lustiges Volk – immerhin 57 % bezeichnen sich Anfang der Achtzigerjahre als ausgesprochene Frohnaturen und geben im übrigen gerne zu, am liebsten über unanständige Witze zu lachen (43 %). Die eine Frage ist, ob sie sich darin so grundsätzlich von anderen Völkern unterscheiden und die andere, wie, wo und worüber sie sonst noch gelacht haben im Lauf des Jahrhunderts.

Der Witz zur Kaiserzeit

Zu Beginn des Jahrhunderts dominiert der volkstümliche, regional geprägte Humor die allmählich aufkommende Unterhal-

Kabarettist Werner Finck (3.v.l.) 1932 mit Mitgliedern der »Katakombe« beim »Ritt zum Drachenfels«

tungsindustrie, die die Entstehung von Singspielhallen und Varietees in den Städten, die ersten Tonträgeraufnahmen und das sich entwickelnde neue Medium Kino umfasst (→ Folge 4). In München sind es die sog. Volkssänger, die mit ihren komischen Vorträgen, ihren Faxen und auch mit Liedern meist nur recht kleine Geschäfte bei einem durchaus gemischten Publikum machen. Ihre berühmtesten Vertreter werden Weiß Ferdl und Karl Valentin. In Berlin trägt Otto Reutter als bedeutendster Vertreter des volkstümlichen Humors in den um 1900 entstehenden Revuetheatern seine Couplets vor.

Vorwiegend heiter und wenig satirisch-kritisch geht es auch in den ab 1901 zunächst in Berlin, dann auch in vielen anderen Städten wie Pilze aus dem Boden schießenden Kabaretts zu.

Biografie

Valentin als »schöne Zilli«

Karl Valentin

Karl Valentin (Valentin Fey, 1882–1948) parodiert in seinen Sketchen, Szenen und Monologen mit beißender Ironie den Alltag der sog. kleinen Leute. Situationskomik und absurder Sprachwitz zeichnen seine Alltagsminiaturen aus, die er gemeinsam mit seiner Partnerin Liesl Karlstadt ab 1913 zunächst vor allem in München auf der Bühne und im Film präsentiert. Sie machen Valentin zu einem der beliebtesten Komiker.

Reutter als Ehemann 1912 im Film

Otto Reutter

Otto Reutter (Otto Pfützenreuter, 1870–1931) tritt ab 1895 mit seinen über tausend selbstgeschriebenen und vertonten Couplets und seinen humoristischen Vorträgen am Berliner Apollo-Theater auf und gastiert in der Folge an allen großen deutschen Varieteebühnen. Er gilt als Volkssänger der kleinen Leute, konservativ, patriotisch, aber von einem überragenden Witz und Sprachgefühl. Damit wird er zum großen Vorbild vieler anderer Chansonschreiber.

Ganz und gar kein »Revoluzzi«

Weiß Ferdl

Weiß Ferdl (Ferdinand Weisheitinger, 1883–1949) beginnt seine Karriere als Volkssänger 1907 an der Volksbühne im »Platzl« in München, dessen Leitung er 1921 übernimmt. Als Repräsentant des urwüchsigen bayerischen Humors wird er überall in den Zwanzigerjahren, vor allem aber in der Nazizeit bekannt. Seiner Beliebtheit kann auch seine Verurteilung als »Mitläufer« 1946 vor einem Spruchkammergericht nichts anhaben.

Darüber hinaus kann man sich über die Witzseiten in den Zeitungen und den ersten Illustrierten amüsieren. Bunte und satirische Blätter wie der »Kladderadatsch« (seit 1848), der »Wahre Jacob« (seit 1897), der »Simplicissimus« (seit 1896) oder die »Jugend« (seit 1896), in denen beißende Kritik an den gesellschaftlichen Missständen und an Personen im Kaiserreich geübt wird, sind weit verbreitet.

Zielscheibe des Spotts ist immer wieder ein im Kaiserreich sehr dominierender Berufsstand, der des Soldaten. Die Witze geben zum Beispiel zu verstehen, dass Geistesgröße beim Militär nicht unbedingt gefragt ist. Ein Beispiel: Sergeant: »Was sind Sie, Einjähriger?« – Einjähriger: »Auskultator.« – Sergeant: »Ich habe Sie gar nicht gefragt, woher Sie sind; und außerdem sagt man nicht Aus Kultator, sondern Aus Kalkutta.«

Ein anderer Witz karikiert die schnarrende, abgehackte Sprechweise der Militärs untereinander: Leutnantsbegegnung: »-'ojen!« – »-'ojen!« – »-'ajewesen?« – »-'ajewesen.« – »-'siert?« – »-'ottvoll!« – »-'ojen!« – »-'ojen!«

Im Kintopp kann man 1908 die Verfilmung eines der berühmtesten Schelmenstücke des Kaiserreichs als grobgeschnitzte Posse sehen: Es ist die Geschichte des arbeitslosen Schusters Wilhelm Voigt alias »Hauptmann von Köpenick«, der im Oktober 1906 mit einer geliehenen Uniform und einer kurzerhand abkommandierten Schar von Soldaten ins Rathaus von Köpenick eingedrungen ist, den Bürgermeister verhaftet und sich mit der Stadtkasse aus dem Staub gemacht hat. Über diesen Streich lacht das ganze deutsche Volk; in Karikaturen – dem »Simplicissimus« ist die Köpenickiade gar eine Sondernummer wert – und im Kabarett wird der unfreiwillige Held, der nach seiner Haftentlassung in gutbürgerlichen Kreisen als Attraktion herumgereicht wird, gefeiert, und das autoritäts- und uniformgläubige Militär wird einmal mehr verspottet.

»Dem Verdienste seine Krone« ist die Karikatur von Th. Th. Heine in der »Simplicissimus«-Sonderausgabe zur Affäre in Köpenick überschrieben. Und darunter heißt es: »Der norwegische König überreicht dem Hauptmann von Köpenick den Friedenspreis der Nobelstiftung, weil es ihm in unübertrefflicher Weise gelungen ist, den Militarismus lächerlich zu machen«.

»Jeder Schuss ein Russ' ...«

Mit dem Beginn des Ersten Welkriegs ist es mit der wenn auch noch so verhaltenen Kritik am militärischen Gehabe und am Drill erst einmal vorbei. Kriegseuphorie erfasst weite Bevölkerungskreise – seine Majestät Kaiser Wilhelm II. kennt jetzt »keine Parteien mehr«, sondern »nur noch Deutsche!« Und auch der Witz rüstet auf. Eine Flut von bunten Kriegspostkarten

Beliebt an der Front wie in der Heimat: Propagandapostkarten, auf denen die Feinde »ordentlich verhauen« werden

überschwemmt das Reich mit chauvinistisch-aggressiven Witzen. »Jeder Schuss ein Russ', jeder Stoß ein Franzos', jeder Tritt ein Britt'!« steht auf den Eisenbahnwaggons, mit denen die Soldaten zur Front fahren. Die Unterhaltungsbühnen und die Witz- und Satireblätter beteiligen sich mit Kriegsrevuen und Karikaturen der Feinde an den staats- und kriegstragenden Aktivitäten. Aber mit zunehmender Kriegsdauer meldet sich auch der Volkshumor zurück. »Ja, der Soldat ist der schönste Mann im Staat« steht nun z. B. unter der Zeichnung eines mit einer Gasmaske verunstalteten Rekruten.

Das Berliner Kabarett »Schall und Rauch« geht als das erste deutsche Kabarett der Weimarer Republik in die Humorgeschichte ein (Programmplakate aus dem Jahr 1921).

Verrückte Welt

Als 1918 der Krieg zu Ende ist, herrscht noch lange kein Frieden. Die junge Weimarer Republik stolpert von einer politischen und wirtschaftlichen Krise in die nächste, Arbeitslosigkeit und Inflation erschüttern den Glauben an eine bessere Zukunft nachhaltig. Also will man sich amüsieren, so lange es eben geht. Die »verrückten Zwanzigerjahre« sind eine Hochzeit der Cabarets und des Kabaretts – 1921 sind es knapp 200 im ganzen Reich, 38 davon in der Metropole Berlin. Dort gibt es neben den kritisch-engagierten, literarisch-politischen Chansons und Gedichten auch die anarchistischen, komisch-absurden Stegreifszenen Karl Valentins zu sehen, der bei seinen Gastspielen im Berliner »Kabarett der Komiker« Triumphe feiert. Kurt Tucholsky schreibt über einen Auftritt Valentins: »Und es beginnt die seltsamste Komik, die wir seit langem auf der Bühne gesehen haben: ein Höllentanz der Vernunft um beide Pole des Irrsinns ... Sein Löchlein in der Hose – er reibt eifrig daran herum. ›Das wird Ihnen nichts nützen!‹ sagt der gestrenge Orchesterchef. Er, leise vor sich hin: ›Mit Benzin wär's schon fort!‹ Leise sagt er das, leise, wie es seine schauspielerischen Mittel sind ...«

Zusammengehalten werden all diese Darbietungen im Kabarett wie später in den beliebten Unterhaltungsrevuen von der Plauderkunst der Conférenciers, der gewandt-eleganten Witzeerzähler dieser Ära. Viele Stars der Kabarett- und Revuebühnen in der Weimarer Republik sind Juden, darunter einige der besten Conférenciers wie Paul Morgan und Kurt Robitschek. Sie sind nicht zuletzt Repräsentanten eines typisch jüdischen Humors oder Sprachwitzes, der sich vor allem durch (Selbst-)Ironie auszeichnet. Ein Beispiel: Inspizierender Hauptmann, brüllend: »Da fehlt ein Knopf!« – Rekrut Warschauer: »Ihre Sorgen möcht' ich haben, Herr Hauptmann!«

In einigen Witzen dieser Zeit spiegeln sich die neuen Verhältnisse. Der Kriegsgewinnler und Neureiche »Herr Raffke« und seine Frau bereichern das Witzpersonal, die Inflation wird Thema des Volkswitzes, und auch die neuen Moden werden kommentiert, zum Beispiel der Modetanz Shimmy: »Sie haben Shimmy tanzen gelernt?« – »Na, das ist doch keine Kunst! Man braucht sich doch nur einzubilden, dass man einen Floh zwischen den Schultern hat und die Hosen verliert.«

Fritz Grünbaum, der geistreich witzelnde Conférencier, stirbt 1941 im Konzentrationslager Dachau.

Die verrückten Zeiten scheinen auch in den sinnig-unsinnigen Titeln der Schlager auf: »Was macht der Mayer am Himalaya?« – »Heut ist die Käte etepetete« – »Wer hat denn den Käse zum Bahnhof gerollt?« – »Herr Lehmann hat die Lu gezwickt« – »Max, du hast das Schieben raus«.

Für die Verbreitung solchen Witzes und Unsinns weit über die Grenzen Berlins hinaus sorgt ab dem 29. Oktober 1923 ein neues Unterhaltungsmedium: der Rundfunk. In dem 1929 erscheinenden Buch »Der lustige Funk«, in dem die besten komischen Rundfunkbeiträge der ersten sechs Jahre gesammelt sind, heißt es im Vorwort: »Das ist der Witz: lustig, fröhlich sein – ist das halbe Leben! Und die lustigen Abende im Rundfunk bringen Tausenden und Abertausenden Freude und Stimmung ins Haus.« Das Neue an diesem Medium ist die gleichzeitige massenhafte Verbreitung seiner Inhalte, also auch der Komik und des Humors im ganzen Deutschen Reich. Jetzt lernt auch der Nicht-Kölner die Witzgestalten »Tünnes un Schäl« kennen oder der Nicht-Hamburger die Figur der »Klein-Erna«. Die Stimmungsmacher des Kölner Karnevals verbreiten ihre Schunkellieder nun im gesamten Reich.

Flüsterwitz und Lachsalven

1933 wird auch der öffentliche Volkshumor gleichgeschaltet. Alle Unternehmen der Unterhaltung müssen in der Reichskulturkammer und ihren Unterabteilungen wie der Reichsmusik-, der Reichstheater- oder der Reichsfilmkammer organisiert sein, die Presse wird geschlossen Zwangsmitglied der Reichspressekammer, der Rundfunk wird zentralisiert und direkt dem Reichspropagandaminister unterstellt. Was dem Regime nicht passt, wird verboten, wer ihm nicht passt, wird aus der entsprechenden Kammer ausgeschlossen und mit Berufsverbot belegt, wenn nicht gleich ins KZ deportiert.

Dies trifft neben den unzähligen Unterhaltungskünstlern jüdischer Abstammung, die mit Berufsverbot belegt, vertrieben, verfolgt und in den Lagern ermordet werden, auch einen Kabarettisten wiederholte Male, der deshalb als Personifizierung des »Witzes als Widerstand« gelten kann: Werner Finck. 1929 ist Finck (1902–1978) Mitbegründer des Berliner Kabaretts »Katakombe«. Im Mai 1935 wird sein Etablissement zusammen mit einem anderen Berliner Kabarett, dem »Tingel-Tangel«, geschlossen, Finck und einige seiner Kollegen kommen für mehrere Wochen ins KZ Esterwegen. Nach der Haft und einem Sondergerichtsprozess tritt Finck im »Kabarett der Komiker« wieder auf, bis ihm die Selbstaussage »Ich bin der Finck – leicht gedrosselt« und ein Artikel im »Berliner Tageblatt« mit dem Titel »Haben wir eigentlich noch Humor?« das endgültige Auftrittsverbot und den Ausschluss aus der Reichskulturkammer bescheren. Finck überlebt den Krieg, indem er sich freiwillig zum Dienst meldet.

In der Folgezeit werden Finck und seinem durchaus regimetreuen Münchner Kollegen Weiß Ferdl einige der sog. Flüsterwitze zugeschrieben, die im Volksmund über das Regime umgehen, die aber nie von den beiden geäußert wurden. Der »Flüsterwitz«, der politische Witz, der hinter vorgehaltener Hand erzählt wird und für dessen Erzählen man ins KZ kommen kann, ist das Mittel des »kleinen Mannes«, gegen den allgegenwärtigen Repressionsapparat Dampf abzulassen. Er ist aber, da er politisch folgenlos bleibt, auch Zeugnis der Ohnmacht und Resignation einer Bürgerschaft, die ihre Mündigkeit nicht erprobt hat: Die Zähne werden in Deutschland zukünftig durch die Nase gezogen, weil niemand mehr den Mund aufmachen darf, heißt es in einem Witz – und: In der Straßenbahn stehn zwei Männer und machen unter ihren Mänteln verborgen seltsame Bewegungen mit den Händen. Fragt ein Fahrgast seinen Nachbarn: »Was machen die denn da?« Antwortet der: »Das sind Taubstumme, die erzählen sich politische Witze.«

Von offizieller Seite ist Frohsinn befohlen, zunächst, um die »Volksgenossen« in Kraft-durch-Freude-Manier zufrieden und fit für den nationalsozialistischen (Arbeits-)Alltag zu machen. Nach Beginn des Krieges erhält die gute Laune ihren Einberufungsbefehl. Truppenbetreuung und Wunschkonzert sollen sowohl an der Kriegs- wie auch an der Heimatfront den Wehr- und schließlich den Durchhaltewillen der Deutschen stärken.

Einer der letzten, die durchhalten, ist Udo Vietz. In seinem Berliner Kabarett »Atlantis« versucht er durchreisende Soldaten mit seinem Lied »Lachen ist gesund, hahahahaha« zu Heiterkeitsausbrüchen zu animieren.

Aber das Lachen ist den Deutschen mittlerweile endgültig vergangen. Was bleibt, ist der zynische Flüsterwitz der letzten Tage: Was ist Berlin, als Kunstwerk betrachtet? – Eine Radierung Churchills nach Ideen von Hitler.

(W)alter schützt vor Torheit nicht ...

In der DDR wird politisch weitergewitzelt, jetzt über die Führer des Arbeiter- und Bauernstaates, über sozialistische Planwirtschaft in Theorie und Praxis, über die vielen Engpässe, die Bevormundungen, das Eingesperrtsein. In den Fünfziger- und Sechzigerjahren kann man diese Witze durchaus noch als »Flüsterwitze« bezeichnen, denn während der stalinistischen Ära der DDR drohen den Erzählern bis zu fünf Jahre Gefängnis. Später sieht das Regime die Sache mit den Witzen nicht mehr so eng, ja, es hält sich hartnäckig das Gerücht, die Parteiführung selbst bringe die boshaftesten Exemplare unters Volk.

Unerschöpfliche Quelle von DDR-Witzen ist der SED-Generalsekretär Walter Ulbricht, der mit seiner hohen Stimme und seinem breiten Sächsisch als unfreiwilliger Komiker zum Star der DDR-Kinowochenschau aufsteigt. Bei seinen Statements vor der Kamera wiehert das Kinopublikum vor Lachen, so dass man Ende der Fünfziger-

Der »Eulenspiegel« aus Ost-Berlin spielt 1956 auf die GI's in der Viersektorenstadt an.

jahre dazu übergeht, ihn zu übertexten. Über Ulbricht kursieren wesentlich mehr Witze als über seinen Nachfolger Erich Honecker: Frage: Wer ist der größte Chirurg der Welt? Antwort: Walter Ulbricht, denn er hat das Herz Europas zum Arsch der Welt gemacht. Und über den Sozialismus heißt es: Frage: Was passiert, wenn der Sozialismus in der Wüste ausbricht? Antwort: Erst mal nichts. Und mit einem Mal wird der Sand knapp.

Natürlich gibt es auch andere Witze in der DDR, und es gibt die offizielle Unterhaltungsbranche: So sorgen z.B. rund 2000 staatlich geprüfte Alleinunterhalter für Stimmung bei Betriebsfeiern, Jugendweihen oder Feiern der Helden der Arbeit. Ab 1953 gibt es das staatliche Kabarett »Die Distel« in Berlin. Ihre Programme unterliegen wie die der anderen Kabaretts einer strengen Vorzensur. Das DDR-Fernsehen lockt mit großen bunten Unterhaltungssendungen wie »Da lacht der Bär« (1955–1963) und »Ein Kessel Buntes« (ab 1972) ein Millionenpublikum vor den Bildschirm.

Den Rahmen der Sendung »Da lacht der Bär«, die als Übernahme einer öffentlichen Rundfunkreihe im DDR-Fernsehen läuft, bilden die drei »Mikrofonisten«: der Sachse Heinz Quermann, der Rheinländer Gustav Müller und abwechselnd die Berliner Gerhard Wollner (West) bzw. Herbert Köfer (Ost). Sie repräsentieren ein humoristisch vereintes Gesamtdeutschland entsprechend dem bis 1964 noch offiziell verkündeten Ziel einer »Wiedervereinigung auf demokratischem Wege«.

»Viel Vergnügen«

Auch im Westen wird das Fernsehen in den Fünfziger- und Sechzigerjahren zum wichtigsten Unterhaltungsmedium der Deutschen. Dazu tragen nicht zuletzt die großen Unterhaltungsshows von Hans Joachim Kulenkampff und Peter Frankenfeld bei, der seine Fernsehkarriere mit der Show »1:0 für Sie« beim Nordwestdeutschen Rundfunk startet. Zuvor schon hat er Quizsendungen nach angelsächsischem Vorbild im Hörfunk eingeführt. Mit seinen Spiel- und Blödelshows aber wird Frankenfeld zum harmlos-freundlichen Urvater aller modernen TV-Entertainer wie Kurt Felix, Hape Kerkeling, Harald Schmidt etc. Dieser Pionier der Gameshow lässt seine Kandidaten, die er mit einem Kinderpropeller aus dem Saalpublikum rekrutiert, Luftballons rasieren oder Zigaretten mit Boxhandschuhen anzünden – und empfiehlt solche Scherze auch in Büchern wie »1000 Albernheiten zum fröhlichen Zeitvertreib« oder dem Buch zur Show »1:0 für Sie«, »das richtige Buch, um jeden angebrochenen Abend, jede flotte Familienfete, jedes Kaffeekränzchen ... zu einem rauschenden Erfolg zu machen.«

Das großkarierte Sakko ist sein Markenzeichen: Peter Frankenfeld, der beliebteste Fernsehunterhalter der Fünfzigerjahre.

Von Politik und Öffentlichkeit hat man die Nase gestrichen voll. Die Witze kreisen um Häusliches, Berufliches; beliebt ist der Kalauer, der Sprachwitz: »Guten Tag«, sagt der Kunde im Elektrogeschäft, »ich hätte gern eine schöne Waschmaschine für meine Frau.« – »Bedaure«, sagt der Verkäufer, »wir machen keine Tauschgeschäfte«. Unvergessen Heinz Erhardt, einer der Meister des Sprachwitzes in den Fünfziger- und Sechzigerjahren. Den politischen Witz findet man allenfalls noch im Kabarett, das in Gestalt der erfolgreichen Ensembles wie »Münchner Lach- und Schießgesellschaft« oder »Düsseldorfer Kom(m)ödchen« ebenfalls via Bildschirm ins Haus kommt. Davon abgesehen geht es auf Bühnen, auf der Kinoleinwand, im Radio und im Fernsehen vorwiegend heiter und gern auch volkstümlich zu. Das Millowitsch- und das Ohnsorgtheater werden durch das Fernsehen in der ganzen Republik bekannt.

Witzboom und »Spaßkultur«

Eine wahre Flut von Witzbüchern ergießt sich ab den Siebzigerjahren auf die Deutschen: Häschenwitze, Ostfriesenwitze, Thekenwitze, Bürowitze, Kantinenwitze etc. – Witze für jede Gelegenheit. Der Witzboom, der in der Folge immer neues Personal gebiert – in den Neunzigerjahren sind es z.B. die Mantafahrer und die Blondinen – ist die schriftliche Vorwegnahme eines Trends, der sich mit der Kommerzialisierung der Medien auch im Radio und vor allem im Fernsehen ausbreitet: der Trend zur »comedy«, wie es neudeutsch heißt.

Hella von Sinnen ist eine der Vorreiterinnen der »Frauenpower« in der neuen Komikerriege in Deutschland: schräg, schrill und witzig.

Während in den Siebzigerjahren Jürgen von Manger, Loriot und Otto Waalkes noch einsame Humorgrößen in der bundesdeutschen Fernsehunterhaltung sind, schießen in den Neunzigerjahren Komiker und auch immer mehr Komikerinnen wie Pilze aus dem Boden. Wigald Boning, Rüdiger Hoffmann, Hape Kerkeling, Helge Schneider, Lisa Fitz, Gaby Köster, Hella von Sinnen und viele andere bevölkern den Äther, die Bildschirme und füllen die kleineren und größeren Veranstaltungshallen. Sie stehen mit ihrem Sinn für Blödelei, Parodie, Sarkasmus, Ironie für Spaß und Unterhaltung ohne aufklärerischen Anspruch.

Auch im Kino boomt der Humor. Eine Vielzahl von deutschen Komödien beschert dem deutschen Film nach Jahren wieder Erfolge an den Kinokassen. Und Witze kursieren überall, neuerdings auch im Internet.

Am Ausgang des 20. Jahrhunderts scheint also das lange gegen die Deutschen ausgesprochene Urteil, ein humorloses Volk zu sein, gründlich widerlegt. Ob das wie in den Zwanzigerjahren eine Fluchtreaktion auf globale Katastrophen, auf wirtschaftliche und soziale Miseren ist, ob es am Werteverlust liegt oder an der Kommerzialisierung in den Medien, festzuhalten bleibt: »Jetzt lacht man auch hierzulande vorwiegend ohne Schluckbeschwerden, auch wenn und gerade weil man mit Konrad Adenauer weiß: Die Lage war noch nie so ernst« – meint zumindest »Der Spiegel« im Jahr 1996.

»Frauen an der Nadel«: Harald Schmidt (l.) und Herbert Feuerstein in »Schmidteinander«, einer der erfolgreichsten Nonsens-Fernsehshows der Neunzigerjahre

Die Chronik des Witzes

18.1.1901 Ernst von Wolzogen eröffnet das erste literarische Kabarett in Deutschland, das »Bunte Theater Überbrettl« in Berlin in der Alexanderstraße. Mit politisch-satirischem Kabarett hat das Brettl der Kaiserzeit nichts zu tun. Es orientiert sich vielmehr am volkstümlichen Tingeltangel.

16.10.1906 Der arbeitslose Schuster Wilhelm Voigt lässt als Hauptmann verkleidet den Köpenicker Bürgermeister verhaften und beschlagnahmt die Stadtkasse. Über diesen Streich lacht bald das ganze Reich. Am 16. August 1908 wird Voigt vorzeitig aus der Haft entlassen und anschließend Star der Kino-Wochenschau.

1907 Die Witzsammlung »Die unsterbliche Kiste. Die 333 besten Witze der Weltliteratur. Befür- und beantwortet von Alexander Moszkowski« erscheint und wird zu einer der erfolgreichsten Witzanthologien des ersten Jahrhundertdrittels.

1912/13 Karl Valentins erster Film entsteht: »Karl Valentins Hochzeit«. Seit 1912 versucht sich Valentin in München am »Platzl« als Filmproduzent.

8.12.1919 Im Keller des Großen Schauspielhauses in Berlin eröffnet das Kabarett »Schall und Rauch«. Es gilt als Keimzelle der neuen kabarettistischen Zeitsatire in der Weimarer Republik.

11.9.1921 Die 29-jährige Trude Hesterberg eröffnet im Keller des Berliner Theater des Westens das Kabarett »Wilde Bühne«. Es will der Zeit den Spiegel vorhalten. Hesterberg ist die zweite Berlinerin, die versucht, das anspruchsvolle zeitkritische Kabarett der Chansons in der Weltstadt heimisch zu machen. Im Vorjahr hat Rosa Valetti das »Größenwahn« eröffnet.

29.10.1923 Mit der ersten Sendung der Radiostunde AG (Berlin) beginnt der öffentliche Rundfunk im Deutschen Reich. Weitere Rundfunkgesellschaften werden bald gegründet.

7.1.1931 In Berlin eröffnet Friedrich Hollaender sein Kabarett »Tingel-Tangel-Theater«, wo er seine »Revuetten« aufführt.

1.1.1933 In der Münchner »Bonbonniere« eröffnet Erika Mann das politische Kabarett »Die Pfeffermühle«.

4.2.1939 Reichspropagandaminister Joseph Goebbels beantwortet im »Völkischen Beobachter« die Frage »Haben wir Deutschen eigentlich noch Humor?« positiv: »Wir glauben, es herrscht heute in keinem Lande Europas soviel Freude wie in Deutschland.«

15.8.1945 In den Kammerspielen in München wird »Der erste Schritt« uraufgeführt, das erste Nachkriegskabarettprogramm. Daraus entsteht das bekannteste deutsche Nachkriegskabarett »Die Schaubude«, deren berühmtester Autor Erich Kästner ist.

15.4.1946 In Ost-Berlin erscheint die erste Ausgabe einer satirischen Zeitschrift mit dem Titel »Frischer Wind«. Sie wird 1954 in »Eulenspiegel« umbenannt und bleibt die einzige Satirezeitschrift der DDR. Der »Eulenspiegel« überlebt auch die Vereinigung 1990.

29.3.1947 »Das Kom(m)ödchen«, das älteste noch bestehende deutsche Kabarett, das zugleich eins der berühmtesten ist, eröffnet in Düsseldorf unter der Leitung von Kay und Lore Lorentz mit dem Programm »Positiv dagegen«.

2.10.1953 Gegründet auf Beschluss des Magistrats von Ost-Berlin eröffnet das erste bedeutsame Kabarett der DDR, »Die Distel«, mit dem Programm »Hurra, Humor ist eingeplant!«

Mit seinen Vorkriegs- und Kriegserlebnissen erfolgreich: Werner Finck

12.12.1956 Die »Münchner Lach- und Schießgesellschaft«, das durch seine Funk- und Fernsehpräsenz und seine ausgedehnten Tourneen wohl meistgesehene und -gehörte Kabarett im deutschen Sprachraum, eröffnet mit dem Programm »Denn sie müssen nicht, was sie tun«.

August 1961 Wegen »staatsfeindlicher Hetze und Propaganda« werden die sechs Mitglieder des Leipziger Studentenkabarett »Rat der Spötter« für ein dreiviertel Jahr in Untersuchungshaft genommen und schließlich wegen »konterrevolutionären Kabarettspiels« auch verurteilt.

1961 Der NDR stellt eine neue Sendereihe vor: »Vorsicht Kamera« mit dem Moderator Chris Howland. Arglosen Mitmenschen werden Streiche gespielt, die mit versteckter Kamera gefilmt werden. Die Sendung wird ein großer Erfolg. Ab 1980 gibt es unter dem Titel »Verstehen Sie Spaß?« eine Neuauflage.

29.8.1962 Die erste Nummer des Satiremagazins »Pardon« erscheint, des ersten westdeutschen Satiremagazins seit dem Krieg. Die Zeitschrift besteht bis 1980.

5.2.1967 Loriots erste Fernsehsendung »Cartoon« startet in der ARD zunächst als Dokumentationsserie zur internationalen Karikatur. »Cartoon« entwickelt sich aber schnell zu einer satirisch-humoristischen Sendung.

1970 Der Lachsack, einer der beliebtesten Scherzartikel der Deutschen, kommt auf den Markt. Sein Erfinder Walter Thiele wird durch den Verkaufsschlager zum reichen Mann, nicht aber der Lieferant des ansteckenden Lachers, ein Stuttgarter Finanzbeamter, der eine Gewinnbeteiligung ablehnte und sich mit 10 000 DM Honorar zufrieden gab.

1971 Die Welle der Ostfriesenwitze überschwemmt die Bundesrepublik. Sie werden durch die Medien verbreitet, durch Rundfunk und Fernsehen, vor allem aber durch Zeitungen. Im Herbst des Jahres erscheint die erste Sammlung in Buchform.

30.11.1972 Das bekannteste politische Kabarett in der Bundesrepublik, die »Münchner Lach- und Schießgesellschaft«, löst sich auf.

August 1973 Otto Waalkes hat seinen ersten TV-Auftritt in der ARD.

1976 Die Häschenwitze, vor allem bei Schulkindern sehr beliebt, sind die neue Witzmode (»Hattu Möhren?«).

1977 Die erste systematische Abhandlung über den Witz, Lutz Röhrichs »Der Witz: Figuren, Formen, Funktionen«, erscheint.

November 1979 Das »endgültige Satiremagazin« »Titanic« erscheint erstmals.

Oktober 1985 Auf den Hofer Filmtagen wird der Kinofilm »Männer« von Doris Dörrie uraufgeführt. Ihre Alltagskomödie über zwei Männer in der Krise wird zum ersten großen kommerziellen Erfolg eines deutschen Kinofilms seit den Sechzigerjahren und löst einen »Komödienboom« aus.

30.3.1986 Der Bayerische Rundfunk startet seine Sendereihe »Pleiten, Pech und Pannen« mit dem Moderator Max Schautzer in der ARD. Die Sendung, an der sich auch die Zuschauer mit Videos von Missgeschicken und »Ausrutschern« beteiligen können, wird zum Erfolg.

12.3.1992 »Schtonk« von Helmut Dietl, die satirische Verfilmung des Skandals um die gefälschten Hitler-Tagebücher, hat Premiere. Der Kinofilm ist die erste deutsche Auseinandersetzung mit der nationalsozialistischen Vergangenheit in Form einer Komödie.

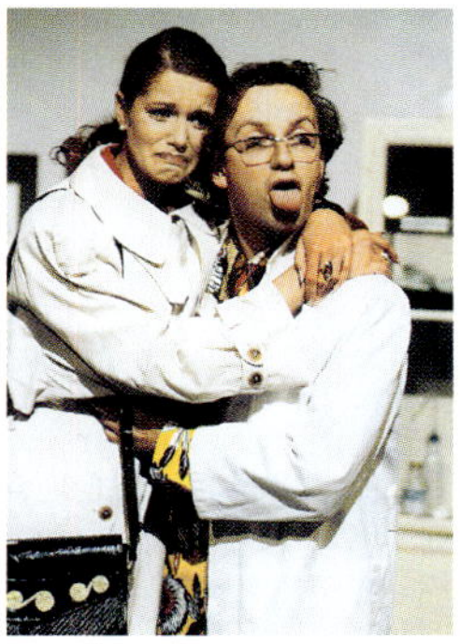

Esther Schweins und Wigald Boning, Stars bei RTL

6.11.1993 Die »comedy-Revue« »RTL Samstag Nacht« von und mit einer Gruppe bis dahin unbekannter Komiker und Komikerinnen wird gestartet. Die Serie erreicht nach zähem Beginn hohe Einschaltquoten und eine Art Kultstatus.

1996/97 Das »bierernste«, »humorlose« Feuilleton solch renommierter Zeitschriften und Zeitungen wie »Die Zeit«, »Der Spiegel« und »stern« nimmt sich in langen Artikeln des Phänomens des »neuen deutschen Witzes« an.

1900

Politik

1.1. Das Bürgerliche Gesetzbuch (BGB) und das Handelsgesetzbuch (HGB) treten in Kraft.
1.1. An die Stelle der Invaliditäts- und Altersversicherung von 1899 tritt ein Invalidenversicherungsgesetz.
31.5. Mit der Besetzung von Johannesburg durch britische Truppen ist der Burenkrieg zwischen Großbritannien sowie Transvaal und Oranjefreistaat entschieden.
12.6. Das vom Deutschen Reichstag angenommene 2. Flottengesetz verfügt die Verdoppelung der deutschen Kriegsflotte.
20.6. Der deutsche Gesandte in Peking, Klemens Freiherr von Ketteler, wird in China von fremden- und christenfeindlichen Chinesen ermordet.
27.7. In seiner »Hunnenrede« in Bremerhaven fordert Kaiser Wilhelm II. die Soldaten auf, bei der Niederschlagung des Boxeraufstandes in China keine Gefangenen zu machen.
29.7. König Umberto I. von Italien wird in Monza ermordet.
17.10. Als Nachfolger von Chlodwig Fürst zu Hohenlohe-Schillingsfürst übernimmt Bernhard Graf von Bülow das Reichskanzleramt.

Wissenschaft und Technik

Otto Walkhoff entdeckt, dass radioaktive Strahlung biologisches Gewebe zerstören kann.
Der Glastechniker Reinhold Berger erhält ein deutsches Patent auf die Thermosflasche.
Der Fahrradhersteller Fichtel & Sachs bringt eine Freilaufnabe (»Torpedo-Nabe«) für Fahrräder auf den Markt.
März Unabhängig voneinander entdecken der deutsche Botaniker Carl Erich Correns, der Niederländer Hugo de Vries und der Österreicher Erich Tschermak von Seysenegg die Vererbungsregeln von Gregor Mendel neu.
2.7. Graf Ferdinand von Zeppelin startet die erste Versuchsfahrt mit dem lenkbaren Starrluftschiff »LZ 1«.
5.7. Das Passagierschiff »Deutschland« gewinnt das Blaue Band, die Auszeichnung für die schnellste Atlantiküberquerung.
1.9. Kaiser Wilhelm II. und US-Präsident William McKinley nehmen die erste deutsche transatlantische Kabellinie in Betrieb.
14.12. Max Planck trägt vor der Physikalischen Gesellschaft in Berlin ein Modell vor, mit dem er die Quantenmechanik begründet.

Kultur

Joseph Maria Olbrich baut auf der Darmstädter Mathildenhöhe das Ernst-Ludwig-Haus.
Clara Viebigs Romane »Das Weiberdorf« und »Das tägliche Brot« erscheinen in Berlin.
Die Oper »Ein Heldenleben« von Richard Strauss wird in Frankfurt am Main uraufgeführt.
Die theologische Vorlesungsreihe »Das Wesen des Christentums« von Adolf Harnack erscheint.
In Deutschland werden rund 2,5 Millionen Schallplatten verkauft.
3.2. Im Deutschen Theater in Berlin wird die Komödie »Schluck und Jau« von Gerhart Hauptmann uraufgeführt.
25.8. Im Alter von 55 Jahren stirbt in Weimar der deutsche Philosoph Friedrich Nietzsche.
15.9. Hamburg feiert die Eröffnung des Deutschen Schauspielhauses.
15.9. Die Berliner Secessionsbühne eröffnet mit einer Aufführung von Henrik Ibsens »Komödie der Liebe«.
31.10. Der deutsche Filmpionier Oskar Meßter gründet in Berlin die Firma Projection GmbH zur Herstellung filmtechnischer Geräte und kurzer Filme.

Gesellschaft

6.1. In Berlin wird die Gesellschaft für soziale Reform gegründet, die eine Ausweitung des gesetzlichen Arbeiterschutzes und den Ausbau des Koalitionsrechts anstrebt.
18.1. In Leipzig wird der Deutsche Fußball-Bund (DFB) gegründet.
28.2. Das Großherzogtum Baden erlässt eine Verordnung, die Frauen das Hochschulstudium ermöglicht.
7.3. In einer Reichstagsrede setzt sich der SPD-Abgeordnete August Bebel für die Gleichberechtigung der Frauen ein.
1.4. Nach Inkrafttreten der neuen Fernsprechgebührenordnung im Deutschen Reich kostet ein Dreiminutengespräch bis 25 km Entfernung 20 Pf, über 25 km 25 Pf, bis 100 km 50 Pf.
24.4. Zwischen Stralsund und Rügen wird eine neue Fährverbindung mit einem Trajektschiff aufgenommen, das einen ganzen D-Zug samt Passagieren transportieren kann.
23.5. Nach einer Gesetzesnovelle des Deutschen Reichstages müssen alle Läden zwischen 21 Uhr und 5 Uhr geschlossen bleiben.
13.9. In Leipzig gründen 20 Ärzte den späteren Hartmannbund.

1901

Politik

1.1. Der Deutsche Flottenverein, die Lobby der imperialistischen Kräfte im Kaiserreich, zählt 270 000 Einzel- und 1010 korporative Mitglieder.
23.1. Eduard VII. wird neuer britischer König als Nachfolger seiner Mutter Victoria.
18.3. Zwischen dem Deutschen Reich und Großbritannien beginnen neue Bündniskontakte, die jedoch im Dezember endgültig scheitern.
13.4. Im niederländischen Den Haag konstituiert sich das Internationale Büro des Ständigen Schiedshofes als Organ zur friedlichen Schlichtung internationaler Krisenfälle.
8.5. Mit großer Mehrheit stimmt der Reichstag für den Antrag auf Einführung von Diätenzahlungen für die Abgeordneten.
25.5. Norwegen führt als erster europäischer Staat das allgemeine kommunale Wahlrecht für Frauen ein.
12.6. Die neue kubanische Verfassung räumt den USA Stützpunkte und Interventionsrechte auf der Insel ein.
27.6. Das preußische Innenministerium verfügt Erleichterungen bei der Eindeutschung polnischer Namen.
19.11. Deutsche Truppen unterdrücken in der zentralafrikanischen Kolonie Kamerun gewaltsam einen Aufstand der Fulbe.

Wissenschaft und Technik

In Dresden geht das erste Dampf-Fernheiz- und Elektrizitätswerk Europas ans Netz.
An der Berliner Charité wird die Universitätsanstalt für Wasserheilverfahren als erste deutsche Einrichtung dieser Art gegründet.
In der Statistik über die häufigsten Todesursachen in der deutschen Bevölkerung stehen Erkrankungen der Atmungsorgane und des Magen-Darm-Traktes an der Spitze.
Wilhelm Ostwald veröffentlicht grundlegende Studien über die chemische Katalyse.
1.3. Die weltweit erste Schwebebahn nimmt ihren Betrieb für den öffentlichen Personennahverkehr in Elberfeld (heute zu Wuppertal) auf.
25.3. Die Daimler Motorengesellschaft stellt den ersten »Mercedes«-Vierzylinderwagen vor.
31.7. Die deutschen Meteorologen Arthur Berson und Reinhard Süring erreichen auf einer wissenschaftlichen Ballonfahrt in einem Freiballon eine Rekordhöhe von 10 800 m.
10.12. In Stockholm und Oslo werden erstmals die Nobelpreise verliehen. Die Auszeichnung für Physik erhält der Deutsche Wilhelm Conrad Röntgen. Der Deutsche Emil von Behring erhält den Preis für Medizin.

Kultur

Thomas Manns Roman »Buddenbrooks, Verfall einer Familie« erscheint.
Otto Julius Bierbaums Gedichtband »Irrgarten der Liebe« wird im Deutschen Reich ein Bestseller.
Der Architekt Hermann Muthesius veröffentlicht seine Schrift »Stilarchitektur und Baukunst«, eine Bestandsaufnahme des Jugendstils.
18.1. Das erste literarische Kabarett im Deutschen Reich, das »Bunte Theater Überbrettl«, eröffnet in Berlin sein Programm.
15.5. Auf der Darmstädter Mathildenhöhe zeigt die Bau- und Kunstausstellung Architektur und Kunstgewerbe des Jugendstils.
22.7. Cosima und Siegfried Wagner inszenieren die Bayreuther Erstaufführung des »Fliegenden Holländers« von Richard Wagner.
20.8. In München wird das Prinzregenten-Theater eröffnet.
21.11. In Dresden wird das Singgedicht »Feuersnot« von Richard Strauss uraufgeführt.
18.12. Das Pergamon-Museum auf der Berliner Museumsinsel wird feierlich eingeweiht.
27.12. Im Deutschen Theater in Berlin wird das Stück »Der rote Hahn« von Gerhart Hauptmann uraufgeführt.

Gesellschaft

Jeder Deutsche telefoniert durchschnittlich zehnmal pro Jahr.
Auf der Internationalen Kunstausstellung in Dresden werden »Reformkleider« gezeigt. Die Reformkleid-Bewegung wendet sich gegen die gesundheitsschädliche Sans-Ventre-(Ohne Bauch)-Linie.
Der Arbeiter-Turner-Bund (ATB), die größte Organisation im Rahmen der Arbeitersportbewegung, zählt bereits 41 779 Sportler.
Gelsenkirchen wird von einer Typhusepidemie heimgesucht.
1.1. Die Berliner Straßenbahn führt auf ihrem Streckennetz einen Einheitstarif von 10 Pf ein.
17.6. In Berlin wird die Neuregelung der deutschen Rechtschreibung für das Deutsche Reich, Österreich-Ungarn und die Schweiz beschlossen.
25.6. Der Zusammenbruch der Leipziger Bank zieht eine Reihe von Konkursen nach sich und führt zu einer schweren Wirtschaftskrise in Sachsen.
4.11. In Steglitz (heute zu Berlin) wird der Wandervogel. Ausschuss für Schülerfahrten e. V. gegründet. Das Datum markiert den Beginn der deutschen Jugendbewegung.
18.12. In Anwesenheit Kaiser Wilhelms II. wird die Berliner Siegesallee feierlich eingeweiht.

1902

Politik

7.1. Die aus dem Exil zurückgekehrte Kaiserinwitwe Tz'u Hsi übernimmt nach der Niederschlagung des Boxeraufstands erneut die Regierungsgewalt über China.
10.2. In Berlin protestiert der Bund der Landwirte mit etwa 8000 Anhängern gegen die Zollpolitik der Reichsregierung.
15.2. Die Schifffahrtsgesellschaften Hapag aus Hamburg und der Norddeutsche Lloyd aus Bremen einigen sich mit Managern des US-amerikanischen Morgan-Trusts über einen Kartellvertrag.
15.4. Nach der Ermordung des russischen Innenministers Dmitri Sipjagin richten sich Unruhen gegen das soziale Elend der Arbeiter und Bauern sowie das diktatorische Zarenregime.
31.5. Vertreter Großbritanniens und der Burenrepubliken Transvaal und Oranjefreistaat unterzeichnen den Friedensvertrag von Vereeniging, der den Burenkrieg beendet und die britische Oberherrschaft festschreibt.
28.6. Nach zähen Verhandlungen wird der Dreibund zwischen dem Deutschen Reich, Italien und Österreich-Ungarn erneuert.
14.12. Der Deutsche Reichstag verabschiedet ein Zollgesetz, das eine mäßige Erhöhung der Abgaben für Getreideeinfuhren vorsieht.

Wissenschaft und Technik

Das erste Teilstück der Berliner Hochbahnstrecke führt vom Warschauer Bahnhof zum Zoo (Zeichnung aus der »Illustrirten Zeitung«).

15.2. Das erste Teilstück des Berliner Hoch- und U-Bahn-Netzes wird zwischen der Warschauer Straße und dem Zoologischen Garten in Betrieb genommen.
17.3. Kaiser Wilhelm II. ordnet die Ausrüstung der deutschen Kriegsmarine mit drahtloser Telegrafie nach dem Slaby-Arcoschen System an.
12.6. Der deutsche Physiker Otto von Bronk meldet in Berlin ein Patent für das Farbfernsehen an, das in den Zwanzigerjahren wieder aufgegriffen und weiterentwickelt wird.

Kultur

Peter Roseggers Bestseller »Als ich noch ein Waldbauernbub war« erscheint.
5.1. An der Neuen Freien Volksbühne im Belle-Alliance-Theater in Berlin findet die Uraufführung von Georg Büchners Revolutionsdrama »Dantons Tod« statt.
22.2. Im Münchener Schauspielhaus wird Frank Wedekinds Theaterstück »So ist das Leben« uraufgeführt.
6.9. Das Kölner Opernhaus wird mit dem dritten Akt von Richard Wagners »Meistersingern« eröffnet.

Gesellschaft

In Berlin wird die letzte Pferdebahn von der elektrisch betriebenen Straßenbahn abgelöst.
1.1. Die deutschen Frauenrechtlerinnen Lyda Gustava Heymann und Anita Augspurg gründen in Hamburg den Verein für Frauenstimmrecht.
1.1. In Berlin wird ein Licht-Luft-Sport-Institut eröffnet, eine Initiative von Lebensreformern, deren Ziel die seelische und körperliche Gesundung des Einzelnen ist.
13.1. In Berlin wird die Freie Hochschule, die erste Volkshochschule, gegründet.
15.5. Im Rahmen der Industrieausstellung in Düsseldorf treffen sich Bürgermeister aller größeren deutschen Städte zu einem Erfahrungsaustausch.
31.10. Aufgrund steigender inländischer Produktionszahlen werden Zweiräder erheblich preiswerter und damit für breitere Bevölkerungsschichten erschwinglich.
9.11. Polnische Bergarbeiter gründen in Bochum eine eigene berufliche Interessenvertretung.
22.11. Der deutsche Stahlindustrielle Friedrich Alfred Krupp stirbt im Alter von 49 Jahren. Wenige Tage zuvor hatte der sozialdemokratische »Vorwärts« von den homosexuellen Neigungen des Millionärs berichtet.

1903

3.3. Der Kongress in Washington beschließt, dass einige Personengruppen künftig nicht mehr in die USA einwandern dürfen. Dazu zählen Verbrecher, Geisteskranke, Prostituierte und Personen, die »dem Gemeinwohl dauernd zur Last fallen« würden.
16.6. Stärkste Fraktionen nach der Reichstagswahl sind die katholische Zentrumspartei (100 Sitze) und die Sozialdemokraten (81 Sitze). Die SPD gewann 25 Sitze hinzu.
23.8. Die Sozialdemokratische Arbeiterpartei Russlands (SDAPR) spaltet sich auf ihrem Exilkongress in London in Bolschewiki (Mehrheitler) und Menschewiki (Minderheitler).
11.10. Die Gründer einer liberalen Landespartei Elsass-Lothringens fordern die Gleichstellung ihres Landes mit den übrigen deutschen Bundesstaaten.
3.12. Angesichts des seit August andauernden Weberstreiks in der sächsischen Industriestadt Crimmitschau und eskalierender Auseinandersetzungen zwischen Arbeitern und der Polizei wird über die Stadt der Belagerungszustand verhängt.

Die Darmstädter Pharmafirma E. Merck bringt das Schlaf- und Beruhigungsmittel »Veronal« erstmals auf den Markt.
In einem deutschen Turbinenschnellschiff wird der von Ernst Otto Schlick erfundene Schiffskreisel zur Dämpfung von Schlinger- und Rollbewegungen eingebaut.
Das von Henry Friedrich Wilhelm Siedentopf und Richard Zsigmondy bei der Firma Zeiss erfundene Ultramikroskop erreicht eine Auflösung von einem millionstel Meter und macht so erstmals große Moleküle sichtbar.
12.2. In der Technischen Hochschule Berlin verfolgt Kaiser Wilhelm II. die erste Vorführung des Schnelltelegrafen von Pollak und Virag.
10.9. Die Teilstrecke des zweiten deutschen Telegrafenkabels durch den Atlantik, von der Insel Borkum zu den Azoren, wird fertiggestellt.
28.10. Auf der Teststrecke zwischen Marienfelde und Zossen fährt ein elektrischer Triebwagen der Allgemeinen Elektricitätsgesellschaft (AEG) mit 210,2 km/h einen Geschwindigkeitsweltrekord.

Unter dem Titel »Tristan« bringt Thomas Mann sechs Novellen heraus.
Die Romantrilogie »Die Göttinnen oder Die drei Romane der Herzogin von Assy« von Heinrich Mann erscheint.
25.2. Im Neuen Theater am Schiffbauerdamm in Berlin findet die Premiere der »Lokalbahn« von Ludwig Thoma statt.
29.8. Der deutsche Filmpionier Oskar Meßter führt in Berlin die ersten »Ton-Bilder« vor.
30.10. Im Kleinen Theater in Berlin wird »Elektra« von Hugo von Hofmannsthal in der Regie von Max Reinhardt erstmals gezeigt. Die Kostüme stammen von Lovis Corinth.
31.10. Ullstein, einer der größten deutschen Zeitungsverlage, gründet einen Buchverlag.
31.10. Am Deutschen Theater in Berlin wird das Schauspiel »Rose Bernd« von Gerhart Hauptmann uraufgeführt.
15.12. Vertreter der Sezessionen aus Berlin, Karlsruhe, München und anderen Kunstzentren gründen den Deutschen Künstlerbund als Interessenvertretung.

Bei Stürmen an den deutschen Küsten sinken 83 Schiffe. Dabei kommen 223 Seeleute ums Leben.
Eine Kältewelle im Südosten des Deutschen Reiches fordert mindestens 194 Menschenleben.
14.1. In Stuttgart wird der Student Fritz Ruff zu dreieinhalb Jahren Gefängnis verurteilt, weil er einen Kommilitonen im Duell getötet hat.
1.4. Im Deutschen Reich tritt das am 8. Juni 1900 beschlossene Fleischbeschauungsgesetz in Kraft.
27.5. AEG und Siemens gründen in Berlin die Gesellschaft für drahtlose Telegrafie (später Telefunken).
31.5. Erster deutscher Fußballmeister wird in Altona bei Hamburg der VfB Leipzig.
1.7. Die Essener Krupp-Werke werden in eine Aktiengesellschaft umgewandelt. Das gesamte Aktienkapital im Wert von 160 Millionen Mark wird auf die 16-jährige Bertha Krupp überschrieben.
20.9. In München präsentieren Frauenvereine eine »Ausstellung zur Verbesserung der Frauentracht«, um für Reformkleider zu werben.

1904

Politik

12.1. In Deutsch-Südwestafrika rebelliert der Bantu-Stamm der Hereros gegen die Verdrängung durch deutsche Siedler. In der Schlacht am Waterberg werden die Hereros am 11. August vernichtend geschlagen.
16.1. In Zwickau wird die SPD-Politikerin Rosa Luxemburg wegen Majestätsbeleidigung zu einer dreimonatigen Gefängnisstrafe verurteilt.
17.1. Nach 21 Wochen wird der Streik der Textilarbeiter und -arbeiterinnen im sächsischen Crimmitschau beendet.
8.2. Mit einem Angriff auf russische Kriegsschiffe vor Port Arthur löst Japan den Russisch-Japanischen Krieg um die Mandschurei und Korea aus.
8.4. Frankreich und Großbritannien schließen die Entente cordiale. Durch diese Annäherung ändern sich die Machtverhältnisse in Europa zum Nachteil des Deutschen Reichs.
9.5. Der Reichstag beschließt ein Reformgesetz, das durch Neuverteilung der Zoll- und Steuereinnahmen zwischen Reich und Bundesstaaten das Haushaltsdefizit des Reiches abbauen soll. Die Reichsschuld beträgt 1904 rund 3 Milliarden Mark.
3.10. In der deutschen Kolonie Südwestafrika erheben sich unter Führung von Häuptling Hendrik Witbooi mehrere Stämme der Nama gegen die deutsche Kolonialherrschaft.

Wissenschaft und Technik

Der deutsche Physiker Arthur Korn baut den sog. Bildtelegrafen zur Fernübertragung von Fotografien.
Heinrich Koppers erfindet den halbgeteilten Koksofen, Grundlage für die meisten späteren Koksofenanlagen.
Der deutsche Wissenschaftler Richard Kühn entwickelt die Quecksilberdampflampe mit Quarzglas, die von der Firma W. Heraeus hergestellt wird.
Der Internist Josef Arneth führt das Blutbild als Bestandteil der medizinischen Diagnostik ein.
Ludwig Prandtl, Begründer der Strömungslehre, entwickelt den Ansatz zu einer Grenzschichttheorie.
30.4. Der Deutsche Christian Hülsmeyer entwickelt einen Vorläufer des Radargerätes.
6.6. Auf dem 33. Kongress der Deutschen Gesellschaft für Chirurgie in Berlin demonstriert Ferdinand Sauerbruch das von ihm erfundene Druckdifferenzverfahren bei Lungenoperationen, das die Thorax-Chirurgie ermöglicht.
1.12. Unter dem Vorwurf, im Sommer 1901 ungeklärtes Wasser aus der Ruhr in die Trinkwasserversorgung eingeleitet zu haben, werden in Gelsenkirchen im sog. Wasserwerksprozess vier Direktoren des Wasserwerks wegen »Vergehens gegen das Nahrungsmittelgesetz« zu Geldstrafen zwischen 200 und 1500 Mark verurteilt.

Kultur

Auf der Leipziger Frühjahrsmesse werden erstmals beidseitig bespielte Schallplatten vorgeführt.
Der Roman »Das schlafende Heer« von Clara Viebig erscheint und erreicht in den drei folgenden Jahren 27 Auflagen.
Der Kunsthistoriker Wilhelm Bode verwirklicht in dem von ihm gegründeten Kaiser-Friedrich-Museum in Berlin sein Museumskonzept der »Epochenräume«.
16.1. Das neue Gebäude des preußischen Herrenhauses, der ersten Kammer des Preußischen Landtages, wird seiner Bestimmung übergeben.
1.2. Am Intimen Theater in Nürnberg wird die »Büchse der Pandora« von Frank Wedekind uraufgeführt.
15.2. Mit dem Roman »Peter Camenzind« gelingt dem 26-jährigen Schriftsteller Hermann Hesse der literarische Durchbruch.
28.4. Im Berliner Apollo-Theater wird die Burleske »Berliner Luft« mit der Musik von Paul Lincke und dem Text von Heinrich Bolten-Baeckers uraufgeführt.
17.9. Das neue Dortmunder Theater wird mit Richard Wagners Oper »Tannhäuser« eingeweiht.
24.9. Die tragische Komödie »Traumulus« von Arno Holz und Oskar Jerschke wird im Berliner Lessing-Theater uraufgeführt.

Gesellschaft

Am Leipziger Platz in Berlin wird der Bau des Kaufhauses Wertheim vollendet. Alfred Messels Gebäude wird zum Vorbild für zahlreiche Kaufhäuser in anderen Städten.
6.1. Als Markenzeichen für ihre Teerfarben lässt sich die chemische Fabrik Bayer aus Leverkusen das sog. Bayer-Kreuz registrieren.
1.3. Erstmals erscheint die illustrierte Monatsschrift »Wandervogel«, herausgegeben von Fritz A. Meyen.
16.3. In Berlin konstituiert sich die Gesellschaft zur Bekämpfung der Säuglingssterblichkeit.
31.3. Der Deutsche Fußball-Bund gibt in Kassel bekannt, dass er 10 000 Mitglieder zählt.
28.4. Der Theologe und Pädagoge Hermann Lietz gründet auf Burg Bieberstein in der Röhn sein drittes Landerziehungsheim.
1.6. Dem Deutschen Schwimmverband nahe stehende Politiker initiieren eine Eingabe an den Reichstag gegen die fortschreitende Verschmutzung der Flüsse.
10.10. Die Gründung des Vereins der Lehrlinge und jugendlichen Arbeiter Berlins legt in Berlin die Basis für die Entstehung der proletarischen Jugendbewegung in Deutschland.
22.10. Im Berliner Ullstein-Verlag erscheint die erste Nummer der Zeitung »B. Z. am Mittag«.

1905

Politik

4.1. Deutsche Kolonialtruppen erobern in Deutsch-Südwestafrika die Nama-Festung Groß-Nabas.
22.1. Eine Demonstration von 30 000 Arbeitern in St. Petersburg wird vom Militär brutal aufgelöst. Etwa 1000 Menschen kommen dabei ums Leben.
22.2. Der Deutsche Reichstag verabschiedet mit großer Mehrheit neue Handelsverträge mit Italien, Belgien, Russland, Rumänien, Serbien, der Schweiz und Österreich-Ungarn.
31.3. Der Besuch Wilhelms II. in Tanger löst die sog. Marokkokrise aus, die an den Rand eines deutsch-französischen Kriegs führt.
27.5. In der Seeschlacht von Tsuschima in der Koreastraße besiegt Japan den Gegner Russland und steigt zur Großmacht auf.
6.12. Reichskanzler Bernhard Fürst von Bülow gesteht in einer Grundsatzrede ein, dass Deutschland außer Österreich-Ungarn keinen Verbündeten hat. Das Deutsche Reich müsse auch allein seine Stellung als Weltmacht behaupten können.

Wissenschaft und Technik

Der als Patentprüfer in Bern arbeitende deutsche Physiker Albert Einstein formuliert die Gesetze der speziellen Relativitätstheorie und revolutioniert damit das gesamte physikalische Weltbild, das bisher auf mechanistischen Denkmodellen aufbaute.
Die Beseitigung von Hausmüll, Pferdemist und Straßenabfällen wird zunehmend eines der wichtigsten volkswirtschaftlichen Probleme.
3.3. Der deutsche Zoologe Fritz Schaudinn entdeckt in Berlin den Syphilis-Erreger.
17.3. Der Physiker Albert Einstein veröffentlicht einen Aufsatz, in dem er den Fotoeffekt erklärt und das Lichtquant postuliert.
16.4. Der Chemiker Alfred Einhorn erhält ein Patent für das Procainhydrochlorid, das unter dem Namen »Novocain« in den Handel kommt und bei der Lokalanästhesie den Ersatz für das Kokain bildet.
3.8. Dem Verein für Luftschifffahrt in Straßburg gelingt es, einen unbemannten Registrierballon in 25 800 m Höhe aufsteigen zu lassen.

Kultur

Heinrich Mann veröffentlicht seinen Roman »Professor Unrat oder Das Ende eines Tyrannen«, der zunächst kaum Beachtung findet.
Unter dem Titel »Galgenlieder« erscheint von Christian Morgenstern eine Sammlung lyrischer Grotesken.
Von Ludwig Thoma erscheinen unter dem Titel »Lausbubengeschichten« zwölf humoristische Episoden.
27.2. Der Neubau des Berliner Doms, ein historistischer Prunkbau von Julius Raschdorff, wird geweiht.
1.4. Das neue Rathaus der Stadt Stuttgart, errichtet nach einem Entwurf des Architekten Heinrich Jassoy, wird seiner Bestimmung übergeben.
20.5. Im Berliner Salon Cassirer erregt eine Ausstellung mit Gemälden des niederländischen Malers Vincent van Gogh Aufsehen.
7.6. In Dresden gründen die Studenten Erich Heckel, Ernst Ludwig Kirchner und Karl Schmidt-Rottluff die Künstlergemeinschaft »Die Brücke«.
9.12. Am Königlichen Opernhaus in Dresden wird das Musikdrama »Salome« von Richard Strauss uraufgeführt.

Gesellschaft

26.2. Die Frauenrechtlerin Helene Stöcker gründet den Bund für Mutterschutz, der sich vor allem um unverheiratete Mütter kümmert.
1.5. In Preußen tritt eine Regelung in Kraft, wonach auf Nebenstraßen ein Tempolimit von 50 km/h gilt.
21.5. Im Endspiel um die deutsche Fußballmeisterschaft schlägt Union 92 Berlin den Karlsruher FC vor 3500 Zuschauern in Köln 2:0.
6.6. In Berlin heiraten Kronprinz Wilhelm und die Herzogin Cecilie von Mecklenburg-Schwerin.
6.9. Zur Behebung der Fleischnot fordern 2000 Fleischer aus dem gesamten Deutschen Reich in Berlin die Öffnung der Grenzen für die Einfuhr ausländischen Schlachtviehs.
11.10. Die Städte Duisburg, Ruhrort und Meiderich werden zur Stadt Duisburg vereinigt. Die Großstadt mit der größten Binnenhafenanlage der Welt hat 192 346 Einwohner.
15.11. In Berlin nehmen die ersten motorgetriebenen Omnibusse im öffentlichen Nahverkehr den Liniendienst auf.

1906

Politik

16.1. Im spanischen Algeciras beginnt die Konferenz zur Beilegung der Marokkokrise, die mit einer diplomatischen Niederlage des Deutschen Reiches endet.
17.1. Im ersten politischen Massenstreik protestieren rund 80 000 Arbeiter in Hamburg gegen Wahlrechtseinschränkungen.
8.5. Im Rahmen der großen Reichsfinanzreform verabschiedet der Reichstag das Gesetz zur Einführung der Zigarettensteuer.
10.5. In St. Petersburg eröffnet Nikolaus II. die Reichsduma, das erste gewählte Parlament Russlands, das jedoch kaum Kompetenzen hat.
6.7. Vertreter von 36 Staaten unterzeichnen in Genf die revidierte Genfer Konvention zum Schutz der Verwundeten im Feld.
27.10. Der Herausgeber der Wochenschrift »Die Zukunft«, Maximilian Harden, setzt mit der Behauptung, der Berliner Stadtkommandant Kuno Graf von Moltke sei homosexuell, eine Kampagne gegen die innersten Entscheidungszirkel am Hof in Gang.
2.11. Der russische Revolutionär Leo Trotzki wird zum zweiten Mal nach Sibirien verbannt.

Wissenschaft und Technik

Die Deutsche Akustik-Gesellschaft entwickelt das erste tragbare elektrische Hörgerät.
Das neu eröffnete Virchow-Krankenhaus in Berlin ist die größte Krankenanstalt Europas.
26.5. Mit einem lenkbaren Luftschiff absolviert der Ingenieur August von Parseval in Berlin-Tegel die erste erfolgreiche Fahrt.
19.8. In Nauen bei Potsdam wird die Großfunkstelle der Gesellschaft für drahtlose Telegrafie (Telefunken) in Betrieb genommen.
19.9. Auf der 78. Versammlung deutscher Ärzte und Naturforscher in Stuttgart verteidigt Max Planck die spezielle Relativitätstheorie des Physikers Albert Einstein.
8.10. Der Deutsche Karl Ludwig Nessler stellt einen Dauerwellenapparat vor, der für eine Dauerwelle sechs Stunden benötigt.
17.10. Der Münchner Elektrophysiker Arthur Korn überträgt telegrafisch eine Fotografie des deutschen Kronprinzen Wilhelm über eine Strecke von 1800 km.
14.12. In Kiel wird das erste deutsche Unterseeboot, die »U 1«, in Dienst gestellt.

Kultur

Von Rainer Maria Rilke erscheint die Prosadichtung »Die Weise von Liebe und Tod des Cornets Christoph Rilke«.
Robert Musils Erstlingsroman »Die Verwirrungen des Zöglings Törleß« wird von der Kritik überwiegend positiv aufgenommen.
Unter dem Titel »Mein braunes Buch« veröffentlicht Hermann Löns Heidebilder aus Niedersachsen.
Hermann Hesses Roman »Unterm Rad« kommt heraus.
19.1. Im Berliner Lessing-Theater wird das Schauspiel »Und Pippa tanzt!« von Gerhart Hauptmann uraufgeführt.
2.6. In Hamburg wird das von dem Bildhauer Hugo Lederer und dem Architekten Emil Schaudt entworfene Denkmal des früheren deutschen Reichskanzlers Otto von Bismarck feierlich enthüllt.
24.9. In einer Lampenfabrik in Dresden-Löbtau findet die erste Ausstellung der expressionistischen Künstlergruppe »Die Brücke« statt.
20.11. Unter der Regie von Max Reinhardt wird in den Berliner Kammerspielen die Tragödie »Frühlings Erwachen« des deutschen Schriftstellers Frank Wedekind uraufgeführt.

Gesellschaft

1.1. Im Deutschen Reich wird das Kinderarbeitsverbot gelockert. Die Beschäftigung von Kindern unter zehn Jahren in familieneigenen Betrieben ist erlaubt.
27.5. Im Endspiel um die deutsche Fußballmeisterschaft besiegt der VfB Leipzig in Nürnberg den 1. FC Pforzheim vor 1100 Zuschauern 2:1.
7.6. Auf dem 17. evangelisch-sozialen Kongress in Jena fordert Gertrud Bäumer u. a. die rechtliche Anerkennung der hauswirtschaftlichen Arbeit der Frau.
1.7. In Duisburg gründet Peter Klöckner die Eisenhandelsgesellschaft Klöckner & Co.
16.7. Die Stuttgarter Firma Bosch führt den Achtstundentag ein.
26.8. Als erster deutscher Leichtathlet läuft Paul Schröder vom FC Mönchengladbach in seiner Heimatstadt 100 m in 10,8 sec.
16.10. Der arbeitslose Schuster Wilhelm Voigt lässt, verkleidet als Hauptmann, den Bürgermeister von Köpenick verhaften und beschlagnahmt die Stadtkasse.
4.12. Der neue Hauptbahnhof in Hamburg mit der derzeit größten Bahnhofshalle der Welt wird eröffnet.

1907

1.1. Der deutsche Reichskanzler Bernhard von Bülow bekräftigt im »Silvesterbrief« die deutsche Unberechenbarkeit in der Außenpolitik, die geradewegs in die internationale Isolation führe.
25.1. Aus den Wahlen zum 12. Deutschen Reichstag gehen Konservative, Nationalliberale und Freisinnige gestärkt hervor.
7.3. Eine Panik an der New Yorker Wall Street lässt den US-Aktienmarkt zusammenbrechen. Der Börsenkrach leitet eine Weltwirtschaftskrise ein.
16.6. Zar Nikolaus II. löst die oppositionelle Volksvertretung, die russische Duma, auf und erlässt ein neues Wahlgesetz, das den konservativen Kräften des Landes die Mehrheit im nächsten Parlament sichert.
12.10. Das Reichsgericht verurteilt den Sozialdemokraten Karl Liebknecht wegen »Vorbereitung eines hochverräterischen Unternehmens« zu eineinhalb Jahren Haft.
26.11. Mit der Enteignungsvorlage, die die Möglichkeit der Enteignung polnischen Grundbesitzes in den preußischen Ostprovinzen vorsieht, erntet der preußische Ministerpräsident Bernhard Fürst von Bülow im In- und Ausland schärfsten Protest.

Der in Kiel tätige deutsche Gynäkologe Ernst Gräfenberg stellt in einer Studie an 300 Frauen fest, dass psychiatrische Patientinnen nicht häufiger als die weibliche Durchschnittsbevölkerung an gynäkologischen Erkrankungen leiden.

Unter dem Titel »Der siebente Ring« erscheinen Gedichte des Neuromantikers Stefan George.
4.10. In Berlin wird die Kinematografische Reformvereinigung gegründet, die verderbliche Einflüsse des Kinos zurückdrängen will.

Die Daimler-Motoren-Gesellschaft präsentiert den Reisewagen »Simplex«. Mit 60 PS erreicht er eine Höchstgeschwindigkeit von 80 km/h.

19.2. Die Akademische Freischar in Göttingen ist der erste studentische Bund, der die Vorstellungen des Wandervogels vertritt, sich von den schlagenden Verbindungen abgrenzt und Alkohol wie Nikotin verachtet.
7.5. Carl Hagenbeck eröffnet in Stellingen bei Hamburg einen Tierpark mit Freigehegen.
22.5. Die letzte Kölner Pferdebahn unternimmt ihre Abschiedsfahrt.
2.6. Der Freiburger FC gewinnt in Mannheim das Endspiel um die deutsche Fußballmeisterschaft 3:1 gegen Viktoria 89 Berlin.
25.9. Als Skandalhochzeit des Jahres gilt die Trauung der seit 1903 wegen Ehebruchs geschiedenen Kronprinzessin Luise von Sachsen mit ihrem Liebhaber, dem italienischen Musiker Enrico Toselli.
6.10. Der Deutsche Werkbund, eine Vereinigung von Künstlern, Industriellen und Handwerkern, wird in München gegründet. Sein Ziel ist die Modernisierung der handwerklichen und industriellen Produktion.
9.11. Die Deutsche Gesellschaft zur Bekämpfung von Geschlechtskrankheiten gibt bekannt, dass nach einer Erhebung in Berlin 25 % der Studenten geschlechtskrank sind.

1908

Politik

3.1. Wegen Beleidigung des Berliner Stadtkommandanten Kuno Graf von Moltke, dem er homosexuelle Neigungen vorgeworfen hatte, wird der Publizist Maximilian Harden zu vier Monaten Gefängnis verurteilt.
10.1. Für die Einführung des allgemeinen Wahlrechts in Preußen demonstrieren in Berlin Zehntausende Menschen.
1.2. Republikanische Attentäter ermorden in Lissabon den portugiesischen König Karl I.
27.3. Eine Novelle zum Flottengesetz sieht eine Verdoppelung des Baus von deutschen Schlachtschiffen der sog. Dreadnought-Klasse von zwei auf vier Schiffe jährlich vor.
16.6. Nach den Landtagswahlen in Preußen ziehen die Sozialdemokraten erstmals mit sieben Abgeordneten in den Landtag ein.
5.10. Die osmanischen Provinzen Bosnien und Herzegowina werden von Österreich-Ungarn annektiert.
20.11. Das Deutsche Reich und Portugal schließen einen umfassenden Handelsvertrag, in dem sich beide Staaten die Meistbegünstigung zusichern.

Wissenschaft und Technik

Der deutsche Physiker Heinrich Bucherer weist den Massegewinn schneller Elektronen nach und belegt damit Albert Einsteins Relativitätstheorie.
10.7. In Hildesheim wird das erste automatische Fernsprechwählamt Deutschlands in Betrieb genommen. Die Anlage wurde von August Kruckow in Zusammenarbeit mit Siemens & Halske gebaut.
7.8. Der Greifswalder Augenarzt Paul Römer berichtet auf dem Kongress der Deutschen Ophthalmologischen Gesellschaft in Heidelberg über die erfolgreiche nichtoperative Behandlung des grauen Stars mit Hilfe eines aus Säugetieraugen gewonnenen Mittels.
1.10. In Berlin wird zwischen dem Leipziger Platz (Potsdamer Platz) und dem Spittelmarkt ein 3,3 km langes Teilstück der U-Bahn in Betrieb genommen. Das Berliner Untergrund- und Hochbahnnetz hat jetzt eine Länge von 14,5 km.
13.10. Ein Verfahren zur Ammoniaksynthese wird zum Patent angemeldet, nachdem es dem Karlsruher Chemiker Fritz Haber erstmals gelungen ist, Ammoniak künstlich herzustellen.

Kultur

Der Roman »Caspar Hauser oder Die Trägheit des Herzens« von Jakob Wassermann erscheint in Stuttgart.
Joseph Maria Olbrich vollendet den Hochzeitsturm auf der Mathildenhöhe in Darmstadt und das Kaufhaus Tietz in Düsseldorf.
Georg Hermann veröffentlicht mit »Henriette Jacoby« den zweiten Teil seines Doppelromans »Jettchen Geberts Geschichte«.
Wilhelm Worringer publiziert seine kunstwissenschaftliche Schrift »Abstraktion und Einfühlung«.
11.1. Das Drama »Kaiser Karls Geisel« von Gerhart Hauptmann wird im Berliner Lessing-Theater uraufgeführt.
23.1. Das Drama »Tantris der Narr« von Ernst Hardt hat im Kölner Schauspielhaus Weltpremiere.
10.3. In Berlin erscheint die erste Nummer der Wochenzeitschrift »Lichtbild-Bühne«. Das Blatt wird 1940 mit dem »Filmkurier« vereinigt.
13.6. An der 1. Kinematografen-Industrie-Ausstellung in Hamburg beteiligen sich 82 Firmen.
20.11. Im Kleinen Theater in Berlin wird die Sittlichkeits-Satire »Moral« von Ludwig Thoma uraufgeführt.

Gesellschaft

Als einer der ersten Konzerne im Deutschen Reich führt die BASF in Ludwigshafen einen einwöchigen bezahlten Jahresurlaub ein.
22.1. Die Zechenunternehmen des Ruhrgebiets schließen sich zu einem Zechenverband zusammen, um Streiks zu verhindern und durch Aussperrung zu bekämpfen.
7.6. Im Endspiel um die deutsche Fußballmeisterschaft schlägt Viktoria 89 Berlin die Stuttgarter Kickers vor 2000 Zuschauern in Berlin 3:0.
5.8. In Echterdingen bei Stuttgart wird das Luftschiff »LZ 4« des Grafen Ferdinand von Zeppelin durch einen Sturm völlig zerstört. Nach einer reichsweiten Spendenaktion, bei der 6 Millionen Mark zusammenkommen, beginnt Zeppelin mit dem Bau von »LZ 5«.
16.8. Wilhelm Voigt, der »Hauptmann von Köpenick«, wird in Berlin wegen guter Führung aus der Haft entlassen. Er war 1906 zu vier Jahren Gefängnis verurteilt worden.
12.11. Durch eine Schlagwetterexplosion in der Zeche Radbod im westfälischen Hamm kommen 348 Bergleute ums Leben.

1909

24.1. In mehreren preußischen Städten kommt es zu Massendemonstrationen gegen das herrschende Dreiklassenwahlrecht.
26.2. In einem Abkommen über Bosnien und Herzegowina erkennt die Türkei u. a. die Annexion der Region durch die Donaumonarchie an.
4.3. In den USA tritt William H. Taft als neuer Präsident die Nachfolge Theodore Roosevelts an.
5.6. Der Deutsche Flottenverein fordert den beschleunigten Ausbau der deutschen Kriegsmarine.
14.7. Theobald von Bethmann Hollweg löst Bernhard Fürst von Bülow als deutschen Reichskanzler ab.
16.7. Die Nationalversammlung im persischen Teheran erklärt Schah Mohammad Ali für abgesetzt. Zu seinem Nachfolger wird sein elfjähriger Sohn Ahmad Mirsa ausgerufen.
21.10. Bei den Landtagswahlen in Sachsen erhalten die Sozialdemokraten aufgrund des neuen Wahlrechts trotz 53,8 % der Stimmen nur 25 der insgesamt 91 Landtagssitze.
22.10. In Sachsen gehen Soldaten mit Waffengewalt gegen streikende Arbeiter in Mansfeld vor.
23.12. Als Nachfolger seines verstorbenen Onkels Leopold II. besteigt Albert I. den belgischen Thron.

In Friedrichshafen gründen Wilhelm Maybach und Ferdinand Graf von Zeppelin eine Fabrik für Luftschiffmotoren.
Carl Bosch entwickelt die im Vorjahr von Fritz Haber erfundene Ammoniaksynthese aus Luftstickstoff und Wasserstoff zum großtechnischen Verfahren weiter.
Der von Melitta Bentz erfundene Kaffeefilter kommt auf den Markt.
Die Firma AEG bringt u. a. eine elektrische Brotschneidemaschine und eine elektrische Fruchtpresse auf den Markt.
Die deutschen Ärzte Karl Landsteiner und Erwin Popper übertragen den Erreger der spinalen Kinderlähmung, den Polio-Virus, auf Affen und können dadurch den Virus als Erreger dieser Krankheit nachweisen.
4.4. Im Berliner Bezirk Treptow wird eine durch Spenden finanzierte sog. Volkssternwarte eröffnet.
2.5. Der Leiter des Frankfurter Instituts für experimentelle Therapie, Paul Ehrlich, entwickelt mit »Salvarsan 606« ein wirksames Medikament zur Behandlung der Syphilis.
16.11. In Frankfurt am Main wird mit der Deutschen Luftschifffahrt Aktiengesellschaft (Delag) die erste Fluggesellschaft der Welt gegründet.

Der Kunsthändler und Verleger Paul Cassirer gründet die Pan-Presse zur Veröffentlichung impressionistischer und expressionistischer Illustrationen.
Verschiedene Möglichkeiten für Lebensformen im wilhelminischen Deutschland zeigt der Roman »Pitt Fox. Die Liebeswege der Brüder Sintrup« von Friedrich Huch.
Hermann Löns veröffentlicht seinen Bauernroman »Der letzte Hansbur« sowie die Jugendbücher »Mümmelmann«, »Was da kreucht und fleucht« und »Aus Wald und Heide«.
Thomas Manns Roman »Königliche Hoheit« erscheint.
Hans Breuer, einer der prominentesten Vertreter der Wandervogel-Bewegung, veröffentlicht die Liedersammlung »Der Zupfgeigenhansl«.
22.1. In München gründen u. a. Wassily Kandinsky, Alexei von Jawlensky, Marianne von Werefkin und Gabriele Münter die »Neue Künstlervereinigung«.
25.1. In der Dresdener Königlichen Hofoper wird die Oper »Elektra« des deutschen Komponisten Richard Strauss uraufgeführt.
6.3. Im Berliner Lessing-Theater hat das Lustspiel »Griselda« des deutschen Dramatikers Gerhart Hauptmann Premiere.

Nach dem Vorbild der 1907 gegründeten britischen Boy Scouts bilden sich im Deutschen Reich erste Pfadfindergruppen.
Der Lehrer Richard Schirrmann begründet das Jugendherbergssystem: In den Sommermonaten richtet er in seiner Schule in Altena Schlafstellen aus Strohsäcken her und bietet wandernden Jugendlichen preiswerte Übernachtungsmöglichkeiten.
2.1. Die Deutsche Reichspost führt den bargeldlosen Zahlungsverkehr mittels Postscheck ein.
21.3. In der Ausstellungshalle am Zoologischen Garten in Berlin endet das erste in Europa ausgetragene Sechstagerennen mit einem Sieg des US-amerikanischen Teams.
30.5. In Breslau gewinnt Phönix Karlsruhe das Endspiel um die deutsche Fußballmeisterschaft 4:2 gegen Viktoria 89 Berlin.
30.6. Der Deutsche Bauernbund wird in Berlin als Vertretung der Kleinbauern und damit als Gegengewicht zum Bund der Landwirte gegründet.
6.7. Auf Rügen wird die erste an den Eisenbahnverkehr angeschlossene Fährverbindung zwischen Deutschland und Schweden eröffnet (Saßnitz–Trelleborg).

1910

Politik

6.3. Durch Zusammenschluss der liberalen Parteien Freisinnige Volkspartei, Freisinnige Vereinigung und Deutsche Volkspartei entsteht in Berlin die Fortschrittliche Volkspartei.
10.5. Ein Vertrag zwischen dem Reichskolonialamt und der Deutschen Kolonialgesellschaft für Deutsch-Südwestafrika in Berlin sichert dem Staat 33 % der von der Diamantengesellschaft erzielten Gewinne.
31.5. Durch den Zusammenschluss der britischen Kolonien Kapkolonie, Transvaal, Natal und Oranjefreistaat wird das britische Dominion Südafrikanische Republik gegründet.
25.8. Die »Königsberger Rede« von Kaiser Wilhelm II. ruft bei allen Parteien gleichermaßen Proteste hervor. Wilhelm II. plädiert darin für ein persönliches Regiment »ohne Rücksicht auf Tagesansichten und Meinungen«, empfiehlt den deutschen Männern die Pflege »kriegerischer Tugenden« und weist den Frauen »stille Arbeit im Hause und in der Familie« zu.
1.12. Im Deutschen Reich leben knapp 65 Millionen Menschen. Die Bevölkerung hat sich in den letzten 40 Jahren um 59 % vermehrt.

Wissenschaft und Technik

Der Physiker Robert von Lieben versieht seine 1905 erfundene Quecksilberdampfröhre mit einem Gitter. Als Triode besitzt sie nun Verstärkereigenschaften. Die Lieben-Röhre wird zur Grundlage der Funkempfänger im Ersten Weltkrieg.
Karl von Frisch weist nach, dass Fische Farben sehen können.
Der Dresdner Internist Georg Kelling und sein Stockholmer Kollege Hans Christian Jacobaeus führen die ersten Bauchspiegelungen beim Menschen durch.
3.3. Der Leiter der Landesheil- und Pflegeanstalt in Uchspringe (Sachsen), Professor Konrad Alt, berichtet zum ersten Mal über den Erfolg des neuen Heilmittels gegen Syphilis, das Präparat »Salvarsan 606«, das ihm der Frankfurter Serologe Paul Ehrlich zur klinischen Erprobung übergeben hat.
22.6. Das erste Passagierluftschiff der Welt, die »LZ 7«, absolviert seine Probefahrt von Friedrichshafen nach Düsseldorf.
11.10. Beim Festakt zur Jahrhundertfeier der Berliner Universität kündigt Kaiser Wilhelm II. die Errichtung von reinen Forschungsinstituten an.

Kultur

Mit dem Roman »Der Narr in Christo Emanuel Quint« wird Gerhart Hauptmanns bedeutendstes episches Werk veröffentlicht.
Der Tagebuchroman »Die Aufzeichnungen des Malte Laurids Brigge« von Rainer Maria Rilke erscheint.
Hermann Hesses Künstlerroman »Gertrud« wird publiziert.
Hermann Löns veröffentlicht den Roman »Der Wehrwolf«, eine Bauernchronik aus dem Dreißigjährigen Krieg.
In dem Film »Das Liebesglück einer Blinden« von Oskar Meßter gibt die 20-jährige Henny Porten ihr Stardebüt.
Die deutschen Maler August Macke und Franz Marc schließen Freundschaft.
Von Ricarda Huch kommt »Das Leben des Grafen Federigo Confalonieri« in die Buchläden.
3.3. Die erste Nummer der expressionistischen Zeitschrift »Der Sturm« von Herwarth Walden erscheint.
10.9. An der Bauernbühne des Michael Dengg in München wird der Bauernschwank »Erster Klasse« von Ludwig Thoma uraufgeführt.

Gesellschaft

1.1. Für Arbeiterinnen in Fabriken und Werkstätten im Deutschen Reich wird der Zehnstundentag eingeführt.
15.5. Der Karlsruher FV wird durch ein 1:0 n. V. gegen Holstein Kiel vor 5000 Zuschauern in Köln deutscher Fußballmeister.
17.12. Die Generalversammlung der Vereinsbrauerei Rixdorf beschließt, den Namen des Unternehmens in Berliner Kindl-Brauerei AG umzubenennen.

Das neue Emblem der Vereinsbrauerei, die nur noch das umsatzstarke 13-%ige Bier herstellt

1911

30.3. Vor dem Deutschen Reichstag lehnt Reichskanzler Theobald von Bethmann Hollweg ein vom britischen Außenminister Edward Grey vorgeschlagenes Rüstungsbegrenzungsabkommen ab.
25.5. Nach 30-jähriger Herrschaft tritt der mexikanische Diktator Porfirio Diaz auf Druck der bewaffneten Revolution zurück und flieht nach Spanien.
1.7. Mit der symbolischen Präsenz des deutschen Kanonenboots »Panther« im marokkanischen Hafen Agadir signalisiert das Deutsche Reich gegenüber Frankreich Ansprüche an Marokko.
29.9. Italien erklärt dem Osmanischen Reich den Krieg, der Rom 1912 die Herrschaft über Tripolis und die Cyrenaika einbringt.
4.11. Das deutsch-französische Abkommen über Marokko und den Kongo beendet die zweite Marokkokrise. Frankreich wird die politische Vorherrschaft, dem Deutschen Reich die wirtschaftliche Gleichberechtigung in Marokko zugestanden.
29.12. Nach dem Sieg der republikanischen Revolution wählt das provisorische Parlament in Nanking mit 27:1 Stimmen den Arzt Sun Yat-sen zum ersten Präsidenten der Republik.

Die Duisburger Kupferhütte beginnt mit der Wiederverwendung von Ausschussroheisen.
Nach vierjähriger Bauzeit wird bei Hamburg der 450 m lange Elbtunnel eröffnet.
Der deutsche Physiker Carl Pulfrich nutzt fotografische Raumbilder zur Geländevermessung.
Telefongespräche können in Zügen geführt und empfangen werden.
Die AEG bringt den ersten elektrischen Universal-Haushaltsmotor mit verschiedenen Aufsätzen auf den Markt. Er wiegt 17 kg und kostet rund 200 Mark.
Das elektrische Bügeleisen wird zur Massenware.
Die deutschen Frauenärzte Albert Döderlein und Bernhard Krönig nehmen erstmals im deutschen Sprachgebiet Kontaktbestrahlungen mit Mesothorium bei Gebärmutterhalskrebs vor.
Albert Einstein beschreibt die ablenkende Wirkung, die große Massen auf einen Lichtstrahl haben.
11.1. In Berlin wird die Kaiser-Wilhelm-Gesellschaft zur Förderung der Wissenschaften gegründet.
23.1. Das 120 m lange Militärluftschiff der Siemens-Schuckert-Werke startet in Biesdorf bei Berlin seine erfolgreiche Probefahrt.

Der fantastische Roman »Alraune. Die Geschichte eines lebendigen Wesens« von Hanns Heinz Ewers wird ein großer Publikumserfolg.
Mit den Faguswerken in Alfeld an der Leine errichtet Walter Gropius einen der ersten modernen deutschen Industriebauten.
13.1. Das Drama »Die Ratten« von Gerhart Hauptmann wird im Berliner Lessing-Theater mit Else Lehmann als Frau John uraufgeführt.
26.1. »Der Rosenkavalier«, Komödie für Musik von Richard Strauss und Hugo von Hofmannsthal, wird in Dresden uraufgeführt.
15.2. In den Berliner Kammerspielen wird das Lustspiel »Der Riese« (späterer Titel »Die Hose«) von Carl Sternheim uraufgeführt. Das Stück schildert den Aufstieg eines Kleinbürgers zur wilhelminischen Zeit.
1.4. In die Essener Margarethenhöhe, eine von Krupp finanzierte Mustersiedlung von Georg Metzendorf, ziehen die ersten 85 Familien ein.
24.11. »Die Kassette«, Komödie von Carl Sternheim, wird im Deutschen Theater in Berlin uraufgeführt.
18.12. Die erste Ausstellung der Redakteure von »Der Blaue Reiter« wird in der Galerie Heinrich Thannhauser in München eröffnet.

Auf den deutschen Tanzparketts dominieren die Modetänze »One-Step« und »Blues«. Allmählich wird der »Tango« populär.
19.3. Erstmals wird der Internationale Frauentag durchgeführt. Im Deutschen Reich, in Österreich, der Schweiz und Dänemark demonstrieren rund eine Million Menschen für das Frauenwahlrecht, für die Emanzipation der Frau und den Frieden.
6.5. In Dresden findet die erste Internationale Hygiene-Ausstellung statt, die bis Oktober neueste Errungenschaften in der Volksgesundheitspflege präsentiert.
9.6. Deutscher Fußballmeister wird vor 12 000 Zuschauern in Dresden Viktoria 89 Berlin durch ein 3:1 über den VfB Leipzig.
18.6. Mit zahlreichen Veranstaltungen erinnert Preußen an den 100. Jahrestag der Eröffnung des ersten Turnplatzes durch »Turnvater Jahn«.
21.6. Der Deutsche Journalistentag in Eisenach protestiert gegen den »Reklameunfug« in der Werbung.
26.8. Der Berliner Polizeipräsident Traugott von Jagow verbietet Frauen das Tragen von großen Hüten in Theaterlogen und setzt eine Geldstrafe in Höhe von 100 Mark für jeden Fall von Zuwiderhandlung fest.

1912

Politik

12.1. Bei den Reichstagswahlen erreichen die Sozialdemokraten ihr bisher bestes Ergebnis. Mit 110 Mandaten stellen sie die stärkste Fraktion. Die Konservativen und die Zentrumspartei verlieren fast 50 Sitze und damit die Mehrheit im Reichstag.
13.3. Bulgarien und Serbien schließen einen Beistandsvertrag gegen die Vorherrschaft des Osmanischen Reichs, der zugleich Grundlage für den zwischen Bulgaren, Serben, Montenegrinern und Griechen entstehenden Balkanbund ist.
19.3. Nach acht Tagen beenden Militär und Polizei einen Streik von 170 000 Bergarbeitern im Ruhrgebiet.
8.10. Nach wochenlangen Spannungen zwischen den Staaten des Balkanbundes und dem Osmanischen Reich erklärt Montenegro dem Osmanischen Reich den Krieg.
5.11. Der Demokrat Thomas Woodrow Wilson wird zum neuen Präsidenten der USA gewählt.
5.12. Das Bündnis zwischen Deutschland, Österreich-Ungarn und Italien, der Dreibundvertrag, wird um weitere sechs Jahre verlängert.

Wissenschaft und Technik

Der Biologe Eugen Steinach berichtet von der erfolgreichen Verpflanzung weiblicher Keimdrüsen in männliche Tiere, deren sekundäre Geschlechtsmerkmale sich darauf veränderten.
Alfred Lothar Wegener stellt seine Theorie von der Kontinentalverschiebung auf.
Die Firma Beiersdorf in Hamburg bringt eine neue Hautcreme mit dem Namen »Nivea« auf den Markt.
An der Berliner Charité wird ein Radium-Institut für biologisch-therapeutische Forschungen eingeweiht.
25.2. In Hamburg wird die Teilstrecke der Hoch- und Tiefbahn zwischen Rathausmarkt und Barmbeck feierlich eingeweiht.
15.4. In Charlottenburg wird die erste Telefonzelle Berlins in Betrieb genommen.
23.5. Mit der »Imperator« läuft in Hamburg das derzeit größte Passagierschiff der Welt vom Stapel.
7.12. Der deutsche Archäologe Ludwig Borchardt entdeckt bei Ausgrabungen in der altägyptischen Stadt El-Amarna eine bemalte Kalksteinbüste der Königin Nofretete.

Kultur

Die Erzählung »Die Biene Maja und ihre Abenteuer« von Waldemar Bonsels wird ein Bestseller.
»Rheinsberg. Ein Bilderbuch für Verliebte« ist die erste Buchveröffentlichung von Kurt Tucholsky.
9.3. Die Galerie Kopp und Josef in Berlin eröffnet eine Ausstellung mit Arbeiten der Maler Franz Marc, Wassily Kandinsky und August Macke.
31.8. Mit der Aufführung des Dramas »Egmont« von Johann Wolfgang von Goethe wird das Deutsche Schauspielhaus in Berlin eröffnet. Die Spielstätte befindet sich im Gebäude der ehemaligen Komischen Oper.
12.10. Das Volksstück »Magdalena« des bayerischen Autors Ludwig Thoma wird im Berliner Kleinen Theater uraufgeführt.
25.10. In der neuen Stuttgarter Hofoper hat die Oper »Ariadne auf Naxos« von Richard Strauss Premiere. Das Libretto schrieb Hugo von Hofmannsthal.
28.11. Das Schauspiel »Professor Bernhardi« von Arthur Schnitzler wird im Lessing-Theater in Berlin erstmals gezeigt.

Gesellschaft

Kaiser Wilhelm II. verbietet Offizieren das Tangotanzen.
22.1. Die Zahl der weiblichen Studenten an der Berliner Universität hat sich im Vergleich zum vorangegangenen Wintersemester von 777 auf 845 erhöht.
15.2. Wie die »Frankfurter Zeitung« meldet, haben Otto und Carl Henkell, Inhaber der Sektkellerei Henkell, dem deutschen Kaiser zwecks Beschaffung weiterer Flugzeuge für das deutsche Heer eine Summe von 100 000 Mark zur Verfügung gestellt.
Mai Das letzte Silberbergwerk in Freiberg wird stillgelegt.
26.5. Im Endspiel um die deutsche Fußballmeisterschaft schlägt der KSV Holstein Kiel vor 10 000 Zuschauern in Hamburg den Karlsruher FV 1:0.
25.8. Der Börsenverein des Deutschen Buchhandels beschließt auf seiner Jahrestagung in Leipzig die Gründung einer allgemeinen deutschen Zentralbibliothek.
30.10. In Berlin werden etwa 50 Personen zum Teil schwer verletzt, als auf der Jannowitzbrücke zwei Stadtbahnzüge zusammenstoßen.

1913

23.1. Der zur jungtürkischen Bewegung zählende Enwer Pascha zwingt durch einen unblutigen Staatsstreich die osmanische Regierung unter Mehmed Kamil Pascha zur Abdankung.
18.3. König Georg I. von Griechenland fällt einem Attentat zum Opfer. Als Nachfolger seines Vaters besteigt Konstantin I. den griechischen Thron.
29.3. Die Friedenspräsenzstärke des deutschen Heeres wird von 544 211 auf 661 176 Mann erhöht.
20.5. Anlässlich der am 24. Mai stattfindenden Hochzeit von Prinzessin Viktoria Luise, der Tochter Kaiser Wilhelms II., mit Herzog Ernst August zu Braunschweig und Lüneburg findet in Berlin das letzte große Monarchentreffen in Europa vor dem Ersten Weltkrieg statt.
29.5. Mit dem Angriff der serbischen Armee auf bulgarische Städte beginnt der Zweite Balkankrieg.
10.8. Der Friede von Bukarest beendet den Zweiten Balkankrieg. Bulgarien muss erhebliche Gebietsverluste zugunsten Griechenlands und Serbiens hinnehmen.
18.10. Kaiser Wilhelm II. weiht auf dem Blachfeld bei Leipzig das Völkerschlachtdenkmal ein.
5.11. Prinzregent Ludwig übernimmt als Ludwig III. in München die bayrische Königswürde.

Ein von dem deutschen Chemiker Friedrich Bergius entwickeltes Verfahren ermöglicht die Umwandlung von Kohle in Erdölprodukte.
James Franck und Gustav Hertz gelingt der Nachweis sog. diskreter Anreicherungsstufen der Atome des Quecksilberdampfes und damit die Bestätigung der Planckschen Quantenhypothese.
Der deutsche Physiker Johannes Geiger erkennt anhand von Streuversuchen mit Alphateilchen, dass die Ordnungszahl eines Elements der Kernladungszahl seiner Atomkerne entspricht.
Der deutsche Physiker Alexander Meißner erfindet den Röhrensender mit Rückkopplung.
Ernst Leitz entwickelt das Stereomikroskop.
11.2. In Berlin gibt der deutsche Altertumsforscher Eduard Meyer die Gründung der Orientalischen Kommission bekannt, die sich der Schriftenüberlieferung aus Ägypten, Babylonien und Zentralasien widmen will.
16.11. Unter Vorsitz des deutschen Volkswirtschaftlers Julius Wolf konstituiert sich die internationale Gesellschaft für Sexualforschung in Berlin.
18.12. Die Bremer Reederei Norddeutscher Lloyd eröffnet einen Frachtdienst von Bremen nach Ostasien.

Unter dem Titel »Die Ermordung einer Butterblume und andere Erzählungen« erscheinen zwölf Erzählungen von Alfred Döblin.
Klabund wird durch seine Gedichtsammlung »Morgenrot! Klabund! Die Tage dämmern!« schlagartig bekannt.
Annette Kolb veröffentlicht ihren ersten Roman »Das Exemplar«.
Thomas Mann publiziert seine Novelle »Der Tod in Venedig«.
Franz Kafkas Erzählungen »Der Heizer« und »Das Urteil« erscheinen.
August Macke initiiert eine Ausstellung über den Rheinischen Expressionismus.
Mit »Turm der blauen Pferde« malt Franz Marc sein Hauptwerk.
Hans Poelzig baut die chemische Fabrik in Luban und die Gebäude für die Jahrhundertausstellung in Breslau.
6.2. Eine Versammlung von Filmfabrikanten, -verleihern und -theaterbesitzern gründet in Berlin einen deutschen Kinoverband.
28.2. »Die Sünden der Väter«, ein mimisches Drama über die Trunksucht, kommt mit Asta Nielsen in der Hauptrolle in die deutschen Kinos.
4.10. Die Operette »Wie einst im Mai« von Walter Kollo wird im Berliner Theater uraufgeführt und avanciert zu einem der großen Publikumserfolge des Jahres.

22.2. Das preußische Handelsministerium beschließt eine Neuregelung der Ausbildung für weibliche Handwerker, die u. a. die Meisterprüfung beinhaltet.
8.4. Das Deutsche Reich verfügt mit 20 Anlagen über die meisten Zoologischen Gärten in der Welt.
11.5. Vor 5000 Zuschauern bezwingt der VfB Leipzig in München den Duisburger Spielverein 3:1 und wird deutscher Fußballmeister.
Juli Das 1902 begonnene Berliner U-Bahn-Netz wird um die Strecke Spittelmarkt–Alexanderplatz–Schönhauser Allee erweitert.
12.7. Die Einweihung der Möhnetalsperre im Sauerland bedeutet nach fünfjähriger Bauzeit die Inbetriebnahme der derzeit größten deutschen Talsperre.
4.9. In Berlin erhält das Areal zwischen Spree und Spandauer Schifffahrtskanal den Namen Siemensstadt.
12.10. Auf dem Hohen Meißner bei Kassel endet der dreitägige Freideutsche Jugendtag, zentrales Ereignis der bürgerlichen Jugendbewegung.
19.10. In Leipzig wird die Deutsche Lebens-Rettungs-Gesellschaft (DLRG) gegründet.
24.11. Der Ullstein-Verlag kauft für 5,5 Millionen Mark die renommierte Berliner »Vossische Zeitung«.

1914

Politik

19.4. Der Alldeutsche Verband, eine der einflussreichsten Gruppen im Reich, fordert einen Angriffskrieg angesichts der vermeintlichen französischen und russischen Aggression.
28.6. Die Ermordung des österreichisch-ungarischen Thronfolgers Erzherzog Franz Ferdinand und seiner Frau durch einen bosnischen Nationalisten in Sarajevo wird aufgrund der politischen Spannungen in Europa Auslöser für den am 28. Juli beginnenden Ersten Weltkrieg.
23.7. Österreich-Ungarn stellt der serbischen Regierung ein unerfüllbares Ultimatum als Vorwand für einen militärischen Angriff.
28.7. Österreich-Ungarn erklärt Serbien den Krieg.
31.7. Das Deutsche Reich stellt Ultimaten an die Regierungen Russlands und Frankreichs. Von Russland wird die Einstellung der Kriegsvorbereitungen gegen Österreich-Ungarn verlangt, von Frankreich eine Neutralitätszusage für den Fall eines deutsch-russischen Krieges.
1.8. Das Deutsche Reich erklärt Russland und zwei Tage später Frankreich den Krieg.
18.11. Nach dem Scheitern der zweiten Flandern-Offensive, bei der 100 000 deutsche Soldaten sterben, beginnt ein lang andauernder Stellungskrieg an der Westfront.

Wissenschaft und Technik

Der Berliner Frauenarzt Max Hirsch weist in einer Veröffentlichung auf die Gefährdung der Erbanlagen durch Röntgenstrahlung hin.
Die Firma Krupp baut die ersten 42-cm-Mörser, die den Spitznamen »Dicke Bertha« erhalten.
1.4. Albert Einstein wird hauptamtliches Mitglied der Akademie der Wissenschaften in Berlin. Zugleich übernimmt er den Direktorsposten am Kaiser-Wilhelm-Institut für Physik.

Der Physiker Albert Einstein

24.6. Nach fünfjähriger Bauzeit ist der zwischen 1885 und 1897 angelegte Kaiser-Wilhelm-Kanal (Nord-Ostsee-Kanal) ausgebaut und auf 98,7 km erweitert.

Kultur

Ricarda Huch veröffentlicht den dritten Band ihres historischen Werkes »Der große Krieg in Deutschland«, einer epischen Darstellung des Dreißigjährigen Krieges.
Mit dem Einakter »Fräulein Seifenschaum« gibt der bereits als Schauspieler bekannte Ernst Lubitsch sein Debüt als Filmregisseur.
1.1. Gemäß deutschem Urheberrecht wird Richard Wagners Bühnenweihfestspiel »Parsifal« nach Ablauf der 30-jährigen Schutzfrist für alle Bühnen freigegeben.
2.2. Die Komödie »Der Snob« von Carl Sternheim wird in den Kammerspielen des Deutschen Theaters Berlin uraufgeführt.
25.3. Die erste deutsche Wochenschau, die »Eiko-Woche«, kommt in die Kinos.
Mai In Köln beginnt die Deutsche Werkbundausstellung, die als eines der bedeutendsten Ereignisse in der Geschichte des 1907 gegründeten Werkbundes gilt. Herausragend sind die Ausstellungsbauten von Bruno Taut und Walter Gropius.
6.6. Im Mittelpunkt der in München eröffneten Ausstellung der Neuen Sezession steht das Gemälde »Windsbraut« von Oskar Kokoschka.
3.10. Die Stadt Berlin erteilt Oskar Meßter die Genehmigung zur Aufführung von Kriegswochenschauen.

Gesellschaft

In der bürgerlichen Gesellschaft Berlins hält der 1912 in den USA entstandene »Foxtrott« Einzug.
In Berlin werden sog. Hilfsküchen für die notleidende Bevölkerung eingerichtet.
31.5. Vor 6500 Zuschauern in Magdeburg gewinnt der süddeutsche Meister SpVgg Fürth durch 3:2 nach zweimaliger Verlängerung gegen den VfB Leipzig das Endspiel um die deutsche Fußballmeisterschaft.
31.7. Nach der Verkündigung des »Zustandes drohender Kriegsgefahr« werden in Deutschland Verordnungen erlassen, die u. a die Passpflicht und das Verbot der Verwendung von Brieftauben für die Nachrichtenübermittlung betreffen.
4.8. Zahlreiche Schutzbestimmungen für Arbeiterinnen werden wegen des Kriegs durch ein Notgesetz außer Kraft gesetzt.
28.10. Der deutsche Bundesrat verordnet wegen der Verknappung der Getreideprodukte infolge des Krieges die Beimischung von Roggen- und Kartoffelmehl bei der Herstellung von Backwaren.
1.12. Zwischen dem Duisburger Hafen und Herne entsteht der 45,6 km lange Rhein-Herne-Kanal, der überwiegend Kohletransporten dient und das Ruhrgebiet mit der Nordsee verbindet.

1915

19.1. Beim ersten deutschen Luftangriff bombardieren Luftschiffe die britische Ostküste.
7.2. In der Winterschlacht in Masuren gelingt es deutschen Truppen, die Russen zu schlagen und Ostpreußen zurückzuerobern.
2.5. Der Durchbruch deutsch-österreichischer Truppen bei Gorlice leitet eine Großoffensive der Mittelmächte an der Ostfront ein.
30.6. Am italienischen Isonzo beginnt die erste von vier Kriegsschlachten des Jahres, in denen es den italienischen Truppen nicht gelingt, die österreichisch-ungarischen Verteidigungsstellungen zu durchbrechen.
23.9. An der Westfront scheitert die Herbstoffensive der Alliierten. Franzosen und Briten verlieren in der Herbstschlacht in der Champagne und im Artois 250 000, die Deutschen 150 000 Mann.
24.11. Die serbische Niederlage in der Schlacht auf dem Amselfeld besiegelt die Eroberung Serbiens durch deutsch-österreichisch-bulgarische Verbände.

Moderne Fliegerbomben werden mit Zünder, Sprengstoff enthaltendem Stahlkörper und Stabilisierungsflossen hergestellt.
Der deutsche Physiker Albert Einstein publiziert seine »Allgemeine Relativitätstheorie«, die seine 1905 veröffentlicht spezielle Relativitätstheorie erweitert.
Die Daimler Motoren-Gesellschaft in Cannstatt liefert Sanitätswagen für den Militäreinsatz.
Die deutsche Maschinenfabrik Augsburg-Nürnberg (MAN) baut den ersten wasserlosen Scheiben-Gasbehälter.
Die deutsche Infanterie setzt als Nahkampfwaffe erstmals moderne Flammenwerfer ein.
15.10. Die deutsche Heeresleitung gibt einen Befehl aus, wonach alle verwundeten Soldaten gegen Tetanus geimpft werden sollen.
1.12. Die erste Aluminiumhütte im Deutschen Reich nimmt in Rummelsberg bei Berlin ihren Betrieb auf.
12.12. Das erste Ganzmetall-Eindeckerflugzeug, die Junkers »J 1«, geht in Döberitz auf Jungfernflug.

Der Maler Ernst Ludwig Kirchner erleidet im Militärdienst einen psychischen und physischen Zusammenbruch. Er malt das »Selbstbildnis als Soldat« und »Der Trinker«.
Das im Untertitel als »chinesischer Roman« bezeichnete Erzählwerk »Die drei Sprünge des Wang-lun« von Alfred Döblin zählt zu den ersten künstlerisch bedeutenden Romanen des Expressionismus.
Thema der drei unter dem Titel »Knulp« erscheinenden Geschichten von Hermann Hesse ist die Existenz des Künstlers, der in der bürgerlichen Gesellschaft nicht heimisch wird.
15.1. Der in den Union-Theatern in Berlin anlaufende Film »Der Golem« von Paul Wegener und Heinrich Galeen wird ein großer Erfolg.
1.9. In Berlin wird der Deutsche Künstlerhilfsbund gegründet, dessen Ziel es ist, von der Front heimkehrende Künstler zu unterstützen.
28.10. Die Tondichtung »Eine Alpensinfonie« von Richard Strauss wird in der Berliner Philharmonie uraufgeführt.

8.1. Im Deutschen Reich wird damit begonnen, russische Kriegsgefangene bei der Urbarmachung von Moorgebieten einzusetzen.
20.1. Der private Telegrammverkehr zwischen Feldheer und Heimat wird eingeführt. Er darf jedoch nur für wichtige Mitteilungen in Anspruch genommen werden.
25.1. Im Deutschen Reich wird der Brot- und Mehlverbrauch rationiert. Daraufhin werden in vielen Städten Brotkarten eingeführt.
9.2. Der Verein selbstständiger Konditoren veranstaltet in Berlin eine Kriegskuchen-Ausstellung. Dabei wird Kuchen gezeigt, der gemäß den Sparvorschriften des Bundesrates hergestellt wurde.
13.2. In Berlin beginnt der Verkauf von Klippfisch (getrockneter Kabeljau) als Ersatz für das stark verteuerte Fleisch aus städtischen Beständen.
9.11. Die Friedrich Krupp AG in Essen beschließt die Einrichtung einer Stiftung zur Unterstützung kinderreicher Familien gefallener oder schwerbeschädigter deutscher Soldaten.

1916

Politik

25.1. Nach dreiwöchigem Feldzug gegen Montenegro schließt Österreich-Ungarn einen Waffenstillstand mit dem Balkankönigreich.
8.2. Die deutsche Regierung verschärft erneut den U-Boot-Krieg. Alle bewaffneten feindlichen Handelsschiffe sollen ohne Vorwarnung versenkt werden.
21.2. Die 5. deutsche Armee beginnt den Angriff auf französische Stellungen vor Verdun im Nordosten Frankreichs.
9.3. Nach der Beschlagnahme von 35 deutschen Handelsschiffen in portugiesischen Häfen am 23. Februar erklärt das Deutsche Reich Portugal den Krieg.
1.6. Die Seeschlacht im Skagerrak in der Nordsee zwischen Großbritannien und dem Deutschen Reich endet ohne Sieger.
21.11. Im Alter von 86 Jahren stirbt in Wien der österreichische Kaiser Franz Joseph I. Sein Großneffe, der 29-jährige Erzherzog Karl I., wird sein Nachfolger.
6.12. Unter Führung des Generalfeldmarschalls August von Mackensen besetzen die Mittelmächte die rumänische Hauptstadt Bukarest.

Wissenschaft und Technik

Die deutsche Firma Agfa bringt Farb-Fotoplatten auf den Markt.
Der deutsche Funkoffizier Hans Bredow, später Gründer des deutschen Rundfunks, strahlt an der Front Unterhaltungssendungen aus.
Die Germaniawerft in Kiel baut das erste Unterwasserfrachtschiff der Welt, das die alliierte Handelsblockade durchbrechen soll.
Der Chirurg Ferdinand Sauerbruch konstruiert eine neuartige Unterarmprothese, den sog. Sauerbruch-Arm.
23.2. Das bayrische Parlament billigt den Bau des Walchensee-Kraftwerks zur Stromerzeugung.
15.5. Die Deutschen Hydrierwerke Rodleben AG werden gegründet. Ziel ist die Herstellung künstlichen Benzins durch die Verflüssigung fester Kohlenwertstoffe.
20.6. Aus dem Zusammenschluss der Rapp-Motorenwerke und der Flugmaschinenfabrik Gustav Otto entsteht die Bayerische Motorenwerke GmbH.
2.9. In Leipzig wird die neu erbaute Deutsche Bücherei als Nationalbibliothek eröffnet.
13.12. In der Technischen Hochschule Berlin wird die Werner-von-Siemens-Ring-Stiftung begründet.

Kultur

Der deutsche Künstler Ernst Barlach beendet den Kriegsdienst und schafft die Plastik »Der Verzweifelte«.
Aus Protest gegen die Kriegshetze im Deutschen Reich anglisiert der Grafiker und Fotograf Helmut Herzfelde seinen Namen in John Heartfield.
Der expressionistische Avantgardist Johannes R. Becher veröffentlicht den Gedichtband »An Europa«.
Theodor Däublers Essayband »Der neue Standpunkt« über die Kunst des Expressionismus erscheint.
Die deutsche Grafikerin Käthe Kollwitz vollendet die Radierung »Mutter mit dem Kind auf dem Arm«.
21.1. Der Stummfilm »Lohengrin« nach dem gleichnamigen Bühnenwerk von Richard Wagner unter der Regie von Felix Dahn wird in Berlin uraufgeführt.
6.4. In der Berliner Secession wird eine Schwarz-Weiß-Ausstellung eröffnet, die u. a. grafische Arbeiten von Max Slevogt, Max Beckmann, Georg Kolbe und Ernst Barlach zeigt.
9.6. Der Film »Schuhpalast Pinkus« von Ernst Lubitsch wird in Berlin uraufgeführt. In den Hauptrollen sind Else Kentner, Ossi Oswalda und Ernst Lubitsch zu sehen.

Gesellschaft

Die deutschen Behörden fordern Autofahrer auf, als Treibstoff den Ersatzstoff Benzol zu verwenden.
26.1. Im Deutschen Reich beginnt die Ausgabe von eisernen Zehn-Pfennig-Stücken.
28.1. An der Berliner Börse werden erstmals die Kurse für Auslandswährungen amtlich festgesetzt.
10.7. Die neu eingerichtete Großküche in der Berliner Tresckowmarkthalle kann täglich in 65 Großkesseln für 30 000 Menschen eine warme Mahlzeit kochen.
1.8. Im Deutschen Reich wird eine Reichsseifenkarte eingeführt, die Seife und Waschpulver rationiert. Die Karte berechtigt jeden Normalverbraucher zum Bezug von 50 g Feinseife und 250 g Waschpulver pro Monat.
13.10. Der Rat der Stadt Dresden beschließt die Einführung einer Katzensteuer zum 1. Januar 1917. Die Abgabe beträgt 10 Mark für die erste und 15 Mark für jede weitere Katze.
28.11. Die Versuchsbäckerei der deutschen Reichsgetreidestelle hat herausgefunden, dass Gebäck aus Weizenmehl auch ohne Hefe schmeckt – durch Verwendung eines verbesserten Roggensauer.

1917

1.2. Kaiser Wilhelm II. entschließt sich zur Ausrufung des unbeschränkten U-Boot-Kriegs. Von nun an werden auch neutrale Schiffe angegriffen, wenn sie sich in der Sperrzone um Großbritannien und Irland aufhalten.
11.3. Revolutionäre Aufstände in Russland führen zur Bildung einer bürgerlichen Regierung, die Zar Nikolaus II. zur Abdankung zwingt (Februarrevolution).
6.4. Die USA erklären dem Deutschen Reich den Krieg.
6.5. Die Nivelle-Offensive der Entente-Mächte an der Westfront wird abgebrochen.
14.7. Auf Betreiben der militärischen Führung tritt Reichskanzler Theobald von Bethmann Hollweg zurück. Sein Nachfolger wird Georg Michaelis.
30.10. Nach dem Erfolg der deutsch-österreichischen Offensive in der 12. Isonzoschlacht bricht die italienische Frontlinie zusammen.
7.11. Die Bolschewiki übernehmen durch die Besetzung wichtiger Stellen in Petrograd die politische Macht in Russland (Oktoberrevolution).
22.12. In Brest-Litowsk beginnen Friedensgespräche zwischen Russland und dem Deutschen Reich.

Albert Einstein zeigt, dass zur Beschreibung der Wechselwirkung zwischen Materie und elektromagnetischer Strahlung die Stimulation der Atome durch ein elektromagnetisches Feld und damit deren Energiebilanz zu berücksichtigen ist.
Für das Abdichten von Unterseeboot-Batteriekästen wird erstmals Methylkautschuk verwendet.
Die Firma Bosch legt einen unterirdischen Lichtkanal an, in dem sich u. a. künstlicher Nebel erzeugen lässt, und testet so die Voraussetzungen für Fahrbahnbeleuchtung.
Auf der Grundlage von Einsteins Relativitätstheorie entwickelt der Astrophysiker Karl Schwarzschild die Gleichung, die die Existenz von Schwarzen Löchern voraussagt.
Emil Kraepelin gründet in München die Deutsche Forschungsanstalt für Psychiatrie.
27.4. Im neuen Ammoniakwerk Merseburg in Leuna wird die Produktion von flüssigem Ammoniak nach dem Haber-Bosch-Verfahren aufgenommen.
31.5. Der deutsche Chemiker Franz Fischer stellt mit dem Verfahren der Tieftemperaturverkokung Steinkohlenbenzin her.

John Heartfield und sein Bruder Wieland Herzfelde gründen den Malik-Verlag.
Ricarda Huchs Kriminalroman »Der Fall Deruga« erscheint.
27.1. Das Drama »Die Bürger von Calais« von Georg Kaiser wird im Neuen Theater in Frankfurt am Main uraufgeführt.
3.6. Im Albert-Theater in Dresden wird das Drama »Mörder, Hoffnung der Frauen« von Oskar Kokoschka erstmals gespielt.
12.6. Unter der Regie von Bruno Walter wird im Münchner Prinzregenten-Theater die musikalische Legende in drei Akten »Palestrina« von Hans Pfitzner uraufgeführt.
25.8. Die Operette »Schwarzwaldmädel« von Leon Jessel wird in Berlin erstmals gespielt.
30.11. In der Kunsthandlung von Paul Cassirer findet die erste Gesamtausstellung mit Werken von Ernst Barlach statt.
15.12. Die pazifistische Tragödie »Antigone« von Walter Hasenclever wird im Alten Theater in Leipzig uraufgeführt.
18.12. Auf Betreiben von General Erich Ludendorff wird die Universum Film-AG (UFA) gegründet.

Die Lebenshaltungskosten sind im Deutschen Reich seit Kriegsanfang 1914 zwischen 37 % (Württemberg) und 68 % (Preußen) gestiegen.
Zur Behebung der Lebensmittelnot werden in den Schulen des Deutschen Reiches Kinder zum Sammeln von Unkräutern aufgerufen.
Die deutschen Kurbäder klagen über Rohstoff- und Lebensmittelknappheit. Erhebliche Verluste entstehen dadurch, dass keine ausländischen Gäste mehr kommen.
27.1. Die Stadt Garmisch-Partenkirchen erlässt ein Hosenverbot für Frauen in bayrischen Kurorten. Ausnahmen sollen nur bei sportlicher Betätigung gemacht werden.
1.3. Im Osmanischen Reich wird die Zeitrechnung vom bisher gültigen Julianischen auf den Gregorianischen Kalender umgestellt.
29.3. Vor dem Reichsgericht in Leipzig verliert der Sohn des Großindustriellen August Thyssen, August jr., einen Revisionsprozess um seinen Erbteil am Thyssenkonzern.
19.6. Der Frauensport wird immer beliebter. Der Deutschen Turnerschaft gehören 58 477 weibliche Mitglieder an, die Höchstzahl seit der Gründung des Dachverbandes im Jahr 1868.

1918

Politik

9.2. In Brest-Litowsk schließen Vertreter der Mittelmächte und der Ukraine einen Separatfrieden.
Mai An der Westfront beginnt die letzte große Offensive der deutschen Truppen.
16.7. In Jekaterinenburg im Ural wird die russische Zarenfamilie von der bolschewistischen Geheimpolizei erschossen.
8.8. Bei einem Sturmangriff der Ententemächte bricht die deutsche Westfront zusammen.
9.11. Der bewaffnete Aufstand im Deutschen Reich greift auf Berlin über. Unabhängig voneinander rufen Philipp Scheidemann und Karl Liebknecht in Berlin die Republik aus. Kaiser Wilhelm II. erklärt seine Bereitschaft zum Rücktritt (Novemberrevolution).
10.11. Nach Verhandlungen zwischen USPD und MSPD wird der Rat der Volksbeauftragten als erste Regierung der deutschen Republik mit Friedrich Ebert (MSPD) als Reichskanzler gebildet.
28.11. Kaiser Wilhelm II. dankt ab und begibt sich ins niederländische Exil nach Doorn.

Wissenschaft und Technik

Das Design deutscher Pkw nähert sich der sog. Bootform an.

Januar Die Preußisch-Hessische Staatsbahn führt als erste Bahn Europas Güterzüge mit durchgehenden, selbsttätig wirkenden Bremsen (Kunze-Knorr-Bremsen) ein.
5.2. Die erste Funkverbindung um den Erdball gelingt von der weltgrößten Funkstation in Nauen bei Berlin aus.

Kultur

Thomas Manns kulturpolitische Streitschrift »Betrachtungen eines Unpolitischen« erscheint.
Karl Kraus veröffentlicht seine Tragödie in fünf Akten »Die letzten Tage der Menschheit«.
George Grosz, Raoul Hausmann, John Heartfield u. a. gründen den Berliner Klub Dada.
29.10. Der Film »Tagebuch einer Verlorenen« von Richard Oswald kommt in die Kinos.
28.11. Das Drama »Gas« von Georg Kaiser wird im Frankfurter und im Düsseldorfer Schauspielhaus uraufgeführt.
28.11. Das Auktionshaus Paul Cassirer in Berlin präsentiert 70 bisher unveröffentlichte Werke des Malers und Zeichners Max Liebermann.
30.11. Der erste Band »Der Untertan« von Heinrich Manns gesellschaftskritischer Romantrilogie »Das Kaiserreich« erscheint infolge der Zensur im Kaiserreich erst jetzt beim Verlag Kurt Wolff in Darmstadt.
3.12. Auf Anregung von Walter Gropius und Bruno Traut gründet sich in Berlin der Arbeitsrat für Kunst.

Gesellschaft

7.2. Aufgrund von Waschpulver- und Seifenmangel empfiehlt das Kriegsversorgungsamt in Berlin die Herstellung von Holzaschenlauge als Ersatzstoff.
15.4. Die deutschen Unternehmerverbände erklären, nach Kriegsende müssten die jetzt ersatzweise als kaufmännische Angestellte tätigen Frauen schon aus bevölkerungspolitischen Gründen ihre Arbeitsplätze wieder für die Männer räumen.
16.5. Das Kriegsernährungsamt in Berlin kürzt die tägliche Brotration im Deutschen Reich auf 150 g. Das sind etwa anderthalb Scheiben Brot.
30.6. Auf den Düsseldorfer Rheinwiesen veranstaltet der Verband der Vereine für Leibesübungen zum vierten Mal die Vaterländischen Kampfspiele. Neben den klassischen Disziplinen umfasst der Wettkampf auch Handgranatenweitwerfen und Militärschwimmen in voller Montur.
15.11. Gewerkschaften und Arbeitgeberverbände beschließen die Gründung einer Zentralen Arbeitsgemeinschaft, in der die sofortige Einführung des Achtstundentags beschlossen wird.

1919

5.1. In Berlin bricht der Spartakusaufstand zum Sturz der Regierung aus. Er wird am 12. Januar blutig niedergeschlagen.
15.1. Die Spartakistenführer Rosa Luxemburg und Karl Liebknecht werden nach ihrer Verhaftung in Berlin von Regierungssoldaten ermordet.
6.2. Im Nationaltheater in Weimar tritt die Nationalversammlung zusammen, das erste demokratisch gewählte deutsche Parlament. Es wählt am 11. Februar Friedrich Ebert (MSPD) zum ersten Reichspräsidenten.
13.2. Friedrich Ebert beruft in Weimar die erste parlamentarische Reichsregierung unter Führung von Reichsministerpräsident Philipp Scheidemann (MSPD).
7.5. In Versailles überreichen die Vertreter der alliierten Siegermächte der deutschen Delegation die Friedensbedingungen. Der Friedensvertrag wird am 28. Juni unterzeichnet.
31.7. Die Verfassung der Weimarer Republik wird verabschiedet.
18.11. Mit der Behauptung, die deutsche Armee sei im Ersten Weltkrieg nicht vom Gegner geschlagen, sondern durch revolutionäre Einwirkungen in der Heimat von hinten »erdolcht« worden, setzt Paul von Hindenburg die sog. Dolchstoßlegende in die Welt.

In Berlin wird das von Magnus Hirschfeld gegründete Institut für Sexualwissenschaft eröffnet.
Der Berliner Biochemiker Kurt Huldschinsky verwendet die künstliche Höhensonne zur Heilung von Rachitis.
In Berlin gründet der Freud-Schüler Karl Abraham das Psychoanalytische Institut.
Der deutsche Wissenschaftler Walther Bauersfeld entwirft ein Projektionsplanetarium.
Der Schweizer Theologe Karl Barth veröffentlicht sein exegetisches Werk »Der Römerbrief«.
Hans Blüher, Theoretiker der Jugendbewegung, gibt den letzten Band seines Werks »Die Rolle der Erotik in der männlichen Gesellschaft« heraus.
6.2. Die erste staatliche Luftpostverbindung zwischen Berlin und Weimar wird in Betrieb genommen.
10.5. Die Hamburger Universität wird offiziell eröffnet. Bedeutende Gelehrte der Hochschule sind u. a. der Philosoph Ernst Cassirer, der Kunsthistoriker Erwin Panofsky und der Psychologe William Stern.
25.6. Das erste Ganzmetall-Verkehrsflugzeug der Welt, die Junkers »F 13«, absolviert ihren Jungfernflug.
24.8. Der regelmäßige Zeppelinverkehr zwischen Friedrichshafen und Berlin wird eröffnet.

Der von Hans Poelzig entworfene Umbau des Berliner Zirkus Schumann in das Große Schauspielhaus wird fertiggestellt.
23.1. Das gesellschaftskritische Schauspiel »1913« von Carl Sternheim wird im Schauspielhaus in Frankfurt am Main uraufgeführt.
20.3. Der Stummfilm »Die Reise um die Erde in 80 Tagen« von Richard Oswald nach Jules Vernes gleichnamigem Roman wird im Marmorhaus in Berlin uraufgeführt.
21.3. In Weimar wird das von Walter Gropius gegründete Bauhaus, eine Hochschule für Gestaltung, eröffnet.
27.4. Das Schauspiel in fünf Akten »Die Wupper« von Else Lasker-Schüler wird am Deutschen Theater in Berlin unter der Regie von Max Reinhardt uraufgeführt.
29.6. In Berlin wird die erste Ausstellung von »Merz«-Bildern von Kurt Schwitters eröffnet.
30.9. Das Theater »Die Tribüne« des Regisseurs Erwin Piscator in Berlin wird mit der Uraufführung des Dramas »Die Wandlung« von Ernst Toller eröffnet.
8.12. Im Untergeschoss des Großen Schauspielhauses in Berlin eröffnet der Regisseur und Theaterleiter Max Reinhardt sein Kabarett »Schall und Rauch«.

Die Firmen AEG, Siemens & Halske und die Auer Gesellschaft gründen die Osram GmbH.
1.1. Im gesamten Deutschen Reich treten die Vereinbarungen über die Einführung des achtstündigen Arbeitstages in Kraft.
28.3. Durch die Verordnung zur Freimachung von Arbeitsstellen werden 3 Millionen Frauen in Deutschland arbeitslos.
25.5. In München läuft Maria Kießling über 100 m in 13,5 sec den ersten bekannt gewordenen deutschen Frauenrekord in der Leichtathletik.
5.7. Auf dem zehnten deutschen Gewerkschaftskongress in Nürnberg wird der Allgemeine Deutsche Gewerkschaftsbund gegründet. Erster Vorsitzender wird Carl Legien.
12.7. Der Schiffslinienverkehr zwischen Hamburg und den USA wird wieder aufgenommen.
1.9. Der 1. Deutsche Evangelische Kirchentag in Dresden beschließt, die Schaffung eines Deutschen Evangelischen Kirchenbundes vorzubereiten.
13.11. Die inzwischen fast 1000 Jugendherbergen im Deutschen Reich schließen sich zum Reichsverband für deutsche Jugendherbergen zusammen.
13.12. Auf Initiative der Sozialdemokratin Marie Juchacz wird die Arbeiterwohlfahrt gegründet.

1920

Politik

10.1. Mit dem Austausch der Ratifizierungsurkunden tritt der Versailler Friedensvertrag von 1919 in Kraft: Danzig (Gdansk) und das Memelgebiet werden vom Deutschen Reich abgetrennt. Im Saargebiet übernimmt der Völkerbund die Regierung, im besetzten Rheinland die Interalliierte Hohe Kommission.
12.3. Mit dem Einmarsch der Marinebrigade Ehrhardt in das Berliner Regierungsviertel beginnt in der Nacht zum 13. März der Kapp-Lüttwitz-Putsch gegen die Reichsregierung, der am 17. März vor allem durch einen Generalstreik beendet wird. Parallel dazu gründet sich im Ruhrgebiet die Rote Ruhrarmee, deren Aufstand im April niedergeschlagen wird.
6.6. Bei den ersten Reichstagswahlen der Weimarer Republik erleiden die demokratisch-republikanischen Kräfte eine Niederlage. DDP, Zentrum und DVP bilden eine Minderheitsregierung.
15.11. In Genf tritt der Völkerbund mit Delegierten aus 42 Staaten erstmals zusammen.

Plakat der 1918/19 gegründeten Kommunistischen Partei Deutschlands

Wissenschaft und Technik

Der deutsche Pilot Schröder hält mit Hilfe des von Karl Maybach entwickelten Höhenflugmotors den Höhenweltrekord mit 10093 m.
Hochspannungskabel mit Öl- oder Druckgasisolation werden entwickelt, um Strom mit Fernleitungen wirtschaftlich übertragen zu können.
Mit dem Echolot, das der deutsche Physiker Alexander Behm 1912 entwickelte, werden vom Schiff aus Schallwellen zum Meeresboden gesendet; aus deren Echolaufzeit lässt sich die Wassertiefe errechnen.
Die Zahl der Fernsprechstellen im Deutschen Reich steigt auf 1,78 Millionen an.
Die vom deutschen Ingenieur Otto Steinitz erfundene Propeller-Eisenbahn erreicht eine Geschwindigkeit von 130 km/h.
11.6. Die erste »Rheinmetall-Lokomotive«, eine schwere, fünffach gekuppelte Güterlok, verlässt die Werkshallen in Düsseldorf-Derendorf.
10.12. In Anerkennung für seine thermochemischen Arbeiten erhält Walther Nernst den Chemienobelpreis.

Kultur

George Grosz veröffentlicht sein Mappenwerk »Gott mit uns«, in dem er mit scharfer Satire das deutsche Bürgertum und den Militarismus angreift.
Ernst Jünger veröffentlicht im Selbstverlag das umstrittene Kriegstagebuch »In Stahlgewittern«.
2.1. Der Kunsthistoriker Edwin Redslob, Direktor der Württembergischen Kunstsammlung in Stuttgart, wird zum Leiter des Kunstamts im Reichsinnenministerium gewählt und übt in diesem Amt bis 1933 erheblichen Einfluss auf das Kunstleben aus.
20.1. Am Berliner Lessing-Theater hat das expressionistische Stück »Hölle, Weg, Erde« von Georg Kaiser in der Inszenierung von Victor Baranowsky Premiere.
1.2. In Mainz erscheint die erste Nummer der Musikzeitschrift »Melos«. Herausgeber ist Hermann Scherchen, ein Wegbereiter neuer Musik.
27.2. In Berlin wird Robert Wienes Film »Das Cabinet des Dr. Caligari« mit Conrad Veidt, Lil Dagover und Werner Krauss in den Hauptrollen uraufgeführt.
12.3. Am Staatlichen Schauspielhaus in Berlin inszeniert Leopold Jessner die Uraufführung von Frank Wedekinds Drama »Der Marquis von Keith«. Tilla Durieux und Fritz Kortner spielen die Hauptrollen.
10.6. Die Ausstellung »Deutscher Expressionismus« öffnet in Darmstadt ihre Tore.
1.10. Der Impressionist Max Liebermann wird Präsident der Preußischen Akademie der Künste.
14.10. Das u. a. von Erwin Piscator gegründete Proletarische Theater feiert mit drei Einaktern in Berlin Premiere.
23.12. Trotz einer Strafandrohung von sechs Wochen Haft wird im Berliner Kleinen Schauspielhaus der gesamte Zyklus von Arthur Schnitzlers »Reigen« uraufgeführt. Die Hauptrollen spielen Karl Ettlinger, Curt Goetz und Blanche Dergan.

Gesellschaft

15.1. In Berlin wird das Reichsamt für Arbeitsvermittlung eingerichtet. Die Leitung der neuen Zentralbehörde übernimmt Friedrich Syrup.
11.2. In Frankfurt am Main und anderen deutschen Städten werden öffentliche Karnevalsumzüge aufgrund der katastrophalen wirtschaftlichen Lage des Deutschen Reichs verboten.
21.2. In Preußen wird die Entfernung von Bildern der kaiserlichen Familie aus allen öffentlichen Gebäuden angeordnet.
1.4. Die sieben Staatseisenbahnen der deutschen Länder werden aufgelöst und in ein reichseinheitliches Bahnsystem überführt.
2.4. Der Bund entschiedener Schulreformer kritisiert in Berlin die bestehenden Schulen als »Hort der Gegenrevolution«.
3.5. Der Mehlpreis im Deutschen Reich steigt um 100 %. Daher kostet in Berlin ein Laib Brot jetzt 3,85 Mark statt 2,65 Mark.
15.5. In Berlin wird die Hochschule für Leibesübungen gegründet.
13.6. Erster deutscher Fußballmeister nach Kriegsende wird der 1. FC Nürnberg in Frankfurt am Main vor 35000 Zuschauern mit einem 2:0 über die SpVgg Fürth.
23.6. Preußen hebt per Gesetz die Standesvorrechte des Adels auf.
15.7. In der Rhön wird zum ersten Mal ein Segelflugwettbewerb veranstaltet. Er dauert bis zum 31. August.
18.7. Prinz Joachim von Preußen, jüngster Sohn von Ex-Kaiser Wilhelm II., begeht in Berlin Selbstmord. Der 1890 geborene Prinz litt an einer psychischen Krankheit.
1.10. Durch das Groß-Berlin-Gesetz, das die Eingemeindung u. a. von Charlottenburg, Köpenick, Lichtenberg und Neukölln vorsieht, wächst Berlins Einwohnerzahl auf 3,86 Millionen.
8.11. Der preußische Kultusminister Konrad Haenisch untersagt das Tragen von Hakenkreuzen in Schulen.

1921

18.3. Der Vertrag von Riga beendet formal den 1920 zu Ende gegangenen Krieg zwischen Polen und Sowjetrussland; Polen erhält eine neue Grenze.
11.5. Die Reichsregierung akzeptiert das Londoner Ultimatum der Alliierten vom 5. Mai mit der Festlegung der Reparationsschuld auf 132 Milliarden Goldmark, die in 66 Jahresraten bezahlt werden sollen.
29.7. Adolf Hitler wird als Nachfolger von Anton Drexler zum Vorsitzenden der NSDAP gewählt.

Der Staat Bayern gründet zur landesweiten Elektrizitätsversorgung die Bayernwerk AG mit Sitz in München.
Unter der Bezeichnung Bulldog baut die deutsche Firma Heinrich Lanz in Mannheim den ersten Rohöl-Traktor.
Der Chemiker Friedrich Bergius realisiert sein 1913 entwickeltes Verfahren zur Verflüssigung von Kohle zu Benzin in großtechnischem Maßstab.
Die Kienzle Uhrenfabriken AG entwickelt den ersten Fahrtenschreiber für Autos.

19.3. Kurt Tucholsky bringt unter den Pseudonymen Theobald Tiger und Peter Panther die beiden Werke »Träumereien an preußischen Kaminen« und »Fromme Gesänge« heraus.
7.4. Der von Friedrich Wilhelm Murnau gedrehte Film »Schloss Vogelöd« wird in Berlin uraufgeführt.
14.4. Der Film »Die Bergkatze« von Ernst Lubitsch mit Pola Negri, Victor Janson und Hermann Thimig in den Hauptrollen erlebt im Berliner UFA-Palast seine Premiere.

4.1. Die Deutsche Luft-Reederei (DLR) eröffnet den Linienflugverkehr zwischen Berlin und München.
6.1. Das Berliner Gesundheitsamt meldet, dass von 485000 Kindern der Stadt 29000 (6 %) an Tuberkulose erkrankt sind. 120000 (24,7 %) sind unterernährt, 77000 (15,9 %) krank und stark unterernährt.
12.6. Durch ein 5:0 über Vorwärts Berlin im Düsseldorfer Stadion wird der 1. FC Nürnberg deutscher Fußballmeister.

Politik

29.8. Nach dem Mord an dem Zentrumspolitiker Matthias Erzberger verhängt Reichspräsident Friedrich Ebert mit der »Verordnung zum Schutz der Republik« den Ausnahmezustand über das Deutsche Reich.
6.12. Vertreter der britischen Regierung und der irischen Unabhängigkeitsbewegung Sinn Féin unterzeichnen in London ein Abkommen, das Irland mit Ausnahme der Provinz Ulster zum Freistaat erklärt.

Wissenschaft und Technik

24.8. Auf dem deutschen Astronomentag in Potsdam wird der von Erich Mendelsohn entworfene sog. Einstein-Turm eingeweiht. Das astrophysikalische Observatorium soll die Relativitätstheorie von Albert Einstein experimentell nachweisen.
1.10. In Berlin-Schöneberg wird das erste deutsche Müllkraftwerk in Betrieb genommen. Die bei der Verbrennung entstehende Schlacke wird zu Kunststeinen verarbeitet.

Kultur

29.5. In Düsseldorf hat die Operette »Die spanische Nachtigall« von Leo Fall mit Fritzi Massary in der Hauptrolle Premiere.
11.9. Die Soubrette Trude Hesterberg eröffnet im Keller des Berliner Theater des Westens das Kabarett »Wilde Bühne«.
22.10. Henny Porten und Fritz Kortner spielen in dem sozialkritischen Film »Die Hintertreppe« von Leopold Jessner, der in Berlin anläuft.

Gesellschaft

17.9. In München wird zum ersten Mal seit Kriegsende wieder das Oktoberfest gefeiert.
21.9. Bei einem Explosionsunglück im Stickstoffwerk Oppau der BASF bei Ludwigshafen sterben mehrere hundert Menschen,
1.10. Eine neue Fernsprechverordnung tritt in Kraft. Für die Einrichtung eines Hauptanschlusses werden 200 Mark berechnet, ein Ortsgespräch kostet 75 Pfennig.

1922

16.4. Das Deutsche Reich und Sowjetrussland schließen im italienischen Rapallo einen Vertrag, der u. a. einen Verzicht Russlands auf deutsche Reparationen beinhaltet.
24.6. Reichsaußenminister Walther Rathenau wird in Berlin von Rechtsradikalen erschossen.
2.9. Reichspräsident Friedrich Ebert erklärt das »Deutschlandlied« offiziell zur Nationalhymne.
28.10. Der Führer der italienischen Faschisten, Benito Mussolini, zwingt die Regierung zum Rücktritt. Zwei Tage später erhält Mussolini den Auftrag zur Regierungsbildung.
30.12. In Moskau wird die Union der Sozialistischen Sowjetrepubliken (UdSSR) gegründet.

Die deutschen Ingenieure Walther Bauersfeld und Franz Dischinger entwickeln die Stahlbetonschalenkonstruktion. Derartige Konstruktionen benötigen weniger Material und sind deshalb leichter als üblich.
7.9. In Berlin wird die Deutsche Gesellschaft für Gewerbehygiene gegründet, die sich u. a. mit Fragen der Arbeitsmedizin befasst.
17.9. Die deutschen Ingenieure Hans Vogt, Jo Benedict Engl und Joseph Massolle führen im Alhambra-Lichtspieltheater in Berlin den ersten Tonfilm, den Einakter »Der Brandstifter« von Herman Heijermans, vor. Bild und Ton sind im Lichttonverfahren auf demselben Filmstreifen aufgezeichnet.

Der deutsche Schriftsteller Hermann Hesse veröffentlicht »Siddharta. Eine indische Dichtung«.
Auf dem Bild »Rendezvous der Freunde« versammelt der deutsche Maler Max Ernst die führenden Vertreter der surrealistischen Kunst.
21.3. Die Stadt Essen erwirbt das sich bisher im Privatbesitz befindende Folkwang-Museum in Hagen. Das Museum wird am 29. Oktober in Essen eröffnet.
27.4. Der Film »Dr. Mabuse, der Spieler« von Fritz Lang wird in Berlin erstmals gezeigt.
23.9. An den Münchner Kammerspielen wird mit »Trommeln in der Nacht« erstmals ein Stück von Bertolt Brecht aufgeführt.

Die »Bubikopf«-Frisur ist Ausdruck des sich verändernden weiblichen Schönheitsideals.
1.1. Eine Springflut zerstört weite Teile des Strandes von Westerland auf der Nordseeinsel Sylt.
31.1. Das Statistische Amt des Reiches gibt bekannt, dass die Lebenshaltungskosten im Vergleich zum Vorjahr um 73,3 % gestiegen sind.
9.8. In Berlin wird das Rauchen in den Straßenbahnwaggons zugelassen. Man erhofft sich so einen Anstieg der Fahrgastzahlen.
5.11. Der ehemalige deutsche Kaiser Wilhelm II. heiratet Prinzessin Hermine von Schönaich-Carolath. Es ist die zweite Ehe des im niederländischen Exil lebenden Ex-Monarchen.

1923

11.1. Französische und belgische Truppen marschieren in das Ruhrgebiet ein, da das Deutsche Reich seinen Reparationsverpflichtungen nicht nachkommt.
13.1. Reichskanzler Wilhelm Cuno verkündet den passiven Widerstand gegen die Ruhrbesetzung.
27.1. In München findet der erste Reichsparteitag der NSDAP statt.
24.7. In Lausanne unterzeichnen die Türkei einerseits und Großbritannien, Frankreich, Italien, Japan, Griechenland, Rumänien und das Königreich der Serben, Kroaten und Slowenen andererseits einen Friedensvertrag, womit u. a. die Souveränität der Türkei anerkannt und der Friedensvertrag von Sèvres aus dem Jahre 1920 revidiert wird. Die Griechen müssen Kleinasien verlassen.
21.10. In Aachen rufen Separatisten eine unabhängige Rheinische Republik aus. Der Putsch bricht jedoch nach wenigen Tagen zusammen.
8.11. Adolf Hitler verkündet im Münchner Bürgerbräukeller die »nationale Revolution«. Der Putsch wird am folgenden Tag niedergeschlagen.

Für das Deutsche Museum in München erbaut die Firma Carl Zeiss in Jena nach einem Patent von Walther Bauersfeld von 1919 das erste Projektionsplanetarium. Das Instrument kann die Bewegungen der Sterne und Planeten im Zeitraffer von innen auf einen kuppelförmigen Projektionsschirm abbilden.
Der Physiker Hermann Julius Oberth veröffentlicht das Buch »Die Rakete zu den Planetenräumen«, in dem er Konstruktionsformeln für den Bau und Betrieb einer interplanetarischen Rakete vorstellt.
Die Maschinenfabrik Augsburg-Nürnberg (MAN) erprobt einen Motor mit direkter Kraftstoffeinspritzung, der 1924 in Serie geht.
10.9. Der Benz 5K3 absolviert bei Gaggenau erfolgreich seine Probefahrt. Er gilt als erster marktfähiger Lastkraftwagen mit Dieselmotor und funktioniert mit Vorkammereinspritzung.
29.10. Mit der ersten Sendung der Radiostunde AG aus dem Voxhaus in Berlin beginnt der öffentliche Rundfunk im Deutschen Reich.

Rainer Maria Rilke veröffentlicht beim Insel-Verlag in Leipzig die »Duineser Elegien«.
1.2. Im Berliner UFA-Palast am Zoo wird erstmals der Film »Ein Glas Wasser« von Ludwig Berger gezeigt.
9.5. Inszeniert von Erich Engel wird Bertolt Brechts »Im Dickicht der Städte« im Münchner Residenztheater uraufgeführt. Wegen massiver Proteste wird das Stück bald abgesetzt.
15.8. In Weimar wird die erste Bauhaus-Ausstellung mit einem Vortrag des Architekten Walter Gropius über »Kunst und Technik, die neue Einheit« eröffnet.
31.8. Der von Gerhard Lamprecht an Originalschauplätzen in Lübeck gedrehte Film »Die Buddenbrooks« – nach dem gleichnamigen Roman von Thomas Mann – wird im Tauentzienpalast in Berlin uraufgeführt.
19.9. Ernst Tollers »Der deutsche Hinkemann«, eine Tragödie in drei Akten, wird im Alten Theater in Leipzig erstmals gespielt.
8.12. Bertolt Brechts Drama »Baal« kommt im Alten Theater in Leipzig erstmals auf die Bühne.

1.3. Im Deutschen Reich ist für den Autoverkehr in Ortschaften ab sofort eine Geschwindigkeit von 30 km/h (bislang 15 km/h) erlaubt.
3.5. Die direkte Flugverbindung Berlin–London wird aufgenommen. Bisher mussten die Passagiere in Amsterdam umsteigen.
13.5. Erstmals wird im Deutschen Reich der Muttertag allgemein gefeiert. Das Geschenkfest zu Ehren der Mütter wurde 1907 von der US-Amerikanerin Ann Jarvis propagiert.
10.6. Durch ein 3:0 über Union Oberschöneweide wird der Hamburger SV vor 64 000 Zuschauern in Berlin deutscher Fußballmeister.
17.6. Der Danziger Flughafen wird eingeweiht. Danzig ist ein wichtiger Knotenpunkt für den Flugverkehr nach Osten.
16.9. Mit einer Eröffnungsansprache des Kölner Oberbürgermeisters Konrad Adenauer wird das Müngersdorfer Stadion eingeweiht.
29.9. In Hannover wird die letzte Postkutsche aus dem Verkehr gezogen. Im August waren in Berlin die letzten Pferde-Omnibusse stillgelegt worden.

1924

Politik

21.1. In Gorki stirbt Wladimir I. Lenin im Alter von 53 Jahren.
1.4. In München werden im Hochverratsprozess gegen Adolf Hitler, Erich Ludendorff u. a. wegen des Hitlerputschs vom November 1923 die Urteile gesprochen. Hitler wird zu fünf Jahren Festungshaft und einer Geldstrafe von 200 Goldmark verurteilt. Am 20. Dezember 1924 wird Hitler auf Bewährung entlassen.
9.4. Der sog. Dawesplan regelt die vorläufigen deutschen Reparationszahlungen und sieht eine Anleihe in Millionenhöhe als Starthilfe für die deutsche Wirtschaft vor.
4.5. Bei den Reichstagswahlen müssen die Parteien der Mitte und die SPD schwere Verluste hinnehmen. Am 26. Mai treten die Minderheitsregierung der bürgerlichen Mitte und Reichskanzler Wilhelm Marx zurück.
2.6. Den Indianern werden in den Vereinigten Staaten die vollen Bürgerrechte zugesprochen.
26.11. Nach der Vertreibung chinesischer und antirevolutionärer russischer Truppen aus der Mongolei entsteht die Mongolische Volksrepublik in enger Anlehnung an die UdSSR.

Wissenschaft und Technik

Der deutsche Physiker Hans Riegger erfindet den elektrodynamischen Lautsprecher, bei dem nichtlineare Verzerrungen bei der Schallwiedergabe weitgehend vermieden werden.
Der deutschen Firma Consortium für elektrochemische Industrie GmbH gelingt erstmals die industrielle Herstellung des monomeren Vinylacetats, einem sehr licht- und wetterbeständigen synthetischen Lösungsmittel für Dispersionsfarben und Klebstoffe.
Der deutsche Internist Georg Haas führt mit Erfolg die erste »Blutwäsche« am Menschen durch.
11.1. Nach fünfjähriger Bauzeit läuft im Walchenseekraftwerk des Münchner Bayernwerks der Probebetrieb an.
2.3. Die Mitteldeutsche Rundfunk AG (Mirag) in Leipzig strahlt die erste Sendung aus.
31.5. In Hamburg wird die Heinrich-Hertz-Gesellschaft zur Förderung der Rundfunktechnik gegründet.
4.12. In Berlin wird die erste deutsche Funkausstellung eröffnet. 268 Aussteller zeigen bis zum 13. Dezember etwa 115 000 Besuchern ihre Produkte.

Kultur

Paul Klee bildet mit Wassily Kandinsky, Lyonel Feininger und Alexei von Jawlensky die Künstlergruppe der »Blauen Vier«.
Der deutsche Philosoph Max Scheler veröffentlicht den vierten Band seiner »Schriften zur Soziologie und Weltanschauungslehre«.
Unter dem Titel »Rumänisches Tagebuch« erscheinen Hans Carossas Aufzeichnungen als Bataillonsarzt während des Ersten Weltkriegs.
1.1. In Berlin wird die Krolloper eröffnet. Sie ist für avantgardistische Inszenierungen und die Aufführung moderner Werke bestimmt.
14.2. »Siegfried«, der erste Teil von Fritz Langs Filmepos »Die Nibelungen«, wird im Berliner UFA-Palast gezeigt. Der zweite Teil, »Kriemhilds Rache«, wird im Mai gespielt.
27.3. Georg Kaisers Komödie »Kolportage« wird mit großem Erfolg im Lessing-Theater in Berlin uraufgeführt.
27.9. Das Württembergische Landestheater Stuttgart zeigt Ernst Barlachs Drama »Die Sündflut« erstmals.
28.11. Der S. Fischer Verlag in Berlin liefert den Roman »Der Zauberberg« von Thomas Mann aus.

Gesellschaft

Nach den harten Kriegs- und Krisenjahren zeigt sich die Damenmode luxuriös, extravagant und verspielt. Die Taille bleibt tiefliegend, und der Saum wird kürzer.
1.1. Im Deutschen Reich gibt es derzeit 1500 zahlende Rundfunkhörer. Die Jahresgebühr wird von 60 auf 24 Rentenmark gesenkt. Bis zum 1. Juli hat sich die Zahl der Rundfunkteilnehmer auf 99 000 erhöht.
9.6. Der 1. FC Nürnberg wird durch ein 2:0 über den Hamburger SV in Berlin zum dritten Mal deutscher Fußballmeister.
22.6. Die Universität Frankfurt am Main weiht das Institut für Sozialforschung ein.
20.8. Zur Bekämpfung der »Auswüchse im Auto- und Motorradwesen« wird die bayerische Polizei zum rücksichtslosen Vorgehen gegen überschnelles Fahren, überlaute und misstönende Signale sowie die Belästigung durch Motorlärm und Gasgeruch aufgefordert.
20.9. Durch Regierungsbeschluss wird die Deutsche Einheitskurzschrift (Stenografie) im Deutschen Reich eingeführt.

1925

Politik

17.1. Von Josef Stalin gezwungen tritt in Moskau der Volkskommissar für Verteidigung, Leo D. Trotzki, von seinem Amt zurück.
13.2. Erich Ludendorff gibt die Führung der Nationalsozialistischen Freiheitspartei ab, die sich bald darauf auflöst. Ihre Mitglieder treten zumeist in die NSDAP ein.
27.2. In München gründet Adolf Hitler die NSDAP neu.
28.2. In Berlin stirbt Reichspräsident Friedrich Ebert (SPD) 54-jährig an einer verschleppten Blinddarmentzündung.
20.3. Nach einem Militärputsch in China wird Chiang Kai-shek führender General der Kuomintang.
26.4. Der monarchistische Generalfeldmarschall Paul von Hindenburg wird zum neuen deutschen Reichspräsidenten gewählt.
16.10. Im Vertrag von Locarno erkennt Deutschland seine im Versailler Vertrag vereinbarte Westgrenze an, hält sich jedoch eine Revision der Ostgrenze offen. Der Vertrag entspricht damit den Vorstellungen von Reichsaußenminister Gustav Stresemann.
25.11. Das persische Parlament überträgt dem neuen Herrscher des Landes, Resa Khan, die erbliche Würde als Schah.

Wissenschaft und Technik

Zur Herabsetzung des Innenwiderstands von Senderöhren versieht der deutsche Physiker Walter Schottky diese Röhren mit einem zusätzlichen engmaschigen Schirmgitter.
25.1. Die von der Firma Esslingen gebaute 1200-PS-Lok von MAN ist die erste Diesellok, die günstigere Leistungs- und Verbrauchswerte als eine etwa gleich starke Dampflokomotive erreicht.
14.4. Ein vom Observatorium in Lindenberg bei Berlin gestarteter Registrierballon erreicht eine Höhe von 32 000 m. Das ist der bisher höchste unbemannte Ballonaufstieg.
15.5. Die deutschen Chemiker Franz Fischer und Hans Tropsch entdecken ein chemisches Verfahren, unter Niederdruck aus Synthesegas verschiedene flüssige Kohlenwasserstoffe, darunter Benzin, zu erzeugen.
29.7. Der Physiker Werner Heisenberg erklärt mit seiner Quantenmechanik mikrophysikalische Vorgänge.
25.9. Auf der Kino- und Fotomesse in Berlin wird die von dem deutschen Feinmechaniker Oskar Barnack für die Firma Leitz in Wetzlar entwickelte Kleinbildkamera Leica gezeigt.
22.11. In Kölner und Berliner Kaufhäusern werden die ersten Rolltreppen Deutschlands eingeweiht.

Kultur

Peter Behrens vollendet das expressionistische Verwaltungsgebäude der Farbwerke Hoechst.
16.3. Im Berliner UFA-Palast am Zoo wird der neueste UFA-Film »Wege zu Kraft und Schönheit« von Wilhelm Prager uraufgeführt.
1.4. Aufgrund eines Beschlusses der thüringischen Landesregierung muss sich das Bauhaus in Weimar auflösen und siedelt nach Dessau über.
20.4. Das Stück »Juarez und Maximilian« von Franz Werfel wird in Magdeburg uraufgeführt.
16.5. Unter der Regie von Leopold Jessner findet im Staatlichen Schauspielhaus Berlin die Uraufführung von Arnolt Bronnens Stück »Rheinische Rebellen« statt.
23.5. In Berlin findet die Uraufführung des Films »Die freudlose Gasse« von Georg Wilhelm Pabst statt.
14.6. In der Kunsthalle Mannheim eröffnet Gustav F. Hartlaub die Ausstellung »Neue Sachlichkeit«.
1.10. Der Komponist Arnold Schönberg wird Leiter der Meisterklasse für Komposition an der Preußischen Akademie der Künste in Berlin.
14.12. In der Deutschen Staatsoper Berlin wird die Oper »Wozzeck« von Alban Berg unter der Leitung von Erich Kleiber uraufgeführt.

Gesellschaft

1.1. Durch die Zusammenlegung von drei Elektrizitätswerken entstehen in Dortmund die Vereinigten Elektrizitätswerke Westfalen GmbH.
8.2. Das Statistische Amt gibt bekannt, dass derzeit im Deutschen Reich 200 000 Pkw sowie 100 000 Motorräder zugelassen sind.
1.3. Zum ersten Mal wird im Deutschen Reich der Volkstrauertag zum Gedenken an die Toten des Ersten Weltkriegs begangen.
7.6. Vor 50 000 Zuschauern wird der 1. FC Nürnberg durch 1:0 gegen den FSV Frankfurt in Frankfurt am Main zum vierten Mal deutscher Fußballmeister.
11.6. Das Berliner Polizeipräsidium erlässt eine Ergänzungsverordnung über die Regelung des Fußgängerverkehrs in der Reichshauptstadt. Danach dürfen Fußgänger den Fahrdamm von Straßen erster Ordnung in Zukunft nur an Straßenecken überqueren.
27.8. Bei einer Verkehrszählung in Berlin wird festgestellt, dass auf der Straße Unter den Linden in beiden Richtungen 123 Autos pro Minute fahren.
2.12. Die Firmen BASF, Bayer, Hoechst, Agfa u. a. schließen sich zu dem Chemiekonzern I. G. Farben zusammen.

1926

Politik

24.4. In Berlin unterzeichnen der sowjetische Botschafter in Berlin, Nikolai N. Krestinski, und der deutsche Außenminister Gustav Stresemann den Berliner Vertrag, der den Rapallopakt von 1922 bekräftigt.
28.6. Zur Senkung der Arbeitslosenzahlen verabschiedet der Deutsche Reichstag ein Arbeitsbeschaffungsprogramm.
19.7. Truppen der chinesischen Kanton-Regierung unter der Führung von Chiang Kai-shek beginnen einen Feldzug nach Norden, um China wieder zu vereinigen.
10.9. Das Deutsche Reich wird in den Völkerbund aufgenommen.
1.11. Joseph Goebbels wird zum Gauleiter der NSDAP im Gebiet Berlin-Brandenburg ernannt.
18.11. Die britischen Dominions erhalten den Status autonomer Gemeinschaften. Damit wird das britische Empire in das Commonwealth of Nations umgewandelt.
17.12. Die bürgerliche Reichsregierung unter Wilhelm Marx wird wegen ihrer Militärpolitik durch ein von der SPD eingebrachtes Misstrauensvotum gestürzt.
25.12. Nach dem Tod seines Vaters, Kaiser Joschihito, besteigt Hirohito den japanischen Kaiserthron.

Wissenschaft und Technik

Der Physiker Hans Busch begründet die Elektronenoptik als selbstständige wissenschaftliche Disziplin. Er entwickelt eine magnetische Linse in Form eines rotationssymmetrischen Feldes zur Bündelung von Elektronenstrahlen.

Plakat der Deutschen Lufthansa

6.1. Durch Zusammenschluss der Holdinggesellschaft Junkers Luftverkehr und der Aero Lloyd AG entsteht die Deutsche Lufthansa AG.
7.1. Auf der Bahnstrecke Berlin–Hamburg werden erstmals Zugtelefone eingerichtet.

Kultur

Von Thomas Mann erscheint die Erzählung »Unordnung und frühes Leid«. Der in Mexiko lebende deutschsprachige Dichter Bruno Traven legt mit dem Roman »Das Totenschiff« sein Erstlingswerk vor.
4.3. Der deutsche Tanzpädagoge Rudolf von Laban gründet in Würzburg eine Hochschule für Bewegungskunst.
8.4. Der Film »Die Biene Maja« nach dem Buch von Waldemar Bonsels wird in Berlin uraufgeführt.
11.7. Das von Ludwig Mies van der Rohe entworfene Denkmal für Rosa Luxemburg und Karl Liebknecht und die Opfer der Novemberrevolution und des Spartakusaufstands wird in Berlin eingeweiht.
28.7. Heinz Rühmann debütiert in dem Spielfilm »Das deutsche Mutterherz« von Geza von Bolváry, der in Berlin uraufgeführt wird.
25.9. Das Schauspiel »Mann ist Mann« von Bertolt Brecht wird gleichzeitig in Darmstadt und Düsseldorf erstmals auf die Bühne gebracht.
11.12. In Frankfurt am Main wird das satirische Stück »Kleinbürgerhochzeit« von Bertolt Brecht uraufgeführt.
17.12. Im UFA-Palast in Berlin wird der Film »Der heilige Berg« von Arnold Fanck mit Luis Trenker und Leni Riefenstahl erstmals gezeigt.

Gesellschaft

1.1. Das Hochwasser des Rheins erreicht mit 9,30 m bei Koblenz den höchsten gemessenen Stand seit 1781.
14.1. In Köln wird der erste Einheitspreisladen nach US-Vorbild eröffnet. Alle Waren kosten zwischen 25 und 50 Pfennig.
8.5. In Düsseldorf wird die Große Ausstellung für Gesundheitspflege, soziale Fürsorge und Leibesübungen (Gesolei) eröffnet.
3.6. Durch einen 4:1-Erfolg über Hertha BSC wird die Spielvereinigung Fürth in Frankfurt am Main deutscher Fußballmeister.
28.6. Die Daimler-Motorengesellschaft und die Firma Benz und Cie. schließen sich zur Daimler-Benz AG zusammen.
20.9. Die seit Anfang September in Hannover herrschende Typhuswelle flaut langsam ab. Insgesamt sind 1728 Personen erkrankt und 73 gestorben.
1.11. Die Westdeutsche Funkstunde AG wird von Münster nach Köln verlegt und erhält den Namen Westdeutsche Rundfunk AG.
1.12. Die Hermann Tietz OHG erwirbt sämtliche Warenhäuser der Firma Jandorf & Co. sowie das Kaufhaus des Westens in Berlin und wird damit zum größten Warenhauskonzern des europäischen Kontinents.

1927

6.3. Erstmals seit der Freilassung aus der Festungshaft spricht Adolf Hitler auf öffentlichen Veranstaltungen in Bayern.
18.4. Der Oberbefehlshaber der Kuomintang, Chiang Kai-shek, verkündet die Bildung einer nationalchinesischen Regierung in Nanking.
26.4. Der in Moskau tagende IV. Sowjetkongress der UdSSR beschließt einen Fünfjahresplan in Auftrag zu geben, wodurch die Industrialisierung koordiniert und forciert werden soll.
17.8. Nach über dreijährigen Verhandlungen wird in Paris ein deutsch-französischer Handelsvertrag unterzeichnet.
23.9. Das Deutsche Reich erklärt offiziell seinen Beitritt zum Ständigen Schiedsgerichtshof im niederländischen Den Haag.
22.11. In der albanischen Hauptstadt Tirana wird ein Defensivbündnis unterzeichnet, das Albanien faktisch zum italienischen Protektorat macht.
25.12. Reichskanzler Wilhelm Marx ist 1000 Tage im Amt. Ein solches Jubiläum hat noch kein Regierungschef der Weimarer Republik erreicht.

Der Göttinger Biochemiker Adolf Windaus und der US-amerikanische Arzt Alfred Fabian Hess finden durch UV-Bestrahlung von Ergosterin das Vitamin D.
Der Philosoph Martin Heidegger veröffentlicht seine wissenschaftliche Untersuchung »Sein und Zeit«.
In Deutschland wird der erste vollwertige synthetische Kautschuk, Buna, entwickelt.
In Berlin wird die Deutsche Gesellschaft für Rheumabekämpfung gegründet.
Der Heidelberger Mediziner Kurt Beringer experimentiert mit Meskalin. Versuchspersonen sind Ärzte und Medizinstudenten.
24.4. In Bad Nauheim stellt der Berliner Nervenarzt Johannes Heinrich Schultz das sog. Autogene Training zur »konzentrativen Selbstentspannung« vor.
14.5. Die »Cap Arcona«, der erste deutsche Schnelldampfer, der auf der Südamerika-Linie eingesetzt werden soll, läuft in Hamburg vom Stapel.
1.12. Zwischen Berlin und Wien wird der regelmäßige telegrafische Bildübertragungsdienst aufgenommen.

»Der Steppenwolf« von Hermann Hesse erscheint beim S. Fischer Verlag.
10.1. Im Berliner UFA-Palast am Zoo hat der Film »Metropolis« von Fritz Lang Premiere.
22.3. Im Propyläen-Verlag erscheint »Die Hauspostille«, eine Sammlung mit 50 Gedichten aus dem Frühwerk Bertolt Brechts.
26.3. Der deutschnationale Alfred Hugenberg sichert sich die Aktienmehrheit bei der Universum Film AG.
2.6. In der Bremer Boettchergasse wird das Paula-Modersohn-Becker-Haus eröffnet.
23.7. In Stuttgart-Weißenhof wird die Werkbundausstellung »Die Wohnung« eröffnet.
23.9. Der Film »Berlin – Die Symphonie einer Großstadt« von Walter Ruttmann hat im Berliner Tauentzien-Palast Premiere.
13.10. Im Berliner Lessing-Theater wird das Stück »Schinderhannes« von Carl Zuckmayer uraufgeführt.
15.10. »Der Streit um den Sergeanten Grischa«, ein Antikriegsroman von Arnold Zweig, erscheint. Innerhalb von zehn Tagen sind 10 000 Exemplare verkauft.

6.1. Der 23-jährige Harry Domela, der sich u. a. als Hohenzollernprinz Wilhelm ausgegeben und damit Geld erschwindelt hatte, wird in Euskirchen festgenommen. Am 11. Juli wird Domela in Köln wegen Betrugs zu sieben Monaten Gefängnis verurteilt.
16.4. In Berlin wird die Ausstellung »Das Wochenende« eröffnet, bei der u. a. Wochenendhäuser von Bruno Taut und Hans Poelzig gezeigt werden.
1.6. Der Hindenburgdamm, der die nordfriesische Insel Sylt mit dem Festland verbindet, wird von Reichspräsident Paul von Hindenburg feierlich eingeweiht.
12.6. Der 1. FC Nürnberg wird vor 50 000 Zuschauern in Berlin durch 2:0 über Hertha BSC Berlin zum fünften Mal deutscher Fußballmeister.
8.7. Bei einer Unwetterkatastrophe im sächsischen Erzgebirge kommen 145 Menschen ums Leben.
3.10. In Sachsen greift die spinale Kinderlähmung trotz aller medizinischen Abwehrmaßnahmen weiter um sich. Bislang sind 221 Erkrankungen gemeldet worden.
26.10. In Fürth wird das Versandhaus Quelle gegründet.

1928

Politik

13.3. Der Vorsitzende der Reichstagsfraktion der NSDAP, Wilhelm Frick, erklärt in einem Brief, dass seine Partei eine »vollkommene Umwälzung des Staates«, allerdings auf legalem Weg, anstrebe.
7.5. Die britischen Frauen erhalten das passive und aktive Wahlrecht ab 21 Jahren und sind damit den Männern gleichgestellt.
20.5. Bei den Reichstagswahlen erleiden die bürgerlichen und die Rechtsparteien z. T. erhebliche Verluste. SPD und KPD können ihren Stimmenanteil steigern.
27.8. 15 Nationen unterzeichnen in Paris den Briand-Kellogg-Pakt, der den Angriffskrieg ächtet.
2.11. Der NSDAP-Vorsitzende Adolf Hitler erklärt, dass seine Partei derzeit über 19 Zeitungen verfüge, 12 weitere Blätter sympathisieren mit der NSDAP.
16.11. In seiner ersten Rede im Berliner Sportpalast prophezeit Adolf Hitler vor 16 000 Zuschauern den Wiederaufstieg Deutschlands durch »Wehrhaftigkeit, Ehrbegriffe, Rassenstolz und wirtschaftliche Autarkie«.

Wissenschaft und Technik

Die Physiker Hans Geiger und Walter Müller erfinden das Geiger-Müller-Zählrohr zum Nachweis und zur Zählung einzelner subatomarer Partikel.
Der Berliner Hans Haupt erfindet den zusammenlegbaren Regenschirm »Knirps«.
Der deutsche Physiker und Mathematiker Arnold Sommerfeld begründet die Theorie der freien Elektronen quantentheoretisch.
Der deutsche Chemiker W. Bauer erfindet das Polymethacrylat (PMMA), einen glasklaren Kunststoff, der im Gegensatz zu Glas nicht splittert.
10.2. Die erste drahtlose transatlantische Telefonverbindung zwischen dem Deutschen Reich und den Vereinigten Staaten wird von Berlin aus in Betrieb genommen.
23.5. Auf der Berliner Avus steuert Fritz von Opel ein von 24 Feststoffraketen angetriebenes Auto, das eine Höchstgeschwindigkeit von 195 km/h erreicht.
11.6. Fritz Stamer unternimmt mit seiner »Ente«, einem raketengetriebenen Segelflugzeug, den Jungfernflug.

Kultur

Erich Kästner veröffentlicht seinen Roman für Kinder »Emil und die Detektive«.
3.1. Im Berliner UFA-Palast wird der erste Teil des Films »Der alte Fritz« von Gerhard Lamprecht mit Otto Gebühr in der Hauptrolle uraufgeführt.
5.5. In Berlin hat die Filmkomödie »Wie heirate ich meinen Chef« von Erich Schönfelder mit Harry Holm und Helene Hallier Premiere.
31.8. Im Berliner Theater am Schiffbauerdamm findet die Uraufführung der »Dreigroschenoper« von Bertolt Brecht und Kurt Weill unter der Regie von Erich Engel statt.
12.10. »Ehen werden im Himmel geschlossen«, ein Lustspiel von Walter Hasenclever, wird in den Berliner Kammerspielen erstmals gezeigt.
10.11. Die Berliner »Vossische Zeitung« beginnt den Vorabdruck des Antikriegsromans »Im Westen nichts Neues» von Erich Maria Remarque.
22.12. Im Theater am Nollendorfplatz in Berlin wird die Operette »Jettchen Gebert« von Walter Kollo erstmals gespielt.

Gesellschaft

An den Deutschen Hochschulen sind 111 582 Studenten eingeschrieben. Der Anteil der weiblichen Studierenden beträgt im Sommersemester 14,5 %.
1.5. Die Deutsche Lufthansa nimmt den Flugverkehr von Berlin nach Moskau auf. Der Flug über Königsberg, Riga und Smolensk dauert etwa 15 Stunden.
12.5. In Köln wird die Internationale Presseausstellung »Pressa«, die größte Schau ihrer Art, eröffnet.
29.7. Vor 50 000 Zuschauern im Altonaer Stadion wird der Hamburger SV durch einen 5:2-Sieg über Hertha BSC Berlin deutscher Fußballmeister.
21.9. Hugo Stinnes jr., der Sohn des Großindustriellen, wird gegen eine Kaution von 1 Million Reichsmark aus der Haft entlassen. Gegen ihn besteht der dringende Verdacht, betrügerische Geschäfte mit Kriegsanleihen gemacht zu haben.
7.10. Die Deutsche Reichsbahn führt ein neues Klassensystem ein. Sie schafft die vierte Klasse ab und erhöht die Tarife. Die Fahrpreise für die dritte Klasse steigen um etwa 12 %.

1929

1.1. Der »Völkische Beobachter«, das Parteiorgan der NSDAP, erscheint erstmals mit einer Berliner Ausgabe.
6.2. Der Deutsche Reichstag ratifiziert den Briand-Kellogg-Pakt zur Ächtung eines Angriffskriegs.
11.2. In Rom werden die Lateranverträge unterzeichnet, mit denen der Vatikan seine Streitigkeiten mit dem italienischen Staat beilegt.
7.6. In Paris wird der Youngplan unterzeichnet, der die deutschen Reparationsleistungen an die Alliierten des Weltkriegs neu regelt.
27.7. In Genf werden Abkommen zur Verbesserung des Loses der Verwundeten und Kranken im Felde sowie das Genfer Abkommen über die Behandlung der Kriegsgefangenen unterzeichnet.
3.10. König Alexander I. ordnet an, dass das Königreich der Serben, Kroaten und Slowenen künftig »Jugoslawien« heißen soll.
25.10. Der Börsenkrach an der New Yorker Wall Street leitet die Weltwirtschaftskrise ein. In Europa sind die Auswirkungen erst mit zeitlicher Verzögerung zu spüren.
30.11. Die seit 1920 besetzte Koblenzer Rheinlandzone ist vollständig von Besatzungssoldaten geräumt.
9.12. Die USA, die nicht Mitglied des Völkerbunds sind, treten dem Internationalen Gerichtshof in Genf bei.

Der deutsche Psychiater Hans Berger entwickelt die Elektroenzephalographie, ein Verfahren, das die Diagnose verschiedener Hirnerkrankungen erleichtert.

Germania, stolz auf's Blaue Band

16.7. Das Passagierschiff »Bremen« geht auf Jungfernfahrt und erringt auf Anhieb das Blaue Band für die schnellste Atlantiküberquerung.
25.7. Das bislang größte Motorflugzeug der Welt, die von den deutschen Dornier-Werken gebaute »Do X«, absolviert ihren Jungfernflug.
5.11. Der erst 25-jährige Berliner Mediziner Werner Forßmann publiziert in der »Klinischen Wochenschau« seinen Selbstversuch mit dem von ihm entwickelten Herzkatheter.

In Berlin wird mit dem Bau der Siemensstadt begonnen. Neben Hans Scharoun und Walter Gropius sind Otto Bartning, Fred Forbat, Hugo Häring und Paul Rudolf Henning an dem Projekt beteiligt.
Unter dem Titel »Antlitz der Zeit« veröffentlicht der Fotograf August Sander eine Sammlung von Porträts deutscher Menschen.
31.1. Das Buch »Im Westen nichts Neues« von Erich Maria Remarque ist schon vor Erscheinen der Erstauflage infolge der Vorbestellungen vergriffen.
12.3. Der erste abendfüllende deutsche Tonfilm, »Melodie der Welt« von Walter Ruttmann, kommt in Berlin zur Uraufführung.
8.6. In der Berliner Krolloper wird die Oper »Neues vom Tage« von Paul Hindemith uraufgeführt. Das Libretto stammt von Marcellus Schiffer.
13.9. Luis Trenker spielt die Hauptrolle in dem Film »Der Ruf des Nordens«, der im Berliner UFA-Theater uraufgeführt wird.
23.9. Die »Neue Rundschau« beginnt mit dem Vorabdruck des Romans »Narziss und Goldmund« von Hermann Hesse.
11.10. In der »Frankfurter Zeitung« erscheint die letzte Folge des Romans »Berlin Alexanderplatz« von Alfred Döblin. Zugleich erscheint die Buchausgabe im S. Fischer Verlag.

14.2. Wegen einer zu erwartenden »Verletzung des öffentlichen Anstands« erteilen die Münchner Behörden der US-amerikanischen Tänzerin Josephine Baker ein Auftrittsverbot.
26.3. Noch vor der Fertigstellung brennt der Ozeanriese »Europa« auf der Hamburger Werft Blohm & Voss aus. Es entsteht ein Sachschaden von 60 Millionen RM.
10.4. Der 31-jährige deutsche Dramatiker Bertolt Brecht heiratet in Berlin die zwei Jahre jüngere Schauspielerin Helene Weigel.
21.6. Das neue Karstadt-Gebäude, das größte Warenhaus im Deutschen Reich, wird am Hermannplatz in Berlin eröffnet.
29.6. In Essen wird die Große Ruhrländische Gartenbauausstellung (Gruga) eröffnet.
28.7. Die SpVgg Fürth wird mit einem 3:2-Sieg über Hertha BSC Berlin vor 50 000 Zuschauern in Nürnberg zum dritten Mal deutscher Fußballmeister.
26.9. Die Fusion der Deutschen Bank und der Disconto-Gesellschaft ist der bislang größte Zusammenschluss in der deutschen Bankgeschichte.
26.9. Die Brüder Max, Leo und Willy Sklarek werden wegen Verdachts auf Bestechung von Politikern in Berlin festgenommen.

1930

Politik

20.1. Die zweite Haager Konferenz regelt mit der Unterzeichnung der sog. Haager Schlussakte die vom Deutschen Reich zu zahlenden Reparationen. Danach hat das Deutsche Reich bis zum Jahr 1988 insgesamt 34,5 Milliarden RM aufzubringen.
27.3. Die letzte auf eine parlamentarische Mehrheit gestützte Regierung der Weimarer Republik tritt zurück. Reichskanzler Hermann Müller (SPD) wird von Heinrich Brüning (Zentrum) abgelöst.
18.7. Reichspräsident Paul von Hindenburg löst den Reichstag auf, nachdem sich die Abgeordneten gegen eine Notverordnung zur Durchführung der Finanzpläne der Regierung zur Wehr gesetzt haben.
14.9. Bei den Reichstagswahlen erhält die SPD mit 24,5 % die meisten Stimmen. Die NSDAP gewinnt mit 18,3 % der Stimmen 95 Sitze im Parlament hinzu und schafft damit den politischen Durchbruch. Die KPD erhält 13,1 %.
2.11. König Täfäri Mäkwännen von Äthiopien wird als Haile Selassie I. zum Kaiser gekrönt. Er strebt eine Modernisierung und Zentralisierung seines afrikanischen Reiches an.

Wissenschaft und Technik

Die IG Farbenindustrie entwickelt den vielseitig verwendbaren Kunststoff Polystyrol.
Die Bayer-Werke in Leverkusen stellen öl- und kraftstoffbeständigen Synthesekautschuk her, der den Naturkautschuk ablöst.
10.6. Die Nebelhornbahn in Oberstdorf wird eingeweiht, die mit einer Strecke von 4900 m längste deutsche Seilbahn.
8.7. Die wichtigste Teilstrecke der Zugspitzbahn, die Zahnradbahn vom Eibsee bis zum Schneefernerhaus, wird eingeweiht.
13.10. Das einmotorige Tiefdecker-Transportflugzeug der deutschen Junkers-Werke, die »Ju 52/1 m«, absolviert seinen Jungfernflug.
18.10. Auf einer Versuchsstrecke bei Hannover wird ein von den Flugzeugkonstrukteuren Franz Kruckenberg und Kurt Stedefeld entwickelter Propellertriebwagen (Schienen-Zeppelin) vorgeführt, der über einem 500-PS-Flugzeugmotor an Heck angetrieben wird.
24.12. Der Funk- und Fernsehpionier Manfred von Ardenne führt in Berlin das erste elektronische Fernsehbild vor.

Kultur

Lion Feuchtwanger bringt seinen Roman »Erfolg« heraus, in dem er ein Panorama des politischen und gesellschaftlichen Lebens in München zu Beginn der Zwanzigerjahre entwirft.
Der Fotograf August Sander stellt sein Sammelwerk »Menschen des 20. Jahrhunderts« vor.
9.3. In Leipzig wird die Oper »Aufstieg und Fall der Stadt Mahagonny« von Bertolt Brecht mit der Musik von Kurt Weill uraufgeführt.
1.4. Der Film »Der blaue Engel« von Josef von Sternberg wird erstmals in Berlin gezeigt und macht die Schauspielerin Marlene Dietrich über Nacht zum Weltstar.
15.9. Der Film »Die Drei von der Tankstelle« von Wilhelm Thiele mit Willy Fritsch, Lilian Harvey, Oskar Karlweiss und Heinz Rühmann feiert in Berlin Premiere.
2.10. In Berlin wird das Pergamon-Museum auf der Museumsinsel feierlich eröffnet. Es zeigt deutsche Ausgrabungen in Kleinasien, u. a. den Pergamonaltar von König Eumenes.
6.12. In Berlin wird das Stück »Der blaue Boll« von Ernst Barlach in einer Inszenierung von Jürgen Fehling uraufgeführt.

Gesellschaft

22 700 Firmen im Deutschen Reich müssen wegen der Wirtschaftskrise Konkurs anmelden.
21.1. Der Allgemeine Deutsche Automobilclub (ADAC) gibt in Würzburg bekannt, dass die Mitgliederzahl des Vereins im vergangenen Jahr um 34 000 auf 118 000 gestiegen ist.
9.5. Der Deutsche Städtetag teilt mit, dass 25 % aller Arbeitslosen, die finanziell unterstützt werden, dauerhaft erwerbslos sind. Ihr Anteil an der Zahl der Arbeitslosen ist seit 1927 um 9 % gestiegen.
24.5. In Düsseldorf wird der vorbestrafte Peter Kürten verhaftet. Er wird verdächtigt, seit 1929 acht Sexualmorde begangen zu haben.
12.6. Max Schmeling geht als Sieger aus dem Boxkampf gegen den US-Amerikaner Jack Sharkey um die Schwergewichts-Weltmeisterschaft in New York hervor.
22.6. Mit einem 5:4-Sieg gegen Holstein Kiel wird Hertha BSC Berlin in Düsseldorf zum ersten Mal deutscher Fußballmeister.
11.11. In Mannheim wird eine der ersten Berufsschulen für Mädchen eröffnet, ihr Schwerpunkt liegt im hauswirtschaftlichen Bereich.

1931

5.1. Der Vorsitzende der NSDAP, Adolf Hitler, ernennt den früheren Reichswehr-Hauptmann Ernst Röhm zum Chef des Stabes der Sturmabteilung (SA).
10.2. NSDAP und DNVP protestieren gegen Maßnahmen, die die Störungsversuche der extremen Parteien im Parlament unterbinden sollen, und geben ihren Auszug aus dem Reichstag bekannt.
12.4. Nach einem Wahlsieg der Republikaner bei Gemeindewahlen in Spanien verzichtet König Alfons XIII. auf den Thron. Am 14. April wird die Republik ausgerufen. Regierungsschef wird der Liberalkonservative Niceto Alcalá Zamora y Torres.
11.10. Auf einer Versammlung in Bad Harzburg demonstriert die Nationale Opposition, bestehend aus NSDAP, DNVP und anderen rechtsgerichteten nationalistischen Verbänden, ihre politische Einheit nach außen (Harzburger Front).
16.12. Als Reaktion auf die rechtsgerichtete nationalistische und faschistische Harzburger Front proklamieren in Berlin demokratische und konservative Gruppierungen die Eiserne Front zur »Abwendung der faschistischen Gefahr«.

Der deutsche Elektrotechniker Max Knoll und sein Schüler Ernst Ruska stellen nach jahrelanger Entwicklung das erste Elektronenmikroskop vor.
16.1. Auf der fast 3000 m hoch gelegenen Bergstation wird die deutsche Zugspitzbahn eingeweiht.
17.2. In Berlin führen die Junkers Werke die als Großraumfrachtflugzeug konzipierte einmotorige »Ju 52« vor.
13.3. Karl Poggensee gelingt bei Berlin der erste erfolgreiche Abschuss einer Feststoffrakete in Europa.
19.5. In Anwesenheit von Reichspräsident Paul von Hindenburg und Reichskanzler Heinrich Brüning läuft in Kiel das neue Panzerschiff »Deutschland« vom Stapel.
21.6. Auf der Bahnstrecke Hamburg–Berlin erreicht ein von Franz Kruckenberg, Kurt Stedefeld und Willi Black gebauter, Propeller getriebener Eisenbahntriebwagen eine Höchstgeschwindigkeit von 230 km/h.
31.7. Nach fast einwöchiger Arktisfahrt über etwa 13 000 km landet das Luftschiff »Graf Zeppelin« wieder wohlbehalten in Friedrichshafen.
21.8. Auf der Funkausstellung in Berlin präsentiert die Firma Loewe den ersten elektronischen Fernsehempfänger mit Braunscher Röhre.

Der deutsche Schriftsteller Hans Fallada bringt seinen Roman »Bauern, Bonzen und Bomben« heraus.
25.1. Max Reinhardt eröffnet das umgebaute Kurfürstendamm-Theater in Berlin mit Édouard Bourdets Drama »Das schwache Geschlecht«.
19.2. Nach langen Streitigkeiten zwischen Autor (Bertolt Brecht) und Regisseur (Georg W. Pabst) hat der Film »Die Dreigroschenoper« in Berlin Premiere.
5.3. Die Komödie »Der Hauptmann von Köpenick« von Carl Zuckmayer wird im Deutschen Theater in Berlin uraufgeführt.
11.5. Der psychologische Kriminalfilm »M – Mörder unter uns« von Fritz Lang wird erstmals in Berlin gezeigt.
8.10. Der Film »Berlin-Alexanderplatz« nach dem Roman von Alfred Döblin unter der Regie von Piel Jutzi hat im Berliner Capitol-Kino Premiere.
28.11. Der Film »Mädchen in Uniform« nach dem Roman »Gestern und heute« von Christa Winsloe mit Hertha Thiele und Dorothea Wieck wird in Berlin uraufgeführt.
2.12. »Emil und die Detektive«, der Film nach dem gleichnamigen Roman von Erich Kästner, hat in Berlin Premiere.

Im Deutschen Reich sind bis Jahresende über 5 Millionen Menschen ohne Arbeit. Die Reallöhne sinken unter den Stand von 1928.
22.1. In der Berliner Masurenallee wird das Haus des Rundfunks eingeweiht. Das Funkhaus wird benutzt von der Berliner Funk-Stunde, der Reichs-Rundfunk-Gesellschaft und der Deutschen Welle.
21.2. Bei einer Schlagwetterexplosion auf der Grube Reserve in Rothberg bei Aachen sterben 31 Bergleute.
26.3. Über Kurzwelle meldet sich erstmals ein deutscher Reporter aus New York mit einer eigens für das Deutsche Reich produzierten Sendung.
22.4. Das Düsseldorfer Schwurgericht verurteilt den Fuhrmann Peter Kürten wegen Mordes in neun Fällen und acht Mordversuchen neunmal zum Tode und zu 15 Jahren Zuchthaus. Am 2. Juli wird Peter Kürten hingerichtet.
14.6. Hertha BSC Berlin wird mit einem 3:2-Sieg über den TSV 1860 München in Köln deutscher Fußballmeister.
21.12. Ein Feuer im Alten Schloss in Stuttgart zerstört Teile des über 350 Jahre alten, international berühmten Renaissancebauwerkes.

1932

Politik

Die Weltwirtschaftskrise erreicht ihren Höhepunkt. Industriestaaten und Entwicklungsländer sind von der anhaltend hohen Arbeitslosigkeit betroffen.

13.3. Bei der Reichspräsidentenwahl wird der amtierende Reichspräsident Paul von Hindenburg im zweiten Wahlgang mit absoluter Mehrheit wieder gewählt. Der Vorsitzende der NSDAP, Adolf Hitler, erhält 36,8 % der Stimmen.

30.5. Reichskanzler Heinrich Brüning tritt nach Konflikten mit Reichspräsident Paul von Hindenburg zurück. Sein Nachfolger wird der Zentrumspolitiker Franz von Papen.

20.7. In Italien übernimmt der faschistische Ministerpräsident Benito Mussolini zusätzlich das Innen- und das Außenministerium.

31.7. Aus den Reichstagswahlen geht die NSDAP mit 37,4 % als stärkste politische Kraft hervor, erreicht jedoch keine regierungsfähige Mehrheit.

30.8. Die Abgeordneten des Deutschen Reichstages wählen den Nationalsozialisten Hermann Göring zum Reichstagspräsidenten.

17.11. Reichskanzler Franz von Papen tritt in Berlin von seinem Amt zurück, da sämtliche Parteien mit Ausnahme der DNVP seinem Kabinett die Unterstützung versagt haben.

Wissenschaft und Technik

Der Physiker Werner Heisenberg stellt grundlegend neue Theorien über die Partikelverteilung und die Kräfte im Atomkern auf.

Der Münchner Arzt Rudolf Schindler führt das flexible Gastroskop (Magenspiegel) ein. Mit der Magensonde ist es möglich, Erkrankungen der menschlichen Verdauungsorgane zu diagnostizieren.

Der Automobilhersteller DKW bringt mit dem Modell »F 1« einen Kleinwagen auf den Markt, der mit einem sparsamen 500-ccm-Motor ausgerüstet ist.

Der von Duisburg über Essen, Bochum und Dortmund bis nach Unna führende, 70 km lange »Ruhrschnellweg« wird dem Verkehr übergeben.

Die neu erbaute, vierspurige Autobahn Köln–Bonn ist die erste kreuzungsfreie Straße, die ausschließlich dem Kraftfahrzeugverkehr vorbehalten ist.

13.1. Die Deutsche Reichsbahn stellt einen Schnelltriebwagen vor, der eine Höchstgeschwindigkeit von 160 km/h erreicht.

1.10. In Berlin wird die Deutsche Luftsport-Ausstellung eröffnet, die einen Überblick über neue Flugzeugtypen bietet. Erstmals wird ein Kleinstflugzeug vorgestellt, das als Bausatz geliefert wird.

Kultur

Hans Scharoun, Hugo Häring, Walter Gropius und Otto Bartning stellen in Berlin die gemeinsam entworfene Siedlung Siemensstadt mit 1600 Wohneinheiten der Öffentlichkeit vor.

Otto Dix vollendet sein Hauptwerk, das Triptychon »Der Krieg«.

11.4. Das Schauspiel »Die heilige Johanna der Schlachthöfe« von Bertolt Brecht wird in der Funkstunde von Radio Berlin uraufgeführt.

10.6. In Berlin erscheint Hans Falladas sozialkritischer Roman »Kleiner Mann – was nun?«

13.9. Der Film »Der träumende Mund« mit Elisabeth Bergner, Rudolf Forster und Anton Edthofer beschreibt ein Drama um eine junge Frau, die sich in den besten Freund ihres Mannes verliebt.

23.9. Der Film »Ein blonder Traum« von Paul Martin mit Lilian Harvey, Willy Fritsch, Willy Forst und Paul Hörbiger in den Hauptrollen wird erstmals in Berlin gezeigt.

30.9. Das Bauhaus muss in Dessau nach monatelangen nationalsozialistischen Kampagnen schließen.

25.10. In Berlin schließen sich die Maler Paul Klee, Lyonel Feininger, Oskar Schlemmer, Wassily Kandinsky und Oskar Moll zu der Gruppe »Selektion« zusammen.

Gesellschaft

Rund 6 Millionen Menschen – 44 % der Erwerbsfähigen – sind im Deutschen Reich arbeitslos. Die Industrieproduktion beträgt noch 57,2 % des Standes von 1928.

Aufgrund der schlechten Versorgungslage verbreiten sich Mangelerkrankungen wie Tuberkulose.

6.1. Nach Überflutung der Stadt Jeßnitz bei Dessau durch lang anhaltende Regenfälle sind die 7000 Einwohner von der Außenwelt abgeschlossen.

11.1. Nach einem schweren Bergwerksunglück in der oberschlesischen Stadt Beuthen können sieben von 14 Kumpeln gerettet werden.

31.1. Die Zahl der Rundfunkteilnehmer im Deutschen Reich beträgt 3,98 Millionen.

12.6. Vor 55 000 Zuschauern wird der FC Bayern in Nürnberg durch einen 2:0-Sieg über Eintracht Frankfurt deutscher Fußballmeister.

4.7. Die seit Wochen vermissten Deutschen Hans Bertram und Werner Klaußmann werden im australischen Busch lebend geborgen. Sie waren per Flugzeug zu einer Weltreise gestartet.

1.9. An dem 71. Deutschen Katholikentag in Essen, der unter dem Motto »Christus in der Großstadt« steht, nehmen rund 250 000 Menschen teil.

1933

30.1. Reichspräsident Paul von Hindenburg ernennt Adolf Hitler zum neuen Reichskanzler.

28.2. Die Reichsregierung nutzt den Reichstagsbrand vom 27. Februar für die Durchsetzung der Notverordnung »zum Schutz von Volk und Staat«, die viele Grundrechte außer Kraft setzt.

5.3. Bei den Reichstagswahlen und preußischen Landtagswahlen erreichen NSDAP und die Kampffront Schwarz-Weiß-Rot zusammen die absolute Mehrheit.

21.3. In Oranienburg und Dachau richtet die SA erste Konzentrationslager für politische Gefangene ein.

23.3. Der Deutsche Reichstag stimmt für das »Gesetz zur Behebung der Not von Volk und Reich« (Ermächtigungsgesetz) und entzieht damit sich selbst und dem Reichspräsidenten zentrale Kompetenzen.

15.7. Italien, das Deutsche Reich, Frankreich und Großbritannien schließen in Rom den Viermächtepakt.

14.10. Das Deutsche Reich tritt aus dem Völkerbund aus, zieht sich von der internationalen Abrüstungskonferenz zurück und beendet damit die Politik des Ausgleichs.

Die Firma Leitz entwickelt ein Kameramikroskop mit 30 000-facher Vergrößerung, das dem Bedürfnis vieler Wissenschaftler nach einer Dokumentationsmöglichkeit entgegenkommt.

11.2. Einem deutschen Forscherteam, geleitet von Ernst Herzfeld, gelingt es im Iran, Palastbauten der altpersischen Sommerresidenz Persepolis freizulegen.

1.4. In Wilhelmshaven wird das Panzerschiff »Deutschland«, das über eine Maschinenleistung von 57 000 PS verfügt und 28 Seemeilen pro Stunde zurücklegen kann, in den Dienst der Reichsmarine gestellt.

29.4. Die Deutsche Lufthansa stellt in Berlin mit der »D 2500« ihr größtes Flugzeug, »Generalfeldmarschall von Hindenburg«, vor.

15.5. Der schnellste regelmäßig verkehrende Eisenbahnzug der Welt wird zwischen Hamburg und Berlin eingesetzt. Der Dieseltriebzug »Fliegender Hamburger« legt die 287 km lange Strecke in zwei Stunden und 18 Minuten zurück.

18.8. Im Mittelpunkt der Funkausstellung in Berlin steht der neue sog. Volksempfänger »VE 301«.

Im Deutschen Reich werden die Aufführungen von Werken jüdischer Komponisten wie Felix Mendelssohn-Bartholdy, Jacques Offenbach oder Gustav Mahler verboten.

Unter dem Titel »Die Geschichten Jaakobs« wird der erste Teil der Romantetralogie »Joseph und seine Brüder« von Thomas Mann veröffentlicht.

Von Heinrich Spoerl erscheint in Düsseldorf der Unterhaltungsroman »Die Feuerzangenbowle«.

22.1. Gustaf Gründgens spielt am Staatlichen Schauspielhaus in Berlin die Rolle des Mephisto in Goethes »Faust«.

10.5. In Berlin und anderen deutschen Großstädten verbrennen Studenten öffentlich Bücher »undeutscher« Autoren.

10.8. Ludwig Mies van der Rohe erklärt das 1919 gegründete Bauhaus für aufgelöst.

1.12. In Berlin hat der Film »Der Sieg des Glaubens« von Leni Riefenstahl Premiere. Mit aufwendigen Licht- und Schatteneffekten und durch ihre Kameraführung präsentiert sie eine verherrlichende Dokumentation des Reichsparteitags.

In deutschen Betrieben wird der sog. Hitler-Gruß verbindlich.

16.4. Die satirische Zeitschrift »Simplicissimus« beugt sich dem Druck der Regierung und verzichtet auf den Abdruck der NSDAP-feindlichen Karikaturen des Mitbegründers Thomas Theodor Heine.

11.6. Im ersten westdeutschen Endspiel um die Fußballmeisterschaft besiegt Fortuna Düsseldorf den FC Schalke 04 in Köln mit 3:0.

Juni Im Ruhrgebiet, bei Essen, wird der neu angelegte 9,2 km lange Baldeneysee eingeweiht, auf dem Ausflugsschiffe bis zum Herbst eine halbe Million Menschen transportieren.

6.7. Bejubelt von zahlreichen Fans heiraten in Berlin der ehemalige Schwergewichts-Boxweltmeister Max Schmeling und die tschechoslowakische Schauspielerin Anny Ondra.

23.9. Bei Frankfurt am Main macht Adolf Hitler den symbolischen ersten Spatenstich für den Bau der Autobahn nach Heidelberg.

27.11. Auf einer Kundgebung der Deutschen Arbeitsfront in Berlin wird das Kultur- und Freizeitwerk Kraft durch Freude gegründet.

1934

Politik

26.1. Das Deutsche Reich und Polen schließen einen Nichtangriffspakt, der das Deutsche Reich aus seiner außenpolitischen Isolierung herausführt.
17.3. Vertreter Italiens, Österreichs und Ungarns vereinbaren in den Römischen Protokollen eine engere politische und wirtschaftliche Kooperation der drei Staaten.
24.4. Der Volksgerichtshof wird als eines der zentralen Instrumente des NS-Regimes in Berlin geschaffen und dient der Aburteilung politischer Straftäter.
30.6. Angebliche Putschpläne des Stabschefs der SA, Ernst Röhm, werden von Hitler zum Vorwand genommen, die Führungsriege der SA mit Hilfe der Reichswehr zu beseitigen.
2.8. Der deutsche Reichspräsident und Generalfeldmarschall Paul von Hindenburg stirbt im Alter von 86 Jahren auf seinem Gut Neudeck bei Freystadt. Noch am selben Tag übernimmt Reichskanzler Adolf Hitler auch das Amt des Reichspräsidenten.
16.10. Der Lange Marsch der chinesischen Roten Armee unter dem Kommunistenführer Mao Tse-tung beginnt. Die 90 000 Soldaten ziehen sich vor den Truppen des Generals Chiang Kai-shek zurück.

Wissenschaft und Technik

Die Reichsrundfunkgesellschaft beginnt die Ausstrahlung von Fernseh-Versuchsprogrammen.
Der deutsche Ingenieur Hans Plendl erfindet das Funknavigationssystem zur zielgenauen Navigation von Flugzeugen bei Nacht. Das System »Knickebein« wird später bei der deutschen Luftwaffe eingesetzt.
21.3. In Brandenburg wird das weltweit größte Schiffshebewerk Niederfinow am Hohenzollernkanal mit einem 84 000 Zentner schweren Schiffsfahrstuhl eingeweiht.
13.5. Der seit 1932 im Bau befindliche Braunschweiger Hafen – Endpunkt des Mittellandkanals – wird feierlich eingeweiht.
26.5. Das Luftschiff »Graf Zeppelin« startet in Friedrichshafen zu seiner ersten Südamerikafahrt. Am 29. Mai landet es planmäßig in der brasilianischen Stadt Rio de Janeiro.
15.6. Die Deutsche Lufthansa eröffnet den »Blitzflugverkehr« zwischen Berlin, Frankfurt am Main, Köln und Hamburg mit Schnellverkehrsflugzeugen vom Typ Heinkel »He 70«.
30.6. In Wilhelmshaven läuft das 180 m lange und 21 m breite Panzerschiff »Admiral Graf Spee« der deutschen Reichsmarine vom Stapel.

Kultur

Max Beckmanns Selbstbildnis

Der vom NS-Regime verfemte Expressionist Max Beckmann malt sein berühmt gewordenes »Selbstbildnis mit schwarzer Kappe«.
4.9. Die Filmregisseurin Leni Riefenstahl dreht als Dokument des Nürnberger Reichsparteitags der NSDAP den propagandistisch ausgefeilten Film »Triumph des Willens«.
30.11. Das Schauspiel »Der Große Kurfürst« von Hans Rehberg wird in Berlin uraufgeführt.

Gesellschaft

4.1. Reichsbischof Ludwig Müller verbietet evangelischen Pfarrern jegliche Kritik an der Politik der Reichsregierung in ihren Predigten.
29.3. Die Reichsregierung entzieht dem Physik-Nobelpreisträger Albert Einstein wegen seiner jüdischen Herkunft die deutsche Staatsbürgerschaft.
2.5. Im Deutschen Reich wird das Hauswirtschaftliche Jahr für Schulabgängerinnen eingeführt. Die jungen Frauen werden an Familien vermittelt, wo sie ohne Entgelt arbeiten.
23.6. Im gesamten Deutschen Reich finden mit großem propagandistischen Aufwand Sonnwendfeiern statt, die langfristig das christliche Weihnachtsfest ablösen sollen.
24.6. Der FC Schalke 04 wird in Berlin durch einen 2:1-Sieg über den 1. FC Nürnberg erstmals deutscher Fußballmeister.
1.8. Die Reichregierung führt den Samstag als sog. Staatsjugendtag ein, an dem zugunsten der weltanschaulichen Schulungen durch die Hitlerjugend der Unterricht entfällt.
1.10. Im Deutschen Reich tritt eine neue Straßenverkehrsordnung in Kraft, wonach Automobile nur noch ab dem 18. Lebensjahr gefahren werden dürfen.

1935

6.1. Mao Tse-tung wird zum Vorsitzenden des Politbüros der Kommunistischen Partei Chinas gewählt.
3.2. Frankreich und Großbritannien verständigen sich im Londoner Protokoll über Abrüstung und Sicherheit in Europa. Das Deutsche Reich soll die einseitige Aufrüstung unterlassen und sich in ein System kollektiver Sicherheit einfügen.
16.3. Reichskanzler Adolf Hitler führt die allgemeine Wehrpflicht wieder ein. Bis 1939 sollen 36 Divisionen mit 580 000 Mann aufgestellt werden. Damit werden die im Versailler Vertrag festgelegten Truppenbeschränkungen überschritten.
25.7. Auf dem siebten Weltkongress der Kommunistischen Internationale (Komintern) in Moskau einigen sich 510 Delegierte aus aller Welt auf eine antifaschistische Volksfrontpolitik in Europa.
15.9. Auf dem 7. Reichsparteitag der NSDAP in Nürnberg werden das Reichsflaggengesetz, das Reichsbürgergesetz und das Gesetz zum Schutz des deutschen Blutes und der deutschen Ehre (Nürnberger Gesetze) verkündet. Damit werden jüdische Bürgerinnen und Bürger ausgegrenzt.

Der Frankfurter Firma Lurgi gelingt die Kohlevergasung mit Sauerstoff und Dampf unter Druck.
In Deutschland wird der erste UKW-Sender in Betrieb genommen.
Zur Konzentrierung von Ferngesprächen werden in Deutschland erstmals Koaxialkabel verlegt.
22.2. In Meppen beginnt die Urbarmachung von über 300 km² Moorland im Uferbereich der Ems durch 1800 Mitglieder des Arbeitsdienstes und Strafgefangene.
22.3. In Berlin wird das erste regelmäßig ausgestrahlte Fernsehprogramm der Welt gestartet.
19.5. Das erste Teilstück der Reichsautobahn zwischen Frankfurt am Main und Darmstadt wird dem Verkehr übergeben.
14.6. Im Deutschen Reich wird die Verwendung von Holzgas statt Benzin als Treibstoff für Automobile getestet. Rund 2,5 kg Holz ersetzen einen Liter Benzin.
19.10. In Berlin wird das Reichsinstitut für Geschichte des neuen Deutschland eröffnet. Unter Leitung von Walter Frank wird hier die »rassische Dimension der Geschichte« erforscht.

Alfred Döblin schildert in seinem Roman »Pardon wird nicht gegeben« die Entwicklungsgeschichte einer Familie von der Jahrhundertwende bis zur Weltwirtschaftskrise Ende der Zwanzigerjahre.
4.2. Reichspropagandaminister Joseph Goebbels eröffnet im Berliner Harnach-Haus das Reichsfilmarchiv.
2.3. Adolf Hitler veranlasst in der Berliner Presse eine Ehrenerklärung für die Filmschauspielerin Pola Negri: Sie sei keineswegs jüdisch, sondern vielmehr Polin, also Arierin. Der Hinweis auf eine nichtarische Abstammung war von Joseph Goebbels initiiert worden.
8.6. Die Reichsregierung bürgert den Schriftsteller Bertolt Brecht und die Kabarettistin Erika Mann, Tochter des Literatur-Nobelpreisträgers Thomas Mann, aus.
29.11. In Berlin wird die Deutschlandhalle feierlich eingeweiht, die von Hitler als »Beweis für die unmittelbare Verbindung zwischen Führung und Masse« bezeichnet wird.
21.12. Der deutsche Schriftsteller Kurt Tucholsky, der 1933 ausgebürgert und ins Exil vertrieben worden war, begeht in Schweden Selbstmord.

Trotz des Wirtschaftsaufschwungs steht die Versorgung der deutschen Bevölkerung mit Lebensmitteln im Zeichen drastischer Engpässe, die vor allem durch hohe Rüstungsausgaben begründet sind.
Die Zahl der Arbeitslosen im Deutschen Reich ist gegenüber dem Vorjahr um 20,9 % zurückgegangen. Trotzdem sind immer noch über 2,1 Millionen Menschen ohne Arbeit.
26.2. Jeder deutsche Arbeiter und Angestellte muss ein »Arbeitsbuch« mit Angaben über Art und Dauer seiner Beschäftigung führen. Ziel dieser Maßnahme ist die Kontrolle über den Arbeitsmarkt.
23.6. Ein 6:4 vor 74 000 Zuschauern in Köln gegen den VfB Stuttgart verhilft Schalke 04 zum zweiten Mal zur deutschen Fußballmeisterschaft.
10.10. In Berlin wird die erste Trauung nach dem Ritual der Deutschen Volkskirche durchgeführt. Statt des traditionellen »Ja-Wortes« antworten die Brautleute »Jawohl, Heil Hitler«.
13.10. Zugunsten des Winterhilfswerks findet im Deutschen Reich der erste Eintopfsonntag statt. Der Verzicht auf das Sonntagsfestmahl soll Spenden für Bedürftige finanzieren.

1936

Politik

7.3. Die Wehrmacht marschiert ins entmilitarisierte Rheinland ein. Adolf Hitler bricht damit die Verträge von Versailles und Locarno, ohne auf internationalen Widerstand zu stoßen.
5.5. Nach dem Einmarsch italienischer Truppen in Abessinien erklärt der italienische Duce Benito Mussolini den Krieg für beendet und die Annexion für vollzogen.
17.6. Durch die Ernennung des Reichsführers SS Heinrich Himmler zum Chef der deutschen Polizei wird die Polizeihoheit der Länder endgültig auf die Zentralgewalt in Berlin übertragen.
17.7. Mit dem Aufstand der Garnison in Spanisch-Marokko unter dem faschistischen General Francisco Franco Bahamonde beginnt der Spanische Bürgerkrieg.
14.9. In einer Rede auf dem achten Reichsparteitag der NSDAP in Nürnberg leitet Adolf Hitler eine Hetzkampagne gegen die UdSSR und den Bolschewismus ein.
1.12. Durch das Gesetz über die Hitlerjugend (HJ) wird der Führungsanspruch der NS-Jugendorganisation legalisiert. Die Mitgliedschaft in der HJ wird obligatorisch.

Wissenschaft und Technik

Die deutsche Wehrmacht richtet auf der Insel Usedom eine Versuchsanstalt für Raketenforschung ein.
6.1. Die Deutsche Lufthansa stellt das Schnellverkehrsflugzeug »He 111« vor, das eine Höchstgeschwindigkeit von 400 km/h erreicht.
7.2. Das Kaiser-Wilhelm-Institut für Anthropologie in Berlin stellt im Rahmen seiner Zwillingsforschungen die These auf, dass Erbanlagen über Einflüsse von außen dominieren, und untermauert damit die NS-Rassenlehre.
10.2. Der deutsche Archäologe Hans Spethmann erklärt, dass bei Ausgrabungen vor Xanten eine römische Hafenanlage und ein Amphitheater entdeckt wurden.
25.2. Zwei neue Dampflokomotiven der Firmen Henschel und Borsig erreichen aufgrund ihrer stromlinienförmigen Konstruktion Höchstgeschwindigkeiten von 165 bzw. 197 km/h.
26.6. Ewald Rohlfs führt in Bremen mit dem ersten Hubschrauber der Welt, dem »Fw 61« der Firma Focke-Achgelis, erstmals einen freien Flug durch.
5.10. In Stralsund wird der rund 3 km lange Rügendamm für den Eisenbahnverkehr freigegeben.

Kultur

Walter Benjamin setzt sich in dem Essay »Das Kunstwerk im Zeitalter seiner technischen Reproduzierbarkeit« mit dem Einfluss der neuen Medien auf die Kunstwerke auseinander.
Im Amsterdamer Exil veröffentlicht Klaus Mann den Roman »Mephisto«, der die Karriere des Schauspielers Hendrik Höfgen nachzeichnet, der sich mit den NS-Machthabern arrangiert, um künstlerisch zu überleben.
1.3. In Berlin wird der von Erich Engel gedrehte Film »Mädchenjahre einer Königin« erstmals gezeigt. Er erzählt die Geschichte der Prinzessin Victoria von Kent.
14.5. In Berlin hat der von Fritz Wendhausen gedrehte Film »Familienparade« Premiere, in dem der Schauspieler Curd Jürgens seine erste Hauptrolle hat.
1.8. Leni Riefenstahl beginnt mit den Dreharbeiten für den zweiteiligen Dokumentarfilm über die Olympischen Sommerspiele in Berlin mit den Titeln »Fest der Schönheit« und »Fest der Völker«.
9.10. In den deutschen Kinos läuft die Komödie »Wenn wir alle Engel wären« nach einem Roman von Heinrich Spoerl mit Heinz Rühmann an.

Gesellschaft

Trotz massiver NS-Kampagnen gegen die Berufstätigkeit deutscher Frauen sind 11,5 Millionen Frauen nach wie vor erwerbstätig. Die Mehrzahl arbeitet im land- und hauswirtschaftlichen Bereich.
6.2. In Garmisch-Partenkirchen werden die IV. Olympischen Winterspiele eröffnet.
19.6. Max Schmeling besiegt in New York Joe Louis durch K. o. in der zwölften Runde.
21.6. Durch einen 2:1-Sieg über Fortuna Düsseldorf vor 45 000 Zuschauern in Berlin wird der 1. FC Nürnberg deutscher Fußballmeister.
22.6. Auf dem Berliner Standesamt Tiergarten heiraten der Schauspieler und Intendant des Berliner Staatstheaters Gustaf Gründgens und die Schauspielerin Marianne Hoppe.
1.8. Adolf Hitler eröffnet in Berlin die Olympischen Sommerspiele und nutzt sie für eine eindrucksvolle »Werbekampagne« gegenüber dem Ausland.
10.12. Dem seit Februar 1934 im KZ Papenburg inhaftierten deutschen Publizisten Carl von Ossietzky wird in Oslo nachträglich der Friedensnobelpreis für 1935 zuerkannt.

1937

Franco-Truppen 1937 in der zerstörten baskischen Stadt Guernica

26.4. Flugzeuge der deutschen Legion Condor, die auf der Seite der Franco-Truppen kämpfen, zerstören die baskische Stadt Guernica.
19.7. Auf dem Gelände des KZ Buchenwald beginnen die ersten 149 Häftlinge mit den Bauarbeiten.
21.12. Reichskriegsminister Werner von Blomberg erlässt eine geheime Weisung für einen Angriffskrieg gegen die Tschechoslowakei.

15.7. Der Reichsbeauftragte des Vierjahresplans, Hermann Göring, gründet in Berlin die «AG für Erzbergbau und Eisenhütten Hermann Göring« zur verstärkten Erzförderung.
1.8. Die Gerhard-Fieseler-Werke GmbH präsentiert in Kassel das neue einmotorige Flugzeug »FI 156«.
17.9. In Dessau stellt die Junkers Flugzeug- und Motorenwerke AG ihr Großflugzeug »Ju 90« vor.

In Berlin erscheint Hans Falladas Roman »Wolf unter Wölfen«.
18.3. Der Lustspielfilm »Die göttliche Jette« von Erich Waschnek mit Grethe Weiser in der Hauptrolle wird in Berlin uraufgeführt.
4.5. Die NS-Regierung erlangt durch den Aufkauf der Aktienmehrheit der UFA die Kontrolle über die Filmwirtschaft. Die Unternehmen Tobis und Terra befinden sich bereits in Staatsbesitz.
8.6. Die Kantate »Carmina Burana« des deutschen Komponisten Carl Orff feiert in Frankfurt am Main ihre Uraufführung. Weitere Aufführungen der neuartigen Komposition werden von den NS-Kulturbehörden verhindert.
19.7. Die Ausstellung »Entartete Kunst« in München zeigt moderne Werke bekannter Künstler, die von den NS-Behörden als »Angriff auf die Ideale der germanischen Rasse« verurteilt werden.
31.8. »Zu neuen Ufern«, der erste deutsche Spielfilm mit Zarah Leander, wird im Berliner UFA-Palst am Zoo uraufgeführt.
13.10. Der Spielfilm »Der Mustergatte« von Wolfgang Liebeneiner mit Heinz Rühmann und Leni Marenbach feiert in Berlin seine Uraufführung.

Um dem antisemitischen Terror des NS-Regimes zu entkommen, wandern 24 000 Juden aus dem Deutschen Reich aus.
Im Lauf des Jahres werden 60 aktive Mitglieder der Bekennenden Kirche festgenommen, darunter ihr Wortführer Martin Niemöller.
Die Lebensbedingungen für Juden werden im Deutschen Reich immer schlechter. Vereine und Veranstaltungen werden verboten, der Zugang zu öffentlichen Einrichtungen eingeschränkt und der Erwerb akademischer Titel untersagt.
15.1. In einer Rundfunkansprache zum »Tag der Deutschen Polizei« nennt der Reichsführer SS und Chef der deutschen Polizei, Heinrich Himmler, als vordringlichste Aufgaben der Polizei die Sicherung des Straßenverkehrs sowie die Bekämpfung von Homosexualität und Abtreibung.
20.6. Mit einem 2:0-Sieg über den 1. FC Nürnberg im Berliner Olympiastadion wird Schalke 04 deutscher Fußballmeister.
14.8. In Berlin wird das 700-jährige Bestehen Berlins feierlich begangen. Die NS-Regierung nutzt die Festlichkeiten für die nationalsozialistische Selbstdarstellung.

1938

Politik

12.3. Die deutsche Wehrmacht besetzt Österreich und wird von der Bevölkerung stürmisch begrüßt. Am 13. März erlässt Hitler das Gesetz über die Vereinigung Österreichs mit dem Deutschen Reich.
10.4. Dem »Anschluss« Österreichs stimmen bei einer Volksabstimmung nach offiziellen Angaben über 90% der Bevölkerung zu.
30.9. Mit dem Münchener Abkommen billigen die Regierungschefs Großbritanniens, Frankreichs und Italiens die von Adolf Hitler geforderte Annexion der sudetendeutschen Gebiete und verhindern damit vorläufig einen Krieg.
1.10. Deutsche Truppen marschieren in das sog. Sudetenland ein und werden von der Bevölkerung begeistert begrüßt. Tschechen und Juden sind zuvor zu Hunderttausenden aus ihrer Heimat geflohen.
9.11. In der »Reichskristallnacht« zerstören SA-Truppen jüdische Einrichtungen im gesamten Deutschen Reich. 26 000 Juden werden verhaftet.

Wissenschaft und Technik

12.1. Der deutsche Asienforscher Wilhelm Filchner kehrt nach vier Jahren aus Zentralasien zurück. Anhand von Strahlenmessungen erforschte er die Bodenschätze und Vorkommen an Mineralien.
29.1. Dem deutschen Wissenschaftler Paul Schlack gelingt die Entwicklung einer neuen Chemiefaser, die als »Perlon« patentiert wird.
21.5. In Kiel wird das deutsche Schlachtschiff »Gneisenau« in Dienst gestellt. Es hat eine Wasserverdrängung von 26 000 t, eine Länge von 226 m und eine Breite von 30 m.
26.5. In Wolfsburg legt Adolf Hitler den Grundstein zum Bau des Volkswagenwerks.
30.10. Mit der Einweihung des Schiffshebewerks Magdeburg-Rothensee wird der Mittellandkanal seiner Bestimmung übergeben.
22.12. Den am Kaiser-Wilhelm-Institut in Berlin arbeitenden deutschen Chemikern Otto Hahn und Friedrich Wilhelm Straßmann gelingt die künstliche Kernspaltung.

Kultur

Hans Fallada thematisiert in seinem Roman »Der eiserne Gustav« die Fahrt des Berliner Droschkenkutschers Gustav Hartmann nach Paris.
7.1. Der Abenteuerfilm »Der Tiger von Eschnapur« kommt in die deutschen Kinos. Regie führte Richard Eichberg. Am 28. Januar folgt der zweite Teil unter dem Titel »Das indische Grabmal«.
10.2. Der Film »Der Maulkorb« nach dem gleichnamigen Roman von Heinrich Spoerl, mit Elisabeth Flickenschildt und Will Quadflieg, hat in Berlin Premiere.
1.4. In Berlin feiert der Film »Fünf Millionen suchen einen Erben« von Carl Boese mit Heinz Rühmann, Leni Marenbach, Oskar Sima und Albert Florath seine Uraufführung.
14.6. Auf 16 Baustellen beginnt in Berlin die Umgestaltung der Reichshauptstadt nach den Plänen von Albert Speer.
30.11. Gustaf Gründgens ist der Hauptdarsteller in dem Film »Tanz auf dem Vulkan«.

Gesellschaft

Das Berufsverbot für jüdische Ärzte führt vor allem in den ländlichen Gebieten des Deutschen Reichs zu einem Ärztemangel.
15.2. Im Deutschen Reich werden alle unverheirateten Frauen unter 25 Jahren aufgefordert, ein Pflichtjahr in der Land- oder Hauswirtschaft zu absolvieren.
1.3. Im Deutschen Reich wird eine zentrale Zensur- und Kontrollbehörde für Schulbücher eingerichtet.
3.7. Im Endspiel um die Deutsche Fußballmeisterschaft besiegt Hannover 96 vor 100 000 Zuschauern in Berlin den dreimaligen Meister Schalke 04 mit 4:3 nach Verlängerung.
1.11. Im Deutschen Reich tritt das Reichsschulpflichtgesetz in Kraft. Es legt die achtjährige Volksschulpflicht und die anschließende generelle Berufsschulpflicht von drei Jahren fest.
16.12. Als »sichtbares Zeichen des Dankes des deutschen Volkes an kinderreiche Mütter« stiftet Adolf Hitler das »Mutterkreuz«, das jährlich am Muttertag vergeben werden soll.

1939

15.3. Deutsche Truppen marschieren in Böhmen, Mähren und Teile der Tschechoslowakei ein. Die Länder Böhmen und Mähren werden zum Reichsprotektorat, die Existenz der Tschechoslowakei ist damit beendet.
23.3. Mit Zustimmung der litauischen Regierung vom 22. März annektieren deutsche Truppen das 1920 abgetrennte Memelland.
24.3. Frankreich und Großbritannien sichern sich als Anti-Hitler-Koalition gegenseitige Unterstützung im Fall eines deutschen Angriffs auf Belgien, die Niederlande oder die Schweiz zu.
28.3. Der Spanische Bürgerkrieg endet mit der Niederlage der Republikaner, die bedingungslos kapitulieren.
31.3. Großbritannien garantiert Polen Hilfe für den Fall eines deutschen Angriffs.
23.8. Das Deutsche Reich und die Sowjetunion schließen einen Nichtangriffspakt.
1.9. Mit dem Beschuss der Westerplatte vor Danzig durch das Linienschiff »Schleswig-Holstein« und dem Überfall deutscher Truppen auf Polen beginnt der Zweite Weltkrieg.
3.9. Gemäß ihrer vertraglichen Zusagen an Polen erklären Großbritannien und Frankreich dem Deutschen Reich den Krieg.
30.11. Ein Luftangriff auf Helsinki eröffnet den sowjetisch-finnischen Winterkrieg.

Die Badische Anilin- & Soda-Fabrik (BASF) beginnt mit der Herstellung von Polyamiden auf Lactam-Basis (Perlon bzw. Nylon 6).
Auf Vorschlag des Direktors der Berliner Universitätsklinik, Georg Bessau, wird in Deutschland jeder Säugling durch die Gabe von Vitamin D_2 gegen Rachitis geschützt.
Der Chemiker Otto Eisleb entwickelt bei den Farbwerken Hoechst mit »Dolantin« das erste vollsynthetische Schmerzmittel.
6.1. Die deutschen Wissenschaftler Otto Hahn und Friedrich Wilhelm Straßmann berichten in der Zeitschrift »Naturwissenschaft« über die erste gelungene Kernspaltung.
14.2. In Hamburg läuft das deutsche Schlachtschiff »Bismarck« vom Stapel.
20.6. Das erste Raketenflugzeug der Welt, die Heinkel »He 176«, startet in Peenemünde seinen Jungfernflug.
27.8. Die Heinkel »He 178«, das erste Strahlturbinenflugzeug der Welt, wird in Rostock vorgestellt.
Oktober Ein auf den 1. September zurückdatiertes Ermächtigungsschreiben Adolf Hitlers leitet den Massenmord an physisch und psychisch Kranken ein.
8.12. In Gleiwitz wird der Adolf-Hitler-Kanal eingeweiht, der das oberschlesische Industrierevier mit der Oder verbindet.

Der deutsche Maler Otto Dix vollendet sein Bild »Lot und seine Töchter«, das mit dem brennenden Dresden im Hintergrund eine beklemmende Zukunftsvision zeigt.
In London erscheinen die »Svendborger Gedichte« von Bertolt Brecht.
Herausragende Neuerscheinung auf dem Buchmarkt ist der Roman »Auf den Marmorklippen« von Ernst Jünger, der die Geschichte zweier junger Männer erzählt, die sich allmählich vom brutalen Bandenleben ihrer Jugend distanzieren.
In dem Roman »Das siebte Kreuz« beschäftigt sich die emigrierte deutsche Schriftstellerin Anna Seghers mit dem NS-Terror in deutschen Konzentrationslagern.
Der in die USA emigrierte deutsche Schriftsteller Thomas Mann veröffentlicht seinen Roman »Lotte in Weimar«, der sich mit Leben und Werk von Goethe beschäftigt.
5.2. Die Märchenoper »Der Mond, ein kleines Welttheater« des deutschen Komponisten Carl Orff feiert in München ihre Premiere.
9.2. Der Film »Der Schritt vom Wege« nach dem Roman »Effi Briest« von Theodor Fontane wird in Berlin uraufgeführt.
20.3. In Berlin werden 5000 Werke deutscher Künstler verbrannt, die nach Auffassung der NS-Kulturbehörden als »entartete Kunst« zu bezeichnen sind.

2.1. Auf Erlass des Reichskanzlers werden in über 80 000 Postämtern im Deutschen Reich Postsparkassen eingerichtet.
19.2. Die 24-jährige Freiburgerin Christl Cranz kann bei den Skiweltmeisterschaften im polnischen Zakopane alle drei alpinen Damenwettbewerbe für sich entscheiden.
25.3. Die bislang freiwillige Teilnahme an den Aktivitäten der Hitlerjugend wird bei Androhung von Geld- oder Haftstrafen obligatorisch.
16.5. Bei der ersten Deutschen Reichslotterie kommen erstmals Gewinne in Höhe von 372 000 RM zur Auszahlung.
21.5. Die ersten »Mutterkreuze« werden verliehen. Ausgezeichnet werden ältere Mütter mit vier und mehr Kindern.
18.6. Durch 9:0 über Admira Wien im Berliner Olympiastadion wird Schalke 04 zum vierten Mal deutscher Fußballmeister.
1.9. Im Deutschen Reich wird die »Verdunkelungspflicht« eingeführt. Die Bevölkerung soll Gasmasken mit sich führen und bei Fliegeralarm Bunker aufsuchen.
25.9. Im Deutschen Reich werden Brot, Milch, Fleisch, Fett, Marmelade und Zucker rationiert.
7.11. Als Absicherung vor den materiellen Folgen eines Unfalls wird die Haftpflichtversicherung obligatorisch.

1940

Politik

12.2. Erstmals werden Juden aus dem Reichsgebiet in das polnische »Generalgouvernement« deportiert. Nach Augenzeugenberichten geschieht dies mit größter Brutalität.
12.3. Der sowjetisch-finnische Winterkrieg endet mit der Unterzeichnung des Friedensvertrages in Moskau.
9.4. Deutsche Truppen besetzen die neutralen Länder Dänemark und Norwegen (Unternehmen Weserübung).
10.5. Die deutsche Westoffensive führt zur Eroberung der neutralen Staaten Belgien, Luxemburg und Niederlande.
10.6. Nach Evakuierung der westalliierten Truppen kapituliert Norwegen vor der deutschen Armee.
10.6. Mit einem Angriff auf Frankreich tritt Italien auf Seiten Deutschlands in den Krieg ein.
13.8. Die »Luftschlacht um England« beginnt, in der Deutschland schließlich den britischen Fliegern unterliegt.
27.9. Deutschland, Italien und Japan schließen den gegen die USA gerichteten Dreimächtepakt.
15.11. In Warschau wird das zweite jüdische Getto errichtet, in dem etwa 400 000 Menschen interniert sind.

Wissenschaft und Technik

Das Agfacolor-Verfahren gestattet die foto-optische Aufnahme farbiger Bilder auf direktem Weg.
Der deutsche Chirurg Gerhard Küntscher stellt ein neues operatives Verfahren der Knochenbruchbehandlung vor, die Markraumschienung mittels eines sog. Küntscher-Nagels.
16.1. Die Berliner Siemens-Schuckertwerke AG stellt eine neue Röntgenstrahlungsanlage für die Krebstherapie vor. Die Anlage lässt sich mit verschiedenen Stromspannungen bis zu 1,2 Millionen Volt betreiben.
Februar Dem Berliner Wissenschaftler Manfred Baron von Ardenne gelingt die Konstruktion eines neuartigen Elektronenmikroskops, das bis auf 500 000-fache Vergrößerungen auflöst.
19.3. Zwischen dem Deutschen Reich und Japan wird eine Bild-Funk-Verbindung über eine Entfernung von mehr als 10 000 km aufgenommen.
15.5. Die Anfrage von Siegmund Rascher, für gefährliche Versuche von der SS »Schwerverbrecher« überstellt zu bekommen, eröffnet die menschenverachtenden und grausamen Versuchsreihen deutscher Mediziner an Häftlingen und KZ-Insassen.

Kultur

Lion Feuchtwangers Romanzyklus »Der Wartesaal« über die deutsche Entwicklung von 1918 bis 1939 endet mit dem Band »Exil«.
Max Ernst malt »Die Einkleidung der Braut/der Ehefrau«.
20.1. Das Ballett »Joan von Zarissa« von Werner Egk wird in der Berliner Staatsoper uraufgeführt.
25.4. In Wien läuft der Film »Der Postmeister« von Gustav Ucicky mit Hilde Krahl und Heinrich George in den Hauptrollen an.
27.7. In München eröffnet die IV. Große Deutsche Kunstausstellung, an der sich 752 Künstler beteiligen.
5.9. Auf der Biennale von Venedig stellt Veit Harlan seinen antisemitischen Hetzfilm »Jud Süß« vor.
16.9. Die Filmkomödie »Kleider machen Leute« unter der Regie von Helmut Käutner und mit Heinz Rühmann in der Hauptrolle hat in Konstanz Premiere.
15.10. Mit »Ein Liebestraum« gelangt in Hamburg die letzte Operette von Paul Lincke zur Uraufführung.
21.11. Die Wochenschauen werden zur »Deutschen Wochenschau« zusammengefasst, die Joseph Goebbels persönlich kontrolliert.

Gesellschaft

1.1. Im Deutschen Reich tritt die »studentische Dienstpflicht« für kriegswirtschaftliche Aufgaben in Kraft.
3.3. Auf der Leipziger Frühjahrsmesse wird neuartiger Hausrat aus Kunststoff angeboten.
9.3. Im Deutschen Reich ergeht ein Gesetz zum Schutz der Jugend in der Öffentlichkeit, das u.a. Jugendlichen unter 18 Jahren den Besuch von Gaststätten und Kinos verbietet.
15.3. Die Zeitschrift »Das Reich«, mit der Joseph Goebbels die intellektuelle Leserschaft propagandistisch beeinflussen will, erscheint erstmals.
21.7. Vor 95 000 Zuschauern besiegt der FC Schalke 04 in Berlin den Dresdener SC 1:0 und wird zum fünften Mal deutscher Fußballmeister.
10.9. Der gesetzliche Mieterschutz wird für Juden in den Städten Berlin und München aufgehoben.
12.9. Religiöse Schriften sollen nicht mehr an deutsche Frontsoldaten ausgegeben werden, da sie den »Kampfwillen« untergraben könnten.
17.9. Der Reichsjugendführer Arthur Axmann verfügt für die 14- bis 18-jährigen Mitglieder der Hitlerjugend den Luftschutzdienst an allen Sonntagvormittagen.

1941

19.1. Adolf Hitler und Benito Mussolini beschließen eine gemeinsame Kriegführung im Mittelmeerraum.
10.5. Rudolf Heß, der Stellvertreter des Führers, springt mit dem Fallschirm über Glasgow ab. Seine angebliche Friedensmission ist offensichtlich nicht durch Hitler gedeckt.
22.6. Ohne vorherige Kriegserklärung beginnt der Angriff deutscher Truppen auf die UdSSR.
29.6. Hitler ernennt Hermann Göring im Falle seines Todes zu seinem Nachfolger.
31.7. Hermann Göring beauftragt den Chef des Sicherheitsdienstes der SS, Reinhard Heydrich, »Vorbereitungen für eine Gesamtlösung der Judenfrage im deutschen Einflussbereich in Europa zu treffen«.
5.12. Kurz vor Moskau scheitert die deutsche Offensive durch einen Gegenangriff der Roten Armee.
7.12. Der japanische Überfall auf den US-Flottenstützpunkt Pearl Harbor führt die USA in den Krieg und weitet die Auseinandersetzung zum Weltkrieg aus.
11.12. Adolf Hitler gibt die deutsche Kriegserklärung an die USA bekannt. Am 12. Dezember erklären die USA Deutschland den Krieg.

Siemens stellt nach zehnjähriger Entwicklungsarbeit den ersten Autopiloten für Flugzeuge vor.
1.3. Die Jahrestagung deutscher Chemiker in Wiesbaden steht im Zeichen der Fortschritte auf dem Gebiet der Elektronenmikroskopie.
2.4. Die deutsche Heinkel »He 280« ist das weltweit erste Jagdflugzeug mit Strahltriebwerkmotor.
12.5. Der deutsche Ingenieur Konrad Zuse stellt den ersten programmgesteuerten Rechenautomaten der Welt, den »Zuse Z 3« vor.
15.9. Auf Fehmarn erfolgt der erste Spatenstich für die »Vogelfluglinie«, die Norddeutschland und Kopenhagen verbinden soll.
15.9. Die Entwicklung der ferngelenkten Raketen in Peenemünde erhält von der NS-Regierung die Sonderdringlichkeitsstufe.
2.10. Der Deutsche Heini Dittmar überschreitet mit dem Raketenflugzeug »Me 163« erstmals knapp die 1000-km/h-Schwelle.
17.10. Der Raketenforscher Eugen Sänger unternimmt Versuche mit Strahltriebwerken, die auf Autodächern montiert sind und erst bei höherer Geschwindigkeit gezündet werden.

4.4. Der antibritische Propagandafilm »Ohm Krüger« von Hans Steinhoff wird in Berlin uraufgeführt.
19.4. »Mutter Courage« von Bertolt Brecht wird am Züricher Schauspielhaus uraufgeführt.
19.6. Der Umbau des Braunschweiger Doms zum »Staatsdom« als Veranstaltungsort ist abgeschlossen.
11.10. In einer gefeierten Inszenierung von Gustaf Gründgens läuft am Berliner Staatlichen Schauspielhaus »Faust I« an. Die Rolle des Mephisto wird von Gründgens selbst gespielt.
15.10. In Mexiko-Stadt erscheint erstmals die Exilzeitschrift »Freies Deutschland«.
31.10. Der Film »Frauen sind doch bessere Diplomaten« von Georg Jacoby mit Marika Rökk ist der erste deutsche Farbspielfilm.
15.11. Die Verstragödie »Iphigenie in Delphi« von Gerhart Hauptmann wird erstmals in Berlin gezeigt.
12.12. Hitler ordnet an, dass »Wilhelm Tell« von Schiller aus den deutschen Schulbüchern verschwindet. Er sieht in Tell einen »Heckenschützen«.
16.12. In dem Film »Quax, der Bruchpilot« von Kurt Hoffmann, der in Hamburg Premiere feiert, spielt Heinz Rühmann die Hauptrolle.

23.4. Der bayerische Kultusminister Adolf Wagner ordnet die Entfernung der Kruzifixe aus bayerischen Schulen an. Nach massivem Protest aus der Bevölkerung zieht Wagner seine Verordnung zurück.
14.5. In Berlin wird der schweizerische Student Maurice Bavaud hingerichtet, der 1938 ein erfolgloses Attentat auf Hitler unternommen hatte.
2.6. Die Fleischrationen im Deutschen Reich werden erheblich gekürzt.
1.9. In deutschen Schulen wird künftig statt der Frakturschrift die lateinische Schrift (Antiqua) unterrichtet. Auch Zeitungen sollen zur Vereinheitlichung der Schrift in Europa von der Fraktur Abstand nehmen.
3.9. Im KZ Auschwitz finden die ersten Vergasung von Menschen mit Zyklon-B-Gas statt.
17.9. Im Deutschen Reich ergehen erste Todesurteile gegen Personen, die »feindliche« Rundfunksender gehört haben.
19.9. Das Tragen des »Judensterns« wird für alle Juden und Jüdinnen im Deutschen Reich zur Pflicht.
4.10. Deutsche Zivilisten dürfen nur noch Ehen schließen, wenn sie ihre »Erbgesundheit« amtlich bescheinigen können.

1942

Politik

1.1. In Washington unterzeichnen 26 Staaten den Pakt der »Vereinten Nationen«, der die Kriegsziele der Alliierten festhält.
20.1. Auf der geheimen Wannsee-Konferenz erläutert Reinhard Heydrich seine »Endlösung der Judenfrage« und organisiert den Völkermord an den europäischen Juden.
17.3. Im Vernichtungslager Belzec beginnt der Massenmord der jüdischen Bevölkerung im polnischen »Generalgouvernement«.
26.4. Vor dem Deutschen Reichstag proklamiert sich Adolf Hitler zum »Obersten Gerichtsherrn«.
27.5. In Prag wird SS-Obergruppenführer Reinhard Heydrich Opfer eines Attentats zweier Exiltschechen. Er stirbt am 4. Juni. Aus »Vergeltung« wird das Dorf Lidice bei Prag zerstört, alle männlichen Einwohner werden getötet, Frauen und Kinder deportiert.
22.7. Die Deportation der Bewohner des Warschauer Gettos in die Vernichtungsstätte Treblinka setzt ein.
2.11. In Nordafrika müssen die Achsenverbände Al Alamain räumen und endgültig den Rückzug antreten.
22.11. Sowjetische Truppen schließen den Kessel um die deutsche 6. Armee in Stalingrad.

Wissenschaft und Technik

Krupp baut mit dem Eisenbahngeschütz »Dora« die schwerste Kanone aller Zeiten.
Im Deutschen Reich wird ein Schleudersitz für kleine Jagdflugzeuge entwickelt.
Die deutschen Truppen werden mit dem MG 42 ausgerüstet.
April An deutschen Schulen beginnt die Verteilung von Vitamin C als Vorsorge gegen Erkrankungen.
30.4. Die neugegründete Zentralstelle für Generatoren soll die Verbreitung von mit Holz angetriebenen Autos fördern.
18.7. Die deutsche Messerschmidt »Me 262«, der erste Düsenjäger der Welt, der Serienreife erlangt, startet zu einem ersten erfolgreichen Testflug.
14.8. Auf der 37. Internationalen Messe in Budapest stellt die IG Farben erstmals deutsche vollsynthetische Perlonprodukte vor.
Oktober Die Leverkusener Agfa AG präsentiert das Agfacolor-Negativ/Positiv-Verfahren für farbige Papierfotos.
3.10. Von der deutschen Raketenversuchsanstalt Peenemünde hebt die erste Fernrakete der Welt ab. Die »A 4« erreicht eine Flughöhe von 96 km und ist der Vorläufer der »V 2«, die 1944 zum Kriegseinsatz kommt.

Kultur

Viermotorige britische »Stirling«-Bomber im Kampf über Westeuropa

13.1. Das szenische Oratorium »Columbus« von Werner Egk wird im Frankfurter Opernhaus uraufgeführt.
22.6. Am Staatlichen Schauspielhaus am Gendarmenmarkt in Berlin inszeniert Gustaf Gründgens zum ersten Mal »Faust II« von Goethe.
10.11. Reclams Universalbibliothek feiert ihr 75-jähriges Bestehen. Mit 7600 Titeln ist sie die umfangreichste Buchreihe der Welt.

Gesellschaft

30.5. Beim ersten »1000-Bomber-Angriff« der britischen Royal Air Force auf Köln sterben 474 Menschen, 45 000 werden obdachlos.
5.7. Mit 2:0 über Vienna Wien wird der FC Schalke 04 zum sechsten Mal deutscher Fußballmeister.
27.9. Der im Exil lebende deutsche Schriftsteller Thomas Mann informiert über BBC die deutschen Hörer über den Massenmord an Juden.

1943

31.1. Die Südgruppe der deutschen 6. Armee in Stalingrad kapituliert. Am 2. Februar ergibt sich die Nordgruppe.
18.2. In seiner »Sportpalastrede« ruft Joseph Goebbels zum »totalen Krieg« auf.
19.4. Angesichts ihrer drohenden Deportation durch die SS erheben sich die Bewohner des Warschauer Gettos. Der Aufstand wird am 16. Mai blutig niedergeschlagen.
24.5. Großadmiral Karl Dönitz ordnet den Abbruch der Geleitzugschlacht im Nordatlantik an.
5.7. An der Ostfront beginnt die letzte deutsche Großoffensive, die nach neun Tagen verlustreich endet.
10.7. Unter dem Oberbefehl von General Dwight D. Eisenhower landen alliierte Truppen auf Sizilien.
25.7. Italiens König Viktor Emanuel III. entmachtet Benito Mussolini, lässt ihn verhaften und ernennt Pietro Badoglio zum Ministerpräsidenten.
3.9. Mit der Landung der 8. britischen Armee in Süditalien betreten die Alliierten europäisches Festland.
28.11. Auf der Konferenz von Teheran diskutieren Josef Stalin, Winston Churchill und Franklin D. Roosevelt über interalliierte Probleme.

Der deutsche Panzer »Tiger II«, der schwerste Panzer des Krieges, erlangt zum Jahresende Serienreife.
17.2. Der NS-Mediziner Siegmund Rascher bittet Heinrich Himmler, seine »Kälteversuche« im KZ Auschwitz fortsetzen zu dürfen. Bei den Versuchen sterben zahllose Häftlinge unter großen Qualen.
11.6. Der deutsche Ingenieur Henning Schreyer meldet ein Patent auf ein vollelektronisches Speicher- und Rechenwerk mit Glimmröhren an, das sich wegen Materialknappheit im Krieg nicht realisieren lässt.
15.6. Mit der deutschen Arado »Ar 234« absolviert der erste Düsenbomber der Welt seinen Jungfernflug.
20.9. In der Atlantikschlacht setzen deutsche U-Boote erstmals Geräusch-Torpedos ein.
14.11. Die deutsche Kriegsmarine stellt das erste Versuchs-U-Boot vom Typ »Walther« in Dienst, das mit Ingolin als Antriebsmittel auf 26 Knoten beschleunigen kann.
21.11. Die deutsche Luftwaffe bringt in Frankreich erstmals Fernbomber des Typs »He 177« gegen einen britischen Geleitzug 1400 km westlich von Bordeaux zum Einsatz.

Stefan Andres' Roman »Wir sind Utopia« handelt von der moralisch bedingten Selbstjustiz eines ehemaligen Mönches an einem kommunistischen Leutnant im Spanischen Bürgerkrieg.
Else Lasker-Schülers Gedichtband »Mein blaues Klavier« erscheint in Jerusalem.
2.1. Gustaf Gründgens spielt in Berlin den Orest in »Iphigenie auf Tauris«.
20.2. Eine gelungene Premiere feiert Carl Orffs Oper »Die Kluge« in Frankfurt am Main.
5.3. Mit »Münchhausen« von Josef von Baky kommt einer der aufwändigsten UFA-Filme in die deutschen Kinos. Der Farbfilm zeigt Hans Albers als Lügenbaron.
2.4. Die Filmkomödie »Ich vertraue dir meine Frau an« von Kurt Hoffmann mit Heinz Rühmann und Lil Adina hat in München Premiere.
26.6. In München wird die Große Deutsche Kunstausstellung 1943 eröffnet.
September Im Bronzekeller in Hamburg absolviert Wolfgang Borchert seine ersten Auftritte.
18.11. Hermann Hesses Roman »Das Glasperlenspiel« erscheint in Zürich.

27.1. Luftangriffe auf Wilhelmshaven leiten die Attacken der US-Air Force ein.
4.2. Im Deutschen Reich werden alle Luxusgeschäfte geschlossen.
7.2. Die erste von vier Sonntagsschichten deutscher Rüstungsarbeiter und Bergleute zugunsten des Winterhilfswerks beginnt.
18.2. Hans und Sophie Scholl, Mitglieder der Widerstandsgruppe »Weiße Rose« an der Münchner Universität, werden verhaftet und fünf Tage später hingerichtet.
21.3. In Deutschland dürfen Einzelhandelsgeschäfte nicht mehr wegen Personalurlaubs schließen.
7.6. Claus Clauberg berichtet an Heinrich Himmler über seine im KZ Ravensbrück entwickelten Methoden zur massenhaft durchführbaren Zwangssterilisierung.
11.6. Düsseldorf ist das Ziel der ersten alliierten »Combined Bomber Offensive« – britische Flugzeuge fliegen bei Nacht Flächen-, US-Bomber am Tag Präzisionsangriffe.
31.8. Auf Weisung Hitlers muss die »Frankfurter Zeitung«, das letzte nicht vollständig gleichgeschaltete deutsche Blatt, ihr Erscheinen einstellen.

1944

Politik

21.1. Die letzte große deutsche Luftoffensive gegen britische Städte beginnt. Die Angriffe, von den Briten spöttisch »Baby-Blitz« genannt, enden am 29. Mai.
22.1. Mit rund 70 000 Mann landen alliierte Verbände bei Anzio und Nettuno südlich von Rom.
28.1. Nach 900 Tagen sprengt die Rote Armee im Rahmen der großen Offensive den deutschen Belagerungsring um Leningrad.
6.6. In der Normandie landen mit Unterstützung von 6000 Schiffen und 14 000 Flugzeugen bis zum späten Abend 150 000 alliierte Soldaten.
22.6. In Weißrussland beginnt die große Offensive der Roten Armee, die zum Zusammenbruch der deutschen Heeresgruppe Mitte führt.
20.7. Durch Zufall überlebt Adolf Hitler die Explosion der von Oberst Claus Graf Schenk von Stauffenberg ins Führerhauptquartier »Wolfsschanze« gebrachten Bombe. Der deutsche militärische Widerstand ist damit endgültig gescheitert.
16.12. An der Westfront beginnt die von Hitler befohlene Ardennenoffensive, die an der alliierten Luftüberlegenheit scheitert.

Wissenschaft und Technik

Die von Wernher von Braun entwickelte »V 2«, die erste ballistische Rakete der Welt, erreicht eine Geschwindigkeit von 5000 km/h und entzieht sich damit der gegnerischen Flugabwehr.
Deutsche Ingenieure konzipieren einen Taucheranzug, der von einem Kran ins Wasser gesetzt wird und eine Tauchtiefe von 200 m gestattet.
In Deutschland wird die Panzerfaust in Massen produziert.
Der VW-Kübelwagen mit zusätzlicher Schienenausrüstung kann wechselweise auf Straßen und Eisenbahnstrecken eingesetzt werden. Der Umbau dauert etwa 15 Minuten.
16.2. Mit dem »Goliath«, der rd. 90 kg Sprengstoff tragen kann, setzen deutsche Truppen an der Italienfront den ersten ferngelenkten Zwergpanzer der Welt ein. Er ist 1,6 m lang, 0,66 m breit, 0,67 m hoch und erreicht eine Geschwindigkeit von 19 km/h.
12.6. Die deutsche Flugbombe »V 1« kommt erstmals gegen Großbritannien zum Einsatz. Die 7,90 m lange fliegende Bombe erreicht eine Höchstgeschwindigkeit von 650 km/h und kann eine Sprengladung von 850 kg rund 330 km weit transportieren.

Kultur

Das Schicksal der Widerstandsgruppe »Weiße Rose« schildert Alfred Neumann in seinem Roman »Es waren ihrer sechs«, der in Stockholm erscheint.
28.1. Der Film »Die Feuerzangenbowle« von Helmut Weiß wird in Berlin uraufgeführt. Der Film wird dank der brillanten Leistung von Heinz Rühmann ein Klassiker.
1.3. Der Brockhaus-Verlag, der Goldmann-Verlag und die Verlage Schöningh und Westermann müssen ihre Arbeit einstellen, da sie »nicht arisch« geführt oder nicht »linienkonform« sind.
24.6. Der deutsche Schriftsteller Thomas Mann erhält die US-amerikanische Staatsbürgerschaft.
12.10. Die deutsche Dichterin Luise Rinser wird von der Gestapo in Salzburg unter dem Vorwurf der »Wehrkraftzersetzung« verhaftet.
15.12. Der Seemannsfilm »Große Freiheit Nr. 7« von Helmut Käutner mit Hans Albers in der Hauptrolle läuft in Prag an.
31.12. Hitler ordnet im gesamten deutschen Machtbereich die Beschlagnahmung wichtiger Kunstgegenstände an, die der »Führer« dereinst in einem Museum in Linz ausstellen will.

Gesellschaft

29.1. Angesichts des kriegsbedingten Geburtenrückgangs fordert Reichsminister Martin Bormann eine »verstärkte Fortpflanzung« und die »Ehe zu dritt«.
26.2. Mit der Verschlechterung der Versorgungslage im Deutschen Reich beginnt ein verstärkter illegaler Handel, vor allem mit Briefmarken.
29.2. Die »Neue Zürcher Zeitung« berichtet über eine massive Zunahme der Kindersterblichkeit in den deutsch kontrollierten Gebieten.
7.3. In Deutschland beginnt eine großangelegte Kampagne um Frauen, die bislang nicht berufstätig waren, zur Fabrikarbeit zu bewegen.
30.5. In einer Verordnung an alle Gebietsleiter des Deutschen Reiches sanktioniert Martin Bormann die Lynchjustiz gegenüber abgeschossenen alliierten Luftwaffenpiloten.
18.6. Im Berliner Olympiastadion gewinnt der Dresdener SC mit einem 4:0 über Hamburg die deutsche Fußballmeisterschaft.
4.8. Anne Frank und ihre Familie werden in Amsterdam von der Gestapo entdeckt. Sie stirbt im März 1945 im KZ Bergen-Belsen. Ihr Tagebuch wird 1946 veröffentlicht.

1945

11.2. In Jalta endet die zweite Konferenz von Churchill, Stalin und Roosevelt. Hauptverhandlungspunkte waren die Aufteilung Deutschlands in Besatzungszonen und die Grenzziehung zu Polen.
30.4. Im Bunker unter der Reichskanzlei nimmt sich Adolf Hitler das Leben.
7.5. In Reims unterzeichnet eine deutsche Delegation die bedingungslose Kapitulation. Die Zeremonie wird am 9. Mai in Berlin-Karlshorst mit der UdSSR wiederholt. Damit endet der Zweite Weltkrieg in Europa.
5.6. Mit der Berliner Deklaration nehmen die vier Siegermächte die Hoheitsrechte in Deutschland wahr.
17.7. Die Potsdamer Konferenz der alliierten Siegermächte über Deutschland beginnt.
6.8. Auf Befehl des US-Präsidenten Harry S. Truman erfolgt der Atombombenabwurf über Hiroschima, der mindestens 70 000 Menschenleben kostet. Am 9. August fällt eine zweite Atombombe auf Nagasaki.
20.11. In Nürnberg beginnt vor dem Internationalen Gerichtshof zur Verfolgung und Bestrafung der Hauptkriegsverbrecher der Prozess gegen 21 führende Nationalsozialisten.

Konrad Zuse beendet die Arbeiten an seiner Rechenanlage »Zuse Z 4«, einer Weiterentwicklung des Typs »Z 3«. Der Computer enthält einen Lochstreifenleser für die Eingabe von Unterprogrammen und verfügt über einen Magnetkernspeicher.
19.11. 88 deutsche Wissenschaftler reisen in geheimer Mission in die USA. Unter ihnen ist auch der Physiker und Raketeningenieur Wernher Freiherr von Braun, der die deutsche »V 2«-Rakete für die US-Luftwaffe weiterentwickeln soll.

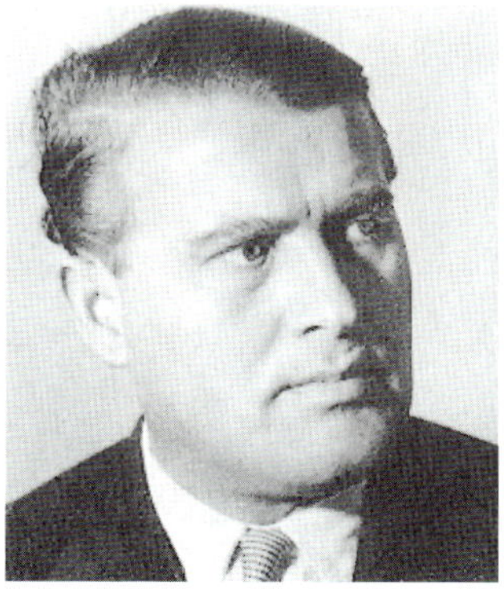

Der deutsche Raketenkonstrukteur Wernher von Braun (1912–1977)

Johannes R. Becher veröffentlicht in Berlin »Ausgewählte Dichtung aus der Zeit der Verbannung 1933–1945«.
30.1. In der Festung La Rochelle wird Veit Harlans Durchhaltefilm »Kolberg« uraufgeführt.
1.6. Mit »Berlin ist wieder da« nimmt das »Kabarett der Komiker« den Vorstellungsbetrieb wieder auf.
18.6. Die Hochschule für Bildende Kunst in Berlin nimmt den Lehrbetrieb wieder auf. Der Maler und Grafiker Karl Hofer wird neuer Leiter.
4.7. In Berlin konstituiert sich der Kulturbund zur demokratischen Erneuerung Deutschlands. Johannes R. Becher wird Vorsitzender.
25.7. In der Kammer der Kunstschaffenden in Berlin wird die erste deutsche Kunstausstellung seit Kriegsende eröffnet, in der Werke der von den Nationalsozialisten als »entartet« verfemten Maler Karl Hofer, Max Beckmann und Max Pechstein gezeigt werden.
August Die Münchner »Schaubude« startet ihr erstes Programm. Bei ihr arbeitet der Autor Erich Kästner.
7.9. Mit einer Aufführung von »Nathan der Weise« von Gotthold E. Lessing nimmt das Deutsche Theater in Berlin seinen Betrieb wieder auf.

6.1. Um Kleidung und Ausrüstung für den sog. Volkssturm zu sammeln, werden über 60 000 Annahmestellen für die deutsche Volksopfersammlung eingerichtet.
13./14.2. Mehrere Luftangriffe auf das von Flüchtlingen überfüllte Dresden legen die Stadt in Schutt und Asche und töten zwischen 60 000 und 245 000 Menschen.
12.3. Im KZ Bergen-Belsen kommt die 15-jährige Anne Frank ums Leben.
1.6. Berlin verpflichtet alle Frauen zwischen 15 und 50 Jahren zu Räumarbeiten. Die »Trümmerfrauen« nehmen bald überall in Deutschland ihre Arbeit auf.
17.7. Der Hamburger Sportbund ist der erste Nachkriegssportbund auf Länderebene.
1.8. Die »Frankfurter Rundschau« erscheint in US-Lizenz.
26.10. Die britische Besatzungsmacht in Berlin lässt 50 000 Kinder in ländliche Gegenden evakuieren, weil ihre Versorgung dort besser gewährleistet ist.
20.11. Der Lagerkommandant des KZ Bergen-Belsen, Josef Kramer, und weitere zehn Mitglieder des Lagerpersonals werden in Lüneburg zum Tode verurteilt.

1946

Politik

26.2. Vorsitzender des neu formierten Zonenverbandes der CDU im britisch besetzten Teil Deutschlands wird Konrad Adenauer.
21.4. SPD und KPD werden zur Sozialistischen Einheitspartei Deutschlands (SED) zusammengeschlossen.
25.4. Auf der Außenministerkonferenz in Paris lehnt die UdSSR eine Öffnung Osteuropas ab.
11.5. In Hannover beginnt der SPD-Parteitag, auf dem die Delegierten aus den Westzonen Kurt Schumacher zum Vorsitzenden wählen.
1.10. Im Prozess gegen die nationalsozialistischen Hauptkriegsverbrecher fällt der Internationale Gerichtshof in Nürnberg zwölf Todesurteile, dreimal lebenslänglich, vier Haftstrafen und drei Freisprüche.
16.10. In der Turnhalle des Nürnberger Justizpalastes werden die im Nürnberger Kriegsverbrecherprozess Verurteilten hingerichtet.
2.12. Großbritannien und die USA unterzeichnen ein Abkommen über die wirtschaftliche Vereinigung ihrer Besatzungszonen zum Vereinten Wirtschaftsgebiet (Bizone).
22.12. Das französisch kontrollierte Saargebiet wird vom übrigen Deutschland durch eine Zollgrenze abgetrennt.

Wissenschaft und Technik

3.1. Der deutsche Ingenieur Fritz Cockerell stellt einen auf dem Prinzip der Gasturbine beruhenden Automotor vor, der bis zu 50% sparsamer als herkömmliche Motoren arbeitet.
7.1. Als erstes deutsches Unternehmen produziert die Schering AG in Berlin Penizillin. Pro Monat werden aufgrund der großen Nachfrage bis zu 900 Millionen Einheiten hergestellt.
23.1. Unter dem Motto »Berlin baut auf« wird im ehemaligen Zeughaus Unter den Linden eine industrielle Leistungsschau eröffnet.
29.1. Mit einem Festakt wird die Berliner Universität wiedereröffnet.
16.4. In Wolfsburg läuft der 1000. seit Kriegsende produzierte Volkswagen vom Band. Damit ist der Volkswagen der seit 1945 meist gebaute deutsche Pkw. Mit einer Leistung von 23,5 PS erreicht er eine Höchstgeschwindigkeit von 102 km/h.
2.8. In allen Unterzeichnerstaaten der Londoner Reparationskonferenz dürfen deutsche Patente unentgeltlich genutzt werden.
4.11. In Düsseldorf wird die Akademie für Staatsmedizin eröffnet. Hier werden Ärzte für alle Zweige der öffentlichen Gesundheit und Verwaltung ausgebildet.

Kultur

Den deutschen Schlager des Jahres singt Rudi Schuricke mit seiner Fassung vom »Capri-Fischer«.
1.2. Erich Kästner gibt die Jugendzeitschrift »Pinguin« beim Rowohlt-Verlag heraus.
20.3. Das Drama »Die Illegalen« von Günther Weisenborn feiert im Berliner Hebbel-Theater seine Uraufführung.
3.4. In Bad Nauheim zeigt eine Ausstellung das grafische Werk des deutschen Künstlers Max Beckmann.
8.4. Erstmals seit zwölf Jahren steht Hans Albers bei einer Aufführung des Schauspiels »Liliom« im Berliner Hebbel-Theater wieder auf der Bühne, wo er die Hauptrolle in Ferenc Molnárs Stück spielt.
1.6. In Berlin erscheint die seit 1933 verbotene Wochenzeitschrift »Die Weltbühne« wieder.
11.9. Der deutsche Historiker Friedrich Meinecke veröffentlicht das Buch »Die deutsche Katastrophe«.
15.10. Der erste deutsche Nachkriegsfilm ist die DEFA-Produktion »Die Mörder sind unter uns« von Wolfgang Staudte.
15.12. In Hamburg erscheinen im Rowohlt-Verlag die ersten auf Zeitungspapier gedruckten Bände der Reihe »rororo«.

Gesellschaft

22.1. In Stuttgart eröffnet das erste Information Center der USA, wo sich deutsche Bürger über die amerikanische Demokratie informieren können.
24.1. Die französischen Behörden richten in Baden-Baden den Südwestfunk ein.
2.2. Vertreter der kirchlichen und privaten Suchdienste beschließen die Einrichtung einer Zentralkartei über vermisste Personen in Deutschland.
20.2. Mehr als 400 Bergleute sterben bei einer Schlagwetterexplosion auf der Zeche Grimberg.
21.2. In Hamburg erscheint mit 25 000 Exemplaren die erste Ausgabe der Wochenzeitung »Die Zeit«.
2.4. Von den britischen Behörden zugelassen, erscheint in Hamburg die Tageszeitung »Die Welt«.
23.4. Die erste Ausgabe von »Neues Deutschland« erscheint, des Zentralorgans der SED.
6.6. Die US-Hilfsorganisation CARE erhält die Erlaubnis, Hilfspakete in die US-Zone zu schicken.
5.9. In Berlin nimmt der Rundfunk im Amerikanischen Sektor (RIAS) den Sendebetrieb auf.
30.11. Allein in der britischen Zone Deutschlands sind 46 000 Fälle offener Tuberkulose registriert.

1947

10.2. Die Siegermächte des Zweiten Weltkriegs unterzeichnen in Paris Friedensverträge mit Rumänien, Bulgarien, Ungarn, Finnland und Italien.
4.3. In Dünkirchen schließen Frankreich und Großbritannien einen auf 50 Jahre befristeten Bündnis- und Beistandspakt.
11.3. In der US-Zone tritt erstmals der Parlamentarische Rat des Länderrates zusammen.
5.6. Der amerikanische Außenminister George C. Marshall kündigt in einer Rede einen wirtschaftlichen Wiederaufbauplan für Europa an (Marshallplan).
6.7. In Spanien wird Staatschef Francisco Franco durch Volksentscheid Präsident auf Lebenszeit.
18.7. Die am 1. Oktober 1946 vom Internationalen Gerichtshof in Nürnberg verurteilten Kriegsverbrecher Rudolf Heß, Karl Dönitz, Albert Speer, Konstantin Freiherr von Neurath, Baldur von Schirach, Erich Raeder und Walther Funk werden in das alliierte Gefängnis in Berlin-Spandau verlegt.
29.11. Die UNO-Vollversammlung in New York beschließt die Teilung Palästinas in einen jüdischen und einen arabischen Staat.

Der deutsche Elektroingenieur Robert Warnecke baut den ersten Magnetron-Wanderwellenverstärker.
Der Nürnberger Kodex schränkt die Zulässigkeit von Menschenversuchen drastisch ein.
12.6. In Marburg treffen sich Ärzte und Studenten zu einer ersten interzonalen Medizinertagung, aus der 1948 der Marburger Bund, die bis heute wichtigste Interessenvertretung für angestellte Ärzte in der Bundesrepublik hervorgeht.
24.9. Der Rhein-Main-Flughafen in Frankfurt am Main hat sich mit 350 Landungen pro Monat zum größten Flughafen Europas entwickelt.
12.10. Auf der zweiten Interzonentagung in Frankfurt am Main werden die organisatorischen Grundlagen der Vereinigung Marburger Bund näher bestimmt und das einheitliche berufspolitische Vorgehen der Ärzteorganisation abgesprochen.
13.10. In Hamburg kommt die erste in Deutschland konstruierte Eiserne Lunge zum Einsatz. Die unter Anleitung des Arztes Axel Döhnhardt gebaute Apparatur soll die Behandlung der spinalen Kinderlähmung erleichtern.

Thomas Mann erzählt in »Doktor Faustus« das Leben des deutschen Tonsetzers Adrian Leverkühn.
23.1. Die Universität Bonn widerruft die Aberkennung der Ehrendoktorwürde von Thomas Mann aus dem Jahr 1936.
29.3. In Düsseldorf zeigt das »Kom(m)ödchen« sein erstes Programm »Positiv dagegen«.
16.4. In Hannover wird der Bund der deutschen Architekten wiederbegründet, der 1934 aufgelöst wurde.
13.6. Der Film »In jenen Tagen« von Helmut Käutner wird im Hamburger Waterloo-Theater uraufgeführt. Anhand der Geschichte eines Autos dokumentiert der Film Zeitgeschichte.
10.9. Am Bannwaldsee gründen Alfred Andersch und Hans Werner Richter die Gruppe Junge Literatur, aus der die Gruppe 47 hervorgeht.
21.11. Das pazifistische Heimkehrerstück »Draußen vor der Tür« von Wolfgang Borchert feiert an den Hamburger Kammerspielen seine Premiere.
9.12. Hans Albers spielt die Hauptrolle in dem Trümmerfilm »Und über uns der Himmel« von Josef von Baky, der in der Berliner Neuen Scala uraufgeführt wird.

Die Kindersterblichkeit in Deutschland ist dreimal höher als vor Beginn des Zweiten Weltkrieges.
4.1. In Hannover erscheint das Nachrichtenmagazin »Der Spiegel« erstmals.
31.1. Infolge des Hungerwinters erreichen die Preise auf dem Schwarzen Markt ein Höchstniveau.
2.3. Sachsen setzt als erstes Land das Wahlalter auf 18 Jahre herunter.
18.4. Mit der größten jemals durch konventionellen Sprengstoff ausgelösten Explosion zerstört die britische Besatzungsmacht auf Helgoland Militäranlagen der deutschen Wehrmacht sowie den Hafen.
21.7. In Erfurt eröffnet das erste Geschäft, in dem Lebensmittel frei verkauft werden.
9.8. Das Verhältnis von Männern zu Frauen beträgt in Deutschland 4:5.
8.10. Das zweimillionste CARE-Paket erreicht Deutschland.
16.11. Der bayrische Bierbrauerverband protestiert gegen die Anordnung der US-Militärregierung, zur Getreideersparnis kein Bier zu brauen.
11.12. Sowjetische Pioniere sprengen auf dem Terrain der ehemaligen Reichskanzlei den »Führerbunker«.

1948

Politik

30.1. In Neu-Delhi wird der Vorkämpfer für die Unabhängigkeit Indiens, Mahatma Gandhi ermordet.
19.3. In Ost-Berlin konstituiert sich der Deutsche Volksrat mit 400 Mitgliedern als Vorform einer gesamtdeutschen Vertretung.
14.5. Der sozialistische Führer der zionistischen Bewegung, David Ben Gurion, verkündet die Gründung des jüdischen Staates Israel.
21.6. Mit der Währungsreform wird die Deutsche Mark in den drei Westzonen alleiniges Zahlungsmittel. Drei Tage später wird auf Anordnung der Sowjetischen Militäradministration in Deutschland (SMAD) der Verkehr zwischen West-Berlin und den Westzonen unterbrochen (Berlinblockade).
26.6. Der US-Militärgouverneur Lucius D. Clay ordnet die Versorgung West-Berlins aus der Luft an.
1.9. In Bonn tritt der Parlamentarische Rat zusammen, der ein Grundgesetz für einen Weststaat ausarbeiten soll. Ratspräsident wird Konrad Adenauer (CDU).
13.12. Vertreter verschiedener liberaler Parteien gründen in Heppenheim die FDP. Erster Vorsitzender wird Theodor Heuss.

Wissenschaft und Technik

Die internistisch-röntgenologische Arbeitsgruppe in Bonn nimmt die erste Herzkatheter-Untersuchung und Röntgendarstellung der großen Herzgefäße und Herzinnenräume bei einem Kind in Deutschland vor.
Die Opel-Werke in Rüsselsheim bringen das Modell »Olympia« mit 37 PS und einer Höchstgeschwindigkeit von 112 km/h zur Serienreife.
In Berlin wird ein heizbarer Schuh vorgestellt. Die aus Aluminium und Stahl bestehende Konstruktion soll helfen, kalte Füße zu vermeiden.
25.2. In Göttingen wird die Max-Planck-Gesellschaft zur Förderung der Wissenschaften e. V. gegründet. Erster Präsident der Gesellschaft wird der Chemiker Otto Hahn.
22.5. Auf der Hannovermesse bietet ein Hamburger Hersteller eine Weltzeituhr an, die gleichzeitig fünf Zeitzonen anzeigen kann. Sie ist die erste serienmäßig hergestellte Uhr dieses Typs in der Welt.
13.8. Der Verwaltungsrat des Nordwestdeutschen Rundfunks (NWDR) beschließt die Errichtung eines Fernsehversuchsbetriebes, um den Anschluss an die Technik nicht zu verpassen.

Kultur

Mit dem Romanfragment »Der gestohlene Mond« erscheint zehn Jahre nach dem Tod von Ernst Barlach sein letztes, unvollendetes Werk.
4.3. Die Tageszeitung »Die Welt« veröffentlicht Auszüge aus dem Tagebuch von Joseph Goebbels aus dem Jahr 1942.
28.5. In München treffen die ersten 54 von insgesamt 202 Gemälden ein, welche die US-Armee bei Kriegsende in die USA überführt hat, u. a. Werke von Raffael, Tizian und Dürer, die zuvor in den USA ausgestellt worden waren.
6.6. Das Ballett »Abraxas« von Werner Egk feiert in München eine glanzvolle Premiere.
13.7. Die Filmkomödie »Der Herr vom anderen Stern« mit Heinz Rühmann in der Hauptrolle entwickelt sich in Deutschland zum Kassenschlager des Sommers.
28.8. Der deutsche Schriftsteller Fritz von Unruh erhält den Goethe-Preis der Stadt Frankfurt.
10.11. Das Schauspiel »Der öffentliche Ankläger« von Fritz Hochwälder wird im Stuttgarter Staatstheater uraufgeführt. Das Stück handelt vom Terror der Französischen Revolution.

Gesellschaft

Fast den Charakter einer Nationalhymne erhält der ironische Schlager »Wir sind die Eingeborenen von Trizonesien«, den Karl Berbuer singt.
5.1. In der britischen und der US-Zone streiken und protestieren mehr als 2,5 Millionen Menschen gegen die schlechte Ernährungslage.
1.3. In Frankfurt am Main wird die Bank deutscher Länder mit einem Grundkapital von 100 Millionen Reichsmark gegründet.
28.7. Auf dem BASF-Gelände in Ludwigshafen fordert ein Explosionsunglück 178 Menschenleben.
13.10. Der Bergmann Adolf Hennecke meldet eine Plansollübererfüllung von 380 % – für die SED der Anlass, die Aktivistenbewegung zu gründen.
27.10. Der Suchdienst in Berlin hat binnen zwei Jahren eine Million Vermisste zu ihren Familien geleitet.
15.11. Im sowjetischen Sektor von Berlin wird der erste Laden der staatlichen »Handelsorganisation« (HO) eröffnet.
31.12. Das 100 000. Flugzeug der alliierten Luftbrücke zur Versorgung Berlins landet auf dem Flughafen Tempelhof.

1949

25.1. In Moskau gründen die Sowjetunion, Bulgarien, Ungarn, Polen, Rumänien und die Tschechoslowakei den Rat für gegenseitige Wirtschaftshilfe (RGW, COMECON).
4.4. In Washington gründen zehn westeuropäische Staaten sowie die USA und Kanada die NATO.
12.5. Die Berlinblockade endet.
23.5. Vor dem Parlamentarischen Rat in Bonn wird das Grundgesetz der Bundesrepublik Deutschland feierlich verkündet.
14.8. Die Wahlen zum ersten Deutschen Bundestag enden mit einem Sieg von CDU und CSU.
12.9. Theodor Heuss (FDP) wird von der Bundesversammlung zum ersten Bundespräsidenten gewählt.
15.9. Mit 202 von 389 Stimmen wird Konrad Adenauer (CDU) zum ersten Bundeskanzler gewählt.
1.10. Vor dem Kaiserpalast in Peking proklamiert Mao Tse-tung die Volksrepublik China. Er wird erster Vorsitzender der neugebildeten Zentralen Volksregierung.
7.10. In Ost-Berlin proklamiert der Deutsche Volksrat die DDR.
8.10. BRD und DDR schließen ein Interzonenabkommen für die gegenseitigen Handelsbeziehungen.

An der Universitätsklinik von Heidelberg begründet Alexander Mitscherlich die Abteilung für psychosomatische Medizin.
Der deutsche Nuklearmediziner Cuno Winkler behandelt in Aachen einen Patienten mit Schilddrüsenkarzinom mit Radiojod.
Das Karosseriewerk Karmann in Osnabrück stellt eine Kabriolett-Version des VW-Käfers vor.
März Die Firma Borgward stellt mit dem Hansa 1500 die erste deutsche Neukonstruktion eines Personenwagens seit Kriegsende vor. Die 48-PS-Maschine bringt das Auto, das ab 7600 DM zu haben ist, auf eine Spitzengeschwindigkeit von 121 km/h.
28.4. Die deutsche Firma Schaub stellt auf der Messe in Hannover ein Ultrakurzwellengerät vor.
15.10. In München wird das bisher modernste Fernamt der Bundesrepublik eröffnet.
27.12. Der Physiker Albert Einstein hat nach über 30-jähriger Forschungsarbeit die allgemeine Gravitationstheorie aufgestellt, die die Strukturen des Universums von den kleinsten Teilchen bis zu den Grenzen des Kosmos nach einheitlichen Prinzipien erklärt.

Johannes R. Becher gründet in der Ostzone die literarische Zweimonatsschrift »Sinn und Form«. Chefredakteur wird Peter Huchel.
Der Essay »Der Ptolemäer« von Gottfried Benn versucht, die Realität der deutschen Nachkriegszeit zu erfassen.
C. W. Ceram veröffentlicht seinen weltberühmten Bestseller »Götter, Gräber und Gelehrte«, der in Romanform die großen archäologischen Sensationen der letzten 200 Jahre aufarbeitet.
Anna Seghers zieht in ihrem Roman »Die Toten bleiben jung« ein Resümee der deutschen Geschichte zwischen 1918 und 1945.
11.1. Mit einer Aufführung von »Mutter Courage« stellt Bertolt Brecht im Ost-Berliner Deutschen Theater das mit seiner Frau Helene Weigel aufgebaute Berliner Ensemble vor.
7.3. In Göttingen wird der Film »Liebe 47« von Wolfgang Liebeneiner uraufgeführt.
7.5. Mit seinem Operndebüt »Das Wundertheater« tritt Hans Werner Henze als Komponist hervor.
25.7. Thomas Mann erhält den Goethe-Preis der Stadt Frankfurt.
18.9. Mit 205 ausstellenden Verlagen eröffnet in Frankfurt am Main die erste Buchmesse.

28.2. Den ersten Rosenmontagsumzug seit Kriegsende erleben in Köln 800 000 Menschen.
5.3. Nach einer Umfrage des »Spiegels« befürworten 54 % der Westdeutschen eine Staatengründung auf der Basis der Westzonen.
14.5. Neuer deutscher Meister der Profiboxer im Mittelgewicht wird der Kölner Peter Müller.
19.6. In der Frankfurter Paulskirche wird die Vereinigte Großloge der Freimaurer in Deutschland feierlich wiederbegründet.
10.7. Vor 92 000 Zuschauern in Stuttgart wird der VfR Mannheim durch 3:2 über Borussia Dortmund deutscher Fußballmeister.
18.8. Die Nachrichtenagenturen der westdeutschen Besatzungszonen schließen sich zur Deutschen Presseagentur (dpa) zusammen.
17.9. Erstmals seit elf Jahren findet in München wieder das Oktoberfest auf der Theresienwiese statt.
8.10. Das unter britischer Verwaltung stehende Volkswagenwerk in Wolfsburg wird in die Treuhänderschaft der Bundesregierung übergeben.
25.10. Die Bundesregierung beziffert die Übersiedlerquote aus der DDR auf über 1000 Personen täglich.

1950

Politik

4.1. Die israelische Regierung unter Ministerpräsident David Ben Gurion erklärt Jerusalem zur Hauptstadt.
8.2. Die DDR-Regierung beginnt mit dem Aufbau des Ministeriums für Staatssicherheit.
9.5. Der französische Außenminister Robert Schuman stellt den nach ihm benannten Plan für eine europäische Gemeinschaft vor, dessen Basis die Montanindustrie ist.
15.6. Mit knapper Mehrheit beschließt der Deutsche Bundestag den Beitritt der Bundesrepublik zum Europarat.
25.6. Mit dem Einmarsch nordkoreanischer Truppen in Südkorea beginnt der Koreakrieg.
6.7. Das Görlitzer Abkommen zwischen der DDR und Polen legt die Oder-Neiße-Linie als Grenze zwischen beiden Staaten fest.
25.7. Walter Ulbricht wird in Ost-Berlin Generalsekretär des Zentralkomitees der SED.
29.9. Die DDR tritt dem Rat für gegenseitige Wirtschaftshilfe (RGW bzw. COMECON) bei.

Wissenschaft und Technik

Die BASF entwickelt den als Styropor bekannt werdenden Hartschaum aus Polystyrol.
11.6. Mit der Ausstrahlung von Probesendungen nimmt der Nordwestdeutsche Rundfunk seinen Fernseh-Testbetrieb auf.
22.6. Borgward stellt den Kleinwagen Lloyd 300 vor, der wegen seiner Karosserie aus Sperrholz mit Kunstlederüberzug den Spitznamen Leukoplastbomber erhält.
3.7. Nach zweijähriger Bauzeit wird die Stahlbogenbrücke über den Rhein zwischen Duisburg und Rheinhausen dem Verkehr übergeben.
27.8. Auf der Düsseldorfer Funkausstellung werden die ersten UKW-Radioempfänger vorgestellt.
5.10. Die 1948 gegründete Max-Planck-Gesellschaft zur Förderung der Wissenschaften hält in Köln ihre erste Hauptversammlung ab.
6.11. In Oderbruch bei Aachen nimmt die größte Kunstfaserfabrik der BRD die Produktion auf.
25.11. Die DDR startet ein Fernsehversuchsprogramm.

Kultur

Der postum erschienene Roman »Der Trinker« von Hans Fallada beschreibt den Niedergang eines Alkoholikers. Ein Protestwerk gegen den Totalitarismus ist Walter Jens' Roman »Nein – Die Welt der Angeklagten«.
15.5. Sechs Jahre nach seiner Fertigstellung kommt der Film »Unter den Brücken« von Helmut Käutner in die bundesdeutschen Kinos.
4.–6.7. Unter dem Motto »Das neue Leben verlangt nach Gestaltung« findet in Ost-Berlin der II. Schriftstellerkongress statt.
7.9. Der Film »Schwarzwaldmädel« von Hans Deppe mit Sonja Ziemann und Rudolf Prack läuft in den bundesdeutschen Kinos an. Der Heimatfilm ist die erste westdeutsche Farbproduktion der Nachkriegszeit.
7.9. Trotz internationaler Proteste beginnen in Ost-Berlin die Arbeiten zur Sprengung des Berliner Stadtschlosses.
24.9. Seit seiner Emigration 1933 gibt der Dirigent Bruno Walter in Berlin erstmals wieder ein Konzert auf deutschem Boden.

Gesellschaft

1.1. Die westdeutschen Autofahrer reagieren mit Verärgerung und Protesten auf die drastische Erhöhung der Treibstoffpreise. Ein Liter Benzin kostet nun 0,60 DM, 50% mehr als bisher.
30.1. Beim ersten Winterschlussverkauf seit zehn Jahren registrieren die Kaufleute in den westdeutschen Großstädten einen Massenandrang.
1.5. In der Bundesrepublik endet nach elf Jahren die Ausgabe von Lebensmittelkarten.
18.6. Der VfB Stuttgart wird bundesdeutscher Fußballmeister. In der Oberliga der DDR kann sich Horch Zwickau durchsetzen.
8.7. 600 000 Menschen feiern den 1900. Geburtstag der Domstadt Köln.
3.9. Susanne Erichson, ein 24-jähriges Fotomodell aus Berlin, wird in Baden-Baden zur ersten »Miss Germany« gekürt.
3.12. In der Illustrierten »Quick« erscheint die erste Folge der Bildgeschichte über den Meisterdetektiv »Nick Knatterton« aus der Feder von Manfred Schmidt.

1951

4.1. Kommunistische nordkoreanische Truppen erobern die südkoreanische Stadt Seoul.
15.2. Die parlamentarischen Gremien der BRD beschließen die Aufstellung eines 10 000 Mann starken Bundesgrenzschutzes als Gegengewicht zur Volkspolizei in der DDR.
15.2. In Paris beginnt die Konferenz zur Gründung einer Europäischen Verteidigungsgemeinschaft (EVG).
8.3. In Wiesbaden entsteht das Bundeskriminalamt.
18.4. Mit der Unterzeichnung des Vertrags zur Montanunion (Frankreich, BRD, Benelux-Staaten) beginnt die europäische Einigung.
2.5. Die BRD wird als 14. vollberechtigtes Mitglied in den Europarat aufgenommen.
7.6. Der Deutsche Bundestag berät die Ergebnisse des »Spiegel«-Ausschusses, die die Vorwürfe der Bestechlichkeit von Abgeordneten bei politischen Entscheidungen nicht gänzlich ausräumen.
1.9. Die DDR erhebt für die Benutzung ihrer Straßen durch Fahrzeuge aus der Bundesrepublik und West-Berlin eine Straßennutzungsgebühr.
16.11. Die Bundesregierung stellt beim Bundesverfassungsgericht einen Verbotsantrag gegen die Kommunistische Partei Deutschlands (KPD) und die Sozialistische Reichspartei (SRP).

Der Nordwestdeutsche Rundfunk in Köln richtet das erste Studio für elektronische Musik ein. Als erster Komponist elektronischer Musik ist hier Karlheinz Stockhausen tätig.
Der Nachrichtentheoretiker Walter Sprick erfindet eine Methode, mit der handgeschriebene Zeichen maschinell lesbar sind.
Die Firma Vacuumschmelze in Hanau entwickelt Bandringkerne, magnetische Schaltelemente für amerikanische Rechner.
Die Deutsche Gesellschaft für Mund-, Kiefer- und Gesichtschirurgie wird als wissenschaftliche Vereinigung in den deutschsprachigen Ländern gegründet.
19.4. Auf der Ersten Internationalen Automobilausstellung in Frankfurt am Main präsentiert Daimler-Benz den 300er – das erste Auto der internationalen Extraklasse.
31.8. Die Deutsche Grammophon-Gesellschaft stellt auf der Musikmesse in Düsseldorf die erste deutsche Langspielplatte mit 33,3 Umdrehungen in der Minute vor.
6.9. Der Nordwestdeutsche Rundfunk erhält seinen ersten Fernseh-Übertragungswagen.
5.12. Eine Blinddarmoperation wird zu Lehrzwecken live in drei Hörsäle der chirurgischen Abteilung des Eppendorfer Krankenhauses in Hamburg übertragen.

Für den schmalen Geldbeutel: Sommerfreuden auf Balkonien

18.1. Der Spielfilm »Die Sünderin« von Willi Forst löst u. a. wegen einer kurzen Nacktszene von Hildegard Knef eine heftige gesellschaftliche Moraldiskussion aus.
15.–17.3. Die SED beschließt den »Kampf gegen den Formalismus in Kunst und Literatur, für eine fortschrittliche deutsche Kultur«.

11.4. Preiserhöhungen bei Brot und Margarine führen in der BRD zu Protesten unter der Bevölkerung.
1.7. Fußballmeister in der BRD wird der 1. FC Kaiserslautern. In der DDR-Oberliga gewinnt Chemie Leipzig.
22.8. In Bayern wird ein Antrag zur Abschaffung der körperlichen Züchtigung von Schülern abgelehnt.

1952

Politik

6.2. Der britische König Georg VI. stirbt nach 14 Thronjahren. Ihm folgt Elisabeth II. als Staatsoberhaupt.
10.3. Die Stalin-Note, ein Angebot der UdSSR zur deutschen Wiedervereinigung, sorgt bei den Westmächten für Aufregung.
2.5. Die dritte Strophe des Deutschlandliedes wird in der Bundesrepublik Nationalhymne.
26.5. Die westalliierten Besatzungsmächte Frankreich, Großbritannien und die USA schließen mit der Bundesrepublik den Deutschlandvertrag.
26.5. Sämtliche Übergänge an der deutsch-deutschen Grenze werden von der DDR abgeriegelt.
9.–12.7. Die II. Parteikonferenz der SED beschließt formell den Aufbau des Sozialismus in der DDR.
23.7. In der DDR wird eine Verwaltungsreform beschlossen. Die fünf Länder werden aufgelöst und durch 14 Bezirke ersetzt.
4.11. Dwight D. Eisenhower siegt bei den US-amerikanischen Präsidentschaftswahlen.
9.12. Die NATO verkündet in Paris das Verteidigungsprinzip der »massiven Vergeltung«, das jeden Aggressor unabhängig von der Art des Angriffs mit einem Atomschlag bedroht.

Wissenschaft und Technik

Die Firma Zeiss in Baden-Württemberg entwickelt das Modell eines Operationsmikroskops.
März Zur Bekämpfung von Schädlingen werden in der Bundesrepublik erstmals größere Flächen vom Hubschrauber aus mit Pflanzenschutz- und Insektenvertilgungsmitteln besprüht.
12.7. Zwischen Düsseldorf und Frankfurt am Main wird die erste Städtefernwahlverbindung in der Bundesrepublik eingerichtet.
30.8. Daimler-Benz stellt eine Kehrmaschine mit Saugvorrichtung vor, welche die Rinnsteine säubert.
6.9. In Stuttgart diskutieren Wissenschaftler die Probleme bemannter Flüge ins Weltall.
12.9. In Nürnberg beginnt die 14. Deutsche Erfindermesse, bei der u. a. eine Einkaufstasche mit Trockeneiseinlage für den Nahrungsmitteltransport vorgestellt wird.
6.10. Auf einem Versuchsgelände in der Nähe Kölns absolviert der geheim entwickelte Prototyp der Einschienen-Schnellbahn seine Jungfernfahrt.
19.10. In Düsseldorf endet die erste Kunststoffmesse, die u. a. die unzerbrechliche Plastikflasche sowie Plastikfliesen präsentierte.

Kultur

In der Bundesrepublik wird das 16-Mann-Orchester von Kurt Edelhagen durch den Südwestfunk bekannt.
Der Dirigent Wilhelm Furtwängler, von dem Vorwurf, ein NS-Sympathisant zu sein, rehabilitiert, übernimmt wieder die Leitung der Berliner Philharmoniker.
15.1. Unter der Regie von Rudolf Jugert erscheint der Film »Nachts auf den Straßen« mit Hans Albers und Hildegard Knef in den Hauptrollen.
2.2. In Dortmund wird die Westfalenhalle, Europas größtes Sport- und Veranstaltungszentrum, eingeweiht.
3.2. In Ost-Berlin wird der Grundstein für die Stalinallee gelegt, ein Vorzeigeprojekt des DDR-Wohnungsbaus.
19.4. In Mannheim wird eine Ausstellung mit den Werken des Expressionisten Emil Nolde eröffnet.
23.8. Nach siebenjährigem Aufführverbot darf der Film »Quax, der Bruchpilot« mit Heinz Rühmann wieder in den bundesdeutschen Kinos gezeigt werden.
17.9. Eine von der SED initiierte Konferenz der Filmschaffenden fordert, dass Filme künftig den Anforderungen des Sozialistischen Realismus entsprechen müssen.

Gesellschaft

3.1. In der BRD tritt das Jugendschutzgesetz in Kraft.
22.3. Bei der bisher schwersten Flugzeugkatastrophe über der Bundesrepublik sterben in der Nähe Frankfurts 45 Menschen.
29.4. Das Bundespostministerium schlägt die Notrufnummern 112 bei Feuer und 110 bei Überfällen als bundesweiten Standard vor.
4.5. Bundespräsident Heuss zeichnet im Schöneberger Rathaus in Berlin 32 »Trümmerfrauen« mit dem Bundesverdienstkreuz aus.
8.5. In der Bundesrepublik beginnt die Ausgabe von Fünf-DM-Münzen.
22.6. Der VfB Stuttgart wird westdeutscher Fußballmeister. In der Oberliga der DDR stellt sich Turbine Halle an die Spitze.
24.6. Mit einer Startauflage von 250 000 Exemplaren erscheint erstmals die »Bild«-Zeitung aus dem Verlagshaus Springer.
3.7. Die Shell AG lässt an ihren deutschen Tankstellen die Öl- und Wasserwartung durch »Tankstellenmädchen« verrichten.
10.12. Die DDR ernennt die ersten Volkspolizisten zu sog. Abschnittsbevollmächtigten nach sowjetischem Vorbild.

1953

13.1. Nach einer Verfassungsreform übernimmt Josip Tito das Amt des jugoslawischen Staatspräsidenten.
5.3. Nach 26 Jahren Alleinherrschaft stirbt in Moskau Staats- und Parteichef Josef W. Stalin.
17.6. Streiks gegen eine Normenerhöhung in der DDR weiten sich zu einem flächendeckenden Aufstand aus, der von sowjetischen Truppen niedergeschlagen wird.
3.7. Eine vom Bundesrat verabschiedete Wahlrechtsreform führt die Zweitstimme und die Fünfprozentklausel bei Bundestagswahlen ein.
27.7. Nach drei Jahren Krieg tritt in Korea ein Waffenstillstand ein, der die Kämpfe dauerhaft beendet.
8.8. Eine reformorientierte Rede des sowjetischen Ministerpräsidenten Georgi M. Malenkow leitet einen Kurswechsel in der UdSSR ein.
13.9. Das Zentralkomitee der KPdSU in Moskau wählt Nikita S. Chruschtschow zum Ersten Sekretär.
9.10. Konrad Adenauer wird mit großer Mehrheit erneut zum Bundeskanzler gewählt.
23.10. Die US-Truppen in der Bundesrepublik erhalten erste taktische Nuklearwaffen.

In München wird weltweit erstmals die »grüne Welle« für den Straßenverkehr realisiert.
Die Firma Bayer bringt den hochwertigen thermoplastischen Chemiewerkstoff Makrolon auf den Markt.
Januar Mit dem Intoximeter übernimmt die bundesdeutsche Polizei ein in den USA schon lange gebräuchliches Messgerät, das den Alkoholgehalt eines Autofahrers ermittelt.
Juni Auf der Verkehrsausstellung in München stellt die Deutsche Bundesbahn einen Gliedertriebzug aus Leichtmetall vor, der luxuriös ausgestattet ist und Klubräume, Bars und Einzelabteile aufweist.
18.7. Auf dem Düsseldorfer Messegelände eröffnet die »Große Rationalisierungsausstellung«, eine Werkschau von technischen Anlagen und Geräten zur Automatisierung.
25.7. Vor 50 000 Zuschauern läuft in Hamburg die »Tina Onassis« vom Stapel, das mit 45 000 BRT derzeit größte Tankschiff der Welt.
25.8. Erstmals wird in der BRD das US-Cinemascope-Verfahren vorgestellt, das auf einer breiten und gewölbten Leinwand ein neues Kinogefühl vermittelt.

»Das Treibhaus« von Wolfgang Koeppen gilt als einer der besten Romane des Jahres.
Heinrich Bölls Roman »Und sagte kein einziges Wort« hinterfragt den bundesdeutschen Alltag hinter der glänzenden Fassade des wirtschaftlichen Wiederaufbaus.
Zu den beliebtesten Schlagern des Jahres gehören Michael Jarys »Mäckie-Boogie« und der von René Carol gesungene Dauerbrenner »Rote Rosen«.
28.3. Die »Schlagerparade« des NWDR geht erneut auf Sendung, nachdem sie wegen Manipulationsversuchen durch Massenzuschriften kurzfristig abgesetzt worden war.
10.5. In der Essener Villa Hügel, bis 1945 Wohnsitz der Familie Krupp, organisiert das Folkwang-Museum die erste Kunstausstellung.
19.7. In West-Berlin wird eine Gedenkstätte für die Widerstandskämpfer des 20. Juli 1944 enthüllt.
23.9. In Bochum wird das neue Schauspielhaus von Gerhard Graubner eingeweiht.
2.10. Das Kabarett »Die Distel« trägt in Ost-Berlin sein erstes Programm vor: »Hurra, Humor ist eingeplant«.

24.1. Ein neues Gesetz setzt in der Bundesrepublik die Fahruntüchtigkeit ab 1,5 Promille fest.
1.4. Die Gleichberechtigung von Mann und Frau wird in der Bundesrepublik Deutschland in allen Bereichen rechtlich wirksam.
10.5. Chemnitz wird in Karl-Marx-Stadt umbenannt.
21.6. Dynamo Dresden gewinnt die Fußballmeisterschaft in der DDR. In der BRD wird der 1. FC Kaiserslautern neuer Titelträger.
August Hamburg führt das gebührenpflichtige Parken in der Innenstadt ein.
18.9. Trotz Baubooms fehlen in der Bundesrepublik Deutschland noch etwa vier Millionen Wohnungen.
24.9. Eine Emnid-Umfrage ergibt, dass sich 41 % der Bundesbürger besonders von Straßenlärm belästigt fühlen.
16.11. In Hamburg wird der Deutsche Kinderschutzbund gegründet.
19.11. In West-Berlin erscheint die Erstausgabe der Boulevardzeitung »BZ« des Ullstein-Verlages.
Dezember Der ADAC beginnt mit dem Aufbau der Straßenwacht zur Pannenhilfe.

1954

Politik

26.2. Das Wehrergänzungsgesetz schafft per Verfassungsänderung die Grundlage zur Aufstellung bundesdeutscher Truppen.
25.3. Die UdSSR proklamiert für die DDR die volle Souveränität.
7.5. Frankreich verliert in Indochina die Entscheidungsschlacht um Dien Bien Phu in Vietnam und damit seinen Kolonialbesitz in Indochina.
17.6. In Erinnerung an den Volksaufstand in der DDR 1953 wird in der Bundesrepublik erstmals der Tag der deutschen Einheit begangen.
17.7. Theodor Heuss wird abermals zum Bundespräsidenten gewählt.
21.7. In Genf wird das Waffenstillstandsabkommen für Indochina geschlossen, das Vietnam in einen kommunistischen Norden und einen kapitalistischen Süden teilt.
30.8. Frankreich lehnt den EVG-Vertrag ab und bringt damit den Plan einer Europaarmee zu Fall.
25.9. In Peking wird Mao Tse-tung zum ersten Staatspräsidenten der VR China gewählt.
5.12. Bei den Wahlen zum West-Berliner Abgeordnetenhaus erreicht die SPD mit 44,6% die absolute Mehrheit der abgegebenen Stimmen.

Wissenschaft und Technik

Die deutsche Elektrofirma Grundig in Nürnberg bringt das Heinzelmann-Schaltuhren-Radio, den Vorläufer der späteren Sono-Clocks, auf den Markt.
Rundfunksender in der Bundesrepublik starten die Ausstrahlung stereophoner Programme.
Mercedes-Benz baut das Flügeltürencoupé vom Typ 300 SL.

Traum vieler Autofahrer: der Mercedes 300 SL mit Flügeltüren

27.4. Der deutsche Rennfahrer und Konstrukteur Gustav Adolf Baum erreicht mit einem stromlinienförmigen NSU-Motorrad eine Geschwindigkeit von 185 km/h.

Kultur

»Haus ohne Hüter« von Heinrich Böll thematisiert die schwierige Situation der Familien, in denen der Mann im Krieg fiel.
7.1. In der DDR wird das Ministerium für Kultur gegründet. Erster Minister wird Johannes R. Becher.
11.2. Der Regisseur Helmut Käutner stellt in Berlin den anspruchsvollen Antikriegsfilm »Die letzte Brücke« mit Maria Schell in der Hauptrolle vor.
1.11. Die Deutsche Hochschule für Filmkunst in der DDR wird in Babelsberg gegründet.

Gesellschaft

1.1. Die Bundesbürger müssen mit 2 DM pro Monat für ihr Autoradio das Vierfache der bisherigen Rundfunkgebühr zahlen.
18.3. Absatzschwierigkeiten bei der Kohle erzwingen im Ruhrgebiet die ersten Feierschichten seit 22 Jahren, von denen rund 18 000 Bergleute betroffen sind.
23.5. Mit einem 5:1-Sieg über den 1. FC Kaiserslautern wird Hannover 96 in Hamburg deutscher Fußballmeister. DDR-Meister wird die Mannschaft SC Turbine Erfurt.
4.7. Die deutsche Fußball-Nationalmannschaft wird in Bern mit einem 3:2-Sieg über Ungarn zum ersten Mal Fußball-Weltmeister.
28.8. Ein drohender Metallerstreik in Nordrhein-Westfalen wird durch eine Lohnerhöhung um 10 Pf pro Stunde verhindert.
29.9. Im Fernsehen der BRD startet die Serie »Unsere Nachbarn heute abend: Familie Schölermann«.
14.10. Der Deutsche Bundestag beschließt in dritter Lesung die Einführung des Kindergeldes.
13.11. In der DDR wird für Jugendliche ab 14 Jahren die Jugendweihe eingeführt.

1955

27.2. Der Deutsche Bundestag stimmt dem Beitritt zum westlichen Verteidigungsbündnis NATO mit großer Mehrheit zu.
5.4. Großbritanniens Premier Winston Churchill gibt seinen Rückzug aus der Politik bekannt. Nachfolger ist Anthony Eden.
5.5. Mit der Ratifizierung der Pariser Verträge endet in der Bundesrepublik die Besatzungsherrschaft der Westalliierten zugunsten der – eingeschränkten – Souveränität. Berlin ist nicht Teil der Bundesrepublik.
9.5. Als 15. Mitglied tritt die Bundesrepublik Deutschland in Paris der NATO bei.
14.5. In Warschau entsteht das östliche Militärbündnis, der Warschauer Pakt, dem auch die DDR angehört.
20.9. Der in Moskau geschlossene Vertrag über die Beziehungen der DDR und der UdSSR gibt der DDR formal die Souveränität.
21.10. Franz Josef Strauß, bisher Bundesminister für besondere Aufgaben, tritt 38-jährig sein Amt als deutscher Bundesatomminister an.
23.10. Mehr als zwei Drittel der Saarländer stimmen gegen die Annahme des Saarstatutes, das die Anbindung an Frankreich vorsieht.

Das Goggomobil-Kleinauto geht in den Dingolfinger Hans-Glas-Werken in Serie.
In der Bundesrepublik Deutschland werden erstmals schlauchlose Reifen eingesetzt.
Der deutsche Physiker Edwin Wilhelm Müller erfindet das Ionenfeldmikroskop, mit dem erstmals Atome sichtbar werden.
4.4. In der BRD sind rund 100 000 Fernseher angemeldet. Demgegenüber ist das Fernsehen in den USA mit rund 5 Millionen Empfängern schon Massenmedium.
5.8. Mit einer Million hergestellter Käfer ist das VW-Auto führend in Europa.
26.8. Die »Große Deutsche Rundfunk-, Fernseh- und Phonoausstellung« in Düsseldorf zeigt die ersten Fernseher mit 43-cm-Bildschirm.
31.8. Bei Hoyerswerda beginnen die Bauarbeiten zur Errichtung der Schwarzen Pumpe, des größten Braunkohlenkombinats Europas.
2.10. Auf der Frankfurter Automobilausstellung präsentiert BMW ein 3,2-l-Coupé, das einen Motor aus Leichtmetall hat. Porsche stellt den ersten serienmäßigen Wagen vor, der schneller als 200 km/h fährt.

Caterina Valente belegt mit »Ganz Paris träumt von der Liebe« wochenlang Rang 1 der europäischen Hitparaden.
Mit »Das Brot der frühen Jahre« blickt Heinrich Böll abermals auf die Schattenseiten des deutschen »Wirtschaftswunders«.
Der letzte Teil der Romanreihe »08/15« von Hans Hellmuth Kirst erscheint.
23.2. Der Spielfilm »Des Teufels General« von Helmut Käutner, mit Curd Jürgens als Ernst Udet, wird in München uraufgeführt.
17.3. Den Zivilisationsumbruch infolge der Entdeckung Amerikas thematisiert Peter Hacks in »Eröffnung des indischen Zeitalters«, das Premiere in den Münchner Kammerspielen hat.
14.5. Zum 150. Todestag von Friedrich Schiller hält Thomas Mann im Nationaltheater von Weimar eine Gedenkrede. Sein DDR-Besuch stößt auf Kritik.
3.9. Das Schauspiel »Das kalte Licht« von Carl Zuckmayer wird unter der Regie von Gustaf Gründgens im Hamburger Schauspielhaus uraufgeführt.
29.12. In dem deutschen Film »Ich denke oft an Piroschka« nach dem gleichnamigen Roman von Hugo Hartung spielt Liselotte Pulver die weibliche Hauptrolle.

Robert Lembkes Ratespiel »Was bin ich?« läuft erstmals im Fernsehen.
1.1. Im westfälischen Marl eröffnet das erste Bildungszentrum für Erwachsene.
31.1. Nach zehn Jahren stellt die West-Berliner »Neue Zeitung« ihr Erscheinen ein.
1.4. Zehn Jahre nach Kriegsende nimmt die Deutsche Lufthansa den Flugbetrieb wieder auf.
8.5. In der BRD beginnen unter dem Motto »Achtgeben – länger leben« die Verkehrserziehungswochen.
13.5. Die Deutsche Bundesbahn gibt die geplante Abschaffung der dritten Klasse bekannt.
20.5. Durch verseuchtes Wasser erkranken in Hagen 600 Menschen an Typhus.
12.6. Die 24-jährige Margit Nünke wird in Baden-Baden zur »Miss Germany« gekürt.
26.6. In Hannover gewinnt Rot-Weiß Essen durch 4:3 gegen den 1. FC Kaiserslautern die deutsche Fußballmeisterschaft. In der DDR verteidigt SC Turbine Erfurt seinen Vorjahrestitel.
20.8. Erste Weltmeisterin im Maschinenschreiben ist Hanne Frieß aus Stuttgart.

1956

Politik

8.1. In der Bundesrepublik setzt eine Welle von Entlassungen von »Kommunisten« aus Gewerkschaften ein.
14.1. Aus der UdSSR treffen die letzten deutschen Kriegsgefangenen in der BRD ein.
18.1. Die DDR-Volkskammer beschließt die Bildung der Nationalen Volksarmee (NVA).
23.2. Die FDP kündigt die Koalition mit CDU/CSU und DP auf. Die FDP-Minister solidarisieren sich mit der Regierung, bleiben im Amt, gründen die Freie Volkspartei (FVP) und spalten die Liberalen.
25.2. Eine Geheimrede von Nikita S. Chruschtschow auf dem XX. Parteitag der KPdSU leitet die Entstalinisierung der Sowjetunion ein.
1.4. Der Bundesnachrichtendienst (BND) nimmt in Pullach seine Tätigkeit auf.
7.7. Der Bundestag verabschiedet das Wehrpflichtgesetz.
20.9. Der Präsident des Berliner Abgeordnetenhauses, Willy Brandt, verkündet in Berlin, dass der millionste DDR-Flüchtling nach West-Berlin übergetreten sei.
4.11. Wenige Tage, nachdem die ungarische Regierung unter Imre Nagy den Austritt aus dem Warschauer Pakt verkündet hat, schlagen sowjetische Truppen den Ungarnaufstand nieder.

Wissenschaft und Technik

Ein Verfahren zur automatischen Herstellung hochwertiger Gläser entwickelt die deutsche Firma Schott in Zwiesel.
Die deutsche Firma Zuse nimmt die Produktion von elektronischen Rechengeräten auf.
In Hamburg installiert die Polizei ein neuartiges Überwachungssystem: Fernsehkameras, etwa 30 m über viel frequentierten Kreuzungen angebracht, sind direkt mit dem Polizeipräsidium verbunden.
Der 1901 geborene Hamburger Internist Arthur Jores veröffentlicht sein viel beachtetes Buch »Der Mensch und seine Krankheit«.
Die deutsche Firma DKW stellt das Modell 3=6 vor. Die 5295 DM teure Limousine besitzt einen 1-l-Dreizylinder-Zweitaktmotor und leistet 38 PS.
Der Ford Taunus 15 M mit 55 PS bietet vier Personen Platz, ist serienmäßig mit Weißwandreifen ausgestattet und kostet 6375 DM.
3.1. Das Fernsehen in der DDR beginnt mit dem regelmäßigen Sendebetrieb.
3.6. Auf der Möbelmesse in Dortmund wird der erste Geschirrspüler für den Haushalt vorgestellt.
1.6. Ein Tempolimit setzt die Höchstgeschwindigkeit innerhalb geschlossener Ortschaften auf 60 km/h fest.

Kultur

Alfred Döblin behandelt in seinem Roman »Hamlet oder Die lange Nacht nimmt ein Ende« den Umgang mit der Kriegsschuldfrage in der Nachkriegsgesellschaft.
Neue sprachliche Experimente unternimmt Arno Schmidt mit »Das steinerne Herz«.
Bei Luchterhand veröffentlicht Günter Grass seinen Erstling »Die Vorzüge der Windhühner«.
In »Der Hauptmann von Köpenick« von Helmut Käutner brilliert Heinz Rühmann in der Titelrolle.
9.1. Das Schauspiel »Philemon und Baukis« von Leopold Ahlsen feiert in den Münchner Kammerspielen Premiere. Der Regisseur verlegt den antiken Mythos in den Zweiten Weltkrieg. An die Stelle Gottes wird die Kriegsmaschinerie gesetzt.
4.2. Mit der »Zauberflöte« von Mozart eröffnet das Große Haus der Städtischen Bühnen Münster.
3.6. In Dresden wird der meisterlich restaurierte Zwinger wiedereröffnet.
23.9. Die Uraufführung der Oper »König Hirsch« von Hans Werner Henze an der Städtischen Oper in Berlin endet in einem Fiasko.
12.12. Die »Münchner Lach- und Schießgesellschaft« kommt mit ihrem ersten Programm »Denn sie müssen nicht, was sie tun…« auf die Bühne.

Gesellschaft

Im bundesdeutschen Fernsehen startet die Reihe »Ein Platz für Tiere« von Bernhard Grzimek.
1.1. Mit dem »Wirtschaftswunder« ist in der BRD das Bruttosozialprodukt seit 1951 um 60 % gestiegen.
5.1. Die ersten 50 italienischen Gastarbeiter treffen im niederrheinischen Siersdorf ein. Sie sollen den akuten Arbeitskräftemangel im Revier mildern.
15.2. Mit 31,4 °C unter Null erreicht die Kältewelle in Deutschland einen Höhepunkt.
24.6. Im Berliner Olympiastadion wird Borussia Dortmund mit einem 4:2-Sieg über den Karlsruher SC bundesdeutscher Fußballmeister. In der Oberliga der DDR setzt sich der SC Wismut Karl-Marx-Stadt an die Spitze der Tabelle.
1.10. Die »Tagesschau« nimmt ihre täglichen Sendungen auf.
28.10. Hans-Joachim Kulenkampff stellt die Quiz-Show »Zwei auf einem Pferd« vor.
4.11. Das erste Internationale Rock'n'Roll-Turnier in Hamburg endet mit Tumulten Jugendlicher in der Innenstadt.
30.12. In Dortmund randalieren 4000 Jugendliche nach einer Vorführung des Bill-Haley-Films »Außer Rand und Band«.

1957

1.1. Das Saarland tritt als zehntes Bundesland der Bundesrepublik bei.
5.1. Der amerikanische Präsident Dwight D. Eisenhower verkündet die sog. Eisenhower-Doktrin, die die USA verpflichtet, vom Kommunismus »bedrohten« Staaten beizustehen.
6.2. Der Deutsche Bundestag erklärt Berlin zur Hauptstadt Deutschlands.
25.3. Belgien, Frankreich, Luxemburg, die Niederlande, Italien und die BRD unterzeichnen die Römischen Verträge zur Gründung der Europäischen Wirtschafts- und Atomgemeinschaft (EWG/EURATOM).
15.9. Die CDU/CSU erhält bei den Wahlen zum dritten Bundestag die absolute Stimmenmehrheit.
3.10. Willy Brandt (SPD) wird vom Berliner Abgeordnetenhaus mit großer Mehrheit zum Regierenden Bürgermeister gewählt.
1.11. Erich Mielke übernimmt in der DDR das Ministerium für Staatssicherheit.
1.12. Die DDR erlässt ein neues Passgesetz. Das illegale Verlassen des Landes wird nun eindeutig unter Strafe gestellt.

Die Deutsche Bundesbahn nimmt mit der E 8001 die erste Lokomotive der Welt mit Siliziumgleichrichtern in Dienst.
Der P 50 kommt auf den Markt und entwickelt sich als Trabant zum »Volkswagen« der DDR.
1.1. Dem deutschen Ingenieur Felix Wankel gelingt der erste Probelauf des von ihm erfundenen Verbrennungsmotors mit rotierenden Kolben (Wankel-Motor).
19.1. Die erste deutsche Flugzeugkonstruktion nach 1945, die »Do 27«, wird der Bundeswehr übergeben.
11.3. Die Kölner Haushaltsmesse zeigt erstmals in der BRD einen Mikrowellenherd.
12.4. Im »Göttinger Manifest« fordern zwölf führende deutsche Wissenschaftler den Verzicht der Bundeswehr auf Atomwaffen.
16.12. In Rossendorf bei Dresden nimmt der erste Atomversuchsreaktor der DDR den Betrieb auf.
19.12. In Düsseldorf wird die erste Schrägseilbrücken-Konstruktion Deutschlands über den Rhein dem Verkehr übergeben.

Der Schlager »Cindy, oh Cindy« von Margot Eskens verkauft sich in der BRD über eine Million Male.
13.1. Zur Einweihung des Mannheimer Nationaltheaters zeigt das Ensemble »Die Räuber« von Friedrich von Schiller, das genau 175 Jahre zuvor am gleichen Ort uraufgeführt wurde.
18.1. Bei der Premiere von »Katharina Knie« in München steht Hans Albers nach achtjähriger Pause wieder auf der Bühne.
31.1. »Rose Bernd« von Wolfgang Staudte kommt mit Maria Schell in der Hauptrolle in die Kinos.
25.2. Das für Erich Kästner ungewohnt harte Stück »Die Schule der Diktatoren« hat in den Münchner Kammerspielen Premiere.
24.4. Im West-Berliner Gloria-Palast hat der Film »Bekenntnisse des Hochstaplers Felix Krull« nach einer Erzählung von Thomas Mann in der Regie von Kurt Hoffmann Premiere. Die Titelrolle spielt Horst Buchholz.
25.5. In Anwesenheit von Bundespräsident Theodor Heuss wird in Köln das Wallraf-Richartz-Museum von Rudolf Schwarz eröffnet.

20.1. In Stuttgart eröffnet das erste deutsche Raucherkino.
21.1. Der Deutsche Bundestag beschließt die dynamische, dem Bruttosozialprodukt angepasste Rentenbemessung.
28.1. Erstmals wird im Fernsehen das Politikmagazin »Panorama« ausgestrahlt.
14.2. Der mit vier Monaten bisher längste Streik in der BRD endet mit einen Erfolg für die IG Metall in Schleswig-Holstein: Gleichstellung der Arbeiter mit Angestellten bei der Lohnfortzahlung im Krankheitsfall und längerer Urlaub.
28.4. Als Dachverband aller Sportverbände in der DDR wird der Deutsche Turn- und Sportbund gegründet.
23.6. Borussia Dortmund wird bundesdeutscher Fußballmeister. Der SC Wismut Karl-Marx-Stadt verteidigt seinen Titel in der DDR.
4.8. Im Rahmen der Funkausstellung läuft erstmals die Sendung »Der blaue Bock«, die als Serie fortgeführt wird.
11.10. In der DDR beginnt die tägliche Ausstrahlung der Nachrichtensendung »Aktuelle Kamera«.

1958

Politik

10.1. Die UdSSR schlägt eine Gipfelkonferenz zur Beendigung des Kalten Krieges vor.
1.2. Ägypten und Syrien schließen sich zur Vereinigten Arabischen Republik (VAR) zusammen.
14.2. Irak und Jordanien fusionieren zur Arabischen Föderation.
19.3. Erstmals tagt das Europaparlament in Straßburg.
25.3. Der Deutsche Bundestag beschließt die Ausrüstung der Bundeswehr mit Atomwaffen.
28.5. In der DDR endet die Zeit der Lebensmittelkarten.
16.7. In der DDR läuft die Zwangskollektivierung der Landwirtschaft an.
14.9. Das Gelände des ehemaligen Konzentrationslagers Buchenwald bei Weimar wird Gedenkstätte.
15.9. Bundeskanzler Konrad Adenauer besucht Frankreichs Präsidenten Charles de Gaulle. Die deutsch-französische Allianz entsteht.
4.10. Der Kauf des amerikanischen Starfighters »F 104« für die Bundeswehr wird beschlossen.
27.11. Die UdSSR kündigt das Viermächteabkommen über Berlin und fordert Neuverhandlungen über den Status der Stadt (Berlin-Ultimatum).
21.12. Der französische Ministerpräsident Charles de Gaulle, Schöpfer der V. Republik, wird zu ihrem ersten Präsidenten gewählt.

Wissenschaft und Technik

Der NSU-Prinz der Neckarsulmer Motorradfabrik ist mit einem doppelten Motorradmotor ausgestattet und bringt es mit 20 PS auf eine Höchstgeschwindigkeit von 105 km/h.
Die Firma Braun bringt die als »Schneewittchensarg« bekannt werdende Radio-Plattenspieler-Kombination auf den Markt.
27.2. Ein Ausschuss bundesdeutscher Wissenschaftler konstatiert, dass die Strahlenbelastung der Umwelt durch Atomtests seit 1955 rapide angestiegen sei.
28.2. Der deutsche Physiker Werner Heisenberg stellt die sog. Weltformel, die Elementarteilchentheorie, vor.
9.4. In München wird erstmals in der Bundesrepublik eine Herz-Lungen-Maschine vorgeführt, wie sie in den Vereinigten Staaten seit Jahren bei Herzoperationen eingesetzt wird.
23.8. Die »Gorch Fock«, das erste Segelschulschiff der Bundesmarine, läuft in Hamburg vom Stapel. Es verfügt über zwei Radaranlagen, modernste meteorologische und funktechnische Geräte, Rettungsinseln und eine automatische Feuerlöschanlage.
26.12. Der Sender Freies Berlin (SFB) strahlt die erste Hörfunksendung in Stereo aus. Da es aber noch keine Rundfunkgeräte für den Stereoempfang gibt, gelingt die Stereowiedergabe nur mit zwei Radioempfängern.

Kultur

Seine Erlebnisse im KZ Buchenwald verarbeitet Bruno Apitz in seinem Roman »Nackt unter Wölfen«.
2.1. Im Gesetzblatt der DDR wird die Anordnung veröffentlicht, dass bei Tanzveranstaltungen mindestens 60 % der gespielten Werke von Komponisten der DDR, der UdSSR oder aus anderen sozialistischen Ländern stammen sollen.
10.1. Berlin gedenkt mit Feiern und Ausstellungen des vor 100 Jahren geborenen Malers und Zeichners Heinrich Zille, der vor allem durch Berliner »Milljöh«-Bilder bekannt wurde.
28.4. Die von Hans Reichow konzipierte Großsiedlung Sennestadt bei Bielefeld wird eingeweiht. Sie bietet Wohnungen für 12 000 Menschen.
28.8. In West-Berlin kommt »Das Mädchen Rosemarie« von Rolf Thiele zur Uraufführung. Der Film thematisiert den Mord an dem Frankfurter Callgirl Rosemarie Nitribitt.
Oktober Nach dem gleichnamigen Roman von Hugo Hartung kommt der Film »Wir Wunderkinder« in die deutschen Kinos, der die Lebensgeschichte zweier Deutscher während eines halben Jahrhunderts erzählt.
10.11. Das Württembergische Staatstheater in Stuttgart zeigt das Anti-Hitler-Stück »Der aufhaltsame Aufstieg des Arturo Ui«, das Bertolt Brecht 1941 geschrieben hat.

Gesellschaft

14.3. Im bundesdeutschen Fernsehen läuft die Krimi-Serie »Stahlnetz« von Jürgen Roland an.
18.5. Schalke 04 gewinnt in der Bundesrepublik die Fußballmeisterschaft. In der DDR steht der ASK Vorwärts Berlin an der Spitze.
27.9. Die restaurierte, 1794 geschaffene Quadriga kehrt auf das Brandenburger Tor in Berlin zurück – allerdings ohne Eisernes Kreuz und Preußenadler.
11.10. Das Deutsche Fernsehen startet die Unterhaltungssendung »Sieben auf einen Streich« mit Hans-Joachim Kulenkampff.

Hans-Joachim Kulenkampff

1959

2.1. Die Revolutionstruppen von Fidel Castro erobern die kubanische Hauptstadt Havanna. Am 16. Februar übernimmt Castro das Amt des Ministerpräsidenten.
1.7. Heinrich Lübke wird zum Bundespräsidenten gewählt.
5.7. Der indonesische Präsident Achmed Sukarno hebt die Verfassung auf und errichtet eine offene Diktatur.
8.8. Gegen hohe CSU-Politiker werden im »Spielbankenprozess« wegen Korruption Freiheitsstrafen verhängt.
15.11. Ein Sonderparteitag der SPD verabschiedet das Godesberger Programm, das die SPD durch Distanzierung vom Marxismus von der Arbeiter- zur Volkspartei entwickeln soll.
20.11. Großbritannien, Dänemark, Schweden, Norwegen, Österreich, die Schweiz und Portugal begründen in Stockholm die Europäische Freihandelszone (EFTA).
1.12. Die USA, die UdSSR und zehn weitere Staaten unterzeichnen in Washington den Antarktisvertrag, der Atomversuche und Truppenstationierungen am Südpol untersagt.

Das Trierer Walzwerk der Hoesch AG bringt den Verbundwerkstoff »Platal«, einen kunststoffbeschichteten Stahl, auf den Markt.
Der Kinderarzt Theodor Hellbrügge weist nach, dass die physiologische Leistungsbereitschaft von Schulkindern von der Tagesperiodik des autonomen Nervensystems abhängt.
Der schnellste deutsche Zug, der »Helvetia«, erreicht auf der Strecke Hamburg–Zürich eine Durchschnittsgeschwindigkeit von 100,1 km/h, wobei die Höchstgeschwindigkeit bei 140 km/h liegt.
15.2. Im Regierungsbezirk Düsseldorf nimmt die Polizei das erste Radargerät zur Geschwindigkeitsmessung in Betrieb.
2.5. Auf der Erfindermesse in Hildesheim werden u. a. der Elektrolicht-Dämmerschalter und der Klett-Verschluss für Textilien vorgestellt.
12.9. Vor dem 6. Deutschen Technikertag in Dortmund weist Bundesarbeitsminister Theodor Blank auf das Waldsterben im Ruhrgebiet durch die zunehmende Luftverschmutzung hin.

Kontinuität in den herrschenden deutschen Gesellschaftsschichten seit 1900 ist das Thema von Heinrich Bölls Roman »Billard um halb zehn«.
DDR-Autor Uwe Johnson kritisiert die Stasi in »Mutmaßungen über Jakob« und siedelt bei Erscheinen des Romans in den Westen über.
Nelly Sachs setzt sich mit ihrem Gedichtband »Flucht und Verwandlung« mit der Geschichte und dem Schicksal des jüdischen Volkes auseinander.
24.4. Auf der ersten Bitterfelder Konferenz wird nach Beschlüssen der SED von 1958 der »Bitterfelder Weg« verabschiedet, ein Programm zur Förderung sozialistischer Kultur in der DDR.
28.4. In den deutschen Kinos läuft der Film »Freddy, die Gitarre und das Meer« mit Freddy Quinn an.
11.11. Der erste Teil des Kinofilms »Die Buddenbrooks« nach Thomas Mann läuft an.
11.12. Im Württemberger Staatstheater Stuttgart wird die Oper »Ödipus der Tyrann« von Carl Orff uraufgeführt.

1.2. Marika Kilius und Hans-Jürgen Bäumler werden in Davos Europameister im Paarlaufen auf dem Eis.
2.3. Karl-Heinz Köpcke, »Mr. Tagesschau«, moderiert erstmals die wichtigste deutsche Nachrichtensendung.
24.3. Mit der Preussag-Aktie kommen die ersten Wertpapiere speziell für Kleinsparer auf den bundesdeutschen Aktienmarkt.
28.6. Mit einem 5:3-Sieg über die Offenbacher Kickers wird Eintracht Frankfurt vor 75 000 Zuschauern im Berliner Olympiastadion deutscher Fußballmeister. Der SC Wismut Karl-Marx-Stadt gewinnt seinen dritten Titel in der DDR-Oberliga.
7.7. Der deutsche Leichtathlet Martin Lauer wird in Zürich Weltmeister über 110-m- und 200-m-Hürden.
10.10. In einer Quizsendung betitelt Hans-Joachim Kulenkampff Ostdeutschland uneingeschränkt als DDR.
2.11. In der DDR demonstrieren zahlreiche Jugendliche gegen die rigide Kulturpolitik und fordern die Erlaubnis zum Import von Rock'n'Roll-Schallplatten.

1960

Politik

24.1. Französische Nationalisten zetteln in Algier den »Barrikadenputsch« gegen Staatspräsident Charles de Gaulle und seine Unabhängigkeitspläne für Algerien an.
13.2. Frankreich wird durch seinen ersten Kernwaffenversuch in der Sahara vierte Atommacht.

Kollektivierung in der DDR: Mähdrescher sollen die Arbeit rationalisieren.

14.4. Die Zwangskollektivierung der Landwirtschaft in der DDR ist abgeschlossen.
7.5. Leonid I. Breschnew wird neuer Vorsitzender des Präsidiums des Obersten Sowjet der UdSSR.
23.5. Israel gibt die Verhaftung von Adolf Eichmann bekannt, der maßgebliche Verantwortung für den Holocaust trägt.
16.8. Erzbischof Makarios III. proklamiert die Unabhängigkeit Zyperns von Großbritannien.
14.9. Irak, Iran, Kuwait, Saudi-Arabien und Venezuela bilden in Bagdad die Organisation der Erdöl exportierenden Länder, OPEC.
8.11. Der 43-jährige Demokrat John F. Kennedy wird mit knappem Stimmenvorsprung zum Präsidenten der Vereinigten Staaten gewählt.
20.12. In Südvietnam vereinen sich verschiedene kommunistische Widerstandsgruppen, die Vietcong, zur Nationalen Befreiungsfront, FNL.

Wissenschaft und Technik

1.1. Das Gesetz zur friedlichen Nutzung von Atomenergie tritt in Kraft und bereitet den Bau von Atomkraftwerken vor.
9.1. Die letzte deutsche Viermastbark »Passat«, ein Segelschiff, erhält im Hafen von Travemünde ihren festen Ankerplatz.
17.3. Die Deutsche Lufthansa AG eröffnet mit ihrem ersten Düsenverkehrsflugzeug, der Boeing 707/430, den Flugverkehr zwischen Frankfurt am Main und New York.
26.3. In Hamburg läuft das bisher größte Schiff der Bundesmarine, ein Zerstörer mit 2850 BRT und 129 m Länge vom Stapel.
24.6. In der Bundesrepublik Deutschland wird die erste Strahlenschutzverordnung erlassen.
7.9. Auf der 4. Internationalen Fahrrad- und Motorrad-Ausstellung in Frankfurt am Main werden neuartige Kleinst-Motorräder, sog. Mokicks, vorgestellt.
23.9. Die 1800 t schwere und 245 m lange, vierspurig ausgebaute »Europabrücke« über den Rhein zwischen Kehl und Straßburg wird feierlich eröffnet.
3.10. Das DDR-Fernsehen beginnt mit der Ausstrahlung eines zweiten Fernsehprogramms.

Kultur

Martin Walser veröffentlicht seinen Roman »Halbzeit«, der das deutsche »Wirtschaftswunder« kritisch unter die Lupe nimmt.
Der Düsseldorfer Künstler Günther Uecker stellt seinen ersten Lichtkasten aus und demonstriert damit die Abkehr der Kunst von der Leinwand als Bildträger.
Das Dreischeibenhaus von Helmut Hentrich und Hubert Petschnigg wird in Düsseldorf vollendet.
9.3. Der Regisseur Bernhard Wicki wird für seinen Film »Die Brücke« mit dem Preis der Deutschen Filmkritik ausgezeichnet.
26.3. Das Schauspiel »Die Kurve« von Tankred Dorst wird in den Lübecker Kammerspielen uraufgeführt.
31.3. Mit dem Film »Der König und ich« wird in Frankfurt am Main das erste Autokino Mitteleuropas eröffnet.
1.5. Die Filmschauspielerin Marlene Dietrich, die seit 1931 nicht mehr in Deutschland aufgetreten ist, startet in West-Berlin eine dreiwöchige Konzerttournee durch die BRD.
15.5. Nach der Uraufführung seines Gegenwartsstücks »Die Sorgen und die Macht« in Senftenberg gerät Peter Hacks unter den Druck der SED-Kulturfunktionäre.
22.5. Die Oper »Der Prinz von Homburg« von Hans Werner Henze, nach einem Schauspiel von Heinrich von Kleist, feiert in der Hamburger Staatsoper Premiere.
29.5. Nach vierjähriger Bauzeit wird das Museum Folkwang in Essen wieder eröffnet, in dem vor allem Kunst des 19. und 20. Jahrhunderts zu sehen ist.
30.5. In Ost-Berlin erscheint der dritte Band von Ernst Blochs »Das Prinzip Hoffnung«.
23.6. »Mein Großvater und ich« von James Krüss wird als bestes Kinderbuch des Jahres ausgezeichnet.
18.8. Ihren ersten Auftritt auf dem europäischen Kontinent absolviert die Liverpooler Band The Beatles im verrufenen Hamburger Nachtklub Indra.

Gesellschaft

Die deutschen Hits des Jahres sind »Marina« von Rocco Granata, »Banjo-Boy« von Jan und Kjeld sowie »Unter fremden Sternen« von Freddy.
16.1. Bundeskanzler Konrad Adenauer verurteilt in einer Rede die in der Bundesrepublik zunehmenden Übergriffe auf jüdische Bürger und ihre Einrichtungen.
12.2. Nach einem Beschluss der Kultusminister der Bundesländer soll in den Schulen die Auseinandersetzung mit der NS-Herrschaft gefördert werden.
22.2. Seit 1945 sind 46 000 Menschen in Ostdeutschland aus politischen Gründen verhaftet worden. Über 146 von ihnen wurde die Todesstrafe verhängt.
22.2. Nach einer Schlagwetterexplosion in einem Zechenschacht bei Zwickau werden 172 Bergleute verschüttet. 49 von ihnen können lebend geborgen werden.
16.3. Der Bundestag beschließt gegen die Stimmen der SPD die Privatisierung des Volkswagenwerks in Wolfsburg. 60 % des Kapitalanteils werden als Volksaktien ausgegeben.
Mai Der wirtschaftliche Aufschwung in der Bundesrepublik lässt die Zahl der Erwerbslosen auf den niedrigsten Stand seit Kriegsende sinken.
25.6. Im Endspiel um die deutsche Fußballmeisterschaft besiegt der Hamburger SV vor 70 000 Zuschauern in Frankfurt den 1. FC Köln 3:2. In der DDR-Oberliga stellt sich die Mannschaft ASK Vorwärts Berlin an die Spitze.
25.7. Bundeskanzler Konrad Adenauer gründet die Fernseh-GmbH als Konkurrenz zum öffentlich-rechtlichen Rundfunk. Am 17. Dezember verbietet das Bundesverfassungsgericht die Ausstrahlung eines zweiten Fernsehprogramms ohne Zustimmung der Länder.
29.10. Die bundesdeutschen Sportjournalisten wählen mit großer Mehrheit Uwe Seeler, den Mittelstürmer des Hamburger SV, zum »Fußballer des Jahres«.

1961

20.1. Der Demokrat John F. Kennedy tritt sein Amt als Präsident der Vereinigten Staaten an.
17.4. In der Schweinebucht scheitert eine von den USA initiierte Invasion von Exilkubanern. Der Versuch, Fidel Castro zu stürzen, löst die erste Kubakrise aus.
21.5. Schwere Rassenkrawalle erschüttern die Stadt Montgomery im US-Bundesstaat Alabama.

Der deutsche Ingenieur Walter Bruch entwickelt das PAL-Farbfernsehsystem.
Das Maschinenbauunternehmen MAN baut die größte Rohrbogenbrücke der Welt mit 278 m Stützweite.
8.2. Das neue Arzneimittelgesetz unterwirft die Arzneimittelhersteller einer schärferen Kontrolle.
24.4. Die durch Zechen und Industrie verursachte Umweltverschmut-

Von Günter Grass erscheint die Novelle »Katz und Maus«.
Peter Weiss veröffentlicht die autobiografische Erzählung »Abschied von den Eltern«.
4.1. Der letzte Band des vor 123 Jahren begonnenen Grimmschen Wörterbuchs wird fertig gestellt.
16.2. Im Schillertheater in West-Berlin hat das Drama »Die bösen Köche« von Günter Grass Premiere.

An der deutsch-deutschen Grenze richtet die DDR sog. Intershops ein, in denen Waren gegen Devisen verkauft werden.
Da sich die Fälle von Kinderlähmung Besorgnis erregend häufen, beschließt der Bundesgesundheitsrat die Einführung der Schluckimpfung.
Die zunehmenden Schülerzahlen stürzen das Bildungssystem in Westdeutschland in eine Krise. Der Mangel

Politik

19.6. Kuwait wird unabhängig.
15.8. Nachdem die DDR am 13. August die Grenzen zwischen dem Westen und Osten Berlins sowie zwischen den drei Westsektoren und der DDR abgeriegelt hat, beginnt der Bau der Mauer quer durch Berlin.
17.9. Bei den Wahlen zum vierten Deutschen Bundestag verliert die CDU/CSU die absolute Mehrheit, bleibt aber mit 45,3 % der Stimmen stärkste Fraktion und regiert in Koalition mit der FDP (12,8 %).
14.11. Elisabeth Schwarzhaupt (CDU) ist die erste Bundesministerin und betreut das Ressort Gesundheit.
12.12. Die USA entsenden Soldaten, Hubschrauber und Kriegsschiffe nach Saigon, um die diktatorische südvietnamesische Regierung unter Ngô Dinh Diêm im Kampf gegen die Befreiungsbewegung zu unterstützen.
15.12. In Jerusalem wird Adolf Eichmann, der maßgeblich an der Ermordung von Juden beteiligt war, zum Tod verurteilt.

Wissenschaft und Technik

zung, durch die vor allem die Luft im Ruhrgebiet verpestet wird, soll wissenschaftlich untersucht werden.
9.5. Auf der Hannovermesse stellt die Firma Krupp eine über 60 m lange und 14 m hohe Traglufthalle vor.
17.6. Das erste Atomkraftwerk der Bundesrepublik liefert in Kahl am Main Strom, der in das Netz der Rheinisch-Westfälischen Elektrizitätswerke eingespeist wird.
28.7. Das größte Schiff der deutschen Handelsflotte, die »Egmont«, läuft in Bremen vom Stapel.
3.9. Bei der Berliner Funkausstellung werden Plattenspieler vorgeführt, die im Rhythmus der Musik Wasserspiele steuern.
28.9. Bei Jülich wird eine Atomforschungsanlage mit zwei Atomreaktoren in Betrieb genommen.
27.11. Die pharmazeutische Firma Grünenthal in Stolberg zieht ihr Medikament »Contergan« aus dem Handel, als der Verdacht aufkommt, es verursache Missbildungen bei Kindern.

Kultur

31.3. In Dortmund gründen Schriftsteller und Literaturkritiker die »Gruppe 61«, die vor allem Werke fördern will, in denen die industrielle Arbeitswelt thematisiert wird.
20.5. Bei den Schwetzinger Festspielen wird die Oper »Elegie für junge Liebende« von Hans Werner Henze uraufgeführt.
25.-27.5. Auf dem V. Schriftstellerkongress der DDR sind auch Autoren aus Westdeutschland zu Gast.
23.6. Bei den Filmfestspielen in West-Berlin werden Heinz Rühmann (in »Das schwarze Schaf«) und Hilde Krahl (in »Das Glas Wasser«) als beste Hauptdarsteller ausgezeichnet.
9.9. In dem Theaterstück »Zeit der Schuldlosen«, das in Hamburg uraufgeführt wird, appelliert der Schriftsteller Siegfried Lenz an die Pflicht zum Widerstand gegen Gewaltregime.
23.12. Das Bühnenstück »Ein Schluck Erde« von Heinrich Böll feiert im Düsseldorfer Schauspielhaus seine Uraufführung.

Gesellschaft

an Räumen und Lehrpersonal führt zu Unterrichtsausfall bis zu 25 %.
Zu den beliebtesten Fernsehsendungen des Jahres gehören u. a. »Am Fuß der blauen Berge«, »Firma Hesselbach«, »Stahlnetz« und das Quiz »Hätten Sie's gewußt?« von Heinz Maegerlein.
16.2. In der Bundesrepublik bleiben 200 000 Lehrstellen unbesetzt, weil die Zahl der Schulabgänger zu gering ist.
12.4. Die DDR-Volkskammer beschließt in Ost-Berlin das »Gesetzbuch der Arbeit«.
6.6. Die Länderregierungen der Bundesrepublik einigen sich auf die Gründung des Zweiten Deutschen Fernsehens (ZDF) mit Sitz in Mainz.
24.6. In der BRD wird der 1. FC Nürnberg Fußballmeister. In Ostdeutschland wird kein Meister ermittelt.
12.7. Das 312-DM-Gesetz wird im Bundestag verabschiedet. Es ermöglicht einkommensschwachen Beschäftigten, Teile ihres Lohnes vermögenswirksam anzulegen.

1962

24.1. In der DDR wird die allgemeine Wehrpflicht eingeführt.
2.2. Bundesverteidigungsminister Franz Josef Strauß (CSU) gerät unter den Verdacht, der Finanzbau-Aktiengesellschaft (Fibag) Aufträge zugespielt zu haben.
18.3. In Evian schließen französische und algerische Delegierte einen Waffenstillstand, der die Unabhängigkeit Algeriens in Aussicht stellt.
25.4. Die USA beginnen im Südpazifik mit Kernwaffenversuchen und bringen damit die Genfer Abrüstungsverhandlungen ins Stocken.
31.5. Der für den Tod von 6 Millionen Juden maßgeblich verantwortliche Adolf Eichmann wird nach seiner Verurteilung in Israel hingerichtet.
15.10. Die Entdeckung sowjetischer Angriffswaffen auf Kuba droht zu einem atomaren Krieg zwischen den beiden Großmächten zu eskalieren.
26.10. Das Bundesverteidigungsministerium veranlasst die Durchsuchung der Redaktion des Nachrichtenmagazins »Der Spiegel« und die Festnahme des Militärexperten Conrad Ahlers, dessen letzter Artikel angeblich geheim gehaltene militärische Informationen enthalte.
19.11. Die fünf FDP-Minister der Bundesregierung legen ihre Ämter nieder, um den Rücktritt von Bundesverteidigungsminister Franz Josef Strauß nach seiner Verstrickung in die »Spiegel«-Affäre zu erzwingen.

Im rheinischen Braunkohletagebau geht der größte Schaufelbagger der Welt mit einer Förderleistung von 120 000 m³ pro Tag in Betrieb.
In der Bundesrepublik wird die Polio-Schluckimpfung gegen die spinale Kinderlähmung eingeführt.
1.1. Der Radiosender Deutschlandfunk, der sich vor allem an im Ausland lebende Deutsche richtet, nimmt in Köln seine Tätigkeit auf.
12.1. Die Tank-Automaten GmbH in Hagen kündigt die Aufstellung von automatischen Tankanlagen für Benzin an. Tanken per Selbstbedienung soll zunächst im Ruhrgebiet, in Frankfurt am Main und in München ermöglicht werden.
24.6. In Mainz wird zu Ehren von Johannes Gutenberg, dem Erfinder des Buchdrucks, das Gutenberg-Museum feierlich eröffnet.
26.6. Um Streiks im Kohlebergbau zu vermeiden, stellt das Bundeskabinett 260 Millionen DM für Rationalisierungsmaßnahmen zur Verfügung.
17.7. Gegen die Firma Chemie Grünenthal GmbH, den Hersteller des Schlafmittels »Contergan«, das Missbildungen bei ungeborenen Kindern hervorrufen soll, sind bislang 60 Anzeigen eingegangen.
8.11. Vom Fernsehstudio des Hessischen Rundfunks in Frankfurt am Main werden mit der Übertragung eines farbigen Diapositivs erstmals Farbbilder ausgestrahlt.

Der Kinderbuchautor James Krüss veröffentlicht seine sozialkritische Erzählung »Timm Taler oder das verkaufte Lachen«.
»Speedy Gonzales« wird in der Version von Rex Gildo ein ähnlich heißer Jahreshit wie seine englische Version, gesungen von Pat Boone. »Zwei kleine Italiener« von Conny Froboess erklimmen die deutsche Hitparade.
Lex Barker, Götz George und Karin Dor glänzen in dem deutschen Karl-May-Film »Der Schatz im Silbersee«.
17.1. Mehr als 20 Millionen Bundesbürger verfolgen im Fernsehen die letzte Folge des Krimis »Das Halstuch« von Francis Durbridge.
13.4. Die Beatles treten erstmals mit Schlagzeuger Ringo Starr im Hamburger Star-Club auf.
30.6. Nach einem Roman von Alfred Andersch und unter der Regie von Helmut Käutner läuft in den westdeutschen Kinos der Film »Die Rote« mit Ruth Leuwerik und Gert Fröbe in den Hauptrollen an.
7.11. Die Charlottenburger Oper in West-Berlin begeht die 50. Wiederkehr des Eröffnungstages mit einer Aufführung der Beethoven-Oper »Fidelio«.
14.11. In Hamburg wird das Ernst-Barlach-Museum feierlich eröffnet.
15.11. Anlässlich des 100. Geburtstages des Dramatikers Gerhart Hauptmann zeigt das Berliner Schillertheater eine Neuinszenierung des 1911 entstandenen Dramas »Die Ratten«.

Die in den USA und Großbritannien bereits zugelassene Antibabypille kann jetzt auch in der BRD verschrieben werden.
Die bundesdeutsche Wirtschaft leidet unter dem wachsenden Mangel an Arbeitskräften. Mehr als 500 000 Stellen bleiben unbesetzt, obwohl immer mehr Arbeitskräfte aus dem Ausland in die Bundesrepublik kommen.
17.2. Norddeutschland wird von einer Flutkatastrophe überrascht. In Hamburg fallen 300 Menschen den Fluten zum Opfer.
25.4. In München beginnt der Prozess gegen Vera Brühne und Johann Fehrbach, die beschuldigt werden, den Arzt Otto Praun und seine Haushälterin Elfriede Kloo aus Habgier ermordet zu haben.
12.5. Der 1. FC Köln holt sich in der BRD den Titel des deutschen Fußballmeisters. In der DDR-Oberliga gewinnt ASK Vorwärts Berlin.
19.6. Vier Starfighter vom Typ »F 104« stürzen bei einem Formationsflug über Frechen bei Köln ab. Alle vier Piloten werden dabei getötet.
1.9. Die satirische Monatszeitschrift »pardon«, an der namhafte deutsche Autoren mitarbeiten, erscheint erstmals in Frankfurt am Main.
31.12. Fast alle Inseln und Halligen vor der deutschen Nordseeküste sind durch hohe Eisbarrieren vom Festland abgeschnitten, die durch das eingefrorene Wattenmeer entstanden sind.

1963

Politik

22.1. In Paris unterzeichnen der französische Staatspräsident Charles de Gaulle und Bundeskanzler Konrad Adenauer den Vertrag über die deutsch-französische Zusammenarbeit.
26.6. Während seines Besuchs in West-Berlin wird der amerikanische Präsident John F. Kennedy von rund 400 000 Berliner Bürgern begeistert empfangen.
15.10. Nachfolger des am 11. Oktober zurückgetretenen Bundeskanzlers Konrad Adenauer wird Wirtschaftsminister Ludwig Erhard (CDU).
2.11. Südvietnamesische Streitkräfte entmachten die Regierung unter Ngô Dinh Diêm. Der neue Ministerpräsident Nguyên Ngoc Tho schafft die Diktatur ab und sagt dem Kommunismus den Kampf an.
22.11. In Dallas wird der US-Präsident John F. Kennedy vom mutmaßlichen Attentäter Lee Harvey Oswald erschossen. Vizepräsident Lyndon B. Johnson übernimmt die Regierung.
17.12. Ein deutsch-deutsches Passierscheinabkommen ermöglicht Menschen aus West-Berlin erstmals seit dem Mauerbau den Besuch im Ostteil der Stadt.

Wissenschaft und Technik

Die deutschen Internisten Hans Erhard Bock und Rudolf Groß wenden das synthetische Cyclophosphamid »Endoxan« als Chemotherapeutikum bei Krebskranken an.
31.1. Das Bundesforschungsministerium berichtet über deutlich zunehmende radioaktiv verseuchte Niederschläge in der Bundesrepublik.
23.2. In Hamburg läuft der größte in Deutschland gebaute Tanker »Esso Deutschland« mit einer Tragfähigkeit von 91 000 t vom Stapel.
28.4. Auf der Industriemesse in Hannover stellen Elektrogerätehersteller die ersten Rundfunkgeräte in Stereoqualität vor.
30.4. Die 963 m lange Fehmarnsundbrücke, die das holsteinische Festland mit der Insel Fehmarn verbindet, wird dem Verkehr übergeben.
15.5. In Manching bei Ingolstadt wird der neu entwickelte deutsche Senkrechtstarter »VJ 101 X1« der Öffentlichkeit vorgestellt.
12.10. Auf der Deutschen Industrieausstellung in Berlin wird u. a. die Neukonstruktion einer Badewanne vorgestellt, die sich samt Pumpe in einer Truhe befindet.

Kultur

Der deutsche Schriftsteller Heinrich Böll veröffentlicht seinen Roman »Ansichten eines Clowns«.
Der Roman »Der geteilte Himmel« von Christa Wolf wird eines der erfolgreichsten Bücher der DDR-Literatur.
Der Düsseldorfer Aktions- und Objektkünstler Joseph Beuys sorgt mit seinem »Fettstuhl« für Aufsehen innerhalb und außerhalb der Kunstszene.
Jahreshits in der BRD sind u. a. »Junge komm bald wieder« von Freddy, Manuela mit »Schuld war nur der Bossa Nova« und Gittes »Cowboy«.
20.2. In West-Berlin führt die Freie Volksbühne das Stück »Der Stellvertreter« von Rolf Hochhuth auf, das die Rolle der katholischen Kirche während der NS-Diktatur anklagt.
15.10. In West-Berlin wird die von Hans Scharoun entworfene Berliner Philharmonie eingeweiht.
11.12. Pierre Brice, Lex Barker und Marie Versini sind die Stars in dem Karl-May-Film »Winnetou I«, der in den bundesdeutschen Kinos anläuft.
14.12. In Frankfurt am Main wird das neue Theater der städtischen Bühnen mit der Aufführung von Goethes »Faust I« feierlich eingeweiht.

Gesellschaft

26.2. Die seit 1962 angeordneten Impfungen gegen Poliomyelitis (Kinderlähmung) zeigen erste Erfolge.
28.2. Das deutsche Meisterpaar im Eiskunstlauf, Marika Kilius und Hans-Jürgen Bäumler, gewinnt in Cortina d'Ampezzo den Weltmeisterschaftstitel.
1.4. Die Fernsehzuschauer der Bundesrepublik Deutschland können erstmals das Programm des Zweiten Deutschen Fernsehens (ZDF) aus Mainz empfangen. Inzwischen hat fast jeder zweite Haushalt ein Fernsehgerät.
26.4. In Hamburg eröffnet die bisher größte internationale Gartenschau der BRD auf 87 ha.
14.8. Der Hamburger SV wird durch ein 3:0 über Borussia Dortmund deutscher Fußballmeister. Der SC Motor Jena wird Meister in der Oberliga der DDR.
24.10. Durch den Einbruch von Wasser und Schlammmassen aus einem nah gelegenen See werden in der Erzgrube »Mathilde« in Lengede 29 Bergleute getötet, 21 können bis zum 7. November lebend geborgen werden.
24.12. Eine West-Berliner Studenteninitiative vermittelt Weihnachtsmänner für den Heiligabend.

1964

Politik

2.1. Die DDR beginnt mit der Ausgabe neuer Personalausweise, die gegenüber der Bundesrepublik die Souveränität des Staates unterstreichen sollen.
9.1. Nach antiamerikanischen Ausschreitungen in der Panamakanalzone bricht Panama die diplomatischen Beziehungen zu den USA ab.
27.1. Frankreich erkennt die kommunistische Volksrepublik China an und vergrößert damit Chinas internationalen Einfluss.
2.7. Das neue Bürgerrechtsgesetz zur Aufhebung der Rassentrennung gilt als wichtigster Fortschritt auf dem Weg zur Gleichberechtigung der Schwarzen in den USA seit 1865.
7.9. In der DDR wird mit den sog. Bausoldaten der waffenlose Wehrersatzdienst eingeführt.
14.10. Nachfolger des sowjetischen Staatschefs Nikita S. Chruschtschow wird Alexei N. Kossygin. Die Parteiführung übernimmt Leonid I. Breschnew.
15.10. In Großbritannien gewinnt die Labour Party bei den Unterhauswahlen die absolute Mehrheit. Neuer Premierminister wird Harold Wilson.
1.12. Neuer Vorsitzender der CDU/CSU-Bundestagsfraktion wird Rainer Barzel.

Wissenschaft und Technik

Der deutsche Ingenieur Felix Wankel baut den nach ihm benannten Drehkolbenmotor, der in Fahrzeuge der Firma NSU eingebaut wird.
Die Maschinenfabrik MAN baut die erste deutsche Satelliten-Nachrichten-Antenne.
Unter Leitung von Professor Helmut Zahn gelingt einer Forschergruppe an der TH Aachen erstmals die Synthese des Hormons Insulin.
20.1. Die Bundesregierung beansprucht die Ausbeutung der Naturschätze im Bereich des Festlandsockels vor der deutschen Küste.
8.2. In Bremerhaven wird die »Meteor« (2500 BRT), eines der weltweit größten und modernsten Forschungsschiffe, getauft.
15.4. Die Deutsche Lufthansa AG setzt zwei Maschinen vom neu entwickelten Typ Boeing 727 »Europa-Jet« planmäßig ein.
23.4. Auf der deutschen Luftfahrtschau wird der neue Senkrechtstarter »VJ 101 C/X 1« vorgestellt.
26.5. Die Großschifffahrtsstraße Mosel verbindet auf einer Strecke von 270 km den Rhein mit dem lothringischen Industriegebiet.
13.6. Das erste deutsche Nuklearschiff, die »Otto Hahn«, läuft bei den Kieler Howaldtswerken vom Stapel.

Kultur

Der Schriftsteller Heinrich Böll widmet sich in der Erzählung »Entfernung von der Truppe« dem Umgang mit der NS-Vergangenheit.
29.4. Das Stück »Die Verfolgung und Ermordung Jean Paul Marats, dargestellt durch die Schauspielgruppe des Hospizes zu Charenton unter Anleitung des Herrn de Sade« von Peter Weiss wird im West-Berliner Schillertheater uraufgeführt.
11.5. In Washington wird die von Egon Eiermann erbaute deutsche Botschaft eingeweiht.
5.6. In Duisburg wird das Wilhelm-Lehmbruck-Museum eröffnet, das dem Werk des Bildhauers einen angemessenen Rahmen bieten soll.
28.6. Der Film »Kennwort Reiher« von Rudolf Jugert wird mit dem Bundesfilmpreis ausgezeichnet. Bester deutscher Dokumentarfilm ist »Aus der Geschichte der Menschheit« von Hans-Joachim Hossfeld.
11.10. Das Dokumentarstück »In der Sache J. Robert Oppenheimer« von Heinar Kipphardt hat in West-Berlin und München Bühnenpremiere.
16.10. In Stuttgart wird das Dokumentarstück »Der schwarze Schwan« des Schriftstellers Martin Walser unter der Regie von Peter Palitzsch uraufgeführt.

Gesellschaft

Der Verbrauch von Medikamenten in der Bundesrepublik nimmt weiter zu. 36 % aller Männer und 51 % der Frauen nehmen regelmäßig Tabletten zu sich.
Auf bundesdeutschen Straßen droht der Verkehrskollaps. Seit 1950 hat sich die Zahl der Kraftfahrzeuge auf über 11 Millionen versechsfacht.
Die sexuelle Aufklärung Jugendlicher wird öffentlich diskutiert, ausgelöst durch Jugendzeitschriften, die sich an Eltern und Lehrer richten.
Der oberteillose Badeanzug sorgt für Entsetzen an den Badestränden und beschäftigt Pfarrer und Behörden.
9.5. Mit einem 2:1-Sieg über den VfB Stuttgart wird der 1. FC Köln deutscher Fußballmeister. BSG Chemie Leipzig gewinnt den Titel in der DDR-Oberliga.
28.5. Das Bundesgesundheitsamt weist erstmals auf die Gefahren des Rauchens hin.
10.9. Der millionste »Gastarbeiter« in der BRD, der portugiesische Zimmermann Hernando Rodrigues de Sá, erhält bei seiner Ankunft auf dem Köln-Deutzer Bahnhof als Ankunftsgeschenk ein Moped.
5.10. 57 Bürgerinnen und Bürger aus Ost-Berlin flüchten durch einen Tunnel in den Westteil der Stadt.

1965

Politik

15.3. Die USA starten ihre Luftangriffe auf Nordvietnam.
28.4. Nach einem Putsch in der Dominikanischen Republik gegen Diktator Donald Reid besetzen 400 amerikanische Soldaten die Stadt Santo Domingo.
18.5. Die britische Königin Elisabeth II. und ihr Mann Prinz Philip treffen zu einem Staatsbesuch in der Bundesrepublik ein.
6.9. Nach dem Einmarsch indischer Truppen in die pakistanische Hauptstadt Lahore weitet sich der regionale Konflikt um Kaschmir zum indisch-pakistanischen Krieg aus.
19.9. Mit einem unerwartet großen Vorsprung vor der SPD (39,3 %) werden die CDU und CSU bei den Bundestagswahlen mit zusammen 47,6 % wiederum stärkste Kraft.
9.11. Ferdinando E. Marcos, der Kandidat der Nationalistischen Partei, siegt bei den Präsidentschaftswahlen auf den Philippinen.
31.12. In der Zentralafrikanischen Republik übernimmt die Armee unter Führung von Oberst Jean Bedel Bokassa die Macht.

Wissenschaft und Technik

Der Kieler Ingenieur Rudolf Hell erfindet den computergesteuerten fotoelektronischen Lichtsatz.
11.2. Die von der Henschel-AG in Kassel gebauten neuen Elektrolokomotiven der Deutschen Bundesbahn vom Typ »E 03« haben 8750 PS und erreichen eine Höchstgeschwindigkeit von 200 km/h.
1.6. Die Bundespost nimmt in Pforzheim die erste elektronisch gesteuerte Briefverteilanlage in Betrieb. Die von der Firma Siemens entwickelten Sortiermaschinen bewältigen in einer Stunde etwa 45 000 Postsendungen.
30.6. An der neu erbauten Ruhr-Universität in Bochum nehmen über 2000 Studenten das Studium in den geisteswissenschaftlichen, naturwissenschaftlichen, medizinischen und technischen Abteilungen auf.
19.9. Im Bundestagswahlkampf erstellen erstmals Computer für das Fernsehen Hochrechnungen und Wahlanalysen.
8.12. In Hamburg gelingt deutschen Wissenschaftlern der Nachweis von Anti-Protonen in extrem kurzwelligem Licht.

Kultur

15.2. Die Oper »Die Soldaten« von Bernd Alois Zimmermann unter der Leitung von Michael Gielen feiert im Opernhaus der Stadt Köln Premiere.
19.2. Die jüdische Schriftstellerin Nelly Sachs erhält als erste Frau den Friedenspreis des Deutschen Buchhandels zuerkannt.
7.3. Die Uraufführung der Oper »Der junge Lord« des deutschen Komponisten Hans Werner Henze in West-Berlin wird zu einem Premierenerfolg.
10.5. Die populären Filmschauspieler Liselotte Pulver und Heinz Rühmann erhalten in München den Filmpreis »Bambi«.
11.6. Das neu erbaute Festspielhaus in Recklinghausen eröffnet die Ruhr-Festspiele mit Friedrich Schillers Stück »Die Räuber« in der Inszenierung von Heinrich Koch.
13.6. Schlager des Jahres wird das Lied »Mit 17 hat man noch Träume«, gesungen von Peggy March.
16.–18.12. Das Zentralkomitee der SED beschäftigt sich auf dem 11. Plenum mit der Lage im Kulturbereich, um die wachsende Opposition zu unterdrücken.

Gesellschaft

Die Gewerkschaft Erziehung und Wissenschaft fordert die Aufnahme der Sexualerziehung in die Lehrpläne der westdeutschen Schulen.
Der jährliche Durchschnittsverbrauch eines Bundesbürgers liegt bei 64 kg Fleisch, 108 l Milch, 88 kg Frischobst, 3,5 kg Kaffee, 13,3 l Wein und Sekt, 147 l Bier und 1913 Zigaretten.
1.1. Aufgrund des Steueränderungsgesetzes zahlen rund 25 % aller bundesdeutschen Arbeitnehmer keine Lohnsteuer mehr.
15.5. Mit drei Punkten Vorsprung vor Titelverteidiger 1. FC Köln wird der SV Werder Bremen Fußballmeister. ASK Vorwärts Berlin wird Meister in der DDR.
1.7. Die Hamburger Verleger Gerd Bucerius, John Jahr und Richard Gruner schließen sich zur »Gruner und Jahr GmbH und Co« zusammen.
15.7. Der Deutsche Bildungsrat aus Vertretern der Bundesländer wird in Bonn gegründet, um gegen den Bildungsnotstand anzugehen.
18.9. Rund 100 000 Menschen wohnen der Eröffnung des 131. Oktoberfestes bei.

1966

19.1. Indira Gandhi, die Tochter des indischen Staatsgründers Jawaharlal Nehru, wird neue Premierministerin.
21.2. Frankreich tritt aus der NATO mit der Begründung aus, die reduzierte Kriegsgefahr in Europa habe die Notwendigkeit des Verteidigungspakts relativiert.

Chinesische Bauern beim gemeinsamen Studium der Schriften von Mao

4.5. In China leiten die Spitzen der KP die Große Proletarische Kulturrevolution ein, mit der Mao Tse-tung sein politisches Erbe sichern will.
1.12. Der CDU-Politiker Kurt Georg Kiesinger wird vom Deutschen Bundestag zum neuen Bundeskanzler einer großen Koalition gewählt.

Die Europa-Lokomotive »E 410-001« kann ohne Rücksicht auf Fahrdrahtspannung und Stromart alle europäischen Strecken befahren.
9.5. Das erste Atomkraftwerk der DDR wird in Rheinsberg im Bezirk Potsdam in Betrieb genommen. Es hat eine Leistung von 70 Megawatt.
1.10. Auf der Photokina in Köln stellt die Firma Rollei die bislang kleinste Präzisionskamera vor.
5.12. Die zweispurige Ruhrtalbrücke ist mit 1,8 km die bislang längste Autobahnbrücke der Bundesrepublik und verbindet die Städte Essen und Düsseldorf.

Der Regisseur Ulrich Schamoni greift mit dem Film »Es« ein gesellschaftliches Tabuthema auf, indem er die Geschichte einer jungen Frau erzählt, die sich zur Abtreibung entschließt.
Die Musil-Verfilmung »Der junge Törless« von Volker Schlöndorff schildert, wie ein sensibler Junge in einem autoritären Internat der Faszination der Gewalt erliegt.
Martin Walser bringt seinen Roman »Das Einhorn« heraus.
In der DDR wird der Film »Spur der Steine« von Frank Beyer mit Manfred Krug in der Hauptrolle uraufgeführt.
»Ganz in Weiss« von Roy Black, »Siebzehn Jahr' blondes Haar« von Udo Jürgens und »Hundert Mann und ein Befehl« von Freddy zählen zu den Tops der deutschen Hitparade.
15.1. Das Stück »Die Plebejer proben den Aufstand« des deutschen Schriftstellers Günter Grass löst bei seiner Premiere im Berliner Schillertheater heftige Tumulte aus.
27.5. Das Stück »Jagdszenen aus Niederbayern« von Martin Sperr, das in Bremen uraufgeführt wird, handelt von der Intoleranz gegenüber sog. Außenseitern.
20.9. Die Premiere des Stücks »Die Verfolgung und Ermordung des Jean Paul Marat ...« von Peter Weiss wird in Paris zum Erfolg.

Die Konjunkturdaten sind so stark rückläufig, dass sich in der BRD eine Rezession ankündigt.
Mit Ovosiston bietet Jenapharm die erste Antibabypille der DDR an.
Infolge des Bildungsnotstands fehlen den überfüllten Hochschulen in der BRD die finanziellen Mittel, die Schulen klagen über Lehrermangel.
Erstmals legt die Bundesregierung einen umfassenden Bericht über die Situation der Frauen in Beruf, Familie und Gesellschaft vor.
Der Minirock – 1965 von der britischen Designerin Mary Quant erstmals vorgestellt – leitet eine Revolution in der Damenmode ein.
26.3. Nach 194 Jahren wird mit der Zeche Langenbrahm in Essen die älteste Anthrazitkohlenzeche des Ruhrgebiets stillgelegt.
28.5. Durch 1:1 im Spiel gegen den Hamburger SV gewinnt der TSV 1860 München die deutsche Fußballmeisterschaft in der BRD. DDR-Meister wird der FC Vorwärts Berlin.
21.6. Die Düsseldorfer Kriminalpolizei verhaftet den wegen Sexualmordes an vier Jungen gesuchten 19-jährigen Metzgergesellen Jürgen Bartsch.
22.6. In West-Berlin demonstrieren über 3000 Studenten der Freien Universität in einem zehnstündigen Sit-in für eine umfassende Studienreform.

1967

Politik

7.1. Blutige Auseinandersetzungen zwischen Anhängern und Gegnern der Lehren von Mao Tse-tung erschüttern China und führen das Land an den Rand eines Bürgerkriegs.
7.2. Agent Orange, eine hochgiftige Chemikalie, die die USA im Vietnamkrieg einsetzen, soll die entmilitarisierte Zone zwischen Nord- und Südvietnam entlauben.
15.4. In New York formieren sich Vietnamkriegsgegner zum größten Protestmarsch seit vier Jahren.
2.6. In West-Berlin wird bei einer Demonstration gegen den Staatsbesuch des Schah von Persien der Student Benno Ohnesorg von einem Polizisten erschossen.
5.6. Der israelisch-arabische Konflikt eskaliert im Sechstagekrieg.
1.7. Der Vertrag zur Fusion der EWG mit der EURATOM und der Behörde der Montanunion (EGKS) zur Europäischen Gemeinschaft (EG) wird von Italien, der BRD, Frankreich und den Beneluxländern in Rom unterzeichnet.
9.10. Der argentinische Guerillakämpfer Ernesto »Che« Guevara Serna wird in einem Gefecht zwischen bolivianischen Regierungstruppen und Rebellen getötet.
27.12. Der Vietnamkrieg droht sich auf Laos, Kambodscha und Thailand auszuweiten.

Wissenschaft und Technik

Aufsehen erregt die fünfsitzige NSU Limousine RO 80 mit Wankelmotor, Sicherheits-Zahnstangenlenkung und hydraulischer Lenkhilfe.
Der neue VW 1200 des Wolfsburger Volkswagenwerks hat 1,2 l Hubraum, 34 PS und kostet 4485 DM.
10.2. Der Jungfernflug des ersten senkrecht startenden Transportflugzeugs der Welt, der Dornier »Do 31-E1«, findet statt.
16.2. Der Hubschrauber Bölkow »BO 105 V 2« startet zu seinem ersten erfolgreichen Flug.
4.4. 80 Spezialfässer mit radioaktiven Rückständen aus dem Kernforschungszentrum Karlsruhe werden im früheren Salzbergwerk Asse bei Wolfenbüttel in 750 m Tiefe gelagert.
13.4. Die modernste und 2,7 Millionen DM teure Verkehrsleit- und Kontrollzentrale der Bundesrepublik geht in München ans Netz.
30.4. Auf der Hannovermesse stellt die Firma Siemens erstmals das sog. Fernsehtelefon vor.
25.8. Das Zweite Deutsche Fernsehen beginnt mit der Ausstrahlung von Farbsendungen.
25.11. Zielsetzung der neu gegründeten Deutschen Gesellschaft für Perinatale Medizin ist die Senkung der Neugeborenensterblichkeit sowie der Zahl der Geburtsschäden.

Kultur

Mit seinem fragmentarisch montierten Film »Abschied von gestern« betritt der Regisseur Alexander Kluge ästhetisches Neuland.
Alfred Andersch veröffentlicht in der Schweiz seinen Roman »Efraim«.
30.4. Mit einer Ausstellung moderner Werke aus westfälischem Privatbesitz wird in Düsseldorf die neue Kunsthalle feierlich eröffnet.
13.5. Nach einem Beschluss der SED wird das Deutsche P.E.N.-Zentrum Ost und West in P.E.N.-Zentrum Deutsche Demokratische Republik umbenannt.
15.9. In Berlin wird das Brücke-Museum eröffnet, das Werke der 1905 gegründeten Künstlergruppe zeigt.
4.10. Die in München uraufgeführte Satire »Landshuter Erzählungen« des Autors Martin Sperr versetzt Romeo und Julia in die Gegenwart.
9.10. Das Stück »Soldaten« von Rolf Hochhuth feiert an der freien Volksbühne in West-Berlin Premiere und thematisiert den amerikanischen Bombenkrieg gegen Vietnam.
6.11. In München wird die Hochschule für Fernsehen und Film feierlich eröffnet.
4.12. Reihenweise fallen in bundesdeutschen Kinos Männer in Ohnmacht, während der Aufklärungsfilm »Helga« die Geburt eines Kindes in allen Details zeigt.

Gesellschaft

Die Arbeitslosenrate in der BRD steigt auf 2,1 %. Der Gesamtumsatz der deutschen Industrie fällt erstmals seit 1950 um 1,9 %.
2.1. Die Sendung »Telekolleg« im Deutschen Fernsehen ermöglicht den Erwerb von Schulabschlüssen.
17.1. Mit der Stilllegung der Friedrich-Krupp-Hüttenwerke AG in Bochum verlieren 4300 Bergleute ihren Arbeitsplatz.
26.4. Der Bundestag beschließt die Einführung der Mehrwertsteuer zum 1. Januar 1968. Mit der Reform wird das größte steuerpolitische Gesetzeswerk seit Bestehen der BRD verabschiedet.
14.5. Der 24-jährige Kurt Bendlin stellt als erster Bundesdeutscher mit 8319 Punkten in Heidelberg einen Weltrekord im Zehnkampf auf.
3.6. Eintracht Braunschweig ist bundesdeutscher Fußballmeister. Oberliga-Meister in der DDR wird der FC Karl-Marx-Stadt.
28.8. In der DDR wird die Fünftagewoche eingeführt.
5.9. Das Bundeskabinett verabschiedet ein Gesetz, das die bisherige rechtliche Diskriminierung nichtehelicher Kinder aufhebt.
20.10. Das ZDF strahlt die erste Folge von »Aktenzeichen XY ungelöst« aus. Eduard Zimmermann präsentiert ungelöste Kriminalfälle.

1968

30.1. Vietcong-Verbände und nordvietnamesische Truppen starten die sog. Tet-Offensive gegen Südvietnam und die amerikanischen Truppen.
4.4. Der schwarze Bürgerrechtler Martin Luther King wird in Memphis Opfer eines Attentats.
8.4. Die neue Verfassung der DDR tritt in Kraft.
11.4. Nach einem Attentat auf Rudi Dutschke, eine der Leitfiguren der APO, demonstrieren mehr als 10 000 Menschen in West-Berlin gegen das Verlagshaus Springer wegen der Diffamierung der Studentenbewegung.
30.5. Trotz massiver Proteste aus der Bevölkerung verabschiedet der Deutsche Bundestag sechs Notstandsgesetze.
5.6. Der Jordanier Sirhan Bishara Sirhan verübt in Los Angeles ein Attentat auf den amerikanischen Senator Robert F. Kennedy, der am folgenden Tag stirbt.
20.8. Gegen heftigsten Widerstand der Bevölkerung und ungeachtet internationaler Proteste besetzen Truppen des Warschauer Pakts die ČSSR. Damit endet der »Prager Frühling«.

Die Hamburger Elektrizitätswerke nehmen erstmals eine Prozessrechner geführte Leitstelle für ein deutsches Hochspannungsnetz in Betrieb.
28.5. Eine Studie über die Verunreinigung des Rheins und seiner Nebenflüsse weist auf den alarmierenden Zustand des Rheinwassers hin.
20.8. Im internationalen Vergleich der Ausstattung mit Datenverarbeitungsanlagen nimmt die Bundesrepublik hinter den USA den zweiten Platz ein. Nach Schätzungen sind bis jetzt ca. 5000 Computer in der Bundesrepublik in Betrieb.
9.10. Das 302 Millionen DM teure Klinikum der Freien Universität Berlin in Steglitz mit 16 Operationssälen und 1426 Krankenhausbetten wird eröffnet.
14.11. Bundesverkehrsminister Georg Leber eröffnet bei Osnabrück die letzten 78 km der Autobahnstrecke Hansalinie.
18.11. In Lingen an der oberen Ems wird ein von AEG-Telefunken errichtetes Kernkraftwerk den Vereinigten Elektrizitätswerken Westfalen (VEW) übergeben.

Der deutsche Erzähler Siegfried Lenz bringt seinen Roman »Deutschstunde« heraus.
Der Roman »Nachdenken über Christa T.« von der DDR-Schriftstellerin Christa Wolf erscheint als Vorabdruck.
In Neviges wird die Wallfahrtskirche von Gottfried Böhm eingeweiht. Der kristalline Betonbaukörper bietet 6000 Pilgern Platz.
4.1. Die Komödie »Zur Sache Schätzchen« der Regisseurin May Spils mit Uschi Glas und Werner Enke in den Hauptrollen wird ein Erfolg in den bundesdeutschen Kinos.
1.2. In 30 Städten der Bundesrepublik startet der Sexualaufklärungsfilm »Das Wunder der Liebe« des 39-jährigen Publizisten Oswalt Kolle.
20.3. Nach einem Urteil des Bundesgerichtshofes darf Klaus Manns Roman »Mephisto« nicht in der BRD erscheinen, weil er auf die Vita des Schauspielers und Intendanten Gustaf Gründgens anspiele.
15.9. Nach dreijähriger Bauzeit wird die Neue Nationalgalerie von Ludwig Mies van der Rohe in West-Berlin eröffnet.

11.3. Das ZDF zeigt die erste DDR-Produktion im bundesdeutschen Fernsehen. In vier Teilen wird der Film »Wolf unter Wölfen« nach Hans Fallada gesendet.
25.5. Der 1. FC Nürnberg wird vor Werder Bremen bundesdeutscher Fußballmeister. Den Titel in der DDR gewinnt Carl Zeiss Jena.
29.7. Erstmals wird in der Bundesrepublik »Kunstfleisch« aus entfetteten Sojabohnen angeboten.
17.9. Banken in der BRD räumen ihren Kunden erstmals sog. Überziehungskredite bis zu 5000 DM ein, um mit den Sparkassen konkurrieren zu können.
4.10. Frankfurt am Main eröffnet als dritte deutsche Stadt nach Berlin und Hamburg eine Untergrundbahn.
8.10. Die Konferenz der Kultusminister der Bundesländer verabschiedet in Frankfurt »Empfehlungen zur Sexualerziehung in den Schulen«.
7.11. Beate Klarsfeld ohrfeigt Bundeskanzler Kurt Georg Kiesinger auf einem Parteitag der CDU in West-Berlin, um auf dessen Nazi-Vergangenheit aufmerksam zu machen.

1969

Politik

20.1. In Washington tritt der Republikaner Richard M. Nixon als 37. Präsident der USA die Nachfolge von Lyndon B. Johnson an.
3.2. Die Sitzung des Palästinensischen Nationalkongresses in Kairo wählt Jasir Arafat zum neuen Vorsitzenden der Palästinensischen Befreiungsorganisation (PLO).
5.3. Die Bundesversammlung wählt in West-Berlin Gustav Heinemann (SPD) zum Bundespräsidenten und Nachfolger von Heinrich Lübke (CDU).
12.4. In Essen beginnt der zweitägige Gründungsparteitag der Deutschen Kommunistischen Partei (DKP).
19.5. Helmut Kohl (CDU) wird Ministerpräsident von Rheinland-Pfalz.
15.6. Nach dem Rücktritt von Charles de Gaulle wird Georges Pompidou neuer französischer Präsident.
23.7. Juan Carlos wird als künftiger Nachfolger von Diktator Francisco Franco Bahamonde und König Spaniens vereidigt.
3.10. Nach der Bundestagswahl vom 28. September verständigen sich SPD und FDP auf die Bildung einer sozialliberalen Koalition.

Wissenschaft und Technik

In der Bundesrepublik nehmen die Umweltprobleme deutlich sichtbar zu. Die Nordseeverseuchung wird erstmals untersucht, Smogbildung in Großstädten wird zu einem Dauerproblem.
Das Universitätsklinikum Heidelberg erhält ein Zentrum zur Erforschung des Herzinfarkts.
16.1. Das erste deutsche Institut für Informatik wird an der Universität Karlsruhe gegründet.
13.2. An der Chirurgischen Universitätsklinik in München wird die erste deutsche Herztransplantation vorgenommen. Der Patient stirbt nach 22 Stunden.
8.3. Der bundesdeutsche Atomfrachter »Otto Hahn« startet zu seiner ersten Atlantikfahrt.
18.6. In Bonn wird die erste deutsche Lebertransplantation durchgeführt.
3.10. In der DDR startet das Farbfernsehen mit der SECAM-Technik.
8.11. Der erste deutsche Forschungssatellit, »Azur«, wird von Kalifornien aus in den Orbit gestartet.
11.11. In Herdecke bei Witten eröffnet eine Gruppe anthroposophisch orientierter Mediziner ein Krankenhaus.

Kultur

Peter Fleischmann schrieb das Drehbuch zu dem Film »Jagdszenen aus Niederbayern« nach einem Theaterstück von Martin Sperr. Hauptdarsteller sind Angela Winkler und Hanna Schygulla.
Mit seinem Filmdebüt »Liebe ist kälter als der Tod« und dem Film »Katzelmacher« überrascht Rainer Werner Fassbinder als Regietalent.
Von Günter Grass erscheint der Roman »Örtlich betäubt«.
13.2. In Frankfurt am Main wird mit dem Verlag der Autoren der erste genossenschaftliche Verlag in der Bundesrepublik aus der Taufe gehoben.
14.2. Unter der Regie von Hans Lietzau hat im West-Berliner Schillertheater das Stück »Davor« von Günter Grass Premiere.
8.6. In Köln wird der Verband Deutscher Schriftsteller gegründet. Der Interessensvertretung unter dem Vorsitz von Dieter Lattmann gehören etwa 2500 Schriftsteller, Übersetzer und Kritiker an.
23.9. In Basel wird Peter Hacks' Komödie »Margarete in Aix« uraufgeführt.

Gesellschaft

Die von der Studentenbewegung ausgehende »Sexwelle« erreicht ihren Höhepunkt. Aufklärungsfilme und Bücher, die zur Lösung von veralteten Moralvorstellungen aufrufen, haben in der BRD Hochkonjunktur.
Unter Jugendlichen, insbesondere Angehörigen der sog. Hippie-Kultur, verbreitet sich der Drogenkonsum.
24.5. Der FC Bayern München gewinnt die bundesdeutsche Fußballmeisterschaft und wird am 14. Juni Pokalsieger. Der FC Vorwärts Berlin wird DDR-Meister.
18.6. Die bundesdeutsche Leichtathletin Liesel Westermann stellt in Ost-Berlin mit 62,70 m einen Diskus-Weltrekord auf.
23.6. Ein bei Bingen in den Rhein eingeleitetes, von der Firma Hoechst hergestelltes Insektenvertilgungsmittel führt zur Vernichtung des gesamten Fischbestandes flussabwärts.
1.9. Im Rahmen des Strafrechtsreformgesetzes wird in der Bundesrepublik u. a. die Homosexualität zwischen Erwachsenen für legal erklärt.
13.10. Durch einen Absturz verliert die Bundeswehr den 100. Starfighter seit 1961.

1970

5.3. Der Atomwaffensperrvertrag tritt in Kraft.
19.3. Bundeskanzler Willy Brandt und DDR-Ministerpräsident Willi Stoph treffen in Erfurt zum ersten innerdeutschen Gipfel zusammen.
30.4. Südvietnamesische und amerikanische Truppen marschieren in Kambodscha ein.
9.5. Mehr als 100 000 Menschen demonstrieren in Washington gegen den Vietnamkrieg.
12.8. Mit der Unterzeichnung des Moskauer Vertrages beginnt ein neues Kapitel der deutsch-sowjetischen Beziehungen.
4.9. Als erster Marxist in Südamerika gewinnt Salvador Allende Gossens die Präsidentschaftswahlen in Chile.
9.10. Die FDP-Bundestagsabgeordneten Erich Mende und Heinz Starke treten angesichts der Bonner Ostpolitik zur CDU/CSU-Fraktion über.
7.12. In Warschau unterzeichnen Bundeskanzler Willy Brandt und Polens Ministerpräsident Józef Cyrankiewicz den Warschauer Vertrag.
22.12. Wegen der Beteiligung an der Ermordung von mindestens 400 000 Menschen verurteilt ein Düsseldorfer Gericht den ehemaligen Lagerkommandanten von Treblinka, Franz Stangl, zu lebenslanger Haft.

Trotz strenger Verbote wird von vielen Schiffen noch immer Altöl ins Meer abgelassen.
Neuartige Kunststoffe beherrschen den Verpackungssektor. Bruchfeste Flaschen liefert z. B. das PVC »Vinuran KR 3814« der Firma BASF.
Auf dem Effelsberg bei Bonn wird das derzeit weltweit größte Radioteleskop fertiggestellt, dessen Reflektor frei schwenkbar ist und dessen Parabolantenne Signale von bis zu 12 Milliarden Lichtjahren entfernten Objekten empfangen kann.
Das von Carl Friedrich von Weizsäcker geleitete Max-Planck-Institut zur Erforschung der Lebensbedingungen der wissenschaftlich-technischen Welt nimmt in Starnberg seine Arbeit auf.
2.2. An der Neurochirurgischen Klinik der Universität München werden erstmals menschliche Nerven verpflanzt.
1.8. Im westfälischen Hamm-Uentrop beginnen die Bauarbeiten zum ersten Thorium-Hochtemperaturkernreaktor (THTR).
24.6. Die Bildtonplatte von AEG-Telefunken und Decca wird in Berlin als Weltneuheit präsentiert.
Juli In Göttingen untersucht ein Analysecomputer 12 000 Blutproben im Monat auf ihren Alkoholgehalt.

Hildegard Knef veröffentlicht mit »Der geschenkte Gaul« ihre Memoiren.
16.1. In Düsseldorf wird das Neue Schauspielhaus mit Georg Büchners Drama »Dantons Tod« in der Regie von Karlheinz Stroux eingeweiht.
15.5. Das in Stuttgart uraufgeführte Stück »Guerillas« von Rolf Hochhuth wird ein großer Publikumserfolg.
1.9. In dem Film »Rote Sonne« von Rudolf Thome spielen Marquard Bohm, Diana Körner und Uschi Obermeier die Hauptrollen.

Uschi Obermeier in »Rote Sonne«

Mit wachsender Tendenz reisen die Bundesdeutschen ins Ausland, wenn auch die Mehrheit Ziele in der Bundesrepublik bevorzugt. Bayern liegt an der Spitze der Beliebtheitsskala innerdeutscher Urlaubsreisen, gefolgt von Baden-Württemberg.
1.1. Das Gesetz über die Lohnfortzahlung für Arbeiter im Krankheitsfall tritt in der BRD in Kraft.
4.5. Borussia Mönchengladbach sichert sich die bundesdeutsche Fußballmeisterschaft. Der FC Carl Zeiss Jena steht an der Spitze der DDR-Oberliga.
27.5. Eine Volkszählung bescheinigt der Bundesrepublik 58,5 Millionen Einwohner.
18.6. Der Bundestag senkt das Wahlalter von 21 auf 18 Jahre.
1.7. Exportwaren aus der DDR erhalten ab sofort den Vermerk »Made in GDR«.
29.9. Die linksradikale Baader-Meinhof-Gruppe raubt in West-Berlin drei Geldinstitute aus. Die Beute soll der Finanzierung des bewaffneten Untergrundkampfes in der Bundesrepublik dienen.
18.10. Wolfgang Menges Fernsehquiz »Das Millionenspiel«, in dem eine Menschenverfolgungsjagd fingiert wird, sorgt für erheblichen Aufruhr.

1971

Politik

18.1. Die Belegschaft der polnischen Lenin-Werft in Danzig erreicht durch einen Streik die Rücknahme der Preiserhöhungen vom Vorjahr und die Veröffentlichung einer Liste von Todesopfern der Dezemberunruhen von 1970.
8.2. Ein südvietnamesischer Vorstoß auf den Süden von Laos mit dem Ziel, den Ho-Chi-Minh-Pfad zu sperren, scheitert im März.
1.5. Auf der zentralen Mai-Kundgebung des Deutschen Gewerkschaftsbunds in Hannover erklärt der DGB-Vorsitzende Heinz Oskar Vetter die Durchsetzung der paritätischen Mitbestimmung zur vordringlichsten Aufgabe der Gewerkschaft.
3.5. Erich Honecker löst Walter Ulbricht als Erster Sekretär des ZK der SED ab. Damit verfügt er über die Schlüsselposition in der DDR.
28.10. Nach einer sechstägigen Debatte stimmen die britischen Parlamentarier für den EG-Beitritt zum 1. Januar 1973.
11.12. In Ost-Berlin paraphieren Egon Bahr und Michael Kohl – die Staatssekretäre der BRD und der DDR – das Transitabkommen als ersten deutsch-deutschen Vertrag auf Regierungsebene.

Wissenschaft und Technik

19.2. Mit dem Gesetz zum Schutz gegen Fluglärm tritt das erste Umweltschutzgesetz in Kraft.
17.3. In Dormagen am Rhein wird die größte Kläranlage Europas in Betrieb genommen.
6.5. In Ottobrunn präsentiert Messerschmitt-Bölkow-Blohm die erste Magnetschnellbahn der Welt.

Kultur

Der Literarhistoriker Golo Mann publiziert die Lebensbeschreibung und Charakterstudie »Wallenstein«.
5.6. Das Melodram »Die bitteren Tränen der Petra von Kant« über eine lesbische Beziehung zweier Frauen von Rainer Werner Fassbinder wird in Darmstadt unter der Regie von Peer Raben uraufgeführt.

Bis zu 400 km/h schnell fährt die Magnetschwebebahn von MBB.

Gesellschaft

In der von den Wickert-Instituten im Auftrag der Illustrierten »Bunte« ermittelten »Prominenten-Börse« führt Peter Alexander in der Bundesrepublik die Beliebtheitsskala an. Ihm folgen Heinz Rühmann, Inge Meysel und Bernhard Grzimek.
31.1. Nach 19 Jahren können West- und Ost-Berliner wieder miteinander telefonieren.
8.2. Langhaarige Bundeswehrsoldaten müssen aus Sicherheitsgründen ein Haarnetz tragen.
1.3. Die Straßenverkehrsregeln der Bundesrepublik werden auf internationalen Standard gebracht.
Mai Erstmals läuft im ZDF das Ratespiel »Dalli-Dalli« mit Hans Rosenthal.
5.6. Der VfL Borussia Mönchengladbach wird zum zweiten Mal hintereinander bundesdeutscher Fußballmeister. Die Mannschaft von Dynamo Dresden gewinnt in der DDR-Oberliga.
1.7. Frauen ab 30 und Männer ab 45 können sich in der Bundesrepublik im Rahmen der Krebsvorsorge unentgeltlich untersuchen lassen.
1.9. Das Bundesausbildungsförderungsgesetz (BAföG) tritt in Kraft.
25.10. In Kassel wird die erste Gesamthochschule der Bundesrepublik eingeweiht.

1972

28.1. Die Bundesländer beschließen den Radikalenerlass für die Mitarbeiter im öffentlichen Dienst.
17.5. Der Deutsche Bundestag in Bonn billigt – bei Stimmenthaltung der CDU – die Ostverträge mit einfacher Mehrheit.
17.6. Ein Einbruch in das »Watergate-Hotel« löst in den USA den Watergate-Skandal aus, der 1974 zum Sturz von Präsident Nixon führt.
5.9. Palästinensische Terroristen dringen als Sportler verkleidet in das israelische Mannschaftsquartier im olympischen Dorf in München ein, töten zwei der jüdischen Sportler und nehmen neun Israelis als Geiseln.
29.10. Palästinensische Terroristen entführen eine Maschine der Lufthansa und erzwingen die Freilassung von drei Arabern, die am Anschlag von München beteiligt waren.
19.11. Bei den Wahlen zum 7. Deutschen Bundestag erreicht die SPD/FDP-Koalition 271 Sitze, die CDU/CSU-Opposition erhält 225 Sitze im neuen Parlament.
21.12. Die Bundesrepublik und die DDR unterzeichnen in Ost-Berlin den Grundlagenvertrag zwischen beiden deutschen Staaten.

Schadstoffemissionen der Industrie und des Pkw-Verkehrs belasten zunehmend die Umwelt.
Die Glaswerke Schott in Mainz entwickeln ein hoch brechendes optisches Spezialglas, das insbesondere bei Brillenkonstruktionen zur Korrektur extrem starker Sehfehler genutzt wird.
Das Multi-User-System an EDV-Terminals ermöglicht den gleichzeitigen Zugriff mehrerer Benutzer auf die Ressourcen eines Rechners.
Auf dem Elektromarkt setzt sich zunehmend die Modulbauweise durch, die mittels Steckkarten und Adaptern die Erweiterung oder Reparatur der Geräte erleichtert.
Zur Präzisionssteigerung bei der Herstellung von elektronischen Geräten wird die Röntgenfertigung eingesetzt.
8.1. Das erste rein kommerzielle Atomkraftwerk in der Bundesrepublik Deutschland, das AKW Stade, nimmt den Betrieb auf.
14.3. Der Frankfurter Flughafen verfügt über einen neuen Terminal, dessen Abfertigungskapazität bei 30 Millionen Passagieren pro Jahr liegt.
Mai Die geringer dosierte Mini-Pille zur Schwangerschaftsverhütung kommt in den deutschen Handel.

Wolf Biermann veröffentlicht in Anlehnung an Heinrich Heine »Deutschland. Ein Wintermärchen«, in dem er Kritik an BRD und DDR mit Heimatliebe verbindet.
30.3. Das von Darmstadt nach West-Berlin übergesiedelte Bauhaus-Archiv beginnt seine Ausstellungstätigkeit mit einer Werkschau des Bauhaus-Künstlers László Moholy-Nagy.
7./8.4. Etwa 350 Teilnehmer nutzen den II. Kongress des Verbands der Film- und Fernsehschaffenden in Ost-Berlin zu einer kritischen Bestandsaufnahme.
4.5. Rolf Hochhuths Komödie »Die Hebamme«, in der die deutsche Wohlstandsgesellschaft parodiert wird, läuft an den Münchner Kammerspielen an.
18.5. Im Landestheater Halle/Saale hat das Stück »Die neuen Leiden des jungen W.« von Ulrich Plenzdorf Premiere. Der DDR-Autor verknüpft geschickt die Werther-Geschichte Goethes mit der ostdeutschen Realität.
29.12. Werner Herzogs Film »Aguirre, der Zorn Gottes« mit Klaus Kinski als Konquistador auf der Suche nach El Dorado findet in der BRD zurückhaltende, im Ausland begeisterte Aufnahme.

3.1. Die 17-jährige Juliane Koepcke aus der Bundesrepublik ist die einzige Überlebende eines Flugzeugabsturzes im peruanischen Urwald, der am 24. Dezember 1971 90 Opfer forderte.
23.1. Zum ersten Mal läuft im Westdeutschen Rundfunk das Kinderprogramm »Sendung mit der Maus«.
15.5. Bundeswehrsoldaten müssen lange Haare schneiden und Bärte abrasieren lassen.
1.6. Die Polizei nimmt nach einem Schusswechsel in Frankfurt die Terroristen Andreas Baader, Holger Meins und Jan-Carl Raspe fest. Am 7. Juni folgt die Verhaftung von Gudrun Ensslin; am 15. Juni wird Ulrike Meinhof verhaftet.
18.6. Durch ein 3:0 über die UdSSR wird die Mannschaft der Bundesrepublik Deutschland in Brüssel Fußball-Europameister. Deutsche Landesmeister sind nach Abschluss der Saison der FC Bayern München im Westen und der 1. FC Magdeburg im Osten.
26.8. In München werden die XX. Olympischen Sommerspiele feierlich eröffnet.
1.10. Auf bundesdeutschen Landstraßen gilt versuchsweise bis zum Jahr 1975 Tempo 100.

1973

Politik

27.1. Nach fast fünfjährigen Verhandlungen unterzeichnen in Paris die USA, Nord- und Südvietnam einen Waffenstillstand.
12.6. Nach dem Rücktritt von Rainer Barzel am 15. Mai wird in Hamburg Helmut Kohl zum neuen CDU-Vorsitzenden gewählt.
11.9. Eine rechtsgerichtete Junta unter Führung von Augusto Pinochet Ugarte entmachtet die sozialistische Regierung in Chile. Staatspräsident Salvador Allende Gossens kommt bei dem Putsch zu Tode.
23.9. Nach 18 Jahren spanischem Exil gewinnt Juan Perón die argentinischen Präsidentschaftswahlen.
6.10. Ägyptische und syrische Truppen überfallen am jüdischen Versöhnungsfest-Feiertag das Nachbarland Israel. Der Jom-Kippur-Krieg löst eine internationale Krise aus.
17.10. Die arabischen Erdölstaaten drosseln ihre Exporte, um Druck auf den israelfreundlichen Westen auszuüben und Israel zum Rückzug aus den besetzten Gebieten zu zwingen.
30.10. Der Justizausschuss des Repräsentantenhauses eröffnet das Impeachment-Verfahren gegen US-Präsident Richard M. Nixon aufgrund des Watergate-Skandals.

Wissenschaft und Technik

Die Verschmutzung der deutschen Binnengewässer nimmt immer größere Ausmaße an. Eine Reihe von Flüssen und Seen, darunter auch der Rhein, gilt bereits als biologisch tot.
Die erste Augenbank Europas an der Universität Würzburg bewahrt die Hornhaut von Organspendern auf.
Januar Der Verband der Chemie-Industrie startet in Frankfurt am Main ein Pilotprojekt zur Wiederverwendung von Industrieabfällen.
6.2. Die Duisburger August-Thyssen-Hütte verfügt über den größten Hochofen der Welt mit einer Tageskapazität von 10 000 t.
1.3. Auf der Grundlage des Atomgesetzes wird in der Bundesrepublik die »Verordnung über den Schutz von Schäden durch Röntgenstrahlen« erlassen (Röntgen-Verordnung).
20.3. Das größte Wasserbauwerk Europas, der Eiderdamm in Schleswig-Holstein, verbindet den Kreis Dithmarschen mit der Halbinsel Eiderstedt.
21.3. Die Kattwykbrücke bei Hamburg wird fertig gestellt Sie ist mit 54 m Durchfahrtshöhe die größte Hubbrücke der Welt.
Mai Ein neuartiges Müllkompostwerk in Flensburg dient dem Recycling von Haus- und Sperrmüll.

Kultur

Mit dem in Bayern gedrehten Jugend-Western »Tschetan, der Indianerjunge« debütiert Hark Bohm als Spielfilmregisseur.
»Zündschnüre« heißt der Erstlingsroman von Franz Josef Degenhardt.
Mit den Problemen eines jungen Linksintellektuellen beschäftigt sich Peter Schneider in seiner Erzählung »Lenz«.
Der DDR-Schriftsteller Jurek Becker attackiert in seinem Roman »Irreführung der Behörden« den Sozialismus à la DDR.
Eine Kampfansage gegen die durchschnittliche Arbeiterexistenz gelingt Christian Geissler mit »Das Brot mit der Feile«.
Die Düsseldorfer Gruppe »Kraftwerk« inspiriert mit ihrer elektronischen Musik die internationale Musikszene.
21.2. Joseph Beuys erzwingt gerichtlich die Fortführung seiner Professorentätigkeit an der Düsseldorfer Kunstakademie.
17.3. Das Drama »Eiszeit« von Tankred Dorst wird unter der Regie von Peter Zadek am Bochumer Schauspielhaus uraufgeführt.
31.8. In Hannover läuft die erste Phase des »Experiments Straßenkunst« an, das der Stadtverschönerung dient.

Gesellschaft

Die Wohngemeinschaft wird im Westen als praktische und ökonomische Form des Zusammenlebens insbesondere in studentischen Kreisen immer beliebter.
Januar Im bundesdeutschen Fernsehen läuft die amerikanische Vorschulserie »Sesamstraße« mit »Ernie« und »Bert« in den Hauptrollen an.
28.3. Bei Auseinandersetzungen zwischen Hausbesetzern und der Polizei werden in Frankfurt am Main 65 Personen verletzt.
15.4. Für großes Aufsehen sorgt das Fernsehspiel »Smog«, das die Folgen der Luftverschmutzung im Ruhrgebiet thematisiert.
9.6. Mit einem 1:1 gegen den 1. FC Köln gewinnt Titelverteidiger Bayern München zum vierten Mal die bundesdeutsche Fußballmeisterschaft. Die Mannschaft von Dynamo Dresden wird Landesmeister in Ostdeutschland.
1.7. Das neue Zivildienstgesetz (ZDG) stellt Wehrdienstleistende und Wehrdienstverweigerer in der Bundesrepublik rechtlich gleich.
25.11. Infolge der durch den Lieferboykott der Erdöl exportierenden Staaten entstandenen Energiekrise tritt in der Bundesrepublik erstmals ein Sonntagsfahrverbot in Kraft.

1974

Politik

25.4. Oppositionelle Militärs stürzen die Diktatur in Portugal und leiten die Demokratisierung ein.
6.5. Bundeskanzler Willy Brandt reicht wegen der Affäre um den DDR-Kanzleramtsspion Günter Guillaume seinen Rücktritt ein. Am 16. Mai wählt der Bundestag den bisherigen Finanzminister Helmut Schmidt zum neuen Bundeskanzler.
15.5. Die Bundesversammlung wählt Walter Scheel (FDP) zum Nachfolger von Bundespräsident Gustav Heinemann.
6.8. Der amerikanische Präsident Richard M. Nixon gesteht seine Mitschuld am Watergate-Skandal ein und kommt am 8. August durch Rücktritt der Amtsenthebung zuvor. Sein Nachfolger wird Gerald R. Ford.
7.10. Die DDR tilgt alle Bezüge auf Gesamtdeutschland und eine fortbestehende deutsche Nation aus der Verfassung. Der Text der Nationalhymne wird nicht mehr gesungen.
23.11. Der amerikanische Präsident Gerald R. Ford und der sowjetische Parteichef Leonid Breschnew unterzeichnen in Wladiwostok ein Abkommen zur Reduzierung der Offensivwaffen.

Wissenschaft und Technik

Die Ostsee ist das am stärksten verschmutzte Gewässer der Welt.
16.7. Der weltweit größte Atommeiler, der Block A des Kernkraftwerks bei Biblis am Rhein, geht ans Netz.
15.8. In der Bundesrepublik tritt das Umweltstatistikgesetz in Kraft, das ökologische, wirtschaftliche und finanzielle Daten zur Umweltbelastung künftig regelmäßig erhebt.
30.8. Die »Nordsee«, die erste deutsche Meeresforschungsstation, nimmt Kurs auf Helgoland, um dort auf dem Meeresgrund u. a. chemische und biologische Daten zu sammeln.
10.12. Die in Deutschland entwickelte Sonnensonde »Helios 1« wird vom amerikanischen Stützpunkt Cape Canaveral aus zu einem Forschungsflug gestartet.
12.12. Der Deutsche Bundestag verabschiedet das Hochschulrahmengesetz, das Richtlinien für die Organisation und die rechtliche Stellung der Universitäten enthält.
19.12. »Symphonie« heißt der in Frankreich und der Bundesrepublik entwickelte Nachrichtensatellit, der vom amerikanischen Stützpunkt Cape Canaveral aus in den Weltraum gestartet wird.

Kultur

Gegen die Macht und den Einfluss der Populärmedien wendet sich Heinrich Bölls Erzählung »Die verlorene Ehre der Katharina Blum oder: Wie Gewalt entstehen und wohin sie führen kann«.
Viel Lob aus der internationalen Kritikerwelt erntet Rainer Werner Fassbinder für seinen Film »Angst essen Seele auf«.
14.2. Udo Lindenberg geht mit dem »Panik-Orchester« auf seine erste Tournee und feiert Riesenerfolge.
22.2. Rolf Hochhuths Komödie »Lysistrate und die Nato« hat in Essen Premiere.
4.3. In Köln wird das von den Architekten Heinz Röcke und Klaus Renner entworfene Römisch-Germanische Museum eröffnet.
28.6. Nach dem Roman von Theodor Fontane verfilmt Rainer Werner Fassbinder »Effi Briest« mit Hanna Schygulla in der Hauptrolle.
1.9. Mit dem Volkseigenen Handelsbetrieb Kunst und Antiquitäten errichtet die DDR ein Monopol im Kunsthandel.
3.11. In Hamburg geht eine Caspar-David-Friedrich-Ausstellung zu Ende, die 220 000 begeisterte Besucher fand.

Gesellschaft

Zur Vorbeugung von Herz-Kreislauf-Erkrankungen raten die Ärzte immer öfter zu einer bewussten und gesunden Lebensführung.
23.1. In bundesdeutschen Städten gehen erstmals Studenten und Schüler für mehr Ausbildungsförderung auf die Straße.
22.3. Die Bundesregierung beschließt, das Volljährigkeitsalter ab dem 1. Januar 1975 von 21 auf 18 Jahre herabzusetzen.
8.5. Der 1. FC Magdeburg wird in Rotterdam Europapokalsieger im Fußball.
7.7. Im ausverkauften Münchner Olympiastadion wird die bundesdeutsche Nationalmannschaft seit 1954 zum zweiten Mal Fußballweltmeister.
17.7. Der Iran erwirbt 25,4 % der Aktien der Krupp-Tochtergesellschaft Hüttenwerke AG.
9.11. Der mutmaßliche RAF-Angehörige Holger Meins stirbt in der rheinland-pfälzischen Vollzugsanstalt Wittlich an den Folgen seines langen Hungerstreiks.
10.11. Linksterroristen ermorden in West-Berlin den Kammergerichtspräsidenten Günter von Drenkmann in seiner Wohnung.

1975

Politik

5.3. Der sechs Tage zuvor entführte Berliner CDU-Vorsitzende Peter Lorenz wird von der linksradikalen »Bewegung 2. Juni« auf freien Fuß gesetzt, nachdem die Forderungen seiner Entführer erfüllt wurden.
24.4. Terroristen besetzen die deutsche Botschaft in Stockholm und fordern die Freilassung von 26 Mitgliedern der Baader-Meinhof-Gruppe. Nach Ablehnung ihrer Forderungen setzen sie das Gebäude in Brand.
30.4. Mit der Kapitulation der südvietnamesischen Regierung gegenüber dem Vietcong und Nordvietnam endet nach 30 Jahren der Indochinakrieg.
5.6. Der Sueskanal wird acht Jahre nach seiner Schließung im arabisch-israelischen Krieg von 1967 wieder für den Schiffsverkehr freigegeben.
1.8. In Helsinki unterzeichnen 35 Staaten die Schlussakte der Konferenz über Sicherheit und Zusammenarbeit in Europa (KSZE).
7.10. Erstmals wird der Gründungstag der DDR als Nationalfeiertag begangen.
22.11. Im Madrider Parlament wird nach dem Tod des Diktators Francisco Franco Prinz Juan Carlos von Bourbon zum spanischen König proklamiert.
21.12. Propalästinensische Terroristen überfallen das Hauptquartier der Erdöl exportierenden Staaten (OPEC).

Wissenschaft und Technik

Das weltgrößte Schiffshebewerk bei Lüneburg kann Fahrzeuge bis zu 1350 t binnen drei Minuten über 38 m Höhendifferenz transportieren.
Das Atomkraftwerk Hamm geht mit dem ersten Trockenseilnetzkühlturm (180 m Höhe) der Welt ans Netz.
Ein Zeichen für die zunehmende Beeinträchtigung der Umwelt ist der Rückgang der Artenvielfalt in der Tierwelt.
Die Psychiatrie-Enquête der Bundesregierung beurteilt die psychiatrische Versorgung in der Bundesrepublik als »dringend verbesserungswürdig«.
In Marburg wird die erste Poliklinik der Bundesrepublik eröffnet.
Dem deutschen Immunologen Georges J. F. Köhler und seinem argentinischen Kollegen César Milstein gelingt die Entwicklung einer Technik zur Herstellung einer beliebigen Menge von Antikörpern gegen ein vorgegebenes Antigen.
22.1. Mit einem Telefongespräch zwischen Bundeskanzler Helmut Schmidt und Frankreichs Staatspräsident Valéry Giscard d'Estaing wird der 600 Mio. DM teure Fernsehsatellit »Symphonie« eingeweiht.
15.4. Das Ende 1974 in Betrieb genommene Kernkraftwerk Biblis A bei Worms ist der bislang weltgrößte Atommeiler.

Kultur

Nach der gleichnamigen Erzählung von Heinrich Böll hat Volker Schlöndorff seinen Film »Die verlorene Ehre der Katharina Blum« produziert, der mit Angela Winkler und Jürgen Prochnow ein Stück bundesdeutsche Wirklichkeit offen legt.
Peter Weiss veröffentlicht den ersten Band seines dreiteiligen Romans »Die Ästhetik des Widerstands«.
»Griechischer Wein« von Udo Jürgens, »Deine Spuren im Sand« von Howard Carpendale und »Tränen lügen nicht« von Michael Holm sind deutsche Hits des Jahres.
23.1. Das Familiendrama »Auf dem Chimborasso« von Tankred Dorst feiert im West-Berliner Schloßparktheater seine Uraufführung.
30.1. In Ost-Berlin wird Heiner Müllers Stück »Die Schlacht-Szenen aus Deutschland« uraufgeführt.
6.6. Der DEFA-Film »Lotte in Weimar« von Egon Günther kommt in die DDR-Kinos.
2.9. Die Komödie »Bekannte Gesichter, gemischte Gefühle« von Botho Strauß wird am Württembergischen Staatstheater in Stuttgart uraufgeführt.
19.12. Martin Walsers Theaterstück »Das Sauspiel, Szenen aus dem 16. Jahrhundert« wird im Deutschen Schauspielhaus in Hamburg unter der Regie von Alfred Kirchner vorgestellt.

Gesellschaft

In einer Jugendstudie ermittelt das Meinungsforschungsinstitut Emnid, dass Jugendliche heute früher heiraten, sich mehr Selbstständigkeit wünschen und gegenüber der Demokratie positiver eingestellt sind als ihre Altersgenossen vor 20 Jahren.
58,7 % der Bundesdeutschen fahren mit dem Auto in Urlaub, 20 % nehmen die Bahn, 12,3 % benutzen das Flugzeug, 7 % reisen mit dem Bus und 2 % erholen sich bei Schiffsreisen auf dem Meer.
1.1. In der BRD tritt ein neues Strafrecht in Kraft, das der Resozialisierung den Vorrang vor der Bestrafung gibt.
25.2. Die Fristenlösung bei Schwangerschaftsabbruch wird vom Bundesverfassungsgericht abgelehnt.
28.2. Fast 1,2 Millionen Bundesbürger sind ohne Arbeit, die Zahl der Kurzarbeiter liegt bei 956 000.
21.6. Durch einen 1:0-Endspiel-Sieg gegen den MSV Duisburg gewinnt Eintracht Frankfurt zum zweiten Mal hintereinander den Vereinspokal des Deutschen Fußball-Bundes. Fußball-landesmeister werden der 1. FC Magdeburg im Osten und Borussia Mönchengladbach im Westen.
1.9. Der West-Berliner Flughafen Tempelhof stellt den zivilen Verkehr ein. Gleichzeitig wird der Flughafen Berlin-Tegel in Betrieb genommen.

1976

12.1. Erstmals sind bei einer Sitzung des UN-Sicherheitsrats PLO-Vertreter anwesend.
12.3. Der Deutsche Bundesrat verabschiedet die polnisch-deutschen Verträge, in denen die Bundesrepublik Polen u. a. einen zinsgünstigen Milliardenkredit gewährt.
16.6. In Soweto geht die südafrikanische Polizei brutal gegen 10 000 jugendliche Demonstranten vor. Sechs von ihnen sterben.
3.10. Nach der Bundestagswahl, bei der die CDU/CSU 48,6 % der Stimmen auf sich vereinigen kann, hat der Kanzler der sozialliberalen Koalition, Helmut Schmidt, nur noch eine Mehrheit von zehn Sitzen.
9.10. Nach dem Tod von Mao Tse-tung am 9. September tritt Hua Kuofeng die Nachfolge als Parteivorsitzender der KP Chinas an.
15.11. Die amerikanische Bevölkerung wählt den Demokraten Jimmy Carter zum 39. Präsidenten.
26.11. Der SPD-Vorsitzende Willy Brandt wird in Genf zum Vorsitzenden der Sozialistischen Internationale gewählt.

Banken und Sparkassen installieren die ersten Geldautomaten.
Mit seinem Buch »Auf Messers Schneide« löst der deutsche Chirurg Julius Hackethal eine heftige Diskussion über ärztliche Kunstfehler aus.
In seinem Buch »Ein Planet wird geplündert« warnt der Politiker Herbert Gruhl vor einer weltweiten ökologischen Katastrophe.
1.4. Mit dem Teilchenbeschleuniger UNILAC am GSI in Darmstadt gelingt erstmals die Beschleunigung eines schweren Ions (U-238) auf 6,7 MeV.
7.4. Die 12 500 t schwere Oberkasseler Rheinbrücke in Düsseldorf wird hydraulisch um 47,5 m verschoben.
21.4. Bei Bergheim wird im Braunkohletagebau der größte Schaufelradbagger der Welt in Betrieb genommen.
24.8. Das Arzneimittelrecht in der Bundesrepublik wird verschärft. Es regelt u. a. die Prüfung von neuen Medikamenten. Insbesondere soll das neue Gesetz Lehren aus der »Contergan«-Affäre ziehen.
16.9. Der Tanker »Bonn« ist mit 360 000 t das größte Schiff, das bislang in der BRD gebaut wurde.

Eine Synthese von Bericht, Beschreibung, Biografie und Dichtung legt Peter Härtling mit »Hölderlin« vor.
Heinar Kipphardts Roman »März« kritisiert die Gesellschaftsmaximen der Bundesrepublik.
Nach der Veröffentlichung seines Romans »Die wunderbaren Jahre« wird Reiner Kunze aus dem DDR-Schriftstellerverband ausgeschlossen.
11.3. »Der Untergang des Egoisten Fatzer« von Bertolt Brecht wird an der Schaubühne am Halleschen Ufer in Berlin uraufgeführt.
23.4. In Ost-Berlin wird der Palast der Republik eröffnet als Sitz der Volkskammer und repräsentativer Treffpunkt für alle Bürger.
29.5. Das Stück »Sonntagskinder« von Gerlind Rheinshagen hat in Stuttgart Premiere.
20.6. Mit dem Rekordergebnis von 300 000 Besuchern schließt nach zehn Wochen in West-Berlin die Nofretete-Ausstellung.
5.10. In Potsdam wird ein Filmmuseum eingerichtet, in dem auch das Filmarchiv der DDR untergebracht wird.

12.2. Der Deutsche Bundestag verabschiedet die Indikationsregelung für den Schwangerschaftsabbruch.
9.5. Ulrike Meinhof, die Mitbegründerin der Baader-Meinhof-Gruppe, tötet sich in Stuttgart-Stammheim.
4.6. Borussia Mönchengladbach gewinnt zum vierten Mal die deutsche Fußballmeisterschaft. Landesmeister in der DDR wird die Mannschaft von Dynamo Dresden.
18.5. Der neu gegründete Zirkus Roncalli feiert seine erste Aufsehen erregende Aufführung in Bonn.
24.6. Die Volkskammer in Ost-Berlin verabschiedet ein neues Wahlgesetz, wonach alle Bürgerinnen und Bürger ab dem 18. Lebensjahr das aktive und passive Wahlrecht erhalten.
1.11. In West-Berlin bietet das erste Frauenhaus misshandelten Frauen Zuflucht.
16.11. Während seiner Tournee durch die Bundesrepublik entziehen die DDR-Behörden dem Sänger Wolf Biermann die Staatsbürgerschaft.
16.12. Zwei Tage nach seiner Entführung wird Richard Oetker gegen 21 Millionen DM Lösegeld freigelassen.

1977

Politik

1.1. 242 Bürgerrechtler in der ČSSR unterzeichnen die »Charta 77« als Protest gegen die Verletzung der Menschenrechte in ihrer Heimat.
26.2. Das Nachrichtenmagazin »Spiegel« enthüllt den unzulässigen Lauschangriff auf den Atomwissenschaftler Klaus Traube durch den deutschen Verfassungsschutz.
7.4. Der deutsche Generalbundesanwalt Siegfried Buback wird von einem Kommando der Roten-Armee-Fraktion auf offener Straße erschossen.
30.7. Jürgen Ponto, Vorstandssprecher der Dresdner Bank, wird in Oberursel von Mitgliedern der Rote-Armee-Fraktion ermordet.
5.9. RAF-Terroristen entführen in Köln den Arbeitgeberpräsidenten Hanns Martin Schleyer und verlangen die Freilassung ihrer inhaftierten Mitglieder. Die Bundesregierung lehnt ab. Am 19. Oktober wird die Leiche Schleyers gefunden.
19.11. Mit dem Besuch des ägyptischen Staatschefs Muhammad Anwar As Sadat in Israel wird ein dauerhafter Frieden zwischen den beiden Ländern vorbereitet.

Wissenschaft und Technik

In der Bundesrepublik wächst der Widerstand gegen die Kernenergie. Nach Ansicht der Gegner sind die Risiken entgegen den Versicherungen der Reaktorbetreiber nicht beherrschbar.
Die Firma Krupp entwickelt ein Verfahren zur Fettkristallisation, eine Methode, Nahrungsmittelprodukte ohne Kühlung lange haltbar zu machen.
Einzigartige Möglichkeiten der medizinischen Diagnose bietet die Computertomografie.
Auch in der Bundesrepublik warnen immer mehr Wissenschaftler vor dem Gebrauch von Spraydosen, da das in ihnen enthaltene Treibgas FCKW die Ozonschicht abbaut.
Die deutsche Firma Zeiss kann die Technik des Rasterelektronenmikroskops verbessern.
1.6. Die Anwendung des hochgiftigen Pflanzenschutzmittels DDT wird in der Bundesrepublik Deutschland vollständig untersagt.
8.9. Mit der Eröffnung einer Aufbereitungsstation für Erdgas in Emden nimmt die von Norwegen in die Bundesrepublik führende Nordseepipeline den Betrieb auf.

Kultur

Günter Grass gibt den Roman »Der Butt« heraus, der in Episoden die gewalttätige Geschichte der Menschheit nacherzählt.
Günter Wallraff veröffentlicht sein Buch »Der Aufmacher. Der Mann, der bei Bild Hans Esser war«. Der Autor verarbeitet seine Erfahrungen, die er inkognito bei der »Bild«-Redaktion in Hannover gemacht hat.
Zu den beliebtesten Hits des Jahres zählen »Ma Baker« und »Daddy Cool« von Boney M. und »Oh, Susi« von Frank Zander.
1.2. Mehr als 300 000 Menschen haben die Jugendstilausstellung zur Erinnerung an die Künstlerkolonie auf der Darmstädter Mathildenhöhe besucht.
25.3. Mit über 1000 Ausstellungsstücken wird im Alten Schloss von Stuttgart die Ausstellung »Die Zeit der Staufer« eröffnet.
18.5. Das Stück »Trilogie des Wiedersehens« von Botho Strauß wird am Deutschen Schauspielhaus in Hamburg uraufgeführt.
19.9. Nach 30 Jahren löst sich die Autorenvereinigung Gruppe 47 auf.

Gesellschaft

In der Bundesrepublik setzt sich die »Nouvelle cuisine« durch. Zu den Grundprinzipien dieser Küche zählt u. a., frisches Gemüse nur kurz zu garen, um Geschmack und Nährstoffe zu bewahren.
In der Bundesrepublik findet das Skateboard unter Kindern und Jugendlichen immer mehr Anhänger.
1.2. In Köln erscheint die erste Ausgabe der kritischen Frauenzeitschrift »Emma« von Alice Schwarzer.
28.4. Im Stammheim-Prozess gegen die Baader-Meinhof-Gruppe werden gegen Andreas Baader, Gudrun Ensslin und Jan-Carl Raspe lebenslängliche Haftstrafen sowie weitere 15 Jahre Gefängnis verhängt.
30.5. Vor 35 000 Zuschauern in Hannover gewinnt der 1. FC Köln mit einem 1:0 über Hertha BSC Berlin den DFB-Vereinspokal. Landesmeister Dynamo Dresden ist der Gewinner des DDR-Landespokals.
18.10. Im Stuttgarter Gefängnis Stammheim nehmen sich die mutmaßlichen RAF-Terroristen Andreas Baader, Jan-Carl Raspe und Gudrun Ensslin das Leben.

1978

14.1. Ein Telefongespräch des CSU-Vorsitzenden Franz Josef Strauß mit der Redaktion des »Bayernkuriers«, das die Verwicklung des Politikers in die Lockheed-Affäre zum Gegenstand hatte, wurde abgehört.
16.2. Der Bundestag beschließt das umstrittene Anti-Terror-Gesetz, das u. a. die Rechte der Verteidiger bei Terroristenprozessen beschneidet.
29.3. Das dritte Russell-Tribunal beklagt die Gefährdung der Menschenrechte in der BRD durch den Radikalenerlass.
13.7. In Bonn konstituiert sich die Grüne Aktion Zukunft als erste ökologisch-alternative Bundespartei.
7.8. Infolge seiner früheren Tätigkeit als Marinerichter während der NS-Zeit tritt der baden-württembergische Ministerpräsident Hans Filbinger zugunsten Lothar Späths (beide CDU) von seinem Amt zurück.
17.9. Der ägyptische Staatschef Muhammad Anwar As Sadat und Israels Ministerpräsident Menachem Begin unterzeichnen nach Vermittlung der USA das Camp-David-Abkommen, das den Kriegszustand zwischen beiden Staaten aufhebt.
25.12. Vietnam eröffnet einen Blitzkrieg gegen Kambodscha mit dem Ziel, das Terrorregime der Roten Khmer zu beenden.

Greenpeace 1978 im Kampf gegen das Robbenschlachten in Kanada

Die Umweltschutzorganisation Greenpeace kämpft seit 1971 mit unkonventionellen Methoden für die Erhaltung der Umwelt und bedrohter Tierarten.
Die deutsche Firma Bosch produziert das Anti-Blockier-System (ABS) für Automobile.
26.6.–3.9. Als erster Deutscher unternimmt der DDR-Kosmonaut Sigmund Jähn einen Weltraumflug.
14.12. Der Deutsche Bundestag hält am Weiterbau des heftig umstrittenen Schnellen Brüters im niederrheinischen Kalkar fest.

3.3. Der Film »Deutschland im Herbst« von Alexander Kluge, Volker Schlöndorff, Rainer Werner Fassbinder und anderen Regisseuren thematisiert die politische Situation in der BRD angesichts des Terrorismus.
April Die VIII. Kunstausstellung in Dresden mit Werken von u. a. Willi Sitte, Bernhard Heisig, Wolfgang Mattheuer und Werner Tübke, die den Durchbruch zu vielfältigen Formen des Realismus bringt, schließt ihre Pforten. Sie wurde von mehr als einer Million Menschen besucht.

In Düsseldorf präsentiert sich die erste Telefonsexagentur der BRD.
In der BRD sind fast eine Million Menschen ohne feste Arbeit.
20.1. Im Volkswagenwerk Emden läuft der letzte in der BRD gebaute Käfer vom Band.
8.3. In Remagen werden Teile der Brücke veräußert, um die in den letzten Kriegswochen 1945 heftig gekämpft wurde.
29.4. Der 1. FC Köln sichert sich knapp seine dritte deutsche Fußballmeisterschaft. Landesmeister in der DDR wird die Mannschaft von Dynamo Dresden.
26.7. Eine Klage von Frauenrechtlerinnen gegen den »stern« wegen Sexismus scheitert am Hamburger Landgericht.
8.8. Die DDR-Medien protestieren gegen einen Artikel der »Bild«-Zeitung über Sextourismus in Ost-Berlin.
1.9. Das Fach Wehrerziehung wird Bestandteil der Lehrpläne in den Schulen der DDR.
28.11. Die IG Metall fordert die Einführung der 35-Stunden-Woche.
1.12. Der Deutsche Naturschutzbund beginnt eine Kampagne gegen Umweltvergiftung durch Chemikalien.
14.12. Die Intershop-Läden in der DDR haben 1978 für rund 700 Millionen DM Westwaren verkauft.

1979

Politik

16.1. Aufgrund der unkontrollierbar gewordenen Lage verlässt der iranische Schah Mohammad Resa Pahlawi sein Land und flieht zunächst nach Ägypten.
1.2. Schiitenführer Ajatollah Ruhollah Khomeini kehrt aus seinem Pariser Exil in den Iran zurück, um die Revolution zu vollenden.
13.3. Das Europäische Währungssystem (EWS) tritt rückwirkend zum 1. Januar 1979 in Kraft.
3.5. Bei den britischen Unterhauswahlen erringen die Torys die absolute Mehrheit. Margaret Thatcher wird Premierministerin.
23.5. Die Bundesversammlung wählt in Bonn Carl Carstens (CDU) zum Nachfolger von Bundespräsident Walter Scheel (FDP).
7.10. Bei den Bürgerschaftswahlen in Bremen ziehen die GRÜNEN mit vier Abgeordneten erstmals in das Länderparlament ein.
12.12. Der NATO-Doppelbeschluss sieht die Modernisierung der atomaren Mittelstreckenwaffen in Westeuropa vor, wenn die UdSSR ihre SS-20 Raketen nicht reduziert.
27.12. Sowjetische Truppen besetzen die afghanische Hauptstadt Kabul.

Wissenschaft und Technik

Den längsten Freivorbau der Welt hat die neue Fleher Brücke bei Düsseldorf. Das 1147 m lange Bauwerk besteht aus zwei Teilen, einer 779 m langen Spannbetonkonstruktion und einer 368 m langen Mittelträger-Schrägseil-Brücke in Stahlkonstruktion.
Das Deutsche Krebsforschungsinstitut in Heidelberg veröffentlicht einen »Krebsatlas«, der Aufschluss über die regionale Verteilung der Sterblichkeitsraten für 24 Krebsformen gibt.
Ursache des Tannensterbens im südlichen Schwarzwald sind Schwefelemissionen der Industrie.
17.1. Im Ruhrgebiet wird wegen zu hohen Schwefeldioxidgehalts in der Luft erstmals Smogalarm ausgelöst.
16.5. Das Land Niedersachsen lehnt den Plan zur Errichtung einer nuklearen Wiederaufbereitungsanlage in Gorleben ab.
5.6. Der »blaue Umweltengel« auf Spraydosen verspricht dem Käufer, dass bei Gebrauch kein FCKW an die Umwelt abgegeben wird.
6.9. Die auf dem stillgelegten Stoltzenberg-Chemie-Gelände in Hamburg lagernden Giftgasgranaten lösen den bisher größten Umweltskandal der Bundesrepublik aus.

Kultur

Der neue Roman von Heinrich Böll, »Fürsorgliche Belagerung«, wird vom Lesepublikum zunächst distanziert aufgenommen.
»Die Blechtrommel« von Volker Schlöndorff mit David Bennent, Mario Adorf und Angela Winkler in den tragenden Rollen ist der erfolgreichste deutsche Nachkriegsfilm, der 1980 sogar einen Oscar für den besten ausländischen Film erhält.
19.1. Udo Lindenberg beginnt seine Tournee »Rock Revue 79« in Bremen.
26.1. Das Theatermärchen »Leben Gundlings Friedrich von Preußen« von Heiner Müller wird in Frankfurt am Main uraufgeführt. Das Stück thematisiert das Leben des Preußenkönigs Friedrich des Großen.
20.2. Der Film »Die Ehe der Maria Braun« von Rainer Werner Fassbinder wird erstmals bei den Filmfestspielen in Berlin gezeigt. Die Rolle der Maria Braun spielt Hanna Schygulla.
12.5. Das Ballett »Arien« von Pina Bausch hat in Wuppertal Premiere. Das Stück vermischt Sprache und Musik als Ballett fast ohne Tanz.
4.10. In Köln zeigt die Ausstellung »Gold der Thraker« 500 Kunstgegenstände aus dem Altertum.

Gesellschaft

5.1. Im bundesdeutschen Fernsehen läuft erstmals der »Rockpalast« mit Live-Acts international bekannter Spitzenmusiker.
27.3. Bundesdeutsche Ehepaare können bei Heirat wahlweise den Familiennamen der Frau oder des Mannes annehmen.
4.4. Um den Schwarzgeldtausch einzudämmen, dürfen DDR-Bürger in Intershop-Läden nur noch gegen Warenschecks einkaufen.
17.4. Die alternative Tageszeitung »taz« erscheint mit 30 000 Exemplaren erstmals überregional.
9.6. Trotz einer 1:2-Niederlage im letzten Saisonspiel gegen den FC Bayern München wird der Hamburger SV nach 19 Jahren wieder bundesdeutscher Fußballmeister. Landesmeister der DDR wird der FC Dynamo Berlin.
10.8. Seit Jahresbeginn sind in der BRD 355 Menschen durch Drogenmissbrauch zu Tode gekommen.
13.9. Der Rechtsradikale Michael Kühnen und drei weitere Neonazis werden zu Freiheitsstrafen zwischen vier und elf Jahren verurteilt.
24.12. Im Alter von 39 Jahren stirbt in Århus der frühere Studentenführer Rudi Dutschke.

1980

Gründungsparteitag der Bundes-GRÜNEN am 13. Januar in Karlsruhe

13.1. 791 Delegierte verschiedener linker und ökologischer Gruppen gründen in Karlsruhe die Bundespartei DIE GRÜNEN.
22.9. Mit dem Angriff irakischer Truppen auf iranische Ölanlagen wird der erste Golfkrieg eröffnet.
5.10. Die sozialliberale Regierung unter Bundeskanzler Helmut Schmidt (SPD) geht aus den Bundestagswahlen als klare Siegerin hervor. Die FDP verzeichnet deutliche Zugewinne.
4.11. Der Republikaner Ronald Reagan gewinnt die Präsidentschaftswahl in den USA.

Neue Untersuchungen bestätigen, dass Asbest Krebs erregende Eigenschaften besitzt.
Februar An der Münchener Universitätsklinik wird die Zertrümmerung von Nierensteinen mit Hilfe von Stoßwellen erstmals klinisch erprobt.
2.6. In Düsseldorf und West-Berlin wird ein Feldversuch mit 5000 Teilnehmern und rund 640 Anbietern zum Bildschirmtext durchgeführt.
26.9. Die Deutsche Forschungsgemeinschaft warnt vor dem Gebrauch von Formaldehyd, da es als Krebs erregend gilt.

»Hungerjahre«, ein Film von Jutta Brückner mit Britta Pohland, erzählt eine authentische Kindheitsgeschichte aus den Fünfzigerjahren.
9.2. Das Musiktheaterstück »Die Erschöpfung der Welt« von Mauricio Kagel feiert im Stuttgarter Staatstheater seine Premiere.
14.2. Das Stück »Juristen« von Rolf Hochhuth wird am Ernst-Deutsch-Theater in Hamburg, an den Städtischen Bühnen in Heidelberg und am Deutschen Theater in Göttingen uraufgeführt und thematisiert die nationalsozialistische Vergangenheit deutscher Richter.
15.6. In Köln wird bei der Ausstellung »Max Ernst in Köln. Die rheinische Kunstszene bis 1923« erstmals das Frühwerk des Malers gezeigt.
22.9. Michael Ende wird für seinen Roman »Die unendliche Geschichte« mit dem Buxtehuder Bullen, dem höchst dotierten Jugendbuchpreis der Bundesrepublik, ausgezeichnet.
25.9. In Herne wird der Film »Theo gegen den Rest der Welt« mit Marius Müller-Westernhagen uraufgeführt.
18.12. Trotz eines Verbots wegen Verletzung von Persönlichkeitsrechten erscheint im Rowohlt-Verlag der Roman »Mephisto« von Klaus Mann.

1.1. Das neue Transitabkommen zwischen der Bundesrepublik und der DDR bringt Erleichterungen für den innerdeutschen Reiseverkehr.
1.1. In der DDR gilt von nun an die Anschnallpflicht.
17.1. Der Beschluss des Deutschen Bundestags über die Einführung des maschinenlesbaren Personalausweises ab 1981 hat Proteste der Datenschützer zu Folge.
6.4. In der Bundesrepublik und in der DDR gilt erstmals seit Kriegsende wieder die Sommerzeit. Die Uhren werden bis zum 28. September um eine Stunde vorgestellt.
10.4. Die DDR-Luftfahrtgesellschaft Interflug stellt wegen Unrentabilität die Inlandsflüge ein.
Juni Der »Zauberwürfel« (Rubik-Cube) wird als Spiel des Jahres in der BRD 3 Millionen Male verkauft.
22.6. Die Mannschaft der BRD wird Europameister im Fußball. Landesmeister werden der FC Bayern München im Westen und Dynamo Berlin im Osten.
26.6. Größere Delikte gegen das Betäubungsmittelgesetz werden künftig mit härteren Strafen bedroht. Außerdem wird der Grundsatz »Therapie statt Strafe« festgeschrieben.

1981

Politik

1.1. Griechenland wird Mitglied der Europäischen Gemeinschaft.
20.1. Nach internationalen Vermittlungsbemühungen werden die seit 444 Tagen in der Teheraner Botschaft festgehaltenenen 52 US-amerikanischen Geiseln freigelassen.
25.1. Im Prozess um die »Viererbande« wird in Peking gegen die Mao-Witwe Chiang Ch'ing das Todesurteil gesprochen, die Vollstreckung jedoch aufgeschoben.
28.2. 100 000 Menschen demonstrieren in Brokdorf gegen den Bau eines Atomkraftwerks.
19.4. Zum ersten Mal seit 1969 finden in verschiedenen bundesdeutschen Städten Ostermärsche gegen die atomare Aufrüstung statt.
10.5. Der Sozialist François Mitterrand gewinnt die französischen Präsidentschaftswahlen gegen Valéry Giscard d'Estaing.
16.5. Vor SPD-Funktionären in Recklinghausen verbindet Bundeskanzler Helmut Schmidt sein politisches Schicksal mit dem NATO-Doppelbeschluss von 1979.
31.8. Die Bonner Staatsanwaltschaft ermittelt in der Spenden-Affäre gegen acht CDU-Politiker wegen des Verdachts auf Steuerhinterziehung.

Wissenschaft und Technik

Der CD-Player kommt als digitaler Plattenträger auf den Markt.
Luftschadstoffe wie Schwefeldioxid, Stickoxide und Schwermetalle sind für das Waldsterben in der Bundesrepublik massiv verantwortlich.
Der Automobilhersteller Daimler-Benz entwickelt den Airbag.
Im oberbayrischen Raisting geht die größte Erdfunkstelle der Welt, eine Relaisstation für die Kommunikation über Nachrichtensatelliten, in Betrieb.
19.2. Die Landesregierung von Schleswig-Holstein erteilt die zweite Teilerrichtungsgenehmigung für den umstrittenen Bau des Kernkraftwerks Brokdorf. Die Kosten für das Kernkraftwerk werden etwa 2,5 Milliarden DM betragen.
27.3. Wissenschaftler der Darmstädter Gesellschaft für Schwerionenforschung weisen die Existenz des Elements 107 nach.
7.5. Der Chirurg Fritz Sebening führt in München die erste erfolgreiche Herztransplantation in Deutschland durch.
30.9. Organisiert von dem Berliner »Gesundheitsladen« findet in Hamburg der erste »Gesundheitstag« statt, der die gesamte Variationsbreite der alternativen Medizin präsentiert.

Kultur

Der Film »Lola« in der Regie von Rainer Werner Fassbinder entlarvt die Doppelmoral des deutschen Kleinbürgertums der Fünfzigerjahre.
Zu einem Riesenerfolg wird der Film »Christiane F. – Wir Kinder vom Bahnhof Zoo« von Ulrich Edel, der die Rauschgift-Prostitution Jugendlicher thematisiert.
Marion Marons Roman »Flugasche« beschreibt die Umweltverschmutzung in der DDR.
Zu den populärsten Bands der Neuen Deutschen Welle gehören u. a. die Gruppe Ideal, die Spider-Murphy-Gang und die Gruppe Spliff.
9.1. Im Berliner Schillertheater präsentiert Peter Zadek Hans Falladas Roman »Jeder stirbt für sich allein«.
28.3. In München wird die Neue Pinakothek nach sechsjähriger Bauzeit eröffnet.
23.5. In Bonn wird das erste Frauenmuseum der Welt eröffnet.
31.5. Franz Xaver Kroetz' Stück »Nicht Fisch nicht Fleisch« hat im Düsseldorfer Schauspielhaus Premiere.
28.8. In Frankfurt am Main wird die nach den Plänen des Berliner Architekten Richard Lucae restaurierte Alte Oper als Konzert- und Kongresshalle wieder eröffnet.

Gesellschaft

Abenteuer- und Aktivurlaub stehen bei den bundesdeutschen Konsumenten hoch im Kurs. Rucksackreisen entwickeln sich bei Jugendlichen zu einem wahren Boom.
Angesichts steigender Erwerbslosigkeit werden kürzere Wochenarbeitszeiten, mehr Freizeit und früheres Renteneintrittsalter als potenzielle Rezepte gegen die Arbeitslosigkeit diskutiert.
22.1. In Hamburg wird der Terrorist Peter Jürgen Boock verhaftet, der u. a. an dem Mordanschlag auf Hanns Martin Schleyer beteiligt war.
29.1. In West-Berlin liefern sich Polizei und Mitglieder der Hausbesetzerszene erneut schwere Straßenschlachten.
6.3. Im Saal des Lübecker Schwurgerichts erschießt eine Frau den mutmaßlichen Mörder ihrer siebenjährigen Tochter.
13.6. Der 1. FC Bayern München wird zum siebten Mal deutscher Fußballmeister. In der DDR steht erneut der FC Dynamo Berlin an der Spitze.
28.6. In der ARD läuft der erste »Tatort« mit Götz George als Kommissar Schimanski.
30.6. Die US-amerikanische Familienserie »Dallas« beginnt im bundesdeutschen Fernsehen.

1982

Politik

5.2. In namentlicher Abstimmung spricht der Bundestag mit der Mehrheit der SPD- und FDP-Abgeordneten Bundeskanzler Helmut Schmidt das Vertrauen aus.
8.2. Der »Spiegel« veröffentlicht Unterlagen über die persönliche Bereicherung von Gewerkschaftsfunktionären am gewerkschaftseigenen Baukonzern Neue Heimat.
2.4. Argentinien besetzt die seit 1833 zu Großbritannien gehörenden Falklandinseln im Südatlantik.
14.6. Argentinien kapituliert im Falklandkrieg gegen Großbritannien. Bald darauf zerbricht die argentinische Militärjunta.
1.10. Im Konstruktiven Misstrauensvotum gegen Bundeskanzler Helmut Schmidt wählt der Deutsche Bundestag den CDU-Vorsitzenden Helmut Kohl zum neuen Regierungschef.
10.11. Im Alter von 75 Jahren stirbt der sowjetische Staats- und Parteichef Leonid Breschnew. Zum Nachfolger wird der frühere KGB-Chef Juri Andropow ernannt.
12.11. Nach elfmonatiger Internierung wird der Vorsitzende der polnischen Gewerkschaft Solidarität, Lech Walesa, auf freien Fuß gesetzt.

Wissenschaft und Technik

Als vorrangiges Umweltproblem wird in der Bundesrepublik Deutschland das Waldsterben angesehen. 1982 sind bereits 40 % der westdeutschen Wälder geschädigt.
1.4. Das Großklinikum in Aachen eröffnet die ersten Abteilungen. Der Bau war wegen seiner gigantischen Ausmaße und seiner äußerst technisch-kühlen Einrichtung heftig kritisiert worden.
16.4. In Erlangen erblickt Oliver, das erste deutsche Retortenbaby, das Licht der Welt.
20.8. Auf der Düsseldorfer Fachmesse »hifivideo 82« zeigen Sony und Philips u. a. die ersten CD-Spieler.
27.9. In Frechen beginnt die Überführung eines 70 m hohen und 200 m langen Braunkohlebaggers in das Abbaugebiet Frimmersdorf bei Grevenbroich.
6.10. Auf der 17. Weltmesse der Fotografie »photokina« in Köln werden Spiegelreflexkameras mit automatischer Scharfeinstellung (Autofocus) präsentiert.
9.12. In Bremerhaven wird das modernste Polarforschungsschiff der Bundesrepublik, die »Polarstern«, in Dienst gestellt.

Kultur

Zu den beliebtesten deutschen Hits zählen u. a. »Sternenhimmel« von Hubert Kah, »Ich will Spaß« von Markus und »Carbonara« von der Gruppe Spliff.
1.1. In München wird nach über 60 Jahren Arthur Schnitzlers Komödie »Der Reigen« wieder aufgeführt.
31.1. Das Theaterstück »Kalldewey, Farce« von Botho Strauß feiert am Deutschen Schauspielhaus in Hamburg seine Uraufführung.
1.2. Das Stück »Merlin oder Das wüste Land« von Tankred Dorst in der Inszenierung von Dieter Dorst hat an den Münchner Kammerspielen seine Premiere.
24.4. Mit dem Lied »Ein bisschen Frieden« gewinnt die 17-jährige Nicole Hohloch aus Neunkirchen den Grand Prix Eurovision de la Chanson.
25.6. Margarethe von Trottas Film »Bleierne Zeit« erhält in Berlin das mit 400 000 DM dotierte Filmband in Gold.
16.10. In West-Berlin präsentiert die Kunstausstellung »Zeitgeist« expressionistische Gemälde und Plastiken zeitgenössischer Künstler, die sich überwiegend zu den Neuen Wilden zählen.

Gesellschaft

1.1. Erstmals werden Frauen in der Bundesrepublik zum Vollzugsdienst der Schutzpolizei zugelassen.
15.2. Mehrere bundesdeutsche Städte erhöhen die Parkgebühren. Statt 10 Pfennig kostet die halbe Stunde nun 50 Pfennig.
22.3. Einer Studie des Bundesfamilienministeriums zufolge kommt Gewalt in der Ehe in allen sozialen Schichten vor.
31.3. Die Zahl der arbeitslosen Menschen in der Bundesrepublik Deutschland überschreitet erstmals die Zweimillionengrenze.
1.5. Bayern München gewinnt in Frankfurt am Main den DFB-Pokal gegen den 1. FC Nürnberg. Den Landespokal in der DDR erhält Dynamo Dresden. Landesmeister sind nach Abschluss der Saison der Hamburger SV und Dynamo Berlin.
1.6. Vor 30 000 Zuschauern im Hamburger Volksparkstadion gibt »Kaiser« Franz Beckenbauer seinen Ausstand als aktiver Fußballspieler.
9.8. Auf dem Höhepunkt der bundesdeutschen Pleitewelle, der u. a. schon Pelikan und Bauknecht zum Opfer fielen, meldet der Elektrokonzern AEG ein Vergleichsverfahren an.

1983

Politik

6.2. Im Golfkrieg leitet der Iran seine erste Großoffensive in diesem Jahr gegen den Irak ein.
6.3. Aus den Bundestagswahlen geht die CDU/CSU als klare Siegerin hervor. Die FDP behauptet sich mit 7 %, die SPD muss starke Einbußen hinnehmen. Die GRÜNEN sind erstmals im Bundestag vertreten.
23.3. US-Präsident Ronald Reagan verkündet in einer Fernsehansprache die Planung eines Weltraum gestützten Raketenabwehrsystems (SDI).
29.6. Die Bundesregierung bürgt für einen DDR-Kredit von 1 Milliarde DM.
1.9. Ein sowjetischer Abfangjäger schießt einen südkoreanischen Jumbo-Jet mit 269 Personen ab, der bei Sachalin in den sowjetischen Luftraum eingedrungen war.
25.10. Amerikanische Truppen besetzen die Insel Grenada, wo linksradikale Armeeangehörige eine Militärjunta errichtet haben.
22.11. Der Deutsche Bundestag genehmigt nach einer zweitägigen Debatte die Stationierung US-amerikanischer Mittelstreckenraketen.
20.12. PLO-Chef Jasir Arafat muss mit 4000 Anhängern den Libanon verlassen.

Wissenschaft und Technik

Die Stadt Freiburg im Breisgau nimmt »Grüne Tonnen« in Betrieb, die dazu beitragen sollen, den wieder verwertbaren Müll vom unbrauchbaren Restmüll zu trennen.
Zwischen Hamburg und Hannover arbeitet das erste »Breitbandige Integrierte Glasfaser-Fernnetz« (Bigfern) auf einer Länge von 9600 km.
12.7. Auf der Nordseeinsel Pellworm geht das größte europäische Sonnenkraftwerk mit einer maximalen Leistung von 300 Kilowatt ans Netz.
20.7. Die Bundesregierung in Bonn beschließt, ab dem Jahr 1986 Neuwagen nur noch mit Katalysatoren zuzulassen.
10.8. Die Umweltschutzgruppe Greenpeace verhindert in der Nordsee die Verklappung von Dünnsäure durch ein Frachtschiff des Chemiekonzerns Kronos-Titan.
17.10. Bei Dithmarschen nimmt die weltweit größte Windkraftanlage, GROWIAN, den Betrieb auf.
18.10. Eine Erhebung der Bundesregierung ergibt, dass ein Drittel des deutschen Waldes erkrankt ist.
7.11. In München wird die erste Zapfsäule mit bleifreiem Benzin in Betrieb genommen.

Kultur

In der DDR erscheinen die Romane »Amanda« von Irmtraud Morgner und »Kassandra« von Christa Wolf.
Der Bestsellerautor Johannes Mario Simmel erreicht mit »Bitte lasst die Blumen leben« die bestverkaufte Neuausgabe des Jahres.
Aufsehen erregt Robert van Ackerens Film »Die flambierte Frau« mit Gudrun Landgrebe und Mathieu Carrière.
Peter Zadeks Inszenierung von Henrik Ibsens Drama »Baumeister Solneß« mit Barbara Sukowa und Hans Michael Rehberg wird ein Erfolg.
Wolfgang Petersen verfilmt in »Die unendliche Geschichte« die erste Hälfte des gleichnamigen Erfolgsromans von Michael Ende.
2.1. Das Westfälische Landesmuseum für Kunst und Kulturgeschichte in Münster zeigt die Ausstellung »Tunisreise« mit Bildern von Paul Klee, August Macke und Louis Moilliet.
29.4. Dem Schriftsteller Heinrich Böll wird nach langen Diskussionen die Ehrenbürgerwürde seiner Vaterstadt Köln verliehen.
6.12. Für eine Rekordsumme von 32,5 Millionen DM ersteigert die Bundesrepublik das Evangeliar Heinrich des Löwen.

Gesellschaft

Die wachsende Zahl von Aids-Fällen ruft auch in der Bundesrepublik verstärkt Besorgnis hervor.
10.1. Unter dem Motto »Trimming 130 – Bewegung ist die beste Medizin« starten Bundesärztekammer, Deutscher Sportbund und andere Organisationen eine Aktion zur Verminderung des Risikos von Herz-Kreislauf-Erkrankungen.
15.1. Das seit 1930 bestehende Zündholzmonopol in Deutschland läuft aus.
21.1. In West-Berlin erscheint die Erstausgabe des Anzeigenblattes »Zweite Hand«, das nur aus privaten Kleinanzeigen besteht.
25.1. Klaus Barbie, der ehemalige Gestapochef von Lyon, wird in Bolivien verhaftet und den französischen Behörden übergeben.
13.4. Das Bundesverfassungsgericht untersagt die für den 27. April geplante Volkszählung.
25.4. Das Hamburger Nachrichtenmagazin »stern« präsentiert Tagebücher Adolf Hitlers, die sich jedoch bald als grobe Fälschung erweisen.
Juli Ein »Jahrhundertsommer« beschert den Deutschen Temperaturen von bis zu 39 °C.

1984

5.1. Bundesverteidigungsminister Manfred Wörner versetzt den stellvertretenden NATO-Oberbefehlshaber und Vier-Sterne-General Günter Kießling aufgrund angeblicher Homosexualität in den vorzeitigen Ruhestand.
9.2. In Moskau stirbt Parteichef Juri Andropow. Nachfolger wird Konstantin Tschernenko.
26.3. Unabhängige Experten bestätigen den Einsatz von Giftgas im Golfkrieg zwischen Iran und Irak.
9.4. Die Regierung von Nicaragua protestiert beim Internationalen Gerichtshof in Den Haag gegen die Verminung von Häfen durch den US-amerikanischen Geheimdienst CIA.
26.4. Afghanische und sowjetische Truppen starten eine Großoffensive gegen afghanische Revolutionäre.
23.5. Mit großer Mehrheit entscheidet sich die 8. Bundesversammlung für Richard von Weizsäcker (CDU) als neuen Bundespräsidenten.
31.10. Die indische Ministerpräsidentin Indira Gandhi wird in Delhi von Soldaten ihrer Leibgarde, Angehörigen der Sikhs, erschossen.
19.12. Großbritannien und China beschließen die Rückgabe Hongkongs an China nach Ablauf des Pachtvertrages 1997.

Industrie- und Autoabgase führen zu erhöhtem Gehalt von Stickoxiden, Schwermetallen, Kohlenstoffverbindungen, Ozon in der Luft und gefährden vor allem in Ballungsräumen die Gesundheit der Bewohner.
8.2. Ein Untersuchungsausschuss bestätigt die Verseuchung der Müllkippe Georgswerder bei Hamburg mit hochgiftigem Dioxin.
22.2. Im Volkswagenwerk Wolfsburg wird eine vollautomatische Fertigungsstrecke für die Produktion des Golf der Öffentlichkeit vorgeführt.
23.3. Die Gesellschaft für Schwerionenforschung verkündet nach der Entdeckung der bisher schwersten Elemente 107 und 109 auch das Auffinden des fehlenden Elements 108, das durch die Fusion der Atomkerne von Blei und Eisen entsteht.
28.3. In Geesthacht an der Elbe wird das Kernkraftwerk Krümmel in Betrieb genommen.
20.8. Bei Fahrversuchen auf der Transrapid-Anlage im Emsland kommt die Magnetschwebebahn der Firma Messerschmitt-Bölkow-Blohm auf eine Geschwindigkeit von 302 km/h.
16.10. 50 % der Waldfläche in der Bundesrepublik sind von sichtbaren Schäden betroffen.

9.3. In Stuttgart wird die Staatsgalerie von James Stirling eröffnet, deren postmoderne Architektur die Diskussion anfacht.
25.4. Der als Sänger vor allem in Wagneropern bekannte Peter Hofmann beginnt in der Alten Oper in Frankfurt am Main seine Deutschlandtournee als Rocksänger.
27.4. In Ost-Berlin wird der Friedrichstadtpalast eröffnet, mit mehr als 2000 Plätzen eines der größten Varietee- und Bühnentheater.
1.6. In Frankfurt am Main wird das Deutsche Architekturmuseum, das nach Entwürfen von Oswalt Matthias Ungers als Haus im Haus entstand, eröffnet.
14.9. Das Schauspiel »Sintflut« von Herbert Achternbusch wird im Schauspielhaus Bochum uraufgeführt.
1.10. Mit einem Festkonzert wird in Ost-Berlin das Schauspielhaus am ehemaligen Gendarmenmarkt von Friedrich Schinkel wiedereröffnet.
5.10. »Der Park« von Botho Strauß feiert im Großen Haus des Freiburger Theaters seine Premiere.
16.10. Die »Frankfurter Allgemeine Zeitung« startet den Vorabdruck des späteren Bestsellers »Das Parfüm« von Patrick Süskind.

1.1. Die am 12. Dezember 1983 in Ost-Berlin festgenommenen Vertreterinnen der DDR-Friedensbewegung, Bärbel Bohley und Ulrike Poppe, beginnen einen Hungerstreik.
18.4. Durch den Freitod einer Patientin von Julius Hackethal, der Hackethal das notwendige Gift überlassen hatte, erhält die Diskussion über humanes Sterben neue Nahrung.
30.4. Aus Kostengründen verzichtet die Deutsche Bundespost weitgehend auf nächtliche und vormittägliche Briefkastenleerungen.
31.5. Bayern München gewinnt in Frankfurt am Main den DFB-Pokal gegen Borussia Mönchengladbach. Pokalsieger in der DDR ist Dynamo Dresden. Die Landesmeisterschaften gewinnen Dynamo Berlin und der VfB Stuttgart.
13.7. In Mainz einigen sich das ZDF, der Österreichische Rundfunk und die Schweizerische Radio- und Fernsehgesellschaft auf ein gemeinsames Satellitenprogramm (3 SAT).
19.11. Dem Hamburger Chaos Computer Club gelingt durch Manipulationen am Bildschirmtextsystem die Überweisung von 135 000 DM von der Hamburger Sparkasse auf sein eigenes Konto.

1985

Politik

15.1. Mit der Wahl des Demokraten Tancredo de Almeida Neves zum Präsidenten endet die 21-jährige Militärdiktatur in Brasilien.
5.3. Die Bombardierung irakischer Städte durch iranische Artillerie verschärft den Golfkrieg.
11.3. Einen Tag nach dem Tod des sowjetischen Staats- und Parteichefs Konstantin U. Tschernenko wird Michail S. Gorbatschow neuer Generalsekretär der KPdSU.
7.5. Die Bundesrepublik und die DDR vereinbaren die Erhöhung des Überziehungskredits (Swing) im innerdeutschen Handel.
12.6. In Madrid unterzeichnen Vertreter Portugals und Spaniens die Verträge über den Beitritt zur EG.
7.10. Palästinenser wollen mit der Entführung des Kreuzfahrtschiffes »Achille Lauro« die Freilassung von 50 Häftlingen aus israelischen Gefängnissen erzwingen.
16.10. Im Bundesland Hessen einigen sich die regierende SPD und die GRÜNEN auf die Bildung der ersten rot-grünen Koalition.
19.11. In Genf beginnt ein zweitägiges Gipfeltreffen zwischen dem sowjetischen Staatschef Michail S. Gorbatschow und US-Präsident Ronald Reagan.

Wissenschaft und Technik

25.1. Als erstes Bundesland nimmt das Saarland den Umwelt- und Datenschutz in die Landesverfassung auf.
30.1. Im Forschungsreaktor in Garching bei München werden oberflächennahe Tumore mit Neutronenstrahlen behandelt.
25.11. Der Hochgeschwindigkeitszug der Deutschen Bundesbahn, der Intercity Experimental, erreicht bei einer Probefahrt eine Maximalgeschwindigkeit von 317 km/h.

Kultur

Einer der erfolgreichsten Filme wird in Deutschland Doris Dörries Komödie »Männer«.
31.3. Mit stürmischem Beifall reagiert das Publikum bei der Uraufführung von Pina Bauschs Stück »Two Cigarettes in the Dark« in Wuppertal.
19.7. Eine dramatisierte Fassung der erfolgreichen Novelle »Ein fliehendes Pferd« von Martin Walser wird im Sommertheater Meersburg am Bodensee uraufgeführt.

Rekordtempo mit 317 km/h: der ICE der Deutschen Bundesbahn

Gesellschaft

1.1. In der Bundesrepublik Deutschland nimmt das erste kommerzielle Satellitenfernsehprogramm Sat 1 den Betrieb auf.
15.5. Der Automobilhersteller Daimler-Benz, der im März die Motoren- und Turbinenunion (MTU) übernommen hat, steigt mit 66 % beim Luft- und Raumfahrtunternehmen Dornier ein und übernimmt im Oktober Anteile von AEG.
7.7. Der erst 17-jährige Boris Becker aus Leimen gewinnt in Wimbledon die All-England-Tennismeisterschaften.
8.7. Im Prozess um die gefälschten Hitler-Tagebücher spricht das Hamburger Landgericht gegen den ehemaligen »stern«-Reporter Günter Heidemann und den Fälscher Konrad Kujau Freiheitsstrafen aus.
12.10. Mehrere Zehntausend Atomkraftgegner demonstrieren in München gegen den Bau einer Wiederaufbereitungsanlage für Brennelemente im bayerischen Wackersdorf.
15.10. Das Passagiermotorschiff »Arkona« macht seine erste Kreuzfahrt unter DDR-Flagge.
4.12. Der Unternehmer Friedrich Karl Flick gibt bekannt, dass er seinen Unternehmensbesitz an das größte deutsche Kreditunternehmen, die Deutsche Bank, verkaufen wird.

1986

15.1. Der sowjetische Parteichef Michail Gorbatschow plädiert in Moskau in einem Dreistufenplan für den Abbau aller Atomwaffen bis zum Jahr 2000.
25.2. Nach dem unblutigen Sturz des Präsidenten Ferdinando Marcos wird Corazón Aquino neue philippinische Staatspräsidentin.
20.3. Nach dem Wahlsieg der Bürgerlichen wird der Neo-Gaullist Jacques Chirac neuer französischer Premierminister.
26.4. Im sowjetischen Kernkraftwerk Tschernobyl kommt es zum bislang größten Reaktorunfall (GAU) in der Geschichte der friedlichen Nutzung von Kernenergie.
6.5. Das Abkommen über die kulturelle Zusammenarbeit zwischen der DDR und der BRD tritt in Kraft.
28.7. KPdSU-Generalsekretär Michail Gorbatschow kündigt einen Teilabzug sowjetischer Truppen aus Afghanistan an.
19.12. Die Verbannung des sowjetischen Regimekritikers und Friedensnobelpreisträgers Andrei Sacharow und seiner Frau Jelena Bonner wird aufgehoben.

28.1. In der Münchner Frauenklinik wird eine neue künstliche Befruchtungsmethode vorgestellt, die Ei und Samenzelle im Eileiter der Frau verschmelzen lässt.
12.3. In Hannover eröffnet erstmals die CeBIT mit Produktangeboten aus Büro-, Informations- und Kommunikationstechnik.
1.10. In der Bundesrepublik tritt eine neue Gefahrstoffverordnung in Kraft, die verschärfte Regelungen beim Verkauf, bei der Herstellung und bei der Verwendung von rund 500 gefährlichen Stoffen vorsieht.
7.10. Das Atomkraftwerk in Brokdorf geht ans Netz.
5.11. In Garching bei München wird das neue Max-Planck-Institut für Quantenoptik eröffnet.
17.12. Umweltschützer von Greenpeace blockieren durch Abseilen von der Autobahnbrücke Leverkusen den Rhein, um Proben aus einem Einleitungsrohr der Firma Bayer Chemie zu entnehmen.
19.12. Die Umweltminister der Rheinanliegerstaaten vereinbaren ein Sanierungsprogramm für den ökologisch stark belasteten Rhein.

Von später Rache dreier Juden an ihrem ehemaligen KZ-Peiniger handelt Jurek Beckers Roman »Bronsteins Kinder«, der in Frankfurt erscheint.
15.2. In dem Stück »Die Fremdenführerin« von Botho Strauß, das an der Berliner Schaubühne uraufgeführt wird, spielen Bruno Ganz und Corinna Kirchhoff Hauptrollen.
19.2. Peter Zadek inszeniert in Hamburg das Shakespeare-Stück »Wie es Euch gefällt« mit Eva Mattes und Ulrich Tukur in den Hauptrollen.
28.2. Mit der Ausstellung »Die Maler und das Theater im 20. Jahrhundert« wird die Kunsthalle Schirn in Frankfurt am Main eröffnet.
15.3. In Düsseldorf wird das neue Gebäude für die von Werner Schmalenbach aufgebaute Kunstsammlung des Landes Nordrhein-Westfalen eröffnet.
17.7. Johannes Schaafs »Momo«, ein Film nach dem Roman von Michael Ende, feiert in den deutschen Kinos Premiere.
16.10. Harald Muellers Stück »Totenfloß« über das Leben nach einer Atomkatastrophe wird in Stuttgart, Düsseldorf und Basel uraufgeführt.

17.2. Manfred Krug spielt die Hauptrolle in der Anwaltsserie »Liebling Kreuzberg« nach dem Drehbuch von Jurek Becker.
26.4. Am letzten Spieltag der Fußball-Bundesliga fängt Fußballrekordmeister FC Bayern München den SV Werder Bremen ab und wird bundesdeutscher Fußballmeister. Landesmeister der DDR wird Dynamo Berlin.
19.5. Steffi Graf gewinnt bei den Internationalen Deutschen Tennis-Meisterschaften in West-Berlin das Einzel- und das Doppelfinale.
7.6. 100 000 Menschen protestieren an verschiedenen Orten in der Bundesrepublik gegen die Kernenergie.
27.6. Der Deutsche Bundestag billigt Ausnahmen vom Ladenschlussgesetz: An Fährbahnhöfen, Flughäfen und Bahnhofspassagen kann künftig bis 22 Uhr eingekauft werden.
1.7. Radio Schleswig-Holstein nimmt als erster privater landesweiter Hörfunksender den Betrieb auf.
31.12. Bei der Ausstrahlung der Neujahrsbotschaft von Bundeskanzler Helmut Kohl kommt es in der ARD zu einer Panne: Es wird die Ansprache des Kanzlers vom Vorjahr wiederholt.

1987

Politik

25.1. Nach den Wahlen zum elften Deutschen Bundestag verfügt die konservativ-liberale Bundesregierung über eine klare Mehrheit.
6.2. In einer Rede vor SED-Funktionären grenzt sich Erich Honecker von der Reformpolitik Michail Gorbatschows ab.
9.2. In Hessen zerbricht die erste rot-grüne Koalition nach Meinungsverschiedenheiten über die Hanauer Plutoniumfabrik Alkem.
24.6. In Ost-Berlin wird erstmals seit 1961 wieder ein evangelischer Kirchentag in der DDR durchgeführt.
7.9. Als erstes Staatsoberhaupt der DDR trifft Erich Honecker zu einem fünftägigen Besuch in der BRD ein.
11.10. Der ehemalige schleswig-holsteinische Ministerpräsident Uwe Barschel (CDU) wird in der Badewanne eines Genfer Hotels tot aufgefunden.
8.12. US-Präsident Ronald Reagan und der sowjetische Parteichef Michail Gorbatschow unterzeichnen in Washington ein Abkommen über die Verschrottung atomarer Mittelstreckenraketen (INF-Vertrag).
8.12. In den von Israel besetzten arabischen Gebieten kommt es zu einem Aufstand (Intifada) der palästinensischen Bevölkerung.

Wissenschaft und Technik

14.1. 26 von 37 Kleinvogelarten sind nach einem Bericht der Max-Planck-Gesellschaft in Europa vom Aussterben bedroht.
30.1. Das Bundesministerium für Wissenschaft und Forschung in Bonn bildet den Arbeitsschwerpunkt »Allergische Erkrankungen«.
24.2. Wissenschaftler in aller Welt beobachten in der Großen Magellanschen Wolke die hellste beobachtete Supernova seit 1604.
22.4. Bundesforschungsminister Heinz Riesenhuber unterzeichnet in Moskau ein Abkommen über die Zusammenarbeit bei der friedlichen Nutzung von Kernenergie.
13.6. An der Universität Stuttgart wird das Forschungsprojekt Hysolar eingeweiht, an dem die BRD und Saudi-Arabien an der Erzeugung und Nutzung von solarem Wasserstoff forschen wollen.
24.8. Im Kaiser-Wilhelm-Koog in Dithmarschen entsteht der erste deutsche Windenergiepark.
28.8. Die Internationale Funkausstellung in Berlin präsentiert u. a. den neuen digitalen Tonträger DAT.
7.10. Die Hoechst AG in Frankfurt am Main startet die gentechnische Herstellung von Medikamenten.

Kultur

Der Wim-Wenders-Film »Der Himmel über Berlin« ist eine Liebeserklärung an das Leben und eine Hommage an die Stadt Berlin.
In dem Film »Out of Rosenheim« von Percy Adlon spielt Marianne Sägebrecht eine deutsche Touristin, die in einem amerikanischen Motel landet und dort das Leben meistert.
9.1. Zu Beginn des Jubiläumsjahres zum 750-jährigen Bestehen von Berlin wird das Bode-Museum in Ost-Berlin wiedereröffnet.
9.3. Der Rocksänger Peter Maffay startet mit seiner Band von Ost-Berlin aus eine Gastspielreise durch die DDR.
30.3. Die Oper »Hamletmaschine« von Wolfgang Rihm nach dem gleichnamigen Drama von Heiner Müller feiert in Mannheim Premiere.
14.5. Die restaurierte Nikolaikirche in Ost-Berlin, das älteste Baudenkmal der Stadt, wird als Museum eröffnet.
12.9. Das Drama »Parzifal« von Tankred Dorst wird unter der Regie von Robert Wilson am Thalia-Theater in Hamburg uraufgeführt.
16.10. Werner Tübke vollendet in Bad Frankenhausen sein Wandgemälde »Frühbürgerliche Revolution in Deutschland«, das größte Gemälde aller Zeiten (123 m x 14 m).

Gesellschaft

26.2. Fußball-Nationaltorwart Toni Schumacher wird vom Deutschen Fußball-Bund (DFB) als Kapitän der Nationalmannschaft abgesetzt. Grund dafür sind seine Enthüllungen über angebliche Dopingfälle in der Fußball-Bundesliga.
25.5. Unter heftigen Protesten beginnt in der BRD die erste Volkszählung seit 1970.
28.5. Der 19-jährige Hamburger Mathias Rust aus Hamburg landet mit seiner Cessna-172 auf dem Roten Platz in Moskau.
17.6. Der Staatsrat der DDR beschließt die Abschaffung der Todesstrafe.
20.6. Der Hamburger SV siegt in Berlin gegen die Stuttgarter Kickers im Spiel um den DFB-Pokal. Den Landespokal in der DDR gewinnt der 1. FC Lok Leipzig gegen Hansa Rostock. Landesmeister werden der FC Bayern München und Dynamo Berlin.
7.7. Ein Tanklaster verunglückt aufgrund defekter Bremsen im hessischen Herborn, setzt neun Häuser in Brand und tötet mehrere Menschen.
19.10. Die internationalen Börsen verzeichnen Rekordeinbrüche am Aktienmarkt. Es kommt zur schwersten Börsenkrise seit 1929.

1988

Politik

6.3. Nach der Erschießung dreier mutmaßlicher IRA-Terroristen durch britische Armeeangehörige in Gibraltar bricht über Nordirland eine neue Welle der Gewalt herein.
16.3. Bei einem irakischen Giftgasangriff auf Halabja im Nordirak sterben 4000 Kurden.
14.4. In Genf unterzeichnen Afghanistan, Pakistan, die USA und die UdSSR ein Abkommen über den Abzug sowjetischer Truppen aus Afghanistan.
1.7. Manfred Wörner (CDU), ehemaliger Bundesverteidigungsminister, wird neuer NATO-Generalsekretär.
20.8. Mit UNO-Hilfe wird der Golfkrieg zwischen Iran und Irak beendet.
31.8. Auf ihrem 33. Bundesparteitag beschließt die SPD in Münster eine sog. Frauenquote.
8.11. Der 64-jährige Republikaner George Bush wird zum 41. Präsidenten der USA gewählt.
9.11. Missverständliche Formulierungen in einer Rede von Bundestagspräsident Philipp Jenninger (CDU) zum 50. Jahrestag der »Reichskristallnacht« führen zu seinem Rücktritt. Neue Bundestagspräsidentin wird am 25. November Rita Süssmuth (CDU).

Wissenschaft und Technik

14.1. Bundesumweltminister Klaus Töpfer (CDU) entzieht der Hanauer Nuklearfirma Nukem die Betriebserlaubnis, nachdem erhebliche Zweifel an der Zuverlässigkeit des Betriebes entstanden sind. Die Regierung will jedoch an der Kernenergie festhalten.
11.2. Wissenschaftler der Universität Köln weisen die Mikroelektronik in ihre Grenzen, indem sie nachweisen, dass in winzigen Metallteilchen der elektrische Widerstand zunimmt.
Frühjahr Nord- und Ostsee werden von einer verheerenden Algenpest und einem massenhaften Robbensterben heimgesucht.
1.5. Der Hochgeschwindigkeitszug Intercity Experimental (ICE) schafft auf der Strecke Fulda – Würzburg mit 406,9 km/h einen Weltrekord für Schienenfahrzeuge.
21.7. Die Universität Göttingen gibt die Entwicklung eines Verfahrens bekannt, mit dem Cholesterin aus dem Blut ausgewaschen werden kann. Die Methode soll Herzinfarkt gefährdeten Menschen helfen.
10.9. Das Göttinger Max-Planck-Institut beantragt die Genehmigung für einen Freilandversuch mit gentechnisch manipulierten Pflanzen.

Kultur

Gerhard Polt und Gisela Schneeberger spielen in einer bitterbösen Persiflage auf den deutschen Tourismus in Italien »Man spricht deutsh« die Familie Löffler, die auch im Urlaub deutschen Gewohnheiten treu bleibt.
9.3. Die Filmkomödie »Ödipussi« von und mit Loriot wird gleichzeitig in beiden Teilen Berlins uraufgeführt.
11.3. Die von André Heller produzierte Show »Body & Soul« wird in München uraufgeführt.
21.4. In der Münchener Pinakothek wird ein Säureattentat auf drei Bilder von Albrecht Dürer verübt.
7.5. Die Uraufführung von »Montag aus Licht« von Karlheinz Stockhausen in der Mailänder Scala findet weltweit Beachtung.
12.6. Das Musical »Starlight Express« von Andrew Lloyd Webber hat in Bochum Premiere.
25.9. Das Aalto-Theater in Essen, eines der bedeutendsten Alterswerke des finnischen Architekten Alvar Aalto, wird eröffnet.
28.10.–3.11. In der DDR findet das 17. Festival des sowjetischen Films statt, bei dem eine Reihe Aufsehen erregender antistalinistischer Filme gezeigt werden.

Gesellschaft

23.2. Rund 80 000 Menschen protestieren gegen die geplante Schließung des Krupp-Stahlwerks in Duisburg-Rheinhausen.
1.3. Das Land Nordrhein-Westfalen startet den umstrittenen Versuch, Heroinabhängige unter ärztlicher Aufsicht mit der Ersatzdroge Methadon zu versorgen.
27.3. Schwere Überschwemmungen lassen in Bayern die Donau-Dämme an einigen Stellen brechen.
28.5. Eintracht Frankfurt siegt im Spiel um den DFB-Pokal in West-Berlin über den VfL Bochum. Pokalsieger der DDR und Landesmeister ist Dynamo Berlin. Den Meistertitel im Westen gewinnt der SV Werder Bremen.
16.8. In Gladbeck nehmen Bankräuber mehrere Geiseln. Bei der 54-stündigen Verfolgungsjagd, bei der Presseleute die Arbeit der Polizei z. T. erschweren, sterben drei Menschen.
28.8. Der Schauflug einer italienischen Kunststaffel in Ramstein endet nach einer Kollision zweier Düsenjets in der Luft für 70 Zuschauer tödlich.
30.9. Steffi Graf gewinnt mit der Goldmedaille im olympischen Tennisturnier von Seoul als erste Spielerin den »Golden Slam«.

1989

Politik

2.4. Jasir Arafat wird in Tunis Präsident des im November 1988 ausgerufenen Staates Palästina.
2.5. Als erstes Land des Warschauer Pakts öffnet Ungarn an der Grenze zu Österreich den »Eisernen Vorhang« zum Westen.
4.6. In Peking schlägt das Militär auf dem Platz des Himmlischen Friedens die studentische Demokratiebewegung blutig nieder.
11.9. Nach Ungarns Grenzöffnung zu Österreich nutzen binnen 24 Stunden etwa 10 000 DDR-Bürger die Fluchtmöglichkeit in den Westen.
9.10. In Leipzig demonstrieren 70 000 Menschen unter dem Motto »Wir sind das Volk«.
18.10. Nach dem Rücktritt Erich Honeckers wird Egon Krenz neuer Generalsekretär der SED.
4.11. In Ost-Berlin fordern eine Million Menschen demokratische Reformen in der DDR.
9.11. Die DDR öffnet nach 28 Jahren die Grenzen zur Bundesrepublik und nach West-Berlin.
25.12. Der am 22. Dezember gestürzte rumänische Staats- und Parteichef Nicolae Ceauşescu und seine Frau Elena werden von einem Militärgericht zum Tode verurteilt und hingerichtet.
29.12. Der Dramatiker und Bürgerrechtler Václav Havel wird Staatspräsident der ČSSR.

Wissenschaft und Technik

Am Heidelberger Max-Planck-Institut für Kernphysik nimmt der erste Schwerionenkühlerrring (TSR) der Welt seine Arbeit auf.
10.1. Das Bonner Forschungsministerium veröffentlicht einen Bericht, wonach der Anstieg des Meeresspiegels durch ein vom Treibhauseffekt bedingtes Abschmelzen des Polareises langfristig auch die norddeutsche Tiefebene gefährdet.
12.4. Der VEBA-Konzern leitet mit dem Verzicht auf den Bau der Wiederaufbereitungsanlage Wackersdorf eine Wende in der Atompolitik ein.
14.4. Die deutschen Bundesländer vereinbaren, dass ab 1. Oktober 1991 alle Benzin betriebenen Neuwagen mit geregeltem Dreiwegekatalysator ausgerüstet werden müssen.
6.6. Der erste bundesdeutsche Fernmeldesatellit »Kopernikus 1« wird mit der Europarakete »Ariane« in eine Erdumlaufbahn befördert.
3.7. Das IBM-Werk in Sindelfingen beginnt mit der Produktion von 4-Megabyte-Speicherchips.
25.8. Meistdiskutierte Neuheit auf der Funkausstellung in West-Berlin ist das hochauflösende HDTV-Fernsehen.
7.12. Bundespostminister Christian Schwarz-Schilling (CDU) vergibt die Lizenz für die Errichtung und den Betrieb des privaten Mobilfunk-Netzes »D 2« an das Konsortium der Mannesmann AG.

Kultur

Jubel bei den Fußballerinnen: Die DFB-Frauen sind Europameisterinnen.

21.1. Die Polit-Komödie »Fredegunde« von Peter Hacks feiert im Staatstheater Braunschweig ihre vielbeachtete Premiere.
8.2. An der Berliner Schaubühne inszeniert Luc Bondy die Uraufführung des Theaterstücks »Die Zeit und das Zimmer« von Botho Strauß.
5.3. Das Stück »Oblomow« von Franz Xaver Kroetz wird im Münchener Prinzregententheater uraufgeführt.
8.4. In der Kölner Messehalle wird die Ausstellung »Bilderstreit« mit Werken der Gegenwartskunst eröffnet.

Gesellschaft

2.7. Die deutsche Damenfußball-Nationalmannschaft gewinnt mit einem 4:1-Erfolg über Titelverteidiger Norwegen in Osnabrück die Europameisterschaft.
5.10. Am ersten langen Donnerstag in der Bundesrepublik haben die Verbraucher bis 20.30 Uhr Gelegenheit zum Einkauf.
30.11. Der Vorstandssprecher der Deutschen Bank, Alfred Herrhausen, kommt in Bad Homburg durch einen Bombenanschlag der Rote-Armee-Fraktion ums Leben.

1990

11.2. Nach über 27-jähriger Haft wird der Schwarzenführer Nelson Mandela in Kapstadt freigelassen.
18.3. Bei der ersten freien Volkskammerwahl erreicht die Allianz für Deutschland einen sensationellen Sieg. Am 12. April bildet Lothar de Maizière (CDU) eine große Koalition.
25.4. SPD-Kanzlerkandidat Oskar Lafontaine wird in Köln auf einer Wahlkampfveranstaltung durch ein Messer-Attentat schwer verletzt.
5.9. Der irakische Staatschef Saddam Hussein ruft zum »Heiligen Krieg« gegen die US-Truppen in Saudi-Arabien auf.
3.10. Der Beitritt der DDR zur BRD beendet die mehr als 40-jährige Teilung Deutschlands.
12.10. Bundesinnenminister Wolfgang Schäuble wird im badischen Oppenau bei einem Attentat lebensgefährlich verletzt.
2.12. Die ersten gesamtdeutschen Bundestagswahlen gewinnt die konservativ-liberale Regierungskoalition unter Bundeskanzler Helmut Kohl.

Nach dem Sturz der SED-Diktatur tritt in der DDR das wirkliche Ausmaß der Umweltzerstörung zutage, deren Daten bis dahin unter Verschluss gehalten wurden. Das gesamte Netz an Flüssen und Seen in der DDR ist stark verschmutzt.
11.1. Erstmals setzen europäische Chirurgen in Hannover einem Menschen zwei neue Lungenflügel ein.
2.3. Eine Expertenkommission spricht sich für die Stilllegung der noch laufenden Blöcke des AKW Greifswald aus.
2.3. Das neue Kurzstreckenflugzeug Airbus A 321 soll in Hamburg produziert werden.
10.3. Die Opel AG beabsichtigt, in Eisenach die technisch modernste Autofabrik Europas zu bauen.
25.5. Das Atomkraftwerk Obrigheim in Baden-Württemberg wird per Gerichtsbeschluss abgeschaltet.
7.11. In der Bundesrepublik steigt die Anzahl der kranken Bäume. Bereits drei Fünftel der deutschen Wälder sind gefährdet.

4.4. Wegen Unstimmigkeiten mit der Stadt Hamburg über das Honorar vollendet der Wiener Bildhauer Alfred Hrdlicka sein Antikriegsdenkmal nicht.
5.5. Die Oper »Das verratene Meer« von Hans Werner Henze wird in der Inszenierung von Götz Friedrich in West-Berlin uraufgeführt.
30.5. Das Frankfurter Museum für Moderne Kunst wird feierlich eröffnet.
5.6. In ihrem Buch »Was bleibt« schildert Christa Wolf ihre Überwachung durch die Stasi und löst einen Streit um die Literatur der DDR aus.
21.7. In der »größten Show der Rockgeschichte« feiert Pink Floyd in Berlin den Fall der Mauer.
August Eine vollständige Mozart-Edition auf 180 CDs – »das größte Projekt in der Geschichte der Schallplatte« – wird von der Hamburger Firma Philips Classics publiziert.
4.10. Für ihr Buch »Der Tod ist ein Meister aus Deutschland« werden die Journalistin Lea Rosh und der Historiker Eberhard Jäckel mit dem Geschwister-Scholl-Preis ausgezeichnet.

10.1. Nach Übernahme des Computerherstellers Nixdorf AG durch die Siemens AG verlieren 5000 Beschäftigte ihren Arbeitsplatz.
15.1. 2000 Menschen stürmen die Zentrale des ehemaligen Staatssicherheitsdienstes in Ost-Berlin.
28.2. Gegen den kritischen katholischen Theologen Eugen Drewermann wird ein Verfahren zum Entzug der Lehrerlaubnis eingeleitet.
6.6. In Ost-Berlin wird mit Susanne Albrecht eine der meistgesuchten Terroristinnen der Rote-Armee-Fraktion (RAF) verhaftet.
22.6. Die Baracke des Kontrollpunkts »Checkpoint Charlie« in West-Berlin wird abgebaut und ins Museum transportiert.
8.7. Die deutsche Fußball-Nationalmannschaft wird in Italien nach 1954 und 1974 zum dritten Mal Fußball-Weltmeister.
14.11. Rund 350 Hausbesetzer und die Polizei liefern sich in Ost-Berliner Stadtteil Friedrichshain mehrtägige schwere Straßenschlachten.

1991

Politik

17.1. Nach Ablauf des UNO-Ultimatums zur Räumung Kuwaits beginnt eine multinationale Streitmacht unter Führung der USA mit Luftangriffen auf den Irak. Der zweite Golfkrieg beginnt.
25.2. Der Warschauer Pakt beschließt in Moskau seine Auflösung.
26.2. Der Irak leitet den Truppenabzug aus Kuwait ein und erkennt tags darauf die UNO-Resolutionen an.
1.4. In Düsseldorf wird der Präsident der Berliner Treuhandanstalt, Detlev Karsten Rohwedder, Opfer eines Attentats.
12.6. Der russische Parlamentspräsident Boris Jelzin wird Präsident der sowjetischen Teilrepublik Russland.
20.6. Mit 338 gegen 320 Stimmen entscheidet sich der Deutsche Bundestag für Berlin als künftigen Regierungssitz.
27.6. Mit dem Einsatz der jugoslawischen Bundesarmee gegen Kroatien und Slowenien beginnt der jugoslawische Bürgerkrieg.
31.7. Der amerikanische Präsident George Bush und der sowjetische Staatschef Michail Gorbatschow unterzeichnen in Moskau den START-Vertrag, der den Abbau der strategischen Atomwaffen vorsieht.
9.12. In Maastricht beschließen die zwölf Regierungschefs der EG die Gründung der Europäischen Union.

Wissenschaft und Technik

21.3. Bundesforschungsminister Heinz Riesenhuber (CDU) verkündet den Baustopp des Schnellen Brüters in Kalkar.
26.6. Der Bundesgerichtshof gestattet Ärzten die Verschreibung der Ersatzdroge Methadon bei der Behandlung Drogenabhängiger.
3.7. Siemens und IBM beschließen die gemeinsame Herstellung eines 16-Megabit-Chips.
10.9. Bundesumweltminister Klaus Töpfer ordnet den Abriss aller Reaktorblöcke des AKW Greifswald an.

Kultur

Martin Walser veröffentlicht seinen Roman »Verteidigung der Kindheit«, in dem er das Leben eines Außenseiters nachzeichnet.
19.1. Das Stück »Villa Jugend« des Ost-Berliner Dramatikers Klaus Seidel wird am Berliner Ensemble von Fritz Marquardt uraufgeführt.
19.4. Im Berliner Martin-Gropius-Bau zeigt »Metropolis« das Werk von 72 zeitgenössischen Künstlern.
26.8. In Leipzig wird der erste seit 40 Jahren gesamtdeutsch redigierte Duden vorgestellt.

Protest gegen neue Atomkraftwerke in Stendal und Greifswald

Gesellschaft

20.2. Rund 100 000 Menschen demonstrieren in den neuen Bundesländern für den Erhalt ihrer Arbeitsplätze.
29.3. Die etwa 85 000 Teilnehmer der Ostermärsche wenden sich gegen den Einsatz der Bundeswehr bei UN-Friedensmissionen.
30.4. In Zwickau läuft nach 34 Jahren der letzte Trabant vom Band. Insgesamt wurden 3 Millionen Trabbis produziert.
2.5. Die Boulevard-Zeitung »Super!« startet in Ostdeutschland mit einer Auflage von 500 000 Exemplaren.
15.6. Durch einen 6:2-Sieg über den 1. FC Köln wird der 1. FC Kaiserslautern nach 1951 und 1953 zum dritten Mal deutscher Fußballmeister.
1.7. Um der Schwarzarbeit Einhalt zu gebieten, gibt es künftig für jeden Arbeitnehmer einen Sozialausweis.
3.7. Der Berliner Senat beschließt den Verkauf eines 60 000 m^2 großen »Filetgrundstücks« am Potsdamer Platz an den Daimler-Benz-Konzern.
7.7. Mit einem Sieg über Boris Becker gewinnt der Elmshorner Michael Stich die Tennismeisterschaften in Wimbledon.
31.12. Die alten zentralen Sender der Ex-DDR, der Deutsche Fernsehfunk (DFF) und das Funkhaus Berlin, stellen in der Silvesternacht den Sendebetrieb ein.

1992

27.4. Serbien und Montenegro proklamieren in Belgrad die neue »Bundesrepublik Jugoslawien«, die von der UNO jedoch nicht anerkannt wird.
23.5. Als erste an einer Mission der UNO beteiligte deutsche Soldaten brechen Sanitäter zu einer Friedensmission nach Kambodscha auf.
26.6. Der Bundesrat stimmt dem Asylbeschleunigungsgesetz zu.
29.7. Der 80-jährige ehemalige Staatschef der DDR, Erich Honecker, muss auf Druck der Moskauer Behörden die chilenische Botschaft in der russischen Hauptstadt verlassen und nach Berlin zurückkehren, wo am 12. November der Prozess gegen ihn eröffnet wird.
3.11. Der 46-jährige Demokrat Bill Clinton wird zum neuen Präsidenten der USA gewählt.
2.12. Der Bundestag billigt das Vertragswerk von Maastricht zur Gründung der Europäischen Union.
29.12. Die USA und Russland einigen sich in Genf auf den START-II-Vertrag zur weltweiten Reduzierung der strategischen Nuklearwaffen.

Messerschmitt-Bölkow-Blohm beginnt mit der Entwicklung eines »bionischen Auges«, mit dem sich u. a. Flugzeuge und Autos steuern lassen sollen.
22.1. Der Deutsche Ulf Merbold startet mit sechs US-Astronauten an Bord der Raumfähre »Discovery« zur zweiten Mission ins All.
1.3. Die deutsche Sektion der »Ärzte gegen den Atomkrieg« berichtet, dass infolge nuklearer Strahlung seit der ersten Atombombe 1942 mindestens 750 000 Menschen gestorben sind.
21.8. Auf der Nordseeinsel Pellworm wird Europas größtes Solar-Wind-Kraftwerk von 300 auf 600 Kilowatt erweitert.
22.9. Astronomen in Heidelberg entdeckten in einem 300 Millionen Lichtjahre entfernten Sternensystem das Aufleuchten einer Supernova.
8.10. Nach der Feststellung des Hirntods wird der Körper einer 18-jährigen, im vierten Monat schwangeren Frau in der Erlanger Universitätsklinik weiter versorgt, um das Kind zu retten. Das Experiment scheitert am 16. November.

Günter Grass' Erzählung »Unkenrufe« thematisiert die Liebe im Alter und ein zum Scheitern verurteiltes deutsch-polnisches Versöhnungsprojekt.
19.1. In Berlin wird die erste zentrale deutsche Gedenkstätte zur Erinnerung an den Holocaust in der Villa am Wannsee eröffnet.
19.5. Die Treuhandanstalt verkauft die DEFA-Filmstudios in Babelsberg an den französischen Konzern Générale des Eaux.
14.6. Helmut Dietls Film »Schtonk« mit Götz George und Uwe Ochsenknecht thematisiert den Presseskandal um die gefälschten Hitler-Tagebücher und erhält den Deutschen Filmpreis in Gold.
17.6. In Bonn wird die neue Kunst- und Ausstellungshalle der Bundesrepublik eröffnet.
20.8. Mehr als 200 Nachwuchs-Rockbands sind bei der in Köln beginnenden Pop-Musikmesse »Pop Kom '92« vertreten.
22.11. Im Hamburger Stadtteil St. Pauli eröffnet das Museum der Erotischen Kunst.

28.1. Das Verbot der Nachtarbeit für Frauen wird für verfassungswidrig erklärt, da es den Gleichheitsgrundsatz verletze.
31.1. »Unwort des Jahres« 1991 ist das Wort »ausländerfrei«.
28.2. 50 000 Beschäftigte des Braunkohlebergbaus und des Schiffbaus demonstrieren in Hoyerswerda und Rostock für den Erhalt ihrer Arbeitsplätze.
12.8. Der »genetische Fingerabdruck« reicht nach Auffassung des Bundesgerichtshofes allein nicht mehr als Grundlage für eine Verurteilung.
22.8. Schweren Ausschreitungen gegen ein Ausländerwohnheim in Rostock sieht die Polizei stundenlang tatenlos zu.
23.11. Bei einem von zwei Rechtsextremisten in Mölln verübten Brandanschlag sterben eine 51-jährige türkische Frau und zwei Mädchen im Alter von 10 und 14 Jahren.
17.12. Die Gesellschaft für Deutsche Sprache kürt in Wiesbaden den Ausdruck »Politikverdrossenheit« zum Wort des Jahres.

1993

Politik

1.1. Mit der Proklamation der Tschechischen Republik und der Slowakischen Föderativen Republik teilt sich die ČSFR in zwei Staaten.
13.1. Das Berliner Landgericht stellt den Prozess gegen Erich Honecker ein. Er wird am nächsten Tag aus der Haft entlassen und reist nach Chile aus, wo seine Frau Margot und seine Tochter leben.
3.5. Björn Engholm tritt als schleswig-holsteinischer Regierungschef und als SPD-Vorsitzender wegen seiner Falschaussage vor dem Barschel-Untersuchungsausschuss zurück. Am 19. Mai wird Heide Simonis in Kiel als erste Frau Ministerpräsidentin eines Bundeslandes.
2.7. Der Deutsche Bundestag genehmigt den Einsatz von Bundeswehrsoldaten im Rahmen der UN-Friedensmission in Somalia.
13.9. Die Palästinensische Befreiungsfront und Israel unterzeichnen das Gasa-Jericho-Abkommen über eine palästinensische Teilautonomie in den israelisch besetzten Gebieten und leiten damit einen Friedensprozess im Nahen Osten ein.
1.11. Der Vertrag von Maastricht über die Schaffung einer Europäischen Union mit einer einheitlichen Währung tritt in Kraft.

Wissenschaft und Technik

1.2. Mehrere Politiker in Schleswig-Holstein fordern die endgültige Stilllegung des defekten Atomkraftwerks Brunsbüttel.
22.2. Im Frankfurter Werk des Chemiekonzerns Hoechst werden bei einem Unfall 10 t Chemikalien freigesetzt, darunter das giftige Nitranisol.
15.3. Bei der sächsischen Foron Hausgeräte GmbH wird der »Öko-Kühlschrank« mit Unterstützung von Greenpeace in Serie produziert.
7.4. Das Bundesgesundheitsamt lässt den ersten gentechnisch gewonnenen Impfstoff zum Verkauf zu.
15.4. Das Bundesgesundheitsamt gestattet Freilandversuche mit genmanipulierten Zuckerrüben und Kartoffeln in den Bundesländern Bayern und Niedersachsen.
26.4. Die Astronauten Ulrich Walter und Hans Schlegel starten mit fünf weiteren Raumfahrern zur D-2-Mission mit der Raumfähre »Columbia«.
8.6. Auf dem Welt-Aidskongress in Berlin hält die Mehrzahl der Teilnehmer die Entwicklung eines Impfstoffs erst im 3. Jahrtausend für möglich.
22.11. Unter starkem Polizeischutz werden die ersten abgebrannten Brennelemente aus dem AKW Brokdorf in die britische Wiederaufbereitungsanlage Sellafield transportiert.

Kultur

Martin Walser erzählt in seinem Roman »Ohne einander« von der Misere einer deutschen Mittelschichtsfamilie.
2.2. Die erste Folge der ARD-Satire »Motzki« von Wolfgang Menge über das Ost-West-Verhältnis löst heftige Diskussionen aus.
21.2. Der erste Preis des Architekturwettbewerbs zur Gestaltung des Regierungsviertels und des Reichstagsgebäudes in Berlin geht gleichrangig an den Briten Norman Foster, den Spanier Santiago Calatrava und den Niederländer Piet de Bruijn.
1.3. Für 3,5 Millionen DM erwirbt die Hamburger Kunsthalle das Gemälde »Meeresufer im Mondenschein« von Caspar David Friedrich.
23.3. Bundesregierung und Berliner Senat beschließen gegen heftige Proteste seitens der Bevölkerung den Abriss des Palastes der Republik.
24.5. Wim Wenders Film »In weiter Ferne, so nah«, der von Waffenschiebern, Pornohändlern, Glücksspielern und Pizzabäckern handelt, erhält in Cannes den Großen Preis.
22.6. Der Berliner Senat verfügt die Schließung von Schillertheater und Schlossparktheater.
25.10. Das Land Berlin erwirbt den Nachlass der 1992 verstorbenen Filmschauspielerin Marlene Dietrich.

Gesellschaft

9.2. Unwort des Jahres 1992 ist der Begriff »ethnische Säuberung«.
17.2. Mit einer »Nacht der 1000 Feuer« und einer Straßenblockade im Ruhrgebiet protestieren rund 27000 Stahlwerker gegen drohende Massenentlassungen.
20.3. Mit einem Sieg über den US-Boxer Charles Williams nach Punkten wird Henry Maske aus Frankfurt an der Oder in Düsseldorf Weltmeister im Halbschwergewicht.
27.3. Ein Bombenanschlag der Rote Armee Fraktion (RAF) zerstört den Neubau der Justizvollzugsanstalt im hessischen Weiterstadt.
25.5. Nach zweifelhaften Insider-Aktiengeschäften reicht der Vorsitzende der IG Metall, Franz Steinkühler, seinen Rücktritt ein.
29.5. In Solingen kommen bei einem ausländerfeindlichen Brandanschlag fünf türkische Frauen und Mädchen ums Leben.
6.10. In Deutschland wurden bisher mindestens 373 Personen durch aidsverseuchte Blutkonserven infiziert. Als Konsequenz wird das Bundesgesundheitsamt geschlossen.
15.12. In Genf unterzeichnen Vertreter von 117 Staaten den Kompromiss für ein neues Welthandelsabkommen (GATT).

1994

1.1. Die Deutsche Bundesbahn und die Deutsche Reichsbahn fusionieren zur Deutschen Bahn AG.
4.5. Der israelische Ministerpräsident Yitzhak Rabin und PLO-Chef Jasir Arafat unterzeichnen in Kairo das Autonomieabkommen für die Palästinenser in den israelisch besetzten Gebieten Gasa und Jericho.
9.5. Der ANC-Vorsitzende Nelson Mandela wird per Akklamation erster schwarzer Präsident Südafrikas.
23.5. Die Bundesversammlung wählt im dritten Wahlgang Roman Herzog (CDU) zum Bundespräsidenten als Nachfolger von Richard von Weizsäcker (CDU).
26.5. Der Bundestag verabschiedet eine vom Bundesverfassungsgericht verlangte Neufassung des Abtreibungsparagrafen 218.
8.9. Die Streitkräfte der drei Westalliierten werden offiziell aus Deutschland verabschiedet.
16.10. Bei den Bundestagswahlen wird die Koalition aus CDU/CSU und FDP bestätigt.
11.12. Russische Truppen gehen massiv gegen die tschetschenischen Unabhängigkeitskämpfer vor.

13.1. Im deutschen Atommüllendlager Morsleben wird radioaktiver Abfall aus dem stillgelegten Atomkraftwerk Greifswald bei Rostock eingelagert.
31.1. Astronomen entdecken im 6500 Lichtjahre entfernten Sternbild des Schwans einen Stern mit der Leuchtkraft von über einer Million Sonnen.
2.3. Das Bundeskabinett genehmigt den Bau einer Trasse für die Magnetschwebebahn Transrapid zwischen Hamburg und Berlin.
4.5. Krebspatienten werden erstmals in Deutschland mit genetisch veränderten »Killerzellen« behandelt.
3.10. Ulf Merbold startet an Bord einer »Sojus«-Rakete zu einer 30-tägigen Mission ins Weltall.
12.10. Mit dem Vordringen in die Rekordtiefe von 9101 m, wo 300 °C herrschen, wird die kontinentale Tiefenbohrung bei Windischeschenbach abgeschlossen.
9.11. In Darmstadt entdecken Wissenschaftler der Gesellschaft für Schwerionenforschung (GSI) das bislang schwerste Element mit der Ordnungszahl 110.

Die Filmkomödie »Der bewegte Mann« von Sönke Wortmann mit Til Schweiger und Katja Riemann in den Hauptrollen wird ein Riesenerfolg in bundesdeutschen Kinos.
28.5. In Wolfsburg wird das neue Kunstmusuem eröffnet.
14.6. Das Haus der Geschichte der Bundesrepublik Deutschland wird in Bonn eröffnet. Anhand von ausgewählten Exponaten stellt es die Entwicklung in Deutschland seit dem Ende des Zweiten Weltkriegs dar.
1.9. Der Kölner Privatsender Vox startet neu, nachdem Rupert Murdoch mit 49,9 % der Aktien eingestiegen ist. Bertelsmann behält seine Beteiligung von 24,9 %.
4.9. Das Oratorium »Hagadah« von Paul Dessau wird 60 Jahre nach seiner Entstehung uraufgeführt und eröffnet das Hamburger Musikfest.
25.9. Das Stück »Ich bin das Volk« von Franz Xaver Kroetz feiert in Wuppertal seine Uraufführung.
2.12. In einem eigens erbauten Erlebniscenter hat das Musical »Miss Saigon« von Claude-Michel Schoenberg und Alain Boublil in Stuttgart Premiere.

31.1. Die Zahl der Arbeitslosen in der Bundesrepublik überschreitet erstmals die Viermillionengrenze.
10.3. Der Bundestag streicht den Homosexuellenparagrafen 175 aus dem Strafgesetzbuch.
25.3. Bei einem Brandanschlag auf die Synagoge in Lübeck entsteht erheblicher Sachschaden.
15.4. Im größten Immobilienskandal der Bundesrepublik wird gegen den flüchtigen Bauunternehmer Jürgen Schneider das Konkursverfahren eröffnet.
22.4. Der seit 1992 gesuchte Kaufhauserpresser Arno Funke alias »Dagobert« geht der Polizei in Berlin ins Netz.
20.5. Das 1986 gestartete deutsche Zeitgeistmagazin »Wiener« stellt sein Erscheinen ein.
13.11. Trotz seines vorzeitigen Ausscheidens beim Großen Preis von Australien in Adelaide wird der Deutsche Michael Schumacher auf Benetton-Ford erster deutscher Automobilweltmeister in der Formel 1.
21.12. Die Gesellschaft für Deutsche Sprache erklärt den Begriff »Superwahljahr« zum Wort des Jahres.

1995

Politik

9.2. Russische Armee-Einheiten erobern die tschetschenische Hauptstadt Grosny.
26.3. Mit Inkrafttreten des Schengener Abkommens enden die systematischen Grenzkontrollen zwischen sieben EU-Staaten.
29.6. In namentlicher Abstimmung beschließt der Deutsche Bundestag das neue Abtreibungsrecht.
6.9. Unbeeindruckt von den weltweiten Protesten hält Frankreich an den Atomtests im Südpazifik fest.
27.10. Der Bundestag verkürzt zum 1. Januar 1996 den Wehrdienst von zwölf auf zehn Monate.
4.11. Während einer Kundgebung in Tel Aviv wird der israelische Ministerpräsident Yitzhak Rabin von einem jüdischen Extremisten ermordet.
21.11. Mit dem Friedensschluss von Dayton einigen sich die Konfliktparteien auf ein Kriegsende im Bosnien-Herzegowina-Konflikt.
6.12. Der Deutsche Bundestag billigt mit großer Mehrheit die Beteiligung von Bundeswehrsoldaten an der IFOR-Friedenstruppe im ehemaligen Jugoslawien.
15.12. Der EU-Gipfel in Madrid beschließt den Namen »Euro« für die künftige Einheitswährung.

Wissenschaft und Technik

15.2. Die Deutsche Telekom startet mit 50 Teilnehmern – darunter 25 Privathaushalte – in Berlin den ersten von sieben Multimedia-Versuchen, mit dem sog. interaktives Fernsehen möglich wird.
25.4. Abgebrannte Brennstäbe aus dem baden-württembergischen AKW Philippsburg treffen gegen heftigen Widerstand von Umweltschützern im niedersächsischen Zwischenlager Gorleben ein.
20.6. Nach heftigen internationalen Protesten verzichtet der niederländisch-britische Ölkonzern Shell auf die Versenkung der 1991 außer Dienst gestellten Ölverladeplattform »Brent Spar« im Nordatlantik.
26.7. In der Bundesrepublik tritt das neue Ozongesetz in Kraft. Für Autos und Motorräder ohne Katalysator gilt bei einem Ozonwert von über 240 mg/m^3 ein Fahrverbot.
25.8. Einen Tag nach seiner Präsentation durch die Daimler-Benz-Tochter DASA absolviert der Airbus A 319 von Hamburg-Finkenwerder aus seinen Erstflug.
6.12. Das Paul-Ehrlich-Institut in Langen verkündet die Isolierung des Botenstoffes »Interleukin 16«, der den Aidsvirus blockieren kann.

Kultur

Josef Vilsmayers Film »Schlafes Bruder« nach dem gleichnamigen Roman von Robert Schneider erzählt die Geschichte eines Musikers, der als Außenseiter in einem Alpendorf aufwächst und daran zugrunde geht, dass er sich in eine für ihn unerreichbare Frau verliebt.
Der Roman »Ein weites Feld« von Günter Grass ist eine literarische Auseinandersetzung mit der deutschen Vereinigung.
In seinem Roman »Helden wie wir« stellt Thomas Brussig den Untergang der DDR mit Mitteln der Politfarce dar.
17.3. Die beiden mit ersten Preisen ausgezeichneten Entwürfe für ein Holocaust-Denkmal in Berlin entfachen eine öffentliche Diskussion über die Möglichkeit der künstlerischen Gestaltung dieses Themas.
24.6. Die Verhüllung des Reichstags in Berlin durch Christo wird zwei Wochen lang von etwa fünf Millionen Besuchern bewundert.
16.8. Das von Helmut Rilling initiierte »Requiem der Versöhnung« wird in Stuttgart uraufgeführt.
24.9. In der Inszenierung von Ruth Berghaus wird die Oper »Freispruch für Medea« von Rolf Liebermann in Hamburg uraufgeführt.

Gesellschaft

1.1. Die Postreform II privatisiert Post, Postbank und Telekom.
28.1. Das zweite »Jahrhunderthochwasser« innerhalb von 13 Monaten überflutet die Kölner Altstadt. In den Niederlanden beginnt entlang der großen Ströme die größte Evakuierungsaktion des Jahrhunderts.
12.5. In München demonstrieren 20 000 Menschen für die bisherige Biergärten-Öffnungszeit bis 23 Uhr.
17.6. Durch ein 2:0 über den Hamburger SV wird Borussia Dortmund deutscher Fußballmeister.
10.8. Der Zwangsunterricht unter dem christlichen Kreuz in bayerischen Grundschulen ist laut Bundesverfassungsgericht verfassungswidrig.
22.10. Mit 102 Punkten in neun Siegen verteidigt der Kerpener Michael Schumacher beim Großen Preis des Pazifiks im japanischen Aida seinen Formel-1-Weltmeistertitel.
4.12. Die wegen Mordes an ihren Kindern seit neun Jahren inhaftierte Monika Weimar kommt wegen Zweifeln an ihrer Schuld bis zu einer neuen Hauptverhandlung auf freien Fuß.
20.12. Der Hamburger Senat verkauft die umkämpften Häuser an der Hafenstraße an eine von den Bewohnern mitgetragene Genossenschaft.

1996

20.1. PLO-Chef Jasir Arafat wird zum Präsidenten des Palästinensischen Autonomierates gewählt.
29.1. Der französische Staatspräsident Jacques Chirac verkündet die endgültige Einstellung der französischen Atomtests.
30.1. Die Bundesregierung beschließt ein Aktionsprogramm für Investitionen und Arbeitsplätze.
19.3. Sarajevo wird nach der Übernahme der letzten von Serben kontrollierten Vororte durch die Polizei der muslimisch-kroatischen Föderation wieder vereinigt.
27.5. Der russische Präsident Boris Jelzin und der tschetschenische Rebellenführer Selimchan Jandarbijew unterzeichnen einen Waffenstillstand.
29.5. Der konservative Politiker Benjamin Netanjahu gewinnt die erste Direktwahl zum israelischen Ministerpräsidenten.
28.6. Der Deutsche Bundestag beschließt ein umstrittenes Sparpaket zur Sozial- und Wirtschaftspolitik.
14.9. Die ersten freien Wahlen in Bosnien-Herzegowina seit dem Ende des Bürgerkrieges gewinnt der bisherige Staatschef, der Muslim Alija Izetbegovič.

23.3. In Deutschland gilt ein Importstopp für britisches Rindfleisch, nachdem die britische Regierung am 20. März die Möglichkeit eingeräumt hat, dass die Rinderkrankheit BSE durch den Verzehr von Fleisch auf den Menschen übertragen werden kann.
8.5. Hochradioaktive Abfälle aus der französischen Wiederaufbereitungsanlage La Hague werden unter großen Sicherheitsvorkehrungen in das niedersächsische Zwischenlager Gorleben transportiert.
7.6. Die an der Nordseeküste beobachteten schwarzen Flecken im Watt sind die Folge zunehmenden Sauerstoffmangels.
28.8. Die erste CeBIT Home Electronics in Hannover offenbart, dass in naher Zukunft Multimedia-Maschinen TV-Geräte, Audio- und Videokomponenten ersetzen werden.
10.10. Das neue Neanderthal-Museum bei Düsseldorf lädt mit Videos und interaktiven Terminals zu einer Zeitreise ein.
5.11. Erstmals werden vermutlich gentechnisch veränderte Sojabohnen mit dem Frachter »Ideal Progress« aus US-amerikanischem Anbau nach Deutschland eingeführt.

26.1. Im Duisburger Musicaltheater feiert das Musical »Les Misérables« des Komponisten Claude-Michel Schoenberg seine Premiere.
28.2. Der Iffland-Ring, eine der bedeutendsten Auszeichnungen für deutschsprachige Schauspieler, geht an Bruno Ganz.
19.4. Im Dom von Trier wird der »Heilige Rock« ausgestellt, der im 20. Jahrhundert nur 1933 und 1959 gezeigt wurde.
12.6. Im Hamburger Thalia Theater wird das musikalische Werk »Time Rocker« in der Inszenierung von Robert Wilson uraufgeführt.
August Bis zum 20. August zeigt das Historische Museum in Berlin die Ausstellung »Kunst und Macht, Europa unter Diktatoren 1930–1945«.
13.7. Rund 750 000 vorwiegend jugendliche Anhänger von Techno, House und Acid feiern in Berlin die Love Parade.
2.10. Nach über zwölfjähriger Umbauzeit wird der Deutsche Dom in Berlin wieder eröffnet. Der barocke Saalbau ist das neue Domizil der historischen Dauerausstellung des Bundestages »Fragen an die deutsche Geschichte«.

18.1. Bei einem Brandanschlag auf ein Ausländerheim in Lübeck werden zehn Menschen getötet.
6.2. 164 deutsche Urlauber kommen bei dem Absturz einer Boeing 757 der türkischen Fluglinie Birgen Air ums Leben, als die Maschine kurz nach dem Start in der Dominikanischen Republik ins Meer stürzt.
11.4. Bei einer Brandkatastrophe auf dem Düsseldorfer Flughafen verlieren 16 Menschen ihr Leben, etwa 60 weitere werden verletzt. Das Feuer entstand bei Schweißarbeiten.
26.4. Nach 33 Tagen Geiselhaft wird der Hamburger Millionenerbe Jan Philipp Reemtsma gegen Zahlung eines Lösegeldes von 30 Millionen DM von seinen Entführern freigelassen.
18.5. Mit sechs Punkten Vorsprung auf Bayern München verteidigt Borussia Dortmund vor heimischem Publikum den deutschen Meistertitel.
1.11. In der Bundesrepublik Deutschland werden die Ladenöffnungszeiten an Werktagen auf 6 bis 20 Uhr ausgedehnt.
18.11. Die Aktien der Deutschen Telekom werden erstmals an allen acht deutschen Wertpapierbörsen sowie in den USA gehandelt.

1997

Politik

27.1. Der frühere Generalstabschef der tschetschenischen Unabhängigkeitskämpfer, Aslan Maschadow, wird zum Präsidenten der Republik gewählt.
1.5. Bei der Wahl zum britischen Unterhaus erringt die Labour Party die absolute Mehrheit der Sitze. Der 44-jährige Labour-Chef Tony Blair wird der jüngste Premier seit 1812.
27.5. In Paris vereinbaren Russland und die NATO eine gemeinsame europäische Sicherheitspartnerschaft.
1.7. Großbritannien gibt seine bisherige Kronkolonie Hongkong nach 156 Jahren an China zurück.
25.8. Im sog. Politbüroprozess verurteilt das Berliner Landgericht den letzten Staats- und Parteichef der DDR, Egon Krenz, wegen der Todesschüsse an der früheren deutsch-deutschen Grenze zu sechseinhalb Jahren Haft. Nach 18 Tagen darf Krenz – unter Auflagen – die Haftanstalt Moabit wieder verlassen.
31.8. Auf der Flucht vor Fotografen verunglückt die britische Prinzessin Diana mit ihrem Begleiter Emad »Dodi« el-Fayed in Paris tödlich.
17.11. Bei einem Terroranschlag muslimischer Extremisten in Ägypten werden vor dem Hatschepsut-Tempel in Luxor 58 Urlauber getötet.

Wissenschaft und Technik

Das Cyberküken »Tamagotchi« – ein eiförmiger Minicomputer mit LCD-Monitor – entwickelt sich zum Shooting-Star der Spielwarenbranche.
15.4. Die Regierungschefs von Rheinland-Pfalz und Baden-Württemberg paraphieren den Vertrag über die Gründung des Südwestrundfunks, der Fusion von SWF und SDR.
25.4. Der Baubeginn für die umstrittene Magnetbahn Transrapid, die auf der Strecke Hamburg–Berlin eingesetzt werden soll, ist für 1998 geplant. Die Federführung des Projektes liegt bei der Deutschen Bahn AG.
29.8. Auf der 41. Internationalen Funkausstellung in Berlin werden u. a. Geräte gezeigt, die Telekommunikationsanwendungen mit Informations- und klassischer Unterhaltungselektronik zum Komplett-Media-Angebot für den Haushalt verbinden.
11.9. Auf der 57. Internationalen Automobilausstellung in Frankfurt am Main wird erstmals das Stadtauto »Smart« vorgestellt, dessen Kraftstoffverbrauch bei 4 l Superbenzin liegt.
11.11. Aufgrund wiederholter Unfälle beim »Elch-Test« unterbricht der Stuttgarter Automobilhersteller Mercedes-Benz die Auslieferung der neuen A-Klasse für zwölf Wochen.

Kultur

Der Roman »Von allem Anfang an« von Christoph Hein besteht aus einer Fülle kleiner Tragödien und Grotesken voll unterschwelliger Dramatik.
In dem Roman »Ehemänner und andere Fremde« von Brigitte Riebe entwickelt sich eine alltägliche Beziehungsgeschichte zum Alptraum.
26.1. In der Hamburger Staatsoper wird das Stück »Das Mädchen mit den Schwefelhölzern« von Helmut Lachenmann uraufgeführt.
4.2. Mit drei kräftigen Spatenstichen gibt Bundeskanzler Helmut Kohl das Startsignal für den Bau des neuen Bundeskanzleramts in Berlin von Axel Schultes und Charlotte Frank.
23.2. Bundespräsident Roman Herzog eröffnet die Galerie der Gegenwart, den Erweiterungsbau der Hamburger Kunsthalle.
8.5. Unter dem Titel »Expedition Titanic« ist in der historischen Speicherstadt am Hamburger Hafen ein halbes Jahr lang die weltweit größte Ausstellung mit Fundstücken aus dem Wrack des Luxusliners zu sehen.
21.6. Die »documenta X« in Kassel, die weltweit bedeutendste unabhängige Ausstellung moderner Kunst, lockt bis zum 28. September rund 631 000 Besucher an.

Gesellschaft

24.1. Das Landgericht Mannheim verurteilt Peter Graf, den Vater der Tennisspielerin Steffi Graf, wegen Steuerhinterziehung zu drei Jahren und neun Monaten Haft.
15.5. Der Deutsche Bundestag billigt ein Gesetz, das Vergewaltigung in der Ehe als Verbrechen ahndet.
31.5. Der FC Bayern München wird mit dem Abschluss der Bundesligasaison zum 14. Mal deutscher Fußballmeister.
24.6. Großen Beifall bei Kritik und Publikum findet der zweiteilige Fernsehfilm »Todesspiel« von Heinrich Breloer über die Entführung Hanns Martin Schleyers durch die RAF 1977.
1.7. Mit Inkrafttreten der dritten Stufe der Gesundheitsreform steigen u. a. die Zuzahlungen für Medikamente sowie Verband- und Hilfsmittel.
Juli/August Das Hochwasser der Oder richtet allein auf deutscher Seite einen Gesamtschaden von über 500 Millionen DM an.
27.7. Der Radsportler Jan Ullrich gewinnt als erster Deutscher die Tour de France.
23.12. Der Milliardenpleitier Jürgen Schneider wird wegen Betrugs zu sechs Jahren und neun Monaten Haft verurteilt.

1998

15.1. Kroatien stellt mit der Wiedereingliederung der Serbengebiete Ostslawoniens seine volle territoriale Souveränität wieder her.
16.1. Mit der notwendigen Zweidrittelmehrheit beschließt der Deutsche Bundestag die umstrittene Grundgesetzesänderung zur Einführung des Großen Lauschangriffs. Am 6. Februar stimmt auch der Bundesrat der Grundgesetzesänderung zu.
27.2. Auf dem Weg zur Europäischen Währungsunion bleibt Deutschland mit einem Defizit von 2,7 % des Bruttoinlandsproduktes (BIP) deutlich unter der Drei-Prozent-Grenze des Maastricht-Vertrages.
1.3. Mit 47,9 % der Stimmen erreicht die niedersächsische SPD ihr bisher bestes Ergebnis.
23.3. Mit der Entlassung seines gesamten Kabinetts sorgt der russische Präsident Boris Jelzin im In- und Ausland für Aufsehen.
26.4. Bei der Landtagswahl in Sachsen-Anhalt muss die CDU starke Verluste hinnehmen. Die SPD erreicht 35,9 % der Stimmen. Erstmals ist die rechtsextreme Deutsche Volksunion (DVU) mit 12,9 % im Magdeburger Landtag vertreten.

7.1. Nach zweijährigem Ausbau wird der Fährhafen Sassnitz auf der Insel Rügen eröffnet.
12.1. In Dresden starten die deutsche Siemens AG und die amerikanische Firma Motorola das größte europäische Mikroelektronikprojekt.
20.3. Große Sicherheitsvorkehrungen und der Protest einiger tausend Atomkraftgegner begleiten die Fahrt des Castor-Transports mit Atommüll aus den Atomkraftwerken Gundremmingen und Neckarwestheim ins Brennelementezwischenlager Ahaus.

1.4. Das Germanische Nationalmuseum in Nürnberg eröffnet anlässlich der Feiern zum Abschluss des Westfälischen Friedens, der vor 350 Jahren den Dreißigjährigen Krieg beendete, die Ausstellung »Von teutscher Not zu höfischer Pracht, 1648–1701«, die auch Alltagsgegenstände zeigt.
9.5. Nach seinem Sieg bei der nationalen Vorentscheidung in Bremen erreicht der deutsche Schlagersänger Guildo Horn beim Grand Prix d'Eurovision de la Chanson in Birmingham Platz sieben in der Gesamtwertung.

Guildo Horn bei einem Open-Air-Konzert im Juni 1996 am Nürburgring

Die Arbeitslosigkeit in Deutschland erreicht zu Anfang des Jahres mit rund 4,8 Millionen Erwerbslosen den höchsten Stand seit 1945.
1.1. In Deutschland endet das staatliche Postmonopol. Der Briefverkehr wird nach dem neuen Postgesetz für den Wettbewerb freigegeben.
15.1. Nach erneutem Ausbruch der Schweinepest in Mecklenburg werden bis zum 25. Januar insgesamt 86 000 Tiere getötet.
17.1. Die »Lotto-Fee« der ARD, Karin Tietze-Ludwig, präsentiert nach 30 Jahren zum letzten Mal die Ziehung der Lottozahlen.
22.2. Bei den 18. Olympischen Winterspielen im japanischen Nagano ist Deutschland mit insgesamt zwölf Gold-, neun Silber- und acht Bronzemedaillen die erfolgreichste Nation.
24.2. Bei einer Polizeiaktion im Bezirk Lichtenberg wird das letzte besetzte Haus in Berlin geräumt.
29.3. Der mutmaßliche Entführer des Hamburger Multimillionärs Jan Philipp Reemtsma wird in Buenos Aires von der Polizei festgenommen.
3.6. Bei dem schwersten Zugunglück in der BRD sterben bei Eschede mehr als 100 Menschen.

Autorinnen und Autoren

Herausgeber

Fischer, Thomas, geb. 1947, Dr. phil., Historiker, verantwortlicher Leiter der Redaktion Bildung und Zeitgeschehen beim SWR in Baden-Baden, Projektleiter 100 Deutsche Jahre, Veröffentlichungen zur Geschichte der Armut, der Weimarer Republik und des Nationalsozialismus.

Wirtz, Rainer, geb. 1942, Dr. phil., Professor für Neuere Geschichte an der Universität Konstanz, Direktor des Rheinischen Industriemuseums, Museum für Industrie- und Sozialgeschichte, Veröffentlichungen zur Sozial- und Wirtschaftsgeschichte, zum Ausstellungswesen und zur Geschichte des 19. und 20. Jahrhunderts.

Autorinnen und Autoren

Fehrle, Rudolf, geb. 1950, Dr. phil., Historiker und Wissenschaftlicher Bibliothekar, freier Autor und Software-Trainer im Raum Freiburg.

Frevert, Ute, geb. 1954, Dr. phil., Professorin für Allgemeine Geschichte mit besonderer Berücksichtigung des 19./20. Jahrhunderts an der Universität Bielefeld, Veröffentlichungen zur deutschen Sozial- und Geschlechtergeschichte im 18., 19. und 20. Jahrhundert.

Gerdes, Claudia, geb. 1960, Dr. phil., Redakteurin und freie Autorin mit den Schwerpunkten Alltagsgeschichte, Lebensstile und Design.

Höflein, Ulrike, geb. 1953, Dr. phil., verantwortlich für den Bereich Fernsehrecherche und Regionaldokumentation beim SWR, Veröffentlichungen zur volkskundlichen Kleidungsforschung.

Karwath, Gerolf, geb. 1955, Regisseur und freier Autor mit den Schwerpunkten historische Dokumentation und Fernsehfeature.

Klingler, Sabine, geb. 1959, Theaterwissenschaftlerin (M.A.), freie Feature-Autorin und Regisseurin beim SWR, Schwerpunkt Alltags- und Regionalgeschichte.

Knoop, Hildegard, geb. 1960, Philologin (M.A.), Autorin und redaktionelle Mitarbeiterin der Redaktion 100 Deutsche Jahre beim SWR in Baden-Baden.

Lergenmüller, Petra, geb. 1966, Kunsthistorikerin (M.A.), freie Mitarbeiterin der Redaktion 100 Deutsche Jahre beim SWR in Baden-Baden.

Loth, Wilfried, geb. 1948, Dr. phil., Professor für Neuere Geschichte an der Universität Gesamthochschule Essen, Veröffentlichungen zur deutschen und französischen Geschichte im 19. und 20. Jahrhundert sowie zur Geschichte der internationalen Beziehungen seit 1945.

Lüdtke, Alf, geb. 1943, Dr. phil., wissenschaftlicher Referent am Max-Planck-Institut für Geschichte in Göttingen, Professor an der Universität Hannover, Veröffentlichungen zum Wandel von Herrschaft in der Neuzeit, zur Geschichte von Arbeit und Alltag und zur historischen Anthropologie.

Möckel, Patricia, geb. 1956, Historikerin und Germanistin (M.A.), freie Filmemacherin, Autorin und Kommunikationstrainerin.

Möser, Kurt, geb. 1955, Dr. phil., Konservator am Landesmuseum für Technik und Arbeit in Mannheim, Dozent für Geschichte des Autos an der Fachhochschule Mannheim, Veröffentlichungen u. a. zur Verkehrs- und Militärgeschichte sowie zur Technikkultur.

Pässler, Peter, geb. 1957, Wissenschaftlicher Dokumentar und freier Autor mit dem Schwerpunkt Kultur- und Zeitgeschichte.

Reinwald, Brigitte, geb. 1958, Dr. phil., Historikerin, wissenschaftliche Mitarbeiterin im Zentrum Moderner Orient in Berlin, Lehrbeauftragte an der Universität Hamburg, Veröffentlichungen zur Frauenforschung, Wirtschafts- und Sozialgeschichte Westafrikas und zum afrikanischen Film.

Rudolphi, Michael, geb. 1961, Dr. phil., freier Autor und Journalist.

Scholl, Lars U., geb. 1947, Dr. phil., Historiker, Leiter der Abteilung Schiffahrt im Industriezeitalter am Deutschen Schiffahrtsmuseum in Bremerhaven, Vorsitzender der Deutschen Seefahrtsgeschichtlichen Kommission, Veröffentlichungen zur Schiffahrts- und maritimen Kulturgeschichte.

Schröter, Harm, geb. 1948, Dr. phil., Professor für Geschichte und Wirtschaftsgeschichte an der Universität Bergen (Norwegen), Veröffentlichungen zur europäischen Geschichte, zum Verhältnis von Wirtschaft und Politik, Konzentration ökonomischer Macht sowie den soziokulturellen Voraussetzungen wirtschaftlichen Handelns.

Seidl, Bernd, geb. 1963, Diplomtheologe und freier Journalist, fester freier Mitarbeiter beim SWR in Baden-Baden.

Sieferle, Rolf-Peter, geb. 1949, Dr. phil., Professor für Neuere Geschichte an der Universität Mannheim, Veröffentlichungen zur Umweltgeschichte sowie zur Ideengeschichte der Technik und der Natur.

Sieglerschmidt, Jörn, geb. 1945, Historiker, Privatdozent an der Universität Konstanz, Konservator am Landesmuseum für Technik und Arbeit in Mannheim, Veröffentlichungen zur neuzeitlichen Kirchen-, Verfassungs-, Umwelt-, Wirtschafts- und Sozialgeschichte Deutschlands sowie zur Theorie der Geschichtswissenschaft.

Stephan, Rolf, geb. 1960, Regisseur und Autor mit dem Schwerpunkt zeitgeschichtliche Dokumentation und Feature.

Syring, Gerald, geb. 1939, Politik- und Erziehungswissenschaftler (M.A.), Dozent für politische Bildung am Studienhaus Wiesneck, Institut für politische Bildung Baden-Württemberg e.V., freier Autor mit dem Schwerpunkt Deutschlandpolitik.

Trost, Gabriele, geb. 1959, Historikerin und Politikwissenschaftlerin (M.A.), Wissenschaftliche Dokumentarin und Journalistin, Autorin und Regisseurin bei der Redaktion 100 Deutsche Jahre.

Walter, Michael, geb. 1965, Dr. phil., Dozent am Seminar für Wissenschaftliche Politik der Universität Freiburg, Veröffentlichungen u. a. zum politischen System der DDR und zur deutschen Einheit.

Westphal, Wolfgang, geb. 1954, Dr. phil., Germanist, freier Autor und Lektor mit den Schwerpunkten Kultur- und Sozialgeschichte des 20. Jahrhunderts, Philosophie- und Religionsgeschichte.

Wildt, Michael, geb. 1954, Dr. phil., Historiker, wissenschaftlicher Mitarbeiter am Hamburger Institut für Sozialforschung, Veröffentlichungen zur deutschen Geschichte nach 1945, zum Nationalsozialismus und Antisemitismus.

Das Personenregister enthält alle in diesem Buch genannten Personen (nicht berücksichtigt sind mythologische Gestalten und fiktive Persönlichkeiten). Herrscher und Angehörige regierender Häuser mit dem selben Namen sind alphabetisch nach den Ländern ihrer Herkunft geordnet. Kursive Zahlen verweisen auf Abbildungen.

A

B

C

D

E

I

J

K

L

M

N

O

P

Q

R

S

T

U

V

W

X,Y,Z

Textquellen

© für die folgenden Beiträge:
S. 78: Bertolt Brecht »Über die Bezeichnung Emigranten«, aus: »Gesammelte Werke«, Suhrkamp Verlag, Frankfurt am Main 1967
S. 143: Erich Kästner: »Als ich ein kleiner Junge war«, Atrium Verlag, Zürich 1957
S. 177: Rudolf Vrba: »Die Rampe ...«, aus: Claude Lanzmann: »Shoah«, Claassen Verlag, München
S. 178: Victor Klemperer: »Ich will Zeugnis ablegen bis zum letzten. Tagebücher 1933–1941«. Hg. von W. Nowojski, Aufbau-Verlag, Berlin
S. 179: Primo Levi: »Ist das ein Mensch? Die Atempause«. Aus dem Italienischen von Heinz Riedt, Barbara und Robert Picht, Carl Hanser Verlag, München-Wien 1988/1991
S. 245: Heinrich Böll: »Was soll aus dem Jungen bloß werden? Oder: Irgendwas mit Büchern«, Bornheim-Merten, 1981. Abdruck mit Genehmigung des Verlages Kiepenheuer & Witsch, Köln
S. 262: Gerd Stolz: »Geschichte der Polizei in Schleswig-Holstein«, Westholsteinische Verlagsanstalt Boyens & Co, Heide 1978
S. 374: Wolfgang Benz: »Das Tagebuch der Hertha Nathorff«, R. Oldenbourg Verlag, München 1987
S. 454: Walter Ulbricht: »Reden und Aufsätze«, Band 4, Dietz Verlag, Berlin 1958, S. 408
S. 463: Hannes Bahrmann, Christoph Links: »Chronik der Wende. Die DDR zwischen 7. Oktober und 18. Dezember 1989«, Ch. Links Verlag, Berlin 1994
S. 503: Walter Lipgens (Hg.): »Europa-Föderationspläne der Widerstandsbewegungen 1940–1945«, R. Oldenbourg Verlag, München 1968
S. 506: Archiv der Stiftung Bundeskanzler-Adenauer-Haus, Rhöndorf. Hektografiertes Manuskript des Bundespresseamtes

Bildquellen

AEG, Frankfurt am Main: 258 u.; Akademie der Künste, Berlin: 203 u.l./Slg. M. Wagner; Allianz AG, München: 272 o., 360/61; Anthony Verlag, München: 254 u.; Archiv für Kunst und Geschichte, Berlin: 22, 40/41, 42 o., 48 o., 52 l., 52 r., 53 o., 62 l., 63, 68 o., 89 l., 83, 85 o., 85 u., 90/91, 105, 122 o., 123, 124, 152 u., 154 u., 173, 176, 177, 183 o., 192 o., 196 m., 199 l., 203 ur., 212 o., 220/221, 226 o., 234 m., 235, 239 l., 263 u., 270/71, 284, 293 o., 299 o., 332 o., 372 r., 375, 376 o., 378, 383, 384, 389 o., 421, 428 u.l., 442 o.l., 443 u.r., 456 u., 470/71, 472 o.r., 474, 475 l., 478, 480, 484, 488 o., 496 o., 525; Associated Press GmbH, Frankfurt am Main: 9/Edinger, 227 u./Finck, 229 u./Kreifelts, 250/51/Bauer, 266, 237 o., 335 u./Schulz, 338/Kreusch, 348 u./Ponizak, 379 u./Haentzschel, 399 u., 415 m., 417 r.u./Clive, 486; Reinhard Balzerek, Schwerin: 256, 327, 330 o.r., 397 o.; BASF AG, Ludwigshafen: 373; Bauhaus-Archiv, Berlin: 208 u.; Otto Bender, Hamburg: 253 u.r.; Dr. Gisela Benecke, Gütersloh: 308; Berliner Kindl Brauerei AG, Berlin: 535; Bertelsmann Lexikon Verlag, Gütersloh: 9, 20/21, 29 o., 29 m., 36 o., 44 u., 48 u., 64 o., 82, 94, 103, 115, 118 l., 133, 134, 137 r., 138 o., 148 o., 155 o., 155 u., 156 u., 164 o., 166, 175, 183 u., 185, 186, 192 u., 194 o., 195, 196 o., 198 u., 199 u.r., 201, 205 u., 214 o., 216 o., 219 o.r., 222, 224 o., 225 o., 225 u.l., 233, 236, 239 r., 252, 259 u.l., 262, 268, 273, 274 o.l., 274 o.r., 275, 282, 287 m., 288 u., 292 o., 292 2.v.o., 292 2.v.u., 292 u., 296, 302, 311, 317 l., 318, 319 l., 321, 322, 324 o., 330 o.l., 330 mr., 332 u., 333, 334 u., 336 o., 346 o., 352, 355, 358 o.l., 361, 363 o.l., 364 o., 364 u., 365, 366 o., 366 u., 368 u., 369 o., 371, 382, 386, 393, 398 r., 399 o., 402, 405 o., 413 l., 413 m., 413 r., 415 o.r., 418 o.r., 423 u.r., 425 o.l., 435, 445 o., 446, 448 r., 449 m., 449 u.r., 472 l.o., 475 r., 482, 485 u.l., 491, 493, 498 o., 499 m., 504 m.l., 512, 514 l., 514 2.v.l., 514 2.v.r., 514 r., 524 m.l., 524 m.r., 531, 533, 539, 543, 544, 547, 551, 555, 559, 560; Bettmann-Corbis, New York: 25 u./UPI, 28 u., 35 u./UPI, 36 u./UPI, 37 o./ UPI, 60/61/UPI, 72 u., 73/UPI, 76/ UPI, 98 u., 102, 104 l., 125, 128 l., 128 r., 129 o./ UPI, 130/31, 140/41/UPI, 150/51, 156 o./ UPI, 165 l./UPI, 172 o., 172 u./ UPI, 179, 184/UPI, 189, 190/91, 193 o., 194 u./UPI, 190/91, 198 o., 210/11/Reuters, 217 o./UPI, 218 r./Reuters, 219 u./UPI, 229, 260/61/ UPI, 264, 277, 314 l., 314 r./ UPI, 337/UPI, 359 o./UPI, 362/UPI, 388/ Reuters, 400/ 401/UPI, 405/UPI, 407/Reuters, 412, 414/ UPI, 418 l./UPI,419 r./UPI, 420/UPI, 428 r./UPI, 429 l./UPI, 429 r./ Reuters, 434/UPI, 443/UPI, 450/51/UPI, 452 l./UPI, 452 r., 453/UPI, 454 o./UPI, 454 u./UPI, 456 o./ UPI, 458 o./UPI, 458 u./UPI, 459 l./UPI, 464 u./Reuters, 469, 481, 492 l., 492 r./ UPI, 493 o./UPI, 494/UPI, 498 l., 499 u./ UPI, 501, 503/UPI, 504 r./UPI, 505 l./UPI, 505 r./UPI, 507/UPI, 509 l., 516 r./UPI, 537, 548/UPI, Bildarchiv Abraham Pisarek, Berlin: 75 o., 77; Bildarchiv Preußischer Kulturbesitz, Berlin: 32 o., 55 u., 56 l., 71 r., 72 o.l., 74, 93, 95, 112 o., 136, 152 o., 153, 154 o., 163 o., 163 u., 164 u., 165 u., 167, 200, 215 o., 215 u., 219 o.l., 244, 246 r., 276, 283, 293 u., 294, 330 m.l., 334 o., 340/41, 344 l., 344 o., 353 u., 385, 422 m., 442 or., 444, 449 o., 483, 516 o.l., 520/21, 522 m., 523 o.; Bongarts, Hamburg: 575; Bundesanstalt für Arbeitsschutz u. Arbeitsmedizin, Dortmund: 272 u.; Bundesarchiv Koblenz: 26, 160/61, 193 u., 205 o., 353 o., 370, 464 o.; Bundesministerium der Verteidigung, Bonn: 158; Bundeszentrale für gesundheitliche Aufklärung, Köln: 120/21; Christoph & Friends, Essen: 110/11 /Christoph, 230/31, 269 o./Eisermann, 269 u., 277, 300/01, 309/Müller, 387/Christoph, 440/ 41/Mayer, 487/Eisermann; Cinetext, Frankfurt am Main: 43, 45 o., 45 u., 49 o., 49 m., 54, 55 o., 122 u., 126, 217 u., 226 m., 226 u., 295; Claas, Harsewinkel: 394 r.; Club Mediterranée Deutschland, Düsseldorf: 329; CVJM Tübingen: 288 o.; Bundesverwaltungsamt, Köln: 79; Daimler-Benz Classic Archiv, Stuttgart: 18 o., 557; Deutsche Bahn AG: 573/Klee; Deutsche Bundesbank, Frankfurt am Main: 425 m., 425 u.; Deutsche Fotothek, Dresden: 92; Deutsche Lufthansa AG, Köln: 33 o., 33 u., 35 o., 38 o., 39 u., 328 l.; Deutscher Sparkassenverlag GmbH, Stuttgart: 423 o.; Deutscher Sportbund, Frankfurt am Main: 239 m.; Deutsches Historisches Museum, Berlin: 116, 118 l., 326, 500; Deutsches Institut für Filmkunde, Frankfurt am Main: 42 u./Kramer; DIZ München GmbH, München: 16 o., 53 u., 59 u., 75 u., 88, 94, 99 r., 132 u., 137 l., 139, 209 u.l., 232 o.l., 232 o.r., 234 o., 234 u., 235, 237, 258 o., 346 u., 363 o.r., 396, 403, 417 r.m., 473, 485 u.r., 489 l.; Doblinger Musikhaus Musikverlag, Wien: 214 u.; dpa, Frankfurt am Main: 14 o., 14 u., 47, 49 u., 50/51, 58 u., 64 u., 65, 67, 69 u., 96, 97 u., 159, 188 u.l., 188 u.r., 209 u.r., 238, 240/41, 285, 287 u., 298, 335 o., 339 o., 339 u., 359 u., 377, 395, 397 u., 406 o., 406 u., 408, 437, 447, 455, 466 o., 478 o., 478 u., 479, 489 r., 508 u., 518 r., 527, 570, 576; Eulenspiegel GmbH, Berlin: 526; Europäisches Währungsinstitut, Frankfurt am Main: 427; Hans Reiner Fechter, Nürnberg: 287 o.; Dr. Rudolf Fehrle, Merzhausen: 132 o.; Fischer Verlag GmbH, Frankfurt am Main: 448 o.l.; Flughafen Frankfurt am Main: 38 u./Rebscher; Ford-Werke AG, Köln: 15 u.; Friedrich-Ebert-Stiftung, Bonn: 142, 243, 330 u.r.; Gerstenberg, Wietze: 98 o.; Goethe-Institut, München: 510/11, 518 o.; Greenpeace, Hamburg: 569; Grünes Gedächtnis: 416; Dr. Hildegard Hamm-Brücher, München: 7; Hapag-Lloyd AG, Hamburg: 8, 24, 27 o., 72 o.r., 320; Hauptamt für Hochbauwesen, Nürnberg: 99 u.; Haus der Geschichte der Bundesrepublik Deutschland, Bonn: 108 o., 108 u., 118 r.; Henkel KGaA, Düsseldorf: 433 m.r.; Thomas Heppel, Bielefeld: 249; Hertie, Frankfurt am Main: 432, 439 u.r.; Hessisches Landesmuseum, Darmstadt: 106; Bildarchiv Huber, Garmisch-Partenkirchen: 10/11/Radelt; IBM, Stuttgart: 356 m.; IFA-Bilderteam GmbH, München: 367 m.l./Comnet, 367 m.r./Marc; IG Metall, Frankfurt am Main: 356 o.; Institut für Stadtgeschichte, Stadtarchiv, Gelsenkirchen: 303 u.; Institut für Zeitgeschichte, München: 374/Broszat; Interfoto, München: 513 o.; IVB-Report, Kappelrodeck: 17; Jürgens Ost + Europa-Photo, Berlin: 46, 58 o., 69 o., 127, 138 u., 207, 248, 278, 286, 289 u., 290/91, 297 o., 297 u., 306, 236 o., 236 u., 354, 357; Archiv Karkosch, Gilching: 118 r., 565; Keystone, Hamburg: 18 u., 56 r., 147 u., 182, 246 l., 265, 324 u., 325, 348 o., 349, 419 l., 424, 430/31, 508 o., 552, 563; Klee-Stiftung, Bern: 515; KNA, Frankfurt am Main: 330 u.l.; Konrad-Adenauer-Stiftung, Sankt Augustin: 107 u.; Kövesdi, Berlin: 59 o.; Kriminalpolizeidirektion, München: 263 m.; Krupp GmbH Historisches Archiv, Essen: 114 u.; Landesarchiv Berlin: 529 o.; Langewiesche Nachf. Hans Köster, Königstein: 100, 540; Robert Lebeck, Hamburg: 114 o.; Lieken Simonsbrot Vertriebs GmbH, Eschwege: 223 u.; Reinhard Lintelmann, Espelkamp: 13 u.; Dr. Ingrid Loschek, Krailling: 212 u., 213; Maggi GmbH, Frankfurt am Main: 227 o.; Märkisches Museum, Berlin: 104 r.; Mauritius, Mittenwald: 13 o., 16 u./Kuchlbauer, 19 o./Kuchlbauer, 280/81; MBB/VFW, Bremen: 566; MDR/ORB: 66 o.; Modeinstitut Berlin GmbH, Berlin: 216 m., 216 u.; Bodo Müller, Travemünde: 147 o.; Museum für Hamburgische Geschichte, Hamburg: 25 o., 28 o.; Museum und Stadtarchiv, Einbeck: 439 m.l.; Nationalmuseum Auschwitz Oswiecim-Brzezinka, Oswiecim: 170/71, 174; Neckermann Versand AG, Frankfurt am Main: Opel AG, Rüsselsheim: 12; Österr. Nationalbibliothek, Wien; 144, 502; Ostkreuz, Berlin: 467/Rötzsch; Otto-Friedrich-Universität, Bamberg: 146/Dr. Erning; Picture Press GmbH, Hamburg: 187; Picture Press, München: 148 u.; Porsche AG , Stuttgart: 19 u.; Presse- u. Informationsamt der Bundesregierung, Bundesbildstelle, Bonn: 410/11, 459 r.; Public Address, Hamburg: 129 u., 257, 528 m.l., 579; pwe Verlag GmbH, Hamburg: 44 o.; Quelle & Meyer Verlag GmbH & Co., Wiesbaden: 247; Quelle Schickedanz AG & Co., Fürth: 224 u.; Dr. Lothar Reinbacher, Kempten: 380/81; Rheinisch-Westfäl. Wirtschaftsarchiv zu Köln e.V.: 303 o.; Robin Wood, Hamburg: 389 u./Kant; Roebild, Braunfels: 57; Rowohlt Verlag, Reinbek: 445; RTL Deutschland, Köln: 529 u.r.; Schirner Sportfoto, Berlin: 307; Manfred Scholz, Essen: 196 u.; Siemens, München: 368 r., 376 u.; Sipa Press, Paris: 37 u., 87, 97 o./Garcia, 149, 218 l., 219 r., 259 r. 267 r./Urban, 319 r., 369 u., 438/Sichov, 457, 460/61/Witt, 462, 463/Sichov, 466 u., 490, 496/Witt, 497/Witt, 509 u.; SmithKline Beecham, Bühl: 433 m.l./Fittkau; Staatliche Münze, Berlin: 426/Wuthenow; Staatsarchiv, Hamburg: 263 o.; Staatsgalerie Stuttgart: 204; Städtische Kunsthalle, Mannheim: 143; Städtische Kunstsammlung, Darmstadt: 233; Karl Stehle, München: 23, 32 u., 34, 39 o., 101, 113, 141 r., 145 l., 145 r., 208 o., 223 o., 242, 245, 253 o.l., 253 2.v.l., 253 2.v.r., 253 o.r., 304, 305, 310, 312 o., 312 u., 342, 343, 347, 392 u., 398 l., 522 l., 522 r., 523 u.; Dr. Rudolf Steininger, Innsbruck: 180/81; Georg Stiller, Gütersloh: 422 u.; Südwestfunk Media GmbH, Baden-Baden: 6; Sven Simon, Essen: 188 o., 267 l., 417 o.l.; Theatermuseum der Universität Köln: 345; Ursula Thorbrügge, Rheda-Wiedenbrück: 330 m.; TUI, Hannover: 323 m., 328 r.; TXT Redaktionsbüro: 197; Ullstein GmbH Bilderdienst, Berlin: 62 r., 68 u., 84, 112 u., 323 o., 372 l., 414 o.; Verband der Konsumgenossenschaften VdK e.G., Berlin: 436 m.l., 436 m.r.; Verein f. Internationale Jugendarbeit e.V., Stuttgart: 70/71; Vista Point Verlag, Köln: 135/Petsch, 162/Schulz, 299 m./Kirschenmann; VISUM, Hamburg: 488 u.l./Beer, 513 u./Wolf; Manfred Vollmer, Essen: 80/81, 86, 89, 495; VW Sachsen GmbH, Mosel: 350/51; VW Stiftung AutoMuseum, Wolfsburg: 15 o.; VW, Wolfsburg: 517; WDR, Köln: 66 u, 528 u.; Jörg Weigelt, Hannover: 358 m.; Westfäl. Provinzial Versicherung der Sparkassen, Münster: 476 l.; Wüstenrot, Ludwigsburg: 202; ZB, Berlin: 27 u., 29 u., 30/31, 168, 390/91; ZDF, Mainz: 379 m.

Abbildungen auf dem Schutzumschlag: Daimler Benz Classic Archiv: o.l.; Bildarchiv Preußischer Kulturbesitz: o.M.; Hugo Stehle: o.r.; Bettmann-Corbis/UPI: M.l., Roebild: M.r.; Archiv für Kunst und Geschichte: u.

Trotz größter Sorgfalt konnten die Urheber nicht in allen Fällen ermittelt werden. Es wird ggf. um Mitteilung gebeten.